BUSINESS PRACTICE TITLES
FROM ASPEN LAW & BUSINESS

ASSET PROTECTION STRATEGIES
    VOLUME 1: TAX AND LEGAL ASPECTS
    VOLUME 2: FORMS AND COMMENTARY
    Lewis D. Solomon and Lewis J. Saret

BUSINESS CONTRACTS: FORMS AND TAX ANALYSIS (SECOND EDITION)
    Robert J. English, Lewis D. Solomon, and David A. Simon

BUSINESS WORKOUT STRATEGIES: TAX AND LEGAL ASPECTS
    Lewis D. Solomon and Lewis J. Saret

CONSUMER CREDIT REGULATIONS (SECOND EDITION)
    Dan L. Nicewander

DEBTOR-CREDITOR RELATIONS: MANUAL AND FORMS
    Leo O. Myers

DRAFTING LEGAL OPINION LETTERS (SECOND EDITION)
    M. John Sterba, Jr., Editor

EQUITY FINANCE: VENTURE CAPITAL, BUYOUTS, RESTRUCTURINGS, AND
    REORGANIZATIONS (SECOND EDITION)
    Joseph W. Bartlett

FINANCIAL PRODUCTS: TAXATION, REGULATION, AND DESIGN (REVISED EDITION)
    Andrea S. Kramer

FOREIGN INVESTMENT IN THE UNITED STATES: LAW • TAXATION • FINANCE
    Marc M. Levey

LEGAL OPINION LETTERS FORMBOOK
    A. Sidney Holderness, Jr., and Brooke Wunnicke

LIMITED LIABILITY COMPANIES: FORMATION, OPERATION, AND CONVERSION
    Robert W. Wood, Editor

PURCHASE AND SALE OF SMALL BUSINESSES: FORMS (SECOND EDITION)
    Marc J. Lane

PURCHASE AND SALE OF SMALL BUSINESSES: TAX AND LEGAL ASPECTS (SECOND
    EDITION)
    Marc J. Lane

ASPEN'S ENGLISH-SPANISH SPANISH-ENGLISH LEGAL DICTIONARY
SECOND EDITION

DICCIONARIO JURÍDICO INGLÉS-ESPAÑOL ESPAÑOL-INGLÉS ASPEN
SEGUNDA EDICIÓN

ASPEN'S ENGLISH-SPANISH SPANISH-ENGLISH LEGAL DICTIONARY
SECOND EDITION

DICCIONARIO JURÍDICO INGLÉS-ESPAÑOL ESPAÑOL-INGLÉS ASPEN
SEGUNDA EDICIÓN

Steven M. Kaplan
Lexicographer

Editorial Advisor:
Fernando Pombo
Gómez-Acebo & Pombo

ASPEN LAW & BUSINESS

This publication is designed to provide accurate and authoritative information in regard to the subject matter covered. It is sold with the understanding that the publisher is not engaged in rendering legal, accounting, or other professional services. If legal advice or other professional assistance is required, the services of a competent professional should be sought.

—From a *Declaration of Principles* jointly adopted
by a Committee of the American Bar Association
and a Committee of Publishers and Associations

PREFACE

Throughout the world over 350 million persons speak Spanish, and over 450 million speak English. Most of these are in America, where the ties between Canada, Mexico, and the United States have been strengthened by the enactment of the North American Free-Trade Agreement. Most Hispanic nations trade extensively with North America, and in December 1994 the leaders of Western Hemisphere countries agreed in principle to create a free-trade zone encompassing all the Americas. All of which points to the growing need for precise communication between users of the two languages. This is especially important where law is concerned.

The primary objective of this dictionary is to provide accurate equivalents for terms found in law and related fields. There are over 60,000 total entries in the dictionary, approximately 30,000 in each section. This represents an increase of fifty percent over the first edition. There are no special rules for the use of this dictionary. The user simply locates the desired entry and reads the equivalent. No entries cross-refer the user to another entry in order to obtain the transliteration.

Abbreviations and acronyms used in the literature are not included in the dictionary since sequences of letters may have various meanings in different languages, and their equivalents would serve mostly to confuse; the user will find the unabbreviated entry.

Many terms appear in groups of phrasal entries, all of which share the same first word. For such families of phrases, each member is provided as a separate entry, simplifying the search for the desired phrase and its equivalent.

I am very grateful to John Wiley Editor Teri Peisner, who supervised the second edition from the start. As in the first edition, Fernando Pombo's vast knowledge of the languages and law helped ensure that this edition be of the highest possible quality.

STEVEN M. KAPLAN

PREFACIO

A través del mundo más de 350 millones de personas hablan español, y más de 450 millones hablan inglés. La mayoría de éstas están en América, donde los vínculos entre Canadá, Méjico, y los Estados Unidos se han fortalecido por la aprobación del Tratado de Libre Comercio de América del Norte. La mayoría de los países hispanos hacen comercio extenso con América del Norte, y en diciembre de 1994 los líderes de los países del Hemisferio Occidental acordaron en principio para crear una zona de libre comercio abarcando las Américas. Todo lo cual señala hacia la creciente necesidad para comunicación precisa entre los usuarios de las dos lenguas. Esto es especialmente importante en lo que concierne a las leyes.

El objetivo principal de este diccionario es proveer equivalentes precisos para los términos hallados en las leyes y en campos relacionados. Hay más de 60,000 voces de entradas en el diccionario, aproximadamente 30,000 en cada sección. Esto representa un aumento del cincuenta por ciento sobre la primera edición. No hay reglas especiales para el uso de este diccionario. El usuario sencillamente localiza la voz de entrada deseada y lee el equivalente. Ninguna voz de entrada refiere a otra para obtener la transliteración.

No se incluyen en el diccionario abreviaturas y siglas usadas en la literatura, pues secuencias de letras pueden tener significados diversos en diferentes idiomas, y sus equivalentes servirían mayormente para confundir; el usuario encontrará la voz de entrada sin abreviar.

Muchas voces de entrada aparecen en grupos de frases, todas las cuales comparten la misma primera palabra. Para dichas familias de frases, cada miembro aparece como una entrada separada, así simplificando la búsqueda de la frase deseada y su equivalente.

Le estoy muy agradecido a Teri Peisner, editora de John Wiley, quien supervisó desde el comienzo la segunda edición. Como en la primera edición, los conocimientos vastos de los idiomas y del derecho de Fernando Pombo ayudaron a asegurar que esta edición fuera de la mejor calidad posible.

STEVEN M. KAPLAN

ABOUT THE AUTHOR

Steven M. Kaplan, after a fully bilingual primary and secondary education in Puerto Rico, went on to earn a BA from Sarah Lawrence College, and an MS from Fordham University. He has taught at the two main universities in Puerto Rico, and has many other teaching experiences in bilingual settings. He has earned professional licenses in various areas, including finance, real estate, insurance, education, and chemistry. Mr. Kaplan is also the author of *Wiley's English-Spanish Spanish-English Business Dictionary*, *Wiley's English-Spanish and Spanish-English Electrical and Computer Engineering Dictionary*, and *Wiley's English-Spanish Spanish-English Psychology and Psychiatry Dictionary*.

SOBRE EL AUTOR

Steven M. Kaplan, tras una educación primaria y secundaria completamente bilingüe en Puerto Rico, prosiguió a obtener un bachillerato de Sarah Lawrence College, y una maestría de Fordham University. El ha enseñado en las dos universidades principales de Puerto Rico, y tiene muchas otras experiencias como maestro en marcos bilingües. Ha obtenido licencias profesionales en varias áreas, incluyendo finanzas, bienes raíces, seguros, educación, y química. El Sr. Kaplan también es autor del *Diccionario de negocios inglés-español español-inglés Wiley*, el *Diccionario de ingeniería eléctrica y de computadoras inglés-español y español-inglés Wiley*, y el *Diccionario de psicología y psiquiatría inglés- español español-inglés Wiley*.

ABOUT THE ADVISOR

Fernando Pombo, GÓMEZ-ACEBO & POMBO, SPAIN.
University of Madrid, Philosophy and Law Degree, 1965. Ph.D. studies, Universities of Geneva 1969-1970 (with professor Martin Achard), and Munich, Max Planck Institut 1970-1971 (with professor F.K. Beier). Europa Institute, Amsterdam (EEC Law) 1979. Professor of Law, Centre for University Studies (CEU) (1973-1976). Visiting professor, Salzburg Institute on International Legal Studies, Salzburg (from 1985), teaching International Business Law. Author of *Doing Business in Spain* (Matthew Bender, 1987); co-author Spanish Section of *Merger Control in the EEC* (Kluwer, 1988); and other numerous publications related to licensing, mergers and acquisitions, industrial property, commercial law, and others. Correspondent in Spain for The International Finance Law Review (Euromoney), European Intellectual Property Review. Founder and Senior Partner of the law firm GÓMEZ-ACEBO & POMBO in 1971. The firm includes at present 82 lawyers, with the main office in Madrid and other offices in Barcelona, Bilbao, Seville, Valencia, Santiago, and the Canary Islands. The firm also established the first EC Law office in Brussels in 1985. Past President of LES International; Member Spanish Arbitration Court; International Bar Association, Member of the Council SGP; American Bar Association; and others. Foreign Languages: English, French, Italian, and German.

SOBRE EL ASESOR

Fernando Pombo, GÓMEZ-ACEBO & POMBO, ESPAÑA.
Grado en Filosofía y Derecho, Universidad de Madrid, 1965. Estudios doctorales, Universidades de Ginebra 1969-1970 (con el profesor Martin Achard), y Munich, Max Planck Institut 1970-1971 (con el profesor F.K. Beier). Europa Institute, Amsterdam (Derecho CEE) 1979. Profesor de Derecho, Centre for University Studies (CEU) (1973-1976). Profesor Visitante, Salzburg Institute on International Legal Studies, Salzburgo (desde el 1985), enseñando Derecho Comercial Internacional. Autor de *Doing Business in Spain* (Editorial Matthew Bender, 1987); coautor de la sección en español de *Merger Control in the EEC* (Editorial Kluwer, 1988); y otras numerosas publicaciones relacionadas con ventas de licencias de patentes y marcas de fábrica, fusiones y adquisiciones, propiedad industrial, derecho mercantil, y otras. Corresponsal en España para The International Finance Law Review (Euromoney), European Intellectual Property Review. Fundador y Socio Principal del bufete GÓMEZ-ACEBO & POMBO en el 1971. El bufete presentemente incluye 82 abogados, con la oficina central en Madrid y otras oficinas en Barcelona, Bilbao, Sevilla, Valencia, Santiago, y las Canarias. El bufete además estableció la primera oficina de Derecho Español de la CE en Bruselas en el 1985. Presidente pasado de LES International, Miembro del Tribunal Arbitral Español; International Bar Association, Miembro del Council SGP; American Bar Association; y otras. Idiomas extranjeras: inglés, francés, italiano, y alemán.

ABBREVIATIONS USED IN THIS DICTIONARY

ABREVIATURAS USADAS EN ESTE DICCIONARIO

English to Spanish
Inglés a Español

adj	adjetivo
adv	adverbio
n	nombre
v	verbo

Español a Inglés
Spanish to English

adj	adjective
adv	adverb
m	masculine gender
f	feminine gender
m/f	common gender
v	verb

ENGLISH-SPANISH
INGLÉS-ESPAÑOL

a contrario sensu en sentido contrario, a contrario sensu

a mensa et thoro separación en vez de disolución de matrimonio, a mensa et thoro

ab initio desde el principio, ab initio

ab intestat intestado, ab intestat

ab intestato de un intestado, ab intestato

ab irato por alguien enfurecido, acaloradamente, ab irato

abaction llevarse a la fuerza

abalienation transferencia de propiedad

abamita una hermana de un tatarabuelo

abandon abandonar, evacuar, renunciar

abandon a child abandonar un hijo, abandonar un niño

abandon a claim abandonar una reclamación

abandon a crime abandonar un crimen

abandon allegiance abandonar la lealtad

abandon land abandonar tierra

abandon nationality abandonar la nacionalidad

abandon property abandonar propiedad

abandon to the insurer abandonar al asegurador

abandoned abandonado, evacuado

abandoned action acción abandonada

abandoned appeal apelación abandonada

abandoned assets activo abandonado

abandoned cargo carga abandonada

abandoned child hijo abandonado, niño abandonado

abandoned contract contrato abandonado

abandoned crime crimen abandonado

abandoned easement servidumbre abandonada

abandoned freight flete abandonado

abandoned goods bienes abandonados

abandoned husband esposo abandonado

abandoned infant infante abandonado

abandoned land tierra abandonada

abandoned patent patente abandonada

abandoned property propiedad abandonada

abandoned rights derechos abandonados

abandoned servitude servidumbre abandonada

abandoned spouse cónyuge abandonado

abandoned trust fideicomiso abandonado

abandoned wife esposa abandonada

abandonee beneficiario de un abandono

abandoning abandono, renuncia, desistimiento

abandonment abandono, renuncia, desistimiento

abandonment and desertion abandono y deserción

abandonment clause cláusula de abandono

abandonment loss pérdida por abandono

abandonment of a child abandono de un niño

abandonment of a crime abandono de un crimen

abandonment of a pleading abandono de un alegato

abandonment of actions abandono de las acciones

abandonment of allegiance abandono de lealtad

abandonment of appeal abandono de apelación

abandonment of assets abandono de activo

abandonment of assets in bankruptcy abandono de activo en bancarrota

abandonment of cargo abandono de la carga

abandonment of claim renuncia a una acción, abandono de una reclamación

abandonment of contract abandono de contrato

abandonment of copyright abandono de los derechos de autor

abandonment of easement abandono de la servidumbre

abandonment of freight abandono de flete

abandonment of goods abandono de bienes

abandonment of husband abandono de esposo

abandonment of insured property abandono de propiedad asegurada

abandonment of known rights abandono de derechos conocidos

abandonment of land abandono de tierra

abandonment of office abandono de cargo

abandonment of patents abandono de las patentes

abandonment of property abandono de la propiedad

abandonment of rights abandono de derechos

abandonment of spouse abandono de cónyuge

abandonment of suit abandono de acción, abandono de litigio

abandonment of trust abandono de fideicomiso

abandonment of wife abandono de esposa

abandonment stage etapa de abandono

abase rebajar, humillar, envilecer

abatable abatible, abolible

abatable nuisance estorbo que se puede eliminar, acto perjudicial que se puede eliminar

abatare poner fin, reducir, disminuir

abate abatir, disminuir, anular, mitigar
abate a bequest disminuir un legado
abate a debt cancelar una deuda
abate a devise disminuir un legado
abate a legacy disminuir un legado
abate a nuisance eliminar un estorbo
abate a tax eliminar un impuesto, rebajar un
   impuesto
abate an action anular una acción
abate in intensity disminuir la intensidad
abatement disminución, abolición, mitigación,
   extinción de una demanda, extinción en
   parte de una demanda
abatement and revival suspensión y
   restablecimiento
abatement of a bequest disminución de un
   legado
abatement of a devise disminución de un
   legado
abatement of a legacy disminución de un
   legado
abatement of a nuisance eliminación de un
   estorbo, eliminación de un acto perjudicial
abatement of action extinción de la acción
abatement of debts rebaja de deudas
abatement of differences disminución de
   diferencias
abatement of taxes rebaja de impuestos
abator intruso, aquel que elimina algo
   perjudicial
abavia una tatarabuela
abavita una hermana de un tatarabuelo
abavunculus un hermano de tatarabuela
abavus un tatarabuelo
abbreviate abreviar, resumir, compendiar
abbreviated abreviado, resumido,
   compendiado
abbreviation abreviación, resumen,
   compendio
abbreviature abreviación, resumen,
   compendio
abdicate abdicar, renunciar
abdication abdicación, renuncia
abditorium escondite
abduce secuestrar, raptar
abduct secuestrar, raptar
abduction secuestro, abducción, rapto
abductor raptor
abearance conducta
aberemurder asesinato
aberrance aberración, anormalidad
aberrancy aberración, anormalidad
aberrant aberrante, anormal
aberration aberración
abet inducir, incitar, apoyar
abetment apoyo, instigación
abettor instigador, fautor
abeyance, in en espera, en suspensión,
   latente, pendiente

abeyance suspensión, espera
abeyancy suspensión, espera
abeyant en suspenso, en espera
abhor aborrecer, odiar
abhorrent aborrecible
abiaticus el hijo de un hijo
abidance, by respeto de, adhesión a
abidance, in permanencia
abide aceptar, atenerse, cumplir
abide by respetar, cumplir con, atenerse a
abides respeta, cumple
abiding obediente
abiding by atenerse a, someterse a
abiding conviction convicción de culpabilidad
   con certidumbre
ability habilidad, aptitud, capacidad
ability to act capacidad de actuar
ability to contract capacidad de contratar
ability to distinguish capacidad de distinguir
ability to earn capacidad para ganar
ability to endure capacidad de tolerar
ability to know capacidad de conocer
ability to pay capacidad para pagar
ability to pay debts capacidad para pagar
   deudas
ability to perceive capacidad de percibir
ability to perform capacidad de ejecutar
ability to reason capacidad de razonar
ability to sue capacidad de demandar
ability to support capacidad de mantener
ability to tolerate capacidad de tolerar
ability to understand capacidad de entender
ability to withstand capacidad de tolerar
abishering liberar de multas
abject abyecto, despreciable
abjection abyección, bajeza
abjuration abjuración, renuncia
abjuration of allegiance abjuración de lealtad
abjure abjurar, renunciar, retractarse
   solemnemente
abjurement abjuración, renuncia
abjurer quien abjura, quien renuncia
ablaze en llamas, ardiendo, encendido
able capaz, hábil, competente
able-bodied sin impedimentos físicos que
   eviten cumplir un cargo, fuerte y sano
able to be altered capaz de ser alterado
able to be confirmed capaz de ser confirmado
able to be seen capaz de ser visto
able to be shown capaz de ser demostrado
able to earn capaz de obtener ingresos
able to endure capaz de tolerar
able to improve capaz de mejorar
able to pay capaz de pagar
able to purchase capaz de comprar
able to recognize capaz de reconocer
able to withstand capaz de tolerar
able to work capaz de trabajar
ableness capacidad, habilidad, competencia

ablocate arrendar
ablocatio arrendamiento
ably hábilmente, competentemente
abmatertera la hermana de una tatarabuela
abnegate abnegar, renunciar, negar, rechazar
abnegation abnegación, negación, rechazo
abnepos un tataranieto
abneptis una tataranieta
abnormal anormal, irregular
abnormal risk riesgo irregular
abnormality anormalidad, irregularidad
abnormity anormalidad, irregularidad
aboardage abordaje
abode hogar, residencia, domicilio
abolish abolir, anular, derogar
abolished abolido, anulado, derogado
abolishment abolición, anulación, derogación
abolition abolición, derogación
abolition of a remedy abolición de un recurso
abolition of an action abolición de una acción
abominable abominable
abomination abominación
abort abortar, fracasar
aborted abortado, fracasado
aborted attempt intento abortado
aborted crime crimen abortado
aborted effort esfuerzo abortado
aborted mission misión abortada
abortion aborto, terminación del embarazo
abortionist abortador
abortive abortivo, fracasado
abortive trial juicio sin veredicto, juicio sin sentencia
abortus producto del aborto
about alrededor de, concerniente a, sobre, relacionado con
about-face cambio de parecer, media vuelta
about the person cerca de la persona, acerca de la persona
about to a punto de
about to happen a punto de ocurrir
above sobre, superior, precedente, anterior
above all sobre todo
above average sobre promedio
above-cited anteriormente citado
above-described descrito anteriormente
above-mentioned antedicho, anteriormente mencionado
above par sobre la par
above quota sobre la cuota
above-written antes escrito
aboveboard abiertamente, honestamente
abpatruus un tío tatarabuelo
abreast lado a lado, parejo, al tanto
abridge abreviar, reducir
abridged abreviado, reducido
abridgment abreviación, condensación, compendio, limitación, disminución
abridgment of damages derecho del tribunal a reducir los daños y perjuicios
abridgment of rights disminución de derechos
abridgment of time abreviación de tiempo
abroad en el extranjero
abrogate abrogar, revocar, anular, derogar
abrogated abrogado, revocado, anulado, derogado
abrogation abrogación, revocación, anulación, derogación
abrogation of agreement abrogación de contrato
abrogative abrogativo
abrupt abrupto, repentino
abruption ruptura
abruptly abruptamente, repentinamente
abscission abscisión, separación
abscond esconderse, ocultarse, fugarse
abscond on bail fugarse bajo fianza
absconder fugitivo, prófugo, contumaz
absconding debtor deudor prófugo
absence ausencia, no comparecencia
absence from the state ausencia del estado
absence of authority ausencia de autoridad
absence of ceremony ausencia de ceremonia
absence of change ausencia de cambio
absence of doubt ausencia de duda
absence of fraud ausencia de fraude
absence of funds ausencia de fondos
absence of guilt ausencia de culpabilidad
absence of heirs ausencia de herederos
absence of issue ausencia de descendencia
absence of meaning ausencia de sentido
absence of negligence ausencia de negligencia
absence of notice ausencia de aviso
absence of wrongdoing ausencia de daño
absent ausente, no compareciente
absent and absconding debtor deudor ausente y prófugo
absent creditor acreedor ausente
absent debtor deudor ausente
absent defendant demandado ausente, acusado ausente
absent from ausente de
absent from a jurisdiction ausente de una jurisdicción
absent-minded distraído
absented ausentado
absentee ausente, quien se ausenta
absentee ballot voto ausente, voto por poder, papeleta para voto ausente
absentee landlord arrendador ausente, propietario ausente
absentee lessor arrendador ausente
absentee owner dueño ausente
absentee voting voto ausente
absenteeism absentismo
absolute absoluto, incondicional, definitivo
absolute acceptance aceptación absoluta

absolute admission admisión absoluta
absolute advantage ventaja absoluta
absolute assertion afirmación absoluta
absolute assignment cesión absoluta, traspaso absoluto
absolute auction subasta absoluta
absolute beneficiary beneficiario absoluto
absolute bequest legado irrevocable, legado absoluto
absolute certainty certeza absoluta
absolute condition condición absoluta
absolute control control absoluto
absolute conveyance traspaso absoluto
absolute conviction convicción absoluta
absolute covenant estipulación absoluta, acuerdo absoluto
absolute deed título absoluto
absolute delivery entrega absoluta
absolute devise legado irrevocable, legado absoluto
absolute discretion discreción absoluta
absolute divorce divorcio absoluto
absolute endorsement endoso absoluto
absolute estate derechos y posesión absolutos, título absoluto
absolute exemption exención absoluta
absolute fee título absoluto
absolute fee simple título absoluto
absolute gift donación absoluta
absolute guarantee garantía absoluta
absolute guaranty garantía absoluta
absolute immunity inmunidad absoluta
absolute indorsement endoso absoluto
absolute injuries perjuicio absoluto, daños absolutos
absolute interest interés absoluto, derecho absoluto
absolute law ley absoluta
absolute legacy legado irrevocable, legado absoluto
absolute liability responsabilidad objetiva, responsabilidad absoluta
absolute monopoly monopolio absoluto
absolute moral certainty certidumbre moral absoluta
absolute nullity nulidad absoluta
absolute obligation obligación absoluta
absolute owner dueño absoluto
absolute ownership propiedad absoluta
absolute pardon perdón incondicional, perdón absoluto
absolute power of alienation poder de disposición absoluto
absolute power of disposition poder de disposición absoluto
absolute power of revocation facultad de revocación absoluta
absolute prerequisite prerrequisito absoluto
absolute privilege privilegio absoluto, gracia

absoluta, inmunidad del proceso civil
absolute property propiedad absoluta, posesión y derecho absoluto
absolute requisite requisito absoluto
absolute right derecho absoluto
absolute sale venta definitiva
absolute title título absoluto
absolute total loss pérdida total absoluta
absolute transfer transferencia absoluta
absolute warranty garantía absoluta
absolutely absolutamente, completamente, definitivamente, incondicionalmente
absolutely and unconditionally absoluta e incondicionalmente
absolutely clear absolutamente claro
absolutely necessary absolutamente necesario
absolutely privileged absolutamente privilegiado, inmune del proceso civil
absolutely privileged communication comunicación absolutamente privilegiada, comunicación con inmunidad de proceso civil
absolutely void absolutamente nulo
absoluteness carácter absoluto
absolution absolución, perdón
absolutism absolutismo
absolutist absolutista
absolve absolver, exonerar, dispensar, eximir
absolve of blame absolver de culpa
absolve of fault absolver de culpa
absorb absorber, asimilar a fondo
absorbed absorbido
absorption absorción
absque hoc sin esto, absque hoc
abstain abstenerse, privarse
abstain from abstenerse de, privarse de
abstainment abstención, inhibición
abstemious abstemio, frugal
abstention abstención, inhibición
abstention doctrine doctrina de la abstención, doctrina de la inhibición
abstinence abstinencia
abstract (n) resumen, extracto, compendio
abstract (v) resumir, compendiar, remover, separar, sustraer
abstract idea idea abstracta
abstract instruction instrucción abstracta al jurado
abstract loss pérdida no experimentada en concreto, pérdida abstracta
abstract of evidence resumen de pruebas
abstract of judgment resumen de fallo
abstract of record resumen breve del expediente
abstract of title resumen del título
abstract question pregunta teórica, pregunta especulativa
abstract thing cosa abstracta
abstract update actualización de resumen de

título
abstracted resumido, compendiado, abstraído
abstracter preparador de resúmenes
abstraction abstracción, hurto, sustracción, separación
abstruse abstruso, incomprensible
abstruseness incomprensibilidad
absurd absurdo, irracional
absurd story historia absurda
absurd testimony testimonio absurdo
absurdity absurdidad, irracionalidad
absurdness absurdidad, irracionalidad
abus de confiance abuso de confianza
abuse (n) abuso
abuse (v) abusar, injuriar
abuse a child abusar de un hijo, abusar de un niño
abuse a spouse abusar de un cónyuge
abuse of authority abuso de autoridad
abuse of child abuso de niño, abuso de hijo, abuso de menor
abuse of civil law abuso del derecho civil
abuse of discretion abuso de discreción
abuse of drugs abuso de drogas
abuse of executive authority abuso de autoridad ejecutiva
abuse of female child abuso de niña menor, abuso de hija menor
abuse of husband abuso de esposo
abuse of legal process abuso de proceso legal
abuse of male child abuso de niño menor, abuso de hijo menor
abuse of minor abuso de menor
abuse of power abuso de poder
abuse of privilege abuso de privilegio
abuse of process abuso de proceso
abuse of trust abuso de confianza
abuse of wife abuso de esposa
abused abusado, injuriado
abused and neglected abusado y descuidado
abusive abusivo, injurioso
abusive husband esposo abusivo
abusive language lenguaje abusivo, lenguaje cruel
abusive letter carta abusiva
abusive person persona abusiva
abusive spouse cónyuge abusivo
abusive tax shelter abrigo contributivo abusivo
abusive wife esposa abusiva
abusiveness carácter de abusivo
abut lindar, confinar, terminar en
abutment linde, lindero, confín
abuttals colindancias, lindes, linderos, límites, confines
abutter colindante, dueño de propiedad colindante
abutting colindante, limítrofe
abutting land tierra colindante

abutting owner dueño de propiedad colindante
abutting property propiedad colindante
abutting property owner dueño de propiedad colindante
abysmal abismal, profundo
ac etiam y además
academic teórico, especulativo, académico
academic question pregunta académica, pregunta hipotética
academy academia
accede acceder, consentir
accede to acceder a, consentir a
acceding accediendo, consintiendo
accelerant acelerante
accelerate acelerar
accelerate payment acelerar pago
accelerated cost recovery system sistema acelerado de recuperación de costos
accelerated decision decisión acelerada
accelerated depreciation depreciación acelerada
acceleration aceleración
acceleration clause cláusula de aceleración
acceleration doctrine doctrina de aceleración
acceleration of estate aceleración de un legado, aceleración de una sucesión
acceleration of payment aceleración de pago
accentuate acentuar, intensificar
accept aceptar, admitir, recibir, aprobar
accept a bill aceptar una letra
accept a bribe aceptar un soborno
accept a check aceptar un cheque
accept a condition aceptar una condición
accept a contract aceptar un contrato
accept a deposit aceptar un depósito
accept a proposal aceptar una propuesta
accept advice aceptar consejos
accept an obligation aceptar una obligación
accept an offer aceptar una oferta
accept conditionally aceptar condicionalmente
accept for the account of recibir por la cuenta de
accept goods aceptar mercancías
accept liability aceptar responsabilidad
accept responsibility aceptar responsabilidad
acceptable aceptable, admisible
acceptable evidence prueba admisible
acceptance aceptación, aprobación, admisión
acceptance by conduct aceptación por conducta
acceptance date fecha de aceptación
acceptance liability responsabilidad de aceptación
acceptance responsibility responsabilidad de aceptación
acceptance of a bill aceptación de una letra
acceptance of a bribe aceptación de un soborno

acceptance of a check aceptación de un cheque
acceptance of a contract aceptación de un contrato
acceptance of a deposit aceptación de un depósito
acceptance of a gift aceptación de una donación
acceptance of a proposal aceptación de una propuesta
acceptance of an insurance application aceptación de una solicitud de seguro
acceptance of benefits aceptación de beneficios
acceptance of condition aceptación de condición
acceptance of goods aceptación de bienes
acceptance of liability aceptación de responsabilidad
acceptance of obligation aceptación de obligación
acceptance of offer aceptación de oferta
acceptance of office aceptación de cargo
acceptance of order aceptación de orden
acceptance of penalty aceptación de pena
acceptance of responsibility aceptación de responsabilidad
acceptance of risk aceptación del riesgo
acceptance of sale aceptación de venta
acceptance procedure procedimiento de aceptación
acceptation aceptación, aprobación
accepted aceptado, aprobado, admitido
accepted benefit beneficio aceptado
accepted bill letra aceptada
accepted bribe soborno aceptado
accepted check cheque aceptado
accepted claim reclamación aceptada
accepted condition condición aceptada
accepted contract contrato aceptado
accepted deposit depósito aceptado
accepted draft giro aceptado, letra aceptada
accepted fact hecho aceptado
accepted gift donación aceptada
accepted goods bienes aceptados
accepted liability responsabilidad aceptada
accepted obligation obligación aceptada
accepted responsibility responsabilidad aceptada
accepted risk riesgo aceptado
acceptilation aceptilación, relevo de deuda
accepting aceptante
accepting bank banco aceptante
acceptor aceptante, aceptador
access acceso, entrada, paso, acceso carnal
access code código de acceso
access right derecho de acceso
access to courts acceso a la justicia
accessibility accesibilidad, asequibilidad

accessible accesible, asequible, susceptible
accession toma de posesión, incremento, accesión
accession of property toma de posesión de propiedad
accessions incorporación de un bien a otro
accessorial accesorio, suplementario
accessory accesorio, cómplice
accessory action acción accesoria
accessory after the fact cómplice encubridor, cómplice después de los hechos
accessory at the fact cómplice presente, cómplice de los hechos
accessory before the fact cómplice instigador
accessory building edificación auxiliar
accessory charge cargo accesorio
accessory contract contrato accesorio
accessory during the act uno que presencia un delito sin prestar ayuda, cómplice en el acto
accessory obligation obligación accesoria
accessory to a crime cómplice
accessory use uso auxiliar
accident accidente, desgracia, casualidad
accident and health insurance seguro contra accidentes y enfermedades
accident benefits beneficios por accidente
accident frequency frecuencia de accidentes
accident insurance seguro contra accidentes
accident policy póliza contra accidentes
accident prevention prevención de accidentes
accident-prone propenso a sufrir accidentes
accident rate frecuencia de accidentes
accident report informe de accidente
accidental accidental, imprevisto
accidental bodily injury lesión corporal accidental
accidental cause causa accidental
accidental damage daño accidental
accidental death muerte accidental
accidental event acontecimiento accidental
accidental fire fuego accidental
accidental homicide homicidio accidental
accidental injury lesión accidental
accidental killing homicidio accidental
accidental loss pérdida accidental
accidental means causa accidental
accidentally accidentalmente
acclaim aclamar, proclamar
acclamation aclamación, voto unánime
acclamatory aclamatorio
accola quien vive cerca de algo
accomenda contrato entre el comandante de una nave y el dueño de la carga
accommodate acomodar, proveer, adaptar, facilitar
accommodated party beneficiario de una firma de favor, beneficiario de una firma por acomodación

accommodating servicial, complaciente, flexible

accommodation favor, acomodamiento, garantía

accommodation acceptance aceptación de favor

accommodation bill documento de favor, letra de favor

accommodation draft giro de favor, letra de favor

accommodation endorsement endoso de favor

accommodation endorser endosante de favor

accommodation guarantor garante de favor

accommodation indorsement endoso de favor

accommodation indorser endosante de favor

accommodation lands tierras compradas para edificar y arrendar

accommodation line pólizas de seguros aceptadas con deferencia al agente

accommodation maker quien firma de favor

accommodation note pagaré de favor

accommodation paper documento de favor, documento para facilitar

accommodation party quien firma de favor, parte por acomodación

accommodation road camino de acceso

accommodation signer quien firma de favor

accompaniment acompañamiento, accesorio

accompany acompañar, escoltar

accompanying acompañante

accomplice cómplice

accomplice liability responsabilidad de un cómplice

accomplice witness testigo cómplice

accomplish efectuar, lograr, realizar

accomplished realizado, ejecutado, acabado

accomplishments logros, realizaciones

accord (n) convenio, acuerdo

accord (v) acordar, otorgar, convenir

accord and satisfaction arreglo de una disputa, aceptación como finiquito

accordance acuerdo, conformidad

accordant en conformidad, de conformidad

according conforme

according to de acuerdo a, conforme a

according to agreement de acuerdo al contrato

according to contract de acuerdo al contrato

according to custom de acuerdo a las costumbres

according to facts de acuerdo a los hechos

according to law de acuerdo al derecho

according to the custom of the place de acuerdo a las costumbres del lugar

accordingly en conformidad

accost dirigirse a, abordar

accouchement parto

account cuenta, informe

account balance saldo de una cuenta

account book libro de cuentas

account classification clasificación de cuenta

account closed cuenta cerrada

account debtor deudor en la cuenta

account entry anotación en cuenta

account for dar razón de, responder por

account history historial de cuenta

account in trust cuenta en fideicomiso

account number número de cuenta

account past due cuenta vencida, cuenta en mora

account payable cuenta por pagar

account receivable cuenta por cobrar

account rendered cuenta presentada al deudor

account settled cuenta saldada

account stated acuerdo de balance para cancelación

account statement estado de cuenta

account status estado de cuenta

accountability responsabilidad

accountable responsable

accountable official oficial responsable

accountable person persona responsable

accountable receipt recibo de dinero acompañado de una obligación, recibo de propiedad acompañada de una obligación

accountancy contabilidad, contaduría

accountant contador, contable

accountant's certificate certificado del contador

accountant's liability responsabilidad del contador

accountant's opinion opinión del contador

accountant's report informe del contador

accountant's responsibility responsabilidad del contador

accounting contabilidad

accounting books and records libros y registros de contabilidad

accounting change cambio de contabilidad

accounting control control de contabilidad

accounting convention prácticas contables

accounting cycle ciclo de contabilidad

accounting data datos de contabilidad

accounting documents documentos de contabilidad

accounting entry asiento contable

accounting error error de contabilidad

accounting event evento de contabilidad

accounting evidence prueba de contabilidad

accounting method método de contabilidad

accounting officer oficial de contabilidad

accounting period período contable

accounting policies normas de contabilidad

accounting practice práctica contable

accounting principles principios de contabilidad

accounting procedure procedimiento de

contabilidad
accounting process proceso de contabilidad
accounting records registros de contabilidad
accounting records and books libros y
registros de contabilidad
accounting standards normas de contabilidad
accounting system sistema de contabilidad
accounts payable cuentas por pagar
accounts receivable cuentas por cobrar
accouple unir, unir por matrimonio
accredit acreditar, reconocer
accreditation acreditación, identificación,
certificación
accredited acreditado, reconocido, autorizado
accredited agent agente autorizado,
representante autorizado
accredited law school escuela de leyes
acreditada
accredited representative representante
autorizado
accrete aumentar
accretion adquisición gradual de tierra por
causas de la naturaleza, acrecentamiento
accretive acrecentador
accroach invadir, usurpar
accrual acrecimiento, incremento
accrue acumular
accrued acumulado
accrued alimony pensión alimenticia
acumulada, pensión tras el divorcio
acumulada, alimentos acumulados
accrued assets activo acumulado
accrued benefit beneficio acumulado
accrued cause of action acción ejercitable
accrued compensation compensación
acumulada
accrued debt deuda acumulada
accrued depreciation depreciación acumulada
accrued earnings ingreso acumulado
accrued expenses gastos acumulados
accrued income ingreso acumulado, ingreso
devengado
accrued interest interés acumulado
accrued liability pasivo acumulado
accrued payroll nómina acumulada
accrued rent renta acumulada
accrued right autoridad legal para requerir
reparación, derecho ejercitable
accrued salary salario acumulado
accrued taxes contribuciones acumuladas,
impuestos acumulados, impuestos
devengados
accrued wages salario acumulado
accruer acrecimiento
accruing incipiente
accruing costs costas luego del fallo
accumulate acumular
accumulate income acumular ingresos
accumulate taxes acumular impuestos

accumulated amount cantidad acumulada
accumulated annuity anualidad acumulada
accumulated damages daños acumulados
accumulated earnings ingresos acumulados
accumulated expenses gastos acumulados
accumulated income ingresos acumulados
accumulated judgment fallo acumulado
accumulated legacy legado acumulado
accumulated profits ganancias acumuladas
accumulated remuneration remuneración
acumulada
accumulated sentence sentencia acumulada
accumulation acumulación
accumulation trust fideicomiso de
acumulación
accumulative acumulativo
accumulative judgment fallo acumulativo
accumulative legacy legado adicional
accumulative sentence sentencia acumulativa
accumulator acumulador
accuracy precisión, exactitud
accurate preciso, exacto
accurately con precisión, con exactitud
accusable acusable
accusation acusación
accusatory acusatorio
accusatory instrument instrumento acusatorio
accusatory procedure sistema judicial donde
el estado acusa y tiene responsabilidad de
probar culpabilidad
accusatory process proceso acusatorio
accuse acusar
accuse falsely acusar falsamente
accuse unfairly acusar injustamente
accuse unjustly acusar injustamente
accused acusado
accused party parte acusada
accuser acusador
accustomed acostumbrado
accustomed practice práctica acostumbrada
accustomed use uso acostumbrado
acequia acequia, zanja
acerbate exasperar, exacerbar, irritar
acerbity acerbidad, aspereza
achievable alcanzable, factible
achieve lograr, ejecutar, obtener
achievement logro, realización
acid test prueba de fuego, prueba decisiva
acknowledge reconocer, certificar, acusar
recibo
acknowledge a debt reconocer una deuda
acknowledge a document reconocer un
documento, certificar un documento
acknowledge a signature reconocer una
firma, certificar una firma
acknowledge payment reconocer pago
acknowledge receipt acusar recibo
acknowledged reconocido
acknowledgment reconocimiento,

certificación, acuse de recibo
acknowledgment of debt reconocimiento de deuda
acknowledgment of deed reconocimiento de título
acknowledgment of guilt reconocimiento de culpabilidad
acknowledgment of order reconocimiento de orden
acknowledgment of paternity reconocimiento de paternidad
acknowledgment of payment reconocimiento de pago
acknowledgment of receipt acuse de recibo
acme cima, colmo, apogeo
acquaint familiarizarse con, enterarse de
acquaintance conocido, conocimiento
acquaintanceship relación, trato
acquainted familiarizado
acquest propiedad adquirida
acquets propiedad adquirida durante el matrimonio
acquiesce aquiescer, consentir sin palabras
acquiesce to a breach of contract aquiescer a un incumplimiento de contrato
acquiescence, estoppel by impedimento por aquiescencia
acquiescence aquiescencia, consentimiento sin palabras, consentimiento tácito
acquiescent aquiescente
acquirable adquirible
acquire adquirir
acquire beforehand adquirir de antemano
acquire by fraud adquirir mediante fraude
acquire by inheritance adquirir mediante herencia
acquire by purchase adquirir mediante compra
acquire by will adquirir mediante testamento
acquire information adquirir información
acquired adquirido
acquired by adquirido por
acquired immune deficiency syndrome síndrome de inmunodeficiencia adquirida
acquired rights derechos adquiridos
acquirement adquisición
acquisition adquisición
acquisition by purchase adquisición mediante compra
acquisition cost costo de adquisición
acquisition date fecha de adquisición
acquisition of property adquisición de propiedad
acquisitive adquisitivo, codicioso
acquisitive offenses delitos de hurto, delitos de robo
acquit absolver, exonerar
acquitment absolución
acquittal absolución, descargo

acquittal by jury absolución mediante jurado
acquittal in fact absolución de hecho
acquittal in law absolución inferida por la ley
acquittance recibo, carta de pago, reconocimiento de pago, exoneración, descargo
acquitted absuelto, exonerado
acre acre
acreage área en acres
across a través, al otro lado
across the board incluyendo todo
across-the-board increase aumento incluyendo todo, aumento incluyendo a todos
across-the-board reduction reducción incluyendo todo, reducción incluyendo a todos
act acto, acción, ley, hecho
act against actuar en contra
act as agent actuar como agente
act as mediator actuar como mediador
act as moderator actuar como moderador
act by virtue of office acto que está dentro de los poderes de un funcionario pero que al ejecutarlo lo hace de forma impropia o abusiva
act dishonestly actuar deshonestamente
act efficiently actuar eficientemente
act falsely actuar falsamente
act illegally actuar ilegalmente
act improperly actuar impropiamente
act in collusion actuar en colusión
act in concert actuar en concierto
act in harmony actuar en armonía
act in opposition actuar en oposición
act in pais acto fuera de tribunal
act in place of actuar en lugar de
act jointly actuar conjuntamente
act of aggression acto de agresión
act of bankruptcy acto que puede llevar a un procedimiento involuntario de quiebra, acto de quiebra
act of commission acto de comisión
act of cruelty acto de crueldad
act of embezzlement acto de desfalco
act of ferocity acto de ferocidad
act of generosity acto de generosidad
act of God acto de Dios, causa de fuerza mayor
act of grace amnistía
act of harassment acto de hostigamiento
act of honor acto de honor
act of hostility acto de hostilidad
act of insolvency acto que demuestra insolvencia, acto de insolvencia
act of law efecto jurídico
act of nature acto de la naturaleza, acto de fuerza mayor
act of necessity acto de necesidad

act of omission acto de omisión
act of ownership acto de propiedad
act of sale escritura de compraventa
act of state acto de gobierno
act of the parties acto de las partes
act of treason traición
act of violence acto de violencia
act on behalf of actuar de parte de
acta publica de conocimiento público
acting interino, desempeñando, actuando
acting executor albacea interino
acting judge juez interino
acting officer funcionario interino
acting trustee fiduciario interino
actio arbitraria acción arbitraria
actio bonae fidei acción de buena fe
actio civilis acción civil
actio criminalis acción criminal
actio damni injuria acción por daños
actio ex contractu acción por incumplimiento
    de contrato
actio in personam acción personal
actio in rem acción contra la cosa
actio personalis acción personal
actio realis acción real
actio rescissoria acción de rescindir
action, right of derecho de acción
action acción, acción judicial, acto, proceso,
    obra, actividad
action brought acción iniciada
action commenced acción comenzada
action ex contractu acción basada en un
    contrato
action ex delicto acción por daños y
    perjuicios, acción extracontractual
action for bodily injury acción por lesión
    corporal
action for breach of contract acción por
    incumplimiento de contrato
action for damage to property acción por
    daño a la propiedad
action for damages acción por daños y
    perjuicios
action for dissolution acción para disolución
action for division acción para dividir un
    reclamo
action for fraud acción por fraude
action for libel acción por difamación escrita,
    acción por libelo
action for misrepresentation acción por
    declaraciones falsas
action in personam acción personal
action in rem acción contra la cosa
action of assumpsit acción por
    incumplimiento de contrato
action of contract acción contractual
action of covenant acción por incumplimiento
    de contrato
action of debt acción por cobro de deuda,

acción de apremio
action of ejectment acción de desahucio
action of foreclosure acción de ejecución
    hipotecaria
action of replevin acción de reivindicación
action of trespass acción de transgresión
action on contract acción contractual, acción
    directa
action on the case acción por daños y
    perjuicios
action pending acción pendiente
action to quiet title acción para resolver
    reclamaciones opuestas en propiedad
    inmueble, acción para eliminar defectos en
    un título de propiedad
action to recover damages acción por daños
    y perjuicios
actionable accionable, procesable, enjuiciable
actionable claim reclamación procesable
actionable fraud fraude procesable
actionable misrepresentation declaración
    falsa enjuiciable
actionable negligence negligencia procesable
actionable nuisance estorbo procesable, acto
    perjudicial procesable, perjuicio procesable
actionable per quod palabras accionables si
    causan un daño que se pueda demostrar
actionable per se palabras de por sí
    calumniosas o difamantes, procesable en sí
    mismo
actionable tort daño legal accionable
actionable words calumnia procesable,
    palabras calumniosas
actionable wrong agravio procesable
actionary accionista
activate activar
active activo, vigente
active account cuenta activa
active administration administración activa
active administrator administrador activo
active concealment ocultación activa
active debt deuda activa
active employee empleado activo
active file archivo activo
active management administración activa
active manager administrador activo
active market mercado activo
active negligence negligencia activa
active participant participante activo
active participation participación activa
active partner socio activo
active trust fideicomiso activo
actively activamente
activism activismo
activist activista
activity actividad
activity report informe sobre actividad
actor actor, demandante
actual real, efectivo, existente, actual

actual agency agencia real, representación efectiva
actual authority autorización real, autoridad efectiva
actual bailment depósito efectivo
actual case caso real
actual cash value valor realizable en efectivo, precio justo de venta, precio real de venta
actual change of possession cambio de posesión efectivo, traspaso verdadero
actual controversy controversia concreta
actual cost costo real, costo de adquisición
actual damages daños y perjuicios efectivos, daños efectivos, compensación real por daños y perjuicios
actual delivery entrega efectiva
actual doubt duda razonable
actual eviction evicción efectiva, desahucio efectivo, desalojo físico
actual force fuerza real
actual fraud fraude efectivo, fraude positivo
actual intent intención real
actual intent to defraud intención real de defraudar
actual knowledge conocimiento efectivo, conocimiento real
actual loss pérdida real, pérdida efectiva
actual malice malicia real
actual market value valor en el mercado actual, valor de mercado, valor real en el mercado, valor efectivo de mercado
actual notice notificación efectiva
actual occupancy ocupación efectiva
actual overdraft sobregiro real
actual owner dueño real
actual possession posesión efectiva
actual practice práctica efectiva
actual residence residencia corriente, residencia verdadera
actual resident residente corriente, residente verdadero
actual use uso efectivo
actual value valor actual, valor real
actual violence acometimiento con violencia
actually efectivamente, en efecto
actuarial adjustment ajuste actuarial
actuarial basis base actuarial
actuarial evaluation evaluación actuarial
actuarial rate tasa actuarial
actuarial reserve reserva actuarial
actuarial statistics estadística actuarial
actuarial table tabla actuarial
actuarius notario
actuary actuario
actuate activar, accionar
acuity agudeza, acuidad
acumen cacumen, agudeza
ad comparendum a comparecer, ad comparendum

ad curiam ante el tribunal, ad curiam
ad diem al día, ad diem
ad effectum al efecto, ad effectum
ad finem litis al final del litigio
ad hoc tratándose de esto, a esto, a propósito, ad hoc
ad hoc officer oficial del asunto a la mano
ad infinitum infinitamente, sin fin, ad infinitum
ad interim en el ínterin, mientras tanto, provisionalmente, ad interim
ad interim restraining order inhibitoria en el ínterin
ad judicium a la sentencia, ad judicium
ad litem para el litigio, para el proceso, ad litem
ad nauseam hasta nausear, hasta el punto del disgusto, ad nauseam
ad opus por el trabajo
ad perpetuam perpetuamente, para siempre, ad perpetuam
ad prosequendam a enjuiciar, ad prosequendam
ad punctum temporis en ese preciso momento, ad punctum temporis
ad quem al cual, para el cual, ad quem
ad rem a la cosa, ad rem
ad testari testificar
ad tunc entonces, ad tunc
ad valorem de acuerdo al valor, según el valor, ad valórem
ad valorem contractus al valor del contrato
ad valorem tax impuesto según el valor, impuesto ad valórem
ad vitam por vida, ad vitam
ad voluntatem sujeto a la voluntad, por voluntad, ad voluntatem
adamant inflexible, obstinado
adapt adaptar
adaptable adaptable
adaptation adaptación
adapted adaptado
adaptive adaptivo
adaptive administration administración adaptiva
adaptive management administración adaptiva
adavaunt antes de
add añadir, unir
added protection protección añadida
added substance sustancia añadida
added value valor agregado
addendum apéndice, suplemento
addendum to a contract suplemento a un contrato
addible añadible
addict adicto
addicted adicto, enviciado
addicted to alcohol adicto al alcohol

addicted to drugs adicto a drogas
addiction adicción
additament aditamento, añadidura
additio adición
addition adición, suma
addition to a structure adición a una estructura
additional adicional
additional beneficiary beneficiario adicional
additional benefit beneficio adicional
additional burden carga adicional
additional clause cláusula adicional
additional collateral colateral adicional
additional compensation compensación adicional
additional consideration contraprestación adicional
additional cost costo adicional
additional coverage cobertura adicional
additional duties deberes adicionales
additional easement servidumbre adicional
additional instructions instrucciones adicionales
additional insured asegurado adicional
additional legacy legado adicional
additional liability responsabilidad adicional
additional obligation obligación adicional
additional responsibility responsabilidad adicional
additional security garantía adicional
additional servitude servidumbre adicional
additional stipulation estipulación adicional
additional time tiempo adicional
additional work trabajo adicional
additionales condiciones a añadirse a un contrato existente
additionally adicionalmente, además
additur aumento a la indemnización mas allá de lo otorgado por el jurado
address dirección, discurso
address the court dirigirse al tribunal
addressee destinatario
addresser remitente
adduce aducir, alegar, citar
adduce evidence aducir pruebas
adeem revocar, retirar
adeem a bequest revocar un legado
adeem a devise revocar un legado
adeem a gift revocar una donación
adeem a legacy revocar un legado
adeemed revocado, retirado
ademption revocación de un legado, revocación
ademption of a bequest revocación de un legado
ademption of a devise revocación de un legado
ademption of a gift revocación de una donación

ademption of a legacy revocación de un legado
adept experto, adepto
adequacy suficiencia
adequacy of coverage suficiencia de cobertura
adequacy of financing suficiencia de financiamiento
adequacy of reserves suficiencia de reservas
adequate adecuado, suficiente
adequate care precaución adecuada
adequate cause causa suficiente
adequate compensation indemnización justa
adequate consideration contraprestación suficiente
adequate notice notificación suficiente
adequate preparation preparación adecuada
adequate protection protección adecuada
adequate provocation provocación suficiente
adequate remedy remedio adecuado
adequate security seguridad adecuada
adequate support mantenimiento adecuado
adequately adecuadamente
adeu sin día
adhere to adherirse a, acatarse a
adhere to the terms of a contract adherirse a los términos de un contrato
adherence adherencia, adhesión, fidelidad
adherence to a contract adherencia a un contrato
adherent adherente, partidario, adhesivo
adhering adhiriendo
adhesion adhesión
adhesion contract contrato de adhesión
adhibit admitir, unir
adjacency adyacencia, contigüidad
adjacent adyacente, contiguo
adjacent land tierra adyacente
adjacent owner dueño adyacente
adjacent property propiedad adyacente
adjective law derecho procesal
adjective provision disposición procesal
adjoin juntar, lindar con
adjoining adyacente, contiguo
adjoining landowners dueños de propiedades colindantes
adjoining properties propiedades colindantes
adjourn suspender, diferir, aplazar, clausurar
adjourn a case aplazar un caso
adjourn a session aplazar una sesión
adjourned aplazado, diferido, suspendido
adjourned summons citación llevada a cabo en el despacho del juez y luego llevada al tribunal a ser debatida entre abogados
adjourned term sesión continuada, sesión aplazada
adjournment aplazamiento, suspensión
adjournment day día de aplazamiento
adjournment sine die suspensión de cierre

adjudge juzgar, dictar sentencia, fallar, decretar
adjudge bankrupt decretar en quiebra
adjudge insolvent decretar insolvente
adjudicate adjudicar, juzgar, fallar, decretar
adjudicate bankruptcy adjudicar quiebra
adjudicate insolvency adjudicar insolvencia
adjudicatee adjudicatario
adjudicatio adjudicación
adjudication adjudicación, fallo, sentencia
adjudication of bankruptcy adjudicación de quiebra
adjudication of insolvency adjudicación de insolvencia
adjudication of liability adjudicación de responsabilidad
adjudicative adjudicativo
adjudicative facts hechos adjudicativos en un proceso administrativo, hechos reales concernientes a las partes en un proceso
adjudicative power poder adjudicativo
adjudicatory adjudicatorio
adjudicatory authority autoridad con capacidad para decidir
adjudicatory hearing audiencia adjudicatoria
adjudicatory process proceso adjudicatorio
adjudicature adjudicación, fallo, sentencia
adjunct adjunto, auxiliar, subordinado
adjunct account cuenta adjunta
adjunction adjunción, añadidura
adjuration juramento solemne
adjure ordenar bajo juramento solemne, implorar
adjust ajustar, conciliar
adjustable ajustable
adjustable insurance seguro ajustable
adjustable insurance premium prima de seguros ajustable
adjustable premium prima ajustable
adjustable rate tasa ajustable
adjusted ajustado
adjusted basis base ajustada
adjusted rate tasa ajustada
adjuster ajustador, liquidador
adjustment ajuste, liquidación
adjustment of contract ajuste de contrato
adjuvant ayudante, auxiliar
admeasurement repartición
adminicular auxiliar
adminicular evidence prueba auxiliar
adminiculate dar evidencia auxiliar
administer administrar
administer badly administrar mal
administer poorly administrar mal
administer negligently administrar negligentemente
administer punishment castigar
administered administrado
administered account cuenta administrada

administrare administrar
administration administración
administration deviation irregularidad administrativa
administration expenses gastos de administración
administration of estate administración de sucesión
administration of expenses administración de gastos
administration of justice administración de justicia
administrative administrativo
administrative action acción administrativa
administrative acts actos administrativos
administrative agency agencia administrativa
administrative agreement acuerdo administrativo
administrative audit auditoría administrativa
administrative authority autoridad administrativa
administrative board junta administrativa
administrative body cuerpo administrativo
administrative capacity capacidad administrativa
administrative company compañía administrativa
administrative control control administrativo
administrative council consejo administrativo
administrative crime crimen administrativo
administrative discretion discreción administrativa
administrative expenses gastos administrativos
administrative function función administrativa
administrative guide guía administrativa
administrative hearing vista administrativa
administrative interpretation interpretación administrativa
administrative judge juez administrativo
administrative law derecho administrativo
administrative law judge juez administrador
administrative methods métodos administrativos
administrative officer funcionario administrativo
administrative order orden administrativa
administrative planning planificación administrativa
administrative power poder administrativo
administrative procedure procedimiento administrativo
administrative proceeding proceso administrativo
administrative process proceso administrativo
administrative regulations reglamentos administrativos
administrative remedy remedio

administrativo
administrative ruling fallo administrativo
administrative system sistema administrativo
administrative tribunal tribunal administrativo
administrator administrador
administrator pendente lite administrador temporal
admiralty almirantazgo
admiralty court tribunal marítimo
admissibility admisibilidad
admissible admisible
admissible evidence prueba admisible
admission admisión, entrada, reconocimiento
admission against interest admisión contra intereses propios
admission against pecuniary interest admisión contra interés pecuniario
admission by conduct admisión por conducta
admission by flight admisión por fuga
admission of debt admisión de deuda
admission of guilt admisión de culpabilidad, confesión
admission of liability admisión de responsabilidad
admission of responsibility admisión de responsabilidad
admission temporaire admisión temporal
admission under duress confesión bajo coacción
admissions reconocimientos, confesiones, declaraciones
admissive concesivo
admit admitir, confesar, declarar
admit guilt admitir culpabilidad
admit liability admitir responsabilidad
admit to bail liberar bajo fianza
admittance admisión
admitted to the bar colegiado, autorizado a ejercer como abogado
admittere admitir
admixture mezcla
admonish advertir, aconsejar
admonishment amonestación, advertencia
admonition advertencia, admonición
admonitory admonitivo, exhortativo
adnepos el hijo de un tataranieto
adneptis la hija de una tataranieta
adolescence adolescencia
adolescent adolescente
adopt adoptar, aceptar
adopt a child adoptar un niño
adopt a law adoptar una ley
adopt a philosophy adoptar una filosofía
adoptable adoptable
adopter adoptador, adoptante
adoption adopción
adoption by estoppel adopción basada en un impedimento por actos propios

adoption by reference incorporación por referencia
adoption of a contract adopción de contrato
adoption of a proposal adopción de una propuesta
adoption of children adopción de niños
adoption petition petición de adopción
adoptive adoptivo
adoptive act ley que entra en vigor por consentimiento de los habitantes de la región donde aplica
adoptive child hijo adoptivo
adoptive father padre adoptivo
adoptive mother madre adoptiva
adoptive parent padre adoptivo
adpromissor garante
adscendentes antepasados
adsessores asesores, jueces auxiliares
adult adulto
adulterant adulterante
adulterate adulterar
adulteration adulteración
adulterator adulterador
adulterer adúltero
adulterine adulterino
adulterinus adulterado
adulterous adúltero
adultery adulterio
adulthood edad adulta
advance, in por adelantado
advance (n) adelanto, préstamo
advance (v) adelantar
advance commitment compromiso anticipado
advance payment pago anticipado
advance premium prima anticipada
advancement anticipo
advancer impulsor, promotor
advantage ventaja
advantageous ventajoso, beneficioso
advantageousness ventaja, beneficio
adventitious imprevisto, adventicio, accidental
adventitius inesperado, fortuito
adventure aventura, empresa
adventurer aventurero
adventurous aventurado, audaz, arriesgado
adversa fortuna fortuna adversa, revés de fortuna
adversary adversario, contrario
adversary hearing vista adversativa, vista contenciosa
adversary proceeding procedimiento adversativo, procedimiento contencioso, proceso contrario
adverse adverso, contrario, hostil, opuesto
adverse action acción contraria
adverse claim reclamación contraria
adverse claimant reclamante contrario
adverse comment comentario contrario
adverse effect efecto adverso

adverse enjoyment posesión adversa contra los intereses de otro
adverse event evento adverso
adverse fortune fortuna adversa
adverse interest interés adverso
adverse party parte contraria
adverse possession posesión adversa, prescripción adquisitiva
adverse title título adquirido mediante prescripción adquisitiva
adverse use uso sin permiso
adverse verdict veredicto adverso
adverse witness testigo hostil
adversity adversidad, infortunio
adversus en contra de
advertise anunciar, publicar, divulgar, informar
advertised anunciado
advertisement anuncio, aviso
advertising publicidad, propaganda
advice consejo, comunicación
advisable aconsejable, prudente
advisare aconsejar
advisari consultar, deliberar
advise aconsejar, informar
advisedly intencionalmente, deliberadamente
advisement consideración, consulta
advisor consejero, asesor
advisory consultor, asesor
advisory board junta asesora
advisory body entidad asesora
advisory council consejo asesor
advisory judgment fallo que resuelve una diferencia pero no la controversia
advisory jury jurado consultivo
advisory opinion opinión del tribunal
advisory verdict veredicto consultivo del jurado
advocate (n) abogado, defensor
advocate (v) abogar, recomendar
advocati abogado
advocatus abogado
aedes residencia
ael un abuelo
affair asunto, acción, juicio
affairs negocios, trámites
affect afectar, influir
affect adversely afectar adversamente
affect negatively afectar negativamente
affecting conmovedor, que afecta
affecting commerce concerniente a los negocios
affection hipotecar o pignorar para asegurar el pago de dinero o la prestación de servicios, afecto
affectus intención, disposición
affeer tasar, liquidar
affiance prometerse
affiant persona que ha hecho una declaración

jurada, declarante
affidare tomar juramento
affidavit afidávit, declaración jurada
affidavit of defense declaración jurada del mérito de la defensa
affidavit of merits declaración jurada del mérito de la defensa
affidavit of notice afidávit de notificación
affidavit to hold to bail declaración jurada necesaria para arresto por una causa civil
affiliate afiliado, asociado
affiliated afiliado
affiliated association asociación afiliada
affiliated corporation subsidiaria
affiliated firm firma afiliada
affiliated organization organización afiliada
affiliated person persona afiliada
affiliation afiliación, determinación de paternidad
affiliation proceedings juicio de paternidad
affines parientes por matrimonio
affinitas parentesco por matrimonio
affinitas affinitatis parentesco lejano por matrimonio
affinity afinidad, parentesco
affirm afirmar, confirmar una decisión
affirm a contract afirmar un contrato
affirm a decision afirmar una decisión
affirm explicitly afirmar explícitamente
affirm under oath afirmar bajo juramento
affirmance afirmación
affirmance of contract afirmación de contrato
affirmant afirmante, declarante
affirmation afirmación, declaración formal
affirmation of fact declaración de un hecho
affirmation of truth afirmación de la verdad
affirmation under oath afirmación bajo juramento
affirmative afirmativo
affirmative action programs programas diseñados para remediar prácticas discriminatorias
affirmative charge instrucción al jurado que remueve un caso de su consideración
affirmative covenant estipulación afirmativa
affirmative defense defensa afirmativa
affirmative easement servidumbre afirmativa
affirmative pregnant afirmación que a su vez implica una negación favorable al adversario
affirmative proof prueba afirmativa
affirmative relief compensación otorgada al demandado
affirmative servitude servidumbre afirmativa
affirmative statute ley que ordena una conducta en vez de prohibirla
affirmative warranty garantía afirmativa
affirmatory afirmativo
affix adherir, agregar

affix a date fechar
affix a signature firmar
affixed to the freehold fijado al terreno
affixing ligar firmemente
afflict afligir, acongojar
affliction aflicción, calamidad
afflictive aflictivo, molesto
afforare valuar
afforce añadir, acrecentar
afforce the assize procedimiento para
    procurar un veredicto
afforest convertir en bosque
afforestation forestación
affranchise liberar, manumitir
affray riña
affreightment fletamiento
affront afrentar, insultar, confrontar
aforecited anteriormente citado, antedicho
aforedescribed anteriormente descrito,
    antedicho
aforementioned antedicho, anteriormente
    mencionado
aforenamed ya nombrado, susodicho
aforesaid antedicho, anteriormente
    mencionado
aforestated antedicho, anteriormente
    mencionado
aforethought premeditado
after después de, tras, por
after-acquired adquirido luego de
after-acquired clause cláusula de propiedad
    adquirida luego de la transacción
after-acquired property propiedad adquirida
    luego de la transacción, propiedad
    adquirida luego de la declaración de
    quiebra
after-acquired property clause cláusula de
    propiedad adquirida luego de la transacción
after-born child hijo nacido después de un
    testamento
after-born heir heredero póstumo
after-taxes tras impuestos
after the act luego del acto
after the fact luego del hecho
afterclap revés inesperado
aftereffect efecto posterior
aftermath consecuencias, secuelas
afterthought pensamiento posterior
afterwards después, subsecuentemente,
    posteriormente
against contra, en contra de
against commerce contra el comercio
against free commerce contra el libre
    comercio
against free trade contra el libre comercio
against her will contra la voluntad de ella,
    contra del consentimiento de ella
against interest contrario al interés propio
against the form of the statute contrario a lo

prescrito por ley
against the law contra la ley
against the peace perturbación de la paz
    pública
against the rules contra las reglas
against the will contra la voluntad
age change cambio de edad
age discrimination discriminación por edad
age discrimination act ley contra discrimen
    por edad
age group grupo de edades
age limit límite de edad
age of consent edad de consentimiento
age of discretion edad de discreción
age of majority mayoría de edad, edad en la
    que se puede contratar
age of reason edad a la cual se considera a un
    niño responsable de sus acciones
age of responsibility edad de responsabilidad
age reduction reducción por edad
aged envejecido, maduro
aged person persona de edad avanzada
agency agencia, mandato, representación
agency agreement convenio de agencia
agency by estoppel agencia por impedimento,
    mandato por impedimento
agency by necessity agencia establecida por
    circunstancias de necesidad, mandato
    establecido por circunstancias de necesidad
agency by operation of law agencia por
    fuerza de la ley, mandato por fuerza de la
    ley
agency contract contrato de agencia
agency coupled with an interest agencia en
    que el agente tiene interés en la materia
agency relationship relación de agencia,
    relación de mandato
agency to sell autorización para vender,
    mandato para vender
agenda agenda, programa, orden del día
agent agente, representante
agent bank banco agente
agent provocateur espía, agente provocador
agent's actual authority la autoridad para la
    cual se encargó al agente, las facultades del
    agente
agent's implied authority facultades
    implícitas del agente
agent's lien gravamen del agente
aggravate agravar
aggravated agravado
aggravated assault acometimiento grave,
    agresión agravada
aggravated battery agresión física con
    agravantes
aggravated larceny hurto agravado
aggravated robbery robo agravado
aggravating circumstances circunstancias
    agravantes

aggravation agravación, circunstancia agravante
aggregate totalidad, agregado
aggregate amount monto total
aggregate income ingresos totales
aggregate liability responsabilidad total
aggregate limit límite total
aggregate risk riesgo total
aggregation acumulación, agregación
aggression agresión, acometida, asalto
aggressive agresivo, emprendedor
aggressor agresor
aggrieved agraviado, dañado, damnificado
aggrieved party parte agraviada, parte afectada
aggrieved person persona agraviada, persona afectada
agitation agitación, incitación
agitator agitador, incitador
agnates agnados
agnatic agnático
agnatio agnados
agnation agnación, parentesco, parentesco por parte de padre
agnomination apellido
agony agonía, angustia
agrarian laws leyes agrarias
agree acordar, convenir, contratar
agreeable conforme, adaptable
agreed acordado, convenido
agreed case proceso en la cual se dicta una sentencia basada en los hechos acordados por las partes
agreed limit límite convenido
agreed price precio convenido
agreed statement of facts declaración de hechos acordada por las partes
agreed valuation valuación convenida
agreement convenio, acuerdo, contrato
agreement for insurance convenio para cobertura antes de la entrega de la póliza
agreement in writing acuerdo por escrito
agreement to buy acuerdo de compra
agreement to fix prices acuerdo para fijar precios
agreement to purchase acuerdo de compra
agreement to sell contrato de compraventa, acuerdo de venta
agricultural agrícola
agricultural commodities mercancías agrícolas
agricultural labor trabajo agrícola
agricultural lands tierras agrícolas
agricultural lien gravamen agrícola
agricultural product producto agrícola
agriculture agricultura
aid asistir, ayudar, auxiliar
aid and abet instigar y/o ayudar a cometer un delito

aid and comfort ayuda, aliento, colaboración
aid prayer petición para la suspensión de un acto judicial
aider and abettor cómplice, accesorio
aider by verdict saneamiento de una sentencia
aiding an escape asistiendo en una fuga
AIDS síndrome de inmunodeficiencia adquirida, SIDA
aielesse abuela
ailment dolencia, enfermedad, malestar
aim (n) propósito
aim (v) apuntar, dirigir, aspirar
aim a weapon apuntar un arma
air piracy piratería aérea
air rights derechos aéreos
air traffic rules reglas del tráfico aéreo
air waybill carta de porte aéreo
aircraft aeronave
airspace espacio aéreo
airway ruta de navegación aérea
akin consanguíneo, similar
alcohol alcohol
alcoholic alcohólico
alcoholic beverage bebida alcohólica
alderman concejal, regidor
aleatory aleatorio
aleatory contract contrato aleatorio
aleatory promise promesa aleatoria
aleatory transaction transacción aleatoria
alia otras cosas
alias alias, nombre supuesto
alias dictus también llamado
alibi coartada, excusa
alien (n) extranjero
alien (v) transferir, transferir propiedad
alien amy ciudadano de país amigo
alien company compañía extranjera
alien corporation corporación extranjera
alien enemy ciudadano de país hostil
alien immigrant inmigrante no naturalizado
alienability transferibilidad
alienable alienable, sujeto a transferencia
alienage condición de ser extranjero
alienate enajenar, alienar, transferir título de propiedad
alienation enajenación, alienación, transferencia de título y posesión de propiedad
alienation clause cláusula contractual concerniente a la transferencia de la propiedad
alienation of affection enajenación de afectos, detrimento a la relación matrimonial
alienation of property transferencia de título y posesión de propiedad
alienee beneficiario de la transferencia de propiedad
alieni juris bajo la autoridad de otro
alienism condición de extranjero

alienor quien cede, enajenador
alignment alineación
alike similar, igualmente
aliment alimento, sostén
alimenta alimentos, lo necesario para vivir
alimony pensión tras divorcio, asistencia tras divorcio, alimentos, pensión alimenticia
alimony award adjudicación de pensión tras divorcio
alimony in gross pago único de pensión tras divorcio, pago íntegro de alimentos
alimony judgment fallo de pensión tras divorcio
alimony pendente lite pensión en espera de litigio de divorcio, alimentos provisionales
alimony trust fideicomiso para pensión tras divorcio, fideicomiso para alimentos
alio intuitu de otro punto de vista
alive vivo
all todo
all and singular todos sin excepción, todos y cada uno
all costs todas las costas
all faults todos los defectos
all fours dos casos o decisiones similares en todos los aspectos relevantes
all-inclusive con todo incluido
all-inclusive insurance seguro con todo incluido
all rights reserved reservados todos los derechos
all-risk insurance seguro contra todo riesgo
allegata et probata asuntos alegados y probados
allegation alegación, alegato
allegation of facilities declaración de parte de la esposa sobre los bienes del esposo para obtener asistencia
allegation of facts alegación de hechos
allege alegar, sostener, afirmar, declarar
allege a crime alegar un crimen
alleged alegado, supuesto, afirmado, declarado
allegiance lealtad, fidelidad
alleging diminution alegato de falta de elementos
allen charge instrucción al jurado para que traten de evaluar los aspectos importantes tomando en consideración los puntos de vista de los otros miembros del jurado
alley callejón, pasadizo
alliance alianza, unión, liga
allied aliado, relacionado
allied company compañía aliada
allied member miembro aliado
allision choque de una embarcación con otra
allocable distribuible, asignable
allocate distribuir, asignar
allocate funds asignar fondos

allocation asignación, repartición, distribución, cuota
allocation of loss asignación de pérdidas
allocution alocución
allodarii dueños de tierra alodial
allodial alodial
allodium alodio
allot distribuir, asignar, repartir
allotment cuota, asignación, distribución
allotment certificate certificado de asignación
allotment note orden escrita por un marino cediendo parte de su compensación a otras personas
allottee beneficiario de una distribución
allow permitir, asignar, dar, admitir
allowance concesión, permiso, asignación, rebaja, mesada
allowance pendente lite orden judicial para pensión alimenticia temporera antes de finalizar el litigio
allowed permitido
allowed behavior conducta permitida
allowed by law permitido por ley
allowed claim reclamación permitida
allurement atractivo
alluvio maris aluvión producido por el mar
alluvion aluvión
ally aliado
almanac almanaque
alms limosna, caridad
almshouse casa de beneficencia
alone solo, único, solitario
along a lo largo de, por, en conformidad con
already ya
also también, además
alter alterar, cambiar, modificar
alter ego álter ego
alter ego doctrine doctrina del álter ego
alter the books alterar los libros
alteration alteración, cambio, modificación
alteration of a check alteración de un cheque
alteration of contract alteración de contrato
alteration of instrument alteración de instrumento
alteration of the books alteración de los libros
alteration of trust alteración de fideicomiso
altercation altercado, disputa
altered alterado
altered check cheque alterado
alternat alternación
alternate alterno, substituto
alternate legacy legado alternativo
alternative (adj) alternativo
alternative (n) alternativa, opción
alternative contract contrato con alternativas
alternative covenant estipulación con alternativas
alternative damages daños en la alternativa

alternative dispute resolution procedimientos para resolver disputas sin litigio
alternative judgment sentencia en la alternativa
alternative legacy legado con alternativas
alternative obligation obligación en la alternativa
alternative punishment penas en la alternativa
alternative relief indemnización en la alternativa
alternative writ mandamiento alternativo
although aunque, a pesar de
altius non tollendi servidumbre con restricción de elevar construcciones
altius tollendi servidumbre sin restricción de altura
alto et basso alto y bajo, acuerdo para someterse a arbitraje
amalgamate amalgamar, unir
amalgamation fusión, unión
amanuensis amanuense, escribano
ambassador embajador, enviado
ambidexter hipócrita, quien recibe paga de ambas partes, ambidextro
ambiguity ambigüedad, imprecisión
ambiguous ambiguo, impreciso
ambiguous language lenguaje ambiguo
ambiguously ambiguamente
ambit ámbito, contorno
ambitus corrupción electoral
ambulance ambulancia
ambulance chaser picapleitos
ambulatory ambulante, variable, revocable
ambulatory court tribunal ambulante
ambulatory decision sentencia sujeta a cambio
ambush emboscada
ameliorate mejorar
ameliorations mejoras
amenable responsable, receptivo
amend enmendar, corregir
amend a certificate of incorporation enmendar un certificado de incorporación
amend a law enmendar una ley
amend a will enmendar un testamento
amendable enmendable, corregible
amendatory enmendatorio
amended enmendado
amendment enmienda
amendment to a certificate of incorporation enmienda a un certificado de incorporación
amendment to a law enmienda a una ley
amendment to a will enmienda a un testamento
amends indemnización, compensación
amenity amenidad
amerce multar
amercement multa

American Bar Association Asociación Americana de Abogados
American clause cobertura marítima solapante
American rule regla americana
ami amigo
amicable amistoso, amigable
amicable action acción en acuerdo
amicable agreement convenio amistoso
amicus amigo
amicus curiae amigo del tribunal
amita una tía paternal
amitinus un primo
amity amistad, paz
amnesia amnesia
amnesty amnistía
among entre
amortizable amortizable
amortization amortización
amortization contract contrato de amortización
amortize amortizar
amotion despojo, desalojo
amount (n) suma, monto
amount (v) significar, ascender a
amount at risk monto a riesgo, cantidad en riesgo
amount covered monto asegurado
amount due monto debido
amount in controversy monto en controversia
amount in dispute monto en disputa
amount involved monto envuelto, monto correspondiente
amount of evidence cantidad de prueba
amount of loss monto de la pérdida
amount outstanding saldo, monto pendiente
amount payable monto a pagar
amove remover, llevarse
ampliation prórroga, aplazamiento
amusement diversión, recreo
anacrisis averiguación, investigación
analogous análogo, paralelo
analogy analogía
analysis análisis
analyst analista, analizador
analytical analítico
analytical jurisprudence jurisprudencia analítica
analyze analizar
anarchist anarquista
anarchy anarquía
anatocism anatocismo, usura
anatomical gift donación anatómica
ancestor antepasado, predecesor
ancestral ancestral
ancestral actions acciones ancestrales
ancestral debt deuda ancestral
ancestral estate bienes inmuebles adquiridos por sucesión

ancestral property propiedad adquirida por sucesión
ancestry linaje, abolengo, alcurnia
anchorage tarifa de anclaje
ancient antiguo, anciano
ancient deed título de más de 30 años, título de más de 20 años
ancient document documento de más de 30 años, documento de más de 20 años
ancient house casa antigua
ancient lights servidumbre de luz y aire
ancient records documentos de más de 30 años, documentos de más de 20 años
ancient rent renta reservada al momento de preparar el contrato de alquiler
ancient writings documentos de más de 30 años, documentos de más de 20 años
ancienty prioridad, antigüedad
ancillary auxiliar, dependiente, accesorio
ancillary action acción accesoria
ancillary agreement convenio auxiliar
ancillary attachment embargo auxiliar
ancillary claim reclamo auxiliar
ancillary covenant estipulación auxiliar
ancillary jurisdiction jurisdicción sobre materias incidentales a la jurisdicción primaria, jurisdicción auxiliar
ancillary legislation legislación auxiliar
ancillary proceeding procedimiento auxiliar
ancillary process proceso auxiliar
ancillary remedy remedio auxiliar
ancillary suit acción accesoria
ancipitis usus útil para varios propósitos, de uso dudoso
and/or y/o
and others y otros
androlepsy tomar extranjeros como rehenes para hacer justicia
anecius primogénito
anew nuevamente, de nuevo
angary, right of derecho de angaria
anger enojo, ira
anguish angustia, tormento
aniens nulo
anient anular
animo con la intención
animo cancellandi intención de cancelar, animo cancellandi
animo felonico intención criminal, animo felonico
animo furandi intención de hurtar, animo furandi
animo lucrandi ánimo de lucro, animo lucrandi
animo possidendi intención de tomar posesión, animo possidendi
animo revocandi intención de revocar, animo revocandi
animo testandi intención de hacer testamento,

animo testandi
animus ánimo, mente, intención
animus quo la intención del acto
animus recuperandi intención de recobrar
animus restituendi intención de restituir
animus revertendi intención de retornar
animus signandi intención de firmar
annales anales
annex (n) anexo
annex (v) anejar, unir
annexation anexión, unión
annexation by reference incorporación por referencia
anniented anulado
annihilate aniquilar, destruir
annihilation aniquilación, destrucción total
annihilator aniquilador
anniversary aniversario
anniversary of policy aniversario de póliza
annotate anotar, comentar
annotation anotación, comentario
announced anunciado, avisado
announcement aviso, declaración, anuncio
announcement date fecha de anuncio
announcement effect efecto de anuncio
annoy molestar, incomodar
annoyance molestia, incomodidad
annual anual
annual average earnings promedio de ingresos anuales
annual depreciation depreciación anual
annual income ingreso anual
annual meeting reunión anual
annual rent renta anual
annual report informe anual
annual statement estado anual, balance anual
annually anualmente
annuitant rentista, pensionado
annuitize comenzar los pagos de una anualidad
annuity anualidad, pensión
annuity certain anualidad cierta
annuity commencement date fecha de comienzo de pagos de anualidad
annuity contract contrato de anualidad
annuity policy póliza de anualidad
annul anular, cancelar
annul a contract anular un contrato
annul a marriage anular un matrimonio
annullability anulabilidad
annulment anulación, derogación
annulment of marriage anulación de matrimonio
annum anualidad
annus un año
annuus reditus anualidad
anomalous anómalo, irregular
anomalous endorsement endoso irregular
anomalous indorsement endoso irregular

anomalous plea alegato con elementos
  positivos y negativos
anomaly anomalía
anonymity anonimato
anonymous anónimo
anonymous case caso el cual al reportarse se
  omiten los nombres
anonymous donor donador anónimo
another otro
answer (n) respuesta, contestación
answer (v) responder, contestar
answer to interrogatories contestación a los
  interrogatorios
answerable que se puede contestar
antapocha reconocimiento firmado de deuda
ante antes
ante litem antes de la acción, ante litem
antecedent antecedente
antecedent claim derecho anterior
antecedent debt deuda contraída
  anteriormente
antecessor antecesor
antedate antedatar, poner fecha anterior
antedated antedatado
antedated check cheque antedatado
antenatal antes de nacer
antenuptial antenupcial
antenuptial agreement capitulaciones
  matrimoniales
antenuptial contract capitulaciones
  matrimoniales
antenuptial gift donación antenupcial
antenuptial will testamento antenupcial
anthropometry antropometría
anti manifesto proclamación de porqué una
  guerra es defensiva
antichresis anticresis
anticipate anticipar, prever
anticipated anticipado
anticipated acceptance aceptación anticipada
anticipated defense defensa anticipada
anticipation anticipación, previsión,
  expectación
anticipatory anticipador
anticipatory breach incumplimiento con
  anticipación, declaración previa de
  incumplimiento de contrato
anticipatory breach of contract
  incumplimiento con anticipación,
  declaración previa de incumplimiento de
  contrato
anticipatory offense delito que consiste en
  prepararse para otro delito
anticipatory repudiation repudio anticipado,
  declaración previa de incumplimiento de
  contrato
anticonstitutional anticonstitucional
antidumping law ley contra la venta de
  mercancía importada a precios por debajo

de su valor de mercado
antidumping measure medida para impedir la
  venta de mercancía importada a precios por
  debajo de su valor de mercado
antidumping tariff tarifa para impedir la
  venta de mercancía importada a precios por
  debajo de su valor de mercado
antigraph copia de un instrumento escrito
antinomia antinomia
antinomy antinomia
antipode opuesto
antiquity el pasado remoto
antitrust antimonopolio, contra monopolio
antitrust acts leyes antimonopolio, leyes
  sobre la competencia
antitrust law derecho de antimonopolio,
  derecho de la competencia
antitrust legislation legislación antimonopolio
anxiety ansiedad, anhelo
any cualquier, todo, algún
apartment apartamento, departamento
apartment building edificio de pisos, edificio
  de apartamentos, edificio de departamentos
apartment house casa de apartamentos
apex ápice, cima
apex juris sutileza de la ley
apices litigandi extremos de la ley
apocha ápoca, reconocimiento escrito de pago
apographia inventario
apology disculpa
apostles escrito concerniente a la apelación a
  un tribunal superior
apostoli escrito concerniente al traslado de
  una causa de un tribunal inferior a uno
  superior
apostolus mensajero, embajador
apparator proveedor
apparatus aparato, instrumentos
apparent aparente, evidente, manifiesto
apparent ability habilidad aparente
apparent agency agencia aparente
apparent agent representante aparente, agente
  aparente
apparent authority autoridad aparente
apparent cause causa aparente
apparent danger peligro aparente
apparent defects defectos aparentes
apparent easement servidumbre aparente
apparent error error aparente
apparent heir heredero aparente
apparent liability responsabilidad aparente
apparent necessity necesidad aparente
apparent ownership propiedad aparente
apparent partnership sociedad aparente
apparent possession posesión aparente
apparent risk riesgo aparente
apparent servitude servidumbre aparente
apparent title título aparente
apparent use uso aparente

apparent validity validez aparente
appeal, right of derecho de recurso, derecho de apelación
appeal (n) apelación, recurso
appeal (v) apelar, recurrir
appeal bond fianza de apelación
appeal for amendment recurso de enmienda
appeal for annulment recurso de nulidad
appealable apelable, recurrible
appealable interest interés apelable
appealable judgment sentencia apelable
appealable order orden apelable
appealer apelante
appeals officer oficial de apelaciones
appear comparecer, presentarse
appearance comparecencia, apariencia
appearance bail fianza de comparecencia
appearance bond fianza de comparecencia
appearance docket registro de comparecencias
appearance of authority apariencia de autoridad
appearance of validity apariencia de validez
appearing party parte compareciente
appease apaciguar
appeasement apaciguamiento
appellant apelante, recurrente
appellate de apelación
appellate court tribunal de apelaciones
appellate jurisdiction jurisdicción de apelaciones
appellatio apelación
appellee apelado
appellor apelante, recurrente
append añadir, fijar
appendage accesorio, subordinado
appendant accesorio, anexo
appendant powers poderes accesorios
appenditia anexos, accesorios
appendix apéndice, anexo
appertain to pertenecer a, corresponder a
appliance artefacto, instrumento
applicability aplicabilidad, pertinencia
applicable aplicable
applicable law derecho aplicable
applicable local law derecho local aplicable
applicant solicitante, apelante
application solicitud, petición
application for change of venue solicitud para traslado de sala
application for credit solicitud de crédito
application for registration solicitud de registro
application for withdrawal solicitud de retiro
application form formulario de solicitud
application of funds uso de fondos
applied aplicado
apply aplicar, solicitar, pedir
apply for a job solicitar un trabajo

apply for a loan solicitar un préstamo
apply for a patent solicitar una patente
appoint nombrar, designar
appoint an agent nombrar un agente
appoint an executor nombrar un albacea
appointee beneficiario, designado
appointing power poder de nombramiento
appointment designación, nombramiento, cita
appointment of trustee designación de fiduciario
appointor persona quien designa
apportion prorratear, distribuir
apportioned prorrateado, distribuido
apportionment distribución, prorrateo
apportionment of blame distribución de la culpa
apportionment of damages distribución de los daños
apportionment of liability distribución de la responsabilidad
appraisable tasable, evaluable
appraisal tasación, evaluación, valoración
appraisal clause cláusula de tasación
appraisal date fecha de tasación
appraisal report informe de tasación
appraisal value valor de tasación
appraise tasar, evaluar
appraised tasado, evaluado, valorado
appraised value valor tasado
appraisement tasación, valuación
appraiser tasador, evaluador
appreciable apreciable
appreciable damages daños apreciables
appreciate apreciar, reconocer
appreciation apreciación, valoración
apprehend aprehender, comprender, detener, arrestar
apprehension aprensión, temor, captura, arresto
apprehensive aprensivo, tímido, perspicaz
apprendre ganancia devengada
apprentice aprendiz
apprenticeship aprendizaje, noviciado
apprise informar
apprise of dar parte a
approach, right of derecho de revisar una nave
approach acercarse a, hacer propuestas a
approbate aprobar
approbation aprobación, sanción
appropriate (adj) apropiado
appropriate (v) apropiar, asignar
appropriate remedy remedio apropiado
appropriation apropiación, asignación
appropriation bill proyecto de ley presupuestaria, proyecto de ley de asignación de fondos
appropriation of land expropiación
appropriation of payments asignación de

pagos
appropriation of water apropiación de agua
appropriator quien realiza un acto de apropiación
approval aprobación, consentimiento
approve aprobar, ratificar, consentir
approved aprobado, ratificado, sancionado
approved list lista aprobada
approximate aproximado, cercano
approximately aproximadamente
approximation aproximación
appruare apropiar
appurtenance anexo, accesorio
appurtenances anexidades, accesorios
appurtenant anexo, accesorio, perteneciente
appurtenant easement servidumbre anexa
apt words palabras aptas, palabras apropiadas para lograr un efecto jurídico
apud acta entre las leyes registradas, en el expediente
aquae ductus servidumbre para transportar agua
aquae haustus servidumbre para sustraer agua
aquagium vía de agua
aquatic rights derechos de agua
arable land tierra cultivable
arbiter árbitro, arbitrador
arbitrable arbitrable
arbitrage arbitraje
arbitrament laudo arbitral
arbitrarily arbitrariamente
arbitrariness arbitrariedad
arbitrary arbitrario
arbitrary act acto arbitrario
arbitrary action acción arbitraria
arbitrary and capricious arbitrario y caprichoso
arbitrary classification clasificación arbitraria
arbitrary determination determinación arbitraria
arbitrary power poder arbitrario, poder discrecional
arbitrary punishment condena arbitraria, condena discrecional
arbitrary verdict veredicto arbitrario
arbitrate arbitrar
arbitration arbitraje
arbitration acts actos de arbitraje
arbitration agreement convenio de arbitraje
arbitration award laudo arbitral
arbitration board junta de arbitraje
arbitration clause cláusula arbitral
arbitration proceeding procedimiento arbitral
arbitrative arbitrativo
arbitrator árbitro, arbitrador
arbitrium decisión, adjudicación, laudo arbitral
arcarius tesorero

archetype arquetipo
archives archivos
archivist archivero
area área, zona, terreno
arentare arrendar
argument argumento, alegato, razonamiento
argument to jury alegato dirigido al jurado
argumentative argumentativo
argumentative instruction instrucción al jurado argumentativa
argumentative question pregunta tendenciosa
argumentum argumento
arise surgir, levantarse, resultar de
arise from proceder de, resultar de
arising procediendo de, surgiendo de
arising out of a contract surgiendo de un contrato
arising out of employment surgiendo del empleo
aristo-democracy aristodemocracia
aristocracy aristocracia
arm's length transacciones en buena fe entre partes independientes actuando con intereses propios
arm's length bargaining negociaciones en buena fe entre partes independientes con intereses propios
arm's length transactions transacciones en buena fe entre partes independientes con intereses propios
armed armado
armed burglary robo a mano armada
armed neutrality neutralidad armada
armed peace paz armada
armed robbery robo a mano armada
arming one's self armándose, tomando armas
armistice armisticio
armory armería
arms armas
army ejército
around alrededor, en torno, cerca
arra arras
arraign leer la acusación
arraignment lectura de la acusación
arrangement arreglo, concordato, convenio
arrangement with creditors concordato, convenio con acreedores
array cuerpo de personas del cual se escogerán los miembros del jurado
arrearage atraso, demora
arrears atrasos
arrears in alimony atrasos en pagos de pensión tras divorcio
arrears in payment atrasos en pagos
arrest arresto, detención, paro
arrest of judgment suspensión de la sentencia
arrest of ships embargo de embarcación
arrest record expediente de arrestos, historial de arrestos

arrest warrant orden de arresto
arrested arrestado, detenido, parado
arrestee a quien se arresta
arrester quien arresta
arretted convenido ante un juez
arrival llegada
arrive llegar, arribar
arrogation arrogación
arsenal arsenal
arson incendio intencional, incendio provocado
arson clause cláusula de incendio intencional, cláusula de incendio provocado
arsonist quien ocasiona incendios intencionalmente
art, words of términos o expresiones técnicas
art arte, habilidad, oficio
article artículo, cláusula, sección, objeto
articled clerk aprendiz, novicio
articles artículos, cláusulas, convenio
articles of agreement cláusulas de un contrato, contrato escrito
articles of amendment modificaciones al acta constitutiva, modificaciones a los estatutos sociales
articles of association acta de fundación
articles of dissolution acta de disolución
articles of impeachment escrito de impugnación
articles of incorporation acta constitutiva, documento de incorporación
articles of partnership contrato para formar una sociedad
articles of war código militar
articulately artículo por artículo, articuladamente
artifice artificio, artimaña
artificer artífice, artesano
artificial artificial, afectado
artificial boundary frontera artificial
artificial force fuerza artificial
artificial insemination inseminación artificial
artificial persons personas jurídicas
artificial presumptions presunciones jurídicas
artificial water course curso de agua artificial
artisan artesano
as como, tal como
as against comparado con
as between comparado con
as if como si
as is tal y como está
as of desde tal momento
as of right según derecho
as per de acuerdo a
as per agreement de acuerdo a lo convenido
as per contract de acuerdo al contrato
as soon as possible tan pronto como sea posible
as soon as practicable tan pronto como sea

razonablemente posible, tan pronto como sea posible ponerse en práctica
as such como tal
as though como si
as yet hasta ahora
ascend ascender, elevarse
ascendants ascendientes, antepasados
ascent ascensión
ascertain averiguar, investigar, indagar
ascertainable averiguable, determinable
ascertainable damages daños determinables
ascertainable losses pérdidas averiguables
ascertainment averiguación, determinación
ascribe atribuir, adscribir
ascribe a motive atribuir un motivo
aside al lado de, aparte
ask preguntar, pedir, invitar
asking price precio inicial
aspect aspecto
asperse calumniar, difamar
aspersions calumnias, difamaciones
asportation acto de llevarse algo
asportavit él se llevó
assail asaltar, acometer, agredir
assailant asaltante, agresor
assailer asaltante, agresor
assart arrancar árboles
assassinate asesinar
assassination asesinato
assault acometimiento, asalto, ataque, agresión
assault and battery acometimiento y agresión, acometimiento con lesiones, asalto y agresión, asalto y lesiones
assault with deadly weapon acometimiento a mano armada, asalto a mano armada
assault with intent to commit manslaughter acometimiento con intención de homicidio, asalto con intención de homicidio
assault with intent to commit rape acometimiento con intención de cometer violación, asalto con intención de cometer violación
assault with intent to kill acometimiento con intención de matar, asalto con intención de matar
assault with intent to murder acometimiento con intención de asesinar, asalto con intención de asesinar
assault with intent to rape acometimiento con intención de cometer violación, asalto con intención de cometer violación
assault with intent to rob acometimiento con intención de robar, asalto con intención de robar
assay ensayo, ensaye
assayer ensayador, aquilatador
assecurare declarar solemnemente
assecuration seguro marítimo

assecurator asegurador marítimo
assemblage asamblea, combinación
assembly, right of derecho de reunión, libertad de organización
assembly asamblea
assemblyman asambleísta
assemblyperson asambleísta
assent (n) consentimiento, asentimiento
assent (v) consentir, asentir
assent by acts consentimiento mediante actos
assent by gestures consentimiento mediante gestos
assent by silence consentimiento mediante silencio
assert aseverar, afirmar
assertion aserto, afirmación
assertory oath juramento asertorio
assess valorar, tasar, imponer contribución, amillarar
assessed valorado, tasado, amillarado
assessed valuation valuación fiscal
assessed value valuación fiscal
assessment contribución, gravamen, tasación, amillaramiento
assessment base valor de la propiedad en un distrito fiscal
assessment district distrito fiscal
assessment list lista de contribuyentes
assessment of damages determinación de daños
assessment of deficiency determinación de deficiencia
assessment plan contrato de seguro en que los pagos dependen de las contribuciones de otros con contratos similares
assessment roll registro de contribuyentes
assessment work trabajo anual requerido en una mina
assessor asesor, tasador
asset administration administración del activo
asset and liability sheet balance
asset and liability statement balance
asset freeze congelación del activo
asset management administración del activo
assets bienes, activos
assets and liabilities activo y pasivo
assets per descent bienes hereditarios
asseveration aseveración
assign asignar, designar, transferir
assign a lease transferir un arrendamiento
assignability transferibilidad
assignable asignable, transferible
assignable contract contrato transferible
assignable interest interés transferible
assignable lease arrendamiento transferible
assignation asignación, designación, transferencia
assignation house prostíbulo
assigned asignado, designado, transferido

assigned account cuenta asignada
assigned counsel abogado designado
assigned risk riesgo asignado
assignee beneficiario, cesionario
assignees cesionarios, sucesores
assignment transferencia, cesión, traspaso
assignment for benefit of creditors cesión de bienes para el beneficio de acreedores
assignment of account transferencia de cuenta
assignment of contract cesión de contrato
assignment of counsel designación de abogado
assignment of debts transferencia de deudas
assignment of dower transferencia de dote
assignment of error motivos de recurso
assignment of income transferencia de ingresos
assignment of lease transferencia de arrendamiento
assignment of wages transferencia de salario
assignment with preferences cesión preferencial
assignor cedente, transferidor
assigns cesionarios, sucesores
assist asistir, ayudar, apoyar
assistance asistencia, ayuda, apoyo
assistance and salvage at sea asistencia y salvamento en alta mar
assistance of counsel derecho a defensa apropiada
assistant asistente, ayudante, apoyante
assisting asistiendo, ayudando, apoyando
associate (n) asociado, socio, cómplice
associate (v) asociar, juntar
associated asociado, juntado
associated company compañía asociada
associated corporation corporación asociada
associated person persona asociada
association asociación, alianza, organización
assoil absolver, liberar, exonerar
assume asumir, suponer, adoptar, encargarse de, fingir
assume a debt asumir una deuda
assume a lease asumir un arrendamiento
assume a loan asumir un préstamo
assume a mortgage asumir una hipoteca
assume an obligation asumir una obligación
assume responsibility asumir responsabilidad
assumed asumido, adoptado, fingido
assumed facts hechos presuntos
assumed liability responsabilidad asumida
assumed name alias
assumed risk riesgo asumido
assumpsit promesa de pago a otro, acción por incumplimiento de contrato
assumption asunción, suposición, conjetura
assumption clause cláusula de asunción de hipoteca
assumption of debt asunción de deuda

assumption of indebtedness asunción de
deuda
assumption of liability asunción de
responsabilidad
assumption of mortgage asunción de hipoteca
assumption of obligation asunción de
obligación
assumption of risk asunción de riesgo
assurable asegurable
assurance promesa, aseveración, garantía,
certidumbre
assure asegurar, garantizar, prometer, afirmar
assured asegurado
assured distance ahead distancia prudente
assurer asegurador
astipulation acuerdo mutuo
astitution acusación, proceso
asylum, right of derecho de asilo
asylum asilo
at all times en todo momento
at and from en y desde
at any time en cualquier momento
at any time prior to en cualquier momento
antes de
at arm's length transacciones en buena fe
entre partes independientes actuando con
intereses propios
at bar ante el tribunal
at issue en controversia, bajo discusión
at large libre, fugitivo, en general
at law de acuerdo a la ley
at least por lo menos
at once en seguida
at or near en o cerca de
at owner's risk a riesgo del dueño
at sea en alta mar
at the market al precio del mercado
at the time en el momento
at will a voluntad
atavia un tatarabuelo
atavus una tatarabuela
atomic energy energía atómica
atrocious atroz
atrocious assault acometimiento agravado con
crueldad y brutalidad, asalto agravado con
crueldad y brutalidad
atrocious assault and battery acometimiento
y agresión agravada con crueldad y
brutalidad, asalto y agresión agravada con
crueldad y brutalidad
atrocious battery agresión agravada con
crueldad y brutalidad
atrocity atrocidad
attach embargar, ligar, unir
attach property embargar propiedad
attaché miembro del cuerpo de una embajada
extranjera
attached anexo, adjunto, embargado
attached account cuenta embargada

attaching creditor acreedor embargante
attachment embargo, fijación, fidelidad
attachment bond fianza para liberar un
embargo
attachment of assets embargo de bienes
attachment of earnings embargo de ingresos
attachment of property embargo de
propiedad
attachment of risk transferencia de riesgo
attack atacar, acometer, asaltar
attack credibility atacar la credibilidad
attain alcanzar, llegar a
attainder extinción de derechos civiles,
muerte civil
attained age edad alcanzada
attaint acusar, corromper
attempt (n) intento, tentativa, asalto
attempt (v) intentar, procurar
attempt to commit crime tentativa de cometer
un crimen
attempt to commit rape tentativa de cometer
violación
attempt to defraud tentativa de defraudar
attempt to monopolize tentativa de
monopolizar
attend atender, cuidar, asistir
attendance asistencia, atención, presencia
attendant asistente, concomitante
attendant circumstances circunstancias
pertinentes a un evento
attention atención, cuidado
attenuating circumstances circunstancias
atenuantes
attenuation atenuación, amortiguamiento
attest atestiguar, dar fe, deponer, testificar,
certificar
attestation atestación, testimonio, certificación
attestation clause cláusula de certificación
attested atestiguado, certificado
attested copy copia certificada
attested signature firma certificada
attesting witness testigo certificador
attestor quien certifica, quien atestigua
attorn transferir, ceder, reconocer un nuevo
dueño
attorney, right to derecho a abogado defensor
attorney abogado, apoderado, agente legal
attorney ad hoc abogado para una acción
específica
attorney at law abogado autorizado
attorney-client privilege privilegio de
comunicaciones entre abogado y cliente
attorney ethics código de ética de abogados
attorney general procurador general
attorney in fact apoderado, abogado privado
attorney of record abogado que consta,
abogado que representa formalmente
attorney's fees honorarios del abogado
attorney's license documento formal

indicando permiso para ejercer la abogacía

attorney's lien gravamen del abogado

attorney's oath juramento del abogado

attorney's privilege privilegio del abogado

attornment reconocimiento de un nuevo dueño por el arrendatario

attractive nuisance estorbo atractivo, objetos o condiciones que tienden a atraer y a poner en peligro a los niños

attractive nuisance doctrine doctrina que responsabiliza a quien mantiene un estorbo atractivo en su propiedad

attribution atribución, cualidad

attrition agotamiento, desgaste

auction subasta, almoneda

auctionarius subastador, vendedor

auctioneer subastador

audience audiencia, entrevista, público

audit auditoría

audit adjustment ajuste de auditoría

audit an account auditar una cuenta

audit certificate certificado de auditoría

audit comment comentario de auditoría

audit committee comité de auditoría

audit examination examinación de auditoría

audit function función de auditoría

audit of account auditoría de cuenta

audit opinion informe del contador público autorizado, opinión relativa a una auditoría

audit period período de auditoría

audit procedures procedimientos de auditoría

audit program programa de auditoría

audit report informe de auditoría

audit scope alcance de auditoría

audit standards normas de auditoría

audit trail rastro de auditoría

auditing auditoría, intervención

auditing evidence evidencia de auditoría

auditing of accounts auditoría de cuentas

auditing procedures procedimientos de auditoría

auditing process proceso de auditoría

auditor auditor

auditor's certificate dictamen del auditor

auditor's opinion opinión del auditor

auditor's report informe del auditor

augment aumentar, acrecentar

augmentation aumento, acrecentamiento

aunt tía

authentic auténtico, legítimo, fidedigno

authentic act acta auténtica, acta protocolizada, acta legalizada

authentic copy copia auténtica

authentic interpretation interpretación auténtica

authenticate autenticar, legalizar

authentication autenticación, legalización de documentos

authentication of signature autenticación de

firma, reconocimiento de firma

authenticum documento original

author autor, creador

authoritarian autoritario

authorities autoridades, citaciones, citas de fuentes formales del derecho

authority autoridad, experto, representación

authority by estoppel autoridad por impedimento

authority of the court autoridad del tribunal

authority to contract autorización para contratar

authority to negotiate autorización para negociar

authority to operate autorización para operar

authority to pay autorización para pagar

authority to purchase autorización de compra

authorization autorización, sanción

authorization code código de autorización

authorize autorizar, justificar

authorized autorizado

authorized agent agente autorizado

authorized auditor auditor autorizado

authorized bank banco autorizado

authorized by law autorizado por ley

authorized dealer comerciante autorizado, intermediario autorizado

authorized representative representante autorizado

authorized signature firma autorizada

authorized transfer transferencia autorizada

authorized use uso autorizado

autocracy autocracia

autocrat autócrata

autograph autógrafo

automatic automático

automatic guarantee garantía automática

automatic guaranty garantía automática

automatic payment pago automático

automatic reinstallation reinstalación automática

automatic renewal renovación automática

automatic stay aplazamiento automático

automatically automáticamente

automation automatización

automobile guest a quien se invita a viajar en automóvil

automobile insurance seguro de automóvil

automobile liability insurance seguro de responsabilidad pública de automóvil

autonomous autónomo

autonomy autonomía

autopsy autopsia

autoptic evidence prueba a ser vista por el jurado

autoptic proference artículos presentados para observación en tribunal

autre droit el derecho de otro

autre vie la vida de otro

auxiliary auxiliar
auxiliary covenant cláusula auxiliar
auxiliator ayudante, asistente
availability disponibilidad
available disponible, obtenible, válido
available for work disponible para trabajo
available funds fondos disponibles
available reserve reserva disponible
available resources recursos disponibles
avails el producto de la venta de propiedad
avarice avaricia
aventure percance ocasionando una muerte
aver aseverar, alegar
average promedio, término medio, avería
average life vida media
average man test prueba para detectar los prejuicios de un miembro del jurado en perspectiva
average person test prueba para detectar los prejuicios de un miembro del jurado en perspectiva
average weekly wage salario semanal promedio
averment afirmación, aseveración, verificación
aversio desviación, venta o alquiler de propiedad en una unidad
aversion aversión, repugnancia
aviaticus un nieto
aviation aviación
avocation ocupación menor, diversión
avoid evitar, anular, huir de
avoidable evitable, anulable
avoidable consequences doctrine doctrina que dicta que la parte perjudicada debe tratar de minimizar los daños
avoidable delay demora evitable
avoidance evitación, evasión, anulación, abstinencia
avoidance of contract evitación de contrato
avoidance of risk evitación de riesgo
avoidance of taxes evitación de impuestos
avouch afirmar, declarar, responder de
avoucher afirmante, declarante, quien responde por
avow declarar, confesar, reconocer
avowal declaración, admisión, confesión
avowant declarante, quien confiesa
avowry justificación
avulsion avulsión
avunculus un hermano de la madre
await esperar
award (n) laudo, fallo, decisión, adjudicación
award (v) adjudicar, otorgar
award of damages adjudicación de daños
away-going crop cosecha del arrendatario, cosecha tras la expiración del arrendamiento
ayant cause cesionario, causante

B

baby act defensa de minoridad, defensa de menores
baby sitter niñera
bachelor soltero, bachiller, licenciado
bachelor of laws abogado, licenciado en derecho, licencia de derecho
back respaldar, endosar, financiar
back lands tierras no contiguas
back matter apéndice, índice
back pay sueldos atrasados, sueldos devengados
back rent rentas atrasadas
back taxes impuestos atrasados
backadation prima por aplazamiento
backbite hablar mal de un ausente, calumniar
backbiter quien habla mal de un ausente, calumniador
backbond contrafianza
backbone determinación
backdate antedatar
backdating antedatar
backdoor clandestino, secreto
backdown retractación, cesión
backer garante, patrocinador, financiador
background trasfondo, medio
background check comprobación de trasfondo
background investigation investigación de trasfondo
backing respaldo, ayuda, garantía
backlog acumulación
backside parte posterior
backstair clandestino, secreto
backtrack retroceder, retirarse
backtracking antigüedad, desplazamiento de un empleado por otro con más tiempo en el trabajo
backup soporte, acumulación, sustituto, respaldo
backward al revés, hacia atrás
backwardation prima por aplazamiento
backwater agua de rechazo, agua estancada
backyard patio posterior
bad malo, deficiente, impropio
bad bargain mal negocio
bad behavior mala conducta
bad character mal carácter, mala fama
bad check cheque rechazado, cheque devuelto

bad debt deuda incobrable
bad debt loss pérdida por deuda incobrable
bad debtor persona que no acostumbra pagar sus deudas
bad faith mala fe
bad law fallo o sentencia que no está en acorde con la ley
bad motive acto ilícito a sabiendas
bad reputation mala reputación
bad repute mala reputación
bad risk mal riesgo
bad title título imperfecto
badge insignia, placa
badges of fraud señales de fraude
baggage equipaje, bagaje
bail (n) fianza, caución, fiador
bail (v) dar fianza, pagar caución, liberar bajo fianza
bail absolute fianza absoluta
bail bond escritura de fianza, póliza de fianza
bail common fianza imaginaria, fianza genérica
bail piece inscripción de fianza
bailable caucionable
bailable action acción caucionable
bailable offense delito caucionable
bailable process proceso caucionable
bailee depositario
bailee for hire custodio de propiedad personal a título oneroso
bailiff alguacil, administrador, oficial de justicia
bailiff-errant diputado de alguacil
bailiwick alguacilazgo, jurisdicción
bailment depósito, entrega, caución
bailment for hire depósito a título oneroso
bailment lease arrendamiento con opción de compra
bailor depositante
bailsman fiador
bait cebo, carnada
bait advertising publicdad para atraer clientela con una mercancía y ofrecer otra
bait and switch atraer clientela con una mercancía y ofrecer otra
bait and switch advertising publicdad para atraer clientela con una mercancía y ofrecer otra
balance balance, saldo
balance certificate certificado de balance
balance due saldo deudor, balance adeudado
balance of payments balanza de pagos
balance of power equilibrio de poderes
balance of trade balanza comercial
balance sheet balance, hoja de balance, estado de situación
balanced equilibrado
balcony balcón, galería
balderdash disparate

bale desgracia, fardo
ballast lastre
ballastage peaje por lastre
ballot balota, papeleta, sufragio
ballot box urna electoral
balloter elector
ban edicto, prohibición
banal banal, trivial
banality banalidad, trivialidad
banc tribunal
bancus tribunal
band banda, partida
bandit bandido, proscrito, bandolero
bane malhechor, criminal
banish desterrar, expulsar, deportar
banishment deportación, destierro
bank banco, tribunal, ribera
bank account cuenta bancaria
bank accounting contabilidad bancaria
bank administration administración de banco
bank auditor auditor de banco
bank bill nota bancaria
bank board junta del banco
bank call inspección gubernamental bancaria
bank charter autorización para operar un banco
bank check cheque
bank commission comisión bancaria
bank commissioner comisionado de la banca
bank credit crédito bancario
bank debit débito bancario
bank deposit depósito bancario
bank deregulation desreglamentación bancaria
bank director miembro de la junta directiva de un banco, miembro de un consejo de banco
bank draft letra bancaria
bank examination examinación de banco
bank examiner examinador de bancos
bank failure quiebra bancaria
bank holding company compañía tenedora de banco
Bank Holding Company Act ley de compañías tenedoras de bancos
bank insolvency insolvencia bancaria
bank lien gravamen bancario
bank management administración de banco
bank money order giro bancario
bank note billete de banco
bank of circulation banco de emisión
bank of deposit banco de ahorro
bank of issue banco emisor
bank official oficial de banco
bank overdraft sobregiro bancario
bank rate tasa bancaria
bank reference referencia bancaria
bank regulation reglamentación bancaria
bank reserves reservas bancarias

bank robber ladrón de banco
bank run retiro masivo y general de fondos de un banco
bank statement estado bancario, estado financiero bancario, estado de cuenta, extracto de cuenta bancaria
bank stock acciones de banco
bank supervision supervisión bancaria
bank transaction transacción bancaria
bankable negociable, comerciable conforme a la práctica bancaria
banker banquero
banker's acceptance aceptación bancaria
banker's note nota bancaria
bankerout en bancarrota
banking banca
banking commission comisión bancaria
banking company compañía bancaria
banking corporation corporación bancaria
banking games juegos de azar
banking institution institución bancaria
banking laws leyes bancarias
banking operations operaciones bancarias
bankroll fondo, caudal
bankrupt quebrado, insolvente, fallido
bankrupt company compañía quebrada
bankrupt corporation corporación quebrada
bankrupt firm empresa quebrada
bankrupt law ley de quiebra
bankrupt partner socio quebrado
bankrupt person quebrado
bankruptcy quiebra, insolvencia, bancarrota
bankruptcy costs costos de quiebra
bankruptcy court tribunal de quiebra
bankruptcy creditor acreedor de quiebra
bankruptcy discharge rehabilitación del quebrado
bankruptcy distribution distribución de bienes del quebrado a los acreedores
bankruptcy laws leyes de quiebra
bankruptcy notice aviso de quiebra
bankruptcy petition petición de quiebra
bankruptcy prediction predicción de quiebra
bankruptcy proceedings juicio de quiebra
bankruptcy trustee fideicomisario de la quiebra, síndico de la quiebra
banned prohibido, proscrito
banning excluyendo, prohibiendo
banns of matrimony amonestaciones matrimoniales, aviso público de matrimonio, carteles matrimoniales
banter burlarse de
bar (n) tribunal, colegio de abogados, abogacía, barandilla
bar (v) prohibir, excluir
bar admission admisión al colegio de abogados
bar association colegio de abogados
bar docket lista extraoficial de causas por juzgar
bar to marriage obstrucción al matrimonio
barbaric barbárico
barbarity barbarie, barbaridad
barbed cortante, mordaz, barbado
bare descubierto, desnudo, vacío
bare-handed a manos vacías, desarmado
bare licensee a quien se tolera presencia
bare patent license permiso para vender un producto patentado sin derecho de exclusividad
bare trustee fiduciario de un fideicomiso pasivo
bareboat charter contrato donde quien arrienda una nave es dueño para todos efectos durante el período de arrendamiento
barely apenas
bareness desnudez, deficiencia
bargain (n) negocio, convenio, contrato, pacto
bargain (v) negociar, convenir, regatear
bargain and sale compraventa, contrato de compraventa
bargain and sale deed escritura de compraventa
bargain collectively negociar colectivamente
bargain in bad faith negociar en mala fe
bargain in good faith negociar en buena fe
bargain money caparra, depósito, anticipo
bargainee comprador
bargaining negociación, regateo
bargaining agent agente de negociaciones
bargaining power poder de negociación
bargaining rights derechos a negociaciones
bargaining unit cuerpo participante en negociaciones colectivas a nombre de los obreros
bargainor negociador, vendedor
barge barcaza, embarcación recreativa
bark corteza, ladrido
barn establo, granero
baron barón, magnate
baron et feme marido y mujer
baronage baronía
baronet baronet
baronial señorial
barony baronía
barrator picapleitos, pleitista
barratrous fraudulento
barratry baratería, incitación a pleito
barred inadmisible, obstaculizado
barrel barril
barren money deuda que no devenga intereses
barrenness esterilidad
barretor picapleitos, pleitista, perturbador de la paz
barricade barricada, barrera
barrier barrera, obstáculo
barrier line línea demarcadora

barriers to trade barreras al comercio
barring exceptuando
barrister abogado, procurador
barroom cantina
barter (n) permuta, trocar, cambiar
barter (v) permutar, trocar, cambiar
barterer trocador, baratador
basal básico, fundamental
base (adj) bajo, deshonesto, vil
base (n) base, fundamento
base line línea divisoria, línea demarcadora, línea de referencia
base pay sueldo básico, sueldo de base
based upon basado en
baseless sin fundamento, infundado
basement sótano
baseness bajeza
bash golpe, intento
basic básico, fundamental
basic agreement convenio básico
basic limit límite básico
basic patent patente original
basic salary salario básico
basic wages salario básico
basically básicamente, fundamentalmente
basin cuenca, hoya
basis base, fundamento
basis of accounting base de contabilidad
basis of assessment base de imposición
basis of bargain garantía explícita
batable-ground tierras cuyo título está en cuestión
battered child niño abusado emocional y/o físicamente, hijo abusado emocional y/o físicamente
battered husband esposo abusado emocional y/o físicamente
battered spouse cónyuge abusado emocional y/o físicamente
battered wife esposa abusada emocional y/o físicamente
battery agresión, agresión física, violencia física
battle batalla, lucha
battle of the forms las distintas formas para aceptar y confirmar los términos de contratos
bawd celestina
bawdy house burdel
bay bahía, ensenada
be it enacted decrétase
be it known sépase, publíquese
be it resolved resuélvase
beach playa
beacon faro
beam viga, tablón
bear portar, llevar, prestar
bear arms portar armas
bear false witness perjurar, mentir

bear interest devengar intereses
bear witness atestiguar
bearer portador
bearer bond bono pagadero al portador
bearer certificate certificado al portador
bearer check cheque al portador
bearer debenture obligación al portador
bearer form valor al portador sin registro
bearer instrument instrumento al portador
bearer securities valores al portador
bearing presencia, porte
bearing date fecha del instrumento
beast bestia, bruto
beat golpear, azotar, vencer
beater batidor, que golpea
beating paliza
becalm calmar, apaciguar
because porque, pues
because of por causa de
become convertirse, nacer, tornarse
become obsolete quedar obsoleto
bed lecho, fondo, cama
bed and board separación conyugal sin divorcio, mesa y lecho
bedel mensajero del tribunal
bedlam olla de grillos, manicomio
bedrock fundamento
before antes, delante
before me ante mi
before taxes antes de contribuciones
before trial antes del juicio
beforehand de antemano, anteriormente, previamente
beg pedir, pedir limosna
beget procrear, engendrar
beggar mendigo
begging mendigando
begin empezar, comenzar, instituir
beginning comienzo, origen
beginning of the month comienzo del mes
beginning of the period comienzo del período
begun comenzado, empezado, instituido
behalf of, on de parte de, a beneficio de, a favor de
behavior conducta, funcionamiento
behind closed doors a puertas cerradas, tras bastidores
behoof provecho, utilidad, ventaja
being ser, vida
being struck ser chocado, ser golpeado
belief creencia, opinión
believe creer, opinar
belligerency beligerancia
belligerent beligerante
bellum guerra
bellwether indicador de tendencias
belong pertenecer a, ser de
belonging perteneciendo a, perteneciente
belonging to perteneciendo a

belongings pertenencias, bienes
below inferior, abajo, debajo
bench corte, tribunal, cuerpo de jueces, banco
bench and bar jueces y abogados
 colectivamente
bench blotter registro de policía con arrestos
 y demás
bench conference conferencia en el banco del
 juez con abogados
bench mark marca fija, punto de referencia
bench trial juicio sin jurado
bench warrant orden de arresto de parte del
 tribunal
beneath debajo, abajo
benefactor benefactor
benefice beneficio
benefice de discussion beneficio de discusión
beneficial beneficioso, útil, provechoso
beneficial association sociedad de
 beneficencia
beneficial enjoyment disfrute de un derecho
 para beneficio propio
beneficial estate derecho real de propiedad
 para beneficio propio
beneficial interest derecho de usufructo
beneficial owner usufructuario
beneficial use uso provechoso, derecho de uso
 y disfrute
beneficiary beneficiario
beneficiary clause cláusula de beneficiario
beneficiary identifier identificador de
 beneficiario
beneficiary of a policy beneficiario de una
 póliza
beneficiary of an insurance policy
 beneficiario de una póliza de seguros
beneficiary of trust beneficiario del
 fideicomiso, fideicomisario
benefit beneficio, provecho, ganancia
benefit of cession inmunidad de
 encarcelamiento del deudor quien asigna
 toda su propiedad a sus acreedores
benefit of counsel derecho a abogado
 defensor, derecho de representación legal
benefit of discussion beneficio de discusión
benefit of inventory beneficio de inventario
benefit of order beneficio de orden
benefit period período de beneficios
benefit society sociedad de beneficencia
benevolence benevolencia, buena voluntad
benevolent benévolo, bondadoso
benevolent association sociedad de
 beneficencia
benevolent corporation corporación sin fines
 de lucro
bequeath legar
bequeathment legado
bequest legado
bereaved acongojado

bereft of privado de
besayle un bisabuelo
beset acosar, hostigar, molestar
beside junto a, al lado de
besides además, también, excepto
besiege asediar, acosar
besieger asediador, acosador
besot atontar, infatuar
best superior, óptimo
best ability mejor habilidad
best and highest use uso que produzca el
 mayor provecho de un inmueble
best bid mejor oferta, mejor postor
best effort mejor esfuerzo
best evidence prueba directa
best evidence rule regla de exclusión de
 prueba secundaria al tener la primaria
 disponible
best interests mejores intereses
best judgment mejor juicio
best use el uso óptimo
bestow conferir, donar a
bestowal donación, otorgamiento
bet apuesta
betray traicionar, revelar
betrayal traición, engaño, revelación
betroth comprometerse a matrimonio
betrothal compromiso de matrimonio
betrothed prometido, prometida
betterment mejoramiento, mejora
betting apostar
bettor apostador
between entre
beverage bebida, bebida alcohólica
beyond a reasonable doubt más allá de duda
 razonable
beyond control más allá del control
beyond seas ultramar
beyond the jurisdiction más allá de la
 jurisdicción
biannual semestral, semianual
biannual audit auditoría semianual
bias inclinación, predilección, prejuicio
biased parcial, prejuiciado, predispuesto
bibliotics examen de documentos para
 verificar autenticidad
bicameral bicameral
bicker reñir por insignificancias
bid oferta, propuesta
bid bond fianza de oferta
bidder postor, licitador
bidding licitación, remate
bidding conditions condiciones de licitación
biennial bienal
bifurcate bifurcar
bifurcated trial juicio bifurcado
bifurcation bifurcación
bigamist bígamo
bigamous bígamo

bigamus bígamo
bigamy bigamia
bilateral bilateral
bilateral agreement convenio bilateral, tratado bilateral
bilateral arrangement arreglo bilateral
bilateral contract contrato bilateral
bilateral mistake equivocación bilateral
bilateral monopoly monopolio bilateral
bilateral option opción bilateral
bilateralism bilateralismo
bilaterally bilateralmente
bilingual bilingüe
bilinguis bilingüe
bill proyecto de ley, factura, petición, efecto, letra, documento, billete de banco, valor
bill for a new trial petición para juicio nuevo, moción para juicio nuevo
bill for foreclosure petición para ejecución de hipoteca
bill for raising revenue proyecto de ley para impuestos, proyecto de ley de ingresos
bill in equity demanda en equidad
bill in the nature of a bill of review recurso de equidad para la revisión de un fallo hecho por una parte ajena
bill in the nature of a supplemental bill demanda que surge cuando comparecen partes nuevas
bill obligatory pagaré sellado
bill of adventure documento de aventura
bill of appeal escrito de apelación
bill of attainder ley que señala y penaliza a individuos específicos sin el beneficio de un juicio, decreto de confiscación y muerte civil
bill of certiorari recurso de equidad para llevar un litigio a un tribunal superior
bill of complaint escrito de demanda
bill of costs pliego de costas
bill of credit carta de crédito
bill of discovery petición para descubrimiento, moción para descubrimiento, escrito que exige al demandado someterse a descubrimiento
bill of evidence transcripción de testimonio, acta taquigráfica
bill of exceptions escrito de impugnación, escrito de recusación
bill of exchange letra de cambio, cédula de cambio
bill of gross adventure contrato a la gruesa
bill of health certificado de salud, certificado de sanidad
bill of indictment escrito de acusación del gran jurado
bill of lading conocimiento de embarque
bill of mortality informe público de muertes
bill of pains and penalties ley con penalidades sin juicio previo
bill of parcels factura
bill of particulars moción de especificación de la demanda
bill of peace recurso de prevención de litigios múltiples, solicitud para prevenir litigios múltiples
bill of privilege acción especial para demandar a funcionarios de un tribunal
bill of review recurso de revisión, solicitud de revisión
bill of revivor recurso de restablecimiento
bill of rights declaración de derechos
bill of sale contrato de venta, contrato de compraventa
bill of sight declaración provisional, declaración aproximada de importador
bill payable cuenta a pagar
bill quia timet petición para proteger contra daños eventuales
bill receivable cuenta a cobrar
bill single pagaré
bill to quiet possession and title acción para resolver reclamaciones opuestas en propiedad inmueble
bill to quiet title acción para resolver reclamaciones opuestas en propiedad inmueble
bill to suspend a decree acción para suspender una sentencia
billa excambii documento de intercambio, letra de cambio
billed facturado
biller facturador
billing facturación
bimester bimestre
bimestrial bimestral
bimonthly bimestral
bind comprometer, obligar, compeler
binder documento provisional de seguro
binding obligante, obligatorio, valedero
binding agreement convenio obligante
binding arbitration arbitración obligante
binding instruction instrucción obligante
binding offer oferta obligante
binding out ponerse al servicio de otro
binding over caución para comparecencia
binding receipt recibo obligante
binding sale venta obligante
binding signature firma obligante
binding transaction transacción obligante
binnacle bitácora
bipartisan bipartidario
bipartite bipartito, duplicado, en dos partes
birth nacimiento, parto
birth certificate acta de nacimiento, certificado de nacimiento
birth control prevención de embarazo
birth record estadísticas oficiales de

nacimientos
birthplace lugar de nacimiento
birthrights derechos de nacimiento
bissextile bisiesto
bitty fragmentado, incoherente
biweekly quincenal, bisemanal
biyearly semestral
black letter law principios legales básicos y explícitos en una jurisdicción
black list lista negra
black maria coche celular
black market mercado negro
blackball votar en contra de, ir en contra de
blackleg estafador, tahúr
blacklisting discriminación contra miembros de una lista negra
blackmail (n) chantaje, extorsión
blackmail (v) chantajear, amenazar, extorsionar
blackmailer chantajista
blackout apagón, desmallo
blame culpa, censura
blameless sin culpa, inocente
blameworthy culpable, censurable
blank (adj) en blanco, vacío
blank (n) espacio en blanco, formulario en blanco
blank acceptance aceptación en blanco
blank bill letra de cambio al portador
blank check cheque en blanco
blank endorsement endoso en blanco, endoso al portador
blank form formulario en blanco
blank indorsement endoso en blanco, endoso al portador
blank instrument instrumento en blanco
blanket bond caución de fidelidad colectiva
blanket contract contrato de seguro múltiple
blanket coverage cobertura múltiple
blanket fidelity bond caución de fidelidad colectiva
blanket insurance seguro general
blanket mortgage hipoteca general
blanket policy póliza de seguro de cobertura múltiple
blanket rate prima de seguro de cobertura múltiple
blasting voladura, estallido
blatant evidente, flagrante
blaze fuego vivo, incendio, esplendor
blend mezclar, armonizar
blending mezcla, combinación
blind ciego, oculto
blind alley callejón sin salida
blind corner esquina ciega, esquina de pobre visibilidad
blind flying vuelo sin visibilidad
blind landing aterrizaje a ciegas
blind spot punto ciego, debilidad

blind tiger taberna clandestina
blind trust fideicomiso ciego
block (n) bloque, lote, cuadra
block (v) bloquear, impedir, cegar, obstruir
blockade bloqueo, obstrucción
blockbusting inducir a vender propiedad usando como la razón la presencia de grupo étnico, inducir a vender propiedad usando el miedo a la llegada de un grupo étnico
blocked account cuenta congelada
blocked funds fondos bloqueados
blood sangre, linaje
blood alcohol content contenido de alcohol en la sangre
blood alcohol count nivel de alcohol en la sangre
blood feud enemistad entre familias o clanes
blood grouping test prueba de sangre para determinar paternidad
blood money dinero obtenido por ocasionar la muerte de otro, dinero de recompensa por convicción del criminal
blood relatives parientes consanguíneos
blood test evidence doctrina que permite la toma de muestras de sangre en arrestos por manejar intoxicado, examen de sangre como prueba
bloodhound sabueso
blow-out ruptura repentina de neumático de carro
bludgeon cachiporra, macana
blue laws leyes de cierre los domingos
blue ribbon jury jurado altamente calificado
blue sky laws leyes estatales reguladoras del comercio bursátil
blueprint plan detallado, anteproyecto
bluff engaño con simulación, acantilado, barranca, fanfarrón
bluntly bruscamente
board junta, tribunal, consejo, comida
board of aldermen junta municipal
board of appeals junta de apelaciones
board of arbitration junta de arbitraje
board of arbitrators junta de árbitros
board of directors junta directiva, consejo de administración
board of education junta de educación
board of elections junta electoral
board of examiners junta examinadora
board of health junta de sanidad
board of pardons junta de clemencia
board of parole junta de libertad bajo palabra, comité de libertad condicional
board of patent appeals junta de apelaciones de patentes
board of review junta revisora
board of supervisors consejo de supervisión
board of trade junta de comercio
board of trustees junta de fiduciarios

boarder huésped, pensionista
boardinghouse casa de huéspedes
boardroom sala de juntas
boat bote, nave, embarcación
bodily corporal, material
bodily contact contacto corporal
bodily exhibition exhibición obscena
bodily harm daño corporal
bodily heirs descendientes directos
bodily infirmity enfermedad física
bodily injury lesión corporal
bodily pain dolor corporal
body cuerpo, cadáver, individuo
body corporate corporación, persona jurídica, sociedad anónima
body execution arresto para obligar a pagar deudas, auto de prisión
body of an instrument lo clave de un documento
body of laws colección de leyes, ordenamiento jurídico
body of the crime cuerpo del delito
body of the offense cuerpo del delito
body politic entidad política, entidad pública
body snatching hurto de cadáveres
bogus falso, falsificado
bogus check cheque falso
boiler-room transactions venta de inversiones dudosas con presión excesiva
boiler-shop transactions venta de inversiones dudosas con presión excesiva
boilerplate lenguaje estandarizado en documentos legales
boilerplate language lenguaje estandarizado en documentos legales
bolster apoyar, sostener
bolstering uso inapropiado de prueba
bolting argumentación de casos en privado
bona confiscata propiedad confiscada
bona fide de buena fe, bona fide
bona fide assignment traspaso de buena fe
bona fide belief creencia de buena fe
bona fide controversy controversia de buena fe
bona fide domicile domicilio de buena fe
bona fide emptor comprador de buena fe, comprador legítimo
bona fide error error de buena fe
bona fide holder for value tenedor de buena fe, tenedor legítimo
bona fide operation negocio legítimo
bona fide purchase compra de buena fe
bona fide purchaser comprador de buena fe
bona fide purpose propósito de buena fe
bona fide residence domicilio de buena fe
bona fide resident residente en domicilio de buena fe
bona fide sale venta de buena fe
bona fides buena fe, bona fides

bond caución, fianza, bono, vínculo, título
bond creditor acreedor con caución
bond issue emisión de bonos, bonos de un emisor
bond trustee fiduciario de emisión de bonos
bonded debt deuda garantizada por bonos
bonded goods mercancías puestas en almacén afianzado
bonded warehouse almacén afianzado, almacén fiscal
bondholder poseedor de bono
bondsman fiador, garante, afianzador
bonification bonificación
bonification of taxes bonificación de contribuciones
bonis cedere cesión de bienes
bonis non amovendis para no remover los bienes
bonus bonificación, prima, bono
boodle soborno, botín
boodling prácticas legislativas corruptas
book libro, registro, tomo, ficha
book account estado detallado de cuenta, registro contable
book entry anotaciones en libros de contabilidad, registro de inversiones en computadora
book of account libro de contabilidad
book of original entries registro de transacciones
book value valor contable
booked comprometido, destinado, reservado
bookie corredor de apuestas
booking procedimientos para fichar al arrestado
bookkeeper contable, tenedor de libros
bookkeeping contabilidad, teneduría de libros
bookkeeping cycle ciclo de contabilidad
bookkeeping method método de contabilidad
bookmaker corredor de apuestas
bookmaking recibo y pago de apuestas
books and papers todo tipo de documento requerido durante la etapa procesal de prueba
bootlegger contrabandista, contrabandista de licor
booty botín, despojo
border frontera, confín, orilla
border line frontera, límite
border search búsqueda de frontera
border warrant proceso de búsqueda y arresto de inmigrantes ilegales cerca de fronteras
bordereau memorando
bordering colindando
borderline limítrofe, incierto, dudoso
borderline risk riesgo cuestionable
born nacido, innato
born alive nacido vivo

borough municipio, distrito
borough courts tribunales de distrito
borrow tomar prestado, pedir prestado
borrowed prestado
borrowed employee empleado prestado
borrowed money dinero prestado
borrower prestatario
borrowing agreement convenio de tomar prestado
borrowing power poder de tomar prestado
borrowings préstamos recibidos
both ambos
bottleneck embotellamiento, obstáculo
bottomry contrato a la gruesa
bottomry bond contrato a la gruesa
bought comprado
boulevard avenida, bulevar
boulevard rule regla que exige que el que viene por camino secundario ceda el paso
bounced check cheque rehusado
bound (n) frontera, límite
bound (v) atado, limitado, destinado
bound bailiff auxiliar del alguacil
boundary frontera, límite, linde
bounders marcas u objetos de agrimensura
bounds límites, confines
bounty dádiva, recompensa, generosidad
bourse bolsa de valores
bowie knife cuchillo de caza
boycott boicot
bracket clasificación contributiva, categoría
bracket creep entrada en clasificación contributiva más alta por la inflación
Braille Braille
brain cerebro, intelecto, planificador
brain death muerte cerebral
brain trust conjunto de expertos
brainchild idea, invento
brainwash lavar el cerebro
braking distance distancia para frenar un carro, distancia para frenar un coche
branch rama, división
branch bank sucursal bancaria
branch line ramal
branch of the sea brazo de mar
branch office sucursal
branch railroad ramal de ferrocarril
brand marca, marca de fábrica, tipo
brand name marca de fábrica
brass alta gerencia
brass knuckles manopla
brawl riña, altercado
breach incumplimiento, violación, rompimiento
breach of authority abuso de autoridad
breach of close translimitación
breach of condition incumplimiento de condición
breach of confidence abuso de confianza

breach of contract incumplimiento de contrato
breach of covenant incumplimiento de pacto, incumplimiento de cláusula contractual
breach of duty incumplimiento del deber
breach of international law violación del derecho internacional
breach of marriage promise incumplimiento de compromiso de matrimonio
breach of official duty prevaricación
breach of prison fuga de una cárcel
breach of privilege abuso de privilegio
breach of promise incumplimiento de la palabra
breach of representation incumplimiento de representación
breach of the peace perturbación de la paz
breach of trust abuso de confianza, prevaricación
breach of warranty incumplimiento de garantía
breadth extensión, ancho
break romper, violar, quebrar, dividir
breakage garantía del manufacturero al comprador de mercancía en transporte, indemnización por cosas quebradas en el transporte
breakdown avería, malogro, colapso, desglose
breaking rompiendo, violando, dividiendo
breaking a case discusión de un caso entre jueces, resolución de un crimen
breaking a close violación de propiedad
breaking and entering escalamiento, violación de propiedad, allanamiento de morada
breaking and entry escalamiento, violación de propiedad, allanamiento de morada
breaking bulk hurto de bienes por depositario
breaking doors forzar puertas
breaking into escalar
breaking jail fuga de la cárcel
breaking point punto límite, extremo
breath specimen muestra de aliento para determinar el nivel de alcohol en la sangre
breathalyzer test prueba de aliento para determinar el nivel de alcohol en la sangre
brethren hermanos, hermanas
breve de recto escrito de derecho
breve innominatum escrito describiendo generalmente el porqué de la acción
breve nominatum escrito describiendo detalladamente el porqué de la acción
brevet ascenso militar sin incremento de paga
breviate sinopsis, informe
brevity concisión, brevedad
bribe (n) soborno
bribe (v) sobornar
bribe a juror sobornar un jurado

bribe a witness sobornar un testigo
briber sobornador
bribery soborno, cohecho
bribery at elections soborno del electorado
bribour bribón, pillo
bridal nupcial, relativo a la novia
bridge loan préstamo interino, préstamo puente
brief (n) escrito, informe, breve
brief (v) informar, instruir, resumir
brief of title resumen de título
briefing informe, instrucciones
brig calabozo
bring traer, producir, inducir
bring about causar, ocasionar
bring in introducir, pronunciar, producir
bring suit iniciar acción judicial
bring up citar, mencionar, traer a colación
bringing money into court depositar judicialmente
bristle erizar, encrespar
broad interpretation interpretación liberal, interpretación amplia
broadcasting transmisión, radiodifusión, difusión
broadside objection objeción sin especificar
brocage corretaje
brochure folleto informativo
broken violado, roto, en quiebra
broker corredor, agente
broker-agent corredor-agente, licenciado como corredor y agente
brokerage corretaje
brokerage business negocio de corretaje
brokerage contract contrato de corretaje
brothel burdel
brother-in-law cuñado, hermano político
brother-sister corporations corporaciones con los mismos dueños
brought traído, presentado
brown decision decisión del tribunal supremo declarando inconstitucional la segregación racial en las escuelas públicas
brownout apagón parcial
bruise magullar, abollar, herir
bruit rumorear
brutal brutal, cruel, salvaje
brutalize tratar brutalmente
bubble inversión fraudulenta
bucket shop lugar para compraventas ficticias de valores
bucketing recibo de órdenes de corretaje sin intención de realizar dichas transacciones
budget presupuesto
budget administration administración presupuestaria
budget control control presupuestario
budget management administración presupuestaria

budgetary presupuestario
budgeted presupuestado
budgeting presupuestación
budgeting administration administración presupuestaria
budgeting management administración presupuestaria
buffer-zone área separando dos tipos de zonificación
bug micrófono oculto, error
buggery sodomía
bugging vigilancia electrónica
build construir, formar, establecer
builder constructor
building edificio, construcción
building and loan association sociedad de ahorro y préstamo para la construcción
building code ordenanzas de construcción, ley de edificación
building contract contrato de construcción
building is covered el edificio tiene cubierta de seguro
building laws leyes de edificación
building lease arrendamiento para edificación
building lien gravamen del constructor
building line línea de edificación
building lot solar
building materials materiales de construcción
building permit permiso para edificación, licencia para edificar
building restrictions restricciones de edificación
built-in incorporado a
built-in stabilizer estabilizador incorporado
bulk agregado, bulto, cargamento
bulk goods mercancía a granel
bulk mortgage hipoteca de propiedades agregadas
bulk sale venta a granel
bulk sales acts leyes para proteger a acreedores de ventas a granel clandestinas
bulk transfer transferencia a granel
bull pen celda
bullet bala
bulletin boletín, comunicado
bullion oro o plata en lingotes
bum vagabundo
bumper parachoques
bumping antigüedad, desplazamiento de un empleado por otro con más tiempo en el trabajo
bumpy desigual, agitado
bunco estafa
bunco game juego para estafar
bundle montón, manojo, suma de dinero
bungalow casa de campo
buoy boya
burden carga, peso, obligación
burden of producing evidence obligación de

presentar prueba, carga de producir pruebas suficientes para evitar una sentencia contraria, carga de la prueba

burden of proof carga de la prueba, peso de la prueba, obligación de probar

burden with taxes gravar con impuestos

burdensome opresivo, pesado

bureau negociado, oficina, agencia, departamento

bureaucracy burocracia

bureaucrat burócrata

bureaucratic burocrático

Burford doctrine doctrina bajo la cual el gobierno federal se abstiene de interferir en ciertas leyes de los estados

burgator escalador

burglar ladrón, escalador

burglar alarm alarma contra ladrones

burglarious con intención de robo, con intención de escalamiento

burglarize robar, escalar

burglary robo, escalamiento, escalo, hurto

burglary in the first degree escalamiento en primer grado

burglary insurance seguro contra robos

burglary tools artículos usados para efectuar robos

burial entierro, sepultura

burial expenses gastos funerarios

burial ground cementerio

burn quemar

burnt quemado, escaldado

burrow excavar, esconderse

bursar tesorero

bursary tesorería

burst reventar, explotar, derribar

burying-ground cementerio

business ocupación, negocio, tarea, asunto

business accounting contabilidad de negocios

business activities actividades de negocio

business address domicilio comercial, dirección del negocio

business administration administración de empresas

business agent agente comercial, administrador

business bad debts deudas incobrables de negocio

business broker corredor de empresas

business compulsion coacción a un dueño de negocio

business contract contrato de negocios, contrato mercantil

business corporation corporación de negocios, sociedad mercantil

business correspondence correspondencia de negocios

business crime crimen de negocios

business day día laborable, día hábil

business deal transacción comercial

business district distrito comercial

business done in state negocio comenzado y completado en un estado

business enterprise empresa comercial

business ethics ética en los negocios

business etiquette etiqueta en los negocios

business expenses gastos de negocios

business failure quiebra de negocio

business firm empresa de negocios

business gains ganancias de negocios

business hours horas de trabajo, horas laborables, horas de oficina

business income ingresos de la empresa

business insurance seguro de vida para empleados claves para la protección de una empresa

business interruption interrupción de negocios

business interruption insurance seguro contra pérdidas por interrupción de negocios

business invitee quien va invitado a un local a llevar a cabo negocios

business law derecho mercantil

business league asociación de negocios

business liability responsabilidad comercial

business liability insurance seguro de responsabilidad comercial

business license licencia comercial

business loans préstamos comerciales

business losses pérdidas de negocios

business management administración de empresas

business month mes de 30 días

business name nombre de la empresa, denominación social

business of banking negocio bancario

business of insurance negocio de seguros

business office oficina de negocios

business opportunity oportunidad comercial

business or commercial corporation corporación de negocios, sociedad mercantil

business or occupation negocio u ocupación

business organization organización comercial

business practices prácticas comerciales

business purpose propósito comercial

business records expedientes de negocio

business restrictions restricciones comerciales

business secrets secretos comerciales

business situs domicilio comercial

business transaction transacción comercial

business trust fideicomiso comercial

business usage uso comercial

business visitor quien va invitado a un local a llevar a cabo negocios

businesslike sistemático, eficiente

businessperson persona de negocios, comerciante
bust out escaparse de la cárcel
but pero, sino, menos que
buttals lindes
butts and bounds lindes, linderos
buy comprar, creer en
buyer comprador, agente comprador
buying in compra en subasta por el mismo dueño o parte interesada
buyout adquisición de un porcentaje de acciones que permita controlar la corporación
by por, de, a, junto a
by-bidder postor contratado por el dueño o su agente
by-bidding ofertas hechas por un postor contratado por el dueño o su agente
by color of office so color de cargo
by contract por contrato
by estimation por estimado, aproximadamente
by law de acuerdo con la ley
by-laws reglamentos internos, estatutos
by proxy por poder
by reason of por razón de
by the book por el libro
by the bye incidentalmente, a propósito
by virtue of en virtud de
bypass pasar de lado, pasar por alto
bypass trust fideicomiso para evitación de impuestos sucesorios
bypath desvío
byroad camino solitario y apartado
bystander espectador, circunstante
bystreet callejuela
byway desvío

C

cabalistic secreto, misterioso
cabana cabaña
cabin cabaña, choza
cabinet gabinete
cabinet council consejo de ministros
cabinet meeting reunión de gabinete
cabotage cabotaje
cache escondite, reserva secreta
cachet sello distintivo, prestigio
cadastral catastral
cadastral value valor catastral
cadastre catastro
cadaver cadáver
cadet cadete, hijo o hermano menor
cadit ha fracasado, ha terminado
caduca caducar
caducary caducario
caducity caducidad
caducous caduco
caesarean operation operación cesárea
caeteris tacentibus todos los demás guardando silencio
caeterorum administración del remanente
cagey astuto, evasivo
cageyness astucia, cautela
cahoots, in confabulado con
cajole engatusar, persuadir
cajolery engatusamiento
calaboose calabozo
calamitous calamitoso, desastroso
calamity calamidad, desastre
calculated premeditado, calculado
calculated risk riesgo calculado
calculating calculador, prudente
calculation cálculo, cuidado
calendar calendario, almanaque
calendar day día calendario, día civil, día natural
calendar month mes calendario, mes civil
calendar week semana calendario, semana civil
calendar year año calendario, año civil
call (n) citación, llamada, invitación, convocatoria
call (v) citar, llamar, invitar, convocar
call a meeting convocar una reunión
call a strike declarar una huelga
call as a witness citar como testigo

call girl prostituta
call loan préstamo pagadero a la demanda
call money dinero pagadero a la demanda, dinero exigible
call price precio al cual el emisor puede recomprar un bono
call to order llamar a la orden
callable pagadero a la demanda, retirable, redimible
called meeting reunión extraordinaria, reunión convocada
called upon to pay obligado a pagar
caller visitante, llamador
calling llamado, vocación
calumniae calumnia
calumniate calumniar
calumniator calumniador
calumnious calumnioso
calumny calumnia
Calvo doctrine doctrina Calvo
cambipartia demanda en nombre de otro a cambio de parte de los daños
cambiparticeps quien demanda en nombre de otro a cambio de parte de los daños
cambist cambista, corredor
cambium intercambio
camera cámara del juez
cameralistics la ciencia de las finanzas
camerarius tesorero
camouflage camuflaje, engaño
campaign campaña
campaign contributions contribuciones de campaña
campaign funds fondos de campaña
campartum parte de un campo
campers porción, ración
campum partire dividir la tierra
canal canal, zanja
canalization canalización
canalize canalizar
cancel cancelar, anular, eliminar
cancel a contract cancelar un contrato
cancel a debt cancelar una deuda
cancel an instrument cancelar un instrumento
cancel an order cancelar una orden
canceler anulador
cancellable cancelable
cancellation cancelación, anulación, eliminación
cancellation clause cláusula de cancelación
cancellation evidence evidencia de cancelación
cancellation of contract cancelación de contrato
cancellation of instrument cancelación de instrumento
cancellation of lease cancelación de arrendamiento
cancellation of mortgage cancelación de hipoteca
cancellation of order cancelación de orden
cancellation of policy cancelación de póliza
cancelled cancelado
cancelled account cuenta cancelada
cancelled check cheque cancelado
cancelled debt deuda cancelada
candid imparcial, sincero
candidacy candidatura
candidate candidato
candidature candidatura
candidly cándidamente, ingenuamente
candor candor, imparcialidad
cannily astutamente, sutilmente
canniness astucia, sutileza
canon canon, regla
canons of construction reglas de interpretación, reglas de hermenéutica
canons of descent reglas de sucesión
canons of inheritance reglas de sucesión
canons of judicial ethics normas de ética judicial
canons of professional responsibility normas de ética profesional, cánones de ética profesional
canons of taxation normas para establecer contribuciones
cant licitación
canvass escrutinio, solicitación de votos
canvasser quien cuenta votos, quien solicita votos
cap límite, límites, límites en demandas por daños
capability capacidad, aptitud
capable capaz, competente
capable of contracting capaz de contratar
capable of inheriting capaz de heredar
capable to marry capaz de contraer matrimonio
capacitate capacitar, acreditar
capacity capacidad, aptitud legal
capacity defense defensa basada en la incapacidad de responder por las acciones
capacity of parties capacidad de las partes
capacity to act capacidad de actuar
capacity to contract capacidad para contratar
capacity to distinguish capacidad de distinguir
capacity to earn capacidad para ganar
capacity to endure capacidad de tolerar
capacity to know capacidad de conocer
capacity to pay capacidad para pagar
capacity to pay debts capacidad para pagar deudas
capacity to perceive capacidad de percibir
capacity to perform capacidad de ejecutar
capacity to reason capacidad de razonar
capacity to sue capacidad para demandar
capacity to support capacidad de mantener

capacity to tolerate capacidad de tolerar
capacity to understand capacidad de entender
capacity to withstand capacidad de tolerar
capax doli capaz de cometer crimen
capax negotii capaz de negociar
capias tomar, orden de arresto
capias ad audiendum judicium orden para traer al demandado ante el tribunal
capias ad respondendum orden para arrestar al demandado y traerlo ante el tribunal
capita, per por cabeza, per capita
capita capita
capital capital
capital adequacy suficiencia de capital
capital and interest capital e intereses
capital assets activo de capital, bienes de capital
capital authorized capital autorizado
capital case juicio en que el crimen conlleva la pena capital
capital crime crimen capital
capital flight fuga de capitales
capital gains ganancias de capital
capital gains tax contribución sobre ganancias de capital
capital improvement mejora de capital
capital investment inversión de capital
capital loss pérdida de capital
capital offense crimen capital
capital outlay dinero invertido
capital punishment pena capital
capital requirements requisitos de capital
capital reserves reservas de capital
capital risk riesgo de capital
capital stock capital en acciones
capital structure estructura de capital
capitale algo hurtado
capitalis debitor deudor principal
capitalist capitalista
capitalization capitalización
capitalization of taxes capitalización de impuestos
capitalize capitalizar
capitalized capitalizado
capitation capitación
capitation tax impuesto de capitación
capitula colecciones de leyes bajo encabezamientos
capitulary capitulario
capitulate capitular
capitulation capitulación, recapitulación
caprice capricho
capricious caprichoso
capricious and unlawful caprichoso e ilegal
captaincy capitanía
captainship capitanía
captation captación
caption encabezamiento, leyenda, epígrafe
captivate cautivar

captivation fascinación
captivator cautivador, fascinador
captive cautivo, cautivado
captive agent agente cautivo
captive audience público cautivo, personas que presencian algo en contra de su voluntad
captive market mercado cautivo
captivity cautiverio, prisión
captor apresador, capturador
capture captura, toma
carcass cadáver
carcelage derechos de cárcel
card index fichero, índice
card security seguridad de tarjeta
card security number número de seguridad de tarjeta
cardholder tenedor de tarjeta
cardholder agreement convenio de tenedor de tarjeta
cardinal principal, fundamental
care cuidado, atención, preocupación, cargo
care and custody cuidado y custodia
careen carenar, volcar
career carrera, curso de vida
careful cuidadoso, meticuloso
carefully cuidadosamente, meticulosamente
carefulness cuidado, cautela
careless descuidado, negligente
careless and negligent descuidado y negligente
carelessly descuidadamente, negligentemente
carelessness descuido, negligencia
cargo carga, cargamento
cargo insurance seguro de carga
caristia escasez
carnage matanza, carnicería
carnal carnal, sexual
carnal abuse abuso carnal
carnal knowledge ayuntamiento carnal, coito
carnality carnalidad, lujuria
carnosity carnosidad
carping capcioso, mordaz
carrier portador, transportista, cargador, mensajero, carrero
carrier's liability responsabilidad del transportista
carrier's lien gravamen del portador, gravamen del transportista
carry cargar, llevar, tener, portar
carry a concealed weapon portar un arma oculta
carry a weapon portar un arma
carry an election ganar una elección
carry arms portar armas
carry-back pérdidas netas que se incluyen al volver a computar los impuestos de años anteriores
carry-forward pérdidas que se pueden incluir

en la planilla tributaria para años subsiguientes

carry insurance estar asegurado

carry on a business mantener un negocio

carry on a trade or business mantener un negocio

carry-over pérdidas que se pueden incluir en la planilla tributaria para años subsiguientes

carry weapons portar armas

carrying away llevarse algo, hurtar

carrying charge cargo por ventas a plazo en adición a intereses, gastos de transporte, gasto incidental, sobregasto, recargo

carrying concealed weapons llevar armas ocultas

cartage transporte, costo del transporte

carte blanche carta en blanco, carta blanca

cartel cartel, asociación, monopolio

cartel agreement convenio de cartel

cartulary cartulario

case caso, causa, acción

case agreed on acuerdo de las dos partes sobre los hechos

case certified controversia de ley llevada de un tribunal inferior a uno superior

case history antecedentes

case in point caso en cuestión

case law precedentes, jurisprudencia

case made acuerdo entre abogados presentado al tribunal

case of fraud caso de fraude

case or controversy caso o controversia, doctrina que exige que los tribunales sólo decidan casos o controversias reales y concretos

case stated acuerdo de las dos partes sobre los hechos

case study estudio de caso

case system estudio de leyes a través de la jurisprudencia

casebook libro de casos con discusiones, libro de enseñanza basado en casos concretos

caseworker trabajador social

cash efectivo, dinero

cash account cuenta de caja

cash administration administración de efectivo, administración de fondos

cash audit auditoría de caja

cash bail fianza en efectivo

cash bond fianza en efectivo

cash collateral colateral en efectivo

cash discount descuento por pago en efectivo

cash dividend dividendo en efectivo

cash flow flujo de fondos, flujo de caja

cash guarantee garantía en efectivo

cash guaranty garantía en efectivo

cash management administración de efectivo, administración de fondos

cash market value valor en el mercado, valor

en el mercado en efectivo

cash on delivery entrega contra pago

cash operation operación al contado

cash price precio al contado

cash register caja registradora

cash sale venta al contado

cash surrender value valor de rescate en efectivo

cash transaction transacción en efectivo

cash value valor en efectivo

cashbook libro de caja

cashed check cheque cobrado

cashier (n) cajero

cashier (v) despedir, dar de baja

cashier's check cheque de caja, cheque bancario

cashiered dado de baja en desgracia

cashlite multa

cassare anular

cassation, court of tribunal de casación

cassation casación, anulación, revocación

cast lanzar, echar, depositar

cast away rechazar

cast off desechar, zarpar

castaway náufrago

castigate castigar

castigation castigo

casting vote voto decisivo

castle doctrine doctrina que permite defender el hogar a como de lugar

casual casual, accidental, ocasional

casual bettor apostador ocasional

casual condition condición aleatoria

casual deficit déficit casual

casual employee empleado temporero

casual employment empleo temporero

casual evidence prueba incidental

casual sale venta ocasional

casual transaction transacción ocasional

casually casualmente, informalmente

casualty accidente, contingencia, baja

casualty insurance seguro de responsabilidad pública, seguro de contingencia, seguro de responsabilidad por accidentes

casualty loss pérdida por accidente

casus fortuitus caso fortuito, evento inesperado

casus major fuerza mayor, evento poco usual

casus omissus caso omitido

cataclysm cataclismo

catastrophe catástrofe, calamidad

catastrophe insurance seguro de catástrofe

catastrophe loss pérdida por catástrofe

catastrophic catastrófico

catastrophic insurance seguro catastrófico

catch atrapar, coger, contraer

catching bargain contrato leonino

catchings presas

categorical question pregunta categórica

cater cousin primo en cuarto grado
cattily maliciosamente
cattle ganado
catwalk pasadizo angosto
caucasian caucásico
caucus junta de dirigentes
causa causans causa inmediata
causa hospitandi con el propósito de ser recibido como visita
causa mortis por causa de muerte, causa mortis
causa mortis donatio donación por causa de muerte
causa mortis gift regalo por causa de muerte
causa sine qua non causa necesaria, causa sine qua non
causal causal
causal connection conexión causal
causal relation relación causal
causare causar, litigar
causation casualidad, proceso causativo
causative causante
causator litigante
cause (n) causa, juicio, acción
cause (v) causar, obligar
cause and consequence causa y consecuencia
cause and effect causa y efecto
cause in fact causa que ocasiona otro evento, concausa
cause list lista de causas
cause of action derecho de acción
cause of death causa de la muerte
cause of injury causa de la lesión
causeless sin causa
causes celebres casos célebres
causeway calzada elevada
causidicus abogado
cautio precaución, garantía
cautio pro expensis fianza para costas, garantía por gastos
caution (n) cautela, precaución
caution (v) advertir
caution juratory caución juratoria
cautionary preventivo, avisador
cautionary instruction instrucción al jurado que limita la prueba a propósitos específicos
cautionary judgment sentencia de gravamen sobre la propiedad del demandado
cautious cauteloso, prudente
cautiously cautelosamente, prudentemente
caveat aviso formal indicando precaución, advertencia, notificación de suspender el procedimiento, caveat
caveat actor que tenga cuidado el actor, a riesgo del actor, caveat actor
caveat emptor que tenga cuidado el comprador, a riesgo del comprador, caveat emptor

caveat to will advertencia contra la validación de un testamento
caveat venditor que tenga cuidado el vendedor, a riesgo del vendedor, caveat venditor
caveator quien advierte, oponente, autor de un pleito por falsificación
cavere ser precavido, tener cuidado
cease cesar, desistir
cease and desist order orden para cesar alguna actividad
cease-fire tregua
cease work cesar de trabajar
ceaseless incesante, perpetuo
cede ceder, traspasar
cede jurisdiction ceder jurisdicción
cede territory ceder territorio
cedent cedente
celation ocultación de embarazo o parto
celebrate celebrar
celebration celebración
celebration of marriage celebración del matrimonio
celibacy celibato
celibate célibe
cell celda, cédula
cellular phone teléfono celular
cemetery cementerio
cenninga aviso de quien compra a quien vende de que los bienes han sido reclamados por un tercero
censor censor
censorial censorio, relativo al censo
censorship censura
censurable censurable
censure censura
census censo, empadronamiento
census bureau oficina de censos
census data datos del censo
census taker empadronador, empleado de la oficina de censos
central central, principal
central bank banco central
central criminal court tribunal penal central
central information file archivo de información central
central liability responsabilidad central
central planning planificación centralizada
centralism centralismo
centralist centralista
centralization centralización
centralization of administration centralización de la administración
centralization of control centralización del control
centralization of government centralización del gobierno
centralization of management centralización de la administración

centralized centralizado
centralized administration administración centralizada
centralized control control centralizado
centralized economic planning planificación económica centralizada
centralized government gobierno centralizado
centralized management administración centralizada
centrist centrista
century siglo
ceremonial marriage matrimonio solemne
ceremony ceremonia
certain cierto, fijo, inevitable
certain annuity anualidad cierta
certain contract contrato cierto
certainly ciertamente
certainty certeza, algo seguro
certifiable certificable
certificate certificado, testimonio, obligación
certificate into chancery dictamen de un tribunal de derecho estricto sobre una materia presentada por un tribunal de equidad
certificate of acknowledgment certificado de reconocimiento
certificate of amendment certificado de enmienda
certificate of analysis certificado de análisis
certificate of authority certificado de autoridad
certificate of birth certificado de nacimiento
certificate of claim certificado de reclamación
certificate of damage certificado de daños
certificate of death certificado de defunción
certificate of deposit certificado de depósito
certificate of dissolution certificado de disolución
certificate of eligibility certificado de elegibilidad
certificate of employment certificado de empleo
certificate of eviction orden de desahucio
certificate of good conduct certificado de buena conducta
certificate of health certificado de salud
certificate of identity certificado de identidad
certificate of incorporation certificado de incorporación, acta constitutiva
certificate of indebtedness certificado de deuda
certificate of insurance certificado de seguro
certificate of marriage certificado de matrimonio
certificate of occupancy certificado de ocupación, documento certificando que un local cumple con las leyes de zonificación y/o edificación
certificate of origin certificado de origen

certificate of ownership certificado de propiedad
certificate of purchase certificado de compra
certificate of registry certificado de registro
certificate of sale certificado de venta
certificate of title certificado de título
certificate of use certificado de uso
certificateless sin certificado
certification certificación
certification mark marca de identificación
certification of check certificación de cheque
certified certificado
certified accountant contador público autorizado
certified appraisal tasación certificada
certified appraiser tasador certificado
certified balance sheet balance certificado
certified bill of lading conocimiento de embarque certificado
certified check cheque certificado
certified copy copia certificada
certified financial statement estado financiero certificado
certified mail correo certificado
certified public accountant contador público autorizado
certified statement estado certificado
certify certificar, atestiguar
certiorari auto de certiorari, auto de avocación, escrito emitido de un tribunal superior a uno inferior para revisión
certitude certidumbre
cesarean cesáreo
cessation cesación, suspensión
cessation of business cesación de negocios
cessation of occupation cesación de ocupación
cessation of possession cesación de posesión
cessation of work cesación de trabajo
cesser cesación, descuido, cesación de responsabilidad
cesset executio orden para posponer una ejecución
cesset processus orden para posponer los procedimientos en la acción
cession cesión
cession of goods cesión de bienes
cessionary cesionario
cessionary bankrupt insolvente que cede sus bienes a sus acreedores
cessment contribución, impuesto
cessor quien abandona un deber tiempo suficiente para poder sufrir consecuencias legales
cestui aquel que, el beneficiario de un fideicomiso
cestui que trust el beneficiario de un fideicomiso
cestui que use persona que cede el uso de una

propiedad a otra

cestui que vie persona a quien se le ceden bienes de por vida

chaffer negocio, regateo

chaffery comercio, negocio

chagrin mortificación, disgusto

chain conspiracy complot dividido en partes

chain of circumstances cadena de circunstancias

chain of command cadena de mando

chain of custody cadena de custodia

chain of possession cadena de posesión

chain of title cadena de título

chain reaction reacción en cadena

chain stores cadena de tiendas

chair presidente

chair of the board presidente de la junta directiva

chairman presidente

chairman of the board presidente de la junta directiva

chairmanship presidencia

chairperson presidente

chairperson of the board presidente de la junta directiva

chairwoman presidenta

chairwoman of the board presidenta de la junta directiva

challenge (n) recusación, objeción, tacha, reto

challenge (v) recusar, objetar, retar

challenge for cause recusación justificada

challenge to jury array recusación del jurado completo

challenger demandante, objetante, retador

challenging provocador, provocativo

chamber cámara, cuarto, recámara

chamber business toda actividad del juez fuera de audiencia

chamber of commerce cámara de comercio

chambers despacho del juez

champertor quien mantiene una demanda por un tercero con interés creado

champertous en la naturaleza de una demanda mantenida por un tercero con interés creado

champerty mantenimiento de una demanda por un tercero con interés creado

champion defensor, paladín

chance fortuna, casualidad, posibilidad

chance bargain contrato a riesgo propio

chance-medley riña fortuita, homicidio en defensa propia

chancellor canciller, decano

chancer ajustar a los principios del tribunal de equidad

chancery equidad, tribunal de equidad

chancy arriesgado, peligroso

Chandler Act enmienda a la ley de quiebras de 1938

change (n) cambio, alteración

change (v) cambiar, convertir, alterar

change in conditions cambio en condiciones

change of address cambio de dirección

change of beneficiary cambio de beneficiario

change of beneficiary provision cláusula de cambio de beneficiario

change of circumstances cambio en circunstancias

change of domicile cambio de domicilio

change of duties cambio de deberes

change of heart cambio de parecer

change of name cambio de nombre

change of ownership cambio de propiedad

change of parties cambio de partes

change of possession cambio de posesión

change of venue traslado de sala

change process proceso de cambio

changeable cambiable, variable

changeful variable

changeless inmutable, constante

changeover cambio, alteración

channel canal, cauce, caño

chaos caos

chaotic caótico

chapman vendedor ambulante

chapter capítulo, organización local

chapter 7 bankruptcy bancarrota directa, quiebra

chapter 11 bankruptcy reorganización del negocio bajo la ley de quiebras

chapter 12 bankruptcy convenio especial para el pago de deudas del granjero familiar bajo la ley de quiebras

chapter 13 bankruptcy convenio para el pago de deudas por un deudor asalariado bajo la ley de quiebras

character carácter, temperamento, distintivo

character and habit las características morales de una persona determinadas por su reputación y conducta

character evidence prueba concerniente a la reputación de una persona

character witness testigo sobre el carácter de una persona

characteristic característica, cualidad

characterization determinación de las leyes aplicables a un caso, caracterización

charge (n) acusación, carga, cargo, comisión

charge (v) acusar, imponer una carga, cobrar

charge account cuenta a crédito

charge d'affaires representante diplomático

charge of crime acusación de crimen

charge-sheet registro policial

charge to jury instrucciones al jurado

chargeable acusable, imponible

chargeback transacción devuelta

charges cargos, acusaciones

charging lien gravamen de abogado

chariness cautela
charisma carisma, liderazgo, poder de captación
charitable caritativo, benéfico
charitable association asociación caritativa
charitable bequest legado caritativo
charitable contributions contribuciones caritativas
charitable corporation corporación caritativa, sociedad caritativa
charitable deduction deducción por contribuciones caritativas
charitable enterprise empresa caritativa
charitable foundation fundación caritativa
charitable gift donación caritativa
charitable institution institución caritativa
charitable organization organización caritativa
charitable purpose fines caritativos
charitable trust fideicomiso caritativo
charitable use uso caritativo
charitableness caridad, beneficencia
charitably caritativamente
charity caridad, beneficencia, bondad
charlatan charlatán, embaucador
charlatanism charlatanismo
chart carta de navegar, diagrama, esquema
charta carta, escritura, cédula, documento constitucional
charter (n) carta, escritura de constitución, contrato de fletamento
charter (v) fletar, alquilar
charter of affreightment fletamento
charter party contrato de fletamento
chartered accountant contador público autorizado
chartered life underwriter suscriptor de seguros de vida autorizado
chartered ship embarcación fletada
charterer fletador
chartless sin rumbo
chary cuidadoso, cauteloso
chase perseguir, acosar
chaser perseguidor, acosador
chasm abismo, ruptura
chaste casto, puro
chaste character carácter puro
chastely castamente, púdicamente
chasteness castidad, pureza
chastise castigar, corregir
chastity castidad
chat charla
chattel bien mueble
chattel interest interés parcial en un bien mueble
chattel lien gravamen en bien inmueble
chattel mortgage hipoteca sobre bienes muebles, hipoteca mobiliaria
chaud-medley riña pasional, homicidio pasional

chauffeur chofer
cheat (n) tramposo, trampa, engaño
cheat (v) engañar, hacer trampa
check (n) cheque, control, verificación
check (v) controlar, revisar, detener
check authorization autorización de cheque
check hold retención de cheque
check kiting girar un cheque sin fondos en anticipación de depósitos futuros
check kiting scheme treta para girar cheques sin fondos en anticipación de depósitos futuros
check signer firmador de cheques
check stub talón de cheque
check verification verificación de cheque
checking account cuenta de cheques
checkless sin cheques
checklist lista de cotejo
checkpoint punto de inspección
checks and balances sistema de control y balance entre las ramas del gobierno
chemical analysis análisis químico
cheque cheque
chevantia préstamo monetario
chevisance convenio
chicane trampa, tramoya
chief (adj) principal
chief (n) jefe, director
chief clerk secretario del tribunal
chief executive primer mandatario, ejecutivo principal
chief executive officer funcionario ejecutivo principal
chief financial officer funcionario financiero principal
chief judge presidente de un tribunal, juez presidente
chief justice presidente de un tribunal, juez presidente
chief magistrate primer magistrado, presidente del tribunal supremo
chief of police superintendente de la policía
chief of state jefe de estado
chief office oficina principal
chief officer funcionario principal
chief operating officer funcionario de operaciones principal
chief use uso general, uso principal
chiefly principalmente
child niño, niña, hijo, hija, menor, criatura
child abuse abuso de menores
child custody custodia de menores
child labor empleo de menores
child labor laws leyes para proteger a menores en el empleo
child support alimentos para menores, obligación alimenticia
child's part parte de una herencia

correspondiendo a un hijo, parte de una herencia correspondiente a una hija

child's welfare bienestar de un menor

childbearing capacitada para la maternidad

childbirth parto

childhood niñez

children niños, hijos, menores

children's court tribunal tutelar de menores

chilling a sale conspiración para obtener bienes bajo el valor justo de mercado

chilling bids actos o palabras para impedir la libre competencia entre postores en subastas

Chinese wall barrera de comunicación entre abogados de un mismo bufete que permite a dicha firma representar a una parte aun cuando algún miembro haya defendido a la parte adversaria en otra ocasión

chirograph quirógrafo, escritura, contrato, escritura en dos partes correspondientes

chirographum algo escrito a mano

choate completo, perfeccionado

choate lien gravamen perfeccionado

choice, right of derecho de selección

choice selección, opción

choice of law selección de la ley aplicable

choke estrangular, ahogar, asfixiar

choose escoger, decidir por

choppy descontinuo, incoherente

chose in action cosa litigiosa

chose in possession cosa en posesión

chose local cosa local

chose transitory cosa mueble

chronic crónico

chronic alcoholism alcoholismo crónico

chronic unemployment desempleo crónico

chronically crónicamente

chronicle (n) crónica

chronicle (v) relatar

chronological cronológico

chronologically cronológicamente

churning transacciones excesivas de parte de un corredor de valores para generar comisiones

cibaria comida

cipher código, cifra

cipher message mensaje en clave

circa alrededor de, circa

circuit circuito, jurisdicción

circuit court tribunal de circuito

circuit court of appeals tribunal federal de apelaciones

circuit judge juez de circuito

circuity of action curso indirecto de una acción

circulated circulado, diseminado

circulation circulación, diseminación

circulator divulgador

circumambiency medio, ambiente

circumambient circundante

circumambulate vagar, andar alrededor de

circumscribe circunscribir, limitar

circumscription circunscripción, limitación

circumspect circunspecto, discreto, cauteloso

circumspection circunspección, discreción, cautela

circumstances circunstancias, incidentes, detalles

circumstantial circunstancial

circumstantial error error circunstancial

circumstantial evidence prueba circunstancial

circumstantial inference inferencia circunstancial

circumstantially circunstancialmente

circumvent circunvenir, enredar, burlar, evadir

circumvent the law circunvenir la ley

circumvolution circunvolución, rodeo

citation citación, emplazamiento

citation of authorities mención de autoridades y precedentes

citators tomos que recopilan el historial judicial de los casos

citatory citatorio

cite citar, mencionar

cite a case citar un caso

citizen ciudadano

citizen-informant informador sin recompensa

citizen's arrest arresto por persona particular

citizenry ciudadanía

citizenship ciudadanía

citizenship papers certificado de ciudadanía

city ciudad, población

city council consejo municipal, consejo de la ciudad

city courts tribunales municipales, tribunales de la ciudad

city hall municipalidad, gobierno municipal, alcaldía, gobierno de la ciudad

city planning planificación municipal, planificación de la ciudad

city-state ciudad-estado

civic cívico, ciudadano

civic enterprise empresa cívica

civil civil, ciudadano, atento

civil action acción civil

civil arrest arresto civil, arresto por persona particular

civil authorities autoridades civiles

civil authority clause cláusula en póliza de seguros que protege contra daños ocasionados por las autoridades civiles

civil bail caución por acción civil

civil case caso civil

civil cause causa civil

civil ceremony ceremonia civil

civil code código civil

civil cognation cognación civil

civil commitment confinación civil
civil commotion insurrección civil
civil conspiracy conspiración civil
civil contempt desacato civil
civil contract contrato civil
civil court tribunal civil
civil damage daño civil
civil damage acts leyes que responsabilizan a quien sirve alcohol a una persona cuando esa persona se lesiona posteriormente
civil day día civil
civil death muerte civil
civil defense defensa civil
civil disabilities incapacidad jurídica
civil disobedience desobediencia civil
civil disorder alteración civil
civil fraud fraude civil
civil injury daño civil, perjuicio civil
civil jurisdiction jurisdicción civil
civil jury trial juicio con jurado en acción civil
civil law derecho civil
civil lawyer abogado en materia civil
civil liability responsabilidad civil
civil liability acts leyes que responsabilizan a quien sirve alcohol a una persona cuando esa persona se lesiona posteriormente
civil liberties libertades civiles, derechos civiles
civil marriage matrimonio civil
civil month mes civil
civil nature de naturaleza civil
civil nuisance estorbo civil, acto perjudicial civil
civil obligation obligación civil
civil offense infracción civil
civil office oficina municipal, función civil
civil officer funcionario civil
civil penalties penalidades civiles
civil possession posesión civil
civil procedure procedimientos de la ley civil, procedimiento civil, enjuiciamiento civil, ley civil
civil process proceso civil
civil remedy recurso civil, acción civil
civil responsibility responsabilidad civil
civil rights derechos civiles
civil rights act ley de derechos civiles
civil rights commission comisión de derechos civiles
civil rules procedimientos civiles
civil servant funcionario público
civil service administración pública
civil side sala de lo civil
civil statute ley civil
civil suit litigio civil
civil trial juicio civil
civil war guerra civil
civil week semana civil

civil year año civil
civilian civil
civilis civil
civiliter civilmente
civiliter mortuus civilmente muerto
civilization civilización
claim (n) reclamo, reclamación, demanda, derecho, título
claim (v) reclamar, demandar, alegar
claim and delivery acción para recobrar bienes personales más daños y perjuicios
claim jumping reclamo de mina de otro en espera de que su título sea inválido
claim of ownership, right and title acción petitoria relativa a la propiedad
claim of ownership reclamo de propiedad
claim of right reclamo de derecho
claim of title reclamo de título
claim paid reclamación pagada
claim property bond caución en acción reivindicatoria
claim provision cláusula de reclamaciones
claim report informe de reclamación
claimable reclamable
claimant demandante, reclamante, denunciante, actor
claims adjuster ajustador de reclamaciones
claims court tribunal para juicios contra el gobierno
clam clandestinamente
clamor querella
clandestine clandestino
clandestine agreement convenio clandestino
clandestine exporting exportación clandestina
clandestine importing importación clandestina
clandestine marriage matrimonio clandestino
clandestine meeting reunión clandestina
clandestine operation operación clandestina
clandestine sale venta clandestina
clandestine transaction transacción clandestina
clandestinely clandestinamente
clandestinity clandestinidad
clarification clarificación, esclarecimiento
clarify clarificar, esclarecer
clarity claridad
clash chocar, discordar
class clase, categoría
class action acción de clase
class gift regalo a un grupo de personas
class legislation legislación clasista, legislación aplicable a ciertas personas
class of stock categoría de acciones
class suit acción de clase
classic clásico, típico
classical clásico
classifiable clasificable
classification clasificación

classification of crimes agrupamiento de crímenes

classification of risks clasificación de riesgos

classificatory clasificador

classified clasificado, secreto

classified advertisement anuncio clasificado

classify clasificar

clause cláusula, artículo, estipulación

clause of accrual cláusula otorgando el derecho de acrecer

Clayton Act ley federal con reglamentos contra monopolios

clean limpio, inocente, libre, honesto

clean acceptance aceptación general, aceptación libre

clean air acts leyes para el control de la contaminación del aire

clean bill letra de cambio libre de otros documentos

clean bill of exchange letra de cambio libre de otros documentos

clean bill of health certificado de salud

clean bill of lading conocimiento de embarque sin restricciones

clean credit crédito limpio

clean hands inocente

clean hands doctrine doctrina que niega remedio a demandantes que han obrado culpable o injustamente en la materia del litigio

clean money dinero limpio

clean opinion opinión sin reserva

clean out dejar limpio, expulsar

clean water acts leyes para el control de la contaminación del agua

cleanhanded con las manos limpias, intachable

clear (adj) claro, libre, limpio

clear (v) aclarar, absolver, librar, limpiar

clear and convincing proof prueba clara y contundente

clear and present danger peligro claro e inmediato

clear annuity anualidad exenta

clear chance oportunidad clara para evitar un accidente

clear customs pasar debidamente por aduana

clear-cut evidente, inequívoco

clear days días enteros

clear evidence prueba clara, prueba positiva

clear evidence or proof prueba clara, prueba positiva

clear-headed racional

clear in acatarse a las normas de aduana para importar

clear legal right derecho deducible por ley

clear market price valor evidente en el mercado, valor justo en el mercado

clear out acatarse a las normas de aduana para exportar

clear title título limpio

clear view doctrine doctrina que permite a la policía en un allanamiento legítimo confiscar objetos a simple vista y luego presentarlos como evidencia

clearance autorización, franquicia, despacho

clearance card carta describiendo el trabajo de una persona al finalizar su servicio

clearance certificate certificado de cumplimiento de los requisitos de aduana

clearance papers certificación de cumplimiento de los requisitos de aduana

cleared check cheque compensado

clearing aclaración, compensación, despeje, partida de una embarcación tras cumplir los requisitos establecidos

clearing title saneamiento de título, limpieza de título, librar título de gravámenes

clearinghouse establecimiento de liquidación, centro distribuidor, cámara de compensación

clearly evidentemente, abiertamente

clearly erroneous evidentemente erróneo

clearly proved claramente demostrado

clearness claridad

clemency clemencia, indulgencia

clement clemente

clench apretar, agarrar

clerical clerical

clerical error error de pluma, error de copia, error material

clerical misprision error intencional del secretario del tribunal

clerk secretario del tribunal, empleado de oficina

clerk of the court secretario del tribunal

clerkship período en que un estudiante de leyes trabaja para un abogado o juez

client cliente

client information información del cliente

client's agreement convenio del cliente

clientele clientela

climactic culminante, decisivo

climax clímax

cling agarrarse, mantenerse fiel a

close (adj) cerrado, restringido, cercano

close (n) terreno cercado, fin

close (v) cerrar, concluir, obstruir

close a bank cerrar un banco

close a case cerrar un caso

close a deal cerrar un negocio

close a transaction cerrar una transacción

close an investigation concluir una investigación

close copies copias informales

close corporation corporación de pocos accionistas, sociedad de pocos accionistas

close interpretation interpretación restringida

close range de cerca
close resemblance gran parecido
close season veda
closed cerrado, concluido
closed chapter asunto concluido
closed contract contrato cerrado
closed corporation corporación cerrada
closed-doors, behind a puertas cerradas, tras
   bastidores
closed investigations investigaciones privadas
closed sea mar jurisdiccional
closed shop empresa en que todo solicitante
   tiene que ser miembro de un gremio
closed union unión cerrada
closely cerca, estrechamente, atentamente
closely held corporation corporación de
   pocos accionistas, sociedad de pocos
   accionistas
closemouthed discreto, callado
closeness cercanía, exactitud
closing cierre
closing a contract finalización de la
   negociación de un contrato
closing a loan cierre de un préstamo
closing a mortgage loan cierre de un
   préstamo hipotecario
closing account cuenta del cierre
closing costs gastos de cierre
closing statement declaración del cierre,
   estado del cierre
closing title transferencia de título
closure clausura, cierre, limitar el debate
cloture limitar el debate
cloud on title nube sobre título
cloudily obscuramente, nebulosamente
cloudy obscuro, nebuloso
club (n) club, garrote
club (v) golpear, unir
club-law gobierno a garrote, gobernación por
   la fuerza, ley del más fuerte, a mano dura
clue (n) pista, indicio
clue (v) dar una pista
clumsily torpemente
clumsiness torpeza
clumsy torpe
clutter desorden, confusión
co-administrator coadministrador
co-adventurer coempresario
co-agent coagente
co-assignee cocesionario
co-defendant codemandado, coacusado
co-executor coalbacea
co-heir coheredero
co-heiress coheredera
co-maker codeudor, cosuscriptor
co-mortgagor codeudor hipotecario,
   cohipotecante
co-obligor codeudor
co-owner copropietario

co-surety cofiador
coach instruir
coact actuar en conjunto
coaction coacción
coactive coactivo
coadjutant ayudante
coadjutor coadjutor, ayudante
coadunatio conspiración
coalesce juntarse, aliarse
coalescence coalescencia, unificación
coalescent coalescente
coalition coalición, federación
coast costa, litoral
coast guard guardacostas
coast waters aguas costeras
coastal costero
coaster embarcación de cabotaje
coasting trade cabotaje
coastland costa, litoral
coastline línea costera, costa
coastwards hacia la costa
coastwise de cabotaje, costanero
coax persuadir, engatusar
coaxing engatusamiento, persuasión
cobelligerent cobeligerante
code código, compilación de leyes
code of arbitration código de arbitración
code of criminal procedure código de
   procedimiento criminal
code of ethics código de ética
code of fair competition código de
   competencia leal
code of judicial conduct código de conducta
   judicial
code of procedure código de procedimientos
code of professional ethics código de ética
   profesional
code of professional responsibility código de
   ética y responsabilidad profesional
code penal código penal
code pleading alegato
code word palabra en clave, palabra en
   código
codex código
codicil codicilo, adición o cambio a un
   testamento
codicillary codicilar
codification codificación
codify codificar
coding of accounts codificación de cuentas
coemption acaparamiento de mercancía,
   acaparamiento de toda la oferta
coequal recíproco
coequality reciprocidad
coerce coercer, forzar, obligar
coercible coercible
coercion coerción
cognati parientes por parte de madre
cognatio relación, cognación

cognation parentesco
cognition entendimiento, conocimiento
cognizable conocible
cognizance jurisdicción, conocimiento
cognizant of conocedor de, informado de
cognize conocer
cognomen apellido, nombre, apodo
cognoscible conocible
cognovit admisión de sentencia
cohabit cohabitar
cohabit as a married couple cohabitar como pareja casada
cohabitant cohabitante
cohabitation cohabitación
cohere adherirse, cooperar
coherence coherencia, consistencia
coherent coherente
coherently coherentemente
cohesion cohesión
cohesive cohesivo, coherente
cohorts secuaces
coin moneda, dinero
coincide coincidir, concurrir
coincidence coincidencia
coincident coincidente
coincidentally coincidentalmente
coinheritance herencia conjunta
coinstantaneous simultáneo
coinsurance coaseguro
coinsurance requirement requisito de coaseguro
coinsurer coasegurador
coitus coito
cold-blooded murder asesinato a sangre fría
cold-bloodedly despiadadamente, a sangre fría
cold war guerra fría
colegatee colegatario
colessor coarrendador
collaborate colaborar
collaboration colaboración
collaborator colaborador
collapse derrumbe, fracaso
collate colacionar, revisar, ordenar, cotejar
collateral (adj) colateral, accesorio
collateral (n) colateral, garantía
collateral action acción colateral
collateral affinity afinidad colateral
collateral agreement convenio colateral
collateral ancestors antepasados colaterales
collateral assurance garantía adicional
collateral attack reclamo colateral
collateral consanguinity consanguinidad colateral
collateral contract contrato colateral, contrato accesorio
collateral covenant cláusula colateral
collateral descent sucesión colateral
collateral estoppel impedimento colateral
collateral evidence prueba inmaterial, prueba colateral

collateral facts hechos colaterales
collateral fraud fraude colateral, fraude extrínseco
collateral heir heredero colateral
collateral issue asunto incidental, asunto colateral
collateral kinsmen parientes colaterales
collateral limitation limitación colateral
collateral line línea colateral, sucesión colateral
collateral loan préstamo con garantía prendaria, pignoración
collateral negligence negligencia colateral, negligencia subordinada, negligencia incidental
collateral note pagaré con garantía prendaria
collateral power poder colateral
collateral proceeding procedimiento colateral
collateral promise promesa colateral
collateral security garantía prendaria
collateral warranty garantía colateral
collateralize colateralizar
collateralized colateralizado
collateralized loan préstamo colateralizado
collaterally colateralmante
collation comparación, colación
collation of seals comparación de sellos
collator colador, cotejador
colleague colega
collect cobrar, coleccionar, juntar
collect a check cobrar un cheque
collect a debt cobrar una deuda
collect on delivery cobrar al entregar, cobrar a la entrega
collect rent cobrar alquiler
collect taxes cobrar impuestos
collectable cobrable
collectible cobrable
collecting agency agencia de cobros
collecting bank banco de cobro
collection colección, cobro, acumulación, compilación
collection agency agencia de cobros
collection agent agente de cobros
collection bank banco de cobros
collection of checks cobro de cheques
collection of taxes recaudación de impuestos
collection office oficina de cobros
collective colectivo
collective agreement convenio colectivo
collective bargaining negociación colectiva
collective bargaining agreement convenio de negociación colectiva
collective bargaining unit unidad de negociación colectiva
collective labor agreement convenio colectivo de trabajo
collective negotiation negociación colectiva

collective ownership propiedad colectiva
collective security seguridad colectiva
collectively colectivamente
collectivism colectivismo
collector cobrador, recaudador, colector, coleccionista
collector of internal revenue recaudador de rentas internas
collector of taxes recaudador de impuestos
collector of the customs recaudador de derechos aduaneros, administrador de aduanas
collectorate colecturía
collega colega
collegatary colegatario
college colegio, universidad
collegialiter como corporación
collegium colegio
collide chocar
colligate coligar
colligation coligación
collision colisión, oposición
collision damage waiver renuncia a la recuperación de daños por accidente automovilístico
collision insurance seguro contra accidentes automovilísticos
collocate colocar
collocation ordenamiento de acreedores, colocación
colloquial familiar
colloquium declaración de que las palabras difamatorias iban dirigidas al demandante
collude coludir, confabularse
collusion colusión, confabulación
collusive colusorio
collusive action acción colusoria
collusive claim reclamación colusoria
collusive effort esfuerzo colusorio
collusive practices prácticas colusorias
collusive suit acción colusoria
color (n) color, apariencia
color (v) colorar, exagerar
color of authority autoridad aparente
color of law color de la ley, semejanza de derecho, apariencia de derecho
color of office actos de funcionario no autorizado
color of title título aparente
colorable aparente, falsificado, engañoso
colorable alteration modificación aparente
colorable claim reclamo superficial
colorable imitation imitación engañosa
colorable transaction transacción engañosa
combat combate, lucha
combination combinación, asociación, conspiración
combine (n) combinación, asociación
combine (v) combinar, sindicar, unir

combined combinado, unido, junto
combined limit límite combinado
combined property propiedad combinada
combustio domorum incendio malicioso
come comparecer, venir, llegar
comes and defends comparece y se defiende
comestibles comestibles
comfort confort, beneficio, consuelo
comfortable cómodo, de medios adecuados
coming venidero
comitas cortesía
comites acompañantes
comity cortesía
comity of nations cortesía entre naciones
command (n) orden, ordenanza, dominio
command (v) ordenar, dirigir, poseer
commandant comandante
commandeer tomar a la fuerza, confiscar
commander in chief comandante en jefe
commanditaires socios comanditarios
commandite sociedad en comandita
commemorate conmemorar
commemoration conmemoración
commemorative conmemorativo
commence comenzar, iniciar
commence a suit comenzar una acción
commence an action comenzar una acción
commencement comienzo, ceremonia de graduación
commencement of a declaration inicio de la declaración
commencement of action inicio de la acción
commencement of coverage comienzo de la cobertura
commencement of criminal proceeding comienzo de la acción penal
commencement of insurance comienzo del seguro
commend recomendar, encomendar, reconocer
commendable recomendable, meritorio
commendably meritoriamente
commendatio recomendación
commensurately proporcionalmente
comment (n) comentario, explicación, observación
comment (v) comentar, explicar, observar
comment on evidence comentar sobre la prueba
commentary comentario, observación
commerce comercio, negocio, tráfico
commerce clause disposición de la constitución estadounidense que otorga al congreso autoridad exclusiva sobre el comercio interestatal
commercia belli contratos otorgados entre las partes beligerantes
commercial comercial, mercantil
commercial activity actividad comercial

commercial agency agencia de cobros, agencia comercial
commercial agent agente comercial, corredor
commercial arbitration arbitraje comercial
commercial bank banco comercial
commercial broker corredor
commercial business negocio comercial
commercial code código mercantil
commercial contract contrato mercantil
commercial counterfeiting falsificación comercial
commercial court tribunal mercantil, tribunal de comercio
commercial domicile domicilio comercial
commercial endorsement endoso comercial
commercial forms formularios comerciales
commercial indorsement endoso comercial
commercial insolvency insolvencia comercial, insolvencia de comerciante
commercial insurance seguro comercial
commercial law derecho mercantil
commercial name nombre comercial, nombre mercantil
commercial paper instrumentos negociables, papel comercial
commercial partnership sociedad comercial
commercial property propiedad comercial
commercial purpose propósito comercial
commercial traveller viajante de negocio
commercial use uso comercial
commercialize comercializar
commercially comercialmente
commination amenaza
commingle mezclar, compenetrar
commingled mezclado
commingled accounts cuentas mezcladas
commingled funds fondos mezclados
commingled trust fund fondos en fideicomiso mezclados
commingling of funds mezclar fondos
commingling of property mezcla de propiedades
commissaire quien recibe una autoridad especial de los accionistas
commissary delegado, comisionista
commission (n) comisión, junta, encargo
commission (v) encargar, capacitar
commission government gobierno municipal en manos de pocos
commissioner comisionado, comisario, miembro de la junta municipal
commissioner of banking comisionado de banca
commissioner of insurance comisionado de seguros
commissioner of patents encargado del negociado de patentes
commissioners of bail oficiales encargados de recibir fianzas

commissioners of deeds notarios con permiso gubernamental a ejercer en otro estado
commissioners of highways comisionados encargados de las autopistas
commissive waste desperdicio activo
commit cometer, confinar, confiar, consignar
commitment auto de prisión, confinamiento, compromiso, obligación
committee comité, junta
committitur inscripción de un confinamiento
commix mezclarse
commixtion mezcla, confusión
commixture mezcladura
commodities mercancías, productos
commodities market bolsa de productos, mercado de productos
commodity mercancía, producto
commodity rate tasa especial para un tipo de mercancía
common, tenant in tenedor en conjunto, coinquilino, coarrendatario
common (adj) común, familiar
common (n) ejido, derecho conjunto
common appearance apariencia común
common bar especificación por parte del demandante de dónde precisamente ocurrió el alegado escalamiento
common carrier transportador público, portador público, entidad pública de transporte
common council ayuntamiento
common counts cargos generales
common design intención común para un acto ilícito
common enterprise empresa colectiva
common fishery lugar para la pesca común
common fund doctrine doctrina del fondo común
common good para el bienestar general, bien común
common ground asunto de interés mutuo
common highway carretera pública
common in gross derecho en común sobre algo asociado con una persona en particular
common informer informante común
common intendment sentido usual, sentido natural
common intent intención común
common interest interés común
common jurisdiction jurisdicción común
common jury jurado ordinario
common knowledge de conocimiento común
common law derecho común, derecho jurisprudencial, derecho consuetudinario
common-law action acción bajo el derecho común
common-law assignments cesiones a acreedores bajo el derecho común
common-law contempt desacato criminal

common-law courts tribunales del derecho común

common-law crime crimen castigable bajo el derecho común

common-law husband esposo en un matrimonio por consentimiento mutuo y cohabitación, esposo de derecho común

common-law jurisdiction jurisdicción bajo el derecho común

common-law lien gravamen bajo el derecho común

common-law marriage matrimonio por acuerdo mutuo y cohabitación, amancebamiento, matrimonio de derecho común

common-law trademark marca bajo el derecho común

common-law trust fideicomiso bajo el derecho común

common-law wife esposa en un matrimonio por consentimiento mutuo y cohabitación, esposa de derecho común

common man hombre promedio

common market mercado común

common necessity necesidad común

common nuisance estorbo público, acto perjudicial público

common of estovers derecho a cortar árboles

common of piscary derecho a pescar

common point punto común

common property copropiedad

common repute reputación pública

common right derecho bajo el derecho común, derecho consuetudinario

common schools escuelas públicas

common seal sello corporativo

common seller vendedor habitual

common sense sentido común

common stock acciones ordinarias, acciones comunes

common tariff tarifa común

common tenancy tenencia sin derecho de supervivencia

common thief ladrón habitual

common traverse negación general

common wall pared compartida

common weal bienestar público

common year año común

commonable con derecho conjunto

commonage terreno comunal, derecho de pasto

commonalty ciudadanía

commonance comuneros

commonplace común

commonwealth bienestar público, comunidad de naciones, república, estado libre asociado

commorancy domicilio transitorio

commorant residente, residente transitorio

commorientes aquellos que mueren simultáneamente

commotion conmoción, tumulto

commove conmover, agitar

communal comunal

commune comuna, comunidad

commune forum foro común

communicability comunicabilidad, calidad de contagioso

communicable comunicable, contagioso

communicant comunicante, informador

communicate comunicar, transmitir

communication comunicación, transmisión, acceso

communications network red de comunicaciones

communications satellite satélite de comunicaciones

communicative comunicativo

communicativeness comunicatividad

communicatory comunicatorio

communique comunicado

communis opinio opinión pública

communism comunismo

community comunidad, sociedad

community college universidad de dos años

community debt deuda conjunta, deuda comunitaria

community of interest interés común, interés comunitario

community of profits comunidad de ganancias

community property bienes gananciales, bienes comunales

community tax impuesto comunitario

commutation conmutación, cambio, sustitución

commutation of sentence conmutación de la sentencia

commutation of taxes conmutación impositiva

commutative contract contrato conmutativo

commutative justice justicia conmutativa

commute conmutar, cambiar, reducir

commute a sentence conmutar una sentencia

commuter viajero

compact convenio, contrato

companion compañero, acompañante

companionate entre compañeros

companionship compañía, asociación, compañerismo

company compañía, sociedad, invitados, acompañante

company accounting contabilidad de compañía

company administration administración de compañía

company bookkeeping contabilidad de compañía

company capital capital de compañía

company organization organización de
compañía
company planning planificación de compañía
company structure estructura de compañía
company taxes impuestos de compañía
company town comunidad establecida por una
compañía
company union unión que favorece la
compañía
comparable comparable
comparable accommodation alojamiento
comparable
comparable worth comparables en valor o
mérito
comparably comparablemente
comparatio literarum comparación de
escritura
comparative comparativo, relativo,
comparado
comparative interpretation interpretación
comparativa
comparative jurisprudence derecho
comparado, derecho comparativo
comparative law derecho comparado, derecho
comparativo
comparative negligence negligencia
comparada, negligencia comparativa
comparative rectitude rectitud comparada,
rectitud comparativa
comparatively comparativamente
compare comparar, cotejar
comparison comparación, cotejo
comparison of handwriting comparación de
escritura
comparison of negligence comparación de
negligencia
compart dividir en partes
compartment compartimiento, división
compartmentalize dividir en compartimientos
compassion compasión
compassionate compasivo
compatibility compatibilidad
compatible compatible
compatriot compatriota
compel obligar, compeler, exigir
compel to testify obligar a testificar
compelling obligatorio, apremiante
compelling necessity necesidad apremiante
compelling need necesidad apremiante
compendium compendio
compensable compensable, indemnizable
compensable death muerte indemnizable
compensable injury lesión indemnizable
compensate compensar, indemnizar
compensated compensado
compensated absence ausencia compensada
compensating compensatorio
compensating tariff arancel compensatorio
compensatio criminis contraposición de la

culpabilidad del demandado contra la del
demandante
compensation compensación, indemnización,
reparación
compensation agreement acuerdo de
compensación
compensation for damages compensación por
daños
compensation for injuries compensación por
lesiones
compensation for pain and suffering
compensación por dolor y sufrimiento
compensation period período de
compensación
compensative compensativo
compensatory compensatorio, equivalente
compensatory damages indemnización
compensatoria
compensatory tariff tarifa compensatoria
compensatory tax impuesto compensatorio
compensatory transaction transacción
compensatoria
compete competir, desafiar
competence competencia, capacidad,
suficiencia
competency competencia, capacidad,
suficiencia
competency of a witness competencia de un
testigo
competent competente, capaz
competent authority autoridad competente
competent court tribunal competente
competent evidence prueba admisible
competent parties partes competentes
competent witness testigo competente
competently competentemente
competition competencia, competición,
rivalidad
competitive competitivo, competido, selectivo
competitive advantage ventaja competitiva
competitive alliance alianza competitiva
competitive bid oferta competitiva
competitive bidding licitación pública,
subasta, condiciones justas para ofertas
competitor competidor, rival
compilation compilación, recopilación,
ordenamiento
compile compilar, recopilar
compiled statutes recopilación de leyes en
vigor
compiler compilador, recopilador
complacence complacencia
complacency complacencia
complacent complaciente
complain entablar demanda, quejarse,
querellarse
complainant demandante, acusador,
querellante
complaint demanda, querella, denuncia

complement complemento, accesorio
complemental complementario, suplementario
complementary tax impuesto complementario
complete (adj) completo, acabado, consumado
complete (v) completar, acabar, terminar
complete abandonment abandono completo
complete audit auditoría completa
complete contract contrato completo
complete coverage cobertura completa
complete delivery entrega completa
complete in itself completo por sí mismo
complete jurisdiction jurisdicción completa
complete liquidation liquidación completa
complete ownership propiedad completa
complete payment pago completo, pago final
complete record registro completo
complete remedy remedio completo
complete title título completo
complete voluntary trust fideicomiso
  enteramente voluntario
completed completado
completed transaction transacción
  completada
completely completamente
completeness entereza
completion terminación, cumplimiento
completive completivo
complex complejo, complicado
complex trust fideicomiso complejo
complexity complejidad
compliance acatamiento, sumisión, obediencia
compliance audit auditoría de acatamiento
compliance examination examinación de
  acatamiento
compliance inspection inspección de
  acatamiento
compliance inspection report informe de
  inspección de acatamiento
compliance with, in conforme a, de acuerdo
  con
compliant obediente, sumiso
compliantly obedientemente
complicacy complejidad
complicate complicar, enredar
complicated complicado
complication complicación
complice cómplice
complicity complicidad
complier consentidor
complimentary gratuito, de cortesía
comply cumplir, acomodarse, obedecer
component componente
comportment comportamiento
compos mentis sano juicio, compos mentis
compose componer, redactar, arreglar
composed sereno
composedly serenamente
composedness serenidad
composite compuesto

composite photograph fotografía compuesta
composite work obra con varios autores
composition arreglo, concordato, composición
composition agreement concordato, convenio
  con acreedores
composition deed concordato, convenio con
  acreedores
composition of creditors concordato,
  convenio con acreedores
composition of matter composición de la
  materia, mezcla química
composition with creditors concordato,
  convenio con acreedores
composure compostura
compound componer, arreglar, agravar,
  complicar, mezclar
compound interest interés compuesto
compound larceny hurto complicado, robo
  con circunstancias agravantes
compound tariff arancel compuesto
compounded compuesado
compounder componedor, mediador
compounding a crime acuerdo ilícito por
  parte de la víctima de un crimen de no
  denunciar al perpetrador a cambio de una
  contraprestación
comprehend comprender, concebir
comprehensibility comprensibilidad
comprehensible comprensible
comprehension comprensión
comprehensive comprensivo, abarcador,
  global
comprehensive coverage cobertura global
comprehensive insurance seguro global
comprehensive zoning zonificación global
comprehensively comprensivamente
comprehensiveness abarcamiento,
  comprensión
compremesso compromiso
compress resumir, comprimir
compressed comprimido
comprint impresión clandestina de un libro
comprise comprender, abarcar, encerrar
compromise (n) concesión, arreglo, acomodo
compromise (v) conceder, arreglar,
  comprometer
compromise and settlement convenio para
  someterse a arbitraje
compromise verdict veredicto de jurado a
  través de concesiones, veredicto por
  acomodación
compromiser comprometedor
compromising comprometedor
compromissarius árbitro
compromissum sometimiento a arbitraje
compte arrete relato por escrito
comptroller contralor, interventor, contador
  principal
comptroller general interventor general,

contralor
comptroller of currency administrador de los bancos nacionales
comptrollership contraloría
compulsion compulsión, coacción, apremio
compulsive compulsivo, coercitivo
compulsively compulsivamente
compulsiveness carácter compulsivo
compulsory compulsorio, obligatorio, forzado, coercitivo
compulsory appearance comparecencia obligatoria
compulsory arbitration arbitraje obligatorio
compulsory attendance asistencia obligatoria
compulsory condition condición obligatoria
compulsory disclosure divulgación forzada
compulsory education educación obligatoria
compulsory insurance seguro obligatorio
compulsory joinder litisconsorcio obligatorio
compulsory nonsuit sobreseimiento involuntario
compulsory payment pago obligatorio, pago bajo coacción
compulsory process citación con pena de arresto, medios compulsorios
compulsory purchase compra forzada
compulsory reserve reserva obligatoria
compulsory sale venta forzada
compulsory self-incrimination admisión incriminante forzada
compulsory testimony testimonio obligatorio
computation cómputo
computation of taxes cómputo de contribuciones
computation of time cálculo del tiempo
computer conference conferencia por computadora
computer security seguridad de computadoras
con (n) opinión contraria, desventaja
con (v) timar
conation conación, voluntad
conative conativo
conceal esconder, ocultar, encubrir
conceal a crime ocultar un crimen
conceal damages ocultar daños
conceal facts ocultar hechos
conceal information ocultar information
concealed oculto
concealed crime crimen oculto
concealed damage daño oculto
concealed facts hechos ocultos
concealed information información oculta
concealment escondimiento, ocultación, encubrimiento
concealment of crime ocultación de un crimen
concealment of damages ocultación de daños
concealment of facts ocultación de hechos
concealment of information ocultación de

información
concede conceder, admitir
conceivable concebible
conceive concebir, engendrar
concentrate concentrar
concentration concentración
concept concepto
conception concepción, comprensión
conceptual conceptual
concern (n) asunto, negocio, incumbencia, preocupación, interés
concern (v) concernir, importar, tratar de
concerned interesado, preocupado
concerning concerniente a, perteneciente a
concernment asunto, importancia
concert concertar, componer
concerted concertado
concerted action acción concertada
concerted plan plan concertado
concessi he otorgado
concession concesión
concessionaire concesionario
concessionary del concesionario
concessive concesivo
conciliate conciliar
conciliation conciliación
conciliative conciliativo
conciliator conciliador
conciliatory conciliatorio
concise conciso
concisely concisamente
conclave cónclave, conciliábulo, junta
conclude concluir, deducir, inferir
conclude a hearing concluir una vista
conclude a trial concluir un juicio
conclusion conclusión, deducción
conclusion of fact conclusión de hecho
conclusion of law conclusión de derecho
conclusive conclusivo, concluyente, decisivo, convincente
conclusive admission admisión conclusiva
conclusive evidence prueba conclusiva, prueba concluyente
conclusive presumption presunción concluyente
conclusively concluyentemente
concoct fabricar, tramar
concoction fabricación, trama
concomitance concomitancia
concomitant concomitante
concord concordia, arreglo
concordance concordancia, armonía
concordant concordante
concordat convenio
concourse confluencia
concrete concreto, preciso, real, específico
concretize concretar, precisar
concubinage concubinato
concubine concubina

concupiscence concupiscencia
concupiscent concupiscente
concur concurrir, coincidir, concordar
concurator cocurador, coguardián
concurrence concurrencia, coincidencia,
   acuerdo
concurrence deloyale competencia desleal
concurrent concurrente, coincidente
concurrent acts actos concurrentes
concurrent causes causas concurrentes
concurrent conditions condiciones
   concurrentes
concurrent consideration contraprestación
   concurrente, causa concurrente
concurrent contracts contratos concurrentes
concurrent covenant convenio recíproco,
   garantías concurrentes
concurrent estates condominio
concurrent insurance cobertura concurrente,
   seguro conjunto
concurrent interests intereses concurrentes
concurrent jurisdiction jurisdicción
   concurrente, jurisdicción acumulativa
concurrent lease arrendamiento concurrente,
   locación concurrente, arrendamiento de
   algo que comienza antes de terminar un
   arrendamiento previo
concurrent legislation legislación concurrente
concurrent liens gravámenes concurrentes
concurrent negligence negligencia
   concurrente
concurrent powers poderes concurrentes
concurrent resolution resolución concurrente
concurrent sentences sentencias concurrentes
concurrent stipulations estipulaciones
   concurrentes
concurrent tortfeasors aquellos quienes
   independientemente le hacen un daño a la
   misma persona
concurrently concurrentemente
concurring opinion opinión concurrente,
   opinión en acuerdo con la mayoría pero con
   razones propias
concussio intimidación
concussion intimidación, concusión
condemn condenar, sentenciar, expropiar
condemnable condenable
condemnation expropiación, condenación
condemnatory condenatorio
condensation condensación, versión
   condensada
condense condensar
condescendingly con aire de superioridad
conditio sine qua non condición
   indispensable, conditio sine qua non
condition condición, estipulación
condition collateral condición colateral
condition concurrent condición concurrente
condition of employment requisito de trabajo

condition precedent condición previa
condition subsequent condición subsiguiente
conditional condicional
conditional acceptance aceptación
   condicional, aceptación limitada
conditional agreement convenio condicional
conditional annuity anualidad condicional
conditional assault gestos amenazantes
   acompañados de amenazas verbales
conditional bequest legado condicional
conditional charge cargo condicional
conditional commitment compromiso
   condicional
conditional consent consentimiento
   condicional
conditional contract contrato condicional
conditional conveyance traspaso condicional
conditional creditor acreedor condicional
conditional delivery entrega condicional,
   tradición condicional
conditional devise legado condicional, legado
   contingente de bienes raíces
conditional endorsement endoso condicional
conditional gift donación condicional
conditional guarantee garantía condicional
conditional guaranty garantía condicional
conditional indorsement endoso condicional
conditional insurance seguro condicional
conditional judgment sentencia condicional
conditional lease arrendamiento condicional
conditional legacy legado condicional, legado
   contingente
conditional liability responsabilidad
   condicional
conditional limitation limitación condicional
conditional obligation obligación condicional
conditional offer oferta condicional
conditional pardon perdón condicional
conditional payment pago condicional
conditional permit permiso condicional
conditional promise promesa condicional
conditional purchase compra condicional
conditional receipt recibo condicional
conditional release libertad condicional
conditional right derecho condicional
conditional sale venta condicional
conditional sale contract contrato de
   compraventa condicional
conditional sentence sentencia condicional
conditional transfer transferencia condicional
conditional will testamento condicional
conditionality limitación
conditionally condicionalmente
conditions concurrent condiciones
   simultáneas
conditions of sale condiciones de venta,
   normas para subastas
condominium condominio
condonation condonación

condone condonar, tolerar, perdonar
conduce contribuir
conduct (n) conducta, dirección, manejo
conduct (v) conducir, dirigir, administrar
conduct money dinero pagado para los gastos de un testigo
conductor conductor, arrendador
conduit caño, conducto
confabulate confabular
confabulation confabulación
confectio ejecución de una orden
confederacy confederación, conspiración, coalición
confederation confederación
confer conferir, otorgar
confer authority otorgar autoridad
confer jurisdiction otorgar jurisdicción
conferee conferido
conference conferencia, conferimiento, otorgamiento, junta
conference call llamada en conferencia
confess confesar, reconocer
confess guilt confesar culpabilidad
confessedly por confesión propia
confession confesión, reconocimiento
confession and avoidance confesión y anulación
confession of error reconocimiento de error
confession of judgment admisión de sentencia, concesión del pleito por parte del deudor
confessor confesor, confesante
confidant confidente
confide confiar
confide in confiar en
confidence confianza, seguridad, fe
confidence game embaucamiento
confident confiado, seguro
confidential confidencial
confidential communications comunicaciones confidenciales
confidential file archivo confidencial
confidential information información confidencial
confidential relation relación de confianza, relación fiduciaria
confidentially confidencialmente
confidently confiadamente
configuration configuración
configurative configurativo
configure configurar
confine (n) confín, término
confine (v) confinar, restringir
confinement confinamiento, reclusión, limitación
confirm confirmar, ratificar, corroborar
confirmatio confirmación
confirmation confirmación, ratificación, corroboración

confirmation letter carta de confirmación
confirmative confirmativo
confirmatively confirmativamente
confirmatory confirmatorio
confirmed confirmado, habitual
confirmed letter of credit carta de crédito confirmada
confirmee beneficiario de una confirmación
confirmor quien confirma
confiscable confiscable
confiscare confiscar
confiscate confiscar, decomisar
confiscation confiscación, decomiso
confiscator confiscador
confiscatory confiscatorio
confitens reus reo que confiesa su culpabilidad
conflict conflicto
conflict of interest conflicto de intereses
conflict of laws conflicto de leyes
conflict of personal laws conflicto que surge al imponerle la ley general a grupos que ya tienen sus propias leyes personales
conflicting conflictivo, contrario, contradictorio
conflicting evidence pruebas conflictivas, testimonio contradictorio
conflicting jurisdiction jurisdicción conflictiva
conflicting provisions disposiciones conflictivas
confluence confluencia
conform conformar, ajustar
conformability conformabilidad
conformably en conformidad, sumisamente
conformance conformidad
conformed copy copia con anotaciones
conformity conformidad, concordancia
confound confundir
confounded aturdido
confront confrontar, comparar
confrontation confrontación, careo
confuse confundir, mezclar
confusedly confusamente
confusedness confusión
confusing confuso, desconcertante
confusingly confusamente
confusio confusión
confusion confusión, perturbación
confusion of boundaries confusión de lindes
confusion of debts confusión de deudas
confusion of goods confusión de bienes
confusion of rights confusión de derechos, unión de las capacidades de acreedor y deudor
confusion of titles confusión de títulos
confutation confutación, refutación
confute confutar, refutar, invalidar
congenial congenial, compatible con

congeniality congenialidad, compatibilidad
congenital congénito
congest congestionar
conglomerate (adj) conglomerado
conglomerate (n) conglomeración
conglomerate (v) conglomerar
conglomerate merger consolidación de empresas operando en mercados distintos
conglomeration conglomeración
congregate congregar, juntar
congregation congregación
congress congreso, reunión
congressional district distrito electoral
congressional powers poderes del congreso, facultades del congreso
congressman congresista
congressmember congresista
congresswoman congresista
congruence congruencia, concordancia
congruent congruente
congruently congruentemente
congruity congruidad, congruencia
congruous congruo, congruente
congruously congruentemente
conjectio causae declaración del caso
conjecturable conjeturable
conjectural conjetural
conjecturally conjeturalmente
conjecture (n) conjetura, suposición
conjecture (v) conjeturar, suponer
conjoin unirse
conjoint conjunto
conjoint will testamento conjunto, testamento mancomunado
conjointly conjuntamente
conjoints cónyuges
conjugal conyugal
conjugal rights derechos conyugales
conjugally conyugalmente
conjunct conjunto, unido
conjunctive conjuntivo
conjunctive denial negación general de parte del demandado
conjunctive obligation obligación conjunta
conjuration conjuración
conjure conjurar
connatural connatural
connect conectar, relacionar, unir
connected conectado, unido
connectedly con relación
connection conexión, unión, enlace
connections vínculos familiares
connivance connivencia, permiso tácito, consentimiento
connive conspirar
conniver cómplice
connotation connotación
connotative connotativo
connote connotar, implicar

connubial connubial
connubium matrimonio
conpossessio coposesión
conquest conquista
consanguineous consanguíneo
consanguinity consanguinidad
conscience, right of libertad de conciencia
conscience conciencia
conscience-stricken arrepentido
conscience of the court la conciencia del tribunal
conscienceless desalmado
conscientious concienzudo, escrupuloso
conscientious objector objetor de conciencia, quien objeta con base en la conciencia
conscientious scruple escrúpulo de conciencia
conscientiously concienzudamente
conscientiousness rectitud
conscious consciente
conscious act acto consciente
conscious indifference indiferencia consciente
conscious parallel action acción paralela consciente
consciously conscientemente, a sabiendas
consciousness conocimiento, conciencia
conscript (adj) reclutado
conscript (n) recluta
conscript (v) reclutar
conscription reclutamiento, conscripción
consecution sucesión, secuencia
consecutive consecutivo
consecutive sentences sentencias consecutivas
consecutively consecutivamente
conseil d'etat consejo de estado, conseil d'etat
consensual consensual
consensual contract contrato consensual
consensual marriage matrimonio consensual
consensus consenso, acuerdo
consensus ad idem entendimiento y acorde común, acuerdo de voluntades
consent consentimiento, aquiescencia
consent decree decreto por consentimiento, decreto emitido por acuerdo entre las partes
consent in writing consentimiento por escrito
consent judgment sentencia acordada por las partes
consent jurisdiction jurisdicción por acuerdo de las partes
consent of the victim consentimiento de la víctima
consent to be sued consentimiento a ser demandado
consent to notice consentimiento a ciertas formas de notificación
consequence consecuencia
consequential consecuente, importante
consequential damages daños y perjuicios indirectos
consequential loss pérdida consecuente

consequently consiguientemente, por
   consiguiente
conservancy conservación, área reservada
conservation conservación, preservación
conservation of property conservación de
   propiedad
conservative conservador
conservator conservador, protector, curador
consider considerar, examinar
consider on the merits considerar según los
   méritos
considerable considerable, notable
considerable damage daño considerable
considerable provocation provocación
   considerable
considerable time tiempo considerable
considerably considerablemente
consideration consideración,
   contraprestación, causa, motivo,
   recompensa, deliberación
considering considerando
consign consignar, entregar
consignatary consignatario, depositario
consignation consignación
consignee consignatario, destinatario
consignment consignación, lote
consignment contract contrato de
   consignación
consignor consignador, remitente
consiliarius consejero
consilium día fijado para oír las partes
consist consistir
consistency consistencia, coherencia
consistent consistente, uniforme, compatible
consistent cases casos compatibles
consistent condition condición compatible
consistent decisions decisiones consistentes
consistent defenses defensas consistentes
consistent interpretation interpretación
   consistente
consistor magistrado
consistory consistorio, asamblea
consociate asociarse
consociation asociación
consolation consolación, consuelo, alivio
consolidate consolidar
consolidate actions consolidar acciones
consolidated appeal apelación conjunta
consolidated financial statement estado
   financiero consolidado
consolidated laws leyes compiladas
consolidated mortgages hipotecas
   consolidadas
consolidated school district distrito escolar
   consolidado
consolidated statement estado consolidado
consolidation consolidación, unión
consolidation of actions consolidación de
   acciones

consolidation of cases consolidación de casos
consolidation of corporations consolidación
   de corporaciones
consolidation process proceso de
   consolidación
consonance consonancia
consonant consonante
consonant statement declaración previa de un
   testigo que se somete para apoyar su
   testimonio cuando éste ha sido impugnado
consort consorte
consortium consorcio, consorcio conyugal,
   unión de partes en una acción
consortship acuerdo de ayuda entre
   armadores
conspicuous conspicuo
conspicuous clause cláusula conspicua
conspicuous place lugar conspicuo
conspicuous term cláusula conspicua
conspicuously conspicuamente, visiblemente
conspiracy conspiración, conjura, complot
conspirator conspirador
conspire conspirar, conjurarse, complotar
constable alguacil
constant constante, invariable
constantly constantemente
constat está claro
constate establecer, constituir
constating instruments escritura de
   constitución
constituency habitantes del distrito electoral
constituent constituyente, elector, mandante
constituent company compañía componente
constituent elements elementos constitutivos
constituent instrument instrumento
   constitutivo
constitute constituir, designar
constitute a crime constituir un crimen
constituted constituido
constituted authorities autoridades
   constituidas
constitutio constitución
constitution constitución
constitutional constitucional
constitutional convention asamblea
   constitucional
constitutional court tribunal constitucional
constitutional freedoms libertad
   constitucional, derechos fundamentales
constitutional homestead hogar seguro
   garantizado por la constitución
constitutional law derecho constitucional
constitutional liberty libertad constitucional
constitutional liberty or freedom libertad
   constitucional
constitutional limitations limitaciones
   constitucionales
constitutional officer funcionario
   gubernamental cuyo oficio fue creado por

la constitución
constitutional right derecho constitucional
constitutionally constitucionalmente
constitutor fiador
constitutum convenio para pagar una deuda anterior
constrain constreñir, obligar
constraining factor factor limitante
constraint constreñimiento, restricción
construct construir, edificar
construction construcción, interpretación, edificación
construction bond caución de construcción
construction contract contrato de construcción, contrato de obra
constructionist interpretador
constructive constructivo, establecido en derecho, implícito
constructive assent consentimiento implícito
constructive authority autoridad implícita, autorización implícita
constructive breach of contract incumplimiento implícito de contrato
constructive breaking into house allanamiento implícito de morada
constructive contempt desacato indirecto
constructive contract contrato implícito, cuasicontrato
constructive conversion apropiación ilícita deducida
constructive delivery entrega simbólica
constructive desertion abandono forzoso
constructive eviction desahucio implícito, desahucio indirecto
constructive flight fuga implícita
constructive fraud fraude implícito, fraude presuntivo
constructive intent intención implícita, intención imputable a una persona
constructive knowledge conocimiento implícito, conocimiento imputable a una persona
constructive larceny hurto implícito
constructive loss pérdida implícita
constructive malice malicia implícita
constructive notice notificación implícita
constructive possession posesión implícita
constructive receipt of income percepción de ingresos para efectos contributivos
constructive service of process notificación implícita, notificación por edicto, notificación por correo
constructive taking intención de tomar algo
constructive total loss pérdida total implícita
constructive treason traición imputada
constructive trust fideicomiso implícito, fideicomiso impuesto mediante la ley
constructive willfulness desprecio por el valor de la vida y propiedad de otros

construe interpretar, explicar
constuprate violar
consuetudinary law derecho consuetudinario
consuetudo costumbre
consuetudo curiae la costumbre del tribunal
consul cónsul
consul general cónsul general
consular consular
consular courts tribunales consulares
consular invoice factura consular
consular marriage matrimonio por vía consular
consulate consulado
consulship consulado
consult consultar
consult with counsel consultar con el abogado
consultant consultor
consultary response opinión de un tribunal en un caso específico
consultation consulta, conferencia
consumer consumidor
consumer action acción del consumidor
consumer credit crédito del consumidor
consumer credit code código para proteger el crédito del consumidor
consumer credit protection protección del crédito del consumidor
Consumer Credit Protection Act ley para proteger el crédito del consumidor
consumer credit protection laws leyes sobre la protección del crédito del consumidor
consumer debt deuda del consumidor, deuda por consumo
consumer fraud fraude del consumidor
consumer price index índice de precios al consumo
consumer product producto de consumo
consumer protection laws leyes para la protección del consumidor
consummate consumado, completo
consummation consumación
consumption consumo
consumption of intoxicating substances consumo de sustancias intoxicantes
consumption of liquor consumo de licor
consumption tax impuesto sobre el consumo
contact contacto
contain contener
contaminant contaminante
contaminate contaminar
contamination contaminación
contemnor quien comete desacato, rebelde
contemplate contemplar, proponerse
contemplation contemplación, intención
contemplation of assignment contemplación de transferencia
contemplation of bankruptcy contemplación de quiebra
contemplation of death contemplación de

muerte
contemplation of insolvency contemplación
de insolvencia
contemplation of marriage contemplación de
matrimonio
contemplative contemplativo
contemporaneous contemporáneo
contemporaneous agreement convenio
contemporáneo
contemporaneous construction interpretación
por costumbre
contemporaneous declaration declaración
contemporánea
contemporaneous transaction transacción
contemporánea
contemporary contemporáneo
contempt desacato, desobediencia
contempt of court desacato al tribunal
contempt power poder del tribunal para
castigar el desacato
contemptible despreciable
contemptible criminal act acto criminal
despreciable
contend alegar, disputar
content contento, satisfecho
contention contención, argumento
contentious contencioso
contentment satisfacción, contentamiento
contents contenido, capacidad
contents unknown contenido desconocido
conterminous contérmino, adyacente
contest (n) debate, concurso, disputa
contest (v) impugnar, disputar
contest of will impugnación de testamento
contestable disputable, contestable
contestable clause cláusula disputable
contestation contestación
contested case caso impugnado
contested election elección impugnada,
votación impugnada
context contexto
contextual contextual, del contexto
contiguity contigüidad
contiguous contiguo, próximo
contiguous lands tierras contiguas
contiguous property propiedad contigua
contiguous territory territorio contiguo
contiguousness contigüidad
continental continental
contingency contingencia, evento contingente,
posibilidad
contingency clause cláusula de contingencias
contingency reserve reserva de prevención
contingent contingente, condicional,
accidental
contingent annuitant rentista contingente,
pensionado contingente
contingent annuity anualidad contingente
contingent beneficiary beneficiario

contingente
contingent bequest legado condicional
contingent claim reclamación contingente
contingent commitment compromiso
contingente
contingent contract contrato contingente
contingent damages daños contingentes
contingent debt deuda contingente
contingent devise legado condicional
contingent estate propiedad contingente
contingent event evento contingente
contingent fees honorarios condicionales
contingent fund fondo de contingencia
contingent gift donación contingente
contingent interest interés contingente
contingent legacy legado condicional
contingent liability pasivo contingente,
compromiso eventual, responsabilidad
contingente
contingent limitation limitación contingente
contingent obligation obligación contingente
contingent order orden condicional
contingent remainder derecho a suceder
condicional, derecho contingente
contingent right derecho contingente
contingent trust fideicomiso contingente
contingent trustee fiduciario condicional
contingent use uso condicionado
continual continuo
continuance aplazamiento, continuación
continuation continuación
continuation of benefits continuación de
beneficios
continue continuar, mantenerse
continue an action continuar una acción
continuing continuo, constante
continuing breach of contract
incumplimiento reiterado de contrato
continuing consideration contraprestación
continua
continuing covenant contrato continuo
continuing damages daños y perjuicios
continuos
continuing guarantee garantía continua
continuing guaranty garantía continua
continuing nuisance estorbo continuo, acto
perjudicial continuo
continuing offense crimen continuo
continuing trespass transgresión continua
continuing warranty garantía continua
continuity continuidad
continuity of life continuidad de la existencia
corporativa
continuous continuo
continuous absence ausencia continua
continuous account cuenta continua, relato
continuo
continuous activity actividad continua
continuous adverse possession posesión

adversa continua

continuous adverse use uso adverso continuo

continuous audit auditoría continua

continuous breach of contract incumplimiento continuo de contrato

continuous consideration contraprestación continua

continuous crime crimen continuo

continuous damages daños y perjuicios continuos

continuous disability discapacidad continua

continuous easement servidumbre continua

continuous guarantee garantía continua

continuous guaranty garantía continua

continuous injury daño continuo, agravio repetido

continuous nuisance estorbo continuo, acto perjudicial continuo

continuous offer oferta continua

continuous possession posesión continua

continuous residence residencia continua

continuous servitude servidumbre continua

continuous tort daño legal continuo

continuous trespass transgresión continua

continuous wrong agravio continuo

contort torcer

contra contra, de otra forma

contra bonos mores contrario a las buenas morales, contrario a las buenas costumbres

contra formam statuti contra la forma del estatuto

contra jus commune contra el derecho común

contraband contrabando

contraband of war contrabando de guerra

contracausator persona que ha cometido un delito

contract (n) contrato, convenio

contract (v) contratar, convenir, contraer

contract a debt contraer una deuda

contract a loan contraer un préstamo

contract account cuenta por contrato

contract authorization autorización de contrato

contract awarding otorgamiento de contrato

contract bond garantía para el cumplimiento de contrato, fianza de contratista

contract broker agente de contratación

contract carrier portador por contrato

contract clause cláusula de la constitución que le prohibe a los estados menoscabar las obligaciones contractuales

contract expiration expiración de contrato

contract expiration date fecha de expiración de contrato

contract for sale contrato de venta

contract for sale of goods contrato para la venta de mercancía

contract for sale of land contrato para la compraventa de tierras

contract holder tenedor de contrato

contract interest rate tasa de interés de contrato

contract month mes del contrato

contract of adhesion contrato de adhesión

contract of affreightment contrato de fletamiento, póliza de fletamiento

contract of carriage contrato de transporte

contract of employment contrato de empleo

contract of guarantee contrato de garantía

contract of guaranty contrato de garantía

contract of indemnity contrato de indemnidad

contract of insurance contrato de seguro

contract of record contrato de registro público

contract of sale contrato de venta, contrato de compraventa

contract out subcontratar, contratar

contract price precio de contrato

contract purchasing compras por contrato

contract rate tasa de contrato

contract rent renta de contrato

contract rights derechos de contrato, derechos contractuales

contract under seal contrato sellado

contraction contracción

contractor contratista

contractual contractual

contractual agreement acuerdo contractual

contractual consideration contraprestación contractual

contractual liability responsabilidad contractual

contractual obligation obligación contractual

contractual pay paga contractual

contractual plan plan contractual

contractual relation relación contractual

contractual remuneration remuneración contractual

contractual right derecho contractual

contractual salary salario contractual

contractual wages salario contractual

contractus contrato

contradict contradecir, oponerse

contradiction contradicción

contradiction in terms frase contradictoria de por sí

contradictorily contradictoriamente

contradictory contradictorio

contradictory evidence evidencia contradictoria

contradictory instructions instrucciones contradictorias

contradictory judgment sentencia contradictoria

contradictory statement declaración contradictoria

contrafactio falsificar dinero

contraposition contraposición

contrariety contrariedad
contrarily contrariamente
contrariness contrariedad
contrary contrario, adverso
contrary to law contrario a la ley, ilegal
contrary to the evidence contrario a la prueba
contrast contraste
contrat contrato
contrat aleatoire contrato aleatorio
contrat bilateral contrato bilateral
contrat commutatif contrato conmutativo
contrat unilateral contrato unilateral
contravene contravenir, desobedecer, disputar
contravention contravención, infracción
contribute contribuir
contributed contribuido
contributing cause causa contribuyente, causa indirecta
contributing negligence negligencia contribuyente
contribution contribución, cuota
contributory (adj) contribuyente
contributory (n) contribuidor, factor contribuyente
contributory infringement violación de patente, invasión a patente por actos contribuyentes
contributory negligence negligencia contribuyente
contrite contrito, arrepentido
contrition contrición, arrepentimiento
contrivable imaginable, factible
contrivance artificio, invención
contrive ingeniar, maquinar
contrived fabricado, rebuscado
contriver tramador, autor
control (n) control, dominio
control (v) controlar, dominar, gobernar
control account cuenta de control
control card tarjeta de control
control group grupo de control, grupo con autoridad para tomar acción
controllable controlable
controlled account cuenta controlada
controlled company compañía controlada, compañía filial
controlled corporation corporación controlada
controlled substance sustancia controlada
controller contralor, controlador, interventor, contador principal
controllership contraloría, dirección
controlling gobernante, determinante
controlling company compañía controladora
controlling interest interés mayoritario
controversial controversial, controvertible, discutible, problemático
controversy controversia, debate

controvert controvertir, debatir
contumacious contumaz
contumacious conduct conducta contumaz
contumacy contumacia
contumax persona proscrita
contumelious contumelioso, injurioso
contumely contumelia, injuria
conusance jurisdicción
conusant sabiendo
convalescence convalecencia
convenable apropiado, conforme
convene convocar, iniciar una acción
convenience conveniencia, utilidad
convenient conveniente
convenit convenido, acordado
conventio convenio
conventio in unum entendimiento entre las partes
convention convención, convenio, regla convencional
conventional convencional, contractual
conventional interest interés convencional
conventional lien gravamen convencional
conventional loan préstamo convencional
conventional mortgage hipoteca convencional
conventional obligation obligación convencional
conventional remission condonación convenida
conventional tariff tarifa convencional
conventional trust fideicomiso convencional
conventions pactos concernientes a la extradición
converge convergir
convergency convergencia
conversable conversable, tratable
conversant familiarizado con
conversation conversación, modo de vida
converse (adj) converso
converse (v) conversar
conversion apropiación ilícita, conversión
conversion of policy conversión de póliza
conversion of property conversión de propiedad
conversion option opción de conversión
convert convertir
convertible convertible
convertible bond bono convertible
convertible insurance seguro convertible
convertible securities valores convertibles
convertible term insurance seguro a término convertible
convey ceder, traspasar, transferir, transportar
conveyable traspasable, transferible
conveyance cesión, traspaso, escritura de traspaso, transporte
conveyance of ownership traspaso de propiedad
conveyance of title traspaso de título

conveyancer escribano de escrituras de
  traspaso
conveyancing hacer las varias funciones de
  traspasar propiedad, traspasar propiedad
convicium calumnia
convict (n) convicto, presidiario
convict (v) condenar
conviction condena, convicción
convince convencer
convincing convincente
convincing proof prueba convincente
convincingly convincentemente
convoke convocar, citar
convoluted complicado, confuso
convoy escolta
cool blood en mesura, sangre fría
cool state of blood sin que el coraje afecte la
  razón y las facultades
cooling off period período en que se
  suspenden las acciones para calmar los
  ánimos
cooling time tiempo para recobrar la mesura
  tras gran excitación
coolly fríamente, serenamente
cooperate cooperar, colaborar
cooperation cooperación
cooperative cooperativa
cooperative association asociación
  cooperativa
cooperative insurance seguro cooperativo
cooperative negligence negligencia
  contribuyente
cooperator cooperador
cooptation cooptación, elección
coordinate (n) semejante
coordinate (v) coordinar
coordinate jurisdiction jurisdicción
  concurrente
coordinator coordinador
coparcenary herencia conjunta
coparceners coherederos
copartner consocio
copartnership sociedad
copious copioso, rico
copiously copiosamente
copulation copulación, coito
copulative condition condición copulativa
copy copia, texto, ejemplar
copyright derechos de autor, propiedad
  literaria
copyright notice aviso de derechos de autor
coram judice dentro de la jurisdicción del
  tribunal, coram judice
coram nobis ante nosotros, coram nobis
coram non judice ante persona no juez,
  coram non judice
coram paribus en presencia de sus colegas,
  coram paribus
coram vobis ante usted, coram vobis

cord cuerda, cordel
cordial cordial
cordially cordialmente, sinceramente
corespondent codemandado
corner the market acaparar el mercado
cornered market mercado acaparado
corollary corolario, resultado
coronator pesquisidor de muertes
  sospechosas, médico forense
coroner pesquisidor de muertes sospechosas,
  médico forense
coroner's court tribunal de quienes investigan
  muertes sospechosas
coroner's inquest investigación por parte del
  pesquisidor de muertes sospechosas,
  investigación por parte del médico forense
corpnership ocurre cuando una corporación
  es la única socia solidaria
corporal corporal, físico
corporal appearance comparecencia física,
  apariencia física
corporal oath juramento solemne
corporal punishment castigo físico, pena
  corporal
corporal touch contacto físico
corporate corporativo, social
corporate act acto corporativo
corporate agent agente corporativo
corporate authorities funcionarios
  municipales
corporate body ente corporativo, persona
  jurídica, corporación
corporate charter instrumento mediante el
  cual se crea una corporación
corporate crime crimen imputable a una
  corporación
corporate domicile domicilio corporativo
corporate enterprise empresa corporativa
corporate existence existencia corporativa
corporate franchise autorización de una
  corporación para actuar como tal,
  concesión social
corporate insider persona informada
  corporativa
corporate law derecho corporativo
corporate merger fusión de corporaciones
corporate name nombre corporativo
corporate officers funcionarios corporativos,
  funcionarios sociales
corporate powers capacidades corporativas,
  facultades sociales
corporate property propiedad corporativa
corporate purpose propósito corporativo,
  objeto social
corporate records registros corporativos
corporate reorganization reorganización
  corporativa
corporate resolution resolución corporativa
corporate seal sello corporativo, sello de la

empresa
corporate stock acciones corporativas
corporate structure estructura corporativa
corporate takeover toma del control
  corporativo, absorción de empresa
corporate taxes impuestos corporativos
corporate trustees corporaciones con facultad
  para servir como fiduciario
corporate veil velo corporativo
corporation corporación, persona jurídica,
  sociedad anónima
corporation charter autorización de
  corporación
corporation de facto corporación de hecho,
  corporación de facto
corporation de jure corporación autorizada,
  corporación de jure
corporation sole corporación constituida por
  una sola persona, persona jurídica
  constituida por una sola persona
corporator miembro de una corporación
corporeal corpóreo
corporeal hereditaments bienes heredables
corporeal possession posesión material
corporeal property propiedad material
corporeal right derecho real
corporeally corporalmente, materialmente
corps cuerpo, asociación
corps diplomatique cuerpo diplomático
corpse cadáver
corpus cuerpo, bienes tangibles
corpus delicti cuerpo del delito, corpus delicti
corpus juris cuerpo de la ley, corpus juris
correct (adj) correcto, exacto, justo
correct (v) corregir, enmendar
correct attest afirmación de la veracidad de
  un documento
corrected corregido
corrected policy póliza de seguros que corrige
  una anterior con errores
correction corrección, enmienda
correctional correccional, penal
correctional facilities instituciones
  correccionales
correctional institutions instituciones
  correccionales, instituciones penales
correctional system sistema correccional
corrective correctivo
correctly correctamente
correlate correlacionar
correlation correlación
correlative correlativo
correlative rights derechos correlativos
correspond to corresponder a
correspondence correspondencia
correspondence audit auditoría por
  correspondencia
correspondent corresponsal
correspondent bank banco corresponsal

correspondent firm firma corresponsal
corresponding correspondiente
corridor corredor, pasillo
corrigendum errata
corroborant corroborante
corroborate corroborar
corroborating corroborante
corroborating circumstances circunstancias
  corroborantes
corroborating evidence prueba corroborante
corroborating proof prueba corroborante
corroborating testimony testimonio
  corroborante
corroborating witness testigo corroborante
corroborative corroborativo
corroboratory corroborativo, confirmativo
corrupt (adj) corrupto, inmoral
corrupt (v) corromper, alterar
corrupt practices acts leyes que regulan las
  contribuciones y los gastos de campañas
  electorales
corruption corrupción
corruptly corruptamente
corruptor corruptor
cosignatory cosignatario, firmante conjunto,
  cofirmante, codeudor
cosigner cosignatario, firmante conjunto,
  cofirmante, codeudor
cosinage primazgo
cost costo, precio, costa
cost and freight costo y flete
cost basis costo base
cost bond fianza para costas, fianza de
  apelación
cost contract contrato a costo
cost of living costo de vida
cost of living clause cláusula para ajuste por
  costo de vida
cost of living index índice del costo de vida
cost-plus contract contrato a costo más
  ganancias
cost records registros de costos
cost to abide event costas de apelación
cost to repair costo para reparar
costing fijación de costos
costs of collection gastos de cobranza
costs of the day costas del día, costes del día
cotenancy tenencia conjunta
cotenant copropietario, coposesor,
  coarrendatario, coinquilino
coterminous colindante
cottage casa de campo
coucher agente consignatario
could podría
could not no podría
council consejo, ayuntamiento
counsel, right to derecho a abogado
counsel abogado, consultor, consejero
counsel of record abogado que consta,

abogado de autos
counseling asesoramiento
counselor abogado, consejero
counselor at law abogado, asesor legal
count (n) cargo, cuenta, partes de
declaraciones, conteo
count (v) declarar, contar, tomar en cuenta
countenance semblanza, apoyo
counter contrario, opuesto
counter wills testamento doble, testamento
recíproco
counteract contrarrestar
counteraction acción contraria
counteraffidavit afidávit contradictorio,
contradeclaración
counterbalance contrapesar, contrabalancear
counterbond contragarantía
counterclaim contrademanda, reconvención
counterdeed contradocumento secreto
counterfeit (adj) falsificado, falso
counterfeit (n) falsificación, imitación
counterfeit (v) falsificar, fingir
counterfeit card tarjeta falsificada, tarjeta
alterada
counterfeit coin moneda falsificada
counterfeiter falsificador, imitador
counterletter contradocumento
countermand (n) contraorden
countermand (v) revocar
counteroffer contraoferta
counterpart contraparte, duplicado,
complemento
counterproposal contrapropuesta,
contraoferta
countersecurity contragarantía
countersign (n) contraseña, refrendata
countersign (v) refrendar
countersignature refrendación
countersignature law ley de refrendación
countervail contrapesar, compensar
countinghouse oficina de contaduría, oficina
countless innumerable
country país, región, campo
county condado, distrito
county affairs negocios del condado
county attorney procurador del condado
county business negocios del condado
county clerk secretario del condado
county commissioners comisionados del
condado
county courts tribunales de distrito
county property propiedad del condado
county road carretera enteramente en un
condado
county seat capital del condado
county-town capital del condado
coup d'etat golpe de estado, coup d'etat
couple pareja
coupled with an interest mandato en el que el

agente tiene un interés
coupons cupones
course curso, dirección, procedimiento
course of business lo acostumbrado en los
negocios, marcha de los negocios
course of employment en el curso del empleo
course of the voyage ruta acostumbrada
course of trade lo acostumbrado en los
negocios
court corte, tribunal, comitiva, juzgado, juez
court above tribunal superior
court below tribunal inferior
court day día en que se reúne el tribunal
court-martial consejo de guerra
court of admiralty tribunal marítimo
court of appeals tribunal de apelaciones,
tribunal de casación
court of bankruptcy tribunal de quiebras
court of cassation tribunal de casación
court of chancery tribunal de equidad
court of claims tribunal para juicios contra el
gobierno
court of competent jurisdiction tribunal
competente
court of conciliation tribunal de conciliación
court of criminal appeals tribunal de
apelaciones penales
court of customs and patent appeals tribunal
con competencia en materias de aduanas y
patentes
court of equity tribunal de equidad
court of first instance tribunal de primera
instancia, tribunal de instancia
court of general jurisdiction tribunal superior
en su jurisdicción
court of general sessions tribunal de instancia
en materia penal
court of justice tribunal de justicia, sala de
justicia
court of last resort tribunal de último
recurso, el más alto tribunal de justicia
court of law tribunal judicial, juzgado
court of limited jurisdiction tribunal especial
court of nisi prius tribunal de primera
instancia en lo civil
court of probate tribunal testamentario
court of record tribunal que lleva un
expediente y puede imponer penas, tribunal
de registro
court of sessions tribunal penal
court of special sessions tribunales formados
sólo para casos específicos, tribunal ad hoc
court of universities tribunales universitarios
court order orden judicial, apremio
court reporter escribiente del tribunal,
taquígrafo
court rule norma procesal
court system sistema judicial
courtesy cortesía, derechos del marido en los

bienes de su difunta esposa
courthouse edificio del tribunal
courtroom sala del tribunal
courtyard patio, atrio
cousin primo, prima
cousin-german primo hermano, prima hermana
cousinhood primazgo
covenable conveniente
covenant contrato, convenio, estipulación
covenant against incumbrances garantía de que un inmueble está libre de gravámenes
covenant for further assurance cláusula por la cual el que vende un inmueble se compromete a hacer lo necesario para perfeccionar el título
covenant for quiet enjoyment garantía contra desahucio, garantía de posesión sin trastornos legales
covenant in gross obligación no relacionada con el inmueble
covenant in law obligación presumida por ley, obligación conforme a la ley
covenant not to compete acuerdo de no competir
covenant not to sue obligación de no demandar
covenant of seisin cláusula a través de la cual el vendedor afirma ser dueño de lo que vende
covenant of warranty cláusula de garantía
covenant running with land obligación vinculada con el inmueble
covenant to convey acuerdo de transferir un bien bajo ciertas circunstancias
covenant to renew acuerdo de renovar
covenantee garantizado, contratante
covenantor garantizador, obligado
covenants for title el conjunto de garantías que da el vendedor de un inmueble
cover (n) cobertura, cubierta
cover (v) cubrir, asegurar, proteger
cover-all clause cláusula que abarca todas las circunstancias de un caso
cover letter carta acompañante, carta de trámite, carta de cobertura
cover note declaración escrita de cobertura de parte del agente de seguros
cover-up encubrimiento
coverage cobertura, alcance
covered cubierto
covered location localización cubierta
covered losses pérdidas cubiertas
covered person persona cubierta
covered property propiedad cubierta
covered risk riesgo cubierto
covert secreto, protegido
covertly secretamente
coverture estado de mujer casada, derechos

de la esposa
covin fraude, colusión
covinous fraudulento, colusorio
coy esquivo, reservado, tímido
craft destreza, oficio, nave
crafty astuto, mañoso
cranage permiso de grúa
crash (n) choque, estallido, quiebra
crash (v) chocar, romper, invadir
crash landing aterrizaje de emergencia
crass craso
crave implorar, apetecer
create crear, procrear, causar
create a debt crear una deuda
create a liability crear una responsabilidad
create a lien crear un gravamen
created by fraud creado por fraude
created by law creado por ley
credential credencial
credibility credibilidad
credible creíble, verosímil
credible person persona digna de confianza
credible witness persona competente para testificar, persona digna de confianza
credibly informed declaración de información de un tercero confiable
credit crédito, reconocimiento, fe, reputación
credit acceptance aceptación de crédito
credit account cuenta de crédito
credit administration administración de crédito
credit against tax crédito contra impuesto
credit agency agencia de crédito
credit agreement convenio de crédito
credit an account acreditar a una cuenta, abonar a una cuenta
credit application solicitud de crédito
credit approval aprobación de crédito
credit arrangement arreglo de crédito
credit association asociación de crédito
credit authorization autorización de crédito
credit bureau negociado de crédito, agencia de reporte y clasificación de crédito
credit card tarjeta de crédito
credit card crime crimen cometido con tarjeta de crédito
credit company compañía de crédito
credit contract contrato de crédito
credit control control de crédito
credit corporation corporación de crédito
credit counseling asesoramiento de crédito
credit criteria criterios de crédito
credit decline denegación de crédito
credit denial denegación de crédito
credit entity entidad de crédito
credit facilities facilidades de crédito
credit file archivo de crédito
credit form formulario de crédito
credit history historial de crédito

credit information información de crédito
credit inquiry indagación de crédito
credit institution institución de crédito
credit instrument instrumento de crédito
credit insurance seguro sobre el crédito
credit investigation investigación de crédito
credit line línea de crédito
credit management administración de crédito
credit mechanism mecanismo de crédito
credit policy política de crédito
credit rating calificación crediticia
credit rating agency agencia de calificación
  crediticia
credit rating book libro de calificaciones
  crediticias
credit rationing racionamiento de crédito
credit record registro de crédito
credit reference referencia de crédito
credit report informe de crédito
credit reporting agency agencia de informes
  de crédito
credit requirements requisitos de crédito
credit reserves reservas de crédito
credit restrictions restricciones de crédito
credit review revisión de crédito
credit risk riesgo de crédito
credit sale venta a crédito, venta a plazos
credit scoring puntuación de crédito
credit society sociedad de crédito
credit standing reputación de crédito
credit system sistema de crédito
credit terms términos de crédito
credit transaction transacción de crédito
credit transfer transferencia de crédito
credit union cooperativa de crédito
credit verification verificación de crédito
creditor acreedor
creditor at large acreedor quirografario,
  acreedor común
creditor beneficiary un tercero que se
  beneficia de un contrato
creditor's bill acción entablada por un
  acreedor en equidad
creditor's claim derecho del acreedor
creditor's suit acción entablada por un
  acreedor en equidad
creditors' meeting asamblea de acreedores
creditworthiness solvencia
creditworthy solvente, de crédito aceptable
creed credo
cremate cremar, quemar
cremation cremación
crepuscule crepúsculo
crepusculum crepúsculo
crest cresta, cima
crew tripulación, personal
crib cuna
crier pregonero
crime crimen, delito

crime against nature acto sexual desviado,
  acto contra natura
crime against property delito contra la
  propiedad
crime of omission crimen de omisión
crime of passion crimen pasional
crime of violence crimen con violencia
crime statistics estadísticas criminales
crimen falsi delito con engaño
crimen furti hurto
criminal (adj) criminal, penal
criminal (n) criminal, culpable
criminal act acto criminal
criminal action acción penal, acción criminal,
  causa
criminal capacity capacidad criminal
criminal charge acusación criminal
criminal code código penal
criminal conduct conducta criminal
criminal conspiracy complot criminal
criminal contempt desacato penal
criminal conversation adulterio, coito ilegal
criminal conviction condena criminal
criminal court tribunal penal
criminal intent intención criminal, propósito
  criminal
criminal judgment fallo criminal
criminal jurisdiction jurisdicción penal,
  jurisdicción criminal
criminal law derecho penal
criminal lawyer abogado criminalista
criminal mischief daño voluntario y malicioso
  castigable por ley
criminal negligence negligencia criminal
criminal offense delito penal
criminal procedure procedimiento penal
criminal process citación para comparecer en
  un juicio penal, orden de arresto
criminal prosecution acción penal,
  procesamiento criminal, enjuiciamiento
  criminal
criminal record antecedentes criminales
criminal responsibility responsabilidad
  criminal
criminal trespass violación de propiedad
  criminal
criminality criminalidad
criminally criminalmente
criminate incriminar, acusar, censurar
crimination incriminación
criminative acusatorio
criminological criminológico
criminology criminología
criminous criminoso, criminal
crisis crisis, momento crítico
critic crítico
critical crítico
critical stage etapa crítica
critically críticamente

criticism crítica, censura
crook pillo, estafador
crooked deshonesto, fraudulento
crop cosecha
crop insurance seguro de cosecha
cross marcar con una cruz
cross-action contrademanda, contraquerella
cross-appeal contraapelación
cross-claim contrademanda, contrarreclamación
cross-collateral colateral cruzado
cross-demand contrademanda, reconvención
cross-examination contrainterrogatorio, repreguntas
cross-examine contrainterrogar, repreguntar, interrogar
cross-interrogatories contrainterrogatorio, repreguntas
cross-liability responsabilidad cruzada
cross-question repreguntar
cross-reference referencia recíproca
cross-section grupo representativo
crossing cruce, intersección, paso
crossroad cruce de caminos
crowd multitud, grupo
crucial crucial, crítico
cruel cruel, inhumano
cruel and abusive treatment trato cruel y abusivo
cruel and inhuman punishment castigo cruel e inhumano
cruel and unusual punishment castigo cruel e insólito
cruel treatment trato cruel
cruelty crueldad
cruelty to animals crueldad contra animales
cruelty to children crueldad contra niños
crux punto crítico
cry vocear, llorar
cryer pregonero, subastador
cryptic misterioso
crystalline cristalino, evidente
cuckold cornudo
cue señal
cul de sac calle sin salida
culmination culminación
culpability culpabilidad
culpable culpable
culpable homicide homicidio culpable
culpable ignorance ignorancia culpable
culpable neglect descuido culpable
culpable negligence negligencia culpable
culpably culpablemente
culprit culpado, acusado, culpable, criminal, delincuente
cum testamento annexo con el testamento anexo
cumulative cumulativo, acumulativo
cumulative criminal acts actos criminales acumulativos
cumulative evidence prueba cumulativa, prueba corroborante
cumulative legacies legados adicionales
cumulative liability responsabilidad acumulativa
cumulative offense delito en el que los mismos actos se repiten en diferentes ocasiones, delito habitual
cumulative punishment pena aumentada por delito habitual
cumulative remedy recurso adicional
cumulative sentence condena acumulada
cumulative voting votación acumulativa
cumulatively acumulativamente
cunning astuto, diestro
curatio tutor
curative curativo
curator curador, encargado, tutor
curator ad hoc curador para el caso
curator ad litem curador para el juicio, curador ad litem
curator bonis curador de bienes
curatorship curatela, curaduría
cure curar, remediar
cure by verdict rectificación de defectos en autos por veredicto, corrección por veredicto
curfew toque de queda
currency dinero en circulación
current corriente, popular
current account cuenta corriente
current assets activo circulante
current assumption asunción corriente
current expenses gastos ordinarios
current liabilities pasivo circulante
current market value valor corriente de mercado
current money moneda en circulación
current wages salarios del presente período, salarios actuales
current year año en curso
currently corrientemente
currently covered corrientemente cubierto
currently insured corrientemente asegurado
curriculum vitae historial personal, curriculum vitae
cursorily superficialmente
cursory superficial
cursory examination inspección somera
curtail acortar, reducir
curtesy derechos del marido en los bienes de su difunta esposa
cushion reserva, intervalo de protección
custodia legis custodia de la ley
custodial custodial
custodial account cuenta custodial
custodian custodio, guardián
custodian bank banco depositario

custodianship custodia
custody custodia
custody and control custodia y control
custody of children custodia de hijos,
    custodia de niños
custody of property custodia de propiedad
custom costumbre, prácticas
custom and usage uso y costumbre
custom-free exento de contribuciones
    aduaneras
customary acostumbrado, usual,
    consuetudinario
customary interpretation interpretación usual
customer cliente
customer information información del cliente
customer representative representante de
    clientes
customer's agreement convenio del cliente
customhouse aduana
customhouse broker agente de aduana
customhouse officer inspector de aduana
customs impuestos aduaneros, derechos de
    aduana, costumbres
customs administration administración de
    aduanas
customs agency agencia de aduana
customs agent agente de aduana
customs and patent appeals court tribunal de
    apelación de asuntos de aduanas y patentes
customs area área aduanera
customs broker agente de aduana
customs charges cargos de aduana
customs classification clasificación aduanera
customs clearance despacho aduanero
customs code código aduanero
customs collector administrador de aduanas
customs court tribunal para asuntos aduaneros
customs declaration declaración aduanera,
    declaración arancelaria
customs documents documentos aduaneros
customs duties impuestos de aduanas
customs fine multa aduanera
customs-free area zona franca
customs inspection inspección aduanera
customs inspector inspector de aduana
customs invoice factura de aduana
customs officer oficial de aduana
customs procedures procedimientos de
    aduana
customs rate tasa aduanera
customs regulations reglamentos de aduana
customs rules reglas de aduana
customs service servicio de aduana
customs station estación aduanera
customs tariff tarifa aduanera
customs valuation valuación aduanera
customs warehouse almacén aduanero
customshouse aduana
cut cortar, acortar, penetrar

cutpurse carterista
cy pres tan cerca como posible
cyrographum escritura

D

dactylography dactiloscopia
dactyloscopic dactiloscópico
dactyloscopy dactiloscopia
dagger puñal
daily diario, cotidiano, diurno
daily allowance asignación diaria
daily occupation ocupación regular
daily rate of pay salario diario
daily wages salario diario
daisy chain transacciones que manipulan el mercado de modo que un valor aparente tener mucha actividad
dale and sale nombres de lugares ficticios
dam represa, dique
damage (n) daño, lesión
damage (v) dañar, lesionar, perjudicar
damage due to negligence daños por negligencia
damage to person daño a la persona
damage to property daño a la propiedad
damageable susceptible al daño
damaged dañado
damages daños, daños y perjuicios
damages for delay daños por aplazamiento de una sentencia
damages ultra indemnización mas allá de lo ya pagado en tribunal
damna daños
damnification lo que ocasiona un daño
damnify perjudicar, dañar
damnum pérdida, daño
damnum absque injuria daño sin recurso legal, damnum absque injuria
damnum emergens daño emergente
damnum fatale daño inevitable
danger peligro, riesgo
danger invites rescue doctrina que estipula que un demandado que crea un peligro para una persona responde por los daños causados a quien acude a ayudar a esa persona
danger signal señal de peligro
danger zone zona de peligro
dangerous peligroso, arriesgado
dangerous animal animal peligroso
dangerous business negocio peligroso
dangerous chattel artículo peligroso
dangerous condition condición peligrosa

dangerous conduct conducta peligrosa
dangerous contraband contrabando peligroso
dangerous criminal criminal peligroso
dangerous defect defecto peligroso
dangerous driving conducir peligrosamente
dangerous employment empleo peligroso
dangerous goods mercancías peligrosas
dangerous instrumentality cosa peligrosa
dangerous machinery maquinaria peligrosa
dangerous occupation ocupación peligrosa
dangerous per se peligroso de por sí, peligroso per se
dangerous place lugar peligroso
dangerous structure estructura peligrosa
dangerous tendency test propensión a ocasionar una lesión, propensión a ocasionar un daño
dangerous weapon arma peligrosa
dangerous work trabajo peligroso
dangerously peligrosamente
dangerousness peligrosidad
dangers of navigation peligros de la navegación
dangers of the sea peligros del mar
danism préstamo usurario
dark obscuro, confuso
darken obscurecer, confundir
darraign responder a una acusación
data datos
data bank banco de datos
data privacy privacidad de datos
data protection protección de datos
data security seguridad de datos
date fecha, compromiso
date back antedatar
date certain fecha fijada, fecha cierta
date of acceptance fecha de aceptación
date of application fecha de solicitud
date of bankruptcy fecha de la declaración de quiebra
date of birth fecha de nacimiento
date of cleavage fecha de la petición voluntaria de quiebra
date of death fecha de fallecimiento
date of delivery fecha de entrega
date of execution fecha de ejecución
date of filing fecha de radicación
date of injury fecha de lesión
date of invoice fecha de factura
date of issue fecha de emisión
date of judgment fecha del fallo
date of loss fecha de pérdida
date of maturity fecha de vencimiento
date of notification fecha de aviso
date of payment fecha de pago
date of publication fecha de publicación
date of purchase fecha de compra
date of record fecha de registro
date of sale fecha de venta

dated fechado
dation dación
dative dativo, nombrado por autoridad pública
datum dato, referencia
daughter-in-law hija política, nuera
dawn amanecer
day book libro diario, registro diario de entradas y salidas
day calendar lista de causas preparadas para el día
day certain día fijo, día cierto
day in court oportunidad de ejercer los derechos en un tribunal competente
day laborer jornalero
day loan préstamo diario
day of hearing día de la audiencia, día de la vista, día del juicio
daybreak alba, amanecer
daylight luz del día
daylight-saving time horario utilizado para aprovechar la luz del día
daylong todo el día
days of coverage días de cobertura
days of demurrage demora en la duración de un viaje
days of grace días de gracia
daysman árbitro
daytime la parte del día con luz natural
daze aturdir, ofuscar
dazedly aturdidamente
de bene esse condicionalmente, de bene esse
de bonis asportatis por bienes removidos
de bonis testatoris concerniente a los bienes de un testador
de comon droit del derecho común
de computo ordenanza de relación
de cursu lo usual
de debito ordenanza de deuda
de die in diem de día a día, de die in diem
de facto de hecho, de facto
de facto adoption adopción de hecho
de facto authority autoridad de hecho
de facto contract contrato de hecho
de facto corporation corporación de hecho, corporación con existencia de hecho
de facto court tribunal de hecho
de facto government gobierno de hecho
de facto guardian tutor de hecho
de facto judge juez de hecho
de facto marriage matrimonio de hecho
de facto officer funcionario de hecho
de facto trust fideicomiso de hecho
de fine force por necesidad
de incremento de incremento
de injuria por la culpa de él, por su culpa
de jure de derecho, válido bajo la ley, de jure
de lunatico inquirendo determinación de locura
de melioribus damnis de los mejores daños

de non sane memorie no de mente sana
de novo de nuevo, de novo
de novo hearing repetición de una vista
de quota litis convenio para honorarios contingentes
de sa vie de su vida
de son tort por su propio daño
dead muerto, extinto
dead asset activo sin valor
dead body cadáver
dead-born nacido sin vida
dead freight pago por flete contratado pero sin utilizar, falso flete
dead hand manos muertas
dead letter letra muerta, ley fuera de uso
dead man's part la parte de los bienes de quien muere que pasa al administrador
dead pledge hipoteca
dead stock inventario no vendible, capital improductivo
dead storage almacenamiento de bienes, mercancías inmovilizadas
dead time tiempo muerto
dead use para uso futuro
deadbeat deudor moroso
deadline límite de tiempo, fecha límite, fecha de vencimiento
deadliness efecto mortífero
deadlock estancamiento, empate
deadlocked jury jurado que no puede llegar a un veredicto
deadly mortal
deadly attack ataque mortal
deadly force fuerza mortal
deadly weapon arma mortal
deadly weapon per se arma mortal de por sí, arma mortal per se
deaf sordo
deaf-mute sordomudo
deafen ensordecer
deafening ensordecedor
deal (n) negocio, contrato, acuerdo
deal (v) negociar, dar, repartir, asestar
dealer comerciante, intermediario, corredor de bolsa
dealer in narcotics narcotraficante
dealer's talk exageraciones usadas para vender algo
dealing comerciar, intermediar, negociar
dealings negociaciones, tratos, transacciones
dean decano
death muerte, fallecimiento
death benefits beneficios por muerte
death by his own hand suicidio
death by wrongful act muerte accionable
death certificate certificado de defunción
death duty contribuciones sucesorias, derechos de herencia
death penalty pena de muerte, pena capital

death records registro de fallecimientos
death sentence pena de muerte, pena capital
death taxes contribuciones sucesorias, impuesto sobre herencias
death warrant orden de ejecución de pena de muerte
deathbed lecho de muerte
deathsman verdugo
deathtrap trampa mortal
debacle debacle, fracaso, fiasco
debarment exclusión
debatable discutible
debate debatir, discutir
debauch corromper, seducir
debauchery corrupción, libertinaje
debenture debenture, obligación sin colateral, obligación sin hipoteca o prenda
debenture bonds bonos sin colateral
debenture certificate certificado correspondiente a un debenture, certificado correspondiente a una obligación sin hipoteca o prenda
debilitate debilitar
debit (n) débito, saldo deudor
debit (v) debitar, cargar en cuenta
debit balance saldo deudor
debit note nota de débito, nota de cargo
debitor deudor
debitum deuda
debris escombros, desperdicios
debt deuda, obligación
debt adjusting atender las deudas de otro por compensación
debt adjustment convenio para pagar deudas que se disputan
debt barred by limitation deuda prescrita
debt by contract deuda por contrato
debt by simple contract deuda a través de contrato simple
debt by special contract deuda a través de contrato especial
debt cancellation cancelación de deuda
debt consolidation consolidación de deudas
debt due deuda exigible
debt limitations limitaciones de la deuda
debt of another deuda de otro
debt of honor deuda de honor
debt of record deuda declarada en un juicio
debt payment pago de deuda
debt pooling arreglo mediante el cual un deudor reparte sus activos entre acreedores
debt repayment pago de deuda
debt security garantía de una deuda, obligación de deuda corporativa
debt service servicio de la deuda, pago de deudas
debtee acreedor
debtor deudor
decade década

decapitate decapitar
decapitation decapitación
decay deterioro, degeneración
decease (n) muerte, fallecimiento
decease (v) morir, fallecer
deceased difunto, muerto
deceased account cuenta de difunto
decedent difunto, muerto
decedent's account cuenta de difunto
decedent's estate patrimonio sucesorio
deceit engaño, dolo, decepción
deceitful engañoso, falso
deceitfully engañosamente, fraudulentamente
deceitfulness falsedad, engaño
deceivable engañoso
deceive engañar, embaucar
deceiver quien engaña, impostor
deceivingly engañosamente
decency decencia, normas de conducta
decent decente, adecuado
decentralization descentralización
decentralize descentralizar
deception engaño, fraude
deceptive engañoso
deceptive advertising publicidad engañosa
deceptive packaging empaque engañoso
deceptive practice práctica engañosa
deceptive sales practices prácticas comerciales engañosas
deceptive statement declaración engañosa
deceptiveness apariencia engañosa
decidable determinable
decide decidir
decided decidido, resuelto
decipher descifrar
decision decisión, sentencia, fallo, decreto
decision on appeal decisión del tribunal de apelación
decision on merits decisión por los méritos de una cuestión
decisive decisivo, terminante
decisive oath juramento decisivo
decisively concluyentemente
declaim declamar
declamation declamación
declamatory declamatorio
declarable declarable
declarant declarante
declaration declaración, exposición, demanda, primer alegato, declaración aduanera
declaration against interest declaración contraria a los intereses propios
declaration in chief demanda principal
declaration of bankruptcy declaración de quiebra
declaration of death declaración de fallecimiento
declaration of inability to pay debts

declaración de insolvencia
declaration of independence declaración de
independencia
declaration of intent declaración de intención
declaration of intention declaración de
intención
declaration of law declaración de ley
declaration of legitimacy declaración de la
legitimidad de un hijo
declaration of origin declaración de origen
declaration of public necessity declaración de
necesidad pública
declaration of rights declaración de derechos
declaration of solvency declaración de
solvencia
declaration of trust declaración de
fideicomiso
declaration of value declaración del valor
declaration of war declaración de guerra
declarations section sección de declaraciones
declaratory declaratorio
declaratory action acción declaratoria
declaratory covenant estipulación
declaratoria
declaratory judgment sentencia declaratoria
declaratory legislation legislación declaratoria
declaratory statute ley declaratoria
declare declarar, manifestar
declare a strike declarar una huelga
declared declarado
declared value valor declarado
declaredly explícitamente
declarer declarante
declassify suspender el carácter clasificado,
revocar el carácter clasificado
declination declinatoria, acto judicial
mediante el cual un fiduciario declara su
intención de no actuar como tal
declinatory exception excepción declinatoria
decline declinar, empeorar, rehusar, no
admitir
decline jurisdiction declinar jurisdicción
decoy (n) señuelo
decoy (v) atraer con señuelo, engañar
decoy letter carta utilizada de señuelo
decrease disminución, reducción, merma
decree decreto, sentencia, mandato
decree absolute sentencia absoluta
decree in absence sentencia dictada en
ausencia, sentencia dictada en rebeldía
decree nisi sentencia provisional
decree of distribution sentencia de
distribución
decree of divorce sentencia de divorcio
decree of insolvency declaración judicial de
que los activos no alcanzan a cubrir las
deudas
decree of nullity auto de nulidad
decree pro confesso sentencia basada en la

confesión tácita del demandado
decreet absolvitor sentencia de absolución
decreet arbitral laudo arbitral
decrement decremento, disminución, merma
decrepit decrépito
decretal order orden preliminar
decriminalization desincriminación
decry desaprobar, menospreciar, desacreditar
dedicate dedicar un inmueble al uso público,
dedicar
dedication dedicación de un inmueble al uso
público, dedicación
dedication and reservation dedicación
reservándose ciertos derechos
dedication to the public dedicación de bienes
para el uso público
dedition dación, entrega
deduce deducir, inferir
deduct deducir
deduct from wages deducir del salario
deduct taxes deducir impuestos
deductible deducible, franquicia
deductible clause cláusula de franquicia en un
contrato de seguro, cláusula de deducible
en un contrato de seguro
deductible losses pérdidas deducibles
deduction deducción, descuento
deduction for new parte del costo de
reparación de una nave que reembolsa el
asegurado al asegurador
deductive deductivo
deductively deductivamente
deed escritura, título, instrumento formal para
transferir derechos sobre un inmueble,
hecho, acto
deed in fee escritura mediante la cual se
transfiere dominio absoluto sobre un
inmueble
deed in lieu of foreclosure entrega de
escritura en vez de juicio hipotecario
deed indenture escritura de traspaso
deed intended escritura mediante la cual se
transfieren los derechos sobre un inmueble
deed of agency fideicomiso con el propósito
de pagar deudas
deed of assignment escritura de traspaso
deed of conveyance escritura de traspaso
deed of covenant escritura de garantía,
instrumento accesorio a un contrato de un
inmueble
deed of gift escritura de donación
deed of incorporation escritura de
constitución
deed of partition escritura de división de
copropiedad
deed of release acta de cesión de derechos,
escritura de cancelación
deed of separation escritura de separación
deed of trust escritura de fideicomiso

deed poll escritura unilateral
deed restriction restricción de escritura
deem considerar, estimar, juzgar
deface desfigurar, borrar, destruir
defalcate desfalcar, malversar
defalcation desfalco, malversación, incumplimiento
defalk compensar deudas
defamacast difamación por transmisión
defamation difamación, calumnia, injuria
defamatory difamatorio, calumniante, injuriante
defamatory advertising publicidad difamatoria
defamatory libel difamación por escrito, libelo
defamatory per quod expresiones a las que hechos adicionales dan un sentido difamatorio
defamatory per se palabras difamatorias en sí, palabras difamatorias per se
defamed difamado, calumniado
defamer difamador, calumniador
default incumplimiento, omisión, rebeldía, falta de comparecencia
default judgment sentencia en rebeldía
default of payment incumplimiento de pago
defaulter incumplidor, rebelde, moroso
defeasance contradocumento, anulación, revocación
defeasance clause cláusula que permite la extinción de una hipoteca
defeasibility revocabilidad
defeasible anulable, condicional
defeasible fee derecho de dominio revocable
defeasible title titularidad revocable, título revocable
defeat derrotar, impedir, revocar, frustrar
defect defecto, vicio
defect in title defecto de título
defect of form defecto de forma
defect of substance defecto material
defection defección, abandono, deserción, renuncia
defective defectuoso, viciado
defective construction construcción defectuosa
defective product producto defectuoso
defective title título defectuoso, titularidad defectuosa
defective verdict veredicto defectuoso
defectus defecto
defend defender, prohibir, negar
defendant demandado, acusado
defendant in error recurrido
defender defensor
defendere defender
defendour demandado
defeneration usura

defense defensa, amparo, oposición
defense attorney abogado defensor
defense of insanity defensa basada en la insania, defensa basada en la incapacidad mental
defenseless indefenso
defenselessly indefensamente
defenselessness vulnerabilidad
defensible defendible
defensive defensivo
defensor defensor
defensum área cerrada
defer diferir, retrasar, ceder, aplazar
defer a payment aplazar un pago
deference deferencia, acatamiento
deferment aplazamiento
deferment of payment aplazamiento de pago
deferrable aplazable
deferral aplazamiento
deferral of taxes aplazamiento de impuestos
deferred diferido
deferred annuity anualidad diferida
deferred compensation compensación diferida
deferred delivery entrega diferida
deferred income ingreso diferido
deferred liability responsabilidad diferida
deferred payments pagos diferidos
deferred premiums primas diferidas
deferred taxes impuestos diferidos
defiance desafío, obstinación
deficiency deficiencia, insuficiencia, déficit
deficiency assessment la diferencia entre lo que calcula el contribuyente y lo que reclaman las autoridades
deficiency decree sentencia obligando al deudor en una ejecución de hipoteca a pagar la diferencia entre lo que se debe y lo que se devengó
deficiency judgment sentencia obligando al deudor en una ejecución de hipoteca a pagar la diferencia entre lo que se debe y lo que se devengó
deficiency letter carta de aviso por parte de las autoridades informando al contribuyente de una deficiencia en la declaración de las contribuciones, carta de deficiencia
deficiency notice aviso por parte de las autoridades informando al contribuyente de una deficiencia en la declaración de las contribuciones
deficiency suit acción para obligar al deudor en una ejecución de hipoteca a pagar la diferencia entre lo que se debe y lo que se devengó
deficient deficiente, incompleto
deficit déficit
deficit spending gastos en exceso de los ingresos, financiación con déficit

defile manchar, corromper, violar
defilement contaminación, corrupción, violación
define definir, interpretar, establecer
defined definido, establecido
defined by law definido por ley, establecido por ley
definite definido, definitivo, preciso, determinado
definite description descripción definitiva
definite interest interés definitivo
definite loss pérdida definitiva
definite sentence sentencia definitiva
definition definición, claridad
definitive definitivo, concluyente
deflation deflación
defloration desfloración
deforcement usurpación, detentación, posesión de mala fe
deforciant usurpador
deforciare usurpar
defraud defraudar, estafar
defraudation defraudación, estafa
defrauder defraudador, estafador
defray costear, pagar, sufragar
defunct difunto, terminado
defunct business negocio difunto
defunct company compañía difunta
defunct corporation corporación difunta
defy desafiar, resistir
degenerate degenerado
degradation degradación, deterioro
degrade degradar, rebajar, corromper
degrading degradante, denigrante
degree grado, título universitario
degree of care grado de cuidado
degree of certainty grado de certidumbre
degree of crime grado del crimen
degree of disability grado de discapacidad
degree of monopoly grado de monopolio
degree of negligence grado de negligencia
degree of proof fuerza de la prueba
degrees of kin la relación entre el difunto y sus sucesores, filiación
dejection aflicción, depresión
dejeration juramento solemne
del credere garantía
delate acusar, delatar
delatio acusación, denuncia
delator acusador, delatador
delay demorar, aplazar
delay clause cláusula de demora
delay rent renta pagada para usar un terreno más tiempo
delayed demorado, aplazado
delayed payment pago demorado
delectus personae la selección de la persona
delegate (n) delegado, diputado
delegate (v) delegar

delegate authority delegar autoridad
delegation delegación, diputación
delegation of authority delegación de autoridad
delegation of duty delegación del deber
delegation of power delegación de poder
delete suprimir, borrar
deleterious dañoso, perjudicial
deletion supresión, borradura
deliberate (adj) intencional, deliberado, voluntario
deliberate (v) deliberar, meditar, discutir
deliberate act acto intencional
deliberate and premeditated intencional y premeditado
deliberately intencionalmente, deliberadamente, con premeditación, voluntariamente
deliberation deliberación, premeditación
deliberator deliberante
delict delito
delictual delictual, criminal
delictum acto criminal, acto dañoso
delimit delimitar, demarcar
delimitate delimitar
delimitation delimitación, demarcación
delineate delinear
delinquency delincuencia, morosidad
delinquent delincuente, moroso
delinquent account cuenta en mora
delinquent child delincuente infantil
delinquent debt deuda en mora
delinquent party parte incumplidora
delinquent return planilla morosa
delinquent taxes impuestos morosos
delinquently delincuentemente, criminalmente
delirious delirante
delirium delirio
deliver entregar, librar, depositar
deliverance veredicto del jurado, entrega
delivered entregado
delivery entrega, transmisión de posesión
delivery bond fianza para reintegración de bienes embargados
delivery date fecha de entrega
delivery note nota de entrega
delivery notice aviso de entrega
delivery of cargo entrega del cargamento
delivery of deed entrega de la escritura
delivery of possession transmisión de la posesión
delivery order orden de entrega
delivery versus payment entrega contra pago
delusion ilusión, decepción
demand (n) demanda, exigencia, reclamación
demand (v) demandar, exigir, reclamar
demand deposit depósito a la vista
demand draft letra a la vista
demand for a jury trial solicitud para un

juicio por jurado

demand for payment requerimiento de pago, reclamar el pago

demand loan préstamo a la vista

demand note pagaré a la vista

demandable demandable, exigible

demandant demandante

demanded liability obligación a la vista

demander demandador, demandante

demarcate demarcar

demarcation demarcación

demeanor porte, comportamiento, conducta

demens demente

demented demente

dementedly con locura

dementia demencia

demesne dominio, posesión, propiedad

demesnial relacionado con el dominio

demise (n) transferencia de dominio, arrendamiento, defunción, fallecimiento, legado, cesión

demise (v) transferir temporalmente, arrendar, legar

demise and redemise derechos recíprocos de arrendamiento sobre un inmueble

demise charter fletamiento temporal

demised premises propiedad arrendada

democracy democracia

demolish demoler

demolition demolición

demonstrability demostrabilidad

demonstrate demostrar, probar, manifestar

demonstration demostración, manifestación

demonstrative demostrativo

demonstrative evidence prueba material

demonstrator manifestante

demur presentar excepciones

demurrable sujeto a excepción

demurrage sobreestadía

demurral excepción, objeción

demurrant parte que interpone una excepción

demurrer excepción, excepción formal

demurrer book expediente de un incidente de excepción

demurrer to evidence objeción a la prueba de una de las partes, objeción a pruebas defectuosas

demurrer to interrogatories objeción a los interrogatorios

denationalization desnacionalización

denaturalize desnaturalizar

denial denegación, negación, negativa

denial letter carta de rechazo

denial of admittance denegación de entrada, denegación de admisión

denier negador

denigrate denigrar, manchar

denigration denigración

denization naturalización

denize naturalizar

denizen extranjero naturalizado, habitante

denomination denominación

denomination of money denominación de dinero

denote denotar, indicar

denouement desenlace, solución

denounce denunciar, delatar, reprobar

denouncement denuncia minera, denuncia, solicitud para la concesión de una explotación minera

denouncer denunciante

density zoning normas para el uso de la tierra en un área a través de la planificación urbana

denude desvestir

denumeration acto de pago

denunciate denunciar

denunciation denuncia, censura, reprobación

denunciator denunciante

deny negar, denegar

depart partir, fallecer

departed fallecido, difunto

department departamento, territorio, ministerio

department of government departamento de gobierno

department of state departamento de estado, ministerio de relaciones exteriores

departmentalization departamentalización

departure desviación, partida, divergencia, marcha, salida

departure customs aduana de salida

departure permit permiso de salida

dependable confiable, cumplidor

dependable evidence prueba confiable

dependency dependencia, posesión

dependent dependiente, sujeto a

dependent child niño dependiente, hijo dependiente

dependent conditions condiciones dependientes

dependent contract contrato condicional

dependent covenant convenio dependiente

dependent person persona dependiente

dependent promise promesa condicionada

depict describir, representar

depiction descripción, representación

deplete agotar

depletion agotamiento, desvalorización de un bien depreciable

depletion reserve reserva por agotamiento, apunte contable que refleja la desvalorización de un bien depreciable

depone deponer, declarar

deponent deponente, declarante

deport deportar, expulsar

deportable sujeto a deportación

deportation deportación

deportee deportado
deportment porte, comportamiento, conducta
depose deponer, testificar, atestiguar
deposit (n) depósito
deposit (v) depositar
deposit account cuenta de depósito
deposit box caja de seguridad
deposit company compañía que alquila cajas de seguridad
deposit in court depósito judicial
deposit in escrow depositar en cuenta en plica, depositar en manos de un tercero
deposit insurance seguro sobre depósitos bancarios
deposit liability responsabilidad de depósitos
deposit of title deeds depósito de títulos de propiedad
deposit slip hoja de depósito
depositary depositario
depositary receipt recibo de depósito
deposition deposición, declaración fuera del tribunal
depositor depositante
depository depósito, depositaría, lugar donde se mantienen los depósitos
depot depósito, almacén
depraved depravado
depraved act acto depravado
depraved mind mente depravada
depreciable depreciable, amortizable
depreciate depreciar, amortizar
depreciated depreciado, amortizado
depreciation depreciación, amortización, desvalorización
depreciation reserve fondo de depreciación
depredation depredación, saqueo, pillaje
depressed deprimido
depression depresión
deprivation privación, desposeimiento, pérdida
deprivation of property privación de propiedad
deprive privar
deprive of employment privar de empleo
deprive of life privar de vida
deprive of rights privar de derechos
deputation diputación
deputize delegar, diputar, comisionar, sustituir
deputy diputado, suplente, delegado
deputy sheriff subalguacil, ayudante del alguacil
deraign probar, vindicar
deranged loco, trastornado
derangement trastorno mental, desorden
derelict abandonado, derrelicto
derelict property propiedad abandonada
dereliction adquisición de tierra por el retiro de aguas, abandono, descuido, negligencia

dereliction of duties abandono de deberes
derisive burlón
derisory burlón
derivation derivación, deducción
derivative derivado, secundario
derivative acquisition adquisición derivada
derivative action acción entablada por un accionista a beneficio de la corporación, acción entablada por un accionista a beneficio de la sociedad
derivative conveyances cesiones derivadas
derivative deed instrumento accesorio
derivative evidence evidencia derivada de otra ilegalmente obtenida
derivative suit acción entablada por un accionista en nombre de la corporación, acción entablada por un accionista en nombre de la sociedad
derivative tort responsabilidad del mandante por daños ocasionados por el agente
derive derivar, obtener
derogation derogación
derogation from grant restricción del derecho que se transfiere
derogatory despectivo
derogatory clause cláusula de exclusión
derogatory information información despectiva
descend descender, transmitir por sucesión
descendant descendiente
descendible heredable, transmisible
descent sucesión hereditaria, transmisión hereditaria
descent cast transmisión a los herederos de un inmueble perteneciente a alguien que ha muerto intestado
describe describir, relatar
descriptio personae descripción de la persona
description descripción
description of land descripción de tierra
description of person descripción de persona
description of property descripción de propiedad
descriptive descriptivo
descriptive mark marca descriptiva
desegregation desegregación
desert abandonar, desertar
desertion deserción, abandono del hogar conyugal
desertion of children abandono de hijos, abandono de menores
desertion of minors abandono de menores
deserve merecer
deserving de mérito, meritorio
design (n) intención, diseño, concepción
design (v) diseñar, concebir
design patent patente de diseño
designate designar, señalar
designate as a beneficiary designar como

beneficiario
designate as an agent designar como agente
designate as an executor designar como
  albacea
designated designado
designated agent agente designado
designated beneficiary beneficiario designado
designated executor albacea designado
designation designación, nombramiento
designation of agent designación de agente
designation of beneficiary designación de
  beneficiario
designation of executor designación de
  albacea
designedly intencionalmente, por diseño
desire desear, anhelar
desist desistir
desistance desistimiento
desistement doctrina bajo la cual se aplica la
  ley local a partes de un testamento
  realizado en el extranjero
desolate desolado, arruinado
desolation desolación, abandono
despair desesperación
desperate desesperado, peligroso
despoil despojar violentamente, despojar
  clandestinamente, privar
desponsation acto matrimonial
despot déspota, autócrata
despotism despotismo
destination destinación, fin
destination customs aduana de destino
destitute indigente, necesitado
destitute circumstances circunstancias de
  necesidad extrema
destitute person persona necesitada
destitution indigencia, miseria
destroy destruir, matar
destroy a contract destruir un contrato
destroy a document destruir un documento
destroy a will destruir un testamento
destructibility destructibilidad
destructible trust fideicomiso susceptible a
  terminación
destruction destrucción
destruction of records destrucción de
  registros
desuetude desuso
desultory impensado, ocasional
detached desprendido, separado,
  independiente
detail (n) detalle, pormenor
detail (v) detallar, pormenorizar
detailed detallado, exacto
detailed audit auditoría detallada
details of payment detalles de pago
detain detener, arrestar, apropiar, demorar
detained detenido, arrestado, demorado
detainer detención, arresto, apropiación,

demora
detainment detención, arresto, apropiación,
  demora
detect detectar, descubrir, percibir, advertir
detection detección, descubrimiento
detective detective
detention detención, arresto, apropiación,
  demora
detention in a reformatory detención en un
  reformatorio
detention of ship secuestro de nave
deter disuadir, refrenar, impedir, desanimar
deteriorate deteriorarse
deterioration deterioro, desmejora
determinable determinable, sujeto a condición
  resolutoria
determinable fee derecho de dominio sobre
  un inmueble sujeto a condición resolutoria
determinable freehold dominio absoluto
  sobre un inmueble sujeto a condición
  resolutoria
determinate determinado, específico
determinate obligation obligación
  determinada
determination determinación, resolución,
  sentencia, decisión, terminación
determination of a case decisión de un caso
determination of boundaries delimitación de
  confines
determination of facts determinación de
  hechos
determine determinar, resolver, decidir,
  terminar
determining factor factor determinante
deterrent disuasivo, impeditivo
detinue detener, retener, retención ilegal de
  inmuebles
detour desvío, rodeo
detournement desvío de fondos
detract distraer, disminuir, reducir, quitar,
  denigrar
detraction traslado de bienes a otro estado
  tras transmisión por sucesión, denigración
detriment detrimento, perjuicio, daño
deuterogamy deuterogamia
devaluation devaluación
devastation devastación, arrasamiento
devastavit administración inapropiada de
  bienes de parte de un albacea
develop desarrollar
developed desarrollado
developed country país desarrollado
developed waters aguas traídas a la superficie
  para el uso del reclamante
developing country país en desarrollo
development desarrollo, suceso, tendencia
development plan plan de desarrollo
devest despojar, privar de, enajenar
deviant desviado

deviation desviación, incumplimiento de labores sin justificación
deviation policy política sobre desviaciones
device aparato, dispositivo, plan, ardid, estratagema
devious tortuoso, desviado, sinuoso, dudoso
deviously tortuosamente, sinuosamente
devisable legable, imaginable
devisavit vel non tema de discusión cuando se impugna un testamento
devise (n) legado
devise (v) legar, concebir
devisee legatario
deviser inventor
devisor testador
devolution traspaso, transmisión, entrega
devolve transferir, transmitir, delegar
devy muere
diagnose diagnosticar
dialogue diálogo
diaphaneity diafanidad, transparencia
diaphanous diáfano, transparente
diarchy diarquía
dichotomous dicótomo
dichotomy dicotomía
dictate dictar, ordenar
dictation dictado, mandato
dictator dictador
dictatorship dictadura
dictores árbitros
dictum observación contenida en la sentencia judicial, opinión expresada por un tribunal
die fallecer, morir
die without issue morir sin descendencia
diehard intransigente
dies un día, días
dies a quo día de origen de, día a partir del cual, dies a quo
dies ad quem día de conclusión, último día de un plazo, dies ad quem
dies communes in banco días en tribunal
dies datus un día dado
dies juridicus día hábil, día con actividad jurídica, dies juridicus
dies non juridicus día inhábil, día sin actividad jurídica
dies utiles días útiles, días disponibles, dies utiles
differ diferir, disentir
difference diferencia, disputa, desacuerdo
difference of opinion diferencia de opinión
different diferente
differentiable distinguible, diferenciable
differential rate tasa diferencial
differentiate diferenciar, modificar
differentiation diferenciación
differently diferentemente
difficile dificultoso, obstructor
dig cavar

digamy segundo matrimonio
digest digesto, compilación, compendio
digester compendiador
digital digital, dactilar
dignified digno, serio
dignitary dignatario
dignity dignidad, señorío
digress divagar, desviarse, apartarse
digression digresión
digressive digresivo
dijudication decisión judicial, sentencia, juicio decisivo
dike dique, represa
dilapidation dilapidación, ruina
dilation dilación
dilatory dilatorio
dilatory defense defensa dilatoria
dilatory exceptions excepciones dilatorias
dilatory plea argumentación dilatoria
diligence diligencia, esmero
diligent diligente, esmerado
diligently diligentemente
dim mortecino, indistinto, obscuro
diminish disminuir, menguar
diminished disminuido
diminished liability responsabilidad disminuida
diminished obligation obligación disminuida
diminished responsibility responsabilidad disminuida
diminishing returns utilidad decreciente
diminution disminución, falta de elementos, rebaja
diminution in value disminución en el valor
diminution of damages disminución de los daños
din ruido fuerte, estrépito
dinarchy gobierno de dos personas
diploma diploma
diplomacy diplomacia
diplomat diplomático
diplomatic diplomático, discreto
diplomatic agent agente diplomático
diplomatic immunity inmunidad diplomática
diplomatic recognition reconocimiento diplomático
diplomatic relations relaciones diplomáticas
diplomatics diplomática
dipsomania dipsomanía
dipsomaniac dipsomaníaco
direct (adj) directo, sincero, exacto
direct (v) dirigir, gobernar, mandar
direct action acción directa
direct affinity afinidad directa
direct and proximate cause causa próxima y directa
direct attack ataque directo
direct benefit beneficio directo
direct cause causa directa

direct contempt desacato
direct control control directo
direct costs costas directas, costos directos
direct damages daños directos
direct descendants descendientes directos
direct estoppel impedimento a una acción por haber sido litigada anteriormente por las partes
direct evidence prueba directa
direct examination interrogatorio directo
direct exporting exportación directa
direct importing importación directa
direct injury daño directo, lesión directa
direct insurer asegurador directo
direct interest interés directo
direct knowledge conocimiento directo
direct liability responsabilidad directa
direct line línea directa de descendencia, línea directa de ascendencia
direct loan préstamo directo
direct loss pérdida directa
direct method método directo
direct obligation obligación directa
direct placement colocación directa
direct result resultado directo
direct selling ventas directas
direct strike huelga directa
direct tax impuesto directo
direct testimony testimonio directo
direct trust fideicomiso directo
direct verification verificación directa
direct writer vendedor de seguros directo, reasegurador directo
directed verdict veredicto impuesto al jurado por parte del juez, veredicto dictado directamente por el juez
direction dirección, orden, instrucción
directive directivo
directly directamente, exactamente
director director, administrador, consejero
directorate directiva
directors' meeting reunión de directores, reunión de consejeros
directors' report informe de la directiva
directory (adj) directivo, opcional
directory (n) guía, directorio, listado
directory statute estatuto inmaterial, ley sin provisión de penalidades
directory trust fideicomiso en que el fideicomisario tiene que cumplir con instrucciones específicas
diriment impediments impedimentos dirimentes
dirty sucio, bajo, malévolo
dirty bill of lading carta de porte especificando defectos
disability discapacidad, incapacidad, invalidez
disability benefit beneficio por discapacidad
disability clause cláusula de discapacidad,

cláusula de incapacidad
disability compensation compensación por discapacidad, compensación por incapacidad
disability income ingresos tras discapacidad
disability income insurance seguro de ingresos tras discapacidad
disability income rider cláusula adicional de seguro de ingresos tras discapacidad
disability insurance seguro de discapacidad, seguro de incapacidad
disability pension pensión por discapacidad
disability retirement jubilación por discapacidad, jubilación por incapacidad
disability to enter a contract incapacidad contractual
disability work incentive incentivo de trabajar tras discapacidad
disable incapacitar
disabled incapacitado
disabled person persona incapacitada
disabled worker trabajador incapacitado
disablement incapacidad
disablement benefit beneficios por incapacidad
disablement insurance seguro por incapacidad
disabling incapacitante
disabuse desengañar
disaccord (n) desacuerdo
disaccord (v) discordar
disaccustom desacostumbrar
disadvantage desventaja
disadvantageous desventajoso
disadvocare negar
disaffection desafecto, deslealtad
disaffirm negar, repudiar, revocar, desmentir
disaffirmance repudiación, renuncia, repudio
disagree disentir, diferir
disagreeable desagradable
disagreement desacuerdo, discrepancia
disallow denegar, desautorizar, desaprobar
disallowable negable, inadmisible
disallowance of a claim rechazo de una reclamación, rechazo de una pretensión
disalt incapacitar a una persona
disannulment anulación
disapproval desaprobación, censura
disapprove desaprobar, censurar
disarm desarmar
disarray desorden
disassociate desasociar, disociar
disaster desastre, calamidad
disaster loss pérdida por un desastre
disastrous desastroso
disavow repudiar, desautorizar
disavowal repudiación, desautorización
disbar suspender la licencia de un abogado, revocar la licencia de un abogado,

desaforar

disbarment suspensión de la licencia de un abogado, revocación de la licencia de un abogado, desaforo

disburse desembolsar

disbursement desembolso

discern discernir

discernible discernible

discerning juicioso

discharge liberar, absolver, cancelar, eximir, despedir

discharge by agreement extinción de contrato por acuerdo

discharge by breach extinción de contrato por incumplimiento

discharge by performance extinción de contrato al cumplirse con lo acordado

discharge from liability exoneración de responsabilidad, eximir de responsabilidad

discharge of a bankrupt rehabilitación del quebrado

discharge of an appeal rechazo de una apelación

discharge of an employee despido de un empleado

discharge of an injunction levantamiento de un interdicto

discharge of an obligation extinción de una obligación, cumplir una obligación

discharge of bankruptcy terminación de juicio hipotecario

discharge of contract cancelación de contrato, cumplimiento de contrato

discharge of employee despido de empleado

discharge of jury disolución del jurado

discharge of lien cancelación de gravamen

disciplinary disciplinario

disciplinary action acción disciplinaria

disciplinary hearing vista disciplinaria

disciplinary offense infracción disciplinaria

disciplinary power poder disciplinario

disciplinary proceedings procedimientos disciplinarios

discipline disciplina, orden

disclaim renunciar, renegar, negar una responsabilidad

disclaimer renuncia, denegación de una responsabilidad

disclaimer clause cláusula negando responsabilidad

disclaimer of interest denegación de interés

disclaimer of knowledge negación de conocimiento

disclaimer of liability denegación de responsabilidad

disclaimer of warranties denegación de garantías

disclamation repudiación, renuncia

disclose divulgar, revelar

disclose information divulgar información

disclosure divulgación, revelación

disclosure of interest divulgación de interés

disclosure requirements requisitos de divulgación

disclosure statement divulgación de datos específicos pertinentes

disconcert desconcertar

disconnect desconectar, desunir

disconnected desconectado

disconnection desconexión

discontinuance abandono, terminación, desistimiento

discontinuance of action abandono de la acción

discontinuance of payments descontinuación de pagos

discontinue descontinuar, suspender

discontinued descontinuado

discontinuing easement servidumbre descontinua

discontinuing servitude servidumbre descontinua

discontinuous descontinuo

discontinuous easement servidumbre descontinua

discontinuous servitude servidumbre descontinua

discontinuously interrumpidamente

discord discordia, conflicto

discordance discordia

discordant discordante, incompatible

discount descuento

discount rate tasa de descuento

discount shares acciones emitidas bajo la par

discounted descontado

discourage desanimar, disuadir

discourse conversación, discurso

discover descubrir, revelar

discovert soltera, viuda

discovery descubrimiento, procedimientos para obtener información para un juicio

discovery of deceit descubrimiento de engaño

discovery of error descubrimiento de error

discovery of facts procedimientos para obtener información para un juicio

discovery of fraud descubrimiento de fraude

discovery of loss descubrimiento de pérdida

discovery rule regla que indica que el término de prescripción por culpa profesional comienza al descubrirse tal culpa o cuando se debió de haber descubierto

discredit desacreditar

discredit a witness desacreditar a un testigo

discredited desacreditado

discredited witness testigo desacreditado

discreet discreto, prudente

discreetly discretamente

discrepancy discrepancia

discrete separado, distinto
discretely separadamente
discretion discreción, prudencia
discretionary discrecional
discretionary account cuenta discrecional
discretionary acts actos discrecionales
discretionary authority autoridad discrecional
discretionary budget presupuesto discrecional
discretionary damages monto de daños y
perjuicios a discreción del jurado o juez
discretionary expenditure gasto discrecional
discretionary expense gasto discrecional
discretionary order orden otorgándole
discreción al agente que la lleva a cabo
discretionary policy política discrecional
discretionary power poder discrecional
discretionary trust fideicomiso discrecional
discriminate discriminar, diferenciar
discriminating discriminador, discerniente
discriminating tariff tarifa discriminadora
discrimination discriminación, diferenciación
discriminative discriminador, parcial,
discerniente
discriminator discriminador
discriminatory discriminatorio
discriminatory taxation imposición
discriminatoria
discuss discutir, ventilar
discussion discusión, beneficio de excusión
disease enfermedad
disendow privar de dote
disendowment privación de dote
disfigurement desfiguración
disfranchise privar de derechos de franquicia
disfranchisement privación de derechos de
franquicia
disgrace desgracia, deshonor
disguise ocultar, disfrazar
disgust repugnar
disgusting repugnante
dishonest deshonesto, fraudulento
dishonest act acto deshonesto
dishonest practice práctica deshonesta
dishonestly deshonestamente,
fraudulentamente
dishonesty deshonestidad
dishonor deshonrar, rehusar pago
dishonor a check rehusar pago de un cheque
disincarcerate excarcelar
disinherison desheredación
disinherit desheredar
disinherit a spouse desheredar un cónyuge
disinheritance desheredamiento
disinter desenterrar
disinterest desinteresar
disinterested desinteresado, imparcial
disinterested witness testigo imparcial
disinterestedly desinteresadamente
disinterestedness desinterés

disjoin separar, desunir
disjointed inconexo, incoherente
disjunct descoyuntado
disjunction disyunción
disjunctive disyuntivo
disjunctive allegations alegaciones en
disyuntiva
disjunctive condition condición en disyuntiva
disjunctive covenants estipulaciones en
disyuntiva
disjunctive term término disyuntivo
dislocation dislocación, desarreglo
disloyal desleal, infiel
dismember desmembrar, despedazar
dismiss despedir, rechazar, declarar no ha
lugar
dismissal rechazo de una acción, anulación de
la instancia, despido, rechazo
dismissal and nonsuit terminación de una
acción por desistimiento o inactividad del
demandante, caducidad de una acción por
desistimiento o inactividad del demandante
dismissal compensation indemnización por
despido
dismissal for cause despido con causa
dismissal of appeal rechazo de una apelación
dismissal pay pago adicional por despido
dismissal with prejudice rechazo de la
demanda sin dar oportunidad de iniciar
nueva acción
dismissal without cause despido sin causa
dismissal without prejudice rechazo de la
demanda permitiendo iniciar nuevamente la
acción
dismortgage redención de una hipoteca
disobedience desobediencia
disobedient desobediente
disobedient child niño desobediente
disorder desorden, alboroto
disorderly desordenado, alborotoso
disorderly conduct desorden público,
conducta desordenada
disorderly house lugar donde hay actos
contrarios al orden público, burdel
disorderly person persona de conducta
desordenada, enemigo público
disorderly picketing demostraciones o
piquetes que alteran el orden público
disorganization desorganización
disorganized desorganizado
disorientation desorientación
disown repudiar, negar
disparagation menosprecio, descrédito
disparage menospreciar, desacreditar
disparage a product menospreciar un
producto
disparagement menosprecio, descrédito
disparagement of goods menosprecio de
mercancías, desacreditar los bienes de un

competidor
disparagement of title intento enjuiciable de crear dudas sobre la validez de un título
disparaging menospreciativo, despectivo
disparaging instructions instrucciones al jurado que denigran una de las partes del litigio
disparity disparidad, desemejanza
dispatch (n) prontitud, mensaje, envío
dispatch (v) despachar, enviar
dispatch money pago adicional por cargar o descargar más pronto de lo estipulado
dispauper perder los derechos de demandar como indigente
dispel aclarar, disipar
dispensation dispensa, exención
dispense dispensar, aplicar, eximir
dispenser dispensador, administrador
displace desplazar, destituir, cambiar de lugar
displaced desplazado
displaced person persona desplazada
displacement desplazamiento, desalojamiento, reemplazo, traslado
display (n) exhibición, demostración
display (v) exhibir, revelar
disposable disponible, desechable
disposable portion la parte de la herencia del que se puede disponer sin restricciones
disposal eliminación, distribución, transferencia, disposición
disposal date fecha de eliminación, fecha de venta
dispose disponer, ordenar, colocar
disposing capacity capacidad mental para testar
disposing mind capacidad mental para testar
disposition disposición, sentencia penal, tendencia
dispositive dispositivo
dispositive facts hechos jurídicos
dispossess desposeer, desalojar, desahuciar, privar
dispossess proceedings procedimientos de desahucio
dispossession desahucio, desalojo, usurpación de bienes raíces, expulsión
dispossessor desposeedor, desahuciador
disproof prueba contraria, refutación
disproportionate desproporcionado
disproportionate distribution distribución desproporcionada
disprove refutar
disputable disputable, controvertible
disputable presumption presunción dudosa
disputatio fori argumento ante el tribunal
dispute (n) disputa, litigio, controversia
dispute (v) disputar, litigar, controvertir
disqualification descalificación
disqualified witness persona no calificada

para atestiguar
disqualify descalificar, incapacitar
disquiet perturbar
disrate degradar
disrationare exonerarse
disregard hacer caso omiso de, desatender
disregardful indiferente, negligente
disrepair mal estado
disreputable de mala fama
disrepute mala fama, desprestigio
disrespect falta de respeto
disrespectfully irrespetuosamente
disruptive destructor, disruptivo, perjudicial
disruptive conduct conducta desordenada
dissection disección, inspección minuciosa
disseise desposeer
disseisee quien ha sido desposeído
disseisin desposesión, desposeimiento
disseisitus desposeído
disseisor usurpador
dissemble aparentar, disimular, ocultar
disseminate diseminar
dissension disensión, oposición
dissent (n) disenso, disidencia, opinión disidente, disentimiento
dissent (v) disentir
dissenter disidente
dissentiente disidente
dissenting judge juez disidente
dissenting opinion opinión disidente
dissenting shareholders accionistas disidentes
dissident disidente
dissimilar distinto, desigual
dissimilarity desemejanza, desigualdad
dissimulate disimular
dissociation disociación
dissolution disolución, liquidación, muerte
dissolution of corporation disolución de corporación, liquidación de corporación
dissolution of marriage disolución de matrimonio
dissolution of partnership disolución de sociedad
dissolve disolver, terminar, cancelar
dissolve a company disolver una compañía
dissolve a partnership disolver una sociedad
dissuade disuadir, desaconsejar
dissuasive disuasivo
distance distancia, reserva
distant distante
distinct distinto, preciso
distinction distinción
distinctive distintivo
distinctive name nombre distintivo
distinguish distinguir, clasificar
distinguishing distintivo, característico
distinguishing mark marca distintiva
distort distorsionar, torcer, retorcer
distort the truth distorsionar la verdad

distorted torcido
distract distraer
distracted person persona con incapacidad
    mental
distraction distracción, pasatiempo, confusión
distrahere retirar
distrain tomar la propiedad de otro como
    prenda para forzarlo a cumplir algo
distrainor quien secuestra bienes
distraint secuestro de bienes
distress secuestro de bienes de parte del
    arrendador para forzar al arrendatario a
    cumplir con el pago de alquiler, aflicción
distress and danger nave en peligro
distress infinite secuestro de bienes ilimitado
distress warrant orden de secuestro de bienes
distressed property propiedad en peligro de
    juicio hipotecario, propiedad en juicio
    hipotecario
distressed sale venta de liquidación, venta
    bajo circunstancias desventajosas
distribute distribuir, dividir, clasificar
distributed distribuido
distributee heredero
distributing syndicate sindicato de
    distribución
distribution distribución, división hereditaria
distributive distributivo
distributive share participación en la
    distribución de bienes
distributor distribuidor
district distrito, jurisdicción, región
district attorney fiscal de distrito
district clerk secretario del tribunal de distrito
district courts tribunales de distrito,
    tribunales federales de primera instancia
district judge juez de distrito
district school escuela pública de distrito
distrust desconfianza, sospecha
disturb perturbar, molestar, alterar
disturbance perturbación, molestia, tumulto
disturbance of peace perturbación de la paz
    pública, alteración del orden público
disturbance of possession perturbación a la
    posesión
disturbance of tenure perturbación al derecho
    de posesión
disturbance of ways perturbación al derecho
    de paso
disturbing perturbador
ditto ídem, lo mismo
diurnal diurno
diurnally diariamente, de día
divagation divagación
divergence divergencia
divergence of opinion divergencia de opinión
divers diversos, varios
diversion distracción, desviación
diversity diversidad, variedad, alegato de

parte del detenido de que no es quien ha
    sido encontrado culpable
diversity of citizenship diversidad de
    ciudadanía, diversidad de ciudadanía estatal
    entre el demandante y el demandado como
    base de jurisdicción de los tribunales
    federales
divert desviar, divertir
divest despojar, privar de
divestitive fact hecho que modifica una
    relación jurídica, hecho que extingue una
    relación jurídica
divestment privación de un interés antes de
    tiempo
divide dividir, repartir
divided dividido
divided account cuenta dividida
divided court falta de unanimidad en un
    tribunal, discrepancia entre los jueces
divided custody custodia dividida
divided interest intereses separados
dividend dividendo
dividend audit auditoría de dividendos
dividend income ingreso por dividendos
dividing divisor
divisibility divisibilidad
divisible divisible
divisible contract contrato divisible
divisible divorce divorcio divisible
divisible guarantee garantía divisible
divisible guaranty garantía divisible
divisible offense delito que incluye otros de
    menor grado
division división, distribución, compartimiento
division of costs división de costos, división
    de costas
division of damages división de daños
division of opinion división de votos,
    diferencia de opiniones
division of powers división de poderes
division of property división de propiedad
division wall pared medianera
divisum imperium jurisdicción dividida
divorce divorcio
divorce a mensa et thoro separación sin
    disolución matrimonial
divorce a vinculo matrimonii divorcio,
    disolución del matrimonio
divorce by consent divorcio por
    consentimiento mutuo
divorce from bed and board separación sin
    disolución matrimonial
divorce suit juicio de divorcio
divulge divulgar
dock (n) banquillo del acusado, muelle
dock (v) reducir, atracar en un muelle
dock master oficial de muelle
dock receipt recibo de muelle
dockage derechos por atracar

docket (n) lista de casos a ser juzgados, registro, registro conciso sobre lo acontecido en un tribunal

docket (v) resumir y registrar en un libro judicial

docket fee honorario pagado como parte de las costas de la acción

doctor (n) doctor, médico

doctor (v) alterar, suministrar cuidado médico

doctrinal interpretation interpretación doctrinal

doctrine doctrina, doctrina jurídica

doctrine of abstention doctrina de abstención

doctrine of acceleration doctrina de aceleración

doctrine of alter ego doctrina del álter ego

doctrine of attractive nuisance doctrina que responsabiliza a quien mantiene un estorbo atractivo en su propiedad

doctrine of avoidable consequences doctrina que dicta que la parte perjudicada debe tratar de minimizar los daños

doctrine of clean hands doctrina que niega remedio a demandantes que han obrado culpable o injustamente en la materia del litigio

doctrine of clear view doctrina que permite a la policía en un allanamiento legítimo confiscar objetos a simple vista y luego presentarlos como evidencia

doctrine of dual purpose doctrina que indica que un empleado que viaja como parte de su trabajo está en el curso del trabajo aún cuando salga en gestiones personales

doctrine of emergencies doctrina indicando que no se espera que una persona en una situación de emergencia use el mismo juicio que demostraría en una situación en la que hay tiempo para reflexionar

doctrine of Enoc Arden doctrina concerniente a la persona que se casa otra vez al suponer que su cónyuge ha fallecido

doctrine of fair use doctrina concerniente al uso razonable de materiales bajo derechos de autor

doctrine of family purpose doctrina que responsabiliza a una persona que presta su auto a un familiar por las lesiones que éste pueda causar

doctrine of felony murders doctrina que establece que si una persona comete homicidio involuntario mientras comete un delito grave es culpable de asesinato

doctrine of fighting words doctrina que declara que las palabras intencionadas a provocar violencia no están protegidas por la primera enmienda

doctrine of harmless errors doctrina que indica que un error menor o inconsecuente

no es motivo suficiente para revocar un fallo

doctrine of last clear chance doctrina que indica que un conductor que ha sido negligente puede obtener reparación por daños y perjuicios si puede demostrar que el otro conductor tuvo la oportunidad de evitar el accidente

doctrine of loaned servants doctrina que indica que un empleado cuyos servicios se prestan temporalmente a otro patrono se considera como empleado de este último

doctrine of manufacturer's liability doctrina sobre la responsabilidad del fabricante

doctrine of mutuality doctrina que indica que las obligaciones contractuales tienen que ser recíprocas para que el contrato sea válido

doctrine of necessaries doctrina según la cual se le puede cobrar al esposo o padre por artículos de primera necesidad vendidos a su esposa e hijos

doctrine of overbreadth doctrina que indica que cualquier ley que viole los derechos constitucionales no es válida

doctrine of poisonous tree doctrina que indica que si se obtienen pruebas tras un arresto o allanamiento ilegal que estas pruebas podrían ser inadmisibles aunque se hayan obtenido debidamente

doctrine of rescue doctrina que indica que una persona quien por su negligencia pone en peligro a otra es responsable por las lesiones sufridas por un tercero ayudando al segundo

doctrine of sole actor doctrina que indica que un mandante debe estar enterado de las ejecutorias del agente

doctrine of unclean hands doctrina que le niega reparaciones a la parte demandante si ésta es culpable de conducta injusta en la materia del litigio

doctrine of unjust enrichment doctrina concerniente al enriquecimiento injusto

doctrine of vagueness doctrina según la cual es inconstitucional cualquier ley que no indique claramente lo que se ordena o prohibe

doctrine of virtual representation doctrina que permite entablar litigio en representación de un grupo con un interés común

doctrine of wait and see regla que permite la consideración de eventos posteriores a la creación de un instrumento para determinar la validez de un interés futuro

document (n) documento, instrumento

document (v) documentar

document of title documento representativo

de título de bienes muebles, documento de propiedad
documentary documental
documentary credit crédito documentario
documentary draft letra de cambio documentaria
documentary evidence prueba documental
documentary origins rule regla indicando que no se debe usar una copia de un documento a menos de que no esté disponible el original
documentary proof prueba documental, evidencia
documentation documentación
documents against acceptance documentos contra aceptación
documents against payment documentos contra pago
Doe, Jane Fulana de Tal, nombre ficticio usado para propósitos ilustrativos o cuando se desconoce el nombre de una parte
Doe, John Fulano de Tal, nombre ficticio usado para propósitos ilustrativos o cuando se desconoce el nombre de una parte
dogma dogma
dogmatic dogmático
doing business en negocios, ejercicio de la actividad comercial
doing business as en negocios bajo el nombre de
dole distribución, limosna, subsidio de paro
doli capax capaz de intención criminal, doli capax
doli incapax incapaz de intención criminal, doli incapax
dollar dólar
dolus malicia, dolo
domain dominio, propiedad absoluta de un inmueble, propiedad inmueble
domestic doméstico, nacional, interno
domestic administrator administrador doméstico
domestic animal animal doméstico
domestic bill giro pagadero en el mismo estado donde se emitió
domestic commerce comercio interno, comercio doméstico
domestic corporation corporación local, corporación constituida en un estado en particular, corporación doméstica
domestic courts tribunales domésticos, tribunales con jurisdicción en el lugar donde una parte tiene domicilio
domestic employee empleado doméstico
domestic employment empleo doméstico
domestic guardian tutor designado en el domicilio del pupilo
domestic insurer asegurador local
domestic judgment sentencia de un tribunal doméstico, sentencia de un tribunal del mismo estado
domestic jurisdiction jurisdicción local
domestic law derecho interno
domestic purposes propósitos domésticos
domestic relations derecho de familia, relaciones domésticas
domestic servant persona empleada en servicio doméstico
domestic trade comercio nacional, comercio doméstico
domestic use uso doméstico
domesticated domesticado
domicile domicilio
domicile of choice domicilio de elección
domicile of origin domicilio de origen
domicile of succession domicilio sucesorio
domiciled domiciliado
domiciliary domiciliario
domiciliary administration administración de una sucesión donde se encuentra el domicilio sucesorio
domiciliate domiciliar, establecer dominio
dominance autoridad
dominant dominante
dominant estate predio dominante
dominant party parte dominante
dominant tenement propiedad dominante
dominate dominar
domineer oprimir, tiranizar
domineering dominante
dominion dominio, propiedad
dominium dominio
dominium directum dominio directo
dominium directum et utile dominio directo y útil
dominium utile dominio útil
domus domicilio
donatarius donatario
donate donar
donatio donación, donativo
donatio conditionalis donación condicional
donatio inter vivos donación entre vivos
donatio mortis causa donación en anticipación a muerte
donation donación
donation conditionalis donación condicional
donation inter vivos donación entre vivos
donation mortis causa donación en anticipación a muerte
donative intent intención de donar
donator donante
donatorius donatario, comprador
done terminado, hecho
donee donatario, beneficiario
donor donador, donante
donum donación, donativo
doom fatalidad, sentencia
dormant inactivo, en suspenso

dormant account cuenta inactiva
dormant claim reclamación en suspenso
dormant corporation corporación sin operar al presente, corporación inactiva
dormant execution ejecución en suspenso
dormant judgment sentencia no ejecutada
dormant partner socio inactivo, socio oculto
dos rationabilis dote razonable
dossier informe
dot dote
dotage senilidad
dotal property bienes dotales
dotation dotación
dotted line línea de puntos donde se firma
double adultery adulterio en el que ambas personas están casadas
double assessment doble imposición
double compensation indemnización doble
double creditor acreedor doble, acreedor con garantía sobre dos fondos
double employment doble empleo
double endorsement doble endoso
double entry bookkeeping contabilidad con doble registro, contabilidad por partida doble
double hearsay prueba de referencia doble
double indemnity doble indemnización
double indorsement doble endoso
double insurance seguro doble, seguro solapante
double jeopardy doble exposición por el mismo delito
double liability doble responsabilidad
double meaning doble sentido
double patenting obtención de una segunda patente para la misma invención por el mismo solicitante
double plea doble defensa
double proof doble prueba
double recovery indemnización mas allá de los daños sufridos
double rent alquiler que tiene que pagar quien continúa en posesión después de habérsele notificado que debía desocupar
double standard conjunto de principios que permite mayores oportunidades para una clase de personas
double taxation imposición doble
double use solicitud de patente para el uso nuevo de un proceso conocido
double will testamento recíproco
doubt (n) duda
doubt (v) dudar
doubtful dudoso, ambiguo
doubtful account cuenta dudosa
doubtful debt deuda dudosa
doubtful loan préstamo dudoso
doubtful title título dudoso
doubtfully dudosamente

doubtless indudable, sin duda, cierto
dour severo, terco
dowable con derechos dotales
dowager viuda con título de bienes heredados del marido
dower la parte de los bienes del esposo fallecido que le corresponden por ley a la viuda
down payment pronto pago, pago inicial, pago inmediato
downsizing reducción en busca de mayor eficiencia, reducción de personal
downzoning rezonificación para reducir la intensidad de uso
dowry dote
draconian draconiano, severo, cruel
Draconian laws leyes draconianas, leyes extremadamente severas
draft letra de cambio, proyecto, cheque, borrador
drafter redactor, diseñador
dragnet pesquisa
dragnet clause cláusula hipotecaria en la que el deudor garantiza deudas pasadas y futuras además de las presentes
Drago doctrine doctrina de Drago
drain desaguar, encañar, consumir, drenar, vaciar
drainage, right of servidumbre de drenaje
drainage drenaje, desagüe
dram bebida alcohólica, traguito
Dram Shop Acts leyes imponiéndole responsabilidad a dueños de establecimientos de bebidas alcohólicas cuyos clientes embriagados provocan daños a terceros
dram shop liability insurance seguro de responsabilidad de establecimientos que venden bebidas alcohólicas
dramatics conducta melodramática
drastic drástico, riguroso
drastic measure medida drástica
drastic remedy remedio drástico
draw apuntar, girar, redactar, elegir, retirar fondos
draw a check girar un cheque
draw a jury seleccionar un jurado
drawback reintegro, desventaja, contratiempo
drawee girado, librado
drawer girador, cajón
drawing sorteo, dibujo
drift (n) cosa llevada por la corriente, rumbo
drift (v) ir a la deriva, ir sin rumbo
drifter persona sin rumbo
drinking shop cantina
drip goteo
drive guiar, impulsar
driver conductor
driver's license licencia de conductor,

permiso de conducir
driving manejando, conduciendo
driving while intoxicated manejar bajo estado de embriaguez, conducir bajo estado de embriaguez
droit common derecho común, droit common
droit international derecho internacional, droit international
droit maritime derecho marítimo, droit maritime
droit naturel derecho natural, droit naturel
droitural de derecho
drop desistir, abandonar, omitir
drop charges retirar una acusación
drop letter carta local
drop shipment delivery embarque directo a terceros, entrega sin pasar por mayorista
drought sequía
drown ahogar, ahogarse
drowse adormecer
drowsily soñolientamente
drubbing paliza
drudgery algo monótono, trabajo pesado
drug droga, medicina
drug abuse abuso de drogas
drug addict drogadicto
drug addiction drogadicción
drug dealer narcotraficante
drug dependence drogadicción, dependencia de drogas
drummer agente viajero, vendedor ambulante, viajante de comercio
drunk borracho
drunkard borracho
drunken borracho
drunkenly ebriamente
drunkenness embriaguez
drunkometer aparato para medir el nivel de alcohol en la sangre
dry formal, nominal, infructífero, seco
dry mortgage hipoteca donde el deudor se responsabiliza sólo por el valor del bien hipotecado
dry trust fideicomiso pasivo
dual doble, dual
dual agency mandato solapante
dual citizenship ciudadanía doble
dual contract doble contrato
dual control doble control
dual court system sistema en que coexisten dos regímenes judiciales
dual purpose doctrine doctrina que indica que un empleado que viaja como parte de su trabajo está en el curso del trabajo aún cuando salga en gestiones personales
dubious dudoso
dubiously dudosamente
dubitable dudable, dudoso
dubitante dudante

dubitatur dudoso
duces tecum traiga consigo
due justo, legal, pagadero, debido, razonable, propio
due and payable vencido y pagadero
due and reasonable care cuidado debido y razonable
due bill reconocimiento de una deuda por escrito
due care cuidado debido
due compensation indemnización debida, compensación debida
due consideration contraprestación adecuada, debida deliberación
due course of law curso debido de la ley
due date fecha de vencimiento
due diligence diligencia debida
due diligence meeting reunión de diligencia debida
due diligence session sesión de diligencia debida
due in advance pagadero por adelantado
due notice notificación debida, debido aviso
due on demand pagadero a la vista
due-on-sale clause cláusula de préstamo pagadero a la venta
due process of law debido proceso
due proof prueba razonable
due proof of loss prueba razonable de pérdida
due regard debida consideración
duel duelo, combate
dueling batirse a duelo
dues cargos, tasas, impuestos
duly debidamente, puntualmente
duly allowed debidamente permitido
duly appointed debidamente designado
duly assigned debidamente asignado
duly authorized debidamente autorizado
duly authorized agent representante debidamente autorizado
duly certified debidamente certificado
duly commenced debidamente comenzado
duly completed debidamente completado
duly designated debidamente designado
duly established debidamente establecido
duly executed debidamente ejecutado
duly named debidamente nombrado
duly organized debidamente organizado
duly presented debidamente presentado
duly qualified debidamente cualificado
duly recorded debidamente registrado
duly registered debidamente registrado
duly verified debidamente verificado
dumb-bidding establecimiento del precio mínimo requerido en una subasta
dummy (adj) falso, fingido, títere
dummy (n) prestanombre, hombre de paja
dummy corporation corporación formada para propósitos ilícitos, sociedad de paja

dummy director director sin funciones reales, consejero sin funciones reales

dummy employee empleado ficticio

dummy transaction transacción ficticia

dump vender mercancía importada bajo costo, inundar

dumping venta de mercancía importada bajo costo, saturación ilegal

dun exigencia de pago, apremio

dungeon mazmorra

dunnage material para sujetar la carga

duopoly duopolio

duplex house dúplex, casa para dos familias

duplicate (n) duplicado

duplicate (v) duplicar

duplicate will testamento duplicado

duplication duplicación

duplicitous demanda que reúne más de una acción

duplicity duplicidad, reunir más de una acción en la misma causa

durable goods bienes duraderos

duration duración, término

duration of contract duración de contrato

duration of liability duración de responsabilidad

duration of obligation duración de obligación

duress coacción, violencia, cautividad

duress of imprisonment detención ilegal para obligar a realizar un acto, detención ilegal

duress per minas coacción mediante amenazas

duressor quien emplea coacción

Durham rule regla que establece que una persona no es criminalmente responsable si se demuestra que sufría de una enfermedad mental al cometer el acto

during durante

during good behavior mientras no viole la ley, durante el buen comportamiento

during the trial durante el juicio

dusk crepúsculo

dutch auction subasta en la que se empieza con un precio alto y se va bajando hasta vender el artículo, subasta a la baja

duteous obediente, sumiso

duteously obedientemente, debidamente

duteousness obediencia

dutiable sujeto al pago de impuestos

duties derechos de importación, obligaciones

duties of detraction impuestos sobre el traslado de bienes sucesorios de un estado a otro

duties on imports derechos sobre las importaciones

dutiful cumplidor, obediente

duty deber, obligación, impuesto

duty-free libre de impuestos

duty-free sale venta libre de impuestos

duty-free zone zona libre de impuestos

duty to act deber de actuar

dwell residir, permanecer

dwelling house lugar de residencia

dying moribundo

dying declarations declaraciones del moribundo

dying intestate morir intestado

dying without issue morir sin descendencia

dynamically enérgicamente

dynamite instruction instrucción al jurado para que trate de evaluar los aspectos importantes tomando en consideración los puntos de vista de todos los integrantes

dynasty dinastía

dysnomy legislación deficiente

E

e contra al contrario
e converso al contrario
each cada, cada uno, cada cual
each way en cada dirección de la transacción
eager ansioso, deseoso, impaciente
earl's penny pago parcial
earlier más temprano, antes
early extinguishment of debt extinción temprana de deuda
early retirement retiro temprano
earmark (n) marca, marca distintiva, señal
earmark (v) señalar, asignar, designar
earmark rule regla indicando que al confundir fondos en un banco éstos pierden su identidad
earmarked señalado, asignado, designado
earn devengar, ganar
earn wages devengar ingresos
earned devengado, ganado
earned income ingresos devengados a cambio de trabajo, rentas de trabajo
earned income credit crédito contributivo sobre ingresos devengados a cambio de trabajo
earned surplus utilidades acumuladas
earned wages ingresos devengados a cambio de trabajo, rentas de trabajo
earner quien devenga ingresos
earnest (adj) serio
earnest (n) pago anticipado, anticipo, arras, señal, caparra
earnest money pago anticipado, anticipo, arras, señal, caparra
earning capacity capacidad para devengar ingresos
earning power capacidad para devengar ingresos
earnings ingresos, réditos, salario, entradas
earshot distancia dentro de la cual se puede oír
earthly possessions posesiones terrenales, patrimonio
earwitness testigo auricular, quien atestigua sobre algo que escuchó
ease tranquilidad, comodidad, facilidad
easement servidumbre
easement by estoppel servidumbre por impedimento por actos propios

easement by prescription servidumbre por prescripción
easement in gross servidumbre personal
easement of access servidumbre de acceso, servidumbre de paso
easement of convenience servidumbre de conveniencia
easement of natural support servidumbre de apoyo lateral de propiedad
easement of necessity servidumbre de paso por necesidad
easement right derecho de acceso
easily accessible fácilmente accesible
easily affected fácilmente afectado
easily agreed upon fácilmente acordado
easily convinced fácilmente convencido
easily duped fácilmente engañado
easily fooled fácilmente engañado
easily influenced fácilmente influenciado
easily observed fácilmente observado
easily persuaded fácilmente persuadido
easily seen fácilmente visto
easily understood fácilmente entendido
easy terms estipulaciones convenientes, facilidades de pago
easy to be seen fácil de ser visto
easy to believe fácil de creer
easy to understand fácil de entender
eaves-drip goteo de canalón, servidumbre del goteo de canalón
eavesdrop escuchar furtivamente, escuchar ilegalmente, escuchar indiscretamente, interceptar una comunicación telefónica
eavesdropper quien escucha furtivamente, quien escucha ilegalmente, quien escucha indiscretamente, quien intercepta una comunicación telefónica
eavesdropping acción de escuchar furtivamente, acción de escuchar ilegalmente, acción de escuchar indiscretamente, acción de interceptar una comunicación telefónica
eavesdropping device dispositivo para escuchar furtivamente
ebriety ebriedad
ebullient rebosante, exaltado
ebulliently exaltadamente
eccentric excéntrico, irregular
eccentricity excentricidad
eclectic ecléctico
ecologist ecólogo
ecology ecología
economic económico
economic activity actividad económica
economic aid ayuda económica
economic assistance asistencia económica
economic burden carga económica
economic conditions condiciones económicas
economic discrimination discriminación

económica, discriminación en el campo del comercio
economic factors factores económicos
economic law derecho económico
economic liability responsabilidad económica
economic loss pérdida económica
economic obligation obligación económica
economic obsolescence obsolescencia económica
economic policy política económica
economic resources recursos económicos
economic responsibility responsabilidad económica
economic sanctions sanciones económicas
economic segregation segregación económica
economic situation situación económica
economic stability estabilidad económica
economic strike huelga por condiciones del empleo, huelga laboral
economic structure estructura económica
economic value valor económico
economic waste explotación excesiva de un recurso natural
economics economía
economist economista
economize economizar
economy economía, sistema económico
ecosystem ecosistema
edge filo, borde
edict edicto
edification edificación
edification code ordenanzas de construcción, ley de edificación
edification contract contrato de construcción
edification laws leyes de edificación
edification line línea de edificación
edification lot solar
edification materials materiales de construcción
edification permit permiso para edificación, licencia para edificar
edification restrictions restricciones de edificación
edifice edificio
edit corregir, repasar, preparar para la publicación, revisar
edition edición, versión
editor editor, redactor, director
editorial editorial, artículo de fondo
editorialist editorialista
educate educar
education educación, instrucción
educational institution institución educativa
educational purpose propósito educativo
educational trust fideicomiso para la educación
educational use uso educativo
educe evidence presentar pruebas
effect (n) efecto, vigencia, consecuencia

effect (v) efectuar, realizar, causar
effect a change efectuar un cambio
effect a dissolution efectuar una disolución
effect a payment efectuar un pago
effect a purchase efectuar una compra
effect a sale efectuar una venta
effect a transaction efectuar una transacción
effective efectivo, eficaz, real, impresionante
effective agency agencia efectiva
effective assignment transferencia efectiva
effective authority autoridad efectiva
effective bailment depósito efectivo
effective change of possession cambio de posesión efectivo
effective damages daños y perjuicios efectivos, daños efectivos, compensación real por daños y perjuicios
effective date fecha de efectividad, fecha de vigor, fecha de vigencia
effective delivery entrega efectiva
effective eviction evicción efectiva, desahucio efectivo, desalojo físico
effective fraud fraude efectivo
effective knowledge conocimiento efectivo
effective loss pérdida efectiva
effective market value valor en el mercado efectivo, valor efectivo de mercado
effective notice notificación efectiva
effective occupancy ocupación efectiva
effective possession posesión efectiva
effective practice práctica efectiva
effective sale venta efectiva
effective time fecha de efectividad, fecha de vigencia
effective use uso efectivo
effectively efectivamente
effectiveness eficacia, vigencia
effects bienes personales, bienes
effectual eficaz, obligatorio, válido
effectually efectivamente
effectuate efectuar
efficacy eficacia, eficiencia
efficiency eficiencia, rendimiento
efficient eficiente, competente
efficient cause causa eficiente
efficient intervening cause un hecho nuevo que interrumpe la cadena causal y que provoca el daño
efficiently eficientemente
effigy efigie
effluence efluencia, emanación
efflux expiración, vencimiento
effluxion of time expiración del plazo convenido
efforcialiter a la fuerza, violentamente
effort esfuerzo, empeño, producto
effortless sin esfuerzo, natural
effraction efracción, infracción violenta
effractor quien comete una infracción

violenta, ladrón
effrontery desfachatez, descaro
effusive efusivo
effusiveness efusividad
egalitarian igualitario
egalitarianism igualitarismo
egress salida, egreso
eight hour laws leyes estableciendo un día de trabajo de ocho horas
einetius el primerizo
eisne el mayor, el primogénito
eisnetia legítima del primogénito, porción del primogénito
either uno u otro, ambos
ejaculate eyacular, expeler
ejaculation eyaculación
eject expeler, desalojar, expulsar
ejection expulsión, desalojo, desahucio, evicción
ejectment desahucio, expulsión
ejectment bill demanda en equidad para recobrar un bien inmueble
ejector quien desaloja, expulsor
ejuration renuncia
ejusdem generis del mismo género
elaborate (adj) detallado, complejo
elaborate (v) elaborar, ampliar, explicar en más detalle
elaborately detalladamente, con esmero
elapse pasar, transcurrir, expirar
elder mayor
elder title título con más antigüedad
elderly de avanzada edad, anciano
eldest el de mayor edad, primogénito
elect elegir
elected elegido, electo
elected domicile domicilio para efectos del contrato
election, estoppel by impedimento por actos propios cuando se escogen remedios incompatibles
election elección, nombramiento
election at large elección del distrito electoral completo
election board junta electoral
election contest impugnación de elecciones
election district distrito electoral
election dower opción de la viuda de rechazar el testamento y exigir lo que le corresponde por ley
election judges jueces electorales
election laws leyes electorales
election of remedies la opción de escoger entre varias formas de indemnización
election officer funcionario electoral
election returns resultados electorales
elective electivo, electoral
elective franchise derecho de voto
elective office cargo electivo

elector elector
electoral electoral
electoral college colegio electoral
electoral court tribunal electoral
electoral process proceso electoral
electoral register registro electoral
electoral system sistema electoral
electorate electorado
electrify electrizar, electrificar
electrocute electrocutar
electrocution electrocución
electronic accounting contabilidad electrónica
electronic data processing procesamiento electrónico de datos
electronic eavesdropping acción de escuchar furtivamente por medios electrónicos, acción de interceptar una comunicación telefónica
electronic funds transfer transferencia de fondos electrónica
electronic mail correo electrónico
electronic surveillance vigilancia electrónica
electronic transfer transferencia electrónica
eleemosynary caritativo
eleemosynary association asociación caritativa
eleemosynary bequest legado caritativo
eleemosynary contributions contribuciones caritativas
eleemosynary corporation corporación caritativa, sociedad caritativa
eleemosynary enterprise empresa caritativa
eleemosynary foundation fundación caritativa
eleemosynary gift donación caritativa
eleemosynary institution institución caritativa
eleemosynary organization organización caritativa
eleemosynary purpose fines caritativos
eleemosynary trust fideicomiso caritativo
element elemento
elemental elemental
elements elementos, las fuerzas de la naturaleza
elements of a crime los elementos constitutivos de un crimen
elevation elevación
elevator elevador, ascensor
elicit deducir, evocar, sacar, provocar, obtener
eligibility elegibilidad, capacidad
eligibility check comprobación de elegibilidad
eligibility conditions condiciones de elegibilidad
eligibility date fecha de elegibilidad
eligibility parameters parámetros de elegibilidad
eligibility period período de elegibilidad
eligibility qualifications calificaciones de elegibilidad

eligibility requirements requisitos de elegibilidad
eligibility verification verificación de elegibilidad
eligible elegible, aceptable
eligible alien extranjero elegible
eligible applicant solicitante elegible
eliminate eliminar, suprimir
elimination eliminación
elimination of ambiguousness eliminación de ambigüedad
elimination of complexity eliminación de complejidad
elisors personas designadas, personas quienes eligen
elogium testamento
eloignment alejamiento
elope fugarse con el amante, huir
elopement fuga con el amante, huida
else otro, diferente, más
elsewhere en otra parte, a otra parte
elsewhere known as en otra parte conocido como
elucidation elucidación, aclaración
elucidative explicativo, aclaratorio
elude eludir, evitar
elusion evasión, fuga
emancipate emancipar, liberar
emancipated minor menor emancipado, menor independiente
emancipation emancipación, liberación
embargo (n) embargo, impedimento
embargo (v) embargar, detener
embargoed embargado
embargoed goods bienes embargados
embarrassing situation situación vergonzosa
embassador embajador
embassy embajada
embellishments adornos, exageraciones
embezzle desfalcar, malversar
embezzlement desfalco, malversación
embezzler desfalcador, malversador
emblements productos anuales de la labor agrícola
embody incorporar, encarnar, personificar
embrace abarcar, incluir, abrazar
embraceor sobornador
embracery intento criminal de sobornar a un jurado
emenda indemnizaciones, compensaciones
emerge emerger, salir
emergency emergencia, situación crítica
emergency doctrine doctrina indicando que no se espera que una persona en una situación de emergencia use el mismo juicio que demostraría en una situación en la que hay tiempo para reflexionar
emergency legislation legislación de emergencia

emigrant emigrante
emigrate emigrar
emigration emigración
emigre emigrado político, emigrado
eminent eminente
eminent domain derecho de expropiación, expropiación forzosa
emissary emisario
emission emisión
emit emitir, expresar
emolument emolumento
emotional emocional, emotivo
emotional insanity insania producida por emociones violentas
emphasis énfasis, fuerza
emphasize enfatizar, recalcar
emphatic enfático
emphatically enfáticamente, con insistencia, enérgicamente
emphyteusis enfiteusis, arrendamiento perpetuo
emphyteuta enfiteuta
emphyteuticus enfitéutico
empire imperio
empiric empírico
empirical empírico
emplead acusar, acusar formalmente, demandar, poner pleito
employ emplear, usar
employ force usar fuerza
employ violence usar violencia
employable empleable, utilizable
employed empleado
employed full-time empleado a tiempo completo
employed illegally empleado ilegalmente
employed in hazardous work empleado en trabajo peligroso
employed part-time empleado a tiempo parcial
employee empleado
employee association asociación de empleados
employee benefit insurance plan plan de seguro de beneficios de empleados
employee benefits beneficios de empleados
employee contributions contribuciones de empleados
employee death benefits beneficios por muerte de empleados
employee health benefits beneficios de salud de empleados
employee health insurance seguro de salud de empleados
employee insurance seguro de empleados
employee profit sharing participación en las ganancias de empleados
employee promotion promoción de empleado
employer patrono, empleador

employer identification number número de identificación patronal
employer interference interferencia patronal
employer retirement plan plan de retiro patronal
employer rights derechos patronales
employers' association asociación patronal
employers' contingent liability responsabilidad contingente patronal
employers' insurance seguro patronal
employers' liability responsabilidad patronal
employers' liability acts leyes concernientes a la responsabilidad patronal
employers' liability coverage cobertura de responsabilidad patronal
employers' liability insurance seguro de responsabilidad patronal
employers' organization asociación comercial, organización patronal
employment empleo, ocupación, uso
employment agency agencia de empleos
employment agreement convenio de trabajo, contrato de trabajo
employment at will empleo de plazo indeterminado
employment contract contrato de trabajo
employment service servicio de empleos
employment tax impuesto sobre empleo
employment test prueba de empleo
emporium emporio, almacén
empower facultar, comisionar, autorizar
emptio una compra
emptor un comprador
emulate emular, competir con
emulation emulación
en autre droit en el derecho de otro
en banc en el tribunal, en banc
en demeure en incumplimiento
en route en camino
en vie en vida, en vie
enable capacitar, habilitar, autorizar
enabling act ley de autorización
enabling clause cláusula de autorización
enabling power poder decisivo sobre la repartición de bienes
enabling statute ley de autorización
enact decretar, pasar una ley, establecer por ley, promulgar
enacted law ley escrita, ley decretada, ley
enactment promulgación, decreto, proceso para aprobar una ley, ley
enate pariente materno, pariente
enbrever abreviar
enceinte encinta
enclave enclave
enclose incluir, encerrar, cercar
enclosure anexo, encerramiento
encode codificar
encoded codificado

encoder codificador
encoding codificación
encompass abarcar, incluir
encounter encuentro, batalla
encourage animar, instigar, favorecer
encroach traspasar los límites, invadir, usurpar, inmiscuirse en
encroach upon invadir, usurpar
encroachment intrusión, invasión, usurpación
encrypt codificar
encrypted codificado
encrypter codificador
encryption codificación
encumber gravar, recargar, impedir
encumbrance gravamen, carga, hipoteca, estorbo
encumbrancer acreedor hipotecario
end fin, objetivo, resultado
end of month fin de mes
end of quarter fin de trimestre
end of will donde termina la parte dispositiva de un testamento
end of year fin de año
endamage dañar, perjudicar
endanger poner en peligro, arriesgar
endanger life poner en peligro la vida
endanger property arriesgar propiedad
endeavor (n) esfuerzo, intento, actividad
endeavor (v) esforzarse, intentar, procurar
endorsable endosable
endorse endosar, sancionar, apoyar
endorsee endosatario
endorsement endoso, aprobación, respaldo
endorsement date fecha de endoso
endorsement for collection endoso para cobro
endorser endosante
endorsing endoso
endow dotar, donar
endow with authority dotar de autoridad
endower dotador, donante
endowment dotación, dote, fundación
endowment insurance seguro dotal
endowment policy póliza dotal
endurance resistencia, tolerancia
endure soportar, sobrellevar, sufrir
enemy enemigo, adversario
enemy alien ciudadano de país enemigo
enemy territory territorio enemigo
enemy vessel nave enemiga
enemy's property propiedad del enemigo
energetic energético
energetic denial denegación energética
enforce hacer cumplir, ejecutar, aplicar, imponer
enforce a contract hacer cumplir un contrato
enforce a law hacer cumplir una ley
enforce censorship imponer censura
enforce obedience imponer obediencia
enforcement acción de hacer cumplir,

aplicación de la ley, ejecución, imposición, poner en vigor

enforcement of a contract acción de hacer cumplir un contrato

enforcement of a judgment ejecución de una sentencia

enforcement of a right ejecución de un derecho

enforcement of the law hacer cumplir la ley

enfranchise libertar, manumitir

enfranchisement liberación, derecho de voto, dar un derecho

engage comprometer, emplear, atraer, ocupar

engage in conversation conversar

engaged comprometido, ocupado, contratado

engaged in business dedicado a los negocios

engaged in commerce dedicado al comercio

engaged in employment estar empleado, empleado

engagement compromiso, promesa, obligación, acuerdo

engagement to marry compromiso de matrimonio

engender engendrar, procrear, causar

engineer ingeniero, maquinista

engross acaparar, absorber, transcribir

engrossed bill proyecto de ley listo para el voto

engrossment anteproyecto en su forma final, acaparamiento, transcripción

enhance aumentar, acrecentar

enigma enigma

enjoin imponer, requerir, mandar

enjoy disfrutar de, gozar de, poseer

enjoyment disfrute, goce, uso

enlarge agrandar, aumentar, liberar

enlargement extensión, aumento

enlarging extendiendo, expandiendo

enlist alistarse, enrolarse

enlistment alistamiento, reclutamiento voluntario

Enoc Arden doctrine doctrina concerniente a la persona que se casa otra vez al suponer que su cónyuge ha fallecido

enormous enorme, desmesurado

enroll registrar, inscribir, alistar

enrolled registrado, matriculado

enrolled agent agente matriculado

enrolled bill proyecto de ley aprobado

enrollment alistamiento, inscripción, registro, matriculación

enrollment of vessels registro de naves de cabotaje

enschedule incorporar en una lista, inscribir

enseal sellar

ensue resultar, seguir, suceder

ensuing liability responsabilidad correspondiente

ensure asegurar, dar seguridad

entail (n) vinculación, limitación de la sucesión

entail (v) vincular, ocasionar, limitar la sucesión

entailment vinculación

enter entrar, tomar posesión, registrar, anotar

enter a contract contratar, llegar a un acuerdo

enter an agreement contratar, llegar a un acuerdo

enter goods declarar mercancías

enter illegally entrar ilegalmente

enter in the books anotar en los libros

enter into a contract contratar, comprometerse por contrato

enter uninvited entrar sin permiso

enter unlawfully entrar ilegalmente

entering registro

entering judgments registro formal de sentencias

enterprise empresa, proyecto, iniciativa

enterprise zone zona de incentivos para establecer negocios

entertain entretener, recibir invitados

entertain doubts dudar, sospechar

entertain suspicions sospechar, dudar

entertainment entretenimiento, recibimiento

entertainment expenses gastos de representación

entice tentar, atraer, seducir

enticement tentación, atracción, seducción

entire entero, íntegro, completo

entire abandonment abandono entero

entire acceptance aceptación entera

entire actual loss pérdida entera real

entire amount cantidad entera

entire audit auditoría entera

entire balance saldo entero

entire balance of my estate lo restante de mi patrimonio

entire blood descendencia por vía materna y paterna

entire breach incumplimiento entero

entire capitalization capitalización entera

entire consideration contraprestación entera

entire contract contrato indivisible, contrato entero

entire control control entero

entire cost costo entero

entire coverage cobertura entera

entire day un día continuo

entire debt deuda entera

entire delivery entrega entera

entire disability discapacidad entera

entire disbursement desembolso entero

entire disclosure divulgación entera

entire eviction desalojo entero

entire interest dominio absoluto

entire liquidation liquidación entera

entire loss pérdida entera
entire loss of sight pérdida total de la visión, pérdida considerable de la visión
entire payment pago entero
entire performance cumplimiento entero
entire price precio entero
entire record registro entero
entire report informe entero
entire reserves reservas enteras
entire tenancy posesión individual
entire use derecho a uso exclusivo
entire value valor entero
entirely enteramente, completamente, únicamente
entirely without understanding sin entendimiento
entireness totalidad
entirety totalidad
entirety of contract totalidad del contrato
entitle dar derecho a, autorizar, habilitar
entitled con derecho a, autorizado, habilitado
entitled to possession con derecho a posesión
entitlement derecho, dar un derecho
entity entidad, ente, ser
entrance entrada, admisión
entrance fee cargo por admisión, costo de entrada
entrap atrapar, engañar, entrampar, inducir engañosamente
entrapment acción de inducir engañosamente, acción de entrampar
entreaty súplica, petición
entrepot almacén
entrepreneur empresario, emprendedor
entrust encomendar, recomendar, confiar
entry, right of derecho de ingreso
entry registro, anotación, ingreso, presentación, allanamiento, escalamiento
entry at customhouse declaración aduanera
entry book libro de registro
entry customs aduana de entrada
entry in regular course of business registro de una transacción de negocios
enumerate enumerar, designar
enumerated enumerado, designado
enumerated powers poderes federales delegados
enumerator empadronador
enure tomar efecto, operar, beneficiar
environment ambiente, medio, circunstancias
environmental impact statements declaraciones del impacto ambiental
environmental law derecho ambiental
envoy enviado, representante diplomático
eo instanti en ese instante, eo instanti
episode episodio, incidente
equal igual
equal and uniform taxation uniformidad e igualdad contributiva

equal before the law igual ante la ley
equal benefit beneficio igual
equal degree igualdad en el grado de parentesco
equal employment opportunity oportunidad de empleo sin discrimen
equal in effect de igual efecto
equal in force de igual fuerza
equal in power de igual poder
equal in value de igual valor
equal opportunity employer patrono que no discrimina
equal pay for equal work igual salario por igual trabajo
equal rights igualdad de derechos
equal taxation igualdad impositiva
equality igualdad, equidad
equalization igualación
equalization board junta para la igualdad tributaria
equalization of taxes igualamiento de los impuestos
equalization tax impuesto de igualación
equalize igualar, equilibrar
equally igualmente, equitativamente
equally divided dividido igualmente
equip equipar, proveer
equipment equipo, aparatos, capacidad
equipment trust certificate certificado de fideicomiso de equipo
equitable equitativo, imparcial
equitable action acción en equidad
equitable assignment cesión en equidad
equitable charge cargo equitativo
equitable consideration contraprestación fundada en equidad
equitable construction interpretación en equidad, interpretación liberal
equitable defense defensa basada en la equidad
equitable distribution distribución equitativa de bienes gananciales cuando no hay causal de divorcio
equitable election doctrina que declara que quien acepta beneficios estipulados en un testamento no puede impugnar la validez del mismo en otros aspectos
equitable estoppel impedimento por actos propios en equidad
equitable interest interés en equidad del beneficiario de un fideicomiso
equitable life estate interés propietario en equidad de por vida
equitable mortgage hipoteca en equidad
equitable owner propietario en equidad
equitable redemption rescate de una propiedad hipotecada
equitable right derecho en equidad
equitable title título en equidad

equitable waste daños a la propiedad indemnizables bajo el régimen de equidad
equity, courts of tribunales de equidad
equity equidad, sistema jurídico basado en la equidad, sistema jurídico basado en usos establecidos
equity capital capital social, capital, acciones
equity financing financiamiento por la venta de acciones
equity follows the law la equidad sigue a la ley
equity jurisdiction jurisdicción de equidad
equity jurisprudence las reglas y principios fundamentales en el régimen de equidad
equity of a statute el espíritu de la ley
equity of partners derecho de los socios a designar bienes de la sociedad para cubrir las deudas de la sociedad, capital de los socios
equity of redemption derecho de rescate de una propiedad hipotecada
equity participation participación en las ganancias
equity security acciones de una corporación, participación en una sociedad, valores convertibles en acciones de una corporación o en una participación en una sociedad
equity term período de sesiones de un tribunal en el régimen de equidad
equivalent equivalente
equivalent act acto equivalente
equivalents doctrine doctrina de equivalencia
equivocal equívoco, ambiguo, dudoso
equivocate usar lenguaje ambiguo, usar equívocos
eradicate erradicar
erasure borradura, raspadura
erect erigir, construir, levantar
erection erección, construcción
ergo por tanto, ergo
ergonomics ergonomía
erosion erosión
err errar, equivocarse
errand diligencia, mandato
errant errante, descarriado
erratum errata, error
erroneous erróneo
erroneous assessment valuación errónea
erroneous decision decisión errónea
erroneous information información errónea
erroneous judgment sentencia errónea
erroneous reasoning razonamiento erróneo
erroneous statement declaración errónea
erroneous valuation valuación errónea
error error, defecto legal, sentencia incorrecta, ofensa, equivocación
error and omissions insurance seguro de responsabilidad por errores y omisiones

error and omissions liability insurance seguro de responsabilidad por errores y omisiones
error apparent of record error fundamental
error coram nobis error ante nosotros, acción para que un tribunal considere sus propios errores de hecho
error coram vobis error ante ustedes, orden de un tribunal de apelación al tribunal de instancia para que corrija errores de hecho
error in fact error de hecho
error in law error de derecho
error nominis error en el nombre
error of fact error de hecho
error of judgment error de juicio
error of law error de derecho
error resolution resolución de error
errors excepted salvo errores u omisiones
escalator clause cláusula de escalamiento
escape (n) fuga, escape
escape (v) fugarse, escaparse
escape clause cláusula de escape
escape period período de baja sindical
escheat reversión al estado de bienes sin herederos, reversión al estado de bienes no reclamados, derecho de sucesión del estado
escheatable revertible al estado
escort acompañante, escolta
escrow plica, depósito que retiene un tercero hasta que se cumplan ciertas condiciones
escrow account cuenta en plica, cuenta de garantía bloqueada
escrow agent agente de plica
escrow agreement contrato estipulando las condiciones de una cuenta en plica
escrow analysis análisis de cuenta de plica
escrow closing cierre
escrow contract contrato estipulando las condiciones de una cuenta en plica
escrow deposit depósito de plica
escrow funds fondos en plica
escrow officer funcionario de plica
espionage espionaje
espionage act acto de espionaje
espionage activity actividad de espionaje
espousals esponsales, compromiso de matrimonio
espouse casarse con
essence esencia, naturaleza
essence of the contract condiciones esenciales de un contrato
essential esencial, inherente, indispensable
essential act acto esencial
essential activity actividad esencial
essential beneficiary beneficiario esencial
essential business negocio esencial
essential care cuidado esencial
essential clause cláusula esencial
essential component componente esencial

essential condition condición esencial
essential covenant estipulación esencial
essential diligence diligencia esencial
essential easement servidumbre esencial
essential element elemento esencial
essential evidence prueba esencial
essential fact hecho esencial
essential ignorance ignorancia de las
  circunstancias esenciales
essential information información esencial
essential obligation obligación esencial
essential part parte esencial
essential party parte esencial
essential repairs reparaciones esenciales
essential servitude servidumbre esencial
essential stipulation estipulación esencial
essential testimony testimonio esencial
essential witness testigo esencial
essentially esencialmente
est ascavoir se entiende
establish establecer, demostrar, confirmar,
  fundar, plantear
establish a corporation establecer una
  corporación
establish boundaries establecer límites
establish by agreement establecer mediante
  acuerdo
establish guidelines establecer pautas
establish parameters establecer parámetros
established establecido
established annuity anualidad establecida
established assets activo establecido
established bail fianza establecida
established benefits beneficios establecidos
established by custom establecido mediante
  costumbre
established capital capital establecido
established charges cargos establecidos
established cost contract contrato de costo
  establecido
established costs costos establecidos, costas
  establecidas
established credit line línea de crédito
  establecida
established debt deuda establecida
established expenses gastos establecidos
established factors factores establecidos
established fee cargo establecido
established income ingreso establecido
established intention intención establecida
established interest interés establecido
established laws leyes establecidas
established method método establecido
established mode modo establecido
established obligation obligación establecida
established order orden establecido
established payments pagos establecidos
established period período establecido
established practice práctica establecida

established premium prima establecida
established price precio establecido
established procedure procedimiento
  establecido
established rate tasa establecida
established rent renta establecida
established residence residencia establecida
established salary salario establecido
established selling price precio de venta
  establecido
established tax impuesto establecido
established term plazo establecido
established trust fideicomiso establecido
establishment establecimiento, institución
estate propiedad, patrimonio, derecho, bienes,
  estado, condición
estate accounting contabilidad del patrimonio
estate at sufferance posesión en virtud de la
  tolerancia del dueño
estate at will derecho de uso de propiedad que
  el propietario puede revocar en cualquier
  momento
estate by purchase derecho sobre un
  inmueble obtenido por cualquier medio
  excepto la sucesión
estate by the entirety copropiedad de los
  cónyuges
estate for life derecho sobre un inmueble de
  por vida
estate for years derecho de posesión por años
  determinados
estate from year to year derecho de posesión
  que se renueva de año en año
estate in common copropiedad sobre un
  inmueble, propiedad mancomunada
estate in expectancy propiedad en expectativa
estate in fee simple propiedad sobre un
  inmueble en pleno dominio
estate in fee tail sucesión de bienes a
  descendientes directos
estate in lands propiedad de inmuebles
estate in possession propiedad en la que el
  dueño tiene derecho de posesión
estate in remainder derechos de propiedad
  que entran en vigor al terminar derechos de
  otros
estate in severalty derecho exclusivo de
  propiedad sobre un inmueble
estate in tail sucesión de bienes a
  descendientes directos
estate in tail general sucesión de bienes a
  descendientes directos sin limitación de la
  cantidad de matrimonios
estate in tail special sucesión de bienes a
  herederos determinados
estate of freehold propiedad de dominio
  absoluto
estate of inheritance patrimonio heredable
estate planning planificación del patrimonio

estate pur autre vie derechos de propiedad durante la vida de otro
estate tail female cesión de propiedades a la persona y sus descendientes femeninos
estate tail male cesión de propiedades a la persona y sus descendientes masculinos
estate tax impuesto sucesorio, impuesto testamentario
estate upon condition propiedad condicional
esteem estimar, considerar, juzgar
estimate estimado, estimación, evaluación, tasación
estimate of costs estimado de costos
estimated estimado
estimated balance sheet balance estimado
estimated cost costo estimado
estimated liability responsabilidad estimada
estimated life vida estimada
estimated payment pago estimado
estimated premium prima estimada
estimated tax impuesto estimado
estimated useful life vida útil estimada
estimation estimación, opinión
estop impedir, prevenir
estoppel impedimento, impedimento por actos propios, preclusión, preclusión jurídica
estoppel by acquiescence impedimento por aquiescencia
estoppel by deed impedimento por escritura
estoppel by election impedimento por actos propios cuando se escogen remedios incompatibles
estoppel by judgment impedimento por sentencia
estoppel by laches impedimento por no haber ejercido ciertos derechos a tiempo
estoppel by negligence impedimento por negligencia
estoppel by representation impedimento por declaraciones propias
estoppel by silence impedimento por silencio
estoppel by verdict impedimento por veredicto
estoppel certificate documento declarando el estado de ciertos hechos al momento de firmarse
estoppel in pais impedimento por no manifestar intención de hacer valer un derecho, impedimento in pais
estover derecho del arrendatario de cortar árboles para su uso personal, pensión tras divorcio, alimentos
estrange enajenar, separar, alejar
estrangement separación, extrañamiento, alejamiento
estray animal realengo
estreat extracto, copia fiel
estrepement arrasamiento de inmuebles
et y, con

et al. y otros
et alii y otros, et alii
et alius y otro, et alius
et cetera y así por el estilo, etcétera
et non y no
et sic fecit y así hizo
ethical ético, moral
ethical behavior conducta ética
ethically éticamente
ethics ética, moral
etiquette of the profession ética profesional
Euclidean zoning zonificación que limita algunas áreas para usos específicos
eunomy orden civil bajo leyes buenas
Eurocurrency eurodivisa
Eurodollars eurodólares
euthanasia eutanasia
evacuate evacuar, desocupar
evade evadir, evitar
evade duty evadir deber
evade liability evadir responsabilidad
evade responsibility evadir responsabilidad
evade taxes evadir impuestos
evade the law evadir la ley
evader evasor
evaluate evaluar, tasar
evaluate the evidence evaluar la prueba
evaluation evaluación, tasación
evaluation of evidence evaluación de la prueba
evasion evasión, fuga
evasion of duty evasión del deber
evasion of liability evasión de responsabilidad
evasion of obligation evasión de obligación
evasion of responsibility evasión de responsabilidad
evasion of taxation evasión de imposición
evasion of truth evasión de la verdad
evasive evasivo
evasive action acción evasiva
evasive answer respuesta evasiva
eve víspera, atardecer
even parejo, ecuánime, plano
even-tempered calmado, sereno, plácido
evenhanded justo, imparcial
evening atardecer, desde la puesta del sol hasta la obscuridad
evenly imparcialmente, equitativamente, parejo
event evento, hecho, acontecimiento
every todo, cada, todos los
evict desalojar, despojar, desahuciar, recobrar mediante sentencia
eviction desalojo, desahucio, evicción, desposesión
eviction proceedings juicio de desahucio
evidence, law of reglas y principios de la prueba, derecho probatorio
evidence prueba, evidencia, probanza

evidence aliunde prueba externa
evidence completed conclusión de la presentación de prueba
evidence of authority prueba de autoridad
evidence of death prueba de muerte
evidence of debt comprobante de deuda
evidence of deposit prueba de depósito
evidence of disability prueba de discapacidad
evidence of guilt prueba de culpabilidad
evidence of identity prueba de identidad
evidence of indebtedness prueba de deuda
evidence of injuries prueba de lesiones
evidence of innocence prueba de inocencia
evidence of insurability prueba de asegurabilidad
evidence of loss prueba de pérdida
evidence of payment prueba de pago
evidence of responsibility prueba de responsabilidad
evidence of title evidencia de propiedad
evidence rules reglas de evidencia
evident evidente, manifiesto
evident ability habilidad evidente
evident agency agencia evidente
evident agent agente evidente
evident authority autoridad evidente
evident cause causa evidente
evident danger peligro evidente
evident defects defectos evidentes
evident error error evidente
evident liability responsabilidad evidente
evident meaning significado evidente
evident mistake error evidente
evident necessity necesidad evidente
evident ownership propiedad evidente
evident partnership sociedad evidente
evident possession posesión evidente
evident risk riesgo evidente
evident sense sentido evidente
evident title título evidente
evident use uso evidente
evident validity validez evidente
evidential indicativo, probatorio
evidentiary con carácter de prueba, probatorio
evidentiary facts hechos necesarios para probar otros hechos
evidentiary harpoon introducción de prueba inadmisible a través de los testigos
evidently evidentemente
evil malvado, perjudicial
evil behavior conducta malvada
evil deed fechoría
evocation avocación, evocación
evolve desarrollar, deducir
ex de, en, por, sin, sin incluir, ex
ex adverso abogado de la parte contraria, ex adverso
ex contractu surgiendo por un contrato, por

contrato, ex contractu
ex-convict ex presidiario
ex curia fuera de tribunal, ex curia
ex debito justitiae por deuda de justicia, por obligación legal
ex delicto como resultado de un delito, ilícito, dañoso
ex dolo malo por fraude
ex empto por compra
ex facto del acto, ex facto
ex gratia por favor de gracia, ex gratia
ex gratia payment pago de una reclamación aun sin obligación
ex industria a propósito
ex lege de acuerdo a la ley, según la ley, ex lege
ex maleficio dañoso
ex mora por demora
ex more por costumbre, ex more
ex necessitate por necesidad, sin que exista alternativa
ex officio por virtud de su cargo, de oficio, nato, ex officio
ex parte de una parte, ex parte
ex parte hearing audiencia de una de las partes, audiencia unilateral
ex parte proceeding procedimiento para una parte, procedimiento unilateral
ex post facto después del acto, retrospectivo, ex post facto
ex post facto law ley después del acto, ley retrospectiva
ex proprio motu por motivo propio, ex propio motu
ex proprio vigore por fuerza propia, ex propio vigore
ex relatione por relación de
ex rights sin derechos
ex tempore por el momento
ex visceribus de la misma esencia
exacerbate exacerbar, agraviar
exact exacto, preciso, riguroso
exact copy copia exacta
exact meaning significado exacto
exact moment momento preciso
exaction exacción, extorsión
exactor exactor, recaudador de impuestos, extorsionista
exaggerated exagerado
exaggerated statement declaración exagerada
exaggeration exageración
examination examen, investigación, interrogatorio
examination de bene esse interrogatorio provisional
examination in chief primer interrogatorio por la parte que aporta al testigo
examination of bankruptcy interrogatorio a la parte que inicia acción de quiebra

examination of invention investigación de la invención
examination of records investigación de registros
examination of title revisión de título
examine a witness interrogar un testigo
examined copy copia corroborada con el original
examiner inspector, examinador, quien toma testimonios
examining board junta examinadora
excamb intercambio
excambium intercambio
exceed exceder, propasar
exceedingly extremadamente
except excluir, exceptuar
exceptio excepción, objeción
exceptio dilatoria excepción dilatoria
exceptio doli mali excepción de fraude
exception excepción, objeción, recusación
exception clause cláusula exonerativa
exceptionable impugnable, recusable
exceptionable title título impugnable
exceptional excepcional, extraordinario
exceptional circumstances circunstancias excepcionales
excerpt extracto, resumen, cita
excess exceso
excess condemnation expropiación excesiva
excess coverage cobertura en exceso
excess insurance seguro en exceso
excess of authority abuso de autoridad
excess of jurisdiction extralimitación de la jurisdicción
excess payment pago en exceso
excessive excesivo, desmedido
excessive amount cantidad excesiva
excessive appraisal tasación excesiva
excessive assessment tasación excesiva
excessive award adjudicación excesiva
excessive bail fianza excesiva
excessive damages indemnización excesiva por daños y perjuicios
excessive drunkenness embriaguez total
excessive fine multa excesiva
excessive force el uso de la fuerza mas allá de lo ameritado
excessive interest usura
excessive punishment pena excesiva
excessive rate tasa excesiva
excessive sentence sentencia excesiva
excessive speed exceso de velocidad
excessive tax impuesto excesivo
excessive verdict veredicto excesivo
excessively excesivamente, desmedidamente
excessively intoxicated embriaguez total
exchange (n) cambio, intercambio, permuta, mercado de valores
exchange (v) cambiar, intercambiar, permutar

exchange broker corredor de cambio
exchange of judges intercambio de jueces de diferentes jurisdicciones
exchange of land permuta de inmuebles
exchange of property intercambio de propiedad
exchange rate tasa de cambio
exchequer bill pagaré de la tesorería, bono del tesoro
excisable sujeto a impuesto de consumo
excise tax impuesto de consumo, impuesto indirecto
excited utterance declaración en estado de excitación
exclaim exclamar
exclude excluir, no admitir, remover
exclude from a will excluir de un testamento
excluded excluido
excluded peril peligro excluido
excluded period período excluido
excluded risk riesgo excluido
exclusion exclusión
exclusion clause cláusula exonerativa
exclusion of a juror exclusión de un miembro del jurado
exclusions of policy exclusiones de la póliza
exclusive exclusivo
exclusive agency agencia exclusiva
exclusive agent agente exclusivo
exclusive contract contrato exclusivo, contrato en exclusiva
exclusive control control exclusivo
exclusive dealing arrangement acuerdo de comercio en exclusiva
exclusive dealing contract contrato de comercio en exclusiva
exclusive distribution distribución exclusiva, distribución en exclusiva
exclusive distributor distribuidor exclusivo, distribuidor en exclusiva
exclusive immunity inmunidad exclusiva
exclusive jurisdiction jurisdicción exclusiva, competencia exclusiva
exclusive liability responsabilidad exclusiva
exclusive license licencia exclusiva, licencia en exclusiva
exclusive licensee licenciatario exclusivo, licenciatario en exclusiva, concesionario exclusivo, concesionario en exclusiva
exclusive listing contrato exclusivo para vender un inmueble
exclusive ownership propiedad exclusiva
exclusive possession posesión exclusiva, posesión en exclusiva
exclusive privilege privilegio exclusivo, privilegio en exclusiva
exclusive remedy remedio exclusivo
exclusive representative representante exclusivo, representante en exclusiva

exclusive right derecho exclusivo, derecho de exclusividad

exclusive right to sell derecho exclusivo para vender, derecho en exclusiva para vender

exclusive sale venta exclusiva, venta en exclusiva

exclusive use uso exclusivo

exclusively exclusivamente

exclusivity exclusividad

exculpate exculpar, disculpar, excusar

exculpatory exculpatorio, eximente, justificativo

exculpatory evidence prueba exculpatoria

exculpatory statement declaración exculpatoria

excusable excusable, perdonable

excusable assault acometimiento excusable, asalto excusable

excusable homicide homicidio excusable, homicidio inculpable

excusable neglect negligencia excusable, inobservancia justificable

excusable negligence negligencia excusable

excusatio excusa

excuse (n) excusa, defensa

excuse (v) excusar, exonerar, eximir

excuss arrestar

execute ejecutar, cumplir, completar, otorgar

execute a criminal ejecutar a un criminal

execute a judgment ejecutar una sentencia

execute an order ejecutar una orden

executed ejecutado, cumplido, otorgado, realizado

executed agreements convenios cumplidos, acuerdos cumplidos

executed consideration contraprestación cumplida, causa efectuada

executed contract contrato cumplido, contrato ejecutado

executed estate propiedad en la cual el dueño tiene derecho de posesión, propiedad y posesión actual

executed remainder propiedad actual con derecho de posesión futura

executed sale venta consumada, compraventa consumada

executed trust fideicomiso completamente determinado, fideicomiso formalizado

executed will testamento firmado y en conformidad con las normas establecidas

execution ejecución, celebración, cumplimiento

execution creditor acreedor ejecutante

execution docket lista de ejecuciones pendientes

execution lien embargo ejecutivo, gravamen por ejecución

execution of instrument finalización de un documento

execution of judgment ejecución de la sentencia

execution sale venta judicial

executioner verdugo

executive ejecutivo, poder ejecutivo

executive act acto de poder ejecutivo

executive administration administración ejecutiva

executive agreement pacto internacional del presidente sin la aprobación del senado

executive board junta ejecutiva, comité ejecutivo, directorio ejecutivo

executive branch rama ejecutiva

executive capacity carácter ejecutivo

executive clemency clemencia ejecutiva

executive committee comité ejecutivo

executive council consejo ejecutivo

executive department departamento ejecutivo

executive director director ejecutivo

executive duties deberes ejecutivos

executive employee empleado con capacidades administrativas, empleado con capacidades ejecutivas

executive office oficina ejecutiva

executive officer funcionario administrativo, ejecutivo administrativo

executive order orden del poder ejecutivo

executive pardon absolución por poder ejecutivo

executive perquisites beneficios adicionales ejecutivos

executive powers poderes ejecutivos

executive proceeding procedimiento ejecutivo

executive session sesión ejecutiva

executor albacea, ejecutor testamentario

executor by substitution albacea suplente

executor de son tort quien actúa de albacea sin haber sido designado

executor to the tenor persona a quien el testamento asigna funciones de albacea sin nombrarla como tal explícitamente

executorship albaceazgo

executory por cumplirse, por efectuarse, incompleto, condicionado

executory accord convenio por cumplirse, acuerdo que ha de cumplirse en el futuro

executory agreement convenio por cumplirse, acuerdo que ha de cumplirse en el futuro

executory bequest legado contingente de bienes muebles

executory consideration contraprestación futura, causa por realizarse

executory contract contrato por cumplirse, contrato con cláusulas pendientes de ejecución

executory devise legado condicional

executory estate derecho sobre inmuebles condicional

executory instrument instrumento por

cumplirse

executory interests derechos e intereses futuros

executory limitation legado condicional

executory process proceso ejecutivo, juicio ejecutivo

executory sale venta concertada pero no realizada

executory trust fideicomiso por formalizar

executory uses derechos futuros de posesión condicionales

executry la parte del patrimonio que pasa al albacea

exemplary ejemplar

exemplary damages daños punitivos

exemplification copia autenticada, copia certificada

exemplified copy copia autenticada

exempt (adj) exento, libre

exempt (v) eximir, exonerar, liberar

exempt commodity mercancía exenta

exempt company compañía exenta

exempt corporation corporación exenta

exempt employee empleado exento

exempt from taxes exento de impuestos

exempt income ingresos exentos

exempt organization organización exenta

exempt securities valores exentos

exempt status estado exento

exemption exención, inmunidad

exemption clause cláusula exonerativa

exemption from liability exoneración de responsabilidad

exemption from taxation exención de imposición

exemption laws leyes que excluyen ciertos bienes de ejecución o quiebra

exempts personas exentas de deberes

exequatur exequátur, que se ejecute

exercise (n) ejercicio, uso

exercise (v) ejercer, ejercitar, usar

exercise authority ejercer autoridad

exercise discretion usar discreción

exercise influence usar influencia

exercise of good judgment uso del buen juicio

exercitorial action acción ejercitoria

exercitorial power poder ejercitorio

exfrediare perturbar la paz

exhaust agotar, gastar

exhaust of administrative remedies agotamiento de recursos administrativos

exhaust of remedies agotamiento de recursos

exhaustion agotamiento

exhaustion of administrative remedies agotamiento de recursos administrativos

exhaustion of remedies agotamiento de recursos

exhaustive exhaustivo, minucioso

exhaustive investigation investigación exhaustiva

exhaustive study estudio exhaustivo

exhibit (n) prueba instrumental, documento de prueba, prueba tangible

exhibit (v) exhibir, presentar, revelar

exhibit hostile intentions revelar intenciones hostiles

exhibition exhibición, presentación

exhibition of documents exhibición de documentos

exhibitionism exhibicionismo

exhibitionist exhibicionista

exhort exhortar

exhumation exhumación

exigence exigencia, necesidad, emergencia

exigency exigencia, necesidad, emergencia

exigent circumstances situaciones que requieren acción inmediata o poco usual

exigent search allanamiento sin orden judicial debido a las circunstancias

exigible exigible

exigible debt deuda exigible

exile exilio, exiliado

exist existir, vivir, estar en vigor

existing existente

existing claim acción ejercitable, reclamo existente

existing condition condición existente

existing debt deuda existente

existing liability responsabilidad existente

existing obligation obligación existente

existing person persona existente

existing responsibility responsabilidad existente

existing risk riesgo existente

exit (n) salida, emisión

exit (v) salir

exit wound lesión de salida de un arma o proyectil

exitus descendencia, impuestos de exportación, renta de inmuebles

exonerate exonerar

exoneration exoneración, liberación

exoneration clause cláusula de exoneración

exoneration from liability exoneración de responsabilidad

exorbitant exorbitante, desmedido

exorbitant amount cantidad exorbitante

exorbitant appraisal tasación exorbitante

exorbitant assessment valuación exorbitante

exorbitant award adjudicación exorbitante

exorbitant bail fianza exorbitante

exorbitant damages indemnización exorbitante por daños y perjuicios

exorbitant fine multa exorbitante

exorbitant interest intereses exorbitantes, usura

exorbitant jurisdiction jurisdicción

exorbitante
exorbitant punishment pena exorbitante
exorbitant rate tasa exorbitante
exorbitant sentence sentencia exorbitante
exorbitant tax impuesto exorbitante
exordium exordio
expatriate expatriado, exiliado
expatriation expatriación, exilio
expect esperar, suponer
expectancy expectativa, contingencia
expectancy of life expectativa de vida
expectant en expectativa, aspirante,
    embarazada, condicional
expectant estate derecho futuro sobre
    inmuebles, propiedad en expectativa
expectant heir heredero en expectativa
expectant right derecho en expectativa
expectation expectativa, esperanza
expectation of life expectativa de vida
expectation of loss expectativa de pérdida
expected esperado
expected loss pérdida esperada
expediency conveniencia, utilidad,
    oportunidad, rapidez
expedient conveniente, útil, apropiado,
    oportuno, rápido
expediment bienes muebles
expedite apresurar, despachar, facilitar
expedition expedición, despacho, prontitud
expeditious expeditivo, pronto
expel expulsar, expeler
expend consumir, gastar
expendable prescindible, gastable
expenditure desembolso, gasto
expensae litis costas del litigio
expense gasto, costo, desembolso
expense in carrying on business gastos
    ordinarios y necesarios de operar un
    negocio
expense incurred gasto incurrido
expense of litigation costas del litigio
expenses of administration gastos de
    administración de sucesión, gastos de
    administración
expenses of family gastos de familia
experience experiencia, práctica
experience rating determinación de primas de
    seguro a base de la experiencia previa del
    asegurado con la compañía aseguradora,
    nivel de experiencia
experienced experimentado, perito
experiment (n) experimento
experiment (v) experimentar
experimental evidence prueba experimental
expert experto, perito
expert evidence prueba pericial
expert opinion opinión pericial, dictamen
    pericial
expert report informe pericial

expert testimony testimonio pericial
expert witness testigo perito
expertise pericia, experiencia, juicio,
    especialidad
expiration expiración, vencimiento,
    caducidad, muerte
expiration notice aviso de expiración, aviso
    de vencimiento
expiration of agreement expiración de
    acuerdo
expiration of contract expiración de contrato
expiration of copyright expiración de
    derechos de autor
expiration of lease expiración de
    arrendamiento
expiration of license expiración de licencia
expiration of patent expiración de patente
expiration of permission expiración de
    permiso
expiration of permit expiración de permiso
expiration of policy expiración de póliza
expiration of sentence expiración de
    sentencia
expiration of trademark expiración de
    marca, expiración de marca comercial
expiration time hora de expiración
expire expirar, caducar, morir
expired expirado, vencido, caducado
expired account cuenta expirada
expired card tarjeta expirada
expired copyright derechos de autor
    expirados
expired credit card tarjeta de crédito
    expirada
expired insurance seguro expirado
expired insurance policy póliza de seguro
    expirada
expired lease arrendamiento expirado
expired license licencia expirada
expired patent patente expirada
expired policy póliza expirada
explain explicar, aclarar
explain incorrectly explicar incorrectamente
explanation explicación, aclaración
explanatory explicativo
explanatory comment comentario explicativo
explanatory note nota explicativa
explanatory remark comentario explicativo
explicit explícito, inequívoco
explicit agency agencia explícita
explicit agent agente explícito
explicit authority autoridad explícita
explicit cause causa explícita
explicit comment comentario explícito
explicit danger peligro explícito
explicit defects defectos explícitos
explicit error error explícito
explicit intent intención explícita
explicit liability responsabilidad explícita

explicit meaning significado explícito
explicit mistake error explícito
explicit necessity necesidad explícita
explicit notice aviso explícito
explicit possession posesión explícita
explicit remark comentario explícito
explicit risk riesgo explícito
explicit sense sentido explícito
explicit use uso explícito
explicit validity validez explícita
explicitly explícitamente
explode explotar, estallar, refutar
exploit explotar
exploitation explotación, aprovechamiento
exploited explotado
exploiter explotador
exploration exploración
explorator explorador
explore explorar, investigar
explosion explosión
explosive device dispositivo explosivo
export (n) artículos de exportación
export (v) exportar
export agent agente de exportación
export article artículo de exportación
export broker corredor de exportación
export capacity capacidad de exportación
export cartel cartel de exportación
export certificate certificado de exportación
export controls controles de exportación
export declaration declaración de exportación
export documents documentos de exportación
export duties derechos de exportación
export goods bienes de exportación
export incentives incentivos para la
    exportación
export insurance seguro de exportación
export letter of credit carta de crédito de
    exportación
export license autorización de exportación
export office oficina de exportación
export permit permiso de exportación
export quotas cuotas de exportación
export restrictions restricciones de
    exportación
export subsidies subsidios de exportación
export tariff tarifa de exportación
export tax impuesto de exportación
exportation exportación
exportation agent agente de exportación
exportation article artículo de exportación
exportation broker corredor de exportación
exportation capacity capacidad de
    exportación
exportation cartel cartel de exportación
exportation certificate certificado de
    exportación
exportation controls controles de exportación
exportation declaration declaración de
    exportación
exportation documents documentos de
    exportación
exportation duties derechos de exportación
exportation goods bienes de exportación
exportation incentives incentivos para la
    exportación
exportation insurance seguro de exportación
exportation letter of credit carta de crédito
    de exportación
exportation license autorización de
    exportación
exportation office oficina de exportación
exportation permit permiso de exportación
exportation quotas cuotas de exportación
exportation restrictions restricciones de
    exportación
exportation subsidies subsidios de
    exportación
exportation tariff tarifa de exportación
exportation tax impuesto de exportación
exported exportado
exported goods bienes exportados
exporter exportador
exporting country país exportador
exporting nation nación exportadora
expose exponer, revelar, poner en peligro
expose to danger exponer a peligro
expose to disease exponer a enfermedad
expose to risk exponer a riesgo
exposed expuesto, revelado
exposed to danger expuesto a peligro
exposed to disease expuesto a enfermedad
exposed to risk expuesto a riesgo
exposition exposición, interpretación,
    explicación
expositive expositivo, explicativo
expository statute ley aclaratoria
exposure exposición, revelación,
    descubrimiento
exposure of child exponer a un niño a
    peligros
exposure of person exhibición obscena
exposure to danger exposición a peligro
exposure to disease exposición a enfermedad
exposure to risk exposición a riesgo
express (adj) expreso, exacto, claro
express (n) transporte rápido
express (v) expresar, formular, manifestar
express abrogation abrogación expresa
express acceptance aceptación expresa,
    aceptación absoluta
express admission admisión expresa,
    admisión directa
express agreement convenio expreso, acuerdo
    expreso
express an objection expresar una objeción
express an opinion expresar una opinión
express appointment nombramiento expreso

express assent asentimiento expreso
express assumpsit compromiso expreso
express authority autorización expresa,
    autoridad expresa
express company compañía que hace entregas
    rápidas de paquetes
express condition condición expresa
express consent consentimiento expreso
express consideration contraprestación
    expresa, causa expresa
express contract contrato expreso, contrato
    explícito
express covenant estipulación expresa,
    convenio expreso
express error error expreso
express license licencia expresa, patente
    directa
express malice malicia expresa
express notice notificación expresa
express obligation obligación expresa
express opposition expresar oposición
express permission permiso expreso
express promise promesa expresa
express request solicitud expresa
express terms términos expresos, términos
    inequívocos
express trust fideicomiso expreso
express waiver renuncia de derecho
    voluntaria
express warranty garantía expresa
expressed concisely expresado concisamente
expressed indirectly expresado
    indirectamente
expressed opinion opinión expresada
expromissio sustitución de un deudor por otro
expromissor quien asume la deuda de otro
expropriation expropiación, enajenamiento
expulsion expulsión
expunge destruir, borrar, cancelar
expurgation expurgación
expurgator expurgador
extant existente, sobreviviente, viviente,
    actual
extemporary improvisado, provisional
extend extender, prolongar, conceder, aplazar
extend the term ampliar el plazo
extended extendido, prolongado
extended agreement contrato extendido
extended contract contrato extendido
extended coverage cobertura extendida
extended credit crédito extendido
extended insurance prolongación de la
    cobertura del seguro
extended lease arrendamiento extendido
extended policy póliza extendida
extended terms términos extendidos
extension extensión, prórroga, ampliación
extension clause cláusula de extensión
extension of contract extensión de contrato

extension of copyright extensión de derechos
    de autor
extension of coverage ampliación de
    cobertura
extension of credit otorgamiento de crédito,
    prórroga del plazo de pago
extension of insurance policy extensión de
    póliza de seguro
extension of lease extensión de arrendamiento
extension of license extensión de licencia
extension of patent extensión de patente
extension of permit extensión de permiso
extension of policy extensión de póliza
extension of the term ampliación del plazo
extension of time prórroga
extensive extensivo, amplio
extensive damage daño extensivo
extensive interpretation interpretación
    extensiva
extent alcance, extensión, amplitud
extenuate extenuar, atenuar, mitigar
extenuating extenuante, atenuante, mitigante
extenuating circumstances circunstancias
    atenuantes
extenuation extenuación, atenuación,
    mitigación
extenuator mitigador
external externo, visible, aparente
external account cuenta externa
external audit auditoría externa
external auditor auditor externo
external documents documentos externos
external evidence prueba externa
external means medios externos
external report informe externo
extinct extinto
extinction extinción
extinction of rights extinción de derechos
extinguish extinguir, aniquilar, cancelar
extinguishment extinción, aniquilación,
    anulación
extinguishment of debts extinción de deudas
extinguishment of legacy extinción de un
    legado
extinguishment of ways extinción de
    servidumbre de paso
extirpation extirpación, erradicación
extirpatione orden judicial contra quien
    destruye propiedad tras una sentencia en su
    contra respecto a dicha propiedad
extort extorsionar, quitar mediante la fuerza
extortion extorsión
extortionate de precio excesivo, inmoderado,
    exorbitante, excesivo
extortionate credit usura
extra extra, suplementario
extra allowance asignación de costas
    adicionales en casos difíciles
extra judicium extrajudicial, extra judicium

extra territorium fuera del territorio
extra vires más allá de las facultades, extra vires
extra work trabajo adicional
extract (n) extracto, fragmento
extract (v) extraer, extractar, compendiar
extradite extraditar
extradition extradición
extradition treaty tratado de extradición
extrahazardous condiciones de gran peligro
extrajudicial extrajudicial
extrajudicial confession confesión extrajudicial
extrajudicial evidence prueba extrajudicial
extrajudicial identification identificación extrajudicial
extrajudicial oath juramento extrajudicial
extralateral right derecho a la explotación de una mina aunque la veta se extienda más allá de los planos perpendiculares de la misma
extramural fuera de los límites, extramuros
extranational mas allá del territorio de un país
extraneous extraño, ajeno, externo
extraneous evidence prueba externa
extraordinary extraordinario, notable
extraordinary activity actividad extraordinaria
extraordinary agency agencia extraordinaria
extraordinary agent agente extraordinario
extraordinary average avería extraordinaria, avería gruesa
extraordinary care cuidados extraordinarios, diligencia extraordinaria
extraordinary circumstances circunstancias extraordinarias
extraordinary danger peligro extraordinario
extraordinary diligence diligencia extraordinaria
extraordinary election elección extraordinaria
extraordinary expenses gastos extraordinarios
extraordinary flood inundación extraordinaria
extraordinary hazard peligro extraordinario
extraordinary loss pérdida extraordinaria
extraordinary peril peligro extraordinario
extraordinary procedure procedimiento extraordinario
extraordinary proceeding procedimiento extraordinario
extraordinary process proceso extraordinario
extraordinary purpose propósito extraordinario
extraordinary remedies recursos extraordinarios
extraordinary repairs reparaciones extraordinarias
extraordinary risk riesgo extraordinario

extraordinary service servicio extraordinario
extraordinary session sesión extraordinaria
extraordinary writs recursos extraordinarios
extrapolation extrapolación
extraterritorial extraterritorial
extraterritorial jurisdiction jurisdicción extraterritorial
extraterritoriality extraterritorialidad
extravagant interpretation interpretación extravagante
extreme extremo, borde
extreme case caso extremo
extreme cruelty crueldad extrema
extreme fear temor extremo
extremely extremadamente
extremity extremidad, extremo, peligro extremo, situación extrema, apuro, necesidad
extrinsic extrínseco, externo
extrinsic evidence prueba externa
eyewitness testigo ocular, testigo de vista
eyewitness identification identificación por testigo ocular

F

fabricate fabricar, falsificar, inventar, fingir
fabricated fabricado, falsificado, inventado, fingido
fabricated copy copia falsificada
fabricated document documento falsificado
fabricated entry asiento falsificado
fabricated evidence prueba falsificada
fabricated fact hecho fabricado
fabricated instrument instrumento falsificado
fabricated record registro falsificado
fabricated report informe falsificado
fabricated signature firma falsificada
fabricated statement estado falsificado
fabrication fabricación, falsificación, mentira, invención
face faz, apariencia, superficie
face amount valor nominal
face amount of policy valor nominal de una póliza
face of instrument el texto de un documento
face of judgment valor nominal de una sentencia
face of policy el texto de una póliza, el valor nominal de una póliza
face of record expediente completo, total de los autos
face to face cara a cara
face up to afrontar, hacer frente a
face value valor nominal
facedown boca abajo
faceless anónimo, sin cara
facere hacer
facet aspecto, faceta
faceup boca arriba
facial disfigurement desfiguración facial, desfiguración
facile fácil, superficial
facilitate facilitar, expedir, ayudar
facilitation facilitación, asistencia
facilities instalaciones, facilidades, medios
facility of payment clause cláusula permitiendo que el asegurado y beneficiario asignen una persona a quien se harán los pagos
facsimile facsímil, telefacsímil
facsimile signature firma facsimilar, firma enviada por telefacsímil
facsimile transmission transmisión por telefacsímil

fact hecho, realidad
fact finder entidad para determinar los hechos
fact-finding investigador
fact-finding board junta investigadora
fact question cuestión de hecho
factio testamenti capacidad para crear un testamento
faction facción, bando
factional faccionario, partidario
factitious artificial, ficticio, imitado, falso
facto hecho
factor factor, agente comercial
factor's lien derecho de retención del agente comercial
factorage comisión, remuneración al agente comercial, la labor del agente comercial
factoring la venta a descuento de las cuentas a pagar
factorizing process embargo de bienes en posesión de un tercero
factory fábrica, taller
factory acts leyes que regulan las condiciones de trabajo
factory price precio de fábrica
facts in issue hechos controvertidos, hechos en disputa, hechos litigiosos
factual basado en hechos, cierto, real, objetivo
factuality imparcialidad, objetividad
factum hecho, acto, factum
factum juridicum hecho judicial
factum probandum el hecho que se debe probar
factum probans hecho probatorio
facultative facultativo, contingente, eventual
facultative compensation compensación facultativa
facultative reinsurance reaseguro facultativo
faculties facultades, poderes, capacidad del marido de proveer la pensión tras el divorcio
faculty facultad, autoridad, cuerpo docente
fail (n) falla, falta
fail (v) fallar, quebrar, abandonar, fracasar
fail to act no actuar
fail to answer no contestar
fail to appear no comparecer
fail to comply no cumplir
fail to deliver no entregar
fail to fulfill no cumplir
fail to mention no mencionar
fail to observe no observar
fail to pay no pagar
fail to receive no recibir
fail to understand no entender
failed quebrado, insolvente, fracasado
failed bank banco quebrado, banco en bancarrota

failing circumstances estado de insolvencia
failure fracaso, quiebra, abandono, incumplimiento, falta
failure of condition incumplimiento de una condición
failure of consideration disminución en el valor de la contraprestación, incumplimiento de la contraprestación, falta de causa
failure of evidence prueba insuficiente, falta de prueba
failure of issue falta de descendencia, falta de sucesión
failure of justice malogro de la justicia, injusticia, error judicial
failure of proof prueba insuficiente, falta de prueba
failure of record omisión de una prueba instrumental a las alegaciones
failure of title falta de título válido
failure of trust ineficacia de un fideicomiso
failure to act omisión de un acto
failure to appear incomparecencia en un juicio
failure to bargain collectively negativa a negociar colectivamente
failure to comply incumplimiento
failure to make delivery falta de entrega
failure to meet obligations incumplimiento de las obligaciones
failure to pay taxes incumplimiento en el pago de contribuciones
failure to perform incumplimiento
failure to testify incumplimiento en prestar testimonio
faint pleader alegaciones engañosas o colusorias para perjudicar a un tercero
fair (adj) justo, imparcial, honesto
fair (n) mercado, feria
fair and equitable justo y equitativo
fair and impartial jury jurado justo e imparcial
fair and impartial trial juicio justo e imparcial
fair and proper legal assessment tasación tributaria justa y uniforme
fair and reasonable consideration contraprestación justa y razonable
fair and reasonable value valor justo y razonable
fair and valuable consideration contraprestación justa y adecuada
fair cash value valor justo de mercado
fair comment comentario razonable
fair competition competencia leal, competencia justa y equitativa
fair consideration contraprestación justa, causa razonable
fair credit acts leyes de crédito justo

fair credit reporting informes sobre el crédito justos y equitativos
fair dealing negociación justa, trato justo
fair hearing vista imparcial
fair knowledge or skill conocimiento o habilidad razonable
Fair Labor Standards Act ley que regula ciertas condiciones de trabajo tales como la cantidad máxima de horas y el salario mínimo
fair market price precio justo en el mercado
fair market rent renta justa en el mercado
fair market value valor justo en el mercado
fair-minded justo, imparcial
fair-mindedness imparcialidad
fair notice notificación razonable
fair offer oferta razonable
fair on its face aparentemente legal, aparentemente justo
fair persuasion persuasión razonable
fair play trato justo, juego limpio
fair preponderance of evidence preponderancia de la prueba
fair rent renta razonable
fair return rendimiento razonable
fair return on investment rendimiento razonable de una inversión
fair sale venta judicial justa e imparcial, venta justa e imparcial
fair trade competencia justa y razonable
fair trade acts leyes sobre competencia justa y razonable
fair trade laws leyes sobre competencia justa y razonable, leyes que permiten que un manufacturero fije un precio mínimo para sus productos a nivel del detallista
fair trade policy política sobre competencia justa y razonable
fair treatment trato justo
fair trial juicio imparcial
fair use uso razonable, el uso razonable de materiales bajo derechos de autor
fair use doctrine doctrina concerniente al uso razonable de materiales bajo derechos de autor
fair value valor justo, valor justo en el mercado, valor razonable
fair warning aviso suficiente
fairly imparcialmente, absolutamente, justificadamente, razonablemente, con justicia
fairness imparcialidad, equidad, justicia
fait un dato, un hecho
fait accompli hecho consumado, fait accompli
fait enrolle título registrado
faith fe, confianza, lealtad
faithful fiel, leal, honesto
faithfully fielmente, lealmente, honestamente
fake (adj) falso, falsificado, fraudulento,

fingido
fake (n) imitación, falsificación, impostor
fake (v) falsificar, fingir
fake copy copia falsa, copia falsificada
fake document documento falso, documento falsificado
fake entry asiento falso, asiento falsificado
fake evidence prueba falsa, prueba falsificada
fake instrument instrumento falso, instrumento falsificado
fake record registro falso, registro falsificado
fake report informe falso, informe falsificado
fake signature firma falsa, firma falsificada
fake statement estado falso, estado falsificado
fake vault bóveda falsa
faked falso, falsificado, fraudulento, fingido
faked copy copia falsa, copia falsificada
faked disease enfermedad fingida
faked dispute disputa fingida
faked document documento falso, documento falsificado
faked entry asiento falso, asiento falsificado
faked evidence prueba falsa, prueba falsificada
faked illness enfermedad fingida
faked injury lesión fingida
faked instrument instrumento falso, instrumento falsificado
faked record registro falso, registro falsificado
faked report informe falso, informe falsificado
faked signature firma falsa, firma falsificada
faked statement estado falso, estado falsificado
faker impostor, falsificador, estafador
fall (n) derrumbamiento, caída, descenso, otoño
fall (v) caer, bajar, morir
fall away eliminarse, debilitarse, desaparecer
fall due ser pagadero, caducar
fall in with estar de acuerdo con
fall into caer en, adoptar
fall short quedarse corto
fall through fracasar, venirse abajo
fall to tocar a
fall under ser incluido en, estar sujeto a
fall upon caer en, tocar a, acometer
fall within estar incluido en
fallacious falaz, engañoso, erróneo
fallaciously falazmente, engañosamente
fallacy falacia, error, falsedad, engaño
fallback reserva, recurso de emergencia
fallow sin cultivar, no productivo
fallow-land tierra sin cultivar
falsa demonstratio descripción falsa
falsa moneta moneda falsa, dinero falsificado
false falso, falsificado, postizo, engañoso
false accusation acusación falsa

false action acción falsa, acción engañosa
false advertising publicidad engañosa
false alarm falsa alarma
false and fraudulent falso y fraudulento
false and malicious falso y malicioso
false and misleading falso y engañoso
false answer respuesta falsa
false arrest arresto ilegal
false character el delito de hacerse pasar por otra persona
false charge cargo falso
false check cheque sin fondos, cheque falso
false claim declaración fraudulenta, reclamación fraudulenta
false colors pretextos falsos
false copy copia falsa, copia falsificada
false document documento falso, documento falsificado
false entry asiento falso, asiento falsificado
false evidence prueba falsa, prueba falsificada
false fact hecho falso
false implication libel acción por libelo basada en un reportaje de prensa que crea una impresión falsa a pesar de ser sustancialmente cierto
false imprisonment encarcelamiento ilegal, detención ilegal
false information información falsa
false instrument documento falsificado
false lights and signals luces y señales falsas con el propósito de poner una nave en peligro
false motive motivo falso
false news noticias falsas
false oath perjurio, juramento falso
false personation el delito de hacerse pasar por otra persona
false plea alegación falsa, defensa dilatoria
false pretenses falsos pretextos, declaraciones engañosas para estafar, estafa, falsas apariencias
false record registro falso, registro falsificado
false report informe falso, informe falsificado
false representation representación falsa, declaración falsa
false return declaraciones falsas en un documento de notificación, planilla contributiva errónea
false statement declaración falsa, estado falsificado, estado falso
false swearing perjurio, juramento falso
false testimony perjurio, testimonio falso
false token documento falso, indicación de la existencia de algo con motivos fraudulentos
false verdict veredicto injusto, veredicto erróneo
false weights balanzas erróneas
falsehood falsedad
falsely falsamente

falsi crimen delito que conlleva fraude
falsification falsificación
falsification of books falsificación de libros de contabilidad
falsified falsificado
falsified copy copia falsificada
falsified document documento falsificado
falsified entry asiento falsificado
falsified evidence prueba falsificada
falsified instrument instrumento falsificado
falsified record registro falsificado
falsified report informe falsificado
falsified signature firma falsificada
falsified statement estado falsificado
falsify falsificar, demostrar la falsedad de algo
falsify documents falsificar documentos
falsify evidence falsificar pruebas
falsify records falsificar registros
falsify reports falsificar informes
falsifying a record falsificar un expediente
falsity falsedad, mentira
falsus falso, fraudulento, engañoso, erróneo
famacide difamador, calumniador
familiar familiar, conocido
familiarity familiaridad, confianza
family familia, linaje
family allowance asignación de fondos para mantener a la familia durante la administración de la sucesión, subsidio familiar
family arrangement convenio familiar
family circle círculo familiar
family company compañía familiar
family corporation corporación familiar
family court tribunal de familia
family disturbance altercado familiar
family expenses gastos de la familia
family group grupo familiar
family law derecho de familia
family name apellido
family purpose doctrine doctrina que responsabiliza a una persona que presta su auto a un familiar por las lesiones que éste pueda causar
family relationship relación familiar
family settlement convenio familiar
family tree árbol genealógico
famosus difamatorio
famous famoso
fanatic fanático
fanatical fanático
fanaticism fanatismo
fancied imaginado, preferido
fantastic fantástico, imaginario
fantastic testimony testimonio fantástico
fantasy fantasía, imaginación
far lejos, mucho
far-reaching de gran extensión
fare (n) tarifa, pasajero

fare (v) viajar
farer viajero
farm (n) finca, granja, cultivo
farm (v) cultivar
farm crossing camino que cruza encima o debajo de la vía de un ferrocarril para llegar a la tierra aislada por dicha vía
farm labor trabajo agrícola
farm laborer trabajador agrícola
farm out dar por contrato, arrendar, subcontratar
farm products productos agrícolas
farmer agricultor, granjero
farmers' association asociación agrícola
farmers' cooperative cooperativa agrícola
farming products productos agrícolas
farmland tierra de cultivo
farseeing precavido, prudente
farsighted prudente, sagaz
farsightedly prudentemente
fascism fascismo
fascist fascista
fasten atar, asegurar, abrochar
fatal mortal, fatal
fatal accident accidente mortal
fatal errors errores fatales
fatal injury lesión mortal
fatality fatalidad, muerto
fatally fatalmente
father-in-law suegro
fathom braza
fatigue fatiga
fatum destino
fatuum judicium sentencia fatua
fault (n) culpa, negligencia, falta, error
fault (v) errar, culpar, hallar un defecto en
faultily defectuosamente
faultless sin defectos, perfecto
faulty defectuoso, incompleto
faux falso
favor (n) favor, parcialidad, privilegio
favor (v) favorecer, apoyar
favorable favorable
favorable decision decisión favorable
favorable judgment fallo favorable
favorable opinion opinión favorable
favorable position posición favorable
favorable sentence sentencia favorable
favorable verdict veredicto favorable
favorably favorablemente
favored favorecido
favored nation nación favorecida
favoritism favoritismo
fear (n) miedo, temor, preocupación
fear (v) temer
fearful temeroso, miedoso
fearless valiente
feasance cumplimiento, conducta
feasant haciendo

feasibility viabilidad, factibilidad
feasibility study estudio de viabilidad, estudio de factibilidad, estudio de posibilidad de realización
feasible factible, viable, razonable, hacedero, posible
feasibleness viabilidad, posibilidad
feasor actor, quien hace
featherbedding tácticas laborales para aumentar innecesariamente la cantidad de empleados o el tiempo necesario para hacer un trabajo, exceso de personal
feature característica, aspecto, rasgo, semblante
featureless sin rasgos distintivos
feckless ineficaz, inútil
fecklessly ineficazmente, inútilmente
fecklessness ineficacia, inutilidad
federal federal
federal actions acciones federales
federal acts leyes federales
federal affairs asuntos federales
federal agency agencia federal
federal agent agente federal
federal aid ayuda federal
federal assistance asistencia federal
federal auditor auditor federal
federal authority autoridad federal
federal bank banco federal
federal benefit beneficio federal
federal census censo federal
federal citizenship ciudadanía federal
federal courts tribunales federales
federal crimes delitos federales
federal district distrito federal
federal funds fondos federales
federal government gobierno federal
federal housing administration administración federal de la vivienda
federal improvements mejoras públicas federales
federal instrumentality agencia federal, ente federal
federal judge juez federal
federal jurisdiction jurisdicción federal
federal lands tierras públicas
federal law derecho federal, ley federal
federal offense delito federal
federal officer funcionario federal
federal police policía federal
federal powers facultades federales
federal prison prisión federal
federal property propiedad federal
federal question caso federal
federal regulation reglamento federal
federal representative representante federal
federal reserve system sistema de la reserva federal
federal rules reglas federales

federal rules of appellate procedure reglas federales de procedimiento apelativo
federal rules of civil procedure reglas federales de procedimiento civil
federal rules of criminal procedure reglas federales de procedimiento penal
federal rules of evidence reglas federales en materia de prueba
federal secret secreto de estado
federal statutes estatutos federales
federal taxation imposición federal
federal taxes impuestos federales
federalism federalismo
federalist federalista
federation federación
fee honorario, compensación, impuesto, derecho, dominio
fee absolute dominio absoluto, pleno dominio
fee expectant transmisión de propiedad a un matrimonio y sus descendientes directos, dominio expectante
fee-farm enfiteusis
fee simple dominio simple, pleno dominio
fee simple absolute dominio absoluto, pleno dominio
fee simple conditional dominio condicional
fee simple defeasible dominio sobre un inmueble sujeto a condición resolutoria
fee tail dominio heredable limitado a ciertos descendientes
fee tail female dominio heredable limitado a la persona y sus descendientes directos del género femenino
fee tail male dominio heredable limitado a la persona y sus descendientes directos del género masculino
feed alimentar, ayudar
feedback retroalimentación
feign aparentar, fingir
feigned fingido, falso, ficticio
feigned accomplice agente encubierto que se hace pasar por cómplice
feigned disease enfermedad fingida
feigned dispute disputa fingida
feigned illness enfermedad fingida
feigned injury lesión fingida
feigned issue cuestión artificial, litigio simulado para llegar a un veredicto concerniente a una cuestión real
feigner fingidor
felicity felicidad
fell (adj) cruel, maligno
fell (v) derribar, cortar
fellatio felatio
fellness crueldad, malignidad
fellow compañero, socio, colega
fellow citizen conciudadano
fellow-heir coheredero
fellow laborer colaborador

fellow servant coempleado
felo de se suicidio
felon criminal
felonia crimen, delito grave
felonice criminalmente
felonious criminal, con intención criminal,
  malicioso, villano
felonious act acto criminal
felonious action acto criminal
felonious assault acometimiento criminal,
  violencia criminal, acometimiento con
  violencia
felonious conduct conducta criminal
felonious entry ingreso ilegal criminal
felonious homicide homicidio criminal,
  homicidio culpable
felonious intent intención criminal
felonious taking hurto con intención criminal
feloniously criminalmente, malvadamente
felony crimen, delito grave
felony murder doctrine doctrina que
  establece que si una persona comete
  homicidio involuntario mientras comete un
  delito grave es culpable de asesinato
femicide homicidio de una mujer, homicida de
  una mujer
feminism feminismo
feminist feminista
fence (n) cerca, quien recibe objetos robados,
  traficante de objetos robados
fence (v) cercar, traficar objetos robados, dar
  respuestas evasivas
fenceless sin cerca, indefenso
fencing patents patentes para ampliar lo que
  se protege como parte de la invención
fend detener, repeler, evadir
feneration usura, devengar intereses,
  intereses devengados
ferial days días feriados
ferociously ferozmente
ferociousness ferocidad, brutalidad
ferocity ferocidad
ferriage barcaje
ferry (n) transbordador, barco de transporte,
  barco de pasaje
ferry (v) barquear, transportar en barco
ferry franchise concesión otorgada a un
  servicio de transbordador
ferryman barquero, dueño de un
  transbordador
fertile fértil, productivo
fertileness fertilidad
fertility fertilidad
fertilization fertilización
fervent ferviente
festinum remedium un remedio rápido
festum festival, festín
fetal death muerte fetal
feticide feticidio

fetters grilletes, cadenas
fetus feto
few pocos, unos cuantos
fiancé prometido
fiancée prometida
fiat money dinero fiduciario
fiaunt una orden
fib mentirilla
fibber mentiroso
fickle inconstante, inestable
fiction ficción, mentira
fiction of law ficción legal
fictional ficticio
fictitious ficticio, fingido, falsificado
fictitious action acción ficticia
fictitious address dirección ficticia
fictitious assets activo ficticio
fictitious bidding licitación ficticia
fictitious claim reclamación ficticia
fictitious company compañía ficticia
fictitious corporation corporación ficticia
fictitious credit crédito ficticio
fictitious debt deuda ficticia
fictitious group grupo ficticio
fictitious name nombre ficticio
fictitious party parte ficticia
fictitious payee beneficiario ficticio
fictitious payment pago ficticio
fictitious person persona ficticia
fictitious plaintiff demandante ficticio
fictitious promise promesa ficticia
fictitious receipt recibo ficticio
fictitious registration registro ficticio
fictitious residence residencia ficticia
fidei-commissarius fideicomisario
fidei-commissum fideicomiso
fidelity fidelidad, exactitud
fidelity and guaranty insurance seguro
  contra ciertas conductas de parte de ciertas
  personas, seguro contra estafas de
  empleados
fidelity bond caución de empleados o
  personas de confianza, fianza de fidelidad
fidelity insurance seguro contra ciertas
  conductas de parte de ciertas personas,
  seguro contra estafas de empleados
fiducial fiduciario, de confianza
fiduciary (adj) fiduciario
fiduciary (n) fiduciario, persona de confianza
fiduciary accounting contabilidad fiduciaria
fiduciary bond caución fiduciaria, fianza
fiduciary capacity capacidad fiduciaria
fiduciary contract contrato fiduciario
fiduciary debt deuda fiduciaria
fiduciary heir heredero fiduciario
fiduciary loan préstamo fiduciario
fiduciary money dinero fiduciario
fiduciary relation relación fiduciaria, relación
  de confianza

fiduciary service servicio fiduciario
field campo, esfera
field agent agente de campo
field audit auditoría de campo
field auditor auditor de campo
field employee empleado de campo
field of vision campo visual
field office división regional del gobierno, oficina regional de una empresa, oficina exterior
field representative representante de campo
field sobriety tests pruebas para determinar la sobriedad que consisten en pedirle al conductor que salga de su vehículo y realice pruebas de coordinación
field warehouse receipt recibo de bienes en almacenaje, recibo de bienes en depósito
field work trabajo de campo
fiendish perverso, malvado
fierce feroz, violento
fifth amendment quinta enmienda
fight (n) pelea, lucha
fight (v) pelear, combatir
fighting words palabras intencionadas a provocar violencia
fighting words doctrine doctrina que declara que las palabras intencionadas a provocar violencia no están protegidas por la primera enmienda
figment ficción, invención
figural figurado, que tiene figuras
figure cifra
figure of speech forma de expresión, lenguaje figurado
figures figuras, diseños, cifras
filch ratear, robar cantidades pequeñas de dinero
filcher ratero, quien hurta cantidades pequeñas de dinero
filching ratería, robo de cantidades pequeñas de dinero
file (n) archivo, expediente, registro
file (v) archivar, registrar, presentar, radicar
file a claim presentar una demanda, presentar una solicitud, entablar una reclamación
file a judgment registrar una sentencia
file a lien registrar un gravamen
file a mortgage registrar una hipoteca
file a motion presentar una moción
file a return radicar una planilla
file a tax return radicar una planilla contributiva
file an appeal presentar una apelación, interponer apelación
file cabinet archivo
file clerk archivero
file jointly radicar conjuntamente
file separately radicar separadamente
file suit entablar un procedimiento, incoar un

juicio, demandar, entablar pleito
filiate afiliado
filiation filiación
filiation proceeding procedimiento de filiación
filibuster obstruccionista legislativo
filibustering obstruccionismo legislativo
filing colocar en archivo, acto de registrar, radicación
filing of articles of incorporation registro del acta constitutiva de una corporación, registro de los artículos de incorporación de una corporación
filing status estado civil para efectos contributivos
filius un hijo
filius familias hijo bajo control de los padres
fill llenar, ocupar
fill a vacancy llenar una vacante
filthy asqueroso, obsceno
final final, conclusivo, decisivo
final acceptance aceptación final
final accounting contabilidad final
final adjudication adjudicación final
final architect's certificate certificado final del arquitecto
final assembly ensamblaje final
final assessment tasación final
final award adjudicación final
final buyer comprador final
final cause causa final
final consumer consumidor final
final conviction convicción final
final costs costas definitivas
final date fecha límite, fecha de vencimiento
final decision decisión final, sentencia definitiva
final decree sentencia definitiva
final determination decisión final, resolución final
final disposition decisión final
final hearing vista final
final invoice factura final
final judgment sentencia final, sentencia definitiva
final list lista final
final notice notificación final
final offer oferta final
final order orden final
final passage el voto de un proyecto de ley
final price precio final
final process proceso final
final product producto final
final recovery sentencia definitiva
final report informe final
final sentence sentencia definitiva
final settlement conciliación final de la sucesión, liquidación definitiva
final submission sumisión completa, sumisión

final
final user usuario final
finality finalidad, carácter concluyente
finance (n) finanzas
finance (v) financiar
finance charge cargo por financiamiento
finance committee comité financiero
finance company compañía financiera
finance corporation corporación financiera
financed financiado
financed premium prima financiada
financial financiero
financial accounting contabilidad financiera
financial administration administración
   financiera
financial adviser asesor financiero
financial agent agente financiero
financial aid ayuda financiera
financial arrangement arreglo financiero
financial assistance asistencia financiera
financial authorities autoridades financieras
financial bookkeeping contabilidad financiera
financial compensation compensación
   financiera
financial condition condición financiera
financial contingency contingencia financiera
financial controls controles financieros
financial costs costos financieros
financial counseling asesoramiento financiero
financial decision decisión financiera
financial guarantee garantía financiera
financial guaranty garantía financiera
financial information información financiera
financial institution institución financiera
financial instrument instrumento financiero
financial interest interés financiero
financial intermediary intermediario
   financiero
financial investment inversión financiera
financial liabilities pasivo financiero
financial loss pérdidas financieras
financial management administración
   financiera
financial obligation obligación financiera
financial operation operación financiera
financial participation participación
   financiera
financial plan plan financiero
financial planning planificación financiera
financial policy política financiera
financial position posición financiera
financial privacy privacidad financiera
financial records registros financieros
financial report informe financiero
financial resources recursos financieros
financial responsibility responsabilidad
   financiera
financial responsibility clause cláusula de
   responsabilidad financiera

financial results resultados financieros
financial risk riesgo financiero
financial services servicios financieros
financial solvency solvencia financiera
financial statement estado financiero
financial statement audit auditoría de estados
   financieros
financial structure estructura financiera
financial support apoyo financiero
financial system sistema financiero
financial year año financiero
financially able solvente
financier financiero
financing financiamiento
financing assistance asistencia en
   financiamiento
financing business negocio de financiamiento
financing cost costo de financiamiento
financing statement declaración de colateral
   para financiamiento
find encontrar, descubrir, fallar
find against fallar en contra, decidir contra
find for fallar a favor, decidir en favor de
find guilty hallar culpable
finder intermediario que pone en contacto a
   dos partes para una oportunidad comercial,
   intermediario
finder's fee comisión por poner en contacto a
   dos partes
finding veredicto, fallo, sentencia,
   descubrimiento
finding of fact determinación de hecho,
   decisión sobre cuestión de hecho
findings of jury veredicto del jurado
fine (adj) muy bueno, selecto, fino, refinado
fine (n) multa
fine (v) multar
fine force necesidad absoluta
fine print letra menuda, cláusulas de un
   contrato escritas con letras pequeñas y
   ubicadas de modo que no se noten
   fácilmente
finem facere imponer una multa
fingerprint (n) huella digital, huella dactilar,
   impresión digital
fingerprint (v) tomar huellas digitales
finish terminar, agotar
finished goods productos terminados
finished products productos terminados
finitio el final
fire (n) fuego
fire (v) despedir, disparar
fire alarm alarma de incendios
fire department departamento de bomberos
fire district distrito de bomberos
fire escape escape de incendios, escalera de
   incendios
fire extinguisher extintor de incendios
fire insurance seguro contra incendios

fire loss pérdida por causa de fuego
fire regulations reglamentos concerniente a los incendios
fire risk riesgo de incendio
firearm arma de fuego
firearm acts leyes que penalizan por la posesión o el uso ilegal de armas de fuego
fireboat barco para extinguir incendios
fireproof a prueba de fuego
fireworks excitación, fuegos artificiales
firing disparo, descarga, despido
firing squad pelotón de fusilamiento
firm (adj) firme, estable, final
firm (n) empresa, firma
firm bid oferta firme, oferta en firme
firm buyer comprador firme, comprador en firme
firm commitment compromiso firme, ofrecimiento en que los suscriptores compran los valores que se ofrecerán al público
firm name nombre de la empresa
firm offer oferta firme, oferta en firme
firm order orden firme, orden en firme
firm price precio firme, precio en firme
firm quote cotización firme, cotización en firme
firm seller vendedor firme, vendedor en firme
firmly firmemente
first aid primeros auxilios
first attempt primer intento
first blush a primera impresión
first-born primogénito
first charge primer cargo
first-class primera clase
first-class misdemeanant culpable de un delito menor
first conviction primera condena
first cousin primo hermano
first crime primer crimen
first criminal act primer acto criminal
first criminal conviction primera condena criminal
first degree murder asesinato en primer grado
first-dollar coverage cobertura desde el primer dólar
first-hand knowledge conocimiento de primera mano, conocimiento directo
first heir primer heredero
first impression primera impresión
first instance primera instancia
first lien privilegio de primer grado, primer gravamen, primera hipoteca
first mortgage primera hipoteca
first name nombre de pila
first offender delincuente sin antecedentes penales
first option primera opción, derecho de

preferencia
first policy year primer año de vigencia de una póliza
first premium primera prima
first purchaser comprador original de propiedad que todavía forma parte de los bienes familiares
first refusal right derecho de prelación, derecho de tener la primera oportunidad de comprar un inmueble al estar disponible
first stage primera etapa
fisc fisco, hacienda pública
fiscal fiscal
fiscal administration administración fiscal
fiscal affairs asuntos fiscales
fiscal agency agencia fiscal
fiscal agent agente fiscal
fiscal authorities autoridades fiscales
fiscal court tribunal fiscal
fiscal decision decisión fiscal
fiscal information información fiscal
fiscal management administración fiscal
fiscal monopoly monopolio fiscal
fiscal officers funcionarios fiscales
fiscal operation operación fiscal
fiscal period período fiscal
fiscal policy política fiscal
fiscal report informe fiscal
fiscal revenues ingresos fiscales
fiscal system sistema fiscal
fiscal tax year año contributivo fiscal
fiscal year año fiscal
fishery, right of derecho de pesca
fishery derecho de pesca, pesca, pesquería, pescadería
fishing expedition el uso de los tribunales para obtener información mas allá de lo concerniente al caso
fishing right derecho de pesca
fishing trip el uso de los tribunales para obtener información mas allá de lo concerniente al caso
fit (adj) apto, apropiado, correcto
fit (n) concordancia
fit (v) convenir a, corresponder a
fitness aptitud, conveniencia
fitness for a particular purpose apto para un uso específico
fix fijar, establecer, arreglar
fix a price fijar un precio
fixed fijo, establecido
fixed-amount annuity anualidad de cantidad fija
fixed annuity anualidad fija
fixed assets activo fijo
fixed bail fianza fijada
fixed benefits beneficios fijos
fixed capital capital fijo
fixed charges costos fijos

fixed costs costos fijos
fixed credit line línea de crédito fija
fixed debt deuda a largo plazo, deuda fija
fixed deposit depósito a plazo fijo
fixed expenses gastos fijos
fixed fee cargo fijo
fixed income ingreso fijo
fixed intention intención fija
fixed interest interés fijo, interés fijado
fixed liabilities pasivo fijo
fixed obligation obligación fija
fixed opinion prejuicio
fixed payments pagos fijos
fixed period período fijo
fixed premium prima fija
fixed price precio fijo
fixed price contract contrato a precio fijo
fixed procedure procedimiento fijo
fixed rent renta fija
fixed residence residencia fija
fixed salary salario fijo
fixed selling price precio de venta fijo
fixed sentence sentencia fija
fixed tax impuesto fijo
fixed term plazo fijo
fixed trust fideicomiso no discrecional, fideicomiso fijo
fixture instalación
flag, law of the las leyes del país de la bandera izada en una embarcación
flag (n) bandera
flag (v) señalar, hacer señales con banderas
flag of truce bandera de tregua, bandera blanca
flagrans durante el acto
flagrant flagrante, notorio
flagrant crime crimen flagrante
flagrant necessity necesidad flagrante
flame llama, fuego
flash chispear, moverse ligeramente, estallar
flash check cheque conscientemente girado sin fondos, cheque falso
flat plano, llano, fijo
flat lease arrendamiento de pagos fijos
flat rate tarifa fija
flat tax impuesto fijo
flatly categóricamente, totalmente
flaw imperfección, falta, defecto
flawless impecable
flee huir, apartarse de
flee from justice huir de la justicia
flee to the wall agotar todos los recursos antes de tener que matar en defensa propia
fleet flota
fleet policy póliza de flota
flesh carne, género humano, parentesco
flexible flexible, dócil
flexible benefit plan plan de beneficios flexible

flexible hours horario flexible
flexible premium prima flexible
flexible schedule horario flexible
flexible tariff tarifa flexible
flexitime horario flexible
flextime horario flexible
flight vuelo, fuga
flight from justice huida de la justicia
flight of capital fuga de capital
flimsy débil, frágil
float (n) tiempo entre la emisión de un cheque y el registro del débito, tiempo entre la fecha de un pago esperado y el pago efectivo, bienes en el curso de su elaboración, emisión de una inversión, flotación
float (v) emitir, poner, negociar, flotar
floater policy póliza de artículos sin un lugar fijo
floating flotante, circulante
floating capital capital circulante
floating charge gasto flotante
floating debt deuda flotante, deuda a corto plazo
floating policy póliza flotante
floating rate tasa de interés flotante, tasa de interés fluctuante
floating stock el emitir acciones
floating zone zonificación en la que se asigna cierta proporción del área total a usos determinados pero no lugares específicos para estos usos
flode-mark nivel más alto del agua
flogging azotamiento, vapuleo
flood (n) inundación, torrente
flood (v) inundar, colmar
flood insurance seguro contra inundaciones
flood water caudal de una creciente
floor piso, fondo, nivel mínimo, área de trámites en una bolsa
floor amount cantidad mínima
floor plan plano de piso
flotsam restos flotantes, objetos flotantes
flow flujo, corriente
flowage inundación, corriente, caudal de una creciente
flowchart organigrama
fluctuating fluctuante
fluctuation fluctuación
fluctus inundación
fly-by-night cuestionable, sospechoso
focus of attention foco de atención
foe enemigo, adversario
fog neblina, nebulosidad
fogbound rodeado de neblina, detenido por motivo de neblina
folio folio, hoja, numeración de hojas, página
follow seguir, perseguir, observar
follow-up seguimiento

follower seguidor, discípulo, adherente
foot pie, fundamento
footage película, longitud expresada en pies
footpath sendero
footprints huellas del pie, rastro
for por, para, para que
for account of para la cuenta de
for cause por causa suficiente
for collection al cobro
for deposit only sólo para depósito
for hire para alquiler
for life vitalicio
for purpose of para el propósito de, con la intención de
for reward por recompensa
for that por lo que
for use para el uso, para el beneficio
for value received por contraprestación recibida
for whom it may concern a quien pueda interesar, a quien pueda corresponder
foraneus extranjero
forbear desistir de, evitar, tolerar
forbearance tolerancia, tolerancia por incumplimiento de pago, indulgencia, abstención
forbearing tolerante
forbid prohibir
forbidden prohibido
forbidden by law prohibido por ley
force (n) fuerza, vigencia, violencia
force (v) obligar, forzar, coactar
force and arms uso de violencia
force and fear uso de fuerza y temor
force majeure fuerza mayor
forced heir heredero forzoso
forced loan préstamo forzado
forced sale venta forzada
forcible forzado, eficaz, concluyente
forcible detainer remedio sumario para recobrar un bien inmueble
forcible entry posesión de un inmueble mediante la violencia, entrada a viva fuerza
forcible entry and detainer proceso sumario para recobrar un bien inmueble
forcible rape violación con violencia, estupro con violencia
forcible trespass apropiación de bienes muebles mediante la violencia, apropiación de bienes inmuebles mediante la violencia
foreclose ejecutar una hipoteca, impedir, concluir, privar del derecho de redención a un deudor hipotecario
foreclosure, right of derecho de ejecución hipotecaria
foreclosure acción hipotecaria, juicio hipotecario, ejecución hipotecaria, extinción del derecho de redimir una hipoteca, impedimento del uso de un

derecho, exclusión
foreclosure decree decreto judicial para la ejecución hipotecaria
foreclosure sale venta de un inmueble hipotecado para pagar la deuda, venta judicial
foregift pago de prima por encima del alquiler de parte de un arrendatario, prima de arriendo
foregoing antedicho, antes escrito
foreign extranjero, extraño, ajeno
foreign account cuenta exterior
foreign administrator administrador extranjero
foreign advertising publicidad extranjera
foreign agency agencia extranjera
foreign agent agente extranjero
foreign agreement convenio extranjero
foreign aid ayuda exterior
foreign assets activo exterior
foreign assignment cesión hecha en el extranjero
foreign assistance asistencia exterior
foreign association asociación extranjera
foreign attachment embargo de bienes o derechos de un extranjero
foreign bank banco extranjero
foreign banking banca extranjera
foreign bill of exchange letra de cambio extranjera
foreign branch sucursal extranjera
foreign capital capital externo, capital extranjero
foreign coins moneda extranjera
foreign commerce comercio exterior
foreign company compañía extranjera
foreign competition competencia extranjera
foreign conference conferencia extranjera
foreign consulate consulado de país extranjero
foreign content contenido extranjero
foreign contract contrato extranjero
foreign cooperation cooperación extranjera
foreign copyright derechos de autor extranjeros
foreign corporation corporación extranjera, corporación establecida en otro estado
foreign country país extranjero
foreign county condado extranjero
foreign court tribunal extranjero
foreign currency moneda extranjera
foreign custom costumbre extranjera
foreign debt deuda extranjera
foreign diplomatic officers funcionarios diplomáticos extranjeros
foreign dispute disputa extranjera
foreign divorce divorcio en el extranjero
foreign document documento extranjero
foreign domicile domicilio extranjero

foreign economic plan plan económico extranjero
foreign emergency emergencia extranjera
foreign enterprise empresa extranjera
foreign exchange moneda extranjera, intercambio de moneda extranjera
foreign exchange rate tipo de intercambio de moneda extranjera
foreign firm empresa extranjera
foreign goods productos extranjeros
foreign guardian tutor designado por un tribunal en otra jurisdicción
foreign holiday fiesta extranjera
foreign immunity inmunidad extranjera
foreign income ingresos extranjeros
foreign insurance seguro extranjero
foreign investment inversión extranjera
foreign judgment sentencia extranjera
foreign jurisdiction jurisdicción extranjera
foreign jury jurado extranjero
foreign language lenguaje extranjero
foreign law derecho extranjero
foreign laws leyes extranjeras
foreign liability responsabilidad extranjera
foreign liquidity liquidez extranjera
foreign loan préstamo extranjero
foreign market mercado extranjero
foreign minister ministro de asuntos exteriores, embajador extranjero
foreign money dinero extranjero
foreign organization organización extranjera
foreign origin origen extranjero
foreign patent patente extranjera
foreign payment pago extranjero
foreign port puerto extranjero
foreign proceeding procedimiento en el extranjero
foreign reserves reservas extranjeras
foreign securities valores extranjeros
foreign service servicio exterior
foreign tax impuesto extranjero
foreign tax agreement convenio extranjero sobre impuestos
foreign trade comercio exterior
foreign vessel nave extranjera
foreign waters aguas territoriales de un país extranjero
foreigner extranjero, forastero
forejudge privar mediante sentencia judicial
foreknow saber de antemano, prever
foreman capataz, presidente de un jurado
forename nombre de pila
forensic forense, judicial
forensic accountant contador forense
forensic medicine medicina forense, medicina legal
forensis forense
foreperson capataz, presidente de un jurado
foresee prever

foreseeable previsible
foreseeable consequences consecuencias previsibles
foreseeable damage daño previsible
foreseeable danger peligro previsible
foreseeable encounter encuentro previsible
foreseeable injury lesión previsible
foreseeable result resultado previsible
foreseeable risk riesgo previsible
foreshadow presagiar, anunciar
foreshore la zona de la playa entre la marea baja y alta, playa
foresight previsión, prudencia
forestall impedir, excluir, acaparar
forestalling obstruir, obstruir una vía de acceso
forestalling the market acaparamiento del mercado
forestallment prevención, anticipación
forethought premeditación, prudencia, prevención
forever eternamente, para siempre
forewarn advertir, prevenir
forfeit perder, confiscar, decomisar, perder el derecho a una cosa
forfeitable sujeto a pérdida, confiscable, decomisable
forfeiture pérdida, confiscación, decomiso
forge falsificar, fabricar
forged falsificado
forged check cheque falsificado
forged copy copia falsificada
forged document documento falsificado
forged duplicate duplicado falsificado
forged entry asiento falsificado
forged instrument instrumento falsificado
forged record registro falsificado
forged report informe falsificado
forged signature firma falsificada
forged statement estado falsificado
forger falsificador
forgery falsificación
forgery insurance seguro contra falsificación
forgive perdonar, eximir
forgo renunciar a, perder, pasar sin
fori disputationes argumentos en tribunal
forinsecus extranjero
foris fuera
forisfacere confiscar
forisfactum confiscado
forisfactura confiscación
forisfactus un criminal
forisjudicatus expulsado del tribunal
forisjurare jurar en falso
form (n) formulario, forma, modelo
form (v) formar, desarrollar
form of the statute el lenguaje de la ley
formal formal, expreso
formal acceptance aceptación formal

formal accusation acusación formal
formal charges cargos formales
formal communication comunicación formal
formal complaint querella formal
formal consent consentimiento formal
formal contract contrato formal
formal criminal charge cargo criminal formal
formal declaration declaración formal
formal issue cuestión formal
formal permission permiso formal
formal promise promesa formal
formal questioning interrogatorio formal
formal statement declaración formal
formalism formalismo
formality formalidad, norma, ceremonia
formalize formalizar, celebrar
formalize a contract formalizar un contrato
formalize an agreement formalizar un acuerdo
formally formalmente
formally accept aceptar formalmente
formally accuse acusar formalmente
formally communicate comunicar formalmente
formally consent consentir formalmente
formally contract contratar formalmente
formally declare declarar formalmente
formally promise prometer formalmente
formally state declarar formalmente
format formato, forma
formation formación
formation of trust formación de fideicomiso
formed design premeditación
former anterior, antiguo
former adjudication adjudicación previa, cosa juzgada
former buyer comprador anterior
former conditions condiciones anteriores
former convictions condenas anteriores
former deposit depósito anterior
former disability discapacidad anterior
former employee empleado anterior
former employer patrono anterior
former employment empleo anterior
former endorsement endoso anterior
former endorser endosante anterior
former inconsistent statements declaraciones anteriores de un testigo inconsistentes con sus declaraciones presentes
former indorsement endoso anterior
former indorser endosante anterior
former injury lesión anterior
former jeopardy disposición que prohibe una segunda acción por el mismo delito
former job empleo anterior
former marriage matrimonio anterior
former obligation obligación anterior
former order orden anterior
former period período anterior

former recovery indemnización en una acción anterior
former terms términos anteriores
former testimony testimonio anterior
former use uso anterior
former will testamento anterior
forms of action formas de acción
formula fórmula, una acción
forsake abandonar, dejar
forswear jurar en falso, perjurar
fortaxed sujeto a impuestos injustos
forth adelante, en adelante
forthcoming próximo, que viene
forthcoming bond caución para recobrar bienes embargados
forthright (adj) directo
forthright (adv) directamente
forthwith inmediatamente
fortior más fuerte
fortis fuerte
fortuit fortuito, accidental
fortuitous fortuito
fortuitous collision colisión accidental
fortuitous event evento fortuito
fortuitous loss pérdida fortuita
fortuitously fortuitamente
forty cuarenta acres en forma cuadrada
forum foro, tribunal, jurisdicción
forum contractus jurisdicción donde se ha celebrado un contrato
forum conveniens jurisdicción conveniente
forum originis el tribunal del lugar donde una persona nació
forum rei jurisdicción del asunto a la mano, jurisdicción del demandado
forum rei gestae jurisdicción donde se realizó un acto
forum rei sitae jurisdicción donde se ubica el objeto del juicio
forward enviar, reenviar, remitir, promover
forward cover cobertura a término
forward delivery entrega futura
forwarder agente expedidor, embarcador
forwarding agent agente de expedición
forwarding instructions instrucciones de envío
foster child menor al cuido de personas que no son sus padres biológicos, menor adoptivo, hijo adoptivo
foster home hogar para cuidar y criar menores
foster parent adulto que cuida a un menor como si fuera su padre, padre adoptivo
fosterlean remuneración por criar a un menor adoptivo
foul asqueroso, estropeado, grosero
foul bill of lading conocimiento de embarque señalando faltas, conocimiento defectuoso
foul play traición, engaño

found fundar, fundamentar
foundation fundación, fundamento, preguntas
  preliminares
founded fundado, basado
founded on basado en
founder (n) fundador
founder (v) irse al fondo, caerse, fracasar
founder's shares acciones del fundador
foundling expósito
foundling hospital casa para expósitos, casa
  cuna
four corners el documento completo
fourth estate la prensa
foxily astutamente
fraction fracción, porción
fraction of a day porción de un día
fractional fraccionado, minúsculo
frais de justice costas del litigio
frame formar, concebir, formular
frame of mind estado de ánimo
frame of reference marco de referencia,
  punto de referencia
frame-up estratagema para incriminar a una
  persona inocente, fabricación de un caso
franchise franquicia, privilegio, derecho de
  voto
franchise clause cláusula de franquicia
franchise tax impuesto corporativo, derechos
  de licencia
franchised dealer concesionario, agente
  autorizado
frank (adj) sincero, franco
frank (n) franquicia postal, envío franco
frank (v) enviar gratis por correo
frank-tenement dominio absoluto
franking privilege franquicia postal
frantic frenético, desequilibrado
frater hermano
fraternal fraternal
fraternal benefit association fraternidad,
  logia
fraternal benefit society fraternidad, logia
fraternal lodge logia
fraternity hermandad, fraternidad
fratriage la herencia de un hermano menor
fratricide fratricidio, fratricida
fraud fraude, dolo, abuso de confianza,
  engaño
fraud in fact fraude de hecho
fraud in law fraude inferido por la ley
fraud in the inducement el uso del fraude
  para inducir a firmar un documento, dolo
  principal
fraudare defraudar
fraudulence fraudulencia
fraudulent fraudulento, doloso, engañoso
fraudulent act acto fraudulento
fraudulent alienation transferencia
  fraudulenta

fraudulent alienee quien recibe bienes
  sucesorios sabiendo que han sido
  transferidos fraudulentamente
fraudulent application solicitud fraudulenta
fraudulent bankruptcy quiebra fraudulenta
fraudulent check cheque fraudulento, cheque
  falso
fraudulent claim reclamación fraudulenta
fraudulent concealment ocultación
  fraudulenta
fraudulent conversion apropiación
  fraudulenta
fraudulent conveyance transferencia
  fraudulenta de bienes en perjuicio de los
  acreedores
fraudulent debt deuda fraudulenta
fraudulent document documento fraudulento
fraudulent intent intención fraudulenta
fraudulent misrepresentation declaración
  fraudulenta
fraudulent practice práctica fraudulenta
fraudulent representation declaración
  fraudulenta
fraudulent sale venta fraudulenta, venta
  fraudulenta en perjuicio de los acreedores,
  transmisión fraudulenta de propiedad
fraudulent transfer transferencia fraudulenta
fraudulently fraudulentamente,
  engañosamente
fraus fraude
free libre, exento, gratis
free access libre acceso
free alongside franco muelle
free alongside ship franco muelle
free and clear libre de gravámenes
free and equal libre e igual
free competition libre competencia
free enterprise libre empresa
free entry libre ingreso
free from bias imparcial
free from blame inocente
free from danger a salvo
free from doubt sin dudas
free from errors sin errores
free from guilt inocente
free from risk a salvo
free interpretation interpretación libre
free market mercado libre
free of charge gratis
free of cost gratis
free of customs libre de impuestos aduaneros
free of error sin errores
free of tax libre de impuesto
free on board franco a bordo, libre a bordo
free period días de gracia
free port puerto franco
free press prensa libre
free ship barco neutral
free tenure derecho de propiedad

free trade libre comercio
free-trade area zona franca, área de libre comercio
free-trade zone zona franca, zona de libre comercio
free will libre albedrío
free zone zona franca
freedom libertad, facilidad, privilegio
freedom of association libertad de asociación
freedom of choice libertad de elección
freedom of contract libertad de contratación
freedom of expression libertad de expresión
freedom of information libertad de información
freedom of navigation libertad de navegación
freedom of press libertad de prensa
freedom of religion libertad de religión
freedom of speech libertad de expresión
freedom of the city inmunidad de la jurisdicción de un condado
freehold derecho de dominio absoluto
freehold in law derecho de dominio absoluto sin haber tomado posesión
freeholder dueño de propiedad inmueble, titular
freely libremente, abundantemente
freeze congelar, congelar una cuenta, bloquear
freeze-out el uso del poder corporativo para excluir a los accionistas minoritarios, excluir
freight (n) flete, gasto de transporte, cargamento
freight (v) cargar, fletar
freight booking reserva de cargamento
freight forwarder despachador de cargas
freight insurance seguro de cargamento
freight mile una tonelada de cargamento transportado una milla
freight rate flete, tarifa de transporte
freighter fletador, buque de carga
frenzy frenesí, locura
frequent (adj) frecuente, usual
frequent (v) frecuentar
frequenter frecuentador, quien puede estar en un lugar de trabajo sin ser empleado ni transgresor
fresh fresco, reciente, inexperto
fresh complaint rule regla que establece que hay credibilidad adicional si una persona acude a otra persona de su confianza inmediatamente tras alegar ser víctima de un crimen
fresh evidence prueba nueva
fresh pursuit derecho de la policía a cruzar líneas divisorias de jurisdicciones al perseguir a un criminal
fresh start empezar de nuevo
fribusculum riña entre cónyuges ocasionando una separación
frictional unemployment desempleo friccional
friend amigo, compañero, aliado
friendly suit acción por acuerdo común
frighten asustar, alarmar
frigidity frigidez
fringe benefits beneficios extrasalariales, beneficios marginales
frisk cachear
frivolous frívolo, sin fundamento
frivolous answer respuesta frívola
frivolous appeal apelación sin fundamento
frivolous defense defensa sin fundamento
frivolous suit juicio sin fundamento
frivolous tax return planilla frívola
from de, desde, por
from one place to another de un lugar a otro
from time to time de tiempo en tiempo
front frente, apariencia, apariencia falsa, fachada
front office oficinas de ejecutivos principales
frontage la parte del frente de una propiedad, fachada
frontier frontera
fronting and abutting colindante
frontward hacia adelante
frozen congelado, fijo
frozen account cuenta congelada
frozen assets activo congelado
frozen capital capital congelado
frozen credit crédito congelado
fructuarius arrendatario
fructus frutos
frugal frugal, económico
fruitful fructífero, fértil, productivo
fruition fruición, cumplimiento
fruitless infructuoso, infecundo
fruits of crime frutos del crimen
frustra sin efecto
frustrate frustrar, impedir
frustrated frustrado
frustration frustración, impedimento
frustration of contract frustración de contrato
frustration of purpose frustración de propósito
fuddle embriagar, confundir
fugacia un perseguimiento
fugitive fugitivo, prófugo
fugitive from justice prófugo de la justicia
fulfill cumplir, satisfacer
fulfill an obligation cumplir con una obligación
fulfillment cumplimiento, realización, terminación
full lleno, total, pleno, máximo, completo
full abandonment abandono total
full acceptance aceptación total
full actual loss pérdida total real

full **age** mayoría de edad
full **amount** cantidad completa, monto total
full **answer** respuesta sin carencia de
    elementos necesarios
full **assignment** cesión total
full **audit** auditoría completa
full **authority** autoridad plena
full **balance** saldo total
full **blood** parentesco directo
full **cash value** valor justo en el mercado
full **consideration** contraprestación total
full **contract** contrato total
full **control** control total
full **copy** transcripción completa, copia
    completa
full **cost** costo total
full **court** tribunal en pleno
full **covenants** garantía total
full **coverage** cobertura total
full **debt** deuda total
full **defense** defensa completa
full **delivery** entrega total
full **disclosure** divulgación completa
full **effect** efecto completo
full **employment** pleno empleo
full **endorsement** endoso completo
full **faith and credit clause** cláusula
    constitucional que indica que cada estado
    tiene que reconocer las leyes y decisiones
    judiciales de los demás estados
full **hearing** vista exhaustiva
full **indorsement** endoso completo
full **jurisdiction** jurisdicción plena
full **life** vida de hecho y derecho
full **liquidation** liquidación total
full **name** nombre completo
full **ownership** propiedad total
full **pardon** indulto incondicional
full **payment** pago total
full **performance** cumplimiento total
full **powers** plenos poderes
full **price** precio completo, precio total
full **proof** prueba plena
full **record** registro total
full **report** informe completo
full **retirement age** edad de retiro para recibir
    todos los beneficios
full **right** derecho pleno
full **satisfaction** pago total de una deuda
full **time** a tiempo completo
full-**time employee** empleado a tiempo
    completo
full-**time employment** empleo a tiempo
    completo
full-**time work** trabajo a tiempo completo
full-**time worker** trabajador a tiempo
    completo
full **value** valor total
full **warranty** garantía completa

fully enteramente, plenamente
fully distributed completamente distribuido
fully paid completamente pagado
fully paid policy póliza completamente pagada
fully registered completamente registrado
fully vested con derecho completo de pensión
    de retiro
fumble andar torpemente, tocar torpemente,
    estropear
function función, ocupación, operación
functional funcional, útil
functional obsolescence obsolescencia por
    virtud de productos similares más recientes
    de utilidad superior
functionary funcionario
fund (n) fondo, reserva, capital
fund (v) financiar, consolidar
fundament fundamento, base
fundamental fundamental, esencial, básico
fundamental change cambio fundamental
fundamental error error fundamental
fundamental law ley fundamental,
    constitución
fundamental rights derechos fundamentales
fundamental term of contract cláusula
    esencial de un contrato
fundamus encontramos
funded financiado, consolidado
funded debt deuda consolidada
funded pension plan plan de pensión con
    fondos asignados
funded retirement plan plan de retiro con
    fondos asignados
fundi tierras
fundi patrimoniales tierras patrimoniales
fundi publici tierras públicas
funding financiamiento
funds fondos
funds administration administración de
    fondos
funds administrator administrador de fondos
funds management administración de fondos
funds manager administrador de fondos
fundus tierra
funeral funeral, entierro
funeral expenses gastos funerarios
fungible fungible, intercambiable
fungible goods bienes fungibles
fungibles bienes fungibles
furandi animus ánimo de hurto
furlough licencia, permiso
furnish proveer, procurar, aducir, suministrar
furnish bail prestar fianza
furnish evidence suministrar prueba
furnish information suministrar información
furnish proof suministrar prueba
furniture muebles, mobiliario
further ulterior, más amplio, adicional
further advance préstamo adicional, adelanto

adicional
further evidence pruebas adicionales
further hearings vistas adicionales
further instructions instrucciones adicionales
further proceedings procedimientos
    adicionales
furtherance fomento, progreso
furtherer promotor
furthermore además, otrosí
furthermost más lejano, más remoto
furthest más lejano, más remoto
furtive furtivo, secreto, disimulado
furtively furtivamente, secretamente,
    disimuladamente
furtum hurto
furtum manifestum ladrón atrapado en el
    acto
furtum oblatum ofrecimiento de propiedad
    hurtada
fury furia, ferocidad
fuse fundir, unir, juntar
fusion fusión
future futuro, venidero
future-acquired property bienes adquiridos
    después de un determinado hecho
future earnings ingresos futuros
future estate derecho a bienes inmuebles en el
    futuro
future interest interés futuro
futures convenios para adquirir mercancías en
    el futuro, futuros
futures contract contrato para adquirir
    mercancías a término, contrato de futuros

G

gag (n) mordaza, broma
gag (v) amordazar, hacer callar
gag order orden judicial para impedir que un
    acusado haga desorden, orden judicial para
    que los testigos y los abogados no hablen
    del caso con reporteros
gain ganancia, beneficio, adquisición, ventaja
gain advantage tomar ventaja, beneficiarse
gain control over tomar control
gain possession tomar posesión
gainery cultivo, labranza
gainful lucrativo, ventajoso, provechoso
gainful activity actividad lucrativa
gainful employment empleo provechoso
gainful occupation empleo provechoso
gainless infructuoso, desventajoso
gainsay contradecir, negar, oponerse a
gale ventarrón
gallows horca, patíbulo
galore en abundancia
gamble apostar, arriesgar
gambler apostador, jugador
gambling juego
gambling house casa de juego
gambling place lugar de juego
gambling tax impuesto sobre el juego
game juego, pasatiempo, animales y aves
    salvajes
game laws leyes que regulan la caza y pesca
game license licencia de caza
game of chance juego de azar
gaming el acto de apostar
ganancial property propiedad ganancial
gang pandilla, cuadrilla, banda
gangster pandillero, pistolero
gap brecha, paso, diferencia
garandia garantía
garble confundir maliciosamente, distorsionar
    hechos
gard custodia
gardianus custodio
garner advertir, recopilar, acumular
garnish advertir, embargar
garnishee embargado
garnisher embargante
garnishment embargo, sentencia de embargo,
    embargo de bienes en posesión de terceros
garrote (n) garrote

garrote (v) dar garrote, estrangular
garroting muerte mediante el garrote, estrangulación
gate portón, entrada
gather recoger, acumular, unir
gather together recopilar, reunir
gathering of evidence recopilación de pruebas
gathering of information recopilación de información
gauge medida, norma, marca
gavel martillo del juez
gazette gaceta, periódico
Geiger counter contador de Geiger
genealogical genealógico
genealogical tree árbol genealógico
genealogy genealogía
genearch jefe de una familia
gener yerno
general general, común, total
general administration administración general
general administrator administrador general
general agency agencia general
general agent agente general
general agreement acuerdo general
general appearance comparecencia ante un tribunal aceptando su jurisdicción
general armistice armisticio general
general assembly asamblea general
general assignment cesión general
general assumpsit acción por incumplimiento de contrato
general audit auditoría general
general authority autorización general, autoridad general
general average avería gruesa, promedio general
general average bond fianza de avería gruesa
general average contribution contribución de avería gruesa
general balance sheet balance general
general bequest legado general
general brokerage corretaje general
general cargo carga general
general challenge recusación general
general characteristics características generales
general circulation circulación general
general contractor contratista general
general controller contralor general
general count declaración general
general course curso general
general court-martial tribunal militar, consejo de guerra
general covenant acuerdo general
general credit credibilidad general
general creditor acreedor ordinario
general custom costumbre general
general damages daños y perjuicios

generales, daños y perjuicios emergentes
general debt deuda general
general demurrer excepción general
general denial denegación general
general deposit depósito general
general devise legado general
general disability incapacidad jurídica, incapacidad general
general election elección general
general endorsement endoso en blanco
general estate patrimonio
general examination examinación general
general exception excepción general
general execution ejecución sobre los bienes en general
general executor albacea universal
general finding los hechos que conducen a un fallo
general franchise autorización general
general fund fondos generales
general guarantee garantía general, garantía sin restricciones
general guaranty garantía general, garantía sin restricciones
general guardian tutor
general guidelines pautas generales
general improvement mejora comunal
general indorsement endoso en blanco
general information información general
general insanity insania completa
general insurance seguro general
general intent intención general
general journal libro general, libro diario
general jurisdiction jurisdicción general
general law ley general
general ledger libro mayor general
general legacy legado general
general liability insurance seguro de responsabilidad general
general lien gravamen general
general malice carácter malicioso
general management administración general
general manager gerente general, director general
general meaning sentido general
general meeting asamblea general, junta general
general mortgage hipoteca general
general objection objeción general
general obligations obligaciones generales, responsabilidades generales
general orders reglas generales
general owner dueño
general pardon indulto general
general partner quien tiene responsabilidad personal y se encarga del manejo de una sociedad en comandita, socio general
general partnership sociedad colectiva, sociedad regular colectiva

general plea defensa general

general power of appointment poder de nombramiento

general power of attorney poder general

general powers poderes generales

general principle principio general

general property propiedad, derecho de dominio absoluto

general provisions estipulaciones generales

general proxy apoderado general, mandatario general, poder general

general public público general

general reciprocity reciprocidad general

general reprisals represalia general

general reputation reputación general

general retainer iguala general, anticipo general

general revenue fund fondo general para gastos municipales

general rule regla general

general statement declaración general

general statute ley general

general strike huelga general, paro general

general tariff tarifa general

general tax impuesto general

general tax lien gravamen fiscal general

general tenancy arrendamiento sin duración fija

general term sesiones ordinarias

general traverse impugnación general

general usage norma general

general verdict veredicto general, sentencia general

general warranty garantía general

general welfare bienestar general

general words cláusulas generales

generally generalmente

generally accepted generalmente aceptado

generally accepted accounting principles normas contables generalmente aceptadas

generally accepted auditing standards normas de auditoría generalmente aceptadas

generally known generalmente conocido

generation generación

generation-skipping trust fideicomiso en el que los bienes se transfieren no a la generación siguiente sino a la subsiguiente

generic genérico, general

generic name nombre genérico

generic trademark marca genérica

genetic genético

genitals genitales

gentlemen's agreement pacto entre caballeros

genuine genuino, sincero

genuine link relación genuina

genus género, descendientes directos

german germano

german cousin primo hermano

germane pertinente, apropiado, relacionado

germanus de los mismos padres

gerrymandering trazar distritos electorales arbitrariamente con el propósito de sacar ventaja en las elecciones

gestation gestación, embarazo, desarrollo

gestio gestión, conducta

gestor gestor, agente

gesture (n) gesto, ademán, acto de cortesía

gesture (v) gesticular, hacer ademanes

get obtener, lograr, coger, causar

gift donación, regalo

gift causa mortis donación por causa de muerte

gift enterprise treta promocional mediante la que se dan participaciones en un sorteo a cambio de la compra de ciertos bienes

gift in contemplation of death donación en anticipación de muerte

gift in contemplation of marriage donación en anticipación de matrimonio

gift inter vivos donación entre vivos

gift tax impuesto sobre donaciones

gift to a class donación a un grupo de personas

gilt edge de primera clase, de máxima garantía, muy superior

gist sustancia, esencia, motivo de una acción

give donar, entregar, dar

give and bequeath legar

give bail prestar fianza

give color reconocimiento de un derecho aparente de la contraparte

give evidence presentar prueba

give judgment dictar sentencia

give notice notificar

give time extender un plazo

give warning dar advertencia, dar aviso

give way dar paso

given donado, otorgado, fechado

given name nombre de pila

giver donante

glance echar un vistazo, mirar de reojo

glimpse vislumbrar, mirar rápidamente

gloss glosa, observación

glossa glosa

glove guante

go despachar, ir, andar, entrar

go-between intermediario

go hence declaración en la que se rechaza la demanda o la responsabilidad legal

go to protest protesta de pagaré que no ha sido honrado

go without day indicación a una parte que se ha rechazado su acción y que no se va a considerar, rechazo a ser oído en juicio

goad incitar, provocar

going concern empresa en marcha

going concern value valor de una empresa en

marcha

going price precio vigente, valor prevaleciente en el mercado

going private proceso mediante el que una compañía se hace privada

going public proceso mediante el que una compañía emite sus primeras acciones

gold cover reserva de oro

gold standard patrón oro

golden parachute convenio que protege a los altos ejecutivos cuando una corporación cambia de control

golden rule regla de oro

good bueno, válido, solvente

good and clear record title título de propiedad libre de defectos y gravámenes

good and valid bueno y válido, adecuado

good and workmanlike manner de forma hábil y profesional

good behavior buena conducta

good cause causa suficiente, justificación

good condition buenas condiciones

good conduct buena conducta

good consideration contraprestación suficiente, causa valiosa

good defense defensa válida

good enough satisfactorio

good excuse buena excusa

good faith buena fe

good faith purchaser comprador de buena fe

good health buena salud

good judgment buen juicio

good jury jurado seleccionado de una lista de jurados especiales

good management buena administración

good moral character buen carácter moral

good name buena reputación

good order buen estado

good record title título libre de gravámenes

good reputation buena reputación

good repute buena reputación

good title título libre de defectos

goods bienes, mercaderías

goods and chattels bienes muebles

goods and services bienes y servicios

goods exported bienes exportados

goods exported illegally bienes exportados ilegalmente

goods imported bienes importados

goods imported illegally bienes importados ilegalmente

goods in transit bienes en tránsito

goods on approval mercancías a prueba

goods sold and delivered bienes vendidos y entregados

goodwill buen nombre de una empresa, plusvalía, buena voluntad

gossip (n) chismorreo, chismoso

gossip (v) chismear

gossiper chismoso

govern gobernar, dirigir, determinar

governing body cuerpo gobernante

government gobierno, autoridad

government accounting contabilidad gubernamental

government attorney fiscal, abogado gubernamental

government bond bono emitido por un gobierno

government contract contrato gubernamental, contrato estatal

government de facto gobierno de hecho

government de jure gobierno legítimo

government enterprise empresa gubernamental

government insurance seguro gubernamental

government intervention intervención gubernamental

government market mercado gubernamental

government monopoly monopolio gubernamental

government obligation obligación gubernamental

government security inversión garantizada por el gobierno

government spending gastos gubernamentales, gastos del estado

governmental gubernamental

governmental act acto gubernamental

governmental agency ente gubernamental

governmental body ente gubernamental, organismo público

governmental enterprise empresa gubernamental, empresa estatal

governmental facility instalación gubernamental

governmental function función gubernamental

governmental instrumentality ente gubernamental, organismo gubernamental

governmental intervention intervención gubernamental

governor gobernador, alcaide, administrador

grab agarrar, capturar, apropiarse de

grace, days of días de gracia

grace gracia, indulgencia

grace period período de gracia

grade (n) grado, declive, categoría

grade (v) clasificar, nivelar, mejorar

grade crossing cruce a nivel

graded policy póliza graduada

graded premium prima graduada

grades of crime grados de delito

graduated tax impuesto progresivo

gradus parentelae grado de parentesco, una genealogía

graft soborno, dinero obtenido por funcionarios públicos aprovechándose de su capacidad, confirmación retroactiva del título de una propiedad hipotecada

grafter funcionario público corrupto

grand juror miembro de un jurado de acusación

grand jury jurado de acusación, gran jurado

grand jury investigation investigación por un jurado de acusación, investigación del gran jurado

grand larceny hurto mayor de cierta cantidad

grandaunt tía abuela

grandfather clause cláusula de ley que excluye a quienes ya participan en una actividad regulada de tener que adoptar ciertas normas nuevas

grandnephew sobrino nieto

grandniece sobrina nieta

granduncle tío abuelo

grange granja

grant, bargain, and sell transferir y vender

grant (n) cesión, concesión, transferencia, autorización, subsidio

grant (v) otorgar, conceder, transferir, autorizar

grant a lease otorgar un arrendamiento

grant a license otorgar una licencia

grant a patent conceder una patente

grant amnesty conceder amnistía

grant and to freight let fletamiento donde se transfiere la posesión

grant asylum otorgar asilo

grant authority otorgar autoridad

grant credit otorgar crédito

grant exemption otorgar exención

grant immunity otorgar inmunidad

grant-in-aid subsidio gubernamental

grant of patent transferencia de una patente

grant of personal property cesión de bienes muebles

grantee cesionario

granter otorgante, cedente, donante

granting clause cláusula de transferencia

grantor otorgante, cedente, donante

grantor trusts fideicomisos en los que el otorgante retiene control sobre los ingresos para efectos contributivos

grasp comprender, asir, aferrar

grass widow mujer divorciada, mujer separada, mujer abandonada

gratification gratificación, premio

gratis dictum declaración voluntaria

gratuitous gratuito, a título gratuito, sin fundamento

gratuitous agency agencia a título gratuito

gratuitous bailee depositario a título gratuito

gratuitous bailment depósito a título gratuito

gratuitous consideration contraprestación a título gratuito

gratuitous contract contrato a título gratuito

gratuitous deed escritura a título gratuito

gratuitous deposit depósito a título gratuito

gratuitous guest invitado a título gratuito

gratuitous passenger pasajero a título gratuito

gratuitous services servicios gratuitos

gratuity algo a título gratuito, propina, donación, recompensa

gratulance soborno

gravamen fundamento, fundamento de una acusación

grave (adj) grave, serio

grave (n) sepultura

grave (v) grabar, fijar en la mente

grave crime delito grave

grave injustice injusticia grave

graveyard cementerio

graveyard insurance seguro de vida obtenido fraudulentamente sobre las vidas de infantes o personas ancianas o enfermas de muerte, compañía aseguradora con prácticas poco prudentes

graveyard shift turno de media noche

gravis grave

gray market mercado gris

gray market goods mercancías del mercado gris, mercancías de origen extranjero que se venden en los Estados Unidos usando una marca existente sin autorización

great grande, extraordinario, prolongado

great aunt tía abuela

great bodily injury lesiones graves corporales

great care diligencia extraordinaria, cuidado extraordinario

great diligence diligencia extraordinaria

great-grandchild bisnieto, bisnieta

great-grandfather bisabuelo

great-grandmother bisabuela

great-great-grandchild tataranieto, tataranieta

great-great-grandfather tatarabuelo

great-great-grandmother tatarabuela

great uncle tío abuelo

greenback papel moneda, billete

greenmail pago sobre el valor del mercado que hace una compañía para recuperar acciones en manos de otra compañía e impedir una adquisición hostil

grievance queja, resentimiento, injusticia, agravio

grieved agraviado, perjudicado

grogshop cantina, lugar donde se vende licor

gross grande, total, bruto, inexcusable

gross adventure préstamo a la gruesa

gross average avería gruesa

gross earnings ingresos brutos

gross estate patrimonio bruto

gross fault negligencia grave, culpa grave

gross income ingresos brutos, renta bruta

gross injustice injusticia grave

gross interest interés bruto

gross lease arrendamiento en que el arrendador paga todos los gastos
gross margin margen bruto, beneficio bruto
gross misdemeanor delito serio sin llegar a ser delito grave
gross national product producto nacional bruto
gross neglect of duty incumplimiento grave del deber
gross negligence negligencia grave, negligencia temeraria
gross premium prima bruta
gross proceeds réditos brutos, productos brutos
gross profit ganancia bruta, beneficio bruto
gross rate tasa bruta
gross receipts ingresos brutos
gross rent renta bruta
gross revenue ingresos brutos
gross sales ventas brutas
gross tonnage tonelaje bruto
gross weight peso bruto
gross yield rendimiento bruto
ground tierra, terreno, fundamento, motivo
ground lease arrendamiento de terreno vacante
ground of action motivo de una acción
ground rent renta por el arrendamiento de un terreno vacante
ground water aguas subterráneas, agua de pozo
groundless sin fundamento, infundado
groundless accusation acusación infundada
groundless rumor rumor infundado
groundlessly infundadamente
grounds for divorce motivos de divorcio, causal de divorcio
group grupo
group annuity anualidad de grupo, anualidad colectiva
group contract contrato grupal
group insurance seguro colectivo, seguro grupal
group of companies grupo de compañías
grouping agrupamiento
grow crecer, prosperar, volverse
growing crop cosecha en crecimiento
grub stake contrato mediante el cual una parte provee el equipo necesario para minar mientras que la otra parte busca la tierra explotable
grudge rencor, resentimiento
guarantee (n) garantía, fianza, beneficiario de una garantía
guarantee (v) garantizar
guarantee agreement convenio de garantía
guarantee clause cláusula de garantía
guarantee deposit depósito de garantía
guarantee fund fondo de garantía

guarantee letter carta de garantía
guarantee of signature garantía de firma
guarantee period período de garantía
guarantee reserve reserva de garantía
guaranteed garantizado
guaranteed additional payment pago adicional garantizado
guaranteed amount cantidad garantizada
guaranteed annual wage salario anual garantizado
guaranteed bond bono garantizado
guaranteed contract contrato garantizado
guaranteed credit crédito garantizado
guaranteed debt deuda garantizada
guaranteed deposit depósito garantizado
guaranteed income ingreso garantizado
guaranteed insurability asegurabilidad garantizada
guaranteed interest interés garantizado
guaranteed investment contract contrato de inversión garantizada
guaranteed letter of credit carta de crédito garantizado
guaranteed loan préstamo garantizado
guaranteed mortgage hipoteca garantizada
guaranteed payments pagos garantizados
guaranteed price precio garantizado
guaranteed purchase option opción de compra garantizada
guaranteed rate tasa garantizada
guaranteed renewable contract contrato renovable garantizado
guaranteed renewable insurance seguro renovable garantizado
guaranteed securities valores garantizados
guaranteed wage salario garantizado
guarantor garante, avalista
guaranty garantía, fianza
guaranty bond fianza, fianza de garantía
guaranty clause cláusula de garantía
guaranty company compañía que otorga fianzas
guaranty deposit depósito de garantía
guaranty fund fondo de garantía
guaranty letter carta de garantía
guaranty period período de garantía
guaranty reserve reserva de garantía
guard (n) protección, vigilancia
guard (v) proteger, vigilar
guardage tutela
guardian guardián, tutor, curador
guardian ad litem tutor para el juicio
guardian by appointment of the court tutor judicial
guardian by election tutor por elección
guardian by estoppel quien actúa como tutor sin autorización legal
guardian by nature tutor natural
guardian by statute tutor testamentario, tutor

legal
guardian de son tort quien actúa como tutor
sin autorización legal
guardian for nurture tutor natural
guardianship tutela, curatela, amparo,
protección
guess adivinar, conjeturar
guest huésped, invitado, visita
guild gremio, asociación
guildhall casa del ayuntamiento
guillotine guillotina
guilt culpabilidad, culpa
guilty culpable
guilty mind intención de cometer un delito,
mens rea
guilty plea admisión formal de culpabilidad,
confesión
guilty verdict veredicto de culpabilidad
gullible crédulo
gun arma de fuego
gunboat diplomacy diplomacia de cañón
gunfight tiroteo
gunfire disparo, disparos
gynarchy ginecocracia
gynecocracy ginecocracia
gynecocrat ginecócrata
gyves grillos, grilletes, cadenas

habeas corpus hábeas corpus
habeas corpus acts garantías constitucionales
de la libertad personal, leyes de hábeas
corpus
habeas corpus ad subjiciendum hábeas
corpus ad subjiciendum
habendum cláusula de una escritura que
define la extensión de los derechos
transferidos
habendum clause cláusula de una escritura
que define la extensión de los derechos
transferidos
habere tener
habilis capaz, apropiado
habilitate habilitar
habit hábito, costumbre
habitability habitabilidad
habitable habitable
habitable repair estado de habitabilidad
habitancy domicilio
habitant habitante
habitat hábitat, ambiente
habitation, right of derecho de habitar
habitation habitación, domicilio, morada
habitual habitual, usual
habitual activity actividad habitual
habitual agency agencia habitual
habitual agent agente habitual
habitual care diligencia habitual
habitual cohabitation cohabitación habitual
habitual conditions condiciones habituales
habitual course curso habitual
habitual criminal criminal habitual
habitual dangers peligros habituales
habitual diligence diligencia habitual
habitual drunkard borracho habitual
habitual drunkenness ebriedad habitual
habitual duty deber habitual
habitual expenses gastos habituales
habitual hazards riesgos habituales
habitual income ingreso habitual
habitual insurance seguro habitual
habitual interpretation interpretación habitual
habitual intoxication ebriedad habitual,
intoxicación habitual
habitual investment practice práctica de
inversión habitual
habitual loss pérdida habitual

habitual meaning sentido habitual
habitual method método habitual
habitual mode modo habitual
habitual offender delincuente habitual
habitual practice práctica habitual
habitual procedure procedimiento habitual
habitual process proceso habitual
habitual rent renta habitual
habitual repairs reparaciones habituales
habitual residence residencia habitual
habitual risks riesgos habituales
habitual services servicios habituales
habitual session sesión habitual
habitual spoilage deterioro habitual
habitual tax impuesto habitual
habitual term plazo habitual
habitual time tiempo habitual
habitual use uso habitual
habitually habitualmente, por costumbre
habituation habituación
haggle regatear, porfiar
hail insurance seguro contra granizo
hair-trigger impulsivo, inmediato
half mitad, medio
half blood la relación de personas que comparten sólo un progenitor
half brother medio hermano
half endeal la mitad de algo
half pilotage remuneración de la mitad de lo acostumbrado cuando el piloto se prepara para prestar servicios los cuales no se requirieron
half-proof prueba insuficiente para fundar una sentencia
half section área de tierra conteniendo 320 acres
half sister media hermana
half-tongue jurado con la mitad de las personas hablando un idioma y la otra mitad otra, jurado con la mitad de las personas de una nación y la otra mitad de otra
half-truth verdad a medias
halfheartedly indiferentemente, sin entusiasmo
halfway a medias, incompletamente, entremedias
halfway house institución que sirve para ayudar a personas marginadas a reintegrarse a la sociedad
halifax law linchamiento
hall sala, ayuntamiento, pasillo, vestíbulo
hallmark marca de legitimidad, marca de pureza, sello, distintivo
hallucinate alucinar
hallucination alucinación
hallucinogenic drug droga alucinógena
halt parada, interrupción
halve dividir en dos

hammer venta forzada, subasta
hand mano, firma, autoridad, parte, asistencia
hand and seal firma y sello
hand down a decision emitir una sentencia
hand money seña, señal, anticipo, depósito
handbill volante
handcuff esposar
handcuffs esposas
handicap minusvalía, impedimento, desventaja
handily hábilmente, fácilmente, diestramente
handle manejar, palpar, tratar, controlar, dirigir
handling manejo, manipulación, desenvolvimiento, manoseo
handling charges gastos de tramitación
handwriting escritura, letra, caligrafía
handwriting expert perito caligráfico
handwriting sample muestra de escritura
hang permanecer sin determinar, ahorcar, suspender
hanging ahorcamiento
hangman verdugo
haphazard fortuito, casual
happen acontecer, suceder, pasar, resultar
happening suceso, hecho, acontecimiento
harass acosar, hostigar
harassment acosamiento, hostigamiento
harbinger precursor
harbor (n) puerto, refugio, asilo
harbor (v) albergar, encubrir
harbor doubts albergar dudas
harbor line límites del puerto
harbor suspicions albergar sospechas
harboring encubrimiento
harboring a criminal encubrimiento de un fugitivo, encubriendo a un fugitivo
hard duro, difícil, firme, severo, cruel
hard cases casos difíciles
hard currency moneda en metálico
hard feelings resentimiento
hard goods bienes de consumo duraderos
hard labor trabajo forzoso
hard money moneda en metálico
hard sell técnicas de ventas a base de la insistencia
hard to believe difícil de creer
hard to control difícil de controlar
hard to explain difícil de explicar
hard to understand difícil de entender
hardened criminal criminal habitual
hardly credible apenas creíble
hardly possible apenas posible
hardship dificultad, apuro, penuria, trabajo arduo
harm (n) daño, lesión, perjuicio
harm (v) dañar, lesionar, perjudicar
harmful dañino, perjudicial, peligroso
harmful act acto dañino, acto perjudicial

harmful error error perjudicial que influyó en el fallo
harmful product producto dañino
harmfully perjudicialmente, dañinamente
harmless inofensivo, sin daños
harmless error error inconsecuente
harmless error doctrine doctrina que indica que un error menor o inconsecuente no es motivo suficiente para revocar un fallo
harmlessly inofensivamente
harmony armonía, concordancia
harsh severo, riguroso, cruel
harsh penalty penalidad severa
harshly severamente, duramente, cruelmente
harshness severidad, crueldad
harvest (n) cosecha, fruto
harvest (v) recolectar, cosechar
haste prisa, precipitación
hasten apresurar, precipitar
hastily apresuradamente, precipitadamente
hastiness prisa, precipitación, impaciencia
hasty apresurado, pronto
haul arrastrar, transportar, acarrear
hauler transportador, transportista
have tener, engendrar, retener, hacer
have and hold tener y poseer, tener y retener
have authority tener autoridad
have control tener control
have doubts tener dudas
have effect tener efecto
have influence tener influencia
have intercourse tener relaciones
have knowledge of tener conocimiento de
have liability tener responsabilidad
have possession tener posesión
have power tener poder
have responsibility tener responsabilidad
have suspicions tener sospechas
have under control tener bajo control
haven asilo, refugio
hawker vendedor ambulante
hawking venta ambulante
hazard riesgo, peligro, azar
hazard bonus bono por riesgo
hazard insurance seguro contra riesgos
hazard pay remuneración por trabajos peligrosos
hazardous peligroso, aventurado
hazardous contract contrato aleatorio, contrato contingente
hazardous employment empleo peligroso
hazardous insurance seguro sobre personas o bienes en peligro especial
hazardous negligence negligencia que crea un gran peligro
hazardous substance sustancia peligrosa
head director, cabeza, principal
head money impuesto de capitación, dinero pagado por la cabeza de un fugitivo

head of department jefe de departamento
head of family jefe de familia
head of household jefe de familia
head of state jefe de estado
head of stream origen de la corriente
head office oficina central
head-on frente a frente, de frente
head-on collision choque frente a frente, choque de frente
head start ventaja inicial
heading encabezamiento, título
headline titular, título
headnote resumen introductorio
headquarters sede, oficina central, cuartel general
healer curandero
healing act ley reformadora
health salud, sanidad, bienestar
health authorities autoridades de salud pública, autoridades sanitarias
health certificate certificado de salud, certificado médico
health department departamento de salud pública
health insurance seguro médico, seguro de salud, seguro de enfermedad
health laws leyes de salud pública
health maintenance organization organización de mantenimiento de salud
health officer funcionario de salud pública
health regulations reglamentaciones de salud pública, reglamentaciones de sanidad
healthy saludable, sano, robusto
hearing audiencia, vista, audición
hearing de novo nueva vista, repetición de vista
hearsay rumor, prueba por referencia, prueba de oídas
hearsay evidence prueba por referencia, prueba de oídas
heart balm statutes leyes que niegan el derecho de entablar una acción por actos tales como la enajenación de afectos y el adulterio
heat of passion estado de emoción violenta
hedging cobertura
heed prestar atención, atender
heedless descuidado, negligente, distraído
heedlessness descuido, negligencia, distracción
hegemony hegemonía
heinous horrendo, atroz
heinous conduct conducta atroz
heinous crime crimen atroz
heinously horrendamente
heir heredero
heir apparent heredero forzoso, heredero aparente
heir at law heredero legítimo

heir beneficiary heredero con beneficio de inventario
heir by adoption heredero por adopción
heir by devise heredero quien recibe inmuebles
heir collateral heredero colateral
heir conventional heredero por contrato
heir expectant heredero en expectativa
heir forced heredero forzoso
heir general heredero legítimo
heir hunter persona cuyo trabajo es buscar herederos
heir legal heredero legal
heir of the blood heredero por consanguinidad
heir of the body heredero quien es descendiente directo
heir presumptive heredero presunto
heir testamentary heredero testamentario
heir unconditional heredero incondicional
heirdom sucesión
heirless estate sucesión vacante
heirlooms bienes sucesorios con gran valor sentimental
heirs and assigns herederos y cesionarios
heirship condición de heredero, derecho de heredar
held decidido, tenido
held in trust tenido en fideicomiso
helm mando, timón
help ayudar, asistir, remediar
helpless indefenso, incapacitado
henceforth de aquí en adelante, de ahora en adelante
henceforward de aquí en adelante, de ahora en adelante
henchman secuaz, partidario
herald heraldo
herbage servidumbre de pastoreo
herd rebaño, multitud
hereafter en lo futuro, en adelante, de ahora en adelante
hereditaments lo que puede heredarse, herencia
hereditary hereditario
hereditary succession sucesión hereditaria
heredity herencia
herein en esto, incluso, aquí contenido, aquí mencionado
hereinabove más arriba, anteriormente
hereinafter más abajo, a continuación, más adelante
hereinbefore más arriba, anteriormente
hereinbelow más abajo, más adelante
hereof de esto, acerca de esto
hereon sobre esto, acerca de esto
hereto a la presente, a esto
heretofore hasta ahora, antes
hereunder más abajo, a continuación, por la presente

hereunto a la presente
hereupon en esto, por consiguiente, sobre esto
herewith con la presente, adjunto
heritage bienes inmuebles, herencia, patrimonio
hermeneutics hermenéutica
hidden oculto, escondido
hidden agenda agenda oculta
hidden asset activo inscrito con un valor sustancialmente por debajo del valor del mercado
hidden clause cláusula oculta
hidden danger peligro oculto
hidden defect defecto oculto, vicio oculto
hidden intention intención oculta
hidden knowledge conocimiento oculto
hidden offer oferta oculta
hidden peril peligro oculto
hidden reserve reserva oculta
hidden risk riesgo oculto
hidden tax impuesto oculto
hide ocultar, encubrir, esconder, disimular
hide the truth ocultar la verdad
hideous horrible, horroroso
hiding ocultación, encubrimiento
hierarchy jerarquía
high alto, superior, ilustre
high degree of negligence negligencia grave
high diligence diligencia extraordinaria
high probability rule el derecho de un asegurado a abandonar su nave si aparentemente hay una gran probabilidad de que haya una pérdida total
high seas alta mar
high tide marea alta
high treason alta traición
high water line línea de la marea alta, punto culminante
high water mark línea de la marea alta, punto culminante
highest más alto, máximo
highest age edad máxima
highest amount cantidad máxima
highest and best use uso que produzca el mayor provecho de un inmueble
highest benefit beneficio máximo
highest charge cargo máximo
highest cost costo máximo
highest court tribunal de último recurso, tribunal supremo
highest degree of care el grado de cuidado que usaría una persona muy prudente bajo circunstancias similares
highest employment age edad máxima de empleo
highest family benefit beneficio de familia máximo

highest fee cargo máximo
highest interest rate tasa de interés máxima
highest loss pérdida máxima
highest output producción máxima
highest payment pago máximo
highest penalty pena máxima
highest premium prima máxima
highest price precio máximo
highest probable loss pérdida máxima probable
highest rate tasa máxima
highest rate increase aumento de tasa máximo
highest sentence sentencia máxima
highest tax impuesto máximo
highest tax rate tasa impositiva máxima
highest wage salario máximo
highhanded arbitrario, tiránico
highway autopista, carretera
highway acts leyes concernientes a las carreteras
highway crossing cruce de ferrocarril, cruce de carreteras
highway robbery asalto en o cerca de caminos, asalto con intimidación o fuerza, ganancia excesiva en un negocio
highway tax impuesto de autopistas
highway toll peaje de autopista
highwayman bandolero, salteador de caminos
hijack asalto de bienes en tránsito, secuestro de avión
hijacker asaltador de bienes en tránsito, secuestrador de avión
hijacking asalto de bienes en tránsito, secuestro de avión
hinder estorbar, impedir, molestar, obstaculizar
hindrance estorbo, impedimento, obstáculo
hint sugestión, pista, insinuación, indirecta
hire (n) arrendamiento, alquiler, remuneración
hire (v) contratar, alquilar, arrendar
hire out arrendarse, alquilarse, contratarse
hirer arrendador, alquilador, locatario
hiring at will locación por un plazo indeterminado
hiring hall oficina de empleos
historic bay bahía histórica
historic site lugar histórico
hit pegar, afectar, acertar
hit-and-run accidente en el que el conductor se da a la fuga
hit-and-run accident accidente en el que el conductor se da a la fuga
hit-and-run driver conductor que tras un accidente se da a la fuga
hitchhiker quien pide viajes gratuitos en automóvil sin conocer al conductor
hither acá, hacia acá, aquí

hithermost lo más cercano
hitherto hasta la fecha, hasta aquí, hasta ahora
hitherward hacia acá, por aquí
hoarding acaparamiento, cerca rodeando una construcción
hoarding of commodities acaparamiento de mercancías
Hobbs Act ley federal que hace un crimen el interferir con el comercio interestatal mediante actos de violencia o extorsión
hoc esto, con, por
hodge-podge act ley que cubre una serie de materias inconexas
hold (n) fortificación, cárcel, dominio, cabina de carga
hold (v) tener, retener, contener, sostener, detener, imponer, decidir
hold accountable hacer responsable
hold harmless agreement convenio para eximir de responsabilidad
hold harmless clause cláusula para eximir de responsabilidad
hold out no ceder, persistir, mantenerse firme
hold over retener la posesión de un inmueble tras haberse expirado el término acordado, aplazar
hold pleas juzgar una causa
hold responsible hacer responsable
holdback pay paga retenida condicionalmente
holder tenedor, portador, titular
holder for value tenedor por valor
holder in due course tenedor legítimo, tenedor de buena fe
holder in good faith tenedor en buena fe
holder of a trust beneficiario de un fideicomiso
holder of an account titular de una cuenta
holding el principio jurídico en el que se basa una sentencia, propiedad, posesión
holding company compañía tenedora de valores de otras empresas
holding period período de tenencia
holdings el conjunto de inversiones de una persona, propiedades, posesiones
holdover tenant arrendatario quien retiene la posesión de un inmueble tras haberse expirado el término acordado
holdup atraco, robo a mano armada, asalto, demora
holdup man atracador, asaltador
holiday día festivo
holograph ológrafo, testamento ológrafo, documento ológrafo
holographic will testamento ológrafo
home hogar, domicilio, país de origen
home equity inversión neta en el hogar tras restar la cantidad hipoteca del valor total
home inspector inspector de hogares
home office oficina central, oficina en el

hogar

home owner dueño de hogar

home port puerto de origen, puerto de matrícula

home rule autonomía

homeless sin hogar, desamparado

homeless child niño sin hogar, niño desamparado

homeless person persona sin hogar, persona desamparada

homeowner dueño de hogar

homeowner insurance seguro sobre riesgos del hogar

homeowner's association asociación de dueños de hogar

homeowner's policy póliza de seguro sobre riesgos del hogar

homeownership condición de ser dueño del hogar propio

homestead residencia familiar con su terreno circundante, hogar seguro

homestead corporation compañía organizada para comprar y subdividir terrenos para residencias de los accionistas

homestead exemption exención de las residencias familiares de ejecución por deudas no relacionadas al hogar, rebaja de la valuación fiscal de la residencia principal

homestead exemption laws leyes para excluir las residencias familiares de ejecución por deudas no relacionadas al hogar

homestead right el derecho al uso pacífico de la residencia familiar sin reclamaciones de los acreedores, derecho de hogar seguro

homeward de regreso a casa

homeward bound de regreso a casa

homeward freight flete de regreso

homicidal homicida

homicide homicidio, homicida

homicide by misadventure homicidio accidental

homicide by necessity homicidio por necesidad

homicide per infortunium homicidio accidental

homicide se defendendo homicidio en defensa propia

homicidium homicidio

homologate homologar

homologation homologación

honest honrado, justo, legítimo

honestly honradamente, sinceramente

honesty honradez, integridad, sinceridad

honor (n) honor, integridad, buen nombre

honor (v) honrar, aceptar, pagar, cancelar

honorable honorable

honorable discharge licenciamiento honroso, baja honorable

honorableness honorabilidad, honradez

honorably honorablemente

honorarium honorarios, pago gratuito

honorary honorario, honroso

honorary trustees fideicomisarios honoríficos, administradores honoríficos

hope esperanza, confianza, posibilidad

hope for esperar

hopeful esperanzado, prometedor

horizontal horizontal

horizontal agreement convenio horizontal

horizontal merger fusión horizontal de compañías

horizontal property propiedad horizontal

horizontal union sindicato horizontal

hornbook libro básico, cartilla, libro que resume áreas del derecho, tratado

horrible horrible

horrid hórrido

horrify horrorizar

horror horror

hospital hospital, clínica

hospitality hospitalidad

hospitalization hospitalización

hospitalization insurance seguro de hospitalización

hospitalize hospitalizar

hospiticide quien mata a su invitado, quien mata a su anfitrión

host anfitrión

hostage rehén

hosticide matar a un enemigo

hostile hostil, enemigo, contrario

hostile embargo embargo de naves enemigas

hostile encounter encuentro hostil

hostile fire fuego fuera de control, fuego que se extiende a áreas inesperadas

hostile intent intención hostil

hostile intention intención hostil

hostile party parte hostil

hostile person persona hostil

hostile possession posesión hostil

hostile takeover toma hostil del control corporativo

hostile witness testigo hostil

hostilities hostilidades

hostility hostilidad

hot blood condición emocional en la que la persona no se puede controlar

hot tempered de mal temperamento, de mal genio

hotchpot colación de bienes, mezcolanza

hotel divorce divorcio en el que los esposos acuerdan que uno de ellos simulará cometer un acto de adulterio

hours of labor horas de trabajo

house casa, residencia, descendencia, cuerpo legislativo, cámara

house arrest arresto domiciliario

house counsel abogado interno

house of correction reformatorio, cárcel para menores, correccional
house of delegates cámara de delegados
house of ill fame prostíbulo
house of legislature cámara legislativa
house of prostitution prostíbulo
house of refuge reformatorio, refugio
house of representatives cámara de representantes
houseage cargo por almacenaje
housebreaking violación de domicilio con intención de robar, robar, escalamiento
household familia
household employee empleado doméstico
household goods bienes muebles de un hogar
household worker empleado doméstico
householder dueño de casa, jefe de familia, cabeza de familia
housing vivienda, alojamiento
housing code código de edificación, código de la vivienda
housing development proyecto de viviendas, urbanización
housing loan préstamo para viviendas
however sin embargo, no obstante, como quiera que
howsoever de cualquier modo, por muy
hue and cry vocerío, alboroto
hull casco
hull insurance seguro de casco
human humano
human rights derechos humanos
humane humanitario, humano
humanely humanamente
humanitarian humanitario
humanitarian doctrine doctrina humanitaria
humanity humanidad, naturaleza humana
humankind humanidad
humanly humanamente
humid húmedo, mojado
humiliation humillación
humor (n) humor, genio, disposición
humor (v) complacer, seguirle la corriente
hunch presentimiento, corazonada
hung jury jurado que no puede llegar a un veredicto
hurried apresurado
hurriedly apresuradamente
hurt (n) daño, lesión, perjuicio
hurt (v) lastimar, injuriar, dañar, perjudicar
hurtful dañoso, perjudicial, injurioso
hurtfully dañosamente, perjudicialmente, injuriosamente
husband de facto esposo de hecho
husband de jure esposo legal
husband-wife immunity derecho de mantener confidencial las comunicaciones entre cónyuges
husband-wife privilege derecho de mantener confidencial las comunicaciones entre cónyuges
hush-money soborno, soborno para ocultar información
hybrid accounting method método de contabilidad híbrido
hybrid annuity anualidad híbrida
hypothecary action acción hipotecaria
hypothecary debt deuda hipotecaria
hypothecate hipotecar, pignorar
hypothecation bond garantía de un préstamo a la gruesa
hypothesis hipótesis
hypothetic hipotético
hypothetical hipotético
hypothetical controversy controversia hipotética
hypothetical fact hecho hipotético
hypothetical issue cuestión hipotética
hypothetical question pregunta hipotética
hysteria histeria

I

idea idea, plan, concepto, pensamiento, proyecto
idem per idem lo mismo por lo mismo, ídem per ídem
idem sonans el mismo sonido
identical idéntico
identical issue cuestión idéntica
identical value valor idéntico
identification identificación
identification card tarjeta de identificación
identification mark marca de identificación
identification of goods identificación de bienes
identification papers documentos de identificación, cédula de identificación
identified identificado
identified amount cantidad identificada
identified benefits beneficios identificados
identified coverage cobertura identificada
identified deposit depósito identificado
identified duty deber identificado
identified insurance seguro identificado
identified intent intención identificada
identified limit límite identificado
identified payment pago identificado
identified period período identificado
identified price precio identificado
identified rate tasa identificada
identified salary salario identificado
identified subsidy subsidio identificado
identified tax impuesto identificado
identify identificar
identify a suspect identificar un sospechoso
identify an assailant identificar un agresor
identify handwriting identificar escritura
identify incorrectly identificar incorrectamente
identify stolen property identificar propiedad robada
identity identidad
identity card tarjeta de identidad, cédula de identificación
identity verification verificación de identidad
ideo por lo tanto
idle inactivo, desocupado, inútil
idle funds fondos inactivos, fondos que no devengan provecho, fondos que no devengan intereses

idle money dinero inactivo, dinero que no devenga provecho, dinero que no devenga intereses
idle time tiempo en que no se puede trabajar aun queriendo, tiempo muerto
idoneus idóneo
if si, siempre que, en caso de, de ser
ignominy ignominia, deshonra, conducta ignominiosa
ignorance ignorancia, desconocimiento
ignorance of facts desconocimiento de los hechos
ignorance of law desconocimiento del derecho
ignore ignorar, no hacer lugar a, desconocer
ill enfermo, mal, nulo
ill fame mala fama
illegal ilegal, ilícito
illegal ab initio ilegal desde el principio
illegal act acto ilegal
illegal action acción ilegal
illegal agreement acuerdo ilegal, contrato ilegal
illegal arrest arresto ilícito
illegal assembly reunión ilegal
illegal auction subasta ilegal
illegal authority autoridad ilegal
illegal beneficiary beneficiario ilegal
illegal business negocio ilegal
illegal cause causa ilegal
illegal combination combinación ilegal
illegal condition condición ilegal
illegal conduct conducta ilegal
illegal consideration contraprestación ilegal
illegal contract contrato ilegal
illegal custody custodia ilegal
illegal detainer detención ilegal
illegal detention detención ilegal
illegal discrimination discriminación ilegal
illegal dividend dividendo ilegal
illegal donation donación ilegal
illegal entity entidad ilegal
illegal entry ingreso ilegal
illegal evasion evasión ilegal
illegal force fuerza ilegal
illegal gain ganancia ilegal, beneficio ilegal, ventaja ilegal
illegal gift donación ilegal
illegal immigrant inmigrante ilegal
illegal incentive incentivo ilegal
illegal incitation incitación ilegal
illegal income ingreso ilegal
illegal inducement motivación ilegal
illegal interest usura, interés ilegal
illegal interest rate usura, interés ilegal
illegal loan préstamo ilegal
illegal measures medios ilegales
illegal monopoly monopolio ilegal
illegal motivation motivación ilegal
illegal notice notificación ilegal

illegal obligation obligación ilegal
illegal offer oferta ilegal
illegal operation operación ilegal
illegal order orden ilegal
illegal pact pacto ilegal, convenio ilegal
illegal per se ilegal de por sí, ilegal per se
illegal picketing piquete ilegal
illegal possession posesión ilegal
illegal practice práctica ilegal
illegal present regalo ilegal
illegal process proceso ilegal
illegal profit ganancia ilegal
illegal property propiedad ilegal
illegal purpose propósito ilegal
illegal rate usura, interés ilegal
illegal reward recompensa ilegal
illegal sale venta ilegal
illegal search búsqueda ilegal
illegal strike huelga ilegal
illegal tax impuesto ilegal
illegal trade comercio ilegal
illegal traffic tráfico ilegal
illegal transaction negocio ilegal
illegal transfer transferencia ilegal
illegal use uso ilegal
illegality ilegalidad, ilicitud
illegally ilegalmente, ilícitamente
illegally adopted adoptado ilegalmente
illegally agreed upon acordado ilegalmente
illegally arrested arrestado ilegalmente
illegally assembled reunido ilegalmente
illegally auctioned subastado ilegalmente
illegally authorized autorizado ilegalmente
illegally combined combinado ilegalmente
illegally constituted constituido ilegalmente
illegally contracted contratado ilegalmente
illegally detained detenido ilegalmente
illegally donated donado ilegalmente
illegally done hecho ilegalmente
illegally entered ingresado ilegalmente
illegally established establecido ilegalmente
illegally evaded evadido ilegalmente
illegally exported exportado ilegalmente
illegally exported goods bienes exportados
  ilegalmente
illegally immigrated inmigrado ilegalmente
illegally imported importado ilegalmente
illegally imported goods bienes importados
  ilegalmente
illegally incited incitado ilegalmente
illegally incorporated incorporado
  ilegalmente
illegally induced motivado ilegalmente
illegally loaned prestado ilegalmente
illegally monopolized monopolizado
  ilegalmente
illegally motivated motivado ilegalmente
illegally obligated obligado ilegalmente
illegally obtained obtenido ilegalmente

illegally obtained evidence prueba obtenida
  ilegalmente
illegally offered ofrecido ilegalmente
illegally operated operado ilegalmente
illegally ordered ordenado ilegalmente
illegally pacted pactado ilegalmente
illegally possessed poseído ilegalmente
illegally practiced practicado ilegalmente
illegally searched allanado ilegalmente
illegally sold vendido ilegalmente
illegally taxed impuesto ilegalmente
illegally traded comerciado ilegalmente
illegally trafficked traficado ilegalmente
illegally transacted negociado ilegalmente
illegally transferred transferido ilegalmente
illegally used usado ilegalmente
illegitimacy ilegitimidad
illegitimate ilegítimo, ilegal
illegitimate act acto ilegítimo
illegitimate child hijo ilegítimo
illicit ilícito, prohibido
illicit ab initio ilícito desde el principio
illicit act acto ilícito
illicit action acción ilícita
illicit agreement acuerdo ilícito, contrato
  ilícito
illicit arrest arresto ilícito
illicit assembly reunión ilícita
illicit auction subasta ilícita
illicit authority autoridad ilícita
illicit beneficiary beneficiario ilícito
illicit business negocio ilícito
illicit cause causa ilícita
illicit cohabitation cohabitación ilícita
illicit combination combinación ilícita
illicit condition condición ilícita
illicit conduct conducta ilícita
illicit connection relaciones sexuales ilícitas
illicit consideration contraprestación ilícita,
  causa ilícita
illicit contract contrato ilícito
illicit custody custodia ilícita
illicit detainer detención ilícita
illicit detention detención ilícita
illicit discrimination discriminación ilícita
illicit distillery destilería ilícita
illicit dividend dividendo ilícito
illicit donation donación ilícita
illicit entity entidad ilícita
illicit entry ingreso ilícito
illicit evasion evasión ilícita
illicit force fuerza ilícita
illicit gain ganancia ilícita, beneficio ilícito,
  ventaja ilícita
illicit gift donación ilícita
illicit immigrant inmigrante ilícito
illicit incentive incentivo ilícito
illicit incitation incitación ilícita
illicit income ingreso ilícito

illicit inducement motivación ilícita
illicit interest usura, interés ilícito
illicit interest rate usura, interés ilícito
illicit loan préstamo ilícito
illicit measures medios ilícitos
illicit monopoly monopolio ilícito
illicit motivation motivación ilícita
illicit notice notificación ilícita
illicit obligation obligación ilícita
illicit offer oferta ilícita
illicit operation operación ilícita
illicit order orden ilícita
illicit pact pacto ilícito, convenio ilícito
illicit per se ilícito de por sí, ilícito per se
illicit picketing piquete ilícito
illicit possession posesión ilícita
illicit practice práctica ilícita
illicit present regalo ilícito
illicit process proceso ilícito
illicit profit ganancia ilícita
illicit property propiedad ilícita
illicit purpose propósito ilícito
illicit rate usura, interés ilícito
illicit relation relaciones sexuales ilícitas
illicit reward recompensa ilícita
illicit sale venta ilícita
illicit search búsqueda ilícita
illicit strike huelga ilícita
illicit tax impuesto ilícito
illicit trade comercio ilícito
illicit traffic tráfico ilícito
illicit transaction transacción ilícita
illicit transfer transferencia ilícita
illicit use uso ilícito
illicitly ilícitamente, ilegalmente
illicitly adopted adoptado ilícitamente
illicitly agreed upon acordado ilícitamente
illicitly arrested arrestado ilícitamente
illicitly assembled reunido ilícitamente
illicitly auctioned subastado ilícitamente
illicitly authorized autorizado ilícitamente
illicitly combined combinado ilícitamente
illicitly constituted constituido ilícitamente
illicitly contracted contratado ilícitamente
illicitly donated donado ilícitamente
illicitly done hecho ilícitamente
illicitly entered ingresado ilícitamente
illicitly established establecido ilícitamente
illicitly evaded evadido ilícitamente
illicitly immigrated inmigrado ilícitamente
illicitly incited incitado ilícitamente
illicitly incorporated incorporado ilícitamente
illicitly induced motivado ilícitamente
illicitly loaned prestado ilícitamente
illicitly monopolized monopolizado ilícitamente
illicitly motivated motivado ilícitamente
illicitly obligated obligado ilícitamente
illicitly offered ofrecido ilícitamente

illicitly operated operado ilícitamente
illicitly ordered ordenado ilícitamente
illicitly pacted pactado ilícitamente
illicitly possessed poseído ilícitamente
illicitly practiced practicado ilícitamente
illicitly searched allanado ilícitamente
illicitly taxed impuesto ilícitamente
illicitly traded comerciado ilícitamente
illicitly trafficked traficado ilícitamente
illicitly transacted negociado ilícitamente
illicitly transferred transferido ilícitamente
illicitly used usado ilícitamente
illiteracy analfabetismo, ignorancia
illiterate analfabeto, ignorante
illness enfermedad, mal
illocable incapaz de obtener trabajo
illogical ilógico
illogical conclusion conclusión ilógica
illogical deduction deducción ilógica
illogical result resultado ilógico
illogical statement declaración ilógica
illogical testimony testimonio ilógico
illusion ilusión, engaño
illusory ilusorio, engañoso
illusory agreement contrato ficticio
illusory appointment designación ilusoria
illusory contract contrato ficticio
illusory promise promesa ficticia
illusory transfer transferencia ficticia
illustrative ilustrativo
imagine imaginar, imaginarse
imbibe beber, asimilar, absorber
imbroglio embrollo
imitation (adj) imitado, imitación
imitation (n) imitación
immaterial inmaterial, sin importancia, no esencial
immaterial allegation aseveración inmaterial
immaterial alteration alteración inmaterial
immaterial averment aseveración inmaterial
immaterial breach incumplimiento inmaterial
immaterial evidence prueba inmaterial
immaterial facts hechos inmateriales
immaterial issue cuestión inmaterial
immaterial testimony testimonio inmaterial
immateriality inmaterialidad
immaturity inmadurez
immediate inmediato, cercano, urgente
immediate annuity anualidad inmediata
immediate beneficiary beneficiario inmediato
immediate cause causa inmediata
immediate consequence consecuencia inmediata
immediate control control inmediato
immediate credit crédito inmediato
immediate damage daño inmediato
immediate death muerte inmediata
immediate delivery entrega inmediata
immediate descent descendencia inmediata

immediate family familia inmediata
immediate injury lesión inmediata
immediate interest interés inmediato
immediate need necesidad inmediata
immediate notice notificación inmediata
immediate payment pago inmediato
immediate payment annuity anualidad de
 pago inmediato
immediate vesting adquisición inmediata de
 derechos de pensión
immediately inmediatamente
immemorial inmemorial
immemorial custom costumbre inmemorial
immemorial possession posesión inmemorial
immemorial usage costumbre inmemorial
immigrant inmigrante
immigrant alien extranjero inmigrante
immigrant visa visa de inmigrante
immigration inmigración
imminent inminente
imminent danger peligro inminente
imminent peril peligro inminente
imminently dangerous article artículo
 altamente peligroso
immoderate inmoderado
immoral inmoral, obsceno
immoral act acto inmoral, conducta inmoral
immoral agreement contrato inmoral,
 convenio inmoral
immoral conduct conducta inmoral
immoral consideration contraprestación
 inmoral
immoral contract contrato inmoral
immorality inmoralidad
immovable property propiedad inmueble
immovables inmuebles
immune inmune, exento
immune from arrest inmune contra arresto
immune from execution inmune contra
 ejecución
immune from process inmune contra proceso
immune from prosecution inmune contra
 acción judicial
immunity inmunidad, dispensa, exención
immunity clause cláusula de inmunidad
immunity from arrest inmunidad contra
 arresto
immunity from execution inmunidad contra
 ejecución
immunity from process inmunidad contra
 proceso
immunity from prosecution inmunidad contra
 acción judicial
immunity from taxation exención
 contributiva, inmunidad fiscal
impact impacto, choque
impact statement declaración de impacto
impacted area área impactada
impacted industry industria impactada

impair deteriorar, perjudicar, impedir,
 disminuir
impairing the obligation of contracts que
 disminuye el valor de los contratos
impairment deterioro, impedimento,
 empeoramiento
impairment of security deterioro de
 seguridad
impanel elegir un jurado, elegir
impanelling of jury elección de jurado
imparlance el período de tiempo otorgado
 para que el demandado presente su defensa
impartial imparcial, justo, desinteresado
impartial expert perito imparcial, perito
 nombrado por el tribunal
impartial jury jurado imparcial
impartial trial juicio imparcial
impartial witness testigo imparcial
impasse dificultad insuperable, atolladero
impeach acusar, impugnar, recusar,
 residenciar
impeach a witness impugnar un testigo
impeachable acusable, impugnable, recusable
impeachment acusación formal contra
 funcionarios públicos, acusación,
 impugnación
impeachment of a contract impugnación de
 contrato
impeachment of a witness impugnación de
 testigo, impugnación de testimonio
impeachment of verdict impugnación de
 veredicto
impeachment of waste acción por el deterioro
 de un inmueble causado por un tenedor
impede impedir, obstruir
impede negotiations impedir negociaciones,
 obstruir negociaciones
impediment impedimento
impediment to marriage impedimento
 matrimonial
imperative imperativo, urgente
imperfect imperfecto, incompleto, defectuoso
imperfect delegation novación imperfecta
imperfect description descripción imperfecta
imperfect execution ejecución imperfecta
imperfect obligation obligación moral, deber
 moral
imperfect ownership propiedad imperfecta
imperfect right derecho imperfecto
imperfect title título imperfecto
imperfect trust fideicomiso imperfecto
imperfect usufruct usufructo imperfecto
imperialism imperialismo
impersonal impersonal
impersonation personificación, imitación
impertinence impertinencia
impertinent impertinente
impertinent question pregunta impertinente
impetuous impetuoso

impignoration pignoración, empeño
implead accionar, demandar, acusar, citar a
    juicio a un tercero, poner pleito
implement (n) implemento, utensilio,
    instrumento
implement (v) poner en práctica, cumplir,
    ejecutar
implementation implementación, puesta en
    práctica, cumplimiento, ejecución
implements of trade instrumentos del oficio
implicate implicar, comprometer
implicate a person implicar una persona
implicate an accomplice implicar un cómplice
implication implicación, inferencia,
    consecuencia
implication of an accomplice implicación de
    un cómplice
implicit implícito
implicit abandonment abandono implícito,
    desistimiento implícito
implicit acceptance aceptación implícita
implicit acknowledgment reconocimiento
    implícito
implicit admission admisión implícita
implicit agency agencia implícita
implicit agent agente implícito
implicit agreement convenio implícito,
    contrato implícito
implicit authority autorización implícita,
    autoridad implícita
implicit authorization autorización implícita
implicit collusion colusión implícita
implicit command orden implícita
implicit condition condición implícita
implicit confession confesión implícita
implicit consent consentimiento implícito
implicit consideration contraprestación
    implícita
implicit contract contrato implícito
implicit cost costo implícito
implicit covenant cláusula implícita
implicit dedication dedicación implícita
implicit easement servidumbre implícita
implicit guarantee garantía implícita
implicit guaranty garantía implícita
implicit intent intención implícita
implicit knowledge conocimiento implícito
implicit license autorización implícita
implicit malice malicia implícita
implicit mortgage hipoteca por operación de
    ley
implicit notice notificación implícita
implicit obligation obligación implícita
implicit partnership sociedad implícita
implicit permission permiso implícito
implicit powers poderes implícitos
implicit price precio implícito
implicit procuration procuración implícita
implicit promise promesa implícita

implicit ratification ratificación implícita
implicit rejection rechazo implícito
implicit release liberación implícita
implicit rent renta implícita
implicit repeal derogación implícita
implicit trust fideicomiso implícito
implicit warranty garantía implícita
implied implícito, inferido, tácito
implied abandonment abandono implícito,
    desistimiento implícito
implied acceptance aceptación implícita
implied acknowledgment reconocimiento
    implícito
implied admission admisión implícita
implied agency agencia implícita
implied agreement convenio implícito,
    contrato implícito
implied authority autorización implícita,
    autoridad implícita
implied authorization autorización implícita
implied by law inferido por ley
implied collusion colusión implícita
implied command orden implícita
implied condition condición implícita
implied confession confesión implícita
implied consent consentimiento implícito
implied consideration contraprestación
    implícita
implied contract contrato implícito
implied cost costo implícito
implied covenant cláusula implícita
implied dedication dedicación implícita
implied easement servidumbre implícita
implied guarantee garantía implícita
implied guaranty garantía implícita
implied intent intención implícita
implied knowledge conocimiento implícito
implied license autorización implícita
implied malice malicia implícita
implied mortgage hipoteca por operación de
    ley
implied notice notificación implícita
implied obligation obligación implícita
implied partnership sociedad implícita
implied permission permiso implícito
implied powers poderes implícitos
implied price precio implícito
implied procuration procuración implícita
implied promise promesa implícita
implied ratification ratificación implícita
implied rejection rechazo implícito
implied release liberación implícita
implied rent renta implícita
implied repeal derogación implícita
implied trust fideicomiso implícito
implied warranty garantía implícita
imply implicar, involucrar, querer decir,
    significar
import (n) importación, sentido, importancia

import (v) importar, significar, introducir
import agent agente de importación
import article artículo de importación
import broker corredor de importación
import capacity capacidad de importación
import certificate certificado de importación
import controls controles a la importación
import credit crédito de importación
import declaration declaración de importación
import documents documentos de importación
import duties derechos de importación
import goods bienes de importación
import incentives incentivos para la importación
import insurance seguro de importación
import letter of credit carta de crédito para la importación
import license licencia de importación
import office oficina de importación
import permit permiso de importación
import quota cuota de importación
import restrictions restricciones de importación
import surcharge recargo a la importación
import tariffs tarifas de importación
import tax impuesto de importación
importation importación, internación
importation agent agente de importación
importation article artículo de importación
importation broker corredor de importación
importation capacity capacidad de importación
importation certificate certificado de importación
importation controls controles a la importación
importation credit crédito de importación
importation declaration declaración de importación
importation documents documentos de importación
importation duties derechos de importación
importation goods bienes de importación
importation incentives incentivos para la importación
importation insurance seguro de importación
importation letter of credit carta de crédito para la importación
importation license licencia de importación
importation office oficina de importación
importation permit permiso de importación
importation quota cuota de importación
importation restrictions restricciones de importación
importation surcharge recargo a la importación
importation tariffs tarifas de importación

importation tax impuesto de importación
imported importado
importer importador
importing nation país importador
importunity importunidad
impose imponer, gravar, cargar
impose a fine imponer una multa
impose a penalty imponer una penalidad
impose restrictions imponer restricciones
imposition imposición, gravamen, impuesto
imposition of sentence imposición de sentencia
impossibility imposibilidad
impossibility of performance of contract imposibilidad de cumplimiento de contrato
impossible imposible, impracticable
impossible condition condición imposible
impossible task tarea imposible
impossible to alter imposible de alterar
impostor impostor, engañador
imposts impuestos
impotence impotencia
impound confiscar, embargar, acorralar, secuestrar judicialmente
impound account cuenta mantenida por un prestador para encargarse de ciertos pagos del prestatario
impounded property propiedad confiscada, propiedad embargada
impracticability impracticabilidad, imposibilidad
impracticable impracticable, imposible
imprescriptibility imprescriptibilidad
imprescriptible imprescriptible
imprescriptible rights derechos imprescriptibles
impression impresión, efecto, marca, huella
impressment expropiación, enganche
imprison encarcelar, aprisionar, encerrar
imprisonment encarcelamiento, reclusión
improbable improbable, inverosímil
improbable evidence prueba improbable
improbable testimony testimonio improbable
improper impropio, indebido, inadecuado, incorrecto
improper act acto impropio
improper action acción impropia
improper behavior conducta impropia
improper business negocio impropio
improper combination combinación impropia
improper conduct conducta impropia
improper consideration contraprestación impropia
improper cumulation of actions acumulación irregular de acciones
improper detention detención impropia
improper discrimination discriminación impropia
improper donation donación impropia

improper entry ingreso impropio
improper evasion evasión impropia
improper force fuerza impropia
improper gain ganancia impropia
improper gift donación impropia
improper incentive incentivo impropio
improper incitation incitación impropia
improper influence influencia indebida
improper jurisdiction jurisdicción indebida
improper motivation motivación impropia
improper offer oferta impropia
improper operation operación impropia
improper pact pacto impropio
improper picketing piquete impropio
improper possession posesión impropia
improper practice práctica indebida
improper present regalo impropio
improper professional conduct conducta
   profesional impropia
improper profit ganancia impropia
improper purpose propósito impropio
improper reward recompensa impropia
improper sale venta impropia
improper search allanamiento impropio
improper strike huelga impropia
improper tax impuesto impropio
improper traffic tráfico impropio
improper transaction transacción impropia
improper use uso indebido
improperly obtained evidence prueba
   obtenida indebidamente
improve mejorar, beneficiar
improved land tierras con mejoras
improvement mejoramiento, mejora,
   adelanto, progreso, desarrollo
improvement project proyecto de mejoras
improvidence incompetencia al administrar
   bienes
improvident impróvido, desprevenido,
   descuidado
improvidently impróvidamente,
   desprevenidamente, descuidadamente
impugn impugnar
impulse impulso, inclinación repentina
impunity impunidad
imputability imputabilidad
imputatio responsabilidad legal
imputation imputación
imputation of payment imputación de pago
impute imputar, atribuir
imputed imputado, atribuido
imputed consent consentimiento imputado
imputed cost costo imputado
imputed guilt culpabilidad imputada
imputed income ingreso imputado
imputed intent intención imputada
imputed intention intención imputada
imputed interest interés imputado
imputed knowledge conocimiento imputado

imputed liability responsabilidad imputada
imputed negligence negligencia imputada,
   negligencia indirecta, negligencia derivada
imputed notice notificación implícita
imputed value valor imputado
in absentia en ausencia, in absentia
in action bien recuperable mediante acción
   judicial
in advance por adelantado
in adversum procedimiento contencioso
in aequali jure en igualdad de derechos
in alieno solo en la tierra de otro
in alio loco en otro lugar
in articulo mortis en el momento de la muerte
in autre droit en el derecho de otro
in being existente, con vida
in blank en blanco
in bonis entre los bienes
in bulk a granel
in cahoots confabulado con
in camera en privado, en el despacho del juez
in camera proceedings procedimientos en
   privado, procedimientos en el despacho del
   juez
in case en caso, por si acaso
in cash en efectivo
in chambers en el despacho del juez, actos
   judiciales fuera de sesión
in charge a cargo
in-charge accountant contador responsable
in charge of a cargo de
in chief principal, asunto principal
in common en común
in communi en común
in conjunction conjuntamente
in conjunction with en conjunción con
in consideration of en consideración de,
   como contraprestación de, a cambio de
in contemplation of death en contemplación
   de la muerte
in contempt en desacato
in court en el tribunal, ante un tribunal
in currency en efectivo
in custodia legis bajo la custodia de la ley
in custody en custodia
in delicto en culpa
in dubio en duda
in due course en su curso regular
in duplo en duplicado
in eadem causa en la misma condición
in effect en vigor, en vigencia
in equal shares en partes iguales
in equity en un tribunal de equidad, en
   equidad
in esse existente
in est de jure se infiere por ley
in evidence probado
in execution and pursuance of en virtud de,
   conforme a

in exitu en cuestión
in expectation en expectativa
in extenso de principio a fin, a todo lo largo de
in extremis justo antes de la muerte
in faciendo al hacer
in fact de hecho, en realidad, para más decir
in facto en realidad
in fieri en proceso
in force en vigor, en vigencia
in full completamente
in full life en vida física y civil
in futuro en el futuro
in good faith de buena fe
in gross al por mayor
in hoc en esto
in-house dentro de la misma organización, de la misma organización
in invitum contra la voluntad
in issue en disputa, en litigio, en cuestión
in judgment ante el tribunal
in jure conforme a derecho
in jus vocare citar para comparecer
in kind de la misma categoría, de la misma clase
in law conforme al derecho
in-laws parientes políticos
in lieu of en vez de, en lugar de
in lieu of payment en lugar de pago
in limine al comienzo
in litem en litigio
in loco en lugar
in loco parentis en lugar de un padre
in mercy a merced de
in pais, estoppel impedimento por no manifestar intención de hacer valer un derecho, impedimento in pais
in pais extrajudicial, fuera de litigio
in pari delicto con el mismo grado de culpabilidad
in pari materia sobre la misma materia
in part en parte
in perpetuity en perpetuidad
in person en persona
in personam contra la persona
in personam jurisdiction jurisdicción con respecto a la persona
in posse en potencial
in possession en posesión
in re concerniente a, con referencia a
in regard to en relación a, en relación con
in rem contra la cosa, in rem
in rem jurisdiction jurisdicción con respecto a la cosa
in specie específicamente
in statu quo de la forma que estaba, en el mismo estado
in stirpes por estirpes
in terrorem bajo terror

in testimonium en testimonio
in the course of employment en el curso del empleo
in the ordinary course of business en el curso ordinario de los negocios
in the presence en la presencia, en presencia de
in toto completamente
in trade en el comercio
in transit en tránsito
in transitu en tránsito
in trust en fideicomiso
in witness whereof en testimonio de lo cual, en fe de lo cual
inaction inacción, inactividad
inactive inactivo
inactive account cuenta inactiva, cuenta sin movimiento
inactive trust fideicomiso inactivo
inadequacy inadecuación, insuficiencia
inadequate inadecuado, insuficiente
inadequate care cuidado inadecuado
inadequate cause causa insuficiente
inadequate compensation indemnización inadecuada, compensación inadecuada
inadequate consideration contraprestación insuficiente, contraprestación inadecuada
inadequate damages indemnización insuficiente, daños no equitativos
inadequate notice notificación inadecuada
inadequate preparation preparación inadecuada
inadequate price precio inadecuado
inadequate protection protección inadecuada
inadequate provocation provocación insuficiente
inadequate remedy at law recursos judiciales insuficientes, remedio inadecuado
inadequate security seguridad inadecuada
inadequate support mantenimiento inadecuado
inadmissibility inadmisibilidad
inadmissible inadmisible
inadmissible evidence prueba inadmisible
inadmissible statement declaración inadmisible
inadmissible testimony testimonio inadmisible
inadvertence inadvertencia, descuido, negligencia
inadvertency inadvertencia, descuido, negligencia
inadvertent inadvertido
inadvertent error error inadvertido
inadvertently inadvertidamente, descuidadamente, negligentemente
inalienable inalienable
inalienable interest interés inalienable
inalienable rights derechos inalienables
inapplicable inaplicable

inappropriate inapropiado, impropio
inappropriate act acto inapropiado
inappropriate action acción inapropiada
inappropriate agreement acuerdo
  inapropiado
inappropriate behavior conducta inapropiada
inappropriate business negocio inapropiado
inappropriate combination combinación
  inapropiada
inappropriate conduct conducta inapropiada
inappropriate consideration contraprestación
  inapropiada
inappropriate contract contrato inapropiado
inappropriate detention detención
  inapropiada
inappropriate discrimination discriminación
  inapropiada
inappropriate donation donación inapropiada
inappropriate entry ingreso inapropiado
inappropriate evasion evasión inapropiada
inappropriate force fuerza inapropiada
inappropriate gain ganancia inapropiada
inappropriate gift donación inapropiada
inappropriate incentive incentivo inapropiado
inappropriate incitation incitación
  inapropiada
inappropriate motivation motivación
  inapropiada
inappropriate offer oferta inapropiada
inappropriate operation operación
  inapropiada
inappropriate pact pacto inapropiado
inappropriate picketing piquete inapropiado
inappropriate possession posesión
  inapropiada
inappropriate practice práctica inapropiada
inappropriate present regalo inapropiado
inappropriate profit ganancia inapropiada
inappropriate purpose propósito inapropiado
inappropriate reward recompensa
  inapropiada
inappropriate sale venta inapropiada
inappropriate search búsqueda inapropiada
inappropriate strike huelga inapropiada
inappropriate tax impuesto inapropiado
inappropriate traffic tráfico inapropiado
inappropriate transaction transacción
  inapropiada
inasmuch as ya que, puesto que
inauguration inauguración, instalación,
  estreno
inboard dentro del casco
inbound common terreno comunal abierto
incapable incapaz, sin capacidad legal
incapacitated incapacitado
incapacitated person persona incapacitada
incapacity incapacidad, insuficiencia
incapacity for work incapacidad de trabajar
incarceration encarcelación

incautious incauto, negligente
incendiary incendiario
incentive incentivo, estímulo, motivo
incentive contract contrato con incentivos
incentive pay plans programas de salario que
  recompensan los incrementos en
  productividad con incrementos en paga
inception principio
inception date fecha de efectividad
incest incesto
incestuous incestuoso
incestuous adultery adulterio incestuoso
inchartare transferir mediante un documento
  escrito
inchmaree clause cláusula que protege contra
  la negligencia de la tripulación o por vicios
  de la nave
inchoate incoado, incompleto, imperfecto,
  incipiente, empezado
inchoate agreement convenio incompleto
inchoate contract contrato incompleto
inchoate crime delito que lleva a otro delito
inchoate dower dote incompleto
inchoate gift donación incompleta
inchoate instrument instrumento incompleto
inchoate interest interés real revocable
inchoate lien privilegio revocable, gravamen
  revocable
inchoate right derecho en expectativa
incidence incidencia, efecto
incidence of taxes incidencia de impuestos
incident (adj) concomitante, incidente
incident (n) incidente, incidencia, frecuencia
incidental incidental, accidental,
  concomitante, accesorio
incidental admission admisión incidental
incidental assistance asistencia incidental
incidental authority autoridad incidental
incidental beneficiary beneficiario incidental
incidental benefit beneficio incidental
incidental consequence consecuencia
  incidental
incidental damages daños incidentales, daños
  indirectos
incidental jurisdiction jurisdicción incidental
incidental powers facultades inherentes
incidental question pregunta incidental
incite incitar, instigar, estimular
incitement incitación, instigación, estímulo
incitement to commit a crime incitación a
  cometer un crimen
inciter incitador, instigador
incivism falta de civismo
inclose cercar, encerrar, incluir
inclosed lands tierras cercadas
inclosure cercamiento, encerramiento
include incluir, abarcar, confinar
included incluido, incluso
included offense delito incluido en uno de

mayor gravedad
inclusive inclusivo
inclusive of inclusive
inclusive survey relevo global
incognito incógnito
incoherent incoherente
income ingreso, rédito, utilidad
income beneficiary beneficiario de ingresos
income continuation continuación de ingresos
income insurance seguro de ingresos
income policy póliza de ingresos
income property propiedad que produce
    ingresos
income reimbursement reembolso de
    ingresos
income replacement reemplazo de ingresos
income return planilla sobre ingresos
income sharing cartel cartel en el que se
    comparten las ganancias
income shifting transferencia de ingresos
income statement resumen de ganancias y
    pérdidas, estado de ganancias y pérdidas
income tax impuesto sobre ingresos,
    contribución sobre ingresos, impuesto sobre
    la renta
income tax deficiency deficiencia en el pago
    de contribuciones
income tax laws leyes sobre contribuciones
    sobre ingresos
income tax preparer preparador de planillas
    de contribuciones sobre ingresos
income tax return planilla declarando los
    ingresos, declaración de ingresos
incommunicado incomunicado
incommutable inconmutable, inmutable
incompatibility incompatibilidad
incompatible incompatible
incompatible use uso incompatible
incompetence incompetencia, incapacidad
incompetency incompetencia, incapacidad
incompetent incompetente, incapaz
incompetent evidence prueba incompetente
incompetent person persona incompetente
incompetent witness testigo incompetente
incomplete incompleto, parcial, defectuoso
incomplete abandonment abandono
    incompleto
incomplete acceptance aceptación parcial
incomplete account rendición de cuentas
    incompleta
incomplete assignment cesión incompleta
incomplete audit auditoría parcial
incomplete breach incumplimiento parcial
incomplete contract contrato incompleto
incomplete coverage cobertura parcial
incomplete defense defensa incompleta
incomplete delivery entrega parcial
incomplete distribution distribución parcial
incomplete eviction desalojo incompleto

incomplete evidence prueba parcial
incomplete insurance seguro incompleto
incomplete interest interés incompleto
incomplete invalidity invalidez parcial
incomplete liquidation liquidación parcial
incomplete loss pérdida parcial
incomplete merger fusión parcial
incomplete monopoly monopolio incompleto
incomplete oligopoly oligopolio incompleto
incomplete ownership propiedad incompleta
incomplete payment pago parcial
incomplete performance cumplimiento
    parcial
incomplete possession posesión incompleta
incomplete record registro incompleto
incomplete transfer transferencia incompleta
incomplete waiver renuncia de derecho
    parcial
inconclusive inconcluyente, no convincente
inconsequential inconsecuente, insignificante
inconsequential error error inconsecuente
inconsistency inconsistencia, incoherencia
inconsistent inconsistente, incoherente
inconsistent evidence prueba inconsistente
inconsistent presumptions presunciones
    inconsistentes
inconsistent statement declaración
    inconsistente
inconsistent testimony testimonio
    inconsistente
incontestability incontestabilidad
incontestability clause cláusula de
    incontestabilidad
incontestability provision cláusula de
    incontestabilidad
incontestable incontestable, incuestionable,
    inatacable
incontestable clause cláusula de
    incontestabilidad
incontestable policy póliza incontestable
incontinence incontinencia
incontrovertible incontrovertible, indisputable
incontrovertible fact hecho incontrovertible
incontrovertible proof prueba
    incontrovertible
inconvenience (n) inconveniencia, estorbo
inconvenience (v) incomodar, estorbar
incorporate incorporar, constituir una
    corporación, constituir una sociedad,
    constituir una persona jurídica
incorporated incorporado, constituido
    legalmente
incorporated corporation corporación
    constituida legalmente
incorporated law society asociación de
    abogados que ejerce una serie de funciones
    concernientes a la práctica del derecho
incorporating state estado en el que se
    constituye una corporación

incorporation incorporación, constitución de una corporación, constitución de una sociedad, constitución de una persona jurídica, asociación

incorporation by reference inclusión por referencia, incorporación por referencia

incorporation fees cargos de incorporación, cargos por constituir una corporación, cargos por constituir una sociedad, cargos por constituir una persona jurídica

incorporation papers documentos de incorporación, acto constitutivo, contrato de sociedad, escritura de constitución

incorporator quien incorpora, quien constituye una corporación, quien constituye una sociedad, quien constituye una persona jurídica, fundador

incorporeal incorpóreo, inmaterial

incorporeal chattels derechos sobre bienes incorpóreos

incorporeal hereditaments bienes incorpóreos heredables

incorporeal property propiedad incorpórea

incorporeal rights derechos sobre bienes incorpóreos

incorporeal things cosas incorpóreas

incorrect incorrecto, inexacto

incorrect appraisal tasación incorrecta

incorrect statement declaración incorrecta

incorrigible incorregible, indócil

incorruptible incorruptible, íntegro

increase (n) aumento

increase (v) aumentar, extender

increase of capital aumento de capital

increase of premium aumento de prima

increase of risk aumento del riesgo

increase prices aumentar precios

increase tariffs aumentar tarifas

increased aumentado

increased hazard riesgo aumentado

increased premium prima aumentada

increased price precio aumentado

increased risk riesgo aumentado

increasing creciente

increasing insurance seguro creciente

incredible statement declaración increíble

incredible testimony testimonio increíble

increment incremento, acrecentamiento

incremental cost costo adicional

incriminate incriminar, inculpar, acusar

incriminating admission admisión incriminante

incriminating circumstance circunstancia incriminante

incriminating evidence prueba incriminante

incriminating fact hecho incriminante

incriminating statement declaración incriminante

incriminating testimony testimonio incriminante

incrimination incriminación, acusación

incriminatory incriminante

incriminatory admission admisión incriminante

incriminatory circumstance circunstancia incriminante

incriminatory evidence prueba incriminante

incriminatory fact hecho incriminante

incriminatory statement declaración incriminante

incriminatory testimony testimonio incriminante

incroachment intrusión, invasión, usurpación

inculpate inculpar, incriminar, acusar

inculpatory inculpatorio, incriminante, acusatorio

inculpatory circumstance circunstancia incriminante

inculpatory evidence prueba incriminante

inculpatory fact hecho incriminante

inculpatory statement declaración incriminante

inculpatory testimony testimonio incriminante

incumbent incumbente, funcionario, titular

incur incurrir, contraer

incur a debt contraer una deuda

incur a loss incurrir una pérdida

incurable incurable

incurable disease enfermedad incurable

incurred incurrido

incurred losses pérdidas incurridas

indebted endeudado, obligado

indebtedness endeudamiento, obligaciones, agradecimiento

indecent indecente, impropio, obsceno

indecent advertisement anuncio indecente

indecent assault abuso indecente sin intención de cometer violación

indecent behavior comportamiento indecente

indecent exhibition exhibición indecente

indecent exposure exposición obscena

indecent liberties abuso indecente de menores

indecent publication publicación pornográfica

indecisive indeciso, dudoso

indeed efectivamente

indefeasible irrevocable, inquebrantable, absoluto

indefinite indefinido, incierto, impreciso

indefinite contract contrato por tiempo indefinido

indefinite failure of issue falta de descendientes por tiempo indefinido

indefinite imprisonment encarcelamiento por tiempo indefinido

indefinite legacy legado indefinido

indefinite liability responsabilidad indefinida

indefinite obligation obligación indefinida

indemnification indemnización,

compensación, reparación
indemnification agreement convenio de
  indemnización
indemnification benefits beneficios de
  indemnización
indemnification bond contrafianza
indemnification contract contrato de
  indemnización
indemnify indemnizar, compensar, satisfacer
indemnitee indemnizado
indemnitor indemnizador
indemnity indemnidad, indemnización,
  reparación
indemnity agreement convenio de
  indemnización
indemnity benefits beneficios de
  indemnización
indemnity bond contrafianza
indemnity contract contrato de indemnización
indemnity insurance seguro contra pérdidas
indemnity lands tierras cedidas a los
  ferrocarriles
indenization naturalización
indenture instrumento formal, convenio
  escrito que estipula ciertas condiciones para
  una emisión de bonos, hipoteca
indenture trustee fideicomisario de un
  convenio escrito que estipula ciertas
  condiciones para una emisión de bonos
independence independencia, autonomía
independent independiente
independent accountant contable
  independiente
independent adjuster ajustador independiente
independent advice asesoramiento
  confidencial e independiente
independent agency agencia independiente
independent agent agente independiente
independent appraisal tasación independiente
independent audit auditoría independiente
independent auditor auditor independiente
independent broker corredor independiente
independent cause causa independiente
independent condition condición
  independiente
independent contractor contratista
  independiente
independent contracts contratos
  independientes, contratos con obligaciones
  independientes
independent covenant estipulación
  independiente
independent director director independiente
independent duty deber independiente
independent events eventos independientes
independent negligence negligencia
  independiente
independent union unión independiente
indestructible indestructible

indestructible trust fideicomiso indestructible
indeterminate indeterminado, impreciso
indeterminate conditional release
  excarcelación condicional, liberación
  condicional
indeterminate damages daños y perjuicios sin
  liquidar
indeterminate obligation obligación
  indeterminada
indeterminate penalty pena indeterminada
indeterminate sentence sentencia
  indeterminada, condena de prisión sin plazo
  fijo
index índice
Indian reservation reserva de indígenas
Indian tribal property propiedad de tribu
  indígena
indicated indicado
indicated amount cantidad indicada
indicated benefits beneficios indicados
indicated bequest legado indicado
indicated coverage cobertura indicada
indicated deposit depósito indicado
indicated duty deber indicado
indicated insurance seguro indicado
indicated intent intención indicada
indicated limit límite indicado
indicated payment pago indicado
indicated period período indicado
indicated price precio indicado
indicated rate tasa indicada
indicated salary salario indicado
indicated subsidy subsidio indicado
indicated tax impuesto indicado
indication indicación, indicio, sugerencia,
  señal
indication of interest indicación de interés
indicative indicativo, sugestivo
indicative evidence prueba indicativa
indicator acusador, indicador, índice
indicia indicios, señales
indicium indicio
indict acusar formalmente de un delito, acusar
  por un gran jurado, acusar, procesar
indictable procesable, acusable, sujeto a una
  acusación formal
indictable offense delito procesable
indicted acusado penalmente
indictee acusado, procesado
indictment acusación formal de un delito,
  acusación por un gran jurado, acusación,
  procesamiento
indictor quien acusa formalmente
indifferent indiferente, imparcial,
  insignificante
indigent indigente
indigent defendant acusado indigente
indignity indignidad, crueldad mental hacia el
  cónyuge, afrenta

indirect indirecto
indirect action acción indirecta
indirect attack ataque indirecto
indirect benefit beneficio indirecto
indirect cause causa indirecta
indirect confession confesión indirecta
indirect control control indirecto
indirect costs costos indirectos, costas
  indirectas
indirect damages daños indirectos, daños y
  perjuicios indirectos
indirect evidence prueba indirecta
indirect export exportación indirecta
indirect exportation exportación indirecta
indirect exporting exportación indirecta
indirect importation importación indirecta
indirect importing importación indirecta
indirect injury daño indirecto, lesión indirecta
indirect interest interés indirecto
indirect knowledge conocimiento indirecto
indirect labor costo de personal indirecto
indirect liability responsabilidad indirecta
indirect loss pérdida indirecta
indirect method método indirecto
indirect obligation obligación indirecta
indirect result resultado indirecto
indirect tax impuesto indirecto
indirect taxation imposición indirecta
indispensable indispensable, de rigor
indispensable act acto indispensable
indispensable care cuidado indispensable
indispensable clause cláusula indispensable
indispensable component componente
  indispensable
indispensable condition condición
  indispensable
indispensable deposit depósito indispensable
indispensable diligence diligencia
  indispensable
indispensable easement servidumbre
  indispensable
indispensable element elemento indispensable
indispensable evidence prueba indispensable
indispensable expense gasto indispensable
indispensable fact hecho indispensable
indispensable ignorance ignorancia de las
  circunstancias indispensables
indispensable information información
  indispensable
indispensable insurance seguro indispensable
indispensable part parte indispensable
indispensable parties partes indispensables
indispensable repairs reparaciones
  indispensables
indispensable servitude servidumbre
  indispensable
indispensable stipulation estipulación
  indispensable
indispensable testimony testimonio

indispensable
indispensable witness testigo indispensable
indisputability indisputabilidad,
  incontestabilidad
indisputable indisputable, incontestable,
  irrefutable
indistanter inmediatamente
individual (adj) individual, particular
individual (n) individuo, sujeto
individual assets bienes individuales, activos
  individuales
individual bargaining negociación individual
individual capacity capacidad individual
individual damages daños individuales
individual debts deudas individuales
individual income ingreso individual
individual insurance seguro individual
individual liability responsabilidad individual
individual obligation obligación individual
individual ownership propiedad individual
individual policy póliza individual
individual proprietorship negocio propio
individual retirement account cuenta de
  retiro individual
individual rights derechos individuales
individual taxpayer contribuyente individual
individually individualmente
indivisible indivisible
indivisible contract contrato indivisible
indivisible obligation obligación indivisible
indivisum sin dividir
indorsee endosatario
indorsee for collection endosatario para cobro
indorsee in due course endosatario de buena
  fe, endosatario regular
indorsement endoso
indorsement date fecha de endoso
indorsement for collection endoso para cobro
indorser endosante
indubitable indubitable, indudable,
  indiscutible
indubitable proof prueba indubitable
induce inducir, instigar, efectuar
inducement motivación, incentivo, instigación
inducing breach of contract inducir al
  incumplimiento de contrato
induct instalar, iniciar, enrolar
induction ingreso, instalación, iniciación,
  enrolamiento
indulgence indulgencia, moratoria, extensión
  de plazo
industrial industrial
industrial accident accidente de trabajo
industrial accident insurance seguro contra
  accidentes de trabajo
industrial arbitration arbitraje laboral
industrial democracy democracia en la
  industria
industrial design diseño industrial

industrial disease enfermedad industrial, enfermedad ocupacional
industrial dispute disputa laboral
industrial espionage espionaje industrial
industrial law derecho laboral
industrial property propiedad industrial
industrial relations relaciones laborales
industrial use uso industrial
industrious concealment ocultación activa de un vicio
industry industria
inebriate (n) ebrio
inebriate (v) embriagar
ineffective ineficaz, inútil, incapaz
ineffectual judgment sentencia ineficaz
inefficiency ineficacia, incompetencia
ineligibility inelegibilidad
ineligible inelegible
inequality desigualdad, injusticia
inequitable injusto
inescapable ineludible
inescapable peril peligro ineludible
inevitable inevitable
inevitable accident accidente inevitable
inevitable event evento inevitable
inevitable mistake error inevitable
inexcusable inexcusable
inexcusable neglect negligencia inexcusable
infamous infame, infamante
infamous crime crimen infame
infamous punishment pena infame
infamy infamia, deshonra, oprobio, persona que ha sido condenada por un crimen infamante y que por ende no puede testificar
infancy infancia, minoridad
infant infante, menor
infanticide infanticidio
infer inferir, deducir, concluir
inference inferencia, deducción, conclusión
inference on inference, rule of regla que prohibe basar una inferencia en otra
inferential inferido, deducido
inferential facts hechos determinados por inferencia
inferior inferior, subordinado
inferior court tribunal de primera instancia, tribunal inferior
inferior product producto inferior
inferior quality calidad inferior
inferred inferido
inferred abandonment abandono inferido, desistimiento inferido
inferred acceptance aceptación inferida
inferred acknowledgment reconocimiento inferido
inferred admission admisión inferida
inferred agency agencia inferida
inferred agreement convenio inferido, contrato inferido
inferred authority autoridad inferida
inferred authorization autorización inferida
inferred by law inferido por ley
inferred collusion colusión inferida
inferred command orden inferida
inferred condition condición inferida
inferred confession confesión inferida
inferred consent consentimiento inferido
inferred consideration contraprestación inferida
inferred contract contrato inferido
inferred cost costo inferido
inferred covenant cláusula inferida
inferred dedication dedicación inferida
inferred easement servidumbre inferida
inferred guarantee garantía inferida
inferred guaranty garantía inferida
inferred intent intención inferida
inferred knowledge conocimiento inferido
inferred license autorización inferida
inferred malice malicia inferida
inferred mortgage hipoteca por operación de ley
inferred notice notificación inferida
inferred obligation obligación inferida
inferred partnership sociedad inferida
inferred permission permiso inferido
inferred powers poderes inferidos
inferred price precio inferido
inferred procuration procuración inferida
inferred promise promesa inferida
inferred ratification ratificación inferida
inferred rejection rechazo inferido
inferred release liberación inferida
inferred rent renta inferida
inferred repeal derogación inferida
inferred trust fideicomiso inferido
inferred warranty garantía inferida
infidelity infidelidad, traición
infirm débil, inestable, enfermo
infirmative que disminuye la validez
infirmative consideration hipótesis en que se disminuye el peso de la culpabilidad deducible mediante ella
infirmative fact hecho que disminuye el peso de la culpabilidad deducible mediante él
infirmative hypothesis hipótesis consistente con la prueba incriminante pero que sostiene la inocencia del acusado
infirmity debilidad, fragilidad
inflation inflación
inflict infligir, causar
influence (n) influencia
influence (v) influir, persuadir
influential influyente
inform informar, comunicar
informal informal, irregular, de confianza
informal contract contrato verbal, contrato

informal
informal hearing vista informal
informal marriage matrimonio informal
informal proceedings procedimientos
    informales
informality informalidad
informant informante, informador
information información, acusación hecha por
    un funcionario competente sin la
    intervención de un jurado de acusación,
    denuncia
information and belief saber y entender
information processing procesamiento de
    información
information return formulario de
    información
information system sistema de información
informative informativo, instructivo
informed informado, al tanto de
informed consent consentimiento informado
informed decision decisión informada
informed opinion opinión informada
informer informador, informante
infra bajo, debajo, infra
infraction infracción, violación
infrastructure infraestructura, fundamento
infringement infracción, violación
infringement of copyright violación de los
    derechos de autor
infringement of patent violación de patente
infringement of privacy violación de
    privacidad
infringement of right violación de un derecho
infringement of trademark violación de
    marca, violación de marca de comercio,
    violación de marca registrada
infringer infractor, violador
ingot lingote
ingratitude ingratitud
ingress, egress, and regress derecho de
    entrar y salir y de volver a entrar
ingress ingreso, paso
ingrossing preparación de la versión final de
    un documento
inhabit habitar, residir en
inhabitability habitabilidad
inhabitant habitante
inhere ser inherente
inherent inherente
inherent condition condición inherente
inherent covenant estipulación inherente
inherent defect defecto inherente
inherent powers facultades inherentes
inherent right derecho inherente
inherent vice vicio inherente
inherit heredar
inheritable blood heredero legal
inheritance herencia, sucesión
inheritance tax impuesto sobre la herencia

inhibit inhibir, detener, prohibir
inhibition inhibición, restricción
inhuman inhumano, brutal
inhuman treatment trato inhumano, trato
    brutal
initial (adj) inicial, incipiente
initial (n) inicial
initial (v) poner las iniciales
initial appearance comparecencia inicial
initial carrier transportador inicial
initial claim reclamación inicial
initial fault falta inicial
initial insurance seguro inicial
initial loss pérdida inicial
initial price precio inicial
initial public offering oferta pública inicial
initial salary salario inicial
initial stage etapa inicial
initialling el acto de poner las iniciales
initials iniciales
initiate iniciar, instruir, admitir
initiate an action iniciar una acción
initiation fee cuota de ingreso
initiative iniciativa
injunction mandamiento judicial,
    mandamiento judicial para prohibir algo,
    entredicho, orden de no innovar, interdicto
injure injuriar, perjudicar, lesionar, dañar
injured injuriado, perjudicado, lesionado,
    dañado
injured party la parte perjudicada
injurious injurioso, perjudicial, lesivo,
    dañoso, calumnioso
injurious exposure exposición a sustancias
    tóxicas injuriosa
injurious falsehood calumnia injuriosa
injurious words calumnia, difamación
injury lesión, daño, perjuicio
injury to property daño a la propiedad
injury to reputation daño a la reputación
injustice injusticia
inlagation restauración de la protección de la
    ley
inland (adj) interior, interno
inland (adv) tierra adentro
inland (n) interior
inland bill of exchange letra de cambio local
inland marine insurance seguro de
    transportes
inland navigation navegación de cabotaje,
    navegación fluvial
inland trade comercio interior
inland transport transporte interior
inland waters aguas interiores
inland waterways vías de navegación
    fluviales
inmate recluso, paciente, inquilino
inn posada, hostería
innavigable innavegable

inner interior, secreto
inner city parte central de una ciudad grande, casco de la ciudad
innkeeper posadero, hostelero
innocence inocencia
innocence of desconocimiento, ignorancia
innocent inocente, inofensivo
innocent agent agente inocente
innocent misrepresentation falsa representación inocente
innocent of ignorante de, carente de
innocent party parte inocente
innocent purchaser comprador de buena fe
innocent third party tercera parte inocente
innocent trespass entrada a un inmueble ajeno de buena fe o sin querer
innocent trespasser quien entra a un inmueble ajeno de buena fe o sin querer
innominate innominado
innominate contracts contratos innominados
innovation innovación
innuendo insinuación, indirecta, explicación del sentido de ciertas palabras
inofficious inoficioso
inofficious testament testamento inoficioso
inoperative inoperante, inválido, fuera de servicio
inops consilii sin abogado
inordinatus intestado
inquest indagatoria, investigación, cuerpo señalado para llevar a cabo una indagatoria
inquest jury jurado indagatorio
inquiry indagación, investigación, pregunta, estudio, encuesta
inquisition inquisición, investigación
inquisitor inquisidor, investigador
insane insano, demente
insane delusion alucinación por insania
insanity insania, demencia
insanity defense defensa basada en la insania, defensa basada en la incapacidad mental
insanity plea alegación de insania, alegación de incapacidad mental
inscribe inscribir
inscribed inscrito, registrado
inscription inscripción, registro
insecure inseguro, inseguro y peligroso
insecurity inseguridad, peligro, riesgo
inside director director que además tiene puesto de administración en la compañía
inside information información sobre una corporación que no es de conocimiento público, información de allegados
insider persona clave de una corporación con acceso a información que no es de conocimiento público, persona informada, allegado
insider information información sobre una corporación que no es de conocimiento

público, información de allegados
insider trading transacciones con las acciones de una corporación basadas en información que no es de conocimiento público, transacciones de allegados
insignia insignia, distintivo, emblema
insinuation insinuación, indirecta
insinuation of a will la presentación original de un testamento
insofar as en lo que concierne a, en la medida en que
insolvency insolvencia
insolvency clause cláusula de insolvencia
insolvency fund fondo de insolvencia
insolvent insolvente
insolvent company compañía insolvente
insolvent debtor deudor insolvente
insomuch as ya que, puesto que
insomuch that de tal modo que
inspect inspeccionar, revisar
inspectator adversario
inspection inspección, reconocimiento, registro
inspection by customs inspección por aduana
inspection charges cargos por inspección
inspection laws leyes de inspección
inspection of documents inspección de documentos, derecho a inspeccionar documentos
inspection of records inspección de registros
inspection receipt recibo de inspección
inspection report informe de inspección
inspection rights derechos de inspección
inspector inspector, supervisor
instability inestabilidad
install instalar
installation instalación
installment plazo, pago parcial, pago periódico, mensualidad, instalación
installment contract contrato a plazos, contrato de venta a plazos
installment credit crédito a pagarse a plazos, crédito para compras a plazo
installment land contract contrato para la compra de un terreno cuya escritura se entrega tras el último pago
installment payment pago parcial
installment sale venta a plazos
instance instancia, ejemplo
instance court tribunal de primera instancia, tribunal a quo
instant (adj) inmediato, presente
instant (n) instante
instant dismissal despido del trabajo sin previo aviso
instantaneous crime crimen instantáneo
instantaneous death muerte instantánea
instanter inmediatamente
instantly instantáneamente

instigate instigar, incitar, promover
instigation instigación, incitación
institorial power facultad de un dependiente de administrar un negocio
institute (n) instituto
institute (v) instituir, iniciar, entablar
institute an action entablar una acción
instituted executor albacea instituido sin restricciones
institutes institutos, instituciones
institution institución, establecimiento
institutional institucional
institutional investors inversionistas institucionales
institutional lender institución de crédito
instruct instruir, ordenar
instruct the jury instruir al jurado
instructed verdict veredicto impuesto al jurado por el juez
instruction instrucción, orden
instructions to jury instrucciones al jurado
instructor instructor
instrument instrumento, documento
instrument for the payment of money pagaré
instrument in writing instrumento por escrito
instrument of appeal documento de apelación
instrument of evidence medio de prueba, documento probatorio
instrument of fraud instrumento para cometer fraude
instrument under seal instrumento sellado
instrumenta instrumentos sin sellar
instrumental instrumental, útil
instrumentality agencia, medio
insubordination insubordinación, desobediencia
insufficiency insuficiencia, incapacidad
insufficiency of evidence insuficiencia de la prueba
insufficient insuficiente, incapaz
insufficient evidence prueba insuficiente
insufficient funds fondos insuficientes
insular insular, aislado, separado
insurability asegurabilidad
insurable asegurable
insurable interest interés asegurable
insurable risk riesgo asegurable
insurable title título asegurable
insurable value valor asegurable
insurance seguro, garantía
insurance activity actividad aseguradora
insurance adjuster ajustador de seguros
insurance agent agente de seguros
insurance agreement convenio de seguros
insurance broker corredor de seguros
insurance business negocio de seguros
insurance carrier compañía de seguros
insurance certificate certificado de seguros
insurance commissioner comisionado de seguros
insurance company compañía de seguros
insurance contract contrato de seguros
insurance coverage cobertura de seguros
insurance examiner examinador de seguros
insurance firm empresa aseguradora
insurance form formulario de seguros
insurance limit límite de seguros
insurance plan plan de seguros
insurance policy póliza de seguros
insurance policy anniversary aniversario de póliza de seguros
insurance policy cancellation cancelación de póliza de seguros
insurance policy clauses cláusulas de póliza de seguros
insurance policy condition condición de póliza de seguros
insurance policy date fecha de póliza de seguros
insurance policy declaration declaración de póliza de seguros
insurance policy dividend dividendo de póliza de seguros
insurance policy expiration expiración de póliza de seguros
insurance policy expiration date fecha de expiración de póliza de seguros
insurance policy face valor nominal de póliza de seguros
insurance policy fee cargo por procesar una póliza de seguros, cargo adicional de póliza de seguros
insurance policy holder tenedor de póliza de seguros, asegurado
insurance policy limit límite de póliza de seguros
insurance policy loan préstamo garantizado con una póliza de seguros
insurance policy number número de póliza de seguros
insurance policy owner tenedor de póliza de seguros, asegurado
insurance policy period período de póliza de seguros
insurance policy premium prima de póliza de seguros
insurance policy processing fee cargo por procesar una póliza de seguros
insurance policy provisions cláusulas de póliza de seguros
insurance policy requirement requisito de póliza de seguros
insurance policy reserve reserva de póliza de seguros
insurance policy stipulation estipulación de póliza de seguros
insurance policy terms términos de póliza de seguros

insurance policy year período anual de una póliza de seguros, aniversario de la emisión de una póliza de seguros

insurance premium prima de seguros

insurance premium adjustment ajuste de prima de seguros

insurance premium adjustment endorsement provisión de ajuste de prima de seguros

insurance premium adjustment form formulario de ajuste de prima de seguros

insurance premium advance adelanto de prima de seguros

insurance premium base base de prima de seguros

insurance premium basis base de prima de seguros

insurance premium default incumplimiento de pago de prima de seguros

insurance premium deposit depósito de prima de seguros

insurance premium discount descuento de prima de seguros

insurance premium discount plan plan de descuentos de prima de seguros

insurance premium loan préstamo sobre primas de seguros

insurance premium notice aviso de fecha de pago de prima de seguros

insurance premium rate tasa de prima de seguros

insurance premium recapture recaptura de prima de seguros

insurance premium receipt recibo de pago de prima de seguros

insurance premium refund reembolso de prima de seguros

insurance premium return devolución de prima de seguros

insurance regulation regulación de la industria de seguros

insurance risk riesgo de seguros

insurance services servicios de seguros

insurance trust fideicomiso que usa los beneficios de una póliza de seguros

insure asegurar, garantizar, afianzar

insured asegurado

insured account cuenta asegurada

insured bank banco asegurado

insured deposit depósito garantizado, depósito asegurado

insured depositor depositante asegurado

insured financial institution institución financiera asegurada

insured loan préstamo asegurado

insured mail correo asegurado

insured mortgage hipoteca asegurada

insured peril peligro asegurado

insured premises propiedad asegurada

insured property propiedad asegurada

insured risk riesgo asegurado

insured title título garantizado

insuree asegurado

insurer asegurador

insurgent insurgente, insurrecto

insuring agreement convenio de cobertura de seguros

insuring clause cláusula de cobertura de seguros

insurrection insurrección, sedición

intangible intangible

intangible assets activo intangible

intangible property bienes intangibles

intangibles intangibles, activo intangible, bienes intangibles

integer íntegro

integral part parte esencial

integrate integrar

integrated bar colegio de abogados al que hay que pertenecer para poder ejercer la profesión

integration integración

integrity integridad, entereza

intellectual property propiedad intelectual

intelligibility inteligibilidad, claridad

intelligible inteligible, claro

intemperance intemperancia

intend proponerse, pensar en, querer decir

intendant intendente, supervisor, administrador

intended purpose propósito intencionado

intended to be recorded destinado al registro

intended use uso intencionado

intendment of law el propósito real de la ley, presunción legal

intent intento, intención, sentido

intent of parties intención de las partes

intent to defraud intención de defraudar

intention intención, concepto

intentional intencional

intentional act acto intencional

intentional deception decepción intencional

intentional exaggeration exageración intencional

intentional homicide homicidio intencional

intentional injury lesión intencional

intentional neglect negligencia intencional

intentional tort daño legal intencional

intentional wrong agravio intencional

intentionally intencionalmente

inter alia entre otras cosas, inter alia

inter apices juris entre las sutilezas del derecho

inter partes entre las partes

inter se entre sí

inter vivos entre vivos, inter vivos

inter vivos gift donación entre vivos

inter vivos transfer transferencia entre vivos

interbank interbancario

intercept interceptar
interception intercepción
interception of communications intercepción
de comunicaciones
interchange intercambio
interchangeable intercambiable
interchangeably de forma intercambiable,
recíprocamente
intercompany entre compañías
intercompany arbitration arbitraje entre
compañías
intercompany data datos entre compañías
intercompany transactions transacciones
entre compañías
intercourse intercambio, comunicación,
relaciones sexuales
interdict (n) interdicto, interdicción,
prohibición
interdict (v) interdecir, prohibir
interdiction interdicto, interdicción,
prohibición
interesse intereses
interest interés, derecho, título, rédito
interest bearing que devenga intereses
interest equalization tax impuesto por la
adquisición de valores extranjeros con
vencimiento de un año o más
interest for years derecho sobre un inmueble
por un plazo determinado
interest on interest interés compuesto
interest policy póliza de seguros en que el
asegurado tiene un interés real y asignable
interest rate tasa de interés
interest upon interest interés compuesto
interested interesado
interested party parte interesada
interested person persona interesada
interested witness testigo interesado
interfere interferir, intervenir, obstruir
interference interferencia, conflicto de
patentes
interference with interstate commerce
interferencia de comercio interestatal
interim ínterin, entretanto
interim audit auditoría interina
interim award laudo arbitral provisional,
sentencia provisional
interim committitur orden judicial
provisional para arresto
interim curator curador provisional
interim financing financiamiento provisional,
financiamiento interino
interim officer funcionario provisional
interim order orden provisional
interim receipt recibo provisional
interim report informe provisional
interim statement estado interino
interindustry entre industrias
interinsurance exchange intercambio

recíproco
interior interior, interno
interior department departamento de lo
interior
interlineation interlineación
interlining transferencia de un cargamento a
otro transportador para entrega
interlocking directorate junta directiva
vinculada
interlocutory interlocutorio
interlocutory costs costas interlocutorias
interlocutory decree decreto interlocutorio,
auto interlocutorio
interlocutory hearing audiencia interlocutoria
interlocutory injunction mandamiento
judicial interlocutorio
interlocutory judgment sentencia
interlocutoria
interlocutory order orden interlocutoria, auto
interlocutorio
interlocutory sentence sentencia
interlocutoria
interloper comerciante sin licencia, intruso,
entrometido
intermeddle inmiscuirse, entrometerse
intermediary intermediario, mediador,
intermedio
intermediary bank banco intermediario
intermediate (adj) intermedio, medianero
intermediate (n) intermediario, mediador,
intermedio
intermediate account rendición de cuentas
intermedia
intermediate carrier transportador intermedio
intermediate courts tribunales intermedios
intermediate order orden interlocutoria
intermediation intervención, mediación
intermittent easement servidumbre
intermitente
intermixture of goods confusión de bienes,
mezcla de bienes
intern (n) interno, persona internada
intern (v) internar, encerrar
internal interno, inherente, doméstico
internal act acto interno
internal affairs asuntos internos
internal audit auditoría interna
internal check comprobación interna
internal commerce comercio interno
internal control control interno
internal data datos internos
internal document documento interno
internal improvements mejoras internas
internal police policía interna
internal report informe interno
internal revenue renta interna, impuestos,
ingresos internos, ingresos gubernamentales
por contribuciones
internal revenue code código federal de los

impuestos
internal revenue laws leyes de rentas internas, leyes de impuestos
internal revenue service servicio de rentas internas
internal security seguridad interna
internal waters aguas interiores
international internacional
international account cuenta internacional
international accounting contabilidad internacional
international administrator administrador internacional
international advertising publicidad internacional
international agency agencia internacional
international agent agente internacional
international agreement convenio internacional
international aid ayuda internacional
international assets activo internacional
international assignment cesión hecha en el internacional
international assistance asistencia internacional
international association asociación internacional
international bank banco internacional
international banking banca internacional
international branch sucursal internacional
international cartel cartel internacional
international commerce comercio internacional
international company compañía internacional
international competition competencia internacional
international conference conferencia internacional
international contract contrato internacional
international cooperation cooperación internacional
international copyright derechos de autor internacionales
international corporation corporación internacional, sociedad internacional
international court tribunal internacional
international currency moneda internacional
international custom costumbre internacional
international date line línea de cambio de fecha internacional
international debt deuda internacional
international dispute disputa internacional
international divorce divorcio internacional
international document documento internacional
international domicile domicilio internacional
international economic plan plan económico internacional

international emergency emergencia internacional
international enterprise empresa internacional
international exchange rate tipo de intercambio de moneda internacional
international firm empresa internacional
international holiday fiesta internacional
international income ingresos internacionales
international insurance seguro internacional
international investment inversión internacional
international jurisdiction jurisdicción internacional
international jury jurado internacional
international law derecho internacional
international liability responsabilidad internacional
international liquidity liquidez internacional
international loan préstamo internacional
international market mercado internacional
international organization organización internacional
international origin origen internacional
international patent patente internacional
international payment pago internacional
international port puerto internacional
international reserves reservas internacionales
international securities valores internacionales
international tax impuesto internacional
international tax agreement convenio internacional sobre impuestos
international trade comercio internacional
international union unión internacional
international waters aguas internacionales
internationally internacionalmente
internment internación, internado
internuncius intermediario
interpellate interpelar
interpellation interpelación
interperiod interperíodo
interplea moción para obligar a reclamantes adversos a litigar entre sí
interpleader parte que pide al tribunal que obligue a reclamantes adversos a litigar entre sí
interpolate interpolar
interpolation interpolación
interpose interponer
interposition interposición
interpret interpretar, explicar, traducir oralmente
interpretation interpretación, sentido, traducción oral
interpretation clause cláusula de interpretación
interpretative interpretativo

interpretative regulation reglamento
interpretativo
interpreter intérprete, traductor oral
interregnum interregno, lapso
interrogate interrogar, preguntar
interrogation interrogación
interrogation of witness interrogación de
testigo
interrogatories preguntas escritas a usarse en
un interrogatorio, interrogatorios
interrupt interrumpir
interrupt a separation interrumpir una
separación
interrupt an interval interrumpir un intervalo
interrupt possession interrumpir posesión
interruption interrupción, intervalo
interruption of possession interrupción de
posesión
interruption of prescription interrupción de
la prescripción
intersection intersección, cruce
interspousal entre cónyuges
interspousal immunity derecho a mantener
confidencial las comunicaciones entre
cónyuges
interstate interestatal
interstate account cuenta interestatal
interstate act ley interestatal
interstate action acción interestatal
interstate advertising publicidad interestatal
interstate affairs asuntos interestatales
interstate agency agencia interestatal
interstate agent agente interestatal
interstate agreement convenio interestatal
interstate aid ayuda interestatal
interstate assistance asistencia interestatal
interstate association asociación interestatal
interstate bank banco interestatal
interstate banking banca interestatal
interstate commerce comercio interestatal
interstate company compañía interestatal
interstate competition competencia
interestatal
interstate conference conferencia interestatal
interstate contract contrato interestatal
interstate cooperation cooperación
interestatal
interstate corporation corporación
interestatal
interstate emergency emergencia interestatal
interstate extradition extradición interestatal
interstate firm empresa interestatal
interstate funds fondos interestatales
interstate income ingreso interestatal
interstate laws leyes interestatales
interstate market mercado interestatal
interstate origin origen interestatal
interstate regulation reglamento interestatal
interstate rendition extradición interestatal

interstate rules reglas interestatales
interstate tax impuesto interestatal
interstate trade comercio interestatal
interstate union unión interestatal
interval ownership propiedad por tiempo
compartido
intervening intermedio, interpuesto
intervening act acto de una tercera parte que
altera los resultados de una cadena de
acontecimientos
intervening agency acto que altera los
resultados de una cadena de
acontecimientos
intervening cause causa interpuesta
intervenor intermedio, interventor
intervention intervención, tercería,
interferencia
interview entrevista
intestable quien no tiene capacidad
testamentaria
intestacy muerte intestada, estado intestado
intestate intestado, sin testar
intestate laws leyes concernientes a las
sucesiones de personas que mueren
intestadas
intestate succession sucesión intestada
intimacy intimidad, relaciones sexuales,
familiaridad
intimate (adj) íntimo, privado, profundo
intimate (n) íntimo, allegado
intimate (v) intimar, insinuar, sugerir
intimation intimación, notificación,
insinuación, sugerencia
intimidation intimidación
intolerable intolerable, insufrible
intolerable cruelty crueldad intolerable
intolerable mental cruelty crueldad mental
intolerable
intoxicated intoxicado, ebrio
intoxicating liquor bebida embriagante
intoxication intoxicación, ebriedad
intoxilyzer aparato para medir la
concentración del alcohol en la sangre
intoximeter aparato para medir la
concentración del alcohol en la sangre
intra en, dentro de, cerca de, intra
intra fidem creíble
intra vires dentro de las facultades o
autoridad, intra vires
intraday dentro del mismo día
intramural intramuros
intransitive covenant obligación intransferible
intraperiod intraperíodo
intrastate intraestatal
intrastate account cuenta intraestatal
intrastate act ley intraestatal
intrastate action acción intraestatal
intrastate advertising publicidad intraestatal
intrastate affairs asuntos intraestatales

intrastate agency agencia intraestatal
intrastate agent agente intraestatal
intrastate agreement convenio intraestatal
intrastate aid ayuda intraestatal
intrastate assistance asistencia intraestatal
intrastate association asociación intraestatal
intrastate bank banco intraestatal
intrastate banking banca intraestatal
intrastate commerce comercio intraestatal
intrastate company compañía intraestatal
intrastate competition competencia
    intraestatal
intrastate conference conferencia intraestatal
intrastate contract contrato intraestatal
intrastate cooperation cooperación
    intraestatal
intrastate corporation corporación
    intraestatal
intrastate emergency emergencia intraestatal
intrastate firm empresa intraestatal
intrastate funds fondos intraestatales
intrastate income ingreso intraestatal
intrastate laws leyes intraestatales
intrastate market mercado intraestatal
intrastate origin origen intraestatal
intrastate regulation reglamento intraestatal
intrastate rules reglas intraestatales
intrastate tax impuesto intraestatal
intrastate trade comercio intraestatal
intrastate union unión intraestatal
intrinsic intrínseco, esencial
intrinsic evidence prueba intrínseca
intrinsic fraud fraude intrínseco
intrinsic value valor intrínseco
introduction introducción, presentación
introduction of evidence presentación de
    prueba
intromission intromisión, introducción
intrude entremeterse, molestar
intruder intruso, entrometido
intrusion intrusión, entrometimiento
intrust encomendar, recomendar, confiar
inundation inundación
inure tomar efecto, operar
invadiare hipotecar
invadiatio hipoteca
invalid inválido, nulo
invalid agreement contrato inválido
invalid contract contrato inválido
invalid date fecha de invalidez
invalid defense defensa inválida
invalid delegation delegación inválida
invalid reason razón inválida
invalid title título inválido
invalid transfer transferencia inválida
invalid will testamento inválido
invalidate invalidar, anular
invalidate a will invalidar un testamento
invalidate an election invalidar una elección

invalidated invalidado, anulado
invalidation invalidación, anulación
invalidity invalidez, nulidad
invasion invasión, violación
invasion of privacy invasión de privacidad
inveigle engatusar, seducir
invent inventar, idear
invention invención, invento, fabricación
inventor inventor, creador
inventory inventario
inveritare probar
inverse inverso, contrario
inverse discrimination discriminación inversa
invest invertir, investir
invested invertido
invested capital capital invertido
invested funds fondos invertidos
investigate investigar, estudiar, analizar
investigate a crime investigar un crimen
investigation investigación, estudio, análisis
investigation of title estudio de título
investitive fact hecho que da origen a un
    derecho
investiture investidura, cargo
investment inversión
investment account cuenta de inversiones
investment advisor asesor financiero
investment advisor's act ley que regula las
    ejecutorias de los asesores financieros
investment agreement acuerdo de inversiones
investment bank banco de inversión
investment banker intermediario de
    inversiones
investment banking banca de inversión
investment bill letra de cambio comprada
    como inversión
investment broker corredor de inversiones,
    corredor de bolsa, agente de inversiones
investment center centro de inversiones
investment company compañía de inversiones
investment company laws leyes de compañías
    de inversiones
investment contract contrato de inversiones
investment counselor asesor de inversiones
investment fund fondo de inversiones
investment-grade bonos de calidad apropiada
    para inversiones prudentes
investment guarantee garantía de inversión
investment guaranty garantía de inversión
investment portfolio cartera de valores
investment property propiedad en la que se
    invierte
investment security título de inversión
investment tax credit crédito contributivo por
    inversión
investment trust compañía de inversiones
investor inversionista
investor relations department departamento
    de relaciones con inversionistas

invidious injusto, ofensivo, denigrante
invidious discrimination discriminación injusta
inviolability inviolabilidad
inviolability of contracts inviolabilidad de contratos
inviolable inviolable
inviolate inviolado, íntegro
invitation invitación, tentación
invitation to bid invitación a someter ofertas, anuncio de oferta
invite invitar, solicitar
invited error error en el ofrecimiento de una prueba tras un error previo de la otra parte
invitee invitado
invoice (n) factura
invoice (v) facturar
invoice amount importe de factura
invoice book libro de facturas
invoice date fecha de factura
invoice number número de factura
invoice price precio de factura
involuntary involuntario, espontáneo
involuntary abandonment abandono involuntario
involuntary admission admisión involuntaria
involuntary alienation pérdida de propiedad involuntaria
involuntary appearance comparecencia involuntaria
involuntary arbitration arbitraje involuntario
involuntary assignment cesión involuntaria
involuntary bailment depósito involuntario
involuntary bankruptcy quiebra involuntaria
involuntary compliance cumplimiento involuntario
involuntary confession confesión involuntaria
involuntary conversion conversión involuntaria
involuntary conveyance transferencia involuntaria
involuntary deposit depósito involuntario
involuntary discontinuance cesación involuntaria de una acción
involuntary exchange intercambio involuntario
involuntary exposure to unnecessary danger exposición involuntaria a riesgo innecesario
involuntary ignorance ignorancia involuntaria
involuntary lien gravamen involuntario
involuntary manslaughter homicidio involuntario
involuntary payment pago involuntario
involuntary plan termination terminación de plan involuntaria
involuntary reserve reserva involuntaria
involuntary sale venta involuntaria
involuntary separation separación involuntaria

involuntary servitude trabajo forzado
involuntary statement declaración involuntaria
involuntary termination terminación involuntaria
involuntary trust fideicomiso involuntario
involve envolver, comprometer, incluir, implicar
IOU pagaré
ipse él, él mismo
ipse dixit él mismo dijo
ipso facto por el hecho mismo, ipso facto
ipso jure por el mismo derecho, ipso jure
iron-safe clause cláusula en algunas pólizas de seguros que requieren que se guarden ciertas cosas en un sitio a prueba de incendios
irrational irracional, irrazonable
irrational conclusion conclusión irracional
irrational testimony testimonio irracional
irrebuttable presumption presunción absoluta
irreconcilable irreconciliable
irreconcilable conflict conflicto irreconciliable
irreconcilable differences diferencias irreconciliables
irrecoverable irrecuperable, incobrable, irreparable
irrecoverable debt deuda incobrable
irrecusable irrecusable
irrefutable irrefutable
irregular irregular, extraño
irregular activity actividad irregular
irregular behavior conducta irregular
irregular conditions condiciones irregulares
irregular conduct conducta irregular
irregular course curso irregular
irregular deposit depósito irregular
irregular endorsement endoso irregular
irregular endorser endosante irregular
irregular indorsement endoso irregular
irregular indorser endosante irregular
irregular judgment sentencia irregular
irregular loss pérdida extraordinaria
irregular method método irregular
irregular mode modo irregular
irregular practice práctica irregular
irregular procedure procedimiento irregular
irregular process proceso irregular
irregular succession sucesión irregular
irregular use uso irregular
irregularity irregularidad, error
irrelevancy irrelevancia
irrelevant irrelevante, no pertinente
irrelevant allegation alegación irrelevante
irrelevant answer contestación irrelevante
irrelevant comment comentario irrelevante
irrelevant evidence prueba irrelevante

irrelevant statement declaración irrelevante
irrelevant testimony testimonio irrelevante
irreparable irreparable
irreparable damages daños irreparables,
    daños y perjuicios irreparables
irreparable harm daño irreparable
irreparable injury lesión irreparable
irresistible irresistible
irresistible force fuerza irresistible
irresistible impulse impulso irresistible
irresponsibility irresponsabilidad
irresponsible irresponsable
irretrievable breakdown of marriage colapso
    de matrimonio irreparable
irreversible irreversible
irreversible damage daño irreversible
irrevocable irrevocable, inalterable
irrevocable beneficiary beneficiario
    irrevocable
irrevocable credit crédito irrevocable
irrevocable dedication dedicación irrevocable
irrevocable gift donación irrevocable
irrevocable letter of credit carta de crédito
    irrevocable
irrevocable license licencia irrevocable
irrevocable offer oferta irrevocable
irrevocable transfer transferencia irrevocable
irrevocable trust fideicomiso irrevocable
isolate aislar
isolated aislado
isolated sale venta aislada
isolated transaction transacción aislada
issuable pudiendo llevar a una cuestión,
    emisible
issuable defense defensa de fondo
issue (n) cuestión, descendencia, emisión,
    resultado
issue (v) emitir, arrojar, entregar
issue a check emitir un cheque
issue a policy emitir una póliza
issue of fact cuestión de hecho
issue of law cuestión de derecho
issue shares emitir acciones
issued and outstanding emitido y en
    circulación
issued capital capital emitido
issued stock acciones emitidas
issuer emisor, otorgante
issues and profits todo tipo de rédito
    devengado de un inmueble
issuing bank banco emisor
ita est es así
item ítem, detalle
itemize detallar, especificar
itemized deductions deducciones detalladas
itemized invoice factura detallada
iter vía
itinerant itinerante, ambulante
itinerant peddling venta ambulante

itinerant vendor vendedor ambulante

J

jack-in-office funcionario que le da importancia inmerecida a cosas insignificantes

jactitation jactancia

jail (n) prisión, cárcel

jail (v) encarcelar

jail credit el tiempo de encarcelación en espera del juicio que entonces se descuenta de la sentencia final

jailbreak fuga de una prisión

jailer carcelero

jailhouse lawyer preso que estudia derecho y ofrece asesoramiento a otros presos

Jane Doe Fulana de Tal, nombre ficticio usado para propósitos ilustrativos o cuando se desconoce el nombre de una parte

jar sacudir, disgustar, irritar

jargon jerga, argot

Jason Clause Cláusula de Jason

jaywalker peatón imprudente

jaywalking cruzar calles imprudentemente

jealous celoso, envidioso, desconfiado

jealousy celos, envidia, desconfianza

Jedburgh justice linchamiento

jeopardize poner en peligro, arriesgar

jeopardous peligroso, arriesgado

jeopardy peligro, riesgo

jeopardy assessment colección de impuestos de forma inmediata si se sospecha que no será posible cobrarlos después

jerry de calidad inferior

jerry-build fabricar mal, fabricar a la carrera

jerry-built mal fabricado

jetsam echazón, desecho

jettison (n) echazón

jettison (v) echar al mar, desechar, echar por la borda

jetty rompeolas, muelle

jimmy forzar una puerta

job trabajo, empleo, ocupación, acto criminal

job agreement contrato de trabajo

job classification clasificación de trabajo

job contract contrato de trabajo

job definition definición de trabajo

job description descripción de trabajo

job environment ambiente de trabajo

job evaluation evaluación de trabajo

job order orden de trabajo

job related relacionado al trabajo

job-related accident accidente relacionado al trabajo

job-related death muerte relacionada al trabajo

job-related injury lesión relacionada al trabajo

job security seguridad de trabajo

job stress estrés de trabajo

job training entrenamiento de trabajo

jobber corredor, corredor de bolsa, intermediario

jobholder empleado

jobless desempleado

John Doe Fulano de Tal, nombre ficticio usado para propósitos ilustrativos o cuando se desconoce el nombre de una parte

join juntar, unir, asociarse a

joinder acumulación de acciones, unión, consolidación

joinder in demurrer aceptación de excepción

joinder in issue aceptación de un hecho expuesto por la otra parte

joinder in pleading aceptación de la cuestión y del método de instrucción

joinder of causes of actions unión de acciones

joinder of defendants unión de los acusados

joinder of error negación de errores alegados por escrito

joinder of offenses unión de delitos

joinder of parties unión de las partes

joint unido, conjunto, en común, mancomunado

joint account cuenta conjunta, cuenta mancomunada

joint account agreement convenio de cuenta conjunta

joint acquisition coadquisición

joint action acción conjunta

joint administrators administradores conjuntos

joint adventure empresa colectiva, empresa conjunta, riesgo conjunto

joint agreement convenio conjunto

joint and mutual will testamento conjunto y recíproco

joint and several contract contrato solidario

joint and several creditor acreedor solidario

joint and several debt deuda solidaria

joint and several debtor deudor solidario

joint and several guarantee garantía solidaria

joint and several guaranty garantía solidaria

joint and several liability responsabilidad solidaria

joint and several note pagaré solidario

joint and several obligation obligación solidaria

joint and survivorship annuity anualidad que sigue pagando a los beneficiarios tras la muerte del rentista original, anualidad mancomunada y de supervivencia

joint annuity anualidad conjunta

joint appeal apelación conjunta

joint assignee cocesionario

joint authorship autoría conjunta

joint ballot voto conjunto

joint bank account cuenta de banco conjunta

joint beneficiaries beneficiarios conjuntos

joint bond fianza conjunta, fianza mancomunada

joint borrower prestatario conjunto, prestatario mancomunado

joint cause of action acción acumulada

joint commission comisión conjunta

joint committee comité conjunto

joint contract contrato mancomunado

joint control control conjunto

joint creditor coacreedor, acreedor mancomunado

joint debtors codeudores, deudores mancomunados

joint debts deudas conjuntas, deudas mancomunadas

joint defense defensa conjunta

joint deposit depósito conjunto, depósito mancomunado

joint donees codonatarios

joint donors codonantes

joint effort esfuerzo conjunto

joint employer compatrono

joint endorsement endoso conjunto

joint enterprise empresa conjunta

joint estate copropiedad

joint executors coalbaceas, albaceas mancomunados

joint financing financiamiento conjunto

joint fine multa conjunta

joint guarantor cogarante

joint heirs coherederos

joint indictment procesamiento conjunto

joint indorsement endoso conjunto

joint insurance seguro conjunto

joint insurance policy póliza de seguros conjunta

joint interest interés común

joint inventions invenciones conjuntas

joint legacies legados conjuntos

joint legatee colegatario

joint lessee coarrendatario

joint lessor coarrendador

joint liability responsabilidad mancomunada

joint life insurance seguro de vida en conjunto

joint litigant colitigante

joint lives derecho de propiedad que sigue en vigor mientras todas las partes estén vivas

joint negligence negligencia conjunta

joint obligation obligación conjunta

joint offender coautor de un delito, cómplice

joint offense delito conjunto

joint opinion opinión conjunta

joint owners copropietarios, condueños

joint ownership copropiedad, posesión conjunta

joint patent patente conjunta

joint policy póliza conjunta

joint possession coposesión, posesión conjunta

joint promissory note pagaré conjunto

joint proprietor copropietario

joint resolution resolución conjunta

joint return planilla conjunta, declaración sobre impuestos conjunta, declaración conjunta sobre la renta

joint sentence sentencia conjunta

joint session sesión conjunta

joint-stock association empresa sin incorporar pero con acciones

joint-stock company empresa sin incorporar pero con acciones

joint surety cogarante

joint tax return planilla conjunta, declaración de impuestos conjunta, declaración conjunta sobre la renta

joint tenancy tenencia conjunta, tenencia mancomunada, posesión conjunta, condominio, copropiedad sobre un inmueble

joint tenancy with right of survivorship tenencia conjunta con derecho de supervivencia

joint tenant copropietario, coinquilino, coarrendatario

joint tort daño legal conjunto

joint tort-feasors coautores de un daño legal

joint trespass transgresión conjunta

joint trespassers transgresores conjuntos

joint trial juicio conjunto

joint trustees cofiduciarios

joint undertaking empresa conjunta

joint venture empresa conjunta

joint venture account cuenta de una empresa conjunta

joint verdict veredicto conjunto

joint will testamento conjunto

joint work trabajo en conjunto

jointist comerciante establecido en un local cuyo negocio es el vender sustancias ilícitas

jointly conjuntamente, mancomunadamente

jointly acquired property propiedad adquirida en común por esposos

jointly and severally solidariamente

jointly owned property propiedad común de esposos

jointress mujer quien tendrá ciertos bienes durante el tiempo que ella esté viva tras fallecer su esposo, viuda

jointure derecho de por vida que tiene la

mujer a inmuebles tras fallecer su esposo, viudedad

joker cláusula deliberadamente ambigua, disposición engañosa, bromista

jolt sacudida, conmoción, choque

jostle empujar, forcejear

jour día

journal diario, libro diario, libro de navegación

journal entry asiento de diario

journal voucher comprobante de diario

journalist periodista

journalists' privilege exención de un publicador de acciones por difamación mientras se informe juiciosamente

journalize sentar en el diario

journey viaje, jornada

journeyman obrero que ha terminado su noviciado

journeywork trabajo rutinario

joyriding uso temporal de un vehículo ajeno para viajar desenfrenadamente

jubere ordenar, dirigir

judex juez

judex delegatus juez delegado

judex ordinarius juez ordinario

judge (n) juez, magistrado, conocedor

judge (v) juzgar, opinar

judge de facto juez de hecho

judge-made law derecho establecido por jurisprudencia, legislación judicial

judge pro tempore juez temporero, juez interino

judge trial juicio sin jurado

judge's certificate certificado judicial

judge's minutes minutas del juez, notas tomadas por un juez durante un juicio

judge's notes notas tomadas por un juez durante un juicio, minutas del juez

judge's order orden judicial

judges of elections jueces electorales

judgmatically juiciosamente

judgment, estoppel by impedimento por sentencia

judgment sentencia, fallo, decisión, juicio, opinión

judgment book libro de sentencias

judgment by confession sentencia basada en confesión

judgment creditor acreedor que ha obtenido un fallo contra el deudor

judgment debt deuda corroborada por fallo judicial

judgment debtor deudor por fallo, deudor cuya deuda ha sido corroborada judicialmente

judgment docket registro de sentencias

judgment execution ejecución de sentencia

judgment file registro de sentencias

judgment filed sentencia registrada

judgment for the plaintiff sentencia a favor del demandante

judgment in absence sentencia en ausencia

judgment in personam sentencia contra una persona

judgment in rem sentencia contra la cosa, sentencia en relación a la cosa

judgment in retraxit sentencia basada en un acuerdo extrajudicial

judgment lien privilegio judicial, embargo judicial, gravamen por fallo

judgment notwithstanding verdict sentencia contraria al veredicto

judgment of conviction sentencia condenatoria

judgment of dismissal sentencia absolutoria

judgment of foreclosure sentencia de ejecución

judgment of his peers juicio por jurado

judgment on the merits sentencia según los méritos

judgment on verdict sentencia basada en el veredicto

judgment proof a prueba de sentencias para cobro

judgment record expediente judicial

judgment recovered defensa basada en que el demandante ya ha obtenido lo que se pide de la acción

judgment roll registro del tribunal, legajo de sentencia

judgment satisfied sentencia cumplida, sentencia satisfecha

judgment seat tribunal

judgment with costs sentencia más las costas

judicable juzgable

judicatio sentencia

judicative judicial

judicatory judicial

judicatory tribunals tribunales judiciales

judicature judicatura, tribunal, jurisdicción

judices jueces

judicial judicial, crítico

judicial act acto judicial

judicial action acción judicial

judicial activism activismo judicial

judicial administrator administrador judicial

judicial admission admisión judicial

judicial assistant asistente judicial

judicial authority jurisdicción

judicial authorization autorización judicial

judicial bond fianza judicial

judicial branch rama judicial

judicial business actividades judiciales

judicial circuit circuito judicial

judicial code código judicial

judicial cognizance conocimiento judicial

judicial comity principio que requiere que

unas jurisdicciones reconozcan las leyes y
decisiones judiciales de otras como cuestión
de cortesía

judicial command mando judicial
judicial comment comentario judicial
judicial conclusion conclusión judicial
judicial confession confesión judicial
judicial control control judicial
judicial council consejo judicial
judicial day día judicial
judicial decision decisión judicial, decisión
del tribunal
judicial decree decreto judicial
judicial definition definición judicial
judicial department rama judicial
judicial deposit depósito judicial
judicial determination determinación judicial
judicial discretion discreción judicial
judicial district distrito judicial
judicial documents documentos judiciales
judicial duty deber judicial
judicial errors errores judiciales
judicial estoppel impedimento judicial
judicial evidence prueba judicial
judicial examination examen judicial
judicial function función judicial
judicial immunity inmunidad judicial
judicial inquiry indagación judicial,
investigación judicial
judicial interpretation interpretación judicial
judicial intervention intervención judicial
judicial investigation investigación judicial
judicial knowledge conocimiento judicial
judicial legislation derecho establecido por
jurisprudencia
judicial lien gravamen judicial, gravamen por
fallo judicial
judicial method método judicial
judicial notice notificación judicial, aviso
judicial
judicial oath juramento judicial
judicial office cargo judicial
judicial officer funcionario judicial
judicial opinion opinión judicial
judicial order orden judicial
judicial partition partición judicial
judicial power poder judicial
judicial precedent precedente judicial
judicial proceeding procedimiento judicial,
juicio
judicial process proceso judicial
judicial proof prueba judicial
judicial question cuestión judicial
judicial reconsideration reconsideración
judicial
judicial records registros judiciales
judicial reexamination reexamen judicial
judicial remark comentario judicial
judicial remedy recurso judicial, recurso legal

judicial review revisión judicial
judicial sale venta judicial
judicial self-restraint acción del juez de
reprimir sus opiniones personales al
adjudicar
judicial separation separación judicial
judicial sequestration secuestro judicial
judicial settlement arreglo judicial
judicial system sistema judicial
judicial trustee fiduciario judicial
judicially judicialmente
judiciary judicial
judiciary acts leyes que rigen el poder judicial
judiciary police policía judicial
judicious juicioso, sensato
judiciously juiciosamente, sensatamente
judiciousness juicio, sensatez
jump bail fugarse al estar bajo fianza, violar
la libertad bajo fianza
junior hijo, menor, inferior
junior bond bono subordinado
junior counsel abogado auxiliar
junior creditor acreedor subordinado,
acreedor secundario
junior encumbrance gravamen subordinado,
gravamen secundario
junior execution ejecución subordinada
junior interest interés subordinado, derecho
subordinado
junior judgment sentencia posterior,
sentencia subordinada
junior lien privilegio subordinado
junior mortgage hipoteca subordinada,
hipoteca secundaria, hipoteca posterior
junior partner socio menor
junior writ auto posterior
junk chatarra, basura
junk bond bono de calidad inferior
junk faxes facsímiles de propaganda de ventas
no solicitados
junk mail correo de propaganda de ventas no
solicitado
junket arreglo mediante el cual un casino
paga ciertos gastos de un apostador para
que apueste en dicho casino
jura derechos, leyes
jura in re derechos en una cosa
jura personarum los derechos de las personas
jural jurídico, legal
jural act acto jurídico
jural cause causa jurídica
jural relationship relación jurídica
juramentum juramento
jurat certificación de autenticidad del notario
juration juramento
jurator miembro de un jurado
juratory juratorio
jure por derecho, jure
jure civili por el derecho civil

jure gentium por el derecho de naciones
jure mariti por el derecho del esposo
jure uxoris por el derecho de la esposa
juridic jurídico, judicial, legal
juridical jurídico, judicial, legal
juridical act acto jurídico
juridical day día judicial, día hábil
juridical person persona jurídica
juridically jurídicamente
juridicus jurídico, judicial, legal
juris de derecho
juris publici del derecho público
jurisconsult aprendido del derecho
jurisdiction jurisdicción, competencia
jurisdiction of the subject matter jurisdicción sobre el asunto del litigio
jurisdiction over person jurisdicción sobre la persona
jurisdictional jurisdiccional
jurisdictional amount monto del litigio
jurisdictional clause cláusula de jurisdicción
jurisdictional dispute disputa de jurisdicción
jurisdictional facts hechos que determinan la jurisdicción
jurisdictional limits límites jurisdiccionales
jurisdictional plea alegación jurisdiccional
jurisdictional requirement requisito jurisdiccional
jurisprudence jurisprudencia, filosofía del derecho, teoría del derecho
jurisprudential jurisprudencial
jurist jurista
juristic jurídico, legal
juristic act acto jurídico
juristically jurídicamente
juror jurado, miembro de un jurado
juror designate persona designada para formar parte de un jurado
juror's book lista de las personas capacitadas a participar en el jurado
jury (adj) improvisado, provisional
jury (n) jurado
jury box tribuna del jurado
jury challenge impugnación de jurado
jury commissioner funcionario encargado de seleccionar los integrantes de un jurado
jury fixing soborno del jurado
jury instructions instrucciones del juez al jurado
jury-list lista de las personas que integran un jurado
jury panel grupo de personas de que se selecciona un jurado
jury polling práctica de preguntarle a los integrantes de un jurado uno por uno su veredicto
jury process proceso para convocar a un jurado
jury questions preguntas que el jurado tiene

que contestar, preguntas hechas al jurado
jury selection selección de los miembros de un jurado
jury service servir como miembro de un jurado
jury summation declaraciones finales de los abogados al jurado
jury trial juicio con jurado
jury wheel dispositivo para sorteo de jurados
jus derecho, ley, justicia, jus
jus accrescendi derecho de supervivencia
jus belli derecho de guerra
jus civile derecho civil
jus commune derecho común
jus coronae derecho de la corona
jus deliberandi derecho a deliberar
jus disponendi derecho de disponer
jus dividendi derecho a legar inmuebles por testamento
jus futurum derecho en expectativa
jus gentium derecho de las naciones
jus haereditatis derecho de heredar
jus incognitum ley desconocida
jus naturale ley natural, derecho natural
jus strictum derecho estricto
jus tertii derecho de un tercero
just justo, recto, legítimo, imparcial
just cause causa justa
just cause of provocation provocación suficiente para reducir un cargo de asesinato al segundo grado
just compensation indemnización justa por expropiación, remuneración razonable
just consideration contraprestación adecuada
just debts deudas legalmente exigibles
just prior justo antes
just title justo título
just value justo valor, valor justo en el mercado
justice justicia, juez, magistrado, imparcialidad
justice department departamento de justicia
justice of the peace juez de paz
justice's clerk secretario del juez, oficial jurídico
justice's courts tribunales inferiores con jurisdicción limitada presididos por jueces de paz
justiceship judicatura
justiciable justiciable
justiciable controversy controversia justiciable
justifiable justificable
justifiable cause causa justificada
justifiable homicide homicidio justificado
justifiableness calidad de justificable
justifiably justificadamente
justification justificación, vindicación
justificative justificativo

justificatory justificador
justified justificado
justified price precio justificado
justify justificar, vindicar
justifying bail el requisito de demostrar que
    una fianza es adecuada
justitia justicia
justly justamente, debidamente
justness justicia, rectitud, exactitud
juvenile juvenil, inmaduro
juvenile courts tribunales de menores
juvenile delinquency delincuencia juvenil
juvenile delinquent delincuente juvenil
juvenile offender delincuente juvenil
juxta junto a, de acuerdo a
juxtapose yuxtaponer
juxtaposition yuxtaposición

K

kangaroo court tribunal irresponsable y
    prejuiciado, tribunal fingido
kartell cartel
keel quilla
keelage derecho de quilla
keen agudo, vívido, vehemente
keep conservar, retener, mantener, continuar,
    proteger
keep in repair mantener en buen estado de
    funcionamiento
keep out prohibido el paso
keeper guardián, administrador, custodio
keeper of a dog quien refugia a un perro sin
    ser dueño, dueño de perro
keeper of public records funcionario a cargo
    de los registros públicos, registrador
keeping custodia, conservación, observación
keeping a lookout mantenerse pendiente de
    los alrededores, mantenerse pendiente del
    vehículo propio y de los demás vehículos y
    peatones
keeping books mantener libros contables
keeping the peace mantener el orden público
kelp-shore la tierra entre la marea alta y baja
kennel perrera, desagüe
Keogh Plan plan de retiro para personas con
    negocio propio
key llave, muelle, clave
key employee empleado clave
key employee insurance seguro contra muerte
    o incapacidad de empleado clave
key man insurance seguro contra muerte o
    incapacidad de empleado clave
key number system sistema de numeración de
    temas claves de los casos reportados
key person persona clave, empleado clave
key person insurance seguro contra muerte o
    incapacidad de empleado clave
keyage derecho de muelle
keynote principio fundamental
kickback la actividad deshonesta de devolver
    una porción del precio de venta de
    mercancías para promover compras
    futuras, reacción
kiddie tax impuesto usando la tasa del padre
    sobre los ingresos de sus hijos no
    devengados del trabajo personal
kidnap secuestrar, raptar

kidnapper secuestrador, raptor
kidnapping secuestro, rapto
kill matar, eliminar, descartar
killing by misadventure homicidio accidental
kin parentela, familiar
kind (adj) bueno, gentil, afectuoso
kind (n) tipo, clase, género
kindle encender, prender fuego a
kindred pueblo, parentela
kinsfolk parentela
kinship parentesco
kinsman pariente
kinswoman parienta
kiosk kiosco
kite cheque sin fondos, letra de favor, ladrón
kiting el girar un cheque sin fondos con la expectativa de que se depositarán los fondos necesarios antes de cobrarse dicho cheque
kleptomania cleptomanía
kleptomaniac cleptómano
knave ladrón, bribón
knock tocar, tocar una puerta, criticar severamente
knock and announce rule regla que exige que en casos de arresto los funcionarios públicos toquen a la puerta y anuncien su capacidad y su propósito
knock down asignar al mejor postor mediante un martillazo, tumbar
knot nudo, problema, vínculo
know conocer, saber, reconocer
know all men sépase por la presente
know all men by these presents sépase por la presente
know-how pericia, destreza, habilidad
know-your-customer rules reglas de conocer ciertos datos de clientes
knower conocedor
knowing (adj) instruido, discernidor, sagaz
knowing (n) conocimiento
knowingly a sabiendas, deliberadamente, voluntariamente, sagazmente
knowingly aid ayudar a sabiendas
knowingly and willfully consciente e intencionalmente
knowledge conocimiento, saber
knowledge and belief saber y entender
knowledge of another's peril conocimiento del peligro de otro
known conocido
known heirs herederos conocidos

L

labefaction deterioro, debilitamiento
label (n) etiqueta, indicación
label (v) rotular, identificar, etiquetar
label incorrectly rotular erróneamente
labeling laws leyes de etiquetado
labile lábil, inestable
labor (adj) laboral
labor (n) labor, trabajo, mano de obra, faena
labor (v) trabajar, trabajar duro, acercarse al parto, funcionar con dificultad
labor a jury intentar influir impropiamente al jurado
labor action acción laboral
labor administration administración laboral
labor agreement convenio colectivo laboral
labor arbitration arbitraje laboral
labor code código laboral
labor contract contrato colectivo laboral
labor costs costos de personal
labor dispute conflicto laboral, conflicto colectivo
labor force fuerza laboral
labor jurisdiction jurisdicción laboral
labor law derecho laboral, ley laboral
labor legislation legislación laboral
labor monopoly monopolio laboral
labor movement movimiento laboral
labor organization sindicato laboral
labor piracy piratería laboral
labor practices prácticas laborales
labor productivity productividad laboral
labor regulations reglamentos laborales
labor relations relaciones laborales
labor shortage escasez laboral
labor standard patrón laboral
labor union gremio laboral, sindicato obrero
laboratory laboratorio
labored trabajoso, forzado
laborer obrero, persona que labora
lacerate lacerar, herir, atormentar
laches, estoppel by impedimento por no haber ejercido ciertos derechos a tiempo
laches inactividad en ejercer ciertos derechos que produce la pérdida de dichos derechos, negligencia, prescripción negativa
lack falta, deficiencia, carencia
lack of ability falta de habilidad
lack of activity falta de actividad

lack of attention falta de atención
lack of authority falta de autoridad
lack of capacity falta de capacidad
lack of care falta de cuidado
lack of caution falta de precaución
lack of certainty falta de certidumbre
lack of clarity falta de claridad
lack of competence falta de competencia, falta de capacidad
lack of consideration falta de contraprestación, falta de causa
lack of control falta de control
lack of doubt falta de duda
lack of due care falta del debido cuidado
lack of due process falta del debido proceso
lack of evidence falta de prueba
lack of honesty falta de honestidad
lack of incentive falta de incentivo
lack of integrity falta de integridad
lack of intent falta de intención
lack of interest falta de interés
lack of issue falta de descendencia
lack of judgment falta de juicio
lack of jurisdiction falta de jurisdicción
lack of knowledge falta de conocimiento
lack of maintenance falta de mantenimiento
lack of motive falta de motivo
lack of precedent falta de precedentes
lack of probable cause falta de causa probable
lack of protection falta de protección
lack of safety falta de seguridad
lack of warning falta de advertencia
lackadaisical indiferente, desganado, vago, lento
lacking deficiente, carente de
laconic lacónico, conciso
lade (n) desembocadura
lade (v) cargar, echar en
laden cargado, agobiado
lading carga, cargamento
lag (n) retraso, atraso, intervalo
lag (v) retrasarse, atrasarse
lagan mercancías arrojadas al mar y marcadas con una boya para poder ser recogidas
laissez-faire política de no interferir, laissez-faire
lame lisiado, insatisfactorio
lame duck funcionario que será reemplazado por otro ya electo, especulador insolvente
lame duck session sesión legislativa tras la elección de nuevos miembros pero antes de que éstos asuman sus cargos
land (n) tierra, terreno, suelo, país, propiedad inmueble
land (v) aterrizar, desembarcar
land administration administración de tierras
land administrator administrador de tierras
land bank banco federal para préstamos

agrícolas con términos favorables, banco de préstamos hipotecarios
land boundaries lindes de un terreno
land certificate certificado de tierras
land contract contrato concerniente a un inmueble, contrato de compraventa de un inmueble
land damages compensación por expropiación
land description lindes de un terreno
land development urbanización, edificación de terrenos
land district distrito federal creado para la administración de tierras
land gabel impuestos sobre tierras
land grant concesión de tierras, concesión de tierras públicas
land holder terrateniente
land improvement aprovechamiento de tierras
land in abeyance tierras sin titular
land law derecho inmobiliario
land lease arrendamiento de terreno vacante
land management administración de tierras
land manager administrador de tierras
land measures medidas de terreno
land office oficina para la administración de las tierras públicas de su distrito
land owner propietario de terrenos
land patent concesión de tierras públicas, el documento que certifica una concesión de tierras públicas
land revenues rentas inmobiliarias
land sale contract contrato de compraventa de tierras
land survey agrimensura
land surveyor agrimensor
land tax impuesto inmobiliario, impuesto territorial
land tenant dueño de tierras
land trust fideicomiso de tierras
land use utilización de tierras
land-use intensity intensidad de utilización de tierras
land-use planning las normas para planificar el uso de tierras
land-use regulations reglamentos sobre la utilización de tierras
land warrant el documento que certifica una concesión de tierras públicas
landed estate propiedad inmueble
landed estates court tribunal con jurisdicción sobre bienes inmuebles con gravámenes
landed interest interés relativo a un inmueble
landed property propiedad inmueble, bienes raíces
landed securities garantías inmobiliarias
landing aterrizaje, desembarque, plataforma de carga
landless sin tierras
landlocked terreno completamente rodeado de

terrenos de otras personas
landlord arrendador, locador, terrateniente
landlord and tenant relationship relación arrendador-arrendatario
landlord's lien gravamen del arrendador
landlord's warrant orden de embargo de parte del arrendador
landmark mojón, hito, acontecimiento grande, lugar histórico
landowner propietario de inmuebles
landownership posesión de tierras
lands, tenements, and hereditaments bienes inmuebles
landslide derrumbe, desprendimiento de tierras, victoria masiva
lane carril, sendero
language lenguaje, lengua, palabras
lappage interferencia, conflicto, superposición
lapping ocultación de escasez mediante la manipulación de cuentas
lapsable caducable, prescriptible
lapse (n) lapso, caducidad, prescripción, transcurso
lapse (v) decaer, caducar, prescribir, deslizarse
lapse of agreement caducidad del acuerdo
lapse of contract caducidad del contrato
lapse of copyright caducidad de los derechos de autor
lapse of lease caducidad del arrendamiento
lapse of license caducidad de la licencia
lapse of offer caducidad de la oferta
lapse of patent caducidad del patente
lapse of permission caducidad del permiso
lapse of permit caducidad del permiso
lapse of policy caducidad de la póliza
lapse of sentence caducidad de la sentencia
lapse of trademark caducidad de la marca, caducidad de la marca comercial
lapse patent nueva concesión de tierras al caducar la anterior
lapsed caducado, prescrito, cumplido
lapsed agreement acuerdo caducado
lapsed contract contrato caducado
lapsed copyright derechos de autor caducados
lapsed devise legado caducado
lapsed insurance seguro caducado
lapsed insurance policy póliza de seguros caducada
lapsed lease arrendamiento caducado
lapsed legacy legado caducado
lapsed license licencia caducada
lapsed offer oferta caducada
lapsed option opción expirada
lapsed patent patente caducada
lapsed policy póliza caducada
lapsed trademark marca comercial caducada
larcener ladrón
larcenist ladrón

larcenous teniendo el carácter de hurto
larcenous intent intención de hurto
larceny latrocinio, hurto
larceny by bailee hurto de parte del depositario
larceny by deception hurto mediante engaño
larceny by extortion hurto mediante la extorsión
larceny by false pretenses hurto mediante engaño
larceny by fraud hurto mediante el fraude
larceny by trick hurto mediante engaño
larceny from the person hurto de bienes de una persona sin el uso de la violencia
larceny of auto hurto de carro, hurto de coche
lascivious lascivo
lascivious cohabitation concubinato
lasciviousness lascivia
last (adj) último, final
last (v) durar, permanecer
last antecedent rule regla que indica que al interpretar las leyes las frases calificativas se aplicarán a las palabras y frases más cercanas a ellas
last clear chance doctrine doctrina que indica que un conductor que ha sido negligente puede obtener reparación por daños y perjuicios si puede demostrar que el otro conductor tuvo la oportunidad de evitar el accidente
last heir la persona a quien corresponden los bienes de quien muere intestado
last illness la enfermedad por la cual muere una persona, enfermedad mortal
last known address último domicilio conocido
last name apellido
last residence última residencia
last resort, court of tribunal de última instancia
last resort última instancia, último recurso
last sickness la enfermedad por la cual muere una persona, enfermedad mortal
last will testamento, última voluntad
lasting duradero, permanente, constante
lata culpa negligencia grave, culpa lata
late tarde, tardío, fallecido, reciente
late charge cargo adicional por pago atrasado
late fee cargo adicional por pago atrasado
late filing radicación tardía
late payment pago tardío
late payment penalty penalidad por pago tardío
latency estado latente
latent latente, oculto
latent ambiguity ambigüedad latente
latent danger peligro latente
latent deed escritura ocultada por más de 20 años

latent defect defecto oculto, vicio oculto
latent equity derecho equitativo latente
latent fault defecto oculto, vicio oculto
latent injury lesión latente
latent liability responsabilidad latente
latent reserves reservas ocultas
latent risk riesgo latente
latently latentemente, ocultamente
lateral support derecho del apoyo lateral de las tierras
latitude latitud, libertad
latro ladrón, hurtador
latrocination robo con el uso de violencia
latrociny latrocinio, hurto
latter posterior, más reciente
laudum laudo, laudo arbitral
launch lanzar, botar, emprender
laundered money dinero lavado, dinero blanqueado
laundering lavado de dinero, blanquear capitales
lavishly despilfarradamente, copiosamente
law ley, derecho, leyes, abogacía
law-abiding observante de la ley
law and order ley y orden
law arbitrary derecho arbitrario
law book libro de derecho
law charges costas legales
law courts tribunales de derecho
law day día de vencimiento
law department departamento de justicia
law enforcement ejecución de la ley
law enforcement officer policía, funcionario a cargo de la ejecución de la ley
law firm bufete, firma de abogados
law in the books ley en el sentido formal
law journal revista jurídica
law list guía de abogados
law making el procedimiento para crear una ley
law merchant derecho comercial, derecho mercantil
law of a general nature ley general
law of arms acuerdos sobre condiciones de guerra
law of diminishing returns ley de los rendimientos decrecientes
law of evidence reglas y principios de la prueba, derecho probatorio
law of increasing returns ley de los rendimientos crecientes
law of marque ley de represalia
law of nations derecho internacional
law of nature derecho natural
law of shipping derecho de la navegación
law of the case doctrina que indica que se tiene que observar la decisión de un tribunal de apelaciones a través de los procedimientos subsiguientes del caso

law of the flag las leyes del país de la bandera izada en una embarcación
law of the land la ley a través de su procedimiento establecido, derecho vigente en un país
law of the road las normas del uso de las vías públicas
law-officer funcionario legal, policía
law question cuestión de derecho
law reporters tomos con fallos judiciales, crónica jurídica
law reports tomos con fallos judiciales, crónica jurídica
law review revista jurídica
law school facultad de derecho, escuela de leyes
law sitting sesión de un tribunal
law term período de sesiones de un tribunal
law worthy teniendo el beneficio y la protección de la ley
lawbreaker violador de la ley
lawbreaking (adj) que viola la ley
lawbreaking (n) violación de la ley
lawful legal, lícito, legítimo, permitido
lawful act acto legal
lawful action acción legal
lawful address domicilio legal
lawful administration administración legal
lawful age mayoría de edad
lawful arrest arresto legal
lawful auction subasta legal
lawful authorities autoridades legales
lawful authority autoridad legal
lawful authorization autorización legal
lawful beneficiary beneficiario legal
lawful business negocios lícitos
lawful capacity capacidad legal
lawful capacity to sue capacidad legal para accionar
lawful capital capital legal
lawful cause causa lícita
lawful claim reclamo legal
lawful command orden legal
lawful competence competencia legal, capacidad legal
lawful condition condición lícita
lawful consideration contraprestación legal
lawful contract contrato legal
lawful custody custodia legal
lawful damages daños y perjuicios determinados por ley
lawful decision decisión legal
lawful demand requerimiento legal
lawful description descripción legal
lawful discharge liberación de acuerdo al derecho de quiebra
lawful distributees herederos legítimos
lawful duty obligación legal
lawful entity entidad legal

lawful entry ingreso lícito
lawful goods bienes lícitos
lawful heirs herederos legítimos
lawful interest interés lícito
lawful investments inversiones permitidas para ciertas instituciones financieras
lawful issue descendencia legítima
lawful lending limit límite de préstamos legal
lawful limit límite legal
lawful list lista de inversiones permitidas para ciertas instituciones financieras
lawful maximum máximo legal
lawful measures medios legales
lawful minimum mínimo legal
lawful money moneda de curso legal
lawful monopoly monopolio legal
lawful mortgage hipoteca legal
lawful name nombre legal
lawful notice notificación legal
lawful obligation obligación legal
lawful order orden legal
lawful owner propietario legal
lawful possession posesión legítima
lawful possessor poseedor legítimo
lawful process proceso legal
lawful purpose propósito legal
lawful rate tasa legal
lawful rate of interest tasa de interés legal
lawful remedy recurso legal
lawful representative heredero legítimo, albacea
lawful reserve reserva legal
lawful residence domicilio legal
lawful trade comercio lícito
lawful transfer transferencia legal
lawful use uso legal
lawfully legalmente, lícitamente, legítimamente
lawfully adequate adecuado legalmente
lawfully administered administrado legalmente
lawfully adopted adoptado legalmente
lawfully advised asesorado legalmente
lawfully arrested arrestado legalmente
lawfully assisted asistido legalmente
lawfully auctioned subastado legalmente
lawfully authorized autorizado legalmente
lawfully binding obligante legalmente
lawfully capable capacitado legalmente
lawfully claimed reclamado legalmente
lawfully constituted constituido legalmente
lawfully contracted contratado legalmente
lawfully dead muerto para efectos legales
lawfully decided decidido legalmente
lawfully described descrito legalmente
lawfully determined determinado legalmente
lawfully disabled discapacitado para efectos legales
lawfully distributed distribuido legalmente

lawfully documented documentado legalmente
lawfully established establecido legalmente
lawfully evidenced probado legalmente
lawfully impossible imposible legalmente
lawfully incorporated incorporado legalmente
lawfully insane insano desde el punto de vista legal
lawfully interested interesado legalmente
lawfully investigated investigado legalmente
lawfully liable responsable legalmente
lawfully limited limitado legalmente
lawfully monopolized monopolizado legalmente
lawfully mortgaged hipotecado legalmente
lawfully named nombrado legalmente
lawfully notified notificado legalmente
lawfully obligated obligado legalmente
lawfully ordered ordenado legalmente
lawfully possessed poseído legalmente
lawfully processed procesado legalmente
lawfully relevant relevante legalmente
lawfully remedied remediado legalmente
lawfully represented representado legalmente
lawfully resided domiciliado legalmente
lawfully responsible responsable legalmente
lawfully separated separado legalmente
lawfully transferred transferido legalmente
lawfully used usado legalmente
lawfully valid válido legalmente
lawfulness legalidad, legitimidad, licitud
lawgiver legislador
lawless fuera de ley, sin ley, ilegal, ilícito
lawlessly ilegalmente
lawmaker legislador
lawmaking legislación
laws of war derecho de guerra
lawsuit litigio, proceso, proceso civil, acción legal, pleito, juicio
lawyer abogado, licenciado, letrado
lawyer's liability la responsabilidad profesional de los abogados
lawyer's liability policy póliza de seguro de la responsabilidad profesional de los abogados
lay (adj) no profesional
lay (v) colocar, alegar
lay damages declarar la cantidad de daños y perjuicios deseada, alegar daños
lay days días permitidos para la carga y descarga, estadía
lay judge juez no letrado
lay off suspender un empleado, despedir un empleado
lay people miembros de un jurado
lay witness testigo no perito
layaway retener bienes para venta futura
laying foundation la presentación de pruebas que anticipan y justifican otras pruebas venideras

laying the venue señalamiento del distrito donde el demandante quiere que se lleve a cabo la acción, declarar el tribunal con competencia sobre el litigio

layoff suspensión de un empleado, despido laboral

layoff pay paga por despido

layout arreglo, esquema

lead (n) dirección, mando, pista, delantera, primacía

lead (v) guiar, llevar, dirigir, inducir

lead bank banco líder

lead counsel abogado principal

lead insurer asegurador líder

leader líder, jefe, guía

leader pricing líder en pérdida, artículo vendido bajo costo para atraer clientela en espera que se hagan otras compras lucrativas para el negocio

leadership liderazgo, jefatura, dirección

leading (adj) director, principal

leading (n) dirección, sugestión

leading a witness hacer preguntas sugestivas a un testigo

leading case precedente

leading counsel abogado principal

leading question pregunta sugestiva

leaflet volante, folleto

league liga, sociedad

league of nations liga de naciones

leak filtración, indiscreción, divulgación sin autorización

leakage filtración, escape, descuento en los derechos aduaneros por la pérdida de líquidos de importadores

lean inclinarse, apoyarse

leap frog saltar por encima de

leap year año bisiesto

learn aprender, enterarse de

learned versado, erudito

learning aprendizaje, saber, doctrina legal

leasable arrendable

lease (n) arrendamiento, contrato de arrendamiento, locación

lease (v) arrendar

lease broker corredor de arrendamientos

lease commitment compromiso de arrendamiento

lease financing financiamiento de arrendamientos

lease for lives arrendamiento de por vida

lease for years arrendamiento por un número determinado de años

lease in reversion arrendamiento efectivo al terminarse uno existente

lease of premises arrendamiento de local

lease with option to purchase arrendamiento con opción de compra

leaseback venta de una propiedad que entonces se arrienda a quien lo vendió

leased arrendado, alquilado

leased goods bienes arrendados

leasehold derechos sobre la propiedad que tiene el arrendatario, arrendamiento

leasehold improvements mejoras hechas por el arrendatario

leasehold interest el interés que tiene el arrendatario en la propiedad

leasehold mortgage hipoteca garantizada con el interés del arrendatario en la propiedad, hipoteca de inquilinato

leasehold value el valor del interés que tiene el arrendatario en la propiedad

leaseholder arrendatario, locatario

leasing arrendamiento, locación, alquiler

least mínimo

least amount cantidad mínima

least benefit beneficio mínimo

least cost costo mínimo

least employment age edad mínima de empleo

least family benefit beneficio de familia mínimo

least fee honorario mínimo

least interest rate tasa de interés mínima

least loss pérdida mínima

least lot area área de solar mínima

least maintenance mantenimiento mínimo

least payment pago mínimo

least penalty pena mínima

least premium prima mínima

least price precio mínimo

least rate tasa mínima

least rate increase aumento de tasa mínimo

least reserve ratio razón mínima de encaje

least salary salario mínimo

least sentence pena mínima

least tax impuesto mínimo

least tax rate tasa impositiva mínima

least wage salario mínimo

leave (n) permiso, autorización, licencia

leave (v) dejar, dejar estar, legar, abandonar

leave and license defensa contra una acción por transgresión en la que se indica que el demandante le dio permiso de acceso al demandado

leave by will legar

leave no issue fallecer sin descendencia

leave of absence licencia para ausentarse, falta con permiso

leave of court permiso otorgado por el tribunal

lecture conferencia, reprimenda

ledger libro mayor

ledger account cuenta del mayor

ledger balance saldo del mayor

ledger entry asiento del mayor

ledger paper papel de cuentas

leer mirar de reojo
left dejado, legado
leftism izquierdismo
legacy legado
legacy tax impuesto sucesorio, impuesto sobre herencias
legal legal, lícito, jurídico, legítimo
legal abstract resumen legal
legal act acto legal
legal action acción legal
legal acumen cacumen legal, perspicacia legal
legal address domicilio legal
legal administration administración legal
legal advice asesoramiento jurídico, asesoramiento legal
legal adviser asesor jurídico, asesor legal
legal age mayoría de edad
legal aid asesoramiento jurídico gratuito
legal arrest arresto legal
legal assets la porción de los bienes de un fallecido destinada legalmente a pagar deudas y legados
legal assistance asistencia legal
legal auction subasta legal
legal authority autoridad legal
legal authorization autorización legal
legal beneficiary beneficiario legal
legal brief resumen de un caso, escrito legal, alegato
legal capacity capacidad legal
legal capacity to sue capacidad legal para accionar
legal capital capital legal
legal cause causa próxima, causa inmediata
legal claim reclamo legal
legal competence competencia legal, capacidad legal
legal conclusion deducción legal, conclusión de derecho
legal consideration contraprestación legal, causa lícita
legal consultant consejero jurídico
legal contract acuerdo legal, contrato legal
legal controversy controversia legal
legal cruelty crueldad que justificaría divorcio
legal custody detención, custodia judicial
legal damages daños y perjuicios obtenibles mediante tribunal, daños y perjuicios determinados por un tribunal
legal death muerte legal
legal debts deudas exigibles mediante tribunal
legal decision decisión legal
legal defense defensa establecida en tribunal, defensa en derecho
legal demand requerimiento legal
legal dependent dependiente por ley, dependiente legal
legal description descripción legal
legal detriment detrimento legal

legal disability incapacidad jurídica
legal discretion discreción judicial
legal dispute disputa legal
legal distributees herederos legítimos
legal document documento legal
legal duty obligación legal
legal education educación legal
legal entity persona jurídica, entidad jurídica
legal estoppel impedimento técnico
legal ethics ética legal, ética profesional
legal evidence prueba jurídicamente admisible, prueba legal
legal excuse excusa legal
legal expense insurance seguro de costas legales
legal expenses costas legales
legal fees costas legales, honorarios legales
legal fiction ficción legal
legal firm bufete, firma de abogados
legal force fuerza legal
legal fraud fraude implícito
legal heirs herederos legítimos
legal holiday día feriado oficial, día feriado judicial
legal impediment impedimento legal
legal imperialism imperialismo jurídico
legal impossibility imposibilidad legal
legal incapacity incapacidad legal
legal injury violación de derechos
legal insanity insania del punto de vista legal
legal institution institución legal
legal instrument instrumento legal
legal interest interés legal
legal investigation investigación legal
legal investments inversiones permitidas para ciertas instituciones financieras
legal issue descendencia legítima, cuestión legal
legal jeopardy la condición de ser procesado
legal lending limit límite de préstamos legal
legal liability responsabilidad legal
legal limit límite legal
legal list lista de inversiones permitidas para ciertas instituciones financieras
legal malice malicia implícita
legal malpractice negligencia profesional legal
legal maxim máxima legal
legal measures medidas jurídicas, medios legales
legal minimum mínimo legal
legal monopoly monopolio legal
legal mortgage hipoteca legal
legal name nombre legal
legal negligence negligencia implícita
legal notice notificación legal, notificación adecuada según la ley, notificación legalmente exigida
legal obligation obligación legal

legal opinion opinión jurídica
legal order orden jurídica
legal owner propietario legal
legal periodical revista jurídica
legal person persona jurídica
legal personal representative representante legal, representante legal de un fallecido
legal possession posesión legítima, posesión legal
legal possessor poseedor legítimo
legal power poder legal
legal practice práctica legal
legal precedent precedente legal
legal prejudice prejuicio jurídico
legal presumption presunción legal
legal principle principio legal
legal procedure procedimiento legal
legal proceedings procedimientos judiciales, actos jurídicos
legal process orden judicial, proceso judicial, vía contenciosa
legal profession abogacía
legal purpose propósito legal
legal rate tasa legal
legal rate of interest tasa de interés legal
legal reasoning razonamiento jurídico
legal redress reparación jurídica
legal relevancy relevancia jurídica, admisibilidad
legal remedy recurso legal
legal representative representante legal
legal rescission rescisión
legal research investigación jurídica
legal reserve reserva legal
legal residence domicilio legal
legal responsibility responsabilidad legal
legal right derecho creado por ley, derecho natural
legal rule regla jurídica
legal separation separación legal
legal services servicios legales
legal staff cuerpo de abogados de una organización
legal status estado civil, situación jurídica
legal subrogation subrogación legal
legal succession sucesión legal
legal suit acción legal
legal system sistema legal
legal tender moneda de curso legal
legal termination terminación legal
legal terminology terminología jurídica
legal theory teoría jurídica
legal title título perfecto de propiedad
legal tradition tradición jurídica
legal transfer transferencia legal
legal transplants transplantes jurídicos
legal use uso legal
legal usufruct usufructo legal
legal validity validez legal

legal voter persona elegible para votar
legal will testamento legal
legal willfulness hacer caso omiso de las responsabilidades en cuanto a la seguridad de otras personas y de sus propiedades
legal year año judicial
legality legalidad, licitud
legality of consideration licitud de contraprestación
legality of contract licitud de contrato
legality of obligation licitud de obligación
legality of purpose licitud de propósito
legalization legalización, legitimar
legalize legalizar, legitimar
legalized nuisance estructura sancionada por ley que bajo otras circunstancias constituiría un estorbo
legally legalmente
legally adequate adecuado legalmente
legally administered administrado legalmente
legally adopted adoptado legalmente
legally advised asesorado legalmente
legally arrested arrestado legalmente
legally assisted asistido legalmente
legally auctioned subastado legalmente
legally authorized autorizado legalmente
legally binding obligante legalmente
legally capable capacitado legalmente
legally claimed reclamado legalmente
legally committed recluido legalmente
legally competent jurídicamente capaz
legally constituted constituido legalmente
legally contracted contratado legalmente
legally contributing cause of injury causa contribuyente a una lesión
legally dead muerto para efectos legales
legally decided decidido legalmente
legally described descrito legalmente
legally determined determinado legalmente
legally disabled discapacitado para efectos legales
legally distributed distribuido legalmente
legally documented documentado legalmente
legally established establecido legalmente
legally evidenced probado legalmente
legally impossible imposible legalmente
legally incorporated incorporado legalmente
legally insane insano del punto de vista legal
legally interested interesado legalmente
legally investigated investigado legalmente
legally liable responsable legalmente
legally limited limitado legalmente
legally monopolized monopolizado legalmente
legally mortgaged hipotecado legalmente
legally named nombrado legalmente
legally notified notificado legalmente
legally obligated obligado legalmente
legally operating automobile operación de automóvil con autoridad legal

legally ordered ordenado legalmente
legally possessed poseído legalmente
legally processed procesado legalmente
legally qualified calificado legalmente
legally relevant relevante legalmente
legally remedied remediado legalmente
legally represented representado legalmente
legally reside domiciliarse
legally resided domiciliado legalmente
legally responsible responsable legalmente
legally separated separado legalmente
legally sufficient evidence prueba admisible y suficiente, prueba jurídicamente adecuada
legally transferred transferido legalmente
legally used usado legalmente
legally valid válido legalmente
legalness legalidad, licitud
legatary legatario
legatee legatario
legation legación, embajada
legator testador
leges non scriptae leyes no escritas
leges scriptae leyes escritas
legibility legibilidad
legible legible, descifrable
legislate legislar
legislation legislación
legislative legislativo
legislative act ley
legislative assembly asamblea legislativa
legislative body cuerpo legislativo
legislative branch poder legislativo
legislative control control legislativo
legislative council consejo legislativo
legislative courts tribunales creados por la legislatura
legislative department rama legislativa
legislative divorce divorcio decretado por la legislatura
legislative functions funciones legislativas
legislative immunity inmunidad legislativa
legislative intent intención del legislador
legislative investigations investigaciones legislativas
legislative officer legislador
legislative power poder legislativo
legislative record diario legislativo
legislatively legislativamente
legislator legislador
legislatorial legislativo
legislature legislatura
legitimacy legitimidad
legitimate (adj) legítimo, lícito
legitimate (v) legitimar, aprobar
legitimate heirs herederos legítimos
legitimately legítimamente
legitimation legitimación
legitimatize legitimar
legitimism legitimismo

legitimize legitimar
leisure ocio, tiempo libre
lend prestar, proveer
lend funds prestar fondos
lender prestador, prestamista
lender liability responsabilidad del prestador
lender of last resort prestador de último recurso
lending institution institución de préstamos
lending rate tasa de préstamos
lending securities prestar valores
length largo, longitud, duración, trozo
length of prison sentence duración de una sentencia de cárcel
lenity rule regla que indica que si hay ambigüedad en las leyes concernientes a diferentes penas que se debe escoger con indulgencia
leonina societas sociedad leonina
lesion lesión, daño, perjuicio
lessee arrendatario, locatario
lessee's interest el interés que tiene el arrendatario en la propiedad
lessen disminuir, decrecer
lesser menor, inferior
lesser included offense delito menor que incluye algunos de los elementos de un delito más grave
lessor arrendador, locador
lessor's interest el valor presente del contrato de arrendamiento más el valor de la propiedad al expirar dicho contrato
lest no sea que, a fin de que no
let alquilar, arrendar, permitir, adjudicar un contrato a un postor
lethal letal, mortal
lethal weapon arma mortal
letter carta, letra, significado literal
letter carrier cartero
letter drop buzón
letter of acceptance carta de aceptación
letter of advice carta de aviso
letter of attorney poder, carta de poder
letter of authorization carta de autorización
letter of commission carta de comisión
letter of commitment carta de compromiso
letter of credence carta credencial
letter of credit carta de crédito
letter of deposit carta de depósito
letter of exchange letra de cambio
letter of guarantee carta de garantía
letter of guaranty carta de garantía
letter of indication carta de indicación
letter of intent carta de intención
letter of license carta para extender el plazo de pago de un deudor
letter of recall carta de un gobierno a otro para informar que su representante ya no ocupa ese cargo, carta enviada por un

fabricante para informar sobre defectos en sus productos y sobre el procedimiento para corregirlos

letter of recommendation carta de recomendación

letter of recredentials carta de un gobierno a otro para informar que el representante quien fuera liberado de su cargo ha vuelto a ocupar ese cargo

letter of representation carta de representación

letter of the law la letra de la ley

letter of undertaking carta de compromiso

letter patent documento mediante el cual un gobierno concede una patente, patente de invención

letter stock acciones que no se pueden vender al público

letterhead membrete, encabezado

letters of administration documento mediante el cual se señala el administrador de una sucesión

letters of guardianship documento mediante el cual se señala un tutor

letters rogatory solicitud rogatoria, carta rogatoria

letters testamentary documento mediante el cual un tribunal señala un albacea

letting out arrendamiento, adjudicación de un contrato

level nivel, grado, categoría, plano

level annuity anualidad de pagos parejos

level crossing cruce a nivel

level of centralization nivel de centralización

level-payment annuity anualidad de pagos parejos

level-premium insurance seguro con primas parejas

level premiums primas parejas

levelheaded sensato, juicioso

leverage apalancamiento, poder de adquirir algo por un pago inicial pequeño comparado con el valor total, nivel de endeudamiento relativo al capital, influencia, peso

leveraged buyout compra apalancada, comprar una mayoría de las acciones de una compañía usando principalmente fondos prestados

leveraged company compañía apalancada

leveraged investment company compañía de inversiones apalancada

leveraged lease arrendamiento apalancado

leveraged takeover toma del control apalancada

leviable gravable, imponible, tributable, exigible

levier imponedor

levis culpa negligencia leve, culpa leve

levy (n) embargo, impuesto, gravamen, tasación, ejecución

levy (v) embargar, imponer, gravar, tasar, ejecutar

lewd lascivo, sensual, obsceno

lewd and lascivious cohabitation concubinato

lewd person persona lasciva

lewdness lascivia, obscenidad

lex ley, lex

lex amissa persona infame

lex commercii derecho comercial

lex communis derecho común

lex contractus la ley del lugar del contrato

lex fori la ley del foro

lex loci la ley del lugar, lex loci

lex loci actus la ley del lugar donde se realizó un acto

lex loci celebrationis la ley del lugar donde se celebró el contrato

lex loci contractus la ley del lugar donde se celebró el contrato

lex loci delicti la ley del lugar donde se cometió el delito

lex loci domicilii la ley del lugar de domicilio

lex loci rei sitae la ley del lugar donde se encuentra el objeto del litigio

lex mercatoria derecho comercial

lex naturale derecho natural

lex non scripta derecho no escrito

lex scripta derecho escrito

lex talionis ley del talión

lex terrae la ley de la tierra

lexicon lexicón

liabilities obligaciones, deudas, pasivo

liability responsabilidad, obligación, deuda, pasivo

liability bond fianza de responsabilidad civil

liability for damages responsabilidad por daños y perjuicios

liability imposed by law responsabilidad impuesta por ley

liability in contract responsabilidad contractual

liability in solido responsabilidad solidaria

liability insurance seguro de responsabilidad civil

liability limits límites de cobertura de póliza de responsabilidad civil

liable responsable, obligado

liable civilly responsable civilmente

liable criminally responsable penalmente, responsable criminalmente

liable for sujeto a, responsable de

liable for tax sujeto a impuestos

liable to action sujeto a una acción

liable to penalty sujeto a una penalidad

liable to punishment sujeto a castigo

liaison vinculación, unión, relaciones ilícitas

libel (n) libelo, difamación escrita, demanda

libel (v) difamar
libel suit acción por difamación
libelant libelista, difamador, demandante en una acción de difamación
libeler difamador
libelous difamatorio
libelous per quod expresiones difamatorias al haber hechos adicionales que le dan ese sentido
libelous per se difamatorio de por sí
liberal liberal, amplio, libre, aproximado, no literal
liberal construction interpretación liberal
liberal interpretation interpretación liberal
liberate liberar, eximir
liberation liberación
libertas libertad, privilegio, inmunidad
liberticide liberticida
liberty libertad, privilegio, licencia, facultad
liberty of a port un permiso dentro de una póliza de seguro marítimo para atracar y comerciar en un puerto designado que no es el del destino final
liberty of conscience libertad de conciencia
liberty of contract libertad contractual
liberty of expression libertad de expresión
liberty of speech libertad de expresión
liberty of the globe un permiso dentro de una póliza de seguro marítimo para ir a cualquier parte del mundo
liberty of the press libertad de prensa
license (n) licencia, permiso, concesión, autorización, libertad
license (v) licenciar, autorizar, permitir
license bond fianza de licencia
license by invitation quien ingresa a la propiedad de otro con permiso
license contract contrato de licencia
license fee impuesto pagadero para una licencia
license laws leyes sobre actividades que requieren licencias
license plate placa de automóvil, tablilla, permiso de circulación de vehículos
license tax impuesto pagadero para una licencia
license to operate licencia para operar
licensed licenciado, autorizado
licensed lender prestador autorizado
licensee licenciatario, concesionario
licensing la venta de licencias, el otorgamiento de licencias
licensing agreement convenio de licencia
licensing authority autoridad para otorgar licencias
licensing power autoridad para otorgar licencias
licensor licenciante
licensure licenciamiento

licentiate licenciado, licenciada
licentiousness libertinaje
licet se permite, se permite por ley
licit lícito, permitido
licit act acto lícito
licit action acción lícita
licit administration administración lícita
licit agreement acuerdo lícito, contrato lícito
licit arrest arresto lícito
licit assembly reunión lícita
licit auction subasta lícita
licit authorities autoridades lícitas
licit authority autoridad lícita
licit authorization autorización lícita
licit beneficiary beneficiario lícito
licit business negocios lícitos
licit capital capital lícito
licit cause causa lícita
licit claim reclamo lícito
licit combination combinación lícita
licit command orden lícita
licit condition condición lícita
licit conduct conducta lícita
licit consideration contraprestación lícita
licit contract contrato lícito
licit custody custodia lícita
licit decision decisión lícita
licit demand requerimiento lícito
licit detainer detención lícita
licit detention detención lícita
licit donation donación lícita
licit entity entidad lícita
licit entry ingreso lícito
licit evasion evasión lícita
licit force fuerza lícita
licit gain ganancia lícita, beneficio lícito
licit gift donación lícita
licit goods bienes lícitos
licit heirs herederos legítimos
licit immigrant inmigrante lícito
licit incentive incentivo lícito
licit incitation incitación lícita
licit income ingreso lícito
licit inducement motivación lícita
licit interest interés lícito
licit interest rate tasa de interés lícita
licit lending limit límite de préstamos lícito
licit limit límite lícito
licit loan préstamo lícito
licit maximum máximo lícito
licit measures medios lícitos
licit minimum mínimo lícito
licit monopoly monopolio lícito
licit motivation motivación lícita
licit notice notificación lícita
licit obligation obligación lícita
licit offer oferta lícita
licit operation operación lícita
licit order orden lícita

licit owner propietario lícito
licit pact pacto lícito
licit picketing piquete lícito
licit possession posesión lícita
licit possessor poseedor lícito
licit practice práctica lícita
licit present regalo lícito
licit process proceso lícito
licit profit ganancia lícita
licit property propiedad lícita
licit purpose propósito lícito
licit rate tasa lícita
licit rate of interest tasa de interés lícita
licit remedy recurso lícito
licit reward recompensa lícita
licit sale venta lícita
licit search búsqueda lícita
licit strike huelga lícita
licit tax impuesto lícito
licit trade comercio lícito
licit transaction transacción lícita
licit transfer transferencia lícita
licit use uso lícito
licitation licitación
licitly lícitamente, legalmente
licitly adequate adecuado lícitamente
licitly administered administrado lícitamente
licitly adopted adoptado lícitamente
licitly advised asesorado lícitamente
licitly arrested arrestado lícitamente
licitly assisted asistido lícitamente
licitly auctioned subastado lícitamente
licitly authorized autorizado lícitamente
licitly binding obligante lícitamente
licitly capable capacitado lícitamente
licitly claimed reclamado lícitamente
licitly constituted constituido lícitamente
licitly contracted contratado lícitamente
licitly dead muerto para efectos legales
licitly decided decidido lícitamente
licitly described descrito lícitamente
licitly determined determinado lícitamente
licitly distributed distribuido lícitamente
licitly documented documentado lícitamente
licitly established establecido lícitamente
licitly evidenced probado lícitamente
licitly impossible imposible lícitamente
licitly incorporated incorporado lícitamente
licitly interested interesado lícitamente
licitly investigated investigado lícitamente
licitly liable responsable lícitamente
licitly limited limitado lícitamente
licitly monopolized monopolizado lícitamente
licitly mortgaged hipotecado lícitamente
licitly named nombrado lícitamente
licitly notified notificado lícitamente
licitly obligated obligado lícitamente
licitly ordered ordenado lícitamente
licitly possessed poseído lícitamente

licitly processed procesado lícitamente
licitly relevant relevante lícitamente
licitly remedied remediado lícitamente
licitly represented representado lícitamente
licitly resided domiciliado lícitamente
licitly responsible responsable lícitamente
licitly separated separado lícitamente
licitly transferred transferido lícitamente
licitly used usado lícitamente
licitly valid válido lícitamente
lie (n) mentira
lie (v) mentir, yacer, subsistir, ser admisible
lie detector detector de mentiras
lie in franchise propiedad sujeta a posesión
    sin gestiones judiciales
lie to colindar
lien gravamen, carga, derecho de retención
lien account declaración de los gravámenes
    con respecto a ciertos bienes
lien by operation of the law gravamen que
    resulta de una disposición legal
lien creditor acreedor con derecho de
    retención
lien of a covenant la parte introductoria de un
    contrato
lienee deudor cuyos bienes están sujetos a un
    gravamen
lienholder quien se beneficia de un gravamen
lienor acreedor con derecho de retención
lieu lugar
lieu lands tierras dadas en lugar de otras
    expropiadas
lieu tax impuesto sustitutivo
lieutenant sustituto, delegado
lieutenant governor vicegobernador
life vida, vigencia, existencia, carrera
life and health insurance seguro de vida y
    salud
life annuitant pensionado vitalicio
life annuity pensión vitalicia
life annuity certain anualidad vitalicia con
    garantía de número mínimo de pagos
life assurance seguro de vida
life beneficiary beneficiario vitalicio
life estate propiedad vitalicia
life expectancy expectativa de vida
life-hold arrendamiento vitalicio
life imprisonment cadena perpetua
life in being lo restante de la vida de quien
    recibe ciertos derechos al transmitirse
    dichos derechos
life insurance seguro de vida
life insurance benefits beneficios de seguro
    de vida
life insurance company compañía de seguros
    de vida
life insurance cost costo de seguro de vida
life insurance in force seguro de vida en
    vigor

life insurance limits límites de seguro de vida
life insurance policy póliza de seguro de vida
life insurance proceeds los pagos al beneficiario de un seguro de vida
life insurance provider proveedor de seguro de vida
life insurance renewability renovabilidad de seguro de vida
life insurance reserves reserva de seguro de vida
life insurance trust fideicomiso consistente de pólizas de seguros de vidas
life interest usufructo vitalicio
life-land arrendamiento vitalicio
life member miembro vitalicio
life of a patent duración de una patente, vigencia de una patente
life of a writ duración de una orden judicial
life or limb disposición que prohibe una segunda acción por el mismo delito
life policy póliza de seguro de vida
life sentence cadena perpetua
life span duración de la vida
life tenancy usufructo vitalicio, posesión vitalicia, arrendamiento vitalicio
life tenant usufructuario vitalicio
life vest chaleco salvavidas
lifelong de toda la vida, vitalicio
lifesaving station estación de salvamento
lifetime (adj) vitalicio
lifetime (n) vida, curso de vida
lifetime gift regalo en vida
lifetime security seguridad de por vida
lift alzar, exaltar, cancelar
ligan mercancías arrojadas al mar e identificadas con una boya para ser rescatadas
light, right to servidumbre de luz
light (adj) ligero, liviano, fácil, alegre, claro
light (n) luz, luz del día
light sentence sentencia leve
lighter barcaza, encendedor
lighterage transporte por medio de barcazas
lighterman gabarrero
lighthouse faro
like semejante, equivalente, igual a
like benefits beneficios similares
like-kind exchange intercambio de bienes similares
like-kind property propiedad similar
likelihood probabilidad, verosimilitud
likely probable, verosímil, idóneo
limit (n) límite, linde, término, restricción
limit (v) limitar, deslindar, restringir
limit of liability límite de responsabilidad
limitable limitable
limitation limitación, restricción, prescripción
limitation in law dominio de duración limitada por una condición

limitation of action prescriptibilidad de la acción
limitation of damages limitación de los daños y perjuicios
limitation of estates restricciones a los derechos de propiedad que están enumerados en la escritura
limitation of liability limitación de responsabilidad
limitation of prosecution prescriptibilidad de la acción penal
limitation over un derecho que será efectivo al expirar otro sobre los mismos bienes, dominio subsecuente
limitation period término de la prescripción
limitation title título pleno de un inmueble
limitations, statute of ley de prescripción
limitative limitativo
limited limitado, circunscrito, restringido, de responsabilidad limitada
limited acceptance aceptación limitada
limited admissibility admisibilidad limitada de una prueba
limited agency agencia limitada
limited agent agente limitado
limited appeal apelación limitada, apelación parcial
limited audit auditoría limitada
limited authority autoridad limitada
limited by law limitado por ley
limited check cheque limitado
limited company compañía de responsabilidad limitada
limited court tribunal con jurisdicción limitada
limited credit crédito limitado
limited discretion discreción limitada
limited distribution distribución limitada
limited-dividend corporation corporación de dividendos limitados
limited divorce divorcio limitado, decreto de divorcio sin considerar una pensión tras el divorcio, separación sin disolución de matrimonio
limited executor albacea con facultades limitadas
limited fee propiedad de dominio limitado, derecho limitado sobre un inmueble
limited guarantee garantía limitada
limited guaranty garantía limitada
limited insurance seguro limitado
limited interpretation interpretación restringida
limited jurisdiction competencia limitada, jurisdicción limitada, jurisdicción especial
limited liability responsabilidad limitada
limited liability company compañía de responsabilidad limitada
limited market mercado limitado

limited occupancy agreement acuerdo de ocupación limitada
limited owner usufructuario
limited partner socio comanditario
limited partnership sociedad en comandita
limited payment life insurance seguro de vida de pagos limitados
limited policy póliza limitada
limited power of appointment poder de designación limitada
limited publication publicación para un grupo selecto de personas
limited-purpose marriage matrimonio con propósitos ajenos a los que normalmente se asocian con motivos conyugales
limited-purpose trust company compañía fiduciaria con propósitos limitados
limited review revisión limitada
limited risk riesgo limitado
limited time tiempo limitado
limited trading authorization autorización para transacciones limitada
limited trust fideicomiso por un término fijo, fideicomiso con un propósito limitado
limited waiver of immunity renuncia limitada de inmunidad
limited warranty garantía limitada
Lindbergh Act ley federal que penaliza a quienes transportan a una persona secuestrada de un estado a otro o al extranjero
line línea, límite, frontera, especialidad, ruta
line of credit línea de crédito
line of duty cumplimiento del deber
line of ordinary high tide la línea señalando hasta donde llega normalmente la marea alta
lineage linaje, estirpe, raza
lineal lineal, hereditario
lineal ascendants ascendentes directos
lineal consanguinity consanguinidad lineal
lineal descendant descendiente directo
lineal descent descendencia lineal
lineal heir heredero directo
lineal warranty garantía de parte del antepasado quien legó al heredero
lineation delineación
liner barco de línea, avión de línea
lines lindes, límites, líneas, demarcaciones
lines and corners las líneas demarcadoras y los ángulos entre sí de una propiedad
lineup hilera de personas, galería de sospechosos
linger demorarse, titubear, persistir, estarse
link (n) eslabón, vínculo, unión
link (v) vincular, unir
link-in-chain eslabón en una cadena
liquet es aparente
liquid líquido, corriente

liquid assets activos líquidos, activo corriente
liquid debt deuda vencida y exigible
liquidate liquidar
liquidated liquidado, cancelado, fijado
liquidated account cuenta saldada, cuenta liquidada
liquidated claim reclamación saldada
liquidated damages and penalties pena convencional, daños convencionales, daños y perjuicios fijados por contrato o mediante una sentencia
liquidated debt deuda saldada
liquidated demand demanda conciliada
liquidating partner socio liquidador
liquidating trust fideicomiso para una liquidación
liquidation liquidación
liquidation dividend dividendo de liquidación
liquidation price precio de liquidación
liquidation statement estado de liquidación
liquidation value valor de liquidación
liquidator liquidador, administrador judicial
liquidity liquidez
liquor license licencia para vender bebidas alcohólicas
liquor offenses delitos relacionados con bebidas alcohólicas
lis litigio, controversia
lis alibi pendens litispendencia en otra parte
lis mota el comienzo de una acción
lis pendens litispendencia
list (n) lista, nómina, registro
list (v) alistar, inscribir
list of creditors lista de acreedores
list of property lista de bienes
list price precio de lista
listed securities valores cotizados
listed stock acciones cotizadas
listen escuchar a, atender a
listers funcionarios que hacen listas de cosas tributables
listing alistamiento, ítem, cotización en una bolsa de valores, contrato para una transacción de un inmueble con un corredor de bienes raíces
lite pendente mientras está pendiente el litigio, lite pendente
literacy capacidad de leer y escribir
literacy qualification requisito de poder leer y escribir
literacy test prueba para determinar si una persona puede leer y escribir
literal literal, textual, exacto
literal construction interpretación literal
literal contract contrato escrito
literal interpretation interpretación literal
literal meaning sentido literal
literal proof prueba escrita
literal sense sentido literal

literary literario
literary composition composición literaria
literary property propiedad literaria
literary work obra literaria
literate quien sabe leer y escribir
litigant litigante, pleiteante
litigate litigar, pleitear, procesar, accionar
litigation litigación, litigio, pleito
litigation expenses costas judiciales
litigiosity litigiosidad
litigious litigioso, contencioso
litigious right derecho que requiere una
   acción judicial para ejercerse
litter basura esparcida, desorden
littering el arrojar basura indebidamente
littoral litoral
littoral land tierras litorales
livable soportable, habitable
live (adj) vivo
live (v) vivir, perdurar
live birth nacimiento con vida
live storage estacionamiento, almacenamiento
livelihood subsistencia, medios de vida,
   ocupación
livery entrega, traspaso, alquiler de vehículos
livery conveyance vehículo para el transporte
   público
lives in being las vidas en curso al crearse un
   interés
livestock ganado, ganadería
living (adj) vivo, activo
living (n) vida, medios de vida
living apart viviendo separadamente
living death muerte en vida
living in open and notorious adultery vivir
   en adulterio de forma abierta y notoria
living issue descendientes vivos
living quarters vivienda, habitaciones
living separate and apart vivir
   separadamente sin intención de volver a
   cohabitar
living together conviviendo
living trust fideicomiso durante la vida de
   quien lo estableció
living will documento que autoriza a que no se
   mantenga a una persona dependiendo de
   aparatos médicos sin los cuales moriría
   pronto
load (n) carga, cargamento, deberes, peso
load (v) cargar, adulterar, agobiar
load line línea de carga
loading cargamento, carga, prima adicional
loan (n) préstamo, empréstito
loan (v) prestar
loan account cuenta de préstamos
loan applicant solicitante de préstamo
loan application solicitud de préstamo
loan association asociación de préstamos
loan bank banco de préstamos

loan broker corredor de préstamos
loan certificate certificado de préstamo
loan closing cierre
loan commitment compromiso de préstamo
loan consent agreement convenio de
   consentimiento de préstamo de valores
loan contract contrato de préstamo
loan documentation documentación de
   préstamo
loan fee cargo por préstamo
loan for consumption préstamo para consumo
loan for exchange préstamo en el que una
   parte entrega bienes personales y la otra
   devuelve bienes similares en una fecha
   futura
loan for use préstamo de uso
loan guarantee garantía de préstamo
loan guaranty garantía de préstamo
loan guaranty certificate certificado de
   garantía de préstamo
loan information sheet hoja de información
   de préstamos
loan interest intereses de préstamo
loan interest rate tasa de interés de préstamo
loan limit límite de préstamos
loan loss reserve reserva para pérdidas de
   préstamos
loan maturity vencimiento de préstamo
loan of money préstamo de dinero
loan origination originación del préstamo
loan participation participación en préstamo
loan policy política de préstamos
loan processing procesamiento de préstamos
loan rate tasa de préstamo
loan rate of interest tasa de interés de
   préstamo
loan receipt recibo de préstamo
loan register registro de préstamos
loan review revisión de préstamo
loan service servicio del préstamo
loan shares prestar valores
loan sharking usura
loan society sociedad de préstamos
loan stock prestar valores
loan term término del préstamo
loan transaction transacción de préstamo
loaned prestado
loaned employee empleado cuyos servicios se
   prestan temporalmente a otro patrono
loaned securities valores prestados
loaned servant empleado cuyos servicios se
   prestan temporalmente a otro patrono
loaned servant doctrine doctrina que indica
   que un empleado cuyos servicios se prestan
   temporalmente a otro patrono se considera
   como empleado de este último
loaned shares acciones prestadas
loaned stock acciones prestadas
lobby (n) vestíbulo, grupo de cabilderos

lobby (v) cabildear
lobbying cabildeo
lobbying acts leyes las cuales regulan las actividades de cabildeo
lobbyist cabildero
local local, regional
local act ley local
local actions acciones locales
local affairs asuntos locales
local agency agencia local
local agent agente local
local aid ayuda local
local allegiance respeto a las normas del país donde uno se encuentra temporalmente
local assessment impuesto local, tasación para mejoras
local assistance asistencia local
local auditor auditor local
local authority autoridad local
local bank banco local
local benefit beneficio local
local chattel mueble adherido a un inmueble
local concern empresa con intereses locales
local courts tribunales locales
local customs costumbres locales
local funds fondos locales
local government gobierno local, gobierno municipal
local improvements mejoras públicas locales
local improvements assessment impuesto para mejoras públicas locales
local knowledge de conocimiento local
local law ley local, derecho local
local loan préstamo local
local officer funcionario local
local option opción local
local police policía local
local prison prisión local
local regulation reglamento local
local representative representante local
local rules reglas locales
local self-government, right of derecho a un gobierno autónomo para asuntos locales
local statute estatuto local
local taxes impuestos locales
local time hora local
local union unión local
local usage de uso local
local waybill carta de porte local
locality localidad, sitio
locality of a lawsuit el lugar donde se puede ejercer la competencia judicial
localization localización
localize localizar
locally localmente
locate localizar, ubicar, dar con
location ubicación, colocación, sitio, reclamación de una pertenencia minera
locative calls referencias a objetos físicos para

facilitar la ubicación de un inmueble
locator localizador
lock (n) cerradura, candado
lock (v) cerrar con llave
lockout huelga patronal
lockup celda para la detención de personas en espera de un juicio
loco parentis, in en lugar de un padre, in loco parentis
locum tenens suplente
locus lugar
locus contractus el lugar del contrato
locus delicti el lugar del delito
locus in quo el lugar en el cual
locus publicus un sitio público
locus rei sitae el lugar donde está la cosa
locus standi derecho de audiencia ante un tribunal
lodge (n) posada, hotel
lodge (v) alojar, albergar, introducir, sentar, presentar
lodge a complaint presentar una querella, presentar una acción
lodger inquilino, huésped
lodging house casa de huéspedes
lodging place albergue temporal
log (n) diario, cuaderno de bitácora, registro, tronco
log (v) registrar, anotar, recorrer, cortar
log in registrar, contabilizar
logbook diario, cuaderno de bitácora, registro
logic lógica
logical lógico
logical inference inferencia lógica
logical interpretation interpretación lógica
logical process proceso lógico
logical relevancy pertinencia lógica
logical sequence secuencia lógica
logical testimony testimonio lógico
logically lógicamente
logjam estancamiento
logo marca figurativa, logotipo
loiter vagar, dilatar
loiterer vagabundo
lone único, solitario, aislado
long largo, alto, prolongado, remoto
long account cuenta larga y compleja que somete el tribunal a un perito
long arm statutes estatutos que permiten que se extienda jurisdicción personal sobre personas que hacen gestiones de negocio desde otro estado
long-distance larga distancia
long-standing de largos años, duradero
long term a largo plazo
long-term care cuidado a largo plazo
long-term contract contrato a largo plazo
long-term credit crédito a largo plazo
long-term creditor acreedor a largo plazo

long-term debt deuda a largo plazo
long-term disability discapacidad a largo plazo
long-term disability insurance seguro de discapacidad a largo plazo
long-term employee empleado a largo plazo
long-term employment empleo a largo plazo
long-term financing financiamiento a largo plazo
long-term lease arrendamiento a largo plazo
long-term liability responsabilidad a largo plazo, obligación a largo plazo
long-term policy póliza a largo plazo, política a largo plazo
long ton tonelada gruesa
longevity longevidad
longevity pay compensación por longevidad
longhand escritura
longshoreman estibador
look (n) mirada, apariencia
look (v) mirar, parecer, indicar
look alike parecerse a
look and listen requerimiento para que una persona mire y escuche para determinar razonablemente el momento en que pasará un tren antes de cruzar dicha vía
looker-on observador
lookout observación atenta, vigilancia, vigía, observador
loophole laguna legal, laguna
loose suelto, flojo, inexacto
loose ends asunto sin resolver, asunto pendiente, cabos sueltos
loose-leaf de hojas sueltas, de hojas cambiables
loosely libremente, aproximadamente
loot (n) botín, presa, saqueo
loot (v) saquear, robar
looter saqueador
looting saqueo
loquacious locuaz
lore del saber popular
lose perder, hacer perder
loss pérdida, daño, siniestro
loss adjustment ajuste de pérdidas
loss assessment evaluación de los daños
loss burden carga del siniestro
loss compensation compensación de pérdidas
loss leader líder en pérdida, artículo vendido bajo costo para atraer clientela en espera que se hagan otras compras lucrativas para el negocio
loss of affection pérdida de afecto
loss of anticipated profits pérdida de ganancia anticipada
loss of earnings pérdida de ingresos
loss of identity pérdida de identidad
loss of income pérdida de ingresos
loss of income insurance seguro contra pérdida de ingresos

loss of profits pérdida de ganancias
loss of respect pérdida de respeto
loss report informe de pérdidas
loss reserve reserva para siniestros, reserva para pérdidas
losses incurred pérdidas incurridas
lost perdido, olvidado, desorientado
lost card tarjeta perdida
lost in transit perdido durante el tránsito
lost or not lost estipulación en una póliza de seguro marítimo que si las partes envueltas no están enteradas de un siniestro existente que dicho siniestro estará cubierto
lost policy póliza perdida
lost policy receipt formulario de póliza perdida
lost property bienes perdidos
lost will testamento perdido
lot lote, solar, parcela, grupo, suerte
lottery lotería, rifa
low bajo, escaso, vil
low-grade de baja calidad
low or slight diligence diligencia mínima
low-water mark línea de bajamar
lower (adj) más bajo, inferior
lower (v) bajar, rebajar, disminuir
lower court tribunal inferior, tribunal de primera instancia
lower house cámara baja
loyal leal, legal, constante
loyalty lealtad, legalidad, constancia
lucid interval intervalo lúcido
lucidity lucidez
luck suerte, azar, casualidad
lucrative lucrativo
lucrative activity actividad lucrativa
lucrative bailment depósito a título oneroso, depósito lucrativo
lucrative office cargo remunerado
lucrative title título gratuito
lucrum cessans lucro cesante
lump sum suma global
lump-sum payment pago único, pago global
lump-sum settlement indemnización global
lunacy insania, demencia
lunar month mes lunar
lunatic lunático
lure (n) tentación, señuelo
lure (v) atraer con engaño, seducir, tentar
lurk estar al asecho
lurker acechador, espía
luxury tax impuesto suntuario, impuesto de lujo
lynch law ley de linchamiento
lynching linchamiento

M

M'Naghten Rule regla que declara que una
persona no es culpable de un crimen si al
cometerlo estaba insano

macabre macabro, horripilante

mace maza, aerosol altamente irritante para
ahuyentar personas o animales

mace-proof inmune a arresto

machine máquina, mecanismo

machinery maquinaria

macroeconomics macroeconomía

mad insano, enfurecido, frenético

made hecho, ejecutado, fabricado

made known hecho saber

mafia mafia, crimen organizado, conspiración

magazine revista, cartucho

magisterial precinct distrito judicial

magistracy magistratura

magistrate magistrado, juez

magna culpa culpa grave, negligencia grave,
magna culpa

magnetic stripe franja magnética

maiden name apellido de soltera

mail (adj) postal

mail (n) correo, correspondencia

mail (v) enviar por correo

mail carrier cartero

mail contract contrato por correspondencia

mail fraud fraude cometido usando el servicio
postal

mail offense delito contra el servicio postal,
delito utilizando el servicio postal

mail order company compañía de ventas por
correo

mail order divorce divorcio en el cual
ninguna de las dos partes está presente en
la jurisdicción otorgante

mail order insurance seguros vendidos por
correo

mail order selling ventas por correo

mail teller cajero de transacciones solicitadas
por correo

mailable apto para enviarse por correo

mailbox buzón

mailbox rule regla según la cual una
aceptación de oferta es efectiva al echarse
en el buzón

mailed enviado por correo

mailman cartero

mailperson cartero, cartera

maim mutilar

main (adj) principal, esencial

main (n) parte principal, lo esencial

main account cuenta principal

main action acción principal

main activity actividad principal

main allegation alegación principal

main beneficiary beneficiario principal

main boycott boicot principal

main broker corredor principal

main business negocio principal, asunto
principal

main channel canal principal

main contract contrato principal

main contractor contratista principal

main creditor acreedor principal

main debtor deudor principal

main defendant demandado principal

main evidence prueba principal

main fact hecho principal

main insurance seguro primario

main lease arrendamiento primario

main liability responsabilidad directa

main obligation obligación principal

main office oficina central, sede

main place of business oficina central, sede

main powers poderes principales

main purpose propósito principal

main reserves reservas primarias

main residence residencia principal

main sea mar abierto

main shareholder accionista principal

main stockholder accionista principal

main underwriter colocador de emisión
principal

mainly mayormente, principalmente

maintain mantener, conservar, sostener,
entablar una acción, continuar una acción

maintain an action continuar una acción

maintain continuity mantener continuidad

maintainor quien ayuda en un juicio ajeno ya
sea con dinero o de otro modo

maintenance mantenimiento, sostenimiento,
conservación, ayudar en un juicio ajeno ya
sea con dinero o de otro modo

maintenance bond caución de mantenimiento

maintenance call aviso de la casa de corretaje
de que una cuenta de margen está debajo
del mínimo de mantenimiento

maintenance charge cargo de mantenimiento

maintenance cost costo de mantenimiento

maintenance expenditure gasto de
mantenimiento

maintenance expense gasto de mantenimiento

maintenance fee cargo de mantenimiento

maintenance margin margen de
mantenimiento

maintenance minimum mínimo de

mantenimiento
maintenance of children mantenimiento de menores, manutención de menores
maintenance requirements requisitos de mantenimiento
maintenance reserve reserva de mantenimiento
major (adj) mayor, más grande, principal, mayor de edad
major (n) mayor, mayor de edad, especialidad
major crime delito grave
major medical expense insurance seguro para gastos médicos mayores
major medical insurance seguro para gastos médicos mayores
majority mayoría, mayoría de edad, pluralidad
majority leader líder de la mayoría
majority opinion opinión de la mayoría
majority party partido de la mayoría
majority rule gobierno mayoritario
majority shareholder accionista mayoritario
majority stockholder accionista mayoritario
majority vote voto mayoritario
make hacer, celebrar, establecer, firmar, crear, causar, deducir
make a bequest hacer un legado
make a bid hacer una oferta
make a comparison hacer una comparación
make a confession hacer una confesión
make a contract celebrar un contrato
make a deal hacer un trato
make a decision tomar una decisión
make a deposit hacer un depósito
make a distinction hacer una distinción
make a getaway huir
make a legacy hacer un legado
make a loan hacer un préstamo
make a note tomar nota
make a promise hacer una promesa
make a purchase hacer una compra
make a resolution tomar una resolución
make a sale hacer una venta
make a statement hacer una declaración
make a transfer hacer una transferencia
make an award emitir un fallo
make an entry efectuar un asiento
make an exception hacer una excepción
make an offer hacer una oferta
make default incumplir, no comparecer ante un tribunal
make delivery hacer entrega
make formal formalizar
make illegal hacer ilegal
make impossible hacer imposible
make improvements hacer mejoras
make inevitable hacer inevitable
make lawful hacer legal, legalizar
make legal hacer legal, legalizar

make payment hacer pago
make possible hacer posible
making law la creación de una nueva ley
mala fide de mala fe, mala fide
mala fide holder tenedor de mala fe
mala fide purchaser comprador de mala fe
mala fides mala fe, mala fides
mala in se malvado de por sí
mala prohibita delitos prohibidos
maladministration administración inepta, administración fraudulenta
malady mal, enfermedad, trastorno
malconduct mala conducta, conducta ilícita
malefaction malhecho, delito, crimen
malefactor malhechor, criminal
malefic maléfico, perjudicial, dañino
maleficence maleficio, maldad
maleficent maléfico, dañino
malevolence malevolencia
malevolent malévolo
malevolently malévolamente
malfeasance fechoría, acto ilegal
malfunction funcionamiento defectuoso
malice malicia, intención maliciosa
malice aforethought malicia premeditada
malice in fact malicia de hecho, intención criminal de hecho
malice in law malicia implícita, intención criminal implícita
malicious malicioso, maligno
malicious abandonment abandono conyugal doloso
malicious abuse of legal process abuso procesal malicioso
malicious accusation acusación maliciosa
malicious act acto malicioso, acto doloso
malicious arrest arresto ilícito malicioso
malicious assault acometimiento malicioso, asalto malicioso
malicious falsehood falsedad maliciosa
malicious injury lesión dolosa, lesión maliciosa
malicious killing homicidio doloso
malicious mischief daño voluntario y malicioso a propiedad ajena
malicious motive motivo malicioso
malicious prosecution acción penal sin fundamento, denuncia maliciosa
malicious trespass violación de propiedad maliciosa, transgresión dolosa
malicious use of process abuso de proceso
maliciously maliciosamente
maliciousness malicia
malign (adj) maligno
malign (v) difamar, calumniar
maligner difamador
malinger fingir un impedimento o enfermedad
malingerer quien finge un impedimento o enfermedad

malitia malicia
Mallory Rule regla según la cual no es admisible una confesión obtenida tras una detención por un tiempo irrazonable
malo animo con mala intención
malpractice negligencia profesional
malpractice insurance seguro contra negligencia profesional
malpractice liability insurance seguro contra negligencia profesional
maltreat maltratar
maltreatment maltrato
malversation malversación, delitos cometidos en la capacidad de funcionario
man-hour hora hombre
man of straw hombre de paja
manacle esposar
manacles esposas
manage administrar, dirigir, gestionar, lograr
manage poorly administrar mal
managed administrado
managed account cuenta administrada
managed economy economía planificada, economía dirigida
managed funds fondos administrados
managed liabilities pasivo administrado
managed money moneda administrada, fondos administrados
managed trade comercio controlado
management manejo, administración, cuerpo directivo, dirección
management accounting contabilidad administrativa
management agreement acuerdo administrativo
management audit auditoría administrativa
management board junta administrativa, junta directiva
management charge cargo administrativo, cargo por administración
management company compañía administrativa, compañía administradora
management consultant consultor administrativo
management contract contrato de administración
management fee cargo administrativo, cargo por administración
management guide guía administrativa
management of property administración de propiedad
management of the ship administración de la nave
management review revisión administrativa
management rights derechos administrativos
management system sistema administrativo
manager gerente, administrador
managerial ejecutivo, directivo
managerial accounting contabilidad ejecutiva

managerial control control ejecutivo
managing agent gerente
managing board junta directiva
managing committee comité directivo
managing partner socio administrador
managing underwriter colocador de emisión administrador
manche-present soborno, un regalo de la mano del donante
mandamus ordenamos, orden judicial, mandamus
mandatary mandatario
mandate mandato, orden
mandator mandante
mandatory obligatorio, imperativo
mandatory act acto obligatorio
mandatory care cuidado obligatorio
mandatory clause cláusula obligatoria
mandatory component componente obligatorio
mandatory condition condición obligatoria
mandatory copy texto obligatorio
mandatory damages daños y perjuicios obligatorios
mandatory deposit depósito obligatorio
mandatory diligence diligencia obligatoria
mandatory domicile domicilio obligatorio
mandatory easement servidumbre obligatoria
mandatory expense gasto obligatorio
mandatory inference inferencia obligatoria
mandatory injunction orden judicial imperativa, requerimiento imperativo, mandamiento preceptivo, mandamiento afirmativo
mandatory instructions instrucciones obligatorias
mandatory insurance seguro obligatorio
mandatory order orden imperativa
mandatory parties partes obligatorias
mandatory payment pago obligatorio
mandatory reinsurance reaseguro obligatorio
mandatory repairs reparaciones obligatorias
mandatory reserve reserva obligatoria
mandatory retirement retiro obligatorio
mandatory sentence sentencia obligatoria
mandatory servitude servidumbre obligatoria
mandatory sharing compartimiento obligatorio
mandatory statutes leyes imperativas
mandatory stipulation estipulación obligatoria
mandatory testimony testimonio obligatorio
mangle mutilar, desfigurar
manhandle maltratar
manhood mayoría de edad
manhunt búsqueda de un fugitivo
mania manía
maniac maníaco
manifest (adj) manifiesto, evidente

manifest (n) manifiesto de carga, lista de pasajeros

manifest (v) manifestar, declarar, registrar en un manifiesto de carga

manifest ability habilidad manifiesta

manifest agency agencia aparente

manifest agent agente aparente

manifest authority autoridad manifiesta

manifest danger peligro manifiesto

manifest defects defectos manifiestos

manifest error error manifiesto

manifest liability responsabilidad manifiesta

manifest meaning significado manifiesto

manifest mistake error manifiesto

manifest necessity necesidad manifiesta

manifest ownership propiedad manifiesta

manifest partnership sociedad manifiesta

manifest possession posesión manifiesta

manifest risk riesgo aparente

manifest sense sentido manifiesto

manifest title título manifiesto

manifestation manifestación

manifestation of intent manifestación de intención

manifestation of intention manifestación de intención

manifesto manifiesto, declaración pública

manifold múltiple, diverso

manipulate manipular, alterar

manipulation manipulación

manipulator manipulador

manner manera, modo, costumbre, porte, estilo

manner and form modo y forma

manner of living modo de vivir

manner of working modo de trabajar

manning citación a comparecer, el trabajo de un día de una persona

manor casa, residencia

manpower mano de obra

mansion-house mansión, residencia

manslaughter homicidio impremeditado, homicidio preterintencional

manstealing rapto, secuestro

manu longa indirectamente

manual manual

manual delivery entrega a mano

manual gift donación manual

manual labor trabajo manual

manufacture (n) manufactura, elaboración, fabricación

manufacture (v) manufacturar, elaborar, fabricar

manufactured article artículo manufacturado

manufacturer fabricante, industrial

manufacturer's agent agente del fabricante

manufacturer's liability doctrine doctrina sobre la responsabilidad del fabricante

manufacturer's liability insurance seguro de responsabilidad del fabricante

manufacturer's representative representante del fabricante

manufacturing corporation corporación industrial, corporación manufacturera

manufacturing cost costo de la manufactura, coste de fabricación

manufacturing establishment establecimiento industrial

manufacturing insurance seguro de manufactura

manufacturing license licencia de manufactura

manufacturing order orden de manufactura

manufacturing tax impuesto de manufactura

manumission manumisión

manuscript manuscrito

many muchos, diversos

map (n) mapa

map (v) levantar un mapa, planear, proyectar

mar estropear, dañar

maraud saquear

margin margen, ganancia, borde, reserva

margin account cuenta con una firma bursátil para la compra de valores a crédito, cuenta de margen

margin account agreement convenio de cuenta de margen

margin agreement convenio de cuenta de margen

margin call aviso de la casa de corretaje de que hay que depositar dinero o valores en una cuenta de margen por ésta estar debajo del mínimo de mantenimiento

margin notice aviso de la casa de corretaje de que hay que depositar dinero o valores en una cuenta de margen por ésta estar debajo del mínimo de mantenimiento

margin of error margen de error

margin of profit margen de ganancia, margen de beneficio

margin of safety margen de seguridad

margin requirement cantidad mínima a depositar en una cuenta de margen

margin securities valores elegibles para cuentas de margen

margin trading la compra de valores usando crédito en una firma bursátil

marginal marginal

marginal activity actividad marginal

marginal benefit beneficio marginal

marginal borrower prestatario marginal

marginal enterprise empresa marginal

marginal land tierra marginal

marginal lender prestador marginal

marginal note nota marginal, apostilla

marginal property propiedad marginal

marginal risk riesgo marginal

marine marino, marítimo

marine belt aguas territoriales
marine carrier transportador marítimo
marine contract contrato marítimo
marine insurance seguro marítimo
marine insurance policy póliza de seguro
  marítimo
marine interest interés sobre préstamos a la
  gruesa
marine league legua marítima
marine risk riesgo marítimo
marine underwriter asegurador marítimo
marital marital, conyugal, matrimonial
marital agreements capitulaciones
  matrimoniales, convenios matrimoniales
marital communications privilege derecho de
  mantener confidencial las comunicaciones
  entre cónyuges
marital deduction deducción matrimonial
marital duties deberes matrimoniales
marital infidelity infidelidad matrimonial
marital property propiedad matrimonial
marital relationship relación matrimonial
marital rights and duties derechos y deberes
  matrimoniales
marital status estado civil
marital trust fideicomiso matrimonial
maritime marítimo, naval
maritime attachment embargo marítimo
maritime belt aguas territoriales
maritime casualty siniestro marítimo
maritime cause causa marítima
maritime coastline trade comercio de
  cabotaje
maritime contract contrato naval
maritime court tribunal marítimo, tribunal de
  almirantazgo
maritime flag bandera marítima
maritime interest interés sobre préstamos a la
  gruesa
maritime jurisdiction jurisdicción del tribunal
  marítimo
maritime law derecho marítimo
maritime lien privilegio marítimo, gravamen
  marítimo, embargo marítimo
maritime loan préstamo marítimo
maritime mortgage hipoteca marítima
maritime perils peligros del mar
maritime prize presa naval
maritime service servicio marítimo
maritime tort daño legal marítimo, agravio
  marítimo
maritime trade comercio marítimo
maritime waters aguas territoriales
maritus un marido, un esposo
mark (n) marca, señal, signo, objetivo,
  distinción, huella
mark (v) marcar, señalar, caracterizar,
  registrar, calificar
markdown reducción, descuento

marked marcado, notable
marked money dinero marcado
marker marcador, señal
market (n) mercado, bolsa
market (v) mercadear, comerciar,
  comercializar, vender
market overt mercado abierto y público
market price precio de mercado, valor justo
  en el mercado
market rent renta justa de mercado
market share porcentaje del mercado
market value valor en el mercado, valor justo
  en el mercado
market value clause cláusula de valor en el
  mercado
marketability comerciabilidad
marketable vendible, comerciable, negociable
marketable title título de propiedad
  transferible sin gravámenes u otras
  restricciones
marketing mercadeo
marketing policy política de mercadeo
markon la cantidad que se le suma al costo
  para llegar al precio de lista
marksman quien firma documentos con una
  marca por no saber escribir
markup margen de ganancia, alza de un
  precio
marque, law of ley de represalia
marriage matrimonio, boda, enlace
marriage broker agente matrimonial
marriage ceremony ceremonia matrimonial
marriage certificate certificado de
  matrimonio
marriage license licencia matrimonial
marriage of convenience matrimonio de
  conveniencia
marriage portion dote
marriage promise compromiso de matrimonio
marriage settlement convenio
  prematrimonial, capitulaciones
  matrimoniales
married casado
married couple matrimonio
married life vida conyugal
married state estado conyugal
marry casar, casarse con, unir
marshal alguacil, maestro de ceremonias
marshaling assets clasificación de acreedores
marshaling liens clasificación de gravámenes
mart mercado, centro comercial
martial law ley marcial
marxism marxismo
masochism masoquismo
mass media medios de comunicación
mass murder asesinatos múltiples
mass production producción en masa
Massachusetts rule regla según la cual todo
  banco que recibe un cheque para pago sirve

como agente del depositante, regla de
Massachusetts
Massachusetts trust ente de negocios donde
los socios transfieren bienes a un
fideicomiso del cual son los beneficiarios
master (adj) maestro, experto
master (n) patrono, maestro, auxiliar judicial,
poseedor, comandante de una nave
master (v) dominar, vencer
master agreement contrato colectivo de
trabajo
master contract contrato maestro
master deed escritura maestra
master key llave maestra
master lease arrendamiento principal
master limited partnership inversión en que
se combinan sociedades en comandita para
formar unidades de mayor liquidez
master mortgage hipoteca principal
master of a ship comandante de una nave
master plan plan maestro, plan principal para
el desarrollo urbano de una localidad
master policy póliza principal
master trust fideicomiso principal
match (n) igual, conjunto, matrimonio,
mecha, fósforo
match (v) enfrentar, emparejar, igualar
matchless sin igual
mate cónyuge, camarada, segundo oficial de
una nave
material material, pertinente, importante,
esencial, sustancial, corporal
material allegation alegación material
material alteration alteración sustancial
material amendment enmienda material
material breach incumplimiento sustancial
material change cambio sustancial
material change in circumstances cambio
sustancial de circunstancias
material circumstance circunstancia material
material defect defecto material
material error error material
material evidence prueba material
material fact hecho material
material false representation representación
falsa material
material injury lesión sustancial
material misrepresentation representación
falsa material
material mistake error sustancial
material participation participación material
material representation representación
material, declaración material
material witness testigo clave
materiality materialidad
materialman quien provee materiales
materialman's lien gravamen de quien provee
materiales
maternal maternal

maternal line línea materna
maternal property propiedad heredada por la
vía materna
maternity maternidad
maternity benefits beneficios por maternidad
matertera la hermana de la madre
matertera magna la hermana de una abuela
matertera major la hermana de una bisabuela
mathematical evidence prueba matemática,
prueba confiable
matricide matricidio, matricida
matriculate matricular
matriculation matriculación
matrilineal matrilineal
matrimonial matrimonial
matrimonial action acción sobre un estado de
matrimonio
matrimonial causes causas matrimoniales
matrimonial cohabitation cohabitación
matrimonial
matrimonial domicile domicilio matrimonial
matrimonial property propiedad matrimonial
matrimonial res estado matrimonial
matrimony matrimonio
matrix matriz, protocolo
matter (n) materia, cuestión, asunto, negocio
matter (v) importar
matter in controversy cuestión en
controversia
matter in deed cuestión de hecho
matter in dispute cuestión en controversia
matter in issue cuestión en controversia
matter in pais cuestión de hecho no escrito
matter of course lo que se hace
rutinariamente
matter of fact cuestión de hecho
matter of form cuestión de forma
matter of law cuestión de derecho
matter of principle cuestión de principios
matter of record materia de registro
matter of substance cuestión sustancial
matters of subsistence for man productos
alimenticios
mature (adj) maduro, vencido, exigible
mature (v) madurar, vencer, expirar
matured vencido, exigible
maturity vencimiento, madurez
maturity date fecha de vencimiento
maturity value valor al vencimiento
maunder vagar, divagar
maxim máxima, principio de derecho, axioma
maximization maximización
maximize maximizar
maximum máximo
maximum age edad máxima
maximum amount cantidad máxima
maximum benefit beneficio máximo
maximum charge cargo máximo
maximum cost costo máximo

maximum employment age edad máxima de empleo

maximum family benefit beneficio de familia máximo

maximum fee cargo máximo

maximum interest rate tasa de interés máxima

maximum loss pérdida máxima

maximum output producción máxima

maximum payment pago máximo

maximum penalty pena máxima

maximum premium prima máxima

maximum price precio máximo

maximum probable loss pérdida máxima probable

maximum rate tasa máxima

maximum rate increase aumento de tasa máximo

maximum sentence sentencia máxima

maximum tax impuesto máximo

maximum tax rate tasa impositiva máxima

maximum wage salario máximo

may poder, ser lícito

mayhem lesión incapacitante criminal, mutilación criminal, pandemónium

mayor alcalde, intendente

mayor's court tribunal municipal

mayoralty alcaldía, intendencia

mean (adj) común, inferior, vil, malo, medio

mean (n) medio, punto medio

mean (v) significar, proponerse, querer decir

mean high tide promedio de las mareas altas

mean low tide promedio de la mareas bajas

mean reserve reserva media

meander vagar, caminar sin rumbo

meaning significado, acepción, intención

meaningful significativo

meaningless sin sentido

meaningly significativamente

meanness maldad, vileza

means medios, recursos

means of support medios de sostén

measure (n) medida, alcance, grado

measure (v) medir, delimitar, señalar

measure of damages reglas para la determinación de los daños y perjuicios

measure of value medida del valor, norma de valor

measurement medida

measurement of damages medida de daños

measurement of liability medida de responsabilidad

mechanic's lien privilegio del constructor, gravamen del constructor

mechanical mecánico, automático

mechanical equivalent equivalente mecánico

mechanical movement movimiento mecánico

mechanical process procedimiento mecánico

meddle entrometerse

media medios publicitarios, medios de comunicación

mediate (adj) medio, interpuesto, mediato

mediate (v) mediar, reconciliar, arbitrar, comunicar

mediate descent descendencia mediata

mediate interest interés mediato

mediate powers facultades accesorias

mediate testimony prueba secundaria, testimonio secundario

mediation mediación, arbitraje, intervención

mediation board junta de mediación, junta de arbitraje

mediator mediador, intercesor

Medicaid programa de asistencia pública para gastos médicos

medical médico

medical attention atención médica

medical benefits beneficios médicos

medical care atención médica

medical deduction deducción contributiva por gastos médicos

medical evidence prueba suministrada por un perito en medicina, testimonio pericial de médicos

medical examination examen médico, reconocimiento médico

medical examiner médico forense

medical expenditures gastos médicos

medical expense insurance seguro de gastos médicos

medical expenses gastos médicos

medical insurance seguro médico

medical jurisprudence jurisprudencia médica, medicina forense

medical malpractice negligencia profesional médica

medical payments insurance seguro de pagos médicos

medical record historial médico

medical treatment tratamiento médico

Medicare programa de asistencia pública para gastos médicos

medicine medicina, medicamento

medico-legal médico-legal

mediocre mediocre

meditate meditar, tramar

medium of change medio para facilitar el intercambio

medium-term loan préstamo a medio plazo

medley riña

meet (n) encuentro, reunión

meet (v) encontrarse con, enfrentarse a, conocer, satisfacer

meet an obligation cumplir una obligación

meet specifications cumplir con las especificaciones

meeting reunión, conferencia, junta

meeting of creditors junta de acreedores

meeting of minds acuerdo de voluntades
meeting of shareholders reunión de
  accionistas
melancholia melancolía
meliorate mejorar
meliorations mejoras
member miembro, socio, afiliado
member bank banco afiliado a la Reserva
  Federal
member bank reserves reservas de banco
  miembro
member company compañía miembro
member corporation corporación miembro
member country país miembro
member firm firma miembro, firma miembro
  de una organización, miembro de una bolsa
member nation nación miembro
member of a jury miembro de un jurado
member of congress miembro del congreso
member of parliament miembro del
  parlamento
member of the bar miembro del cuerpo de
  abogados, abogado colegiado
membership calidad de miembro, calidad de
  socio, número de miembros, número de
  socios
memorandum memorándum, informe,
  minuta, apunte, nota
memorandum articles artículos por los cuales
  el asegurador tiene responsabilidad limitada
memorandum check cheque en garantía
memorandum clause cláusula que limita la
  responsabilidad del asegurador sobre
  ciertas mercancías perecederas
memorandum in error memorándum que
  alega un error de hecho
memorandum of association acta
  constitutiva, escritura de constitución
memorandum sale venta sujeta a la
  aprobación
memory memoria
menace amenaza
menacingly amenazadoramente
mend enmendar, reparar, mejorar
mens mente, intención
mens legis la intención de la ley
mens rea intención criminal, mens rea
mensa et thoro una separación en vez de
  disolución de matrimonio
mental mental
mental alienation enajenación mental, insania
mental anguish angustia mental, sufrimiento
  mental
mental capacity capacidad mental
mental competence competencia mental
mental cruelty crueldad mental
mental disease enfermedad mental
mental equilibrium equilibrio mental
mental examination examen mental

mental health salud mental
mental hospital hospital psiquiátrico
mental image imagen mental
mental incapacity incapacidad mental
mental incompetency incapacidad mental
mental reservation reserva mental
mental shock sacudida mental
mental sickness enfermedad mental
mental state estado mental
mental suffering sufrimiento mental
mention (n) mención, alusión
mention (v) mencionar, aludir, nombrar
mentiri mentir, falsificar
mentition mentira, falsificación
mentor mentor, tutor
mercable vendible, comerciable, negociable
mercantile mercantil, comercial
mercantile accounting contabilidad mercantil
mercantile activity actividad mercantil
mercantile agent agente comercial
mercantile arbitration arbitraje mercantil
mercantile bank banco mercantil
mercantile banking banca mercantil
mercantile bookkeeping contabilidad
  mercantil
mercantile broker corredor
mercantile contract contrato comercial,
  contrato mercantil
mercantile counterfeiting falsificación
  mercantil
mercantile credit crédito mercantil
mercantile credit company compañía de
  crédito mercantil
mercantile credit insurance seguro de crédito
  mercantil
mercantile documents documentos
  mercantiles
mercantile domicile domicilio mercantil
mercantile establishment establecimiento
  comercial
mercantile forgery policy póliza contra
  falsificación mercantil
mercantile forms formularios mercantiles
mercantile insolvency insolvencia mercantil
mercantile insurance seguro mercantil
mercantile insurance company compañía de
  seguros mercantil
mercantile insurance forms formularios de
  seguros mercantiles
mercantile invoice factura mercantil
mercantile law derecho comercial
mercantile letter of credit carta de crédito
  mercantil
mercantile loan préstamo mercantil
mercantile mortgage hipoteca mercantil
mercantile name nombre mercantil
mercantile paper instrumentos negociables,
  papel mercantil
mercantile policy póliza mercantil

mercantile property propiedad mercantil
mercantile property policy póliza de
  propiedad mercantil
mercantile report informe mercantil
mercantile year año mercantil
mercantilism mercantilismo
mercative mercantil, comercial
merchandise (n) mercancía, mercadería
merchandise (v) comercializar, comerciar,
  vender, negociar
merchandise administration administración
  de mercancías
merchandise administrator administrador de
  mercancías
merchandise broker corredor de mercancías
merchandise control control de mercancías
merchandise inventory inventario de
  mercancías
merchandise management administración de
  mercancías
merchandise manager administrador de
  mercancías
merchandise transfer transferencia de
  mercancías
merchandising comercialización, técnicas
  mercantiles
merchant (adj) mercantil, comercial
merchant (n) mercader, comerciante
merchant agreement acuerdo de comerciante,
  acuerdo entre el comerciante y el banco
  que procesa transacciones de tarjeta
merchant application solicitud de
  comerciante
merchant bank banco mercantil
merchant banking banca mercantil
merchant fraud fraude de comerciante
merchant identification card tarjeta de
  identificación de comerciante
merchant seaman marino mercante, marino
  en una nave comercial
merchant shipping navegación comercial
merchantability comerciabilidad
merchantable vendible, comerciable
merchantable title título de propiedad
  negociable sin gravámenes u otras
  restricciones, título válido
merchantman buque mercante, nave
  comercial
merchants' accounts cuentas comerciales
mercy misericordia, clemencia, gracia
mercy killing eutanasia
mere mero, solo
mere licensee quien entra a la tierra de otro
  con permiso o sin objeción del dueño
mere motion acto voluntario, iniciativa del
  propio juez
mere right derecho sin posesión ni título
merely meramente, simplemente, solamente
merge fusionar, combinar, consolidar,

confundir
merged company compañía fusionada
merger fusión, consolidación, unión,
  confusión
merger of rights confusión de derechos
merger of rights of action confusión de
  derechos de acción
mergers and acquisitions fusiones y
  adquisiciones
merit mérito
merit system sistema de méritos
meritorious meritorio
meritorious cause of action persona respecto
  a quien se ha iniciado una acción
meritorious consideration contraprestación
  basada en una obligación moral, causa
  valiosa
meritorious defense defensa basada en los
  méritos, defensa sustantiva
merits los derechos legales de las partes
mesne assignment cesión intermedia
mesne conveyance cesión intermedia
mesne encumbrance gravamen intermedio
mesne process órdenes judiciales intermedias,
  auto interlocutorio
mesne profits ganancias intermedias,
  beneficios obtenidos mediante posesión
  ilegal
message mensaje, comunicación, aviso
messenger mensajero
messuage casa con sus estructuras anexas más
  el terreno que las rodea
metachronism metacronismo
mete límite, mojón
meter (n) medidor, contador, metro
meter (v) medir, franquear con máquina
meter rate tasa por unidad de consumo, tasa
  según contador
metes and bounds límites de un inmueble,
  linderos de un inmueble, rumbos y
  distancias
method método, modo
metropolis metrópoli
metropolitan metropolitano
metropolitan district distrito metropolitano
microeconomics microeconomía
microfilm micropelícula
mid-channel medio de una vía navegable
middle (adj) medio, mitad, intermedio,
  moderado
middle (n) centro, medio, mitad
middle line of main channel línea media del
  canal principal
middle management administración
  intermedia
middle of the river medio de un río
middle thread línea media de un río
middleman intermediario
midnight medianoche

midnight deadline vencimiento a medianoche
might poder, poderío
migrant migratorio
migrant worker trabajador migratorio
migration migración
mileage millaje
milestone hito, mojón, acontecimiento importante
military militar
military base base militar
military courts tribunales militares
military forces fuerzas militares
military government gobierno militar
military jurisdiction jurisdicción militar
military law derecho militar
military offense delito militar
military officer oficial militar
military personnel personal militar
military service servicio militar
military state estado militar
militia milicia
militiamen soldados
mill milésima, molino, prensa
mill privilege derecho de propietario ribereño a erigir un molino
mill site terreno apropiado para erigir un molino
millage rate tasa impositiva expresada en milésimas
mind mente, entendimiento, memoria, opinión, inclinación
mind and memory mente y memoria
minded dispuesto, propenso
mindful atento, cuidadoso
mindfully atentamente
mindfulness atención, cuidado
mine (n) mina
mine (v) minar, explotar
mineral mineral
mineral lands tierras mineras
mineral lease arrendamiento de minas
mineral right derecho de explotar minas
mineral royalty regalía minera
mineral servitude servidumbre minera
mingle mezclar, entremezclar, asociar
mini-trial método privado e informal para la resolución de disputas en el que los abogados presentan sus alegatos y luego las partes tratan de llegar a un acuerdo
minimal mínimo
minimal contacts contactos mínimos
minimize minimizar
minimize damages minimizar daños
minimum mínimo
minimum age edad mínima
minimum amount cantidad mínima
minimum amount policy póliza de cantidad mínima
minimum benefit beneficio mínimo

minimum cash ratio razón de efectivo mínimo
minimum charge tarifa mínima, cargo mínimo
minimum contacts contactos mínimos
minimum cost costo mínimo
minimum employment age edad mínima de empleo
minimum family benefit beneficio de familia mínimo
minimum fee honorario mínimo
minimum interest rate tasa de interés mínima
minimum loss pérdida mínima
minimum lot area área de solar mínima
minimum maintenance mantenimiento mínimo
minimum payment pago mínimo
minimum penalty pena mínima
minimum pension liability responsabilidad de pensión mínima
minimum premium prima mínima
minimum price precio mínimo
minimum rate tasa mínima
minimum rate increase aumento de tasa mínimo
minimum reserve ratio razón mínima de encaje
minimum sentence pena mínima
minimum tax impuesto mínimo
minimum tax rate tasa impositiva mínima
minimum wage salario mínimo
mining minería
mining claim concesión minera, pertenencia minera
mining district distrito minero
mining law derecho minero
mining lease arrendamiento de minas
mining license licencia minera
mining location pertenencia minera
mining partnership sociedad minera
mining rent renta por explotar minas
mining royalty regalía minera
minister (n) enviado, delegado
minister (v) administrar, suministrar
ministerial administrativo, ministerial
ministerial act acto ministerial
ministerial duty obligación ministerial
ministerial office oficina ministerial
ministerial officer funcionario ministerial
ministerial trust fideicomiso pasivo
ministry ministerio
minor (adj) menor, secundario, inferior, leve
minor (n) menor, menor de edad
minor breach incumplimiento menor
minor defect defecto menor
minor error error menor
minor fact hecho circunstancial, hecho menor
minor loss siniestro menor
minor offense delito menor

minority minoría, minoría de edad
minority opinion opinión minoritaria
minority rights derechos de las minorías
minority shareholders accionistas
  minoritarios
minority stockholders accionistas
  minoritarios
mint casa de la moneda
minute (adj) diminuto, insignificante,
  detallado
minute (n) minuta, minuto, acta, instante
minute-book libro de minutas, minutario
minutes minutas, actas
Miranda Rule Regla Miranda, regla que
  exige que se informe al arrestado de sus
  derechos antes de interrogarlo
misadventure desgracia, percance
misallegation alegato falso, alegato erróneo
misallege alegar falsamente, alegar
  erróneamente
misapplication uso indebido de fondos, uso
  ilegal de fondos, mal uso
misapplication of funds uso indebido de
  fondos
misappropriation apropiación indebida, mal
  uso
misappropriation of public funds
  apropiación indebida de fondos públicos
misbehavior mala conducta, conducta ilícita
misbranding rotular productos con
  indicaciones falsas
miscalculation error de cálculo
miscarriage mala administración, aborto,
  fracaso
miscarriage of a child aborto
miscarriage of justice error judicial, injusticia
miscellaneous misceláneo
miscellaneous vehicles coverage cobertura de
  vehículos misceláneos
mischarge instrucción errónea al jurado
mischief daño voluntario a propiedad ajena,
  mal que se trata de evitar o corregir
  mediante una ley, daño, injuria, conducta
  ilícita
misconception concepto erróneo
misconduct mala conducta, comportamiento
  ilícito, incumplimiento de deberes de un
  cargo
misconduct in office incumplimiento de
  deberes por parte de un funcionario público
misconduct of counsel incumplimiento de los
  deberes del abogado
misconduct of judge incumplimiento de los
  deberes del juez
misconduct of jury incumplimiento de los
  deberes del jurado
misconstruction interpretación falsa,
  interpretación errónea
miscontinuance continuación indebida

miscreancy vileza
miscreant vil, inescrupuloso
misdate fecha falsa, fecha errónea
misdeclaration declaración falsa, declaración
  errónea
misdeed fechoría, delito
misdelivery entrega errónea
misdemeanant persona culpable de un delito
  menor
misdemeanor delito menor
misdescription descripción errónea
misdirection instrucciones erróneas al jurado,
  mala dirección
misdoer malhechor
misemploy emplear mal
misencode codificar mal
misencoded mal codificado
misencoded card tarjeta mal codificada
miserable miserable, abyecto
misfeasance acto legal realizado ilegalmente,
  ejecución impropia de un acto que no es
  ilegal de por sí
misfortune infortunio, percance, desgracia
misgovernment mala administración,
  desgobierno
misguide aconsejar mal
mishandle maltratar, manejar mal
mishap accidente, percance
misinform informar mal
misinformation información errónea
misinterpret interpretar mal
misinterpretation mala interpretación
misjoinder vinculación impropia de acciones
  o de las partes de un juicio, acumulación
  indebida de acciones
misjoinder of causes acumulación indebida de
  acciones
misjudge juzgar mal, errar
mislabeling rotular productos con indicaciones
  falsas
mislaid property bienes extraviados, bienes
  perdidos
mislay extraviar, perder
misleading engañoso
misleadingly engañosamente
mismanage administrar mal
mismanage trust funds administrar mal
  fondos en fideicomiso
misnomer error en el nombre, dar un nombre
  erróneo, nombre inapropiado
misplace extraviar
mispleading errores en los alegatos
misprision rebeldía, desacato, delito sin
  nombre, ocultación de delitos, mala
  administración en un cargo público
misprision of felony ocultación de un delito
  grave
misprision of treason ocultación de un delito
  de traición

misquote citar erróneamente, citar falsamente
misreading lectura errónea
misrecital descripción errónea
misrepresentation declaración falsa, declaración errónea
missing desaparecido, ausente
missing payment pago perdido, pago extraviado
missing person persona desaparecida, persona ausente
missing ship nave perdida
mission misión, comisión
missive misiva, carta
misstatement declaración falsa, declaración errónea
mistake (n) equivocación, error, falta
mistake (v) confundir, interpretar mal, errar
mistake of fact error de hecho
mistake of law error de derecho
mistaken erróneo, equivocado
mistreat maltratar
mistreatment maltrato
mistress amante, querida, señora, perita
mistrial juicio nulo
mistrust desconfianza, recelo
misunderstand entender mal
misuse uso no intencionado, uso ilícito
misuse of power abuso de poder
misuser uso ilegal de un derecho, abuso de cargo
mitigate mitigar, atenuar, reducir
mitigating circumstances circunstancias mitigantes, circunstancias atenuantes
mitigation mitigación, atenuación, reducción
mitigation of damages atenuación de daños
mitigation of punishment reducción de la pena
mitter transmitir, poner, mandar
mittimus orden de detención, auto de prisión
mix (n) mezcla
mix (v) mezclar, combinar
mixed mixto, mezclado
mixed actions acciones mixtas
mixed cognation cognación mixta
mixed collateral colateral mixto
mixed condition condición mixta
mixed contract contrato mixto, contrato con contraprestaciones desiguales
mixed credit crédito mixto
mixed enterprise empresa mixta
mixed feelings sentimientos conflictivos
mixed financing financiamiento mixto
mixed government gobierno mixto
mixed insurance company compañía de seguros mixta
mixed jury jurado mixto
mixed larceny hurto calificado
mixed laws leyes mixtas
mixed nuisance estorbo al público en general y a personas en particular, acto perjudicial al público en general y a personas en particular
mixed policy póliza mixta, póliza combinada
mixed presumption presunción mixta
mixed property propiedad mixta, bienes mixtos
mixed question of law and fact cuestión mixta de derecho y de hecho
mixed questions cuestiones mixtas
mixed subjects of property bienes mixtos
mixtion confusión de bienes, mezcla de bienes
mixture mezcla
mock (adj) simulado, ficticio
mock (n) burla, objeto de burla
mock (v) burlarse de, desdeñar, ridiculizar
mock trial juicio ficticio
modal modal
modal legacy legado modal
mode modo, método, forma
mode of communication modo de comunicación
mode of expression modo de expresión
mode of living modo de vivir
mode of operation modo de operación
mode of transport modo de transporte
model modelo, ejemplo
model act ley modelo
model clause cláusula modelo
model code código modelo
model law ley modelo
moderate moderado, mediocre
moderator moderador, mediador
modification modificación, enmienda
modification agreement convenio de modificación
modification of agreement modificación de convenio
modification of contract modificación de contrato
modification of terms modificación de términos
modified modificado
modified insurance seguro modificado
modified legal list lista legal modificada
modified life insurance seguro de vida modificado
modified reserve reserva modificada
modify modificar, enmendar
modus modo, método
modus operandi modo de operar, modus operandi
modus vivendi modo de vivir, modus vivendi
moiety la mitad de algo
moiety acts leyes que estipulan que el informador ha de recibir la mitad del monto de la multa impuesta
molest abusar sexualmente, molestar
molestation abuso sexual, molestia

monarchy monarquía
moneta dinero, moneda
monetary monetario
monetary accord acuerdo monetario
monetary adjustment ajuste monetario
monetary administration administración monetaria
monetary administrator administrador monetario
monetary adviser asesor financiero
monetary agent agente financiero
monetary agreement acuerdo monetario
monetary aid ayuda monetaria
monetary arrangement arreglo monetario
monetary assistance asistencia monetaria
monetary benefit beneficio monetario
monetary commission comisión monetaria
monetary compensation compensación monetaria
monetary condition condición financiera
monetary contingency contingencia monetaria
monetary control control monetario
monetary counseling asesoramiento monetario
monetary decision decisión monetaria
monetary exchange intercambio monetario
monetary guarantee garantía monetaria
monetary guaranty garantía monetaria
monetary indemnity indemnización monetaria
monetary information información monetaria
monetary interest interés monetario
monetary intervention intervención monetaria
monetary investment inversión monetaria
monetary liability responsabilidad monetaria
monetary loss pérdida monetaria
monetary management administración monetaria
monetary manager administrador monetario
monetary obligation obligación monetaria
monetary operation operación monetaria
monetary participation participación monetaria
monetary plan plan financiero
monetary planning planificación financiera
monetary policy política monetaria
monetary position posición financiera
monetary records registros financieros
monetary regulation regulación monetaria
monetary remuneration remuneración monetaria
monetary report informe monetario, informe financiero
monetary reserve reserva monetaria
monetary resources recursos monetarios
monetary responsibility responsabilidad monetaria
monetary risk riesgo monetario
monetary services servicios financieros

monetary standard patrón monetario
monetary statement estado financiero
monetary structure estructura monetaria
monetary system sistema monetario
monetary transaction transacción monetaria
monetary unit unidad monetaria
monetary value valor monetario
money dinero, moneda
money administration administración de fondos
money administrator administrador de fondos
money-bill proyecto de ley fiscal
money broker corredor financiero, corredor de cambios
money demand demanda monetaria
money deposit depósito de una suma de dinero
money flow flujo monetario
money judgment sentencia que dispone que se pague una suma de dinero
money land dinero en fideicomiso señalado para la compra de inmuebles
money laundering lavado de dinero
money lender prestador
money lent dinero prestado
money made notificación de parte del alguacil al juez de que ha obtenido la suma de dinero exigida por la orden de ejecución
money management administración de fondos, administración de cartera de valores
money manager administrador de fondos, administrador de cartera de valores
money market mercado monetario
money order giro postal, orden de pago
money-order office oficina postal que emite y paga giros postales
money paid dinero pagado
money transaction transacción monetaria
money transfer transferencia monetaria
money wage salario monetario
moneyed corporation corporación financiera
moneylender prestador, prestamista
monger vendedor, negociante
moniment registro
monocracy monocracia
monocrat monócrata
monogamy monogamia
monopolist monopolista
monopolistic monopolístico, monopolizador
monopolistic competition competencia monopolística
monopolium monopolio
monopolization monopolización
monopolize monopolizar
monopoly monopolio
monopoly price precio de monopolio
monopsony monopsonio
monthly mensual

monthly payment pago mensual
monthly report informe mensual
monthly statement estado mensual
monument monumento, mojón, límite
moonlighting desempeño de otro trabajo
    después de las horas dedicadas al trabajo
    regular
moonshine licor elaborado ilegalmente, licor
    importado ilegalmente
moor amarrar, anclar
moorage amarraje, amarradero
mooring amarra, amarre
moot ficticio, debatible, discutible
moot case cuestión ficticia, cuestión
    académica
moot court tribunal ficticio
moot question cuestión académica
moral moral, ético
moral actions acciones morales
moral behavior conducta moral
moral certainty certeza moral
moral character carácter moral
moral conduct conducta moral
moral consideration contraprestación moral,
    causa equitativa
moral damages daños morales
moral duress coacción moral
moral duty deber moral
moral evidence prueba verosímil
moral fraud fraude intencional
moral hazard riesgo moral
moral law ética, ley moral
moral obligation obligación moral
moral responsibility responsabilidad moral
moral turpitude vileza moral
moratorium moratoria
more favorable terms términos más
    favorables
more or less más o menos, aproximadamente
moreover además, por otra parte
morgue morgue
mortal mortal, humano
mortality mortalidad
mortality tables tablas de mortalidad
mortgage (n) hipoteca
mortgage (v) hipotecar
mortgage administration administración
    hipotecaria
mortgage assumption asunción hipotecaria
mortgage-backed respaldado por hipotecas
mortgage-backed investment inversión
    respaldada por hipotecas
mortgage-backed securities valores
    respaldados por hipotecas
mortgage bank banco hipotecario
mortgage banker banquero hipotecario
mortgage banking banca hipotecaria
mortgage banking company compañía de
    banca hipotecaria

mortgage bond bono hipotecario
mortgage broker corredor hipotecario
mortgage certificate cédula hipotecaria
mortgage clause cláusula hipotecaria
mortgage commitment compromiso de
    otorgar una hipoteca
mortgage company compañía hipotecaria
mortgage conduit conducto de hipotecas
mortgage corporation corporación
    hipotecaria
mortgage credit crédito hipotecario
mortgage creditor acreedor hipotecario
mortgage debt deuda hipotecaria
mortgage debtor deudor hipotecario
mortgage deed escritura hipotecaria
mortgage financing financiamiento
    hipotecario
mortgage foreclosure ejecución hipotecaria
mortgage insurance seguro hipotecario
mortgage insurance policy póliza de seguro
    hipotecario
mortgage insurance premium prima de
    seguro hipotecario
mortgage interest intereses hipotecarios
mortgage lien gravamen hipotecario
mortgage life insurance seguro de vida
    hipotecario
mortgage loan préstamo hipotecario
mortgage loan commitment compromiso de
    préstamo hipotecario
mortgage loan rate tasa de préstamo
    hipotecario
mortgage note pagaré hipotecario
mortgage of goods gravamen contra bienes
    muebles
mortgage of ship hipoteca naval
mortgage origination originación hipotecaria
mortgage participation participación
    hipotecaria
mortgage payment pago hipotecario
mortgage pool agrupación de hipotecas
mortgage registry registro de hipotecas
mortgage securities valores hipotecarios
mortgage service servicio hipotecario
mortgageable hipotecable
mortgaged hipotecado
mortgagee acreedor hipotecario
mortgagee clause cláusula del acreedor
    hipotecario
mortgagee in possession acreedor hipotecario
    en posesión del inmueble
mortgager deudor hipotecario, hipotecante
mortgagor deudor hipotecario, hipotecante
mortis causa por causa de muerte, en
    expectativa de la muerte, mortis causa
mortuary morgue
mortuary tables tablas de mortalidad
mortuum vadium hipoteca
mortuus muerto

mortuus civiliter muerte civil
mortuus sine prole morir sin hijos
most favored nation clause cláusula de
  nación más favorecida
mother-in-law suegra
motion (n) moción, propuesta, petición,
  movimiento, gesto
motion (v) proponer, indicar mediante gesto
motion defeated petición rechazada, moción
  rechazada
motion for a new trial petición para un nuevo
  juicio
motion for judgment notwithstanding verdict
  petición para que el juez dicte sentencia en
  contra del veredicto del jurado
motion for judgment on pleadings petición
  de que se dicte sentencia luego de los
  alegatos
motion granted petición concedida, moción
  concedida
motion to adjourn moción para levantar la
  sesión
motion to dismiss moción para que se rechace
  la demanda
motion to strike petición de eliminación
motivating force fuerza motivante
motivating idea idea motivante
motivating reason razón motivante
motivation motivación
motive motivo, móvil
motor car automóvil
motor vehicle vehículo de motor
motorist automovilista
mourn lamentarse, apesadumbrarse, enlutarse
mourning duelo, aflicción
movable mueble, movible
movable estate propiedad mueble, bienes
  muebles
movable property bienes muebles
movables muebles, bienes muebles
movant peticionante, solicitante
move peticionar, presentar una moción,
  trasladar, mover, mudar, conmover
move out of mudarse de, desocupar, desalojar
moving papers los documentos
  correspondientes a una petición
moving violation infracción de leyes de
  tránsito
mulct (n) multa
mulct (v) multar, castigar
multiemployer bargaining negociaciones de
  patronos múltiples
multifamily housing vivienda multifamiliar
multifarious múltiple, diverso
multifarious issue cuestión que combina
  aspectos que se deben litigar por separado
multifariousness combinación de acciones que
  se deben litigar por separado, desemejanza
  de alegatos, proyecto de ley concerniente a

cuestiones disímiles
multilateral multilateral
multilateral agreement acuerdo multilateral
multilateral contract contrato multilateral
multilateral trade comercio multilateral
multilateralism multilateralismo
multinational multinacional
multinational corporation corporación
  multinacional
multinational enterprise empresa
  multinacional
multipartite multipartito
multiple múltiple
multiple counts acusación combinando varias
  acciones, causa combinando varias
  acciones
multiple evidence prueba admisible sólo para
  un propósito específico
multiple indemnity indemnización múltiple
multiple location policy póliza de locales
  múltiples
multiple peril insurance seguro contra
  peligros múltiples
multiple recording registro múltiple
multiple recording of transactions registro
  múltiple de transacciones
multiple sentences sentencias múltiples
multiple taxation imposición múltiple
multiplicity multiplicidad
multiplicity of actions multiplicidad de
  acciones
multitude multitud
municipal municipal, local
municipal act ley municipal
municipal actions acciones municipales
municipal affairs asuntos municipales
municipal agency agencia municipal
municipal agent agente municipal
municipal aid ayuda municipal
municipal assessment impuesto municipal,
  tasación para mejoras
municipal assistance asistencia municipal
municipal auditor auditor municipal
municipal authorities autoridades municipales
municipal benefit beneficio municipal
municipal bonds bonos municipales, títulos
  municipales
municipal charter estatuto municipal
municipal code código municipal
municipal concern empresa con intereses
  municipales
municipal corporation municipalidad,
  corporación municipal, ente municipal
municipal corporation de facto
  municipalidad de hecho
municipal council ayuntamiento
municipal courts tribunales municipales
municipal domicile domicilio municipal
municipal election elección municipal

municipal function función municipal
municipal funds fondos municipales
municipal government gobierno municipal
municipal improvements mejoras públicas
    municipales
municipal improvements assessment
    impuesto para mejoras públicas municipales
municipal law derecho municipal, ley
    municipal
municipal lien privilegio municipal
municipal officer funcionario municipal
municipal ordinance ordenanza municipal
municipal police policía municipal
municipal purposes propósitos municipales
municipal records registros municipales
municipal regulation reglamento municipal
municipal representative representante
    municipal
municipal rules reglas municipales
municipal securities inversiones emitidas por
    municipalidades
municipal statute estatuto municipal
municipal taxation imposición municipal
municipal taxes impuestos municipales
municipal warrant orden de pago municipal
municipality municipalidad
muniment of title prueba documental de título
    de propiedad, documento de título, título de
    propiedad
murder (n) asesinato
murder (v) asesinar
murder in the first degree asesinato en
    primer grado
murder in the second degree asesinato en
    segundo grado
murderer asesino
must (n) algo indispensable
must (v) deber, necesitar
mutatis mutandis cambiando lo que se debe
    cambiar
mute mudo, silencioso
mutilated mutilado, estropeado
mutilated ballot papeleta electoral mutilada
mutilated check cheque mutilado
mutilated instrument documento mutilado
mutilated securities valores mutilados
mutilation mutilación
mutinous insubordinado, rebelde
mutiny (n) motín, revuelta
mutiny (v) amotinarse
mutual mutuo, mutual, recíproco
mutual accord acuerdo mutuo
mutual accounts cuentas recíprocas
mutual affray riña por acuerdo mutuo, duelo
mutual agreement acuerdo mutuo
mutual aid ayuda mutua
mutual and reciprocal wills testamentos
    recíprocos
mutual assent consentimiento mutuo

mutual assistance asistencia mutua
mutual association asociación mutua
mutual company compañía mutual
mutual conditions condiciones recíprocas
mutual consent consentimiento mutuo
mutual consideration contraprestación
    recíproca
mutual contract contrato recíproco
mutual covenants cláusulas recíprocas
mutual credits créditos recíprocos
mutual debts deudas recíprocas
mutual demands demandas recíprocas
mutual easements servidumbres recíprocas
mutual error error recíproco
mutual fund fondo mutuo
mutual insurance seguro mutuo
mutual insurance company compañía mutual
    de seguros
mutual interest interés mutuo
mutual mistake error recíproco
mutual promises promesas recíprocas
mutual savings bank banco mutual de
    ahorros
mutual testaments testamentos recíprocos
mutual understanding entendimiento mutuo
mutual wills testamentos recíprocos
mutuality mutualidad, reciprocidad
mutuality doctrine doctrina que indica que las
    obligaciones contractuales tienen que ser
    recíprocas para que el contrato sea válido
mutuality of obligation requisito de que las
    obligaciones tienen que ser recíprocas para
    que el contrato sea válido
mutuant mutuante
mutuary mutuario
mutuum préstamo de consumo
mysterious disappearance desaparición
    misteriosa
mystery misterio, secreto, oficio, arte
mystic testament testamento sellado
mystic will testamento sellado

N

nab arrestar, coger
naive ingenuo, crédulo
naked nudo, desnudo, claro
naked authority autoridad unilateral
naked confession confesión sin pruebas que indiquen que quien confiesa cometió el delito
naked contract contrato sin contraprestación, contrato sin contraprestación suficiente
naked deposit depósito gratuito
naked possession posesión sin título
naked possibility posibilidad remota
naked power poder sin interés en el apoderado
naked promise promesa unilateral
naked trust fideicomiso pasivo
name (n) nombre, apellido, designación, reputación
name (v) nombrar, designar, citar
name and arms clause cláusula que requiere que el heredero adopte el apellido y el escudo de armas del testador
name of corporation nombre de la corporación
name of partnership nombre de la sociedad
named nombrado
named insured la persona asegurada
named peril policy póliza de peligros enumerados
nameless anónimo, desconocido
namely es decir, específicamente
naming nombramiento
narcoanalysis narcoanálisis
narcotic substance substancia narcótica
narcotics narcóticos
narrate narrar, relatar
narratio declaración, demanda
narration narración, relato
narrative evidence prueba que consiste en una narración
narrator narrador, relator
narrow construction interpretación restringida
narrow seas estrecho
nastily ofensivamente, desagradablemente
natal natal
nation nación, país
national nacional

national account cuenta nacional
national accounting contabilidad nacional
national advertising publicidad nacional
national agency agencia nacional
national agent agente nacional
national agreement convenio nacional
national aid ayuda nacional
national assistance asistencia nacional
national association asociación nacional
national bank banco nacional
national bank examiner examinador de bancos nacionales
national banking banca nacional
national citizenship ciudadanía nacional
national commerce comercio nacional
national company compañía nacional
national competition competencia nacional
national conference conferencia nacional
national contract contrato nacional
national cooperation cooperación nacional
national copyright derechos de autor nacionales
national corporation corporación nacional
national currency moneda nacional
national custom costumbre nacional
national debt deuda pública
national defense defensa nacional
national domain propiedad pública
national domicile domicilio nacional
national economic plan plan económico nacional
national emergency emergencia nacional
National Environmental Policy Act ley federal que rige la protección ambiental
national exports exportaciones nacionales
national firm empresa nacional
national flag bandera nacional
national government gobierno nacional
national guard guardia nacional
national holiday fiesta nacional
national imports importaciones nacionales
national income ingreso nacional
national insurance seguro nacional
national market mercado nacional
national organization organización nacional
national origin origen nacional
national patent patente nacional
national reserves reservas nacionales
national tax impuesto nacional
national trade comercio nacional
national treasury tesorería nacional
national union unión nacional
nationality nacionalidad, ciudadanía
nationality by birth nacionalidad por nacimiento
nationality by naturalization nacionalidad por naturalización
nationalization nacionalización
nationalize nacionalizar, naturalizar

nationally nacionalmente
nationwide por toda la nación
native nativo, innato
natural natural, congénito
natural affection afecto natural
natural allegiance lealtad natural
natural and probable consequences
consecuencias naturales y probables
natural-born citizen ciudadano nativo
natural-born subject ciudadano de
nacimiento
natural boundary frontera natural
natural business year año comercial natural,
año fiscal
natural channel canal natural
natural child hijo natural
natural cognation cognación natural
natural day día natural
natural death muerte natural
natural domicile domicilio de origen
natural equity justicia natural
natural fruits frutos naturales
natural guardian tutor natural
natural heirs herederos naturales
natural justice justicia natural
natural law derecho natural, ley natural
natural liberty libertad natural
natural life vida natural
natural monopoly monopolio natural
natural monument monumento natural
natural objects of testator's bounty
herederos legítimos
natural obligation obligación natural
natural parents padres biológicos
natural person persona natural
natural possession posesión física
natural resources recursos naturales
natural rights derechos naturales
natural succession sucesión natural
natural tendency tendencia natural
natural use uso natural
natural year año natural
naturalization naturalización
naturalization courts tribunales con
competencia en cuestiones de naturalización
naturalization papers documentos de
naturalización
naturalization proceedings procedimientos
para la naturalización
naturalize naturalizar
naturalized naturalizado
naturalized citizen ciudadano naturalizado
naturally naturalmente
nature naturaleza, esencia, índole
naught nada
nautical náutico
nautical assessors peritos en cuestiones
navales
nautical incident incidente náutico

nautical mile milla marítima, nudo
nautically náuticamente
naval naval
naval courts tribunales navales
naval law derecho naval
navigability navegabilidad
navigable navegable
navigable in fact navegable en su estado
natural, navegable de hecho
navigable river río navegable
navigable waters aguas navegables
navigableness navegabilidad
navigate navegar
navigation navegación
navigation chart carta náutica
navigation servitude servidumbre de
navegación
navigational navegacional
navigator navegante
navy flota marina
nay voto negativo, negación
ne baila pas él no entregó
ne exeat orden de no abandonar la jurisdicción
ne unques accouple nunca casados
ne varietur no se puede alterar
near (adj) cercano, íntimo, próximo
near (adv) cerca, casi
near (v) acercarse
near money activo fácilmente convertible en
efectivo, casi dinero
near relative pariente cercano
nearby cercano, próximo
nearer más cercano
nearest lo más cercano
nearly casi, aproximadamente
nearly complete casi completo
nearly correct casi correcto
nebulous nebuloso
necation matar
necessaries artículos de primera necesidad
necessaries doctrine doctrina según la cual se
le puede cobrar al esposo o padre por
artículos de primera necesidad vendidos a
su esposa e hijos
necessarily necesariamente
necessarily included offense delito menos
grave que necesariamente se ha cometido al
cometerse el delito en cuestión
necessary necesario, inevitable
necessary act acto necesario
necessary and proper necesario y apropiado
necessary care cuidado necesario
necessary clause cláusula necesaria
necessary component componente necesario
necessary condition condición necesaria
necessary damages daños y perjuicios
generales
necessary deposit depósito necesario
necessary diligence diligencia necesaria

necessary domicile domicilio necesario
necessary easement servidumbre necesaria
necessary expense gasto necesario
necessary inference inferencia necesaria
necessary insurance seguro necesario
necessary litigation litigio necesario
necessary parties partes necesarias
necessary repairs reparaciones necesarias
necessary servitude servidumbre necesaria
necessary stipulation estipulación necesaria
necessary testimony testimonio necesario
necessary witness testigo necesario
necessitas necesidad
necessitate necesitar, hacer necesario
necessitation obligación
necessities artículos de primera necesidad
necessitous necesitado, indigente
necessitous circumstances circunstancias de
　necesidad
necessity necesidad
necropsy necropsia, autopsia
nee nacido
need (n) necesidad, carencia
need (v) necesitar, requerir
needful necesario, requerido
needfully necesariamente
neediness indigencia
needless innecesario, inútil
needlessly inútilmente
needy necesitado, indigente
nefarious nefario, infame
negate negar, anular
negation negación, nulidad
negative negativo, denegatorio
negative authorization autorización negativa
negative averment alegación negativa
negative condition condición negativa
negative confirmation confirmación negativa
negative covenant estipulación de no realizar
　un acto
negative coverage cobertura negativa
negative easement servidumbre negativa
negative evidence prueba negativa
negative file archivo negativo
negative misprision ocultación de un hecho
　que se debería denunciar
negative plea defensa negativa
negative pledge clause cláusula de
　pignoración negativa
negative pregnant negación que implica una
　afirmación
negative premium prima negativa
negative proof prueba negativa
negative reprisals represalias negativas
negative servitude servidumbre negativa
negative statute ley negativa
negative testimony testimonio indirecto
negative verification verificación negativa
negatively negativamente

neglect (n) negligencia, descuido
neglect (v) descuidar, abandonar
neglect of duty incumplimiento del deber
neglected child niño descuidado
neglected minor menor descuidado
neglecter negligente, persona negligente
neglectful negligente, descuidado
neglectfully negligentemente
neglectfulness negligencia, descuido
negligence, estoppel by impedimento por
　negligencia
negligence negligencia, descuido
negligence in law negligencia accionable
negligence liability insurance seguro contra
　responsabilidad por negligencia
negligence per se negligencia en sí misma,
　negligencia per se
negligent negligente, descuidado
negligent act acto negligente
negligent behavior conducta negligente
negligent conduct conducta negligente
negligent escape fuga debida a la negligencia
　de un funcionario de la prisión
negligent homicide homicidio por negligencia
negligent injury lesión por negligencia
negligent manslaughter homicidio
　impremeditado por negligencia
negligent offense delito por negligencia
negligent violation of statute violación de
　estatuto por negligencia
negligently negligentemente
negligently done hecho negligentemente
negotiability negociabilidad
negotiable negociable
negotiable bill letra de cambio negociable
negotiable bill of exchange letra de cambio
　negociable
negotiable bill of lading conocimiento de
　embarque negociable
negotiable bond bono negociable
negotiable check cheque negociable
negotiable contract contrato negociable
negotiable document of title título negociable
negotiable instruments instrumentos
　negociables
negotiable note pagaré negociable
negotiable paper títulos negociables
negotiable securities valores negociables
negotiable terms términos negociables
negotiable words palabras y frases de
　negociabilidad
negotiate negociar
negotiated negociado
negotiated agreement acuerdo negociado,
　contrato negociado
negotiated conditions condiciones negociadas
negotiated contract contrato negociado
negotiated plea convenio entre el acusado y el
　fiscal para que el acusado admita su

culpabilidad a ciertos cargos a cambio de la recomendación del fiscal de que no se dicte la pena máxima, alegación negociada

negotiated price precio negociado

negotiated terms términos negociados

negotiating negociador

negotiation negociación

negotiation process proceso de negociación

negotiator negociador

negotiorum gestio gestión de negocios

negotiorum gestor quien hace una gestión de negocios

neighbor (adj) vecino, próximo, colindante

neighbor (n) vecino

neighbor (v) colindar, estar cerca de

neighborhood vecindario, vecindad

neither ninguno de los dos, ninguno

neither party ninguna de las partes

nemine contradicente sin oposición

nephew sobrino

nepos un nieto

nepotism nepotismo

neptis una nieta

net neto

net amount cantidad neta

net amount at risk cantidad en riesgo neta

net assets activo neto

net balance saldo neto

net change cambio neto

net cost costo neto

net debt deuda neta

net earnings ingresos netos

net estate patrimonio neto

net exports exportaciones netas

net foreign investment inversión extranjera neta

net ground lease arrendamiento de terreno vacante neto

net imports importaciones netas

net income ingreso neto, beneficio neto, renta neta

net interest interés neto

net investment inversión neta

net lease arrendamiento en que el arrendatario tiene que pagar ciertos otros gastos en adición al pago del alquiler

net level premium prima nivelada neta

net loss pérdida neta

net national product producto nacional neto

net of tax neto tras factorizar impuestos

net pay paga neta

net payments pagos netos

net premium prima neta

net price precio neto

net proceeds producto neto

net profits ganancias netas

net rate tasa neta

net rent alquiler neto

net revenue ingreso neto

net salary salario neto

net sales ventas netas

net sales contract contrato de venta neto

net settlement liquidación neta

net single premium prima individual neta

net tax liability responsabilidad contributiva neta

net tonnage tonelaje neto

net transaction transacción neta

net value valor neto

net weight peso neto

net worth valor neto, activo neto

net yield rendimiento neto

nether inferior, menor

nethermost lo más bajo

network red

neutral neutral, imparcial, indiferente

neutral nation nación neutral

neutral property propiedad neutral

neutralism neutralismo

neutrality neutralidad

neutrality laws leyes de neutralidad

neutralization neutralización

never nunca, en ningún momento

never indebted, plea of defensa alegando que nunca hubo un contrato de préstamo

nevermore nunca más

nevertheless sin embargo

new nuevo, reciente, distinto

new acquisition nueva adquisición

new action nueva acción

new and useful novedoso y útil

new assignment alegación de la parte demandante que la defensa no tiene que ver con la demanda

new cause of action hechos nuevos que podrían dar un nuevo derecho de acción

new consideration contraprestación adicional

new contract nuevo contrato

new enterprise nueva empresa

new for old nuevo por viejo

new issue nueva emisión

new matter cuestión de hecho nueva

new promise nueva promesa

new trial nuevo juicio

new works obras nuevas

newborn recién nacido

newly nuevamente, recientemente

newly discovered evidence prueba descubierta tras dictarse una sentencia

newlyweds recién casados

news noticias, novedad

news agency agencia noticiosa

news conference conferencia de prensa

newscasting transmisión de noticias

newsman reportero

newsman's privilege derecho del periodista a no divulgar su fuente de información

newspaper periódico

newspaperman reportero, periodista
newspaperwoman reportera, periodista
next próximo, adyacente, subsiguiente
next devisee legatario subsiguiente
next friend funcionario del tribunal que
  defiende los intereses de un incapaz sin ser
  su tutor
next of kin parientes más cercanos
nexus nexo, vínculo
nickname apodo, sobrenombre
niece sobrina
night noche, anochecer
night blindness ceguera nocturna
night court tribunal nocturno
night deposit depósito hecho después de horas
  laborables
night stick cachiporra
night watch guardia nocturna
night watchman guardián nocturno
nightfall crepúsculo, anochecer
nighttime noche
nightwalker merodeador nocturno
nihil nada
nihil dicit no dice nada
nihil est no hay nada
nihil habet no tiene nada
nihilism nihilismo
nihilist nihilista
nihility la nada
nil nada, cero
nil debet no debe nada
nisi a menos que
nisi prius tribunal con un solo juez y jurado
no arrival, no sale si no llegan los bienes no
  hay que pagar por ellos
no award negación del perfeccionamiento de
  un laudo
no bill denegación de procesamiento
no collateral sin colateral
no contest clause cláusula testamentaria que
  indica que no se puede impugnar el
  testamento
no evidence prueba insuficiente, prueba
  inadecuada
no eyewitness rule principio según el cual si
  no hay testigos oculares en una situación de
  negligencia contributiva se presume que
  la persona actuó con el debido cuidado
no-fault sin culpa
no-fault auto insurance seguro
  automovilístico sin culpa, seguro
  automovilístico donde la compañía
  aseguradora paga los daños independiente
  de quien tuvo la culpa
no-fault divorce divorcio sin culpa
no funds sin fondos
no-man's-land terreno sin dueño, tierra de
  nadie
no par sin valor nominal

no par stock acciones sin valor nominal
no recourse sin recurso
no-strike clause cláusula de no declarar
  huelga
nobody nadie, ninguno
nocent culpable
nocturnal nocturno
nolens volens con o sin consentimiento, a la
  fuerza
nolle prosequi abandono de proceso
nolo contendere no contestaré, no disputaré,
  nolo contendere
nomad nómada
nomen nombre
nomen collectivum un nombre colectivo
nominal nominal
nominal assets activo nominal
nominal capital capital nominal
nominal consideration contraprestación
  nominal
nominal damages daños y perjuicios
  nominales
nominal defendant demandado nominal,
  acusado nominal
nominal partner socio nominal
nominal party parte nominal
nominal plaintiff demandante nominal
nominal right derecho nominal
nominal trust fideicomiso nominal
nominate nominar, nombrar, designar
nominate contracts contratos nominados
nominatim por nombre
nomination nominación, nombramiento,
  propuesta
nominative nominativo, asignado por
  nombramiento
nominator nominador, nombrador,
  proponente
nominee persona nombrada, nómino,
  representante, candidato, fideicomisario,
  hombre de paja
nomographer nomógrafo
nomography nomografía
non-ability incapacidad, incapacidad legal
non-acceptance no aceptación, rechazo
non acceptavit no aceptó
non-access falta de acceso carnal
non-adherence no adherencia
non-adhering no adherente
non-admission no admisión
non-age minoría de edad, minoridad
non-aggressive no agresivo
non-ancestral estate bienes inmuebles no
  adquiridos por sucesión
non-annullable no anulable
non-apparent no aparente
non-apparent easement servidumbre
  discontinua
non-appearance incomparecencia

non-approval no aprobación
non-assessable no susceptible a gravámenes o impuestos
non-assessable shares acciones no gravables, acciones no susceptibles a gravámenes o impuestos
non-assessable stock acciones no susceptibles a gravámenes o impuestos
non-assignable no transferible
non-assignable policy póliza no transferible
non-assumable no asumible
non assumpsit defensa basada en que nunca hubo compromiso de pago
non-attendance falta de asistencia
non-bailable sin derecho de fianza, sin necesidad de fianza
non-belligerant no beligerante
non-borrowed no prestado
non-business day día no laborable
non-cancelable no cancelable
non-cancelable health insurance seguro de salud no cancelable
non-cancelable insurance seguro no cancelable
non-cancelable life insurance seguro de vida no cancelable
non-citizen no ciudadano
non-claim abandono de derecho por no hacerlo valer dentro del período señalado por ley
non-collectible incobrable
non-combatant no combatiente
non-commercial no comercial
non-committal evasivo
non-competitive bid oferta no competitiva
non-compliance incumplimiento
non-compliant incumplidor
non compos mentis incapacitado mentalmente, non compos mentis
non-conforming no conforme
non-conforming loan préstamo no conforme a ciertas especificaciones
non-conforming lot solar no conforme a la zonificación
non-conforming mortgage hipoteca no conforme a ciertas especificaciones
non-conforming use uso no conforme a la zonificación
non-conformist inconformista, disidente
non-constitutional no constitucional, inconstitucional
non-contestability clause cláusula de incontestabilidad
non-contestable clause cláusula de incontestabilidad
non-continuous easement servidumbre discontinua
non-contributory sin contribuciones
non-contributory qualified pension plan plan de pensión calificado sin contribuciones por empleados
non-contributory retirement plan plan de retiro sin contribuciones por empleados
non-controllable risk riesgo no controlable
non-controvertible incontrovertible
non-corporate no corporativo
non-criminal no criminal, civil
non culpabilis no culpable
non-cumulative no acumulativo
non-cumulative dividends dividendos no acumulativos
non-cumulative preferred stock acciones preferidas no acumulativas
non-cumulative voting votación no acumulativa
non damnificatus no dañado
non-deductable no deducible
non-delivery falta de entrega
non-descript indefinido
non-direction la omisión por parte del juez en dar las instrucciones necesarias al jurado
non-disclosure no divulgación
non-discretionary trust fideicomiso no discrecional
non-divisible no divisible
non-divisible contract contrato no divisible
non-divisible reorganization reorganización no divisible
non-durable goods mercancías no duraderas, mercancías perecederas
non-dutiable no imponible
non-effective ineficaz, no vigente
non-entity nulidad, cosa inexistente
non-essential no esencial
non-essential ignorance ignorancia de un hecho no pertinente
non-exclusive no exclusivo
non-existence inexistencia
non-existent inexistente
non-existent action acción ficticia
non-existent address dirección inexistente
non-existent assets activo inexistente
non-existent company compañía inexistente
non-existent corporation corporación inexistente
non-existent credit crédito inexistente
non-existent debt deuda inexistente
non-existent group grupo inexistente
non-existent name nombre inexistente
non-existent party parte inexistente
non-existent payee beneficiario inexistente
non-existent payment pago inexistente
non-existent person persona inexistente
non-existent registration registro inexistente
non-existent residence residencia inexistente
non-expert inexperto
non-fatal no fatal
non fecit no lo hizo

non-filer quien no rinde planilla
non-financial no financiero
non-financial compensation compensación no financiera
non-forfeitable no sujeto a confiscación
non-fulfillment incumplimiento
non-functional no funcional
non-insurable no asegurable
non-insurable risk riesgo no asegurable
non-insured no asegurado
non-insured driver conductor no asegurado
non-intercourse falta de comercio entre países, falta de relaciones sexuales
non-intervention no intervención
non-intervention will testamento autorizando al albacea a administrar sin intervención judicial
non-issuable pleas alegaciones sin mérito
non-joinder falta de unión de una parte a la acción
non-judicial day día feriado judicial
non-legal no legal, ilegal
non-legal investments inversiones no permitidas para ciertas instituciones financieras
non-leviable inembargable
non-mailable no apto para enviarse por correo
non-marketable no vendible
non-marketable security valor no negociable
non-medical policy póliza de seguro emitida sin examen médico
non-merchantable title título de propiedad no comerciable
non-navigable no navegable
non-negotiable no negociable
non-negotiable check cheque no negociable
non-negotiable instrument instrumento no negociable
non-negotiable note pagaré no negociable
non-objective no objetivo
non-occupational no ocupacional
non-occupational disability discapacidad no ocupacional
non-official no oficial
non-operating income ingresos que no provienen de las operaciones
non-participating no participante
non-participating policy póliza sin participación
non-participating preferred shares acciones preferidas sin participación
non-payment falta de pago
non-performance incumplimiento
non-performance of contract incumplimiento de contrato
non-productive no productivo
non-professional no profesional
non-profit sin fines de lucro
non-profit accounting contabilidad de organización sin fines de lucro
non-profit association asociación sin fines de lucro
non-profit corporation corporación sin fines de lucro, sociedad sin fines de lucro
non-profit institution institución sin fines de lucro
non-profit organization organización sin fines de lucro
non-proportional no proporcional
non-proportional reinsurance reaseguro no proporcional
non prosequitur sentencia a favor del demandado por la falta de seguimiento del demandante
non-public no público
non-public company compañía no pública
non-public information información no pública
non-qualified no calificado
non-qualified pension plan plan de pensión no calificado
non-questionable no cuestionable
non-reciprocal no recíproco
non-reciprocal transfer transferencia no recíproca
non-recognition desconocimiento
non-recourse sin recursos
non-refundable no reembolsable
non-renewable no renovable
non-renewal clause cláusula que permite no renovar
non-residence falta de residencia en la jurisdicción en cuestión
non-resident no residente
non-resident account cuenta de no residente
non-resident tax impuesto de no residentes
non-residential no residencial
non-residential mortgage loan préstamo hipotecario no residencial
non-restrictive sin restricción
non-reversible no reversible, irreversible
non-scheduled inesperado, sin itinerario fijo
non sequitur no se sigue, conclusión errónea
non-specific no específico
non-standard no reglamentario
non-stock corporation corporación sin acciones
non-sufficient funds fondos insuficientes
non sui juris incapacidad legal
non-support falta de sostenimiento
non-taxable no tributable
non-taxable investment inversión no tributable
non-taxable securities valores no tributables
non-taxable transaction transacción no tributable
non-toxic no tóxico
non-traditional reinsurance reaseguro no

tradicional
non-transferable no transferible
non-transferable card tarjeta no transferible
non-valued no valorado
non-verbal no verbal
non-voting shares acciones sin derecho a voto
non-voting stock acciones sin derecho a voto
non vult él no contestará
non-waiver agreement acuerdo mediante el cual se retienen los derechos a los cuales no se ha renunciado y que no se han perdido
nonability incapacidad, incapacidad legal
nonacceptance no aceptación, rechazo
nonaccess falta de acceso carnal
nonadherence no adherencia
nonadhering no adherente
nonadmission no admisión
nonage minoría de edad, minoridad
nonaggressive no agresivo
nonancestral estate bienes inmuebles no adquiridos por sucesión
nonannullable no anulable
nonapparent no aparente
nonapparent easement servidumbre discontinua
nonappearance incomparecencia
nonapproval no aprobación
nonassessable no susceptible a gravámenes o impuestos
nonassessable shares acciones no gravables, acciones no susceptibles a gravámenes o impuestos
nonassessable stock acciones no susceptibles a gravámenes o impuestos
nonassignable no transferible
nonassignable policy póliza no transferible
nonassumable no asumible
nonattendance falta de asistencia
nonbailable sin derecho de fianza, sin necesidad de fianza
nonbelligerant no beligerante
nonborrowed no prestado
nonbusiness day día no laborable
noncancelable no cancelable
noncancelable health insurance seguro de salud no cancelable
noncancelable insurance seguro no cancelable
noncancelable life insurance seguro de vida no cancelable
nonchalance indiferencia
nonchalant indiferente
noncitizen no ciudadano
nonclaim abandono de derecho por no hacerlo valer dentro del período señalado por ley
noncollectible incobrable
noncombatant no combatiente
noncommittal evasivo

noncompetitive bid oferta no competitiva
noncompliance incumplimiento
noncompliant incumplidor
nonconforming no conforme
nonconforming loan préstamo no conforme a ciertas especificaciones
nonconforming lot solar no conforme a la zonificación
nonconforming mortgage hipoteca no conforme a ciertas especificaciones
nonconforming use uso no conforme a la zonificación
nonconformist inconformista, disidente
nonconstitutional no constitucional, inconstitucional
noncontestability clause cláusula de incontestabilidad
noncontestable clause cláusula de incontestabilidad
noncontinuous easement servidumbre discontinua
noncontributory sin contribuciones
noncontributory qualified pension plan plan de pensión calificado sin contribuciones por empleados
noncontributory retirement plan plan de retiro sin contribuciones por empleados
noncontrollable risk riesgo no controlable
noncontrovertible incontrovertible
noncorporate no corporativo
noncumulative no acumulativo
noncumulative dividends dividendos no acumulativos
noncumulative preferred stock acciones preferidas no acumulativas
noncumulative voting votación no acumulativa
nondeductable no deducible
nondelivery falta de entrega
nondescript indefinido
nondirection la omisión por parte del juez en dar las instrucciones necesarias al jurado
nondisclosure no divulgación
nondiscretionary trust fideicomiso no discrecional
nondivisible no divisible
nondivisible reorganization reorganización no divisible
nondurable goods mercancías no duraderas, mercancías perecederas
nondutiable no imponible
none nadie, ninguno, nada
noneffective ineficaz, no vigente
nonentity nulidad, cosa inexistente
nonessential no esencial
nonessential ignorance ignorancia de un hecho no pertinente
nonesuch cosa sin igual, persona sin igual
nonetheless sin embargo

nonexclusive no exclusivo
nonexistence inexistencia
nonexistent inexistente
nonexistent action acción ficticia
nonexistent address dirección inexistente
nonexistent assets activo inexistente
nonexistent company compañía inexistente
nonexistent corporation corporación inexistente
nonexistent credit crédito inexistente
nonexistent debt deuda inexistente
nonexistent group grupo inexistente
nonexistent name nombre inexistente
nonexistent party parte inexistente
nonexistent payee beneficiario inexistente
nonexistent payment pago inexistente
nonexistent person persona inexistente
nonexistent registration registro inexistente
nonexistent residence residencia inexistente
nonexpert inexperto
nonfatal no fatal
nonfeasance incumplimiento, omisión
nonfiler quien no rinde planilla
nonfinancial no financiero
nonfinancial compensation compensación no financiera
nonforfeitable no sujeto a confiscación
nonfulfillment incumplimiento
nonfunctional no funcional
noninsurable no asegurable
noninsurable risk riesgo no asegurable
noninsured no asegurado
noninsured driver conductor no asegurado
nonintercourse falta de comercio entre países, falta de relaciones sexuales
nonintervention no intervención
nonintervention will testamento autorizando al albacea a administrar sin intervención judicial
nonissuable pleas alegaciones sin mérito
nonjoinder falta de unión de una parte a la acción
nonjudicial day día feriado judicial
nonlegal no legal, ilegal
nonlegal investments inversiones no permitidas para ciertas instituciones financieras
nonleviable inembargable
nonmailable no apto para enviarse por correo
nonmarketable no vendible
nonmarketable security valor no negociable
nonmedical policy póliza de seguro emitida sin examen médico
nonmerchantable title título de propiedad no comerciable
nonnavigable no navegable
nonnegotiable no negociable
nonnegotiable check cheque no negociable
nonnegotiable instrument instrumento no negociable
nonnegotiable note pagaré no negociable
nonobjective no objetivo
nonoccupational no ocupacional
nonoccupational disability discapacidad no ocupacional
nonofficial no oficial
nonoperating income ingresos que no provienen de las operaciones
nonpareil sin igual
nonparticipating no participante
nonparticipating policy póliza sin participación
nonparticipating preferred shares acciones preferidas sin participación
nonpayment falta de pago
nonperformance incumplimiento
nonperformance of contract incumplimiento de contrato
nonplus dejar perplejo, confundir, asombrar
nonproductive no productivo
nonprofessional no profesional
nonprofit accounting contabilidad de organización sin fines de lucro
nonprofit association asociación sin fines de lucro
nonprofit corporation corporación sin fines de lucro, sociedad sin fines de lucro
nonprofit institution institución sin fines de lucro
nonprofit organization organización sin fines de lucro
nonproportional no proporcional
nonproportional reinsurance reaseguro no proporcional
nonpublic no público
nonpublic company compañía no pública
nonpublic information información no pública
nonqualified no calificado
nonqualified pension plan plan de pensión no calificado
nonquestionable no cuestionable
nonreciprocal no recíproco
nonreciprocal transfer transferencia no recíproca
nonrecognition desconocimiento
nonrecourse sin recursos
nonrefundable no reembolsable
nonrenewable no renovable
nonrenewal clause cláusula que permite no renovar
nonresidence falta de residencia en la jurisdicción en cuestión
nonresident no residente
nonresident account cuenta de no residente
nonresident tax impuesto de no residentes
nonresidential no residencial
nonresidential mortgage loan préstamo

hipotecario no residencial
nonrestrictive sin restricción
nonreversible no reversible, irreversible
nonsane insano, demente
nonscheduled inesperado, sin itinerario fijo
nonsense disparate
nonsensical disparatado, absurdo
nonsignificant no significante
nonspecific no específico
nonstandard no reglamentario
nonstock corporation corporación sin acciones
nonsufficient funds fondos insuficientes
nonsuit sentencia de no ha lugar, rechazo de una acción, sobreseimiento
nonsupport falta de sostenimiento
nontaxable no tributable
nontaxable investment inversión no tributable
nontaxable securities valores no tributables
nontaxable transaction transacción no tributable
nontenure defensa en una acción por un inmueble basada en que no se ocupa la propiedad
nonterm el período entre dos sesiones de un tribunal
nontoxic no tóxico
nontraditional reinsurance reaseguro no tradicional
nontransferable no transferible
nontransferable card tarjeta no transferible
nonuse falta de uso
nonvalued no valorado
nonverbal no verbal
nonvoting shares acciones sin derecho a voto
nonvoting stock acciones sin derecho a voto
nonwaiver agreement acuerdo mediante el cual se retienen los derechos a los cuales no se ha renunciado y que no se han perdido
noonday mediodía
nor ni, tampoco
norm norma, regla, guía
normal normal
normal activity actividad normal
normal agency agencia normal
normal agent agente normal
normal and necessary business expenses gastos de negocios normales y necesarios
normal annuity anualidad normal
normal business expenses gastos de negocios normales
normal care diligencia normal
normal conditions condiciones normales
normal course curso normal
normal course of business curso normal de negocios
normal dangers peligros normales
normal deposit depósito normal

normal diligence diligencia normal
normal duty deber normal
normal election elección normal
normal endorsement endoso normal
normal endorser endosante normal
normal expenses gastos normales
normal foreseeable loss pérdida previsible normal
normal hazards riesgos normales
normal income ingreso normal
normal indorsement endoso normal
normal indorser endosante normal
normal insurance seguro normal
normal interest intereses normales
normal investment practice práctica de inversión normal
normal jurisdiction jurisdicción normal
normal law derecho normal
normal life insurance seguro de vida normal
normal loss pérdida normal
normal meaning sentido normal
normal method método normal
normal mind facultades mentales normales
normal mode modo normal
normal practice práctica normal
normal procedure procedimiento normal
normal proceeding procedimiento normal
normal process proceso normal
normal rent renta normal
normal repairs reparaciones normales
normal risks riesgos normales
normal sale venta normal
normal services servicios normales
normal spoilage deterioro normal
normal tax impuesto normal
normal time tiempo normal
normal use uso normal
normalize normalizar
normally normalmente
not act no actuar
not allowed no permitido
not allowed by law no permitido por ley, ilegal
not answer no contestar
not appear no comparecer
not comply no cumplir
not deliver no entregar
not exceeding no excediendo
not found denegación de procesamiento, no hallado
not fulfill no cumplir
not guilty no culpable, inocente
not intended no intencionado, no premeditado
not later than no más tarde de
not less than no menos de
not mention no mencionar
not negotiable no negociable
not observe no observar
not paid no pagado, impago

not pay no pagar
not possessed defensa mediante la cual se
  alega la falta de posesión
not proven no probado
not receive no recibir
not satisfied impago
not transferable no transferible
not understand no entender
nota bene obsérvese, nota bene
notable notable
notarial notarial
notarial act acta notarial
notarial certificate certificado notarial
notarial seal sello notarial
notarial will testamento notarial
notarization notarización, atestación notarial
notarize notarizar, hacer certificar por un
  notario
notary notario, escribano
notary public notario, notario público,
  escribano público
notation anotación
note (n) pagaré, nota, aviso, anotación,
  advertencia
note (v) anotar, observar, advertir
note of hand pagaré
note of protest nota de protesto
noteholder tenedor de un pagaré
notes payable pagarés a pagar
notes receivable pagarés a cobrar
noteworthy notable, considerable
nothing nada, nulidad
nothingness nada, inexistencia
notice (n) aviso, notificación, aviso de
  despido, advertencia, mención
notice (v) notar, advertir, observar,
  mencionar, dar aviso
notice in writing notificación por escrito
notice of abandonment notificación de
  abandono
notice of acceptance aviso de aceptación
notice of action notificación de litispendencia,
  notificación de demanda
notice of appeal notificación de apelación
notice of appearance notificación de
  comparecencia
notice of arrears aviso de mora
notice of arrival aviso de llegada
notice of bankruptcy aviso de quiebra
notice of cancellation aviso de cancelación
notice of cancellation clause cláusula de aviso
  de cancelación
notice of change aviso de cambio
notice of copyright aviso de derechos de
  autor
notice of default aviso de incumplimiento
notice of deficiency aviso de deficiencia
notice of dishonor notificación de rechazo de
  un pagaré

notice of due date aviso de vencimiento
notice of judgment notificación de sentencia
notice of lis pendens notificación de
  litispendencia, notificación de demanda
notice of meeting convocatoria
notice of motion notificación de una moción
notice of nonacceptance aviso de no
  aceptación
notice of order notificación de sentencia
notice of protest notificación de protesto
notice of renewal aviso de renovación
notice of shipment aviso de embarque
notice of strike aviso de huelga
notice of trial notificación de juicio
notice of withdrawal aviso de retiro
notice to creditors aviso a acreedores
notice to plead intimación a contestar la
  demanda
notice to quit notificación de desalojo
noticeable conspicuo, notable, evidente,
  perceptible
notification notificación, citación
notify notificar, avisar, comunicar
notion noción, opinión, teoría, intención
notoriety notoriedad
notorious notorio, evidente
notorious easement servidumbre notoria
notorious insolvency insolvencia notoria
notorious possession posesión notoria
notorious use uso notorio
notwithstanding sin embargo, no obstante
nourish mantener, nutrir, criar
novation novación
novel nuevo, original
novel assignment alegación de la parte
  demandante indicando que la contestación
  realizada por la parte demandada no tiene
  que ver con los hechos de la demanda
novelty novedad, innovación
now ahora, ya, actualmente
nowadays hoy en día
noxious nocivo, pernicioso
noxious substance sustancia nociva
noxiousness nocividad
nuclear nuclear
nuclear energy energía nuclear
nuclear incident incidente nuclear
nuclear installation instalación nuclear
nuclear operator operador nuclear
nuclear power plant planta nuclear
nuclear risk riesgo nuclear
nuclear war guerra nuclear
nuclear weapon arma nuclear
nude nudo, desnudo
nude contract contrato sin contraprestación
nude matter afirmación de hecho sin prueba
nude pact contrato sin contraprestación,
  promesa unilateral
nudum pactum contrato sin contraprestación,

promesa unilateral
nugatory nugatorio, fútil, nulo, inválido,
  ineficaz
nuisance estorbo, acto perjudicial, molestia,
  perjuicio, daño
nuisance at law estorbo en sí mismo, estorbo
  de jure, acto perjudicial en sí mismo
nuisance in fact estorbo de hecho, estorbo de
  facto, acto perjudicial de hecho
nuisance per accidens estorbo de hecho,
  estorbo de facto, acto perjudicial de hecho
nuisance per se estorbo en sí mismo, estorbo
  de jure, acto perjudicial en sí mismo
nul agard ninguna sentencia arbitral
nul tiel corporation no existe tal corporación
nul tiel record no existe tal registro
nul tort daño legal inexistente
nul waste deterioro inexistente
null nulo, inexistente
null and void nulo, sin efecto ni valor
nullification anulación
nullification of agreement anulación de
  convenio, anulación de contrato
nullification of contract anulación de contrato
nullify anular
nullity nulidad, inexistencia jurídica
nullity of marriage nulidad de matrimonio
nullum arbitrium ninguna sentencia arbitral
nunc pro tunc con efecto retroactivo, nunc
  pro tunc
nunciatio protesta
nuncupative will testamento nuncupativo
nuptial nupcial
nurture criar, nutrir

oath juramento
oath in litem juramento con respecto al valor
  del objeto en cuestión
oath of allegiance juramento de fidelidad
oath of office juramento al asumir un cargo
  público, juramento al asumir un cargo
oath-rite ceremonia del juramento
obduracy obstinación, obduración
obdurate obstinado, insensible
obedience obediencia, sumisión
obediential obligation obligación de
  obediencia
obediently obedientemente
obey obedecer, cumplir, acatar
obey conditions obedecer condiciones
obey regulations obedecer reglamentos
obey rules obedecer reglas
obfuscate ofuscar, confundir
obfuscation ofuscación
obit sine prole murió sin descendencia
obiter dictum dictamen de carácter incidental,
  opinión de un juez la cual no es necesaria
  para decidir el caso
obituary obituario
object (n) objeto, propósito
object (v) objetar, impugnar
object of a statute propósito de una ley
object of an action objeto de una acción
objectify objetivar
objection objeción, reparo
objection to title objeción a título
objectionable objetable, impugnable,
  desagradable
objectionable behavior conducta objetable
objectionable conduct conducta objetable
objectionable question pregunta objetable
objective (adj) objetivo
objective (n) objetivo, fin
objective value valor establecido por el
  mercado, valor objetivo
objectively objetivamente
objectiveness objetividad
objectivity objetividad
objector impugnador, objetante
obligate obligar, comprometer
obligated obligado
obligatio ex contracu obligación contractual
obligation obligación, pagaré, compromiso

obligation of a contract obligación
contractual
obligatorily obligatoriamente
obligatory obligatorio, forzoso
obligatory act acto obligatorio
obligatory care cuidado obligatorio
obligatory clause cláusula obligatoria
obligatory component componente obligatorio
obligatory condition condición obligatoria
obligatory copy texto obligatorio
obligatory covenant estipulación obligatoria
obligatory damages daños y perjuicios
obligatorios
obligatory deposit depósito obligatorio
obligatory diligence diligencia obligatoria
obligatory domicile domicilio obligatorio
obligatory easement servidumbre obligatoria
obligatory expense gasto obligatorio
obligatory inference inferencia obligatoria
obligatory instructions instrucciones
obligatorias
obligatory insurance seguro obligatorio
obligatory order orden obligatoria
obligatory pact convenio obligatorio
obligatory parties partes obligatorias
obligatory payment pago obligatorio
obligatory reinsurance reaseguro obligatorio
obligatory repairs reparaciones obligatorias
obligatory reserves reserva obligatoria
obligatory retirement retiro obligatorio
obligatory sentence sentencia obligatoria
obligatory servitude servidumbre obligatoria
obligatory stipulation estipulación obligatoria
obligatory testimony testimonio obligatorio
oblige obligar, complacer
obligee obligante, acreedor
obligor obligado, deudor
obliterate obliterar, tachar
obliteration destrucción, tachadura
oblivion olvido, amnistía
oblivious olvidadizo
obliviously con olvido
obloquy reproche, descrédito
obnoxious ofensivo, odioso
obreptio obrepción
obreption obrepción
obrogation abrogación, alteración a una ley
obscene obsceno, indecente
obscene libel difamación obscena
obscene publication publicación obscena
obscenely obscenamente
obsceneness obscenidad
obscenity obscenidad
obscure obscuro, ambiguo, confuso
obscurely obscuramente, confusamente
observable observable, perceptible
observably conspicuamente, perceptiblemente
observance observancia, cumplimiento,
costumbre

observant observador, atento
observation observación, escrutinio
observe observar, cumplir, vigilar
observer observador
obsession obsesión
obsignatory ratificatorio
obsolescence obsolescencia, desuso
obsolescent obsolescente
obsolete obsoleto
obsolete restriction restricción obsoleta
obstacle obstáculo
obstante obstaculizante
obstinate desertion abandono persistente
obstriction obligación
obstruct obstruir, dificultar
obstruct an investigation obstruir una
investigación
obstructing justice obstrucción de la justicia
obstructing mails obstrucción del servicio
postal
obstructing proceedings of legislature
obstrucción de los procedimientos de la
legislatura
obstructing process obstrucción de proceso
obstruction obstrucción, obstáculo
obstruction of highways obstrucción de
carreteras
obstruction to navigation obstrucción a la
navegación
obstructive obstructivo
obtain obtener, adquirir
obtain by force obtener mediante fuerza
obtain credit obtener crédito
obtain illegally obtener ilegalmente
obtain insurance obtener seguro
obtain legally obtener legalmente
obtain unlawfully obtener ilegalmente
obtest protestar
obtrusion intrusión
obtrusive intruso, entremetido
obverse anverso
obviate obviar
obvious obvio, evidente
obvious agency agencia obvia
obvious agent agente obvio
obvious authority autoridad obvia
obvious cause causa obvia
obvious danger peligro obvio
obvious defect defecto obvio
obvious error error obvio
obvious liability responsabilidad obvia
obvious meaning significado obvio
obvious necessity necesidad obvia
obvious ownership propiedad obvia
obvious partnership sociedad obvia
obvious possession posesión obvia
obvious risk riesgo obvio
obvious sense sentido obvio
obvious use uso obvio

obvious validity validez obvia
obviousness claridad
occasion (n) ocasión, oportunidad
occasion (v) ocasionar, motivar
occasional ocasional, incidental
occasional sale venta ocasional
occasional transaction transacción ocasional
occasionally ocasionalmente
occupancy ocupación, tenencia
occupant ocupante, tenedor
occupare ocupar
occupation ocupación, tenencia, profesión
occupational ocupacional
occupational accident accidente de trabajo
occupational analysis análisis ocupacional
occupational disease enfermedad de trabajo,
    enfermedad profesional
occupational hazard riesgo de trabajo, riesgo
    profesional
occupational health salud de trabajo, salud
    ocupacional
occupational information información de
    trabajo, información ocupacional
occupational injury lesión de trabajo, lesión
    ocupacional
occupational risk riesgo de trabajo, riesgo
    ocupacional
occupational safety seguridad ocupacional
Occupational Safety and Health
    Administration Administración de
    Seguridad y Salud Laboral
occupational tax impuesto a ocupaciones,
    licencia fiscal
occupier ocupante
occupy ocupar
occupying claimant quien intenta recobrar el
    costo de las mejoras que ha hecho a un bien
    inmueble tras enterarse que la tierra no es
    de él
occur ocurrir
occurrence ocurrencia, incidente
ocean bill of lading conocimiento de
    embarque marítimo
ocean marine insurance seguro marítimo
ochlocracy oclocracia
ocular ocular
ocularly ocularmente
odd lot doctrine doctrina que indica que se
    considerará que una persona está
    completamente incapacitada para trabajar si
    sus limitaciones le ponen en una desventaja
    competitiva muy significativa
odious odioso
of age mayor de edad
of counsel abogado colaborador
of course de derecho, por supuesto
of force en vigor
of grace de gracia
of late recientemente

of record registrado, inscrito, protocolizado
of right de derecho
of the blood tener parentesco por
    consanguinidad
off-balance sheet assets activo que no aparece
    en el balance
off-balance sheet financing financiamiento
    que no aparece en el balance
off-balance sheet items obligaciones que no
    aparecen en el balance
off-balance sheet liability pasivo que no
    aparece en el balance
off-line fuera de línea
off-peak no el las horas de máximo consumo,
    no en las horas de máximo precio
off premises no en el local, no en el local
    asegurado
off-premises clause cláusula para cobertura
    de propiedad mientras no esté en el local
    asegurado
off-the-books no en los libros
off-the-job training entrenamiento no en el
    lugar de trabajo
off-the-record extraoficial, confidencial
off-year election elección efectuada en un año
    en el cual no hay elección presidencial
offend ofender
offender ofensor, delincuente, infractor
offending ofensivo, ilícito, delictivo
offending act acto ilícito, delito, infracción
offending party parte incumplidora, parte
    infractora
offense ofensa, acto criminal, acto ilícito,
    delito
offenseless inofensivo
offensive ofensivo, ilícito, dañino
offensive behavior conducta ofensiva
offensive conduct conducta ofensiva
offensive language lenguaje ofensivo
offensive trade comercio ilícito
offensive weapon arma mortal, arma
    peligrosa
offer (n) oferta, propuesta
offer (v) ofrecer, proponer
offer a job ofrecer un trabajo
offer an explanation ofrecer una explicación
offer an opinion ofrecer una opinión
offer and acceptance oferta y aceptación
offer for sale ofrecer para la venta
offer in writing oferta por escrito
offer of compromise oferta de transacción
offer of proof ofrecimiento de prueba
offer to purchase oferta de compra
offer wanted aviso de que se solicitan ofertas
offeree ofrecido, quien recibe una oferta
offerer oferente
offering ofrecimiento, propuesta
offering circular circular de ofrecimiento
offeror oferente

offhand de imprevisto, de primera impresión
office oficina, cargo, oficio
office administration administración de oficina
office copy copia certificada
office grant transferencia oficial
office hours horas de oficina
office management administración de oficina
office manager gerente de oficina
office of honor cargo honorario
officeholder funcionario
officer funcionario, oficial
officer de facto funcionario de hecho
officer de jure funcionario de derecho
officer of justice oficial de justicia, funcionario auxiliar de justicia
officer's check cheque de caja
officers and directors liability insurance seguro de responsabilidad de funcionarios y directores
official (adj) oficial, de oficio
official (n) funcionario
official act acto oficial
official ballot papeleta electoral oficial
official bond fianza de funcionario público
official business asunto oficial, negocio oficial
official capacity carácter oficial
official capital capital oficial
official check cheque de caja
official classification clasificación oficial
official document documento oficial
official gazette gaceta oficial
official inquiry indagación oficial
official investigation investigación oficial
official journal diario oficial
official logbook diario oficial de navegación
official map mapa oficial
official market mercado oficial
official misconduct incumplimiento de los deberes de un funcionario público
official notice notificación oficial
official oath juramento oficial
official opinion opinión oficial
official proceeding procedimiento oficial
official publication publicación oficial
official record registro oficial
official registration registro oficial, inscripción oficial
official reports colección oficial de decisiones judiciales
official reserves reserva oficial
official seal sello oficial
official statement declaración oficial
official use uso oficial
official value valor oficial
officially oficialmente
officious will testamento oficioso
offload descargar
offset (n) compensación

offset (v) compensar
offset account cuenta de compensación
offsetting entry asiento compensatorio
offsetting error error compensatorio
offshore en el exterior, de mar adentro
offshore banking banca más allá de un territorio con el fin de aprovechar diferencias en regulaciones
offspring prole, descendencia, consecuencia
often a menudo
oftentimes a menudo
okay conforme, correcto
old hand experto, veterano
old line life insurance seguro de vida con pagos y beneficios fijos
oligarchy oligarquía
oligopolistic oligopolísitco
oligopoly oligopolio
oligopsony oligopsonio
olograph ológrafo
olographic testament testamento ológrafo
ombudsman ombudsman, procurador del ciudadano
ominous ominoso, nefasto
omissio omisión
omission omisión, negligencia
omission clause cláusula de omisiones
omit omitir, excluir
omittance omisión
omitted omitido
omitted transaction transacción omitida
omnibus ómnibus
omnibus clause cláusula ómnibus
omnibus count cargo consolidado
on-line en línea
on-line database base de datos en línea
on-the-job accident accidente en el trabajo
on-the-job training entrenamiento en el trabajo
on account a cuenta, pago a cuenta
on all fours un caso o decisión el cual es similar en todos los aspectos relevantes a otro
on approval previa aceptación, a prueba
on behalf of de parte de, a beneficio de, a favor de
on call a la vista, a petición
on default en caso de incumplimiento
on delivery a la entrega
on demand a la vista, a solicitud
on duty en servicio
on file registrado
on or about en o alrededor de, en o cerca de
on or before en o antes de
on order pedido pero no recibido
on purpose a propósito
on record registrado, que consta
on sight a la vista
on the person llevar consigo

on time a tiempo

once in jeopardy la condición de una persona a quien se está acusando de un delito por el cual ya estuvo en peligro de ser condenado mediante otro juicio penal

oncoming que viene, venidero

one-man company compañía de un solo integrante

one-man corporation corporación de un solo integrante, persona jurídica de un solo integrante

one-person company compañía de un solo integrante

one-person corporation corporación de un solo integrante, persona jurídica de un solo integrante

one-sided contract contrato abusivo, contrato leonino

onerous oneroso, desproporcionado

onerous contract contrato oneroso

onerous gift donación con cargos

onerous title título oneroso

oneself uno mismo, sí mismo

ongoing en curso

only (adj) sólo, único

only (adv) solamente, únicamente

only child hijo único

onomastic onomástico

onrush embestida, ataque

onset comienzo, arremetida

onset date fecha de inicio

onus carga, carga de la prueba, responsabilidad

onus of proof carga de la prueba, carga probatoria

onus probandi carga de la prueba, carga probatoria, onus probandi

onward adelante

open (adj) abierto, libre, disponible, sincero

open (n) claro

open (v) abrir, exponer, empezar

open a case iniciar un caso

open a court iniciar las sesiones de un tribunal

open a judgment reconsiderar una sentencia

open a line of credit iniciar una línea de crédito

open a loan conceder un préstamo

open a street or highway abrir una calle o carretera

open account cuenta corriente

open an account abrir una cuenta

open and notorious abierto y notorio

open and notorious adultery adulterio público y notorio

open-and-shut obvio, indiscutible

open bid propuesta con derecho de reducción, oferta abierta

open bids abrir propuestas

open competition competencia abierta

open competition laws leyes de competencia abierta

open contract contrato abierto

open court tribunal en sesión, audiencia pública

open credit crédito abierto

open date fecha a fijarse

open dating colocación de fecha de expiración en un lugar fácil de ver

open diplomacy diplomacia abierta

open door policy política de puerta abierta

open economy economía abierta

open-end contract contrato en el cual ciertos términos no se han establecido

open-end credit crédito renovable

open-end lease arrendamiento abierto

open-end mortgage hipoteca renovable, hipoteca ampliable

open entry ingreso a un bien inmueble en forma pública

open fire abrir fuego

open form formulario abierto

open hearing audiencia pública, vista pública

open insurance seguro abierto

open insurance policy póliza de seguros abierta

open market mercado abierto

open market operations operaciones de mercado abierto

open market policy política de mercado abierto

open mortgage hipoteca abierta

open policy póliza abierta

open port puerto libre, puerto franco

open possession posesión manifiesta

open sea mar abierto

open shop empresa la cual emplea sin considerar si el solicitante es miembro de un gremio

open space espacio abierto

open to discussion abierto a discusión

open to the public abierto al público

open union unión abierta

open verdict veredicto el cual no establece quien cometió el crimen o si realmente se cometió un crimen

opening apertura, principio

opening date fecha de apertura

opening entry asiento de apertura

opening of account apertura de cuenta

opening of negotiations apertura de negociaciones

opening statement exposición inicial en un juicio

opening time hora de apertura

openly abiertamente

operate operar, funcionar

operating en funcionamiento, activo

operating account cuenta operativa, cuenta de explotación

operating administration administración operativa

operating capital capital operativo, capital de explotación

operating costs costos operativos, costos de explotación

operating expenses gastos operativos

operating income ingreso operativo, ingresos de explotación

operating lease arrendamiento de explotación

operating management administración operativa

operating officer funcionario operativo

operating profit ganancias operativas

operating risk riesgo operativo

operating statement estado operativo

operation operación, funcionamiento, transacción, vigencia

operation of law efecto de la ley

operational operacional

operational audit auditoría operacional

operational control control operacional

operational objectives objetivos operacionales

operations administration administración de operaciones

operations administrator administrador de operaciones

operations analysis análisis de operaciones

operations liability responsabilidad de operaciones

operations management administración de operaciones

operations manager administrador de operaciones

operative operativo, agente secreto

operative clause cláusula operativa

operative words palabras claves de un contrato

operator operador

opine opinar

opinion opinión, dictamen

opinion evidence opinión suministrada como prueba

opinion of title opinión de título

opponent (adj) contrario, opuesto

opponent (n) opositor, contrario

opportune oportuno

opportunity oportunidad

oppose oponer, oponerse a

opposer oponente

opposing party parte contraria

opposite opuesto, contrario

opposite party parte contraria

opposition oposición, resistencia

oppress oprimir, agobiar

oppression opresión

oppressive opresivo, agobiante

oppressive agreement convenio abusivo

oppressive clause cláusula abusiva

oppressor opresor

opprobrious oprobioso

opprobrium oprobio

oppugn opugnar

optically ópticamente, visualmente

optimal óptimo

optimal allocation asignación óptima

optimal solution solución óptima

optimization optimización

optimum óptimo

option opción, opción de compra, elección

option account cuenta de opciones, cuenta con opciones

option account agreement convenio de cuenta de opciones

option account agreement form formulario de convenio de cuenta de opciones

option agreement convenio de cuenta de opciones

option to buy opción de comprar

option to lease opción de arrendar

option to purchase opción de comprar

option to renew opción de renovar

option to sell opción de vender

optional opcional

optional annuity form forma de anualidad opcional

optional appearance comparecencia opcional, comparecencia facultativa

optional benefits beneficios opcionales

optional clause cláusula opcional

optional credit crédito opcional

optional date fecha opcional

optional payment pago opcional

optional tax impuesto opcional

optionee quien recibe una opción, titular de una opción

oral oral

oral agreement contrato oral, contrato verbal

oral confession confesión oral, confesión verbal

oral contract contrato oral, contrato verbal

oral evidence prueba oral, prueba testimonial

oral offer oferta oral

oral order orden oral

oral testimony testimonio oral

oral trust fideicomiso constituido oralmente, fideicomiso constituido verbalmente

oral will testamento oral

ordain ordenar, estatuir

ordeal ordalía

order (n) orden, clase

order (v) ordenar, dirigir

order bill of lading conocimiento de embarque a la orden

order book libro de órdenes

order by mail ordenar por correo

order check cheque a la orden
order form formulario de orden
order in writing orden por escrito
order letter carta de orden
order nisi orden provisional
order of creditors orden de acreedores
order of filiation orden de filiación
order paper instrumento negociable pagadero a persona específica
ordinance ordenanza, estatuto, ley
ordinandi lex derecho procesal
ordinarily ordinariamente
ordinary ordinario, normal
ordinary activity actividad ordinaria
ordinary agency agencia ordinaria
ordinary agent agente ordinario
ordinary and necessary business expenses gastos de negocios ordinarios y necesarios
ordinary annuity anualidad ordinaria
ordinary business expenses gastos de negocios ordinarios
ordinary calling actividades ordinarias
ordinary care diligencia ordinaria
ordinary conditions condiciones ordinarias
ordinary course curso ordinario
ordinary course of business curso ordinario de los negocios
ordinary creditor acreedor ordinario
ordinary dangers peligros ordinarios
ordinary deposit depósito ordinario
ordinary diligence diligencia ordinaria
ordinary duty deber ordinario
ordinary election elección ordinaria
ordinary endorsement endoso ordinario
ordinary endorser endosante ordinario
ordinary expenses gastos ordinarios
ordinary hazards riesgos ordinarios
ordinary income ingreso ordinario
ordinary indorsement endoso ordinario
ordinary indorser endosante ordinario
ordinary insurance seguro ordinario
ordinary interest intereses ordinarios
ordinary investment practice práctica de inversión ordinaria
ordinary jurisdiction jurisdicción ordinaria
ordinary life insurance seguro de vida ordinario
ordinary loss pérdida ordinaria
ordinary meaning sentido ordinario
ordinary meeting asamblea ordinaria
ordinary method método ordinario
ordinary mode modo ordinario
ordinary navigation navegación ordinaria
ordinary negligence negligencia ordinaria
ordinary partnership sociedad ordinaria
ordinary payroll insurance seguro de nómina ordinaria
ordinary persons personas ordinarias
ordinary practice práctica ordinaria

ordinary procedure procedimiento ordinario
ordinary proceeding procedimiento ordinario
ordinary process proceso ordinario
ordinary rent renta ordinaria
ordinary repairs reparaciones ordinarias
ordinary risks riesgos ordinarios
ordinary sale venta ordinaria
ordinary seaman marinero ordinario
ordinary services servicios ordinarios
ordinary session sesión ordinaria
ordinary shares acciones ordinarias
ordinary skill in art habilidad ordinaria en un oficio
ordinary spoilage deterioro ordinario
ordinary stock acciones ordinarias
ordinary tax impuesto ordinario
ordinary term plazo ordinario
ordinary time tiempo ordinario
ordinary use uso ordinario
ordinary voting votación ordinaria
ordinary written law leyes escritas ordinarias
ore-leave derecho de extraer minerales de un terreno
organ órgano
organic act ley orgánica
organic law ley orgánica, constitución
organization organización, persona jurídica
organization chart organigrama
organization structure estructura de organización
organizational analysis análisis organizativo
organizational change cambio organizativo
organizational efficiency eficiencia organizativa
organizational meeting reunión constitutiva
organizational structure estructura organizativa
organizational system sistema organizativo
organize organizar, establecer
organized organizado
organized county condado constituido
organized crime crimen organizado
organized labor trabajadores agremiados, trabajadores sindicados
organized market mercado organizado
organized strike huelga organizada
organizer organizador
orientation orientación
origin origen
original original, singular
original acquisition adquisición original
original act acto original
original action acción original
original bill demanda concerniente a una cuestión no litigada antes entre las mismas partes que mantienen los mismos intereses
original capital capital inicial
original conveyances cesiones originales
original cost costo original

original decree decreto original

original document rule regla que indica que la mejor prueba del contenido de un documento es el original de dicho documento

original entry asiento original

original estate propiedad original

original evidence prueba original

original insurance seguro original

original inventor inventor original

original investment inversión original

original invoice factura original

original jurisdiction jurisdicción original

original manifestation manifestación original

original obligation obligación original

original package paquete original

original process proceso inicial, citación a comparecer

originality originalidad

originally originalmente

origination originación

originator originador

orphan huérfano

orphan's deduction deducción de huérfano

orphanage orfelinato

orphanhood orfandad

ostensible ostensible, aparente

ostensible agency agencia aparente

ostensible authority autoridad aparente

ostensible ownership propiedad aparente

ostensible partner socio aparente

ostensibly ostensiblemente, aparentemente

ostensive ostensivo, aparente

ostensively ostensivamente, aparentemente

other otro

other from distinto a

other insurance clause cláusula de seguro solapante

other insured otros asegurados

other than otra cosa que

otherwise de otro modo

ought deber, deber de

oust desalojar, expulsar

ouster desalojamiento, expulsión

ouster judgment sentencia de desalojo

ouster of jurisdiction pérdida de jurisdicción

out of benefit asegurado a quien se le ha suspendido la cobertura por falta de pago de las primas

out of commission fuera de servicio

out-of-court extrajudicial

out-of-court settlement arreglo extrajudicial

out-of-doors al aire libre

out-of-pocket expenses gastos pagados en efectivo

out-of-pocket rule regla que indica que quien compra tras representaciones fraudulentas tiene el derecho de recobrar la diferencia entre la cantidad pagada y el valor de lo comprado

out of term fuera del período de actividades judiciales

out of the jurisdiction fuera de la jurisdicción

out of the state fuera del estado

out of time fuera de tiempo, fuera de plazo, nave perdida

outage interrupción

outbid presentar una mejor oferta

outbuilding estructura anexa, edificio anexo

outburst arranque

outdated anticuado, obsoleto

outdoors al aire libre

outer door puerta exterior

outermost extremo, más alejado

outgoing saliente

outhouse edificio anexo, estructura anexa, excusado

outland el extranjero

outlandish estrafalario

outlast durar más que

outlaw fugitivo, proscrito

outlawed prohibido

outlive sobrevivir a

outlook perspectiva

outlying remoto

outmaneuver maniobrar mejor que

outpatient paciente externo

outplacement servicios que ofrece un patrono para ayudar a un empleado despedido a obtener otro trabajo

output producción, salida

outrage ultraje, afrenta, indignación

outrageous atroz, excesivo, ultrajante

outrageous behavior conducta atroz

outrageous conduct conducta atroz

outrageously atrozmente

outrageousness atrocidad

outright (adj) entero, directo, franco

outright (adv) enteramente, sin limitaciones, francamente

outset comienzo

outside (adj) externo, superficial

outside (n) exterior, apariencia

outside director miembro de una junta directiva cuyo vínculo único es ese cargo, consejero externo

outsider no afiliado

outsourcing contratación de terceros para servicios o manufactura

outstanding pendiente de pago, en circulación, destacado

outstanding account cuenta pendiente

outstanding and open account cuenta pendiente

outstanding check cheque sin cobrar, cheque pendiente de pago

outstanding credit crédito pendiente

outstanding debt deuda pendiente de pago

outstanding loan préstamo pendiente
outstanding obligation obligación pendiente
outstanding premium prima pendiente de pago
outstanding securities valores en circulación
outstanding stock acciones en circulación
outward exterior, externo
outwardly aparentemente
ovell igual
over encima, mientras
over line cobertura más allá de la capacidad normal
overage exceso, cantidad adicional al alquiler a pagar basado en ventas brutas
overall en conjunto
overall deficit déficit global
overbear oprimir, dominar
overbearing dominante
overbid ofrecer más que
overbook reservar más allá de lo que se puede acomodar
overbooked con reservaciones más allá de lo que se puede acomodar
overbooking aceptación de reservaciones más allá de lo que se puede acomodar
overbreadth doctrine doctrina que indica que cualquier ley que viole los derechos constitucionales no es válida
overbuilding sobreconstrucción
overburden sobrecargar
overbuy comprar de más, comprar pagando de más
overcapacity sobrecapacidad
overcapitalization sobrecapitalización
overcapitalize sobrecapitalizar
overcapitalized sobrecapitalizado
overcertification sobrecertificación, certificación de un cheque sin fondos, confirmación bancaria por exceso
overcertify certificar un cheque sin fondos
overcharge (n) cargo excesivo, recargo
overcharge (v) sobrecargar
overcollaterization sobrecolateralización
overcome superar
overconsumption sobreconsumo
overcredit acreditar en exceso
overdepreciation sobredepreciación
overdraft sobregiro
overdraw sobregirar
overdrawn sobregirado
overdue vencido, en mora
overdue payment pago vencido, pago en mora
overemphasis énfasis exagerada
overemphasize acentuar demasiado
overemployment sobreempleo
overestimate sobreestimar
overextension sobreextensión
overfinancing sobrefinanciamiento

overflow inundar
overhang sobresalir, colgar
overhaul investigar, examinar
overhauling revisión, examen
overhead gastos generales, gastos fijos
overhead expenses gastos generales, gastos fijos
overhead insurance seguro de gastos generales
overimprovement sobremejoramiento
overinsurance sobreseguro
overinvestment sobreinversión
overissue sobreemisión, emisión mas allá de lo permitido
overlap solaparse
overlapping debt deuda solapante
overlapping insurance seguros solapantes
overload sobrecargar
overlook pasar por alto, supervisar
overlying right derecho de extraer aguas subterráneas
overpay pagar en exceso
overpayment pago en exceso
overplus excedente
overpower abrumar
overproduction sobreproducción
overrate sobrestimar
overreaching clause cláusula de extensión
override pasar sobre, solapar, derogar, abrogar
overriding interest derecho prevaleciente
overrule denegar, anular, revocar
overruling denegatorio
overrun invadir, inundar
overseas ultramar, extranjero
overseas investments inversiones extranjeras
overseas trade comercio exterior
overseer supervisor
oversight inadvertencia, vigilancia
overspend gastar de más
overstate declarar de más, exagerar
oversubscribe sobresuscribir
oversubscribed sobresuscrito
oversubscription sobresuscripción
overt manifiesto, público
overt act acto manifiesto, acto hostil
overt words palabras claras
overtake alcanzar
overtime horas extras, sobretiempo, tiempo suplementario
overtime wage salario por horas extras
overtone sugestión, alusión
overtrading transacciones excesivas, expansión de ventas más allá de lo financiable por el capital circulante
overture propuesta, insinuación
overturn derrocar, volcar, revocar
overuse uso excesivo
owe deber, adeudar

owelty igualdad

owelty of exchange dinero pagado para compensar por el valor menor de un inmueble permutado por otro

owelty of partition dinero pagado para igualar el valor de una repartición dispareja

owing pendiente de pago

own (adj) propio

own (v) tener, poseer

owner dueño, propietario

owner financing financiamiento por el dueño

owner of record titular registrado

ownership, right of derecho de posesión

ownership propiedad, titularidad

ownership certificate certificado de propiedad

ownership form forma de propiedad

ownership in common copropiedad

oyez ¡oíd!

P

pacification pacificación

pacifism pacifismo

pacifist pacifista

pack engañar, usar recursos engañosos para seleccionar un jurado parcial, empacar, embalar

package paquete, envase

package deal acuerdo global

package insurance seguro global

package insurance policy póliza de seguro global

package mortgage hipoteca que incluye mobiliario

package policy póliza global

packaged empaquetado

packaged goods mercancías empaquetadas

packaging empaque, embalaje

packaging laws leyes sobre empaquetado, leyes sobre embalaje

packing empaquetamiento, embalaje

packing list lista de empaque

pact pacto, convenio, compromiso

pactio pacto, contrato

pactional concerniente a un pacto

pactions pacto entre países a ejecutarse en un solo acto

pactitious determinado por contrato

pactum pacto

padder ladrón

paid pagado, pago, remunerado

paid check cheque pagado

paid for pagado

paid holiday día festivo pagado

paid in full pagado en su totalidad, liquidado

paid losses pérdidas pagadas

paid status estado de pagado

paid to date pagado hasta la fecha

paid up totalmente pagado, liberado

paid-up benefits beneficios pagados

paid-up insurance cobertura de seguro para la cual no hay que efectuar más pagos

pain dolor, dificultad

pain and suffering dolor y sufrimiento

pairing-off acuerdo entre miembros de distintos partidos de abstenerse de votar

palimony pensión tras la separación de personas no casadas

palm off engañar, defraudar

palm prints huellas de las palmas de las manos

palmarium honorario contingente en adición al pago fijo

palpable palpable, evidente

Palsgraf Rule regla que indica que quien es negligente sólo es responsable por los daños previsibles y no por todos los daños posteriores a dicha negligencia

pander (n) alcahuete

pander (v) alcahuetear

panderer alcahuete

panel panel, lista, lista de los integrantes de un jurado

panel of arbitrators panel arbitral, comisión de árbitros

panic pánico

pannellation elección de jurado

panorama panorama

paper papel, documento, periódico, documento negociable

paper money papel moneda

paper patent invención la cual no ha sido explotada comercialmente

paper standard patrón papel

paper title título dudoso

paperless entry transferencia de fondos electrónica

paperless processing procesamiento sin papeles, procesamiento electrónico

par paridad, valor nominal, igualdad

par delictum igual culpa

par value valor nominal, valor a la par

par value stock acciones con valor nominal

parachronism paracronismo

paradox paradoja

paragraph párrafo, parágrafo

paralegal paralegal, asistente legal

parallel citation cita paralela

parallel exporting exportación paralela

parallel exports exportaciones paralelas

parallel importing importación paralela

parallel imports importaciones paralelas

paramount supremo

paramount clause cláusula superior

paramount equity derecho superior

paramount title título superior

paramour amante

paraphernal property bienes parafernales

paraphernalia bienes parafernales

paraprofessional paraprofesional

parcel (n) parcela, paquete, lote

parcel (v) dividir

parcels descripción y límites de un inmueble

parcenary herencia conjunta

parcener coheredero

parchment pergamino

pardon (n) perdón, indulto, gracia

pardon (v) perdonar, indultar, amnistiar

pardon attorney oficial del Ministerio de Justicia que hace recomendaciones para indultos presidenciales

pardonable perdonable

parens un padre

parent company compañía controladora, sociedad controladora

parent corporation corporación controladora, sociedad controladora

parentage ascendencia, paternidad, maternidad

parental paternal, maternal

parental authority autoridad de los padres

parental consent consentimiento de los padres

parental liability responsabilidad de los padres por los actos de los hijos

parental rights derechos de los padres

parenticide parricidio, matricidio, parricida, matricida

pari causa con igual derecho

pari delicto con igual culpa

pari materia la materia misma

pari passu igualmente, equitativamente

pari ratione por la misma razón

parity paridad

parium judicium juicio con un jurado de pares

parliament parlamento

parliamentary parlamentario

parliamentary agents agentes parlamentarios

parliamentary committee comité parlamentario

parliamentary government gobierno parlamentario

parliamentary law derecho parlamentario

parliamentary privilege privilegio parlamentario

parliamentary rules reglas parlamentarias

parol verbal, oral

parol agreement contrato verbal

parol arrest arresto ordenado verbalmente

parol contract contrato verbal

parol evidence prueba oral, prueba extrínseca

parol evidence rule regla que excluye acuerdos orales los cuales alteran un contrato escrito

parol lease arrendamiento oral

parol will testamento oral

parole libertad condicional, libertad bajo palabra

parole board junta de libertad bajo palabra

parole officers funcionarios encargados de las personas bajo libertad condicional

parolee persona bajo libertad condicional

parricide parricidio, parricida

pars parte

pars gravata la parte agraviada

pars rea una parte demandada

part parte, porción, uno de los originales de

un instrumento
part owners copropietarios
part ownership copropiedad
part payment pago parcial
part performance cumplimiento parcial
part time a tiempo parcial
part-time employee empleado a tiempo parcial
part-time employment empleo a tiempo parcial
part-time work trabajo a tiempo parcial
part-time worker trabajador a tiempo parcial
partial parcial, sin objetividad, incompleto
partial abandonment abandono parcial
partial acceptance aceptación parcial
partial account rendición de cuentas parcial
partial armistice armisticio parcial
partial assignment cesión parcial
partial audit auditoría parcial
partial average avería parcial
partial breach incumplimiento parcial
partial contract contrato parcial
partial coverage cobertura parcial
partial defense defensa parcial
partial delivery entrega parcial
partial dependency dependencia parcial
partial disability discapacidad parcial
partial distribution distribución parcial
partial eviction desalojo parcial
partial evidence prueba parcial
partial incapacity incapacidad parcial
partial insanity insania parcial
partial insurance seguro parcial
partial interest interés parcial
partial invalidity invalidez parcial
partial limitation limitación parcial
partial liquidation liquidación parcial
partial loss pérdida parcial
partial merger fusión parcial
partial monopoly monopolio parcial
partial oligopoly oligopolio parcial
partial ownership propiedad parcial
partial pardon indulto parcial
partial payment pago parcial
partial performance cumplimiento parcial
partial plan termination terminación de plan parcial
partial possession posesión parcial
partial record registro parcial
partial release liberación parcial
partial reversal revocación parcial
partial summary judgment sentencia sumaria parcial
partial taking expropiación parcial
partial transfer transferencia parcial
partial verdict veredicto parcial
partial waiver renuncia de derecho parcial
partiality parcialidad
partible divisible

partible lands tierras divisibles
particeps criminis cómplice
participant participante, partícipe
participate participar, compartir
participate in a conspiracy participar en una conspiración
participate in a crime participar en un crimen
participating annuity anualidad con participación
participating country país participante
participating insurance seguro con participación, póliza de seguros con participación
participating insurance policy póliza de seguros con participación
participating policy póliza con participación
participating preferred shares acciones preferidas con participación
participating reinsurance reaseguro con participación
participating shares acciones con participación
participation participación
participation agreement convenio de participación
participation in crime participación en un delito
participation mortgage hipoteca con participación, hipoteca conjunta
particula parcela
particular (adj) particular, individual, exigente
particular (n) detalle, pormenor
particular average avería particular
particular estate derecho limitado relativo a un inmueble
particular lien gravamen específico
particular malice malicia dirigida hacia un individuo
particular partnership sociedad para un negocio predeterminado
particular power of appointment poder limitado de designación de herederos
particular tenant quien tiene derecho limitado relativo a un inmueble
particularity particularidad, meticulosidad
particularize particularizar, detallar
particulars of a document detalles de un documento
particulars of criminal charges exposición detallada de los cargos penales
particulars of sale descripción detallada de propiedades a subastarse
parties las partes
parties and privies las partes de un contrato
parties to crime los participantes en un crimen
partisan partidario, secuaz
partitio partición

partitio legata partición testamentaria
partition partición, repartición, separación
partition of a succession partición de una sucesión
partition order orden de partición
partner socio, asociado, compañero
partnership sociedad, asociación, consorcio
partnership agreement contrato de sociedad
partnership articles contrato para formar una sociedad
partnership assets activo social
partnership association sociedad con responsabilidad limitada
partnership at will sociedad sin un período fijo de tiempo
partnership certificate certificado de sociedad
partnership contract contrato de sociedad
partnership debt deuda de la sociedad
partnership in commendam sociedad en comandita
partnership insurance seguro de vida sobre socios, seguros obtenidos con la intención de mantener la sociedad
partnership life insurance seguro de vida sobre socios
partnership property propiedad social
party parte, partido, grupo
party aggrieved parte agraviada
party at fault la parte responsable
party to be charged demandado, la parte contra la cual se alega incumplimiento
party wall pared medianera
pass (n) pase, autorización, paso, pasada
pass (v) aprobar, adoptar, pasar, fallecer, suceder
pass counterfeit money circular dinero falsificado
pass judgment dictar sentencia
pass legislation aprobar una ley
pass sentence sentenciar
pass-through entity entidad cuyas contribuciones pasan sin cobrar hasta llegar a los dueños
pass-through securities valores cuyas contribuciones pasan sin cobrar hasta llegar a los inversionistas
pass title transferir título
passage pasaje, paso, aprobación, transcurso, transición, viaje
passbook libreta de ahorros
passenger pasajero, viajero
passing pasajero, transitorio, pasante, aprobatorio, de difuntos
passing judgment dictar sentencia
passing of property transferencia de propiedad
passing of title transferencia de título
passion pasión, emoción violenta

passive pasivo, sumiso, inactivo
passive activity actividad pasiva
passive debt deuda que no devenga intereses
passive income ingreso pasivo
passive negligence negligencia pasiva
passive trust fideicomiso pasivo
passport pasaporte
past consideration contraprestación anterior
past convictions condenas previas
past debt deuda preexistente
past due vencido, en mora
past recollection recorded relación de un asunto del cual un testigo tenía conocimiento pero que en el momento presente no recuerda bien
past service liability responsabilidad por servicio previo
patent (adj) patente, manifiesto, evidente, patentado
patent (n) patente, privilegio, documento de concesión
patent (v) patentar
patent ambiguity ambigüedad evidente
patent and copyright clause cláusula de patentes y derechos de autor
patent and trademark office oficina de patentes y de marcas comerciales
patent application solicitud de patente
patent attorney abogado de patentes
patent defect vicio evidente
patent holder tenedor de patente
patent infringement infracción de patente
patent law derecho de patentes, ley de patentes
patent license licencia de patente
patent office oficina de patentes
patent pending patente pendiente
patent pooling combinación de derechos de patentes
patent-right derecho de patente
patent-right dealer comerciante de derechos de patentes
patent suit demanda por infracción de patente
patentable patentable
patented patentado
patented article artículo patentado
patented process proceso patentado
patentee patentado, titular de una patente
patently patentemente, evidentemente
paternal paternal
paternal authority autoridad paterna
paternal line línea paterna
paternal power patria potestad
paternal property propiedad heredada por la vía paterna
paternity paternidad
paternity suit demanda de paternidad
paternity test prueba de paternidad
patience paciencia

patient (adj) paciente, indulgente
patient (n) paciente
patient-physician privilege comunicaciones entre un médico y su paciente las cuales el paciente no tiene que divulgar ni permitir que el médico revele tampoco
patient's bill of rights declaración de los derechos del paciente
patria potestas patria potestad
patricide parricidio, parricida
patrilineal patrilineal
patrimonial patrimonial
patrimony patrimonio
patrol (n) ronda, patrulla
patrol (v) rondar, patrullar
patrol boat bote patrullero
patroller patrullero, policía
patrolman patrullero, policía
patron patrocinador, cliente, protector
patronage patrocinio, clientela, facultad de nombrar funcionarios
patronize patrocinar, proteger, frecuentar
patruus el hermano del padre
patruus magnus el hermano de un abuelo
patruus major el hermano de un bisabuelo
patruus maximus el hermano de un tatarabuelo
pattern modelo, ejemplo, diseño
pauper indigente
pawn (n) empeño, pignoración, prenda
pawn (v) empeñar, pignorar, prendar, dejar en prenda
pawnbroker prestamista sobre prendas
pawnee acreedor prendario
pawnor deudor prendario
pawnshop casa de empeños
pay (n) paga, sueldo, salario, honorarios, pagador
pay (v) pagar, remunerar, saldar, rendir
pay adjustment ajuste salarial
pay administration administración salarial
pay agreement convenio salarial
pay assignment cesión salarial, asignación salarial
pay at sight pagar a la vista
pay back reembolsar, devolver
pay bracket escala salarial
pay by installments pagar a plazos
pay ceiling techo salarial
pay compression compresión salarial
pay continuation plan plan de continuación salarial
pay control control salarial
pay cut disminución salarial
pay decrease disminución salarial
pay dispute disputa salarial
pay earner devengador salarial
pay floor mínimo salarial
pay freeze congelación salarial

pay garnishment embargo salarial
pay in full pagar totalmente
pay in installments pagar a plazos
pay increase aumento salarial
pay increment incremento salarial
pay index índice salarial
pay inflation inflación salarial
pay level nivel salarial
pay minimum mínimo salarial
pay off saldar, sobornar, dar resultado
pay on account pagar a cuenta
pay rate tasa salarial
pay reduction reducción salarial
pay reduction plan plan de reducción salarial
pay review revisión salarial
pay rise alza salarial
pay scale escala salarial
pay stabilization estabilización salarial
pay structure estructura salarial
pay tax impuesto salarial
pay to bearer pagar al portador
pay to the order of pagar a la orden de
pay under protest pagar bajo protesta
payable pagadero, vencido
payable at sight pagadero a la vista
payable in installments pagadero a plazos
payable on delivery pagadero a la entrega
payable on demand pagadero a la vista
payable to bearer pagadero al portador
payable to holder pagadero al portador
payable to order pagadero a la orden
paycheck cheque de salario, cheque de paga, salario
payday día de pago
paydown pago parcial de deuda
payee tenedor, portador, beneficiario de pago
payer pagador
paying agency agencia pagadora
paying agent agente pagador
paying bank banco pagador
payload carga útil
payment pago, sueldo, remuneración
payment against documents pago contra documentos
payment bond fianza de pago
payment by check pago por cheque
payment certain anualidad de pagos seguros
payment date fecha de pago
payment delay demora de pago
payment guarantee garantía de pago
payment guaranteed pago garantizado
payment guaranty garantía de pago
payment in advance pago por adelantado
payment in arrears pago atrasado
payment in full pago total
payment in installments pago a plazos
payment in kind pago en especie
payment into court pago judicial
payment is due el pago se ha vencido

payment method método de pago
payment on account pago a cuenta
payment order orden de pago
payment out of court pago extrajudicial
payment plan plan de pagos
payment received pago recibido
payment record registro de pago
payment refused pago rechazado
payment supra protest pago tras protesto
payment system sistema de pagos
payment terms términos de pago
payment type método de pago
payment under protest pago bajo protesta
payoff pago, recompensa, resultado
payoff statement declaración del prestador en cuanto los términos del préstamo y lo que falta por cancelarlo
payor pagador
payout pago, rendimiento, rendimiento necesario para recuperación de inversión
payroll nómina
payroll account cuenta de nómina
payroll audit auditoría de nómina
payroll deductions deducciones de nómina, deducciones del cheque de salario
payroll period período de nómina
payroll records registros de nómina
payroll register registro de nómina
payroll tax impuesto sobre la nómina
peace paz
peace and quietude paz y tranquilidad
peace officers agentes del orden público, policías
peace treaty tratado de paz
peaceable pacífico
peaceable entry ingreso a un inmueble sin usar la fuerza
peaceable picketing piquete pacífico
peaceable possession posesión pacífica
peak pico, punta, máximo
peculation peculado, desfalco
peculiar peculiar, particular, singular
peculiar behavior conducta peculiar
pecuniary pecuniario, monetario
pecuniary accord acuerdo pecuniario
pecuniary adjustment ajuste pecuniario
pecuniary agreement acuerdo pecuniario
pecuniary assistance asistencia pecuniaria
pecuniary benefits beneficios pecuniarios
pecuniary bequest legado pecuniario
pecuniary commission comisión pecuniaria
pecuniary condition condición pecuniaria
pecuniary consideration contraprestación pecuniaria
pecuniary control control pecuniario
pecuniary damages daños y perjuicios pecuniarios
pecuniary exchange intercambio pecuniario
pecuniary gain ganancia pecuniaria

pecuniary indemnity indemnización pecuniaria
pecuniary injury daños y perjuicios pecuniarios
pecuniary interest interés pecuniario
pecuniary legacy legado pecuniario
pecuniary liability responsabilidad pecuniaria
pecuniary loss pérdida pecuniaria
pecuniary penalty penalidad pecuniaria
pecuniary remuneration remuneración pecuniaria
pecuniary transaction transacción pecuniaria
pecuniary value valor pecuniario
peddle practicar el oficio de buhonero
peddler buhonero
pederast pederasta
pederasty pederastia
pedestrian peatón
pedigree linaje, genealogía
Peeping Tom voyerista
peer review revisión por grupo paritario
peerless sin igual
peg fijar, estabilizar, clasificar
penal penal
penal action acción penal
penal bond obligación penal
penal clause cláusula penal
penal code código penal
penal institutions instituciones penales
penal law derecho penal, ley penal
penal obligation obligación penal
penal offense delito penal
penal servitude reclusión con trabajos forzados
penal statute ley penal
penal suit juicio penal
penal sum penalidad, multa
penalizable penalizable
penalize penalizar, penar, multar
penalty penalidad, multa, pena
penalty clause cláusula penal
penalty for early withdrawal penalidad por retiro temprano
pendency suspensión
pendency of action litispendencia
pendens pendiente
pendent jurisdiction jurisdicción discrecional
pendente lite durante el litigio, en lo que se lleva a cabo el litigio, mientras el caso está pendiente, pendente lite
pending pendiente, inminente
pending action acción pendiente
pending arbitration arbitraje pendiente
pending case caso pendiente
pending claim reclamo pendiente
pending proceeding procedimiento pendiente
pending suit acción pendiente
penetration penetración
penitentiary penitenciaría

penology penología, criminología
pension pensión, retiro
pension fund fondo de pensiones
pension plan plan de pensiones
pension plan funding financiamiento de plan de pensiones
pension plan liability reserve reserva de responsabilidad de plan de pensiones
pension plan termination terminación de plan de pensión
pension trust fideicomiso de pensiones
pensioner pensionado, pensionista
people gente, pueblo, habitantes
per accident limit límite por accidente
per annum por año
per autre vie durante la vida de otra persona
per capita por cabeza, per cápita
per cent por ciento
per consequens por consecuencia
per curiam por el tribunal, per curiam
per diem por día
per eundem por el mismo
per fraudem mediante fraude
per incuriam mediante inadvertencia
per infortunium por infortunio
per minas mediante amenazas
per pais, trial juicio mediante jurado
per person limit límite por persona
per procuration por poder
per quod mediante el cual
per sample mediante muestra
per se en sí mismo, de por sí, per se
per se defamatory palabras difamatorias en si mismas
per se negligence negligencia en sí misma
per se violation infracción en sí misma
per stirpes por estirpe
per universitatem en su totalidad
per year por año
perceived risk riesgo percibido
percentage lease arrendamiento porcentual sobre las ventas, arrendamiento con participación
percentage of alcohol porcentaje de alcohol
percentage participation porcentaje de participación
percentage rent renta a pagar en un arrendamiento porcentual sobre las ventas
perceptible perceptible
perception percepción
perceptive perceptivo
perceptivity perceptividad
percolating waters aguas filtradas
perdurable perdurable, duradero
peremption rechazo de una acción
peremptory perentorio, decisivo, inderogable, absoluto, terminante, arbitrario
peremptory challenge recusación perentoria
peremptory day término perentorio para un juicio o audiencia
peremptory defense defensa perentoria
peremptory exceptions excepciones perentorias
peremptory instruction instrucción perentoria
peremptory nonsuit rechazo de una acción por falta de pruebas de parte del demandante
peremptory notice notificación perentoria
peremptory order orden perentoria
peremptory plea excepción perentoria
peremptory rule regla perentoria
peremptory writ orden judicial perentoria
perfect perfecto, completo, cumplido, ejecutado
perfect attestation clause cláusula que asegura la realización de todos los actos requeridos para hacer válida una disposición testamentaria
perfect delegation delegación perfecta, novación perfecta
perfect equity título completo en equidad
perfect instrument instrumento registrado
perfect monopoly monopolio perfecto
perfect obligation obligación legal
perfect ownership dominio perfecto, propiedad perfecta
perfect title título perfecto
perfect trust fideicomiso perfecto
perfect usufruct usufructo perfecto
perfected perfeccionado
perfected lien gravamen perfeccionado
perfecting bail perfeccionamiento de la fianza
perfidy perfidia, traición
perforce a la fuerza, inevitablemente, necesariamente
perform cumplir, ejecutar, ejercer
performance cumplimiento, ejecución, espectáculo
performance bond garantía de cumplimiento
performance report informe de rendimiento
peril peligro, riesgo
perils of the lakes peligros de los grandes lagos
perils of the sea peligros del mar
period período, etapa
period certain período cierto
period of credit período de crédito
period of delivery período de entrega
period of detention período de detención
period of grace período de gracia
periodic periódico
periodic audit auditoría periódica
periodic change cambio periódico
periodic charge cargo periódico
periodic finance charge cargo por financiamiento periódico
periodic payment pago periódico
periodic payment plan plan de pagos

periódicos

periodic transaction transacción periódica

periodical periódico

periphrasis perífrasis

perish perecer, fallecer

perishable perecedero

perishable commodity producto perecedero

perishable goods bienes perecederos

perjury perjurio

perks beneficios adicionales, pequeños beneficios

permanent permanente, fijo, estable

permanent abode residencia permanente

permanent account cuenta permanente

permanent alimony pensión permanente tras el divorcio

permanent damage daño permanente

permanent disability discapacidad permanente

permanent disability benefits beneficios por discapacidad permanente

permanent employee empleado permanente

permanent employment empleo permanente

permanent file archivo permanente

permanent financing financiamiento permanente

permanent fixtures instalaciones permanentes

permanent home residencia permanente

permanent income ingresos permanentes

permanent injunction mandamiento judicial permanente

permanent injury lesión permanente

permanent insurance seguro permanente

permanent law ley permanente

permanent life insurance seguro de vida permanente

permanent location ubicación permanente

permanent mission misión permanente

permanent nuisance estorbo permanente, acto perjudicial permanente

permanent partial disability discapacidad parcial permanente

permanent residence residencia permanente

permanent total disability discapacidad total permanente

permanent trespass transgresión permanente

permissible permisible

permissible losses pérdidas permisibles

permissible nonbank activities actividades no bancarias permisibles

permission permiso, licencia

permission granted clause cláusula de permiso otorgado

permissive permisivo

permissive waste deterioro de inmuebles por omisión

permit (n) permiso, licencia

permit (v) permitir, autorizar

permit bond fianza de licencia

permutatio permuta

permutation permuta

pernancy percepción

pernor of profits quien recibe las ganancias

pernour tomador

perpars parte de una herencia

perpetrate perpetrar

perpetration perpetración, comisión

perpetrator perpetrador

perpetual perpetuo, vitalicio, continuo

perpetual annuity anualidad perpetua, anualidad vitalicia

perpetual bond bono sin vencimiento, bono a perpetuidad

perpetual contract contrato perpetuo, contrato vitalicio

perpetual easement servidumbre perpetua

perpetual injunction mandamiento judicial perpetuo

perpetual insurance seguro perpetuo

perpetual lease arrendamiento perpetuo, arrendamiento vitalicio

perpetual lien gravamen perpetuo

perpetual servitude servidumbre perpetua

perpetual statute ley perpetua

perpetual succession sucesión vitalicia

perpetual trust fideicomiso perpetuo, fideicomiso vitalicio

perpetuating testimony conservación de un testimonio

perpetuity perpetuidad

perplex dejar perplejo, embrollar

perquisites beneficios adicionales, pequeños beneficios

perquisitio adquisición

persecute perseguir, acosar, atormentar

persistency persistencia

persistent persistente, constante

persistent violator reincidente, criminal habitual

person aggrieved persona agraviada, persona dañada

person charged persona acusada

person in loco parentis quien asume el cargo de padre sin adoptar

person of full age persona mayor de edad

person under disability persona incapaz

persona non grata persona no grata, persona non grata

personable legitimado para actuar ante un tribunal

personal personal, privado

personal accident accidente personal

personal action acción personal

personal articles artículos personales

personal articles insurance seguro sobre artículos personales

personal assets bienes muebles, bienes muebles e intangibles, derechos sobre

bienes muebles
personal automobile policy póliza de automóvil personal
personal belongings propiedad personal
personal benefit beneficio personal
personal bias sesgo personal
personal bond fianza personal
personal catastrophe insurance seguro de catástrofe médico personal
personal chattel bienes muebles
personal check cheque personal
personal contract contrato personal
personal damages daños contra una persona
personal defense defensa personal
personal demand intimación personal de pago
personal disability incapacidad personal
personal earnings ingresos personales
personal effects efectos personales
personal effects floater cobertura de efectos personales sin importar la ubicación
personal effects insurance cobertura de efectos personales sin importar la ubicación
personal estate bienes muebles de una persona
personal floater policy póliza sobre efectos personales
personal history historial personal
personal holding company compañía tenedora controlada por pocas personas
personal identification number número de identificación personal
personal identity identidad personal
personal income ingreso personal
personal injury lesión personal, lesión corporal
personal injury protection cobertura para lesiones personales
personal insurance seguro personal
personal judgment sentencia la cual impone responsabilidad personal, opinión personal
personal jurisdiction jurisdicción sobre la persona
personal knowledge conocimiento personal
personal law ley personal
personal liability responsabilidad personal
personal liability insurance seguro de responsabilidad personal
personal liberties derechos fundamentales
personal liberty libertad personal
personal loan préstamo personal
personal loss pérdida personal
personal matter asunto personal
personal notice notificación personal
personal obligation obligación personal
personal property bienes muebles, bienes muebles e intangibles, derechos sobre bienes muebles
personal property floater cobertura de propiedad personal sin importar la

ubicación
personal property tax impuesto sobre los bienes muebles
personal reasons razones personales
personal representation representación personal
personal representative representante personal
personal residence residencia personal
personal rights derechos personales
personal security garantía personal
personal service notificación personal
personal service contract contrato de servicios personales
personal service corporation corporación de servicios personales
personal services servicios personales
personal servitude servidumbre personal
personal statutes leyes personales, estatutos personales
personal tax impuesto personal, impuesto sobre bienes muebles
personal things efectos personales
personal tort acto perjudicial contra una persona, daño legal contra una persona
personal trust fideicomiso personal
personal warranty garantía personal
personality personalidad
personalty bienes muebles, bienes muebles e intangibles, derechos sobre bienes muebles
personate hacerse pasar por otra persona
personation representación engañosa
personnel personal
personnel administration administración de personal
personnel administrator administrador de personal
personnel audit auditoría de personal
personnel cuts recortes de personal
personnel management administración de personal
personnel manager administrador de personal
personnel psychology psicología del personal
perspective perspectiva
persuade persuadir, urgir
persuasion persuasión
persuasive persuasivo
persuasive arguments argumentos persuasivos
persuasive testimony testimonio persuasivo
persuasive witness testigo persuasivo
pertain pertenecer, concernir
pertinent pertinente
pertinent allegation alegación pertinente
pertinent change cambio pertinente
pertinent circumstance circunstancia pertinente
pertinent defect defecto pertinente
pertinent error error pertinente

pertinent evidence prueba pertinente
pertinent fact hecho pertinente
pertinent misrepresentation representación
    falsa pertinente
pertinent mistake error pertinente
pertinent testimony testimonio pertinente
perturb perturbar
perverse verdict veredicto en que el jurado no
    le presta atención a las instrucciones del
    juez sobre un punto de la ley
petit juror miembro de un jurado ordinario
petit jury jurado ordinario
petit larceny hurto menor
petition petición, demanda, pedido
petition for divorce petición para divorcio
petition for name change petición para
    cambio de nombre
petition for rehearing petición para una
    nueva audiencia
petition for review petición para revisión
petition in bankruptcy petición de quiebra
petition in insolvency petición de quiebra
petitioner peticionante, peticionario,
    demandante, apelante
petitioning creditor acreedor solicitante
petitory action acción petitoria
pettifogger picapleitos
petty menor, trivial
petty average avería menor
petty cash caja chica, caja para gastos
    menores
petty juror miembro de un jurado ordinario
petty jury jurado ordinario
petty larceny hurto menor
petty offender delincuente menor
petty offense delito menor, contravención
petty officers oficiales inferiores
petty thief ratero
phaseout reducción progresiva
philosophy of law filosofía del derecho
photo foto, fotografía
photocopy fotocopia
photograph foto, fotografía
physical físico, corporal
physical abuse abuso físico
physical condition condición física
physical cruelty crueldad física
physical damage insurance seguro de daños
    físicos
physical delivery entrega física
physical depreciation depreciación física
physical disability discapacidad física
physical fact hecho material
physical force fuerza física, violencia física
physical harm daño físico
physical impossibility imposibilidad física
physical incapacity incapacidad física,
    incapacidad de tener relaciones sexuales
physical injury lesión corporal

physical necessity necesidad física
physical possession posesión efectiva
physical shock choque físico
physical suffering sufrimiento físico
physical verification verificación física
physical violence violencia física
physician médico
physician-patient privilege comunicaciones
    entre un médico y su paciente las cuales el
    paciente no tiene que divulgar ni permitir
    que el médico revele tampoco
picaroon pícaro
picket piquete de huelga
picketer miembro de un piquete de huelga
picketing hacer piquete de huelga
pickpocket carterista
picture fotografía, imagen
piece rate tarifa a destajo, salario por parte
piecework trabajo a destajo
pier muelle
pierage derecho de amarre
piercing the corporate veil desestimación de
    la personalidad jurídica
pignorative pignoraticio
pignorative contract contrato pignoraticio
pignus prenda
pilfer hurtar, ratear
pilferage hurto, ratería
pilferer ratero
pillage pillaje, saqueo
pilot piloto, guía
pilotage pilotaje
pimp alcahuete
pioneer patent patente pionera
piracy piratería
piscary derecho de pesca, derecho de pesca
    en aguas ajenas
pistol pistola
placard edicto, anuncio
place (n) lugar, local, puesto
place (v) poner, establecer, dar empleo,
    colocar
place an order poner una orden
place of abode residencia, domicilio
place of business domicilio comercial
place of contract lugar donde se celebra un
    contrato
place of delivery lugar de entrega
place of employment lugar de empleo
place of incorporation lugar donde se ha
    constituido una corporación
place of payment lugar de pago
place of performance lugar de cumplimiento
place of registration lugar de registro
place of residence lugar de residencia
place where lugar en donde
placement colocación
placer depósito mineral superficial, quien
    coloca

placer claim pertenencia de un depósito mineral superficial
placit decreto
plagiarism plagio
plagiarist plagiario
plagiarize plagiar
plagium secuestro
plain simple, sencillo, evidente
plain error rule regla que indica que se debe revocar una sentencia si hubo errores evidentes durante el juicio
plain language lenguaje sencillo
plainly evidentemente
plaint demanda, querella
plaintiff demandante, querellante, accionante, actor
plaintiff in error apelante
plan plan, plano, proyecto
plan administration administración de plan
plan administrator administrador de plan
plan document documento de plan
plan management administración de plan
plan manager administrador de plan
plan participants participantes de plan
plan sponsor patrocinador de plan
plan termination terminación de plan
planned planificado
planned obsolescence obsolescencia planificada
planning planificación
planning board junta de planificación
planning commission comisión de planificación
plant patent patente sobre una planta nueva
plat plano, diseño, parcela
platform plataforma
plausible verosímil, razonable
plea alegato, alegación, defensa
plea bargaining alegación de culpabilidad de delito inferior, convenio entre el acusado y el fiscal para que el acusado admita su culpabilidad a ciertos cargos a cambio de la recomendación del fiscal de que no se dicte la pena máxima
plea in bar excepción perentoria
plea in reconvention reconvención
plea of guilty alegación de culpabilidad
plea of insanity alegación de insania
plea of never indebted defensa alegando que nunca hubo un contrato de préstamo
plea of nolo contendere alegación en la cual no se contesta a la acusación
plea of not guilty alegación de inocencia
plea of pregnancy alegación de embarazo
plead alegar, abogar, defender
plead a cause defender una causa
plead guilty declararse culpable, alegar culpabilidad
plead not guilty declararse no culpable, alegar no culpabilidad

plead over no aprovecharse de un error de procedimiento de la parte contraria
pleader quien alega, abogado
pleading alegato, alegación, defensa
plebiscite plebiscito
pledge prenda, garantía, empeño
pledged account cuenta pignorada
pledged account mortgage hipoteca de cuenta pignorada
pledged asset activo pignorado
pledged securities valores pignorados
pledged shares acciones pignoradas
pledged stock acciones pignoradas
pledgee acreedor prendario
pledgor deudor prendario
plenary pleno, completo, plenario
plenary action juicio ordinario
plenary admission admisión plena
plenary confession confesión plena
plenary jurisdiction jurisdicción plena
plenary powers plenos poderes
plenary session sesión plenaria
plene administravit defensa de parte de un administrador en que se alega que se han administrado todos los bienes
plene computavit ha rendido las cuentas de forma completa
plenipotentiary plenipotenciario
plenum dominium pleno dominio
plevin garantía
plot (n) lote, plano, complot, trama
plot (v) delinear, conspirar
plottage valor adicional que tienen los lotes urbanos al ser parte de una serie contigua
plottage value valor adicional que tienen los lotes urbanos al ser parte de una serie contigua
plunder (n) botín, pillaje
plunder (v) saquear, pillar
plunderage pillaje a bordo de una nave
plural plural
plural marriage bigamia, poligamia
plurality pluralidad
plurilateral plurilateral
plus más
poach cazar furtivamente
poaching caza furtiva
pocket veto veto indirecto presidencial resultando de su inactividad concerniente a un proyecto de ley
poena pena, castigo
poena corporalis castigo físico
poenalis penal
point (n) punto, cuestión
point (v) apuntar
point of intersection punto de intersección
point of law cuestión de derecho
point of origin punto de origen

point of purchase punto de compra
point of sale punto de venta
point reserved cuestión de derecho decidida provisionalmente para estudiarla más a fondo
point system sistema de acumulación de puntos en contra de conductores que violan las leyes de tránsito
poison veneno
poison pill tácticas para que una compañía sea menos atractiva a un adquiridor
poisonous tree doctrine doctrina que indica que si se obtienen pruebas tras un arresto o allanamiento ilegal que estas pruebas podrían ser inadmisibles aunque se hayan obtenido debidamente
polar star rule regla según la cual un documento ambiguo se debe interpretar conforme a la intención de quien lo creó
police policía
police action acción policial
police authorities autoridades policiales
police brutality brutalidad policial
police court tribunal policial
police department departamento de policía
police headquarters jefatura de policía
police justice juez de paz
police officer policía, oficial de policía
police power poder de policía
police questioning interrogatorio policial
police record antecedentes penales
policeman policía
policewoman mujer policía
policing vigilando
policy política, póliza
policy anniversary aniversario de póliza
policy cancellation cancelación de póliza
policy clauses cláusulas de póliza
policy condition condición de póliza
policy date fecha de póliza
policy declaration declaración de póliza
policy dividend dividendo de póliza
policy expiration expiración de póliza
policy expiration date fecha de expiración de póliza
policy face valor nominal de póliza
policy fee cargo por procesar una póliza, cargo adicional de póliza
policy holder tenedor de póliza, asegurado
policy limit límite de póliza
policy loan préstamo garantizado con una póliza de seguros
policy number número de póliza
policy of insurance póliza de seguros
policy of the law la intención de la ley
policy owner tenedor de póliza, asegurado
policy period período de póliza
policy processing fee cargo por procesar una póliza

policy provisions cláusulas de póliza
policy purchase option opción de compra de póliza
policy requirement requisito de póliza
policy reserve reserva de póliza
policy stipulation estipulación de póliza
policy terms términos de póliza
policy year aniversario de la emisión de una póliza, período anual de una póliza
policyholder tenedor de una póliza de seguros, asegurado
political político
political affairs asuntos políticos
political assemblies asambleas políticas
political bias parcialidad política
political corporation ente público
political corruption corrupción política
political crime crimen político
political division división política
political influence influencia política
political law derecho político, ciencias políticas
political liberty libertad política
political offenses delitos políticos, crímenes políticos
political office cargo político
political party partido político
political questions cuestiones políticas
political rights derechos políticos
political risk riesgo político
political science ciencia política
political subdivision subdivisión política
political system sistema político
politician político
politics política
polity gobierno establecido, constitución política, estado
poll (n) cabeza, votación, encuesta, listado electoral
poll (v) cuestionar uno a uno los integrantes de un jurado para confirmar su veredicto, escudriñar
poll tax impuesto de capitación
polling sondeo
polling the jury cuestionar uno a uno los integrantes de un jurado para confirmar su veredicto
pollute contaminar, corromper
pollution contaminación
polyandry poliandria
polygamous polígamo
polygamy poligamia
polygraph aparato para detectar mentiras, máquina para copiar documentos, polígrafo
polypoly polipolio
pond charca, estanque, laguna
pool consorcio, combinación, piscina
pooling combinar fondos, agrupar
pooling of interests agrupamiento de intereses

poor pobre
poor man's oath juramento de pobreza
popular popular
popular actions acciones populares
popular assemblies asambleas populares
popular government gobierno popular
popular sense sentido popular
popular use uso público
population población
pornographic pornográfico
pornographic material material pornográfico
pornography pornografía
port puerto
port authority autoridad portuaria
port charges derechos portuarios
port dues derechos portuarios
port duties derechos portuarios
port of call puerto de escala
port of delivery puerto de entrega, puerto
    final
port of departure puerto de partida
port of destination puerto de destino
port of discharge puerto de descarga
port of entry puerto de entrada
port of exit puerto de salida
port of registry puerto de matriculación
port of transit puerto de tránsito
port-reeve funcionario portuario
port-risk riesgo portuario
port-to-port puerto a puerto
port toll derecho portuario
port-warden funcionario portuario
portable mortgage hipoteca transferible a otra
    propiedad
portable pension pensión transferible a otro
    patrono
portal-to-portal pay pago de todos los gastos
    de viaje
portfolio cartera de valores
portfolio administration administración de
    cartera de valores
portfolio administrator administrador de
    cartera de valores
portfolio insurance seguro de cartera de
    valores
portfolio management administración de
    cartera de valores
portfolio manager administrador de cartera
    de valores
portfolio reinsurance reaseguro de cartera de
    pólizas
portion porción
position posición, colocación, punto de vista
positive positivo, absoluto
positive authorization autorización positiva
positive condition condición positiva
positive confirmation confirmación positiva
positive evidence prueba directa
positive fraud fraude real

positive identification identificación positiva
positive law ley positiva
positive misprision mala administración en un
    cargo público, delito
positive proof prueba directa, prueba positiva
positive reprisals represalias positivas
positive servitude servidumbre positiva
positive testimony testimonio directo
positive wrong acto ilícito intencional
positivism positivismo
posse posibilidad, personas actuando bajo el
    comando de un funcionario policial para
    efectuar un arresto
posse comitatus el conjunto de las personas
    de una sociedad las cuales pueden ser
    requeridas a ayudar a los funcionarios
    policiales para efectuar arrestos
possess poseer, posesionar
possessio posesión
possessio bona fide posesión en buena fe
possessio mala fide posesión en mala fe
possession, right of derecho de posesión
possession posesión
possessor poseedor
possessor bona fide poseedor de buena fe
possessor mala fide poseedor de mala fe
possessory posesorio
possessory action acción posesoria
possessory claim reclamo posesorio
possessory interest derecho de posesión
possessory judgment sentencia que establece
    un derecho de posesión
possessory lien privilegio de retención
possessory warrant orden judicial de
    reposesión
possibility posibilidad
possibility coupled with an interest derecho
    en expectativa
possibility of reverter posibilidad de
    reversión
possibility on a possibility posibilidad remota
possible posible, permisible
possible condition condición posible
post (n) puesto, cargo, puesto militar
post (v) anunciar, situar, asentar
post-act acto posterior
post bail prestar fianza
post-date posfechar
post-dated posfechado
post-dated check cheque posfechado
post diem después del día
post facto después del hecho
post hoc después de esto
post-mortem después de la muerte
post-mortem examination autopsia
post-nuptial postnupcial
post-nuptial agreement convenio postnupcial
post-nuptial settlement convenio postnupcial
post-obit bond garantía a pagarse tras la

muerte de un tercero

post office oficina postal

post-terminal sittings sesiones una vez terminado el término regular

post terminum después del término

postage franqueo

postal postal

postal order giro postal

postal service servicio postal

postaudit postauditoría

posted waters aguas con avisos del dueño de que no se pueden usar por nadie más

posteriority posterioridad

posterity posteridad

postfactum un hecho posterior

posthumous póstumo

posthumous child hijo póstumo

posthumous work obra póstuma

posting asiento, entrada, anuncio

posting date fecha de asiento, fecha de entrada

postliminium postliminio

postman cartero

postmark matasellos

postmaster jefe de correos

postpone posponer, aplazar, diferir

postpone a case posponer un caso

postpone payment aplazar un pago

postponed aplazado, diferido

postponed annuity contract contrato de anualidad aplazada

postponed benefits beneficios aplazados

postponed billing facturación aplazada

postponed compensation compensación aplazada

postponed compensation plan plan de compensación aplazada

postponed contribution plan plan de contribuciones aplazadas

postponed delivery entrega aplazada

postponed group annuity anualidad grupal aplazada

postponed income ingreso aplazado

postponed income tax contribución sobre ingresos aplazada

postponed liability responsabilidad aplazada

postponed maintenance mantenimiento aplazado

postponed-payment annuity anualidad de pagos aplazados

postponed-payment sale venta de pagos aplazados

postponed payments pagos aplazados

postponed premium prima aplazada

postponed remuneration remuneración aplazada

postponed taxes impuestos aplazados

postponement aplazamiento, diferimiento

postponement of limitations aplazamiento de las limitaciones, interrupción en el término de prescripción

postponement of trial aplazamiento de un juicio

postscript postdata

potable potable

potentate potentado

potentia poder, habilidad, posibilidad

potential potencial

potestas poder

pound (n) corral municipal, prisión, libra

pound (v) aporrear, golpear

pound breach el romper un corral o depósito para llevarse el contenido

pour autrui para otros

pourparty repartición

poverty pobreza, carencia

poverty affidavit declaración jurada de pobreza

power poder, capacidad, facultad

power coupled with an interest poder combinado con un interés de parte del apoderado

power of alienation poder de disposición

power of appointment facultad de nombramiento

power of attorney poder

power of disposition facultad de disposición

power of revocation facultad de revocación

power of sale poder de venta

practicable factible

practical práctico

practical impossibility imposibilidad práctica

practice práctica, ejercicio de una profesión, costumbre

practice acts leyes procesales

practice law ejercer la abogacía

practice of law ejercicio de la abogacía

practice of medicine ejercicio de la medicina

practices prácticas

practitioner profesional

praecipe orden, orden judicial

praedial servitude servidumbre predial

praedictus antedicho

praefatus antedicho

praesumptio presunción

praesumptio fortior fuerte presunción, presunción de mayor peso

praxis práctica

prayer solicitud

prayer for relief petitorio

pre-appointed evidence prueba preestablecida por ley

pre-approved preaprobado

pre-approved card tarjeta preaprobada

pre-approved loan préstamo preaprobado

pre-approved mortgage hipoteca preaprobada

pre-audience el derecho de ser escuchado antes que otro

pre-audit preauditoría
pre-authorized preautorizado
pre-authorized charge cargo preautorizado
pre-authorized check cheque preautorizado
pre-authorized electronic transfer
transferencia electrónica preautorizada
pre-authorized payment pago preautorizado
pre-authorized trade transacción
preautorizada
pre-authorized transaction transacción
preautorizada
pre-authorized transfer transferencia
preautorizada
pre-condition precondición
pre-contract precontrato
pre-contractual precontractual
pre-existing preexistente
pre-existing condition condición preexistente
pre-existing debt deuda preexistente
pre-marital premarital
pre-marital agreement convenio premarital,
capitulaciones matrimoniales
pre-natal injuries lesiones prenatales
pre-notification prenotificación
pre-nuptial agreement convenio premarital,
capitulaciones matrimoniales
pre-paid prepagado, pagado por adelantado
pre-paid expenses gastos prepagados
pre-paid group insurance seguro grupal
prepagado
pre-paid insurance seguro prepagado
pre-paid legal services servicios legales
prepagados
pre-paid rent renta prepagada
pre-paid taxes impuestos prepagados
pre-pay prepagar, pagar por adelantado
pre-payment clause cláusula de prepago
pre-payment of insurance prepago de seguro
pre-payment of premiums prepago de primas
pre-payment of taxes prepago de impuestos
pre-payment penalty penalidad por prepago
pre-payment privilege privilegio de prepago
pre-payments prepagos, pagos por adelantado
pre-refunding prerrefinanciación
pre-screening precribado
pre-tax preimpuestos, antes de impuestos
pre-tax earnings ingresos antes de impuestos
pre-tax income ingresos antes de impuestos
pre-tax profits ganancias antes de impuestos
pre-trial conference conferencia antes de
iniciar el juicio
pre-trial discovery procedimientos para
obtener información o pruebas antes de un
juicio
pre-trial diversion sistema en el cual un
acusado sirve un período en probatoria y al
cumplirse dicho período de forma
satisfactoria se podría abandonar la
acusación

pre-trial intervention programa mediante el
cual se permite que ciertos acusados se
rehabiliten en vez de tener que ir a juicio
preamble preámbulo
preappointed evidence prueba preestablecida
por ley
preapproved preaprobado
preapproved card tarjeta preaprobada
preapproved loan préstamo preaprobado
preapproved mortgage hipoteca preaprobada
prearrange arreglar de antemano
preaudience el derecho de ser escuchado
antes que otro
preaudit preauditoría
preauthorized preautorizado
preauthorized charge cargo preautorizado
preauthorized check cheque preautorizado
preauthorized electronic transfer
transferencia electrónica preautorizada
preauthorized payment pago preautorizado
preauthorized trade transacción
preautorizada
preauthorized transaction transacción
preautorizada
preauthorized transfer transferencia
preautorizada
precarious precario
precarious loan préstamo precario, préstamo
de pago dudoso, préstamo sin vencimiento
fijo
precarious possession posesión precaria
precarious right derecho de uso precario
precarious trade comercio precario
precatory trust fideicomiso implícito
precatory words palabras de solicitud
precaution precaución, prudencia
precautionary measures medidas preventivas
precedence precedencia, prioridad, antelación
precedent precedente, antecedente,
jurisprudencia
precept precepto, orden, orden judicial
precinct recinto
precipitation precipitación
preclude prevenir, impedir, evitar
preclusion preclusión, prevención, exclusión
preconceived malice premeditación
precondition precondición
precontract precontrato
precontractual precontractual
predatory pricing precios bajo el costo para
eliminar competidores
predecease morir antes que otra persona
predecessor predecesor
predestined predestinado
predestined interpretation interpretación
predestinada
predetermined predeterminado
predial predial
predial servitude servidumbre predial

predispose predisponer
predisposition predisposición
predominant predominante
preemption prioridad
preemption right derecho de prioridad
preexisting preexistente
preexisting condition condición preexistente
preexisting debt deuda preexistente
prefer dar prioridad, entablar una acción
    judicial
preference preferencia, prioridad
preference tax item artículo de preferencia
    impositiva
preferential preferencial
preferential assignment cesión preferencial,
    cesión con prioridades
preferential creditor acreedor preferencial,
    acreedor privilegiado
preferential debts deudas preferenciales,
    deudas privilegiadas
preferential payment pago preferencial
preferential right derecho preferencial,
    derecho preferente
preferential tariff tarifa preferencial
preferential treatment trato preferencial
preferential voting votación preferencial
preferred preferido, privilegiado
preferred beneficiary beneficiario preferido
preferred creditor acreedor privilegiado,
    acreedor preferente
preferred debt deuda preferida
preferred dockets lista de causas con
    preferencia
preferred provider organization
    organización de proveedores preferidos
preferred risk riesgo preferido
preferred shares acciones preferidas,
    acciones preferenciales
preferred stock acciones preferidas, acciones
    preferenciales
prefinancing prefinanciamiento
pregnancy embarazo
pregnant embarazada
pregnant affirmative afirmación que a su vez
    implica una negación favorable al
    adversario
pregnant negative negación la cual además
    implica una afirmación
prejudge prejuzgar
prejudice prejuicio, parcialidad
prejudicial error error perjudicial
prelease prearrendamiento, arrendamiento
    antes de la construcción
preliminary preliminar
preliminary act acto preliminar
preliminary agreement convenio preliminar,
    contrato preliminar
preliminary charges cargos preliminares
preliminary commitment compromiso

preliminar
preliminary contract contrato preliminar
preliminary evidence prueba preliminar
preliminary examination examen preliminar
    de una causa
preliminary expenses gastos preliminares
preliminary hearing vista preliminar
preliminary injunction mandamiento judicial
    preliminar, requerimiento provisional
preliminary negotiations negociaciones
    preliminares
preliminary notice notificación preliminar
preliminary official statement declaración
    oficial preliminar
preliminary period período preliminar
preliminary proof prueba preliminar
preliminary prospectus prospecto preliminar
preliminary restraining order inhibitoria
    preliminar
preliminary statement declaración preliminar
preliminary step paso preliminar
preliminary title report informe de título
    preliminar
preliminary warrant orden de arresto
    preliminar
premarital premarital
premarital agreement convenio premarital,
    capitulaciones matrimoniales
premature prematuro
premature birth nacimiento prematuro
premeditate premeditar
premeditated premeditado
premeditated act acto premeditado
premeditated design intención premeditada
premeditated malice malicia premeditada
premeditated murder asesinato premeditado
premeditation premeditación
premise premisa, observaciones preliminares
premises premisas, instalaciones, local,
    establecimiento
premises liability responsabilidad de local
premium prima, premio
premium adjustment ajuste de prima
premium adjustment endorsement provisión
    de ajuste de prima
premium adjustment form formulario de
    ajuste de prima
premium advance adelanto de prima
premium base base de prima
premium basis base de prima
premium default incumplimiento de pago de
    prima
premium deposit depósito de prima
premium discount descuento de prima
premium discount plan plan de descuentos de
    prima
premium loan préstamo sobre póliza
premium mode frecuencia de pagos de
    primas

premium notice aviso de fecha de pago de prima
premium pay paga adicional por horas o condiciones desfavorables
premium rate tasa de prima
premium recapture recaptura de prima
premium receipt recibo de pago de prima
premium refund reembolso de prima
premium return devolución de prima
premium tax impuesto sobre las primas obtenidas por un asegurador
prenatal injuries lesiones prenatales
prender tomar
prenomen primer nombre
prenotification prenotificación
prenuptial agreement convenio premarital, capitulaciones matrimoniales
prepaid prepagado, pagado por adelantado
prepaid expenses gastos prepagados
prepaid group insurance seguro grupal prepagado
prepaid insurance seguro prepagado
prepaid legal services servicios legales prepagados
prepaid rent renta prepagada
prepaid taxes impuestos prepagados
preparation preparación
prepare preparar
prepay prepagar, pagar por adelantado
prepayment clause cláusula de prepago
prepayment of insurance prepago de seguro
prepayment of premiums prepago de primas
prepayment of taxes prepago de impuestos
prepayment penalty penalidad por prepago
prepayment privilege privilegio de prepago
prepayments prepagos, pagos por adelantado
prepense premeditado
preponderance of evidence preponderancia de la prueba
prerefunding prerrefinanciación
prerequisite requisito previo
prerogative prerrogativa
presale venta de inmuebles antes de construirse las edificaciones
prescreening precribado
prescribable prescriptible
prescribe prescribir, ordenar, dictar, recetar
prescription prescripción, receta
prescriptive easement servidumbre adquirida mediante la prescripción
prescriptive period período de prescripción
preselection of insured preselección de asegurados
presell prevender
presence presencia
presence of an officer en presencia de un oficial de la ley
presence of the court en presencia del tribunal

presence of the testator en presencia del testador
present (adj) presente, actual
present (n) regalo, donación
present ability suficientemente cerca como para poder lesionar
present an offer presentar una oferta
present consideration contraprestación corriente
present conveyance cesión con efecto inmediato
present enjoyment posesión y uso presente
present evidence presentar evidencia
present facts presentar hechos
present for collection presentar al cobro
present formally presentar formalmente
present heirs los herederos de una persona el día de su fallecimiento
present information presentar información
present interest interés con efecto inmediato
present liability responsabilidad corriente
present obligation obligación corriente
present price precio corriente
present responsibility responsabilidad corriente
present situation situación corriente
present value valor actual
present value of annuity valor actual de anualidad
presentation presentación
presentation of documents presentación de documentos
presentation of evidence presentación de evidencia
presentation of testimony presentación de testimonio
presentence investigation investigación de los antecedentes de un convicto antes de dictar la sentencia
presenter quien presenta
presently presentemente, dentro de poco
presentment presentación
presents la presente
preservation preservación, conservación
preset preestablecido
preset conditions condiciones preestablecidas
preset terms términos preestablecidas
preside presidir
president presidente
presidential presidencial
presidential election elección presidencial
presidential electors electores presidenciales
presidential powers poderes presidenciales
press prensa
press charges acusar formalmente
press conference conferencia de prensa, rueda de prensa
presumably presumiblemente
presume presumir, imaginarse

presume innocence presumir inocencia
presumed agency agencia presunta
presumed innocence inocencia presunta
presumed intent intención presunta
presumption presunción, conjetura
presumption of access presunción de acceso carnal
presumption of authority presunción de autoridad
presumption of death presunción de fallecimiento
presumption of delivery presunción de entrega
presumption of fact presunción de hecho
presumption of guilt presunción de culpa
presumption of innocence presunción de inocencia
presumption of intention presunción de intención
presumption of knowledge presunción de conocimiento
presumption of legitimacy presunción de legitimidad
presumption of marriage presunción de matrimonio
presumption of paternity presunción de paternidad
presumption of payment presunción de pago
presumption of sanity presunción de cordura
presumption of survivorship presunción de supervivencia
presumptions of law presunciones de derecho
presumptive presunto
presumptive damages daños y perjuicios presuntos
presumptive death muerte presunta
presumptive disability discapacidad presunta
presumptive evidence prueba presunta
presumptive heir heredero presunto
presumptive notice notificación presunta
presumptive ownership propiedad presunta
presumptive possession posesión presunta
presumptive proof prueba presunta
presumptive title título presunto
presumptive trust fideicomiso presunto
pretax preimpuestos, antes de impuestos
pretax earnings ingresos antes de impuestos
pretax income ingresos antes de impuestos
pretax profits ganancias antes de impuestos
prete-nom prestanombre
pretend fingir, aparentar, afirmar
pretended supuesto, presunto
pretense pretensión, simulación
preter legal ilegal
pretermission preterición
pretermit omitir, preterir
pretermitted defense defensa caducada
pretermitted heir heredero omitido
pretext pretexto

pretium affectionis valor afectivo
pretium periculi valor de riesgo
pretrial conference conferencia antes de iniciar el juicio
pretrial discovery procedimientos para obtener información o pruebas antes de un juicio
pretrial diversion sistema en el cual un acusado sirve un período en probatoria y al cumplirse dicho período de forma satisfactoria se podría abandonar la acusación
pretrial intervention programa mediante el cual se permite que ciertos acusados se rehabiliten en vez de tener que ir a juicio
prevail prevalecer, estar en vigor
prevailing prevaleciente, corriente, vigente
prevailing conditions condiciones prevalecientes
prevailing party parte vencedora
prevailing salary salario prevaleciente
prevailing terms términos prevalecientes
prevailing wages salarios prevalecientes
prevarication prevaricato, prevaricación
prevent prevenir, impedir, evitar
preventative preventivo
prevention prevención, impedimento
preventive preventivo
preventive detention detención preventiva
preventive injunction orden judicial preventiva, interdicto preventivo
preventive justice justicia preventiva
preventive maintenance mantenimiento preventivo
preventive measure medida preventiva, medida cautelar
previous previo
previous adjudication adjudicación previa
previous buyer comprador previo
previous conditions condiciones previas
previous convictions condenas previas
previous deposit depósito previo
previous disability discapacidad previa
previous employer patrono previo
previous employment empleo previo
previous endorsement endoso anterior
previous endorser endosante previo
previous inconsistent statements declaraciones previas de un testigo inconsistentes con sus declaraciones presentes
previous indorsement endoso anterior
previous indorser endosante previo
previous injury lesión previa
previous job empleo previo
previous marriage matrimonio previo
previous obligation obligación previa
previous order orden previa
previous period período previo

previous terms términos previos
previous testimony testimonio anterior
previous use uso previo
price precio, valor
price adjustment ajuste de precio
price agreement acuerdo sobre precios
price cartel cartel de precios
price change cambio de precio
price component componente de precio
price control control de precios
price discrimination discriminación de precios
price-fixing fijación de precios
price-fixing agreement acuerdo de fijación de precios
price freeze congelación de precios
price guarantee garantía de precio
price guaranty garantía de precio
price increase aumento de precio
price index índice de precios
price leadership liderazgo de precios
price limit límite de precio
price maintenance mantenimiento de precios
price policy política de precios
price regulation regulación de precios
price review revisión de precios
price rigidity rigidez de precios
price stability estabilidad de precios
price stabilization estabilización de precios
price structure estructura de precios
price support program programa de apoyo de precios
price supports apoyo de precios, mantenimiento de precios mínimos
prima facie a primera vista, presumiblemente, prima facie
prima facie case causa la cual prevalecerá a menos que se pruebe lo contrario, elementos suficientes para fundar una acción
prima facie evidence prueba adecuada a primera vista, prueba suficiente a menos que se demuestre lo contrario
primary primario, fundamental, principal
primary account cuenta principal
primary action acción principal
primary activity actividad principal
primary allegation alegación inicial
primary beneficiary beneficiario principal
primary boycott boicot principal
primary broker corredor principal
primary business negocio principal
primary channel canal principal
primary contract contrato original, contrato principal
primary contractor contratista principal
primary conveyances cesiones originarias
primary creditor acreedor principal
primary defendant demandado principal

primary election elección primaria
primary evidence prueba directa
primary fact hecho principal
primary insurance seguro primario
primary insurance amount cantidad de seguro primario
primary insurer asegurador primario
primary jurisdiction jurisdicción primaria
primary lease arrendamiento primario
primary liability responsabilidad directa
primary obligation obligación principal
primary offering ofrecimiento primario
primary place of business oficina central, sede
primary powers poderes principales
primary purpose propósito principal
primary reserves reservas primarias
primary residence residencia principal
primary rights derechos primarios
primary underwriter colocador de emisión principal
prime primario, de primera calidad, principal
prime contractor contratista principal
prime cost precio real en una compra de buena fe
prime minister primer ministro
prime rate tasa de interés preferencial
primogeniture primogenitura
principal (adj) principal, esencial
principal (n) principal, mandante, causante, poderdante, capital
principal account cuenta principal
principal action acción principal
principal activity actividad principal
principal beneficiary beneficiario principal
principal broker corredor principal
principal business negocio principal
principal contract contrato principal
principal contractor contratista principal
principal covenant estipulación principal
principal creditor acreedor principal
principal debtor deudor principal
principal defendant demandado principal
principal fact hecho principal
principal in the first degree autor principal de un crimen
principal in the second degree cómplice
principal obligation obligación principal
principal office sede
principal officer representante principal
principal place of business sede
principal powers poderes principales
principal purpose propósito principal
principal reserves reservas primarias
principal residence residencia principal
principal shareholder accionista principal
principal stockholder accionista principal
principal underwriter colocador de emisión principal

principle principio
prior previo, anterior
prior acts coverage cobertura por actos
    previos
prior adjudication sentencia anterior
prior approval aprobación previa
prior art conocimientos y patentes previos
    concernientes al invento en cuestión, arte
    anterior
prior condition condición previa
prior conviction condena previa
prior creditor acreedor privilegiado
prior deposit depósito previo
prior disability discapacidad previa
prior employer patrono previo
prior employment empleo previo
prior endorser endosante previo
prior inconsistent statements declaraciones
    previas de un testigo inconsistentes con sus
    declaraciones presentes
prior indorser endosante previo
prior injury lesión previa
prior job empleo previo
prior lien privilegio superior, gravamen
    superior
prior mortgage hipoteca superior, hipoteca
    precedente
prior obligation obligación previa
prior order orden previa
prior period período previo
prior petens primer solicitante
prior terms términos previos
prior testimony testimonio anterior
prior use uso previo
priority prioridad, precedencia
priority of liens prioridad de privilegios,
    prioridad de gravámenes
prison prisión
prison breach fuga de una prisión mediante el
    uso de la violencia
prison breaking fuga de una prisión mediante
    el uso de la violencia
prison rule regla de prisión
prison sentence condena, condena de prisión
prison term término de prisión, plazo de
    encarcelamiento
prisoner prisionero
prisoner at the bar el acusado ante el tribunal
privacy, right of derecho a la privacidad
privacy privacidad
privacy laws leyes sobre la privacidad
private privado, personal, secreto
private account cuenta privada
private accountant contable privado
private accounting contabilidad privada
private act ley aplicable a determinadas
    personas o grupos
private activity actividad privada
private affairs asuntos privados

private agent agente privado
private assistance asistencia privada
private auction subasta privada
private auditor auditor privado
private authority autoridad privada
private bank banco sin incorporar
private banking banca privada
private bill proyecto de ley concerniente a
    determinadas personas o grupos
private boundary límite artificial
private business empresa privada
private capacity carácter privado
private capital capital privado
private carrier transportador privado
private cemetery cementerio privado
private company compañía privada
private conduit conducto privado
private contract contrato privado
private corporation corporación privada,
    persona jurídica privada
private credit crédito privado
private debt deuda privada
private deposits depósitos privados
private detective detective privado
private documents documentos privados
private domain dominio privado
private dwelling vivienda privada
private easement servidumbre privada,
    servidumbre particular
private enterprise empresa privada
private ferry transbordador privado
private gain ganancia privada
private injuries daños a los derechos privados
private institution institución privada
private insurance seguro privado
private interest interés privado
private international law derecho
    internacional privado
private investigator investigador privado
private investment inversión privada
private issue emisión privada
private land grant concesión de tierras
    públicas a un individuo
private lands tierras privadas
private law derecho privado
private lender prestador privado
private liability responsabilidad privada
private limited partnership sociedad en
    comandita privada
private meeting reunión privada
private nuisance estorbo privado, estorbo que
    interfiere con el uso y goce de un
    inmueble, estorbo que perjudica a un
    número limitado de personas
private offering ofrecimiento privado
private pension plan plan de pensiones
    privado
private person persona privada
private place lugar privado

private placement la entrega de hijos para adopción sin el uso de organizaciones intermediarias, colocación privada

private pond laguna privada

private property propiedad privada

private prosecutor acusador privado, acusador particular

private purpose propósito privado

private record registro privado

private rights derechos privados, derechos particulares

private road camino privado

private sale venta privada

private seal sello privado

private secretary secretario privado

private sector sector privado

private session sesión privada

private statute ley aplicable a determinadas personas o grupos, ley particular

private stream arroyo privado

private trust fideicomiso privado

private use uso privado

private waters aguas privadas

private way derecho de paso

private wharf muelle privado

private wrong violación de derechos privados

privation privación

privatization privatización

privies partes con interés común, partes con relación entre si, partes del mismo contrato

privigna alnada

privignus alnado

privilege privilegio, inmunidad, exención

privilege against self-incrimination derecho a no incriminarse

privilege from arrest inmunidad de arresto

privilege of jurisdiction inmunidad de jurisdicción

privilege of parliament inmunidad parlamentaria

privilege tax impuesto sobre negocios requiriendo licencias o franquicias

privileged privilegiado, inmune, exento

privileged communications comunicaciones privilegiadas, comunicaciones protegidas por ley

privileged creditor acreedor privilegiado

privileged debts deudas privilegiadas

privileged from arrest quien tiene inmunidad de arresto

privileged information información privilegiada

privileged vessel nave privilegiada

privileges and immunities clause cláusula constitucional concerniente a los privilegios e inmunidades

privity relación jurídica, relación contractual

privity of blood relación de consanguinidad

privity of contract relación contractual

privity of estate relación jurídica concerniente a un inmueble

privy persona con interés común, parte interesada, copartícipe

privy verdict veredicto privado

prize premio, presa

prize courts tribunales de presas

prize law derecho de presas

prize money dinero de presas

prize of war presa de guerra

pro por, a favor de, de parte de, pro

pro and con a favor y en contra

pro bono por el bien, para el bienestar, servicios gratuitos, pro bono

pro bono et malo para bien y para mal

pro bono publico por el bien público, para el bienestar público

pro confesso como confesado

pro forma de mera formalidad, pro forma

pro hac vice para esta ocasión, por esta vez

pro illa vice para esa ocasión

pro interesse suo en la medida de su interés

pro majori cautela para mayor precaución

pro querente por el demandante

pro rata proporcionalmente, prorrata

pro rata cancellation cancelación prorrateada

pro rata distribution distribución prorrateada

pro rata reinsurance reaseguro prorrateado

pro rate prorratear

pro se por uno mismo, pro se

pro socio por un socio

pro tempore provisoriamente, interino, por el momento, pro tempore

proamita la hermana de un abuelo

proamita magna la hermana de un bisabuelo

proavia bisabuela

proavunculus el hermano de una bisabuela, el hermano de un bisabuelo

proavus bisabuelo

probability probabilidad

probable probable

probable cause causa probable

probable cause hearing vista de causa probable, vista para determinar si se justifica continuar una acción penal

probable consequence consecuencia probable

probable evidence prueba presunta

probably probablemente

probate homologación de testamento, validación de testamento, acta probativa de un testamento

probate bond fianza requerida como parte de los procedimientos de sucesiones y tutelas, fianza testamentaria

probate code código de sucesiones y tutelas

probate court tribunal de sucesiones y tutelas, tribunal sucesorio, tribunal testamentario

probate duty impuesto de sucesión

probate homestead inmueble reservado por el

tribunal el cual servirá de hogar al cónyuge sobreviviente y a sus hijos menores

probate jurisdiction jurisdicción en asuntos de sucesiones y tutelas, jurisdicción en asuntos testamentarios, jurisdicción en asuntos sucesorios

probate proceeding juicio concerniente a una sucesión, juicio concerniente a una tutela, juicio testamentario

probatio prueba

probatio mortua prueba muerta

probatio plena prueba plena

probatio viva prueba viva

probation libertad condicional, período de prueba, prueba

probation officer funcionario el cual supervisa a quienes están bajo libertad condicional

probationary probatorio

probationary employee empleado probatorio

probationary period período probatorio

probationer reo bajo libertad condicional

probative probatorio

probative facts hechos probatorios

probative value valor probatorio

probe investigación, interrogatorio

problem bank banco con alta proporción de préstamos de algún modo en incumplimiento

problematic problemático, incierto

procedendo auto del tribunal superior con devolución del caso, auto ordenando la continuación de actuaciones

procedural procesal

procedural audit auditoría de procedimientos

procedural law derecho procesal

procedure procedimiento, enjuiciamiento

proceed proceder

proceeding procedimiento, proceso

proceeds productos, resultados, beneficios

process proceso, procedimiento

process of law la ley a través de su procedimiento establecido

process patent patente de procedimiento

process server funcionario autorizado a hacer notificaciones de actos procesales, notificador

processing of a loan tramitación de un préstamo

processing of an application tramitación de una solicitud

prochein ami funcionario del tribunal quien defiende los intereses de un incapaz sin ser su tutor

proclaim proclamar, promulgar

proclamation proclamación, promulgación

procreation procreación

proctor procurador, abogado, apoderado

procuracy procuraduría

procuration procuración, poder, apoderamiento

procurator procurador, apoderado

procurator negotiorum apoderado

procure procurar, instigar, causar, persuadir

procurement adquisición, instigación

procurement contract contrato mediante el cual un gobierno obtiene bienes o servicios

procurer alcahuete, procurador

procuring breach of contract instigar al incumplimiento de contrato

procuring cause causa próxima

prodigal pródigo

prodition traición

proditor traidor

produce (n) producto, productos agrícolas

produce (v) producir, exhibir, originar

produce a document exhibir un documento

produce evidence producir pruebas

producer productor

producer cooperative cooperativa de productores

product producto, resultado

product administration administración de producto

product administrator administrador de producto

product defect defecto de producto

product failure exclusion exclusión por falla de producto

product liability responsabilidad por los productos vendidos en el mercado

product liability insurance seguro de responsabilidad por los productos vendidos en el mercado

product management administración de producto

product manager gerente de producto

product market mercado de producto

production producción

production manager administrador de producción

production of documents exhibición de documentos, producción de documentos

production worker trabajador de producción

productive productivo

productive activity actividad productiva

productiveness productividad

productivity productividad

profess profesar, reconocer, declarar, confesar

professio juris el reconocimiento por las partes de un contrato del derecho de designar la ley la cual regirá sobre dicho contrato

profession profesión, declaración

professional profesional

professional adviser asesor profesional

professional association asociación

profesional, colegio profesional

professional capacity capacidad profesional

professional corporation corporación la cual consiste en personas licenciadas quienes ofrecen servicios profesionales, asociación de profesionales

professional ethics ética profesional

professional expert perito profesional

professional judgment parecer profesional

professional liability responsabilidad profesional

professional liability insurance seguro de responsabilidad profesional

professional negligence negligencia profesional

professional opinion opinión profesional

professional practice práctica profesional

professional responsibility responsabilidad profesional

professional secret secreto profesional

professional services servicios profesionales

proffer ofrecer

proffer evidence ofrecer prueba

proficiency pericia, habilidad

profit ganancia, beneficio

profit a prendre derecho de tomar de las tierras

profit a rendre ganancias devengadas del trabajo de otro en las tierras

profit and loss ganancias y pérdidas

profit and loss statement estado de ganancias y pérdidas

profit corporation corporación con fines de lucro, persona jurídica con fines de lucro

profit margin margen de ganancia, margen de beneficio

profit objective objetivo de ganancia

profit sharing participación en las ganancias

profit-sharing plan plan mediante el cual los empleados participan en las ganancias

profit tax impuesto sobre ganancias

profitability rentabilidad

profitable provechoso, lucrativo

profiteer logrero

profiteering logrería, estraperlo

progeny prole

program administrator administrador de programa

program trade transacción programada

programmed programado

programmed decisions decisiones programadas

programmed trade transacción programada

progressive progresivo

progressive income tax impuesto sobre ingresos progresivo

progressive tax impuesto progresivo

progressive taxation imposición progresiva

prohibit prohibir, impedir

prohibited prohibido

prohibited degrees grados de consanguinidad dentro de los cuales los matrimonios están prohibidos

prohibited risk riesgo prohibido

prohibition prohibición

prohibition writ proceso mediante la cual un tribunal superior impide que uno inferior se exceda de su jurisdicción

prohibitive prohibitivo

prohibitive impediment impedimento prohibitivo

prohibitive tariff tarifa prohibitiva

prohibitory injunction mandamiento judicial prohibiendo cierta conducta

project proyecto, plan

project administrator administrador de proyecto

project supervision supervisión de proyecto

projected proyectado

projected benefit obligation obligación de beneficios proyectados

projected benefits beneficios proyectados

projected financial statement estado financiero proyectado

projection proyección

proles prole

prolicide matar la prole

prolixity verbosidad

prolongation prolongación

promatertera la hermana de una abuela

promatertera magna la hermana de una bisabuela

promise promesa, compromiso

promise of marriage promesa de matrimonio

promise to pay promesa de pagar

promise to pay the debt of another promesa de pagar la deuda de un tercero

promisee a quien se promete, tenedor de una promesa

promiser prometedor

promisor prometedor

promissory promisorio

promissory estoppel impedimento promisorio, impedimento por promesa propia

promissory note pagaré, nota promisoria

promissory representation representación promisoria

promissory warranty garantía promisoria

promote promover

promoter promotor

promotion promoción, ascenso

promotion from within promoción dentro de la misma organización

prompt pronto, inmediato

prompt delivery entrega inmediata

prompt payment pronto pago

prompt shipment despacho rápido

promptly rápidamente

promulgate promulgar
promulgation promulgación
pronepos un bisnieto
proneptis una bisnieta
pronounce dictar, pronunciar, promulgar
pronounce judgment dictar sentencia
pronunciation sentencia
proof prueba, comprobación
proof beyond a reasonable doubt prueba más allá de duda razonable
proof of authority prueba de autoridad
proof of claim prueba de reclamación, prueba de un crédito, comprobante de crédito
proof of death prueba de muerte
proof of debt prueba de deuda, comprobante de deuda
proof of deposit prueba de depósito
proof of disability prueba de discapacidad
proof of guilt prueba de culpabilidad
proof of identity prueba de identidad
proof of indebtedness prueba de deuda
proof of injuries prueba de lesiones
proof of innocence prueba de inocencia
proof of interest prueba de interés asegurable
proof of loss prueba del siniestro, prueba de pérdida
proof of payment prueba de pago
proof of service prueba de la notificación judicial
proof of will validación de un testamento
propagate propagar
propatruus el hermano de un bisabuelo
proper apropiado, debido, adecuado, justo
proper care precaución adecuada, prudencia razonable
proper evidence prueba admisible
proper independent advice asesoramiento imparcial apropiado
proper indorsement endoso regular
proper lookout vigilancia adecuada
proper party parte interesada, parte apropiada
property, right of derecho de propiedad
property propiedad, derecho de propiedad, dominio, posesión, pertenencia, característica
property administration administración de propiedad
property administrator administrador de propiedad
property and liability insurance seguro de propiedad y responsabilidad
property appraisal tasación de propiedad
property assessment valuación fiscal de propiedad
property catastrophe catástrofe de propiedad
property coverage cobertura de seguro de propiedad
property damage daño de propiedad

property damage insurance seguro de daño de propiedad
property damage liability insurance seguro de responsabilidad por daño de propiedad
property depreciation depreciación de propiedad
property depreciation insurance seguro de depreciación de propiedad
property dividend dividendo de propiedad
property insurance seguro de propiedad
property insurance coverage cobertura de seguro de propiedad
property line lindero de propiedad
property management administración de propiedad
property manager administrador de propiedad
property of another propiedad ajena
property right derecho de propiedad
property settlement acuerdo entre cónyuges sobre los bienes
property tax impuesto sobre la propiedad
property torts daño a la propiedad, daño legal a la propiedad
propinquity propincuidad
proponent proponente
proportion proporción
proportional proporcional
proportional allocation asignación proporcional
proportional reinsurance reaseguro proporcional
proportional representation representación proporcional
proportional system sistema proporcional
proportional taxation imposición proporcional
proportional taxes impuestos proporcionales
proportionality proporcionalidad
proportionate proporcionado
proposal propuesta, proposición
propose proponer, proponerse
proposer proponente
proposition proposición, propuesta
proposition of law cuestión de derecho
propositus la persona propuesta
propound proponer
propounder proponente
proprietary de propiedad exclusiva, de propiedad
proprietary articles artículos exclusivos
proprietary information información de propiedad exclusiva
proprietary interest derecho de propiedad
proprietary lease arrendamiento en una cooperativa
proprietary network red de propiedad exclusiva
proprietary rights derechos de propiedad

proprietor propietario
proprietorship derecho de propiedad, negocio propio
propriety idoneidad, corrección
prorate prorratear
prorogation prórroga
prorogue terminar una sesión
proscribe proscribir
proscribed proscrito
prosecute enjuiciar, encausar, entablar una acción judicial
prosecuting attorney fiscal, abogado acusador
prosecuting witness testigo de la acusación, testigo principal de la acusación
prosecution acción criminal, enjuiciamiento, proceso, prosecución, fiscal, querellante
prosecutor fiscal, acusador público, abogado acusador, abogado del estado, accionante
prospect perspectiva, expectativa, cliente en perspectiva
prospective prospectivo, eventual
prospective damages daños eventuales, daños anticipados
prospective reserve reserva prospectiva
prospectus folleto informativo de una emisión de valores
prostitute prostituta
prostitution prostitución
protect proteger, amparar
protected protegido, amparado
protected check cheque protegido
protected market mercado protegido
protected person persona amparada
protection protección, amparo
protectionism proteccionismo
protective protector, amparador
protective committee comité protector
protective custody custodia judicial por su propio bien
protective order orden judicial para proteger a una persona de cualquier abuso del sistema legal
protective tariffs tarifas proteccionistas
protective trust fideicomiso con la intención de controlar los gastos de una persona que derrocha dinero
protest protesta, protesto, objeción
protestation protesta
protested protestado
protester quien protesta
prothonotary secretario de un tribunal
protocol protocolo, registro
protract prolongar
provable demostrable
prove probar, demostrar, verificar
prove guilt probar culpabilidad
prove innocence probar inocencia
provide proveer, suministrar

provide funds suministrar fondos
provided siempre que, proveyendo
provided by law dispuesto por ley
province provincia
provision disposición, provisión
provisional provisional
provisional acceptance aceptación provisional
provisional account cuenta provisional
provisional agreement acuerdo provisional
provisional commitment compromiso provisional
provisional committee comité provisional
provisional consent consentimiento provisional
provisional contract contrato provisional
provisional conveyance traspaso provisional
provisional court tribunal provisional
provisional coverage cobertura provisional
provisional credit crédito provisional
provisional delivery entrega provisional
provisional employee empleado provisional
provisional employment empleo provisional
provisional government gobierno provisional
provisional guarantee garantía provisional
provisional guaranty garantía provisional
provisional injunction orden judicial provisional
provisional insurance seguro provisional
provisional insurance coverage cobertura de seguro provisional
provisional invoice factura provisional
provisional judgment sentencia provisional
provisional measure medida provisional
provisional offer oferta provisional
provisional order orden provisional
provisional payment pago provisional
provisional permit permiso provisional
provisional premium prima provisional
provisional rate tasa provisional
provisional receipt recibo provisional
provisional remedy recurso provisional
provisional report informe provisional
provisional transfer transferencia provisional
provisional will testamento provisional
proviso condición, restricción, estipulación
provocation provocación
provoke provocar
provost-marshall capitán preboste
proximate próximo, inmediato
proximate cause causa inmediata
proximate consequence consecuencia natural
proximate damages daños y perjuicios inmediatos
proximate result resultado natural
proximity proximidad, parentela
proxy poder, apoderado, mandatario
proxy fight lucha por control mediante mayoría de votos
proxy marriage matrimonio por poder

proxy statement declaración para accionistas antes de que voten mediante poder
prudence prudencia, discreción
prudent prudente, discreto
prudent investment inversión prudente
prudent investment decision decisión para inversión prudente
prudent investor inversionista prudente
prudent man rule normas de inversión las cuales se podrían describir como las de una persona prudente
prudent person persona prudente
prudent person rule normas de inversión las cuales se podrían describir como las de una persona prudente
pseudo seudo, supuesto
pseudonym seudónimo
puberty pubertad
public público
public accountant contador público
public accounting contabilidad pública
public act acto público, acto registrado, ley pública
public activity actividad pública
public adjuster ajustador público
public administration administración pública
public administrator administrador público
public affairs asuntos públicos
public agent funcionario público
public appointments cargos públicos
public assistance asistencia pública
public attorney abogado
public auction subasta pública
public auditor auditor público
public authority autoridad pública
public bill proyecto de ley público
public boundary límite natural
public building edificio público
public business empresa pública
public capital capital público
public carrier transportista público
public character personalidad pública
public charge indigente mantenido por el gobierno
public charity caridad pública
public company compañía pública
public contract contrato público
public convenience and necessity conveniencia y necesidad pública
public corporation ente municipal, corporación pública, persona jurídica pública
public credit crédito público
public debt deuda pública
public defender defensor público
public deposits depósitos públicos
public document documento público
public domain dominio público
public easement servidumbre pública

public emergency emergencia pública
public employee empleado público
public enemy enemigo público
public enterprise empresa pública
public expenditure gasto público
public ferry transbordador público
public figure figura pública
public finance finanzas públicas
public financial institution institución financiera pública
public funds fondos públicos
public good bienestar público
public grant concesión pública
public health salud pública
public hearing audiencia pública, vista pública
public highway autopista pública, carretera pública
public holiday día feriado oficial
public housing vivienda pública
public improvement mejora pública
public indecency indecencia pública
public injuries lesiones públicas, perjuicios públicos
public institution institución pública
public interest interés público
public interest accounting contabilidad de interés público
public international law derecho internacional público
public investment inversión pública
public knowledge conocimiento público
public lands tierras públicas
public law derecho público, ley pública
public liability responsabilidad pública
public liability insurance seguro de responsabilidad pública
public limited partnership sociedad en comandita pública
public loan préstamo público
public market mercado público
public meeting reunión pública
public minister representante diplomático de alto rango
public money dinero público
public monopoly monopolio público
public notary notario público
public notice notificación pública
public nuisance estorbo público, estorbo el cual perjudica al público en general
public offense delito público
public offering ofrecimiento público
public office cargo público
public officer funcionario público
public order orden público
public ownership propiedad pública
public passage derecho de paso público
public peace orden público
public peace and quiet orden y tranquilidad

pública
public place lugar público
public policy bienestar público, orden público
public property propiedad pública, dominio público
public prosecutor fiscal
public purpose propósito público
public record registro público
public relations relaciones públicas
public relief asistencia pública
public responsibility responsabilidad pública
public revenues ingresos públicos
public river río público
public road camino público
public safety seguridad pública
public sale subasta pública
public school escuela pública
public seal sello de la autoridad pública
public sector sector público
public sector accounting contabilidad del sector público
public securities valores con garantía pública, valores públicos
public service servicio público
public service commission comisión gubernamental para supervisar las empresas de servicios públicos
public service corporation empresa de servicios públicos
public spending gastos públicos
public statute ley pública
public store almacén público, depósito estatal
public tax impuesto público
public trial juicio público
public trust fideicomiso público
public trustee fideicomisario público
public use uso público
public utility empresa de servicio público, servicio público
public verdict veredicto público, veredicto en pleno tribunal
public vessel nave pública
public warehouse almacén público
public waters aguas públicas
public welfare bienestar público
public wharf muelle público
public works obras públicas
publication publicación
publicist especialista en derecho público, especialista en derecho internacional, publicista
publicly held company compañía pública
publicly held corporation corporación pública
publicly traded partnership sociedad en comandita con unidades que se pueden transaccionar públicamente
publish publicar, anunciar
publisher editor

puer niño
puerility puerilidad
pueritia niñez
puffer postor simulado en una subasta
puffing la exageración por parte de quien vende un producto de sus beneficios, el hacer ofertas falsas en subastas con el propósito de elevar las demás ofertas
puisne mas joven, de menor rango
pulsator demandante
punctuality puntualidad
punish penar, castigar
punishable punible, castigable
punishment pena, castigo
punitive punitivo
punitive damages daños punitivos
punitive statute ley penal
punitory punitivo
pupillus pupilo
pur autre vie durante la vida de otro, pur autre vie
pur tant que porque
purchase compra, adquisición
purchase agreement contrato de compraventa
purchase and assumption adquisición y asunción
purchase commitment compromiso de compra
purchase contract contrato de compraventa
purchase intention intención de compra
purchase invoice factura de compra
purchase method método de compra
purchase money pago anticipado, precio de compra
purchase money mortgage hipoteca para hacer cumplir la obligación de la compra de la propiedad
purchase of a business compra de una empresa
purchase order orden de compra
purchase outright comprar enteramente, comprar al contado
purchase price precio de compra
purchase tax impuesto sobre compras
purchased funds fondos adquiridos
purchaser comprador, adquiridor
purchaser for value comprador con contraprestación
purchaser in bad faith comprador de mala fe
purchaser in good faith comprador de buena fe
purchasing agency agencia de compras
purchasing agent agente de compras
purchasing agreement convenio de compras
purchasing contract contrato de compras
purchasing group grupo de compras
purchasing office oficina de compras
purchasing power poder para compras
pure puro, absoluto

pure accident accidente inevitable
pure annuity anualidad pura
pure chance pura casualidad
pure competition competencia pura
pure monopoly monopolio puro
pure obligation obligación pura
pure premium prima pura
pure race statute ley que le da prioridad de título a quien primero registra la compra del inmueble
pure risk riesgo puro
purgation purgación
purge purgar
purity pureza
purpart una parte
purport implicar, significar
purpose propósito, objeto, intención
purpose of statute propósito de una ley
purpose statement declaración de propósito
purposely a propósito, intencionalmente
purpresture intrusión a tierras públicas
purse recompensa, caudal, cartera
purser contador
pursuant consiguiente
pursuant to conforme a
pursue perseguir, seguir, encausar, ejercer
pursuer perseguidor, actor
pursuit persecución, profesión
pursuit of happiness derecho constitucional de tomar las decisiones para vivir de la forma deseada
purvey proveer
purveyor proveedor
purview parte dispositiva de una ley
push money pagos a vendedores que efectúa un fabricante para que impulsen sus productos
pusher quien vende drogas ilícitamente, quien fomenta el vicio de las drogas
put in fear atemorizar
put in issue cuestionar
put off posponer
put to a vote someter a votación
putative putativo
putative father padre putativo
putative marriage matrimonio putativo
putative risk riesgo putativo
putative spouse cónyuge putativo
pyramid sales scheme sistema generalmente ilegal de ventas en que se le paga al comprador por cada comprador nuevo que atraiga, venta en pirámide
pyramiding método de comprar más acciones al usar como garantía las que ya están en cartera

Q

qua como, en capacidad de, qua
qua est eadem que es lo mismo
quack curandero, matasanos
quadripartite cuadripartito
quadruple cuádruple
quadruple indemnity indemnización cuádruple
quadruplicate cuadruplicado
quadruplicate form formulario en cuadruplicado
quaere pregunta
quaerens demandante, actor
qualification calificación, condición, limitación, salvedad
qualification check comprobación de calificaciones
qualification conditions condiciones de calificación
qualification date fecha de calificación
qualification parameters parámetros de calificación
qualification period período de calificación
qualification qualifications calificaciones de calificación
qualification requirements requisitos de calificación
qualification verification verificación de calificaciones
qualified calificado, condicional, competente, limitado
qualified acceptance aceptación condicional
qualified bequest legado condicional
qualified candidate candidato calificado
qualified charity organización caritativa calificada
qualified commitment compromiso condicional
qualified consent consentimiento condicional
qualified conveyance traspaso condicional
qualified delivery entrega condicional
qualified devise legado contingente
qualified elector elector habilitado
qualified endorsement endoso condicional
qualified estate derecho condicional respecto a un inmueble
qualified guarantee garantía condicional
qualified guaranty garantía condicional
qualified indorsement endoso condicional

qualified legacy legado condicional
qualified obligation obligación condicional
qualified offer oferta condicional
qualified opinion opinión condicional, opinión con salvedades
qualified organization organización calificada
qualified owner dueño condicional
qualified pension plan plan de pensiones calificado
qualified permit permiso condicional
qualified person persona calificada
qualified plan plan calificado
qualified privilege privilegio condicional
qualified property derecho condicional a propiedad
qualified residence residencia calificada
qualified right derecho condicional
qualified stock option plan plan de opción de compra de acciones calificado
qualified transfer transferencia calificada
qualified trust fideicomiso calificado
qualified voter elector habilitado
qualify calificar, limitar, habilitar
qualifying annuity anualidad calificada
qualifying clauses cláusulas limitantes
qualifying conditions condiciones limitantes
qualifying criteria criterios calificantes
qualifying pension plan plan de pensiones calificado
qualifying person persona calificada
qualifying plan plan calificado
qualifying professional profesional calificado
qualifying property propiedad calificada
qualitative cualitativo
qualitative analysis análisis cualitativo
quality calidad, cualidad
quality assessment evaluación de calidad
quality assurance comprobación de calidad
quality audit auditoría de calidad
quality control control de calidad
quality management administración de calidad
quality of estate plazo y modo según los cuales se tiene derecho sobre un inmueble
quality of work calidad de trabajo
quality review revisión de calidad
quality verification verificación de calidad
quandary dilema, apuro
quantification cuantificación
quantitative cuantitativo
quantitative analysis análisis cuantitativo
quantity cantidad
quantity discount descuento sobre cantidad
quantum damnificatus fijación del valor de los daños
quantum meruit la cantidad merecida
quarantine cuarentena
quare por qué razón
quarrel altercado, riña

quarrelsome pleitista, pendenciero
quarter trimestre, cuarta parte
quarter section una cuarta parte de una milla cuadrada
quarterly trimestralmente
quarterly activity actividad trimestral
quarterly premium prima trimestral
quarterly report informe trimestral
quarterly review revisión trimestral
quarterly statement estado trimestral
quash anular, dominar
quasi cuasi, casi
quasi affinity cuasiafinidad
quasi contract cuasicontrato
quasi contractual liability responsabilidad cuasicontractual
quasi corporation cuasicorporación
quasi crimes cuasicrímenes
quasi deposit depósito implícito, depósito involuntario
quasi derelict cuasiabandonado
quasi easement cuasiservidumbre
quasi estoppel cuasiimpedimento
quasi fee propiedad adquirida ilícitamente
quasi judicial cuasijudicial
quasi monopoly cuasimonopolio
quasi partner socio aparente
quasi possession cuasiposesión
quasi public cuasipúblico
quasi public corporation corporación cuasipública
quasi purchase cuasicompra
quasi rent cuasirenta
quasi reorganization cuasireorganización
quasi tort responsabilidad indirecta
quasi usufruct cuasiusufructo
quay muelle
que est le mesme el cual es lo mismo
quench extinguir, dominar
querens demandante, actor
querulous quejumbroso
query pregunta, cuestión, duda
quest indagación
question pregunta, cuestión, duda
question of fact cuestión de hecho
question of law cuestión de derecho
questionable cuestionable, discutible
questionable behavior conducta cuestionable
questionable ethics ética cuestionable
questionable payment pago cuestionable
questionable quality calidad cuestionable
questioning interrogatorio
questionless incuestionable
questionnaire cuestionario
quia porqué
quia timet porque teme
quibble objeción superficial, objeción verbal, evasiva
quick vivo, rápido

quick decision decisión rápida
quick dispatch despacho rápido
quickly rápidamente
quickly completed rápidamente completado
quickly executed rápidamente ejecutado
quid pro quo algo por algo, quid pro quo
quiet (adj) callado, calmado, quieto, inactivo
quiet (adv) quietamente, calmadamente
quiet (n) quietud, calma, silencio
quiet (v) aquietarse, calmarse
quiet enjoyment goce tranquilo, goce pacífico
quiet period período en que no se permite publicidad
quiet title action acción para resolver reclamaciones opuestas en propiedad inmueble
quiet title suit acción para resolver reclamaciones opuestas en propiedad inmueble
quinquepartite dividido en cinco partes
quintuplicate quintuplicado
quintuplicate form formulario en quintuplicado
quit abandonar, renunciar, dejar
quitclaim (n) renuncia a un título, renuncia a un derecho, renuncia
quitclaim (v) renunciar a un título, renunciar a un derecho, renunciar
quitclaim deed transferencia de propiedad mediante la cual se renuncia a todo derecho sin ofrecer garantías
quo animo con esa intención
quod computet que rinda cuentas
quod recuperet que él recobre
quorum quórum
quota cuota
quotation cita, cotización
quote citar, alegar
quotient verdict veredicto en que se promedia lo que los miembros del jurado consideran a lo que deben ascender los daños
quovis modo de cualquier modo

R

race discrimination discriminación racial
race prejudice prejuicio racial
rachater recomprar
racial racial
racial discrimination discriminación racial
racial prejudice prejuicio racial
racism racismo
racist racista
rack rent alquiler exorbitante
racket actividad ilícita continua con el propósito de ganar dinero, extorsión, alboroto
racketeer quien se dedica a actividades ilícitas continuas con el propósito de ganar dinero, raquetero, extorsionista
Racketeer Influenced and Corrupt Organizations laws leyes federales para combatir el crimen organizado
racketeering actividades ilícitas continuas con el propósito de ganar dinero, raqueterismo
radar radar
radiation radiación
radical radical
radioactive radioactivo
raffle rifa
raft balsa
rage cólera, exaltación
raging feroz, violento
raid redada, irrupción
raider persona o persona jurídica que intenta tomar control de una corporación mediante la adquisición de una mayoría de las acciones de esta última
railing baranda, barrera
railroad apresurar la legislación, apresurar
railroad crossing cruce de ferrocarril
railroad track vía del ferrocarril
railway carrier transportador ferroviario
raise alzar, plantear, aumentar, criar, recaudar, reunir
raise a check ampliar un cheque
raise a point plantear una cuestión
raise a presumption dar lugar a una presunción
raise an objection presentar una objeción
raise capital recaudar capital
raise money recaudar dinero
raise revenue recaudar contribuciones

raised check cheque al cual se le ha aumentado el valor fraudulentamente
raising a promise extraer una promesa
rake-off participar en ganancias obtenidas ilícitamente
ramble vagabundear
rambler vagabundo
rambling vagueante, divagador
ramification ramificación
ranch rancho
rancor rencor
rancorous rencoroso
random, at al azar
random aleatorio, fortuito, casual
range serie, línea, orden
ranger guardabosques, vigilante
rank rango, grado
ranking orden, posición, categoría
ranking of creditors orden de prioridad de los acreedores
ransom rescate
ransom demand demanda de dinero de rescate
ransom money dinero de rescate
rape violación, estupro
rapid rápido, pronto
rapid judgment fallo rápido, sentencia rápida
rapid resolution resolución rápida
rapidity rapidez, prontitud
rapine rapiña
rapist violador, estuprador
rarely raramente
rasure raspadura
ratable proporcional, tasable, imponible
ratable distribution distribución proporcional
ratable estate propiedad imponible, propiedad tasable
ratable property propiedad imponible, propiedad tasable
ratably proporcionalmente, a prorrata
rate tipo, tasa, proporción, tarifa, valor
rate of exchange tipo de cambio
rate of interest tasa de interés
rate of return tasa de rendimiento
rate of taxation tasa de imposición
rate regulation regulación de tasas
rate tariff tarifa de transporte condicional
rather más bien, preferiblemente
ratification ratificación
ratified ratificado
ratifier ratificador
ratify ratificar
ratihabitio ratificación
rating clasificación
rating bureau negociado de clasificación
rating service servicio de clasificación
ratio razón, proporción, ratio
ratio decidendi la razón de la decisión
ratio legis la razón de la ley

rational racional
rational basis fundamento razonable
rational doubt duda razonable
rationale razón fundamental
rationalize explicar racionalmente
rationing racionamiento
rattening práctica de efectuar actos contra la propiedad o materiales de trabajo de un obrero para obligarlo a unirse a un sindicato
ravish violar, arrebatar
ravisher violador, arrebatador
ravishment violación, arrebato
raw data datos sin procesar
raw land terreno sin mejoras
raw materials materias primas
re en el caso de, concerniente a, referente a
re-docket volver a poner en lista de casos a ser juzgados
re-enact revalidar
re-entry reposesión de un inmueble
re-establish restablecer
re-examination reexaminación, revisión
re-exchange recambio
re-export reexportar
reach (n) alcance, extensión
reach (v) alcanzar, extender, comunicarse con
reach a decision llegar a una decisión, llegar a un acuerdo
reach a verdict llegar a un veredicto
reacquired readquirido
react reaccionar
reaction reacción, respuesta
reactivate reactivar
readiness estado de preparación, destreza, prontitud
reading lectura
readjust reajustar
readjustment reajuste
readmission readmisión
ready listo, dispuesto, disponible
ready and willing listo y dispuesto
ready money dinero en efectivo
reaffirm reafirmar, confirmar
reaffirmation reafirmación, confirmación
real real, auténtico
real action acción real
real agency agencia real
real assets bienes inmuebles
real authority autoridad real
real claim reclamo justificado
real contract contrato real
real controversy controversia real
real damages daños reales
real estate bienes raíces, bienes inmuebles
real estate administration administración de bienes raíces
real estate administrator administrador de bienes raíces

real estate agency agencia de bienes raíces
real estate agent agente de bienes raíces
real estate appraisal tasación de bienes raíces
real estate assessment valuación fiscal de
   bienes raíces
real estate broker corredor de bienes raíces
real estate closing cierre, cierre de
   transacción de bienes raíces
real estate contract contrato de bienes raíces
real estate coverage cobertura de bienes
   raíces
real estate damage daño de bienes raíces
real estate damage insurance seguro de daño
   de bienes raíces
real estate depreciation depreciación de
   bienes raíces
real estate dividend dividendo de bienes
   raíces
real estate financing financiamiento de bienes
   raíces
real estate insurance seguro de bienes raíces
real estate insurance coverage cobertura de
   seguro de bienes raíces
real estate investment trust fideicomiso para
   la inversión en bienes inmuebles
real estate law derecho concerniente a los
   bienes inmuebles
real estate listing contrato para que un
   corredor de bienes raíces intente obtener un
   comprador para la propiedad en cuestión
real estate loan préstamo inmobiliario
real estate management administración de
   bienes raíces
real estate manager administrador de bienes
   raíces
real estate partnership sociedad para la
   compra y venta de bienes inmuebles
Real Estate Settlement Procedures Act ley
   federal la cual impone que se declaren los
   gastos de cierre en una transacción de
   bienes raíces
real estate taxes impuestos sobre los bienes
   inmuebles
real estate transaction transacción de bienes
   raíces
real evidence prueba material
real fixture instalación fija en un inmueble
real guarantee garantía real
real guaranty garantía real
real injury perjuicio material, lesión material
real interest rate tasa de interés real
real issue controversia real, cuestión real
real law derecho concerniente a los bienes
   inmuebles
real loss pérdida real
real meaning sentido real
real obligation obligación real
real party in interest parte interesada, una
   parte con un interés legal

real property bienes raíces, bienes inmuebles
real property administration administración
   de bienes raíces
real property administrator administrador de
   bienes raíces
real property agency agencia de bienes raíces
real property agent agente de bienes raíces
real property appraisal tasación de bienes
   raíces
real property assessment valuación fiscal de
   bienes raíces
real property broker corredor de bienes
   raíces
real property closing cierre, cierre de
   transacción de bienes raíces
real property contract contrato de bienes
   raíces
real property coverage cobertura de bienes
   raíces
real property damage daño de bienes raíces
real property damage insurance seguro de
   daño de bienes raíces
real property depreciation depreciación de
   bienes raíces
real property dividend dividendo de bienes
   raíces
real property financing financiamiento de
   bienes raíces
real property insurance seguro de bienes
   raíces
real property insurance coverage cobertura
   de seguro de bienes raíces
real property law derecho concerniente a los
   bienes inmuebles
real property loan préstamo inmobiliario
real property management administración de
   bienes raíces
real property manager administrador de
   bienes raíces
real property tax impuesto sobre bienes
   inmuebles
real property transaction transacción de
   bienes raíces
real rate tasa real
real salary salario real
real security garantía hipotecaria, garantía
   real
real servitude servidumbre real
real statutes leyes concernientes a los bienes
   inmuebles
real things bienes inmuebles
real time tiempo real
real value valor real
real wages salario real
realism realismo
realistic realista
realizable realizable
realization realización
realize comprender, realizar

realized gain ganancia realizada
realized loss pérdida realizada
reallocate reasignar
reallocation reasignación
realm reino, dominio, región
realty bienes inmuebles, bienes raíces
reappear reaparecer
reappoint volver a designar
reapportionment redistribución de los distritos legislativos
reappraisal revaluación
reappraise volver a tasar
reargument nuevo alegato
rearraignment nuevo procesamiento de un acusado
rearrest volver a arrestar
reason razón, argumento
reasonable razonable, justo
reasonable act acto razonable
reasonable and customary charge cargo razonable y acostumbrado
reasonable and customary fee cargo razonable y acostumbrado
reasonable and probable cause causa razonable y probable
reasonable belief creencia razonable
reasonable care cuidados razonables, prudencia razonable
reasonable cause causa razonable
reasonable certainty, rule of regla de la certeza razonable
reasonable chance posibilidad razonable
reasonable charge cargo razonable
reasonable comment comentario razonable
reasonable consideration contraprestación razonable
reasonable cost costo razonable
reasonable credit reporting informes sobre el crédito razonables y equitativos
reasonable diligence diligencia razonable
reasonable doubt duda razonable
reasonable excuse excusa razonable
reasonable expenditure gasto razonable
reasonable expense gasto razonable
reasonable fee cargo razonable
reasonable force fuerza apropiada
reasonable grounds fundamentos razonables
reasonable inference inferencia razonable
reasonable investment inversión razonable
reasonable investor inversionista razonable
reasonable man doctrine doctrina de la persona razonable
reasonable market price precio razonable en el mercado
reasonable market rent renta razonable en el mercado
reasonable market value valor razonable en el mercado
reasonable notice aviso razonable

reasonable offer oferta razonable
reasonable person persona razonable
reasonable person doctrine doctrina de la persona razonable
reasonable person test prueba de persona razonable
reasonable precaution precaución razonable
reasonable premium prima razonable
reasonable presumption presunción razonable
reasonable price precio razonable
reasonable probability probabilidad razonable
reasonable provocation provocación suficiente
reasonable rate tasa razonable
reasonable rent renta razonable
reasonable return rendimiento razonable
reasonable supposition suposición razonable
reasonable suspicion sospecha razonable
reasonable time plazo razonable
reasonable treatment trato razonable
reasonable use uso razonable
reasonable value valor razonable
reasonable warning advertencia razonable
reasonableness racionabilidad
reasonably razonablemente
reasoning razonamiento, argumentación
reasonless sin razón
reassessment reestimación
reassign reasignar
reassignment cesión de parte de un cesionario, nueva repartición
reassurance reaseguro, seguridad
reassure reasegurar, tranquilizar
rebate rebaja, reembolso, descuento
rebel rebelde
rebellion rebelión
rebuild reconstruir
rebuke censurar
rebut refutar, rebatir
rebuttable refutable, rebatible
rebuttable presumption presunción rebatible
rebuttal refutación, rechazo
rebuttal evidence prueba presentada para refutar aquella ofrecida por la otra parte
rebutter respuesta a la tríplica, refutación
recalcitrant recalcitrante
recall (n) revocación, retirada, recordación, procedimiento por un fabricante para informar sobre defectos en sus productos para corregirlos
recall (v) revocar, retirar, recordar, cuando un fabricante lleva a cabo el procedimiento de informar sobre defectos en sus productos para corregirlos
recall a judgment revocar una sentencia
recall a witness volver a hacer comparecer a un testigo
recallable revocable

recant retractar, revocar
recapitalization recapitalización
recapitalize recapitalizar
recapitulation recapitulación
recaption recuperación, rescate
recapture recobrar, recuperar, recapturar
receipt recibo, recepción
receipt book libro de recibos
receipt in full recibo por la cantidad total, recibo por saldo
receipt of goods recibo de las mercancías
receivable por cobrar
receive recibir, aceptar, tomar
receive against payment recibir contra pago
receive compensation recibir compensación
receive information recibir información
receive money recibir dinero
receive payment recibir pago
receive versus payment recibir contra pago
received recibido
receiver administrador judicial, liquidador, recibidor
receiver pendente lite administrador judicial durante el litigio
receiver's certificate certificado del administrador judicial, certificado del liquidador
receivership nombramiento del administrador judicial, liquidación judicial
receiving bank banco que recibe
receiving bank identifier código de identificación del banco que recibe
receiving stolen goods or property recibo de propiedad sabiendo que es hurtada
recent reciente, novedoso
reception recepción, admisión
reception of verdict declaración del veredicto
receptive receptivo
recess receso, cesación
recession recesión, retroceso
recidivism reincidencia
recidivist reincidente, criminal habitual
recipient recibidor, receptor
reciprocal recíproco
reciprocal agreement acuerdo recíproco
reciprocal arrangement arreglo recíproco
reciprocal commitment compromiso recíproco
reciprocal contract contrato bilateral, contrato recíproco
reciprocal covenants estipulaciones recíprocas, garantías recíprocas
reciprocal easement servidumbre recíproca
reciprocal exchange intercambio recíproco
reciprocal insurance seguro recíproco, seguro mutuo
reciprocal insurer asegurador recíproco
reciprocal laws leyes recíprocas
reciprocal legislation legislación recíproca

reciprocal promises promesas recíprocas
reciprocal statutes leyes recíprocas
reciprocal trade comercio recíproco
reciprocal trade agreement acuerdo comercial recíproco
reciprocal transaction transacción recíproca
reciprocal trusts fideicomisos recíprocos
reciprocal wills testamentos recíprocos, testamentos mutuos
reciprocality reciprocidad
reciprocity reciprocidad
reciprocity agreement acuerdo de reciprocidad
recital preámbulo, recitación
recite recitar, citar
reckless imprudente, temerario
reckless conduct conducta imprudente
reckless driving conducción imprudentemente
reckless homicide homicidio por negligencia
reckless misconduct conducta imprudente
reckless statement declaración irresponsable
recklessly imprudentemente, temerariamente
recklessness imprudencia, temeridad
reckoning cálculo, cómputo, cuenta
reclaim reclamar, recuperar
reclamation proceso de aumentar el valor de terreno inservible al hacerle mejoras, reclamación, recuperación
reclassification reclasificación
recognition reconocimiento, ratificación, admisión
recognizance obligación judicial
recognize reconocer, admitir, confesar, distinguir
recognized reconocido
recognized gain ganancia realizada
recognized loss pérdida realizada
recognizee beneficiario de una obligación judicial
recognizor quien asume una obligación judicial
recollection recuerdo
recommend recomendar, proponer
recommendation recomendación, sugerencia
recommendation of mercy recomendación de clemencia de parte del jurado tras emitir un veredicto de culpable
recommendatory recomendatorio
recommit volver a encarcelar, volver a cometer
recompense recompensa, compensación
recomputation recómputo
reconcile reconciliar, ajustar
reconciliation reconciliación, ajuste
reconditioning property recondicionamiento de propiedad
reconduction renovación de un arrendamiento anterior, reconducción
reconsider reconsiderar

reconsideration reconsideración
reconsign reconsignar
reconsignment nueva consignación
reconstruct reconstruir
reconstruction reconstrucción
reconvene reanudar una sesión, reunirse de
 nuevo
reconvention reconvención, contrademanda
reconventional reconvencional
reconventional demand demanda
 reconvencional
reconversion reconversión
reconveyance retraspaso
record (n) registro, inscripción, antecedentes,
 expediente, archivo
record (v) registrar, inscribir, anotar
record a deed registrar una escritura
record a mortgage registrar una hipoteca
record commission junta encargada de los
 registros
record date fecha de registro
record owner titular registrado
record title título registrado
recordable registrable, inscribible
recordation registro, inscripción
recorded registrado, inscrito
recorded deed escritura inscrita
recorded information información inscrita
recorded mortgage hipoteca inscrita
recorded title título inscrito
recorder magistrado, registrador
recording registro
recording acts leyes concernientes a los
 registros
recording of lien registro de gravamen
recording of mortgage registro de hipoteca
records registros, archivos, documentos
records administration administración de
 registros
records administrator administrador de
 registros
records management administración de
 registros
records manager administrador de registros
records of a corporation libros corporativos,
 libros de un ente jurídico
recordum registro
recoup recuperar, reembolsar
recoupment recuperación, reembolso,
 deducción, reconvención
recourse recurso
recourse loan préstamo con recursos
recover recuperar, recobrar, obtener una
 sentencia favorable
recoverable recuperable
recoverer quien ha obtenido una sentencia
 favorable para obtener un pago
recovery, right of derecho de recuperación
recovery recuperación, sentencia favorable

 para obtener un pago
recovery of judgment obtener una sentencia
 favorable
recriminate recriminar
recrimination recriminación
recross examination segundo
 contrainterrogatorio
rectifiable rectificable
rectification rectificación
rectification entry asiento de rectificación
rectify rectificar
recuperate recuperar
recuperation recuperación
recurrence recurrencia
recurrent recurrente
recurrent disability discapacidad recurrente
recurring recurrente
recurring employment empleo repetido
recurring payment pago recurrente
recusal recusación
recusation recusación
recuse recusar
recycle reciclar
recycled reciclado
recycling reciclaje
red handed quien es sorprendido con
 evidencia clara de que ha cometido un
 crimen, con las manos en la masa
red herring folleto informativo preliminar de
 una emisión de valores, pista falsa
red tape trámites burocráticos excesivos,
 burocracia, papeleo
redaction redacción
redeem redimir, rescatar
redeemable redimible, rescatable
redeemable rent renta redimible
redeemable rights derechos redimibles
redelivery devolución
redelivery bond fianza para la devolución de
 bienes embargados
redemption, right of derecho de redención
redemption redención, rescate
redemption period plazo de redención
redevelop redesarrollar
redevelopment redesarrollo
redhibition redhibición
redhibitory redhibitorio
redhibitory action acción redhibitoria
redhibitory defect vicio redhibitorio
redhibitory vice vicio redhibitorio
redirect examination interrogatorio redirecto,
 segundo interrogatorio directo
rediscount redescuento
redistribute redistribuir
redistributed redistribuido
redistribution redistribución
reditus rédito
redlining práctica ilegal de negar crédito en
 ciertas áreas sin tener en cuenta el historial

de crédito de los solicitantes de dichas áreas

redraft resaca

redress reparación, remedio

reduce reducir, cambiar, someter

reduce tariffs reducir tarifas

reduce taxes reducir impuestos

reduced reducido

reduced hazard riesgo reducido

reduced price precio reducido

reduced risk riesgo reducido

reduced tariffs tarifas reducidas

reduced taxes impuestos reducidos

reducible felony delito grave para el cual la pena podría ser la de un delito menor si lo recomienda el jurado

reduction reducción

reduction certificate certificado de reducción de deuda

reduction of capital reducción de capital

reduction of price reducción de precio

reduction of risk reducción de riesgo

reduction of tariffs reducción de tarifas

reduction of taxes reducción de impuestos

redundancy redundancia

redundant redundante

reelect reelegir

reemployment reempleo

reenact reconstruir

reexport reexportar

reexportation reexportación

refection reparación

refer referir, atribuir

referee árbitro, ponente

reference referencia, someterse a arbitraje, alusión

reference in case of need referencia en caso de que se necesite

reference statutes leyes que incorporan otras mediante referencia

referendum referéndum

referral referido, referencia

referred referido

refinance refinanciar, volver a financiar

refinanced refinanciado

refinanced loan préstamo refinanciado

refinancing refinanciamiento

reflation reflación

reform reformar, corregir

reformation reforma, corrección

reformatory reformatorio

refreshing recollection refrescarse la memoria

refreshing the memory refrescarse la memoria

refuge refugio, amparo

refugee refugiado

refund (n) reembolso

refund (v) reembolsar, reintegrar

refund annuity anualidad en que se paga al pensionado lo que él anteriormente aportó

refund annuity contract contrato de anualidad en que se paga al pensionado lo que él anteriormente aportó

refund check cheque de reembolso

refund of premium reembolso de prima

refund of taxes reintegro contributivo

refundable reembolsable

refundable credit crédito reembolsable

refundable deposit depósito reembolsable

refundable fee cargo reembolsable

refundable payment pago reembolsable

refunding refinanciación

refusal rechazo, denegación

refusal by conduct rechazo por conducta

refusal date fecha de rechazo

refusal liability responsabilidad de rechazo

refusal of a bill rechazo de una letra

refusal of a bribe rechazo de un soborno

refusal of a check rechazo de un cheque

refusal of a contract rechazo de un contrato

refusal of a deposit rechazo de un depósito

refusal of a gift rechazo de una donación

refusal of a proposal rechazo de una propuesta

refusal of agreement rechazo de convenio

refusal of an insurance application rechazo de una solicitud de seguro

refusal of approval rechazo de aprobación

refusal of bail rechazo de fianza

refusal of benefits rechazo de beneficios

refusal of condition rechazo de condición

refusal of credit rechazo de crédito

refusal of goods rechazo de bienes, rechazo de mercancías

refusal of liability rechazo de responsabilidad

refusal of obligation rechazo de obligación

refusal of offer rechazo de oferta

refusal of office rechazo de cargo

refusal of order rechazo de orden

refusal of payment rechazo de pago

refusal of responsibility rechazo de responsabilidad

refusal of risk rechazo de riesgo

refusal of sale rechazo de venta

refusal procedure procedimiento de rechazo

refusal to accept rehusarse a aceptar

refusal to answer rehusarse a contestar

refusal to comply rehusarse a cumplir

refusal to deliver rehusarse a entregar

refusal to furnish rehusarse a proveer

refusal to obey rehusarse a obedecer

refusal to pay rehusarse a pagar

refuse (n) desperdicios

refuse (v) rechazar, rehusar, denegar

refuse approval rehusar la aprobación

refuse payment rehusar el pago

refuse permission rehusar el permiso

refuse to accept rehusarse a aceptar
refuse to acknowledge rehusarse a reconocer
refuse to admit rehusarse a admitir
refuse to allow rehusarse a permitir
refuse to authorize rehusarse a autorizar
refuse to believe rehusarse a creer
refuse to confirm rehusarse a confirmar
refuse to consent rehusarse a consentir
refuse to consider rehusarse a considerar
refuse to corroborate rehusarse a corroborar
refuse to credit rehusarse a acreditar
refuse to disclose rehusarse a divulgar
refuse to give rehusarse a dar
refuse to give permission rehusarse a dar
   permiso
refuse to honor rehusarse a honrar
refuse to obey rehusarse a obedecer
refuse to permit rehusarse a permitir
refuse to ratify rehusarse a ratificar
refuse to receive rehusarse a recibir
refuse to recognize rehusarse a reconocer
refuse to supply rehusarse a proveer
refuse to yield rehusarse a ceder
refused rehusado
refused bill letra rehusada
refused bribe soborno rehusado
refused claim reclamación rehusada
refused condition condición rehusada
refused contract contrato rehusado
refused deposit depósito rehusado
refused goods mercancías rehusadas
refused liability responsabilidad rehusada
refused obligation obligación rehusada
refused offer oferta rehusada
refused policy póliza rehusada
refused proposal propuesta rehusada
refused responsibility responsabilidad
   rehusada
refusing to admit rehusándose a admitir
refusing to authorize rehusándose a autorizar
refusing to comply rehusándose a cumplir
refusing to confirm rehusándose a confirmar
refusing to consider rehusándose a considerar
refusing to deliver rehusándose a entregar
refusing to disclose rehusándose a divulgar
refusing to include rehusándose a incluir
refusing to obey rehusándose a obedecer
refusing to receive rehusándose a recibir
refutation refutación
refute refutar, impugnar
regency regencia
regent regente
regicide regicidio, regicida
regime régimen
region región, lugar
regional regional
regional account cuenta regional
regional agency agencia regional
regional agent agente regional

regional authority autoridad regional
regional bank banco regional
regional benefit beneficio regional
regional concern empresa con intereses
   regionales
regional courts tribunales regionales
regional customs costumbres regionales
regional improvements mejoras públicas
   regionales
regional manager gerente regional
regional office oficina regional
regional officer funcionario regional
regional operations operaciones regionales
regional representative representante regional
regional rules reglas regionales
register (n) registro, lista, archivo, registrador
register (v) registrar, registrarse
register of deeds registrador de la propiedad
register of patents registro de patentes
register of ships registro de navíos
register of wills registrador de testamentos
registered registrado, inscrito
registered as to principal registrado en
   cuanto a principal
registered bond bono registrado
registered check cheque certificado
registered company compañía registrada
registered investment company compañía de
   inversiones registrada
registered mail correo certificado, correo
   registrado
registered qualified elector elector elegible e
   inscrito
registered representative persona autorizada
   a venderle valores al público
registered securities valores registrados
registered tonnage tonelaje registrado
registered trademark marca registrada
registered voter votante empadronado
registrable registrable
registrant registrante
registrar registrador
registrar of deeds registrador de la
   propiedad, registrador de títulos de
   propiedad
registration registro, inscripción
registration fee cargo por registro
registration statement declaración de datos
   pertinentes que hay que entregar a la
   Comisión de Valores y Bolsa antes de
   poder ofrecer valores al público
registry registro, inscripción
registry of deeds registro de propiedad,
   registro de títulos de propiedad
registry of ships registro de navíos
regnant reinante
regrant volver a ceder
regress regresar, retroceder
regressive tax impuesto regresivo

regressive taxation imposición regresiva
regular regular, constante, legal, corriente, ordinario
regular activity actividad regular
regular agency agencia ordinaria
regular agent agente ordinario
regular and established place of business lugar regular y establecido de negocios
regular and necessary business expenses gastos de negocios ordinarios y necesarios
regular annuity anualidad ordinaria
regular army ejército regular
regular business expenses gastos de negocios ordinarios
regular care cuidado ordinario
regular conditions condiciones regulares
regular course curso regular
regular course of business curso regular de los negocios
regular deposit depósito regular
regular diligence diligencia ordinaria
regular election elección ordinaria
regular endorsement endoso regular
regular endorser endosante regular
regular expenses gastos ordinarios
regular hazards riesgos ordinarios
regular income ingreso ordinario
regular indorsement endoso regular
regular indorser endosante regular
regular investment practice práctica de inversión ordinaria
regular loss pérdida ordinaria
regular meeting asamblea ordinaria
regular method método regular
regular mode modo regular
regular navigation navegación regular
regular on its face aparentemente proveniente de un ente autorizado por ley
regular practice práctica regular
regular procedure procedimiento regular
regular proceeding procedimiento regular
regular process proceso regular
regular risks riesgos ordinarios
regular sale venta ordinaria
regular session sesión ordinaria
regular spoilage deterioro ordinario
regular succession sucesión regular
regular tax impuesto regular
regular term plazo ordinario
regular time tiempo regular
regular use uso regular
regular-way delivery entrega en el tiempo acostumbrado
regularly regularmente, comúnmente
regulate regular, reglamentar
regulated regulado
regulated commodities mercancías reguladas
regulated securities valores regulados
regulation regulación, reglamento, regla

regulatory regulador, reglamentario
regulatory agency agencia reguladora, entidad reguladora
rehabilitate rehabilitar
rehabilitation rehabilitación
rehabilitation clause cláusula de rehabilitación
rehearing nueva audiencia, revisión de una causa
rehypothecation rehipotecación, ofrecer como prenda un bien ya ofrecido por otro como prenda
reimbursable reembolsable, indemnizable
reimburse reembolsar, indemnizar
reimbursement reembolso, indemnización
reimbursement arrangement arreglo de reembolso
reimbursement method método de reembolso
reimport reimportar
reimportation reimportación
reinforce reforzar
reinscription reinscripción
reinstall reinstalar
reinstate reinstalar, reintegrar, restablecer
reinstate a case restablecer una causa
reinstatement reinstalación
reinstatement clause cláusula de reinstalación
reinstatement of policy reinstalación de una póliza
reinstatement premium prima por reinstalación
reinsurance reaseguro
reinsurance association asociación para reasegurar
reinsurance broker corredor de reaseguro
reinsurance capacity capacidad para reasegurar
reinsurance clause cláusula de reaseguro
reinsurance credit crédito por reaseguro
reinsurance premium prima de reaseguro
reinsurance reserve reserva para reaseguro
reinsure reasegurar
reinsured reasegurado
reinsurer reasegurador
reintegration reintegración
reintermediation reintermediación
reinvested reinvertido
reinvestment reinversión
reissuance reemisión, reimpresión
reissued patent patente modificada
reject rechazar, descartar
reject a bill rechazar una letra
reject a bribe rechazar un soborno
reject a check rechazar un cheque
reject a claim rechazar una reclamación
reject a condition rechazar una condición
reject a contract rechazar un contrato
reject a deposit rechazar un depósito
reject a policy rechazar una póliza

reject a proposal rechazar una propuesta
reject an obligation rechazar una obligación
reject an offer rechazar una oferta
reject conditionally rechazar
  condicionalmente
reject goods rechazar mercancías
reject liability rechazar responsabilidad
reject responsibility rechazar responsabilidad
rejected rechazado
rejected bill letra rechazada
rejected bribe soborno rechazado
rejected claim reclamación rechazada
rejected condition condición rechazada
rejected contract contrato rechazado
rejected deposit depósito rechazado
rejected goods mercancías rechazadas
rejected liability responsabilidad rechazada
rejected obligation obligación rechazada
rejected offer oferta rechazada
rejected policy póliza rechazada
rejected proposal propuesta rechazada
rejected responsibility responsabilidad
  rechazada
rejection rechazo
rejection by conduct rechazo por conducta
rejection date fecha de rechazo
rejection liability responsabilidad de rechazo
rejection of a bill rechazo de una letra
rejection of a bribe rechazo de un soborno
rejection of a check rechazo de un cheque
rejection of a contract rechazo de un contrato
rejection of a deposit rechazo de un depósito
rejection of a gift rechazo de una donación
rejection of a proposal rechazo de una
  propuesta
rejection of agreement rechazo de convenio
rejection of an insurance application
  rechazo de una solicitud de seguro
rejection of bail rechazo de fianza
rejection of benefits rechazo de beneficios
rejection of condition rechazo de condición
rejection of credit rechazo de crédito
rejection of goods rechazo de bienes, rechazo
  de mercancías
rejection of liability rechazo de
  responsabilidad
rejection of obligation rechazo de obligación
rejection of offer rechazo de oferta
rejection of office rechazo de cargo
rejection of order rechazo de orden
rejection of payment rechazo de pago
rejection of responsibility rechazo de
  responsabilidad
rejection of risk rechazo de riesgo
rejection of sale rechazo de venta
rejection procedure procedimiento de
  rechazo
rejoin presentar una dúplica, reingresar
rejoinder dúplica, contrarréplica

related relacionado, emparentado
related company compañía relacionada
related goods mercancías relacionadas
related parties partes relacionadas
related party transaction transacción entre
  partes relacionadas
relation relación, pariente, parentesco
relation back regla que indica que no se
  puede presentar una defensa nueva la cual
  no esté basada en la original
relations degree grado de parentela
relationship relación, parentesco
relative (adj) relativo, pertinente
relative (n) pariente
relative fact hecho secundario
relative impediment impedimento relativo
relative impossibility imposibilidad relativa
relative injuries daños relativos
relative rights derechos relativos
relatively relativamente
relator relator
release (n) liberación, descargo, finiquito,
  renuncia, quita
release (v) liberar, relevar, descargar,
  renunciar, volver a arrendar, permitir
release clause cláusula de liberación
release conditionally liberar condicionalmente
release from employment despedir
release from liability relevo de
  responsabilidad
release from obligation relevo de obligación
release from responsibility relevo de
  responsabilidad
release of lien liberación de gravamen
release of mortgage liberación de hipoteca
release of prisoner liberación de prisionero
release on bail liberar bajo fianza
release on own recognizance libertad bajo
  palabra
releasee beneficiario de una renuncia,
  beneficiario de una liberación
releaser quien renuncia, quien libera
releasor quien renuncia, quien libera
relet realquilar
relevance relevancia, pertinencia
relevancy relevancia, pertinencia
relevant relevante, pertinente
relevant allegation alegación relevante
relevant change cambio relevante
relevant circumstance circunstancia relevante
relevant defect defecto relevante
relevant error error relevante
relevant evidence prueba relevante
relevant fact hecho relevante
relevant misrepresentation representación
  falsa relevante
relevant mistake error relevante
relevant testimony testimonio relevante
reliability confiabilidad

reliable confiable, fidedigno
reliance confianza, resguardo
reliance on promise confianza en una promesa
relict viuda, viudo
reliction terreno obtenido por el retroceso permanente de aguas
relief asistencia, alivio, reparación
relieve relevar, reemplazar, exonerar, aliviar
religious freedom libertad religiosa
religious liberty libertad religiosa
relinquish abandonar, renunciar
relinquishment abandono, renuncia
relocate reubicar
relocatio renovación de un arrendamiento
relocation reubicación, cambio de los límites de una pertenencia minera
remainder remanente, interés residual en una propiedad, derecho adquirido sobre un inmueble al extinguirse el derecho de otro sobre dicho inmueble
remainder interest interés residual en una propiedad, derecho adquirido sobre un inmueble al extinguirse el derecho de otro sobre dicho inmueble
remainderman propietario de un interés residual en una propiedad, quien adquiere un derecho sobre un inmueble al extinguirse el derecho de otro sobre dicho inmueble
remainderperson propietario de un interés residual en una propiedad, quien adquiere un derecho sobre un inmueble al extinguirse el derecho de otro sobre dicho inmueble
remaining balance saldo remanente
remand devolver, reenviar
remanet remanente
remarry volver a casarse
remedial remediador
remedial action acción de indemnización
remedial statutes leyes reparadoras
remedy remedio, recurso
remember recordar, retener
reminder letter carta de recordatorio
remise renunciar
remission remisión, perdón
remissness negligencia, morosidad
remit remitir, perdonar, abandonar, anular
remitment anulación, acto de volver a poner bajo custodia
remittance remesa, envío
remittance letter carta de remesa, carta de envío
remitted remitido
remittee beneficiario de una remesa
remitter remitente, restitución
remitter identifier identificador de remitente
remitting bank banco remitente

remittitur procedimiento mediante el cual se reduce un veredicto excesivo del jurado
remittor remitente
remnant remanente
remodel remodelar
remonetization remonetización
remonstrance protesta
remote remoto, apartado
remote cause causa remota
remote damages daños remotos
remote electronic banking banca electrónica remota
remote possibility posibilidad remota
remoteness lejanía, improbabilidad
remoteness of evidence prueba demasiada remota
removal remoción, destitución, transferencia, eliminación
removal bond fianza para exportación de mercancías almacenadas
removal from office destitución de un cargo
removal of causes la transferencia de una causa a otro tribunal
remove restrictions remover restricciones
remove tariffs remover tarifas
removing cloud from title perfeccionamiento de título
remunerate remunerar
remunerated remunerado
remuneration remuneración, recompensa
remunerative remunerativo
render rendir, ceder, abandonar, pagar
render a service prestar un servicio
render an account rendir una cuenta
render invalid invalidar
render judgment dictar sentencia
render verdict emitir el veredicto
rendering of services prestación de servicios
rendezvous lugar designado para reunirse, reunión
rendition rendición, extradición, pronunciamiento
rendition of judgment pronunciamiento de una sentencia
rendition warrant orden de extradición
renegotiable renegociable
renegotiable terms términos renegociables
renegotiate renegociar
renegotiated renegociado
renegotiated loan préstamo renegociado
renegotiated terms términos renegociados
renegotiation renegociación
renew renovar, reanudar, extender
renew a bill renovar una letra
renew a contract renovar un contrato
renew a lease renovar un arrendamiento
renew a policy renovar una póliza
renewable renovable
renewable contract contrato renovable

renewable health insurance seguro de salud renovable
renewable insurance seguro renovable
renewable lease arrendamiento renovable
renewable life insurance seguro de vida renovable
renewable policy póliza renovable
renewable term término renovable
renewable term insurance seguro de término renovable
renewable term life insurance seguro de término renovable
renewal renovación
renewal clause cláusula de renovación
renewal of agreement renovación de contrato
renewal of contract renovación de un contrato
renewal of copyright renovación de derechos de autor
renewal of insurance policy renovación de póliza de seguro
renewal of lease renovación de arrendamiento
renewal of license renovación de licencia
renewal of patent renovación de patente
renewal of permission renovación de permiso
renewal of permit renovación de permiso
renewal of policy renovación de póliza
renewal of trademark renovación de marca comercial
renewal option opción de renovación
renewal premium prima por renovación
renewal provision cláusula de renovación
renounce renunciar, repudiar
renovate renovar
renovation renovación
rent renta, alquiler
rent control control de alquileres, restricciones sobre lo que se puede cobrar de alquiler
rent day día de pago de alquiler
rent-free period período libre de pagos de alquiler
rent strike instancia en la cual los arrendatarios se organizan y no pagan el alquiler hasta que el arrendador cumpla con sus exigencias
rentable alquilable
rental alquiler
rental value valor de alquiler
rented alquilado
renter alquilante, arrendatario
renter's insurance seguro de arrendatario
rents, issues and profits las ganancias provenientes de las propiedades
renunciation renunciación, renuncia
renunciation of a claim renuncia a un derecho
renunciation of citizenship renuncia a la ciudadanía

renunciation of property abandono de propiedad
renvoi reenvío
reo absente en la ausencia del reo
reopen a case reabrir un caso, reabrir una causa
reopening a case reabrir un caso, reabrir una causa
reorder reordenar, volver a pedir
reorganization reorganización
reorganization bond bono de reorganización
reorganization committee comité de reorganización
reorganize reorganizar
repair reparar, remediar
repairs reparaciones
reparable reparable
reparable injury daños reparables
reparation reparación, indemnización
repatriation repatriación
repay reembolsar, reciprocar
repayable reembolsable
repayment reembolso
repeal (n) derogación, revocación, anulación, abrogación
repeal (v) derogar, revocar, anular, abrogar
repeaters reincidentes
repertory libro notarial, repertorio
repetition repetición, reiteración
replace reemplazar, reponer
replaceable reemplazable
replacement reemplazo
replacement cost costo de reemplazo
replacement cost insurance seguro con costo de reemplazo
replacement reserve reserva para el reemplazo
replacement value valor de reemplazo
replead presentar un nuevo alegato
repleader un nuevo alegato
repleviable reivindicable
replevin reivindicación
replevin bond fianza en una acción reivindicatoria
replevisor reivindicador, demandante en una acción reivindicatoria
replevy entrega al demandante de los bienes muebles en cuestión ante la posibilidad de una acción reivindicatoria
repliant replicante
replicant replicante
replication réplica
reply respuesta, réplica
report (n) informe, relación, información
report (v) informar, relatar, anunciar, delatar
report form formulario de informe
report of condition informe de condición
reportable event acontecimiento reportable
reporter relator, colección de jurisprudencia,

estenógrafo del tribunal, reportero
reporting days días de informes
reports colección de jurisprudencia
repossession reposesión, recobro de una posesión, recuperación
reprehensible reprensible
represent representar
representation, estoppel by impedimento por declaraciones propias
representation, right of derecho de representación
representation representación, manifestación
representation by counsel representación por abogado
representation letter carta de representación
representation of persons representación de personas
representative representante, delegado
representative sample muestra representativa
repressive tax impuesto represivo
repricing opportunities oportunidades para cambiar términos, oportunidades para cambiar tasas
reprieve suspensión temporal
reprimand (n) reprimenda, censura
reprimand (v) reprender, censurar
reprisal represalia
reproach reprochar, censurar
reproduce reproducir, duplicar
reproduction reproducción
reproduction cost costo de reproducción
republic república
republican republicano
republican government gobierno republicano
republication revalidación de un testamento, nueva publicación
repudiate repudiar, rechazar, negar
repudiation repudio, rechazo, incumplimiento de una obligación contractual
repugnancy incompatibilidad, contradicción, repugnancia
repugnant incompatible, contradictorio, repugnante
repugnant clause estipulación incompatible con otras dentro de un contrato
repugnant condition condición incompatible con otras dentro de un contrato
repurchase recompra, readquisición, redención
repurchase agreement contrato de retroventa, pacto de recompra
reputable respetable
reputable citizen ciudadano respetable
reputation reputación
repute reputación
reputed reputado
reputed owner dueño aparente
request (n) solicitud, petición
request (v) solicitar, peticionar, pedir

require requerir, exigir
required requerido
required act acto requerido
required amount cantidad requerida
required balance balance requerido
required care cuidado requerido
required clause cláusula requerida
required component componente requerido
required condition condición requerida
required deposit depósito requerido
required diligence diligencia requerida
required easement servidumbre requerida
required expense gasto requerido
required insurance seguro requerido
required parties partes requeridas
required rate tasa requerida
required repairs reparaciones requeridas
required reserve reserva requerida
required return rendimiento requerido
required servitude servidumbre requerida
required stipulation estipulación requerida
required testimony testimonio requerido
required witness testigo requerido
requirement contract contrato de suministro
requisition requisición, solicitud, requerimiento, pedido de extradición
requisitionist solicitante
reregistration rerregistro, reinscripción
res cosa, asunto, res
res accessoria cosa accesoria
res communes cosas comunes, propiedad común
res corporales cosas corpóreas
res derelicta cosa abandonada, propiedad abandonada
res gestae cosas hechas
res immobiles inmuebles
res incorporales cosas incorpóreas
res integra cuestión sin precedente, algo completo
res ipsa loquitur la cosa habla por sí misma, res ipsa loquitur
res judicata cosa juzgada, res judicata
res mobiles bienes muebles
res nova una nueva cuestión
res nullius cosa de nadie, propiedad de nadie
res privatae cosas privadas
res publicae cosas públicas
resale reventa
resale price precio de reventa
resale price maintenance control de los precios de reventa
rescind rescindir
rescissio rescisión
rescission, right of derecho de rescisión
rescission rescisión
rescission of contract rescisión de contrato
rescissory rescisorio
rescript rescripto, decreto

rescue rescate, salvamento

rescue doctrine doctrina que indica que una persona quien por su negligencia pone en peligro a otra es responsable por las lesiones sufridas por un tercero ayudando al segundo

research investigación

research and development investigación y desarrollo

resell revender

reservable deposits depósitos reservables

reservation reservación, reserva

reservation of rights reserva de derechos

reserve (n) reserva, restricción

reserve (v) reservar, retener

reserve account cuenta de reserva

reserve adjustment ajuste de reserva

reserve banks bancos de la Reserva Federal

reserve clause cláusula de reserva

reserve deficiency deficiencia de reserva

reserve deposit depósito de reserva

reserve for contingencies reserva para contingencias

reserve for depreciation reserva para depreciación

reserve fund fondo de reserva

reserve increase aumento de reserva

reserve method método de reserva

reserve ratio razón de encaje, coeficiente de encaje

reserve requirement requisito de reservas

reserve rights reservar derechos

reserved reservado

reserved land tierras reservadas

reserved powers poderes reservados

resettlement modificación de una orden, modificación de un decreto

reside residir, vivir

residence residencia

residence of corporation domicilio de una corporación, domicilio de una persona jurídica, domicilio de una empresa

residency requirements requisitos de residencia

resident residente

resident agent persona autorizada a recibir notificaciones en una jurisdicción

resident alien extranjero residente

residential residencial

residential construction insurance seguro de construcción residencial

residential density densidad residencial

residential district distrito residencial

residential mortgage hipoteca residencial

residential property propiedad residencial

residual residual, restante

residual amount cantidad residual

residual disability discapacidad residual

residual value valor residual

residuary residual, remanente

residuary account declaración de la sucesión residual

residuary bequest legado residual, legado de los bienes muebles residuales de una sucesión

residuary clause cláusula concerniente a la disposición de los bienes residuales de una sucesión

residuary devise legado de los bienes inmuebles residuales de una sucesión

residuary devisee legatario a quien le corresponden los bienes inmuebles residuales

residuary estate bienes residuales de una sucesión, sucesión residual

residuary legacy legado residual, legado de los bienes muebles residuales de una sucesión

residuary legatee legatario a quien le corresponden los bienes muebles residuales

residue bienes residuales de una sucesión, sucesión residual, residuo, remanente

residuum residuo, activo neto de la sucesión

resignation resignación, dimisión, renuncia

resist resistir, tolerar

resistance resistencia

resisting an officer resistirse a la autoridad

resolution resolución, decisión

resolution of company resolución corporativa

resolutory condition condición resolutoria

resolve resolver, decidir, acordar

resort (n) recurso

resort (v) recurrir, frecuentar

resources recursos

respective respectivo, individual

respite suspensión, aplazamiento

respite of appeal aplazamiento de la apelación

respond responder

respondent demandado, apelado

response respuesta, reacción

response time tiempo de respuesta

responsibility responsabilidad

responsibility accounting contabilidad de responsabilidad

responsible responsable

responsible bidder postor responsable

responsible cause causa responsable

responsible government gobierno responsable

responsive responsivo, respondiente

rest (n) descanso, residuo

rest (v) terminar la presentación de las pruebas, descansar

resting a case terminar la presentación de las pruebas

restitutio in integrum beneficio de restitución, restitución a la condición previa

restitution, right of derecho a restitución

restitution restitución, restablecimiento

restoration restauración, rehabilitación, restitución
restoration of plan restauración de plan
restoration premium prima por restauración
restore restaurar
restrain restringir, prohibir, refrenar
restraining order inhibitoria
restraint restricción, prohibición, limitación
restraint of marriage restricción matrimonial
restraint of trade restricción al comercio, limitación al libre comercio
restraint on alienation restricción en cuanto a la transferencia
restraint on use restricción en cuanto al uso
restrict restringir, limitar
restricted restringido, limitado
restricted acceptance aceptación restringida
restricted admissibility admisibilidad restringida
restricted agency agencia restringida
restricted agent agente restringido
restricted appeal apelación restringida
restricted articles artículos restringidos
restricted authority autoridad restringida
restricted by law restringido por ley
restricted check cheque restringido
restricted credit crédito restringido
restricted data datos restringidos
restricted distribution distribución restringida
restricted funds fondos restringidos
restricted guarantee garantía restringida
restricted guaranty garantía restringida
restricted insurance seguro restringido
restricted interpretation interpretación restringida
restricted jurisdiction jurisdicción restringida
restricted liability responsabilidad restringida
restricted list lista de valores restringidos
restricted market mercado restringido
restricted policy póliza restringida
restricted power of appointment poder de designación restringido
restricted review revisión restringida
restricted shares acciones con restricciones en cuanto a la transferencia
restricted stock acciones con restricciones en cuanto a la transferencia
restricted trust fideicomiso restringido
restriction restricción, limitación
restriction of competition restricción de la competencia
restrictive restrictivo
restrictive condition condición restrictiva
restrictive covenant estipulación restrictiva, pacto restrictivo
restrictive endorsement endoso restrictivo
restrictive indorsement endoso restrictivo
restrictive interpretation interpretación restrictiva

restructure reestructurar
restructured reestructurado
restructured loan préstamo reestructurado
restructuring reestructuración
restructuring of debt reestructuración de deuda
result resultado, efecto
resulting resultante
resulting trust fideicomiso resultante, fideicomiso inferido por ley
resume reasumir, reanudar
resume payments reanudar pagos
resummons un segundo emplazamiento
retail (n) venta al por menor
retail (v) vender al por menor
retail price precio al por menor
retail sale venta al por menor
retail sales tax impuesto sobre ventas al por menor
retail trade comercio al por menor
retailer detallista, minorista, quien vende al por menor
retain retener, contratar los servicios de un abogado
retainage cantidad retenida en un contrato de construcción hasta un período acordado
retained retenido
retained tax impuesto retenido
retainer, right of derecho de retención
retainer contrato para los servicios de un abogado, pago por adelantado para contratar los servicios de un abogado, pago por adelantado para contratar los servicios de un profesional
retaining fee anticipo al abogado
retaining lien derecho del abogado de retener dinero o bienes de un cliente para obtener honorarios
retaliation represalia
retaliatory duty arancel de represalia
retaliatory eviction desalojo como represalia por actividades de un inquilino
retaliatory law ley recíproca, ley del talión
retention, right of derecho de retención
retention retención
retention requirement requisito de retención
retire retirar, retirarse
retired securities valores retirados
retirement retiro
retirement age edad de retiro
retirement annuity pensión de retiro
retirement benefits beneficios de retiro
retirement fund fondo de retiro
retirement income ingresos de retiro
retirement income payments pagos de ingresos de retiro
retirement income policy póliza de ingresos de retiro
retirement of debt retiro de deuda

retirement of jury retiro del jurado de la sala para deliberar

retirement plan plan de retiro

retorsion retorsión

retract retractar

retractable retractable

retraction retracción

retraining reentrenamiento

retraxit él ha desistido, desistimiento de la acción

retreat retroceder

retreat to the wall agotar todos los recursos razonables antes de tener que matar a un agresor en defensa propia

retrial nuevo juicio

retribution retribución

retributive retributivo

retro anterior

retroactive retroactivo

retroactive adjustment ajuste retroactivo

retroactive conversion conversión retroactiva

retroactive decision fallo retroactivo

retroactive extension extensión retroactiva

retroactive insurance seguro retroactivo

retroactive law ley retroactiva

retroactive liability insurance seguro de responsabilidad retroactivo

retroactive pay paga retroactiva

retroactive rate tasa retroactiva

retroactive rate adjustment ajuste de tasa retroactivo

retroactive salary salario retroactivo

retroactive wages salario retroactivo

retroactively retroactivamente

retroactivity retroactividad

retrocession retrocesión

retrospective retrospectivo

retrospective law ley retrospectiva

return (n) retorno, informe del funcionario judicial sobre el trámite a su cargo, planilla, respuesta

return (v) volver, devolver, reciprocar

return a verdict emitir un veredicto

return day día del informe del funcionario judicial sobre el trámite a su cargo

return of premium reembolso de la prima

return of process informe del funcionario judicial sobre el trámite a su cargo

return premium prima devuelta

returnable devolutivo, restituible, contestable

returned devuelto

returned check cheque devuelto

returned goods mercancías devueltas

returned letter carta devuelta

revalorization revalorización

revaluation revaluación, retasación

revaluation clause cláusula de retasación

revendication reivindicación

revendication action acción reivindicatoria

revenue ingreso, renta

revenue bills proyectos de ley tributarias

revenue law ley tributaria, ley fiscal

revenue ruling decisión tributaria

revenue stamp estampilla fiscal, timbre fiscal

reversal revocación, anulación, inversión

reversal of judgment revocación de sentencia

reverse revocar, derogar, anular

reverse annuity mortgage hipoteca de anualidad invertida

reverse discrimination discriminación inversa

reverse mortgage hipoteca inversa

reverse transfer transferencia inversa

reversed revocado, anulado

reversible error error que justifica una revocación

reversing entry contraasiento

reversion reversión

reversionary de reversión

reversionary interest derecho de reversión

reversionary lease arrendamiento a tomar efecto al expirar uno existente

reversioner quien tiene el derecho de reversión

revert revertir

reverter reversión

revest reponer, reinstalar, restablecer

review (n) revisión, reexaminación, examen

review (v) revisar, reexaminar, examinar

reviewable apelable, revisable

revise revisar, enmendar, modificar, reexaminar

revised statutes estatutos revisados

revision revisión, enmienda, modificación

revision of contract revisión de contrato

revision of statutes revisión de estatutos

revision of terms revisión de términos

revival restablecimiento, renovación

revival of action restablecimiento de la acción

revival of easement restablecimiento de servidumbre

revival of offer restablecimiento de la oferta

revival of policy restablecimiento de la póliza

revival of will restablecimiento del testamento

revive revivir, renovar, restablecer

revivor, bill of recurso de restablecimiento

revocable revocable, cancelable

revocable beneficiary beneficiario revocable

revocable credit crédito revocable

revocable letter of credit carta de crédito revocable

revocable transfer transferencia revocable

revocable trust fideicomiso revocable

revocation revocación, cancelación

revocation by order of a court revocación por orden judicial

revocation of agency revocación de agencia

revocation of gift revocación de donación

revocation of offer revocación de oferta

revocation of power of attorney revocación de poder
revocation of probate revocación de la homologación de un testamento
revocation of will revocación de testamento
revoke revocar, cancelar
revolt revuelta
revolution revolución
revolving account cuenta rotatoria
revolving charge account cuenta de crédito rotatorio
revolving credit crédito rotatorio, crédito renovable
revolving credit line línea de crédito rotatorio
revolving letter of credit carta de crédito renovable
revolving line of credit línea de crédito rotatorio
revolving loan préstamo renovable
reward recompensa
rewrite reescribir
rezone rezonficicar
rezoning rezonificación
Richard Roe Fulano de Tal
ricochet rebote
rider cláusula adicional, anexo
rifle rifle
right (adj) justo, correcto, legítimo, recto
right (adv) correctamente, directamente
right (n) derecho, justicia, título, propiedad, privilegio
right (v) corregir, hacer justicia
right and wrong test determinación de si la persona estaba insana al cometer un crimen
right heirs herederos legítimos
right in action derecho de acción
right in personam derecho de una obligación personal
right in rem derecho real
right-minded justo, recto
right of action derecho de acción
right of angary derecho de angaria
right of appeal derecho de recurso, derecho de apelación
right of approach derecho de revisar una nave
right of assembly derecho de reunión, libertad de organización
right of asylum derecho de asilo
right of choice derecho de selección
right of conscience libertad de conciencia
right of drainage servidumbre de drenaje
right of entry derecho de ingreso
right of first refusal derecho de prelación, derecho de tener la primera oportunidad de comprar un inmueble al estar disponible
right of fishery derecho de pesca
right of foreclosure derecho de ejecución hipotecaria

right of habitation derecho de habitar
right of local self-government derecho a un gobierno autónomo para asuntos locales
right of ownership derecho de posesión
right of possession derecho de posesión
right of privacy derecho a la privacidad
right of property derecho de propiedad
right of recovery derecho de recuperación
right of redemption derecho de redención
right of representation derecho de representación
right of rescission derecho de rescisión
right of restitution derecho a restitución
right of retainer derecho de retención
right of retention derecho de retención
right of return derecho de devolución
right of sale derecho de venta
right of search derecho a allanar, derecho de visita
right of survivorship derecho de supervivencia
right of use derecho de uso
right of way derecho de paso, servidumbre de paso
right of withdrawal derecho de retiro
right to attorney derecho a abogado defensor
right to buy derecho de compra
right to light servidumbre de luz
right to marry derecho a contraer matrimonio
right to privacy derecho a la privacidad
right to redeem derecho de redención
right to retainer derecho de retención
right to sell derecho de vender
right to strike derecho de huelga
right to vote derecho al voto
right to work derecho al trabajo
right-to-work laws leyes sobre los derechos al trabajo
rightful justo, apropiado, legítimo
rightfully legítimamente, correctamente
rightfulness legalidad, justicia
rightly justamente, apropiadamente
rightness justicia, rectitud, exactitud
rigor juris derecho estricto
rigor mortis rigidez del cadáver
ring camarilla
ringleader cabecilla
riot motín, tumulto
riot exclusion exclusión por motines
rioter amotinador
riparian ribereño
riparian owner propietario ribereño
riparian rights derechos ribereños
riparian waters aguas a un nivel no mayor de su flujo normal
ripe for judgment listo para la sentencia
rise in rent alza de alquiler
rising alzamiento
risk riesgo

risk-adjusted ajustado por riesgo
risk adjustment ajuste por riesgo
risk administration administración de riesgos
risk analysis análisis del riesgo
risk appraisal evaluación del riesgo
risk assessment evaluación del riesgo
risk assumed riesgo asumido
risk assumption asunción del riesgo
risk avoidance evitación de riesgos
risk-based capital capital basado en riesgo
risk capital capital de riesgo
risk category categoría de riesgo
risk classification clasificación de riesgo
risk control control de riesgos
risk factor factor de riesgo
risk-free sin riesgo
risk financing financiamiento de riesgos
risk identification identificación de riesgos
risk incident to employment riesgos los cuales acompañan un oficio
risk increase aumento del riesgo
risk investments inversiones de riesgo
risk management administración de riesgos
risk measurement medición de riesgos
risk participation participación en riesgos
risk premium prima adicional por tomar un riesgo mayor que lo normal
risk reduction reducción de riesgos
risk retention retención de riesgos
risk-reward ratio razón riesgo-recompensa
risk selection selección de riesgos
risk transfer transferencia del riesgo
riskless sin riesgo
riskless transaction transacción sin riesgo
risks of navigation riesgos de la navegación
rival rival
river banks límites del río
river basin cuenca de río
riverside ribera
road camino, ruta
road accident accidente en un camino
road toll peaje de autopista
roadblock barricada, obstáculo
roadside orilla de un camino
roam vagar
roamer vagabundo
rob robar
robber ladrón
robbery robo
robbery insurance seguro contra robos
rogatory letters solicitud rogatoria, carta rogatoria
rogue bribón, pillo, vago
roll (n) registro, nómina, lista
roll (v) robar, robar con el uso de la fuerza, rodar
rollover transferencia
roomer inquilino
root of title el primer título en un resumen de

título
roster registro, nómina
rotation rotación
rotten podrido, deteriorado, corrompido
rough copy borrador
rough draft borrador
round trip viaje ida y vuelta
rounding redondeo
roundly rotundamente, completamente
route ruta, itinerario, rumbo
royal prerogative prerrogativa real
royalty regalía, realeza
rubber check cheque devuelto por insuficiencia de fondos, cheque sin fondos
rubric rúbrica, título de una ley, título
rudeness rudeza, violencia
rule (n) regla, norma, costumbre, orden judicial, principio, fallo
rule (v) ordenar, decidir, fallar
rule absolute orden judicial absoluta, fallo final
rule against fallar en contra de
rule against perpetuities regla que prohibe crear un interés futuro si no existe la posibilidad de que se transfiera dentro de los 21 años más período de gestación de haberse creado
rule nisi fallo final tentativo, orden judicial provisional la cual se hará definitiva e imperativa a menos que se pueda dar razones suficientes en su contra
rule of apportionment regla de la distribución
rule of court regla procesal
rule of law principio de derecho
rule of lenity principio de la clemencia
rule of presumption principio de presunción
rule of reason principio de la razón
rule of reasonable certainty regla de la certeza razonable
rules of appellate procedure reglas del procedimiento apelativo
rules of civil procedure reglas del procedimiento civil
rules of court reglamento procesal, normas procesales
rules of criminal procedure reglas del procedimiento penal
rules of evidence reglas en materia de prueba
rules of navigation código de navegación
rules of professional conduct normas del comportamiento profesional
ruling (adj) predominante, imperante
ruling (n) decisión
run (n) retiro colectivo de los fondos de un banco a causa del pánico, serie, clase
run (v) tener vigencia, tener efecto legal, administrar, correr, huir
runner mensajero, persona que atrae clientes para abogados de entre las víctimas de

accidentes
running account cuenta corriente
running costs costos de mantener un negocio en marcha, costos de explotación
running days días corridos
running of the statute of limitations expiración del término de prescripción
running policy póliza corriente
running with the land derechos que se transfieren junto al inmueble en cuestión, obligaciones que se transfieren junto al inmueble en cuestión
rural rural
rural servitude servidumbre rural

S

S Corporation corporación pequeña la cual ha elegido que se le impongan contribuciones como personas naturales
sabotage (n) sabotaje
sabotage (v) sabotear
sack saqueo, pillaje
sadism sadismo
sadist sádico
safe (adj) seguro, salvo, prudente, leal
safe (n) caja fuerte
safe deposit box caja de seguridad
safe deposit company compañía que alquila cajas de seguridad
safe harbor rule estipulación en las leyes tributarias para amparar a una persona que ha tratado de cumplir con la ley
safe limit of speed velocidad máxima prudente
safe place to work lugar seguro para trabajar
safeguard salvaguardia, salvoconducto
safekeeping custodia, depósito
safekeeping certificate certificado de depósito, certificado de custodia
safely sin peligro, sin accidentes
safety seguridad, seguro de arma de fuego
safety audit auditoría de seguridad
safety belt cinturón de seguridad
safety commission comisión de seguridad
safety deposit box caja de seguridad
safety factor factor de seguridad
safety margin margen de seguridad
safety of principal seguridad del principal
safety statutes leyes concernientes a la seguridad en el trabajo
said dicho, antedicho, citado
sail navegar, zarpar
sailing instructions instrucciones de navegación
salable vendible
salable value valor justo en el mercado
salary salario, paga
salary adjustment ajuste salarial
salary administration administración salarial
salary agreement convenio salarial
salary assignment cesión salarial, asignación salarial
salary bracket escala salarial
salary ceiling techo salarial

salary compression compresión salarial
salary continuation plan plan de continuación salarial
salary control control salarial
salary cut disminución salarial
salary decrease disminución salarial
salary dispute disputa salarial
salary earner devengador salarial
salary floor mínimo salarial
salary freeze congelación salarial
salary garnishment embargo salarial
salary increase aumento salarial
salary increment incremento salarial
salary index índice salarial
salary inflation inflación salarial
salary level nivel salarial
salary minimum mínimo salarial
salary rate tasa salarial
salary reduction reducción salarial
salary reduction plan plan de reducción salarial
salary review revisión salarial
salary rise alza salarial
salary scale escala salarial
salary stabilization estabilización salarial
salary structure estructura salarial
salary tax impuesto salarial
sale venta, compraventa
sale and leaseback venta de una propiedad que entonces se arrienda a quien lo vendió
sale and purchase compraventa
sale and return venta con derecho de devolución
sale at retail venta al por menor
sale by auction venta mediante subasta
sale by sample venta mediante muestras
sale by the court venta judicial
sale in gross venta en conjunto
sale-note nota de venta
sale on approval venta sujeta a la aprobación
sale on condition venta condicional
sale on credit venta a crédito
sale or return venta con derecho de devolución
sale price precio de venta
sale with all faults venta en que no se ofrecen garantías
sale with right of redemption venta con derecho de redención
sales account cuenta de ventas
sales administration administración de ventas
sales administrator administrador de ventas
sales agent agente de ventas
sales agreement contrato de compraventa
sales allowance rebaja en ventas
sales book libro de ventas
sales charge cargo por ventas de valores, cargos por ventas
sales contract contrato de compraventa

sales discount descuento de venta
sales invoice factura de venta
sales journal libro de ventas
sales ledger libro mayor de ventas
sales letter carta de ventas
sales literature información escrita de ventas
sales management administración de ventas
sales manager gerente de ventas
sales manual manual de ventas
sales policy política de ventas
sales price precio de venta
sales representative representante de ventas
sales revenue ingresos de ventas
sales tax impuesto sobre las ventas
sales volume volumen de ventas
salesperson vendedor
salient saliente, sobresaliente
salus salud
salvage salvamento, la compensación por asistir en un salvamento
salvage charges gastos de salvamento
salvage loss la diferencia entre el valor de los bienes recuperados menos el valor original de dichos bienes
salvage service servicio de salvamento
salvage value valor residual
salvor quien ayuda en un salvamento sin previo convenio
same igual, mismo, uniforme
same evidence test prueba para determinar si los hechos alegados en la segunda acusación podrían haber resultado en una convicción en la primera acusación si se hubieran presentado como prueba entonces
same invention la misma invención
same offense el mismo delito
sameness igualdad, uniformidad
sample muestra, modelo
sampling muestra, catadura
sanction (n) sanción, ratificación, autorización
sanction (v) sancionar, ratificar
sanctuary asilo
sandwich lease arrendamiento del arrendatario que subarrienda a otro
sane cuerdo, sensato
sanguis consanguinidad
sanitarily sanitariamente
sanitary sanitario, higiénico
sanitary code código sanitario
sanitation saneamiento
sanity cordura, sensatez
sanity hearing indagación para determinar si la persona está mentalmente capacitada para ser enjuiciada
satisfaction satisfacción, cumplimiento, liquidación
satisfaction of judgment documento que certifica que se ha cumplido con una sentencia

satisfaction of lien documento mediante el cual se libera un gravamen
satisfaction of mortgage documento que certifica que se ha liquidado una hipoteca
satisfaction piece documento que certifica que se ha liquidado una hipoteca
satisfactorily satisfactoriamente
satisfactory satisfactorio
satisfactory endorser endosante satisfactorio
satisfactory evidence prueba suficiente
satisfactory indorser endosante satisfactorio
satisfactory proof prueba suficiente
satisfactory title título satisfactorio
satisfy satisfacer, cumplir, liquidar, cancelar
saturation saturación
Saturday night special pistola fácil de ocultar frecuentemente usada en robos a mano armada
savage salvaje, cruel
savagely salvajemente, cruelmente
save salvar, exceptuar, eximir, ahorrar, interrumpir un término de tiempo
save harmless clause cláusula de indemnidad
saving (adj) rescatador, ahorrativo
saving (n) reserva, economía
saving clause cláusula restrictiva, cláusula que indica que si se invalida una parte de una ley o de un contrato que no se invalidarán las demás
savings ahorros
savings account cuenta de ahorros
savings account loan préstamo colaterizado con cuenta de ahorros
savings and loan association sociedad de ahorro y préstamo
savings and loan bank banco de ahorro y préstamo
savings bank banco de ahorros
savings certificate certificado de ahorros
say decir, expresar, indicar
say about más o menos
scab rompehuelgas, esquirol
scale escala, tarifa
scale of costs escala de costos
scale of fees escala de cargos
scale of salaries escala de salarios
scale of wages escala de salarios
scale tolerance las pequeñas diferencias en la medición del peso entre básculas diferentes
scalper especulador en cantidades pequeñas, quien revende entradas de espectáculos en exceso del valor nominal
scan recorrer con la mirada, escudriñar
scandal escándalo, deshonra
scandalize escandalizar
scandalous escandaloso, ignominioso
scandalous matter asunto escandaloso, asunto ignominioso
scar cicatriz

scarce escaso, insuficiente
scarcity escasez, insuficiciencia
scare asustar, intimidar
scenario analysis análisis del panorama
scene escena, escándalo
scent olor, indicio, pista
schedule programa, horario, lista, anejo
schedule of charges lista de cargos
schedule of costs lista de costos
schedule of fees lista de cargos
schedule of rates lista de tasas
schedule rating método de calcular primas de seguros dependiendo de las características especiales del riesgo
scheduled coverage cobertura de acuerdo a una lista de bienes con sus valores respectivos
scheduled maintenance mantenimiento programado
scheduled policy póliza para cobertura de acuerdo a una lista de bienes con sus valores respectivos
scheduled property lista de bienes asegurados con sus valores respectivos
scheme esquema, sistema, treta
scheme to defraud treta para defraudar
scholarship beca, erudición
school age edad escolar
school board junta escolar
school district distrito escolar
scienter a sabiendas
scilicet es decir
scintilla of evidence la menor cantidad de prueba
scold quien es una molestia pública, reñidor, regañón
scope alcance, intención
scope of a patent el alcance de una patente
scope of authority el alcance del poder
scope of employment las actividades que lleva a cabo un empleado al cumplir con sus deberes del trabajo
scorn (n) desdén, menosprecio
scorn (v) desdeñar, menospreciar
scot-free impune, ileso
scrambling possession posesión disputada
scream grito
scrip vale, certificado
script manuscrito, original, escritura
scroll rollo de pergamino
scruple escrúpulo, duda
scrupulous escrupuloso
scrutinize escudriñar
scrutiny escrutinio
scurrilous grosero, vulgar
scurry huida
se defendendo en defensa propia
sea bed lecho del mar
sea carrier cargador marítimo

sea coast costa
sea damage daño en alta mar
sea insurance seguro marítimo
sea laws leyes marítimas
sea perils riesgos de alta mar
sea risks riesgos de alta mar
sea trade comercio marítimo
seafront costa
seal (n) sello, timbre
seal (v) sellar, concluir, determinar
seal of approval sello de aprobación
seal of corporation sello corporativo
sealed sellado
sealed and delivered sellado y entregado
sealed bid oferta en sobre sellado
sealed instrument instrumento sellado
sealed verdict veredicto en sobre sellado
sealer sellador
sealing el acto de sellar
seaman marinero
seance sesión
seaport puerto marítimo
search, right of derecho a allanar, derecho de
    visita
search (n) búsqueda, allanamiento, registro,
    investigación
search (v) buscar, registrar, allanar,
    examinar, investigar
search and seizure allanamiento y secuestro,
    registros y secuestros
search of title búsqueda de título, estudio de
    título
search-warrant orden de allanamiento, auto
    de registro
seashore costa
seasonal estacional, de temporada
seasonal employment empleo por temporada
seasonal unemployment desempleo por
    temporada
seasonal work trabajo estacional
seasonally estacionalmente
seat sede, residencia
seat belt cinturón de seguridad
seat of court sede de un tribunal
seat of government sede del gobierno
seated land terreno ocupado o cultivado
seaworthiness navegabilidad
seaworthy apropiado para la navegación
secede separarse
secession secesión
second (adj) segundo, subordinado
second (v) secundar, ayudar, apoyar
second cousin primo segundo, prima segunda
second degree crime crimen en el segundo
    grado
second degree murder asesinato en el
    segundo grado
second delivery entrega de la escritura por el
    depositario

second-hand de segunda mano
second-hand evidence prueba por referencia
second lien segundo privilegio, segundo
    gravamen
second mortgage segunda hipoteca
second offense segundo delito
second-rate de calidad inferior
second the motion secundar la moción
secondarily secundariamente
secondary secundario, subordinado
secondary beneficiary beneficiario secundario
secondary boycott boicot secundario
secondary contract contrato que modifica o
    reemplaza uno anterior, contrato
    secundario
secondary conveyances cesiones derivadas
secondary creditor acreedor secundario
secondary easement servidumbre accesoria
secondary employment empleo secundario
secondary evidence prueba secundaria
secondary financing financiamiento
    secundario
secondary liability responsabilidad secundaria
secondary meaning significado secundario
secondary parties partes secundarias
secondary reserves reservas secundarias
secondary right derecho secundario
secondary strike huelga secundaria
secondary use uso condicional
secrecy secreto, encubrimiento, silencio
secret (adj) secreto, oculto, escondido
secret (n) secreto, misterio
secret agent agente secreto
secret association asociación secreta
secret ballot escrutinio secreto, voto secreto
secret communication comunicación secreta
secret equity derecho secreto, reclamo
    secreto
secret lien gravamen secreto
secret meeting reunión secreta
secret partner socio secreto
secret partnership sociedad secreta
secret process proceso secreto
secret profit ganancia oculta
secret reserve reserva oculta
secret service servicio secreto
secret trust fideicomiso secreto
secret vote voto secreto
secretary secretario
secretary general secretario general
secretary of corporation secretario de una
    corporación, secretario de una persona
    jurídica
secretary of embassy secretario de embajada
secretary of state secretario de estado
secrete ocultar, encubrir
secretly secretamente, ocultamente
section sección, párrafo, artículo
section of land una milla cuadrada de terreno

sectional parcial, regional
sector sector
secundum de acuerdo a, después de
secure (adj) seguro, cierto
secure (v) asegurar, garantizar, afirmar
secured garantizado
secured account cuenta garantizada
secured bond bono garantizado
secured credit crédito garantizado
secured credit card tarjeta de crédito
    colaterizado con cuenta de ahorros
secured creditor acreedor garantizado
secured debt deuda garantizada
secured loan préstamo garantizado
secured note pagaré garantizado
secured transaction transacción garantizada
securely seguramente
secureness seguridad, certeza
securities valores
securities account cuenta de valores
securities affiliate afiliado de valores
Securities and Exchange Commission
    Comisión de Valores y Bolsa
securities broker corredor de valores
securities exchange bolsa de valores
securities laws leyes de valores
securities loan préstamo de valores, préstamo
    colaterizado con valores
securities market mercado de valores
securities offering oferta de valores
securities rating clasificación de valores
securitization conversión a valores
security garantía, seguridad, fianza
security agreement acuerdo de garantía
security council consejo de seguridad
security deposit depósito de garantía
security for costs fianza para costas
security for good behavior fianza para
    garantizar la buena conducta
security interest derecho de vender un
    inmueble para satisfacer una deuda
security rating clasificación de seguridad
secus de otro modo
sedition sedición
seditious sedicioso
seditious libel libelo sedicioso
seduce seducir
seducement seducción
seducer seductor
seduction seducción
seem parecer
segment segmento, división
segmentation segmentación
segregated segregado
segregated account cuenta segregada
segregation segregación
segregation of securities segregación de
    valores
seisin posesión

seisin in fact posesión de hecho
seisin in law posesión de derecho
seize asir, tomar, capturar, embargar,
    secuestrar
seized secuestrado, embargado, confiscado,
    detenido
seizure secuestro, embargo, allanamiento,
    confiscación, detención
seldom raramente
select selecto
select council consejo superior municipal
selection of jurors selección de los miembros
    de un jurado
selection of risk selección de riesgo
selective selectivo
selective service system agencia federal
    encargada del proceso de reclutamiento de
    soldados
self-accusation autoacusación
self-accusatory autoacusatorio
self-adjusting autoajustable
self-administered autoadministrado
self-administered plan plan autoadministrado
self-amortizing autoamortizante
self-amortizing mortgage hipoteca
    autoamortizante
self-consistent autoconsistente
self-contradiction autocontradicción
self-contradictory autocontradictorio
self-control autocontrol
self-controlled autocontrolado
self-controlling autocontrolante
self-dealing transacciones en que una persona
    actúa como fiduciario para su propio
    beneficio
self-defense defensa propia
self-destruction suicidio
self-determination autodeterminación
self-discipline autodisciplina
self-employed quien tiene negocio propio,
    empleado autónomo
self-employment negocio propio
self-employment income ingresos
    provenientes de un negocio propio
self-employment retirement plan plan de
    retiro de negocio propio
self-employment tax impuesto a los que
    tienen negocio propio
self-executing de efecto inmediato
self-financing autofinanciación
self-governed autogobernado
self-government autogobierno
self-help ayuda propia
self-incrimination autoincriminación
self-inflicted autoinfligido
self-insurance autoseguro
self-insurer autoasegurador
self-interest interés propio
self-liquidating autoliquidante

self-liquidating loan préstamo autoliquidante
self-murder suicidio
self-preservation autopreservación
self-proved wills testamentos que hacen innecesarias ciertas formalidades de prueba al ejecutarse en cumplimiento con las leyes pertinentes
self-regulatory autoregulador
self-regulatory organization organización autoreguladora
self-restraint autocontrol
self-selection autoselección
self-service autoservicio
self-serving declaration declaración para beneficio propio
self-sufficient autosuficiente
sell vender, convencer
sell at auction vender mediante subasta
sell out venta de valores de un cliente por un corredor para compensar por falta de pago, traicionar
sell short vender valores que no se poseen corrientemente en cartera
seller vendedor
seller's lien gravamen del vendedor
seller's market mercado del vendedor, mercado que favorece a los que venden
seller's option opción del vendedor
selling agency agencia de ventas
selling agent agente de ventas
selling broker corredor de ventas
selling commission comisión de ventas
selling concession descuento de ventas
selling flat vendiéndose sin intereses
selling group grupo de ventas
selling group agreement convenio del grupo de ventas
selling license licencia de venta
selling price precio de venta
selling price clause cláusula de precio de venta
selling rights derechos de venta
selling syndicate sindicato de ventas
semaphore semáforo
semblance semejanza, apariencia
semen semen
semiannual semianual, semestral
semiannual adjustment ajuste semianual
semiannual audit auditoría semianual
semiannual basis base semianual
semiannual premium prima semianual
semifixed semifijo
semimonthly quincenal
seminaufragium seminaufragio, echazón con el propósito de proteger la nave
semiofficial semioficial
semivariable semivariable
semivariable premium prima semivariable
senate senado

senator senador
senatorial senatorial
send mandar, enviar, transmitir
sender remitente
sending bank banco que envía
senile senil
senility senilidad
senior superior, mayor, padre
senior citizen ciudadano de edad avanzada
senior counsel abogado principal
senior debt deuda de rango superior
senior interest derecho de rango superior
senior judge juez decano
senior lien privilegio de rango superior, gravamen de rango superior
senior mortgage hipoteca de rango superior
senior partner socio principal
senior securities valores de rango superior
seniority antigüedad, prioridad
seniority system sistema basado en antigüedad
sense sentido, significado
senseless sin sentido, insensato
sensible sensible, susceptible
sentence sentencia, fallo, condena
sentence in absentia sentencia en ausencia
sentence of death sentencia de muerte, pena de muerte
sentencing determinación de una sentencia
sentencing guidelines normas para usarse al determinar una sentencia
sentimental value valor sentimental
separability clause cláusula que indica que si se invalida una cláusula en un contrato no se invalidarán las demás
separable separable, divisible
separable contract contrato divisible
separable controversy controversia separable
separate (adj) separado, distinto
separate (v) separar, dividir
separate account cuenta separada
separate accounting contabilidad separada
separate action acción separada
separate agreement convenio separado
separate billing facturación separada
separate bookkeeping contabilidad separada
separate contract contrato separado
separate covenant estipulación que obliga a cada parte individualmente
separate estate bienes privativos
separate examination interrogatorio por separado
separate line of business línea de negocios separada
separate maintenance pensión para una esposa que no vive con su esposo
separate offenses delitos separados
separate opinion opinión separada
separate property bienes privativos
separate return planilla separada, declaración

de impuestos separada
separate trial juicio separado
separately separadamente
separateness estado de separación
separation separación, clasificación, separación matrimonial
separation a mensa et thoro separación sin disolución matrimonial
separation agreement convenio de separación matrimonial
separation from bed and board separación sin disolución matrimonial
separation of husband and wife separación matrimonial
separation of jury separación de los miembros de un jurado
separation of patrimony separación del patrimonio
separation of powers separación de poderes
separation of spouses separación matrimonial
separation of witnesses aislamiento de los testigos
separation order orden de separación matrimonial
sequel secuela, consecuencia
sequester secuestrar, confiscar, embargar, aislar
sequestered account cuenta congelada
sequestration secuestro, confiscación, embargo, aislamiento
sequestration of jury aislamiento del jurado
sequestrator secuestrador
sergeant-at-arms ujier
serial de serie, consecutivo
serial number número de serie
serial right derecho de publicar en serie
serially en serie
seriatim separadamente
series serie, colección
serious serio, grave
serious accident accidente grave
serious and willful misconduct conducta con la intención de ocasionar lesiones graves
serious bodily harm daño corporal grave, lesiones corporales graves
serious bodily injury daño corporal grave, lesiones corporales graves
serious crime delito grave
serious damage daños graves
serious illness enfermedad grave
serjeant-at-arms ujier
servant sirviente, empleado
serve servir, entregar, notificar, desempeñar
serve a sentence cumplir una condena
serve a summons presentar un emplazamiento, presentar una citación
service servicio, notificación judicial, ayuda
service adjustment ajuste de servicio
service bureau empresa de servicios

service business negocio de servicios
service by mail notificación mediante el correo
service by publication notificación mediante publicaciones
service center centro de servicio
service charge cargo por servicios
service company compañía de servicio
service corporation corporación de servicio
service cost costo de servicio
service department departamento de servicio
service establishment establecimiento donde se prestan servicios
service fee cargo por servicios
service level nivel de servicio
service life vida útil
service mark marca de servicios
service of a loan servicio de un préstamo
service of notice notificación judicial
service of process notificación de actos procesales, emplazamiento
service plan plan de servicios
service real servidumbre real
services rendered servicios prestados
servicing servicio, mantenimiento
servicing agreement contrato de servicio
servient sirviente
servient estate predio sirviente
servient tenement predio sirviente
serving sentence cumpliendo una sentencia
servitude servidumbre
session sesión
session laws leyes aprobadas durante una sesión legislativa
session of court sesión de un tribunal
set (adj) establecido, fijo
set (n) conjunto, serie, tendencia
set (v) poner, establecer, ajustar
set-amount annuity anualidad de cantidad fija
set annuity anualidad fija
set apart apartar
set aside revocar, cancelar, anular
set bail fianza fijada
set benefits beneficios fijos
set charges cargos fijos
set-cost contract contrato de costo fijo
set costs costos fijos, costas fijas
set credit line línea de crédito fija
set debt deuda fija
set deposit depósito a plazo fijo
set depreciation amortización fija
set-dollar annuity anualidad de cantidad fija
set down inscribir una causa en la lista de casos a ser juzgados, poner por escrito
set expenses gastos fijos
set factors factores fijos
set fee cargo fijo
set income ingreso fijo
set interest interés fijo, interés fijado

set obligation obligación fija
set of accounts conjunto de cuentas
set-off compensación, contrarreclamación
set out exponer, alegar
set period período fijo
set premium prima fija
set price precio fijo
set-price contract contrato a precio fijo
set procedure procedimiento fijo
set rate tasa fija
set rent renta fija
set residence residencia fija
set salary salario fijo
set selling price precio de venta fijo
set tax impuesto fijo
set term plazo fijo
set trust fideicomiso fijo
set up alegar
setback la distancia mínima de un linde dentro de la cual se puede edificar, contratiempo
settle transar, acordar, convenir, establecer, liquidar
settle accounts ajustar cuentas
settle out-of-court transar extrajudicialmente
settle up liquidar
settled account cuenta liquidada
settlement transacción, acuerdo, convenio, cierre, liquidación, residencia, establecimiento
settlement account cuenta de liquidación
settlement cost gastos de cierre
settlement currency moneda de liquidación
settlement date fecha de pago, fecha de entrega, fecha del cierre
settlement of accounts liquidación de cuentas
settlement options opciones de liquidación
settlement statement declaración del cierre, estado del cierre
settler residente en un terreno
settlor fideicomitente
sever separar, dividir
severability divisibilidad
severability clause cláusula que indica que si se invalida una parte en una ley o contrato no se invalidarán las demás
severable separable, divisible
severable contract contrato divisible
several separado, independiente, varios
several actions acciones separadas
several counts combinación de causas
several covenants estipulaciones que obligan a cada parte individualmente
several inheritance herencia transmitida separadamente
several liability responsabilidad independiente
several obligation obligación independiente
several ownership propiedad independiente
severally separadamente, independientemente
severally liable responsable

independientemente
severalty propiedad individual
severance separación, división
severance benefit beneficio por despido
severance indemnity indemnización por despido
severance of actions separación de acciones
severance of diplomatic relations rompimiento de relaciones diplomáticas
severance of issues separación de cuestiones
severance pay indemnización por despido
severance tax impuesto sobre la explotación de recursos naturales
severe severo, riguroso
sewer alcantarilla
sex sexo, acto sexual
sex discrimination discriminación sexual
sexual abuse abuso sexual
sexual assault acometimiento sexual
sexual harassment hostigamiento sexual
sexual intercourse relaciones sexuales
sexual organs órganos sexuales
sexual relations relaciones sexuales
shall deberá, podrá
sham (adj) falso, disimulado
sham (n) imitación, falsificación, engaño
sham answer respuesta falsa
sham defense defensa falsa, defensa de mala fe, defensa no pertinente
sham plea defensa con la intención de ocasionar demoras, alegación falsa
sham transaction transacción falsa
shape condición, forma, apariencia
share (n) acción, parte, porción
share (v) compartir, partir
share and share alike por partes iguales
share certificate certificado de acciones
sharecropper aparcero
sharecropping aparcería
shareholder accionista
shareholder's derivative action acción entablada por un accionista para hacer cumplir una causa corporativa
shareholder's equity porcentaje del accionista en una corporación
shareholder's liability responsabilidad del accionista
shareholder's representative action acción entablada de parte propia en representación de otros por un accionista para hacer cumplir una causa corporativa
shareholders' meeting reunión de accionistas, junta de accionistas
shares authorized acciones autorizadas
shares loan préstamo de acciones
shares purchase plan plan de compra de acciones
shares record registro de acciones
shares register registro de acciones

shares transfer transferencia de acciones

shares transfer agent agente de transferencia de acciones

shares transfer tax impuesto sobre la transferencia de acciones

sharp cláusula que le permite al acreedor entablar una acción rápida y sumaria en caso de incumplimiento

sheet hoja

shelter refugio, amparo

shelterer amparador, protector

sheriff alguacil

sheriff's sale venta o subasta judicial

Sherman Antitrust Act ley federal antimonopolio

shield laws leyes que le permiten a los periodistas mantener en secreto cierta información y las fuentes de dicha información

shift cambiar, trasladar

shift differential paga adicional por jornada irregular

shifting traslado, variación

shifting the burden of proof trasladar la carga de la prueba

shifting trust fideicomiso en el cual los beneficiarios pueden variar condicionalmente

shifting use transferencia de uso condicional

ship (n) nave, embarcación

ship (v) enviar, embarcar

ship broker corredor naviero, consignatario

ship-master capitán mercante

ship's papers documentación de la nave

ship's registry registro naval

shipment cargamento, embarque, envío

shipowner naviero

shipper cargador

shipping envío, embarque

shipping articles contrato de tripulación

shipping company compañía naviera

shipping date fecha de embarque

shipping documents documentos de embarque

shipping instructions instrucciones de embarque

shipping notice aviso de embarque

shipping order copia del conocimiento de embarque con detalles adicionales sobre la entrega, conocimiento de embarque

shipwreck naufragio

shire condado

shock choque, sacudida

shocking chocante, espantoso

shoot disparar, disparar y lesionar o matar a una persona

shop oficio, tienda, taller

shop-books libros de cuentas

shop right rule el derecho de un patrono de usar una invención de un empleado sin pagarle regalías

shop steward representante sindical

shoplifting hurto de mercancías en una tienda o negocio

shopper comprador, pequeño periódico local con fines publicitarios

shopping center centro comercial

shore costa, litoral

shore lands la tierra entre los niveles de la marea alta y baja

short vender valores que no se poseen corrientemente en cartera

short cause causa breve

short form forma corta, forma simplificada

short lease arrendamiento a corto plazo

short summons notificación de comparecer en un plazo corto de tiempo

short-term corto plazo

short-term care cuidado a corto plazo

short-term contract contrato a corto plazo

short-term creditor acreedor a corto plazo

short-term debt deuda a corto plazo

short-term disability discapacidad a corto plazo

short-term disability insurance seguro de discapacidad a corto plazo

short-term employee empleado a corto plazo

short-term employment empleo a corto plazo

short-term financing financiamiento a corto plazo

short-term lease arrendamiento a corto plazo

short-term liability responsabilidad a corto plazo, obligación a corto plazo

short-term loan préstamo a corto plazo

short-term policy póliza a corto plazo, política a corto plazo

short-term securities valores a corto plazo

short year año de menos de doce meses

shortage escasez, déficit

shorten acortar, reducir

shorthand taquigrafía

shortly en breve, brevemente

shot (adj) disparado

shot (n) disparo, bala

should deber de, haber de

shout gritar

shove empujar

show (n) indicación, demostración, apariencia

show (v) mostrar, demostrar, marcar

show cause order citación para demostrar por qué el tribunal no debe tomar cierta medida

show-up confrontación entre un sospechoso y el testigo de un crimen, confrontación entre un sospechoso y la víctima de un crimen

shower quien le señala al jurado objetos relevantes en el lugar de los hechos, mostrador

showing exposición, demostración

shrinkage disminución, disminución esperada,

reducción
shut cerrar, encerrar
shut down cesar operaciones
shutdown cese de operaciones
shyster leguleyo, picapleitos
sic así, de este modo
sick enfermo
sick benefits beneficios por enfermedad
sick leave licencia por enfermedad
sick pay paga durante enfermedad
sickly enfermizo
sickness enfermedad
sickness coverage cobertura por enfermedad
sickness insurance seguro de enfermedad
side lado, parte
side collateral colateral parcial
side lines línea de productos secundaria, línea de negocios secundaria, líneas laterales en una pertenencia minera
side reports colección de precedentes judiciales extraoficial
sidewalk acera, vereda
siege sitio, asedio
sight vista
sight draft letra a la vista
sight liabilities obligaciones a la vista
sign (n) signo, indicación, rótulo
sign (v) firmar, hacer señas
signal señal, aviso
signatory signatario
signature firma, rúbrica
signature by mark firma mediante una marca
signature by proxy firma por un apoderado
signature card tarjeta de firmas
signature check comprobación de firma
signature loan préstamo sin colateral
signature on file la firma está en los expedientes
signature verification verificación de firma
signed firmado
signed agreement contrato firmado
signed check cheque firmado
signed contract contrato firmado
signed lease arrendamiento firmado
signer firmante
significance significación, significado, importancia
significant significativo
signify significar, manifestar, importar
silence, estoppel by impedimento por silencio
silence silencio
silence of accused silencio del acusado
silencer silenciador
silent silencioso
silent partner socio oculto
similar similar
similarity similitud
similarly similarmente
similiter de la misma forma

similitude similitud
simple simple, puro, sencillo
simple assault acometimiento simple, asalto simple
simple average promedio simple, avería simple
simple battery agresión simple
simple bond obligación de pagar sin pena por incumplimiento
simple capital structure estructura de capital simple
simple confession confesión simple
simple contract contrato simple
simple interest interés simple
simple kidnapping secuestro sin agravantes
simple larceny hurto simple
simple license licencia simple
simple negligence negligencia simple
simple obligation obligación simple
simple trust fideicomiso simple
simpliciter sencillamente
simplification simplificación
simplified earnings form formulario de ingresos simplificado
simplified employee pension plan plan de pensiones de empleados simplificado
simulate simular, fingir, falsificar
simulated contract contrato simulado
simulated disease enfermedad simulada
simulated dispute disputa simulada
simulated fact hecho simulado
simulated illness enfermedad simulada
simulated injury lesión simulada
simulated judgment sentencia simulada
simulated sale venta simulada
simulation simulación, imitación
simultaneous simultáneo
simultaneous death commoriencia, fallecimiento simultáneo
simultaneous death clause cláusula de commoriencia, cláusula de fallecimiento simultáneo
simultaneous sentences sentencias simultáneas
simultaneously simultáneamente
simultaneousness simultaneidad
since desde, desde que
sincere sincero
sincerely sinceramente
sine die sin día
sine qua non sin la cual no, indispensable, sine qua non
sinecure sinecura
single único, solo, soltero
single bond garantía de pago incondicional en una fecha determinada
single condition condición única
single creditor acreedor de privilegio único
single entry partida única, partida simple

single-entry accounting contabilidad por partida única

single-entry bookkeeping contabilidad por partida única

single-family housing vivienda de familia única

single-handed sólo, hecho sin ayuda

single-handedly a solas, sin ayuda

single interest insurance seguro que sólo protege al prestador

single obligation obligación sin pena por incumplimiento

single original original único

single payment pago único

single-payment loan préstamo de pago único

single premium prima única

single-premium annuity anualidad de prima única

single-premium deferred annuity anualidad diferida de prima única

single-premium insurance seguro de prima única

single-premium life seguro de vida de prima única

single-premium life insurance seguro de vida de prima única

single subject tema único

single tax impuesto único

single taxpayer persona no casada para efectos contributivos

singular singular, individual, solo

singular title título singular

singularity singularidad, individualidad

singularly singularmente

sinister siniestro, malo

sink hundirse, bajar

sinking fund fondo de amortización

sinking fund reserve reserva para el fondo de amortización

sister corporations corporaciones filiales, empresas afiliadas, empresas hermanas

sister-in-law cuñada

sit celebrar sesión, reunirse, sentar

sit-down strike huelga pasiva

site sitio, lote

sitting sesión

situate situar

situation situación, ubicación

situation of danger situación de peligro

situs ubicación

size tamaño, importancia

skeleton bill documento en blanco

sketch esbozo, bosquejo

skid patinar, resbalar

skill destreza, habilidad, pericia

skilled diestro, hábil, perito

skilled witness perito

skip-payment privilege privilegio de omitir pagos, privilegio de aplazar pagos

slander difamación oral, calumnia

slander of title declaración falsa concerniente al título de propiedad de otro

slanderer difamador, calumniador

slanderous difamatorio, calumnioso

slanderous per quod expresiones difamatorias al haber hechos adicionales que le dan ese sentido

slanderous per se palabras difamatorias en sí mismas

slate lista de candidatos

slaughter matanza, masacre

slay matar

sleeping partner socio oculto

slide deslizarse, resbalarse

slight leve, remoto, insuficiente

slight alteration alteración leve

slight change cambio leve

slight defect defecto leve

slight error error leve

slight evidence prueba insuficiente

slight modification modificación leve

slight negligence negligencia leve

slip law ley la cual se publica en seguida en forma de panfleto

slippery resbaladizo

slowdown acuerdo entre trabajadores para reducir la producción con el propósito de obligar al patrono a ceder a ciertas exigencias, retraso

slum sección pobre y superpoblada de una ciudad

slush fund fondo para usos ilícitos

small pequeño, insignificante, menor

small arms armas portátiles

small business empresa pequeña

small change cambio menor

small claims court tribunal con jurisdicción sobre controversias de cuantía menor

small loan acts leyes las cuales establecen ciertos términos de los préstamos envolviendo cantidades pequeñas

small print letra menuda

smart card tarjeta con microchip

smart-money daños punitivos

smash destrozar, destruir

smoke clause cláusula de humo

smoking fumar

smuggle contrabandear

smuggled goods artículos de contrabando

smuggler contrabandista

smuggling contrabando

smut obscenidad, lenguaje grosero

snapshot statement estado interino

so así, del mismo modo, de esta forma, tanto, igualmente

social social

social contract contrato social

social impact statement declaración del

impacto social
social insurance seguro social
social-insurance benefits beneficios del seguro social
social responsibility responsabilidad social
social security seguro social, seguridad social
social security administration administración del seguro social
social security benefits beneficios del seguro social
social security system sistema del seguro social
social services servicios sociales
social welfare bienestar social, asistencia social
socialism socialismo
socialist socialista
society sociedad, asociación
sodomize sodomizar
sodomy sodomía
software programas, software
sojourn estadía
solar day día solar, día
solar energy energía solar
solar month mes
solar year año
solatium compensación por daños morales, compensación
sold vendido
sole único, individual, exclusivo
sole actor doctrine doctrina que indica que un mandante debe estar enterado de las ejecutorias del agente
sole and unconditional owner dueño único y absoluto
sole cause causa única
sole copy copia única
sole corporation corporación con sólo un miembro
sole heir heredero único
sole owner dueño único
sole ownership propiedad exclusiva
sole proprietor dueño único
sole proprietorship negocio propio
sole tenant dueño exclusivo
solely solamente, exclusivamente
solemn solemne, formal
solemn declaration declaración solemne
solemn oath juramento solemne
solemn occasion ocasión solemne
solemn promise promesa solemne
solemn war guerra declarada
solemnity solemnidad, formalidad
solemnize solemnizar, formalizar
solicit solicitar, peticionar
solicitation solicitación, petición
solicitation of bribe inducir a sobornar
solicitor abogado, solicitador
solicitor general procurador general

solidarity solidaridad
solitary confinement confinamiento solitario
solvency solvencia
solvent solvente
solvent debt deuda cobrable
son-in-law yerno
soon pronto, luego
soror hermana
sororicide sororicidio, sororicida
sort clase, tipo, índole
sound (adj) sano, ileso, íntegro
sound (n) sonido, estrecho
sound (v) concernir a, expresar
sound and disposing mind and memory capacidad testamentaria
sound health buena salud
sound mind mente sana
sound title título de propiedad transferible sin gravámenes u otras restricciones
sound value valor ajustado
sounding in damages acción mediante la cual se busca sólo la compensación por daños y perjuicios
soundness buena salud, solidez
source fuente, origen
source document documento fuente
source of income fuente de ingreso
source of information fuente de información
sources of capital fuentes de capital
sources of funds fuentes de fondos
sources of income fuentes de ingresos
sources of the law fuentes del derecho
sovereign soberano
sovereign immunity inmunidad soberana
sovereign people pueblo soberano
sovereign power poder soberano
sovereign prerogative prerrogativa soberana
sovereign right derecho soberano
sovereign states estados soberanos
sovereignty soberanía
speaker portavoz, presidente de un cuerpo legislativo
speaking demurrer excepción en la cual se presentan alegaciones que no aparecen en la petición
speaking order orden judicial que incluye información ilustrativa
special especial, específico
special acceptance aceptación condicional, aceptación especial
special account cuenta especial
special act ley especial
special administration administración especial
special agency agencia especial
special agent agente especial
special assessment contribución especial
special assumpsit acción por incumplimiento de un contrato expreso, acción por

incumplimiento de una promesa expresa
special attention atención especial
special attorney abogado designado por el estado el cual se emplea para un caso específico
special audit auditoría especial
special authority autorización especial
special bail fianza especial
special bailiff alguacil ayudante que se encarga de un asunto específico
special calendar calendario de casos especiales
special case caso especial
special charge cargo especial
special commission comisión especial
special contract contrato especial, contrato sellado, contrato expreso
special counsel abogado designado por el estado el cual se emplea para un caso específico
special count alegación especial
special coverage cobertura especial
special credit crédito especial
special damages daños y perjuicios especiales
special delivery entrega especial
special demurrer excepción especial
special deposit depósito especial
special diligence diligencia especial
special disability discapacidad específica
special election elección extraordinaria
special endorsement endoso específico
special exception excepción especial
special execution embargo de bienes específicos
special executor albacea con facultades limitadas
special extended coverage cobertura extendida especial
special facts rule regla que indica que un director de una corporación tiene que divulgar ciertos hechos, regla que indica que un director de una sociedad tiene que divulgar ciertos hechos
special fee cargo especial
special finding descubrimiento especial
special form formulario especial
special franchise franquicia especial
special guarantee garantía específica
special guaranty garantía específica
special guardian tutor especial
special indorsement endoso específico
special insurance seguro especial
special interest group grupo con intereses comunes
special journal libro especial
special judge juez alterno
special judgment sentencia contra la cosa
special jurisdiction jurisdicción especial
special jury jurado especial

special law ley especial
special legacy legado específico
special legislation ley especial, legislación especial
special license licencia especial
special lien privilegio especial, gravamen especial
special malice malicia dirigida hacia un individuo
special meeting asamblea extraordinaria
special miscellaneous account cuenta miscelánea especial
special multiperil insurance seguro de riesgos múltiples especial
special occupant ocupante especial
special offer oferta especial
special offering ofrecimiento especial
special order orden especial
special owner dueño especial
special partner socio comanditario
special partnership sociedad en comandita
special permit permiso especial
special plea excepción perentoria especial
special policy póliza especial
special powers poderes especiales
special privilege privilegio especial
special proceeding procedimiento especial
special property derecho de propiedad condicional
special prosecutor fiscal especial
special purpose propósito especial
special purpose financial statement estado financiero de propósitos especiales
special rate tarifa especial
special report informe especial
special reprisals represalias específicas
special risk riesgo especial
special risk insurance seguro de riesgo especial
special rule regla especial
special seal sello especial
special session sesión extraordinaria
special situation situación especial
special statute ley especial
special tax impuesto especial
special traverse negación especial
special trust fideicomiso especial
special use uso especial
special-use permit permiso de uso especial
special verdict veredicto emitido basado en ciertos hechos
special warranty garantía especial
specialist especialista
specialize especializar, individualizar
specialized especializado
specialized agency agencia especializada
specially especialmente
specialty contrato sellado, edificio destinado a usos específicos, especialidad

specific específico, explícito
specific amount cantidad específica
specific bequest legado específico
specific covenant estipulación específica
specific coverage cobertura específica
specific denial negación específica
specific deposit depósito específico
specific devise legado de inmuebles
  específicos
specific duty derecho aduanero específico
specific identification identificación específica
specific insurance seguro específico
specific intent intención específica
specific legacy legado específico
specific limit límite específico
specific performance ejecución de lo
  estipulado en un contrato
specific price precio específico
specific rate tasa específica
specific subsidy subsidio específico
specific tariff arancel específico
specific tax tasa de imposición fija, impuesto
  específico
specification especificación, descripción
specified especificado
specified amount cantidad especificada
specified benefits beneficios especificados
specified bequest legado especificado
specified covenant estipulación especificada
specified coverage cobertura especificada
specified denial negación especificada
specified deposit depósito especificado
specified duty derecho aduanero especificado
specified identification identificación
  especificada
specified insurance seguro especificado
specified intent intención especificada
specified legacy legado especificado
specified limit límite especificado
specified payment pago especificado
specified performance ejecución de lo
  estipulado en un contrato
specified peril insurance seguro de peligro
  especificado
specified period período especificado
specified price precio especificado
specified rate tasa especificada
specified salary salario especificado
specified subsidy subsidio especificado
specified tariff arancel especificado
specified tax impuesto especificado
specify especificar
specimen espécimen, muestra
specimen signature firma de muestra
spectrogram espectrograma, gráfica que
  muestra las características de la voz
spectrograph espectrógrafo, máquina que
  produce gráficas que muestran las
  características de la voz

speculate especular
speculation especulación
speculative especulativo
speculative damages daños y perjuicios
  especulativos
speculative securities valores especulativos
speculative transaction transacción
  especulativa
speculator especulador
speech habla, discurso, palabra
speed velocidad, prontitud
speed limit límite de velocidad
speed-up esfuerzo de aumentar producción sin
  aumentar la paga
speeding exceso de velocidad
speedy pronto, rápido, veloz
speedy remedy recurso rápido
speedy trial juicio sin demoras injustas
spend gastar, consumir
spendthrift pródigo, derrochador
spendthrift trust fideicomiso para un pródigo
spin-off escisión, separación de una
  subsidiaria o división de una corporación
  para formar un ente independiente
spite despecho, mala voluntad
spite fence cerca cuyo propósito es molestar
  al vecino
split dividido
split deductible deducible dividido
split deposit depósito dividido
split-dollar insurance seguro en que parte de
  las primas se usa para seguro de vida y lo
  demás para inversión
split-dollar life insurance seguro de vida
  cuyos beneficios se pagan al patrono y un
  beneficiario escogido por el empleado,
  seguro de vida en que parte de las primas
  se usa para seguro de vida y lo demás para
  inversión
split sentence sentencia en la cual se hace
  cumplir la parte de la multa y en que se
  perdona parte o todo el tiempo de prisión
split-up escisión, la disolución de una
  corporación al dividirse en dos o más entes
  corporativos
splitting cause of action división de una causa
  judicial para formar varias acciones
spoil arruinar, averiar
spoiled ballot papeleta arruinada
spoiled check cheque arruinado
spokesperson representante
spoliation destrucción o alteración de material
  probatorio
sponsions convenios hechos por funcionarios
  en nombre de su gobierno mas allá del
  alcance del poder de dichos funcionarios
sponsor garante, patrocinador
spontaneous espontáneo, voluntario
spontaneous combustion combustión

espontánea

spontaneous declaration declaración espontánea

spontaneous exclamation exclamación espontánea

spontaneously espontáneamente

spot para entrega inmediata

spot goods mercadería disponible

spot price precio de entrega inmediata

spot trading ventas en efectivo y con entrega inmediata

spot zoning otorgamiento de una clasificación de zonificación que no corresponde al de los terrenos en el área inmediata ni que imparte un beneficio público

spouse cónyuge

spread extensión, margen

spreadsheet hoja de cálculos electrónica

springing use derecho de uso condicional

spurious espurio, falso, falsificado

spurious bank-bill papel moneda falsificado

spy (n) espía

spy (v) espiar, divisar

square (adj) justo, directo, cuadrado

square (adv) honestamente, firmemente

square (n) cuadra, manzana, cuadrado, cuadro

square (v) igualar, cuadrar

square block cuadra, manzana

squatter intruso, invasor

squatter's right derecho al título ajeno adquirido al mantener la posesión y transcurrir la prescripción adquisitiva

squeeze-out técnicas para eliminar o reducir un interés minoritario en una corporación, técnicas para eliminar o reducir un interés minoritario en una sociedad

stabile estable, fijo

stability estabilidad, firmeza, resolución

stabilization estabilización

stabilize estabilizar

stabilize prices estabilizar precios

stabilized estabilizado

stable estable, firme, permanente

staff personal

stage etapa

stagger tambalear, titubear

stake estaca, apuesta, depósito

stake-out vigilancia con la intención de detectar actividad criminal

stakeholder depositario

staking identificar los linderos de un terreno mediante el uso de estacas

stale check cheque presentado mas allá del tiempo razonable, cheque vencido

stale-dated check cheque presentado mas allá del tiempo razonable, cheque vencido

stale demand demanda presentada mas allá del tiempo razonable

stamp sello, timbre, estampado

stamp tax impuesto de sellos

stand (n) estrado, alto, posición, opinión

stand (v) someterse, sufrir, comparecer, permanecer, pararse

standard estandarte, norma, criterio, tipo

standard deduction deducción fija

standard established by law norma establecida por ley

standard form forma estándar, política en cuanto al trato de ciertos riesgos

standard of care el grado de cuidado que usaría una persona prudente bajo circunstancias similares

standard of living nivel de vida

standard of proof el tipo de la carga de la prueba necesaria

standard policy póliza estándar

standard provisions cláusulas usuales

standard rate tasa estándar

standard risk riesgo aceptable

standardization estandarización

standardize estandarizar

standardized estandarizado

standing aside jurors recusar provisionalmente miembros posibles de un jurado

standing by silencio o falta de acción cuando se debería hablar o actuar, estar en espera para actuar cuando sea necesario

standing mute no responder a una acusación

standing orders reglamentos de tribunales particulares

standing to be sued capacidad de ser demandado

standing to sue capacidad para accionar

standstill detención

staple artículo de primera necesidad, materia prima, producto principal

stare decisis acatarse a los precedentes judiciales, stare decisis

stare in judicio aparecer ante un tribunal

start-up establecimiento de negocio

stash esconder

state (adj) estatal

state (n) estado, condición

state (v) declarar, exponer, formular

state account cuenta estatal

state act ley estatal

state action acción estatal

state advertising publicidad estatal

state affairs asuntos estatales

state agency agencia estatal

state agent agente estatal

state agreement convenio estatal

state aid ayuda estatal

state assistance asistencia estatal

state association asociación estatal

state auditor auditor del estado

state authority autoridad estatal
state bank banco estatal
state banking banca estatal
state bar colegio de abogados estatal
state benefit beneficio estatal
state commerce comercio estatal
state company compañía estatal
state competition competencia estatal
state conference conferencia estatal
state contract contrato estatal
state cooperation cooperación estatal
state corporation corporación estatal
state courts tribunales estatales
state department departamento de estado
state emergency emergencia estatal
state falsely declarar falsamente
state firm empresa estatal
state funds fondos estatales
state government gobierno estatal
state holiday fiesta estatal
state improvements mejoras públicas estatales
state income ingreso estatal
state incorrectly declarar incorrectamente
state lands tierras públicas
state laws leyes estatales
state market mercado estatal
state misleadingly declarar engañosamente
state of facts versión propia de los hechos
state of mind estado mental
state of the art estado corriente de la tecnología
state of the case estado de la causa
state of war estado de guerra
state office cargo estatal
state officers funcionarios estatales
state origin origen estatal
state paper documento oficial, boletín oficial
state police policía estatal
state police power poder de policía estatal
state prison prisión estatal
state property propiedad estatal
state regulation reglamento estatal
state representative representante estatal
state rules reglas estatales
state seal sello oficial
state secret secreto de estado
state statute estatuto estatal
state tax impuesto estatal
state trade comercio estatal
state treasury tesorería estatal
state union unión estatal
state's attorney fiscal
state's evidence prueba que incrimina a cómplices a cambio de inmunidad o una sentencia reducida
state's rights derechos estatales
stated dicho, admitido, establecido
stated account acuerdo de balance para cancelación

stated amount cantidad declarada
stated amount endorsement anejo de cantidad declarada
stated meeting asamblea ordinaria, junta ordinaria
stated term sesión ordinaria, término establecido
stated times intervalos establecidos
statement declaración, alegato, estado de cuenta
statement of account estado de cuenta, extracto de cuenta
statement of affairs informe sobre el estado financiero
statement of changes informe sobre cambios
statement of changes in financial position estado de cambios de posición financiera
statement of claim declaración de la causa
statement of condition estado de condición
statement of defense declaración de la defensa
statement of financial position estado de posición financiera
statement of income declaración de ingresos
statement of opinion declaración sobre opinión
statement of value declaración del valor
static estático
station estación, puesto, posición
station house estación de policía
statistical estadístico
statistics estadística
status estado, estado civil, posición social
status crime crimen que proviene del estado de una persona y no por sus acciones
status quo el estado de las cosas en un momento dado, status quo
statutable estatutario
statute estatuto, ley
statute of frauds ley de fraudes, ley que declara inválidos ciertos contratos orales
statute of limitations ley de prescripción
statutes of distribution leyes sobre las distribución de los bienes de un intestado
statutory estatutario
statutory accounting contabilidad estatutaria
statutory actions acciones basadas en una ley
statutory audit auditoría estatutaria
statutory bond fianza estatutaria
statutory construction interpretación de las leyes
statutory copyright derechos de autor estatuarios
statutory crimes crímenes estatuarios
statutory damages indemnización estatutaria
statutory dedication dedicación de un terreno al uso público mediante una ley
statutory exemption exención estatutaria
statutory exposition ley que incluye una

interpretación de una ley anterior
statutory extortion extorsión estatutaria
statutory foreclosure ejecución hipotecaria
  extrajudicial conforme a las leyes
  pertinentes
statutory guardian tutor asignado por
  testamento conforme a las leyes pertinentes
statutory holidays días feriados por ley
statutory instruments normas administrativas
statutory law derecho estatutario, ley escrita
statutory liability responsabilidad estatutaria
statutory lien privilegio estatutario, gravamen
  estatutario
statutory obligation obligación estatutaria
statutory penalty penalidad estatutaria
statutory presumption presunción estatutaria
statutory provisions estipulaciones
  estatutarias
statutory rape relaciones sexuales con una
  joven menor de la edad del consentimiento,
  estupro
statutory requirements requisitos estatutarios
statutory reserves reservas estatutarias
statutory restriction restricción estatutaria
statutory successor sucesor estatutario
statutory voting regla de un voto por una
  acción
stay (n) suspensión, aplazamiento, apoyo,
  estancia
stay (v) suspender, aplazar, sostener,
  permanecer
stay laws leyes concernientes a la suspensión
  de procesos
stay of action suspensión de una acción
stay of arbitration suspensión de arbitraje
stay of execution suspensión de una ejecución
stay of proceedings suspensión de los
  procedimientos
steal hurtar
stealing hurto
stealing children secuestro de niños
stealth secreto, clandestino
steer guiar, dirigir, encaminar
steering práctica ilegal de mostrar
  propiedades sólo a ciertos grupos étnicos,
  práctica ilegal de mostrar ciertas
  propiedades a ciertos grupos étnicos
stellionataire quien comete estelionato
stellionate estelionato
stenographer estenógrafo
stenography estenografía
step paso, huella, etapa
step-rate premium insurance seguro con
  primas variables
stepbrother hermanastro
stepchild alnado, alnada, hijastro, hijastra
stepdaughter alnada, hijastra
stepfather padrastro
stepmother madrastra

stepparent padrastro, madrastra
stepsister hermanastra
stepson alnado, hijastro
stereotype estereotipo
stereotyped estereotipado
stereotypic estereotípico
sterility esterilidad
sterilization esterilización
stet processus suspensión del proceso
stevedore estibador
steward sustituto, representante sindical
stick up robo a mano armada
stickler árbitro, rigorista
stifle sofocar, reprimir
stifling a prosecution acuerdo de no accionar
  penalmente a cambio de un beneficio para
  el demandante en casos donde no hay
  recursos civiles
stifling bids comportamientos o acuerdos los
  cuales impiden una subasta justa
still (adj) quieto, inmóvil
still (adv) todavía
still (n) quietud, destilador
stillbirth parto de un niño muerto
stillborn child nacido sin vida, nacido sin la
  capacidad de continuar viviendo
stimulant estimulante
stimulate estimular
stimulation estímulo
stipend estipendio, salario
stipendium estipendio
stipital por estirpe
stipulate estipular, convenir
stipulated estipulado
stipulated benefits beneficios estipulados
stipulated charge cargo estipulado
stipulated conditions condiciones estipuladas
stipulated cost costo estipulado
stipulated credit line línea de crédito
  estipulada
stipulated damages pena convencional, daños
  convencionales, daños y perjuicios fijados
stipulated deposit depósito estipulado
stipulated fee cargo estipulado
stipulated interest rate tasa de interés
  estipulada
stipulated payment pago estipulado
stipulated period período estipulado
stipulated premium prima estipulada
stipulated premium insurance seguro de
  prima estipulada
stipulated price precio estipulado
stipulated rate tasa estipulada
stipulated salary salario estipulado
stipulated selling price precio de venta
  estipulado
stipulated terms términos estipulados
stipulation estipulación, convenio, acuerdo de
  aceptación de hechos sin necesidad de

pruebas

stipulator estipulante

stipulatory estipulante

stirpes estirpe

stochastic estocástico

stock (n) acciones, capital comercial, inventario, linaje, ganado

stock (v) abastecer, almacenar

stock account cuenta de inventario, cuenta de acciones

stock accumulation acumulación de acciones, acumulación de inventario

stock association empresa sin incorporar pero con acciones

stock buyback recompra de acciones por la compañía que las emitió, recompra de acciones

stock certificate certificado de acciones

stock company compañía por acciones, sociedad por acciones, sociedad anónima

stock corporation corporación por acciones, ente jurídico por acciones, sociedad por acciones, sociedad anónima

stock dividend dividendo en acciones

stock exchange bolsa de valores

stock financing financiamiento mediante acciones, financiamiento basado en inventario

stock in trade inventario

stock insurance company compañía de seguros por acciones

stock insurer compañía de seguros por acciones

stock issue emisión de acciones

stock issued acciones emitidas

stock jobber especulador

stock ledger libro de accionistas, libro de acciones

stock list lista de acciones

stock loan préstamo de acciones, préstamo basado en inventario

stock market bolsa de valores

stock option opción de compra de acciones bajo ciertas condiciones

stock outstanding acciones en circulación

stock power poder para transferir acciones

stock-purchase plan plan de compra de acciones

stock-purchase warrant derecho generalmente vigente por varios años para la compra de acciones a un precio específico

stock record registro de acciones

stock-redemption plan plan de redención de acciones

stock register registro de acciones

stock rights derecho de suscripción

stock split cambio proporcional en la cantidad de acciones de una corporación

stock transfer transferencia de acciones

stock-transfer agent agente de transferencia de acciones

stock-transfer tax impuesto sobre la transferencia de acciones

stock warrant derecho generalmente vigente por varios años para la compra de acciones a un precio específico

stockbroker corredor de bolsa, agente de bolsa

stockholder accionista

stockholder of record accionista registrado

stockholder's derivative action acción entablada por un accionista para hacer cumplir una causa corporativa

stockholder's equity porcentaje del accionista en una corporación

stockholder's liability responsabilidad del accionista

stockholder's representative action acción entablada de parte propia en representación de otros por un accionista para hacer cumplir una causa corporativa

stockholders' meeting asamblea de accionistas

stockjobbing especulación

stockpile reserva

stolen hurtado

stolen card tarjeta hurtada

stolen goods bienes hurtados

stop (n) detención, suspensión, cesación

stop (v) parar, detener, detenerse, suspender, paralizar, amarrar

stop and frisk detener y cachear

stop-loss reinsurance reaseguro para limitar las pérdidas por varias reclamaciones combinadas que excedan un cierto porcentaje de ingresos por primas

stop payment detener el pago

stop payment order orden de no hacer el pago de un cheque

stoppage parada, cesación, interrupción, impedimento, huelga

stoppage in transitu embargo por el vendedor de mercancías en tránsito

stoppage of work paro de trabajo y operaciones

stopped payment pago detenido

storage almacenamiento, almacén

store tienda, negocio, almacén

storehouse almacén

stow almacenar, estibar

stowage almacenamiento, estiba

stowaway polizón

straight derecho, honesto, exacto, fidedigno

straight bill of lading conocimiento de embarque no negociable

straight-line depreciation depreciación lineal

straight time número de horas acostumbrado

por un período de trabajo
strait estrecho
strand encallar, abandonar
stranger extraño, quien no es una parte de
una transacción, quien no tiene interés en
una transacción
stranger in blood persona quien no tiene
vínculo de parentesco
strangle estrangular, sofocar
strangulation estrangulación
stratagem estratagema
strategic estratégico
stratocracy gobierno militar
straw bail fianza nominal, fianza sin valor
straw man prestanombre
straw party prestanombre
straw person prestanombre
stray (n) niño extraviado, animal extraviado
stray (v) perderse, desviarse
stream arroyo, corriente, chorro
stream of commerce bienes en movimiento
comercial
street name valores de una persona que están
a nombre del corredor
strict estricto, exacto
strict construction interpretación estricta
strict foreclosure sentencia que indica que
tras incumplimiento de pago la propiedad
se transfiere al acreedor hipotecario sin
venta ni derecho de rescate
strict law derecho estricto
strict liability responsabilidad objetiva
stricti juris del derecho estricto
strictly estrictamente, exactamente
strictly construed interpretado estrictamente
strictly ministerial duty obligación
estrictamente ministerial
strike (n) huelga, paro, golpe, descubrimiento
strike (v) golpear, atacar, herir
strike benefits beneficios por huelga
strike insurance seguro contra huelgas
strike notice aviso de huelga
strike off remover un caso de la lista de casos
a ser juzgados por falta de jurisdicción,
señal de adjudicación en subasta
strike pay paga durante huelga
strike price precio de ejecución
strike suit acción entablada por accionistas sin
intención de que se beneficie la
corporación, acción entablada por
accionistas sin intención de que se beneficie
la sociedad
strike threat amenaza de huelga
strikebreaker rompehuelgas
strikebreaking el romper huelgas
striker huelguista
striking a jury selección de un jurado,
selección de un jurado mediante la
eliminación de candidatos por las partes

hasta que queden doce
striking evidence eliminación de pruebas
inadmisibles
striking off the roll suspensión de la licencia
de un abogado
strip tomar de o dañar ilegalmente una
propiedad de la cual no se es dueño
absoluto, desnudar, desnudarse
strong fuerte, resistente
strong hand fuerza criminal, fuerza o
violencia
strongly corroborated corroborado
convincentemente
struck jury jurado seleccionado mediante la
eliminación de candidatos por las partes
hasta que queden doce
structural alteration or change alteración
estructural
structural defect vicio estructural
structural unemployment desempleo
estructural
structure estructura
structured settlement transacción judicial en
la cual se hacen pagos periódicos
struggle forcejear, luchar
stultify alegar insania, probar insania
sua sponte voluntariamente, sua sponte
suable demandable
sub bajo
sub conditione bajo condición
sub curia bajo ley
sub judice ante el tribunal, sub júdice
sub modo sujeto a una restricción
sub nomine bajo el nombre, a nombre de
sub rosa de forma secreta
sub silentio silenciosamente
subagent subagente
subaltern subalterno
Subchapter S Corporation corporación
pequeña la cual ha elegido que se le
impongan contribuciones como personas
naturales
subcontract (n) subcontrato
subcontract (v) subcontratar
subcontractor subcontratista
subdivide subdividir
subdividing subdivisión
subdivision subdivisión
subjacent support derecho del apoyo
subterráneo de las tierras
subject asunto, materia, objeto, sujeto,
súbdito
subject matter asunto a considerar, cuestión
en controversia
subject matter jurisdiction jurisdicción sobre
el asunto
subject matter of contract asunto del
contrato
subject matter of statute propósito de una ley

subject to sujeto a
subject to analysis sujeto a análisis
subject to approval sujeto a aprobación
subject to argument sujeto a argumento
subject to being annulled sujeto a ser anulado
subject to being cancelled sujeto a ser
    cancelado
subject to being invalidated sujeto a ser
    invalidado
subject to being revoked sujeto a ser
    revocado
subject to being withdrawn sujeto a ser
    retirado
subject to cancellation sujeto a cancelación
subject to change sujeto a cambio
subject to check sujeto a comprobación
subject to collection sujeto a cobro
subject to controversy sujeto a controversia
subject to examination sujeto a examinación
subject to investigation sujeto a investigación
subject to mortgage sujeto a hipoteca
subject to opinion sujeto a opinión
subject to penalty sujeto a penalidad
subject to restriction sujeto a restricción
subject to revision sujeto a revisión
subject to sale sujeto a venta previa
subject to scrutiny sujeto a escrutinio
subject to tax imponible
subject to termination sujeto a terminación
subject to verification sujeto a verificación
subjection sujeción, dependencia
subjective subjetivo
subjectively subjetivamente
subjugate subyugar
sublease (n) subarriendo
sublease (v) subarrendar
subleased subarrendado
sublessee subarrendatario
sublessor subarrendador
sublet subarrendar
subletter subarrendador
subletting subarrendamiento
sublicense sublicencia
submerged lands tierras sumergidas
submergence hundimiento de tierras bajo
    agua
submission sumisión, sometimiento, convenio
    de someterse a arbitraje
submission bond garantía de un convenio de
    someterse a arbitraje
submission to a vote sometimiento a voto
submission to arbitration sometimiento a
    arbitraje
submission to jury sometimiento al jurado
submit someter, someterse, proponer
submit an offer someter una oferta
submit to arbitration someterse a arbitraje
submitted sometido, presentado
submortgage subhipoteca

subordinate subordinado
subordinate officer funcionario subordinado
subordinated subordinado
subordinated debt deuda subordinada
subordination subordinación
suborn sobornar, instigar
subornation soborno, instigación
subornation of perjury sobornar para instigar
    a cometer perjurio
suborner sobornador, instigador
subpartner subsocio
subpartnership subsociedad
subpoena citación, carta de citación, carta de
    emplazamiento, orden judicial de
    comparecencia, cita, comparendo
subpoena ad testificandum orden judicial
    para testificar, citación para testificar
subreption subrepción
subrogate subrogar
subrogation subrogación
subrogation clause cláusula de subrogación
subrogee subrogatario
subrogor subrogante
subscribe suscribir, firmar
subscriber suscriptor, firmante
subscribing witness testigo firmante
subscription suscripción, firma
subscription certificate certificado de
    suscripción
subscription contract contrato de suscripción,
    contrato de compra
subscription list lista de firmantes
subscription price precio de suscripción
subscription privilege privilegio de
    suscripción
subscription rights derecho de suscripción
subscription warrant derecho generalmente
    vigente por varios años para la compra de
    acciones a un precio específico
subsection subsección
subsequent subsiguiente
subsequent buyer comprador subsiguiente
subsequent creditor acreedor subsiguiente
subsequent endorsement endoso subsiguiente
subsequent endorser endosante subsiguiente
subsequent event evento subsiguiente
subsequent indorsement endoso subsiguiente
subsequent indorser endosante subsiguiente
subsequent negligence negligencia
    subsiguiente
subsequent purchase compra subsiguiente
subsequent purchaser comprador
    subsiguiente
subsequent sale venta subsiguiente
subsequent transaction transacción
    subsiguiente
subservant subagente
subsidiary subsidiario, auxiliar
subsidiary company compañía subsidiaria

subsidiary company accounting contabilidad de compañía subsidiaria
subsidiary corporation corporación subsidiaria, sociedad subsidiaria
subsidiary fact hecho secundario
subsidiary ledger libro mayor auxiliar
subsidiary trust fideicomiso auxiliar
subsidize subsidiar
subsidized subsidiado
subsidized housing vivienda subsidiada
subsidized loan préstamo subsidiado
subsidized mortgage hipoteca subsidiada
subsidized payment pago subsidiado
subsidized price precio subsidiado
subsidized rate tasa subsidiada
subsidized rent renta subsidiada
subsidy subsidio
subsist subsistir, mantener
subsistence subsistencia
subsoil subsuelo
substance sustancia, naturaleza, esencia
substandard de calidad inferior
substandard risk riesgo más allá de lo usualmente aceptable
substantial substancial, importante, real
substantial capacity test prueba para determinar la capacidad de entender que una conducta fue criminal
substantial compliance cumplimiento con lo esencial
substantial damages indemnización substancial
substantial destruction destrucción substancial
substantial equivalent equivalente substancial
substantial equivalent of patented device equivalencia substancial a un aparato patentado
substantial error error substancial
substantial evidence prueba suficiente
substantial justice justicia substancial
substantial performance cumplimiento con lo esencial
substantial possession posesión efectiva
substantially substancialmente
substantiate substanciar, probar, justificar, verificar
substantive substantivo, esencial
substantive due process garantía constitucional de que la legislación será justa y razonable, debido proceso substantivo
substantive evidence prueba con el propósito de probar un hecho
substantive felony delito grave independiente
substantive law derecho substantivo
substantive offense delito independiente
substantive rights derechos substantivos
substitute (n) substituto

substitute (v) substituir
substitute defendant demandado substituto
substitute judge juez alterno
substitute trustee fideicomisario substituto
substituted substituto
substituted executor albacea substituto
substituted service notificación judicial distinta a la personal
substitution substitución, subrogación
substitution by will substitución testamentaria
substitution of parties substitución de las partes
substitutionary evidence prueba sustitutiva
substitutionary executor albacea sustitutivo
substraction substracción
subsystem subsistema
subtenant subinquilino, subarrendatario
subterfuge subterfugio
subterranean subterráneo
subterranean waters aguas subterráneas
subtotal subtotal
subtraction defraudación
subversion subversión
subversive subversivo
succession sucesión, serie
succession duty impuesto sucesorio
succession tax impuesto sucesorio
successive sucesivo
successive actions acciones sucesivas
successive assignees cesionarios sucesivos
successor sucesor, causahabiente
successor in interest dueño de propiedad quien sigue a otro
successor trustee fideicomisario quien sigue a otro
successors and assigns sucesores y cesionarios
succinct sucinto
such tal, de tal tipo
sudden repentino, precipitado
sudden emergency emergencia repentina
sudden heat of passion ataque repentino de emoción violenta
sudden injury lesión inesperada y repentina
sue demandar, accionar, pleitear, procesar
sue for damages accionar por daños y perjuicios, demandar por daños y perjuicios
suffer sufrir, permitir, tolerar
sufferance consentimiento, tolerancia
suffering sufrimiento
sufficiency suficiencia
sufficiency of evidence suficiencia de la prueba
sufficient suficiente
sufficient amount cantidad suficiente
sufficient care cuidado suficiente
sufficient cause causa suficiente
sufficient consideration contraprestación suficiente, causa suficiente

sufficient evidence prueba suficiente
sufficient notice notificación suficiente
sufficient preparation preparación suficiente
sufficient protection protección suficiente
sufficient provocation provocación suficiente
suffrage sufragio, voto
suggest sugerir, indicar
suggested price precio sugerido
suggestion sugestión
suggestive question pregunta sugestiva
sui generis único, sui generis
sui juris persona completamente capaz, sui juris
suicide suicidio
suicide clause cláusula de suicidio
suing and laboring clause cláusula de seguro marítimo cuyo propósito es que el asegurado se esfuerce en evitar las pérdidas
suit acción, juicio, pleito, procedimiento
suit for damages acción por daños y perjuicios
suit for libel acción por libelo
suit in equity acción en el régimen de equidad
suit money honorarios legales otorgados a una parte por el tribunal, alimentos provisionales durante un juicio matrimonial
suit of a civil nature acción civil
suitability rules reglas concernientes a lo apropiado que pueden ser ciertos valores para ciertas personas
suitable apropiado, adecuado
suitor actor, demandante
sum suma de dinero, total, suma, resumen, compendio
sum at risk capital bajo riesgo, suma máxima por la cual un asegurador es responsable en una póliza
sum certain suma cierta
sum insured suma asegurada
sum payable suma pagadera
summarily sumariamente
summary (adj) conciso, breve
summary (n) sumario, resumen
summary conviction condena sin jurado
summary judgment sentencia sumaria
summary jurisdiction jurisdicción sumaria
summary possessory proceeding procedimiento sumario de desalojo
summary proceeding procedimiento sumario
summary process proceso sumario, proceso de desalojo
summary statement estado resumido
summary trial juicio sumario
summation resumen de los puntos sobresalientes de un juicio de parte de uno de los abogados, resumen de los puntos sobresalientes e instrucciones al jurado de parte del juez, total
summing up resumen, resumen de los puntos

sobresalientes de un juicio de parte de uno de los abogados, resumen de los puntos sobresalientes e instrucciones al jurado de parte del juez
summon citar, citar a comparecer, emplazar, convocar
summoner emplazador, oficial notificador
summoning citación, convocatoria, emplazamiento
summons citación, auto de comparecencia, emplazamiento, aviso emplazatorio, notificación, carta de citación, convocatoria, cita, comparendo
sumptuary suntuario
sumptuary laws leyes sobre productos suntuarios
Sunday closing laws leyes que prohiben las operaciones comerciales los domingos
sundries artículos diversos
sundry diversos, varios
sunshine laws leyes que requieren que las reuniones de las agencias gubernamentales sean públicas
superficial superficial
superfluous superfluo
superintend vigilar, dirigir
superintendent superintendente
superior superior
superior courts tribunales superiores
superior fellow servant empleado con autoridad sobre otro
superior force fuerza mayor
superior lien privilegio de rango superior, gravamen de rango superior
superior title título superior
superior use uso superior
supersede reemplazar, anular
supersedeas auto de suspensión
superseding cause causa que altera los resultados de una cadena de acontecimientos
supervening sobreviviente
supervening cause causa sobreviviente
supervening negligence negligencia sobreviviente
supervise supervisar, vigilar
supervision supervisión
supervisor supervisor, miembro de la junta del condado
supervisory control control ejercido por los tribunales superiores sobre los inferiores
supervisory employee empleado supervisor
supplement suplemento
supplemental suplemental
supplemental act ley suplementaria
supplemental affidavit afidávit suplementario
supplemental agreement convenio suplementario
supplemental answer contestación

suplementaria

supplemental beneficiary beneficiario suplementario

supplemental benefits beneficios suplementarios

supplemental bill escrito suplementario

supplemental budget presupuesto suplementario

supplemental clause cláusula suplementaria

supplemental collateral colateral suplementario

supplemental compensation compensación suplementaria

supplemental complaint demanda suplementaria

supplemental consideration contraprestación suplementaria

supplemental contract contrato suplementario

supplemental costs costos suplementarios

supplemental coverage cobertura suplementaria

supplemental credit crédito suplementario

supplemental deed escritura suplementaria

supplemental duties deberes suplementarios

supplemental expenditures gastos suplementarios

supplemental expenses gastos suplementarios

supplemental financing financiamiento suplementario

supplemental income ingreso suplementario

supplemental instructions instrucciones suplementarias

supplemental liability insurance seguro de responsabilidad suplementario

supplemental medical insurance seguro médico suplementario

supplemental pay paga suplementaria

supplemental payments pagos suplementarios

supplemental pleading alegato suplementario

supplemental policy póliza suplementaria

supplemental salary salario suplementario

supplemental statement estado suplementario

supplemental tax impuesto suplementario

supplemental wages salario suplementario

supplemental work trabajo suplementario

supplementary suplementario

supplementary agreement convenio suplementario

supplementary beneficiary beneficiario suplementario

supplementary benefits beneficios suplementarios

supplementary budget presupuesto suplementario

supplementary clause cláusula suplementaria

supplementary collateral colateral suplementario

supplementary compensation compensación suplementaria

supplementary consideration contraprestación suplementaria

supplementary contract contrato suplementario

supplementary costs costos suplementarios

supplementary coverage cobertura suplementaria

supplementary credit crédito suplementario

supplementary deed escritura suplementaria

supplementary estimate estimado suplementario

supplementary expenditures gastos suplementarios

supplementary expenses gastos suplementarios

supplementary financing financiamiento suplementario

supplementary income ingreso suplementario

supplementary instructions instrucciones suplementarias

supplementary liability insurance seguro de responsabilidad suplementario

supplementary medical insurance seguro médico suplementario

supplementary pay paga suplementaria

supplementary payments pagos suplementarios

supplementary policy póliza suplementaria

supplementary proceedings procedimientos suplementarios

supplementary salary salario suplementario

supplementary statement estado suplementario

supplementary tax impuesto suplementario

supplementary wages salario suplementario

supplementary work trabajo suplementario

suppliant actor

supplier proveedor

supplies suministros

supply proveer, abastecer, suplir, suministrar

supply and demand oferta y demanda

support (n) sostén, mantenimiento, ayuda

support (v) mantener, sostener, ayudar

support of child mantenimiento de un menor

support of family mantenimiento de una familia

support price precio de sostén

support trust fideicomiso en que se le da al beneficiario sólo lo necesario para mantenerse

supposition suposición

suppress suprimir, reprimir, ocultar, prohibir

suppressio veri supresión de la verdad

suppression supresión, represión

suppression of evidence exclusión de prueba, negarse a testificar o a suministrar pruebas

suppression of the competition supresión de la competencia

suppression of will ocultación de testamento

supra sobre
supra-riparian más cerca del origen de la corriente
supraprotest supraprotesto
supremacy supremacía
supremacy clause cláusula de la supremacía de la constitución
supreme court tribunal supremo
supreme power poder supremo
surcharge (n) recargo, sobreprecio, impuesto abusivo, hipoteca adicional a la primera
surcharge (v) imponer responsabilidad personal a un fiduciario quien administra mal, señalar un error en una cuenta saldada, imponer un impuesto adicional, recargar
surety fiador, fianza, garante, garantía, seguridad, certeza
surety bond fianza
surety company compañía que otorga fianzas
surety contract contrato de fianza
surety insurance seguro de fidelidad
suretyship fianza, garantía
suretyship bond fianza
surface superficie, aspecto superficial
surface waters aguas superficiales
surgeon cirujano
surgery cirugía
surmise conjeturar
surname apellido
surplus superávit, excedente, sobrante
surplus reinsurance reaseguro con participación de todo riesgo que exceda cierto límite
surplus waters aguas excedentes
surplusage alegato innecesario o no pertinente, materia innecesaria o no pertinente, excedente
surprise sorpresa
surrejoinder tríplica
surrender (n) renuncia, abandono, cesión
surrender (v) renunciar, abandonar, ceder
surrender by bail entrega de quien estaba libre bajo fianza
surrender by operation of law conducta de parte del arrendador y arrendatario que implica que ya no existe un arrendamiento
surrender of a preference renuncia a una preferencia
surrender of criminals extradición
surrender value valor de rescate de una póliza
surrenderee a quien se renuncia
surrenderor renunciante
surreptitious subrepticio
surrogate sustituto, oficial judicial con jurisdicción sobre asuntos de sucesiones y tutelas
surrogate court tribunal de sucesiones y tutelas

surrogate parent padre de hecho, madre de hecho, padre sustituto, madre sustituta
surrogate parent agreement convenio mediante el cual una mujer acuerda ser inseminada artificialmente y tras dar a luz cede todos sus derechos de progenitor al padre y su esposa
surround rodear
surrounding circumstances circunstancias las cuales rodean un hecho
surtax impuesto adicional, sobretasa
surveillance vigilancia, superintendencia
survey (n) agrimensura, apeo, examen, inspección, encuesta
survey (v) examinar, investigar, inspeccionar, medir
survey of a vessel declaración de la condición de una nave
surveyor agrimensor, inspector
survival supervivencia
survival actions acciones las cuales sobreviven a la persona lesionada
survival statutes leyes concernientes a la supervivencia de acciones
survive sobrevivir
surviving sobreviviente, superviviente
surviving children hijos sobrevivientes
surviving company compañía sobreviviente
surviving partner socio sobreviviente
surviving spouse cónyuge sobreviviente
survivor sobreviviente, superviviente
survivorship supervivencia
survivorship annuity anualidad con pagos a los beneficiarios sobrevivientes
susceptible susceptible
suspect (n) sospechoso
suspect (v) sospechar
suspend suspender
suspended suspendido
suspended coverage cobertura suspendida
suspended payment pago suspendido
suspended policy póliza suspendida
suspended sentence condena condicional, condena suspendida
suspense suspensión, interrupción
suspension suspensión
suspension of a right suspensión de un derecho
suspension of a statute suspensión de una ley
suspension of action suspensión de una acción
suspension of arms suspensión de hostilidades
suspension of business suspensión de las operaciones de negocios
suspension of coverage suspensión de cobertura
suspension of payment suspensión de pago
suspension of performance suspensión del cumplimiento

suspension of policy suspensión de póliza
suspension of sentence suspensión de la pena
suspension of statute of limitations
    suspensión del término de prescripción
suspensive condition condición suspensiva
suspicion sospecha, desconfianza
suspicious character persona sospechosa
sustain sostener, mantener, sufrir
sustain damages sufrir daños
sustenance sustento, subsistencia, apoyo
swamp pantano
swap cambio
swear jurar, prestar juramento, usar lenguaje
    ofensivo
swearing in administrar juramento
sweat equity equidad obtenida a través del
    trabajo del dueño en la propiedad
sweat shop lugar de trabajo donde se explota
    excesivamente a los empleados
sweating interrogatorio forzado o bajo
    amenazas
swift witness testigo parcial
swindle estafa
swindler estafador
swindling estafa
sworn jurado
sworn affidavit declaración jurada escrita
sworn copy copia certificada bajo juramento
sworn evidence ofrecimiento de prueba bajo
    juramento
sworn statement declaración jurada
syllabus resumen, compendio
syllogism silogismo
symbolic delivery entrega simbólica
symbolic possession posesión simbólica
sympathetic strike huelga de solidaridad
synallagmatic contract contrato sinalagmático
syndic síndico
syndical sindical
syndicalism sindicalismo
syndicate (n) sindicato, consorcio
syndicate (v) sindicar
syndication sindicación
syndicator sindicador
synonymous sinónimo
synopsis sinopsis
synthetic securities valores sintéticos
system sistema
systematic sistemático

T

table (n) tabla, diagrama
table (v) postergar
table of cases lista alfabética de casos
    juzgados que aparecen en un texto legal
tacit tácito, implícito
tacit abandonment abandono tácito,
    desistimiento tácito
tacit acceptance aceptación tácita
tacit acknowledgment reconocimiento tácito
tacit admission reconocimiento tácito,
    admisión tácita
tacit agency agencia tácita
tacit agent agente tácito
tacit agreement convenio tácito, contrato
    tácito
tacit authority autorización tácita
tacit authorization autorización tácita
tacit collusion colusión tácita
tacit command orden tácita
tacit condition condición tácita
tacit confession confesión tácita
tacit consent consentimiento tácito
tacit consideration contraprestación tácita
tacit contract contrato tácito
tacit cost costo tácito
tacit covenant cláusula tácita
tacit dedication dedicación tácita
tacit easement servidumbre tácita
tacit guarantee garantía tácita
tacit guaranty garantía tácita
tacit hypothecation hipoteca por operación de
    ley
tacit intent intención tácita
tacit knowledge conocimiento tácito
tacit law ley tácita
tacit license autorización tácita
tacit malice malicia tácita
tacit mortgage hipoteca por operación de ley
tacit notice notificación tácita
tacit obligation obligación tácita
tacit partnership sociedad tácita
tacit permission permiso tácito
tacit powers poderes tácitos
tacit price precio tácito
tacit procuration procuración tácita
tacit promise promesa tácita
tacit ratification ratificación tácita
tacit rejection rechazo tácito

tacit release liberación tácita
tacit relocation tácita reconducción
tacit rent renta tácita
tacit repeal derogación tácita
tacit trust fideicomiso tácito
tacit warranty garantía tácita
tacite tácitamente
tacitly tácitamente, implícitamente
tacitness carácter tácito
tack unir un gravamen de rango inferior con el de primer rango para obtener prioridad sobre uno intermedio
tacking combinación de los períodos de posesión de diferentes personas para adquirir título mediante la prescripción adquisitiva, la combinación de la tercera hipoteca con la primera para obtener prioridad sobre la segunda
tact tacto, discreción
tactful discreto
tactless indiscreto, falto de tacto
tactlessness indiscreción, falta de tacto
tail, estate in sucesión de bienes a descendientes directos
tail limitado, reducido
tail female dominio heredable limitado a la persona y sus descendientes directos del género femenino
tail general, estate in sucesión de bienes a descendientes directos sin limitación de la cantidad de matrimonios
tail male dominio heredable limitado a la persona y sus descendientes directos del género masculino
tail special, estate in sucesión de bienes a herederos determinados
taint corromper, contaminar
take tomar, apropiar, arrestar, robar, hurtar, cobrar, llevar
take aim apuntar
take an inventory llevar a cabo un inventario
take away llevarse, llevarse con propósitos de prostitución
take back retractar, retomar, retirar, recibir devuelto
take bids recibir ofertas
take by force tomar a la fuerza
take by stealth hurtar
take care of mantener, cuidar, atender
take charge hacerse cargo
take control tomar el control
take delivery aceptar la entrega
take effect entrar en vigencia, surtir efecto
take exception oponerse a
take-home pay paga neta, salario neto
take note tomar nota, tomar razón
take oath prestar juramento
take off arranque, partida
take office asumir un cargo

take-or-pay contract contrato firme de compra
take-out financing financiamiento permanente tras la construcción
take-out loan financiamiento permanente tras la construcción
take possession tomar posesión
take testimony recibir testimonio
take title adquirir título
takeover toma del control
takeover bid oferta pública de adquisición, oferta de toma del control
takeover candidate corporación candidata a una oferta pública de adquisición
takeover laws leyes sobre las adquisiciones corporativas
takeover regulations reglamentos sobre las adquisiciones corporativas
taker tomador, adquiriente
taking toma, captura, detención
taking case from jury ordenarle al jurado que emita un veredicto sin deliberar
taking delivery aceptar entrega
taking the fifth ampararse bajo la quinta enmienda constitucional
taking unconscionable advantage aprovecharse de las circunstancias para llegar a un acuerdo abusivo
takings entradas, ingresos
tales personas seleccionadas para completar un jurado
talesman una de las personas seleccionadas para completar un jurado
talk (n) conversación, conferencia
talk (v) hablar, decir, conversar
tally contar
tally trade venta a plazos
talweg la parte mas navegable de una vía de agua, el punto medio de una vía de agua
tame manso, domesticado, sumiso
tamper alterar, interferir, falsificar, sobornar
tampering with jury intento criminal de sobornar a un jurado
tangible tangible
tangible assets bienes tangibles, activo tangible
tangible evidence prueba tangible
tangible property propiedad tangible
tangibleness tangibilidad
tank tanque, depósito
tantalize tentar, provocar
tantamount equivalente
tape-record grabar en cinta
tape recorder grabadora
tape recording grabación en cinta
tapping intercepción de señales telefónicas, intercepción de señales de telecomunicaciones
tardily tardíamente, morosamente

tardy tardío, moroso
tare tara
target objetivo
target company compañía de la cual se quiere adquirir control
target date fecha fijada
target offense el delito que se conspira cometer
target price precio mínimo establecido por el gobierno
target risk riesgo objeto
target witness testigo clave
tariff tarifa, derecho de importación
tariff agreement acuerdo arancelario, acuerdo aduanero
tariff elimination eliminación arancelaria
tariff increase aumento arancelario
tariff quota cuota arancelaria
tariff rate tasa arancelaria, tasa de tarifas
tariff schedule arancel
tariff suspension suspensión arancelaria
tariff system sistema arancelario
tariff wall barrera arancelaria
tariff war guerra arancelaria
task tarea, deber
task group grupo de tareas
tattoo tatuaje
taunt burla, befa
tautological tautológico
tautologous tautológico
tautology tautología
tax (n) impuesto, contribución, gravamen
tax (v) imponer, gravar
tax abatement reducción impositiva
tax accounting contabilidad fiscal, contabilidad impositiva
tax adjustment ajuste impositivo
tax administration administración tributaria
tax advance adelanto impositivo
tax adviser asesor fiscal
tax agreement acuerdo tributario
tax amnesty amnistía contributiva
tax-anticipation bill obligación a corto plazo en anticipación a impuestos
tax-anticipation bond bono en anticipación a impuestos
tax-anticipation note nota en anticipación a impuestos
tax assessment valuación fiscal
tax assessor tasador fiscal
tax audit auditoría fiscal
tax auditor auditor fiscal
tax authorities autoridades fiscales
tax avoidance evitación de impuestos, reducción de la carga impositiva mediante el uso de deducciones legales
tax base base imponible, base gravable
tax basis base imponible, base gravable
tax benefit beneficio impositivo

tax benefit rule regla de beneficios impositivos
tax bracket clasificación contributiva, clasificación impositiva
tax burden carga impositiva
tax carryback pérdidas netas que se incluyen al volver a computar los impuestos de años anteriores
tax carryforward pérdidas que se pueden incluir en la planilla tributaria para años subsiguientes
tax carryover pérdidas que se pueden incluir en la planilla tributaria para años subsiguientes
tax certificate certificado de la adquisición de un inmueble resultando de una venta por incumplimiento de los deberes impositivos
tax code código impositivo
tax collection recaudación de impuestos
tax collector recaudador de impuestos
tax commission comisión fiscal
tax compliance cumplimiento fiscal
tax computation cómputo impositivo, cómputo de impuestos
tax consultant consultor fiscal
tax court tribunal fiscal
tax credit crédito impositivo, crédito fiscal
tax data datos fiscales
tax debt deuda impositiva
tax deductible deducible para efectos contributivos
tax-deductible interest intereses deducibles para efectos contributivos
tax deduction deducción impositiva, deducción fiscal
tax deed escritura del comprador de un inmueble mediante una venta por incumplimiento de los deberes impositivos
tax deferral aplazamiento de impuestos
tax-deferred de impuestos diferidos
tax-deferred annuity anualidad de impuestos diferidos
tax-deferred exchange intercambio de impuesto diferido
tax-deferred savings ahorros de impuestos diferidos
tax deposit depósito de contribuciones
tax district distrito fiscal
tax doctrine doctrina fiscal
tax dodging evasión de impuestos
tax due impuesto debido
tax duty obligación impositiva
tax effect efecto impositivo
tax election elección de trato impositivo
tax equalization igualación fiscal
tax equity equidad fiscal
tax equivalent equivalente impositivo
tax evasion evasión de impuestos
tax exclusion exclusión impositiva

tax exempt exento de impuestos
tax-exempt bond bono exento de impuestos
tax-exempt corporation corporación exenta de impuestos
tax-exempt income ingreso exento de impuestos
tax-exempt organization organización exenta de impuestos
tax-exempt property propiedad exenta de impuestos
tax-exempt securities valores exentos de impuestos
tax exemption exención impositiva
tax foreclosure ejecución fiscal
tax fraud fraude impositivo
tax free libre de impuestos
tax-free exchange intercambio libre de impuestos
tax-free income ingreso libre de impuestos
tax-free rollover transferencia libre de impuestos
tax harmonization armonización fiscal
tax haven paraíso impositivo, paraíso fiscal
tax impact impacto impositivo
tax incentive incentivo impositivo
tax incentive system sistema de incentivos impositivos
tax incidence incidencia impositiva
tax increase aumento impositivo
tax investigation investigación fiscal
tax jurisdiction jurisdicción fiscal
tax law ley impositiva, derecho fiscal
tax lease instrumento que se otorga en una venta por incumplimiento de los deberes impositivos cuando lo que se vende es el derecho de posesión por un tiempo determinado
tax legislation legislación fiscal
tax levy imposición fiscal
tax liability obligación fiscal, obligación contributiva
tax lien privilegio fiscal, gravamen por impuestos no pagados
tax limit límite impositivo
tax list lista de contribuyentes
tax loophole laguna impositiva
tax-loss carryback pérdidas netas que se incluyen al volver a computar los impuestos de años anteriores
tax-loss carryforward pérdidas que se pueden incluir en la planilla tributaria para años subsiguientes
tax-loss carryover pérdidas que se pueden incluir en la planilla tributaria para años subsiguientes
tax map mapa impositivo
tax on capital gains impuesto sobre ganancias de capital
tax on consumption impuesto sobre el consumo

tax on dividends impuesto sobre los dividendos
tax on luxury impuesto sobre los lujos
tax on profits impuesto sobre las ganancias
tax opinion opinión sobre la calidad de exento de una emisión de bonos
tax paid impuesto pagado
tax payment pago de impuestos
tax penalty penalidad impositiva
tax planning planificación impositiva
tax policy política fiscal
tax preference preferencia impositiva
tax preference items ítems de preferencia impositiva
tax purchaser quien adquiere en una venta por incumplimiento de los deberes impositivos
tax rate tasa impositiva
tax-rate schedule tabla de tasas impositivas
tax ratio razón impositiva
tax receipts ingresos impositivos
tax reduction reducción impositiva
tax reform reforma contributiva
tax refund reintegro de impuestos
tax regulations regulaciones fiscales
tax relief alivio impositivo
tax return planilla
tax return preparer preparador de planillas
tax revenue ingresos impositivos
tax roll registro de contribuyentes
tax sale venta de propiedad por incumplimiento de los deberes impositivos
tax shelter estratagema para reducir o aplazar la carga impositiva
tax shield escudo tributario
tax stamp timbre fiscal
tax structure estructura tributaria
tax system sistema tributario
tax tables tablas impositivas
tax title título de quien compra en una venta por incumplimiento de los deberes impositivos
tax treatment tratamiento tributario
tax treaty tratado contributivo
tax year año fiscal
taxability imponibilidad
taxable imponible, tributable, gravable
taxable act acto gravable, acto tributable
taxable base base imponible
taxable bond bono imponible
taxable estate patrimonio imponible, patrimonio gravable
taxable funds fondos imponibles, fondos gravables
taxable gift donación imponible, donación gravable
taxable income ingreso imponible, ingreso gravable

taxable operations operaciones imponibles, operaciones gravables
taxable profits ganancias imponibles
taxable property propiedad imponible, propiedad gravable
taxable return rendimiento imponible
taxable transaction transacción imponible
taxable value valor imponible, valor gravable
taxable year año fiscal
taxation tributación, impuestos
taxation of costs imposición de las costas
taxation policy política de tributación
taxation system sistema de tributación
taxing power poder fiscal
taxpayer contribuyente
taxpayer identification number número de identificación de contribuyente
taxpayer rights derechos de contribuyentes
team equipo, grupo
teamwork trabajo en equipo
tear arrancar, desgarrar
tear gas gas lacrimógeno
teardown demolición
tearing of will rotura de un testamento con la intención de anularlo
technical técnico
technical errors errores técnicos
technical interpretation interpretación técnica
technical mortgage hipoteca formal
technicality tecnicismo
technique técnica
technocracy tecnocracia
technocrat tecnócrata
technological tecnológico
technological unemployment desempleo tecnológico
technology tecnología
technology transfer transferencia de tecnología
tedious tedioso
telecast teledifusión
telecommunications telecomunicaciones
telegram telegrama
telemarketing telemercadeo
telephone teléfono
telephone account cuenta telefónica
telephone banking banca telefónica
telephone bill payment pago de cuentas telefónico
telephone book guía telefónica
telephone message mensaje telefónico
telephone number número telefónico
telephone order orden telefónica
telephone tapping intercepción de señales telefónicas
telephone transaction transacción telefónica
telephonic telefónico
televise televisar
tell decir, revelar

teller cajero de banco, escrutador de votos, relator
teller terminal terminal de cajero
teller's check cheque de caja
teller's stamp sello de cajero
temper genio, disposición
temperament temperamento, disposición
temperamental temperamental, emocional
temperance temperancia, moderación
temporal temporal
temporalis temporal
temporarily temporalmente
temporary temporal, provisional
temporary acceptance aceptación temporal
temporary account cuenta temporal
temporary administrator administrador temporal
temporary agreement acuerdo temporal
temporary alimony pensión alimenticia temporal
temporary annuity anualidad temporal
temporary arrangement arreglo temporal
temporary balance sheet balance temporal
temporary capital capital temporal
temporary commitment compromiso temporal
temporary committee comité temporal
temporary consent consentimiento temporal
temporary consumption consumo temporal
temporary contract contrato temporal
temporary conveyance traspaso temporal
temporary coverage cobertura temporal
temporary credit crédito temporal
temporary custody custodia provisional, custodia temporal
temporary detention detención temporal
temporary difference diferencia temporal
temporary disability discapacidad temporal
temporary disability benefits beneficios por discapacidad temporal
temporary employee empleado temporal
temporary employment empleo temporal
temporary export exportación temporal
temporary exportation exportación temporal
temporary financing financiamiento temporal
temporary guarantee garantía temporal
temporary guaranty garantía temporal
temporary home residencia temporal
temporary import importación temporal
temporary importation importación temporal
temporary income ingreso temporal
temporary injunction mandamiento judicial provisional
temporary insanity insania pasajera
temporary insurance seguro temporal
temporary insurance coverage cobertura de seguro temporal
temporary interruption interrupción temporal
temporary investment inversión temporal

temporary judge   juez sustituto
temporary loan   préstamo temporal
temporary location   ubicación temporal
temporary measure   medida temporal
temporary monopoly   monopolio temporal
temporary offer   oferta temporal
temporary order   orden provisional
temporary permit   permiso temporal
temporary possession   posesión temporal
temporary premium   prima temporal
temporary rate   tasa temporal
temporary remedy   recurso temporal
temporary residence   residencia temporal
temporary restraining order   inhibitoria
   provisional
temporary statute   ley temporal
temporary total disability   discapacidad total
   temporal
temporary total disability benefits   beneficios
   por discapacidad total temporal
temporary transfer   transferencia temporal
temporary unemployment   desempleo
   temporal
tempt   tentar, instigar
temptable   susceptible a la tentación
temptation   tentación
tempting   tentador
tenacious   tenaz, persistente
tenacity   tenacidad
tenancy   tenencia, arrendamiento
tenancy at sufferance   posesión de un
   inmueble tras la expiración del
   arrendamiento
tenancy at will   arrendamiento por un período
   indeterminado
tenancy by the entirety   tenencia conjunta
   entre cónyuges
tenancy from month to month   arrendamiento
   renovable de mes a mes
tenancy from year to year   arrendamiento
   renovable de año a año
tenancy in common   tenencia en conjunto
tenancy in partnership   tenencia en sociedad
tenant   tenedor de un inmueble, arrendatario,
   inquilino, ocupante
tenant at sufferance   quien mantiene posesión
   tras la expiración del arrendamiento
tenant at will   arrendatario por un período
   indeterminado
tenant for life   tenedor de un inmueble por
   vida, tenedor de un inmueble durante la
   vida de un tercero
tenant for years   tenedor de un inmueble por
   un número determinado de años
tenant from year to year   arrendatario en un
   arrendamiento renovable de año a año
tenant in common   tenedor en conjunto,
   coinquilino, coarrendatario
tenant in fee simple   propietario absoluto

tenant in severalty   tenedor exclusivo
tenant in tail   quien tiene derechos sobre un
   inmueble que sólo se pueden transmitir a
   herederos determinados
tenant's fixtures   instalaciones fijas en un
   inmueble las cuales el tenedor tiene
   derecho a remover
tenantable repairs   reparaciones necesarias
   para que un inmueble se pueda habitar
tend   atender, cuidar
tendency   tendencia, inclinación
tender (adj)   tierno, inmaduro, frágil
tender (n)   oferta, oferta de pago, oferta de
   cumplir, moneda de curso legal
tender (v)   ofrecer, ofrecer pagar, proponer
tender of delivery   oferta de entrega
tender of issue   palabras mediante las cuales
   se somete la cuestión a decisión
tender of performance   oferta de
   cumplimiento
tender offer   oferta pública para la adquisición
   de acciones
tenement house   edificio de alquiler con
   calidad y renta baja
tenements   bienes inmuebles
tenor   las palabras exactas de un documento,
   copia exacta, significado
tentative   tentativo, provisorio
tentative trust   fideicomiso en que una persona
   hace un depósito en un banco en nombre
   propio como fiduciario para otro
tenure   posesión, ejercicio de un cargo,
   empleo por un tiempo indefinido
tergiversate   tergiversar
tergiversation   tergiversación
term   término, palabra, frase, expresión, plazo
   fijo, condición, sesión
term for deliberating   plazo dentro del cual un
   heredero deberá aceptar o rechazar una
   herencia
term for years   derecho de posesión por un
   tiempo determinado
term insurance   seguro de vida por un término
   fijo
term life insurance   seguro de vida por un
   término fijo
term loan   préstamo por un término fijo
term of court   sesión de un tribunal
term of lease   término del arrendamiento
term policy   seguro de vida por un término fijo
terminability   terminabilidad
terminable   terminable
terminable interest   interés en un inmueble el
   cual termina bajo las condiciones
   estipuladas
terminal   terminal
terminate   terminar, limitar
termination   terminación, conclusión,
   expiración, limitación

termination benefits beneficios por terminación de empleo
termination notice aviso de terminación
termination of agreement terminación de acuerdo
termination of conditional contract terminación de un contrato condicional
termination of contract terminación de contrato
termination of copyright terminación de derechos de autor
termination of employment despido de empleo, terminación de empleo
termination of instrument terminación de instrumento
termination of lease terminación de arrendamiento
termination of license terminación de licencia
termination of mortgage terminación de hipoteca
termination of patent terminación de patente
termination of permission terminación de permiso
termination of permit terminación de permiso
termination of policy terminación de póliza
termination of sentence terminación de sentencia
termination of trademark terminación de marca comercial
termination statement declaración de terminación
terminology terminología
terminum un día otorgado al acusado
terminus término, límite, fin
terminus a quo punto de partida
terminus ad quem punto de llegada
termite clause cláusula de termitas
termor ocupante por un plazo fijo
terms términos, condiciones
terms net cash estipulación en un contrato de venta de pago en efectivo
terms of acceptance condiciones de aceptación
terms of credit condiciones de crédito
terms of delivery condiciones de entrega
terms of loan condiciones de préstamo
terms of payment condiciones de pago
terms of sale condiciones de venta
terms of shipment condiciones de transporte, condiciones de embarque
terms of trade condiciones de comercio
terrible terrible
terrify aterrorizar
territorial territorial
territorial courts tribunales territoriales
territorial jurisdiction jurisdicción territorial
territorial property tierras y aguas territoriales

territorial sea mar territorial
territorial waters aguas territoriales
territoriality territorialidad
territory territorio
territory of a judge jurisdicción territorial de un juez
terror terror, pánico
terrorism terrorismo
terrorist terrorista
terroristic terrorista
terroristic threats amenazas terroristas
terrorize aterrorizar
tertiary terciario
test (n) examen, prueba, experimento
test (v) examinar, probar
test action acción determinativa, acción de prueba
test case caso determinativo, caso de prueba
test oath juramento de fidelidad
test tube baby bebé probeta, bebé nacido tras la inseminación de un óvulo fuera del cuerpo y luego colocado en el útero
testable con capacidad testamentaria, verificable
testacy el morir testado
testament testamento
testamentary testamentario
testamentary arbitrator árbitro en asuntos de testamentos
testamentary capacity capacidad de testar
testamentary cause causa testamentaria
testamentary character carácter testamentario
testamentary disposition disposición testamentaria
testamentary executor albacea testamentario
testamentary guardian tutor designado mediante testamento
testamentary heir heredero testamentario
testamentary instrument instrumento de carácter testamentario
testamentary paper documento de carácter testamentario
testamentary power capacidad de testar
testamentary power of appointment facultad de nombramiento sólo mediante testamento
testamentary succession sucesión testamentaria
testamentary trust fideicomiso testamentario
testamentary trustee fiduciario testamentario
testamentum testamento
testate testado, quien muere testado
testate succession sucesión testamentaria
testation testigo, prueba
testator testador
testatus testado
teste of a writ cláusula que concluye un documento
testes testigos

testify testificar, atestiguar, declarar
testimonial testimonial
testimonial evidence prueba testimonial
testimonium clause cláusula de certificación
testimony testimonio, declaración
testis testigo
textbook libro de texto, libro cubriendo un aspecto o tema del derecho
than que, del que
that eso, aquél, otro, quien, que
theft hurto, robo, substracción
theft-bote convenio ilícito entre quien hurtó y su víctima de devolver lo hurtado a cambio de que éste último no accione
theft insurance seguro contra hurtos y robos
theft loss pérdidas debido a hurtos o robos
their suyo, de ellos
them ellos, los
theme tema, materia
then entonces, luego, por consiguiente
then and there en el lugar y en el momento
thence de allí, por lo tanto
thenceforth desde entonces, de allí en adelante
thenceforward desde entonces, de allí en adelante
theoretical teórico
theoretically teóricamente
theorize teorizar, especular
theory teoría
theory of case el fundamento de una acción
theory of law el fundamento legal de una acción
therapy terapia
there ahí, en eso
thereabout por ahí, aproximadamente
thereafter en adelante, despúes de
thereat ahí, luego, por eso
thereby en consecuencia, por medio de, con lo cual
therefor por eso, para eso
therefore por lo tanto, en consecuencia
therefrom de allí, de eso
therein adentro, en eso
thereinafter posteriormente, después
thereinbefore anteriormente, antes
thereinto dentro de eso
thereof de eso, de esto
thereon encima
thereto a eso
theretofore hasta entonces
thereunder bajo eso, debajo
thereupon sin demora, encima de eso, por consiguiente
therewith con esto, con eso
therewithal con esto, con eso
thia tía
thief hurtador, ladrón
thin capitalization capitalización basada en préstamos

thin capitalization corporation corporación con capitalización basada en préstamos
thin corporation corporación con capitalización basada en préstamos
thing cosa, objeto, bien, cuestión
thing appendant cosa accesoria
things in action derecho de acción
things of value objetos de valor
things personal bienes muebles
things real bienes inmuebles
third tercero, terciario
third conviction tercera condena
third degree el obtener una confesión mediante un interrogatorio abusivo
third parties terceros
third party tercero
third party action proceso de envolver a un tercero en una demanda
third party beneficiary tercero beneficiario
third party check cheque de un tercero
third party complaint demanda dirigida a un tercero
third party credit crédito de un tercero
third party guarantee garantía por un tercero
third party guaranty garantía por un tercero
third party payment pago por un tercero
third party practice demanda contra un tercero
third party summons citación de un tercero, emplazamiento de un tercero
third party transfer transferencia por un tercero
third person tercero
third possessor quien compra una propiedad hipotecada sin asumir una hipoteca existente
third rail tercer riel
thither allá, mas allá
thorough minucioso, cabal, completo, cuidadoso
thoroughfare vía pública, carretera
thoroughgoing esmerado, cabal, minucioso, muy cuidadoso
thoroughly minuciosamente, cabalmente, completamente
thoroughness minuciosidad, cumplimiento
though aunque, bien que
thought pensamiento, noción, reflexión
thoughtful atento, cuidadoso, pensativo
thoughtlessly imprudentemente, descuidadamente, negligentemente
thousand-year lease arrendamiento a mil años
thrashing paliza
thread línea divisoria, línea medianera
threat amenaza
threat by mail amenazas a través del sistema postal
threaten amenazar

threatened cloud imperfección de título anticipada

threatening amenazador

threatening letters cartas conteniendo amenazas

threateningly amenazantemente

three-judge court tribunal con tres jueces

three-mile limit límite de tres millas

threshold umbral, comienzo

thrift ahorro, economía

throng multitud

through por, mediante, durante, del principio al final

through bill of lading conocimiento de embarque directo

through lot lote el cual tiene una calle en cada extremo, solar el cual tiene una calle en cada extremo

throughout a lo largo de, por todo

throughway autopista

throw out expeler, rechazar

thrust embestida, empujón

thruway autopista

thus así, de este modo, por esto

thwart frustrar, impedir

ticket boleto, lista de candidatos, boleto por infracción de tránsito

tidal concerniente al flujo de la marea

tidal current corriente de la marea

tide marea

tide-water aguas de las mareas

tideland las tierras entre las mareas altas y bajas

tideway las tierras entre las mareas altas y bajas

tie (n) empate, vínculo, unión

tie (v) empatar, atar, unir

tie vote voto empatado

tied product acuerdo de vender un producto siempre que se compre otro determinado

tight apretado, difícil

till-tapping hurto de dinero de una caja registradora

tillage tierra cultivada, tierra bajo cultivo, cultivo

time tiempo, período, ocasión, instante

time-and-a-half tiempo y medio

time-and-a-half pay paga por tiempo y medio

time-and-one-half tiempo y medio

time bill letra de cambio a fecha cierta, letra de cambio a término

time card tarjeta para registrar horas de trabajo

time charter contrato de fletamiento por un término determinado

time deposit depósito a plazo

time draft letra de cambio a fecha cierta, letra de cambio a término

time for appealing plazo dentro del cual apelar

time immemorial tiempo inmemorial

time is of the essence estipulación contractual que fija un plazo dentro del cual se tiene que cumplir con lo acordado

time limit límite de tiempo

time loan préstamo por un término determinado

time note pagaré pagadero en un término determinado

time out of memory tiempo inmemorial

time policy póliza por un término determinado

time sheet hoja de jornales, hoja de registro de tiempo

timely puntual, oportuno

timesharing copropiedad en la cual los diversos dueños tienen derecho a usar la propiedad durante un período específico cada año

tip comunicación de información sobre una corporación la cual no es del conocimiento público, indicio, propina

tippees quienes obtienen información sobre una corporación la cual no es del conocimiento público, quienes obtienen información sobre una sociedad la cual no es del conocimiento público

tipper quien divulga información sobre una corporación la cual no es del conocimiento público

tipstaff alguacil

title título

title abstract resumen de título

title bond garantía de título

title by accretion título obtenido mediante la adquisición gradual de tierra por causas de la naturaleza

title by adverse possession título adquirido al mantener la posesión y transcurrir la prescripción adquisitiva

title by descent título adquirido como heredero

title by limitation título adquirido mediante la prescripción

title by prescription título adquirido al mantener la posesión y transcurrir la prescripción adquisitiva

title by purchase título obtenido por cualquier método menos herencia

title company compañía de títulos

title covenants cláusulas en un traspaso concernientes a las garantías del título

title deeds escrituras evidenciando título de propiedad

title defect defecto de título

title defective in form título con defectos formales

title documents documentos de título

title guarantee garantía de título

title guaranty garantía de título
title guaranty company compañía que garantiza títulos
title in fee simple propiedad absoluta
title insurance seguro de título
title of a cause nombre distintivo de una causa
title of an act encabezamiento de una ley, título de una ley
title of entry derecho de ingreso a un inmueble
title of record título registrado
title report informe de título
title retention privilegio de retención de título
title search estudio de título
title standards normas para evaluar el título de propiedad
to have and to hold tener y retener, tener y poseer
to the best of my knowledge and belief según mi leal saber y entender
to wit es decir, a saber
today hoy, al presente
toft terreno donde hubo una vez construcciones
together conjuntamente, simultáneamente
token (adj) nominal, simbólico
token (n) signo, indicación, símbolo, ficha
token payment pago parcial, pago nominal
tolerable tolerable, sufrible, aceptable
tolerance tolerancia
tolerant tolerante
tolerate tolerar
toleration tolerancia
toll (n) peaje, tarifa por llamadas a larga distancia, número de víctimas
toll (v) suspender, impedir
tollage peaje
tollbooth aduana, prisión, cabina de peaje
tolling of the statute of limitations suspensión de la prescripción
tomb tumba
tombstone lápida
tombstone ad anuncio en periódicos de un ofrecimiento público
tome tomo
ton tonelada
tonnage tonelaje
tonnage-duty impuesto sobre el tonelaje
tonnage tax impuesto sobre el tonelaje
tontine tontina
too también, igualmente, además
took and carried away se tomó y llevó
top primero, cima, máximo
top lease arrendamiento que se establece antes de expirar uno anterior
top management alta gerencia
topic tópico, asunto, tema
topography topografía
torment atormentar, hostigar

torpedo doctrine doctrina que responsabiliza a quien mantiene un estorbo atractivo en su propiedad
Torrens System Sistema Torrens
tort daño legal, daño, perjuicio, agravio
tort-feasor autor de un daño legal
tortious dañoso, ilícito
tortious act acto dañoso, acto ilícito
torture tortura
total total, entero
total abandonment abandono total
total acceptance aceptación total
total actual loss pérdida total real
total amount cantidad total, monto total
total assignment cesión total
total audit auditoría total
total balance saldo total
total breach incumplimiento total
total capitalization capitalización total
total consideration contraprestación total
total contract contrato total
total control control total
total cost costo total
total coverage cobertura total
total debt deuda total
total delivery entrega total
total dependency dependencia total
total disability discapacidad total, incapacidad total
total disbursement desembolso total
total disclosure divulgación total
total eviction desalojo total
total failure of evidence falta total de prueba
total incapacity incapacidad total
total liquidation liquidación total
total loss pérdida total
total mental disability discapacidad mental total, incapacidad mental total
total ownership propiedad total
total payment pago total
total performance cumplimiento total
total physical disability discapacidad física total, incapacidad física total
total price precio total
total record registro total
total report informe total
total reserves reservas totales
total value valor total
totally totalmente, enteramente
toties quoties tantas veces como ocurra
Totten Trust fideicomiso en que una persona hace un depósito en un banco en nombre propio como fiduciario para otro
touch tocar un puerto, tocar
touch and stay tocar y permanecer por un término en un puerto
tow (n) remolque, remolcador
tow (v) remolcar
towage remolque

towage service servicio de remolque
toward hacia, con respecto a, cerca de
towboat remolcador
town pueblo, población
town-clerk secretario municipal
town collector recaudador municipal
town commissioner miembro de la junta
   municipal
town council consejo municipal
town hall ayuntamiento
town order orden de pago dirigida a un
   tesorero municipal
town purposes propósitos municipales
town tax impuesto municipal
town treasurer tesorero municipal
town warrant orden de pago dirigida a un
   tesorero municipal
township medida de terreno en forma de
   cuadrado conteniendo 36 millas cuadradas,
   municipio
township trustee miembro de la junta
   municipal
toxic tóxico
toxic waste desperdicios tóxicos
toxical tóxico
toxicant agente tóxico, intoxicante
toxicate intoxicar, envenenar
toxicity toxicidad
toxicology toxicología
toxin toxina
trace rastro, pista, indicio
tracing rastreo, calco
track huella, pisada, curso, riel
tract parcela, lote, trecho, zona, región
trade (n) comercio, negocio, oficio, cambio
trade (v) comerciar, cambiar
trade acceptance documento cambiario
   aceptado
trade agreement convenio comercial
trade allowance descuento comercial
trade and commerce actividad comercial
trade association asociación comercial
trade barrier barrera comercial
trade bill efecto comercial, letra comercial
trade bloc países participantes en un acuerdo
   comercial
trade credit crédito comercial
trade date fecha de transacción
trade discount descuento comercial
trade dispute disputa laboral
trade fixtures instalaciones fijas comerciales
trade law derecho comercial
trade libel declaraciones escritas
   comercialmente difamantes
trade name nombre comercial
trade policy política comercial
trade practice práctica comercial
trade rate tasa comercial
trade reference referencia comercial

trade report informe comercial
trade representative representante comercial
trade restriction restricción comercial
trade secret secreto comercial, secreto
   industrial
trade-union sindicato, gremio laboral
trademark marca, marca comercial
trademark license licencia de marca
   comercial
trademark protection protección de marca
   comercial
trader comerciante, negociante
trading comercio
trading account cuenta para transacciones
trading authorization autorización para
   transacciones
trading bloc países participantes en un
   acuerdo comercial
trading capital capital de explotación
trading company compañía comercial
trading contract contrato comercial
trading corporation corporación comercial,
   ente jurídico comercial
trading partnership sociedad comercial
trading stamps estampillas obtenidas
   mediante compras las cuales se combinan
   para obtener premios
trading voyage viaje marítimo comercial
trading with the enemy comercio con el
   enemigo
tradition entrega, tradición
traditional tradicional
traditional corporation corporación
   tradicional
traditionary evidence prueba de un difunto
   que se usa al no haber otra forma de
   obtener dicha prueba
traffic tráfico, tránsito, comercio, negocio,
   transporte comercial
traffic accident accidente de tránsito
traffic court juzgado de tránsito
traffic offense infracción de tránsito
traffic regulations reglamentos de tránsito
traffic sign señal de tránsito, semáforo
traffic violation infracción de los reglamentos
   de tránsito
trafficking tráfico de drogas ilícitas, tráfico
trainee aprendiz
training entrenamiento, aprendizaje,
   instrucción
trait rasgo
traitor traidor
traitorously traicioneramente
tramp vagabundo
tramp corporation corporación o ente
   jurídico el cual se constituye en un estado
   sin intenciones de comerciar en dicho
   estado
transact tramitar, negociar, comerciar

transacting business llevando a cabo operaciones comerciales
transaction transacción, negocio, gestión
transaction account cuenta de transacciones
transaction amount cantidad de transacción
transaction card tarjeta de transacciones
transaction code código de transacción
transaction cost costo de transacción
transaction date fecha de transacción
transaction document documento de transacción
transaction report informe de transacción
transaction risk riesgo de transacción
transactional transaccional
transactor tramitador, negociante
transcribe transcribir
transcript transcripción, copia
transcript of record transcripción de los procesos judiciales
transcription transcripción
transfer (n) transferencia, cesión
transfer (v) transferir, ceder
transfer agent agente de transferencias
transfer agreement acuerdo de cesión
transfer charge cargo de transferencia
transfer control transferir control
transfer cost costo de transferencia
transfer entry asiento de transferencia
transfer expense gasto de transferencia
transfer fee cargo de transferencia
transfer in contemplation of death transferencia en contemplación de muerte
transfer of a cause transferencia de una causa
transfer of funds transferencia de fondos
transfer of jurisdiction transferencia de jurisdicción
transfer of mortgage transferencia de hipoteca
transfer of ownership transferencia de propiedad
transfer of property transferencia de propiedad
transfer of technology transferencia de tecnología
transfer of title transferencia de título
transfer order orden de transferencia
transfer ownership transferir posesión
transfer payments pagos del gobierno a individuos los cuales no envuelven la prestación de servicios
transfer possession transferir posesión
transfer price precio de transferencia
transfer property transferir propiedad
transfer tax impuesto a las transferencias
transfer ticket boleto de transferencia
transfer title transferir título
transferability transferibilidad
transferable transferible
transferable card tarjeta transferible

transferable letter of credit carta de crédito transferible
transferable securities valores transferibles
transferee cesionario
transference transferencia, cesión
transferor cedente, transferidor
transferred transferido
transferred account cuenta transferida
transferred amount cantidad transferida
transform transformar
transformation transformación
transgress transgredir, infringir
transgression transgresión, infracción
transgressive trust fideicomiso que viola la regla prohibiendo crear un interés futuro si no existe la posibilidad de que se transfiera dentro de los 21 años más período de gestación de haberse creado
transgressor transgresor, infractor
transient transeúnte, pasajero, efímero
transient foreigner extranjero transeúnte
transient jurisdiction jurisdicción transeúnte
transient merchant comerciante ambulante
transient person persona transeúnte
transient worker trabajador ambulante
transit tránsito, transporte
transition transición
transitional transicional
transitive transitivo
transitive covenant convenio transferible
transitorily transitoriamente
transitory transitorio
transitory action acción transitoria, acción que se puede entablar en distintas jurisdicciones, acción contra la persona
translate traducir
translation traducción
translative fact hecho traslativo
translator traductor, intérprete
transmissible transmisible
transmission transmisión, sucesión
transmit transmitir
transmittal letter carta que acompaña
transnational transnacional
transnational contract contrato transnacional
transnational law derecho transnacional
transport (n) transporte
transport (v) transportar
transport charge cargo de transporte
transport company compañía de transporte
transport cost costo de transporte
transport insurance seguro de transporte
transportation transportación
transportation charge cargo de transporte
transportation company compañía de transporte
transportation insurance seguro de transporte
transship transbordar

transshipment transbordo
trap trampa, artimaña
trauma trauma
traumatic traumático
traumatize traumatizar
travel viaje, movimiento
travel expenses gastos de viaje
traveled way la parte de una vía destinada al uso público
traveler viajero
traveler's check cheque de viajero
traveler's letter of credit carta de crédito dirigida a un banco corresponsal
traversable negable, impugnable, atravesable
traverse (n) negación, contradicción, impugnación, pasaje
traverse (v) negar, contradecir, impugnar, atravesar, impedir
traverse jury jurado de juicio
traverse of indictment contestación a la acusación
traverser quien niega, quien impugna
treacher traidor
treachery traición
treason traición
treasonable traicionero
treasure-trove tesoro encontrado
treasurer tesorero
treasury tesorería
treasury bond bono garantizado por el gobierno federal, bono emitido y readquirido por la misma corporación
treasury department departamento de la tesorería
treasury securities valores emitidos y readquiridos por la misma corporación
treasury shares acciones emitidas y readquiridas por la misma corporación
treasury stock acciones emitidas y readquiridas por la misma corporación
treatise tratado
treatment tratamiento
treaty tratado, convenio
treaty of peace tratado de paz
treble triple
treble damages daños y perjuicios triplicados
treble penalty pena triplicada
trend dirección, tendencia
tresael un tatarabuelo
trespass (n) transgresión, violación de propiedad, violación de derechos ajenos
trespass (v) transgredir, entrar o permanecer ilegalmente o sin autorización en una propiedad, violar derechos ajenos
trespass ab initio transgresión desde el principio
trespass de bonis asportatis acción por daños y perjuicios por una violación de propiedad en la cual se sustrajeron bienes

trespass for mense profits acción suplementaria a un desalojo en la cual se intenta recuperar las ganancias obtenidas durante la ocupación
trespass quare clausum fregit acción por daños y perjuicios por una violación de propiedad
trespass to chattels violación grave de los derechos de posesión de bienes muebles de otra persona
trespass to land entrada sin autorización a un bien inmueble
trespass to try title juicio de desahucio de tierras habitadas ilegalmente
trespass vi et armis transgresión con fuerza y armas
trespasser transgresor, quien entra ilícitamente a una propiedad ajena, quien viola los derechos ajenos
trespasser ab initio transgresor desde el principio
triable enjuiciable
trial juicio, proceso, prueba
trial at nisi prius juicio ante un juez
trial balance balance de comprobación
trial brief notas del abogado con los datos pertinentes de un caso
trial by court juicio ante un juez sin jurado
trial by judge juicio ante un juez sin jurado
trial by jury juicio por jurado
trial by news media situación en la cual los medios de prensa informan de modo que los lectores juzgan la inocencia o culpabilidad
trial by the country juicio con jurado
trial court tribunal de primera instancia
trial de novo un nuevo juicio
trial jury jurado en un juicio
trial list lista de causas
trial per testes juicio sin jurado
trial period período de prueba
tribal lands propiedad de tribu indígena
tribunal tribunal
tributary tributario, subordinado
tribute tributo
trifurcated trial juicio trifurcado
trigger gatillo
trimestrial trimestral
trip viaje, traspié
tripartite tripartito
tripartition tripartición
triple triple
triple indemnity triple indemnización
triple-net lease arrendamiento en que el arrendatario paga todos los gastos de la propiedad
triplicate triplicado, triple
trite trivial
triumph triunfo

trivia trivialidades
trivial trivial, insignificante
triviality trivialidad
trivially trivialmente
triweekly trisemanal
trophy trofeo
trouble (n) molestia, dificultad, estorbo, preocupación, perturbación, conflicto
trouble (v) molestar, preocupar, perturbar, agitar
troubled preocupado, agitado
troubled bank banco con una proporción alta de préstamos en mora o de otro modo en incumplimiento
troublemaker perturbador, camorrista
trough canal, canalón
trover acción para la recuperación de bienes muebles tomados ilícitamente
troy weight peso troy
truancy ausencia sin justificación de la escuela, ausencia sin justificación del trabajo
truce tregua
truck camión, cambio, comercio
truculence truculencia
truculent truculento
truculently truculentamente
true (adj) cierto, verdadero, genuino, real, legítimo
true (adv) verídicamente, con exactitud
true admission reconocimiento de un hecho presentado por la parte contraria como cierto
true bill aprobación de una acusación por un gran jurado, acusación formal de un delito
true controversy controversia real
true copy copia exacta, copia suficientemente fiel
true meaning sentido real
true value valor justo en el mercado
true verdict veredicto voluntario
truly verdaderamente, genuinamente, honestamente, fielmente
trumped-up fraudulentamente concebido
truncation truncamiento, retención de cheques cancelados
trust fideicomiso, confianza, expectación
trust account cuenta fiduciaria
trust certificate certificado de fideicomiso de equipo
trust company compañía fiduciaria
trust deed escritura fiduciaria
trust department departamento de administración de bienes
trust deposit depósito en un fideicomiso
trust estate los bienes en el fideicomiso
trust ex delicto fideicomiso impuesto mediante la ley por conducta ilícita
trust ex maleficio fideicomiso impuesto

mediante la ley por conducta ilícita
trust fund fondos en fideicomiso, fondos destinados a formar parte de un fideicomiso
trust fund doctrine doctrina que indica que los bienes de una empresa se deben usar para pagar sus deudas antes de repartirse entre los accionistas
trust in invitum fideicomiso impuesto mediante la ley contra la voluntad del fiduciario
trust indenture documento que contiene los términos y las condiciones de un fideicomiso
trust instrument instrumento formal mediante el cual se crea un fideicomiso
trust legacy legado a través de un fideicomiso
trust officer funcionario de una compañía fiduciaria encargado de los fondos de los fideicomisos
trust property la propiedad objeto del fideicomiso
trust receipt recibo fiduciario
trust territory territorio en fideicomiso
trustee fiduciario, persona en una capacidad fiduciaria
trustee de son tort a quien se considera como fiduciario debido a su conducta ilícita
trustee ex maleficio a quien se considera como fiduciario debido a su conducta ilícita
trustee in bankruptcy síndico concursal
trusteeship cargo fiduciario
trustful confiado
trustor fiduciante, quien crea un fideicomiso
trustworthiness confiabilidad, honradez
trustworthy confiable, fidedigno
truth verdad, realidad, exactitud
Truth-in-Lending Act ley federal que dispone que se divulgue la información pertinente al otorgar crédito
truth-in-lending laws leyes para que se divulgue información pertinente en préstamos
truth-in-savings laws leyes para que se divulgue información pertinente a cuentas que producen intereses
truthful veraz
truthfully verazmente
try juzgar, probar, tratar, exasperar
trying exasperante, difícil
tug remolcar, halar
tugboat remolcador
tuition matrícula, instrucción
tumult tumulto
tumultuous tumultuoso
tunnel túnel
turbulence turbulencia
turn (n) turno, vuelta, cambio
turn (v) virar, revolver, cambiar
turn-key contract contrato llave en mano

turncoat witness testigo que ofrece testimonio perjudicial a la parte quien lo presentó
turndown rechazo
turning point punto crítico
turning state's evidence rendir prueba que incrimina a cómplices a cambio de inmunidad o una sentencia reducida
turnkey carcelero, llavero de cárcel
turnover movimiento de mercancías, producción, cambio de personal, giro
turnpike autopista con peaje
turntable doctrine doctrina que responsabiliza a quien mantiene un estorbo atractivo en su propiedad
turpis vil
turpis causa contraprestación inmoral
turpis contractus contrato inmoral
turpitude vileza, ruindad
tutelage tutela
tutor tutor
tutorage tutoría
tutorship tutela
tutorship by nature tutela natural
tutorship by will tutela testamentaria
twelve-man jury jurado de doce integrantes
twelve-person jury jurado de doce integrantes
twice doblemente, dos veces
twice in jeopardy doble exposición por el mismo delito
twilight crepúsculo
twin gemelo, doble
twin brother hermano gemelo
twin sister hermana gemela
twist torcer, viciar
twisting tergiversación
two-witness rule regla que indica que en ciertos casos se requieren dos testigos o uno al haber circunstancias corroborantes
tying arrangement arreglo mediante el cual se puede obtener un producto siempre que se compre otro determinado
tying contract contrato mediante el cual se puede obtener un producto siempre que se compre otro determinado
type tipo, clase, distintivo
typical típico, característico
typically típicamente
typify tipificar, simbolizar
typographical error error tipográfico
tyrannic tiránico
tyrannous tirano
tyranny tiranía
tyrant tirano

U

uberrima fides buena fe absoluta, ubérrima fides
ubiquitous ubicuo
ubiquity ubicuidad
ulterior ulterior, oculto
ulterior motive motivo ulterior, segunda intención
ulterior purpose propósito ulterior
ulteriorly ulteriormente
ultima ratio último recurso, recurso final
ultimate último, final, máximo
ultimate beneficiary beneficiario final
ultimate consumer consumidor final
ultimate facts hechos esenciales controvertidos, hechos decisivos
ultimate issue cuestión decisiva
ultimate payment pago final
ultimate result resultado final
ultimately últimamente
ultimatum ultimátum
ultra mas allá de, ultra
ultra vires actos mas allá de los poderes autorizados, ultra vires
umbrella liability seguro de responsabilidad suplementario para aumentar la cobertura
umbrella liability insurance seguro de responsabilidad suplementario para aumentar la cobertura
umbrella policy póliza suplementaria para aumentar la cobertura
umpirage arbitraje, laudo arbitral
umpire (n) árbitro
umpire (v) arbitrar
unabated no disminuido
unable incapaz, imposibilitado
unable to be altered incapaz de ser alterado
unable to be confirmed incapaz de ser confirmado
unable to be corrected incapaz de ser corregido
unable to be investigated incapaz de ser investigado
unable to be seen incapaz de ser visto
unable to be shown incapaz de ser demostrado
unable to earn incapaz de obtener ingresos
unable to endure incapaz de tolerar
unable to improve incapaz de mejorar

unable to pay incapaz de pagar
unable to purchase incapaz de comprar
unable to recognize incapaz de reconocer
unable to remedy incapaz de remediar
unable to withstand incapaz de tolerar
unable to work incapaz de trabajar
unabridged completo, no resumido
unacceptable inaceptable
unaccessible inaccesible
unaccompanied desacompañado
unaccustomed desacostumbrado, no usual
unacknowledged no reconocido
unadaptability inadaptabilidad
unadapted inadaptado
unadjusted no ajustado, inadaptado
unadoptable inadoptable
unadopted no adoptado
unadulterated no adulterado, natural
unadvised imprudente, indiscreto
unadvisedly imprudentemente,
   indiscretamente
unaided sin ayuda
unalienable inalienable
unallowable inadmisible
unambiguous inequívoco
unamortized no amortizado
unamortized debt deuda no amortizada
unamortized loan préstamo no amortizado
unamortized mortgage hipoteca no
   amortizada
unamortized premium prima no amortizada
unanimity unanimidad
unanimous unánime
unanimous decision decisión unánime
unanimously unánimemente
unanswerable incontestable
unanswered no contestado
unappealable inapelable
unapplied no aplicado
unappropriated funds fondos no asignados
unapproved no aprobado
unapt inadecuado, inepto
unarmed desarmado
unarranged no convenido
unascertainable indeterminable
unascertained indeterminado
unascertained duties derechos estimados
unassignable intransferible
unassisted sin ayuda
unassociated no asociado
unattached no embargado
unattainable inalcanzable, irrealizable
unauthorized no autorizado, desautorizado
unauthorized agent agente no autorizado
unauthorized auditor auditor no autorizado
unauthorized bank banco no autorizado
unauthorized dealer comerciante no
   autorizado
unauthorized endorsement endoso no

autorizado
unauthorized indorsement endoso no
   autorizado
unauthorized insurer asegurador no
   autorizado
unauthorized investment inversión no
   autorizada
unauthorized issue emisión no autorizada
unauthorized practice of law práctica de la
   abogacía sin autorización
unauthorized representative representante no
   autorizado
unauthorized signature firma no autorizada
unauthorized strike huelga no autorizada
unauthorized transfer transferencia no
   autorizada
unauthorized use uso no autorizado
unavailability indisponibilidad
unavailable no disponible, inaccesible
unavailing inútil, ineficaz
unavoidable inevitable
unavoidable accident accidente inevitable
unavoidable casualty accidente inevitable
unavoidable cause causa inevitable
unavoidable charges cargos inevitables
unavoidable costs costos inevitables
unavoidable dangers peligros inevitables
unavoidable fees cargos inevitables
unavoidable occurrence incidente inevitable
unavoidably inevitablemente
unaware ignorante, ajeno
unbearable inaguantable, insoportable
unbeknown desconocido, ignorado
unbending inflexible, riguroso
unbiased imparcial
unbilled no facturado
unblocking desbloqueo, descongelación
unborn beneficiaries beneficiarios aún sin
   nacer
unborn child niño no nacido, niña no nacida
unbroken continuo, intacto
unceasingly incesantemente
uncertain incierto, dudoso, indeterminado,
   indeciso
uncertainty incertidumbre, indecisión
unclaimed no reclamado
unclaimed goods bienes no reclamados
uncle tío
unclean impuro
unclean hands doctrine doctrina que le niega
   reparaciones a la parte demandante si ésta
   es culpable de conducta injusta en la
   materia del litigo
uncognizant sin conocimiento de
uncollected no cobrado
uncollectible incobrable
uncollectible account cuenta incobrable
uncollectible debt deuda incobrable
uncollectible loan préstamo incobrable

uncommitted no comprometido, imparcial
uncommon no usual, poco común
uncompensable incompensable
unconditional incondicional
unconditional acceptance aceptación incondicional
unconditional agreement convenio incondicional
unconditional annuity anualidad incondicional
unconditional bequest legado incondicional
unconditional binding receipt recibo obligante incondicional
unconditional commitment compromiso incondicional
unconditional consent consentimiento incondicional
unconditional contract contrato incondicional
unconditional conveyance traspaso incondicional
unconditional credit crédito incondicional
unconditional creditor acreedor incondicional
unconditional delivery entrega incondicional
unconditional devise legado incondicional
unconditional discharge libertad incondicional
unconditional endorsement endoso incondicional
unconditional gift donación incondicional
unconditional guaranee garantía incondicional
unconditional guaranty garantía incondicional
unconditional health insurance seguro de salud incondicional
unconditional indorsement endoso incondicional
unconditional insurance seguro incondicional
unconditional legacy legado incondicional
unconditional obligation obligación incondicional
unconditional offer oferta incondicional
unconditional offer to purchase oferta de compra incondicional
unconditional order orden incondicional
unconditional ownership propiedad incondicional
unconditional pardon perdón incondicional
unconditional payment pago incondicional
unconditional permit permiso incondicional
unconditional promise promesa incondicional
unconditional purchase compra incondicional
unconditional receipt recibo incondicional
unconditional renewable health insurance seguro de salud renovable incondicional
unconditional sale venta incondicional
unconditional sales contract contrato de venta incondicional
unconditional transfer transferencia incondicional

unconditionally incondicionalmente
unconfirmed no confirmado
unconfirmed letter of credit carta de crédito no confirmada
unconformity inconformidad
unconscionable desmedido, abusivo, falto de escrúpulo
unconscionable bargain contrato abusivo
unconscionable clause cláusula abusiva
unconscionable contract contrato abusivo
unconscious inconsciente
unconsciousness inconsciencia
unconsolidated no consolidado
unconsolidated financial statement estado financiero no consolidado
unconsolidated statement estado no consolidado
unconsolidated tax return planilla no consolidada
unconstitutional inconstitucional
unconstitutionality inconstitucionalidad
unconstitutionally inconstitucionalmente
uncontemplated impensado, no contemplado
uncontested incontestado
uncontrollable incontrolable
uncontrollable factors factores incontrolables
uncontrollable impulse impulso incontrolable
uncontrolled no controlado
uncover revelar, descubrir
uncovered descubierto
undated sin fecha
undecided irresoluto, indeciso
undecisive no decisivo
undeclared no declarado
undeclared value valor no declarado
undefended sin defensa, indefenso
undeferrable inaplazable
undefined indefinido
undeliberate indeliberado
undelivered sin entregar
undeniable indisputable
under bajo, bajo de, subordinado a, conforme a
under arrest bajo arresto
under bond bajo fianza, bajo garantía
under color of law so color de la ley
under consideration bajo consideración
under contract bajo contrato, contratado
under control bajo control
under insurance cobertura parcial
under-lease subarriendo
under-lessor subarrendador
under oath bajo juramento
under penalty of so pena de
under protest bajo protesta
under seal bajo sello
under-tenant subarrendatario
under the influence bajo la influencia de,

ebrio

under the influence of an intoxicant bajo la influencia de una sustancia intoxicante, ebrio

under the influence of intoxicating liquor bajo la influencia del alcohol, ebrio

under-the-table ilegalmente

undercapitalization subcapitalización

undercapitalize subcapitalizar

undercapitalized subcapitalizado

undercharge cobrar de menos

underclothing ropa interior

undercover secreto, confidencial

undercover agent agente encubierto

undercut socavar

underdeveloped subdesarrollado

underemployed subempleado

underground subterráneo, clandestino

underground economy economía clandestina

underground water aguas subterráneas

underhand clandestino, fraudulento

underinsurance infraseguro

underinsured infraasegurado

underlease subarriendo

underlying fundamental, implícito, subyacente

underlying company compañía subsidiaria

underlying lien gravamen subyacente

underlying mortgage hipoteca subyacente

undermargined account cuenta de margen que está por debajo del mínimo de mantenimiento

undermost último

underpay paga insuficiente

underpayment pago insuficiente

underpayment penalty penalidad por insuficiencia de pagos

underreport informar menos de lo devengado

undersecretary subsecretario

undersigned, the el abajo firmante, el infrascrito

undersigned abajo firmado, infrascrito

understand entender, saber, sobrentender

understandable comprensible

understanding entendimiento, interpretación, convenio

understate subestimar, subdeclarar

understated subestimado, subdeclarado

understood entendido, convenido, sobrentendido

undertake emprender, garantizar, intentar

undertake an obligation asumir una obligación

undertaker empresario, funerario

undertaking empresa, promesa, compromiso

underutilization subutilización

undervaluation subvaloración

undervalue subvalorar

undervalued subvalorado

underwrite suscribir, asegurar

underwrite a risk asegurar un riesgo

underwriter suscriptor, asegurador

underwriting suscripción, aseguramiento, aseguramiento de emisión

underwriting agreement contrato de colocación de emisión

underwriting contract contrato de colocación de emisión

underwriting group grupo de colocación de emisión

underwriting manager administrador de colocación de emisión

underwriting syndicate consorcio de emisión

undescribable indescriptible

undeserved inmerecido

undeservedly inmerecidamente

undeterminable indeterminable

undetermined indeterminado

undisbursed sin desembolsar

undisclosed oculto

undisclosed agency representación oculta, agencia oculta

undisclosed agent quien no revela su estado de representante

undisclosed defects vicios ocultos

undisclosed partner socio oculto

undisclosed principal mandante oculto

undisputed indisputable, indiscutible

undisputed fact hecho indisputable

undistributed no distribuido

undistributed profits ganancias no distribuidas, beneficios no distribuidos

undivided indiviso, completo

undivided account cuenta indivisa

undivided interest interés indiviso

undivided profits ganancias no distribuidas

undivided right derecho indiviso

undone sin hacer, desligado

undue indebido, ilegal, abusivo

undue influence coacción, influencia abusiva

undue means medios abusivos

unduly indebidamente, excesivamente

unearned no ganado

unearned income ingresos no devengados

unearned premium prima no devengada

uneasy intranquilo, preocupado

uneducated no educado

unemployable quien no puede ser empleado, incapacitado para trabajar

unemployed desempleado, sin utilizar

unemployment desempleo

unemployment compensation compensación por desempleo

unemployment insurance seguro de desempleo

unenclosed place lugar al descubierto

unencumbered libre de gravámenes

unencumbered property propiedad libre de gravámenes

unending interminable
unenforceable lo cual no se puede hacer cumplir, inexigible
unequal desigual, injusto, discriminatorio
unequal relationship relación desigual
unequivocal inequívoco
unerring infalible
unessential no esencial
unessential act acto no esencial
unessential activity actividad no esencial
unessential beneficiary beneficiario no esencial
unessential business negocio no esencial
unessential care cuidado no esencial
unessential clause cláusula no esencial
unessential component componente no esencial
unessential condition condición no esencial
unessential covenant estipulación no esencial
unessential diligence diligencia no esencial
unessential easement servidumbre no esencial
unessential element elemento no esencial
unessential evidence prueba no esencial
unessential fact hecho no esencial
unessential information información no esencial
unessential obligation obligación no esencial
unessential part parte no esencial
unessential party parte no esencial
unessential repairs reparaciones no esenciales
unessential servitude servidumbre no esencial
unessential stipulation estipulación no esencial
unessential testimony testimonio no esencial
unessential witness testigo no esencial
unethical no ético
unethical conduct conducta no ética
uneven desigual
uneventful sin acontecimientos
unexampled sin ejemplo, sin precedente
unexceptionable irrecusable
unexpected inesperado
unexpired no vencido
unexpired account cuenta no expirada
unexpired card tarjeta no expirada
unexpired credit card tarjeta de crédito no expirada
unexpired insurance seguro no expirado
unexpired insurance policy póliza de seguro no expirada
unexpired policy póliza no expirada
unexpired term plazo no vencido
unexplainable inexplicable
unfair injusto, desleal
unfair advantage ventaja desleal
unfair competition competencia desleal
unfair competitive advantage ventaja competitiva desleal
unfair hearing audiencia en que no se usó el

procedimiento de ley establecido
unfair labor practice práctica laboral desleal
unfair methods of competition métodos de competencia desleales
unfair practices prácticas desleales
unfair trade competencia desleal
unfair trade practices prácticas de competencia desleales
unfaithful infiel, desleal, inexacto
unfaithful employee empleado desleal
unfaithful spouse cónyuge infiel
unfaithfulness infidelidad, deslealtad
unfamiliarity desconocimiento
unfavorable desfavorable, contrario
unfavorable decision decisión desfavorable
unfavorable judgment fallo desfavorable
unfavorable opinion opinión desfavorable
unfavorable position posición desfavorable
unfavorable sentence sentencia desfavorable
unfavorable verdict veredicto desfavorable
unfinished incompleto, imperfecto
unfit inadecuado, incapaz, incompetente
unforced no forzado, voluntario
unforeseeable imprevisible
unforeseen imprevisto
unfortunate desafortunado, malaventurado
unfounded infundado
unfreeze descongelar
unfriendly hostil, enemigo
unfulfilled incumplido, insatisfecho
unfunded sin fondos, flotante
ungrounded infundado
unharmed ileso, intacto
unhealthy insalubre, enfermo
unhurt ileso
unification unificación
unified unificado
uniform uniforme
uniform accounting system sistema de contabilidad uniforme
uniform acts leyes uniformes
uniform code código uniforme
Uniform Commercial Code Código Uniforme de Comercio
Uniform Consumer Credit Code Código Uniforme de Crédito de Consumo
uniform custom costumbre uniforme
uniform forms formularios uniformes
uniform laws leyes uniformes
uniform state laws leyes estatales uniformes
uniform statement declaración uniforme, declaración del cierre uniforme, estado uniforme
Uniform Transfers to Minors Act Ley Uniforme de Transferencias a Menores
uniformity uniformidad
uniformly uniformemente
unify unificar, unir
unigeniture unigenitura

unilateral unilateral
unilateral contract contrato unilateral
unilateral mistake error unilateral
unilateral record registro unilateral
unimpeachable intachable, irrecusable
unimportance insignificancia
unimportant insignificante
unimproved no mejorado
unimproved land tierras sin mejoras
unimproved property propiedad sin mejoras
unincorporated no incorporado
unincorporated association asociación no
    incorporada
uninfected sin infectar, sin contaminar
uninhabitable inhabitable
uninheritable inheredable
uninjured ileso
uninsurable no asegurable
uninsurable interest interés no asegurable
uninsurable property propiedad no
    asegurable
uninsurable risk riesgo no asegurable
uninsurable title título no asegurable
uninsurable value valor no asegurable
uninsured sin seguro
uninsured account cuenta no asegurada
uninsured bank banco no asegurado
uninsured deposit depósito no asegurado
uninsured depositor depositante no asegurado
uninsured financial institution institución
    financiera no asegurada
uninsured loan préstamo no asegurado
uninsured mail correo no asegurado
uninsured mortgage hipoteca no asegurada
uninsured mortgage loan préstamo
    hipotecario no asegurado
uninsured motorist conductor no asegurado
uninsured motorist coverage cobertura de
    conductores no asegurados
uninsured peril peligro no asegurado
uninsured premises propiedad no asegurada
uninsured property propiedad no asegurada
uninsured risk riesgo no asegurado
uninsured title título no garantizado
unintelligible incomprensible
unintentional no intencionado
uninterested desinteresado, indiferente
uninterrupted ininterrumpido
union unión, asociación, gremio laboral,
    sindicato
union affiliation afiliación sindical
union certification certificación de un
    sindicato
union contract convenio colectivo
union member miembro de unión
union mortgage clause cláusula en una póliza
    de seguro de propiedad para proteger al
    acreedor hipotecario
union rate salario mínimo postulado por un
    sindicato

union security clause cláusula sindical en un
    contrato laboral
union shop taller agremiado
unionize sindicalizar, agremiar
unissued preferred stock acciones preferidas
    sin emitir
unissued stock acciones sin emitir
unit unidad
unit bank banco sin sucursales
unit banking banca sin sucursales
unit benefit plan plan de beneficios de
    unidades
unit investment trust fondo mutuo de
    inversiones de ingreso fijo
unit of account unidad de cuenta
unit of production unidad de producción
unit ownership acts leyes concernientes a la
    propiedad horizontal
unit teller cajero de pagos y cobros
unite unir
united unido
united in interest partes con el mismo interés
unitrust fideicomiso en que se le paga
    anualmente a los beneficiarios un
    porcentaje fijo del valor justo en el
    mercado del activo
unity unidad, concordia
unity of command unidad de mando
unity of interest unidad de intereses
unity of possession unidad de posesión
unity of spouses unidad jurídica de cónyuges
unity of time unidad de tiempo
unity of title unidad de título
universal universal
universal agency representación general,
    poder general
universal agent representante general,
    apoderado general
universal banking banca universal
universal legacy legado universal
universal life seguro de vida universal
universal life insurance seguro de vida
    universal
universal malice malicia en general hacia
    aquellos con quien se encuentra una
    persona
universal partnership sociedad universal
universal succession sucesión universal
universal variable life insurance seguro de
    vida variable universal
universitas el total
universus el todo
unjoin dividir
unjust injusto
unjust enrichment enriquecimiento injusto
unjust enrichment doctrine doctrina
    concerniente al enriquecimiento injusto
unjustifiable injustificable

unjustified injustificado
unknown desconocido, ignorado
unknown persons personas desconocidas
unlawful ilegal, ilícito
unlawful ab initio ilegal desde el principio
unlawful act acto ilícito
unlawful action acción ilegal
unlawful agreement acuerdo ilegal
unlawful arrest arresto ilícito
unlawful assembly reunión ilícita
unlawful auction subasta ilegal
unlawful authority autoridad ilegal
unlawful belligerents beligerantes que violan
 las normas de las leyes de guerra
unlawful beneficiary beneficiario ilegal
unlawful business negocio ilegal
unlawful cause causa ilegal
unlawful command orden ilegal
unlawful condition condición ilícita
unlawful conduct conducta ilegal
unlawful consideration contraprestación
 ilícita
unlawful conspiracy conspiración para llevar
 a cabo un acto ilícito
unlawful contract contrato ilegal
unlawful custody custodia ilegal
unlawful detainer detención ilegal
unlawful detention detención ilegal
unlawful discrimination discriminación ilegal
unlawful dividend dividendo ilegal
unlawful donation donación ilegal
unlawful duty obligación ilegal
unlawful entity entidad ilegal
unlawful entry entrada ilegal
unlawful evasion evasión ilegal
unlawful force fuerza ilegal
unlawful gain ganancia ilegal, beneficio
 ilegal, ventaja ilegal
unlawful gift donación ilegal
unlawful incentive incentivo ilegal
unlawful incitation incitación ilegal
unlawful income ingreso ilegal
unlawful inducement motivación ilegal
unlawful interest usura, interés ilegal
unlawful interest rate usura, interés ilegal
unlawful loan préstamo ilegal
unlawful measures medios ilegales
unlawful monopoly monopolio ilegal
unlawful motivation motivación ilegal
unlawful notice notificación ilegal
unlawful obligation obligación ilegal
unlawful offer oferta ilegal
unlawful operation operación ilegal
unlawful order orden ilegal
unlawful pact pacto ilegal, convenio ilegal
unlawful picketing piquete ilegal
unlawful possession posesión ilegal
unlawful practice práctica ilegal
unlawful present regalo ilegal

unlawful process proceso ilegal
unlawful profit ganancia ilegal
unlawful property propiedad ilegal
unlawful purpose propósito ilegal
unlawful rate usura, interés ilegal
unlawful reward recompensa ilegal
unlawful sale venta ilegal
unlawful search allanamiento ilegal
unlawful strike huelga ilegal
unlawful tax impuesto ilegal
unlawful trade comercio ilegal
unlawful traffic tráfico ilegal
unlawful transaction transacción ilegal
unlawful transfer transferencia ilegal
unlawful use uso ilegal
unlawfully ilegalmente, ilícitamente
unlawfully adopted adoptado ilegalmente
unlawfully agreed upon acordado ilegalmente
unlawfully arrested arrestado ilegalmente
unlawfully assembled reunido ilegalmente
unlawfully auctioned subastado ilegalmente
unlawfully authorized autorizado ilegalmente
unlawfully combined combinado ilegalmente
unlawfully constituted constituido ilegalmente
unlawfully contracted contratado ilegalmente
unlawfully detained detenido ilegalmente
unlawfully donated donado ilegalmente
unlawfully done hecho ilegalmente
unlawfully entered ingresado ilegalmente
unlawfully established establecido
 ilegalmente
unlawfully evaded evadido ilegalmente
unlawfully exported exportado ilegalmente
unlawfully immigrated inmigrado ilegalmente
unlawfully imported importado ilegalmente
unlawfully incited incitado ilegalmente
unlawfully incorporated incorporado
 ilegalmente
unlawfully loaned prestado ilegalmente
unlawfully monopolized monopolizado
 ilegalmente
unlawfully motivated motivado ilegalmente
unlawfully obligated obligado ilegalmente
unlawfully obtained obtenido ilegalmente
unlawfully offered ofrecido ilegalmente
unlawfully operated operado ilegalmente
unlawfully ordered ordenado ilegalmente
unlawfully pacted pactado ilegalmente
unlawfully possessed poseído ilegalmente
unlawfully practiced practicado ilegalmente
unlawfully searched allanado ilegalmente
unlawfully sold vendido ilegalmente
unlawfully taxed impuesto ilegalmente
unlawfully traded comerciado ilegalmente
unlawfully trafficked traficado ilegalmente
unlawfully transferred transferido
 ilegalmente
unlawfully used usado ilegalmente
unless a no ser que, a menos que

unleveraged no apalancado
unlicensed sin licencia, sin autorizar
unlimited ilimitado
unlimited acceptance aceptación ilimitada
unlimited account cuenta ilimitada
unlimited authority autorización ilimitada
unlimited credit crédito ilimitado
unlimited guarantee garantía ilimitada
unlimited guaranty garantía ilimitada
unlimited insurance seguro ilimitado
unlimited liability responsabilidad ilimitada
unlimited mortgage hipoteca ilimitada
unlimited policy póliza ilimitada
unlimited risk riesgo ilimitado
unlimited time tiempo ilimitado
unlimited warranty garantía ilimitada
unliquidated no liquidado, sin determinar
unliquidated damages daños y perjuicios sin
    determinar
unliquidated demand demanda cuyo monto
    está sin determinar
unlivery descarga del cargamento en el puerto
    señalado
unload descargar
unloading descarga
unmailable no apto para enviarse por correo
unmarginable que no son elegibles para
    cuentas de margen
unmarked sin marcar
unmarketable incomerciable
unmarketable title título incierto
unmarried soltero, no casado
unmeant sin intención
unmistakable inconfundible, evidente
unnatural will testamento antinatural
unnecessary innecesario
unnecessary act acto innecesario
unnecessary care cuidado innecesario
unnecessary clause cláusula innecesaria
unnecessary component componente
    innecesario
unnecessary condition condición innecesaria
unnecessary cruelty crueldad innecesaria
unnecessary deposit depósito innecesario
unnecessary diligence diligencia innecesaria
unnecessary domicile domicilio innecesario
unnecessary easement servidumbre
    innecesaria
unnecessary expense gasto innecesario
unnecessary hardship penuria innecesaria
unnecessary inference inferencia innecesaria
unnecessary insurance seguro innecesario
unnecessary litigation litigio innecesario
unnecessary parties partes innecesarias
unnecessary repairs reparaciones
    innecesarias
unnecessary servitude servidumbre
    innecesaria
unnecessary stipulation estipulación

innecesaria
unnecessary testimony testimonio innecesario
unnecessary witness testigo innecesario
unnegotiable innegociable
unobservant distraído, descuidado
unoccupied desocupado
unofficial no oficial, extraoficial
unofficial opinion opinión informal
unofficial strike huelga sin la autorización del
    sindicato
unofficially extraoficialmente
unowned mostrenco, sin dueño
unpaid impago, sin paga
unpaid balance saldo deudor
unpaid check cheque no pagado
unpaid debt deuda no pagada
unpaid dividend dividendo no pagado
unpaid holiday día festivo no pagado
unpaid invoice factura no pagada
unpaid loan préstamo no pagado
unpardonable imperdonable
unpayable impagable
unplanned no premeditado, no intencional
unprecedented sin precedente
unprecise impreciso, indefinido
unprejudiced sin prejuicios, imparcial
unpremeditated impremeditado
unprepared desprevenido
unprofessional no profesional, no ético
unprofessional conduct conducta no
    profesional
unproved no probado
unqualified incondicional, absoluto,
    incompetente, incapaz
unqualified opinion opinión sin reservas
unquestionable incuestionable
unrealized no realizado
unreasonable irrazonable, absurdo, arbitrario
unreasonable act acto irrazonable
unreasonable belief creencia irrazonable
unreasonable care cuidados irrazonables
unreasonable cause causa irrazonable
unreasonable charge cargo irrazonable
unreasonable compensation remuneración
    irrazonable
unreasonable cost costo irrazonable
unreasonable diligence diligencia irrazonable
unreasonable doubt duda irrazonable
unreasonable excuse excusa irrazonable
unreasonable expenditure gasto irrazonable
unreasonable expense gasto irrazonable
unreasonable fee cargo irrazonable
unreasonable force fuerza inapropiada
unreasonable grounds fundamentos
    irrazonables
unreasonable inference inferencia irrazonable
unreasonable investment inversión
    irrazonable
unreasonable notice aviso irrazonable

unreasonable person persona irrazonable
unreasonable precaution precaución irrazonable
unreasonable premium prima irrazonable
unreasonable presumption presunción irrazonable
unreasonable price precio irrazonable
unreasonable rate tasa irrazonable
unreasonable restraint of trade restricción irrazonable del comercio
unreasonable restraint on alienation restricción irrazonable sobre la enajenación
unreasonable search allanamiento irrazonable, registro irrazonable
unreasonable search and seizure registro y secuestro irrazonable
unreasonable seizure secuestro irrazonable
unreasonable supposition suposición irrazonable
unreasonable suspicion sospecha irrazonable
unreasonable time plazo irrazonable
unreasonable value valor irrazonable
unrecorded sin registrar
unrecorded deed escritura sin registrar
unrecoverable irrecuperable
unregistered shares acciones no registradas
unregistered stock acciones no registradas
unrelated no relacionado
unrelated offenses delitos no relacionados
unrepealed no derogado, no revocado
unreported income ingresos sin informar
unresolved no resuelto, no aclarado
unresponsive evidence contestación sin relación a lo preguntado
unrestricted sin restricción, sin restricciones
unrestricted acceptance aceptación sin restricciones
unrestricted admissibility admisibilidad sin restricciones
unrestricted agency agencia sin restricciones
unrestricted agent agente sin restricciones
unrestricted appeal apelación sin restricciones
unrestricted articles artículos sin restricciones
unrestricted authority autoridad sin restricciones
unrestricted by law sin restricciones por ley
unrestricted credit crédito sin restricciones
unrestricted data datos sin restricciones
unrestricted funds fondos sin restricciones
unrestricted guarantee garantía sin restricciones
unrestricted guaranty garantía sin restricciones
unrestricted insurance seguro sin restricciones
unrestricted interpretation interpretación libre, interpretación no restrictiva

unrestricted liability responsabilidad sin restricciones
unrestricted list lista de valores sin restricciones
unrestricted market mercado sin restricciones
unrestricted policy póliza sin restricciones
unrestricted power of appointment poder de designación sin restricciones
unrestricted shares acciones sin restricciones en cuanto a la transferencia
unrestricted stock acciones sin restricciones en cuanto a la transferencia
unrestricted trust fideicomiso sin restricciones
unsafe inseguro, peligroso
unsatisfactory no satisfactorio
unsatisfactory account cuenta no satisfactoria
unsatisfactory title título viciado
unsatisfied insatisfecho
unscrupulous inescrupuloso
unscrupulously inescrupulosamente
unscrupulousness inescrupulosidad
unseaworthy no apto para navegar
unsecured sin garantía
unsecured account cuenta sin garantía
unsecured bond bono sin garantía
unsecured credit crédito sin garantía
unsecured credit card tarjeta de crédito sin garantía
unsecured creditor acreedor sin garantía
unsecured debt deuda sin garantía
unsecured loan préstamo sin garantía
unsecured note pagaré quirografario
unsecured transaction transacción sin garantía
unseen no visto
unsegregated no segregado
unsolemn will testamento informal
unsolicited no solicitado
unsolved sin resolver
unsound mind insano
unspeakable inexpresable, atroz
unstable inestable, fluctuante
untenantable condition condiciones no aptas para la ocupación
until hasta
untimely inoportuno
untrue falso, infiel, impreciso
untruth mentira
unused sin usar, no utilizado
unusual inusual, insólito
unusual activity actividad inusual
unusual agency agencia inusual
unusual agent agente inusual
unusual care diligencia inusual
unusual case caso inusual
unusual conditions condiciones inusuales
unusual course curso inusual

unusual covenants cláusulas inusuales
unusual dangers peligros inusuales
unusual diligence diligencia inusual
unusual duty deber inusual
unusual expenses gastos inusuales
unusual hazards riesgos inusuales
unusual insurance seguro inusual
unusual interpretation interpretación inusual
unusual loss pérdida inusual
unusual meaning sentido inusual
unusual method método inusual
unusual mode modo inusual
unusual practice práctica inusual
unusual procedure procedimiento inusual
unusual process proceso inusual
unusual punishment castigo insólito
unusual rent renta inusual
unusual repairs reparaciones inusuales
unusual risks riesgos inusuales
unusual services servicios inusuales
unusual session sesión inusual
unusual spoilage deterioro inusual
unusual tax impuesto inusual
unusual term plazo inusual
unusual time tiempo inusual
unusual use uso inusual
unvalued policy póliza en que no se establece el valor de los bienes asegurados
unverifiable que no se puede verificar
unvoiced no expresado
unwarned sin aviso
unwarrantable injustificable, insostenible
unwarranted injustificado, no garantizado
unwholesome insalubre
unwholesome food comida insalubre
unwilling reacio, maldispuesto
unwillingly de mala gana
unwise imprudente, indiscreto
unworthy desmerecedor, indigno
unwritten no escrito, verbal
unwritten contract contrato no escrito, contrato verbal
unwritten law derecho natural, ley no escrita
up to hasta
up to and including hasta e incluyendo
up to date hasta la fecha, al día
upcoming venidero, próximo
update actualizar
updated actualizado
uphold sostener, defender
upkeep mantenimiento
uplands tierras elevadas
upon condition bajo condición
upset price precio mínimo en subasta
urban urbano
urban easement servidumbre urbana
urban property propiedad urbana
urban servitude servidumbre urbana
urge exhortar, incitar

urgency urgencia
urgent urgente
urine orina
usable usable, servible
usable funds fondos utilizables
usage uso, costumbre
usage of trade modo acostumbrado de llevar a cabo transacciones
usance plazo
use (n) uso, goce, costumbre, utilidad
use (v) usar, emplear, consumir
use plaintiff beneficiario de una acción
use tax impuesto sobre bienes comprados en otro estado
use value valor de uso
usee beneficiario de una acción
useful útil
useful life vida útil
usefulness utilidad
user usuario, consumidor
using mail to defraud el uso del sistema postal para defraudar
usual usual, habitual
usual activity actividad usual
usual agency agencia usual
usual agent agente usual
usual care diligencia usual
usual conditions condiciones usuales
usual course curso usual
usual covenants cláusulas usuales
usual dangers peligros usuales
usual diligence diligencia usual
usual duty deber usual
usual expenses gastos usuales
usual hazards riesgos usuales
usual income ingreso usual
usual insurance seguro usual
usual interpretation interpretación usual
usual loss pérdida usual
usual meaning sentido usual
usual meeting asamblea usual
usual method método usual
usual mode modo usual
usual place of abode lugar habitual de residencia
usual place of business lugar usual de negocios
usual practice práctica usual
usual procedure procedimiento usual
usual process proceso usual
usual rent renta usual
usual repairs reparaciones usuales
usual risks riesgos usuales
usual services servicios usuales
usual session sesión usual
usual spoilage deterioro usual
usual tax impuesto usual
usual term plazo usual
usual time tiempo usual

usual use uso usual
usufruct usufructo
usufructuary usufructuario
usurer usurero
usurious usurario
usurious contract contrato usurario
usurious rate tasa usuraria
usurious rate of interest tasa de interés
  usuraria
usurp usurpar
usurpation usurpación
usurpation of franchise usurpación de un
  privilegio
usurpation of office usurpación de un cargo
usurped usurpado
usurped power poder usurpado
usurper usurpador
usurper of a public office usurpador de un
  cargo público
usury usura
usury laws leyes concernientes a la usura
uterine uterino
utilis útil
utility utilidad, servicio público
utility company compañía de servicios
  públicos
utility easement servidumbre de compañías de
  servicio público
utility services servicios públicos
utilized utilizado
utmost máximo, extremo
utmost care cuidados extremos, cuidado
  máximo
utmost resistance resistencia máxima
utter decir, ofrecer un documento falsificado,
  emitir
utterance declaración, pronunciación
uttering a forged instrument ofrecer un
  instrumento falsificado o sin valor con
  intención de defraudar
uxor esposa, mujer casada
uxoricide uxoricidio, uxoricida

vacancy vacancia, vacante
vacant vacante, desocupado
vacant land tierra vacante
vacant possession posesión vacante
vacant succession sucesión vacante
vacate dejar vacante, anular, revocar
vacatio inmunidad, privilegio
vacation vacación, suspensión, receso
vacation of court receso judicial
vacation of judgment revocación de sentencia
vacation pay paga durante vacaciones
vacillant vacilante
vacillate vacilar, titubear
vacillating vacilante, irresoluto
vacillation vacilación, titubeo
vacuity vacuidad, vacancia
vacuous vacuo, vacío
vacuus vacante, nulo
vadium prenda
vagabond vagabundo
vagabondage vagabundaje
vagabondize vagabundear
vagrancy vagabundeo
vagrancy laws leyes concernientes al
  vagabundeo
vagrant vagabundo
vague vago, impreciso
vaguely vagamente, imprecisamente
vagueness vaguedad, imprecisión
vagueness doctrine doctrina según la cual es
  inconstitucional cualquier ley que no
  indique claramente lo que se ordena o
  prohibe
vain vano, inútil
valid válido, vigente, fundado
valid agreement contrato válido
valid contract contrato válido
valid date fecha de validez
valid defense defensa válida
valid reason razón válida
valid title título válido
validate validar, confirmar
validating statute ley de convalidación
validation validación, confirmación
validation of statute convalidación de ley
validation period período de validación
validity validez
validity of a will validez de un testamento

validness validez
valorization valorización
valorize valorar
valuable valioso, apreciable
valuable consideration contraprestación suficiente, contraprestación válida
valuable improvements mejoras de valor
valuation valuación, tasación, apreciación
valuation basis base de valuación
valuation criterion criterio de valuación
valuation method método de valuación
valuation of loss valuación de la pérdida
valuation of policy valuación de la póliza
valuation premium prima de valuación
value valor, contraprestación, precio, mérito
value added tax impuesto al valor agregado, impuesto de plusvalía
value declared valor declarado
value received valor recibido
valued valorado
valued contract contrato valorado
valued policy póliza en que se establece el valor de los bienes asegurados
valueless sin valor, inservible
valuer tasador
vandal vándalo, vandálico
vandalic vandálico
vandalism vandalismo
vandalistic vandálico
vanguard vanguardia
vanish desaparecer
vantage ventaja
variable variable, inconstante
variable amount cantidad variable
variable-amount annuity anualidad de cantidad variable
variable annuity anualidad variable
variable-benefit plan plan de beneficios variables
variable benefits beneficios variables
variable charges costos variables
variable costs costos variables
variable credit line línea de crédito variable
variable debt deuda variable
variable deposit depósito variable
variable-dollar annuity anualidad de cantidad variable
variable expenses gastos variables
variable fee cargo variable
variable income ingreso variable
variable interest interés variable
variable interest rate tasa de interés variable
variable life insurance seguro de vida variable
variable obligation obligación variable
variable-payment plan plan de pagos variables
variable payments pagos variables
variable period período variable

variable premium prima variable
variable-premium life insurance seguro de vida de primas variables
variable price precio variable
variable rate tasa variable
variable-rate loan préstamo con tasa de interés variable
variable-rate mortgage hipoteca con tasa de interés variable
variable rent renta variable
variable salary salario variable
variable tax impuesto variable
variable term plazo variable
variable trust fideicomiso variable
variably variablemente
variance variación, discrepancia, desviación, permiso especial para una desviación de los reglamentos de zonificación
variant variante
variation variación
variety variedad
various varios, diverso
vary variar, discrepar
varying variable
varyingly variablemente
vast vasto
vault bóveda, caja fuerte, subterráneo
vault cash efectivo en bóveda
veer desviarse, virar
vehemence vehemencia
vehement vehemente
vehicle vehículo, medio
vehicle coverage cobertura de vehículo
vehicular vehicular, de vehículos
vehicular crimes crímenes vehiculares
vehicular homicide homicidio vehicular
vein veta, vena
velocity velocidad
venal venal
venality venalidad
vend vender, divulgar
vendee comprador
vendetta vendetta
vendibility posibilidad de venderse
vendible vendible
vendition venta
venditor vendedor
vendor vendedor
vendor's lien privilegio del vendedor
vendue venta judicial, venta, subasta
vendue master subastador
venereal disease enfermedad venérea
vengeance venganza
vengeful vengativo
vengefully vindicativamente
venire venir, comparecer
venire facias orden judicial para convocar un jurado
venireman miembro de jurado en perspectiva

venomous venenoso
ventilate ventilar, divulgar
ventilation ventilación
ventilator ventilador
venture empresa, negocio, negocio arriesgado
venture capital capital arriesgado en una empresa, capital aventurado
venue jurisdicción, competencia
venue jurisdiction jurisdicción territorial de un tribunal
veracious veraz
veraciousness veracidad
veracity veracidad
verbal verbal
verbal abuse abuso verbal
verbal act acto verbal
verbal agreement acuerdo verbal
verbal assault amenaza verbal
verbal attack ataque verbal
verbal contract contrato verbal
verbal note memorándum sin firmar
verbalize verbalizar
verbally verbalmente
verbatim palabra por palabra, al pié de la letra
verbose verboso
verbosely verbosamente
verbosity verbosidad
verdict, estoppel by impedimento por veredicto
verdict veredicto
verdict contrary to law veredicto contrario a la ley
verdict of guilty veredicto de culpabilidad
verdict of not-guilty veredicto absolutorio, veredicto de inocencia
veridical verídico
verifiable verificable
verification verificación
verificative verificativo
verified verificado
verified copy copia autenticada
verified names nombres verificados
verify verificar, confirmar bajo juramento
verily verdaderamente, realmente
verity verdad
vermin sabandija
versatile versátil, polifacético
version versión
versus contra
vertical vertical
vertical integration integración vertical
vertical merger fusión vertical
vertical organization organización vertical
vertical promotion promoción vertical
vertical union sindicato vertical
very (adj) absoluto, puro, exacto, idéntico
very (adv) muy, de veras
very high degree of care grado de cuidado que usaría una persona muy prudente en circunstancias similares
vessel embarcación, avión, receptáculo
vest investir, dar posesión, transferir un derecho, conferir
vested efectivo, absoluto, incondicional, fijado, transferido, conferido
vested estate propiedad en dominio pleno
vested gift donación incondicional
vested in interest con derecho de goce futuro incondicional
vested in possession con derecho de goce presente
vested interest interés adquirido
vested legacy legado incondicional
vested pension derecho de pensión adquirido
vested remainder derecho sobre un inmueble el cual se adquirirá al extinguirse el derecho de otro sobre dicho inmueble
vested rights derechos adquiridos
vestigial words palabras superfluas
vesting adquisición de derechos de pensión
vesture of land todo lo que crece sobre un terreno menos árboles
veteran veterano, experto
veto (n) veto
veto (v) vetar
veto power poder de veto
vex hostigar, irritar, vejar
vexatious delay to pay demora de pago injustificada
vexatious proceeding procedimiento malicioso
vexatious refusal to pay negación injustificada de pago
vexed question cuestión sin resolver
vi et armis con fuerza y armas
viability viabilidad, capacidad para sobrevivir
viable viable, capaz de vivir
viable child niño aun sin nacer el cual es capaz de sobrevivir
vicarious vicario, indirecto, sustituto
vicarious liability responsabilidad indirecta, responsabilidad vicaria
vice vicio, defecto
vice-consul vicecónsul
vice-consulate viceconsulado
vice crimes crímenes relacionados con vicios
vice-governor vicegobernador
vice-president vicepresidente
vice-principal empleado a quien se le delegan varias responsabilidades de supervisión y control sobre empleados
vice-versa viceversa
vicinage vecindad, vecindario
vicinal vecinal, adyacente
vicinity vecindad, proximidad
vicious vicioso, inmoral, malicioso, defectuoso

vicious animal animal bravo
vicious propensity tendencia de un animal a atacar o poner en peligro a las personas sin provocación
viciously viciosamente, inmoralmente, malignamente
victim víctima
victim impact statement declaración de los efectos del crimen sobre la víctima o su familia
victimize victimar, embaucar, estafar
victimless sin víctimas
victimless crimes crímenes sin víctimas
videlicet a saber
video banking banca por video
viduity viudez
view vista, inspección, perspectiva
view of an inquest inspección llevada acabo por un jurado
viewers inspectores
vigilance vigilancia, cuidado
vigilant vigilante, atento
vigilante vigilante
vile vil, detestable
vileness vileza, bajeza
village aldea
villain villano, maleante
vindicate vindicar
vindicatory parts of laws partes penales de las leyes
vindictive vengativo
vindictive damages daños y perjuicios punitivos
vindictively vindicativamente
violate violar, infringir
violation violación, infracción
violence violencia
violent violento
violent behavior conducta violenta
violent conduct conducta violenta
violent death muerte violenta
violent means medios violentos
violent offenses delitos en los cuales se usa la violencia
violent presumption presunción violenta
violently violentamente
vires poderes
virtual virtual
virtual representation doctrine doctrina que permite entablar litigio en representación de un grupo con un interés común
virtue virtud
virtue of office, act by acto que está dentro de los poderes de un funcionario pero que al ejecutarlo lo hace de forma impropia o abusiva
vis fuerza
vis a vis cara a cara, vis a vis
vis major fuerza mayor

visa visa
visibility visibilidad
visible visible, manifiesto
visible means of support medios aparentes de mantenimiento
visibly visiblemente
visit visita, derecho de verificar la bandera de una nave
visitation derecho del padre sin custodia de ver a su hijo, inspección, dirección, visita
visitation rights derechos del padre sin custodia de ver a su hijo
visitor visitante, inspector
visual acuity agudeza visual
visualize imaginarse, planear
vital vital, mortal
vital statistics estadística demográfica
vitiate viciar, anular
vitiated viciado
vitricus padrastro
viva voce de forma verbal, viva voce
vivid vívido, claro, gráfico
vividly claramente, gráficamente
viz a saber, es decir
vocation vocación, profesión
vocational vocacional, profesional
voice voz
voice exemplars comparación de voces
voice identification identificación de voz
voiceprint gráfica que muestra características de la voz
void nulo, sin fuerza legal, inválido, vacante
void ab initio nulo desde el principio
void contract contrato nulo
void judgment sentencia nula
void marriage matrimonio nulo
void transaction transacción nula
voidable anulable
voidable contract contrato anulable
voidable marriage matrimonio anulable
voidable preference preferencia anulable
voided anulado
voir dire decir la verdad
volatile volátil
volatility volatilidad
volens dispuesto
volition volición, voluntad
volume volumen, tomo
voluntarily voluntariamente
voluntary voluntario
voluntary abandonment abandono voluntario
voluntary accumulation plan plan de acumulación voluntario
voluntary admission admisión voluntaria
voluntary appearance comparecencia voluntaria
voluntary arbitration arbitraje voluntario
voluntary assignment cesión voluntaria
voluntary bankruptcy quiebra voluntaria

voluntary compliance cumplimiento
  voluntario
voluntary confession confesión voluntaria
voluntary conversion conversión voluntaria
voluntary conveyance transferencia a título
  gratuito
voluntary courtesy acto bondadoso
voluntary deposit depósito voluntario
voluntary discontinuance desistimiento
  voluntario
voluntary exchange intercambio voluntario
voluntary exposure to unnecessary danger
  exposición voluntaria a riesgo innecesario
voluntary ignorance ignorancia voluntaria
voluntary insurance seguro voluntario
voluntary lien gravamen voluntario
voluntary manslaughter homicidio
  impremeditado cometido voluntariamente
voluntary oath juramento voluntario
voluntary payment pago voluntario
voluntary plan termination terminación de
  plan voluntaria
voluntary reserve reserva voluntaria
voluntary sale venta voluntaria
voluntary separation separación voluntaria
voluntary statement declaración voluntaria
voluntary termination terminación voluntaria
voluntary trust fideicomiso voluntario
volunteer voluntario
vote voto, sufragio
vote by proxy voto por poder, voto mediante
  apoderado
vote of confidence voto de confianza
voter votante, elector
voting votación
voting by ballot voto secreto
voting rights derechos de voto
voting shares acciones con derecho de voto
voting stock acciones con derecho de voto
voting trust fideicomiso para votación
voting trust certificate certificado de
  fideicomiso para votación
vouch comprobar, citar
vouchee defensor del título
voucher comprobante, recibo
voucher check cheque con comprobante
voyage viaje
voyage policy póliza de seguro marítimo para
  viajes determinados
vulgar vulgar
vulnerable vulnerable

wage adjustment ajuste salarial
wage agreement convenio salarial
wage and hours laws leyes concernientes al
  máximo de horas de trabajo y al salario
  mínimo
wage assignment cesión de salario, asignación
  de salario
wage bracket escala salarial
wage ceiling techo salarial
wage control control salarial
wage dispute disputa salarial
wage earner asalariado, trabajador
wage earner plan convenio para el pago de
  deudas por un deudor asalariado bajo la ley
  de quiebras
wage floor salario mínimo
wage freeze congelación de salario
wage garnishment embargo de salario
wage increase aumento salarial
wage increment incremento salarial
wage index índice salarial
wage inflation inflación de salarios
wage level nivel salarial
wage minimum salario mínimo
wage rate tasa salarial
wage rise alza salarial
wage scale escala salarial
wage stabilization estabilización salarial
wage structure estructura salarial
wage tax impuesto sobre salarios
wageless no pagado
wager apuesta
wager policy póliza de seguro en la que el
  asegurado no tiene un interés asegurable
wagering contract contrato de apuesta
wages salario, comisiones, remuneración
wageworker asalariado, trabajador
waif bien mostrenco, niño abandonado
waif property bienes mostrencos
wait espera, demora
wait and see doctrine regla que permite la
  consideración de eventos posteriores a la
  creación de un instrumento para determinar
  la validez de un interés futuro
waiting espera, período de espera
waiting list lista de espera
waiting period período de espera
waive renunciar a, abandonar, descartar

waiver renuncia, abandono
waiver of exemption renuncia de exención
waiver of immunity renuncia de inmunidad
waiver of notice renuncia a notificación
waiver of premium clause cláusula de
    cesación de pagos por parte del asegurado
    al incapacitarse
waiver of premiums cancelación de primas
waiver of protest renuncia al protesto
waiver of rights renuncia de derechos
waiver of tort elección de no accionar por
    daño legal sino por incumplimiento de
    contrato
walkie-talkie transmisor portátil
walkout abandono organizado del lugar de
    trabajo por trabajadores por causa de
    conflictos laborales, huelga laboral
walkway pasillo, pasarela
wall pared
wallet cartera
wander vagar, disparatar
wanderer vagabundo
wane (n) mengua, disminución
wane (v) menguar, declinar
want (n) falta, necesidad
want (v) necesitar, requerir, querer, faltar
want of ability falta de habilidad
want of activity falta de actividad
want of attention falta de atención
want of authority falta de autoridad
want of capacity falta de capacidad
want of care falta de cuidado
want of caution falta de precaución
want of certainty falta de certidumbre
want of clarity falta de claridad
want of competence falta de competencia
want of consideration falta de
    contraprestación
want of control falta de control
want of doubt falta de duda
want of due care falta del debido cuidado
want of due process falta del debido proceso
want of evidence falta de prueba
want of honesty falta de honestidad
want of incentive falta de incentivo
want of integrity falta de integridad
want of intent falta de intención
want of interest falta de interés
want of issue falta de descendencia
want of jurisdiction falta de jurisdicción
want of knowledge falta de conocimiento
want of maintenance falta de mantenimiento
want of motive falta de motivo
want of precedent falta de precedentes
want of probable cause falta de causa
    probable
want of protection falta de protección
want of safety falta de seguridad
want of warning falta de advertencia

wantage deficiencia
wanted buscado, se busca, se solicita
wanting falto, deficiente
wanton perverso, gravemente negligente,
    malicioso, imperdonable, lascivo
wanton act acto perverso, acto gravemente
    negligente
wanton and reckless misconduct conducta
    que una persona debería entender que es
    peligrosa aunque no tenga intenciones de
    hacer daño
wanton injury lesión ocasionada por conducta
    gravemente negligente
wanton negligence negligencia grave
    intencional, imprudencia temeraria
wantonly perversamente, maliciosamente,
    cruelmente, lascivamente
wantonness perversidad, crueldad, lascivia
war guerra
war clauses cláusulas concernientes a las
    guerras
war crimes crímenes de guerra
war criminal criminal de guerra
war damages daños de guerra
war department departamento de guerra
war exclusion clauses cláusulas concernientes
    a los efectos de las guerras sobre los
    beneficios de pólizas de seguros
war power poderes gubernamentales
    concernientes a las guerras
war risks riesgos de guerra
war risks insurance seguro contra los riesgos
    de guerra
ward tutela, protección, pupilo, distrito,
    pabellón
warden tutor, guardián, alcaide
wardship tutela, pupilaje
warehouse almacén, depósito
warehouse book libro para mantener el
    inventario de un almacén
warehouse receipt recibo de almacenaje
warehouse rent almacenaje
warehouse system sistema para el
    almacenamiento de mercancías importadas
warehouseman almacenero
warehouseman's lien privilegio del
    almacenero
warehouser almacenero
wares mercancías, bienes
warfare guerra, contienda
warily cautelosamente
wariness cautela
warn avisar, advertir
warning aviso, advertencia
warning bulletin boletín de aviso
warning sign señal de advertencia
warrant (n) orden, orden judicial, auto,
    mandamiento, libramiento, autorización,
    comprobante, certificado, justificación

warrant (v) garantizar, certificar, autorizar, justificar
warrant of arrest orden de arresto
warrant of attorney poder
warrant of commitment orden de confinamiento
warrantable garantizable, justificable
warrantably justificadamente
warranted garantizado, justificado
warrantee beneficiario de una garantía, garantizado
warranter garante
warrantless arrest arresto sin orden judicial
warrantor garante
warranty garantía, justificación
warranty deed escritura con garantías de título
warranty of fitness garantía de aptitud para un propósito específico
warranty of habitability garantía de habitabilidad
warranty of merchantability garantía de comerciabilidad
warranty of title garantía de título
warship buque de guerra
wary cauteloso
wash sale venta con pérdida del mismo valor comprado dentro de un plazo máximo de días, venta ficticia
wastage despilfarro, pérdida
waste daños negligentes a la propiedad, uso abusivo de la propiedad, desperdicios
wasteful pródigo, ruinoso
wastefully pródigamente
wastefulness prodigalidad
wasting asset activo consumible, recurso natural agotable
wasting property propiedad agotable
wasting trust fideicomiso agotable
watch (n) vigilancia, guardia, reloj
watch (v) velar, custodiar, observar
watchdog perro guardián
watchful vigilante, atento
watchfulness vigilancia
watchman vigilante
water damage insurance seguro contra daño por agua
water district distrito de repartición de aguas
water level nivel del agua
water-logged inundado
water-mark marca del nivel de agua
water pipe tubería de agua
water pollution contaminación de aguas
water rights derechos del uso de aguas
water supply suministro de agua
water system sistema fluvial
watercourse curso de agua
watercraft embarcación
waterfront terrenos que están frente al agua,

zona portuaria
waterline línea de flotación
waterlog inundar
waterlogged inundado, saturado de agua
waterproof impermeable
waterway vía de agua, canal navegable
way vía, rumbo, modo, costumbre
way-going crop cosecha tras la expiración del arrendamiento
way of necessity servidumbre de paso por necesidad
waybill hoja de ruta, carta de porte
wayleave servidumbre minera
ways and means medios y arbitrios
ways and means committee comisión de medios y arbitrios
weak débil, enfermizo
wealth riqueza, abundancia
weapon arma
weaponless desarmado
wear gastar, desgastar
wear and tear desgaste natural
wear and tear exclusion exclusión de deterioro
weather clima
wed casarse con, unir
wedlock estado matrimonial, matrimonio
weekday día de semana, día laborable
weekly semanalmente
weep llorar
weigh pesar, considerar
weight peso, importancia
weight of evidence preponderancia de la prueba
welcome bienvenido
welfare bienestar, asistencia social
well (adj) bueno, adecuado, apropiado
well (adv) bien, razonablemente
well (n) pozo
welsh no cumplir con una promesa de pago, estafar en una apuesta
welshing hacer una apuesta sin intención de pagar
wharf muelle
wharfage derechos de muelle
wharfinger administrador o dueño de un muelle
wheelage peaje
when cuando
when and where cuando y donde
whenever cuando quiera que, tan pronto como
whensoever cuando quiera que
where donde
whereabouts (adv) donde, por donde
whereabouts (n) paradero
whereas por cuanto, en tanto que
whereat a lo cual
whereby por medio del cual, según el cual
wherefore por lo cual

wherefrom desde donde
wherein en qué, en donde
whereinto en donde, en que
whereof de lo que, de que
whereon en que, sobre que
wheresoever dondequiera que
wherethrough a través de lo cual
whereto adonde
whereunto adonde
whereupon después de lo cual, sobre que
wherever dondequiera que
wherewith con lo cual
wherewithal con lo cual
whether si
which cual, el cual, que, quien
whichever cualquiera
whichsoever cualquiera
while mientras
whim capricho
whimsical caprichoso
whimsically caprichosamente
whiplash injury lesión ocasionada por un movimiento brusco del cuello
whisper susurro
whistle blower empleado que rehusa participar en actividades ilícitas en su empresa, empleado que informa sobre actividades ilícitas en su empresa
white-collar crimes crímenes cometidos sin violencia por individuos y entes jurídicos tales como hurto y desfalco
whither adonde
whithersoever adondequiera
whitherward hacia donde
whole entero, intacto, sano
whole blood personas nacidas de los mismos padres
whole-life annuity anualidad de vida entera
whole-life insurance seguro de vida entera
wholehearted sincero
wholesale venta al por mayor
wholesale dealer comerciante mayorista
wholesale price precio al por mayor
wholesaler mayorista
wholesaling ventas al por mayor
wholesome salubre
wholly enteramente, totalmente
wholly and permanently disabled total y permanentemente discapacitado
wholly dependent totalmente dependiente
wholly destroyed totalmente destruido
wholly disabled totalmente discapacitado
whom a quien, al cual
whomever a quienquiera, a cualquiera
whomsoever a quienquiera, a cualquiera
whose cuyo, cuyos
whosesoever de quienquiera
whosoever quien, quienquiera que
widow viuda

widow's allowance asignación de la viuda
widow's election elección de la viuda
widowed viudo, viuda
widower viudo
widowhood viudez
wife de facto esposa de hecho
wife de jure esposa legal
wife's part legítima de la esposa
wild salvaje, bravo
wild animals animales salvajes
wild lands tierras sin cultivo o mejoras, tierras salvajes
wildcat ilícito, no autorizado
wildcat strike huelga no autorizada por el sindicato
wildly violentamente, alocadamente
will testamento, voluntad, intención
will contest impugnación de testamento
willful intencional, voluntario, premeditado, malicioso
willful act acto intencional
willful and malicious injury lesión intencionada y maliciosa, daño intencionado y malicioso
willful and wanton act acto intencionadamente perverso
willful and wanton injury lesión ocasionada por conducta intencionadamente perversa
willful and wanton misconduct conducta intencionadamente perversa
willful default incumplimiento intencional
willful injury lesión intencional, daño intencional
willful misconduct mala conducta intencional, comportamiento ilícito intencional
willful misstatement declaración falsa intencional
willful murder asesinato intencional
willful neglect negligencia intencional
willful negligence negligencia intencional
willful tort daño intencional, daño legal intencional
willfully intencionalmente, voluntariamente
willfulness intención, premeditación, voluntariedad
willing dispuesto, voluntario
willingly voluntariamente
windfall profits ganancias inesperadas
windfall profits tax impuesto sobre las ganancias inesperadas
windup conclusión, final
wire transfer transferencia electrónica
wiretapping intercepción de señales telefónicas, intercepción de señales de telecomunicaciones
wiring instalación alámbrica
wish deseo
wit saber, estar informado
with con, para

with all faults en el estado en que está
with authority con autoridad
with benefit of survivorship con beneficio de supervivencia
with compensation con compensación
with consent con consentimiento
with malice aforethought con malicia premeditada
with prejudice sin la oportunidad de iniciar una nueva acción
with premeditation con premeditación
with recourse con recurso
with right of survivorship con derecho de supervivencia
with strong hand con fuerza criminal, con fuerza o violencia
withal además, también, sin embargo
withdraw retirar, retractar
withdraw a bid retirar una propuesta
withdraw a motion retirar una propuesta
withdraw an offer retirar una oferta
withdraw charges retirar las acusaciones
withdraw funds retirar fondos
withdrawal retiro
withdrawal notice aviso de retiro
withdrawal of charges retiro de las acusaciones
withdrawal of funds retiro de fondos
withdrawal penalty penalidad por retiro
withdrawal plan plan de retiros
withdrawing a juror retiro de un miembro del jurado
withhold retener, rehusar
withholding retención
withholding agent agente de retención, retenedor
withholding of evidence suprimir pruebas, destruir pruebas
withholding tax retención de impuestos
within dentro, dentro de
without sin, fuera
without authority sin autoridad
without blame sin culpa
without cause sin causa
without caution sin precaución
without compensation sin compensación
without consent sin consentimiento
without day sin día designado para continuar
without delay sin demora
without due process sin el procedimiento establecido por ley
without expense sin gastos
without jurisdiction sin jurisdicción
without justification sin justificación
without legal recourse sin recurso legal
without notice sin notificación, de buena fe
without prejudice sin perjuicio, permitiendo iniciar una nueva acción
without protest sin protesta

without recourse sin recurso
without reserve sin reserva
without stint sin límite, sin restricción
withstand resistir, sufrir
witness (n) testigo
witness (v) testificar, atestiguar, presenciar
witness against himself testigo contra sí mismo
witness for the defense testigo de la defensa
witness for the prosecution testigo de la acusación
witness to will testigo testamentario
wittingly a sabiendas
word palabra, promesa, aviso, mandato
words actionable in themselves palabras de por si calumniosas o difamantes
words of art términos o expresiones técnicas
words of limitation palabras que limitan los derechos sobre lo que se traspasa
words of procreation palabras que limitan lo que se traspasa a ciertos descendientes
words of purchase palabras que indican quien adquirirá los derechos otorgados
work trabajo, ocupación, obra
work area área de trabajo
work day día laborable, jornada
work environment ambiente de trabajo
work force fuerza laboral, personal
work load carga de trabajo
work of national importance trabajo de importancia nacional
work of necessity trabajo de necesidad
work order orden de trabajo
work permit permiso oficial de trabajo de extranjero
work sheet hoja de trabajo
work station estación de trabajo
work stoppage paro laboral
work ticket tarjeta para registrar horas de trabajo
work week semana laboral
workday día laborable, jornada
worker trabajador
workers' compensation acts leyes sobre la compensación por accidentes y enfermedades del trabajo
workers' compensation insurance seguro de accidentes y enfermedades de trabajo
workers' compensation laws leyes sobre la compensación por accidentes y enfermedades del trabajo
workforce fuerza laboral, personal
workhouse correccional
working utilizable, trabajador, adecuado
working day día laborable
working hours horas de trabajo
working papers permiso oficial de trabajo
working place lugar de trabajo
workload carga de trabajo

workman trabajador
worksheet hoja de trabajo
workshop taller
workstation estación de trabajo
world trade comercio mundial
worldly terrenal, mundano
worldwide coverage cobertura mundial
worldwide trade comercio mundial
worse peor
worsen empeorar
worth valor, mérito
worthily merecidamente
worthless sin valor
worthless account cuenta sin valor
worthless check cheque sin fondos, cheque girado contra una cuenta no existente
worthlessness inutilidad
worthwhile que vale la pena
worthy digno, meritorio
wound lesión, herida
wounded feelings sentimientos heridos
wounding hiriente
woundless ileso
wraparound mortgage hipoteca que incorpora otra hipoteca existente
wrath ira
wreck (n) naufragio, restos de un naufragio, fracaso
wreck (v) destruir, dañar
writ orden judicial, orden, mandamiento judicial, mandamiento, auto, decreto, compulsivo, despacho, providencia
writ of assistance auto de posesión
writ of attachment mandamiento de embargo
writ of certiorari auto de certiorari, auto de avocación
writ of covenant auto por incumplimiento de contrato
writ of delivery ejecutoria para la entrega de bienes muebles
writ of ejectment mandamiento de desalojo
writ of entry acción posesoria
writ of error auto de casación
writ of execution ejecutoria, mandamiento de ejecución
writ of habeas corpus auto de comparecencia, auto de hábeas corpus
writ of inquiry auto de indagación
writ of mandamus orden judicial, mandamus
writ of possession auto de posesión
writ of prevention providencia preventiva
writ of process auto de comparecencia
writ of prohibition inhibitoria
writ of replevin auto de reivindicación
writ of restitution auto de restitución
writ of review auto de revisión
writ of summons emplazamiento
writ of supersedeas auto de suspensión
write escribir

write down reducir el valor contable, amortizar parcialmente
write off reducir el valor contable a cero, eliminar, amortizar completamente, cancelar una partida contable
write up aumentar el valor contable
writer girador
writing escrito, escritura
writing obligatory fianza
written escrito
written agreement convenio escrito
written contract contrato escrito
written evidence prueba documental
written instrument instrumento
written law derecho escrito, ley escrita
written notice notificación por escrito
written warranty garantía escrita
wrong (adj) incorrecto, impropio, malo
wrong (adv) equivocadamente, mal, injustamente
wrong (n) daño, daño legal, perjuicio, agravio, injusticia
wrong (v) hacerle daño a, causar perjuicio a, agraviar, ofender
wrong entry asiento equivocado
wrongdoer malhechor, autor de un daño legal
wrongful ilegal, ilícito, perjudicial, injusto
wrongful abuse of process abuso procesal perjudicial
wrongful act acto ilícito
wrongful arrest arresto ilegal
wrongful attachment embargo ilegal
wrongful birth acción en la cual se reclama que el nacimiento de un niño con discapacidades mentales o físicas se pudo haber evitado por consejos o tratamientos del médico
wrongful conception acción en la cual se reclama que un embarazo se debió de haber evitado por tratamientos del médico
wrongful death action acción por homicidio culposo
wrongful detention detención ilegal
wrongful dishonor rehuso de pago indebido
wrongful imprisonment encarcelamiento ilegal
wrongful life acción en la cual se reclama que el nacimiento de un niño con discapacidades mentales o físicas se pudo haber evitado por consejos o tratamientos del médico
wrongful pregnancy acción en la cual se reclama que un embarazo se debió de haber evitado por tratamientos del médico
wrongfully ilegalmente, ilícitamente, perjudicialmente
wrongfully intending con intención maliciosa
wrongly equivocadamente, injustamente

X

Y

x ray rayo x
xenodochy hospitalidad

yea voto afirmativo, sí
yearly anualmente
yearly audit auditoría anual
yearly financial statement estado financiero anual
yearly meeting reunión anual
yearly premium prima anual
yearly rent renta anual
yearly report informe anual
yearly salary salario anual
yearly statement estado anual
yearly wage salario anual
yeas and nays votos afirmativos y negativos
yell gritar
yellow dog contract contrato mediante la cual el empleado no se puede unir a un sindicato sin perder su empleo
yellow journalism periodismo amarillo
yet todavía, más, sin embargo
yield (n) rendimiento
yield (v) ceder, rendir, renunciar, admitir
yielding productivo, complaciente
yielding and paying cláusula en un arrendamiento que fija el alquiler
young joven
young offenders delincuentes juveniles
young person menor
younger más joven
youth juventud
youthful juvenil
youthful offenders delincuentes juveniles

Z

zealous witness testigo parcial
zonal zonal
zone zona
zone of employment zona de empleo
zoning zonificación
zoning laws leyes de zonificación
zoning map mapa de zonificación
zoning ordinance ordenanza de zonificación
zoning regulations reglamentos de
    zonificación

ESPAÑOL-INGLÉS
SPANISH-ENGLISH

A

a beneficio de inventario to the benefit of inventory

a bocajarro pointblank

a bordo on board

a cargo de in charge of, payable by

a ciegas blindly

a condición upon the condition that

a condición que provided that

a contrario sensu in the other sense, a contrario sensu

a corto plazo short-term, in the short term

a crédito on credit

a cuenta on account

a cuenta de for the account of, on behalf of

a datu from the date, a datu

a destajo by the job

a día fijo on a set date

a discreción left to the discretion

a distancia at a distance

a escondidas in a secret manner, privately

a favor de in favor of

a fortiori much more so, a fortiori

a jornal by the day

a la entrega on delivery

a la fuerza by force, with violence

a la gruesa bottomry

a la letra to the letter, literally

a la orden de to the order of

a la par at par, simultaneously

a la presentación at sight

a la vez at the same time

a la vista at sight

a largo plazo long-term, in the long run

a mano by hand

a mano armada armed

a medias partially

a medio plazo medium-term

a mensa et thoro separation by law as opposed to dissolution of marriage, a mensa et thoro

a mi leal saber y entender to the best of my knowledge and belief

a muerte to death

a nativitate from birth

a pagar payable, outstanding

a pedimento on request

a plazo intermedio intermediate-term

a plazos in installments

a posteriori from the effect to the cause, a posteriori

a priori from the cause to the effect, a priori

a prorrata proportionately

a prueba on approval

a puerta cerrada behind closed doors

a quemarropa pointblank

a quien corresponda to whom it may concern

a quo from which, a quo

a regañadientes grudgingly

a riesgo del dueño at owner's risk

a sabiendas knowingly

a salvamano safely

a salvo safe

a su propia orden to his own order

a tiempo completo full-time

a tiempo parcial part-time

a título gratuito gratuitous

a título oneroso based on valuable consideration

a título precario for temporary use and enjoyment

a traición traitorously

a trechos at intervals

a un día fijo on a set date

a vínculo matrimonii from the bond of matrimony

a vista de in the presence of, in view of, in consideration of

a voluntad voluntarily

ab aeterno from eternity, ab aeterno

ab ante in advance, ab ante

ab antecedente beforehand, ab antecedente

ab initio from the beginning, ab initio

ab intestat intestate, ab intestat

ab intestato from an intestate, ab intestato

ab irato by one who is angry, ab irato

abacorar to attack, to harass

abajo firmado undersigned

abaldonar to insult, to affront

abalear to shoot

abamita a sister of a great-great-grandfather

abanderamiento *m* registration of a ship

abanderar to register a vessel

abandonado abandoned, careless, negligent

abandonamiento *m* abandonment, carelessness, negligence

abandonar to abandon, to waive

abandonar al asegurador to abandon to the insurer

abandonar géneros to abandon goods

abandonar géneros al asegurador to abandon goods to the insurer

abandonar propiedad to abandon property

abandonar tierra to abandon land

abandonar un crimen to abandon a crime

abandonar un hijo to abandon a child

abandonar una reclamación to abandon a claim

abandono *m* abandonment, waiver, desertion, carelessness
abandono completo complete abandonment
abandono constructivo constructive desertion
abandono de acción abandonment of action
abandono de activo abandonment of assets
abandono de activo en bancarrota abandonment of assets in bankruptcy
abandono de animales abandonment of animals
abandono de apelación abandonment of appeal
abandono de bienes abandonment of goods
abandono de buque abandonment of ship
abandono de carga abandonment of cargo
abandono de cargamento abandonment of cargo
abandono de cargo abandonment of office
abandono de contrato abandonment of contract
abandono de cónyuge abandonment of spouse
abandono de cosas aseguradas abandonment of insured property
abandono de derechos abandonment of rights
abandono de domicilio abandonment of domicile
abandono de esposa abandonment of wife
abandono de esposo abandonment of husband
abandono de familia abandonment of family
abandono de fideicomiso abandonment of trust
abandono de flete abandonment of freight
abandono de hijos abandonment of children
abandono de hogar abandonment of domicile
abandono de la acción abandonment of action
abandono de la instancia abandonment of action
abandono de los derechos de autor abandonment of copyright
abandono de menores abandonment of minors
abandono de mercancías abandonment of goods
abandono de niños abandonment of children
abandono de patentes abandonment of patents
abandono de propiedad abandonment of property
abandono de propiedad asegurada abandonment of insured property
abandono de querella abandonment of the complaint
abandono de recurso abandonment of appeal
abandono de servidumbre abandonment of easement
abandono de tierra abandonment of land
abandono de un alegato abandonment of a pleading
abandono de un crimen abandonment of a crime
abandono del hogar conyugal desertion
abandono entero entire abandonment
abandono implícito implied abandonment
abandono incompleto incomplete abandonment
abandono inferido inferred abandonment
abandono involuntario involuntary abandonment
abandono obstinado abandonment without intention of returning
abandono parcial partial abandonment
abandono tácito tacit abandonment
abandono total total abandonment
abandono voluntario voluntary abandonment
abandono y deserción abandonment and desertion
abaratar to cheapen
abarcador *m* monopolizer, embracer
abarcador (adj) comprehensive
abarcar to embrace, to contain, to monopolize
abarraganamiento *m* concubinage
abarrajar to overwhelm, to throw with force and violence
abarrar to throw, to shake hard, to strike
abarrotado completely full
abarrotar to stock completely, to monopolize, to bar up
abastecedor *m* purveyor
abastecer to supply
abastecimiento *m* supply, supplying
abasto *m* supplying
abastos *m* supplies
abatatado intimidated
abatatar to intimidate
abatido dejected, contemptible
abatir to demolish, to humiliate
abavia a great-great-grandmother
abavita a sister of a great-great-grandfather
abavunculus a great-great-grandmother's brother
abavus a great-great-grandfather
abdicación *f* abdication
abdicar to abdicate, to relinquish
abducción *f* abduction
aberración *f* aberration, error
aberrante aberrant
abertura *f* opening
abiaticus a son's son
abiertamente openly
abierto open, evident, unobstructed, sincere
abierto a discusión open to discussion
abierto al público open to the public
abierto y notorio open and notorious
abintestato *m* intestate proceedings
abismar to overwhelm, to confuse, to ruin, to humble
abjuración *f* abjuration, recantation
abjuración de lealtad abjuration of allegiance

abjurar to abjure, to recant, to renounce
abmatertera a sister of a great-great-grandmother
abnegación *f* abnegation
abnegar to abnegate
abnepos a great-great-grandson
abneptis a great-great-granddaughter
abogable pleadable
abogacía *f* law, the legal profession, legal staff
abogadear to practice law unethically, to practice law without a license
abogado *m* attorney, lawyer, advocate, barrister
abogado acusador prosecutor, counsel for the plaintiff
abogado asociado associate counsel
abogado auxiliar junior counsel
abogado civilista civil attorney
abogado consultor consulting attorney, legal adviser
abogado de oficio court-appointed counsel, state-appointed counsel
abogado de patentes patent attorney
abogado de secano pettifogger, shyster attorney
abogado de sociedad corporate attorney
abogado defensor defense attorney
abogado del estado prosecutor, state attorney
abogado designado assigned counsel
abogado desprestigiado attorney with a bad reputation
abogado en ejercicio practicing attorney
abogado fiscal prosecutor
abogado litigante trial attorney
abogado notario attorney who is also a notary public
abogado penalista criminal attorney
abogado picapleitos pettifogger, ambulance chaser
abogado principal lead counsel
abogado privado private attorney
abogado que consta attorney of record
abogado secundario junior counsel
abogar to defend, to advocate, to plead
abolengo *m* ancestry, inheritance from grandparents, inheritance
abolición *f* abolition, repeal, abrogation
abolición de un recurso abolition of a remedy
abolición de una acción abolition of an action
abolicionismo *m* abolitionism
abolir to abolish, to repeal, to revoke
abominación *f* abomination
abonable payable
abonado *m* subscriber
abonado (adj) trustworthy
abonador *m* surety, guarantor
abonamiento *m* surety, guaranty, guaranteeing, security, bail

abonar to pay, to guarantee, to bail, to credit
abonar a una cuenta to credit an account
abonar al contado to pay cash
abonar de mas to overcredit
abonar en cuenta to credit an account
abonar en exceso to overcredit
abonaré *m* promissory note, due bill
abono *m* payment, credit, guaranty, allowance
abono a cuenta payment on account
abono de intereses payment of interest
abono de testigos evidence concerning the character of witnesses
abono del tiempo de prisión credit for time already spent in jail
abono parcial payment on account
abordado boarded
abordaje *m* collision of vessels, naval attack, boarding
abordaje casual unavoidable collision of vessels
abordaje culpable collision of vessels due to negligence
abordaje fortuito unavoidable collision of vessels
abordaje recíproco collision of vessels where both are at fault
abordar to collide vessels, to board
abordo *m* collision of vessels, naval attack, boarding
aborrecer to abhor, to detest
abortar to abort
abortista *m/f* abortionist
aborto *m* abortion
abpatruus a great-great-uncle
abrasar to burn, to consume
abreviación *f* abbreviation, abridgment
abreviadamente briefly, succinctly
abreviado abbreviated, concise
abrigar to protect, to harbor
abrigo contributivo tax shelter
abrigo impositivo tax shelter
abrigo tributario tax shelter
abrir to open, to begin
abrir a pruebas to begin taking testimony
abrir el juicio to open the case
abrir fuego to open fire
abrir la licitación to open the bidding
abrir la sesión to call the meeting to order
abrir los libros to open the books
abrir propuestas to open bids
abrir un crédito to open a line of credit
abrir una cuenta to open an account
abrogable annullable, repealable
abrogación *f* abrogation, annulment, repeal
abrogación expresa express abrogation
abrogar to abrogate, to annul, to repeal
abrogatorio abrogative
abrumar to overwhelm, to annoy
absentismo *m* absenteeism

absentismo laboral employee absenteeism
absentista *m/f* absentee
absolución *f* acquittal, absolution, pardon, dismissal
absolución con reserva dismissal without prejudice
absolución condicionada conditional pardon
absolución de derecho acquittal in law
absolución de hecho acquittal in fact
absolución de la demanda dismissal of the complaint, finding for the defendant
absolución de la instancia dismissal of the case, acquittal
absolución de posiciones reply to interrogatories
absolución del juicio dismissal of the action
absolución judicial dismissal, acquittal
absolución libre acquittal, verdict of not guilty
absolución perentoria summary dismissal
absoluta e incondicionalmente absolutely and unconditionally
absolutamente absolutely
absolutamente necesario absolutely necessary
absolutamente nulo absolutely void
absolutamente privilegiado absolutely privileged
absolutismo *m* absolutism
absolutista absolutist
absoluto absolute, unconditional, unlimited
absolutorio absolving, acquitting
absolvente *m/f* the person who replies to interrogatories
absolvente (adj) absolving
absolver to acquit, to absolve, to release
absolver de la instancia to acquit due to a lack of evidence
absolver las posiciones to reply to interrogatories
absolver las preguntas to answer questions
absorber to absorb
absorber costos to absorb costs
absorber la pérdida to absorb the loss
absorción *f* absorption, takeover
absorción de costos absorption of costs, cost absorption
absorción de empresas corporate takeover
absque without, absque
absque hoc without this, absque hoc
absque tali causa without such cause, absque tali causa
abstemio *m* abstainer
abstemio (adj) abstemious
abstención *f* abstention
abstención de procedimientos refusal to continue a process, refusal to prosecute
abstencionismo electoral refusal to vote
abstencionista *m/f* abstainer
abstinencia *f* abstinence

abstracto abstract
abstruso abstruse
absuelto absolved, acquitted
absurdidad *f* absurdity
absurdo absurd
abuelastra *f* stepgrandmother
abuelastro *m* stepgrandfather
abusado abused
abusado y descuidado abused and neglected
abusar to abuse, to abuse sexually, to rape, to misuse, to impose upon
abusar de un cónyuge to abuse a spouse
abusar de un hijo to abuse a child
abusar de un niño to abuse a child
abusión *f* abuse, absurdity
abusivamente abusively, illegally
abusivo abusive, misapplied
abuso *m* abuse, misuse, imposition
abuso carnal carnal abuse
abuso de autoridad abuse of authority
abuso de autoridad ejecutiva abuse of executive authority
abuso de cargo misuse of office
abuso de confianza breach of trust
abuso de crédito misuse of credit
abuso de derecho abuse of process, abuse of right
abuso de discreción abuse of discretion
abuso de drogas abuse of drugs
abuso de esposa abuse of wife
abuso de esposo abuse of husband
abuso de menores abuse of minors
abuso de poder abuse of authority
abuso de privilegio abuse of privilege
abuso de proceso legal abuse of legal process
abuso del proceso abuse of process
abuso deshonesto sexual abuse
abuso físico physical abuse
abuso verbal verbal abuse
acabado completed, finished, exhausted
acabar to complete, to finish, to exhaust
acabildar to call together, to unite
academia *f* academy
acaloradamente heatedly, vehemently, angrily
acanalado channeled
acanalar to channel
acantilar to run a ship aground, to run a ship on the rocks
acaparador *m* monopolizer, hoarder
acaparador (adj) monopolizing, hoarding
acaparamiento *m* monopolization, hoarding
acaparamiento de mercancías hoarding of goods, hoarding of commodities
acaparamiento de toda la oferta coemption
acaparar to monopolize, to hoard
acapararse to reach an agreement, to close a transaction
acápite *m* separate paragraph

acarrear to carry, to transport, to cause
acarreo *m* carriage, transport
acarreto *m* carriage, transport
acaso *m* chance, accident
acaso (adv) perhaps, by chance
acatamiento *m* compliance, respect, acknowledgment, acceptance
acatamiento voluntario voluntary compliance
acatar to obey, to respect
accedente acceding
acceder to accede, to agree
accesibilidad *f* accessibility
accesible accessible, attainable
accesión *f* accession, access
acceso *m* access, admittance
acceso carnal carnal access
acceso forzoso forcible entry, rape
acceso violento forcible entry, rape
accesoria *f* annex
accesorias legales secondary claims
accesorio *m* accessory, fixture
accesorio (adj) accessory, secondary
accidentado *m* the victim of an accident
accidental accidental, incidental, temporary
accidentalmente accidentally
accidente *m* accident
accidente corporal accident resulting in a personal injury
accidente de circulación traffic accident
accidente de trabajo occupational accident
accidente de tráfico traffic accident
accidente de tránsito traffic accident
accidente en el trabajo on-the-job accident
accidente industrial industrial accident
accidente inevitable unavoidable accident
accidente laboral occupational accident
accidente mortal fatal accident
accidente no de trabajo nonoccupational accident
accidente ocupacional occupational accident
accidente operativo industrial accident
accidente profesional occupational accident
accidente relacionado al empleo job-related accident
accidente relacionado al trabajo job-related accident
accidentes del mar marine risk, accidents at sea
acción *f* action, lawsuit, right of action, stock share, stock certificate
acción a que hubiere lugar action which may lie
acción a que tuviere derecho any recourse which is available
acción abandonada abandoned action
acción accesoria accessory action
acción administrativa administrative action
acción amigable friendly suit
acción arbitraria arbitrary action

acción bajo derecho común common law action
acción cambiaria action for the collection of a bill of exchange
acción cambiaria de regreso action against secondary endorsers
acción caucionable bailable action
acción caucional to put up a bond
acción cautelar action for a provisional remedy
acción civil civil action
acción colateral collateral action
acción colusoria collusive action
acción comenzada action commenced
acción con lugar action which lies
acción concertada concerted action
acción confesoria action to enforce an easement, ejectment action
acción conjunta joint action
acción constitutiva test action
acción contra la cosa action in rem
acción contractual action of contract
acción contradictoria incompatible action
acción contraria action by the debtor against the creditor
acción criminal criminal prosecution, criminal act
acción de alimentos action for sustenance, action for alimony
acción de apremio summary process for the collection of taxes
acción de clase class action
acción de cobro de dinero action of debt
acción de condena prosecution
acción de conducción action by a tenant to maintain possession
acción de daños y perjuicios suit for damages, tort action
acción de desahucio eviction proceeding
acción de desalojo ejectment action
acción de desconocimiento de la paternidad paternity suit
acción de deslinde action to establish property lines
acción de despojo ejectment action
acción de difamación libel suit, slander suit
acción de divorcio divorce action
acción de enriquecimiento indebido action for restitution after unjust enrichment
acción de estado civil action to determine marital status
acción de indemnización remedial action
acción de jactancia action of jactitation
acción de libelo libel suit
acción de locación action to collect rent
acción de mandamiento mandamus action
acción de nulidad action to declare void
acción de nulidad de matrimonio action to annul a marriage

acción de petición de herencia legal claim to part of an estate

acción de posesión possessory action

acción de prueba test action

acción de regreso action of debt

acción de revisión action for reconsideration

acción de transgresión action of trespass

acción declarativa declaratory action

acción declaratoria declaratory action

acción del enemigo acts of public enemies

acción determinativa test action

acción directa direct action

acción disciplinaria disciplinary action

acción dispositiva test action

acción divisoria action for partition

acción ejecutiva executive action, action of debt

acción ejercitoria action against the owner of a ship for goods and services supplied

acción en cobro de dinero action of debt

acción enemiga acts of public enemies

acción especial extraordinary action

acción estatal state action

acción estatuaria statutory action

acción estimatoria action by the buyer against the seller to obtain a reduction in price due to defects, quanti minoris

acción exhibitoria discovery action

acción falsa false action

acción ficticia fictitious action

acción hipotecaria foreclosure proceedings

acción ilícita illicit action

acción imprescriptible action which has no statute of limitations

acción impropia improper action

acción in rem action in rem

acción in solidum joint and several action

acción inapropiada inappropriate action

acción incidental accessory action

acción incompatible incompatible action

acción indirecta indirect action

acción inmobiliaria action concerning real estate

acción intraestatal intrastate action

acción judicial lawsuit, legal action

acción jurídica lawsuit, legal action

acción laboral action based on labor law

acción lícita licit action

acción litigiosa lawsuit, legal action

acción local local action

acción mancomunada joint action

acción mixta mixed action

acción mobiliaria action concerning personal property

acción negatoria action to remove an easement

acción oblicua subrogation action

acción ordinaria ordinary proceeding, common share

acción original original action

acción para cuenta y razón action for accounting

acción particular personal action

acción pauliana action by a creditor against a debtor to nullify fraudulent acts

acción penal criminal proceeding

acción pendiente pending action

acción personal personal action

acción personal y real mixed action

acción petitoria petitory action

acción pignoraticia action of pledge

acción plenaria ordinary proceeding

acción plenaria de posesión action to acquire property through prescription

acción policial police action

acción por daños y perjuicios suit for damages, tort action

acción por fraude action for fraud

acción por incumplimiento de contrato action of contract, action of assumpsit

acción por lesión corporal action for bodily injury

acción por libelo action for libel

acción posesoria possessory action

acción prejudicial preliminary proceeding

acción prendaria action of pledge

acción prescriptible action which has a statute of limitations

acción preservativa action for a provisional remedy

acción preventiva action for a provisional remedy

acción principal main action

acción privada private action

acción procedente action which lies

acción procesal lawsuit, legal action

acción prohibitoria action to enforce an easement, ejectment action

acción pública public action, criminal proceeding

acción publiciana action to acquire property through prescription

acción real real action

acción redhibitoria redhibitory action

acción reivindicatoria action for recovery, ejectment

acción revocatoria action by a creditor against a debtor to nullify fraudulent acts

acción separada separate action

acción sin lugar action which does not lie

acción solidaria joint and several action

acción sostenible action which lies

acción subrogatoria subrogation action

acción sumaria summary proceeding

acción temporal action which has a statute of limitations

acción transitoria transitory action

acción útil equitable action

accionante *m/f* plaintiff, prosecutor
accionar to litigate, to bring suit, to activate
accionariado *m* shareholders
accionario *m* shareholder
acciones *f* shares, stock shares, stock certificates, actions
acciones acumulativas cumulative stock
acciones al portador bearer stock
acciones ancestrales ancestral actions
acciones calificadas qualifying shares
acciones compatibles compatible actions
acciones comunes common stock
acciones con derecho a voto voting stock
acciones con dividendos dividend stock
acciones con participación participating stock
acciones cubiertas paid-up stock
acciones de alto riesgo high-risk stocks
acciones de capital capital stock
acciones de compañías corporate shares
acciones de control control stock
acciones de fundación founders' shares
acciones de fundador founders' shares
acciones de industria stock given in exchange of services
acciones de preferencia preferred stock
acciones de tesorería treasury stock
acciones de trabajo stock issued for services
acciones diferidas deferred stock
acciones emitidas emitted stock, issued stock
acciones en caja treasury stock
acciones exhibidas paid-up stock
acciones federales federal actions
acciones habilitantes qualifying shares
acciones liberadas paid-up stock
acciones mixtas mixed actions
acciones morales moral actions
acciones municipales municipal actions
acciones no emitidas unissued stock
acciones no gravables nonassessable stock
acciones no liberadas stock that is not paid-up
acciones no registradas unregistered stock
acciones nominales registered stock
acciones nominativas registered stock
acciones ordinarias ordinary stock
acciones pagadas paid-up shares
acciones preferentes preferred stock
acciones preferidas preferred stock
acciones prestadas borrowed stock, loaned stock
acciones privilegiadas preferred stock
acciones redimibles callable stock
acciones sin derecho a voto nonvoting stock
acciones sin valor nominal no par stock
acciones sin voto nonvoting stock
acciones sucesivas successive actions
acciones votantes voting stock
accionista *m/f* stockholder
accionista mayoritario majority stockholder
accionista principal main shareholder

accionista registrado stockholder of record
accionistas disidentes dissenting stockholders
accionistas minoritarios minority stockholders
acechadera *f* ambush, lookout post
acechador *m* ambusher, lookout
acechar to lie in ambush, to observe, to spy
acecho *m* lying in ambush, observation
acefalía *f* lack of a ruling leader
aceleración *f* acceleration
aceleración de pago acceleration of payment
acelerar to accelerate
acensar to tax, to take a census, to establish an annuity contract which runs with the land
acensuar to tax, to take a census, to establish an annuity contract which runs with the land
acentuar to emphasize
acepción *f* meaning
aceptabilidad *f* acceptability
aceptable acceptable
aceptablemente acceptably
aceptación *f* acceptance, approbation
aceptación absoluta absolute acceptance
aceptación anticipada anticipated acceptance
aceptación bancaria banker's acceptance
aceptación cambiaria accepted bill of exchange
aceptación comercial trade acceptance
aceptación como finiquito accord and satisfaction
aceptación condicionada conditional acceptance
aceptación condicional conditional acceptance
aceptación contractual acceptance of contract
aceptación de beneficios acceptance of benefits
aceptación de bienes acceptance of goods
aceptación de cargo acceptance of office
aceptación de complacencia accommodation acceptance
aceptación de condición acceptance of condition
aceptación de crédito credit acceptance
aceptación de depósitos acceptance of deposits
aceptación de favor accommodation acceptance
aceptación de la donación acceptance of the gift
aceptación de la herencia acceptance of the inheritance
aceptación de la letra de cambio acceptance of the bill of exchange
aceptación de oferta acceptance of offer
aceptación de orden acceptance of order
aceptación de pedido acceptance of order
aceptación de poder acceptance of power of

attorney
aceptación de un cheque acceptance of a
check
aceptación de un contrato acceptance of a
contract
aceptación de un soborno acceptance of a
bribe
aceptación de una donación acceptance of a
gift
aceptación de venta acceptance of sale
aceptación del legado acceptance of the
legacy
aceptación del mandato acceptance to
represent a principal
aceptación del riesgo acceptance of risk
aceptación en blanco blank acceptance
aceptación entera entire acceptance
aceptación especial special acceptance
aceptación expresa express acceptance
aceptación final final acceptance
aceptación formal formal acceptance
aceptación general general acceptance
aceptación ilimitada unlimited acceptance
aceptación implícita implied acceptance
aceptación incondicional unconditional
acceptance
aceptación inferida inferred acceptance
aceptación legal legal acceptance
aceptación libre general acceptance
aceptación limitada limited acceptance
aceptación mercantil trade acceptance
aceptación parcial partial acceptance
aceptación por acomodamiento
accommodation acceptance
aceptación por conducta acceptance by
conduct
aceptación provisional provisional acceptance
aceptación pura y simple unconditional
acceptance
aceptación restringida restricted acceptance
aceptación sin restricciones unrestricted
acceptance
aceptación tácita implied acceptance
aceptación temporal temporary acceptance
aceptación total total acceptance
aceptado accepted, honored
aceptador *m* accepter
aceptador (adj) accepting
aceptante *m* accepter
aceptante (adj) accepting
aceptante de un efecto acceptor of a bill
aceptar to accept, to approve
aceptar a beneficio de inventario to accept
subject to the benefit of inventory
aceptar con reserva to accept conditionally
aceptar condicionalmente to accept
conditionally
aceptar depósitos to accept deposits
aceptar formalmente to formally accept

aceptar mercancías to accept goods
aceptar por cuenta de to accept for the
account of, to accept on behalf of
aceptar responsabilidad to accept liability
aceptar un cheque to accept a check
aceptar un contrato to accept a contract
aceptar un depósito to accept a deposit
aceptar un soborno to accept a bribe
aceptar una condición to accept a condition
aceptar una letra to accept a bill
aceptar una obligación to accept an
obligation
aceptar una oferta to accept an offer
aceptar una propuesta to accept a proposal
aceptilación *f* acceptilation
acepto *m* acceptance
acepto (adj) acceptable, accepted
acera *f* sidewalk
acerbamente cruelly, severely
acercamiento *m* nearness, approximation
acertadamente correctly, accurately
acertado correct, accurate
acertamiento incidental ruling which serves
as a model for others
acertar to determine a question of law, to hit
the mark, to be correct
acervo *m* undivided assets, undivided estate
acervo hereditario assets of an estate
acervo social assets of a company
aclamación *f* acclamation
aclamatorio acclamatory
aclaración *f* clarification, illustration,
explanation, inquiry
aclaración de sentencia clarification of a
decision
aclarador clarifying
aclarar to clarify, to explain
acobardar to intimidate, to daunt
acoger to accept, to harbor, to receive, to
resort to
acogerse to take refuge, to resort to
acogida *f* acceptance, reception, asylum
acometedor *m* assailant, aggressor,
enterpriser
acometedor (adj) assaulting, attacking,
aggressive, enterprising
acometer assault, attack, undertake
acometida *f* assault, attack
acometiente assaulting, attacking, enterprising
acometimiento *m* assault, attack
acometimiento a mano armada assault with
deadly weapon
acometimiento con intención de asesinar
assault with intent to murder
**acometimiento con intención de cometer
violación** assault with intent to commit
rape
acometimiento con intención de matar
assault with intent to kill

acometimiento con intención de robar assault with intent to rob
acometimiento excusable excusable assault
acometimiento inmoral indecent assault
acometimiento simple simple assault
acometimiento y agresión assault and battery
acometimiento y agresión grave aggravated assault and battery
acometimiento y agresión simple assault and battery
acomodación *f* accommodation, adjustment, arrangement
acomodamiento *m* accommodation
acomodar to accommodate, to arrange
acompañado accompanied, frequented
acompañante *m/f* companion
acompañante (adj) accompanying
acompañar to accompany, to enclose
acongojar to anguish, to distress
aconsejable advisable
aconsejado *m* advisee
aconsejado (adj) advised, prudent
aconsejador *m* adviser, counselor
aconsejar to advise, to counsel
acontecer to come about, to happen
acontecimiento *m* incident, happening
acoquinar to intimidate
acordada *f* resolution, decision, order
acordado agreed, decided, prudent
acordado ilegalmente illegally agreed upon
acordado ilícitamente illicitly agreed upon
acordar to agree, to remind, to decide, to resolve, to pass a resolution
acordar un dividendo to declare a dividend
acordar una dilación to grant a delay
acordar una patente to grant a patent
acordarse to remember, to agree to
acorde in agreement, agreed
acortar to shorten, to reduce
acosar to pursue, to harass
acostumbradamente customarily
acostumbrado accustomed
acotación *f* annotation
acotado annotated
acotamiento *m* delimitation, boundary
acotar to annotate, to mark the boundaries of, to observe, to accept
acracia *f* anarchy
ácrata *f* anarchist
acre *m* acre
acrecencia *f* accretion, increase
acrecentamiento *m* increase
acrecentar to increase
acrecer to increase
acrecimiento *m* accrual
acreción *f* accretion
acreditación *f* accreditation, crediting
acreditado accredited, credited
acreditante *m/f* creditor

acreditar to credit, to prove, to authorize, to guarantee
acreditar en exceso to overcredit
acreedor *m* creditor
acreedor a corto plazo short-term creditor
acreedor a largo plazo long-term creditor
acreedor alimentario the recipient of alimony
acreedor anticresista antichresis creditor
acreedor asegurado secured creditor
acreedor ausente absent creditor
acreedor común general creditor
acreedor con garantía secured creditor
acreedor concursal creditor in an insolvency proceeding
acreedor condicional conditional creditor
acreedor de dominio creditor of a bankrupt who claims title
acreedor de la sucesión decedent's creditor
acreedor de quiebra bankruptcy creditor
acreedor de regreso creditor who demands payment of a dishonored bill
acreedor del fallido creditor of a bankrupt, those with claims arising before bankruptcy proceedings
acreedor del quebrado creditor of a bankrupt, those with claims arising before bankruptcy proceedings
acreedor ejecutante execution creditor
acreedor embargante lien creditor
acreedor escriturario creditor with a notarized loan
acreedor garantizado secured creditor
acreedor hereditario decedent's creditor
acreedor hipotecario mortgagee
acreedor incondicional unconditional creditor
acreedor inferior junior creditor
acreedor mancomunado joint creditor
acreedor no asegurado unsecured creditor
acreedor no garantizado unsecured creditor
acreedor ordinario general creditor
acreedor peticionario petitioning creditor
acreedor pignoraticio pledgee
acreedor por contrato sellado specialty creditor
acreedor por fallo judgment creditor
acreedor por juicio judgment creditor
acreedor por sentencia judgment creditor
acreedor preferente preferred creditor
acreedor prendario pledgee
acreedor principal principal creditor
acreedor privilegiado preferred creditor
acreedor quirografario general creditor
acreedor real secured creditor
acreedor recurrente petitioning creditor
acreedor refaccionario creditor who advances money for construction
acreedor sencillo general creditor
acreedor simple general creditor
acreedor sin garantía unsecured creditor

acreedor sin privilegio general creditor
acreedor social partnership creditor, corporate creditor
acreedor solidario joint and several creditor
acreedor subsecuente subsequent creditor
acreedor subsiguiente subsequent creditor
acreedor superior senior creditor
acreedor único single creditor
acreedor verbal parol creditor
acreencia *f* amount due, credit balance
acriminación *f* incrimination, accusation
acriminado *m* the person accused
acriminador *m* accuser
acriminador (adj) incriminating
acriminar to accuse, to incriminate
acta *f* record, minutes, document, memorandum, legislative act, act
acta auténtica authentic act
acta autorizada authentic act
acta certificada authentic act
acta constitutiva articles of incorporation
acta consular consular act
acta de asamblea minutes
acta de audiencia record of a hearing
acta de avenimiento memorandum of an agreement
acta de cesión conveyance, transfer
acta de constitución articles of incorporation
acta de defunción death certificate
acta de depósito document certifying that which has been deposited with a notary pubic
acta de deslinde certificate stating a boundary line, description of a boundary line
acta de disolución articles of dissolution
acta de fundación articles of association
acta de matrimonio marriage certificate
acta de nacimiento birth certificate
acta de organización articles of incorporation
acta de posesión certificate of possession, certificate of office
acta de protesto protest of a commercial document
acta de protocolización document certifying that which has been recorded in the formal registry of a notary public
acta de referencia document certifying statements which have been made before a notary public
acta de sesión minutes
acta de última voluntad last will and testament
acta de una reunión minutes
acta electoral election certificate
acta judicial court record
acta legalizada authentic act
acta legislativa legislative act
acta notarial notarial certificate, notarial act
actas minutes, proceedings, docket, papers

actas de juicios court records
actio bonae fidei act of good faith
actio civilis civil action
actio criminalis criminal action
actio ex contractu action for breach of contract, actio ex contractu
actio ex delicto tort action, actio ex delicto
actio in personam personal action, actio in personam
actio in rem action against the thing, actio in rem
actio personalis personal action, actio personalis
actitar to perform notarial functions, to file a suit
actitud *f* attitude, frame of mind
actividad *f* activity
actividad aseguradora insurance activity
actividad comercial commercial activity
actividad continua continuous activity
actividad de cobros collection activity
actividad de construcción building activity
actividad de cuenta account activity
actividad de espionaje espionage activity
actividad de negocio business activity
actividad económica economic activity
actividad esencial essential activity
actividad habitual habitual activity
actividad inusual unusual activity
actividad irregular irregular activity
actividad lucrativa lucrative activity
actividad normal normal activity
actividad ordinaria ordinary activity
actividad principal principal activity
actividad privada private activity
actividad regular regular activity
actividad usual usual activity
activismo activism
activismo judicial judicial activism
activo *m* assets
activo (adj) active
activo a mano cash assets
activo abandonado abandoned assets
activo acumulado accrued assets
activo agotable depletable assets
activo amortizable amortizable assets, depreciable assets
activo aprobado admitted assets
activo circulante working assets, current assets, floating assets
activo computable admitted assets
activo confirmado admitted assets
activo congelado frozen assets
activo corriente liquid assets
activo de la quiebra bankrupt's assets
activo de orden memoranda accounts
activo de reserva reserve assets
activo demorado deferred assets
activo diferido deferred assets

activo disponible liquid assets
activo efectivo cash assets
activo en circulación working capital
activo establecido established assets
activo eventual contingent assets
activo exigible bills receivable
activo exterior foreign assets
activo ficticio fictitious assets
activo fijo fixed assets
activo flotante current assets
activo inexistente nonexistent assets
activo inmovilizado fixed assets
activo intangible intangible assets
activo internacional international assets
activo invisible concealed assets, goodwill
activo líquido liquid assets
activo neto net worth
activo nominal intangible assets
activo oculto hidden assets
activo permanente fixed assets
activo real actual assets
activo social partnership assets, corporate
  assets
activo y pasivo assets and liabilities
acto *m* act, action
acto a título gratuito gratuitous act
acto a título oneroso act based upon valuable
  consideration
acto administrativo administrative act
acto anulable voidable act
acto anulativo nullifying act
acto arbitrario arbitrary act
acto atributivo act of transferring
acto bélico act of war
acto conciliatorio conciliatory action
acto concursal bankruptcy proceeding
acto consciente conscious act
acto conservatorio act to preserve
acto continuo act occurring immediately after
acto corporativo corporate act
acto de administración act of administration
acto de agresión act of aggression
acto de buena fe act in good faith
acto de comercio commercial transaction
acto de comisión act of commission
acto de conciliación conciliatory action
acto de crueldad act of cruelty
acto de desfalco act of embezzlement
acto de disposición act of disposing
acto de documentación court records
acto de ejecución execution proceeding
acto de emulación abuse of right
acto de espionaje espionage act
acto de estado act of state
acto de gobierno act of state
acto de guerra act of war
acto de honor act of honor
acto de insolvencia act of bankruptcy
acto de la naturaleza act of nature

acto de las partes act of the parties
acto de mala fe act in bad faith
acto de necesidad act of necessity
acto de omisión act of omission
acto de otorgamiento execution
acto de posesión possessory action
acto de presencia presence, token appearance
acto de quiebra act of bankruptcy
acto de última voluntad will
acto del congreso act of congress
acto depravado depraved act
acto deshonesto dishonest act
acto diplomático diplomatic act
acto disimulado sly act
acto ejecutivo executive action
acto equivalente equivalent act
acto esencial essential act
acto evidente overt act
acto extrajudicial extrajudicial act
acto facultativo voluntary act
acto ficticio apparent act
acto formal formal act
acto fraudulento fraudulent act
acto gravable taxable act
acto gravado taxed act
acto ilegal illegal act
acto ilícito illicit act
acto imperfecto imperfect act
acto imponible taxable act
acto impropio improper act
acto inapropiado inappropriate act
acto indispensable indispensable act
acto inmoral immoral act
acto innecesario unnecessary act
acto intencional intentional act
acto interno internal act
acto irrazonable unreasonable act
acto judicial judicial act
acto jurídico legal act, legal proceeding
acto legal legal act
acto legislativo legislative act
acto lícito licit act
acto malicioso malicious act
acto modificativo modifying act
acto negligente negligent act
acto notarial notarized document, notarial act
acto nulo void act
acto obligatorio obligatory act
acto oficial official act
acto omisivo act of omission
acto original original act
acto particular private act
acto posesorio possessory action
acto preliminar preliminary act
acto premeditado premeditated act
acto procesal lawsuit, legal action
acto público public act
acto razonable reasonable act
acto reglamentario regulatory act

acto seguido immediately after
acto sexual sexual act
acto solemne formal act
acto traslativo transfer
acto tributable taxable act
acto verbal verbal act
actor *m* plaintiff, complainant, actor
actor civil plaintiff
actor criminal prosecutor
actos acts, actions
actos accesorios secondary acts
actos administrativos administrative acts
actos anulables voidable acts
actos bilaterales bilateral acts
actos comerciales commercial transactions
actos concurrentes concurrent acts
actos conservatorios acts to preserve rights
actos constitutivos acts that create an
    obligation
actos criminales acumulativos cumulative
    criminal acts
actos de arbitraje arbitration acts
actos de comercio commercial transactions
actos de disposición acts to dispose of
    property
actos de gestión acts of agency
actos de gobierno government acts
actos declarativos declaratory acts
actos discrecionales discretionary acts
actos entre vivos acts between living persons
actos extintivos acts that extinguish
actos gratuitos gratuitous acts
actos ilícitos illegal acts
actos inamistosos unfriendly acts
actos individuales individual acts
actos inexistentes void acts
actos lícitos legal acts
actos lucrativos lucrative acts
actos nulos void acts
actos onerosos acts based on valuable
    consideration
actos prejudiciales pre-trial acts
actos principales primary acts
actos propios voluntary acts
actos solemnes formal acts
actos unilaterales unilateral acts
actuable actionable
actuación *f* proceeding, performance,
    behavior
actuaciones judiciales judicial proceedings
actuaciones tribunalicias court proceedings
actual actual, present
actualidad *f* present time, present situation
actualización *f* updating
actualizar to update
actuar to act, to litigate, to discharge a duty,
    to perform judicial acts
actuar conjuntamente to act jointly
actuar deshonestamente to act dishonestly

actuar eficientemente to act efficiently
actuar ilegalmente to act illegally
actuarial actuarial
actuario *m* actuary, clerk of court
actuario de seguros insurance actuary
acuciosidad *f* meticulousness, diligence
acucioso meticulous, diligent
acuchillado stabbed, slashed
acuchillar to stab
acudir to appear, to attend, to help, to
    respond
acuerdo *m* agreement, understanding, decree,
    decision
acuerdo administrativo administrative
    decision
acuerdo aduanero tariff agreement
acuerdo arancelario tariff agreement
acuerdo arbitral arbitral agreement
acuerdo comercial trade agreement
acuerdo conciliatorio settlement
acuerdo criminal criminal conspiracy
acuerdo de caballeros an unenforceable
    agreement in which the parties are bound
    by honor, gentlemen's agreement
acuerdo de cesión transfer agreement
acuerdo de comerciante merchant agreement
acuerdo de compensación compensation
    agreement
acuerdo de compras purchasing agreement
acuerdo de extensión extension agreement
acuerdo de fijación de precios price-fixing
    agreement
acuerdo de garantía security agreement
acuerdo de intercambio trade agreement
acuerdo de inversiones investment agreement
acuerdo de la mayoría decision of a majority
acuerdo de ministros cabinet meeting
acuerdo de no competir covenant not to
    compete
acuerdo de precios price-fixing agreement
acuerdo de prórroga extension agreement
acuerdo de reciprocidad reciprocity
    agreement
acuerdo de recompra repurchase agreement
acuerdo de renovar covenant to renew
acuerdo de voluntades meeting of minds
acuerdo delictivo criminal conspiracy
acuerdo económico economic agreement
acuerdo escrito written agreement
acuerdo expreso express agreement
acuerdo extrajudicial out-of-court settlement
acuerdo fiscal tax agreement
acuerdo general general agreement
acuerdo ilegal illegal agreement
acuerdo ilícito illicit agreement
acuerdo inapropiado inappropriate agreement
acuerdo internacional international
    agreement
acuerdo laboral labor agreement

acuerdo lícito licit agreement
acuerdo maestro master agreement
acuerdo monetario monetary agreement
acuerdo multilateral multilateral agreement
acuerdo mutuo mutual agreement
acuerdo no sellado parol agreement
acuerdo oral oral agreement
acuerdo para fijar precios price-fixing
  agreement
acuerdo pecuniario pecuniary agreement
acuerdo por escrito agreement in writing
acuerdo provisional provisional agreement
acuerdo recíproco reciprocal agreement
acuerdo regional regional agreement
acuerdo simplificado simplified agreement
acuerdo sobre precios price agreement,
  price-fixing agreement
acuerdo tácito implied agreement
acuerdo temporal temporary agreement
acuerdo tributario tax agreement
acuerdo verbal parol agreement
acuerdos fiscales internacionales
  international tax agreements
acuidad f acuity
acumulable accumulative
acumulación f accumulation, joinder
acumulación de acciones joinder of actions
acumulación de autos joinder of actions to be
  decided by a single decree
acumulación de delitos joinder of crimes
acumulación de funciones combination of
  functions
acumulación de penas cumulative sentences
acumulación de proceso joinder of actions to
  be decided by a single decree
acumulado accumulated
acumulador accumulator
acumular to try jointly, to accrue, to
  accumulate
acumular impuestos to accumulate taxes
acumular ingresos to accumulate income
acumular reservas to accumulate reserves
acumulativamente jointly, accumulatively
acumulativo accumulative, cumulative
acuñación f mintage
acuñar to mint, to affix a seal
acusable accusable, indictable, impeachable
acusación f accusation, indictment,
  arraignment, impeachment
acusación falsa false accusation
acusación fiscal criminal indictment
acusación formal formal accusation
acusación maliciosa malicious accusation
acusación por gran jurado indictment
acusado m defendant, accused
acusado ausente absent defendant
acusador m accuser, prosecutor, complainant
acusante accusing, prosecuting
acusar to accuse, to indict, to arraign, to

impeach
acusar a muerte to accuse of a crime
  punishable by death
acusar falsamente to accuse falsely
acusar formalmente to formally accuse
acusar injustamente to accuse unjustly
acusar la rebeldía to point out the omission of
  a party
acusar por gran jurado to indict
acusar recibo to acknowledge receipt
acusar recibo de pago to acknowledge receipt
  of payment
acusar una ganancia to show a profit
acusar una pérdida to show a loss
acusativo accusatory, incriminating
acusatorio accusatory, incriminating
acuse m acknowledgment
acuse de recibo acknowledgment of receipt
acuse de recibo de pago acknowledgment of
  receipt of payment, acknowledgment of
  payment
achaque m indisposition, excuse
achocar to stun, to strike, to throw against a
  wall
ad effectum to the effect, ad effectum
ad hoc for this, ad hoc
ad hominem to the person, ad hominem
ad hunc diem at this day, ad hunc diem
ad infinitum without limit, ad infinitum
ad interim in the meantime, ad interim
ad judicium to the judgment, ad judicium
ad largum at large, ad largum
ad legem at law, ad legem
ad libitum extemporaneously, ad libitum
ad litem for the suit, ad litem
ad litteram literal, ad litteram
ad majorem cautelam for greater caution, ad
  majorem cautelam
ad perpetuam perpetually, ad perpetuam
ad prosequendam to prosecute, ad
  prosequendam
ad punctum temporis at that point in time, ad
  punctum temporis
ad quem to which, ad quem
ad referéndum to refer to, ad referendum
ad rem to the thing, ad rem
ad respondendum to respond, ad
  respondendum
ad valórem according to value, ad valorem
ad valórem contractus to the value of the
  contract, ad valorem contractus
ad vitam for life, ad vitam
ad voluntatem at will, ad voluntatem
adatar to date, to credit
adecuadamente adequately, properly
adecuado adequate, proper
adecuado legalmente legally adequate
adecuado lícitamente licitly adequate
adehala f extra, gratuity

adelantadamente in advance
adelantado advanced, early
adelantador advancing, improving
adelantar to advance, to pay in advance, to speed up, to make progress
adelantar dinero to advance money
adelante ahead, forward
adelanto *m* advance, progress
adelanto contributivo tax advance
adelanto de efectivo cash advance
adelanto de prima premium advance
adelanto de prima de seguros insurance premium advance
adelanto impositivo tax advance
adelanto tributario tax advance
además furthermore, moreover, besides
adención *f* ademption
adentro within
adeu without day
adeudado indebted
adeudamiento *m* indebtedness
adeudar to owe, to debit
adeudar una cuenta to debit an account
adeudarse to become indebted
adeudo *m* debt, obligation, indebtedness, debit, customs duty
adherencia *f* adherence
adherente adherent
adherir to adhere, to affix, to support, to concur
adherirse a to adhere to, to join, to support
adherirse a la apelación to join in the appeal
adhesión *f* adhesion, adherence, agreement
adhiriendo adhering
adiado appointed day
adiar to set
adición *f* addition, marginal note
adición a una estructura addition to a structure
adición de la herencia acceptance of the inheritance
adición de nombre addition of name
adicional additional
adicionalmente additionally
adicto *m* addict, supporter
adicto a drogas addicted to drugs
adicto al alcohol addicted to alcohol
adir to accept, to accept an inheritance
adir la herencia to accept the inheritance
aditamento *m* addition
adjetivo adjective
adjudicación *f* award, adjudication
adjudicación al mejor postor award to the best bidder
adjudicación anterior previous adjudication
adjudicación de contrato award of contract
adjudicación de herencia adjudication of inheritance
adjudicación de quiebra adjudication of

bankruptcy
adjudicación de responsabilidad adjudication of liability
adjudicación en pago payment in lieu of that accorded
adjudicación exorbitante exorbitant award
adjudicación final final adjudication
adjudicación previa previous adjudication
adjudicación procesal decision
adjudicador *m* adjudicator, awarder
adjudicar to award, to adjudicate
adjudicar al mejor postor to award to the best bidder
adjudicar el contrato to award the contract
adjudicatario *m* awardee, grantee, successful bidder
adjudicativo adjudicative
adjudicatura *f* legal action
adjunción *f* adjunction
adjuntar to enclose, to attach
adjunto *m* adjunct, one of the judges in a court
adjunto (adj) enclosed, attached
adminicular to corroborate
adminículo *m* corroboration, support
administración *f* administration, management, administrator's office
administración accesoria ancillary administration
administración activa governmental administration
administración central central administration
administración centralizada centralized administration
administración consultiva body of advisers
administración de aduanas customs administration
administración de banco bank administration
administración de bienes del ausente administration of property of an absentee
administración de bienes inmuebles real property management
administración de bienes raíces real estate management
administración de calidad quality administration
administración de compañía company administration
administración de empresas business administration
administración de fondos money management, funds administration
administración de gastos administration of expenses
administración de impuestos tax administration
administración de justicia administration of justice
administración de la cosa común

administration of something owned jointly

administración de la herencia estate administration

administración de la quiebra administration of a bankrupt's estate

administración de la sociedad administration of a partnership, administration of a corporation

administración de la sucesión administration of an estate

administración de plan plan administration

administración de riesgos risk management

administración especial special administration

administración financiera financial management

administración fiscal fiscal management

administración judicial judicial administration

administración laboral labor administration

administración legal legal administration

administración lícita licit administration

administración pública public administration

administración salarial salary administration

administración tributaria tax administration

administrado administered

administrado legalmente legally administered

administrado lícitamente licitly administered

administrador *m* administrator, guardian

administrador (adj) administrating

administrador concursal trustee in bankruptcy

administrador de aduanas customs collector

administrador de bienes enemigos custodian of enemy property

administrador de bienes raíces real estate administrator

administrador de cobros collection manager

administrador de contribuciones tax collector

administrador de fondos funds manager, money manager

administrador de impuestos tax collector

administrador extranjero foreign administrator

administrador fiduciario trustee

administrador internacional international administrator

administrador judicial judicial administrator, receiver

administrador temporal temporary administrator

administrar to administer, to care for

administrar justicia to administer justice

administrar un juramento to administer an oath

administrativamente administratively

administrativo administrative

admisibilidad *f* admissibility

admisibilidad restringida restricted

admissibility

admisibilidad sin restricciones unrestricted admissibility

admisible admissible, acceptable

admisión *f* admission, confession, acceptance

admisión absoluta absolute admission

admisión completa full admission

admisión conclusiva conclusive admission

admisión concomitante incidental admission

admisión contra intereses propios admission against interest

admisión de culpabilidad admission of guilt

admisión de deuda admission of debt

admisión de parte admission by a party

admisión de responsabilidad admission of liability

admisión de sentencia confession of judgment

admisión desventajosa admission against interest

admisión directa direct admission

admisión expresa express admission

admisión implícita implied admission

admisión incidental incidental admission

admisión incriminatoria incriminating admission

admisión inferida inferred admission

admisión involuntaria involuntary admission

admisión judicial judicial admission

admisión plenaria full admission

admisión por conducta admission by conduct

admisión por fuga admission by flight

admisión procesal judicial admission

admisión voluntaria voluntary admission

admitido admitted, accepted

admitir to admit, to accept, to acknowledge, to allow

admitir culpabilidad to admit guilt

admitir responsabilidad to admit liability

admitir un reclamo to allow a claim

admitir una deuda to admit a debt

admonición *f* admonition

adnepos a son of a great-great-grandson

adneptis a daughter of a great-great-granddaughter

adolescencia *f* adolescence

adolescente adolescent

adonde where

adondequiera wherever, anywhere

adopción *f* adoption

adopción de contrato adoption of contract

adopción de hecho adoption in fact

adopción de niños adoption of children

adopción de propuesta adoption of proposal

adopción plena full adoption

adoptable adoptable

adoptación *f* adoption

adoptado adopted

adoptado ilegalmente illegally adopted

adoptado ilícitamente illicitly adopted

adoptado legalmente legally adopted
adoptado lícitamente licitly adopted
adoptador *m* adopter
adoptante *m* adopter
adoptar to adopt
adoptar un acuerdo to pass a resolution
adoptar un niño to adopt a child
adoptar una ley to adopt a law
adoptivo adopted
adquirible acquirable
adquirido acquired
adquiridor *m* acquirer, purchaser
adquiriente *m/f* acquirer, purchaser
adquiriente a título gratuito recipient of a gift
adquiriente a título oneroso purchaser for value
adquiriente de buena fe purchaser in good faith, bona fide purchaser
adquiriente sin previo conocimiento purchaser without notice
adquirir to acquire
adquirir mediante fraude to acquire by fraud
adquirir mediante herencia to acquire by inheritance
adquirir mediante testamento to acquire by will
adquirir por título de compra to acquire by purchase
adquisición *f* acquisition
adquisición a título gratuito acquisition by gift
adquisición a título oneroso purchase for value
adquisición corporativa corporate acquisition
adquisición de buena fe purchase in good faith
adquisición de cosas acquisition of chattels
adquisición de derechos acquisition of rights
adquisición de la herencia acquisition of the inheritance
adquisición de nombre obtaining of a name
adquisición derivada derivative acquisition
adquisición derivativa derivative acquisition
adquisición mediante compra acquisition by purchase
adquisición original original acquisition
adquisición procesal benefits to third parties through judicial acts
adquisitivo acquisitive
adrede on purpose, premeditated
adrollero *m* cheat, fraud
adscendentes ancestors
adscribir to appoint, to attach, to assign
adsessores advisers, side judges
aduana *f* customs, customhouse
aduana de destino destination customs
aduana de entrada entry customs
aduana de salida departure customs

aduanal pertaining to a customhouse
aduanar to pay customs
aduanero *m* customs official
aducción de pruebas production of evidence
aducir to adduce, to produce
aducir pruebas to adduce evidence
adueñarse to become owner, to take possession
adulta *f* female adult
adúltera *f* adulteress
adulteración *f* adulteration, falsification, tampering
adulteración de documentos falsification of documents
adulterado adulterated
adulterante adulterant
adulterar to adulterate, to falsify, to commit adultery
adulterino adulterine, falsified
adulterio *m* adultery
adúltero *m* adulterer
adúltero (adj) adulterous
adulto *m* adult
advenimiento del plazo *m* maturity
adventicio adventitious
adventitius fortuitous, incidental
adveración *f* attestation, certification, confirmation
adveración de testamento attestation of will
adverado attested, certified
adverar to attest, to certify, to confirm
adversa fortuna bad fortune
adversario *m* adversary
adversario (adj) adversarial
adversidad *f* adversity
adversus against
advertencia *f* warning, notice
advertencia razonable reasonable warning
advertir to warn, to give notice, to observe
advocatio legal assistance
advocatus advocate
adyacente adjacent
ael a grandfather
aequitas equity
aeronáutico aeronautic
aeropuerto *m* airport
aeropuerto aduanero customs airport
aeropuerto de destino airport of delivery
aeropuerto de entrega airport of delivery
aeropuerto franco customs-free airport
afección *f* pledging, mortgaging, charge
afección de bienes pledging of goods, mortgaging
afectable able to be encumbered, able to be mortgaged
afectación *f* encumbrance, appropriation, charge
afectar to affect, to encumber, to appropriate, to charge

afectar adversamente to affect adversely
afectar negativamente to affect negatively
afecto *m* affection, emotion
afecto (adj) pledged, encumbered
aferrar to anchor, to moor, to seize
affines relatives by marriage
affinitas related by marriage
afianzado bonded, on bail, guaranteed
afianzado para derechos aduaneros
    customs-bonded
afianzado para rentas interiores internal
    revenue bonded
afianzador *m* surety, guarantor
afianzamiento *m* bonding, bond, guarantee
afianzar to bond, to bail, to guarantee
afidávit *m* affidavit
afidávit de notificación affidavit of notice
afiliación *f* affiliation, association,
    membership
afiliación sindical union affiliation
afiliado *m* member
afiliado del gremio union member
afiliado del sindicato union member
afiliar to affiliate, to join
afín related, similar, adjacent
afinidad *f* affinity, kinship, similarity
afinidad colateral collateral affinity
afinidad directa direct affinity
afirmación *f* affirmation
afirmación bajo juramento affirmation under
    oath
afirmación de la verdad affirmation of truth
afirmador *m* affirmer
afirmante *m/f* affirmant
afirmante (adj) asserting
afirmar to affirm, to ratify
afirmar bajo juramento to state under oath
afirmar explícitamente to affirm explicitly
afirmar una decisión to affirm a decision
afirmarse to ratify
afirmativo affirmative
aflicción *f* affliction
aflictivo afflictive
afligir to afflict
aforado appraised, leased, privileged
aforador *m* appraiser
aforamiento *m* appraising, measuring
aforar to appraise, to estimate
aforo *m* appraisal, measurement
aforo de buques appraisal of ships
afrenta *f* affront, dishonor
afrontar to confront, to defy
agard award
agarrar to grab, to capture
agarrotar to choke, to execute by garrote
agencia *f* agency
agencia administrativa administrative agency
agencia aparente apparent agency
agencia comercial commercial agency

agencia de aduana customs agency
agencia de bienes raíces real estate agency
agencia de calificación crediticia credit rating
    agency
agencia de cobros collection agency
agencia de colocaciones employment agency
agencia de comercio exterior foreign trade
    agency
agencia de compras purchasing agency
agencia de crédito credit agency
agencia de empleo employment agency
agencia de facilitación facilitating agency
agencia de informes de crédito credit
    reporting agency
agencia de negocios business agency
agencia de ventas selling agency
agencia del gobierno governmental agency
agencia especial special agency
agencia especializada specialized agency
agencia estatal state agency
agencia evidente evident agency
agencia exclusiva exclusive agency
agencia explícito explicit agency
agencia extranjera foreign agency
agencia federal federal agency
agencia fiscal fiscal agency
agencia general general agency
agencia habitual habitual agency
agencia implícita implied agency
agencia independiente independent agency
agencia inferida inferred agency
agencia interestatal interstate agency
agencia internacional international agency
agencia intraestatal intrastate agency
agencia inusual unusual agency
agencia limitada limited agency
agencia local local agency
agencia mercantil mercantile agency
agencia municipal municipal agency
agencia nacional national agency
agencia normal normal agency
agencia obvia obvious agency
agencia ordinaria ordinary agency
agencia ostensible ostensible agency
agencia pagadora paying agency
agencia por impedimento agency by estoppel
agencia presunta presumed agency
agencia real actual agency
agencia regional regional agency
agencia reguladora regulatory agency
agencia restringida restricted agency
agencia sin restricciones unrestricted agency
agencia tácita tacit agency
agencia única exclusive agency
agencia usual usual agency
agenciar to obtain, to negotiate
agenciarse to obtain
agenda *f* agenda
agenda oculta hidden agenda

agente *m* agent
agente administrador managing agent
agente aduanal customhouse broker
agente aparente apparent agent
agente autorizado authorized agent
agente cautivo captive agent
agente comercial commercial agent, broker
agente consular consular agent
agente corporativo corporate agent
agente de aduana customhouse broker
agente de bienes raíces real estate agent
agente de bolsa stockbroker
agente de cámara de compensación
  clearinghouse agent
agente de cambio exchange broker
agente de cambio y bolsa stockbroker
agente de campo field agent
agente de casa de liquidación clearinghouse
  agent
agente de circulación traffic officer
agente de cobros collection agent
agente de comercio commercial agent, broker
agente de contratación contract broker
agente de distribución distribution agent
agente de exportación export agent
agente de importación import agent
agente de la administración government
  official
agente de la autoridad police officer
agente de negociaciones bargaining agent
agente de negocios business agent
agente de plaza local representative
agente de plica escrow agent
agente de policía police officer
agente de propiedad inmobiliaria real estate
  agent
agente de retención withholding agent
agente de seguros insurance agent
agente de seguros independiente independent
  insurance agent
agente de transferencia transfer agent
agente de tránsito transit agent
agente de ventas sales agent
agente debidamente autorizado duly
  authorized agent
agente del fabricante manufacturer's agent
agente del gobierno government agent
agente del naviero shipping agent
agente designado designated agent
agente diplomático diplomatic agent
agente económico economic agent
agente encubierto undercover agent
agente especial special agent
agente estatal state agent
agente evidente evident agent
agente exclusivo exclusive agent
agente explícito explicit agent
agente extranjero foreign agent
agente federal federal agent

agente fiduciario fiduciary agent
agente financiero fiscal agent, financial agent
agente fiscal tax agent, fiscal agent
agente general general agent
agente habitual habitual agent
agente implícito implicit agent
agente inculpable innocent agent
agente independiente independent agent
agente inocente innocent agent
agente interestatal interstate agent
agente internacional international agent
agente intraestatal intrastate agent
agente inusual unusual agent
agente limitado limited agent
agente local local agent
agente marítimo shipping agent
agente mercantil mercantile agent
agente municipal municipal agent
agente nacional national agent
agente no autorizado unauthorized agent
agente obvio obvious agent
agente ordinario ordinary agent
agente ostensible ostensible agent
agente pagador paying agent
agente privado private agent
agente regional regional agent
agente restringido restricted agent
agente retenedor withholding agent
agente secreto secret agent
agente sin restricciones unrestricted agent
agente tácito tacit agent
agente usual usual agent
agente vendedor sales agent
agio *m* usury, profit margin, agio, speculator
agiotaje *m* usury, speculation, agiotage
agiotista *m* usurer, profiteer, speculator
agitación *f* agitation, disturbance
agitador *m* agitator
agitar to agitate, to disturb
aglomeración *f* agglomeration
agnación *f* agnation
agnado *m* agnate
agnaticio agnatic
agnatio agnates
agonía *f* agony
agotamiento *m* depletion, exhaustion
agotamiento de recursos exhaustion of
  remedies
agrario agrarian
agravación *f* aggravation
agravación de delitos comunes aggravation of
  common crimes
agravación de la pena increase in the penalty
agravador aggravating
agravante *m* aggravation, aggravating
  circumstance
agravante (adj) aggravating
agravante calificada an increase in the
  punishment for a habitual criminal

agravar to aggravate, to increase, to impose a tax

agravatorio aggravating, compulsory, requiring compliance with a prior order

agraviado *m* aggrieved party

agraviado (adj) aggrieved

agraviador *m* offender, injurer, tort-feasor

agraviante *m/f* offender, injurer, tort-feasor

agraviante (adj) offending, injuring

agraviar to injure, to wrong, to overtax

agravio *m* injury, tort, offense

agravio a la persona personal tort

agravio civil civil injury

agravio malicioso malicious mischief

agravio marítimo maritime tort

agravio material material damage

agravio moral emotional injury

agravio procesable actionable tort

agravio protervo wanton injury

agravioso injurious, tortuous

agredir to attack, to assault

agregación *f* aggregation

agregado *m* attaché

agregado (adj) added, additional

agregado comercial commercial attaché

agregado diplomático diplomatic attaché

agregado militar military attaché

agregar to add, to incorporate

agregativo aggregative

agremiación *f* unionization, union

agremiado *m* union member

agremiar to unionize

agresión *f* aggression, battery

agresión física physical aggression

agresión mutua bilateral aggression

agresión simple simple battery

agresor *m* aggressor, assailant

agrupación *f* group

agrupación de fincas merging of properties

agrupación horizontal horizontal combination

agrupación temporal de empresas joint venture of corporations

agrupación vertical vertical combination

agrupamiento *m* group

agrupamiento de costos cost pool

aguantar to endure, to contain oneself

aguas de propiedad nacional domestic waters

aguas internacionales international waters

aguas jurisdiccionales jurisdictional waters

aguas privadas private waters

aguas subterráneas subterranean waters

aguas territoriales territorial waters

aguinaldo *m* bonus, Christmas bonus

ahogar to drown, to choke, to oppress

ahorcadura *f* a hanging

ahorcamiento *m* a hanging

ahorcar to hang

ahorcarse to hang oneself

ahorro *m* saving

aielesse a grandmother

aieul a grandfather

aieule a grandmother

aislacionismo *m* isolationism

aislacionista isolationist

aislado isolated

aislamiento *m* isolation

ajeno foreign, belonging to another, remote

ajuar *m* household goods, dowry

ajustable adjustable

ajustado adjusted

ajustado por riesgo risk-adjusted

ajustador *m* adjuster

ajustador de averías average adjuster

ajustador de derechos liquidator

ajustador de reclamaciones claims adjuster

ajustador de seguros insurance claims adjuster

ajustador independiente independent adjuster

ajustador público public adjuster

ajustar to adjust, to reconcile, to settle

ajustar cuentas to settle accounts

ajustar precios to adjust prices

ajuste *m* adjustment, agreement, settlement, reconciliation

ajuste contributivo tax adjustment

ajuste de auditoría audit adjustment

ajuste de contrato adjustment of contract

ajuste de crédito credit adjustment

ajuste de pérdidas loss adjustment

ajuste de precio price adjustment

ajuste de prima premium adjustment

ajuste de reserva reserve adjustment

ajuste de trabajo piecework rate

ajuste estructural structural adjustment

ajuste financiero financial adjustment

ajuste impositivo tax adjustment

ajuste monetario monetary adjustment

ajuste pecuniario pecuniary adjustment

ajuste por riesgo risk adjustment

ajuste retroactivo retroactive adjustment

ajuste salarial salary adjustment

ajuste tributario tax adjustment

ajusticiado *m* executed criminal

ajusticiamiento *m* execution

ajusticiar to execute

al contado cash

al contrario to the contrary

al corriente current, up-to-date

al descubierto short

al fiado on credit

al oído whispered in another's ear

al pie de la fábrica at the place manufactured

al pie de la letra literally, exactly as indicated, by the book

al pie de la obra at the work site

al portador bearer

al proviso immediately

al respecto in regard to the matter

al tanteo approximately
al tanto de algo informed
al unísono unanimously
al usado as accustomed
al uso as accustomed
al valor according to value, ad valorem
alarde *m* ostentation, review, inspection
alargar to extend, to stretch
alargar el plazo to extend a time period
alarma de incendios fire alarm
alba *f* daybreak
albacea *m/f* executor
albacea auxiliar subexecutor
albacea consular consular executor
albacea dativo court-appointed executor
albacea definitivo permanent executor
albacea designado designated executor
albacea especial special executor
albacea interino acting executor
albacea mancomunado joint executor
albacea provisional provisional executor
albacea substituto substitute executor
albacea sucesivo substituted executor
albacea testamentario testamentary executor
albacea universal universal executor
albaceazgo *m* executorship
albedrío *m* free will
albergar to lodge, to harbor
alborotador *m* agitator, rioter
alborotar to agitate, to riot
alborotarse to agitate, to riot
alboroto *m* disturbance, riot
alborotos populares civil commotion
alcabalero *m* tax collector
alcahuete *m* pimp
alcahuetear to pimp
alcaide *m* warden
alcaidía *f* wardenship
alcalde *m* mayor, magistrate
alcalde de barrio district mayor
alcalde letrado magistrate who is also an
   attorney
alcalde mayor mayor
alcalde municipal mayor
alcaldesa *f* mayoress
alcaldía *f* city hall, mayoralty
alcance *m* scope, reach, capacity, significance
alcance de auditoría audit scope
alcantarilla *f* sewer
alcantarillado *m* sewer system
alcohol *m* alcohol
alcohólico *m* alcoholic
alcohólico (adj) alcoholic
alcoholismo *m* alcoholism
alcurnia *f* lineage
aldea *f* village
aleatorio aleatory, contingent
alegable pleadable
alegación *f* allegation, plea, affirmation

alegación de bien probado summing up
alegación de culpabilidad plea of guilty
alegación de inocencia plea of not guilty
alegación falsa false plea
alegación ficticia false plea
alegación material material allegation
alegación pertinente pertinent allegation
alegación privilegiada privileged plea
alegación relevante relevant allegation
alegaciones pleadings
alegado alleged
alegar to allege, to plead, to affirm
alegar agravios to claim damages
alegato *m* allegation, pleading, affirmation,
   summing up, brief
alegato de bien probado summing up
alegato de réplica reply brief
alegato suplemental supplemental plea,
   supplemental brief
alegatos pleadings, briefs
alegatos de instancia pleadings
alerta vigilantly
aleve treacherous
alevosía *f* treachery
alevoso treacherous
alguacil *m* bailiff
alguacil mayor sheriff
aliado *m* ally
aliado (adj) allied
alianza *f* alliance, pact, alliance through
   marriage
aliar to ally, to agree
alias *m* alias
alicate *m* accomplice
alícuota *f* aliquot
alienable alienable
alienación *f* alienation
alienado *m* an insane person
alienado (adj) insane, transferred
alienar to alienate
alieni juris under the control of another
aligerar to accelerate, to alleviate, to lighten
alijar to jettison, to unload
alijo *m* unloading
alijo forzoso jettison
alimentador *m* provider, a person who pays
   alimony
alimentante *m/f* provider, a person who pays
   alimony
alimentar to provide for, to pay alimony to
alimentario *m* recipient of alimony
alimentista *m/f* recipient of alimony
alimentos food, alimony, support
alimentos provisionales alimony pendente lite
alindar to mark the boundaries of
alio another
alistamiento *m* registration, enlistment
alius other, another
alivio contributivo tax relief

alivio fiscal tax relief
alivio impositivo tax relief
alivio tributario tax relief
alma del testador the implied intent of the testator
almacén *m* warehouse
almacén aduanal customs warehouse
almacén aduanero customs warehouse
almacén afianzado bonded warehouse
almacén general de depósito public warehouse
almacén privado private warehouse
almacén público public warehouse
almacenador *m* warehouser
almacenaje *m* storage
almacenamiento *m* storage
almacenar to store, to stock
almacenero *m* warehouser
almacenista *m/f* warehouser
almirantazgo *m* admiralty, admiralty court
almoneda *f* public auction, auction
almonedar to auction
almonedear to auction
alnada *f* stepdaughter
alnado *m* stepson, stepchild
alocución *f* allocution, address
alodial allodial
alodio *m* allodium
alojamiento *m* lodging
alojar to lodge
alongar to lengthen, to extend
alquilable rentable, leasable
alquilado rented, leased
alquilador *m* renter, lessor, lessee
alquilante *m/f* renter, lessor, lessee
alquilar to rent, to lease
alquiler *m* rent, lease payment
alquiler base base rent
alquiler contingente contingent rental
alquiler del terreno ground rent
alquiler implícito implicit rent
alquiler neto net rent
alrededor around
alta *f* certificate of discharge, admittance to an organization
alta corte de justicia high court of justice
alta dirección top management
alta gerencia top management
alta mar high seas
alta traición high treason
altas finanzas high finance
álter ego alter ego
alterable alterable
alteración *f* alteration, adulteration, commotion
alteración de contrato alteration of contract
alteración de fideicomiso alteration of trust
alteración de instrumento alteration of instrument

alteración de la paz disturbance of peace
alteración de los libros alteration of the books
alteración de un cheque alteration of a check
alteración del orden disturbance of peace
alteración leve slight alteration
alteración sustancial material alteration
alterado altered
alterador altering
alterar to alter, to adulterate, to disturb the peace
alterar los libros to alter the books
altercación *f* altercation
altercado *m* altercation
alternar to alternate
alternativa *f* alternative
alternativo alternating, alternative
alterno alternate, alternating
alto et basso agreement to arbitrate
alucinación *f* hallucination
alucinar to hallucinate
alumbramiento *m* childbirth
aluvión *m* alluvion
alza *f* rise
alza de alquiler rise in rent
alza de precios rise in prices, price appreciation
alza de salario rise in pay
alza salarial salary rise
alzada *f* appeal
alzado *m* fraudulent bankrupt
alzado (adj) fraudulently bankrupt
alzamiento *m* uprising, higher bid, fraudulent bankruptcy, hiding of assets by a bankrupt
alzamiento de bienes fraudulent bankruptcy, hiding of assets by a bankrupt
alzar to appeal, to raise, to fraudulently enter bankruptcy
alzar el precio to raise the price
alzarse to appeal, to fraudulently enter bankruptcy, to rebel
allanado ilegalmente illegally searched
allanado ilícitamente illicitly searched
allanamiento *m* search with a court order, search, unlawful entry, trespass, acceptance
allanamiento a la demanda acceptance of the other party's claim
allanamiento a la sentencia acceptance of a judicial decision
allanamiento de domicilio unlawful entry, trespass
allanamiento impropio improper search
allanar to enter and search, to raid, to break and enter, to trespass, to settle
allanarse to abide by, to yield to
allegado *m* relative, a close person
allegado (adj) close, related
allegata et probata matters alleged and proved

amagar to feign, to make threatening gestures
amago *m* threat
amalgama *f* amalgam
amalgamar to amalgamate, to merge
amancebado *m* paramour
amancebamiento *m* concubinage
amante *m/f* paramour
amanuense *m* notary's clerk, clerk
amarradero *m* mooring post
amarrar to tie, to moor
amartillar to cock a gun
ambiente de empleo job environment
ambiente de trabajo job environment
ambiente laboral job environment
ambiguamente ambiguously
ambigüedad *f* ambiguity
ambigüedad latente latent ambiguity
ambigüedad patente patent ambiguity
ambiguo ambiguous
ambos efectos both purposes
ambulancia *f* ambulance
ambulante ambulant
ambulatorio ambulatory
amedrantar to scare, to intimidate
amedrentar to scare, to intimidate
amenaza *f* threat, menace
amenaza de huelga strike threat
amenazador *m* threatener
amenazador (adj) threatening, menacing
amenazar to threaten
amicus curiae friend of the court, amicus curiae
amigable friendly
amigable componedor friendly mediator
amigable composición settlement through a friendly mediator
amillarado assessed
amillaramiento *m* tax assessment
amillarar to assess a tax
amistoso friendly
amita a paternal aunt
amitinus a cousin
amnesia *f* amnesia
amnistía *f* amnesty, pardon
amnistía contributiva tax amnesty
amnistía fiscal tax amnesty
amnistía impositiva tax amnesty
amnistía incondicional unconditional pardon
amnistiar to grant amnesty, to pardon
amo *m* head of household, proprietor
amodorrecer to make drowsy
amojonamiento *m* delimitation, demarcation
amojonar to delimit, to mark the boundaries of
amonedación *f* minting
amonedar to mint
amonestación *f* admonition, order
amonestaciones matrimoniales banns of marriage

amonestador admonishing, ordering
amonestar to admonish, to order
amortizable amortizable
amortización *f* amortization, depreciation
amortización de prima amortization of premium
amortización de propiedad property depreciation
amortizado amortized
amortizar to amortize, to redeem, to depreciate
amortizar una deuda to amortize a debt
amortizar una obligación to amortize an obligation
amotinado *m* rioter, rebel
amotinado (adj) riotous, mutinous
amotinador *m* rioter, agitator
amotinar to riot, to mutiny
amotinarse to riot, to mutiny
amovible movable, transferable
amovilidad *f* removability, transferability
ampara *f* attachment
amparar to protect, to support, to attach, to pardon, to guarantee
ampararse to obtain protection, to protect oneself
amparo *m* protection, support, pardon, exemption, defense
amparo contributivo tax shelter
amparo fiscal tax shelter
amparo impositivo tax shelter
amparo social social security
amparo tributario tax shelter
ampliación *f* extension, enlargement
ampliación de cobertura extension of coverage
ampliación de la demanda additional complaint
ampliación del crédito increase of the loan
ampliación del plazo extension of the time period
ampliar to develop, to enlarge
ampliar el riesgo to extend the risk
ampliar un cheque to raise a check
amplificación *f* development, enlargement
amplificar to extend, to develop, to enlarge
amplitud de la cobertura extent of the coverage
amugamiento *m* delimitation
analfabetismo *m* illiteracy
analfabeto *m* illiterate
analfabeto (adj) illiterate
análisis *m* analysis
análisis de crédito credit analysis
análisis de cuenta de plica escrow analysis
análisis de estados financieros financial statement analysis
análisis del riesgo risk analysis
analista *m/f* analyst

analista de cobros collection analyst
analítico analytical
analizar to analyze
análogamente analogously
analogía *f* analogy, similarity, resolution of a case based on the guidelines used in analogous matters
analogía jurídica resolution of a case based on the guidelines used in analogous matters
analógico analogical
análogo analogous, similar
anarquía *f* anarchy
anarquista *m/f* anarchist
anata *f* yearly income
anatocismo *m* anatocism
ancestral ancestral
ancianidad *f* old age
anciano aged, elderly
anclar to anchor
anecius first-born
anejar to annex, to attach
anejo *m* annex
anejo (adj) attached, annexed, dependent
anexar to annex, to attach
anexidades accessories, adjuncts, incidental rights or things
anexión *f* annexation
anexo *m* annex
anexo (adj) attached, annexed, dependent
anexo para endosos allonge
angaria *f* angary
angustia *f* anguish, anxiety
angustias mentales mental anguish
animal peligroso dangerous animal
ánimo *m* intent, intention, encouragement
animo cancellandi intent to cancel
animo capiendi intent to take
ánimo criminal criminal intent
ánimo de lucro intention to profit
ánimo de revocar intent to revoke
animo felonico felonious intent
animo furandi intent to steal
animosidad *f* animosity
animus mind, intention, animus
animus cancellandi intention to cancel, animus cancellandi
animus donandi intention to give, animus donandi
animus falsandi intention to lie, animus falsandi
animus falsificandi intention to falsify, animus falsificandi
animus fraudandi intention to defraud, animus fraudandi
animus furandi intention to steal, animus furandi
animus injuriandi intention to injure, animus injuriandi
animus lucrandi intention to profit, animus lucrandi

animus obligandi intention to obligate, animus obligandi
animus possidendi intention to possess, animus possidendi
animus recipiendi intention to receive, animus recipiendi
animus revocandi intention to revoke, animus revocandi
aniquilación *f* annihilation
aniquilador *m* annihilator
aniquilar to annihilate
aniversario *m* anniversary
aniversario de póliza policy anniversary
anómalo anomalous
anonadar to annihilate, to dishearten completely
anonimato *f* anonymity
anónimo *m* anonymous
anotación *f* annotation, filing, entry
anotación contable accounting entry
anotación de embargo filing a writ of attachment
anotación de secuestro filing a writ of attachment
anotación en cuenta account entry
anotación en registro público filing in a public registry
anotación preventiva provisional filing in a registry of property to protect an interest
anotar to annotate, to file, to enter, to register
antagonismo *m* antagonism
antagonista *m/f* antagonist
ante before, in the presence of
ante la sala in open court
ante litem before the suit, ante litem
ante mi before me
ante todo before all, above all
antecedente antecedent, preceding
antecedentemente previously
antecedentes record, precedent, history
antecedentes criminales criminal record
antecedentes de policía police record
antecedentes penales criminal record
antecesor *m* predecessor
antecesor (adj) previous, preceding
antecontrato *m* preliminary agreement
antedata *f* antedate
antedatado antedated
antedatar to antedate
antedicho aforesaid, aforenamed, aforementioned
antefechar to predate
antefirma *f* title of the person signing
antejuicio *m* pre-trial conference
antelación *f* previousness, precedence
antemano beforehand
antemencionado aforesaid, aforementioned
antenacido prematurely born

antenada *f* stepdaughter
antenado *m* stepson
antenupcial antenuptial
antepagar to prepay, to pay beforehand
antepasado *m* ancestor
antepasado (adj) prior in time
antepasados colaterales collateral ancestors
anteponer to give priority to, to place ahead of
anteposición *f* anteposition
anteprocesal pre-trial
anteproyecto *m* preliminary draft
anteproyecto de contrato preliminary draft of a contract
anteproyecto de ley draft bill
anterior al impuesto pretax
anterioridad *f* anteriority, priority
anteriormente previously, heretofore
antes before
antes citado aforementioned, before-cited
antes de contribuciones pretax
antes de impuestos pretax
antes de tributos pretax
antes del juicio before trial
antes escrito above-written
antes mencionado above-mentioned, above-named
anticipación *f* anticipation, prepayment
anticipadamente in advance
anticipado in advance
anticipar to anticipate, to prepay
anticipar dinero to advance money
anticipo *m* advance payment, advance, anticipation
anticipo de dinero advance of money, advance payment, advance
anticipo de fondos advance of money, advance payment, advance
anticipo de herencia inter vivos gift
anticipo sobre póliza advance on policy
anticonstitucional anticonstitutional
anticresis *f* antichresis
anticresista *m* antichresis creditor
anticrético antichretic
antifernales property transferred to a wife in a marriage contract
antigüedad *f* seniority, antiquity
antiguo ancient, old
antihigiénico unhygienic
antijuridicidad *f* unlawfulness
antijurídico unlawful
antilegal unlawful
antilogía *f* antilogy
antilógico antilogical
antimonopólico antitrust
antimonopolio antitrust
antimonopolista antitrust
antimoral immoral
antinomia *f* antinomy

antípoca *f* deed acknowledging a lease, deed acknowledging an annuity contract that runs with the land
antipocar to acknowledge in writing a lease, to acknowledge in writing an annuity contract that runs with the land
antiprofesional unprofessional
antirreglamentario against regulations
antisocial antisocial
antor *m* seller of stolen goods
antoría *f* right of recovery against the seller of stolen goods
antropología criminal criminal anthropology
antropometría *f* anthropometry
anual annual
anualidad *f* annuity, annual charge, annual occurrence
anualidad a plazo fijo annuity certain
anualidad acumulada accumulated annuity
anualidad anticipada anticipated annuity
anualidad aplazada deferred annuity
anualidad cierta annuity certain
anualidad colectiva group annuity
anualidad con efecto inmediato immediate annuity
anualidad con participación participating annuity
anualidad condicional contingent annuity
anualidad conjunta joint annuity
anualidad contingente contingent annuity
anualidad de cantidad fija fixed-amount annuity
anualidad de grupo group annuity
anualidad de impuestos diferidos tax-deferred annuity
anualidad de pago inmediato immediate-payment annuity
anualidad de pagos diferidos deferred-payment annuity
anualidad de pagos parejos level-payment annuity
anualidad de prima única single-premium annuity
anualidad de primas flexibles flexible-premium annuity
anualidad de reembolso a plazos installment refund annuity
anualidad de reembolso en efectivo refund annuity
anualidad de retiro retirement annuity
anualidad de supervivencia survivorship annuity
anualidad diferida deferred annuity
anualidad diferida de prima única single-premium deferred annuity
anualidad diferida grupal group deferred annuity
anualidad establecida established annuity
anualidad fija fixed annuity

anualidad grupal diferida deferred group annuity
anualidad híbrida hybrid annuity
anualidad incondicional annuity certain
anualidad inmediata immediate annuity
anualidad normal normal annuity
anualidad ordinaria ordinary annuity
anualidad perpetua perpetual annuity
anualidad pura pure annuity
anualidad temporal temporary annuity
anualidad variable variable annuity
anualidad vitalicia life annuity
anualizado annualized
anualmente annually
anuencia *f* consent
anuente consenting
anulabilidad *f* voidability, annullability
anulable voidable, cancelable, annullable
anulación *f* annulment, cancellation, defeasance
anulación de contrato nullification of contract
anulación de convenio nullification of agreement
anulación de deuda cancellation of debt
anulación de la instancia dismissal
anulación de matrimonio annulment of marriage
anulación de orden cancellation of order
anulación de pedido cancellation of order
anulado voided, annulled, cancelled, defeated
anular to void, to cancel, to annul, to defeat, to reverse
anular un matrimonio to annul a marriage
anular un pedido to cancel an order
anular una orden to cancel an order
anulativo nullifying, annulling, voiding
anunciar to advertise, to announce
anuncio *m* announcement, notice, advertisement
anuncio de oferta invitation to bid
anuncio indecente indecent advertisement
anuncio judicial public notice
anverso *m* obverse, face of a document
añadido *m* allonge, addition
añadir to add, to increase
añagaza *f* trick, bait
año *m* year
año base base year
año bisiesto leap year
año calendario calendar year
año civil civil year, calendar year
año comercial commercial year
año común ordinary year
año continuo calendar year
año contributivo tax year
año de auditoría auditing year
año de beneficios benefit year
año económico fiscal year
año en curso current year

año financiero fiscal year
año fiscal fiscal year
año gravable tax year
año impositivo tax year
año judicial judicial year
año jurídico legal year
año muerto year of grace
año social fiscal year
año tributario tax year
apalabrar to agree to verbally, to contract verbally, to discuss beforehand
apalancamiento *m* leverage
apando *m* solitary confinement
aparcería *f* sharecropping, partnership
aparcero *m* sharecropper, partner
aparente apparent, fitting
apariencia *f* appearance, probability
apariencia común common appearance
apariencia de título color of title
apartado *m* paragraph, section, post office box
apartado de correos post office box
apartamento *m* apartment
apartamiento *m* separation, withdrawal, apartment
apartar to separate, to sort
apartarse to desist, to withdraw
apátrida stateless
apear to survey
apelable appealable
apelación *f* appeal
apelación abandonada abandoned appeal
apelación accesoria appeal filed by the losing party with the consent of the winning party
apelación adhesiva appeal filed by the losing party with the consent of the winning party
apelación con efecto devolutivo appeal which does not suspend execution of judgment
apelación con efecto suspensivo appeal which suspends execution of judgment
apelación conjunta joint appeal
apelación del interdicto appeal of an injunction
apelación desierta appeal withdrawn
apelación extraordinaria appeal for annulment
apelación incidental appeal filed by the losing party with the consent of the winning party
apelación limitada limited appeal
apelación parcial limited appeal
apelación restringida restricted appeal
apelación sin restricciones unrestricted appeal
apelado *m* appellee, decision subject to appeal
apelado (adj) appealed
apelador *m* appellant
apelante *m/f* appellant
apelar to appeal
apelar recursos to file an appeal

apellido *m* surname
apellido de soltera maiden name
apeo *m* survey
apercibido warned, cautioned
apercibimiento *m* warning, caution
apercibir to warn, to caution, to provide, to receive
apersonado *m* a party to an action
apersonamiento *m* appearance
apersonarse to appear, to become a party to an action
apertura *f* opening
apertura de asamblea opening of a meeting
apertura de audiencia opening of trial
apertura de crédito opening of a line of credit, granting of a loan
apertura de las licitaciones opening of bids
apertura de las propuestas opening of bids
apertura de libros opening of the books
apertura del testamento reading of a will
apex juris subtlety of the law, apex juris
apiadarse to take pity on, to grant amnesty, to pardon
aplazable postponable
aplazada *f* extension of time
aplazado deferred, subject to a term
aplazamiento *m* deferment, adjournment, summons
aplazamiento de contribuciones tax deferral
aplazamiento de impuestos tax deferral
aplazamiento de pago deferment of payment
aplazamiento de pago de contribuciones deferment of payment of taxes
aplazamiento de pago de impuestos deferment of payment of taxes
aplazar to defer, to adjourn, to summon
aplicación *f* application, enforcement
aplicación de fondos funds application
aplicación de una ley enforcement of a law
aplicación del derecho enforcement of a law, application of a law
aplicado applied
aplicar to apply, to impose a penalty, to enforce a law, to award
aplicar el código to enforce the law
aplicar un impuesto to impose a tax
ápoca *f* receipt
apócrifo apocryphal
apoderado *m* representative, agent, attorney, proxy
apoderado (adj) empowered, authorized
apoderado especial special agent
apoderado general general agent, managing partner
apoderado judicial attorney
apoderado singular special agent
apoderamiento *m* empowerment, power of attorney, appropriation, authorization
apoderar to empower, to grant power of

attorney, to give possession
apoderarse to take possession
apodo *m* nickname
apógrafo *m* copy, transcript
apología *f* justification, apology
apología del delito to advocate the commission of a crime, to justify the commission of a crime
aportación *m* contribution, dowry
aportar to contribute, to arrive into port, to bring a dowry
aportar fondos to finance, to contribute funds
aporte *m* contribution, payment
aporte jubilatorio payment to a retirement fund
apostador *m* bettor
apostar to bet, to post
apostilla *f* annotation, footnote
apoyar to support, to confirm, to help
apoyar la moción to second the motion
apoyo *m* support
apoyo de precios price support
apoyo financiero financial support
apoyo lateral lateral support
apreciable appreciable, considerable
apreciación *f* appreciation, appraisal
apreciación de las pruebas weighing of the evidence
apreciador *m* appraiser
apreciar to appraise, to appreciate
aprehender to apprehend, to arrest, to conceive, to seize
aprehensión *f* apprehension, arrest, seizure
aprehensor *m* apprehender
apremiar to urge, to compel
apremiar el pago to compel payment
apremio *m* court order, decree, legal proceedings for debt collection, undue pressure to obtain a confession, pressure
apremio ilegal illegal use of pressure to obtain a confession
apremio personal legal proceedings for debt collection involving personal property
apremio real sale of attached real property
aprendiz *m/f* apprentice
aprendizaje *m* learning, apprenticeship
apresamiento *m* capture, arrest
apresar to capture, to arrest, to imprison
aprieto *m* difficulty, distress
aprisionar to imprison, to capture
aprobación *f* approval, ratification
aprobación de crédito approval of credit
aprobación previa prior approval
aprobado approved
aprobar to approve, to ratify
aprobar la moción to carry the motion
aprontar to comply with an obligation promptly, to pay immediately, to prepare
apropiación *f* appropriation

apropiación fraudulenta fraudulent conversion
apropiación ilícita conversion
apropiación ilícita constructiva constructive conversion
apropiación implícita constructive conversion
apropiación indebida misappropriation
apropiación virtual constructive conversion
apropiado appropriate, appropriated
apropiador *m* appropriator
apropiar to appropriate
apropiarse de to appropriate, to take possession of
aprovechamiento *m* utilization, enjoyment
aprovechamiento de agua right of use of public waters
aprovechamiento de tierras land improvement
aprovechar un derecho to exercise a right
aprovecharse de to take advantage of
aprovisionamiento *m* supply
aprovisionar to supply
aproximación *f* approximation
aproximadamente approximately
aproximado approximate
aptitud *f* aptitude, competency, capability
aptitud legal legal competency
apto apt, capable
apud acta among the recorded laws, apud acta
apuesta *f* bet
apuntamiento *m* annotation, summary
apuntar to aim, to note
apuntar un arma to aim a weapon
apuñalado stabbed
apuñalar to stab
apuro *m* legal proceedings for collection, difficult situation, haste
aquel a quien pueda interesar whom it may concern
aquí dentro herein
aquiescencia *f* acquiescence, consent
aquiescente acquiescent
aquiescer to acquiesce
arancel *m* tariff, tariff schedule, schedule of fees
arancel aduanero schedule of customs duties
arancel agrícola agricultural tariff
arancel compensatorio compensating tariff
arancel compuesto compound tariff
arancel consular schedule of consular fees
arancel de aduana schedule of customs duties
arancel de corredores schedule of brokers' commissions
arancel de exportación export duties
arancel de honorarios fee schedule
arancel de importación import duties
arancel de procuradores schedule of attorney's fees

arancel de renta revenue tariff
arancel de represalia retaliatory duty
arancel específico specific tariff
arancel fiscal revenue tariff
arancel judicial schedule of court fees
arancel mixto mixed tariff
arancel notarial schedule of notary's fees
arancel proteccionista protective tariff
arancelario tariff, pertaining to tariffs
arbitrable arbitrable
arbitración *f* arbitration
arbitración obligante binding arbitration
arbitrador *m* arbitrator
arbitraje *m* arbitration, arbitrage
arbitraje comercial commercial arbitration
arbitraje compulsivo compulsory arbitration
arbitraje compulsorio compulsory arbitration
arbitraje convencional voluntary arbitration
arbitraje de cambio arbitrage
arbitraje de derecho arbitration
arbitraje entre compañías intercompany arbitration
arbitraje extrajudicial out-of-court arbitration
arbitraje forzado compulsory arbitration
arbitraje forzoso compulsory arbitration
arbitraje industrial labor arbitration
arbitraje internacional international arbitration
arbitraje involuntario involuntary arbitration
arbitraje judicial arbitration which follows rules of court procedure
arbitraje laboral labor arbitration
arbitraje necesario compulsory arbitration
arbitraje obligatorio compulsory arbitration
arbitraje pendiente pending arbitration
arbitraje simple simple arbitrage
arbitraje voluntario voluntary arbitration
arbitral arbitral
arbitramento *m* arbitration, arbitration award
arbitramiento *m* arbitration, arbitration award
arbitrar to arbitrate
arbitrar fondos to raise money
arbitrariamente arbitrarily, through arbitration
arbitrariedad *f* arbitrariness
arbitrario arbitrary, arbitral
arbitrario y caprichoso arbitrary and capricious
arbitrativo arbitrative
arbitrio *m* arbitrament, decision, tax, free will, discretion
arbitrio judicial judicial decision
arbitrios taxes, resources
arbitrista *m/f* crank politician, a person who promotes economically unsound schemes
arbitrium decision, award
árbitro *m* arbitrator, arbitration judge
árbitro de derecho arbitrator, a person who acts in the capacity of an arbitrator

árbitro extrajudicial out-of-court arbitrator
árbitro profesional professional arbitrator
árbitro propietario regular arbitrator
árbitro reemplazante alternate arbitrator
árbol genealógico genealogical tree
archivar to file
archivero *m* archivist, file clerk
archivista *m/f* archivist, file clerk
archivista general archivist in charge of the documents of notaries who are no longer active
archivo *m* archives, file
archivo activo active file
archivo confidencial confidential file
archivo de crédito credit file
archivo permanente permanent file
archivo temporal temporary file
área aduanera customs area
área alquilable rentable area
área común common area
área de comercio commercial area
área de desarrollo development area
área de libre comercio free-trade area
área de solar mínima minimum lot area
área de trabajo work area
área impactada impacted area
área industrial industrial area
argüir to argue, to reason, to allege
argumentación *f* argumentation, reasoning
argumentador *m* arguer
argumentador (adj) arguing
argumentar to argue
argumentativo argumentative
argumento *m* argument, reasoning, summary
argumento persuasivo persuasive argument
aristocracia *f* aristocracy
aristócrata *m/f* aristocrat
aristodemocracia *f* aristo-democracy
arma *m* weapon
arma de fuego firearm
arma mortal lethal weapon
arma mortífera lethal weapon
armada *f* navy
armado armed
armador *m* ship owner
armamento *m* armaments
armar to arm, to cock, to supply
armisticio *m* armistice
armisticio parcial partial armistice
armonía *f* harmony
armonización *f* harmonization
armonización contributiva tax harmonization
armonización fiscal tax harmonization
armonización impositiva tax harmonization
armonización tributaria tax harmonization
arqueo *m* audit, tonnage, capacity
arqueo bruto gross tonnage
arqueo de buques tonnage, capacity
arqueo de fondos audit of the public treasury

arqueo neto net tonnage
arquero *m* teller
arquetipo *m* archetype
arraigado *m* a person released on bail
arraigado (adj) released on bail, settled
arraigar to put up a bond, to purchase real estate, to establish firmly
arraigo *m* bailment, bail, real estate
arras *f* security, earnest money, down payment, dowry
arrebato *m* fury, heat of passion
arreglado settled, agreed upon, orderly
arreglador *m* adjuster
arreglador de avería average adjuster
arreglar to arrange, to fix, to settle
arreglar una causa to settle a case
arreglar una cuenta to settle an account
arreglar una reclamación to adjust a claim
arreglarse to settle, to compromise
arreglarse con to agree with, to conform to
arreglo *m* arrangement, settlement, agreement, compromise
arreglo bilateral bilateral arrangement
arreglo con acreedores arrangement with creditors
arreglo cooperativo cooperative arrangement
arreglo de avería average adjustment
arreglo de crédito credit arrangement
arreglo extrajudicial out-of-court settlement
arreglo financiero financial arrangement
arreglo monetario monetary arrangement
arreglo recíproco reciprocal arrangement
arreglo temporal temporary arrangement
arremeter to attack, to assault
arremetida *f* attack, assault
arrendable leasable
arrendación *f* lease
arrendación a corto plazo short-term lease
arrendación a largo plazo long-term lease
arrendado leased
arrendador *m* lessor, lessee
arrendador a la parte sharecropper
arrendador ausente absentee lessor
arrendamiento *m* lease, leasing, lease contract
arrendamiento a corto plazo short-term lease
arrendamiento a largo plazo long-term lease
arrendamiento apalancado leveraged lease
arrendamiento asignable assignable lease
arrendamiento cerrado closed-end lease
arrendamiento concurrente concurrent lease
arrendamiento condicional conditional lease
arrendamiento de capital capital lease
arrendamiento de consumo consumer lease
arrendamiento de equipo equipment lease
arrendamiento de explotación operating lease
arrendamiento de servicio employment
arrendamiento escalonado graduated lease

arrendamiento expirado expired lease
arrendamiento extendido extended lease
arrendamiento financiero financial lease
arrendamiento firmado signed lease
arrendamiento marítimo maritime lease
arrendamiento neto net lease
arrendamiento oral parol lease
arrendamiento perpetuo perpetual lease
arrendamiento primario primary lease
arrendamiento renovable renewable lease
arrendamiento reversionario reversionary lease
arrendamiento transferible assignable lease
arrendante *m/f* lessor, lessee
arrendar to lease, to hire
arrendatario *m/f* lessee, tenant
arrendaticio pertaining to a lease
arrepentimiento *m* repentance
arrepentimiento activo spontaneous repentance, spontaneous confession
arrepentimiento espontáneo spontaneous repentance, spontaneous confession
arrepentirse to repent, to reconsider, to revoke
arrestado *m* arrestee, an arrested person
arrestado ilegalmente illegally arrested
arrestado ilícitamente illicitly arrested
arrestado legalmente legally arrested
arrestado lícitamente licitly arrested
arrestar to arrest, to imprison, to detain
arresto *m* arrest, imprisonment, detention
arresto civil civil arrest
arresto correccional imprisonment
arresto ilegal illegal arrest
arresto ilícito illicit arrest
arresto legal legal arrest
arresto lícito licit arrest
arribada *f* arrival of a vessel to port, arrival
arribada forzosa forced arrival of a vessel to port
arriendo *m* lease, hire
arriendo a corto plazo short-term lease
arriendo a largo plazo long-term lease
arriendo marítimo maritime lease
arriendo neto net lease
arriendo oral parol lease
arriendo perpetuo perpetual lease
arriendo transferible assignable lease
arriesgado risky, hazardous
arrimar el código to enforce the law
arrogación *f* arrogation
arrogar to arrogate
arrogarse to usurp
arrojar to throw, to expel
arrollar to run over, to defeat, to ignore
arsenal *m* arsenal, shipyard
arte *m/f* art, profession, skill
arte anterior prior art
articulación *f* articulation, question

articulado *m* sections of a statute, series of articles, series of clauses
articular to articulate, to formulate, to divide into articles
artículo *m* article, a question during an interrogatory
artículo adicional addendum
artículo de exportación export article
artículo de importación import article
artículo de marca trademarked article
artículo de muerte at the moment of death
artículo de preferencia contributiva preference tax item
artículo de preferencia impositiva preference tax item
artículo de preferencia tributaria preference tax item
artículo de previo pronunciamiento dilatory exception
artículo de primera necesidad staple
artículo del contrato contract clause
artículo inhibitorio peremptory exception
artículo patentado patented article
artículo propietario patented article, trademarked article
artículos de asociación articles of association
artículos de consumo consumer goods
artículos de contrabando smuggled goods
artículos de incorporación articles of incorporation
artículos personales personal articles
artículos restringidos restricted articles
artículos sin restricciones unrestricted articles
artículos y servicios goods and services
artificial artificial
artificio *m* artifice
artimaña *f* stratagem
artimañas legales legal stratagems
asalariado *m* salaried worker, wage earner
asalariado (adj) salaried
asaltador *m* assailant, attacker
asaltante *m/f* assailant, attacker
asaltante (adj) assaulting, attacking
asaltar to assail, to assault, to attack, to rob
asalto *m* assault, attack, robbery
asalto a mano armada assault with a deadly weapon
asalto con arma mortífera assault with a deadly weapon
asalto con intención de asesinar assault with intent to murder
asalto con intención de cometer violación assault with intent to commit rape
asalto con intención de matar assault with intent to kill
asalto con intención de robar assault with intent to rob
asalto con intento homicida assault with intent to kill

asalto con lesión assault and battery
asalto excusable excusable assault
asalto simple simple assault
asalto y agresión assault and battery
asamblea *f* assembly, meeting
asamblea anual annual meeting
asamblea constitutiva organizational meeting
asamblea constituyente constitutional convention
asamblea consultiva advisory body
asamblea de accionistas shareholders' meeting
asamblea de acreedores creditors' meeting
asamblea extraordinaria special meeting
asamblea general general meeting
asamblea general de accionistas general meeting of shareholders
asamblea legislativa legislature
asamblea municipal municipal council
asamblea nacional congress, national assembly
asamblea ordinaria ordinary meeting
asamblea plenaria plenary meeting
asamblea usual usual meeting
asambleísta *m/f* member of an assembly
ascendencia *f* ancestry, authority
ascendiente *m/f* ascendant, ancestor
ascendiente (adj) ascendant, ascending
ascenso *m* promotion
ascenso de empleado employee promotion
asechanza *f* entrapment
asegurabilidad *f* insurability
asegurabilidad garantizada guaranteed insurability
asegurable insurable
aseguración *f* insurance
asegurado *m* insured, insured person
asegurado (adj) insured
asegurado adicional additional insured
asegurador *m* insurer, underwriter
asegurador (adj) insuring, safeguarding
asegurador autorizado authorized insurer
asegurador cooperativo cooperative insurer
asegurador directo direct insurer
asegurador independiente independent insurer
asegurador líder lead insurer
asegurador no autorizado unauthorized insurer
asegurador primario primary insurer
aseguradores contra incendios fire underwriters
aseguradores contra riesgos marítimos marine underwriters
aseguradores de crédito credit underwriters
aseguramiento *m* insuring, insurance, securing
aseguramiento de bienes litigiosos embargo on property in litigation

aseguramiento de la prueba deposition
aseguramiento de la prueba pericial deposition of an expert witness
aseguranza *f* insurance
asegurar to insure, to underwrite, to assure, to secure, to reassure
asegurar un riesgo to underwrite a risk
asegurarse to obtain insurance
aseguro *m* insurance, assurance
asentamiento *m* recording, settlement, establishment, attachment
asentamiento judicial attachment
asentar to make an entry, to record, to write down, to set firmly, to affirm, to attach, to establish
asentar una partida make an entry
asentimiento *m* assent
asentir to assent, to acquiesce
aserción *f* assertion
asertorio assertory
asesinar to assassinate, to murder
asesinato *m* assassination, murder
asesinato a sangre fría cold-blooded murder
asesinato en primer grado murder in the first degree
asesinato en segundo grado murder in the second degree
asesino *m* assassin, murderer
asesino (adj) murderous
asesor *m* adviser, legal adviser, counselor, consultant
asesor (adj) advising, counseling
asesor administrativo administrative consultant
asesor de finanzas financial adviser
asesor de inversiones investment adviser
asesor de menores legal adviser in matters concerning minors
asesor de seguros insurance consultant
asesor en colocaciones investment adviser
asesor financiero financial adviser
asesor fiscal tax adviser
asesor jurídico legal adviser
asesor letrado legal adviser
asesorado well informed, advised
asesorado legalmente legally advised
asesorado lícitamente licitly advised
asesoramiento *m* advice, counsel
asesoramiento de crédito credit counseling
asesoramiento financiero financial counseling
asesoramiento legal legal advice
asesoramiento monetario monetary counseling
asesorar to advise, to counsel
asesorarse to receive advice, to seek advice
asesoría *f* advice, counseling, consultant, consultant's office, consultant's fee
aseveración *m* asseveration, affirmation, averment

aseveración falsa false affirmation
aseveración negativa negative averment
aseveración superflua superfluous averment
aseverar to asseverate, to affirm
aseverativo affirmative
asiento *m* seat, entry
asiento de presentación registration of a
   mortgage in a property registry
asiento del juzgado judge's bench
asiento falsificado falsified entry, false entry
asiento original original entry
asiento principal de negocios principal place
   of business
asignable assignable
asignación *f* assignment, allotment, allowance,
   payment
asignación de beneficios allocation of profit
asignación de colateral collateral assignment
asignación de salario assignment of wages
asignación prenatal additional remuneration
   during pregnancy
asignación testamentaria legacy
asignado *m* allottee
asignar to assign, to establish, to designate
asignar fondos allocate funds
asignatario *m* beneficiary, legatee
asilado *m* a person who has been given
   asylum
asilamiento *m* granting of asylum
asilar to grant asylum
asilo *m* asylum, home
asilo diplomático diplomatic asylum
asilo familiar homestead right
asilo político political asylum
asistencia *f* assistance, attendance
asistencia a la vejez social security benefits
   for the elderly
asistencia bilateral bilateral assistance
asistencia compulsiva compulsory attendance
asistencia compulsoria compulsory
   attendance
asistencia conyugal marital assistance
asistencia económica economic assistance
asistencia en financiamiento financing
   assistance
asistencia estatal state assistance
asistencia exterior foreign assistance
asistencia familiar family support
asistencia federal federal assistance
asistencia financiera financial assistance
asistencia forzada compulsory attendance
asistencia forzosa compulsory attendance
asistencia incidental incidental assistance
asistencia interestatal interstate assistance
asistencia internacional international
   assistance
asistencia intraestatal intrastate assistance
asistencia jurídica legal aid, legal services
asistencia legal legal aid, legal services, legal

assistance
asistencia local local assistance
asistencia marítima assistance at sea
asistencia médica medical assistance
asistencia monetaria monetary assistance
asistencia municipal municipal assistance
asistencia mutua mutual assistance
asistencia nacional national assistance
asistencia obligatoria compulsory attendance
asistencia pecuniaria pecuniary assistance
asistencia pública public assistance, welfare
asistencia recíproca mutual aid
asistencia social public assistance, welfare
asistencia y salvamento en alta mar
   assistance and salvage at sea
asistencial pertaining to public assistance
asistencias allowance, alimony
asistente *m* attendee, assistant
asistente judicial judicial assistant
asistido assisted
asistido legalmente legally assisted
asistido lícitamente licitly assisted
asistir to attend, to assist
asistir a una asamblea to attend a meeting
asistir a una reunión to attend a meeting
asociación *f* association, collaboration
asociación afiliada affiliated association
asociación agrícola farmers' association
asociación anónima corporation
asociación caritativa charitable association
asociación comercial trade association
asociación cooperativa cooperative
   association
asociación corporativa corporate association
asociación de abogados bar association
asociación de ahorro y préstamos savings
   and loan association
asociación de comerciantes trade association
asociación de condominio condominium
   association
asociación de consumidores consumer
   association
asociación de crédito credit union
asociación de dueños de condominio
   condominium owners' association
asociación de dueños de hogar homeowners'
   association
asociación de empleados employee
   association
asociación de fabricantes manufacturers'
   association
asociación de marca brand association
asociación de negocios business league
asociación de préstamos loan association
asociación de préstamos para edificación
   building and loan association
asociación del renglón trade association
asociación delictiva criminal conspiracy
asociación denunciable partnership at will

asociación en participación joint venture
asociación estatal state association
asociación extranjera foreign association
asociación gremial trade association, labor union
asociación ilegal illegal association
asociación ilícita criminal conspiracy
asociación impersonal corporation
asociación interestatal interstate association
asociación internacional international association
asociación intraestatal intrastate association
asociación mercantil business association
asociación momentánea joint venture
asociación mutua mutual association
asociación nacional national association
asociación no pecuniaria nonprofit organization
asociación obrera trade union, labor union
asociación patronal employers' association
asociación personal partnership
asociación profesional professional association
asociación profesional obrera trade union
asociación secreta secret association
asociación sindical labor union
asociación voluntaria voluntary association
asociado *m* associate, partner
asociado (adj) associated
asociarse to join, to incorporate, to form a partnership
asocio *m* association, corporation
asonada *m* disturbance, riot
astucia *f* astuteness, cunning, stratagem
asueto *m* time off, day off, half-day off
asumible assumable
asumir to assume
asumir control to assume control
asumir responsabilidad to assume responsibility
asumir un arrendamiento to assume a lease
asumir un empréstito to assume a loan
asumir un préstamo to assume a loan
asumir un riesgo to assume a risk
asumir una deuda to assume a debt
asumir una hipoteca to assume a mortgage
asumir una obligación to assume an obligation
asunción *f* assumption
asunción de crédito assumption of a loan
asunción de deuda assumption of debt
asunción de empréstito assumption of loan
asunción de hipoteca assumption of mortgage
asunción de obligación assumption of obligation
asunción de responsabilidad assumption of liability
asunción de riesgo assumption of risk
asuntar to litigate

asunto *m* matter, issue, lawsuit
asunto contencioso matter in dispute, matter of litigation
asunto incidental incidental issue
asunto pendiente pending business
asuntos estatales state affairs
asuntos federales federal affairs
asuntos interestatales interstate affairs
asuntos intraestatales intrastate affairs
asuntos privados private affairs
asustar to scare
atacable refutable
atacante *m/f* assailant, attacker
atacar to attack, to assault, to challenge, to contest
atamita a sister of a great-great-great-grandfather
ataque *m* attack, assault
ataque a mano armada assault with deadly weapon
ataque colateral collateral attack
ataque directo direct attack
ataque mortal deadly attack
ataque para cometer asesinato assault with intent to assassinate, assault with intent to murder
ataque verbal verbal attack
atavia a great-great-great-grandmother
atavus a great-great-great-grandfather
atemorizar to terrify, to frighten
atención *f* attention, courtesy, interest
atención especial special attention
atenciones obligations, affairs, courtesies
atender to attend to, to pay attention to, to be aware of
atender el compromiso to meet an obligation
atender la deuda to meet a debt
atender la obligación to meet an obligation
atenerse a to comply with, to abide by
atentado *m* attempt, attack, threat, abuse of authority
atentado a la vida attempt to kill
atentado al pudor carnal abuse, indecency
atentado contra el pudor carnal abuse, indecency
atentado contra la vida attempt to kill
atentar to attempt, to attempt a criminal action
atentatorio which constitutes an attempt, illegal
atenuación *f* extenuation, mitigation
atenuado extenuated, mitigated
atenuante *m* extenuating circumstance, mitigating circumstance
atenuante (adj) extenuating, mitigating
atenuar to extenuate, to mitigate
atestación *f* attestation, testimony, affidavit
atestación por notario público notarization
atestado *m* affidvit, certification, statement

atestado (adj) witnessed, certified
atestar to attest, to testify, to witness, to depose, to certify
atestar la firma to witness the signature
atestiguación *f* testimony, affidavit, attestation, deposition
atestiguamiento *m* testimony, affidavit, attestation, deposition
atestiguar to attest, to testify, to witness, to depose, to certify
atinado relevant, correct
atinente relevant, pertinent
atípico atypical
atolondrado reckless
atormentador *m* tormentor
atormentar to torment
atracador *m* stickup person, robber, assailant
atracar to stickup, to rob, to assault, to moor
atraco *m* stickup, robbery, assault
atrasado in arrears, behind, back, late, delinquent
atrasado de pago in arrears, in default
atraso *m* delay
atrasos *m* arrears
atribución *f* attribution, obligation, function
atribuir to attribute, to confer
atribuir jurisdicción to establish the jurisdiction of a judge, to extend the jurisdiction of a judge
atrocidad *f* atrocity
atropellar to violate, to run over, to abuse, to disregard
atropello *m* violation, running down, abuse, outrage
audición *f* audition, hearing
audición de alegatos interlocutory proceeding
audición de avenimiento conciliation proceeding
audición de juzgamiento hearing where a judgment is issued
audiencia *f* hearing, trial, court, day of hearing, audience
audiencia adjudicatoria adjudicatory hearing
audiencia administrativa administrative hearing
audiencia cautiva captive audience
audiencia de lo criminal criminal court
auditar to audit
auditar una cuenta to audit an account
auditor *m* auditor, judge, judge advocate
auditor autorizado authorized auditor
auditor de banco bank auditor
auditor de campo field auditor
auditor estatal state auditor
auditor externo external auditor
auditor federal federal auditor
auditor fiscal tax auditor
auditor independiente independent auditor
auditor interno internal auditor

auditor local local auditor
auditor municipal municipal auditor
auditor no autorizado unauthorized auditor
auditor privado private auditor
auditor público public auditor
auditoría *f* audit, auditing, office of judge advocate
auditoría administrativa administrative audit
auditoría anual annual audit
auditoría completa complete audit
auditoría continua continuous audit
auditoría de acatamiento compliance audit
auditoría de caja cash audit
auditoría de calidad quality audit
auditoría de campo field audit
auditoría de cuenta audit of account
auditoría de cuentas auditing of accounts
auditoría de dividendos dividend audit
auditoría de estados financieros financial statement audit
auditoría de mercado market audit
auditoría de nómina payroll audit
auditoría de personal personnel audit
auditoría de rendimiento performance audit
auditoría de seguridad safety audit
auditoría del balance balance sheet audit
auditoría detallada detailed audit
auditoría entera entire audit
auditoría especial special audit
auditoría especial completa complete special audit
auditoría estatutaria statutory audit
auditoría externa external audit
auditoría fiscal tax audit
auditoría general general audit
auditoría horizontal horizontal audit
auditoría independiente independent audit
auditoría interina interim audit
auditoría interna internal audit
auditoría limitada limited audit
auditoría operacional operational audit
auditoría parcial partial audit
auditoría periódica periodic audit
auditoría por correspondencia correspondence audit
auditoría preliminar preliminary audit
auditoría semianual semiannual audit
auditoría total total audit
aumentado increased
aumentar to increase
aumentar tarifas to increase tariffs
aumento *m* increase
aumento arancelario tariff increase
aumento contributivo tax increase
aumento de capital capital increase
aumento de reserva reserve increase
aumento de salario salary increase
aumento de tarifa tariff increase
aumento de tasa rate increase

aumento de tasa mínimo minimum rate increase

aumento de tipo rate increase

aumento del riesgo risk increase

aumento impositivo tax increase

aumento salarial wage increase, salary increase

aumento tributario tax increase

ausencia *f* absence

ausencia con presunción de fallecimiento absence which leads to the presumption of death

ausencia continua continuous absence

ausencia de autoridad absence of authority

ausencia de aviso absence of notice

ausencia de cambio absence of change

ausencia de ceremonia absence of ceremony

ausencia de culpabilidad absence of guilt

ausencia de descendencia absence of issue

ausencia de duda absence of doubt

ausencia de fondos absence of funds

ausencia de fraude absence of fraud

ausencia de herederos absence of heirs

ausencia de negligencia absence of negligence

ausencia de notificación absence of notice

ausencia del estado absence from the state

ausente *m* absentee, missing person

ausente (adj) absent

ausente de una jurisdicción absent from a jurisdiction

ausentismo *m* absenteeism

auténtica *f* attestation, certification

autenticación *f* authentication

autenticación de firma authentication of signature

autenticar to authenticate, to attest

autenticidad *f* authenticity

auténtico authentic, certified

autentificar to authenticate

autentizar to authenticate

auter droit the right of another, auter droit

auter vie the life of another, auter vie

auto *m* decree, writ, decision, car

auto acordado a supreme court decision where all justices or branches participate

auto alternativo alternative writ

auto apelable appealable decision

auto de avocación writ of certiorari

auto de casación writ of error

auto de certiorari writ of certiorari

auto de comparecencia summons

auto de deficiencia deficiency order

auto de detención warrant of arrest

auto de ejecución writ of execution

auto de embargo writ of attachment

auto de enjuiciamiento decision

auto de expropiación writ of expropriation

auto de indagación writ of inquiry

auto de mandamus writ of mandamus

auto de pago official demand for payment

auto de posesión writ of possession

auto de prisión order for incarceration, warrant of arrest

auto de proceder order to proceed

auto de procesamiento indictment

auto de prueba order to produce evidence

auto de quiebra declaration of bankruptcy

auto de reivindicación writ of replevin

auto de restitución writ of restitution

auto de revisión writ of review

auto de sobreseimiento stay of proceedings

auto de sustanciación order to proceed

auto definitivo final decision

auto ejecutivo writ of execution

auto inhibitorio writ of prohibition

auto interlocutorio interlocutory order

auto perentorio peremptory writ

auto por incumplimiento de pacto writ of covenant

auto preparatorio writ issued prior to a decision

auto provisional provisional writ

autoacusación *f* self-accusation, confession

autoacusatorio self-accusatory

autoadministrado self-administered

autoasegurador *m* self-insurer

autocomposición *f* out-of-court settlement

autoconsistente self-consistent

autocontradicción *f* self-contradiction

autocontradictorio self-contradictory

autocontrato *m* contract where one party acts on behalf of both parties

autocontrol *m* self-control

autocontrolado self-controlled

autocontrolante self-controlling

autocopiar to copy

autocracia *f* autocracy

autócrata *m/f* autocrat

autodefensa *f* self-defense, self-representation

autodespido *m* resignation

autodespido forzoso forced resignation

autodespido voluntario voluntary resignation

autodeterminación *f* self-determination

autodisciplina *f* self-discipline

autoejecutable self-executing

autofinanciamiento *m* self-financing

autogobernado self-governed

autógrafo *m* autograph

autoincriminación self-incrimination

autoinfligido self-inflicted

autolesión *f* self-inflicted injury

autoliquidación *f* self-liquidation, self-assessment

autoliquidante self-liquidating

automáticamente automatically

automático automatic

automutilación *f* self-mutilation

autonomía *f* autonomy
autonomía de la voluntad free will
autónomo autonomous
autonotificación *f* service by an interested
   party
autopreservación *f* self-preservation
autoprotección *f* self-protection
autopsia *f* autopsy
autor *m* author, perpetrator
autor de la herencia testator
autoridad *f* authority
autoridad administrativa administrative
   authority
autoridad amplia full authority
autoridad aparente apparent authority
autoridad competente competent authority
autoridad completa full authority
autoridad constructiva constructive authority
autoridad de disposición power of disposition
autoridad de revocación power of revocation
autoridad discrecional discretionary authority
autoridad estatal state authority
autoridad evidente evident authority
autoridad explícita explicit authority
autoridad federal federal authority
autoridad ilegal illegal authority
autoridad ilícita illicit authority
autoridad incidental incidental authority
autoridad inferida inferred authority
autoridad judicial judicial authority
autoridad legal legal authority
autoridad lícita licit authority
autoridad limitada limited authority
autoridad local local authority
autoridad manifiesta manifest authority
autoridad obvia obvious authority
autoridad portuaria port authority
autoridad privada private authority
autoridad real real authority
autoridad regional regional authority
autoridad restringida restricted authority
autoridad sin restricciones unrestricted
   authority
autoridades authorities
autoridades aduaneras customs authorities
autoridades civiles civil authorities
autoridades constituidas established
   authorities
autoridades de sanidad health authorities
autoridades edilicias municipal authorities
autoridades financieras financial authorities
autoridades jurídicas legal authorities
autoridades lícitas licit authorities
autoridades municipales municipal authorities
autoridades policiales police authorities
autorización *f* authorization
autorización amplia full authority
autorización aparente apparent authority
autorización de compra authorization to buy

autorización de contrato contract
   authorization
autorización de crédito credit authorization
autorización de cheque check authorization
autorización de exportación general general
   export license
autorización de libros authorization of a new
   set of books by public authority
autorización de pago authority to pay
autorización especial special authority
autorización expresa express authority
autorización general general authority
autorización implícita implicit authorization
autorización inferida inferred authorization
autorización judicial judicial authority,
   judicial authorization
autorización legal legal authorization
autorización legislativa legislative authority
autorización lícita licit authorization
autorización limitada limited authority
autorización negativa negative authorization
autorización no limitada unlimited authority
autorización ostensible apparent authority
autorización para contratar authority to
   contract
autorización para negociar authority to
   negotiate
autorización para operar authority to operate
autorización para pagar authority to pay
autorización para vender agency to sell
autorización por impedimento authority by
   estoppel
autorización positiva positive authorization
autorización real actual authority
autorización tácita tacit authorization
autorización unilateral unilateral authority
autorizado authorized
autorizado ilegalmente illegally authorized
autorizado ilícitamente illicitly authorized
autorizado legalmente legally authorized
autorizado lícitamente licitly authorized
autorizado por ley authorized by law
autorizar to authorize, to certify, to witness,
   to legalize
autorregulador self-regulatory
autos file, court file
autoseguro *m* self-insurance
autosuficiente self-sufficient
auxiliar assistant, auxiliary
auxiliares *m* assistants
auxiliatorio *m* an order by a superior court to
   compel compliance with another court's
   decree
auxilio marítimo assistance at sea
aval *m* aval, guaranty
aval absoluto full guaranty
aval limitado limited guaranty
avalado *m* guarantee, endorsee
avalar to guarantee, to support, to endorse

avalista *m/f* guarantor, endorser, backer
avalorar to value, to appraise
avaluación *f* appraisal, valuation
avaluador *m* appraiser
avaluar to value, to appraise
avalúo *m* appraisal, valuation, assessment
avalúo catastral real estate appraisal
avalúo certificado certified appraisal
avalúo fiscal appraisal for taxation purposes
avalúo preventivo expert appraisal for possible use in court
avalúo sucesorio appraisal of a decedent's estate
ave negra shyster
avecinar to domicile, to approach
avecindar to domicile
avenencia *f* agreement, settlement
avenidor *m* mediator, arbitrator
avenimiento *m* agreement, mediation, conciliation
avenir to reconcile, to arbitrate
avenirse to agree, to settle
aventura *f* adventure, risk
aventurero *m* adventurer
avería *f* damage, failure, average
avería común general average
avería extraordinaria extraordinary average
avería gruesa general average
avería menor petty average
avería ordinaria petty average
avería particular particular average
avería pequeña petty average
avería simple particular average
averiado damaged
averiar to damage
averiguación *f* ascertainment, inquiry
averiguación del delincuente interrogation of the accused
averiguamiento *m* ascertainment, inquiry
averiguar to ascertain, to inquire
aviar to finance, to supply, to prepare
aviaticus a grandson
avisar to notify, to give notice, to warn, to counsel
aviso *m* notice, announcement, formal notice, warning, advertisement
aviso a acreedores notice to creditors
aviso de aceptación notice of acceptance
aviso de caducidad expiration notice
aviso de cambio notice of change
aviso de cancelación notice of cancellation
aviso de comparecencia notice of appearance
aviso de deficiencia notice of deficiency
aviso de defunción announcement of death
aviso de ejecución exercise notice
aviso de embarque notice of shipment
aviso de entrega delivery notice
aviso de envío dispatch notice
aviso de expiración expiration notice

aviso de huelga strike notice
aviso de llegada notice of arrival
aviso de matrimonio marriage announcement
aviso de mora notice of arrears
aviso de no aceptación notice of nonacceptance
aviso de protesto notice of protest
aviso de quiebra bankruptcy notice
aviso de rechazo notice of dishonor
aviso de renovación notice of renewal
aviso de retiro withdrawal notice
aviso de terminación termination notice
aviso de vencimiento notice of due date, notice of deadline, notice of date of maturity, expiration notice
aviso emplazatorio summons
aviso escrito written notice
aviso explícito explicit notice
aviso irrazonable unreasonable notice
aviso judicial judicial notice
aviso oportuno fair warning
aviso por escrito written notice
aviso razonable reasonable notice
avisos comerciales trademark
avocación *f* removal of a case from a lower to a superior court
avulsión *f* avulsion
avunculus a mother's brother
ayuda *f* help, aid
ayuda bilateral bilateral aid
ayuda económica economic aid
ayuda estatal state aid
ayuda exterior foreign aid
ayuda federal federal aid
ayuda financiera financial aid
ayuda interestatal interstate aid
ayuda internacional international aid
ayuda intraestatal intrastate aid
ayuda local local aid
ayuda monetaria monetary aid
ayuda mutua mutual aid
ayuda nacional national aid
ayudante *m/f* helper, assistant
ayuntamiento *m* municipal council, city hall, sexual intercourse
azar *m* chance, misfortune

B

bahía *f* bay, harbor
baja *f* drop, casualty, withdrawal, decrease
bajeza *f* baseness
bajo under
bajo apercibimiento under penalty
bajo arresto under arrest
bajo consideración under consideration
bajo contrato under contract
bajo fianza on bail
bajo juramento under oath
bajo las circunstancias under the circumstances
bajo mano clandestinely
bajo obligación under obligation
bajo observación under observation
bajo palabra on one's recognizance, on parole
bajo pena de under penalty of
bajo protesta under protest
bajo sello under seal
balance *m* balance, balance sheet
balance bancario bank balance
balance certificado certified balance sheet
balance comercial trade balance
balance condensado condensed balance sheet
balance consolidado consolidated balance sheet
balance de apertura opening balance
balance de comercio trade balance
balance de contabilidad balance sheet
balance de fusión consolidated balance sheet
balance de liquidación liquidation balance sheet
balance de poder balance of power
balance de resultado profit and loss statement
balance de situación balance sheet
balance de situación certificado certified balance sheet
balance fiscal balance sheet for tax purposes
balance general certificado certified balance sheet
balance general consolidado consolidated balance sheet
balance impositivo balance sheet for tax purposes
balance provisional interim balance sheet
balance provisorio interim balance sheet
balance temporal temporary balance sheet

balance tentativo tentative balance sheet
balanceado balanced
balancear to balance
balancete *m* tentative balance sheet
balanza *f* balance, comparison
balanza cambista balance of payments
balanza comercial trade balance
balanza de comercio trade balance
balanza de intercambio trade balance
balanza de mercancías trade balance
balanza de pagos balance of payments
balanza mercantil trade balance
balazo *m* shot, bullet wound
balcón *m* balcony
baldío uncultivated, vacant, unfounded
balear to shoot at, to shoot down
balística *f* ballistics
balota *f* ballot
balotaje *m* voting
banalidad *f* banality
banc bench
banca *f* banking, bench
banca al por mayor wholesale banking
banca central central banking
banca comercial commercial banking
banca de inversiones investment banking
banca de inversionistas investment banking
banca de sucursales branch banking
banca electrónica electronic banking
banca encadenada chain banking
banca estatal state banking
banca extranjera foreign banking
banca grupal group banking
banca hipotecaria mortgage banking
banca interestatal interstate banking
banca internacional international banking
banca intraestatal intrastate banking
banca mercantil merchant banking
banca múltiple multiple banking
banca nacional national banking
banca por correo bank by mail
banca por teléfono bank by phone
banca privada private banking
banca sin cheques checkless banking
banca telefónica telephone banking
bancable bankable, negotiable
bancario banking, financial
bancarrota *f* bankruptcy
banco *m* bank, bench
banco aceptante accepting bank
banco agente agent bank
banco asegurado insured bank
banco asociado associate bank, member bank
banco autorizado authorized bank
banco capitalizador bank for capitalization of savings
banco central central bank
banco comercial commercial bank
banco comunitario community bank

banco confirmante confirming bank
banco cooperativo cooperative bank
banco corresponsal correspondent bank
banco de ahorros savings bank
banco de bancos central bank
banco de banqueros bankers' bank
banco de centro financiero money center
   bank
banco de cobranzas collecting bank
banco de cobro collecting bank
banco de cobros collection bank
banco de comercio commercial bank
banco de compensación clearing bank
banco de crédito credit bank
banco de crédito inmobiliario mortgage bank
banco de datos data bank
banco de depósito deposit bank
banco de emisión bank of issue
banco de empleos job bank
banco de fomento development bank
banco de inversión investment bank
banco de liquidación clearinghouse
banco de los acusados defendant's seat
banco de préstamos loan bank
banco de reserva reserve bank
banco de trabajos job bank
banco del desarrollo development bank
banco del estado state bank
banco emisor bank of issue
banco estatal state bank
banco extranjero overseas bank
banco extraterritorial off-shore bank
banco federal federal bank
banco fiduciario trust company
banco hipotecario mortgage bank
banco interestatal interstate bank
banco intermediario intermediary bank
banco internacional international bank
banco intraestatal intrastate bank
banco local local bank
banco mercantil commercial bank
banco miembro member bank
banco mutualista de ahorro mutual savings
   bank
banco nacional government bank
banco no asegurado uninsured bank
banco no autorizado unauthorized bank
banco no miembro nonmember bank
banco pagador payer bank
banco privado private bank
banco que recibe receiving bank
banco quebrado failed bank
banco regional regional bank
banco remitente remitting bank
banda *f* gang, band, faction
bandera *f* flag
bandera morrón distress flag
bandera nacional national flag
bandidaje *m* banditry

bandido *m* bandit, outlaw
bando *m* faction, proclamation
bandolero *m* bandit, outlaw
banquero *m* banker
banquero comercial commercial banker
banquero hipotecario mortgage banker
banquillo *m* defendant's seat, gallows
banquillo de los testigos witness stand
banquillo del acusado defendant's seat
baratería *f* barratry, fraud
baratería de capitán y marineros barratry of
   captain and crew
baratería de patrón barratry of the captain
baratero *m* barrator, grafter
barbárico barbaric
barbaridad *f* barbarity
barcaje *m* transport by vessel, fee for
   transport by vessel
barco *m* vessel
barquero *m* boater
barraca *f* warehouse, cabin, hut, worker's hut
barraquero *m* warehouser
barrera *f* barrier
barrera arancelaria tariff barrier
barrera comercial trade barrier
barrio *m* district, quarter
barruntar to guess, to conjecture
basado en based upon
basar to base, build
basarse en to rely on, to be based on
base *f* base, foundation
base actuarial actuarial basis
base ajustada adjusted basis
base de contabilidad basis of accounting
base de costo cost basis
base de crédito credit basis
base de efectivo cash basis
base de imposición basis of assessment
base de prima premium basis
base de prima de seguros insurance premium
   basis
base imponible tax base
base impositiva tax base
base naval naval base
base no ajustada unadjusted basis
bases terms and conditions, bases,
   fundamentals
bases constitutivas articles of incorporation
bases de la acción grounds of action
básicamente basically
básico basic
bastante sufficient, enough
bastantear to officially accept the credentials
   of an attorney
bastanteo *m* the official acceptance of the
   credentials of an attorney
bastantero *m* the official who verifies the
   credentials of an attorney
bastardear to falsify, to adulterate

batalla *f* battle
bebidas alcohólicas alcoholic beverages
belicismo *m* bellicosity
beligerancia *f* belligerence
beligerante belligerent
bene well
benefactor *m* benefactor
beneficencia *f* beneficence, charity
  organization, social welfare
beneficencia social social welfare
beneficiado *m* beneficiary
beneficiar to benefit, to develop
beneficiario *m* beneficiary, payee
beneficiario absoluto absolute beneficiary
beneficiario adicional additional beneficiary
beneficiario alternativo alternative
  beneficiary, alternative payee
beneficiario condicional conditional
  beneficiary
beneficiario contingente contingent
  beneficiary
beneficiario de preferencia preference
  beneficiary
beneficiario de una póliza beneficiary of a
  policy
beneficiario designado designated beneficiary
beneficiario en expectativa expectant
  beneficiary
beneficiario esencial essential beneficiary
beneficiario eventual contingent beneficiary
beneficiario ilegal illegal beneficiary
beneficiario ilícito illicit beneficiary
beneficiario incidental incidental beneficiary
beneficiario inexistente nonexistent payee
beneficiario inmediato immediate beneficiary
beneficiario irrevocable irrevocable
  beneficiary
beneficiario legal lawful beneficiary
beneficiario lícito licit beneficiary
beneficiario preferido preferred beneficiary
beneficiario principal principal beneficiary
beneficiario revocable revocable beneficiary
beneficiario secundario secondary
  beneficiary
beneficiario suplementario supplemental
  beneficiary
beneficiarios conjuntos joint beneficiaries
beneficio *m* benefit, development, profit, gain
beneficio aceptado accepted benefit
beneficio acumulado accrued benefit
beneficio adicional additional benefit
beneficio de abdicación privilege of the
  widow to refuse her husband's inheritance
beneficio de competencia privilege of
  competency
beneficio de deliberación privilege of
  considering whether to accept an
  inheritance
beneficio de deliberar privilege of

considering whether to accept an
  inheritance
beneficio de discusión benefit of discussion
beneficio de división benefit of division
beneficio de excarcelación right to be release
  on bail
beneficio de excusión benefit of discussion,
  priority
beneficio de familia mínimo minimum family
  benefit
beneficio de inventario benefit of inventory
beneficio de la duda benefit of the doubt
beneficio de orden benefit of discussion,
  benefit of order
beneficio de pobreza right of an indigent to
  appear in court without paying expenses or
  fees
beneficio de restitución right of restitution
beneficio directo direct benefit
beneficio económico economic benefit
beneficio estatal state benefit
beneficio excesivo excessive profit
beneficio federal federal benefit
beneficio fiscal taxable profit
beneficio gravable taxable profit
beneficio imponible taxable profit
beneficio impositivo taxable profit
beneficio incidental incidental benefit
beneficio indirecto indirect benefit
beneficio local local benefit
beneficio monetario monetary benefit
beneficio municipal municipal benefit
beneficio por discapacidad disability benefit
beneficio por muerte accidental accidental
  death benefit
beneficio regional regional benefit
beneficio tributable taxable profit
beneficios acumulados earned surplus
beneficios de empleados employee benefits
beneficios de indemnización indemnity
  benefits
beneficios de retiro temprano
  early-retirement benefits
beneficios de salud de empleados employee
  health benefits
beneficios del seguro social social security
  benefits
beneficios diferidos deferred benefits
beneficios económicos economic benefits
beneficios especificados specified benefits
beneficios estipulados stipulated benefits
beneficios fijos fixed benefits
beneficios gravables taxable profits, taxable
  benefits
beneficios identificados identified benefits
beneficios imponibles taxable profits, taxable
  benefits
beneficios indicados indicated benefits
beneficios marginales fringe benefits

beneficios médicos medical benefits
beneficios opcionales optional benefits
beneficios pecuniarios pecuniary benefits
beneficios por accidente accident benefits
beneficios por discapacidad disability
   benefits
beneficios por discapacidad permanente
   permanent disability benefits
beneficios por discapacidad temporal
   temporary disability benefits
beneficios por enfermedad sick benefits
beneficios por huelga strike benefits
beneficios por incapacidad disability benefits
beneficios por maternidad maternity benefits
beneficios por muerte death benefits
beneficios suplementarios supplemental
   benefits
beneficios tributables taxable profits, taxable
   benefits
beneficios variables variable benefits
beneficioso beneficial, profitable
beneficium benefit
benevolencia *f* benevolence
benévolo benevolent
beodez *f* drunkenness
beodo *m* drunkard
beodo (adj) drunk
besayle a great-grandfather
bestia *m/f* beast
bicameral bicameral
bichozno *m* great-great-great-great-grandson
bien *m* thing, good
bien (adv) well, properly, okay
bien común common good
bien de familia homestead
bien público public good
bienes *m* property, assets, estate, goods
bienes abandonados abandoned property
bienes accesorios accessions, fixtures
bienes aceptados accepted goods
bienes adventicios adventitious property
bienes alodiales allodial property
bienes aportados al matrimonio property of
   each spouse prior to marriage
bienes arrendados leased goods
bienes colacionables property that must be
   returned to an estate since it was
   transferred in violation of the applicable
   laws
bienes comunales community property
bienes comunes public property, community
   property
bienes corporales corporeal goods
bienes de abolengo property inherited from
   grandparents, inherited property
bienes de aprovechamiento común public
   property
bienes de cada uno de los cónyuges separate
   property of each spouse

bienes de capital capital assets
bienes de consumo consumer goods
bienes de dominio privado private property
bienes de dominio público public property
bienes de exportación export goods
bienes de familia homestead
bienes de la sociedad conyugal community
   property
bienes de la sucesión estate of a decedent
bienes de menores property of minors
bienes de propiedad privada private property
bienes de servicio público local government
   property
bienes de uso común public property
bienes de uso público public property
bienes del estado state property
bienes del quebrado bankrupt's property
bienes divisibles divisible property
bienes dotales dowry
bienes embargados embargoed goods,
   attached property
bienes en tránsito goods in transit
bienes enajenables alienable property
bienes exportados exported goods
bienes exportados ilegalmente illegally
   exported goods
bienes extradotales paraphernal property
bienes fiscales public property
bienes forales leasehold
bienes fungibles fungible goods
bienes futuros future goods
bienes gananciales community property
bienes hereditarios inherited property,
   decedent's estate
bienes herenciales inherited property,
   decedent's estate
bienes hipotecables mortgageable property
bienes hipotecados mortgaged property
bienes ignorados overlooked property
bienes importados imported goods
bienes importados ilegalmente illegally
   imported goods
bienes inalienables inalienable property
bienes incorporales intangible assets
bienes incorpóreos intangible assets
bienes indivisibles indivisible goods
bienes inembargables property that can not
   be attached
bienes inmovilizados fixed assets
bienes inmuebles real estate, real property
bienes intangibles intangible assets
bienes libres unencumbered property
bienes lícitos licit goods
bienes litigiosos the subject property in
   litigation
bienes mancomunados joint property
bienes mobiliarios personal property
bienes mostrencos waifs
bienes muebles personal property

bienes no duraderos nondurable goods
bienes no fungibles nonfungible goods
bienes no hipotecables nonmortgageable property
bienes nullíus property with no owner
bienes parafernales paraphernal property
bienes patrimoniales state property, public property
bienes perecederos perishable goods
bienes por heredar hereditaments
bienes presentes property in possession, present assets
bienes principales principal goods
bienes privativos separate property of each spouse
bienes propios separate property of each spouse, unencumbered property
bienes públicos public property
bienes raíces real estate, real property
bienes reales real estate, real property
bienes relictos inherited property
bienes reservables inalienable property
bienes sedientes real estate, real property
bienes sociales partnership property, corporate property
bienes sucesorios estate of a decedent
bienes vacantes real estate with no known owner
bienes vinculados property that must remain in the family
bienes y servicios goods and services
bienestar *m* welfare, well-being
bienestar de un menor welfare of a minor
bienestar económico economic welfare
bienestar general general welfare
bienestar público public welfare
bienestar social social welfare
bienhechuría *f* improvements
bienquerencia *f* good will
bifurcación *f* bifurcation
bifurcar to bifurcate
bigamia *f* bigamy
bígamo *m* bigamist
bígamo (adj) bigamous
bilateral bilateral
bilateralismo *m* bilateralism
bilateralmente bilaterally
bilingüe bilingual
billa excambii bill of exchange
billete *m* bill, note, ticket
billete de banco bank note
bimensual bimonthly
bimestral bimestrial, bimonthly
bimestre *m* bimester
bimestre (adj) bimestrial
bínubo *m* a person who has married a second time
bínubo (adj) pertaining to a second marriage, a person married a second time

bipartidario bipartisan
bipartidismo *m* two party system
bipartito bipartite
bisabuela *f* great-grandmother
bisabuelo *m* great-grandfather
bisiesto *m* leap year
bisnieta *f* great-granddaughter
bisnieto *m* great-grandson, great-grandchild
bloqueado blocked, frozen
bloqueador blockading, obstructing
bloquear to block, to freeze, to blockade, to obstruct
bloquear fondos to freeze assets
bloqueo *m* blockade, freezing
bloqueo efectivo effective blockade
bloqueo en el papel paper blockade
bochinche *m* riot, tumult
bochinchero *m* troublemaker, rioter
boda *f* wedding
bodega *f* cellar, storehouse, hold, barroom
boicot *m* boycott
boicot primario primary boycott
boicot secundario secondary boycott
boicotear to boycott
boicoteo *m* boycott, boycotting
boleta *f* ticket, ballot, certificate, permit
boleta bancaria certificate of deposit
boleta de citación summons
boleta de comparendo summons
boleta de consignación certificate of deposit
boleta de depósito deposit slip, certificate of deposit
boleta de registro certificate of registry
boletín *m* bulletin, gazette, ticket, voucher
boletín judicial law journal, law reporter
boletín oficial official gazette
boleto *m* ticket, preliminary contract
boleto de carga bill of lading
boleto de compraventa preliminary contract, bill of sale
boleto de empeño pawn ticket
bolsa *f* stock exchange, purse
bolsa de comercio commodities exchange, stock exchange
bolsa de valores stock exchange
bomba *f* bomb, pump
bona confiscata confiscated property, bona confiscata
bona fide in good faith, bona fide
bona fidei emptor buyer in good faith, bona fidei emptor
bona fidei possessor possessor in good faith, bona fidei possessor
bona fides good faith, bona fides
bona immobilia immovable property, bona immobilia
bona mobilia movable property, bona mobilia
bonificación *f* bonus, bonification, allowance
bonificación de contribuciones bonification

of taxes
bonificación de impuestos bonification of taxes
bonificación tributaria tax rebate
bonista *m/f* bondholder
bono *m* bond, bonus
bono a perpetuidad perpetual bond
bono ajustable adjustable bond
bono al portador bearer bond
bono anual annual bonus
bono colateral collateral trust bond
bono con garantía secured bond
bono de ahorro savings bond
bono de caja short-term government debt instrument
bono de consolidación funding bond
bono de conversión refunding bond
bono de garantía colateral collateral trust bond
bono de obligación preferente prior-lien bond
bono de prenda note issued against warehoused property
bono de primera hipoteca first mortgage bond
bono de reintegración refunding bond
bono de rendimientos income bond
bono de renta income bond
bono de renta perpetua perpetual bond
bono de tesorería government debt instrument
bono del estado government debt instrument
bono exento de impuestos tax-exempt bond
bono fiscal government bond
bono hipotecario mortgage bond
bono inmobiliario real estate bond
bono irredimible irredeemable bond
bono nominativo registered bond
bono pasivo passive bond
bono perpetuo perpetual bond
bono redimible callable bond
bono registrado registered bond
bono retirable callable bond
bono sobre equipo equipment trust certificate
bono talonario coupon bond
bono tributable taxable bond
bonos de fundador bonds issued to promoters
borrachera *f* drunkenness
borrachez *f* drunkenness
borracho *m* drunkard, habitual drunkard
borracho (adj) drunk
borracho habitual habitual drunkard
borrador *m* rough draft, daybook
borrador de acuerdo rough draft of agreement
borradura *f* erasure, deletion
borrar to erase, to delete
borrón *m* blot, erasure, rough draft
botín *m* booty
bourse stock exchange

bracero *m* laborer, day laborer
braceros contratados contract labor
brazo *m* branch, arm
brazos *m* laborers, backers
breve innominatum writ describing the cause of the action in general
breve nominatum writ describing the cause of the action specifically
breve originale original writ
brutalidad *f* brutality, savagery
brutalidad policial police brutality
brutalmente brutally, savagely
buen good
buen comportamiento good behavior
buen nombre goodwill, good reputation
buena conducta good behavior
buena fama good reputation
buena fe good faith
buena guarda safekeeping
buena paga good credit risk
bueno (adj) good, well
bueno (adv) well, okay
bueno y válido good and valid
buenos oficios mediation
bufete *m* law firm, law office, clientele of a law firm
buhonería *f* peddling
buhonero *m* peddler
buque *m* ship, vessel, hull
buque carguero freighter
buque de guerra warship
buque mercante merchant ship
burdel *m* brothel
burlar la fianza to jump bail
burocracia *f* bureaucracy
burócrata *m/f* bureaucrat
burocrático bureaucratic
bursátil pertaining to stock exchange transactions, pertaining to a stock exchange
busca *f* search, pursuit
buscar to search for
búsqueda *f* search, research
búsqueda de frontera border search
búsqueda ilegal illegal search
búsqueda ilícita illicit search
búsqueda inapropiada inappropriate search
búsqueda lícita licit search

C

cabal right, complete, exact
cabalmente completely, exactly
cabecera *f* capital, heading
cabecera del condado county seat
cabecero *m* lessee, head of household
cabecilla *m* leader, ringleader, spokesperson
caber recurso to carry the right of appeal
cabeza *f* head, seat of local government, leader of a locality, cattle head, judgment
cabeza de casa head of household
cabeza de familia head of household
cabeza de proceso court order to begin a criminal investigation
cabeza de sentencia preamble to a judicial decision
cabeza de testamento preamble to a will
cabezalero *m* executor
cabida *f* expanse
cabildante *m* member of a city council
cabildear to lobby
cabildeo *m* lobbying
cabildero *m* lobbyist
cabildo *m* city council, city hall, meeting, meeting of a city council
cabildo municipal city council
cabina electoral election booth
cabotaje *m* coastal sailing, coastal trading, tax upon a vessel traveling along a coast
caco *m* thief, robber
cachear to frisk, to search
cacheo *m* frisking, search
cachiporra *f* bludgeon
cadáver *m* corpse
cadena *f* chain
cadena de circunstancias chain of circumstances
cadena de custodia chain of custody
cadena de mando chain of command
cadena de posesión chain of possession
cadena de título chain of title
cadena perpetua life imprisonment
caducable forfeitable
caducado forfeited, expired, lapsed
caducar to expire, to lapse, to be forfeited, to become void
caducidad *f* caducity, expiration, lapse, forfeiture, invalidity
caducidad de la fianza forfeiture of a bond

caducidad de la instancia nonsuit
caducidad de las leyes expiration of laws
caducidad de los legados invalidity of a legacy
caducidad de los testamentos invalidity of a will
caducidad de marcas lapse of trademark registration
caducidad de patentes lapse of patent registration
caduco caducous, expired, lapsed, void
caer to fall, to drop, to lose
caer en comiso to be forfeited
caer en manos de alguien to be under another's control, to be kidnapped
caer en mora to fall in arrears, to become delinquent on a debt
caída *f* fall, drop
caído due, fallen
caídos *m* arrears, perquisites
caja *f* box, safe, cash, fund
caja chica petty cash
caja de ahorros savings bank
caja de amortización sinking fund
caja de caudales safe, safety deposit box
caja de compensación clearinghouse
caja de conversión governmental foreign exchange
caja de crédito hipotecario mortgage bank
caja de gastos menores petty cash
caja de jubilación pension fund
caja de maternidad maternity leave fund
caja de pensión pension fund
caja de seguridad safety deposit box
caja de seguro safe
caja dotal pension fund
caja fiscal national treasury
caja fuerte safe
caja mutua de ahorros mutual savings bank
caja para gastos menores petty cash
caja pequeña petty cash
caja recaudadora office of the tax collector
caja registradora cash register
cajear to take on a debt knowing that it can not be paid
cajero *m* teller, peddler
cajero automático automatic teller machine
cajero de cobros collection teller
cajero que recibe receiving teller
cajero recibidor receiving teller
cajilla de seguridad safety deposit box
calabozo *m* jail, cell
calabozo judicial jail
calamidad *f* calamity
calamitoso calamitous
calculadamente calculatedly, deliberately
calculado calculated
calculador calculating
cálculo *m* calculation

calendario *m* calendar, docket, agenda
calendario de señalamientos docket
calendario judicial court calendar
calendario oficial days in which a court is open
calibre *m* caliber
calidad *f* quality, condition, nature, manner
calidad cuestionable questionable quality
calidad de crédito credit quality
calidad de la pena degree of punishment
calidad de trabajo quality of work
calidad del delito degree of the crime
calidad inferior inferior quality
calificación *f* qualification, assessment, judgment, evaluation, rating
calificación crediticia credit rating
calificación del delito classification of the crime to determine the penalty
calificación registral verification of suitability for filing in public registry
calificado qualified, conditional
calificar to classify, to qualify, to rate, to evaluate, to judge, to certify
caligrafía *f* handwriting
calígrafo perito handwriting expert
calumnia *f* calumny, slander
calumniador *m* calumniator, slanderer
calumniador (adj) calumnious, slanderous
calumniar to calumniate, to slander, to defame
calumnioso calumnious, slanderous
callar to silence, to remain silent, to conceal
cámara *f* chamber, legislative body, room
cámara alta upper house, senate
cámara arbitral board of arbitration
cámara baja lower house, house of representatives
cámara compensadora clearinghouse
cámara de apelación court of appeals
cámara de compensación clearinghouse
cámara de diputados house of representatives
cámara de gas gas chamber
cámara de representantes house of representatives
cámara de senadores senate
cámara del juez judge's chambers
cámara letal death chamber
cámara municipal municipal council
cámaras legislativas legislative bodies
camarilla *f* lobby, power group
camarista *m/f* appellate judge, council member
cambalache *m* bartering
cambiador *m* barterer
cambial *m* bill of exchange
cambial domiciliado domiciled bill
cambiar to change, to exchange, to negotiate
cambiar una letra to negotiate a bill
cambiario pertaining to a bill of exchange,

pertaining to exchange
cambio *m* change, exchange, rate of exchange, barter
cambio a corto plazo short-term exchange
cambio a la vista exchange at sight
cambio de beneficiario change of beneficiary
cambio de circunstancias change of circumstances
cambio de contabilidad accounting change
cambio de contrabando exchange in the black market
cambio de deberes change of duties
cambio de dirección change of address
cambio de domicilio change of domicile
cambio de nombre change of name
cambio de parecer change of heart
cambio de partes change of parties
cambio de posesión change of possession
cambio de propiedad change of ownership
cambio de residencia change of residence
cambio de tasa change of rate
cambio directo direct exchange
cambio dirigido controlled exchange
cambio en circunstancias change of circumstances
cambio exterior foreign trade
cambio extranjero foreign exchange
cambio fundamental fundamental change
cambio leve slight change
cambio libre exchange in a free market
cambio mercantil mercantile exchange
cambio negro exchange in the black market
cambio oficial official exchange rate
cambio pertinente pertinent change
cambio relevante relevant change
cambio social amendment to the articles of incorporation
cambista *m/f* cambist
camino *m* road, route
camino de servidumbre right of way
camino privado private road
camino público public road
campaña *f* campaign, period of employment
campo *m* field, country, faction
campo de concentración concentration camp
campo visual field of vision
camuflaje *m* camouflage
canal *m* canal, waterway
canal principal main channel
canalización *f* canalization
canalizar to canalize
canalla *m/f* despicable person, gangster
canalla organizada gangsterism
cancelable cancellable, annullable
cancelación *f* cancellation, annulment
cancelación de antecedentes penales cancellation of a criminal record
cancelación de arrendamiento cancellation of lease

cancelación de contrato cancellation of
  contract
cancelación de deuda debt cancellation
cancelación de gravamen discharge of lien
cancelación de hipoteca cancellation of
  mortgage
cancelación de instrumento cancellation of
  instrument
cancelación de orden cancellation of order
cancelación de pedido cancellation of order
cancelación de póliza cancellation of policy
cancelación de póliza de seguros cancellation
  of insurance policy
cancelado cancelled
cancelar to cancel, to annul, to revoke, to pay
  off
cancelar la factura to cancel a bill
cancelar un contrato to cancel a contract
cancelar un cheque to cancel a check
cancelar un instrumento to cancel an
  instrument
cancelar una deuda to cancel a debt
cancelar una orden to cancel an order
canciller *m* chancellor, secretary of state
cancillería *f* chancellorship, department of
  state
cándidamente candidly
candidato *m* candidate
candidato calificado qualified candidate
candidatura *f* candidature, list of candidates
candor *m* candor
canje *m* exchange, barter, clearing of checks
canjeable exchangeable, convertible
canjear to exchange, to convert, to clear
  checks
canon *m* canon, rate, rent, royalty
canon de arrendamiento rent payment
cantidad *f* quantity, sum, amount
cantidad alzada agreed sum
cantidad asegurada amount covered
cantidad de seguro primario primary
  insurance amount
cantidad de transacción transaction amount
cantidad debida amount due
cantidad declarada stated amount
cantidad determinada determined amount
cantidad en riesgo amount at risk
cantidad entera entire amount
cantidad específica specific amount
cantidad especificada specified amount
cantidad excesiva excessive amount
cantidad exorbitante exorbitant amount
cantidad financiada amount financed
cantidad garantizada guaranteed amount
cantidad identificada identified amount
cantidad indeterminada sum uncertain
cantidad indicada indicated amount
cantidad líquida liquid assets
cantidad máxima maximum amount

cantidad predeterminada predetermined
  amount
cantidad requerida required amount
cantidad suficiente sufficient amount
cantón *m* canton
cantonalismo *m* cantonalism
caótico chaotic
capacidad *f* capacity, legal capacity,
  opportunity, competency
capacidad administrativa administrative
  capacity
capacidad civil legal capacity
capacidad contributiva taxpaying capacity
capacidad criminal criminal capacity
capacidad de actuar capacity to act
capacidad de comprar y vender capacity to
  buy and sell
capacidad de derecho legal capacity
capacidad de ejercicio capacity to act
capacidad de exportación export capacity
capacidad de importación import capacity
capacidad de las partes capacity of parties
capacidad de producir ingresos earning
  capacity
capacidad del menor legal capacity of a
  minor
capacidad exportadora exporting capacity
capacidad fiduciaria fiduciary capacity
capacidad financiera credit rating
capacidad importadora importing capacity
capacidad jurídica legal capacity
capacidad legal legal capacity
capacidad mental mental capacity
capacidad para contraer matrimonio
  capacity to marry
capacidad para contratar capacity to contract
capacidad para demandar capacity to sue
capacidad para hipotecar capacity to
  mortgage
capacidad para la tutela capacity to be a
  guardian
capacidad para ser parte capacity to be a
  party to an action
capacidad para suceder capacity to inherit
capacidad para testar capacity to make a will
capacidad penal criminal capacity
capacidad plena full authority
capacidad procesal capacity to be a party to
  an action
capacidad testifical capacity to serve as a
  witness
capacitado legalmente legally capable
capacitado lícitamente licitly capable
capacitar to capacitate, to empower, to
  qualify
caparra *f* earnest money, down payment,
  partial payment
capataz *m* foreperson
capax doli capable of committing crime

capaz able, capable
capaz de comprar able to purchase
capaz de obtener ingresos able to earn
capaz de reconocer able to recognize
capaz de ser alterado able to be altered
capaz de ser confirmado able to be confirmed
capaz de trabajar able to work
capaz y dispuesto willing and able
capciosamente trickily
capcioso tricky
capita heads, persons
capitación *f* capitation
capital *m* capital, principal
capital (adj) capital, principal, fundamental
capital accionario capital stock
capital antecedente original capital
capital autorizado authorized capital
capital circulante working capital
capital computable accountable capital
capital congelado frozen capital
capital cubierto paid-up capital
capital de la sociedad conyugal community property
capital de riesgo risk capital
capital declarado stated capital
capital disponible available capital
capital en acciones issued stock
capital en giro working capital
capital escriturado stated capital
capital establecido established capital
capital extranjero foreign capital
capital fijo fixed capital
capital fundacional original capital
capital improductivo nonproducing capital
capital inicial original capital
capital integrado paid-up capital
capital lícito licit capital
capital líquido liquid assets, net worth
capital neto net worth
capital pagado paid-up capital
capital productivo working capital
capital propio equity capital
capital social capital stock, partnership's capital
capital variable variable capital
capitalismo *m* capitalism
capitalista *m/f* capitalist
capitalización *f* capitalization, compounding
capitalización de contribuciones capitalization of taxes
capitalización de impuestos capitalization of taxes
capitalización entera entire capitalization
capitalizado capitalized
capitalizar to capitalize, to compound, to convert
capitán *m* captain, leader, ringleader
capitán de buque captain of a vessel

capitán preboste provost-marshal
capitulación *f* capitulation, agreement, settlement
capitulaciones de matrimonio marriage articles, antenuptial agreement
capitulaciones matrimoniales marriage articles, antenuptial agreement
capitulante *m/f* capitulator, accuser
capitulante (adj) capitulating
capitular to capitulate, to settle, to impeach
capitulear to lobby
capituleo *m* lobbying
capitulero *m* lobbyist
capítulo *m* chapter, title, subject, assembly, charge
caprichoso capricious
captación *m* captation, understanding, reception
captura *f* capture, apprehension, arrest
capturar to capture, to apprehend, to arrest
carácter *m* character, disposition, type
carácter moral moral character
carácter testamentario testamentary character
característica *f* characteristic
caracterización *f* characterization
cárcel *f* jail, prison
cárcel del condado county jail
cárcel estatal state prison
cárcel federal federal prison
carcelaje *m* imprisonment, detention
carcelario pertaining to a jail
carcelería *f* imprisonment, forced imprisonment, detention
carcelero *m* jailer
carear to confront, to compare
careo *m* confrontation, comparison
careo de testigos confrontation of witnesses
carga *f* cargo, encumbrance, tax, obligation, burden
carga abandonada abandoned cargo
carga contributiva tax burden
carga de buques ship's cargo
carga de la afirmación burden of proof
carga de la certeza burden of proof
carga de la herencia expense payable by a decedent's estate
carga de la prueba burden of proof
carga del fiduciario trustee's duties
carga del seguro obligation to insure
carga económica economic burden
carga fiscal tax burden
carga general general cargo
carga impositiva tax burden
carga procesal obligations of the parties to a suit
carga real real property tax
carga tributaria tax burden
cargador *m* loader, carrier

cargamento *m* cargo
cargar to carry, to load, to impose, to charge
cargareme *m* receipt
cargas de familia family expenses
cargas de la herencia expenses payable by a decedent's estate
cargas de la sociedad conyugal marital expenses
cargas del matrimonio marital expenses
cargo *m* post, position, duty, charge, count, load, cargo
cargo consolidado omnibus count
cargo de confianza fiduciary position
cargo de mantenimiento maintenance fee
cargo de transferencia transfer charge
cargo especial special charge
cargo establecido established fee
cargo estipulado stipulated charge
cargo falso false charge
cargo fiduciario fiduciary position
cargo irrazonable unreasonable charge
cargo máximo maximum charge
cargo periódico periodic fee
cargo por administración management fee
cargo por aplazamiento deferment charge
cargo por cobros collection fee
cargo por financiamiento finance charge
cargo por liquidación liquidation charge
cargo por préstamo loan fee
cargo por servicios service charge
cargo preautorizado preauthorized charge
cargo razonable reasonable charge
cargo variable variable fee
cargos establecidos established charges
cargos judiciales judicial offices, accusations, charges
cargos prepagados prepaid fees
cargos públicos public offices
caritativo charitable
carnal carnal, related by blood
carnalidad *f* carnality
carné *m* identification document, identity card
carnet *m* identification document, identity card
carnet de identificación identification document, identity card
carnicería *f* carnage
carrera *f* career
carta *f* letter, document, charter
carta abusiva abusive letter
carta acompañatoria letter of transmittal
carta amenazadora threatening letter
carta blanca unlimited authority, carte blanche
carta certificada certified letter, registered letter
carta comercial business letter
carta con acuse de recibo letter with return receipt requested

carta confidencial confidential letter
carta confirmatoria confirming letter
carta constitucional charter, articles of incorporation
carta constitutiva corporate charter
carta credencial credentials
carta de aceptación letter of acceptance
carta de asignación allotment letter
carta de autorización letter of authorization
carta de citación summons, subpoena
carta de ciudadanía naturalization papers
carta de cobro collection letter
carta de comisión letter of commission
carta de compromiso letter of undertaking, letter of commitment
carta de confirmación confirmation letter
carta de crédito letter of credit
carta de crédito a la vista sight letter of credit
carta de crédito a plazo time letter of credit
carta de crédito auxiliar ancillary letter of credit
carta de crédito circular circular letter of credit
carta de crédito confirmado irrevocable confirmed irrevocable letter of credit
carta de crédito simple simple letter of credit
carta de deficiencia deficiency letter
carta de depósito letter of deposit
carta de derechos bill of rights
carta de dote dowry letter
carta de embarque bill of lading
carta de emplazamiento summons, subpoena
carta de envío remittance letter
carta de espera extension letter
carta de garantía letter of guaranty
carta de intención letter of intent
carta de mar ship's papers
carta de naturaleza naturalization papers
carta de naturalización naturalization papers
carta de orden order letter
carta de pago receipt
carta de pedido order letter
carta de pobreza certificate of indigence
carta de porte bill of lading, bill of freight
carta de porte a la orden order bill of lading
carta de porte aéreo air bill of lading
carta de porte local local waybill
carta de porte nominativa straight bill of lading
carta de privilegio franchise
carta de procuración power of attorney
carta de recomendación letter of recommendation
carta de rechazo denial letter
carta de remesa remittance letter
carta de representación letter of representation
carta de seguimiento follow-up letter

carta de tránsito transit letter
carta de transmisión cover letter
carta de transporte aéreo air bill of lading
carta de tutoría letter of guardianship
carta de vecindad certificate of residence
carta de venta bill of sale
carta devuelta returned letter
carta ejecutoria document containing a final
  judgment
carta fianza letter of guaranty
carta fundamental constitution
carta muerta dead letter
carta orden order from a superior court to a
  lower one
carta orden de crédito letter of credit
carta orgánica corporate franchise
carta poder power of attorney
carta receptoría search warrant
carta registrada registered letter
carta registrada con acuse de recibo
  registered letter with return receipt
  requested
carta rogatoria letters rogatory
carta señuelo decoy letter
carta testamentaria letters testamentary
carte blanche blank card, carte blanche
cartel *m* cartel
cartel de compras cartel to purchase as a
  group
cartel de condiciones cartel to set the terms of
  sales
cartel de exportación export cartel
cartel de limitación cartel to limit production
cartel de precios cartel for price fixing
cartera *f* portfolio, office of a cabinet
  minister, purse, wallet
cartera dactilar record of fingerprints
cartera de hacienda ministry of the treasury
carterista *m* purse snatcher, cutpurse,
  pickpocket
cartular of record
cartulario *m* notary public, registry
casa *f* house, firm, family
casa bancaria bank
casa cambiaria money-exchange
casa central home office
casa consistorial city hall
casa cuna foundling hospital
casa de amonedación mint
casa de apartamentos apartment house
casa de ayuntamiento city hall
casa de banca bank
casa de contratación exchange
casa de corrección reformatory
casa de correos post office
casa de corretaje brokerage firm
casa de custodia detention center
casa de depósito warehouse
casa de detención detention center

casa de empeños pawnshop
casa de expósitos foundling hospital
casa de juego gambling establishment
casa de liquidación clearinghouse
casa de moneda mint
casa de prostitución house of prostitution
casa de renta rental property
casa de ventas por correo mail order house
casa en común condominium
casa habitada inhabited house
casa matriz home office
casa solariega homestead
casación *f* cassation, repeal, annulment
casada *f* married woman
casado *m* married man
casado (adj) married
casamiento *m* wedding, marriage
casamiento consensual consensual marriage
casamiento por acuerdo y cohabitación
  common-law marriage
casamiento putativo putative marriage
casar to marry, to repeal, to annul
casi completo nearly complete
casi correcto nearly correct
casicontrato quasi contract
caso *m* case, action, suit, event, question
caso civil civil case
caso de la ley contingency covered by the law
caso de prueba test case
caso determinativo test case
caso especial special case
caso extremo extreme case
caso fortuito superior force, act of nature
caso hipotético hypothetical case
caso incierto contingency
caso omiso contingency not covered by the
  law
caso pendiente pending case
caso pensado premeditated action
caso perdido hopeless case
caso real actual case
castidad *f* chastity, fidelity
castigable punishable
castigador punishing, punitive
castigar to punish, to penalize, to write off
castigo *m* punishment, penalty, write off
castigo corporal corporal punishment
castigo cruel y desacostumbrado cruel and
  unusual punishment
castigo ejemplar punishment to serve as an
  example
castigo mayor severe punishment
casual casual, accidental, unpremeditated
casualidad *f* coincidence, accident, casualty
casualmente casually, by chance, accidentally
casus fortuitus fortuitous event
cataclismo *m* cataclysm
catastral cadastral
catastro *m* cadastre

catástrofe *f* catastrophe
catastrófico catastrophic
categoría *f* category
categoría de riesgo risk category
categórico categorical
cateo *m* search
caución *f* bond, surety, guaranty, bail, security deposit, pledge, caution
caución absoluta bail absolute
caución de arraigo bond to cover court costs
caución de construcción construction bond
caución de fidelidad fidelity bond
caución de fidelidad colectiva blanket fidelity bond
caución de indemnidad indemnity bond
caución de licencia license bond
caución de licitador bid bond
caución de mantenimiento maintenance bond
caución de rato bond of plaintiff's attorney, bond of plaintiff
caución de terminación completion bond
caución juratoria release on own recognizance
caución para costas bond to cover court costs, bond to cover costs
caución personal personal guaranty
caucionable bailable
caucionar to bond, to secure, to guarantee, to bail, to pledge
caudal *m* estate, capital, wealth
caudal hereditario a decedent's estate
caudal relicto a decedent's estate
caudal social the assets of a partnership, the assets of a corporation
caudales públicos public assets
caudillo *m* chief, leader
causa *f* cause, case, action, suit, prosecution, purpose of entering a contract, consideration
causa accidental accidental cause
causa actual instant case
causa adecuada adequate consideration
causa ajustada settled case
causa anterior past consideration
causa aparente apparent cause
causa arreglada settled case
causa civil civil lawsuit, civil case
causa concurrente concurrent case, concurrent consideration
causa conocida y terminada case heard and concluded
causa continua continuing consideration
causa continuada continued lawsuit
causa contribuyente contributing cause
causa criminal criminal prosecution
causa de acción cause of action
causa de almirantazgo admiralty lawsuit
causa de divorcio divorce case, grounds for divorce

causa de insolvencia act of bankruptcy, bankruptcy proceedings
causa de justificación justification of a crime
causa de la demanda cause of action
causa de la lesión cause of injury
causa de la muerte cause of death
causa de la obligación purpose of entering a contract, consideration
causa debida due consideration
causa del contrato purpose of entering a contract, consideration
causa determinante decisive cause, test case
causa directa direct cause
causa efectuada executed consideration
causa eficiente efficient cause
causa ejecutada executed consideration
causa enjuiciada case on trial
causa equitativa equitable consideration
causa evidente evident cause
causa explícita explicit cause
causa expresa express consideration
causa fin end purpose
causa final end purpose
causa gratuita gratuitous consideration
causa ilegal illegal cause
causa ilícita illegal consideration, illicit cause
causa impracticable impossible consideration
causa impulsiva motivation
causa inadecuada inadequate consideration
causa independiente independent cause
causa indirecta indirect cause, remote cause
causa inmediata proximate cause
causa inmoral immoral consideration
causa instrumental test case
causa insuficiente inadequate consideration
causa interventora intervening cause
causa irrazonable unreasonable cause
causa justa fair consideration, just cause
causa justificable justifiable cause
causa justificada just cause
causa lícita licit consideration, licit cause
causa moral moral consideration
causa mortis in contemplation of death, causa mortis
causa mortis donatio donation in contemplation of death
causa nominal nominal consideration
causa obvia obvious cause
causa onerosa good consideration, valuable consideration
causa pasada past consideration
causa pecuniaria pecuniary consideration
causa por efectuarse executory consideration
causa presente instant case
causa próxima immediate cause, proximate cause
causa razonable reasonable consideration, reasonable cause, justified cause

causa razonable y probable reasonable and probable cause
causa remota remote cause
causa responsable responsible cause
causa simulada sham purpose
causa sine que non necessary cause
causa suficiente sufficient cause
causa tácita implied consideration
causa testamentaria testamentary cause
causa única sole cause
causa valiosa valuable consideration
causa y efecto cause and effect
causahabiente *m/f* assignee, successor
causal *f* cause, motive, grounds
causal (adj) causal
causal de divorcio grounds for divorce
causal de recusación grounds for challenge
causales de casación grounds for annulment
causante *m/f* assignor, predecessor, originator, constituent
causar to cause, to sue
causar estado to definitely end a case
causar impuesto to be subject to tax
causar intereses to bear interest
causas aplazadas adjourned cases
causas concurrentes concurrent causes
causas de agravación aggravating circumstances
causas de atenuación extenuating circumstances
causas de inimputabilidad circumstances which relieve from responsibility
causas de irresponsabilidad circumstances which relieve from responsibility
causas de justificación justifying circumstances
causas matrimoniales matrimonial causes
causativo causative
causídico pertaining to litigation
cautela *f* caution, care, guaranty
cautelar (adj) protecting, precautionary
cautelar (v) to protect, to prevent
cautelosamente cautiously
cauteloso cautious
cautivo captive, imprisoned
cauto cautious, wise, prudent
caveat actor let the actor beware, caveat actor
caveat emptor let the buyer beware, caveat emptor
caveat venditor let the seller beware, caveat venditor
cedente *m/f* cedent, assignor, transferor, grantor, endorser
ceder to assign, to transfer, to cede, to leave, to relinquish
ceder jurisdicción to cede jurisdiction
cedible assignable, transferable
cedido assigned, transferred
cédula *f* identification document, document, order, certificate, official document
cédula de aduana customs permit
cédula de cambio bill of exchange
cédula de capitalización certificate issued by a bank for capitalization of savings
cédula de citación subpoena, summons
cédula de ciudadanía citizenship papers
cédula de empadronamiento registration certificate
cédula de emplazamiento subpoena, summons
cédula de identidad identification document, identity card
cédula de notificación official notice of a cause of action
cédula de privilegio de invención letters patent
cédula de requerimiento judicial order
cédula de subscripción subscription warrant
cédula de tesorería treasury debt instrument
cédula fiscal taxpayer identification document
cédula hipotecaria mortgage bond
cédula inmobiliaria mortgage certificate
cédula personal identification document
cedulación *f* registration, publication
cedular to register, to enroll
cédulas de inversión securities
cedulón *m* edict, public notice
celda *f* cell
celebración *f* celebration, formalization, execution
celebración del matrimonio marriage ceremony
celebrar to celebrate, to formalize, to execute, to hold
celebrar actos to act
celebrar asamblea to hold a meeting
celebrar elecciones to hold an election
celebrar negocios to transact business
celebrar un acuerdo to make an agreement
celebrar un contrato to enter into a contract
celebrar un juicio to hold a trial
celebrar un matrimonio to solemnize a wedding
celebrar una audiencia to hold a hearing
celebrar una elección to hold an election
celebrar una entrevista to hold an interview
celebrar una junta to hold a meeting
celebrar una reunión to hold a meeting
celebrar una subasta to hold an auction
celebrar una vista to hold a hearing
celibato *m* celibacy
celoso jealous, zealous
cementerio *m* cemetery
censalista *m/f* annuitant, lessor, recipient of an annuity contract which runs with the land
censar to take a census, to prepare a taxpayer list
censario *m* payer of an annuity contract which

runs with the land, payer of ground rent

censatario *m* payer of an annuity contract which runs with the land

censo *m* census, lease, tax, annuity contract which runs with the land

censo al quitar redeemable annuity contract which runs with the land

censo consignativo annuity contract which runs with the land, ground rent

censo de bienes inventory

censo de contribuyentes taxpayer list

censo de población population census

censo de por vida life annuity, an annuity contract which runs with the land for life

censo electoral voting list

censo enfitéutico emphyteusis

censo federal federal census

censo irredimible irredeemable annuity contract which runs with the land

censo perpetuo perpetual annuity, perpetual annuity contract which runs with the land

censo personal annuity contract which runs with the person

censo real annuity contract which runs with the land

censo redimible redeemable annuity contract which runs with the land

censo reservativo transfer of full ownership reserving the right to receive an annuity

censo temporal an annuity contract which runs with the land for a determined period

censo vitalicio life annuity, an annuity contract which runs with the land for life

censor *m* censor

censual pertaining to an annuity contract which runs with the land, censual

censualista *m/f* annuitant, lessor, recipient of an annuity contract which runs with the land

censuario *m* payer of an annuity contract which runs with the land

censura *f* censure

censurable censurable

central central

centralismo *m* centralism

centralista *m/f* centralist

centralización *f* centralization

centralización administrativa administrative centralization

centralización de la administración centralization of administration

centralización del control centralization of control

centralización del gobierno centralization of government

centralización política political centralization

centralizado centralized

centralizar to centralize

centro de autorizaciones authorization center

centro de procesamiento de cheques check processing center

ceremonia *f* ceremony, formalization

ceremonia civil civil ceremony

ceremonia matrimonial marriage ceremony

ceremonial ceremonial

cerrado closed, obscure, restricted, hidden

cerrar to close, to conclude, to lock, to surround

cerrar un banco to close a bank

cerrar un caso to close a case

cerrar un negocio to close a deal

cerrar una cuenta to close an account

cerrar una transacción to close a transaction

cerrojo *m* bolt

certeza *f* certainty

certeza absoluta absolute certainty

certeza legal legal certainty

certeza moral moral certainty

certidumbre *f* certainty

certidumbre moral absoluta absolute moral certainty

certificable certifiable

certificación *f* certification, attestation, sworn declaration

certificación de cheque certification of check

certificación de dominio certification of title, title papers, title

certificación de gremio union certification

certificación de sindicato union certification

certificación de unión union certification

certificación del registro de la propiedad certificate of title

certificado *m* certificate, certified mail, attestation, warrant

certificado (adj) certified

certificado contributivo tax certificate

certificado de acciones stock certificate

certificado de adeudo certificate of indebtedness

certificado de adición certificate of a patent improvement

certificado de auditoría audit certificate

certificado de autoridad certificate of authority

certificado de avalúo appraisal certificate

certificado de averías average statement

certificado de buena conducta certificate of good conduct

certificado de calidad certificate of quality

certificado de cambio exchange certificate

certificado de ciudadanía citizenship papers

certificado de compra certificate of purchase

certificado de constitución certificate of incorporation

certificado de daños certificate of damage

certificado de defunción death certificate

certificado de depósito deposit slip, certificate of deposit, warehouse warrant

certificado de deuda certificate of indebtedness

certificado de disolución certificate of dissolution

certificado de divisas foreign exchange certificate

certificado de empleo certificate of employment

certificado de enmienda certificate of amendment

certificado de exportación export certificate

certificado de identidad certificate of identity

certificado de importación import certificate

certificado de incorporación certificate of incorporation

certificado de invención patent certificate

certificado de inventario inventory certificate

certificado de manufactura certificate of manufacture

certificado de manufacturero certificate of manufacturer

certificado de matrimonio marriage certificate

certificado de nacimiento birth certificate

certificado de natimuerto stillbirth certificate

certificado de necesidad certificate of necessity

certificado de origen certificate of origin

certificado de origen de producto certificate of product origin

certificado de participación certificate of participation

certificado de préstamo loan certificate

certificado de propiedad ownership certificate

certificado de protesto certificate of protest

certificado de reclamación certificate of claim

certificado de reconocimiento certificate of acknowledgment

certificado de registro certificate of registry

certificado de saldo certificate of balance

certificado de salud certificate of health

certificado de sanidad bill of health

certificado de seguro certificate of insurance

certificado de título certificate of title

certificado de trabajo certificate of services rendered

certificado de utilidad pública certificate of public use

certificado de venta certificate of sale

certificado del contable accountant's certificate

certificado del contador accountant's certificate

certificado del liquidador receiver's certificate

certificado del tesoro treasury note

certificado hipotecario mortgage certificate

certificado impositivo tax certificate

certificado médico medical certificate

certificado prenupcial certificate of a pre-marital medical examination

certificado tributario tax certificate

certificador *m* certifier

certificar to certify, to attest, to warrant

certificar una firma to certify a signature, to witness a signature

certificatorio certifying

cesación *f* cessation, discontinuance, suspension, abandonment

cesación de hostilidades cessation of hostilities

cesación de la acción discontinuance of an action

cesación de negocios cessation of business

cesación de ocupación cessation of occupation

cesación de pagos suspension of payments

cesación de posesión cessation of possession

cesación de trabajo cessation of work

cesación del procedimiento discontinuance of the proceedings

cesamiento *m* cessation, discontinuance, suspension, abandonment

cesante *m/f* unemployed person, dismissed person, laid off person

cesante (adj) unemployed, dismissed, laid off

cesantía *f* unemployment, dismissal, severance pay

cesar to cease

cesar de trabajar to cease work

cese *m* ceasing, discontinuance, suspension, abandonment

cesibilidad *f* transferability, assignability

cesible transferable, assignable

cesión *f* cession, transfer, assignment, grant

cesión absoluta absolute assignment

cesión activa transfer of a right

cesión contractual de bienes voluntary assignment

cesión de arrendamiento assignment of lease

cesión de bienes assignment of goods

cesión de contrato assignment of contract

cesión de créditos assignment of claim, extension of credit

cesión de derechos assignment of rights

cesión de derechos y acciones assignment of rights and actions

cesión de deudas novation

cesión de la clientela transfer of the clients of a business

cesión de salario assignment of salary

cesión general general assignment

cesión hecha en el internacional international assignment

cesión hereditaria assignment of inheritance

cesión incompleta incomplete assignment

cesión involuntaria involuntary assignment

cesión judicial de bienes assignment of property by court order
cesión libre absolute conveyance
cesión salarial salary assignment
cesión secundaria secondary conveyance
cesión sin condiciones absolute conveyance
cesión total total assignment
cesión voluntaria voluntary assignment
cesionario *m* cessionary, assignee, transferee, grantee
cesionario conjunto co-assignee
cesionario de derecho assignee in law
cesionario de hecho assignee in fact
cesionario mancomunado co-assignee
cesionista *m/f* assignor, transferor, grantor
cicatriz *f* scar
ciclo *m* cycle
ciclo administrativo management cycle
ciclo de auditoría audit cycle
ciclo de cobros collection cycle
ciclo de contabilidad accounting cycle
ciego blind, blinded
ciencias jurídicas jurisprudence
cierre *m* closure, closing, shut-down, lock-out
cierre de los libros closing of the books
cierre de un empréstito closing of a loan
cierre de un préstamo closing of a loan
cierre patronal lock-out
cierto certain, true
cinturón de seguridad safety belt
circuito *m* circuit
circuito judicial judicial circuit
circulación *f* circulation, traffic
circulado circulated
circulante circulating
circular *f* circular, notice, communication
circular (v) to circulate
circunscribir to circumscribe
circunscripción *f* circumscription, district, limitation
circunscripción judicial judicial district
circunspección *f* circumspection
circunspecto circumspect
circunstancia *f* circumstance
circunstancia incriminante incriminating circumstance
circunstancia incriminatoria incriminatory circumstance
circunstancia material material circumstance
circunstancia pertinente pertinent circumstance
circunstancia relevante relevant circumstance
circunstancial circumstantial
circunstancialmente circumstantially
circunstancias agravantes aggravating circumstances
circunstancias atenuantes extenuating circumstances
circunstancias corroborantes corroborating circumstances
circunstancias excepcionales exceptional circumstances
circunstancias eximentes exculpatory circumstances
circunstancias extraordinarias extraordinary circumstances
circunstancias financieras financial condition
circunstancias mitigantes mitigating circumstances
circunstancias modificantes modifying circumstances
circunstancias modificativas modifying circumstances
cirujano *m* surgeon
cisma *f* schism, dissension
cita *f* meeting, appointment, engagement, summons, subpoena, reference
citación *f* citation, summons, subpoena, reference, notification of a meeting
citación a comparecer summons, subpoena
citación a juicio summons
citación a licitadores call for bids
citación de evicción notice of eviction
citación de remate notice of a public auction
citación para sentencia summons to hear the judgment
citación por edicto service by publication
citación y emplazamiento summons
cítanse opositores objections called for
cítanse postores bids welcome
citar to cite, to summon, to subpoena, to give notice, to arrange a meeting
citar a asamblea to call a meeting
citar a comparendo to summon
citar a junta to call a meeting
citar un caso to cite a case
citatorio *m* summons, subpoena
citatorio (adj) citatory
ciudad *f* city
ciudad natal birthplace
ciudadanía *f* citizenship, citizens
ciudadanía federal federal citizenship
ciudadanía nacional national citizenship
ciudadano *m* citizen
ciudadano nativo native citizen
ciudadano naturalizado naturalized citizen
ciudadano por nacimiento native citizen
ciudadano por naturalización naturalized citizen
ciudadano por opción person born abroad who chooses to be a citizen of the country of his parents
cívico civic
civil civil
civilis civil
civilista *m/f* an attorney specializing in civil law
civilista (adj) pertaining to civil law,

specialized in civil law
civiliter mortuus civilly dead
civilización *f* civilization
civismo *m* civism
clandestinamente clandestinely
clandestinidad *f* clandestinity
clandestino clandestine
claridad *f* clarity
clarificación *f* clarification
clarificar to clarify
claro clear, evident, intelligible, straight-forward
claro y expedito free and clear
claro y puro free and clear
clase *f* class, type
clase de seguro class of insurance
clasificable classifiable
clasificación *f* classification
clasificación aduanera customs classification
clasificación arbitraria arbitrary classification
clasificación crediticia credit rating
clasificación de buques classification of vessels
clasificación de gravámenes marshaling of liens
clasificación de riesgo risk classification
clasificado classified
clasificar to classify, to grade
cláusula *f* clause, article
cláusula accesoria secondary clause
cláusula adicional additional clause, rider
cláusula amarilla yellow dog clause
cláusula ambigua ambiguous clause
cláusula antihuelga no-strike clause
cláusula antirrenuncia antiwaiver clause
cláusula arbitral arbitration clause
cláusula arbitraria arbitrary clause
cláusula compromisoria arbitration clause
cláusula conminatoria penalty clause, warning clause
cláusula conspicua conspicuous clause
cláusula contra demolición demolition clause
cláusula de aceleración acceleration clause
cláusula de arbitraje arbitration clause
cláusula de arbitraje forzoso compulsory arbitration clause
cláusula de arrepentimiento rescission clause
cláusula de caducidad expiration clause
cláusula de cambio de beneficiario change of beneficiary provision
cláusula de cancelación cancellation clause
cláusula de certificación attestation clause
cláusula de coaseguro coinsurance clause
cláusula de cobertura en exceso excess coverage clause
cláusula de contingencias contingency clause
cláusula de desastre disaster clause
cláusula de encadenamiento tying clause
cláusula de escape escape clause

cláusula de estilo standard clause
cláusula de excepción saving clause
cláusula de exoneración exoneration clause
cláusula de extensión extension clause
cláusula de franquicia franchise clause
cláusula de garantía guarantee clause
cláusula de inalienabilidad nontransferability clause
cláusula de incendio intencional arson clause
cláusula de incendio provocado arson clause
cláusula de incontestabilidad incontestability clause
cláusula de indivisión nondivisibility clause
cláusula de inmunidad immunity clause
cláusula de insolvencia insolvency clause
cláusula de mejor comprador clause which allows the cancellation of the contract if a better price is obtained
cláusula de nación mas favorecida most favored nation clause
cláusula de no competencia noncompetition clause
cláusula de notificación de cancelación notice of cancellation clause
cláusula de pago demorado delayed payment clause
cláusula de prepago prepayment clause
cláusula de reaseguro reinsurance clause
cláusula de reclamaciones claim provision
cláusula de renovación renewal provision
cláusula de renuncia waiver clause
cláusula de reposesión repossession clause
cláusula de salvedad saving clause
cláusula de suicidio suicide clause
cláusula de tasación appraisal clause
cláusula de valor recibido value received clause
cláusula derogativa derogatory clause
cláusula disputable contestable clause
cláusula escapatoria escape clause
cláusula esencial essential clause
cláusula facultativa facultative clause
cláusula indispensable indispensable clause
cláusula inferida inferred covenant
cláusula innecesaria unnecessary clause
cláusula modelo model clause
cláusula necesaria necessary clause
cláusula negando responsabilidad disclaimer clause
cláusula neutra neutral clause
cláusula no esencial unessential clause
cláusula oculta hidden clause
cláusula opcional optional clause
cláusula oro gold payment clause
cláusula para eximir de responsabilidad hold harmless clause
cláusula penal penalty clause
cláusula principal principal clause
cláusula prohibitiva prohibitive clause

cláusula rescisoria rescission clause
cláusula resolutiva defeasance clause
cláusula resolutoria defeasance clause
cláusula salarial salary clause
cláusula suplementaria supplemental clause
cláusula tácita tacit covenant
cláusula usual standard clause
clausulado *m* series of clauses, series of
  articles
cláusulas de estilo standard clauses
cláusulas de póliza policy clauses
cláusulas inusuales unusual covenants
clausura *f* closing, closure
clausura de sesiones adjournment
clausura mercantil business closure
clemencia *f* clemency
clemencia ejecutiva executive clemency
clemente clement
cleptomanía *f* kleptomania
cleptómano *m* kleptomaniac
cliente *m* client
clientela *f* clientele, protection
coacción *f* coercion, duress
coacción en el matrimonio coercion to marry
coacción en los contratos coercion to contract
coaccionar to coerce, to compel
coacreedor *m* joint creditor
coactar to coerce, to compel
coactivo coercive, compelling
coactor *m* joint plaintiff
coacusado *m* joint defendant, co-defendant
coacusar to accuse jointly
coadjutor *m* coadjutor
coadministrador co-administrator
coadquisición *f* joint acquisition
coadyuvante *m* third party to an action
coadyuvar to contribute, to join
coafianzamiento *m* co-bonding
coagente *m* joint agent
coalbacea *m/f* co-executor
coalición *f* coalition
coarrendador *m* joint lessor
coarrendatario *m* co-lessee, joint tenant
coartación *f* limitation, restriction
coartada *f* alibi
coasegurador *m* co-insurer
coaseguro *m* co-insurance
coasociado *m* partner, associate
coasociar to associate
coautor *m* co-author, accomplice
coavalista *m/f* co-guarantor
cobardía *f* cowardice
cobeligerante cobelligerent
cobertura *f* coverage
cobertura adicional additional coverage
cobertura automática automatic coverage
cobertura completa complete coverage
cobertura concurrente concurrent insurance
cobertura de bienes raíces real estate
  coverage
cobertura de dependiente dependent
  coverage
cobertura de responsabilidad patronal
  employers' liability coverage
cobertura de seguro de bienes raíces real
  estate insurance coverage
cobertura de seguro de dependiente
  dependent insurance coverage
cobertura de seguro de propiedad property
  insurance coverage
cobertura de seguro de vivienda dwelling
  insurance coverage
cobertura de seguro extendido extended
  insurance coverage
cobertura de seguro múltiple blanket
  insurance coverage
cobertura de seguro provisional provisional
  insurance coverage
cobertura de seguro temporal temporary
  insurance coverage
cobertura de seguros insurance coverage
cobertura de vehículo vehicle coverage
cobertura de vehículos misceláneos
  miscellaneous vehicles coverage
cobertura de vivienda dwelling coverage
cobertura del peligro coverage of hazard
cobertura del riesgo coverage of risk
cobertura en exceso excess coverage
cobertura entera entire coverage
cobertura especial special coverage
cobertura específica specific coverage
cobertura especificada specified coverage
cobertura excesiva excess coverage
cobertura extendida extended coverage
cobertura extendida adicional additional
  extended coverage
cobertura extendida especial special
  extended coverage
cobertura familiar family coverage
cobertura global overall coverage
cobertura identificada identified coverage
cobertura indicada indicated coverage
cobertura múltiple blanket coverage
cobertura negativa negative coverage
cobertura parcial partial coverage
cobertura provisional provisional coverage
cobertura suplementaria supplemental
  coverage
cobertura suspendida suspended coverage
cobertura temporal temporary coverage
cobertura total total coverage
cobrabilidad *f* collectibility
cobrable collectible
cobradero collectible
cobrado collected
cobrador *m* collector, payee, collection agent
cobrador de impuestos tax collector
cobranza *f* collection

cobrar to collect, to charge, to recuperate
cobrar al entregar to collect on delivery
cobrar alquiler to collect rent
cobrar impuestos to collect taxes
cobrar un cheque to cash a check
cobrar una deuda to collect a debt
cobro *m* collection
cobro al entregar collection on delivery
cobro de cheques collection of checks
cobro de lo indebido unjust enrichment
cocesionario *m* co-assignee
coche *m* car, coach
codelincuencia *f* complicity
codelincuente *m/f* accomplice, accessory
codemandado *m* joint defendant, co-defendant
codeudor *m* joint debtor
codeudor hipotecario comortgagor
codex code
codicilio *m* codicil
codicilo *m* codicil
codificación *f* codification
codificado encoded
codificador *m* codifier, digest
codificador arancelario schedule of customs duties
codificar to codify
código *m* code, digest
código aduanero customs code
código aeronáutico aviation code
código civil civil code
código comercial commercial code
código contributivo tax code
código de acceso access code
código de aduanas customs code
código de arbitración code of arbitration
código de autorización authorization code
código de circulación traffic laws
código de comercio commercial code
código de competencia leal code of fair competition
código de conducta judicial code of judicial conduct
código de construcciones building code
código de edificación building code
código de enjuiciamiento code of trial procedure
código de ética code of ethics
código de ética profesional code of professional responsibility
código de la familia code of domestic relations
código de las quiebras bankruptcy code
código de policía police regulations
código de procedimiento civil code of civil procedure
código de procedimiento penal code of criminal procedure
código de procedimientos code of procedure
código de pruebas laws of evidence

código de tránsito traffic laws
código del trabajo labor code
código en lo civil code of civil procedure
código en lo penal code of criminal procedure
código fiscal tax code
código fundamental constitution
código impositivo tax code
código judicial judicial code
código laboral labor code
código marítimo admiralty code
código mercantil commercial code
código militar military code
código modelo model code
código municipal municipal code
código penal penal code
código procesal civil code of civil procedure
código procesal penal code of criminal procedure
código tributario tax code
código uniforme uniform code
codirector *m* co-director
coemitente *m/f* co-issuer, co-drawer
coencausado *m* joint defendant
coercer to coerce
coercible coercible, restrainable
coerción *f* coercion, restriction
coercitivo coercive, restrictive
coetáneo contemporary
cofiador *m* co-surety
cofiduciario *m* joint trustee
cofirmante *m/f* co-signer
cofirmar to cosign
cogarante *m* joint guarantor
cogestión *f* participation of employee representatives in management
cogirador *m* co-drawer, co-maker
cognación *f* cognation
cognación mixta mixed cognation
cognado *m* cognate
cognati relatives on the mother's side
cognaticio cognatic
cognatio relationship
cognición *f* cognition, knowledge
cognición judicial judicial notice
cognición limitada limited jurisdiction
cognitivo cognitive
cognomen *m* surname
cohabitación *f* cohabitation
cohabitación habitual habitual cohabitation
cohabitación matrimonial matrimonial cohabitation
cohabitar to cohabit
cohechador *m* briber
cohechar to bribe
cohecho *m* bribe, bribery, graft
coheredar to inherit jointly
coheredero *m* co-heir
coherencia *f* coherence
coherente coherent

coherentemente coherently
cohesión *f* cohesion
cohesivo cohesive
cohipotecante *m/f* co-mortgagor
coima *f* graft, bribe, bribery, concubine
coimear to bribe
coincidencia *f* coincidence
coincidencia de la voluntad meeting of minds
coincidentalmente coincidentally
coincidente coincident
coincidir to coincide
coinquilino *m* co-lessee, joint tenant
cointeresado jointly interested
coito *m* coitus
colaboración *f* collaboration
colación *f* collation, comparison
colación de bienes hotchpotch
colacionar to collate, to compare
colateral *m* collateral
colateral adicional additional collateral
colateral mixto mixed collateral
colateral suplementario supplemental
  collateral
colateralizado collateralized
colateralizar to collateralize
colateralmente collaterally
colección *f* collection, gathering
colecta *f* collection, tax collection
colectar to collect
colectiva e individualmente joint and several
colectivamente collectively, jointly
colectividad *f* collectivity, community
colectivismo *m* collectivism
colectivo collective, joint
colector *m* collector
colector de contribuciones tax collector
colector de derechos aduaneros collector of
  customs duties
colector de impuestos tax collector
colector de rentas internas collector of
  internal revenue
colector fiscal tax collector
colecturía *f* collectorate, tax office
colega *m/f* colleague
colegatario *m* joint legatee
colegiación *f* professional association, joining
  a professional association
colegiado *m* member of a professional
  association, member of the bar
colegiarse to join a professional association, to
  become a member of the bar
colegio *m* professional association, bar,
  college, school
colegio de abogados bar association
colegio de leyes law school
colegio de procuradores bar association
colegio electoral electoral college
colegislador colegislative
cólera *f* rage, anger

coléricamente angrily
coligación *f* colligation, alliance, link
coligarse to unite, to associate
colindante *m* adjoining property, adjoining
  owner
colindante (adj) adjoining, abutting
colindar to adjoin, to abut
colisión *f* collision, conflict
colitigante *m/f* co-litigant
colocación *f* placing, placement, post,
  employment
colocación de empleo job placement
colocación de trabajo job placement
color *m* color, pretext, faction
coludir to collude
colusión *f* collusion
colusión implícita implicit collusion
colusión inferida inferred collusion
colusión tácita tacit collusion
colusor *m* colluder
colusoriamente collusively
colusorio collusive
comandancia *f* headquarters, position of a
  commander
comandante *m* commander
comandante de barco captain
comandatario *m* co-agent
comandita *f* special partnership, limited
  partnership
comandita simple limited partnership
comanditado *m* general partner
comanditario *m* special partner, limited
  partner
comarca *f* region, province
combinación *f* combination, cartel
combinación ilícita illicit combination
combinación inapropiada inappropriate
  combination
combinación lícita licit combination
combinado combined
combinado ilegalmente illegally combined
combinado ilícitamente illicitly combined
combinar to combine
comentario *m* comment, annotation
comentario explicativo explanatory comment
comentario explícito explicit comment
comentario irrelevante irrelevant comment
comentario judicial judicial remark
comentario razonable reasonable comment
comenzar to commence
comenzar una acción to commence an action
comerciabilidad *f* marketability
comerciable marketable
comerciado ilegalmente illegally traded
comerciado ilícitamente illicitly traded
comercial commercial
comercialismo *m* commercialism
comercialización *f* commercialization
comercializar to commercialize, to market

comercialmente commercially
comerciante *m/f* merchant, dealer, businessperson
comerciante almacenista wholesaler, jobber
comerciante individual sole proprietor
comerciante no autorizado unauthorized dealer
comerciar to trade, to market, to do business
comercio *m* commerce, trade, business, business establishment
comercio al por mayor wholesale business
comercio al por menor retail business
comercio bilateral bilateral trade
comercio de cabotaje coastal trade
comercio de comisión commission business
comercio de exportación export business
comercio de importación import business
comercio de ultramar overseas trade
comercio doméstico domestic trade
comercio estatal state commerce
comercio exterior foreign trade
comercio franco duty-free trade
comercio interestatal interstate commerce
comercio interior domestic trade
comercio internacional international trade, international commerce
comercio intraestatal intrastate commerce
comercio lícito licit trade
comercio nacional national commerce
comercio recíproco reciprocal trade
comestible edible
comestibles *m* food
cometer to commit, to commission, to entrust
cometer asesinato to commit murder
cometer suicidio to commit suicide
cometido *m* commission, duty
comicio *m* election board
comicios elections
comicios generales general elections
comienzo *m* commencement, beginning
comienzo de la cobertura commencement of coverage
comienzo del seguro commencement of insurance
comisar to forfeit, to confiscate
comisaría *f* station, police station, office of a commissioner
comisaría de policía police station
comisario *m* commissioner, commissary, shareholders' representative
comisario de averías average surveyor
comisario de comercio trade commissioner
comisario de patentes commissioner of patents
comisario de policía police commissioner
comisario testamentario testamentary trustee
comisión *f* commission, committee, order
comisión asesora advisory board
comisión bancaria banking commission

comisión conjunta joint commission
comisión contributiva tax commission
comisión de bienes raíces real estate commission
comisión de cobro collection fee
comisión de compromiso commitment fee
comisión de corretaje brokerage commission
comisión de delito commission of a crime
comisión de encuesta fact-finding board
comisión de higiene board of health
comisión de indagación fact-finding board
comisión de intermediario finder's fee
comisión de medios y arbitrios ways and means committee
comisión de planificación planning commission
comisión de seguridad safety commission
comisión de servicio público public service commission
comisión de vigilancia control committee
comisión directiva executive committee
comisión ejecutiva executive committee
comisión especial special commission
comisión fiscal tax commission
comisión impositiva tax commission
comisión mercantil commercial commission
comisión pecuniaria pecuniary commission
comisión rogatoria letters rogatory
comisión tributaria tax commission
comisionado *m* commissioner, agent
comisionado de la banca bank commissioner
comisionado de seguros insurance commissioner
comisionar to commission, to empower
comisionista *m/f* agent, a person working on a commission basis
comiso *m* confiscation, forfeiture
comisorio valid for a specified time
comité *m* committee, commission
comité administrador executive committee
comité asesor advisory committee
comité conjunto joint committee
comité consultivo advisory board
comité de acreedores creditors' committee
comité de aforos board of appraisers
comité de agravios grievance committee
comité de auditoría audit committee
comité de fiduciarios board of trustees
comité de préstamos loan committee
comité de reorganización reorganization committee
comité directivo executive committee
comité ejecutivo executive committee
comité planeador planning board
comité protector protective committee
comité provisional provisional committee
comité temporal temporary committee
comitente *m* principal, shipper
commoriencia *f* simultaneous death

comodante *m/f* gratuitous lender, gratuitous bailer
comodar to lend gratuitously, to bail gratuitously
comodatario *m* gratuitous borrower, gratuitous bailee
comodato *m* gratuitous loan, gratuitous bailment
compañero *m* companion
compañero de trabajo co-worker
compañía *f* company, corporation
compañía administrativa management company
compañía afiliada affiliated company
compañía aliada allied company
compañía anónima stock company
compañía apalancada leveraged company
compañía armadora shipping company
compañía asociada affiliated company
compañía bancaria banking company
compañía capitalizadora company for the capitalization of savings
compañía cerrada close corporation
compañía civil civil corporation
compañía colectiva partnership
compañía comanditaria special partnership, limited partnership
compañía comanditaria especial special partnership
compañía comercial business association
compañía componente constituent company
compañía controlada controlled company
compañía controladora holding company
compañía cooperativa cooperative
compañía de afianzamiento bonding company
compañía de banca hipotecaria mortgage banking company
compañía de capitalización company for the capitalization of savings
compañía de control controlling company, holding company
compañía de crédito credit company, credit union
compañía de crédito comercial commercial credit company
compañía de crédito territorial mortgage company
compañía de fianzas bonding company
compañía de fideicomiso trust company
compañía de inversiones investment company
compañía de responsabilidad limitada limited liability company
compañía de seguros insurance company
compañía de seguros mutuales mutual insurance company
compañía de servicio service company
compañía de transporte transport company, shipping company

compañía de utilidad pública public service company
compañía difunta defunct company
compañía diversificada diversified company
compañía dominada controlled company
compañía en nombre colectivo general partnership
compañía estatal state company
compañía exenta exempt company
compañía extranjera foreign company
compañía familiar family company
compañía fiadora bonding company
compañía ficticia fictitious company
compañía fiduciaria trust company
compañía filial sister company, subsidiary
compañía financiera finance company
compañía fusionada merged company
compañía hipotecaria mortgage company
compañía inexistente nonexistent company
compañía insolvente insolvent company
compañía interestatal interstate company
compañía internacional international company
compañía intraestatal intrastate company
compañía inversionista investment company
compañía manufacturera manufacturing company
compañía matriz parent company
compañía miembro member company
compañía multinacional multinational company
compañía nacional national company, domestic company
compañía no afiliada unaffiliated company
compañía no apalancada unleveraged company
compañía no pública nonpublic company
compañía operadora operating company
compañía por acciones stock company
compañía privada private company
compañía propietaria close company
compañía pública publicly held company, public company
compañía quebrada bankrupt company
compañía registrada registered company
compañía retenedora holding company
compañía sobreviviente surviving company
compañía subsidiaria subsidiary company
compañía tenedora holding company
comparable comparable
comparablemente comparably
comparación *f* comparison
comparación de escritura comparison of handwriting
comparación de negligencia comparison of negligence
comparado comparative
comparar to compare
comparativamente comparatively

comparativo comparative
comparecencia *f* appearance in court, appearance
comparecencia compulsiva compulsory appearance
comparecencia compulsoria compulsory appearance
comparecencia condicionada conditional appearance
comparecencia en general general appearance
comparecencia en juicio court appearance
comparecencia especial special appearance
comparecencia facultativa optional appearance
comparecencia forzada compulsory appearance
comparecencia forzosa compulsory appearance
comparecencia involuntaria involuntary appearance
comparecencia obligatoria compulsory appearance
comparecencia opcional optional appearance
comparecencia para sentencia appearance for sentencing, appearance for a decision
comparecencia voluntaria voluntary appearance
comparecer to appear in court, to appear
comparecer para objeto especial to make a special appearance
comparecer sin limitaciones to make a general appearance
compareciente *m* a person who appears, a person who appears in court
compareciente (adj) appearing, appearing in court
comparendo *m* summons, subpoena
comparición *f* appearance, summons, subpoena
comparte *m/f* joint party, accomplice
compartimiento *m* compartment
compasión *f* compassion
compatibilidad *f* compatibility
compatible compatible, consistent
compatrono *m* joint employer
compeler to compel, to constrain
compendiar to condense, to summarize
compendio *m* condensation, summary, extract, digest
compensable compensable
compensación *f* compensation, reparation, indemnification, offset
compensación acumulada accrued compensation
compensación adecuada adequate compensation
compensación adicional additional compensation

compensación bancaria bank clearing
compensación de costas payment of court costs
compensación de cheques check clearing
compensación de pérdidas loss compensation
compensación debida due compensation
compensación diferida deferred compensation
compensación ejecutiva executive compensation
compensación extraordinaria overtime pay
compensación facultativa facultative compensation
compensación financiera financial compensation
compensación mercantil clearing
compensación monetaria monetary compensation
compensación no financiera nonfinancial compensation
compensación por accidentes de trabajo workers' compensation
compensación por daños compensation for damages
compensación por desempleo unemployment compensation
compensación por despido dismissal compensation
compensación por discapacidad disability compensation
compensación por lesiones compensation for injuries
compensación suplementaria supplemental compensation
compensaciones bancarias bank clearings
compensado compensated
compensador compensating
compensar to compensate, to repair, to indemnify, to offset
compensativo compensatory, offsetting
compensatorio compensatory, offsetting
competencia *f* competency, jurisdiction, competition, obligation
competencia de jurisdicción conflict of jurisdictions
competencia desleal unfair competition
competencia estatal state competition
competencia excepcional special jurisdiction
competencia exclusiva exclusive jurisdiction
competencia extranjera foreign competition
competencia funcional functional jurisdiction
competencia ilícita illegal competition
competencia injusta unfair competition
competencia interestatal interstate competition
competencia intraestatal intrastate competition
competencia legal legal competence
competencia lícita fair competition
competencia material jurisdiction of the

subject matter
competencia nacional national competition
competencia necesaria compulsory jurisdiction
competencia originaria original jurisdiction
competencia por territorio territorial jurisdiction
competencia positiva conflict of jurisdictions
competencia principal general jurisdiction
competente competent, capable, appropriate
competentemente competently
competer to pertain to, to have jurisdiction over
competir to compete
compilación *f* compilation, compilation of laws
compilador *m* compiler, reporter
compilar to compile
complacencia *f* complacency
complaciente complacent
complejidad *f* complexity
complejo complex
complemento *m* complement
completamente completely, fully
completamente pagado fully paid
completamente registrado fully registered
completar to complete
completo complete
complicación *f* complication
complicado complicated
complicar to complicate
cómplice *m/f* accomplice, accessory
cómplice de los hechos accessory at the fact
cómplice después de los hechos accessory after the fact
cómplice en la quiebra accomplice to fraud in a bankruptcy
cómplice encubridor accessory after the fact
cómplice instigador accessory before the fact
cómplice necesario principal accomplice
cómplice presente accessory at the fact
cómplice secundario secondary accomplice
complicidad *f* complicity
complot *m* conspiracy, scheme
complotado *m* conspirator
complotar to conspire
componedor *m* mediator, arbitrator
componenda *f* arbitration, settlement
componente *m* component
componente esencial essential component
componente indispensable indispensable component
componente innecesario unnecessary component
componente necesario necessary component
componente obligatorio obligatory component
componer to mediate, to arbitrate, to settle, to compose
componible arbitrable, reconcilable

comportamiento indecente indecent behavior
compos mentis of sound mind
composición *f* settlement, agreement
composición procesal out-of-court settlement
compostura *f* repair, settlement, composure, agreement
compra *f* purchase, purchasing
compra apalancada leveraged buyout
compra compulsivo compulsory purchase
compra compulsorio compulsory purchase
compra condicional conditional purchase
compra forzosa compulsory purchase
compra incondicional unconditional purchase
compra obligatoria compulsory purchase
compra subsiguiente subsequent purchase
compra y venta sale, bargain and sale, buying and selling
comprable purchasable, bribable
comprado bought
comprador *m* purchaser, buyer
comprador de buena fe buyer in good faith
comprador de mala fe buyer in bad faith
comprador inocente buyer in good faith
comprador previo previous buyer
comprar to purchase, to bribe
comprar a crédito to buy on credit
comprar al contado to buy outright
compraventa *f* sale, bargain and sale, sales contract
compraventa a crédito credit sale
compraventa a ensayo purchase on approval
compraventa a plazos credit sale
compraventa a prueba purchase on approval
compraventa al contado cash purchase
compraventa de herencia sale of inheritance
compraventa en abonos installment sale
compraventa forzosa judicial sale
compraventa mercantil purchase for resale
compraventa sobre muestras sale by sample
compraventa solemne formalized sale
comprensibilidad *f* comprehensibility
comprensible comprehensible
comprensión *f* comprehension
comprensivamente comprehensively
comprensivo comprehensive
compresión salarial salary compression
comprivigni a step-brother, a step-sister
comprobable provable, demonstrable
comprobación *f* verification, check, proof
comprobación de calidad quality assurance
comprobación de elegibilidad eligibility check
comprobación de firma signature check
comprobación de la deuda proof of debt
comprobación de trasfondo background check
comprobación interna internal check
comprobante *m* voucher, proof
comprobante (adj) verifying, proving

comprobante de adeudo proof of debt
comprobante de deuda proof of debt
comprobante de venta bill of sale
comprobar to verify, to prove, to audit
comprobatorio verifying, proving
comprometedor compromising
comprometer to obligate, to compromise, to submit to arbitration
comprometerse to obligate oneself, to become engaged
comprometido obligated, engaged
compromisario *m* arbitrator, mediator
compromiso *m* commitment, obligation, arbitration, engagement
compromiso arbitral agreement to submit to arbitration
compromiso colateral collateral engagement
compromiso contingente contingent commitment
compromiso de arrendamiento lease commitment
compromiso de compra purchase commitment
compromiso de préstamo loan commitment
compromiso de venta commitment to sell
compromiso en firme firm commitment
compromiso eventual contingent liability
compromiso firme firm commitment
compromiso incondicional unconditional commitment
compromiso preliminar preliminary commitment
compromiso procesal agreement to submit to arbitration
compromiso provisional provisional commitment
compromiso recíproco reciprocal commitment
compromiso temporal temporary commitment
compromisorio pertaining to arbitration, pertaining to a commitment
compromitentes parties to an arbitration
compulsa *f* authenticated copy, compared document, audit, comparison
compulsación *f* comparison
compulsar to compare, to make authenticated copies, to compel
compulsión *f* compulsion
compulsivamente compulsively
compulsivo *m* writ
compulsivo (adj) compelling
compulsorio *m* court order for the copying of a document
computable computable
computar to compute
cómputo *m* computation
cómputo contributivo tax computation
cómputo de contribuciones tax computation

cómputo de impuestos tax computation
cómputo de prima premium computation
cómputo fiscal tax computation
cómputo impositivo tax computation
cómputo tributario tax computation
común common, held in common, public
comuna *f* municipality
comunal communal
comunero *m* joint tenant
comunicabilidad *f* communicability
comunicable communicable
comunicación *f* communication, disclosure
comunicación absolutamente privilegiada absolutely privileged communication
comunicación confidencial confidential communication
comunicación de confianza privileged communication
comunicación judicial judicial communication
comunicación privilegiada privileged communication
comunicación reservada confidential communication
comunicación secreta secret communication
comunicado *m* official announcement
comunicar to communicate, to announce
comunicar formalmente to formally communicate
comunicatividad *f* communicativeness
comunicativo communicative
comunicatorio communicatory
comunidad *f* community, association
comunidad de bienes community property, joint ownership
comunidad de bienes gananciales community property
comunidad de bienes matrimoniales community property
comunidad de interés community of interest
comunidad de pastos common pasture, common of pasture
comunidad en mancomún joint tenancy
comunidad hereditaria community of heirs
comunidad legal legal community
comunidad proindiviso joint tenancy
comuníquese let it be known
comunismo *m* communism
comunista *m/f* communist
con autoridad with authority
con compensación with compensation
con consentimiento with consent
con franca mano freely
con las manos en la masa red-handed
con lugar accepted
con malicia premeditada with malice aforethought
con perjuicio with prejudice
con premeditación with premeditation
con recurso with recourse

con respecto a with regard to
con sujeción a in accordance with
con tal que provided that
con todos los defectos with all faults
conación *f* conation
conativo conative
conato *m* attempt, attempted crime
concausa *f* joint cause
concebible conceivable
concebido conceived, born
concebir to conceive
concedente *m* grantor, conceder
conceder to concede, to grant
conceder amnistía to grant amnesty
conceder crédito to extend credit
conceder un préstamo to make a loan
conceder una patente to grant a patent
concejal *m* council member
concejalía *f* position of a council member
concejo *m* city council, city hall
concentración *f* concentration, consolidation
concentración de empresas consolidation of corporations
concentración horizontal horizontal consolidation
concentración vertical vertical consolidation
concentrar to concentrate
concepción *f* conception
concepto *m* concept
conceptual conceptual
concertado concerted
concertar to agree, to settle, to contract, to close, to coordinate, to concert
concertar un contrato to make a contract
concertar un préstamo to negotiate a loan
concesible grantable, concedable
concesión *f* concession, grant, franchise, authorization, allowance
concesión administrativa government franchise
concesión de crédito extension of credit
concesionario *m* concessionaire, franchisee, licensee, grantee
concesionario de la patente patentee
concesionario exclusivo sole licensee
concesionario único sole licensee
concesivo concessible, grantable
conciencia *f* conscience, awareness, equity, justice
concierto *m* agreement, settlement, plot, contract
concierto de voluntades meeting of minds
conciliación *f* conciliation, settlement
conciliación laboral labor arbitration
conciliador *m* conciliator
conciliador (adj) conciliatory
conciliar *m* council member
conciliar (v) to reconcile, to settle
conciliativo conciliative

conciliatorio conciliatory
concilio *m* council
concisamente concisely
conciso concise
conciudadano *m* fellow citizen
cónclave *m* conclave
concluir to conclude
concluir un juicio to conclude a trial
concluir una vista to conclude a hearing
conclusión *f* conclusion
conclusión definitiva final statement, final decision
conclusión ilógica illogical conclusion
conclusión irracional irrational conclusion
conclusión judicial judicial conclusion
conclusión provisoria provisional decision
conclusiones *f* findings submitted by the prosecutor, findings submitted by the plaintiff's attorney, findings submitted by the defendant's attorney, conclusions
conclusiones de derecho conclusions of law
conclusiones de hecho conclusions of fact
conclusivo conclusive
concluso closed
concluyente conclusive, convincing
concluyentemente conclusively
concomitancia *f* concomitance
concomitante concomitant
concordancia *f* agreement, conformity
concordar to conciliate, to agree, to tally
concordato *m* agreement between debtor and creditors, concordat
concordato preventivo agreement between the creditors and a debtor to avoid bankruptcy
concretar to concretize
concubina *f* concubine
concubinario *m* he who lives with a concubine
concubinato *m* concubinage
concúbito *m* sexual intercourse
conculcador *m* infringer, violator
conculcar to infringe, to violate
concupiscencia *f* concupiscence
concupiscente concupiscent
concurrencia *f* concurrence, gathering, assistance, equality
concurrencia de acciones joinder of lawsuits
concurrencia desleal unfair competition
concurrente *m* attendee
concurrente (adj) concurrent
concurrentemente concurrently
concurrir to concur, to attend, to meet
concurrir a una asamblea to attend a meeting
concurrir a una licitación to bid
concurrir a una reunión to attend a meeting
concursado *m* bankrupt
concursal bankruptcy
concursante *m/f* bidder, competitor

concursar to declare bankruptcy, to compete
concurso *m* bankruptcy proceeding, bidding, competition, meeting, assembly, aid, concurrence
concurso civil bankruptcy proceeding
concurso civil de acreedores bankruptcy proceeding
concurso de acreedores creditors' meeting
concurso de circunstancias simultaneity of criminal acts
concurso de competencia competitive bidding
concurso de delincuentes joint criminality
concurso de delitos simultaneity of criminal acts
concurso de leyes conflict of laws
concurso de precios competitive bidding
concurso necesario involuntary bankruptcy
concurso público public bidding
concurso punible criminal bankruptcy
concurso y consentimiento advice and consent
concusión *f* extortion, graft, concussion
concusionario *m* extortioner
condado *m* county
condena *f* sentence, punishment, prison term, conviction
condena a muerte death sentence
condena accesoria accessory punishment
condena condicional suspended sentence, a sentence which may be suspended
condena de futuro judgment with a stay of execution
condena de prisión prison sentence
condena en costas order to pay court costs
condena en suspenso suspended sentence
condena judicial judicial sentence
condena perpetua life sentence
condena vitalicia life sentence
condenable condemnable
condenación *f* condemnation, sentence, punishment
condenado *m* convict
condenado (adj) condemned, sentenced, convicted
condenar to condemn, to sentence, to convict
condenar en corte to convict
condenar en costas to order to pay court costs
condenarse to incriminate oneself
condenas acumulativas accumulative sentences
condenas simultáneas concurrent sentences
condenatorio condemnatory
condensación *f* condensation
condensar to condense
condición *f* condition
condición aceptada accepted condition
condición afirmativa affirmative condition
condición callada implied condition
condición casual casual condition

condición compatible consistent condition
condición compulsiva compulsory condition
condición compulsoria compulsory condition
condición concurrente condition concurrent
condición conjunta copulative condition
condición consistente consistent condition
condición constitutiva essential condition
condición contraria a las buenas costumbres immoral condition
condición convenible consistent condition
condición copulativa copulative condition
condición cumplida fulfilled condition
condición de derecho implied condition
condición de hecho express condition
condición de plazo temporary condition
condición de póliza policy condition
condición de trabajo condition of employment
condición dependiente dependent condition
condición desconvenible repugnant condition
condición deshonesta immoral condition
condición disyuntiva disjunctive condition
condición económica economic condition
condición en la herencia testamentary condition
condición en los testamentos testamentary condition
condición esencial essential condition
condición existente existing condition
condición expresa express condition
condición extintiva extinguishing condition
condición forzada compulsory condition
condición forzosa compulsory condition
condición ilegal illegal condition
condición ilícita illicit condition
condición implícita implied condition
condición imposible impossible condition
condición imposible de derecho legally impossible condition
condición imposible de hecho physically impossible condition
condición incierta uncertain condition
condición incompatible repugnant condition
condición independiente independent condition
condición indispensable indispensable condition
condición inferida inferred condition
condición inherente inherent condition
condición inmoral immoral condition
condición innecesaria unnecessary condition
condición legal lawful condition
condición legítima lawful condition
condición lícita licit condition
condición mixta mixed condition
condición mutua mutual condition
condición necesaria necessary condition
condición negativa negative condition
condición negociada negotiated condition

condición no esencial unessential condition
condición normal normal condition
condición obligatoria obligatory condition
condición peligrosa dangerous condition
condición posible possible condition
condición positiva positive condition
condición potestativa potestative condition
condición precedente condition precedent
condición precisa express condition
condición preexistente preexisting condition
condición previa prior condition
condición prohibida forbidden condition
condición rechazada rejected condition
condición rehusada refused condition
condición resolutiva condition subsequent
condición resolutoria condition subsequent
condición restrictiva restrictive condition
condición retroactiva retroactive condition
condición sine qua non indispensable
    condition
condición subsecuente condition subsequent
condición sucesiva successive condition
condición superflua superfluous condition
condición supuesta implied condition
condición suspensiva suspensive condition
condición tácita tacit condition
condición testamentaria testamentary
    condition
condición torpe indecent condition
condición única sole condition
condición voluntaria voluntary condition
condicionado conditioned, conditional
condicional conditional
condicionalmente conditionally
condicionar to condition, to qualify
condiciones anteriores former conditions
condiciones concurrentes concurrent
    conditions
condiciones de aceptación terms of
    acceptance
condiciones de calificación qualification
    conditions
condiciones de crédito terms of credit
condiciones de elegibilidad eligibility
    conditions
condiciones de entrega terms of delivery
condiciones de licitación bidding conditions
condiciones de pago terms of payment
condiciones de venta terms of sale
condiciones dependientes dependent
    conditions
condiciones estipuladas stipulated conditions
condiciones habituales habitual conditions
condiciones inusuales unusual conditions
condiciones irregulares irregular conditions
condiciones limitantes qualifying conditions
condiciones ordinarias ordinary conditions
condiciones preestablecidas preset conditions
condiciones previas previous conditions

condiciones regulares regular conditions
condiciones usuales usual conditions
conditio sine qua non indispensable condition
condómine m joint owner
condominio m condominium, joint ownership
condómino m joint owner
condonación f condoning, pardoning,
    remission
condonación expresa conventional remission
condonación tácita tacit remission
condonante condoning, pardoning, remitting
condonar to condone, to pardon, to remit
conducción f conveyance, driving, behavior
conducción imprudentemente reckless
    driving
conducente conductive, relevant
conducta f conduct, conveyance, direction
conducta atroz outrageous behavior
conducta criminal criminal conduct
conducta cuestionable questionable behavior
conducta desordenada disorderly conduct
conducta ilegal illegal conduct
conducta ilícita illicit conduct
conducta impropia improper behavior,
    misconduct
conducta imprudente reckless conduct
conducta inapropiada inappropriate behavior
conducta indebida misconduct
conducta inmoral immoral conduct
conducta irregular irregular behavior
conducta lícita licit conduct
conducta moral moral behavior
conducta negligente negligent conduct
conducta objetable objectionable conduct
conducta ofensiva offensive behavior
conducta peligrosa dangerous conduct
conducta permitida allowed behavior
conducta sospechosa suspicious behavior
conducta violenta violent behavior
conductor m conductor, driver
condueño m joint owner
conectado connected
conectar to connect
conexidades incidental rights, appurtenances
conexión f connection
conexión causal causal connection
conexión de causas joinder of actions
conexo related
confabulación f confabulation, conspiracy,
    collusion
confabulador m conspirator
confabular to confabulate, to conspire, to
    discuss
confederación f confederation, alliance
confederación de sindicatos labor union
conferencia f conference, lecture, assembly
conferencia estatal state conference
conferencia extranjera foreign conference
conferencia interestatal interstate conference

conferencia intraestatal intrastate conference
conferencia nacional national conference
conferencia por computadora computer
　conference
conferencia telefónica telephone conference
conferenciar to confer, to consult
conferido m conferee
conferir to confer, to award
conferir poderes to confer powers upon
confesado confessed, admitted
confesante m/f confessor
confesar to confess, to acknowledge
confesar de plano to make a full confession
confesión f confession, admission,
　acknowledgment
confesión calificada qualified confession
confesión civil civil confession
confesión condicional qualified confession
confesión de la deuda acknowledgment of
　indebtedness
confesión del delito confession of the crime,
　judicial confession
confesión dividida qualified confession
confesión en juicio deposition
confesión en pleno tribunal confession in
　court
confesión espontánea voluntary confession
confesión expresa express admission
confesión extrajudicial extrajudicial
　confession
confesión ficta implied confession
confesión implícita implied confession
confesión indirecta indirect confession
confesión individua qualified confession
confesión inferida inferred confession
confesión involuntaria involuntary confession
confesión judicial judicial confession,
　deposition, responses to interrogatories
confesión oral oral confession
confesión por escrito confession in writing
confesión provocada involuntary confession
confesión simple simple confession
confesión tácita tacit confession, implied
　confession
confesión verbal verbal confession
confesión voluntaria voluntary confession
confesión y anulación confession and
　avoidance
confesional pertaining to confessions,
　pertaining to depositions
confeso m confessor, person who admits
confesor m confessor
confessio in judicio confession in court
confiable trustworthy, reliable
confiador m joint surety, trusting person
confianza f trust, confidence, reliance
confiar to confide, to trust, to entrust
confidencial confidential
confidencialmente confidentially

confidente trustworthy, faithful
configuración f configuration
configurar to configure
configurativo configurative
confín m boundary, limit
confinación f confinement
confinado m prisoner
confinado (adj) confined
confinamiento m confinement, contiguousness
confinamiento solitario solitary confinement
confinar to confine
confirmación f confirmation, acknowledgment
confirmación bancaria bank confirmation
confirmación de la sentencia affirmance of
　judgment
confirmación de orden confirmation of order
confirmado confirmed
confirmante confirming
confirmar to confirm, to affirm
confirmar crédito to confirm credit
confirmar un pedido to confirm an order
confirmativamente confirmatively
confirmativo confirmative
confirmatorio confirmatory, affirming
confiscable confiscable
confiscación f confiscation, expropriation
confiscador m confiscator
confiscar to confiscate, to expropriate
confiscatorio confiscatory
conflicto m conflict, dispute
conflicto de atribuciones conflict of venue
conflicto de derechos conflict of rights
conflicto de derechos y deberes conflict of
　rights and duties
conflicto de evidencia conflict of evidence
conflicto de intereses conflict of interest
conflicto de jurisdicción conflict of
　jurisdiction
conflicto de leyes conflict of laws
conflicto de poderes conflict of powers
conflicto de trabajo labor dispute
conflicto irreconciliable irreconcilable
　conflict
conflicto jurisdiccional conflict of jurisdiction
conflicto jurisprudencial conflict of
　precedent
confluencia f confluence
conformabilidad f conformability
conformar to conform, to comply
conformarse to settle for
conforme m approval, acknowledgment
conforme (adj) agreed, adequate, in order
conforme a according to
conforme a derecho according to law
conformidad f conformity, acceptance,
　agreement, approval, similarity
confronta f comparison
confrontación f confrontation, comparison
confrontar to confront, to compare

confundir to confuse, to mix
confusamente confusedly
confusión *f* confusion, commingling, intermingling
confusión de bienes confusion of goods
confusión de cosas confusion of goods
confusión de derechos confusion of rights
confusión de deudas confusion of debts
confusión de lindes confusion of boundaries
confusión de servidumbres confusion of easements
confusión de títulos confusion of titles
confutación *f* confutation
confutar to confute
congelación *f* freezing
congelación de fondos freezing of assets
congelación de precios price freeze
congelación de rentas rent control
congelación salarial salary freeze
congelado frozen
congelar to freeze
congenial congenial
congénito congenital
conglomeración *f* conglomeration
conglomerado *m* conglomerate
congregación *f* congregation
congregar to congregate
congresista *m/f* congressmember, a person who attends a convention
congreso *m* congress, convention
congruencia *f* congruity, coherence
congruente congruent
congruentemente congruently
congruidad *f* congruity
conjetura *f* conjecture, circumstantial evidence
conjeturable conjecturable
conjetural conjectural
conjuez *m* alternate judge, associate judge
conjunción *f* conjunction
conjunción de voluntades meeting of minds
conjuntamente jointly
conjuntivo conjunctive
conjunto joint, common, mixed
conjura *f* conspiracy
conjuración *f* conjuration
conjurador *m* conspirator
conjuramentar to administer an oath
conjuramentarse to take an oath
conjurar to conjure, to conspire
conmemoración *f* commemoration
conmemorar to commemorate
conmemorativo commemorative
conminación *f* commination, admonition, threat
conminador *m* admonisher, threatener
conminar to admonish, to threaten
conminatorio *m* admonishment, threat
conminatorio (adj) admonishing, threatening

conmoción *f* commotion
conmoción civil civil commotion
conmutación *f* commutation, exchange
conmutación de la pena commutation
conmutación de la sentencia commutation
conmutación impositiva commutation of taxes
conmutar to commute, to exchange
connatural connatural
connivencia *f* connivance
connotación *f* connotation
connotar to connote
connotativo connotative
connubial connubial
conocedor expert, knowing
conocer to know, to be familiar with, to understand
conocer de to take cognizance of
conocer de la apelación to hear the appeal
conocer de nuevo to retry
conocer de un pleito to be a judge in an action
conocer de una causa to try a case
conocer en arbitraje to arbitrate
conocimiento *m* knowledge, understanding, notice, bill of lading, ocean bill of lading, bill
conocimiento a la orden order bill of lading
conocimiento al portador negotiable bill of lading
conocimiento constructivo constructive knowledge
conocimiento de almacén warehouse receipt
conocimiento de carga bill of lading
conocimiento de causa understanding of the basic facts
conocimiento de embarque bill of lading
conocimiento de favor accommodation bill of lading
conocimiento de primera mano personal knowledge
conocimiento derivado constructive knowledge
conocimiento directo direct knowledge
conocimiento implícito implied knowledge
conocimiento imputado imputed knowledge
conocimiento indirecto indirect knowledge
conocimiento inferido inferred knowledge
conocimiento judicial judicial knowledge
conocimiento limpio clean bill of lading
conocimiento oculto hidden knowledge
conocimiento personal personal knowledge
conocimiento público public knowledge
conocimiento real actual knowledge
conocimiento tácito tacit knowledge
conocimiento tachado foul bill of lading
conocimiento y creencia knowledge and belief
consanguíneo consanguineous
consanguinidad *f* consanguinity

consanguinidad colateral collateral consanguinity

consanguinidad lineal lineal consanguinity

conscripción f conscription

consecuencia f consequence

consecuencia incidental incidental consequence

consecuencia inmediata immediate consequence

consecuencia probable probable consequence

consecuencias previsibles foreseeable consequences

consecuente consequent

consecutivamente consecutively

consecutivo consecutive

conseil d'etat council of state, conseil d'etat

consejero m adviser, counselor, attorney, member of a board

consejero jurídico attorney

consejero legal attorney

consejeros directores board of directors

consejo m council, counsel, board, advice

consejo administrativo board of directors

consejo asesor advisory council

consejo consultivo advisory board

consejo de administración board of directors

consejo de dirección board of directors

consejo de gabinete cabinet

consejo de gobierno council of state

consejo de ministros cabinet

consejo de seguridad security council

consejo ejecutivo executive board

consejo judicial judicial council

consejo jurídico legal advice

consejo legal legal advice

consejo legislativo legislative council

consejo y aprobación advice and consent

consenso m consensus, agreement

consensual consensual

consentido m a judgment which is not appealed

consentido (adj) consented

consentimiento m consent, acquiescence

consentimiento condicional conditional consent

consentimiento constructivo constructive assent

consentimiento de la víctima consent of the victim

consentimiento del paciente patient's consent

consentimiento escrito written consent

consentimiento expreso express consent

consentimiento formal formal consent

consentimiento implícito implied consent

consentimiento imputado imputed consent

consentimiento incondicional unconditional consent

consentimiento inferido inferred consent

consentimiento matrimonial marital consent

consentimiento mutuo mutual consent

consentimiento por escrito consent in writing

consentimiento presunto constructive consent

consentimiento provisional provisional consent

consentimiento tácito implied consent

consentimiento temporal temporary consent

consentir to consent, to acquiesce

consentir formalmente to formally consent

consentir la sentencia to accept the sentence

conservación f custodianship, conservation

conservación de propiedad conservation of property

conservador m custodian, conservator

conservador (adj) conservative, conserving

considerable considerable

consideración f consideration, motive

considerando whereas

considerandos m whereas clauses, legal foundations

considerar to consider

consignación f consignment, deposit, destination, payment

consignación en pago deposit for the payment of debt

consignación judicial judicial deposit

consignador m consignor

consignar to consign, to earmark, to deposit, to remand

consignatario m consignee, depositary, trustee

consiliario m counselor

consistencia f consistency

consistente consistent

consistir to consist

consocio m partner, associate

consolación f consolation

consolidación f consolidation, funding

consolidación de acciones consolidation of actions

consolidación de casos consolidation of cases

consolidación de corporaciones consolidation of corporations

consolidación de deudas consolidation of debts

consolidación de fincas consolidation of two or more properties

consolidación horizontal horizontal consolidation

consolidación vertical vertical consolidation

consolidar to consolidate, to combine, to fund

consonancia f consonance

consorciado pooled

consorcio m consortium, cartel, syndicate

consorcio bancario bank syndicate

consorcio de reaseguro reinsurance pool

consorte m/f consort, spouse, partner

consortes co-litigants, joint defendants

conspicuo conspicuous

conspiración f conspiracy

conspirador *m* conspirator
conspirar to conspire
constancia *f* record, evidence, certainty
constancia de deuda evidence of indebtedness
constancia escrita written evidence, written record
constancia notarial notary's attestation
constancias records, vouchers
constancias judiciales judicial records
constante constant
constantemente constantly
constar to be recorded, to be evident, to demonstrate
constatar to confirm, to prove, to affirm
conste por el presente documento know all men by these presents
constitución *f* constitution, establishing
constitución consuetudinaria unwritten constitution
constitucional constitutional
constitucionalidad *f* constitutionality
constitucionalmente constitutionally
constituido constituted
constituido ilegalmente illegally constituted
constituido ilícitamente illicitly constituted
constituido legalmente legally constituted
constituido lícitamente licitly constituted
constituir to constitute, to establish
constituir quórum to constitute a quorum
constituir una sociedad to establish a company
constituirse fiador to make oneself liable
constitutivo constitutive
constituyente *m/f* constituent
constreñimiento *m* constraint
constreñir to constrain
construcción *f* construction
construcción defectuosa defective construction
constructivo constructive
constructor a la orden custom builder
construir to construct
consuetudinario common, customary, consuetudinary
cónsul *m* consul
consulado *m* consulate, consulship
consulaje *m* consular fee
consular consular
consulta *f* consultation, opinion, legal opinion, legal advice
consulta y consentimiento advice and consent
consultar to consult, to consider, to advise
consultivo consultative
consultor *m* consultant
consultor administrativo administrative consultant, management consultant
consultor de seguros insurance consultant
consultor fiscal tax consultant
consultor impositivo tax consultant

consultorio *m* the office of a professional
consumación *f* consummation, completion
consumación del delito consummation of a crime
consumación del matrimonio consummation of a marriage
consumado consummate
consumar to consummate, to commit
consumar el matrimonio to consummate the marriage
consumidor *m* consumer
consumidor final ultimate consumer
consumir to consume, to expend
consumo *m* consumption
contabilidad *f* accounting
contabilidad administrativa administrative accounting
contabilidad bancaria bank accounting
contabilidad comercial commercial accounting
contabilidad con doble registro double-entry accounting
contabilidad de caja cash accounting
contabilidad de compañía company accounting
contabilidad de compañía subsidiaria subsidiary company accounting
contabilidad de costos cost accounting
contabilidad de negocios business accounting
contabilidad de sector público public sector accounting
contabilidad ejecutiva managerial accounting
contabilidad electrónica electronic accounting
contabilidad estatal state accounting
contabilidad estatutaria statutory accounting
contabilidad fiduciaria fiduciary accounting
contabilidad final final accounting
contabilidad financiera financial accounting
contabilidad fiscal tax accounting
contabilidad funcional functional accounting
contabilidad gubernamental government accounting
contabilidad impositiva tax accounting
contabilidad industrial industrial accounting
contabilidad internacional international accounting
contabilidad nacional national accounting
contabilidad por partida doble double-entry accounting
contabilidad por partida simple single-entry accounting
contabilidad por partida única single-entry accounting
contabilidad por ramas branch accounting
contabilidad privada private accounting
contabilidad pública public accounting
contabilidad separada separate accounting
contabilizable accountable
contabilizar to enter, to post, to record

contable *m* accountant, bookkeeper
contable autorizado certified public accountant
contable independiente independent accountant
contable público autorizado certified public accountant
contable público diplomado certified public accountant
contable público titulado certified public accountant
contacto *m* contact
contacto corporal bodily contact
contactos mínimos minimum contacts
contador *m* accountant, auditor, cashier
contador autorizado certified public accountant
contador diplomado certified public accountant
contador judicial court-appointed auditor
contador partidor auditor who partitions
contador perito expert accountant
contador público public accountant
contador público autorizado certified public accountant
contador público diplomado certified public accountant
contador público titulado certified public accountant
contaduría *f* accounting, accountant's office
contaminación *f* contamination, pollution
contaminante *m* contaminant
contaminar to contaminate, to pollute
contango *m* contango
contemplación *f* contemplation
contemplación de insolvencia contemplation of insolvency
contemplación de matrimonio contemplation of marriage
contemplación de muerte contemplation of death
contemplación de quiebra contemplation of bankruptcy
contemplar to contemplate
contemplativo contemplative
contemporáneo contemporary
contención *f* contention, lawsuit
contencioso contentious, litigious
contencioso administrativo pertaining to administrative litigation
contender to contend, to litigate
contenedor *m* litigant, opponent
contenedor (adj) containing, restraining
contenido *m* contents
contenido (adj) contained
contenido desconocido contents unknown
contenido extranjero foreign content
contenta *f* endorsement, receipt
contérmino conterminous

contestabilidad *f* contestability
contestable contestable, litigable
contestación *f* answer, contention
contestación a la demanda plea, answer to the complaint
contestar to answer, to contest, to corroborate
contestar la demanda to answer the complaint
conteste *m/f* witness whose testimony confirms another's
conteste (adj) confirming
contexto *m* context
contextual contextual
contienda *f* lawsuit, litigation, dispute
contienda judicial litigation
contigüidad *f* contiguity, contiguousness
contiguo contiguous
continencia de la causa unity of the proceedings
contingencia *f* contingency
contingencia monetaria monetary contingency
contingente contingent
continuación *f* continuation
continuación de beneficios continuation of benefits
continuación de ingresos income continuation
continuar to continue
continuar una acción continue an action
continuidad *f* continuity
continuo continuous
contra el orden público against the peace
contra la preponderancia de la prueba against the preponderance of the evidence
contra la voluntad against the will
contra ley against the law
contra pacem against the peace
contra tabulas against the testament
contraapelación *f* cross appeal
contraapelar to cross-appeal
contraasiento *m* reversing entry
contrabandear to smuggle
contrabandeo *m* smuggling
contrabandista *m/f* smuggler
contrabando *m* smuggling, contraband
contrabando peligroso dangerous contraband
contracambio *m* re-exchange
contracción *f* contraction
contractual contractual
contradecir to contradict
contradeclaración *f* counterdeclaration
contrademanda *f* counterclaim, cross-demand
contrademandante *m/f* counterclaimant
contrademandar to counterclaim
contradenuncia *f* counterclaim
contradicción *f* contradiction
contradictoriamente contradictorily
contradictorio contradictory
contradocumento *m* document which

contradicts another

contraendosar to re-endorse

contraendoso *m* re-endorsement

contraer to contract, to assume an obligation, to join

contraer matrimonio to marry

contraer un empréstito contract a loan

contraer un préstamo contract a loan

contraer una deuda to incur a debt

contraer una obligación to assume an obligation

contraescritura *f* public document which contradicts another

contraespionaje *m* counterespionage

contraestipulación *f* clause added secretly to an existing contract

contrafiado *m* indemnitee

contrafiador *m* indemnitor

contrafianza *f* backbond

contrafirma *f* countersignature

contrafuero *m* infringement

contragarantía *f* counterguaranty

contragiro *m* redraft

contrahacer to forge, to counterfeit

contrahecho forged, counterfeit

contrainstrumento *m* document which contradicts another

contrainterrogar to cross-examine

contrainterrogatorio *m* cross-examination

contralor *m* comptroller, controller, auditor

contralor general general controller

contraloría *f* comptrollership, controllership

contramandato *m* countermand

contraorden *f* countermand

contraparte *f* counterpart, opposing party

contrapetición *f* counterclaim

contraposición *f* contraposition, opposition

contraprestación *f* consideration

contraprestación a título gratuito gratuitous consideration

contraprestación adecuada adequate consideration

contraprestación adicional additional consideration

contraprestación anterior past consideration

contraprestación concurrente concurrent consideration

contraprestación continua continuing consideration

contraprestación contractual contractual consideration

contraprestación debida due consideration

contraprestación entera entire consideration

contraprestación expresa express consideration

contraprestación ilícita illicit consideration

contraprestación implícita implied consideration

contraprestación impropia improper consideration

contraprestación inadecuada inadequate consideration

contraprestación inapropiada inappropriate consideration

contraprestación inferida inferred consideration

contraprestación inmoral immoral consideration

contraprestación insuficiente inadequate consideration

contraprestación justa fair consideration

contraprestación justa y adecuada fair and valuable consideration

contraprestación justa y razonable fair and reasonable consideration

contraprestación lícita licit consideration

contraprestación moral moral consideration

contraprestación nominal nominal consideration

contraprestación pecuniaria pecuniary consideration

contraprestación razonable reasonable consideration

contraprestación suficiente sufficient consideration

contraprestación suplementaria supplemental consideration

contraprestación tácita tacit consideration

contraprobanza *f* counterproof

contraprobar to refute

contraproducente counter-productive

contraproposición *f* counteroffer, counterproposal

contrapropuesta *f* counteroffer, counterproposal

contraprotesto *m* defense claiming that a dishonored bill was paid

contraprueba *f* counterevidence

contraquerella *f* counterclaim

contrariar to contradict, to oppose

contrario *m* opposing party

contrario (adj) contrary, adverse

contrario a la ley contrary to law

contrario a la prueba against the preponderance of the evidence

contrarreclamación *f* counterclaim

contrarréplica *f* rejoinder

contrarrestar to counteract, to oppose

contraseguro *m* reinsurance

contrasellar to counterseal

contrasello *m* counterseal

contrasentido *m* opposite meaning, contradiction, nonsense

contraseña *f* countersign, password

contraste *m* contrast, opposition

contrata *f* contract made with a government, contract, agreement

contrata a la gruesa bottomry bond

contrata de arriendo lease
contrata de fletamento charter-party
contratable contractable
contratación *f* contracting, preparation of a
  contract
contratación colectiva collective bargaining
contratado contracted
contratado ilegalmente illegally contracted
contratado ilícitamente illicitly contracted
contratado legalmente legally contracted
contratado lícitamente licitly contracted
contratante *m/f* contractor, contracting party
contratar to contract, to hire
contratar formalmente to formally contract
contratista *m/f* contractor
contratista principal principal contractor
contrato *m* contract, agreement
contrato a corretaje contract made with the
  general contractor
contrato a corto plazo short-term contract
contrato a costo mas honorario cost-plus
  contract
contrato a la gruesa bottomry bond
contrato a largo plazo long-term contract
contrato a precio global lump-sum contract
contrato a precios unitarios unit-price
  contract
contrato a suma alzada lump-sum contract
contrato a título gratuito gratuitous contract
contrato a título oneroso onerous contract
contrato abandonado abandoned contract
contrato abierto nonexclusive contract
contrato accesorio accessory contract
contrato aceptado accepted contract
contrato administrativo contract made with a
  government
contrato al mejor postor contract to the
  highest bidder
contrato aleatorio aleatory contract
contrato antenupcial antenuptial agreement
contrato anulable voidable contract
contrato atípico innominate contract
contrato bilateral bilateral contract
contrato cerrado closed contract
contrato cierto certain contract
contrato civil civil contract
contrato colateral collateral contract
contrato colectivo de trabajo collective
  bargaining agreement
contrato complejo mixed contract
contrato completo complete contract
contrato con alternativas alternative contract
contrato con cláusula penal contract with a
  penalty clause
contrato con incentivos incentive contract
contrato condicional conditional contract
contrato conjunto joint contract
contrato conmutativo commutative contract
contrato consensual consensual contract

contrato constructivo constructive contract
contrato contingente contingent contract
contrato de adhesión adhesion contract
contrato de administración management
  contract
contrato de agencia agency agreement
contrato de ajuste employment contract
contrato de amortización amortization
  contract
contrato de anualidad annuity contract
contrato de anualidad diferida deferred
  annuity contract
contrato de anualidad grupal diferida
  deferred group annuity contract
contrato de aparcería sharecropping contract
contrato de arrendamiento lease
contrato de arrendamiento de servicios
  service contract
contrato de arriendo lease
contrato de bienes raíces real estate contract
contrato de cambio commutative contract,
  foreign exchange contract
contrato de comisión commission contract
contrato de comodato gratuitous bailment
  contract
contrato de compra y venta sales contract,
  bargain and sale contract
contrato de compras purchasing contract
contrato de compraventa sales contract,
  bargain and sale contract
contrato de compromiso arbitration
  agreement
contrato de conchabo employment contract
contrato de consignación consignment
  contract
contrato de construcción construction
  contract
contrato de corretaje brokerage contract
contrato de costo establecido established cost
  contract
contrato de costo fijo fixed-cost contract
contrato de crédito credit contract
contrato de custodia bailment contract
contrato de depósito bailment contract
contrato de doble repurchase contract
contrato de edición contract to publish
contrato de embarco sailor's employment
  contract
contrato de embarque sailor's employment
  contract
contrato de empeño contract to pawn
contrato de empleo employment contract
contrato de empresa contract with an
  independent contractor
contrato de empréstito loan contract
contrato de encadenamiento exclusive
  contract, tying arrangement
contrato de enfiteusis emphyteusis contract
contrato de enganche employment contract

contrato de enrolamiento employment contract
contrato de estabilidad agreement to stabilize prices
contrato de fianza contract of surety
contrato de fideicomiso trust agreement
contrato de fiducia trust agreement
contrato de fletamento charter-party
contrato de garantía guarantor agreement
contrato de hipoteca mortgage agreement
contrato de indemnidad indemnity contract
contrato de indemnización indemnity contract
contrato de ingreso garantizado guaranteed income contract
contrato de intención letter of intent
contrato de intermediación bursátil authorization for a discretionary securities account
contrato de inversiones investment contract
contrato de juego wagering contract
contrato de locación lease
contrato de locación de obra construction contract
contrato de locación de servicios service contract
contrato de mandato contract of mandate
contrato de mutuo loan for consumption
contrato de negocios business contract
contrato de obras contract for public works
contrato de opción option
contrato de palabra oral contract, an unenforceable agreement in which the parties are bound by honor
contrato de permuta barter agreement
contrato de prenda pledge contract
contrato de préstamo loan contract
contrato de préstamo de uso bailment agreement
contrato de prueba contract for an employment trial
contrato de renta de retiro contract for retirement income
contrato de renta vitalicia life annuity contract
contrato de representación agency agreement
contrato de retrovendendo repurchase agreement
contrato de retroventa repurchase agreement
contrato de seguro médico health insurance contract
contrato de seguro múltiple blanket insurance contract
contrato de seguros insurance contract
contrato de servicios personales personal service contract
contrato de sociedad partnership agreement, incorporation agreement
contrato de suministro supply contract

contrato de tarea contract work
contrato de trabajo employment contract
contrato de transporte shipping agreement
contrato de venta condicional conditional sales contract
contrato de venta incondicional unconditional sales contract
contrato dependiente dependent contract
contrato derivado subcontract
contrato divisible divisible contract
contrato ejecutado executed contract
contrato en exclusiva exclusive contract
contrato enfitéutico emphyteusis contract
contrato escrito written contract
contrato espurio spurious contract
contrato estatal state contract
contrato estimatorio consignment sales contract
contrato exclusivo exclusive contract
contrato expreso express contract
contrato extendido extended contract
contrato extintivo nullifying contract
contrato extranjero foreign contract
contrato falso simulated contract
contrato fiduciario trust agreement, trust indenture, fiduciary contract
contrato fingido simulated contract
contrato firmado signed contract
contrato formal special contract
contrato garantizado guaranteed contract
contrato gratuito gratuitous contract
contrato grupal group contract
contrato ilegal illegal contract
contrato ilícito illicit contract
contrato imperfecto imperfect contract
contrato implícito implied contract
contrato inapropiado inappropriate contract
contrato incompleto incomplete contract
contrato incondicional unconditional contract
contrato individual de trabajo individual employment contract
contrato indivisible indivisible contract
contrato inferido inferred contract
contrato informal informal contract
contrato inmoral immoral contract
contrato innominado innominate contract
contrato interestatal interstate contract
contrato internacional international contract
contrato intraestatal intrastate contract
contrato inválido invalid contract
contrato justo de fletamento clean charter
contrato legal legal contract
contrato leonino unconscionable contract
contrato-ley union contract covering an entire industry made official by the government
contrato lícito licit contract
contrato literal written contract
contrato lucrativo onerous contract
contrato marítimo marine contract

contrato matrimonial antenuptial agreement, marriage contract
contrato mercantil commercial contract
contrato mixto mixed contract
contrato multilateral multilateral contract
contrato nacional national contract
contrato negociable negotiable contract
contrato no divisible nondivisible contract
contrato no escrito unwritten contract
contrato no solemne simple contract
contrato nominado nominate contract
contrato notarial notarized contract
contrato notarizado notarized contract
contrato nulo void contract
contrato nupcial antenuptial agreement, marriage contract
contrato oneroso onerous contract
contrato oral oral contract
contrato parcial partial contract
contrato partible divisible contract
contrato perpetuo perpetual contract
contrato personal personal contract
contrato pignoraticio pledge contract
contrato plurilateral multilateral contract
contrato por adhesión adhesion contract
contrato por correo mail contract
contrato por correspondencia mail contract
contrato por escrito written contract
contrato preliminar preliminary contract
contrato preparatorio preliminary contract
contrato presunto implied contract
contrato principal principal contract
contrato privado private contract
contrato provisional provisional contract
contrato público public contract
contrato real real contract
contrato recíproco reciprocal contract
contrato rechazado rejected contract
contrato rehusado refused contract
contrato renovable renewable contract
contrato renovable garantizado guaranteed renewable contract
contrato revocativo nullifying contract
contrato sellado contract under seal
contrato separado separate contract
contrato simple simple contract
contrato simulado simulated contract
contrato sinalagmático bilateral contract
contrato sindical collective bargaining agreement
contrato sobre servicios públicos public service contract
contrato sobreentendido implied contract
contrato social partnership agreement, incorporation agreement, social contract
contrato solemne special contract
contrato solidario joint and several contract
contrato sucesivo installment contract
contrato suplementario supplemental contract

contrato tácito tacit contract
contrato temporal temporary contract
contrato típico nominate contract
contrato total total contract
contrato transnacional transnational contract
contrato unilateral unilateral contract
contrato usurario usurious contract
contrato válido valid contract
contrato verbal oral contract
contrato verdadero express contract
contratos concurrentes concurrent contracts
contravalor *m* collateral
contravención *f* contravention, infringement, violation, breach
contravenir to contravene, to infringe, to violate, to breach
contraventa *f* repurchase
contraventor *m* infringer, violator, breacher
contrayente *m/f* contracting party, a person engaged to be married
contribución *f* contribution, tax, tax assessment
contribución a la exportación export tax
contribución a la herencia inheritance tax
contribución a las rentas income tax
contribución ad valórem ad valorem tax
contribución adicional surtax
contribución aduanal customs duty
contribución al valor agregado value added tax
contribución arancelaria customs duty
contribución corporativa corporate tax
contribución de avería average contribution
contribución de consumo excise tax, consumption tax
contribución de exportación export tax
contribución de herencia estate tax
contribución de importación import tax
contribución de inmueble real property tax
contribución de internación import duty
contribución de legado inheritance tax
contribución de mejoras tax assessment
contribución de no residentes nonresident tax
contribución de seguro social social security tax
contribución de sellos stamp tax
contribución de superposición surtax
contribución de transferencia transfer tax
contribución de valorización special assessment
contribución debida tax due
contribución degresiva degressive tax
contribución directa direct tax
contribución doble double taxation
contribución electoral poll-tax
contribución en la frontera border tax
contribución escalonada progressive tax
contribución especial extraordinary tax, special tax

contribución específica specific tax
contribución estatal state tax
contribución estimada estimated tax
contribución excesiva excessive tax
contribución extranjera foreign tax
contribución extraordinaria surtax
contribución fija fixed tax
contribución fiscal government tax
contribución general general tax
contribución hereditaria inheritance tax
contribución hipotecaria mortgage tax
contribución indirecta indirect tax
contribución individual sobre la renta
    individual's income tax
contribución industrial professional services
    tax
contribución inmobiliaria real estate tax
contribución interna internal tax
contribución local local tax
contribución máxima maximum contribution,
    maximum tax
contribución mínima minimum contribution,
    minimum tax
contribución mínima alternativa corporativa
    corporate alternative minimum tax
contribución múltiple multiple taxation
contribución municipal municipal tax
contribución negativa negative tax
contribución neta net contribution
contribución no deducible nondeductible tax
contribución normal tax, normal tax
contribución notarial notary's fees
contribución oculta hidden tax
contribución opcional optional tax
contribución ordinaria tax
contribución pagada tax paid
contribución para mejoras contribution for
    improvements
contribución para previsión social social
    security tax
contribución patrimonial capital tax
contribución per cápita per capita tax
contribución personal personal tax
contribución por cabeza poll-tax
contribución portuaria port charges
contribución predial ad valorem tax
contribución profesional occupational tax
contribución progresiva progressive tax
contribución proporcional proportional tax
contribución pública public tax
contribución real ad valorem tax
contribución regresiva regressive tax
contribución represiva repressive tax
contribución retenida retained tax
contribución según el valor ad valorem tax
contribución sobre beneficios profits tax
contribución sobre beneficios extraordinarios
    excess profits tax
contribución sobre bienes property tax

contribución sobre bienes inmuebles ad
    valorem tax
contribución sobre bienes muebles personal
    property tax
contribución sobre compras purchase tax
contribución sobre compraventas sales tax
contribución sobre concesiones franchise tax
contribución sobre diversiones amusement
    tax
contribución sobre dividendos dividend tax
contribución sobre donaciones gift tax
contribución sobre el consumo excise tax
contribución sobre el ingreso income tax
contribución sobre el juego gambling tax
contribución sobre el lujo luxury tax
contribución sobre el patrimonio property
    tax, capital tax, net worth tax
contribución sobre el patrimonio neto net
    worth tax
contribución sobre el valor agregado
    value-added tax
contribución sobre el valor añadido
    value-added tax
contribución sobre empleo employment tax
contribución sobre entradas admissions tax
contribución sobre exceso de ganancias
    excess profits tax
contribución sobre franquicias franchise tax
contribución sobre ganancias profit tax
contribución sobre ganancias de capital
    capital gains tax
contribución sobre herencias inheritance tax
contribución sobre ingresos income tax
contribución sobre inmuebles real property
    tax
contribución sobre la nómina payroll tax
contribución sobre la propiedad property tax
contribución sobre la renta income tax
contribución sobre la renta corporativa
    corporate income tax
contribución sobre las importaciones import
    tax
contribución sobre las nóminas payroll tax
contribución sobre las sociedades corporate
    tax
contribución sobre las ventas sales tax
contribución sobre salarios salary tax
contribución sobre transferencias transfer
    tax
contribución sobre transmisión de bienes
    transfer tax
contribución sobre ventas sales tax
contribución sucesoria inheritance tax
contribución suntuaria luxury tax
contribución suplementaria supplemental tax
contribución terrestre ad valorem tax
contribución territorial land tax
contribución única nonrecurrent tax, single
    tax

contribuciones acumuladas accrued taxes
contribuciones acumulativas cumulative
taxes
contribuciones atrasadas back taxes
contribuciones caritativas charitable
contributions
contribuciones comerciales business taxes
contribuciones corporativas corporate taxes
contribuciones de aduanas customs duties
contribuciones de campaña campaign
contributions
contribuciones de empleados employee
contributions
contribuciones de rentas internas internal
revenue taxes
contribuciones diferidas deferred taxes
contribuciones en exceso excess contributions
contribuciones federales federal taxes
contribuciones ilegales illegal taxes
contribuciones locales local taxes
contribuciones morosas delinquent taxes
contribuciones nacionales national taxes
contribuciones prepagadas prepaid taxes
contribuciones proporcionales proportional
taxes
contribuciones prorrateadas apportioned
taxes
contribuciones retenidas withheld taxes
contribuciones sobre ingresos corporativos
corporate income tax
contribuciones sobre ingresos federales
federal income taxes
contribuido contributed
contribuir to contribute, to pay taxes
contributario *m* contributor, taxpayer
contributivo pertaining to taxes
contribuyente *m* contributor, taxpayer
contribuyente (adj) contributory
contrición *f* contrition
contrito contrite
control *m* control
control absoluto absolute control
control conjunto joint control
control de calidad quality control
control de precios price control
control de riesgos risk control
control entero entire control
control exclusivo exclusive control
control indirecto indirect control
control inmediato immediate control
control judicial judicial control
control legislativo legislative control
control pecuniario pecuniary control
control salarial wage control
controlable controllable
controlado controlled
controlar to control, to restrict, to inspect
controles de exportación export controls
controles de importación import controls

controversia *f* controversy, litigation
controversia hipotética hypothetical
controversy
controversia legal legal controversy
controversia separable separable controversy
controvertible controvertible, actionable
controvertir to controvert, to litigate
contubernio *m* cohabitation, concubinage,
collusion
contumacia *f* contumacy, contempt of court,
default
contumacia indirecta constructive contempt
contumaz contumacious
contumazmente contumaciously
convalidación *f* confirmation, validation
convalidar to confirm, to validate
convencer to convince
convencimiento *m* conviction, proof
convención *f* convention, agreement,
assembly
convención colectiva de trabajo collective
bargaining agreement
convención constituyente constitutional
convention
convención de trabajo labor agreement
convención internacional international
agreement
convención matrimonial antenuptial
agreement
convencional conventional, contractual
convencionista *m/f* delegate
convenido *m* defendant
convenido (adj) agreed
conveniente convenient
convenio *m* agreement, contract, settlement
convenio auxiliar ancillary agreement
convenio básico basic agreement
convenio bilateral bilateral agreement
convenio clandestino clandestine agreement
convenio colectivo collective agreement
convenio colectivo de trabajo collective
bargaining agreement
convenio comercial trade agreement
convenio con acreedores arrangement with
creditors
convenio concursal creditors' agreement
convenio condicionado conditional agreement
convenio condicional conditional agreement
convenio conjunto joint agreement
convenio de arbitraje arbitration agreement
convenio de cartel cartel agreement
convenio de comercio recíproco reciprocal
trade agreement
convenio de compensaciones clearing
agreement
convenio de consentimiento de préstamo de
valores loan consent agreement
convenio de cuenta conjunta joint account
agreement

convenio de cuenta de margen margin agreement

convenio de empréstito para edificación building loan agreement

convenio de fideicomiso trust agreement

convenio de garantía guaranty agreement

convenio de indemnización indemnity agreement

convenio de modificación modification agreement

convenio de negociación colectiva collective bargaining agreement

convenio de préstamo para edificación building loan agreement

convenio de tomar prestado borrowing agreement

convenio del cliente customer's agreement

convenio en la quiebra agreement between debtor and creditors

convenio entre deudor y acreedores agreement between debtor and creditors

convenio escrito written agreement

convenio estatal state agreement

convenio expreso express agreement

convenio extranjero foreign agreement

convenio implícito implied agreement

convenio incondicional unconditional agreement

convenio inferido inferred agreement

convenio interestatal interstate agreement

convenio internacional international agreement

convenio intraestatal intrastate agreement

convenio maestro master agreement

convenio multilateral multilateral agreement

convenio patrón master agreement

convenio preliminar preliminary agreement

convenio salarial wage agreement

convenio separado separate agreement

convenio suplementario supplemental agreement

convenio tácito tacit agreement

convenio verbal oral agreement

convenir to agree, to be advisable, to convene, to correspond

convenirse to reach an agreement, to convene

conventio agreement

convergencia *f* convergence

convergir to converge

conversable conversable

conversación *f* conversation, illicit dealings

conversión *f* conversion

conversión de condominio condominium conversion

conversión de póliza conversion of policy

conversión de propiedad conversion of property

conversión forzada forced conversion

conversión involuntaria involuntary conversion

conversión voluntaria voluntary conversion

convertibilidad *f* convertibility

convertible convertible

convertir to convert

convicción *f* conviction, certainty

convicción final final conviction

convicción sumaria summary conviction

convicto *m* convict

convicto (adj) convicted

convincente convincing

convincentemente convincingly

convocación *f* convocation

convocar to convoke, to call together

convocar a licitación to call for bids

convocar de nuevo to reconvene

convocar una asamblea to call a meeting

convocar una sesión to call a meeting

convocatoria *f* summons, notice of a meeting

convocatoria para propuestas call for bids

conyúdice *m* alternate judge, associate judge

conyugal conjugal

conyugalmente conjugally

cónyuge *m/f* spouse

cónyuge abandonado abandoned spouse

cónyuge culpable culpable spouse

cónyuge inocente innocent spouse

cónyuge putativo putative spouse

cónyuge sobreviviente surviving spouse

cónyuge supérstite surviving spouse

conyugicida *m/f* a spouse who murders the other

conyugicidio *m* murder of a spouse by the other

coobligación *f* co-obligation

cooblígado *m* co-obligor

cooperación *f* cooperation

cooperación criminal aiding and abetting

cooperación estatal state cooperation

cooperación extranjera foreign cooperation

cooperación interestatal interstate cooperation

cooperación internacional international cooperation

cooperación intraestatal intrastate cooperation

cooperación nacional national cooperation

cooperador *m* cooperator

cooperar to cooperate

cooperativa *f* cooperative

cooperativa agrícola agricultural cooperative, farmer's cooperative

cooperativa de arrendamiento leasing cooperative

cooperativa de consumidores consumers' cooperative

cooperativa de consumo consumers' cooperative

cooperativa de crédito credit union

cooperativa de productores producers' cooperative
cooperativa de vivienda housing cooperative
cooperativista cooperative
cooperativo cooperative
cooptación *f* co-optation
coordinador *m* coordinator
copar to monopolize
coparticipación *f* partnership
copartícipe *m/f* accomplice, partner
copartícipe (adj) joint
copia *f* copy, transcript
copia autenticada certified copy, authenticated copy
copia autorizada certified copy
copia carbón carbon copy
copia certificada certified copy
copia en limpio clean copy
copia exacta exact copy
copia falsificada falsified copy
copia fiel true copy
copia legalizada certified copy
copia limpia clean copy
copia única sole copy
copiosamente copiously
copioso copious
coposeedor *m* joint owner, joint possessor
coposesión *f* joint ownership, joint possession
coposesor *f* joint owner, joint possessor
copresidente *m* co-chairperson
copropiedad *f* joint tenancy, joint ownership
copropietario *m* joint owner, joint tenant
cópula *f* union, sexual intercourse
copulación *f* copulation
coram before, in front of
coram judice within the jurisdiction of the court, coram judice
coram nobis before us, coram nobis
coram vobis before you, coram vobis
corazonada *f* hunch, impulse
corolario *m* corollary
corporación *f* corporation, company, legal entity, entity
corporación afiliada affiliated corporation
corporación asociada associated corporation
corporación bancaria banking corporation
corporación caritativa charitable corporation
corporación cerrada close corporation
corporación civil civil corporation
corporación comercial commercial corporation
corporación controlada controlled corporation, subsidiary
corporación controladora holding corporation
corporación de control holding corporation
corporación de crédito credit corporation
corporación de derecho corporation created fulfilling all legal requirements

corporación de fideicomiso trust corporation
corporación de hecho corporation in fact
corporación de inversión investment corporation
corporación de negocios business corporation
corporación de seguros insurance corporation
corporación de seguros mutuos mutual insurance corporation
corporación de servicio service corporation
corporación de servicios personales personal service corporation
corporación difunta defunct corporation
corporación diversificada diversified corporation
corporación doméstica domestic corporation
corporación estatal state corporation
corporación exenta exempt corporation
corporación exenta de contribuciones tax-exempt corporation
corporación exenta de impuestos tax-exempt corporation
corporación extranjera alien corporation, foreign corporation
corporación extranjera controlada controlled foreign corporation
corporación familiar family corporation
corporación ficticia fictitious corporation
corporación fiduciaria trust corporation
corporación filial sister corporation, subsidiary
corporación financiera finance corporation
corporación hipotecaria mortgage corporation
corporación ilícita corporation organized for illegal purposes
corporación inactiva dormant corporation
corporación inexistente nonexistent corporation
corporación insolvente insolvent corporation
corporación interestatal interstate corporation
corporación internacional international corporation
corporación intraestatal intrastate corporation
corporación inversionista investment corporation
corporación manufacturera manufacturing corporation
corporación matriz parent corporation
corporación mercantil business corporation
corporación miembro member corporation
corporación multinacional multinational corporation
corporación municipal municipal corporation
corporación nacional domestic corporation
corporación no especulativa nonprofit corporation
corporación para fines no pecuniarios nonprofit corporation

corporación por acciones stock corporation
corporación privada private corporation
corporación propietaria close corporation
corporación pública public corporation
corporación quebrada bankrupt corporation
corporación sin acciones nonstock corporation
corporación sin fines de lucro nonprofit corporation
corporación subsidiaria subsidiary corporation
corporación tenedora holding corporation
corporal corporal, corporeal
corporalidad *f* corporeality
corporativo corporate
corpóreo corporeal
corpus delicti the body of the crime, corpus delicti
corpus juris the body of the law, corpus juris
corrección *f* correction, adjustment, amendment, punishment
correccional *f* correctional institution
correccional (adj) correctional, corrective
correcciones disciplinarias sanctions for civil contempt of court, sanctions for misbehavior by an officer of the court in an official matter
correctamente correctly
correctivo corrective
correcto correct
corredor *m* broker
corredor conjunto co-broker
corredor de aduana customs broker
corredor de apuestas bookmaker
corredor de bienes raíces real estate broker
corredor de cambio foreign exchange broker
corredor de comercio merchandise broker, merchandise broker who also performs the services of a notary public
corredor de importación import broker
corredor de seguros insurance broker
corredor de valores securities broker
corredor notario notary public
corredor principal main broker
correduría *f* brokerage
corregido corrected
corregidor *m* magistrate
corregidor de policía police commissioner
corregir to correct
correlación *f* correlation
correlacionar to correlate
correlativo correlative
correo *m* mail, correspondence, post office, accomplice
correo asegurado insured mail
correo certificado certified mail, registered mail
correo electrónico electronic mail
correo no asegurado uninsured mail

correo registrado registered mail
correr to run, to run out
correr obligación to have an obligation
correspondencia *f* correspondence, mail, reciprocity
correspondencia certificada certified mail, registered mail
correspondencia de negocios business correspondence
correspondencia registrada registered mail
correspondiente corresponding
corresponsal *m/f* correspondent
corretaje *m* brokerage
corretaje general general brokerage
corriente current, running, standard
corrientemente currently, ordinarily
corrientemente asegurado currently insured
corrientemente cubierto currently covered
corroboración *f* corroboration, ratification
corroborante corroborating, ratifying
corroborar to corroborate, to ratify
corroborativo corroborative
corromper to corrupt, to seduce, to bribe
corrompido corrupt, crooked
corrupción *f* corruption, seduction, bribery
corrupción política political corruption
corruptamente corruptly
corruptela *f* corruption, malpractice, abuse of power
corruptibilidad *f* corruptibility, perishability
corruptible corruptible, bribable, perishable
corrupto corrupt
corruptor *m* corrupter, seducer, briber
cortabolsas *m/f* pickpocket, cutpurse
corte *f* court
corte administrativa administrative court
corte aduanal customs court
corte ambulante ambulatory court
corte arbitral court of arbitration
corte civil civil court
corte colegiada court having three or more judges
corte constitucional constitutional court
corte consular consular court
corte correccional correctional court
corte criminal criminal court
corte de almirantazgo admiralty court
corte de alzadas court of appeals
corte de apelación court of appeals
corte de apelaciones penales court of criminal appeals
corte de autos court of record
corte de casación court of cassation, court of appeals
corte de circuito circuit court
corte de comercio commercial court
corte de conciliación court of conciliation
corte de derecho court of law
corte de derecho marítimo admiralty court

corte de distrito district court
corte de equidad court of equity
corte de garantías constitucionales
    constitutional court
corte de justicia court of justice
corte de lo criminal criminal court
corte de menores juvenile court
corte de policía police court
corte de primera instancia court of first
    instance
corte de quiebras bankruptcy court
corte de registro court of record
corte de segunda instancia court of appeals
corte de sucesiones probate court
corte de trabajo labor court
corte de última instancia court of last resort
corte doméstica domestic court
corte electoral electoral court
corte en lo civil civil court
corte en lo criminal criminal court
corte estatal state court
corte extranjera foreign court
corte federal federal court
corte inferior lower court
corte intermedia intermediate court
corte internacional international court
corte local local court
corte marcial military court
corte marítima admiralty court
corte militar military court
corte municipal municipal court
corte nacional national court
corte nocturna night court
corte penal criminal court
corte plena full court
corte policial police court
corte provisional provisional court
corte superior superior court
corte suprema supreme court
corte suprema de justicia supreme court
corte territorial territorial court
corte testamentaria probate court
corte unipersonal court having one judge
cortesía *f* courtesy, grace period
cortesía internacional comity of nations
cosa *f* thing, something, matter
cosa abandonada abandoned property
cosa abstracta abstract thing
cosa accesoria accessory
cosa ajena property of another
cosa corporal corporeal thing
cosa de nadie property of nobody
cosa determinada determined thing
cosa divisible divisible thing
cosa en posesión thing in possession
cosa específica specific thing
cosa fungible fungible good
cosa genérica generic thing
cosa gravada encumbered thing

cosa hipotecada mortgaged thing
cosa hurtada stolen thing
cosa ilícita illegal thing, illegal act
cosa imposible impossible thing, impossible
    act
cosa incierta uncertain thing
cosa incorporal incorporeal thing
cosa indeterminada undetermined thing
cosa indivisible indivisible thing
cosa inmueble real property
cosa juzgada matter decided, res judicata
cosa lícita legal thing, legal act
cosa litigiosa subject of litigation
cosa mueble movable thing
cosa perdida lost thing
cosa principal principal thing
cosa privada private property
cosa pública public property
cosa robada stolen thing
cosecha *f* harvest
cosecha del arrendatario away-going crop
cosignatario *m* cosigner
costa *f* cost, price, coast
costas *f* court costs, costs, fees
costas directas direct costs
costas interlocutorias interlocutory costs
costas procesales court costs
coste *m* cost, price
costear to finance, to pay for
costo *m* cost, price
costo adicional additional cost
costo de constitución organization cost
costo de financiamiento financing cost
costo de fondos cost of funds
costo de mantenimiento maintenance cost
costo de reposición replacement cost
costo de reproducción replacement cost
costo de vida cost of living
costo entero entire cost
costo estipulado stipulated cost
costo fijo fixed cost
costo inferido inferred cost
costo irrazonable unreasonable cost
costo máximo maximum cost
costo por financiamiento finance cost
costo razonable reasonable cost
costo tácito tacit cost
costos establecidos established costs
costos variables variable costs
costumbre *f* custom, routine
costumbre comercial business practice
costumbre extranjera foreign custom
costumbre general general custom
costumbre inmemorial immemorial custom
costumbre internacional international custom
costumbre local local custom
costumbre nacional national custom
costumbre particular particular custom
costumbres del comercio customs of the trade

costumbres regionales regional customs
cotejo *m* comparison, comparison of documents, contrast
cotejo de letras comparison of handwriting
cotización *f* quotation
cotizar to quote
cotutor *m* co-guardian
crasamente crassly
craso crass
creado por ley created by law
crear to create
crear un gravamen to create a lien
crear una deuda to create a debt
crear una responsabilidad to create a liability
credencial *f* credential, identification
credenciales credentials
credibilidad *f* credibility
crédito *m* credit, reputation, installment, solvency, claim
crédito a corto plazo short-term credit
crédito a largo plazo long-term credit
crédito a medio plazo medium-term credit
crédito a sola firma unsecured credit
crédito abierto open credit
crédito agrícola farm credit
crédito al descubierto unsecured credit
crédito bancario bank credit
crédito cierto existing debt
crédito comercial commercial credit
crédito confirmado confirmed credit
crédito congelado frozen credit
crédito contributivo tax credit
crédito de aceptación acceptance credit
crédito de avío loan for a specific business purpose
crédito de habilitación loan for a specific business purpose
crédito de importación import credit
crédito disponible available credit
crédito documentario documentary credit
crédito en blanco open credit
crédito extendido extended credit
crédito garantizado guaranteed credit, secured credit
crédito hipotecario mortgage
crédito ilimitado unlimited credit
crédito impositivo tax credit
crédito incobrable uncollectible debt
crédito incondicional unconditional credit
crédito inexistente nonexistent credit
crédito irrevocable irrevocable credit
crédito libre open credit
crédito limitado limited credit
crédito litigioso debt in litigation
crédito mercantil commercial credit
crédito mobiliario chattel mortgage
crédito no utilizado unused credit
crédito opcional optional credit
crédito personal personal credit

crédito pignoraticio secured credit
crédito privado private loan
crédito privilegiado privileged debt
crédito público public debt
crédito quirografario unsecured credit
crédito refaccionario agricultural loan, commercial loan
crédito restringido restricted credit
crédito sin garantía unsecured credit
crédito sin restricción unrestricted credit
crédito suplementario supplemental credit
crédito temporal temporary credit
crédito transferible transferable credit
crédito tributario tax credit
creencia irrazonable unreasonable belief
creencia razonable reasonable belief
creer to believe
creíble credible
cremación *f* cremation
crematística *f* pecuniary interest
crepúsculo *m* dusk
crimen *m* crime, felony
crimen abandonado abandoned crime
crimen administrativo administrative crime
crimen capital capital crime
crimen continuo continuous crime
crimen corporativo corporate crime
crimen de guerra war crime
crimen de omisión crime of omission
crimen en el primer grado first degree crime
crimen en el segundo grado second degree crime
crimen estatuario statutory crime
crimen falsi crime which contains the element of deceit
crimen flagrante flagrant crime
crimen furti larceny
crimen instantáneo instantaneous crime
crimen oculto concealed crime
crimen pasional crime of passion
crimen político political crime
crimen preterintencional crime which exceeds the intended consequences
criminación *f* incrimination, accusation, charge
criminal *m/f* criminal, felon, delinquent, offender
criminal (adj) criminal, felonious, delinquent
criminal de guerra war criminal
criminal habitual habitual criminal
criminal peligroso dangerous criminal
criminal reincidente habitual criminal
criminalidad *f* criminality
criminalista *m/f* criminalist, criminologist
criminalística *f* criminology
criminalmente criminally
criminar to incriminate, to accuse, to charge
criminología *f* criminology
criminológico criminological

crisis *f* crisis
crisis económica economic crisis
crisis laboral labor crisis
críticamente critically
crítico critical
crónicamente chronically
cronología *f* chronology
cronológico chronological
cruce *m* crossing, crossroad
crucial crucial
cruel cruel
crueldad *f* cruelty
crueldad contra animales cruelty to animals
crueldad contra niños cruelty to children
crueldad extrema extreme cruelty
crueldad física physical cruelty
crueldad intolerable intolerable cruelty
crueldad mental mental cruelty
crueldad mental intolerable intolerable
   mental cruelty
cuaderno de bitácora logbook
cuadrante *m* quadrant, quarter of an
   inheritance
cuadrilla *f* gang, squad
cuadrinieta *f* great-great-granddaughter
cuadrinieto *m* great-great-grandson
cuadripartito quadripartite
cuádruple quadruple
cuadruplicado quadruplicate
cualitativo qualitative
cuantía *f* quantity, importance
cuantitativo quantitative
cuarentena *f* quarantine
cuartel *m* quarter, zone, lot
cuartel de policía police station
cuasiafinidad *f* quasi affinity
cuasicontractual quasi contractual
cuasicontrato *m* quasi contract
cuasicontumacia *f* quasi contempt
cuasicorporación *f* quasi corporation
cuasicrimen *m* quasi crime
cuasidelito *m* quasi crime
cuasiimpedimento quasi estoppel
cuasijudicial quasi judicial
cuasimonopolio *m* quasi monopoly
cuasimunicipal quasi municipal
cuasinegociable quasi negotiable
cuasiposesión *f* quasi possession
cuasipúblico quasi public
cuasirenta *f* quasi rent
cuasirreorganización *f* quasi reorganization
cuasiservidumbre *f* quasi easement
cuasiusufructo *m* quasi usufruct
cuatrero *m* cattle rustler
cuatrimestre *m* a four month period
cubierta *f* coverage
cubrir to cover, to cover up, to pay
cuchillada *f* slash, stab
cuenta *f* account, bill, report, accounting,

calculation
cuenta abierta open account
cuenta activa active account
cuenta adjunta adjunct account
cuenta administrada managed account
cuenta ajena the account of another
cuenta al descubierto short account,
   overdrawn account
cuenta asegurada insured account
cuenta asignada assigned account
cuenta auxiliar adjunct account
cuenta bancaria bank account
cuenta bloqueada blocked account
cuenta cancelada cancelled account
cuenta cedida assigned account
cuenta cerrada closed account
cuenta congelada frozen account
cuenta conjunta joint account
cuenta controlada controlled account
cuenta controladora controlling account
cuenta convenida account stated
cuenta corporativa corporate account
cuenta corriente commercial account, current
   account, checking account
cuenta corriente bancaria checking account
cuenta custodial custodial account
cuenta de capital capital account
cuenta de corretaje brokerage account
cuenta de costas account of court costs
cuenta de crédito credit account
cuenta de cheques checking account
cuenta de ganancias y pérdidas profit and
   loss statement
cuenta de liquidación settlement account
cuenta de regreso protest charges
cuenta de resaca protest charges
cuenta de tutela trust account
cuenta de venta bill of sale
cuenta deudora account payable
cuenta embargada attached account
cuenta en fideicomiso account in trust
cuenta en plica escrow account
cuenta fiduciaria trust account
cuenta garantizada secured account
cuenta incobrable uncollectible debt
cuenta interestatal interstate account
cuenta internacional international account
cuenta intraestatal intrastate account
cuenta liquidada liquidated account
cuenta mala uncollectible debt
cuenta nacional national account
cuenta particional account to divide
cuenta por cobrar account receivable
cuenta por pagar account payable
cuenta principal principal account
cuenta saldada account settled
cuenta sobregirada overdrawn account
cuentas de orden memoranda accounts
cuerda floja papers in a file that are not part

of the official record
cuerdo sane, prudent
cuerpo *m* body, party, corps, volume
cuerpo administrativo administrative body
cuerpo consular consular staff
cuerpo de bienes total assets
cuerpo de la herencia amount of the decedent's estate
cuerpo de leyes body of laws
cuerpo del delito body of the crime
cuerpo del derecho body of laws
cuerpo diplomático diplomatic corps
cuerpo electoral electoral body
cuerpo legal body of laws
cuerpo legislativo legislative body
cuerpo municipal municipal entity
cuerpo policíaco police force
cuestión *f* question, matter, issue, controversy
cuestión artificial feigned issue
cuestión colateral collateral issue
cuestión de competencia conflict of venue
cuestión de derecho question of law, issue of law
cuestión de hecho question of fact, issue of fact
cuestión de jurisdicción conflict of jurisdiction
cuestión de procedimiento question of procedure
cuestión de puro derecho question of law
cuestión en controversia matter in controversy
cuestión en disputa matter in controversy
cuestión especial special issue
cuestión fabricada sham issue
cuestión general general issue
cuestión idéntica identical issue
cuestión inmaterial immaterial issue
cuestión legal legal issue
cuestión prejudicial questions which must be resolved prior to hearing the case
cuestión previa previous matter
cuestión sustancial substantial issue
cuestionable questionable
cuestionar to question, to interrogate, to debate
cuestionario *m* questionnaire, interrogatory
cuidado *m* care, caution, charge
cuidado debido due care
cuidado esencial essential care
cuidado indispensable indispensable care
cuidado innecesario unnecessary care
cuidado necesario necessary care
cuidado obligatorio obligatory care
cuidado suficiente sufficient care
cuidados irrazonables unreasonable care
cuidadosamente carefully
cuidadoso careful, attentive
culminación *f* culmination

culpa *f* fault, guilt, negligence
culpa civil noncriminal negligence
culpa concurrente comparative negligence
culpa consciente foreseen fault
culpa contractual breach of contract
culpa de la víctima comparative negligence
culpa extracontractual tortious negligence
culpa grave gross negligence
culpa lata gross negligence
culpa leve ordinary negligence
culpa levísima slight negligence
culpa objetiva strict liability
culpa penal criminal negligence
culpabilidad *f* guilt, culpability
culpabilidad imputada imputed guilt
culpable *m/f* culprit
culpable (adj) guilty, culpable
culpablemente culpably
culpar to blame, to accuse, to find guilty, to censure
culparse to confess
culposo guilty, culpable
cumplidor reliable, trustworthy
cumplimiento *m* fulfillment, completion, performance, compliance, expiration date
cumplimiento contributivo tax compliance
cumplimiento de la condena service of the sentence
cumplimiento de la ley compliance with the law
cumplimiento de la obligación performance of an obligation
cumplimiento de un deber fulfillment of a duty
cumplimiento entero entire performance
cumplimiento específico specific performance
cumplimiento fiscal tax compliance
cumplimiento impositivo tax compliance
cumplimiento involuntario involuntary compliance
cumplimiento parcial partial performance
cumplimiento procesal compliance with the rules of procedure
cumplimiento total total performance
cumplimiento tributario tax compliance
cumplimiento voluntario voluntary compliance
cumplir to fulfill, to carry out, to perform
cumplir con especificaciones to meet specifications
cumplir el pedido to fill the order
cumplir la palabra keep one's word
cumplir una sentencia to serve a sentence
cumplirse el plazo to mature
cumulativo cumulative
cundir to spread, to increase
cuñada *f* sister-in-law
cuñado *m* brother-in-law
cuota *f* quota, share, payment, installment, fee

cuota arancelaria tariff quota
cuota contributiva tax rate, tax assessment
cuota de importación import quota
cuota de impuesto tax rate
cuota de la herencia portion of a decedent's estate
cuota en avería gruesa general average contribution
cuota gravable taxable value
cuota imponible taxable value
cuota litis contingent fee
cuota mortuoria death benefit
cuota tributable taxable value
cuota viudal usufructuary portion of the surviving spouse
cupo *m* quota, share, tax share
cupón *m* coupon
cupón de acción dividend coupon
cupón de deuda bond coupon
cupón de dividendo dividend coupon
curador *m* curator, guardian, conservator, administrator
curador ad litem guardian for the suit, guardian ad litem
curador de bienes guardian of goods
curador de la herencia administrator
curador natural natural guardian
curador para el caso guardian for a particular matter, special guardian
curaduría *f* guardianship, curatorship
curandero *m* quack doctor
curatela *f* guardianship, curatorship
curatela legítima legal guardianship
curia *f* bar, court
curial *m* attorney, court clerk
curriculum vitae curriculum vitae
curso *m* course, flow, circulation
curso de agua artificial artificial water course
curso de cambio rate of exchange
curso del empleo course of employment
curso habitual habitual course
curso inusual unusual course
curso irregular irregular course
curso legal legal tender
curso normal normal course
curso normal de los negocios ordinary course of business
curso ordinario ordinary course
curso regular regular course
curso usual usual course
custodia *f* custody, custodianship, guard, guardianship
custodia de hijos custody of children
custodia de menores child custody
custodia de niños custody of children
custodia de propiedad custody of property
custodia dividida divided custody
custodia ilegal illegal custody
custodia ilícita illicit custody

custodia legal lawful custody
custodia legis legal custody
custodia lícita licit custody
custodia temporal temporary custody
custodia y control custody and control
custodial custodial
custodiar to have custody of, to guard, to protect, to watch
custodio *m* custodian, guardian

CH

chanchullo *m* swindle, racket, political corruption
chanciller *m* chancellor
chantaje *m* blackmail
chantajear to blackmail
chantajista *m/f* blackmailer
charlatán *m* charlatan
charlatanismo *m* charlatanism
chasco *m* trick, ruse
cheque *m* check
cheque a la orden check to the order of
cheque aceptado accepted check
cheque al portador bearer check
cheque alterado altered check
cheque antedatado antedated check
cheque cancelado cancelled check
cheque certificado certified check
cheque circular cashier's check
cheque cobrado cashed check
cheque compensado cleared check
cheque conformado certified check
cheque cruzado check for deposit only
cheque de caja cashier's check
cheque de cajero cashier's check
cheque de compañía company check
cheque de dividendo dividend check
cheque de gerencia cashier's check
cheque de gerencia bancaria cashier's check
cheque de gerente cashier's check
cheque de reembolso refund check
cheque de tesorería treasury check
cheque de ventanilla counter check
cheque de viajero traveler's check
cheque devuelto returned check
cheque en blanco blank check
cheque falso false check
cheque firmado signed check
cheque limitado limited check
cheque local local check
cheque mutilado mutilated check
cheque negociable negotiable check
cheque no negociable nonnegotiable check
cheque no pagado unpaid check
cheque pagado paid check
cheque para abono en cuenta check for deposit only
cheque para acreditar en cuenta check for deposit only

cheque personal personal check
cheque posfechado post-dated check
cheque postal postal money order
cheque preautorizado preauthorized check
cheque protegido protected check
cheque rayado check for deposit only
cheque rehusado dishonored check
cheque restringido restricted check
cheque sin fondos bad check
cheque visado certified check
chequear to check, to inspect
chicanero *m* shyster attorney
chicanero (adj) cunning, tricky
chillar to scream, to shriek
chocar to crash, to collide, to clash, to provoke
choque *m* crash, collision, shock, clash, conflict
chozna *f* great-great-great granddaughter
chozno *m* great-great-great grandson

D

dación *f* dation, delivery, giving, surrender
dación de arras payment of earnest money
dación en pago dation in payment, payment in lieu of that accorded
dactilar digital
dactilograma *m* fingerprint, dactylogram
dactiloscopia *f* dactyloscopy
dactiloscópico dactyloscopic
dactiloscopista *m/f* dactylographer
dádiva *f* gift, donation, grant
dádivas a funcionarios públicos inappropriate gifts to public officials, bribery of public officials
dador *m* giver, donor, grantor, drawer
dador a la gruesa lender on bottomry bond
dador de préstamo lender
dador de trabajo employer
damnificado *m* injured party, victim
damnificado (adj) injured, damaged
damnificador *m* injurer
damnificar to injure, to damage
damnum absque injuria damage without legal remedy, damnum absque injuria
dañado injured, damaged, spoiled, corrupt
dañador *m* injurer, damager
dañador (adj) injurious, damaging
dañar to injure, to damage, to spoil
dañino injurious, damaging
daño *m* damage, injury, loss, nuisance, discount
daño a la persona damage to person
daño a la propiedad damage to property
daño a la reputación injury to reputation
daño accidental accidental damage
daño causado por hecho ajeno damage done by another's acts
daño civil civil damage
daño considerable considerable damage
daño corporal bodily harm
daño de bienes raíces real estate damage
daño de propiedad property damage
daño directo direct damages
daño extensivo extensive damage
daño físico physical harm
daño fortuito damages due to uncontrollable circumstances
daño inmediato immediate damage
daño irreparable irreparable damage, irreparable harm
daño irreversible irreversible damage
daño legal extracontractual tort
daño marítimo average
daño material physical damage
daño moral pain and suffering, injury of reputation
daño oculto concealed damage
daño personal bodily injury
daño previsible foreseeable damage
daños acumulados accumulated damages
daños anticipados prospective damages
daños apreciables appreciable damages
daños causados por animales injuries caused by animals
daños compensatorios compensatory damages
daños condicionales conditional damages
daños contingentes contingent damages
daños continuos continuing damages
daños convencionales stipulated damages
daños corporales bodily injuries
daños directos direct damages
daños e intereses damages plus interest
daños efectivos actual damages
daños ejemplares punitive damages
daños especiales special damages
daños especulativos speculative damages
daños eventuales contingent damages
daños generales general damages
daños ilíquidos unliquidated damages
daños incidentales incidental damages
daños indirectos indirect damages
daños individuales individual damages
daños inmediatos proximate damages
daños inmoderados excessive damages
daños morales moral damages
daños no determinados unliquidated damages
daños no liquidados unliquidated damages
daños nominales nominal damages
daños pecuniarios pecuniary damages
daños personales bodily injuries
daños punitivos punitive damages
daños remotos remote damages
daños sobrevenidos subsequent damages
daños y perjuicios damages
daños y perjuicios nominales nominal damages
daños y perjuicios pecuniarios pecuniary damages
dañosamente injuriously
dañoso injurious, damaging, prejudicial
dar to give, to convey, to donate, to offer, to bestow
dar a conocer to make known
dar a crédito to lend
dar a la gruesa to lend on bottomry bond
dar audiencia to give a hearing
dar aviso to give notice
dar carpetazo to shelve

dar conocimiento to serve notice, to make known, to report
dar crédito to grant credit, to give credence to
dar cuenta to render an account, to report
dar de baja to charge off, to cancel
dar el sí to approve
dar en arriendo to lease
dar en prenda to pledge
dar fe to attest, to swear to, to certify
dar fianza to post bail
dar la razón a to agree with
dar lectura to read, to have read
dar lugar to approve
dar muerte to kill, to put to death
dar órdenes to order
dar parte to notify, to report
dar poder to empower, to give a power of attorney
dar por concluso to deem concluded
dar por nulo to nullify
dar por recibido to acknowledge receipt
dar por terminado to adjourn
dar por vencido to cause to become due and payable
dar prestado to lend
dar prórroga to grant a time extension
dar su palabra to promise
dar un veredicto to return a verdict
dar vista to give a hearing
darse to give to another, to give in, to concentrate on
darse a merced to surrender
darse por citado to accept a summons
darse por notificado to accept service
data f date, data
datar to date, to enter
datar de to date from
dativo m dative
dato m datum, fact
datos data, facts
datos contributivos tax data
datos de contabilidad accounting data
datos impositivos tax data
datos internos internal data
datos restringidos restricted data
datos sin restricciones unrestricted data
datos tributarios tax data
de acuerdo a as per
de acuerdo a lo convenido as per agreement
de acuerdo al contrato as per contract
de antemano beforehand
de bene esse conditionally, de bene esse
de cabal juicio of sound mind
de derecho of right, lawful
de die in diem from day to day
de esencia of the essence
de facto in fact, de facto
de fuero of right, lawful

de gracia free, by favor
de hecho in fact
de jure by right, valid in law, de jure
de mancomún jointly
de marras mentioned before, in question
de mayor cuantía involving a large amount, of great importance
de menor cuantía involving a small amount, of small importance
de muerte fatal
de novo anew, de novo
de oídas by hearsay
de persona a persona personally
de por vida for life
de primera mano first-hand
de pronto suddenly
de propósito deliberately
de público y notorio public knowledge
de repente suddenly
de rigor prescribed by the rules
de sana mente of sound mind
de sano juicio of sound mind
de seguida continuously
de segunda mano second-hand
de siempre usual
de tapadillo stealthily
de turno on duty
de tránsito in transit
de turno on duty
de vista observed
deambular to wander aimlessly
debacle f debacle, catastrophe
debate m debate, controversy
debatir to debate, to discuss
debenture m debenture
debenturista m/f holder of a debenture
deber m duty, obligation, debt
deber (v) to owe
deber de must
deber de asistencia duty of assistance
deber de socorro duty of assistance
deber habitual habitual duty
deber identificado identified duty
deber independiente independent duty
deber indicado indicated duty
deber inusual unusual duty
deber judicial judicial duty
deber jurídico legal duty, legal obligation
deber legal legal duty, legal obligation
deber moral moral duty
deber normal normal duty
deber ordinario ordinary duty
deber usual usual duty
deberes contributivos tax obligations
deberes ejecutivos executive duties
deberes fiscales tax obligations
deberes impositivos tax obligations
deberes procesales rules of procedure
deberes tributarios tax obligations

debida deliberación due consideration
debida diligencia due diligence
debidamente duly
debidamente asignado duly assigned
debidamente autorizado duly authorized
debidamente certificado duly certified
debidamente comenzado duly commenced
debidamente completado duly completed
debidamente cualificado duly qualified
debidamente designado duly designated
debidamente ejecutado duly executed
debidamente establecido duly established
debidamente juramentado duly sworn
debidamente nombrado duly named
debidamente organizado duly organized
debidamente permitido duly allowed
debidamente presentado duly presented
debidamente registrado duly registered
debidamente verificado duly verified
debido due, proper
debido a due to
debido aviso due notice
debido procedimiento de ley due process of law
debido procedimiento legal due process of law
debido proceso due process
debiente owing
debilidad mental mental deficiency
debilitar to debilitate
debitar to debit
debitar de mas to overdebit
débito *m* debit
decadencia *f* decadence, lapsing
decano *m* dean, president of an organization, senior member of an organization
decapitación *f* decapitation
decapitar to decapitate
decencia *f* decency, honesty, rectitude, dignity
decente decent
decepción *f* deception, disappointment
decepción intencional intentional deception
deceso *m* death
decidido decided
decidido legalmente legally decided
decidido lícitamente licitly decided
decidir to decide, to settle, to determine
decir to say, to testify
decisión *f* decision, judgment, verdict, finding, determination
decisión acelerada accelerated decision
decisión desfavorable unfavorable decision
decisión errónea erroneous decision
decisión favorable favorable decision
decisión final final decision
decisión fiscal fiscal decision
decisión general general finding
decisión informada informed decision
decisión judicial judicial decision

decisión legal legal decision
decisión lícita licit decision
decisión monetaria monetary decision
decisión rápida quick decision
decisiones consistentes consistent decisions
decisivo decisive
decisorio decisive
declamación *f* declamation
declamar to declaim
declamatorio declamatory
declarable declarable
declaración *f* declaration, statement, deposition, determination, report
declaración aduanera customs declaration
declaración arancelaria customs declaration
declaración contradictoria contradictory statement
declaración contributiva tax return
declaración de aduana customs declaration
declaración de ausencia judicial determination of absence
declaración de bienes statement of property owned
declaración de concurso declaration of bankruptcy
declaración de contribución sobre ingresos income tax return
declaración de culpabilidad guilty plea, confession
declaración de derechos bill of rights
declaración de entrada customs declaration
declaración de exportación export declaration
declaración de fallecimiento judicial certification of presumed death
declaración de fideicomiso declaration of trust
declaración de guerra declaration of war
declaración de herederos acknowledgment of heirs
declaración de impacto impact statement
declaración de importación import declaration
declaración de impuesto sobre ingresos income tax return
declaración de impuestos tax return
declaración de incapacidad judicial determination of incapacity
declaración de inconstitucionalidad declaration of unconstitutionality
declaración de independencia declaration of independence
declaración de inocencia plea of not guilty
declaración de intención declaration of intention
declaración de muerte del ausente judicial certification of presumed death
declaración de necesidad pública declaration of public necessity
declaración de nulidad annulment

declaración de origen declaration of origin
declaración de póliza policy declaration
declaración de quiebra declaration of
    bankruptcy
declaración de rebeldía finding of contempt
    of court, declaration of default
declaración de rechazo notice of dishonor
declaración de renta income tax return
declaración de solvencia declaration of
    solvency
declaración de testigos witnesses' testimony
declaración de un moribundo dying
    statement
declaración de voluntad expression of
    consent
declaración del cierre closing statement
declaración en interés propio self-serving
    declaration
declaración engañosa deceptive statement
declaración exagerada exaggerated statement
declaración exculpatoria exculpatory
    statement
declaración expresa expression of consent
declaración extrajudicial extrajudicial
    declaration
declaración falsa false statement, false return
declaración falsa enjuiciable actionable
    misrepresentation
declaración fiscal tax return
declaración formal formal statement
declaración fraudulenta fraudulent
    representation
declaración general general statement
declaración ilógica illogical statement
declaración implícita implied declaration
declaración impositiva tax return
declaración inadmisible inadmissible
    statement
declaración inconsistente inconsistent
    statement
declaración incorrecta incorrect statement
declaración increíble incredible statement
declaración incriminante incriminatory
    statement
declaración indagatoria statement by a
    criminal defendant
declaración involuntaria involuntary
    statement
declaración judicial court order, decree
declaración jurada sworn statement,
    affidavit, deposition
declaración oficial official statement
declaración patrimonial statement of assets
declaración personal oral statement
declaración preliminar preliminary statement
declaración preparatoria statement by a
    criminal defendant
declaración solemne solemn declaration
declaración tácita implied declaration

declaración testimonial testimony
declaración tributaria tax return
declaración voluntaria voluntary statement
declaraciones en inminente peligro de
    muerte dying declarations
declarado declared, manifested
declarado de más overstated
declarado de menos understated
declarador m declarant, deponent, witness
declarante m/f declarant, deponent, witness
declarar to declare, to depose, to testify, to
    determine
declarar bajo juramento to declare under
    oath
declarar con lugar to allow, to uphold
declarar culpable to find guilty
declarar formalmente to formally state
declarar inocente to acquit
declarar sin lugar to dismiss, to overrule
declarar un dividendo to declare a dividend
declarar una huelga to declare a strike
declararse culpable to plead guilty
declararse inocente to plead not guilty
declarativo declaratory
declaratoria f declaration
declaratoria de herederos declaration of heirs
declaratoria de pobreza declaration of
    indigence
declaratoria de quiebra declaration of
    bankruptcy
declaratorio declaratory
declinar to decline, to refuse
declinatoria f refusal of jurisdiction,
    jurisdictional plea
declinatoria de jurisdicción refusal of
    jurisdiction, jurisdictional plea
decomisable confiscable, forfeitable
decomisar to confiscate, to forfeit
decomiso m confiscation, forfeit
decoro m decorum, honor
decremento m decrement
decretar to decree, to decide
decretar una ley to enact a law
decrétase be it enacted
decreto-ley executive order having the force
    of law
decreto m decree, order, writ
decreto interlocutorio interlocutory decree
decreto judicial judicial decree, judicial order
decreto original original decree
decreto reglamentario regulatory order
dedicación f dedication
dedicación consensual common-law
    dedication
dedicación estatuaria statutory dedication
dedicación expresa express dedication
dedicación implícita implied dedication
dedicación inferida inferred dedication
dedicación irrevocable irrevocable dedication

dedicación tácita tacit dedication
deducción *f* deduction, inference
deducción admisible admissible deduction
deducción contributiva tax deduction
deducción ilógica illogical deduction
deducción impositiva tax deduction
deducción permisible allowable deduction
deducción permitida allowed deduction
deducciones detalladas itemized deductions
deducible deductible, inferable
deducir to deduce, to deduct
deducir oposición to object
deducir un derecho to claim a right
deductivamente deductively
deductivo deductive
defalcar to defalcate, to embezzle, to default
defección *f* defection
defecto *m* defect, absence, insufficiency
defecto constitutivo inherent defect
defecto de forma defect of form
defecto de pago default
defecto de producto product defect
defecto formal defect of form
defecto inherente inherent defect
defecto insubsanable nullifying defect
defecto latente latent defect
defecto legal legal defect
defecto leve slight defect
defecto material material defect
defecto menor minor defect
defecto oculto latent defect
defecto patente patent defect
defecto peligroso dangerous defect
defecto pertinente pertinent defect
defecto redhibitorio redhibitory defect
defecto relevante relevant defect
defecto subsanable nonnullifying defect
defectos aparentes apparent defects
defectos evidentes evident defects
defectos explícitos explicit defects
defectos manifiestos manifest defects
defectuoso defective
defendedero defensible
defendedor *m* defense attorney, defender
defender to defend, to prohibit, to impede
defendere to defend
defenderse to defend oneself
defendible defensible
defendido *m* defendant
defendido (adj) defended
defensa *f* defense, answer, plea, aid, protection
defensa afirmativa affirmative defense
defensa anticipada anticipated defense
defensa civil civil defense
defensa conjunta joint defense
defensa de hecho self-defense
defensa de oficio public defense
defensa dilatoria dilatory plea

defensa ficticia sham defense
defensa incompleta incomplete defense
defensa inválida invalid defense
defensa legítima legal defense
defensa nacional national defense
defensa parcial partial defense
defensa perentoria peremptory defense
defensa personal self-defense
defensa por pobre indigent's right to counsel
defensa propia self-defense
defensa putativa putative self-defense
defensa válida valid defense
defensas consistentes consistent defenses
defensión *f* defense
defensivo defensive
defensor *m* defense attorney, defender
defensor de oficio public defender
defensor judicial public defender, trial attorney
defensor público public defender
defensoría *f* function of a defender
defensoría de oficio legal aid
deferencia *f* deference
deferir to submit to
deficiencia *f* deficiency, fault
deficiente deficient, faulty
déficit *m* deficit
definición *f* definition, decision
definición judicial judicial definition
definido por ley defined by law
definimiento *m* judgment, decision
definir to define, to decide
definitivamente definitely, decisively
definitivo definite, decisive, unappealable
deflación *f* deflation
defraudación *f* fraud, defrauding, swindle
defraudación fiscal tax evasion
defraudador *m* defrauder, swindler
defraudar to defraud, to cheat
defunción *f* death
degeneración *f* degeneration
degollación *f* decapitation
degradación *f* degradation, humiliation
degradante degrading
degradar to degrade, to humiliate
dejación *f* abandonment, renunciation, assignment
dejadez *f* abandonment, neglect
dejamiento *m* abandonment, negligence, indifference
dejar to leave, to bequeath, to allow, to designate
dejar a salvo to hold harmless
dejar de to cease
dejar de cumplir to fail to fulfill
dejar en prenda pledge, pawn
dejar sin efecto to annul
delación *f* accusation
delatante *m/f* informer, accuser

delatante (adj) accusing
delatar to inform on, to accuse, to denounce
delator *m* informer, accuser
delator (adj) informing, accusing
delegable delegable
delegación *f* delegation, agency, authorization
delegación de autoridad delegation of authority
delegación de crédito novation
delegación de deuda novation
delegación de poder delegation of power
delegación del deber delegation of duty
delegación inválida invalid delegation
delegación perfecta perfect delegation
delegado *m* delegate, agent, representative, assignee, deputy
delegado (adj) delegated, assigned
delegante *m* principal, assignor
delegar to delegate, to assign, to authorize, to depute
delegar autoridad to delegate authority
delegatorio delegatory
deliberación *f* deliberation
deliberadamente deliberately, premeditatedly
deliberado deliberately, aforethought
deliberante *m/f* deliberator
deliberar to deliberate, to confer
delict criminal offense, a wrong, tort
delictivo criminal, delinquent
delictum criminal act, tortious act
delimitación *f* delimitation
delimitar to delimit
delincuencia *f* delinquency, criminality
delincuencia de menores juvenile delinquency
delincuencia juvenil juvenile delinquency
delincuente *m/f* delinquent, criminal
delincuente habitual habitual criminal
delincuente juvenil juvenile delinquent
delincuentemente delinquently
delinear to delineate
delinquir to commit a crime, to break a law
delito *m* offense, crime, felony
delito agotado crime whose effects have been completed
delito calificado aggravated crime
delito casual unpremeditated crime
delito caucionable bailable offense
delito civil civil injury
delito complejo crime which includes other crimes, inchoate crime
delito común common-law crime
delito concurrente concurrent crime
delito conexo related crime
delito consumado completed crime
delito continuado continuous crime
delito continuo continuous crime
delito contra el honor crime against honor
delito contra el orden público crime against public order

delito contra la honestidad sex crime
delito contra la propiedad property crime
delito contra la salud pública crime against public health
delito culposo crime committed through negligence
delito de asalto assault
delito de comisión crime of commission
delito de imprudencia crime committed through negligence
delito de incendiar arson
delito de incendio arson
delito de omisión crime of omission
delito doloso deceitful crime, intentional crime
delito electoral electoral crime
delito especial statutory crime
delito fiscal tax crime
delito flagrante crime discovered while in progress
delito formal offense which is a crime even without actual harm
delito frustrado frustrated crime
delito grave felony
delito imposible impossible crime
delito infamante infamous crime
delito instantáneo instantaneous crime
delito intencional intentional crime
delito intentado attempted crime
delito involuntario involuntary crime
delito material offense which must harm to be a crime
delito mayor felony
delito menor misdemeanor
delito menos grave misdemeanor
delito militar military crime
delito no intencional crime committed through negligence
delito nominado nominate crime
delito organizado organized crime
delito penal criminal offense
delito permanente continuing crime
delito político political crime
delito por imprudencia crime committed through negligence
delito preterintencional crime which exceeds the intended consequences
delito putativo putative crime
delito reiterado repeated crime
delito simple single crime
delito sucesivo continuing crime
delito tentado attempted crime
delito ultraintencional crime which exceeds the intended consequences
demagogia *f* demagogy
demagogo *m* demagogue
demanda *f* complaint, claim, demand, request, order
demanda alternativa complaint based on

several legal grounds that are inconsistent, complaint for alternative relief

demanda analítica complaint based on several legal grounds that are inconsistent, complaint for alternative relief

demanda articulada articulated complaint

demanda condicionada conditioned complaint

demanda de apelación bill of appeal

demanda de daños y perjuicios claim for damages, tort claim

demanda de impugnación exception, objection

demanda de nulidad complaint for a nullification

demanda de pobreza request to file a suit without having to pay costs

demanda declarativa petition for declaratory judgment

demanda en equidad bill in equity

demanda en juicio hipotecario bill for foreclosure

demanda graduada complaint based on several legal grounds that are inconsistent, complaint for alternative relief

demanda incidental incidental complaint

demanda judicial judicial complaint

demanda plural complaint on several grounds

demanda por daños y perjuicios claim for damages, tort claim

demanda principal principal complaint

demanda reconvencional reconventional demand

demanda sucesiva subsequent complaint

demanda suplementaria supplementary complaint

demandable demandable

demandado *m* defendant, respondent

demandado ausente absent defendant

demandado nominal nominal defendant

demandado principal principal defendant

demandado substituto substitute defendant

demandador *m* complainant, claimant, demandant, plaintiff

demandador por auto de casación plaintiff in error

demandante *m/f* complainant, claimant, demandant, plaintiff

demandante nominal nominal plaintiff

demandar to complain, to sue, to demand, to petition

demandar el pago de un empréstito to call a loan

demandar el pago de un préstamo to call a loan

demandar en juicio to sue

demarcación *f* demarcation

demasía *f* excess, audacity

demencia *f* dementia, insanity

demente demented, insane

democracia *f* democracy

democracia industrial industrial democracy

demócrata *m/f* democrat

demografía *f* demography

demoler to demolish

demolición *f* demolition

demora *f* delay, demurrage

demora de pago payment delay

demora evitable avoidable delay

demora inevitable unavoidable delay

demorado delayed

demorar to delay, to hold

demoroso overdue, in default

demostrabilidad *f* demonstrability

demostrable demonstrable

demostración *f* demonstration

demostrar to demonstrate

demostrativo demonstrative

denegación *f* denial, refusal

denegación completa general denial

denegación de auxilio refusal to aid

denegación de crédito credit denial

denegación de justicia denial of justice

denegación de responsabilidad disclaimer of liability

denegación general general denial

denegar to deny, to refuse, to overrule

denegatorio denying, negatory, rejecting

denigración *f* denigration

denigrar to denigrate, to defame, to slander

denigrativo denigratory, defamatory, slanderous

denominación *f* denomination, title

denominación comercial trade name

denominación de dinero denomination of money

denuncia *f* denunciation, accusation, presentment, report, announcement

denuncia calumniosa malicious accusation

denuncia de accidente accident report

denuncia de extravío notice of loss

denuncia del contribuyente income tax return

denuncia falsa false accusation

denunciable terminable, that may be denounced

denunciación *f* denunciation, accusation, presentment, report, announcement

denunciado *m* accused person

denunciado (adj) accused

denunciador *m* denouncer, accuser, informer, person who files a report, claimant

denunciante *m/f* denouncer, accuser, informer, person who files a report, claimant

denunciar to denounce, to accuse, to arraign, to report, to announce, to give notice of termination, to file a mining claim

denunciar datos to provide information

denunciar un convenio to denounce an

agreement
denunciar un saldo to show a balance
denunciar una mina to file a mining claim
denuncio *m* denouncement
deontología jurídica legal ethics
departamentalización *f* departmentalization
departamento *m* department, branch, district
departamento de agricultura department of
agriculture
departamento de asuntos exteriores
department of state
departamento de comercio department of
commerce
departamento de educación department of
education
departamento de estado department of state
departamento de gobernación department of
the interior
departamento de guerra department of
defense
departamento de hacienda department of the
treasury
departamento de justicia department of
justice
departamento de marina department of the
navy
departamento de negocios extranjeros
department of state
departamento de relaciones exteriores
department of state
departamento de salud pública department
of health and human services
departamento de sanidad department of
health and human services
departamento de trabajo department of labor
departamento del interior department of the
interior
dependencia *f* dependence, branch, agency
dependiente *m/f* agent, employee
dependiente (adj) dependent, subordinate
dependiente legal legal dependent
deponente *m/f* deponent, witness, declarant,
depositor, bailor
deponer to depose, to testify, to declare, to
put aside
deportación *f* deportation
deportado *m* deportee
deportado (adj) deported
deportar to deport
deposición *f* deposition, testimony,
affirmation, removal from office
depositante *m/f* depositor, bailor
depositante asegurado insured depositor
depositante no asegurado uninsured depositor
depositar to deposit, to entrust
depositaría *f* depository
depositario *m* depositary, trustee, bailee
depositario de plica escrow agent
depositario judicial receiver

depósito *m* deposit, warehouse, trust
agreement, bailment, down payment
depósito a la vista demand deposit
depósito a plazo time deposit
depósito a término time deposit
depósito a título gratuito gratuitous deposit
depósito accidental involuntary bailment
depósito aceptado accepted deposit
depósito aduanero customs deposit
depósito afianzado bonded warehouse
depósito anterior former deposit
depósito asegurado insured deposit
depósito bancario bank deposit
depósito bloqueado blocked deposit
depósito civil gratuitous bailment
depósito comercial bailment
depósito convencional voluntary deposit
depósito de cadáveres morgue
depósito de garantía guarantee deposit
depósito de giro demand deposit
depósito de personas custody of individual
for their own protection
depósito de plica escrow deposit
depósito de prima premium deposit
depósito de prima de seguros insurance
premium deposit
depósito de reserva reserve deposit
depósito derivado derivative deposit
depósito directo direct deposit
depósito disponible demand deposit
depósito efectivo actual bailment
depósito en avería gruesa general average
deposit
depósito en mutuo loan for consumption
depósito garantizado guaranteed deposit
depósito gratuito gratuitous deposit,
gratuitous bailment
depósito identificado identified deposit
depósito indicado indicated deposit
depósito indispensable indispensable deposit
depósito innecesario unnecessary deposit
depósito involuntario involuntary deposit
depósito irregular irregular deposit
depósito judicial judicial deposit
depósito legal legal deposit
depósito mercantil bailment
depósito necesario legal deposit, necessary
deposit
depósito no asegurado uninsured deposit
depósito no reembolsable nonrefundable
deposit
depósito nocturno night deposit
depósito obligatorio obligatory deposit
depósito ordinario ordinary deposit
depósito por correspondencia mail deposit
depósito previo prior deposit
depósito privado private deposit
depósito rechazado rejected deposit
depósito regular regular deposit

depósito rehusado refused deposit
depósito variable variable deposit
depósito voluntario voluntary deposit
depravación *f* depravation
depravado depraved, corrupted
depreciable depreciable
depreciación *f* depreciation
depreciación acelerada accelerated
depreciation
depreciación anual annual depreciation
depreciación de bienes raíces real estate
depreciation
depreciación excesiva overdepreciation
depreciar to depreciate
depredación *f* depredation, embezzlement
depresión *f* depression
depresión económica depression
derecho *m* right, law, franchise
derecho a abogado right to counsel
derecho a desempeñar cargos públicos right
to hold office
derecho a la huelga right to strike
derecho a la intimidad right to privacy
derecho a sufragio right to vote
derecho a trabajar right to work
derecho absoluto absolute right
derecho accesorio secondary right
derecho adjetivo adjective law
derecho administrativo administrative law
derecho adquirido vested right
derecho aeronáutico air law
derecho agrario agriculture law
derecho ajeno the right of another
derecho al honor right to one's honor
derecho antecedente antecedent right
derecho aparente apparent right
derecho bancario banking law
derecho cambiario rights pertaining to a bill
of exchange
derecho civil civil law
derecho comercial commercial law
derecho como votante right to vote
derecho comparado comparative law
derecho comparativo comparative law
derecho común common law, general law
derecho condicional conditional right
derecho constitucional constitutional right
derecho consuetudinario common law,
unwritten law, consuetudinary law
derecho consular consular fee
derecho contingente contingent right
derecho contractual contractual right
derecho conyugal marital right
derecho corporativo corporate law
derecho criminal criminal law
derecho criminal internacional international
criminal law
derecho de abstención right to abstain
derecho de acción right in action

derecho de accionar right in action
derecho de acrecer right of accession
derecho de admisión right to admission
derecho de angaria right of angary
derecho de apelación right of appeal
derecho de arrendamiento leasehold
derecho de asilo right of asylum
derecho de asistencia right to assistance
derecho de asistencia legal right to legal
assistance
derecho de asociación right of association
derecho de autor copyright
derecho de capitación poll tax
derecho de clientela goodwill
derecho de crédito creditor's right
derecho de defensa right of self-defense
derecho de deliberar right to deliberate
derecho de despido right to discharge
derecho de dirección right to control
derecho de disfrute right of enjoyment
derecho de disponer right to dispose of
derecho de dominio right of fee simple
ownership
derecho de enfiteusis emphyteusis
derecho de entrada right of entry, import
duty
derecho de exportación export duty
derecho de familia family law
derecho de federación right to organize
derecho de forma adjective law
derecho de gentes international law
derecho de guerra war law
derecho de habitación right of habitation
derecho de hogar seguro homestead right
derecho de huelga right to strike
derecho de importación import duty
derecho de imposición taxing power
derecho de impresión copyright
derecho de inmunidad right to immunity
derecho de insolvencia bankruptcy law
derecho de las sucesiones law of successions
derecho de legítima defensa right of
self-defense
derecho de los negocios commercial law
derecho de los riesgos del trabajo workers'
compensation law
derecho de minas mining law, mining right
derecho de navegación admiralty law
derecho de no responder right to silence
derecho de paso right of way, easement of
access
derecho de pastos right to pasture
derecho de patente patent right
derecho de permanencia right of continued
occupancy
derecho de pesca right to fish
derecho de petición right to petition
derecho de posesión right of possession
derecho de prelación right of first refusal

derecho de prioridad right of pre-emption
derecho de privacidad right to privacy
derecho de propiedad property rights, real estate law
derecho de propiedad literaria copyright
derecho de recurso right of appeal
derecho de recusación right to challenge
derecho de redención right of redemption
derecho de repetición right of repetition
derecho de representación right of representation
derecho de reproducción copyright
derecho de rescate right of redemption
derecho de resolución right of termination
derecho de retención lien
derecho de retracto right of revocation
derecho de reunión right of assembly
derecho de servidumbre right of easement
derecho de sindicalización right to unionize
derecho de sufragio right to vote
derecho de superficie surface rights
derecho de tanteo right of first refusal
derecho de trabajo labor law
derecho de tránsito freedom of passage
derecho de uso right of use
derecho de vía right of way
derecho de visita right to visit
derecho de votar right to vote
derecho del contrato contract law
derecho del tanto right of first refusal
derecho del trabajo labor law
derecho diplomático law of diplomacy
derecho electoral right to vote
derecho escrito written law
derecho espacial law of space
derecho estatutario statute law
derecho estricto strict law
derecho expreso written law
derecho extranjero foreign law
derecho facultativo elective right
derecho federal federal law
derecho fijo fixed tax
derecho fiscal tax law
derecho foral local law
derecho formal adjective law
derecho fundamental constitutional law, fundamental right
derecho futuro future interest
derecho hereditario law of successions
derecho hipotecario mortgage law
derecho imperfecto imperfect right
derecho impugnatorio right of objection
derecho indemnizatorio right to indemnity
derecho industrial labor law
derecho inherente inherent right
derecho inmobiliario real estate law
derecho intelectual copyright
derecho internacional international law
derecho internacional del trabajo international labor law
derecho internacional privado international private law
derecho internacional público international public law
derecho interno national law
derecho judicial laws governing the judiciary
derecho jurisprudencial case law
derecho justicial law of procedure
derecho laboral labor law
derecho lato equity
derecho legal statutory law
derecho litigioso litigious right
derecho local aplicable applicable local law
derecho marcario trademark law, trademark right
derecho marítimo admiralty law
derecho material substantive law
derecho matrimonial marital law
derecho mercantil commercial law
derecho militar military law
derecho minero mining law
derecho mobiliario personal property law
derecho municipal municipal law
derecho nacional national law
derecho natural natural law, natural right
derecho no escrito unwritten law
derecho nominal nominal right
derecho notarial laws pertaining to notaries public
derecho obrero labor law
derecho orgánico organic law
derecho parlamentario parliamentary law
derecho particular franchise
derecho patentario patent law
derecho patrimonial property law
derecho patrio law of a country
derecho penal criminal law
derecho penal internacional international criminal law
derecho personal personal law
derecho político political science, political right
derecho positivo positive law
derecho potestativo elective right
derecho preferente prior claim
derecho primario antecedent right
derecho privado private law
derecho procesal procedural law
derecho procesal civil law of civil procedure, rules of civil procedure
derecho procesal internacional international procedural law
derecho procesal penal law of criminal procedure, rules of criminal procedure
derecho público public law
derecho real real right
derecho rituario law of procedure
derecho romano Roman law

derecho soberano sovereign right
derecho substancial substantive law
derecho substantivo substantive law
derecho sucesorio law of successions
derecho superior prior claim
derecho supletorio law applied where there is no fitting legislation
derecho tributario tax law
derecho usual customary law
derecho vigente law in effect
derechohabiente *m/f* holder of a right, successor
derechos taxes, duties, laws, rights, fees
derechos abandonados abandoned rights
derechos absolutos absolute rights
derechos adquiridos acquired rights
derechos aduaneros customs duties
derechos aéreos air rights
derechos ajustables adjustable tariffs
derechos al valor ad valorem duties
derechos arancelarios customs duties
derechos civiles civil rights
derechos consulares consular fees
derechos correlativos correlative rights
derechos de aduana customs duties
derechos de autor copyright
derechos de autor internacionales international copyright
derechos de autor nacionales national copyright
derechos de contrato contract rights
derechos de entrada import duties
derechos de exclusividad exclusive rights
derechos de exportación export duties
derechos de fábrica manufacturing royalties
derechos de guarda custodian's fees
derechos de importación import duties
derechos de inspección inspection rights
derechos de licencia license fees
derechos de patente patent rights, patent royalties
derechos de protección protective duties
derechos de puerto keelage
derechos de quilla keelage
derechos de represalia retaliatory tariffs
derechos de salida export duties
derechos de salvador salvage money
derechos de salvamento salvage money
derechos de secretaría court clerk's fees
derechos de sello stamp taxes
derechos de subscripción stock rights
derechos de sucesión inheritance taxes
derechos de superficie surface rights
derechos de terceros rights of third parties
derechos de timbre stamp taxes
derechos del trabajador workers' rights
derechos equitativos equitable rights
derechos esenciales basic rights
derechos estatales government taxes,
government fees
derechos expectativos expectant rights
derechos flexibles adjustable tariffs
derechos humanos human rights
derechos impositivos taxes, duties
derechos imprescriptibles imprescriptible rights
derechos inalienables inalienable rights
derechos individuales individual rights
derechos innatos natural rights
derechos jubilatorios retirement rights
derechos judiciales court fees
derechos para renta pública revenue tariffs
derechos patronales employer rights
derechos personales personal rights
derechos políticos political rights
derechos portuarios port duties
derechos protectores protective duties
derechos redimibles redeemable rights
derechos relativos relative rights
derechos reparadores restitutory rights
derechos reservados reserved rights
derechos restitutorios remedial rights
derechos ribereños riparian rights
derechos secundarios secondary rights
derechos sucesorios inheritance taxes
derechos variables adjustable tariffs
derechos y acciones rights and actions
derivación *f* derivation
derivar to derive
derogable repealable, annullable
derogación *f* repeal, annulment, derogation
derogación inferida inferred repeal
derogación tácita tacit repeal
derogado repealed, annulled
derogar to repeal, to annul
derogatorio repealing, annulling
derrama *f* apportionment
derramar to apportion
derrelicto *m* derelict, abandoned ship
derribar to knock down, to overthrow
derrocamiento *m* coup, overthrow
derrocar to overthrow, to knock down
derroche *m* waste, squandering
desacato *m* contempt, disrespect
desacato a la corte contempt of court
desacato al tribunal contempt of court
desacato civil civil contempt
desacato constructivo constructive contempt
desacato criminal criminal contempt
desacato directo direct contempt
desacato indirecto indirect contempt
desaconsejar to dissuade, to advise against
desacreditado discredited
desacreditar to discredit
desacreditar un testigo to discredit a witness
desacuerdo *m* disagreement, discrepancy, error
desadeudar to free from debt

desadeudarse to pay debts
desafianzar to release a bond
desafío *m* challenge, defiance, competition
desaforadamente excessively, lawlessly, imprudently
desaforado excessive, lawless, imprudent
desaforar to deprive of a right, to disbar
desaforo *m* disbarment, rage
desafuero *m* violation, deprivation of rights, excess, illegal act, lawlessness
desagraviar to indemnify, to redress
desagravio *m* indemnity, redress
desaguisado *m* offense, injury, outrage
desaguisado (adj) illegal, unjust, outrageous
desahogado unencumbered
desahuciador *m* evictor, dispossessor
desahuciar to evict, to dispossess
desahucio *m* eviction, dispossession, severance pay, notice of termination of lease
desahucio como represalia retaliatory eviction
desahucio constructivo constructive eviction
desahucio efectivo actual eviction
desahucio implícito constructive eviction
desairar to dishonor, to refuse
desalojamiento *m* eviction, dispossession
desalojar to evict, to dispossess, to move out
desalojo *m* eviction, dispossession
desalojo como represalia retaliatory eviction
desalojo entero entire eviction
desalojo físico actual eviction
desalojo implícito constructive eviction
desalojo incompleto incomplete eviction
desalojo parcial partial eviction
desalojo sobreentendido constructive eviction
desalojo virtual constructive eviction
desalquilar to vacate, to evict
desamortizable disentailable
desamortización *f* disentailment
desamortizar to disentail
desamparar to abandon, to relinquish
desamparo *m* abandonment
desaparecer to disappear
desaparecido disappeared
desaparición *f* disappearance
desapoderar to cancel a power of attorney, to dispossess, to remove from office
desaposesionar to dispossess
desapoyar to withdraw support from
desaprisionar to release
desaprobar to disapprove, to disallow
desapropiamiento *m* transfer of property, the surrender of property
desapropiar to transfer property
desapropio *m* transfer of property, the surrender of property
desarmar to disarm
desarmarse to disarm oneself

desarrendar to terminate a lease
desarrollado developed
desarrollador *m* developer
desarrollar to develop, to promote
desarrollo *m* development, exposition
desarrollo económico economic development
desarrollo planificado planned development
desarrollo urbano urban development
desasegurar to cancel insurance
desasociar to dissociate
desastre *m* disaster
desastroso disastrous
desatender to neglect, to disregard, to dishonor
desautorización *f* privation of authority, disallowance
desautorizado unauthorized
desautorizar to deprive of authority, to disallow
desavenencia *m* discord
desbloquear to lift a blockade, to unfreeze
desbloqueo *m* unblocking, unfreezing
descalificar to disqualify
descanso *m* rest, relief
descapitalización *f* decapitalization
descarga *f* unloading, discharge
descargar to unload, to fire, to discharge
descargar la responsabilidad to transfer responsibility
descargarse to resign, to free oneself of responsibility, to answer an accusation
descargo *m* unloading, release, answer, acquittal
descargo en quiebra discharge in bankruptcy
descendencia *f* descent, descendants
descendencia colateral collateral descent
descendencia inmediata immediate descent
descendencia legítima legal descendants
descendencia lineal lineal descent
descendiente *m/f* descendant
descendiente directo lineal descendant
descendientes directos direct descendants
descentralización *f* decentralization
descentralizado decentralized
descentralizar to decentralize
descifrar to decipher
desconcertar to disconcert
desconectado disconnected
desconectar to disconnect
desconexión *f* disconnection
desconfianza *f* lack of confidence, suspicion, distrust
desconfiar to distrust, to suspect
desconformar to object, to disagree
desconforme disagreeing, objecting
desconformidad *f* disagreement, dissent
descongelar to unfreeze
desconglomeración *f* deconglomeration
desconocer to disavow, to disclaim, to ignore

desconocimiento *m* ignorance, disregard
desconsolidar to deconsolidate
descontable discountable
descontado discounted
descontador *m* payee of a discounted bill
descontante *m/f* payee of a discounted bill
descontar to discount, to disregard
descontinuación *f* discontinuance
descontinuado discontinued
descontinuar to discontinue, to suspend
descontinuo discontinuous
descorrer el velo corporativo piercing the
 corporate veil
descrédito *m* discredit
describir to describe
descripción *f* description, inventory
descripción de empleo job description
descripción de persona description of person
descripción de propiedad description of
 property
descripción definitiva definite description
descripción legal legal description
descriptio personae description of the person
descriptivo descriptive
descrito described
descrito legalmente legally described
descrito lícitamente licitly described
descubierto *m* overdraft, shortage
descubierto (adj) uncovered, unprotected
descubierto en cuenta overdraft
descubrimiento *m* discovery
descubrir to discover
descuento *m* discount
descuento de prima premium discount
descuidadamente carelessly
descuidado careless, negligent, abandoned
descuidar to neglect, to abandon
descuido *m* carelessness, neglect,
 inadvertence
descuido culpable culpable neglect
descuido doloso intentional neglect
deseconomías *f* diseconomies
desechar to discard, to dismiss, to reject
desegregación *f* desegregation
desembarcar to disembark, to unload
desembargar to lift an embargo, to remove a
 lien
desembargo *m* lifting of an embargo, removal
 of a lien
desembolsar to disburse, to pay
desembolso *m* disbursement, payment
desembolso de constitución organization
 expenditure
desembolso de mantenimiento maintenance
 expenditure
desembolso entero entire disbursement
desembolso necesario necessary expenditure
desemejanza *f* dissimilarity
desemejanza de alegatos multifariousness

desempeñar to carry out, to comply with, to
 redeem
desempeño *m* carrying out, performance,
 fulfillment
desempleo *m* unemployment
desempleo involuntario involuntary
 unemployment
desencarcelar to free
deserción *f* desertion, abandonment
deserción de recursos abandonment of appeal
desertar to desert, to abandon
desertar la apelación to abandon the appeal
desertor *m* deserter
desesperación *f* despair
desesperado desperate
desestimación *f* denial of a motion, disrespect
desestimación de la personalidad societaria
 piercing the corporate veil
desestimar to dismiss, to overrule, to reject,
 to underestimate
desestimatorio rejecting, denying
desfalcador *m* embezzler, defaulter
desfalcar to defalcate, to embezzle, to default
desfalco *m* defalcation, embezzlement
desfavorable unfavorable
desfiguración *f* disfigurement
desfigurar to disfigure, to distort
desglosar to remove, to remove from a court
 file, to itemize
desglose *m* removal, removal from a court
 file, itemization
desgobierno *m* misgovernment
desgracia *f* disgrace, mishap
desgravación *f* tax reduction
desgravar to reduce taxes, to disencumber, to
 remove a lien
deshabitado uninhabited
deshacer to undo, to violate, to destroy, to
 annul
deshacer el contrato to rescind the contract
desheredación *f* disinheritance
desheredado disinherited
desheredamiento *m* disinheritance
desheredar to disinherit
deshipotecar to pay off a mortgage, to cancel
 a mortgage
deshonestamente dishonestly
deshonestidad *f* dishonesty, indecency
deshonesto dishonest, indecent
deshonor *m* dishonor
deshonrar to dishonor, to disgrace
deshonroso dishonorable
desidia *f* carelessness, negligence
desierto deserted
designación *f* designation
designación de abogado assignment of
 counsel
designación de agente designation of agent
designación de albacea designation of

executor

designación de beneficiario designation of beneficiary

designación de fiduciario appointment of trustee

designado designated, specified

designar to designate, to indicate, to nominate

designar como agente to designate as an agent

designar como albacea to designate as an executor

designar como beneficiario to designate as a beneficiary

desigual unequal

desincorporar to dissolve a corporation, to divide

desindustrialización *f* deindustrialization

desinteresadamente disinterestedly

desinvestidura *f* disqualification

desistimiento *m* abandonment, desistance

desistimiento de la acción abandonment of action

desistimiento de la demanda abandonment of action

desistimiento de la instancia abandonment of action

desistimiento del recurso abandonment of appeal

desistimiento expreso express abandonment

desistimiento tácito implied abandonment

desistir to desist, to abandon, to waive

desistirse de la demanda to abandon the action

desleal disloyal, unfair, false

desligar to free, to separate, to excuse

deslindar to delimit

deslinde *m* survey, delimitation

deslinde y amojonamiento survey and demarcation

desmandar to revoke, to revoke a power of attorney, to countermand

desmedro *m* injury, prejudice, deterioration

desmembrar to dismember, to dissolve

desmembrarse to dissolve, to dissolve a partnership

desmentir to contradict, to disprove, to conceal

desmonetizar to demonetize

desnacionalización *f* denationalization

desnacionalizar to denationalize, to corrupt

desnaturalizar to denaturalize, to vitiate

desobedecer to disobey

desobediencia *f* disobedience, noncompliance

desobediencia civil civil disobedience

desobediencia de la autoridad disobedience of authority

desobediente disobedient

desobligar to release from an obligation

desocupación *f* unoccupancy, idleness, unemployment, eviction

desocupado unoccupied, idle, unemployed

desocupar to vacate, to evict

desocupar judicialmente to evict

desocuparse to quit a job

desolación *f* desolation

desolado desolate

desorden *m* disorder

desorden público disorderly conduct

desordenado disorderly

desorganización *f* disorganization

desorganizado disorganized

desorientación *f* disorientation

despachante de aduanas customs agent

despachar to dispatch, to settle, to take care of quickly

despacho *m* office, court order, writ, judge's chambers, shipment, dispatch

despacho aduanal customhouse clearance

despacho aduanero customhouse clearance

despacho ordinario ordinary proceeding

despedir to dismiss, to hurl

despedirse to quit

despejar la sala to clear the courtroom

desperdicio activo commissive waste

desperdicios industriales industrial waste

desperdicios tóxicos toxic waste

despiadadamente ruthlessly, mercilessly

despiadado ruthless, merciless

despido *m* dismissal, layoff

despido de empleado discharge of employee

despido injustificado dismissal without grounds

despido justificado dismissal with grounds

despignorar to release a pledge

despilfarro *m* waste, wastefulness

desplazar to displace

despoblado unpopulated, desert

despojante *m/f* despoiler

despojar to despoil, to evict, to dispossess, to dismiss

despojo *m* plunder, dispossession, forceful eviction

desposado *m* recently married, handcuffed

desposar to wed

desposeedor *m* dispossessor

desposeer to dispossess, to evict, to divest

desposeerse to disown

desposeimiento *m* dispossession, divestiture

desposorios *m* marriage vows

déspota *m* despot

despotismo *m* despotism, autocracy

despreciar to reject, to despise, to slight

desprestigio *m* discredit, loss of prestige

desproporción *f* disproportion

desproporcionadamente disproportionately

desproporcionado disproportionate

desproveer to deprive of necessities

después del hecho after the fact

desquite *m* revenge, retaliation, compensation

desreglamentación bancaria bank deregulation

desregulación *f* deregulation

destajista *m/f* pieceworker

destajo *m* piecework

desterrar to deport, to exile

destierro *m* exile, deportation

destilería ilícita illicit distillery

destinación *f* destination, assignment

destinar to destine, to designate, to allot

destinatario *m* addressee, consignee

destino *m* destination, post

destitución *f* destitution, dismissal from office, abandonment, deprivation

destituir to deprive, to dismiss

destrozo *m* damage, destruction

destrucción *f* destruction, damage, deterioration

destrucción de registros destruction of records

destrucción substancial substantial destruction

destructibilidad *f* destructibility

destruir to destroy, to waste

destruir un contrato to destroy a contract

destruir un documento to destroy a document

destruir un testamento to destroy a will

desuso *m* disuse, obsolescence

desutilidad *f* disutility

desvalijar to rob, to swindle

desvalijo *m* robbery

desvalijamiento *m* robbery

desvaluación *f* devaluation

desventaja *f* disadvantage

desviación *f* deviation

desviación de poder color of law

desvincular to disentail, to separate

desvío *m* detour, diversion

detallado detailed

detallar to itemize, to specify in detail

detalle *m* detail, particular

detección *f* detection

detectar to detect

detective *m/f* detective

detectivismo *m* detective service

detector de mentiras lie detector

detención *f* detention, arrest, restraint, distraint, deadlock

detención de la sentencia arrest of judgment

detención ilegal illegal detention

detención ilícita illicit detention

detención impropia improper detention

detención inapropiada inappropriate detention

detención lícita licit detention

detención maliciosa malicious arrest

detención por orden verbal parol arrest

detención preventiva preventive detention

detención temporal temporary detention

detención violenta forcible detainer

detener to detain, to arrest, to retain, to delay, to distrain

detener el pago to stop payment

detener y cachear to stop and frisk

detenidamente thoroughly, cautiously

detenido detained, arrested, retained, delayed

detenido ilegalmente illegally detained

detentación *f* deforcement

detentador *m* deforciant

detentar to detain, to deforce

deteriorarse to deteriorate

deterioro *m* deterioration, spoilage, damage

deterioro habitual habitual spoilage

deterioro inusual unusual spoilage

deterioro normal normal spoilage

deterioro ordinario ordinary spoilage

deterioro usual usual spoilage

determinable determinable

determinación *f* determination, decision

determinación arbitraria arbitrary determination

determinación de precio price determination

determinación de riesgo risk assessment

determinación judicial judicial determination

determinado determinate, determined

determinado legalmente legally determined

determinado lícitamente licitly determined

determinar to determine, to fix

detrimento *m* detriment, damage, loss, injury

detrimento legal legal detriment

deuda *f* debt, indebtedness, obligation

deuda a corto plazo short-term debt

deuda a largo plazo long-term debt

deuda a plazo breve short-term debt

deuda acumulada accrued debt

deuda alimentaria obligation to support

deuda alimenticia obligation to support

deuda amortizable amortizable debt

deuda ancestral ancestral debt

deuda anulada cancelled debt

deuda cancelada cancelled debt

deuda condicional contingent debt

deuda consolidada consolidated debt

deuda contingente contingent debt

deuda contributiva tax debt

deuda de rango superior senior debt

deuda dudosa doubtful debt

deuda en gestión debt in the process of collection through legal means

deuda en mora delinquent debt

deuda entera entire debt

deuda escriturada specialty debt

deuda exigible exigible debt

deuda existente existing debt

deuda exterior foreign debt

deuda externa foreign debt

deuda extranjera foreign debt

deuda fiduciaria fiduciary debt
deuda fija fixed debt
deuda fiscal tax debt
deuda flotante floating debt
deuda fraudulenta fraudulent debt
deuda garantizada guaranteed debt
deuda hipotecaria mortgage debt
deuda ilíquida unliquidated debt
deuda impositiva tax liability
deuda incobrable uncollectible debt
deuda inexistente nonexistent debt
deuda líquida liquidated debt
deuda mala uncollectible debt
deuda mancomunada joint debt
deuda mancomunada y solidaria joint and
    several debt
deuda no pagada unpaid debt
deuda perpetua perpetual debt
deuda por juicio judgment debt
deuda preexistente preexisting debt
deuda privilegiada preferred debt
deuda pública public debt
deuda quirografaria unsecured debt
deuda sin garantía unsecured debt
deuda solidaria joint and several debt
deuda subordinada subordinated debt
deuda total total debt
deuda tributaria tax debt
deuda vencida matured debt
deudas hereditarias decedent's debts
deudor *m* debtor, obligor
deudor (adj) indebted
deudor alimentario payer of alimony
deudor alimenticio payer of alimony
deudor ausente absent debtor
deudor ausente y prófugo absent and
    absconding debtor
deudor concordatario bankrupt who has an
    agreement with his creditors
deudor en mora delinquent debtor
deudor hipotecario mortgagor
deudor insolvente insolvent debtor
deudor mancomunado joint debtor
deudor moroso delinquent debtor
deudor por fallo judgment debtor
deudor por juicio judgment debtor
deudor principal main debtor
deudor prófugo absconding debtor
deudor solidario joint and several debtor
deudos *m* relatives
deuterogamia *f* deuterogamy
devaluación *f* devaluation
devaluar to devalue
devengado accrued, earned, due
devengador salarial salary earner
devengar to accrue, to draw, to have
devengar intereses to bear interest
devolución *f* devolution, return, refund,
    restitution

devolución contributiva tax refund
devolución de impuesto tax refund
devolución de prima premium return
devolución de prima de seguros insurance
    premium return
devolución impositiva tax refund
devolución tributaria tax refund
devolutivo returnable
devolver to return, to refund, to remand
día *m* day, daylight
día ante el tribunal day in court
día artificial artificial day
día calendario calendar day
día cierto day certain
día civil civil day
día dado day certain
día de comparecencia appearance day
día de fiesta holiday
día de fiesta oficial legal holiday
día de gracia day of grace
día de hacienda working day
día de indulto day of pardon
día de pago pay day
día de trabajo working day
día de vacancia nonjudicial day
día en corte day in court
día feriado holiday
día festivo holiday
día fijo day certain
día hábil working day, juridical day
día hábil judicial juridical day
día incierto day uncertain
día inhábil nonworking day
día judicial judicial day
día laborable working day
día natural natural day
día no laborable nonworking day
día solar solar day
día útil working day
diariamente daily
diario *m* daily, journal, newspaper
diario (adj) daily
diario de navegación logbook
diarquía *f* diarchy
días de cobertura days of coverage
dicente *m/f* sayer, deponent
dicotomía *f* dichotomy
dicótomo dichotomous
dictado *m* dictation
dictador *m* dictator
dictadura *f* dictatorship
dictamen *m* opinion, judgment, decision,
    advice
dictamen de auditoría auditor's certificate
dictamen judicial judicial decision
dictamen pericial expert opinion
dictaminar to pass judgment, to express an
    opinion, to rule
dictar to dictate, to issue, to issue a verdict, to

sentence
dictar fallo to sentence, to pronounce judgment
dictar providencia to sentence, to pronounce judgment
dictar sentencia to sentence, to pronounce judgment
dictar un auto to issue a writ
dictar un decreto to issue a decree
dictar una opinión to issue an opinion
dictógrafo *m* dictograph
dicho *m* declaration, statement
dies a quo the day from which
dies ad quem the day to which
dies juridicus a juridical day
dies utiles useful days, available days
dieta *f* daily stipend, legislative assembly
dieta de testigo daily stipend for a witness
difamación *f* defamation, libel, slander
difamación criminal criminal libel
difamación escrita libel
difamación oral slander
difamación verbal slander
difamado defamed
difamador *m* defamer
difamar to defame, to libel, to slander
difamatorio defamatory, calumnious, libelous, slanderous
diferencia *f* difference
diferenciable differentiable
diferenciación *f* differentiation
diferencial *f* differential
diferenciar to differentiate
diferencias irreconciliables irreconcilable differences
diferente different
diferido deferred
diferir to defer, to adjourn, to delay, to differ
difunto *m* deceased, decedent
difunto (adj) deceased, dead
digesto *m* digest
digital digital
digitales *f* fingerprints
dignatario *m* dignitary
dignidad *f* dignity, decorum
dignidad del ofendido victim's dignity
digno deserving, meritorious
digno de confianza worthy of confidence
digresión *f* digression
digresivo digressive
dilación *f* dilation, delay, procrastination
dilación deliberatoria period allowed for answering complaint
dilación probatoria period allowed for answering complaint
dilapidación *f* dilapidation, squandering
dilatar to delay, to defer, to extend
dilatorio dilatory
diligencia *f* diligence, task, care, measure,

proceeding, promptness
diligencia de embargo attachment proceedings
diligencia de emplazamiento service of summons
diligencia de lanzamiento ejectment
diligencia de prueba taking of evidence
diligencia debida due diligence
diligencia esencial essential diligence
diligencia especial special diligence
diligencia extraordinaria great diligence
diligencia habitual habitual diligence
diligencia indispensable indispensable diligence
diligencia innecesaria unnecessary diligence
diligencia inusual unusual diligence
diligencia irrazonable unreasonable diligence
diligencia necesaria necessary diligence
diligencia normal ordinary diligence
diligencia obligatoria obligatory diligence
diligencia ordinaria ordinary diligence
diligencia procesal court proceeding
diligencia propia due diligence
diligencia razonable reasonable diligence
diligencia simple ordinary diligence
diligencia sumaria summary proceeding
diligencia usual usual diligence
diligenciador *m* agent, negotiator
diligenciar to conduct, to serve process, to prosecute
diligencias del protesto measures taken to protest a note, measures taken to protest a draft
diligencias judiciales judicial proceedings
diligencias para mejor proveer proceedings to obtain more evidence
diligencias preliminares pre-trial proceedings
diligencias preparatorias del juicio pre-trial proceedings
diligenciero *m* agent, representative
diligente diligent, careful, prompt, industrious
diligentemente diligently
dilogía *f* ambiguity
dilucidación *f* elucidation, explanation
dimisión *f* resignation, waiver
dimitir to resign, to waive
dinero *m* money
dinero en efectivo cash
dinero falso counterfeit money
dinero fiduciario fiduciary money
dinero lavado laundered money
dinero marcado marked money
dinero para silencio hush money
dinero prestado borrowed money
diplomacia *f* diplomacy
diplomacia abierta open diplomacy
diplomado *m* professional
diplomado (adj) licensed
diplomático *m* diplomat

diplomático (adj) diplomatic
dipsomanía *f* dipsomania, alcoholism
dipsomaníaco *m* dipsomaniac
diputación *f* delegation, post of a congressmember, post of a member of parliament
diputado *m* delegate, deputy, representative, congressmember, member of parliament
diputado propietario regular member of a board
diputado suplente alternate member of a board
diputar to delegate, to deputize, to designate
dirección *f* direction, address, domicile, guidance, management
dirección del proceso management of trial
dirección ficticia fictitious address
dirección general headquarters
dirección inexistente nonexistent address
dirección postal mailing address
directamente directly
directiva *f* management, board of directors, guideline
directivo directive, executive
directo direct
director *m* director, executive, representative
director ejecutivo executive director
director ficticio dummy director
director independiente independent director
directorio *m* directorate, directory
directorio (adj) directory
directorios encadenados interlocking directorates
directorios entrelazados interlocking directorates
dirigir to direct, to manage
dirigirse al banquillo to take the stand
dirigirse al tribunal to address the court
dirigismo *m* government intervention
dirigismo estatal government intervention
dirigismo oficial government intervention
dirimente *m* circumstance which annuls a marriage, impediment to marriage
dirimir to settle, to annul
disagio *m* disagio
discapacidad *f* disability
discapacidad a corto plazo short-term disability
discapacidad a largo plazo long-term disability
discapacidad absoluta total disability
discapacidad absoluta permanente permanent total disability
discapacidad absoluta temporal temporary total disability
discapacidad anterior former disability
discapacidad continua continuous disability
discapacidad entera entire disability
discapacidad física physical disability

discapacidad laboral work disability
discapacidad no ocupacional nonoccupational disability
discapacidad para trabajar work disability
discapacidad parcial partial disability
discapacidad parcial permanente permanent partial disability
discapacidad permanente permanent disability
discapacidad permanente total permanent total disability
discapacidad perpetua permanent disability
discapacidad personal personal disability
discapacidad presunta presumptive disability
discapacidad previa previous disability
discapacidad recurrente recurrent disability
discapacidad relativa partial disability
discapacidad residual residual disability
discapacidad temporal temporary disability
discapacidad temporaria total temporary total disability
discapacidad total total disability
discapacidad total permanente permanent total disability
discapacidad total temporal temporary total disability
discapacidad transitoria transitory disability
discernible discernible
discernimiento *m* appointment, judicial appointment, discernment
discernir to appoint, to swear in, to discern
disciplina *f* discipline
disciplinario disciplinary
disconforme disagreeing, objecting
disconformidad *f* disagreement, dissent
discontinuación *f* discontinuance
discontinuado discontinued
discontinuar to discontinue, to suspend
discontinuo discontinuous
discordancia *f* difference, dissent
discordante discordant
discordia *f* discord, dissension
discreción *f* discretion, prudence
discreción absoluta absolute discretion
discreción administrativa administrative discretion
discreción judicial judicial discretion
discreción limitada limited discretion
discrecional discretionary
discrepancia *f* discrepancy, dissent
discretamente discreetly
discreto discreet
discrimen *m* discrimination
discriminación *f* discrimination
discriminación económica economic discrimination
discriminación ilegal illegal discrimination
discriminación ilícita illicit discrimination
discriminación impropia improper

discrimination
discriminación inapropiada inappropriate discrimination
discriminación inversa reverse discrimination
discriminación por edad age discrimination
discriminación sexual sex discrimination
discriminador *m* discriminator
discriminador (adj) discriminating
discriminar to discriminate
discriminatorio discriminatory
disculpa *f* apology, excuse
disculpar to exonerate, to apologize, to excuse
discurso *m* speech, conversation, statement
discurso al jurado statement to the jury
discurso de informe summing up
discusión *f* discussion, dispute
discusión de la pretensión defendant's denial of the claim
discutible debatable, moot
discutir to discuss, to debate
diseminación *f* dissemination
disenso *m* dissent, waiver
disentir to dissent
diseñar to design
diseño *m* design
disfamación *f* defamation, libel, slander
disfrute *m* enjoyment, use, benefit, possession
disidencia *f* dissidence, disagreement
disidente dissenting
disimulación *f* dissimulation, pretense
disimular to dissimulate
disimulo *m* dissimulation, pretense
dislocación *f* dislocation
disminución *f* diminution
disminución contributiva tax reduction
disminución de impuestos tax reduction
disminución salarial salary decrease
disminuido diminished
disminuir to diminish
disminuir tarifas to decrease tariffs
disociación *f* dissociation
disolución *f* dissolution, liquidation, termination, conclusion
disolución de la sociedad conyugal separation of marital property
disolución de las personas jurídicas dissolution of legal entities
disolución de sociedad dissolution of corporation, dissolution of partnership
disolución del matrimonio dissolution of marriage
disolver to dissolve, to terminate, to settle
disolver la asamblea to adjourn the meeting
disolver la reunión to adjourn the meeting
disolver una compañía to dissolve a company
disolver una corporación to dissolve a corporation
disolver una sociedad to dissolve a

corporation, to dissolve a partnership
disparar to shoot, to discharge
disparidad *f* disparity
disparo *m* shot, discharge
disparo de arma de fuego discharge of a firearm
dispensa *f* dispensation, exemption
dispensable dispensable, excusable, pardonable
dispensación *f* dispensation, exemption
dispensador *m* dispenser
dispensar to exempt, to pardon, to confer
disponer to dispose, to order, to prepare
disponibilidad *f* availability
disponibilidad de fondos funds availability
disponible available, liquid, disposable
disponible para trabajo available for work
disponiéndose provided that
disposición *f* disposition, requirement, order, decision, clause, disposal, specification, arrangement
disposición de última voluntad last will
disposición testamentaria testamentary disposition
disposiciones *f* requirements, provisions
disposiciones discrecionales discretionary provisions
disposiciones legales statutory clauses
disposiciones procesales rules of procedure
disposiciones sustantivas substantive law
disposiciones transitorias temporary provisions
disposiciones tributarias tax laws
disposiciones vinculadas nondiscretionary provisions
dispositivo dispositive
dispositivo explosivo explosive device
disputa *f* dispute, contest
disputa extranjera foreign dispute
disputa fingida feigned dispute
disputa internacional international dispute
disputa legal legal dispute
disputa obrera labor dispute
disputa salarial salary dispute
disputa simulada simulated dispute
disputabilidad *f* disputability, contestability
disputable disputable, contestable, moot
disputar to dispute, to contest, to discuss
distancia *f* distance, discrepancy
distante distant
distinción *f* distinction
distinguir to distinguish
distintivo distinctive
distorsionar to distort
distorsionar la verdad to distort the truth
distracción *f* distraction, misappropriation
distracción de fondos misappropriation
distracto *m* annulment of contract by mutual consent

distraer to distract, to divert, to misappropriate
distribución *f* distribution
distribución de la responsabilidad apportionment of liability
distribución de los daños apportionment of damages
distribución restringida restricted distribution
distribuido distributed
distribuido legalmente legally distributed
distribuido lícitamente licitly distributed
distribuidor *m* distributor
distribuir to distribute
distributivo distributive
distrito *m* district, region
distrito aduanero customs district
distrito contributivo tax district
distrito electoral electoral district
distrito federal federal district
distrito impositivo tax district
distrito judicial judicial district
distrito metropolitano metropolitan district
distrito tributario tax district
disturbio *m* disturbance
disuadir to dissuade
disuasivo dissuasive
disyunción *f* disjunction
disyuntivo disjunctive
dita *f* guarantee, debt
dita *m* guarantor, person who guarantees debt
diurno diurnal
divagación *f* divagation
divergencia *f* divergence
divergencia de opinión divergence of opinion
diversidad *f* diversity
diversificación *f* diversification
diversificado diversified
dividendo *m* dividend
dividendo activo dividend
dividendo acumulado accumulated dividend
dividendo acumulativo accumulative dividend
dividendo adicional extra dividend
dividendo atrasado late dividend
dividendo bruto gross dividend
dividendo casual irregular dividend
dividendo de bienes property dividend
dividendo de bienes raíces real estate dividend
dividendo de capital capital dividend
dividendo de liquidación liquidation dividend
dividendo de póliza policy dividend
dividendo de póliza con participación participating policy dividend
dividendo de propiedad property dividend
dividendo declarado declared dividend
dividendo diferido deferred dividend
dividendo en acciones stock dividend
dividendo en efectivo cash dividend
dividendo en especie property dividend

dividendo en pagarés scrip dividend
dividendo extra extra dividend
dividendo extraordinario extraordinary dividend
dividendo final final dividend
dividendo fiscal fiscal dividend
dividendo garantizado guaranteed dividend
dividendo igualador equalizing dividend
dividendo ilegal illegal dividend
dividendo ilícito illicit dividend
dividendo implícito constructive dividend
dividendo interino interim dividend
dividendo neto net dividend
dividendo no gravable nontaxable dividend
dividendo no imponible nontaxable dividend
dividendo no tributable nontaxable dividend
dividendo ocasional irregular dividend
dividendo omitido omitted dividend
dividendo opcional optional dividend
dividendo ordinario ordinary dividend
dividendo preferencial preferred dividend
dividendo preferente preferred dividend
dividendo preferido preferred dividend
dividendo privilegiado preferred dividend
dividendo provisional interim dividend
dividendo provisorio interim dividend
dividendo regular regular dividend
dividendo trimestral quarterly dividend
dividido divided
dividir to divide
dividuo divisible
divisa *f* devise, emblem, foreign currency, national currency, slogan
divisas foreign currency, foreign exchange
divisibilidad *f* divisibility
divisible divisible
división *f* division, partition
división de acatamiento compliance division
división de aprobación de crédito credit-approval division
división de auditoría audit division
división de autorizaciones authorization division
división de certificación certification division
división de cobranza collection division
división de cobros collection division
división de contabilidad accounting division
división de contribuciones tax division
división de costas division of costs
división de costos division of costs
división de crédito credit division
división de cuentas de margen margin division
división de daños division of damages
división de exportación export division
división de facturación billing division
división de hipotecas mortgage division
división de importación import division
división de impuestos tax division

división de la herencia partition of a
  succession
división de liquidaciones settlement division
división de nómina payroll division
división de operaciones operations division
división de poderes separation of powers
división de préstamos loan division
división de propiedad division of property
división de reclamaciones claims division
división de seguros insurance division
división extranjera foreign division
división fiduciaria de banco bank trust
  division
división financiera finance division
división política political division
divorciar to divorce, to separate
divorcio *m* divorce, separation
divorcio absoluto absolute divorce
divorcio contencioso contested divorce
divorcio divisible divisible divorce
divorcio en rebeldía divorce granted with one
  of the parties absent
divorcio internacional international divorce
divorcio limitado limited divorce, qualified
  divorce
divorcio por causa divorce for cause
divorcio por consentimiento mutuo divorce
  by consent
divulgación *f* disclosure, publication
divulgación completa full disclosure
divulgación compulsiva compulsory
  disclosure
divulgación compulsoria compulsory
  disclosure
divulgación de interés disclosure of interest
divulgación entera entire disclosure
divulgación forzada compulsory disclosure
divulgación forzosa compulsory disclosure
divulgación obligatoria compulsory
  disclosure
divulgar to divulge, to disclose
divulgar información to disclose information
doble double, dual
doble agencia dual agency
doble empleo moonlighting
doble endoso double endorsement
doble exposición double jeopardy
doble imposición double taxation
doble indemnización double indemnity
doble nacionalidad dual citizenship
doble recuperación double recovery
doble responsabilidad double liability
doble tributación double taxation
doble vínculo dual relationship
docente pertaining to education
doctor *m* doctor, physician
doctor en derecho attorney, doctor of
  jurisprudence, doctor of laws
doctorado *m* doctorate

doctrina *f* doctrine
doctrina Calvo Calvo doctrine
doctrina fiscal tax doctrine
doctrina impositiva tax doctrine
doctrina legal legal doctrine
doctrina tributaria tax doctrine
doctrinal doctrinal
documentación *f* documentation, document,
  documents, identification
documentación comprobatoria supporting
  documents
documentación de empréstito loan
  documentation
documentación de préstamo loan
  documentation
documentación del buque ship's papers
documentación justificativa supporting
  documents
documentado legalmente legally documented
documentado lícitamente licitly documented
documentador *m* court clerk
documentador público notary public
documental documentary
documentar to document, to furnish
  documents
documentar una deuda to provide evidence
  of indebtedness
documentario documentary
documento *m* document
documento a la orden order paper
documento al portador bearer paper
documento anónimo unsigned document,
  anonymous document
documento auténtico notarized document
documento autógrafo signed document
documento cambiario bill of exchange
documento comercial commercial paper
documento constitutivo incorporation papers
documento creditorio credit instrument
documento de comercio commercial paper
documento de constitución incorporation
  papers
documento de crédito credit instrument
documento de favor accommodation paper
documento de giro draft
documento de transacción transaction
  document
documento de tránsito bill of lading
documento de transmisión bill of sale
documento de venta bill of sale
documento dispositivo dispositive document
documento extranjero foreign document
documento falsificado falsified document
documento falso false document
documento formal formal document
documento fuente source document
documento heterógrafo document not
  prepared by the signer
documento internacional international

document

documento interno internal document

documento judicial judicial document

documento justificativo supporting document

documento legal legal document

documento negociable negotiable instrument

documento nominado document bearing the name of the preparer

documento notarial notarial document

documento oficial official document

documento otorgado en el extranjero document issued abroad

documento privado private document

documento probatorio document which serves as evidence

documento público public document

documento simple nonregistered document

documento solemne formal document

documento transmisible negotiable instrument

documentos aduaneros customs documents

documentos contra aceptación documents against acceptance

documentos contra pago documents against payment

documentos de cobros collection documents

documentos de contabilidad accounting documents

documentos de embarque shipping documents

documentos de exportación export documents

documentos de importación import documents

documentos de título title documents

documentos externos external documents

dogma *m* dogma

dogmático dogmatic

doli capax capable of mischief, doli capax

doli incapax incapable of mischief, doli incapax

dolo *m* deceit, fraud, lie

dolo causante deceit used in securing a contract

dolo civil intent to deceive

dolo incidental immaterial deceit

dolo negativo deceitful omissions

dolo penal criminal intent

dolo positivo active deceit

dolo principal deceit used in securing a contract

dolor y sufrimiento pain and suffering

dolosamente fraudulently, deceitfully

doloso fraudulent, deceitful

domesticado domesticated

doméstico domestic, internal

domiciliado domiciled

domiciliado legalmente legally resided

domiciliado lícitamente licitly resided

domiciliar to domicile

domiciliario domiciliary

domiciliarse to domicile

domicilio *m* domicile

domicilio accidental temporary domicile

domicilio comercial business address, commercial domicile

domicilio constituido legal residence

domicilio convencional domicile of choice

domicilio conyugal matrimonial domicile

domicilio corporativo corporate domicile

domicilio de elección domicile of choice

domicilio de hecho actual domicile

domicilio de las personas morales corporate domicile

domicilio de origen domicile of origin

domicilio extranjero foreign domicile

domicilio fiscal domicile for tax purposes

domicilio innecesario unnecessary domicile

domicilio internacional international domicile

domicilio legal legal domicile, necessary domicile

domicilio matrimonial matrimonial domicile

domicilio municipal municipal domicile

domicilio nacional national domicile

domicilio necesario necessary domicile

domicilio obligatorio obligatory domicile

domicilio real actual domicile

domicilio social corporate domicile

domicilio verdadero domicile of choice

dominante dominant, domineering

dominar to dominate, to influence

dominical proprietary

dominio *m* dominion, ownership, control, domain, mastery

dominio absoluto fee simple

dominio aéreo air rights

dominio del estado state property

dominio directo legal ownership

dominio durante la vida life estate

dominio eminente eminent domain

dominio fiduciario possession in trust

dominio fiscal government ownership

dominio fluvial riparian ownership

dominio imperfecto imperfect ownership

dominio perfecto perfect ownership

dominio pleno fee simple

dominio por tiempo fijo estate for years

dominio privado private domain

dominio público public domain, public property

dominio simple fee simple

dominio supremo eminent domain

dominio útil useful ownership, usufruct

dominio vitalicio life estate

don *m* donation, gift, ability

donación *f* donation, gift

donación aceptada accepted gift

donación antenupcial antenuptial gift

donación condicional conditional gift
donación contingente contingent gift
donación de padres a hijos parental gift to
  their children
donación en vida gift between living persons
donación entre vivos gift between living
  persons
donación ilícita illicit gift
donación impropia improper gift
donación inapropiada inappropriate gift
donación incondicional unconditional gift
donación irrevocable irrevocable gift
donación lícita licit gift
donación por causa de muerte gift in
  contemplation of death
donación pura absolute gift
donaciones mutuas mutual gifts
donado donated
donado ilegalmente illegally donated
donado ilícitamente illicitly donated
donador *m* donor, giver
donador anónimo anonymous donor
donante *m/f* donor, giver
donar to donate, to give
donatario *m* donee, recipient
donatio inter vivos gift between living
  persons, donatio inter vivos
donatio mortis causa gift in anticipation of
  death, donatio mortis causa
donatio propter nuptias gift in anticipation of
  marriage, donatio propter nuptias
donativo *m* donation, gift, contribution
donativo (adj) donative
dorso *m* back, back of a document
dossier brief
dotación *f* dowry, dotation, endowment,
  personnel
dotación pura pure endowment
dotal pertaining to a dowry, dotal
dotante *m* donor, endower
dotante (adj) donating, endowing
dotar to provide, to endow, to staff
dote *f* dowry, endowment, talent
doy fe I attest to, I certify
draconiano Draconian
drástico drastic
droga *f* drug
drogadicción *f* drug addiction
drogadicto *m* drug addict
drogar to drug
drogarse to drug oneself
droit common common law
droit ecrit written law
droit international international law
droit naturel natural law
dubio *m* doubt
duda *f* doubt
duda irrazonable unreasonable doubt
duda racional rational doubt

duda razonable reasonable doubt
dudable doubtful
dudosamente doubtfully
dudoso dubious
duelo *m* sorrow, mourning, duel
dueño *m* owner, property owner, head of
  household
dueño absoluto absolute owner
dueño adyacente adjacent owner
dueño aparente reputed owner
dueño ausente absentee owner
dueño de hogar home owner
dueño de negocio business owner
dueño en derecho legal owner
dueño en equidad equitable owner
dueño matriculado registered owner
dueño sin restricciones absolute owner
duopolio *m* duopoly
dúplex duplex
dúplica *f* rejoinder
duplicación *f* duplication
duplicación de beneficios duplication of
  benefits
duplicado *m* duplicate, copy
duplicar to duplicate
duplicidad *f* duplicity
duración *f* duration, life
duración de beneficios duration of benefits
duración de contrato duration of contract
duración de la patente duration of a patent
duración de obligación duration of obligation
duración de responsabilidad duration of
  liability
duradero durable
durante during
durante ausencia during the absence

E

e contra on the contrary
e converso on the contrary
ebriedad *f* ebriety, inebriation
ebrio *m* drunkard
ebrio (adj) inebriated
ebrio habitual habitual drunkard
ecología *f* ecology
ecológico ecological
economato *m* trusteeship, guardianship
economía *f* economy, economics
economía abierta open economy
economía agraria agricultural economics
economía agrícola agricultural economics
economía aplicada applied economics
economía cerrada closed economy
economía competitiva competitive economy
economía controlada controlled economy
economía dirigida directed economy
economía intervenida directed economy
economía planificada planned economy
economía política political economy
economía procesal procedural economy
económico economic
economista *m/f* economist
economizar to economize
ecónomo *m* trustee, guardian, curator
ecosistema *m* ecosystem
ecuanimidad *f* equanimity
echar to expel, to throw out, to dismiss
echar al mar to jettison
echar bando to publish an edict, to publish a decree
echar suertes to draw lots
echazón *f* jettison, jettisoning
echazón aboyada ligan
edad *f* age, span
edad de consentimiento age of consent
edad de retiro retirement age
edad de retiro forzado compulsory retirement age
edad efectiva effective age
edad legítima legal age
edad madura maturity
edad máxima maximum age
edad máxima de empleo maximum employment age
edad mínima minimum age
edad mínima de empleo minimum
employment age
edad original original age
edición *f* edition, publication
edición oficial official edition
edicto *m* edict, decree, proclamation
edicto emplazatorio summons
edictos judiciales notification of a judicial summons through publication
edictos matrimoniales banns of matrimony
edificación *f* edification, building
edificación auxiliar accessory building
edificación en predio ajeno construction on another's property
edificado built upon, built
edificio auxiliar accessory building
edificio de los tribunales courthouse
edificio público public building
edil *m* municipal officer
edilicio municipal
editor *m* editor, publisher
educación legal legal education
educir to deduce
efectivamente effectively
efectivar to cash, to negotiate, to collect
efectivo *m* cash
efectivo (adj) effective, actual
efecto *m* effect, bill, objective, negotiable instrument, article, article of merchandise
efecto aceptado accepted bill
efecto acumulativo cumulative effect
efecto bancario bank bill
efecto cambiario bill of exchange
efecto comercial trade bill
efecto completo full effect
efecto contributivo tax effect
efecto de complacencia accommodation bill
efecto de ingreso income effect
efecto de la renta income effect
efecto declaratorio declaratory effect
efecto devolutivo appeal during which there is no stay of execution
efecto impositivo tax effect
efecto legal legal effect
efecto liberatorio de pago releasing effect of payment
efecto neto net effect
efecto retroactivo retroactive effect
efecto suspensivo appeal during which there is a stay of execution
efecto tributario tax effect
efectos goods, chattels, merchandise, negotiable instruments, bills, effects
efectos al portador bearer paper
efectos civiles civil consequences
efectos cuasinegociables quasi negotiable instruments
efectos de comercio negotiable instruments, commercial paper, merchandise
efectos de cortesía accommodation paper

efectos de difícil cobro negotiable instruments which are hard to collect
efectos de favor accommodation paper
efectos de la demanda effects of the complaint
efectos de las obligaciones effects of the obligations
efectos de los contratos effects of the contracts
efectos del delito effects of the offense
efectos desatendidos dishonored bills
efectos documentarios documentary bills
efectos extranjeros foreign negotiable instruments
efectos financieros finance bills
efectos jurídicos legal effects, legal purposes
efectos negociables negotiable instruments
efectos pasivos bills payable
efectos personales personal property, personal effects
efectos públicos government securities
efectos redescontables eligible paper
efectos timbrados stamped documents
efectuar to carry out, to comply with
efectuar cobros to collect
efectuar seguro to obtain insurance
efectuar un asiento to make an entry
efectuar un cambio to effect a change
efectuar un contrato to make a contract
efectuar un pago to make a payment
efectuar una asamblea to hold a meeting
efectuar una compra to effect a purchase
efectuar una disolución to effect a dissolution
efectuar una garantía to provide a guaranty
efectuar una reunión to hold a meeting
efectuar una transacción to effect a transaction
efectuar una venta to effect a sale
efeméride *f* important event, anniversary of an important event
eficacia *f* efficiency, effectiveness, force
eficacia probatoria probative value
eficaz effective
eficazmente efficiently, effectively
eficiencia *f* efficiency
eficiente efficient
eficientemente efficiently
efímero ephemeral
efluencia *f* effluence
efracción *f* effraction
efugio *m* evasion
efusivo effusive
egreso *m* departure, expenditure
einetius the first-born
eisne the eldest
ejecución *f* execution, enforcement, performance, fulfillment, compliance with, attachment, foreclosure, judgment
ejecución capital capital punishment

ejecución coactiva foreclosure
ejecución colectiva joint action
ejecución concursal bankruptcy proceedings
ejecución de hipoteca mortgage foreclosure
ejecución de la ley enforcement of the law
ejecución de la pena capital carrying out the death penalty
ejecución de las costas payment of the court costs
ejecución de muerte carrying out the death penalty
ejecución de sentencia execution of sentence, execution of judgment
ejecución definitiva final process
ejecución estatuaria statutory foreclosure
ejecución general bankruptcy proceedings
ejecución hipotecaria mortgage foreclosure
ejecución hipotecaria estatutaria statutory foreclosure
ejecución individual foreclosure by a single creditor
ejecución inferior junior execution
ejecución procesal execution of judgment
ejecución procesal penal execution of a criminal sentence
ejecución universal bankruptcy proceedings
ejecución voluntaria voluntary execution, voluntary compliance
ejecutable executable, enforceable, workable
ejecutado *m* a debtor whose property is attached, an executed person
ejecutado (adj) executed, carried out, complied with
ejecutante *m/f* executant, performer
ejecutar to execute, to perform, to foreclose
ejecutar bienes to attach property
ejecutar un ajuste to make an adjustment, to work out a settlement
ejecutar un contrato to perform a contract
ejecutar un pedido to fill an order
ejecutar una hipoteca to foreclose a mortgage
ejecutivamente promptly, efficiently, summarily, executively
ejecutividad *f* right of foreclosure, right of execution
ejecutivo *m* executive
ejecutivo (adj) executory, executive, prompt
ejecutor *m* executor, performer
ejecutor testamentario executor
ejecutoria *f* writ of execution, final judgment
ejecutoría *f* executorship
ejecutorio executory, executable, final, enforceable
ejemplar *m* sample, copy, precedent
ejemplar de firma specimen signature
ejemplar duplicado duplicate copy
ejercer to practice, to practice law
ejercer el comercio to engage in commerce

ejercer la abogacía to practice law
ejercer un derecho to exercise a right
ejercer una acción to bring an action
ejercer una profesión to practice a profession
ejercicio *m* exercise, practice, fiscal year, test
ejercicio abusivo de funciones misuse of public office
ejercicio contable fiscal year
ejercicio de acciones prosecution of actions
ejercicio de derechos exercise of rights
ejercicio económico fiscal year
ejercicio financiero fiscal year
ejercicio gravable tax year
ejercicio impositivo tax year
ejercicio profesional practice of a profession
ejercicio social fiscal year
ejercitable enforceable
ejercitar to exercise, to practice
ejercitar un derecho to exercise a right
ejercitar un juicio to bring suit
ejercitar una acción to bring an action
ejército *m* army, armed forces
ejido *m* common grazing land, common land
elaboración *f* manufacture
elaborar to manufacture, to elaborate
elección *f* election
elección general general election
elección municipal municipal election
elección ordinaria ordinary election
elección parcial special election
elecciones elections
elecciones libres e iguales free and equal elections
electivo elective
electo elect
elector *m* elector, voter
electorado *m* electorate
electoral electoral
electrizar to electrify
electrocución *f* electrocution
electrocutar to electrocute
elegibilidad *f* eligibility
elegible eligible
elegir to elect, to select
elegir un jurado to select a jury
elemental elemental
elemento *m* element, aspect
elemento esencial essential element
elemento indispensable indispensable element
elemento no esencial unessential element
elevar to elevate, to increase
elevar a escritura pública to convert into a public document
elevar a instrumento público to convert into a public document
elevar a ley to enact a law
elevar al tribunal to take to court
elevar el proceso to refer to a higher court
elevar el recurso to appeal

elevar en consulta a la Corte Suprema to take to the Supreme Court
elevar en consulta al Tribunal Supremo to take to the Supreme Court
elevar parte to make a report
elevar una memoria to submit a report
elevar una reclamación to make a claim
eliminación *f* elimination, exclusion
eliminación arancelaria tariff elimination
eliminación de aranceles tariff elimination
eliminación de tarifas tariff elimination
eliminar to eliminate
elocuencia *f* eloquence
elucidación *f* elucidation
eludir to elude
eludir impuestos to evade taxes
elusión *f* avoidance, evasion
emancipación *f* emancipation
emancipado *m* emancipated person
emancipado (adj) emancipated
emancipador *m* emancipator
emancipar to emancipate
embaición *f* deception
embajada *f* embassy, ambassadorship
embajador *m* ambassador, emissary
embalaje *m* packing, package
embarazada pregnant
embarazo *m* pregnancy, difficulty
embarcación *f* vessel
embarcación perdida a vessel lost at sea
embarcadero *m* dock
embargable attachable
embargado *m* garnishee, lienee
embargado (adj) embargoed, attached, garnished
embargador *m* garnishor, lienor
embargante *m/f* garnishor, lienor
embargar to embargo, to attach, to garnish, to impede
embargar propiedad to attach property
embargo *m* embargo, attachment, garnishment, impediment
embargo de bienes attachment of assets
embargo de buques embargo of vessels
embargo de ingresos attachment of earnings
embargo de propiedad attachment of property
embargo precautorio attachment of property to ensure the satisfaction of a judgment
embargo preventivo attachment of property to ensure the satisfaction of a judgment
embargo provisional temporary attachment
embargo provisorio temporary attachment
embargo salarial salary garnishment
embargo subsecuente attachment of property after a judgment
embaucador *m* swindler, cheat
embaucar to swindle, to cheat
embeleco *m* fraud, trick

embestida *f* attack, assault
embestir to attack, to assault
emblema *m* emblem
emboscada *f* ambush, trap
embrazar to commit embracery
embriagar to intoxicate
embriaguez *f* drunkenness
embuste *m* lie, fraud
embustero *m* liar, trickster
emergencia *f* emergency
emergencia estatal state emergency
emergencia extranjera foreign emergency
emergencia interestatal interstate emergency
emergencia internacional international emergency
emergencia intraestatal intrastate emergency
emergencia nacional national emergency
emergencia pública public emergency
emergente emergent
emigración *f* emigration
emigrado *m* emigrant
emigrante *m/f* emigrant
emigrar to emigrate
eminente eminent
emisario *m* emissary
emisible issuable
emisión *f* emission, issuance
emisión autorizada authorized issue
emisión consolidada consolidated bond issuance
emisión corporativa corporate issue
emisión de acciones stock issuance
emisión de tarjeta card issue
emisión de títulos issuance of securities
emisión no autorizada unauthorized issue
emisor *m* issuer
emisor de tarjetas card issuer
emitente *m/f* drawer of a check, drawer of a bill
emitir to issue, to emit
emitir acciones to issue shares
emitir el fallo to pronounce the judgment
emitir un cheque to draw a check
emitir una opinión to express an opinion
emitir una póliza to issue a policy
emoción violenta heat of passion, hot blood, violent emotion
emocional emotional
emolumento *m* emolument
empadronamiento *m* census, census-taking, tax list, voting list
empadronar to register
empaque engañoso deceptive packaging
empaquetado packaged
empaquetamiento *m* packaging
emparentar to join a family through marriage
empatar to tie, to be equal
empecer to damage, to injure, to obstruct
empeñado pledged, pawned

empeñar to pledge, to pawn, to undertake
empeño *m* pledge, pawn, commitment, pledge contract, pawnshop
empeorar to worsen
empero but, yet
empezar to begin
empezar a regir to take effect
empírico empirical
emplazador summoner
emplazamiento *m* summons, subpoena, citation, service of process, location
emplazamiento a huelga strike call
emplazamiento constructivo constructive service of process
emplazamiento personal personal service
emplazamiento por edicto service by publication
emplazamiento sustituto substituted service
emplazar to summons, to subpoena, to locate
empleable employable
empleado *m* employee
empleado (adj) employed
empleado a corto plazo short-term employee
empleado a largo plazo long-term employee
empleado a tiempo completo full-time employee
empleado a tiempo parcial part-time employee
empleado clave key employee
empleado de banco bank employee
empleado de campo field employee
empleado de mostrador counter employee
empleado doméstico domestic employee
empleado exento exempt employee
empleado ficticio dummy employee
empleado permanente permanent employee
empleado prestado borrowed employee
empleado probatorio probationary employee
empleado provisional provisional employee
empleado público public employee
empleado temporero temporary employee
empleador *m* employer
emplear to employ, to utilize
empleo *m* employment, occupation, position, use
empleo a corto plazo short-term employment
empleo a largo plazo long-term employment
empleo a tiempo completo full-time employment
empleo a tiempo parcial part-time employment
empleo anterior former job
empleo clave key job
empleo doméstico domestic employment
empleo peligroso hazardous employment
empleo permanente permanent employment
empleo por temporada seasonal employment
empleo previo previous job
empleo provechoso gainful employment

empleo provisional provisional employment
empleo temporal temporary employment
empozar to shelve
empresa *f* enterprise, undertaking, intention, company, firm, concern
empresa afiliada affiliated enterprise
empresa agrícola farm enterprise
empresa aseguradora insurance firm
empresa caritativa charitable enterprise
empresa colectiva joint venture, partnership
empresa común joint venture
empresa con intereses municipales municipal concern
empresa con intereses regionales regional concern
empresa conductora common carrier
empresa conjunta joint venture
empresa constructora construction firm
empresa de construcción building firm
empresa de depósitos en seguridad safety-deposit company
empresa de explotación operating company
empresa de fianzas bonding company
empresa de seguros insurance firm
empresa de servicios públicos public utility company
empresa de transporte afianzada bonded carrier
empresa de transporte particular private carrier
empresa de transporte por ajuste contract carrier
empresa de utilidad pública public utility company
empresa de ventas por correo mail order firm
empresa de ventas por correspondencia mail order firm
empresa en marcha going concern
empresa especulativa commercial enterprise
empresa estatal state firm
empresa extranjera foreign enterprise
empresa fiadora bonding company
empresa filial subsidiary company
empresa fiscal government enterprise
empresa gubernamental government enterprise
empresa interestatal interstate firm
empresa internacional international firm
empresa intraestatal intrastate firm
empresa lucrativa commercial enterprise
empresa marítima maritime enterprise
empresa nacional national firm
empresa no lucrativa nonprofit organization
empresa operadora operating company
empresa porteadora carrier
empresa privada private enterprise
empresa pública public enterprise
empresa quebrada bankrupt firm

empresa subsidiaria subsidiary company
empresa tenedora holding company
empresa vertical vertical combination
empresarial entrepreneurial
empresario *m* entrepreneur, contractor, businessperson, employer
emprestar to loan
empréstito *m* loan, loan contract
empréstito a corto plazo short-term loan
empréstito a la demanda demand loan, call loan
empréstito a la gruesa bottomry
empréstito a largo plazo long-term loan
empréstito a medio plazo medium-term loan
empréstito a plazo fijo time loan
empréstito a riesgo marítimo bottomry
empréstito agrícola agricultural loan
empréstito asegurado insured loan
empréstito asumible assumable loan
empréstito autoliquidante self-liquidating loan
empréstito bancario bank loan
empréstito colateralizado collateralized loan
empréstito comercial commercial loan
empréstito con garantía secured loan
empréstito conforme conforming loan
empréstito de renta perpetua perpetual loan
empréstito dudoso doubtful loan
empréstito extranjero foreign loan
empréstito fiduciario fiduciary loan
empréstito forzado forced loan
empréstito forzoso forced loan
empréstito garantizado guaranteed loan
empréstito hipotecario mortgage loan
empréstito ilegal unlawful loan
empréstito incobrable uncollectible loan
empréstito internacional international loan
empréstito mercantil commercial loan
empréstito no asegurado uninsured loan
empréstito no hipotecario nonmortgage loan
empréstito no pagado unpaid loan
empréstito para viviendas housing loan
empréstito preaprobado pre-approved loan
empréstito público public loan
empréstito quirografario unsecured loan
empréstito sin garantía unsecured loan
empréstito sobre póliza policy loan
empréstito usurario usurious loan
emulación *f* emulation
emular to emulate
en alta mar at sea
en atraso in arrears
en ausencia in absence
en blanco blank
en contemplación de la muerte in contemplation of death
en cualquier momento at any time
en cuanto ha lugar pursuant to law
en cuestión in issue

en cuotas in installments
en custodia in custody
en desacato in contempt
en descubierto overdrawn, uncovered
en efectivo in cash
en especie in kind
en expectativa in expectation
en fe de lo cual in witness whereof
en fianza on bail
en fideicomiso in trust
en gestión in process
en huelga on strike
en la fuente at the source
en lo venidero hereafter
en llamas ablaze
en mora in arrears
en negociación in negotiation
en nombre de on behalf of
en oculto secretly
en parte in part
en particular particularly
en perpetuidad in perpetuity
en persona in person
en plena vigencia in full effect
en posesión in possession
en pro de for
en proyecto projected
en punto exactly
en quiebra in bankruptcy
en rebeldía in default, in contempt
en rigor strictly
en seguida immediately
en seguro in safety
en suma briefly
en testimonio de lo cual in witness whereof
en todo momento at all times
en tránsito in transit
en vago unsteady, without support, in vain
en vie in life
en vigencia in force
en vilo in the air
en virtud de by virtue of
en vista de in view of
enajenable alienable
enajenación *f* alienation
enajenación de afectos alienation of affections
enajenación forzosa expropriation, condemnation, forced transfer
enajenación fraudulenta fraudulent alienation
enajenación mental insanity
enajenado alienated, insane
enajenador *m* alienor
enajenante *m/f* alienor
enajenar to alienate, to sell, to drive insane
encabezamiento *m* heading
encabezar to draw up a list, to register, to agree
encadenamiento *m* connection, chain of events, nexus

encadenar to link
encaje *m* cash reserve, reserve
encaje bancario bank reserves
encaje excedente excess reserves
encaje legal legal reserve
encalladura *f* running aground of a vessel
encallar to run aground
encanallar to corrupt
encante *m* auction
encañonado at gun point
encarcelación *f* imprisonment, confinement
encarcelación ilegal false imprisonment
encarcelado imprisoned, confined
encarcelamiento *m* imprisonment, confinement
encarcelar to imprison, to confine
encargado *m* representative, manager
encargado de negocios diplomatic representative of inferior rank, charge d'affaires
encargar to entrust, to order
encargo *m* post, entrustment, assignment, order
encargo de confianza confidential assignment
encarnizar to infuriate
encarpetar to defer, to file
encartar to summon, to register
encausable indictable
encausado *m* defendant
encausar to prosecute
encierro *m* confinement, solitary confinement, enclosure
encinta pregnant
enclave *m* enclave
encomendar to entrust, to commission, to recommend
encomendero *m* agent
encomienda *f* commission, protection
encomienda postal parcel post
encontronazo *m* crash
encubierta *f* fraud, deceit
encubiertamente clandestinely, fraudulently
encubierto concealed, secret
encubridor *m* accessory after the fact, concealer
encubrimiento *m* concealment, cover-up, harboring
encubrimiento activo active concealment
encubrir to conceal, to harbor
encuentro hostil hostile encounter
encuentro previsible foreseeable encounter
encuesta *f* inquiry, inquest, survey
enderezar to rectify, to put in order
endeudado indebted
endeudarse to become indebted
endorsar to endorse
endorse *m* endorsement
endorse a la orden full endorsement
endorse absoluto absolute endorsement

endorse al cobro endorsement granting power of attorney

endorse al orden del portador bearer endorsement

endorse antedatado antedated endorsement

endorse anterior prior endorsement

endorse bancario bank endorsement

endorse calificado qualified endorsement

endorse comercial commercial endorsement

endorse completo full endorsement

endorse condicional qualified endorsement

endorse conjunto joint endorsement

endorse de cobertura extendida extended coverage endorsement

endorse de costos aumentados increased cost endorsement

endorse de crimen global comprehensive crime endorsement

endorse de favor accommodation endorsement

endorse de regreso endorsement to a prior party

endorse en blanco blank endorsement

endorse en garantía endorsement pledging as collateral

endorse en prenda endorsement pledging as collateral

endorse en procuración endorsement granting power of attorney

endorse en propiedad endorsement transferring title

endorse especial special endorsement

endorse falsificado forged endorsement

endorse incondicional unconditional endorsement

endorse irregular irregular endorsement

endorse limitado qualified endorsement

endorse ordinario ordinary endorsement

endorse para cobro endorsement for collection

endorse pignoraticio endorsement pledging as collateral

endorse pleno full endorsement

endorse por acomodamiento accommodation endorsement

endorse regular regular endorsement

endorse restrictivo restrictive endorsement

endorse subsiguiente subsequent endorsement

endorso *m* endorsement

endorso a la orden full endorsement

endorso absoluto absolute endorsement

endorso al cobro endorsement granting power of attorney

endorso al orden del portador bearer endorsement

endorso antedatado antedated endorsement

endorso anterior prior endorsement

endorso bancario bank endorsement

endorso calificado qualified endorsement

endorso comercial commercial endorsement

endorso completo full endorsement

endorso condicional qualified endorsement

endorso conjunto joint endorsement

endorso de cobertura extendida extended coverage endorsement

endorso de costos aumentados increased cost endorsement

endorso de crimen global comprehensive crime endorsement

endorso de favor accommodation endorsement

endorso de regreso endorsement to a prior party

endorso en blanco blank endorsement

endorso en garantía endorsement pledging as collateral

endorso en prenda endorsement pledging as collateral

endorso en procuración endorsement granting power of attorney

endorso en propiedad endorsement transferring title

endorso especial special endorsement

endorso falsificado forged endorsement

endorso incondicional unconditional endorsement

endorso irregular irregular endorsement

endorso limitado qualified endorsement

endorso ordinario ordinary endorsement

endorso para cobro endorsement for collection

endorso pignoraticio endorsement pledging as collateral

endorso pleno full endorsement

endorso por acomodamiento accommodation endorsement

endorso regular regular endorsement

endorso restrictivo restrictive endorsement

endorso subsiguiente subsequent endorsement

endosable endorsable

endosado *m* endorsee

endosado (adj) endorsed

endosador *m* endorser

endosante *m/f* endorser

endosante anterior former endorser

endosante de favor accommodation endorser

endosante irregular irregular endorser

endosante ordinario ordinary endorser

endosante previo prior endorser

endosante regular regular endorser

endosante satisfactorio satisfactory endorser

endosante subsiguiente subsequent endorser

endosar to endorse

endosatario *m* endorsee

endosatario para cobro endorsee for collection

endose *m* endorsement

endose a la orden full endorsement

endose absoluto absolute endorsement
endose al cobro endorsement granting power of attorney
endose al orden del portador bearer endorsement
endose antedatado antedated endorsement
endose anterior prior endorsement
endose bancario bank endorsement
endose calificado qualified endorsement
endose comercial commercial endorsement
endose completo full endorsement
endose condicional qualified endorsement
endose conjunto joint endorsement
endose de cobertura extendida extended coverage endorsement
endose de costos aumentados increased cost endorsement
endose de crimen global comprehensive crime endorsement
endose de favor accommodation endorsement
endose de regreso endorsement to a prior party
endose en blanco blank endorsement
endose en garantía endorsement pledging as collateral
endose en prenda endorsement pledging as collateral
endose en procuración endorsement granting power of attorney
endose en propiedad endorsement transferring title
endose especial special endorsement
endose falsificado forged endorsement
endose incondicional unconditional endorsement
endose irregular irregular endorsement
endose limitado qualified endorsement
endose ordinario ordinary endorsement
endose para cobro endorsement for collection
endose pignoraticio endorsement pledging as collateral
endose pleno full endorsement
endose por acomodamiento accommodation endorsement
endose regular regular endorsement
endose restrictivo restrictive endorsement
endose subsiguiente subsequent endorsement
endoso *m* endorsement
endoso a la orden full endorsement
endoso absoluto absolute endorsement
endoso al cobro endorsement granting power of attorney
endoso al orden del portador bearer endorsement
endoso antedatado antedated endorsement
endoso anterior prior endorsement
endoso bancario bank endorsement
endoso calificado qualified endorsement
endoso comercial commercial endorsement

endoso completo full endorsement
endoso condicional qualified endorsement
endoso conjunto joint endorsement
endoso de cobertura extendida extended coverage endorsement
endoso de costos aumentados increased cost endorsement
endoso de crimen global comprehensive crime endorsement
endoso de favor accommodation endorsement
endoso de regreso endorsement to a prior party
endoso en blanco blank endorsement
endoso en garantía endorsement pledging as collateral
endoso en prenda endorsement pledging as collateral
endoso en procuración endorsement granting power of attorney
endoso en propiedad endorsement transferring title
endoso especial special endorsement
endoso falsificado forged endorsement
endoso incondicional unconditional endorsement
endoso irregular irregular endorsement
endoso limitado qualified endorsement
endoso ordinario ordinary endorsement
endoso para cobro endorsement for collection
endoso pignoraticio endorsement pledging as collateral
endoso pleno full endorsement
endoso por acomodamiento accommodation endorsement
endoso regular regular endorsement
endoso restrictivo restrictive endorsement
endoso subsiguiente subsequent endorsement
enemigo *m* enemy
enemigo público public enemy
energético energetic
energía atómica atomic energy
energía nuclear nuclear energy
énfasis *m* emphasis
enfáticamente emphatically
enfatizar to emphasize
enfermedad *f* illness, disease
enfermedad contagiosa contagious disease
enfermedad de trabajo occupational disease
enfermedad inculpable disease not caused deliberately by an employee
enfermedad industrial industrial disease
enfermedad mental mental illness
enfermedad ocupacional occupational disease
enfermedad profesional occupational disease
enfermedad simulada simulated illness
enfiteusis *f* emphyteusis
enfiteuta *m/f* emphyteuta
enfitéutico emphyteuticus
enfrentamiento *m* confrontation

enfrentar to confront
enganche de trabajadores contracting of laborers to work elsewhere
engañar to deceive, to defraud
engaño *m* deception, misunderstanding
engañosamente deceptively, fraudulently
engañoso misleading, fraudulent
engendrar to produce, to cause
enigma *m* enigma
enjuague *m* plot, stratagem
enjuiciable indictable, chargeable
enjuiciado *m* defendant, accused
enjuiciado (adj) on trial
enjuiciamiento *m* legal procedure, procedure, trial, prosecution, judgment
enjuiciamiento civil civil procedure
enjuiciamiento criminal criminal procedure
enjuiciamiento malicioso malicious prosecution
enjuiciamiento penal criminal procedure
enjuiciar to prosecute, to bring an action, to try, to pass judgment
enjurar to transfer a right
enlace *m* link, union, marriage
enmendable amendable, revisable, correctable
enmendado amended
enmendadura *f* amendment, revision, correction, compensation, indemnification
enmendar to amend, to revise, to correct, to compensate, to indemnify
enmendar un certificado de incorporación to amend a certificate of incorporation
enmendar un testamento to amend a will
enmendar una ley to amend a law
enmendatura *f* amendment, revision, correction, compensation, indemnification
enmienda *f* amendment, revision, correction, compensation, indemnification
enmienda a un testamento amendment to a will
enmienda a una ley amendment to a law
enmienda material material amendment
enriquecimiento *m* enrichment
enriquecimiento injusto unjust enrichment
enriquecimiento sin causa unjust enrichment
ensañamiento *m* aggravation
ensañar to irritate
enseres chattels, fixtures
entablar to bring, to initiate
entablar acción to bring suit
entablar demanda to bring suit
entablar denuncia to accuse
entablar juicio to bring suit
entablar juicio hipotecario to initiate a foreclosure
entablar negociaciones to begin negotiations
entablar pleito to file suit
entablar querella to file a complaint
entablar reclamación to file a claim

entablar un protesto to protest
ente *m* entity
ente administrador management entity
ente administrativo management entity
ente afiliado affiliated entity
ente aliado allied entity
ente apalancado leveraged entity
ente asegurador insurance entity
ente asociado affiliated entity
ente autónomo autonomous entity
ente autorregulador self-regulatory entity
ente bancario banking entity
ente calificado qualified entity
ente capitalizador entity for the capitalization of savings
ente caritativo charitable entity
ente comercial business entity
ente componente constituent entity
ente contable accounting entity
ente controlado controlled entity
ente controlador holding entity
ente cuasijudicial quasi judicial entity
ente de afianzamiento bonding entity
ente de capitalización entity for capitalization of savings
ente de control controlling entity
ente de comercio business entity
ente de crédito credit entity
ente de existencia jurídica legal entity
ente de fianzas bonding entity
ente de fideicomiso trust entity
ente de inversiones investment entity
ente de negocios business entity
ente de responsabilidad limitada limited liability entity
ente de seguros insurance entity
ente de seguros mutuales mutual insurance entity
ente de servicio service entity
ente de transporte transport entity, shipping entity
ente de utilidad pública public service entity
ente difunto defunct entity
ente diversificado diversified entity
ente dominado controlled entity
ente estatal state entity
ente exento exempt entity
ente exento de contribuciones tax-exempt entity
ente extranjero foreign entity
ente fiador bonding entity
ente ficticio fictitious entity
ente fiduciario trust entity
ente financiero finance entity
ente fusionado merged entity
ente hipotecario mortgage entity
ente inexistente nonexistent entity
ente ilegal illegal entity
ente ilícito illicit entity

ente insolvente insolvent entity
ente interestatal interstate entity
ente internacional international entity
ente intraestatal intrastate entity
ente inversionista investment entity
ente jurídico legal entity
ente lícito licit entity
ente manufacturero manufacturing entity
ente matriz parent entity
ente miembro member entity
ente multinacional multinational entity
ente nacional national entity
ente no afiliado unaffiliated entity
ente no apalancado unleveraged entity
ente no público nonpublic entity
ente operador operating entity
ente político political entity
ente privado private entity
ente público public entity
ente quebrado bankrupt entity
ente registrado registered entity
ente retenedor holding entity
ente sin fines de lucro nonprofit entity
ente sindical labor union
ente sobreviviente surviving entity
ente subsidiario subsidiary entity
ente tenedor holding entity
entenada *f* stepdaughter
entenado *m* stepson
entender en to have jurisdiction over
entendimiento mutuo mutual understanding
enterado informed
enteramente entirely
enterar to inform, to pay, to satisfy
entero *m* payment
entero (adj) whole, honest
enterrar to bury, to shelve
entidad *f* entity, institution, agency, company, corporation, being
entidad administradora management entity
entidad administrativa management entity
entidad afiliada affiliated entity
entidad aliada allied entity
entidad anónima stock entity
entidad apalancada leveraged entity
entidad armadora shipping entity
entidad aseguradora insurance entity
entidad asociada affiliated entity
entidad bancaria banking entity
entidad capitalizadora entity for the capitalization of savings
entidad caritativa charitable entity
entidad comercial business entity
entidad componente constituent entity
entidad contable accounting entity
entidad controlada controlled entity
entidad controladora holding entity
entidad de afianzamiento bonding entity
entidad de banca hipotecaria mortgage

banking entity
entidad de capitalización entity for capitalization of savings
entidad de control controlling entity
entidad de derecho privado private corporation
entidad de derecho público public company
entidad de comercio business entity
entidad de crédito credit entity
entidad de fianzas bonding entity
entidad de fideicomiso trust entity
entidad de inversiones investment entity
entidad de negocios business entity
entidad de responsabilidad limitada limited liability entity
entidad de seguros insurance entity
entidad de seguros mutuales mutual insurance entity
entidad de servicio service entity
entidad de transporte transport entity, shipping entity
entidad de utilidad pública public service entity
entidad difunta defunct entity
entidad diversificada diversified entity
entidad dominada controlled entity
entidad estatal state entity
entidad exenta exempt entity
entidad extranjera foreign entity
entidad fiadora bonding entity
entidad ficticia fictitious entity
entidad fiduciaria trust entity
entidad financiera finance entity
entidad fusionada merged entity
entidad hipotecaria mortgage entity
entidad inexistente nonexistent entity
entidad ilegal illegal entity
entidad ilícita illicit entity
entidad insolvente insolvent entity
entidad interestatal interstate entity
entidad internacional international entity
entidad intraestatal intrastate entity
entidad inversionista investment entity
entidad jurídica legal entity
entidad lícita licit entity
entidad manufacturera manufacturing entity
entidad matriz parent entity
entidad miembro member entity
entidad multinacional multinational entity
entidad nacional national entity
entidad no afiliada unaffiliated entity
entidad no apalancada unleveraged entity
entidad no pública nonpublic entity
entidad operadora operating entity
entidad política political body
entidad por acciones stock entity
entidad porteadora common carrier
entidad privada private entity
entidad pública public entity

entidad quebrada bankrupt entity
entidad registrada registered entity
entidad retenedora holding entity
entidad sin fines de lucro nonprofit entity
entidad sindical labor union
entidad sobreviviente surviving entity
entidad social partnership
entidad subsidiaria subsidiary entity
entidad tenedora holding entity
entierro m burial, funeral
entrada f entry, admittance, cash receipts, down payment, deposit, opportunity
entrada a caja cash receipts
entradas income, revenue, entries
entradas brutas gross revenue
entradas de operación operating revenue
entradas netas net income
entrampar to entrap
entrar to enter, to begin, to attack
entrar en vigor to take effect
entrar ilegalmente to enter illegally
entre compañías intercompany
entre industrias interindustry
entre si between themselves
entre tanto in the interim
entre vivos between living persons
entredecir to prohibit
entredicho m injunction, prohibition
entrega f delivery, payment, surrender
entrega completa complete delivery
entrega condicional conditional delivery
entrega constructiva constructive delivery
entrega corriente current delivery
entrega demorada delayed delivery
entrega diferida deferred delivery
entrega efectiva actual delivery
entrega entera entire delivery
entrega especial special delivery
entrega futura forward delivery
entrega incondicional unconditional delivery
entrega inmediata immediate delivery
entrega material actual delivery
entrega parcial partial delivery
entrega provisional provisional delivery
entrega real actual delivery
entrega simbólica symbolical delivery
entrega total total delivery
entregable deliverable
entregadero deliverable
entregado delivered
entregado en la frontera delivered at frontier
entregador m deliverer
entregador de la citación process server
entregamiento m delivery
entregar to deliver, to surrender, to pay
entregar a mano to hand deliver
entregar mercancías to deliver goods
entregarse to surrender
entrelinear to interline

entrelíneas f interlineation
entrenamiento m training
entrenamiento de empleo job training
entrenamiento vocacional vocational training
entrerrenglonadura f interlineation
entretenimiento m support, conservation, entertainment
entuerto m wrong, injury, injustice
enumeración f enumeration
enumerado enumerated
enumerar to enumerate
enunciación f enunciation, declaration
enunciar to enunciate, to declare
envenenado poisoned
envenenamiento m poisoning
envenenar to poison
enviado m envoy
enviado diplomático diplomatic envoy
enviar to send, to ship
enviciar to vitiate
enviudar to survive the spouse
eo instanti at that instant
eo intuitu with that intent
eo nomine under that name
epidemia f epidemic
epígrafe f epigraph, heading, caption
epiqueya f equity
episodio m episode
epístola f epistle
época f period, date
época de pago date due
equidad f equity, justice, equality
equidad contributiva tax equity
equidad fiscal tax equity
equidad impositiva tax equity
equidad tributaria tax equity
equilibrio de poderes balance of powers
equilibrio mental mental equilibrium
equitativamente equitably, justly
equitativo equitable, just
equivalencia f equivalence
equivalente equivalent
equivalente substancial substantial equivalent
equivalente substancial de cosa patentizada substantial equivalent of patented device
equivocación f mistake
equivocación bilateral bilateral mistake
equivocar to mistake
equívoco equivocal
erario m public treasury
erogación f distribution
erogar to distribute
erradicar to eradicate
errata error
erróneo erroneous
error m error
error accidental incidental error
error aparente apparent error
error circunstancial circumstantial error

error compensatorio compensating error
error común common error
error de contabilidad accounting error
error de derecho error of law
error de facturación billing error
error de hecho error of fact
error de pluma clerical error
error determinante fundamental error
error en buena fe bona fide error
error esencial fundamental error
error evidente evident error
error excusable harmless error
error explícito explicit error
error fatal fatal error
error fundamental fundamental error
error grosero gross error
error inadvertido inadvertent error
error inexcusable harmful error
error judicial judicial error
error leve slight error
error manifiesto manifest error
error material material error
error menor minor error
error obvio obvious error
error perjudicial harmful error
error pertinente pertinent error
error relevante relevant error
error reponible reversible error
error substancial substantial error
error técnico technical error
es decir namely, that is to say
escala *f* port of call, stopover, scale
escala de cargos scale of charges
escala de costos scale of costs
escala de precios price scale
escala de salarios salary scale
escala de tasas rate scale
escala fija flat scale
escala salarial salary scale
escalador *m* burglar
escalafón *m* classification of public officers by factors such as seniority and salary
escalamiento *m* breaking and entering, housebreaking, burglary
escalar to break and enter, to burglarize
escalo *m* breaking and entering, housebreaking, burglary
escamotar to swindle, to steal
escamoteador *m* swindler, pickpocket
escamotear to swindle, to steal
escamoteo *m* swindling, stealing
escándalo *m* scandal, commotion
escándalo público public scandal
escapar to escape, to evade
escasez laboral labor shortage
esciente knowing
escisión procesal splitting cause of action
esclarecimiento *m* clarification
escoger to choose

escoliar to annotate
escolio *m* succinct treatise, annotation
escopeta *f* shotgun
escribanía *f* notary public's office, court clerk's office
escribanil notarial
escribano *m* notary public, court clerk
escribano de registro notary public
escribano público notary public
escribano secretario court clerk
escribiente *m/f* clerk
escribiente notarial notary's clerk
escrito *m* document, bill, writ, brief
escrito (adj) written
escrito de acusación bill of indictment
escrito de agravios bill of appeal
escrito de ampliación supplemental complaint
escrito de apelación bill of complaint
escrito de calificación indictment
escrito de conclusión final brief
escrito de contestación a la demanda reply to a complaint
escrito de demanda complaint
escrito de presentación initial brief
escrito de promoción trial brief
escrito de recusaciones bill of exception
escrito de reposición request for reconsideration
escrito privado private document
escritorio *m* office, desk
escritos de conclusión final pleadings
escritura *f* writing, document, instrument, deed, legal instrument, contract, handwriting
escritura a título gratuito gratuitous deed
escritura adicional additional instrument
escritura con garantía general general warranty deed
escritura constitutiva articles of incorporation, articles of association
escritura corrida longhand
escritura de cancelación document evidencing the cancellation of a debt
escritura de cesión deed of assignment
escritura de compraventa bill of sale, deed
escritura de concordato creditors' agreement with the bankrupt
escritura de constitución articles of incorporation, articles of association
escritura de constitución de hipoteca mortgage deed
escritura de convenio specialty contract
escritura de donación deed of gift
escritura de emisión de bonos bond indenture
escritura de enajenación deed
escritura de fideicomiso trust indenture
escritura de fundación articles of incorporation, articles of association
escritura de hipoteca mortgage deed

escritura de nacimiento birth certificate
escritura de organización articles of
   incorporation, articles of association
escritura de partición deed of partition
escritura de pleno dominio deed in fee
escritura de propiedad title deed
escritura de reforma amendment
escritura de satisfacción document
   evidencing the cancellation of a debt
escritura de seguros insurance policy
escritura de sociedad partnership agreement,
   articles of incorporation
escritura de traspaso deed
escritura de venta bill of sale, deed
escritura fiduciaria trust deed
escritura hipotecaria mortgage deed
escritura inscrita recorded deed
escritura maestra master deed
escritura matriz original document which
   remains in the notary's formal registry
escritura notarial notarized document
escritura privada private document
escritura pública public document, notarized
   document
escritura sellada sealed instrument
escritura sin registrar unrecorded deed
escritura social partnership agreement,
   articles of incorporation
escritura suplementaria supplemental deed
escritura traslativa de dominio deed
escriturar to notarize, to record
escriturario notarial
escrutar to scrutinize, to tally votes
escrutinio *m* scrutiny, vote count
escudriñable investigable
escudriñar to scrutinize
escuela *f* school
escuela correccional reform school
escuela de derecho law school
esencia *f* essence
esencial essential
esencialmente essentially
esfera de influencia sphere of influence
eslabón *f* link
espacio abierto open space
espacio aéreo air space
especialidad *f* specialty, special contract
especialista *m/f* specialist
especialización *f* specialization
especializado specialized
especializar to specialize
especialmente specially
especie *f* sort, event
especies valoradas revenue stamps
especificación *f* specification
especificación de empleo job specification
especificado specified
especificar to specify
específico specific

espécimen *m* specimen
espectrógrafo *m* spectrograph
espectrograma *m* spectrogram
especulación *f* speculation
especular to speculate
especulativo speculative
espera *f* wait, stay, recess, term, grace period
esperanza *f* hope, expectancy
esperanza de vida life expectancy
espía *f* spy
espía doble double agent
espiar to spy
espión *m* spy
espionaje *m* espionage
espionaje industrial industrial espionage
espíritu de una ley spirit of a law
esponsales *m* engagement
espontáneamente spontaneously
espontáneo spontaneous
esposa *f* wife
esposa abandonada abandoned wife
esposado handcuffed, newlywed
esposas *f* handcuffs
esposo *m* husband
esposo abandonado abandoned husband
espurio spurious
esquela *f* note, notice, short letter
esquela de defunción death notice
esquela mortuoria death notice
esquilmar to swindle, to exploit
esquina ciega blind corner
esquirol *m* scab
esquizofrenia *f* schizophrenia
estabilidad *f* stability, permanence
estabilidad absoluta permanent job security
estabilidad en el empleo job security
estabilidad relativa temporary job security
estabilización *f* stabilization
estabilización salarial wage stabilization
estabilizado stabilized
estabilizar to stabilize
estable stable
establecer to establish, to enact
establecer impuestos to impose taxes
establecer juicio to bring suit
establecer límites to establish boundaries
establecer mediante acuerdo to establish by
   agreement
establecer parámetros to establish parameters
establecer pautas to establish guidelines
establecer una apelación to file an appeal
establecido established
establecido ilegalmente illegally established
establecido ilícitamente illicitly established
establecido legalmente legally established
establecido lícitamente licitly established
establecimiento *m* establishment, resolution,
   statute, plant, foundation
establecimiento comercial commercial

establishment
establecimiento mercantil mercantile
establishment
establecimiento penal penal institution
estaca *f* stake
estación *f* station, season
estación aduanera customs station
estación de policía police station
estadía *f* stay, time in port beyond the
necessary
estadidad *f* statehood
estadísticas criminales crime statistics
estado *m* state, condition, statement, report
estado anual annual statement
estado bancario bank statement
estado certificado certified statement
estado civil marital status
estado combinado combined statement
estado comparativo comparative statement
estado con fines contributivos tax statement
estado condensado condensed statement
estado consolidado consolidated statement
estado contabilístico balance sheet
estado de ánimo state of mind
estado de cámara de compensación
clearinghouse statement
estado de casa de liquidación clearinghouse
statement
estado de concurso state of bankruptcy
estado de contabilidad balance sheet
estado de continuación continuation statement
estado de cuenta statement
estado de emergencia state of emergency
estado de ganancias y pérdidas profit and
loss statement
estado de guerra state of war
estado de indivisión undivided state
estado de ingresos earnings statement, income
statement
estado de ingresos retenidos statement of
retained earnings
estado de liquidación liquidation statement
estado de necesidad extenuating circumstance
estado de paz state of peace
estado de posición financiera statement of
financial condition
estado de quiebra state of bankruptcy
estado de reconciliación reconciliation
statement
estado de sitio state of siege
estado de situación general balance sheet
estado de superávit surplus statement
estado de tenedor de tarjeta cardholder
statement
estado del cierre closing statement
estado exento exempt status
estado falsificado falsified statement
estado financiero financial statement
estado financiero certificado certified

financial statement
estado financiero proyectado projected
financial statement
estado interino interim statement
estado legal marital status, legal status
estado mensual monthly statement
estado periódico periodic statement
estados soberanos sovereign states
estafa *f* fraud, swindle
estafador *m* defrauder, swindler
estafar to defraud, to swindle
estampilla *f* stamp, rubber stamp
estampilla de timbre nacional documentary
stamp
estampilla fiscal revenue stamp
estanco *m* monopoly, state monopoly
estandarización *f* standardization
estandarizado standardized
estandarizar to standardize
estanquero *m* retailer of goods under state
monopoly
estante extant
estar a buen uso to be in working order
estar a derecho to appear in court, to be
involved in an action
estar en sesión to be in session
estatal state, pertaining to a state
estatismo *m* statism
estatuido enacted, provided
estatuir to enact, to provide
estatutario statutory
estatuto *m* statute, law, ordinance, by-law,
rule, charter
estatuto de limitaciones statute of limitations
estatuto declaratorio declaratory statute
estatuto estatal state statute
estatuto ex post facto ex post facto law
estatuto expositivo expository statute
estatuto formal law of procedure
estatuto local local statute
estatuto municipal municipal statute
estatuto orgánico organic law
estatuto real real law
estatuto retroactivo retroactive law
estatuto sobre fraudes statute of frauds
estatutos de sociedades by-laws
estatutos revisados revised statutes
estatutos sociales by-laws
estelionato *m* stellionate
estenografía *f* stenography
estenógrafo *m* stenographer
estereotipado stereotyped
estereotípico stereotypic
estereotipo *m* stereotype
esterilidad *f* sterility
esterilización *f* sterilization
estilar to draft
estilo *m* style, method
estilo caligráfico handwriting

estimación *f* estimation, appraisal
estimación del valor estimate of value
estimado *m* estimate
estimado del valor estimate of value
estimar to estimate, to appraise
estimatoria *f* action by the buyer against the seller to obtain a reduction in price due to defects
estipendio *m* stipend, compensation
estipulación *f* stipulation, specification, agreement
estipulación adicional additional stipulation
estipulación condicionada conditional stipulation
estipulación de póliza policy stipulation
estipulación esencial essential stipulation
estipulación especificada specified covenant
estipulación incondicional absolute covenant
estipulación indispensable indispensable stipulation
estipulación innecesaria unnecessary stipulation
estipulación necesaria necessary stipulation
estipulación obligatoria obligatory stipulation
estipulaciones concurrentes concurrent stipulations
estipulaciones estatutarias statutory provisions
estipulaciones generales general provisions
estipulado stipulated
estipulante *m/f* stipulator
estipulante (adj) stipulating
estipular to stipulate, to specify, to agree
estirpe *f* descendants, lineage, stirpes
estorbo *m* nuisance, obstacle
estorbo atractivo attractive nuisance
estorbo civil civil nuisance
estorbo común common nuisance
estorbo continuo continuing nuisance
estorbo legal legalized nuisance
estorbo mixto mixed nuisance
estorbo privado private nuisance
estorbo público common nuisance
estrado *m* stand, platform
estrado de testigos witness stand
estrados *m* courtrooms
estragos *m* devastation
estrangulación *f* strangulation
estrangular to strangle
estraperlo *m* black market
estratagema *f* stratagem
estratégico strategic
estrés de trabajo job stress
estrictamente strictly
estricto strict
estructura *f* structure
estructura capital capital structure
estructura contributiva tax structure
estructura corporativa corporate structure

estructura económica economic structure
estructura financiera financial structure
estructura fiscal tax structure
estructura impositiva tax structure
estructura monetaria monetary structure
estructura organizativa organizational structure
estructura peligrosa dangerous structure
estructura salarial wage structure
estructura tributaria tax structure
estudio *m* study, office, law office
estudio de caso case study
estudio de título title search
estudio exhaustivo exhaustive study
estupefaciente stupefacient
estuprador *m* statutory rapist, rapist
estuprar to commit statutory rape, to rape
estupro *m* statutory rape, rape
et alii and others, et alii
et alius and another, et alius
etapa *f* stage
etapa crítica critical stage
etapa inicial initial stage
ética *f* ethics
ética cuestionable questionable ethics
ética de los negocios business ethics
ética legal legal ethics
ética profesional professional ethics
éticamente ethically
ético ethical
eutanasia *f* euthanasia
evacuado *m* evacuee
evacuado (adj) evacuated
evacuar to evacuate, to carry out
evacuar la respuesta to answer
evacuar protesto to protest
evacuar prueba to furnish proof
evacuar un encargo to carry out a commission
evacuar un informe to make a report
evacuar un negocio to liquidate a business
evacuar una consulta to provide a legal opinion
evacuar una protesta to file a protest
evadido ilegalmente illegally evaded
evadido ilícitamente illicitly evaded
evadir to evade
evadir impuestos to evade taxes
evadir la ley to evade the law
evadirse to abscond
evaluación *f* evaluation, appraisal
evaluación actuarial actuarial evaluation
evaluación de calidad quality assessment
evaluación de la prueba evaluation of evidence
evaluación de los daños assessment of the damages
evaluación de trabajo job evaluation
evaluador *m* evaluator

evaluar to evaluate, to appraise
evaluar la prueba to evaluate the evidence
evasión *f* evasion
evasión contributiva tax evasion
evasión de contribuciones tax evasion
evasión de imposición evasion of taxation
evasión de obligación evasion of obligation
evasión de responsabilidad evasion of
  liability
evasión del impuesto tax evasion
evasión fiscal tax evasion
evasión ilícita illicit evasion
evasión impositiva tax evasion
evasión inapropiada inappropriate evasion
evasión lícita licit evasion
evasión tributaria tax evasion
evasiva *f* evasion
evasivo evasive
evasor *m* evader
evento *m* event, contingency, accident
evento contingente contingent event
evento fortuito fortuitous event
evento subsiguiente subsequent event
eventos independientes independent events
eventual contingent, incidental
eventualidades del mar perils of the sea
evicción *f* eviction, dispossession
evicción como represalia retaliatory eviction
evicción efectiva actual eviction
evidencia *f* evidence, proof
evidencia absoluta full proof
evidencia acumulativa cumulative evidence
evidencia admisible admissible evidence
evidencia afirmativa affirmative proof
evidencia anticipada pre-trial evidence
evidencia circunstancial circumstantial
  evidence
evidencia común ordinary evidence
evidencia concluyente conclusive evidence
evidencia concurrente corroborating evidence
evidencia conjetural presumptive evidence
evidencia contradictoria contradictory
  evidence
evidencia contraria conflicting evidence
evidencia convencional agreed-upon evidence
evidencia convincente convincing proof
evidencia corroborante corroborating
  evidence
evidencia corroborativa corroborating
  evidence
evidencia cumulativa cumulative evidence
evidencia de asegurabilidad evidence of
  insurability
evidencia de autoridad proof of authority
evidencia de cancelación cancellation
  evidence
evidencia de cargo evidence for the
  prosecution
evidencia de culpabilidad proof of guilt

evidencia de depósito proof of deposit
evidencia de descargo evidence for the
  defense
evidencia de deuda proof of debt
evidencia de discapacidad proof of disability
evidencia de identidad proof of identity
evidencia de indicios circumstantial evidence
evidencia de inocencia proof of innocence
evidencia de muerte proof of death
evidencia de oídas hearsay evidence
evidencia de opinión opinion evidence,
  opinion testimony
evidencia de pago proof of payment
evidencia de peritos expert evidence
evidencia de reclamación proof of claim
evidencia de referencia hearsay evidence
evidencia de responsabilidad evidence of
  responsibility
evidencia de sangre blood test
evidencia de transacción test of transaction
evidencia decisiva conclusive evidence
evidencia del estado state's evidence
evidencia demostrativa demonstrative
  evidence
evidencia derivada secondary evidence
evidencia directa direct evidence
evidencia documental documentary evidence
evidencia en contrario conflicting evidence
evidencia en substitución substitutionary
  evidence
evidencia escrita documentary evidence
evidencia esencial essential evidence
evidencia experimental experimental
  evidence
evidencia extrajudicial extrajudicial evidence
evidencia fabricada fabricated evidence
evidencia falsificada falsified evidence
evidencia impertinente irrelevant evidence
evidencia impracticable inadmissible
  evidence
evidencia inadmisible inadmissible evidence
evidencia incompetente incompetent evidence
evidencia inconsistente inconsistent evidence
evidencia incontrovertible incontrovertible
  proof
evidencia incriminante incriminating
  evidence
evidencia indicativa indicative evidence
evidencia indiciaria circumstantial evidence
evidencia indirecta indirect evidence
evidencia indiscutible conclusive evidence
evidencia indispensable indispensable
  evidence
evidencia indisputable conclusive evidence
evidencia indubitable indubitable proof
evidencia ineficaz inconclusive evidence
evidencia inmaterial immaterial evidence
evidencia inmediata direct evidence
evidencia instrumental documentary evidence

evidencia insuficiente insufficient evidence
evidencia intrínseca intrinsic evidence
evidencia inútil inconclusive evidence
evidencia judicial judicial evidence
evidencia legal legal evidence
evidencia literal documentary evidence
evidencia matemática mathematical evidence
evidencia material material evidence
evidencia mediata indirect evidence
evidencia moral moral evidence
evidencia negativa negative evidence, negative proof
evidencia no esencial unessential evidence
evidencia oral oral evidence, parol evidence
evidencia original original evidence
evidencia parcial partial evidence
evidencia pericial expert evidence
evidencia personal oral evidence
evidencia pertinente pertinent evidence
evidencia plena full proof
evidencia por escrito documentary evidence
evidencia por fama pública hearsay evidence
evidencia por indicios circumstantial evidence
evidencia por peritos expert evidence
evidencia por presunciones presumptive evidence
evidencia por referencia hearsay evidence
evidencia por testigos testimonial evidence
evidencia positiva direct evidence, positive proof
evidencia preconstituida pre-trial evidence
evidencia preliminar preliminary evidence
evidencia presunta presumptive evidence
evidencia prima facie evidence sufficient on its face, prima facie evidence
evidencia primaria primary evidence
evidencia privilegiada evidence which is admissible only in certain cases, privileged evidence
evidencia procesal evidence presented during a trial
evidencia razonable de pérdida due proof of loss
evidencia real real evidence
evidencia satisfactoria satisfactory evidence
evidencia secundaria secondary evidence
evidencia suficiente sufficient evidence, satisfactory evidence
evidencia tangible tangible evidence
evidencia tasada legal evidence
evidencia testifical testimonial evidence
evidencia testimonial testimonial evidence
evidencia verbal oral evidence
evidencia vocal oral evidence
evidencial evidentiary
evidenciar to evidence, to prove
evidente evident, proven
evidentemente evidently
evitable avoidable

evitación *f* avoidance
evitación de impuestos avoidance of taxes
evitación de pérdidas loss avoidance
evitar to avoid, to evade
ex adverso on the other side, ex adverso
ex aequitate according to equity, ex aequitate
ex contractu arising from a contract, ex contractu
ex curia out of court, ex curia
ex dividendo ex dividend
ex facto from the act, ex facto
ex gratia out of grace, ex gratia
ex lege according to law, ex lege
ex more according to custom, ex more
ex officio by virtue of office, ex officio
ex parte of one part, ex parte
ex post facto after the act, ex post facto
ex propio motu by his own motive, ex propio motu
ex voluntate voluntarily, ex voluntate
exacción *f* exaction, levy
exacción ilegal exaction, extortion
exactor *m* tax collector
exageración *f* exaggeration
exageración intencional intentional exaggeration
exagerado exaggerated
examen *m* examination, investigation, interrogatory
examen de testigos examination of witnesses
examinación *f* examination
examinación de acatamiento compliance examination
examinación de auditoría audit examination
examinación de banco bank examination
examinador *m* examiner
examinador bancario bank examiner
examinador de seguros insurance examiner
examinando *m* examinee
examinar to examine, to investigate
examinar cuentas to audit
excarcelación *f* release from jail
excarcelar to release from jail
excedente *m* excess, surplus
excedente de capital capital surplus
exceder to exceed
excepción *f* exception, demurrer, defense, plea
excepción coherente personal defense
excepción de arraigo motion for the plaintiff to place a bond to cover the costs
excepción de compromiso previo defense based on a previous settlement
excepción de cosa juzgada defense based on a previous decision
excepción de defecto legal defense based on a legal defect
excepción de demanda insuficiente defense based on insufficiency of the complaint

excepción de derecho demurrer
excepción de dinero no entregado defense based on money not paid
excepción de excusión benefit of discussion
excepción de falta de acción demurrer
excepción de falta de cumplimiento defense based on nonperformance
excepción de falta de personalidad defense based on the incapacity of a party
excepción de hecho defense based on fact
excepción de incompetencia defense based on a lack of jurisdiction
excepción de jurisdicción defense based on a lack of jurisdiction
excepción de la incapacidad de la parte defense based on the incapacity of a party
excepción de litispendencia defense based on that the claims are already under litigation
excepción de nulidad defense based on the voidness of an instrument, peremptory defense
excepción de obscuridad defense based on the vagueness of the pleadings
excepción de prescripción defense based on the statute of limitations having run
excepción declarativa declaratory exception
excepción declinatoria defense based on a lack of jurisdiction
excepción dilatoria dilatory defense, dilatory exception
excepción especial special exception
excepción general general demurrer
excepción perentoria peremptory exception, peremptory defense
excepción personal personal defense
excepción procesal defense based on defect of procedure
excepción procuratoria defense based on the incapacity of a party
excepción real real defense
excepción superveniente motion to dismiss once a trial has commenced
excepción sustancial demurrer
excepción temporal dilatory defense, dilatory exception
excepcionable demurrable, defensible
excepcional exceptional
excepcionante *m* party that files an exception, party that files an objection, party that files a motion to dismiss
excepcionar to except, to demur, to defend
excepcionarse to except, to demur, to defend
excepto except
exceptuar to except
excesivamente excessively
excesivo excessive
exceso *m* excess, overage, offense
exceso de pérdida excess loss
exceso de seguro overinsurance

exceso de siniestralidad excess loss
exceso de velocidad speeding
excitación a la rebelión incitement to rebel
exclamación espontanea spontaneous exclamation
excluible excludable
excluido excluded
excluir to exclude
exclusión *f* exclusion, prohibition, estoppel
exclusión contributiva tax exclusion
exclusión de ingresos income exclusion
exclusión del foro disbarment
exclusión fiscal tax exclusion
exclusión impositiva tax exclusion
exclusión tributaria tax exclusion
exclusiones de la póliza exclusions of policy
exclusivamente exclusively
exclusividad *f* exclusivity
exclusividad laboral exclusive employment
exclusivista monopolistic
exclusivo exclusive
excluyente excluding, justifying
exculpar to exculpate
exculparse to be exculpated
exculpatorio exculpatory
excusa *f* excuse, exception
excusa absolutoria absolving excuse
excusa irrazonable unreasonable excuse
excusa legal legal excuse
excusa razonable reasonable excuse
excusable excusable
excusación *f* excuse, self-disqualification by a judge
excusado excused, exempt
excusar to excuse, to exempt
excusarse to disqualify oneself
excusas absolutorias justifying circumstances
excusión *f* discussion
excusión de bienes benefit of discussion
exégesis *f* interpretation of law
exención *f* exemption, immunity
exención absoluta absolute exemption
exención arancelaria exemption from customs duties
exención contributiva tax exemption
exención de responsabilidad exemption from liability
exención estatutaria statutory exemption
exención fiscal tax exemption
exención impositiva tax exemption
exención personal personal exemption
exención por personas a cargo exemption for dependents
exención tributaria tax exemption
exencionar to exempt, to excuse
exentar to exempt, to excuse
exento exempt, immune
exento de contribuciones tax exempt
exento de derechos duty-free

exento de impuestos tax exempt
exequátur *m* exequatur
exhaustivo exhaustive
exheredación *f* disinheritance
exheredar to disinherit
exhibición *f* exhibition, production, discovery, partial payment
exhibición de documentos production of documents
exhibición indecente indecent exhibition
exhibición íntegra full payment
exhibiciones deshonestas indecent exposure
exhibicionista *m/f* exhibitionist
exhibir to exhibit, to demonstrate, to make a partial payment
exhortar to exhort, to issue letters rogatory
exhorto *m* letters rogatory, request
exhumación *f* exhumation
exhumar to exhume
exigencia *f* exigency, demand, requirement
exigible exigible, demandable, due
exigir to demand, to charge, to levy
exiliado exiled
exiliar to exile
exilio *m* exile
eximente exempting, justifying, excusing
eximir to exempt, to excuse
eximir de derechos to exempt from duties
existencia corporativa corporate existence
existencias *f* inventory
exoneración *f* exoneration, acquittal, exemption, release
exonerar to exonerate, to acquit, to exempt, to release
exonerar de impuestos to exempt from taxes
exonerar de responsabilidad to release from liability
exorbitante exorbitant
exordio *m* exordium
expansión *f* expansion
expatriación *f* expatriation
expectación *f* expectation
expectante expectant
expectativa *f* expectancy
expectativa de pérdida expectation of loss
expectativa de vida expectancy of life
expedición *f* expedition, remittance, shipment, issuance
expedición de aduana customhouse clearance
expedición de pesca fishing trip
expedido sent, issued
expedidor *m* shipper, drawer
expedientación *f* preparation of a file
expediente *m* file, recourse, proceeding, motive
expediente de apremio proceeding for collection
expediente de arrestos arrest record
expediente de construcción file pertaining to

a request for a building permit
expediente de reintegro replevin
expediente en apelación record on appeal
expediente judicial court file
expedir to ship, to send, to issue
expedir disposiciones to issue decisions
expedir sentencia to pronounce judgment
expedir un auto to issue a writ
expedir un cheque to issue a check
expedir una factura to make out a bill
expedir una orden judicial to issue a judicial order
expedir una patente to issue a patent
expedir una resolución to issue a decision
expedito y claro free and clear
expendedor *m* dealer, vendor
expender to expend, to sell, to circulate counterfeit money
expendición de moneda falsa circulation of counterfeit money
expensae litis costs of the litigation
expensas *f* costs
experiencia *f* experience
experticia *f* expertise, expert testimony, expert advice, expert appraisal
experto *m* expert
experto en huellas digitales fingerprint expert
experto tributario tax expert
expiración *f* expiration
expiración de acuerdo expiration of agreement
expiración de arrendamiento expiration of lease
expiración de contrato expiration of contract
expiración de derechos de autor expiration of copyright
expiración de licencia expiration of license
expiración de marca comercial expiration of trademark
expiración de patente expiration of patent
expiración de permiso expiration of permit
expiración de póliza expiration of policy
expiración de sentencia expiration of sentence
expirado expired
expirar to expire, to die
explicable explainable
explicación *f* explanation
explícitamente explicitly
explícito explicit
explotación *f* exploitation, use, operation
explotación de una patente use of a patent
explotar to exploit, to use, to explode
expoliación *f* violent dispossession
exponente *m/f* explainer, deponent
exponente (adj) explanatory
exponer to expose, to declare, to explain
exponer a peligro to expose to danger
exponer a riesgo to expose to risk

exportación f exportation
exportación clandestina clandestine exporting
exportación directa direct exporting
exportación indirecta indirect export
exportación paralela parallel exporting
exportado exported
exportado ilegalmente illegally exported
exportador m exporter
exportar to export
exposición f exposition, clarification,
statement, libel
exposición a pérdida loss exposure
exposición de motivos preliminary recitals
exposición de niños abandonment of children
exposición deshonesta indecent exposure
exposición voluntaria a riesgo innecesario
voluntary exposure to unnecessary danger
expositivo expositive
expósito m foundling
expósito (adj) abandoned
expresamente expressly
expresar to express, to show
expresar agravios to plead
expreso express, evident, intentional
expromisión f novation
expropiable expropriable
expropiación f expropriation, condemnation
expropiación forzosa condemnation
expropiación ilegal illegal expropriation
expropiación judicial judicial condemnation
expropiado m condemnee
expropiado (adj) expropriated
expropiador m expropriator, condemner
expropiante m/f expropriator, condemner
expropiar to expropriate, to condemn
expuesto a riesgo exposed to risk
expulsar to expel
expulsión f expulsion, deportation, dismissal
expulsión de extranjeros deportation of
foreigners
expurgación f expurgation
expurgador m expurgator
extender to extend
extender el plazo to extend the term
extender las actas to write up the minutes
extender los asientos to make the entries
extender un contrato to prepare a contract
extender un cheque to draw a check
extender una patente to issue a patent
extendido extended
extensible extendible
extensión f extension, scope, length
extensión de arrendamiento extension of
lease
extensión de contrato extension of contract
extensión de derechos de autor extension of
copyright
extensión de licencia extension of license
extensión de permiso extension of permit

extensión de póliza extension of policy
extensión de póliza de seguros extension of
insurance policy
extensión del plazo extension of the term
extensivo extensive
externo external
extinción f extinguishment, termination,
liquidation, paying off
extinción de derechos termination of legal
rights
extinción de deudas extinguishment of debts
extinción de las penas termination of
punishments
extinción de los contratos termination of
contracts
extinguir to extinguish, to terminate, to pay
off
extinguirse to expire, to lapse
extintivo extinguishing
extorno m refund, drawback
extorsión f extortion
extorsión estatutaria statutory extortion
extorsionador m extortioner
extorsionar to extort
extorsionista m/f extortioner, profiteer
extorsivo extortionate
extra judicium out of court, extra judicium
extra jus beyond the law, beyond the
requirements of the law, extra jus
extra legem out of the law, out of the
protection of the law, extra legem
extra vires beyond the powers, extra vires
extracartular unofficial
extracontable not in the books
extracontractual not in the contract
extracta f true copy
extracto m excerpt, abstract, summary,
statement
extracto de balance condensed balance sheet
extracto de cuenta statement of account
extracto de la litis record of the case
extradición f extradition
extradición interestatal interstate extradition
extraditar to extradite
extrajudicial extrajudicial
extrajudicialmente extrajudicially
extrajurídico extralegal
extralimitación f breach of trust
extramatrimonial extramarital
extranjería f alienage
extranjero m alien
extranjero elegible eligible alien
extranjero enemigo alien enemy
extranjero residente resident alien
extraño m alien, stranger
extraño (adj) alien, foreign, strange
extraoficial unofficial
extrapetición f petition for a ruling on a
matter not in the case

extraprocesal out of court
extraterritorial extraterritorial
extraterritorialidad extraterritoriality
extratributario not for taxation
extravío *m* loss
extremadamente extremely
extremista extremist
extremo extreme, last
extremo de la demanda amount demanded
extremos de la acción ground of action
extremos de la excepción grounds of
    objection, grounds of defense
extrínseco extrinsic

F

fabricación *f* fabrication
fabricado fabricated, manufactured
fabricante *m/f* manufacturer
fabricar to fabricate
facción *f* faction, gang
facción de testamento testamentary capacity
faceta *f* facet
facilidades facilities
facilidades de crédito credit facilities
facilitar to facilitate, to furnish
facilitar informes to furnish information
fácilmente accesible easily accessible
fácilmente convencido easily convinced
fácilmente engañado easily fooled
fácilmente entendido easily understood
fácilmente influenciado easily influenced
fácilmente visto easily seen
facineroso *m* criminal, habitual criminal,
    wicked person
facineroso (adj) criminal, wicked
facistol *m* lectern
facsímil *m* facsimile
factible feasible
factor *m* factor, agent
factor de riesgo risk factor
factoraje *m* factorage, agency
factores económicos economic factors
factoría *f* factorage, factory, agency
factual factual
factum fact, factum
factum juridicum a juridical fact, factum
    juridicum
factum probandum the fact to be proved,
    factum probandum
factura *f* invoice, bill
factura comercial commercial invoice
factura común invoice
factura consular consular invoice
factura corregida corrected invoice
factura de aduana customs invoice
factura de venta bill of sale
factura detallada itemized invoice
facturación *f* billing
facturado billed
facturador *m* biller
facturar to invoice, to bill
facturero *m* invoice book
facultad *f* faculty, authority, power, right,

department
facultad de derecho law school
facultad de disponer right of disposal
facultad de juzgar power to decide
facultad de nombrar power of appointment
facultad de optar right to decide
facultad de testar testamentary capacity
facultad discrecional discretionary power
facultad policial police power
facultad procesal right of action
facultar to empower, to authorize
facultativo facultative, optional, concerning a
power
falacia *f* fallacy, deceit
falaz fallacious, deceiving
falencia *f* deceit, bankruptcy
falsa alarma false alarm
falsa denuncia false accusation
falsa prueba false evidence
falsa representación false representation
falsamente falsely
falsario *m* falsifier, liar
falsas apariencias false pretenses
falsas representaciones false representations
falsear to falsify
falsedad *f* falsehood, misrepresentation
falsedad de documentos documents
containing falsehoods
falsedad fraudulenta false representation
falsedad importante material
misrepresentation
falsedad inculpable innocent
misrepresentation
falsedad inocente innocent misrepresentation
falsedad justiciable actionable
misrepresentation
falsedad maliciosa malicious falsehood
falsedad material forgery, material
misrepresentation
falsedad negligente negligent
misrepresentation
falsi crimen crime containing fraud, falsi
crimen
falsía *f* falseness, duplicity
falsificación *f* forgery, falsification
falsificación comercial commercial
counterfeiting
falsificación de cheques check forgery
falsificación de documentos forgery
falsificación de libros falsification of books
falsificación de moneda counterfeiting
falsificado forged, falsified
falsificador *m* forger, falsifier
falsificador de moneda counterfeiter
falsificar to forge, to falsify
falsificar documentos falsify documents
falsificar prueba falsify evidence
falsificar registros falsify records
falso false, counterfeit

falso testimonio false testimony, perjury
falso y fraudulento false and fraudulent
falsos pretextos false pretenses
falta *f* fault, lack, defect, breach, infraction,
misdemeanor
falta de aceptación nonacceptance
falta de actividad lack of activity
falta de advertencia lack of warning
falta de asistencia absenteeism
falta de atención want of attention
falta de autoridad lack of authority
falta de aviso failure to notify
falta de capacidad lack of capacity
falta de causa want of consideration
falta de causa probable lack of probable
cause
falta de certidumbre lack of certainty
falta de claridad lack of clarity
falta de competencia want of competence,
improper venue
falta de contraprestación want of
consideration
falta de control want of control
falta de cuidado lack of care
falta de cumplimiento failure of
consideration, nonperformance,
noncompliance, nonfeasance
falta de descendencia lack of issue
falta de disciplina lack of discipline
falta de duda lack of doubt
falta de ejecución failure of consideration,
nonperformance, noncompliance,
nonfeasance
falta de entrega nondelivery
falta de habilidad lack of ability
falta de honestidad lack of honesty
falta de incentivo lack of incentive
falta de integridad lack of integrity
falta de intención lack of intent
falta de interés lack of interest
falta de jurisdicción lack of jurisdiction
falta de justificación lack of justification
falta de mantenimiento lack of maintenance
falta de manutención lack of support
falta de motivo lack of motive
falta de pago nonpayment, dishonor
falta de partes defect of parties
falta de preaviso lack of prior notice
falta de precaución lack of caution
falta de precedentes lack of precedent
falta de protección lack of protection
falta de provocación lack of provocation
falta de prueba lack of evidence
falta de seguridad lack of safety
falta de trabajo unemployment
falta de uso nonuse
falta de vigilancia lack of due care
falta del cuidado debido lack of due care
falta del debido proceso lack of due process

falta grave major offense, felony
falta leve minor offense, misdemeanor
faltante *m* nonappearing party
faltante (adj) lacking
faltar to fail, to default, to breach, to be short
faltas *f* minor offenses, misdemeanors
faltas en el procedimiento procedural errors
faltista habitually defaulting
falto lacking, scarce
falla *f* fault, failure, defect
falla de causa failure of consideration
falla en caja cash shortage
fallar to render judgment, to rule, to sentence, to fail, to be lacking, to err
fallar sin lugar to dismiss
fallecimiento *m* death
fallido *m* bankrupt
fallido (adj) bankrupt, frustrated
fallido culpable bankrupt due to negligence
fallido fraudulento fraudulent bankrupt
fallido rehabilitado discharged bankrupt
fallir to fail
fallo *m* judgment, finding, verdict, decision, arbitration award, failure, shortcoming
fallo acumulado accumulated judgment
fallo acumulativo accumulative judgment
fallo administrativo administrative ruling
fallo arbitral arbitration award
fallo condenatorio conviction
fallo condicionado conditional judgment
fallo de culpabilidad conviction
fallo de deficiencia deficiency judgment
fallo definitivo final judgment, final sentence
fallo del jurado jury verdict
fallo desfavorable unfavorable judgment
fallo fabricado simulated judgment
fallo favorable favorable judgment
fallo judicial judicial decision
fallo plenario plenary decision
fallo simulado simulated judgment
fama pública reputation
familia *f* family, household
familia adoptiva adoptive family
familia inmediata immediate family
familiar *m* relative
familiar (adj) pertaining to a family, familiar
familiaridad *f* familiarity
fanático *m* fanatic
faro *m* lighthouse
fatal fatal, obligatory, final
fatalmente fatally
fautor *m* abettor, helper
favor *m* favor, accommodation, assistance
favorable favorable
favorablemente favorably
favorecedor *m* endorser of an accommodation bill, client
favorecido *m* maker of an accommodation bill
favorecido (adj) favored

favoritismo *m* favoritism
fe *f* testimony, certification, affirmation, credence
fe de conocimiento verification of the identity of a person
fe notarial the authority of a notary's certification
fe pública authority to attest documents
fecundación artificial artificial insemination
fecha *f* date, moment
fecha cierta day certain
fecha de aceptación acceptance date
fecha de adquisición acquisition date
fecha de asiento posting date
fecha de aviso date of notification
fecha de calificación qualification date
fecha de compra date of purchase
fecha de depósito deposit date
fecha de efectividad effective date
fecha de ejecución date of execution
fecha de elegibilidad eligibility date
fecha de embarque shipping date
fecha de emisión date of issue
fecha de endoso endorsement date
fecha de entrada posting date
fecha de entrega delivery date
fecha de expiración expiration date
fecha de expiración de contrato contract expiration date
fecha de expiración de póliza policy expiration date
fecha de factura invoice date
fecha de facturación billing date
fecha de fallecimiento date of death
fecha de invalidez invalid date
fecha de letra draft date
fecha de nacimiento date of birth
fecha de ofrecimiento offering date
fecha de pago payment date
fecha de póliza policy date
fecha de radicación filing date
fecha de rechazo refusal date
fecha de registro date of record
fecha de solicitud date of application
fecha de tasación appraisal date
fecha de terminación termination date
fecha de terminación de plan termination date of plan
fecha de transacción transaction date
fecha de valor effective date
fecha de vencimiento expiration date, due date, deadline, maturity date
fecha de venta date of sale
fecha de vigencia effective date
fecha del fallo date of judgment
fecha efectiva effective date
fecha límite final date
fechado dated
fechar to date

fecho executed, issued
fechoría *f* malfeasance, misdeed
fedatario *m* notary public, one who attests, one who certifies
federación *f* federation, association
federal federal
federalismo *m* federalism
federalista *m/f* federalist
federarse to form a federation, to form an association
fehaciente evidencing, certifying, attesting, authentic, credible
felón *m* felon, villain
felón (adj) felonious, treacherous
felonía *f* treachery, disloyalty
feminismo *m* feminism
feminista feminist
fenecer to finish, to die
fenecimiento *m* finishing, death
feria *f* holiday, legal holiday, fair
feria judicial legal holiday, nonjudicial day
feriado *m* holiday, nonjudicial day
feriado nacional national holiday
feticidio *m* feticide
feto *m* fetus
fiable responsible, trustworthy
fiado *m* person under bond
fiado (adj) purchased on credit
fiador *m* surety, bailor, guarantor
fiador judicial judgment surety
fiador mancomunado co-surety
fiador solidario joint and several surety
fianza *f* bail, bond, guaranty
fianza absoluta bail absolute
fianza carcelaria bail
fianza conforme a la ley statutory bond
fianza conjunta joint bond
fianza de aduana customs bond
fianza de almacén warehouse bond
fianza de apelación appeal bond
fianza de arraigo special bail
fianza de averías average bond
fianza de caución surety bond
fianza de comparecencia appearance bond
fianza de conservación conservation bond
fianza de contratista contract bond
fianza de cumplimiento performance bond
fianza de demandado defendant's bond
fianza de depósito warehouse bond
fianza de desembarque landing bond
fianza de embargo attachment bond
fianza de empresa porteadora carrier's bond
fianza de entredicho injunction bond
fianza de exportación export bond
fianza de fidelidad fidelity bond
fianza de garantía surety bond
fianza de licencia license bond
fianza de licitador bid bond
fianza de litigante court bond

fianza de manutención maintenance bond
fianza de neutralidad neutrality bond
fianza de oferta bid bond
fianza de pago payment bond
fianza de postura bid bond
fianza de propiedad title bond
fianza de seguridad surety bond
fianza de sometimiento submission bond
fianza de título title bond
fianza en avería gruesa general average bond
fianza especial special bail
fianza establecida established bail
fianza estatutaria statutory bond
fianza excesiva excessive bail
fianza exorbitante exorbitant bail
fianza general blanket bond
fianza hipotecaria mortgage
fianza judicial judicial bond
fianza mancomunada joint bond
fianza mercantil performance bond
fianza particular personal surety
fianza personal personal surety
fianza pignoraticia pledge
fianza por auto de casación bill in error
fianza prendaria pledge
fianza reivindicatoria replevin bond
fianza simple bail common
fiar to grant credit, to bond for, to bail for, to guarantee
ficción *f* fiction
ficción de derecho fiction of law
ficción jurídica fiction of law
ficción legal fiction of law
ficticio fictitious
ficto fictitious, implied
ficha dactiloscópica record of fingerprints
fichar to prepare a record with personal particulars, to prepare a dossier on, to size up, to file
fichero *m* file
fichero confidencial confidential file
fichero de crédito credit file
fidedigno trustworthy, reliable
fideicomisario *m* trustee, beneficiary of a trust, legal representative of debenture holders
fideicomisario en la quiebra trustee in bankruptcy
fideicomisario judicial judicial trustee
fideicomisario público public trustee
fideicomisario substituto substitute trustee
fideicomiso *m* trust
fideicomiso abandonado abandoned trust
fideicomiso activo active trust
fideicomiso caritativo charitable trust
fideicomiso comercial business trust
fideicomiso complejo complex trust
fideicomiso condicional contingent trust
fideicomiso conservatorio testamentary trust

fideicomiso constructivo constructive trust
fideicomiso contingente contingent trust
fideicomiso convencional conventional trust
fideicomiso de acumulación accumulation
    trust
fideicomiso de beneficencia charitable trust
fideicomiso de fondos depositados funded
    trust
fideicomiso de pensiones pension trust
fideicomiso de seguro de vida life insurance
    trust
fideicomiso de sociedad anónima corporate
    trust
fideicomiso de tierras land trust
fideicomiso definido express trust
fideicomiso directivo directory trust
fideicomiso directo direct trust
fideicomiso discrecional discretionary trust
fideicomiso especial special trust
fideicomiso expreso express trust
fideicomiso familiar testamentary trust
fideicomiso fijo fixed trust
fideicomiso formalizado executed trust
fideicomiso forzoso constructive trust
fideicomiso imperfecto imperfect trust
fideicomiso implícito implied trust
fideicomiso impuesto constructive trust
fideicomiso inactivo inactive trust
fideicomiso indestructible indestructible trust
fideicomiso inferido inferred trust
fideicomiso involuntario involuntary trust
fideicomiso irrevocable irrevocable trust
fideicomiso limitado limited trust
fideicomiso matrimonial marital trust
fideicomiso múltiple multiple trust
fideicomiso nominal nominal trust
fideicomiso para los pródigos spendthrift
    trust
fideicomiso para votación voting trust
fideicomiso particular private trust
fideicomiso pasivo passive trust
fideicomiso perfecto perfect trust
fideicomiso perpetuo perpetual trust
fideicomiso por formalizar executory trust
fideicomiso por presunción legal resulting
    trust
fideicomiso presunto resulting trust
fideicomiso privado private trust
fideicomiso público public trust
fideicomiso puro simple trust
fideicomiso restringido restricted trust
fideicomiso resultante resulting trust
fideicomiso revocable revocable trust
fideicomiso secreto secret trust
fideicomiso sencillo simple trust
fideicomiso simple simple trust
fideicomiso sin depósito de fondos unfunded
    trust
fideicomiso sin restricciones unrestricted trust

fideicomiso singular private trust
fideicomiso sobrentendido implied trust
fideicomiso sucesivo testamentary trust
fideicomiso tácito tacit trust
fideicomiso testamentario testamentary trust
fideicomiso universal trust encompassing an
    entire estate
fideicomiso variable variable trust
fideicomiso voluntario voluntary trust
fideicomisor *m* trustee
fideicomitente *m/f* trustor
fidelidad *f* fidelity
fidem trust, confidence
fides faith, trust
fiduciante *m/f* trustor
fiduciario *m* trustee
fiduciario (adj) fiduciary
fiduciario condicional contingent trustee
fiduciario corporativo corporate trustee
fiduciario interino acting trustee
fiduciario judicial judicial trustee
fiduciario testamentario testamentary trustee
fiel *m* public inspector
fiel (adj) faithful, accurate
fiel copia true copy
fiel cumplimiento faithful performance,
    faithful observance
fielato *m* position of a public inspector
fieldad *f* surety, guaranty
fiesta estatal state holiday
fiesta extranjera foreign holiday
fiesta internacional international holiday
fijación de precios price fixing
fijación de tasas rate setting
fijar to determine, to fix
fijar los daños y perjuicios to assess damages
fijar precios to fix prices
fijo fixed
filiación *f* filiation
filial filial
filicida *m/f* filicide
filicidio *m* filicide
filigrana *f* watermark
filosofía del derecho jurisprudence,
    philosophy of law
fin *m* end, aim
fin de la existencia de las personas jurídicas
    termination of artificial persons
fin de la existencia de las personas naturales
    death of natural persons
fin del proceso end of the proceedings,
    objective of the proceedings
finado *m* deceased
final final
finalidad *f* finality
finalidad de pago finality of payment
financiación *f* financing
financiado financed
financiamiento *m* financing

financiamiento a corto plazo short-term financing
financiamiento a largo plazo long-term financing
financiamiento a medio plazo medium-term financing
financiamiento hipotecario mortgage financing
financiamiento interno internal financing
financiamiento permanente permanent financing
financiamiento puente bridge financing
financiar to finance
financiera *f* finance company
financiero *m* financier
financiero (adj) financial
finanzas *f* finance, finances
finanzas públicas public finances
finar to die
finca *f* plot, farm, real estate
finca colindante adjoining property
finca raíz real estate
finca rústica rural property
finca urbana urban property
fincar to purchase real estate
finiquitar to extinguish, to close an account
finiquito *m* extinction, release, closing of an account, quitclaim
firma *f* signature, firm, company, company name
firma afiliada affiliated firm
firma autógrafa autograph signature
firma autorizada authorized signature
firma comercial company, company name
firma corresponsal correspondent firm
firma de corretaje brokerage firm
firma de favor accommodation endorsement
firma de letrado attorney's signature
firma en blanco blank signature
firma entera signature of the full name
firma facsimilar facsimile signature
firma falsificada falsified signature
firma media partial signature
firma miembro member firm
firma obligante binding signature
firma sancionada authorized signature
firma social company signature, company name
firmado signed
firmado de propio puño signed personally
firmado de puño signed personally
firmado y sellado por signed and sealed by
firmador *m* signer, maker of a document
firmador de cheques check signer
firmante *m/f* signer, maker of a document
firmante conjunto cosigner
firmante por acomodación accommodation maker
firmar to sign, to execute

firme final, firm
firmón *m* signer of documents drafted by others, professional who will sign anything
fiscal *m* prosecutor, prosecuting attorney, state attorney, auditor
fiscal (adj) fiscal, financial
fiscal de cuentas auditor
fiscal de distrito district attorney
fiscal de estado government attorney
fiscal especial special prosecutor
fiscal general attorney general
fiscalía *f* prosecutor's office, government attorney's office, inspector's office, auditor's office
fiscalista fiscal
fiscalización *f* control, supervision, inspection
fiscalizador *m* inspector
fiscalizador (adj) inspecting
fiscalizar to control, to inspect
fisco *m* fisc
fisco municipal municipal treasury, municipal government
físico physical
flagicioso flagitious
flagrans during the act
flagrans crimen during the criminal act
flagrans delicto in the act of committing the crime
flagrante flagrant
flagrante delito crime detected while being perpetrated
fletador *m* charterer
fletamento *m* charter-party
fletamento a plazo time charter
fletamento con operación por cuenta del arrendador gross charter
fletamento con operación por cuenta del arrendatario net charter
fletamento por tiempo time charter
fletamento por viaje trip charter
fletamento por viaje redondo voyage charter
fletamiento *m* charter-party
fletante *m* charterer, owner of a means of transport for hire
fletar to charter, to freight, to hire
flete *m* freight
flete abandonado abandoned freight
flete bruto gross freight
flete eventual freight contingency
flete marítimo ocean freight
flete neto net freight
fletear to charter, to freight, to hire
fletero *m* freighter, freight carrier
flota *f* navy, fleet
flotante floating
flotar un empréstito to float a loan
fluctuación *f* fluctuation
fluctuante fluctuating
flujo de fondos cash flow

flujo y reflujo ebb and flow
fluvial fluvial
foja *f* page, folio, sheet
foliar to number pages
folio *m* folio
folleto informativo brochure
fomentador *m* encourager, promoter, developer
fomentar to encourage, to promote, to develop
fomento *m* development, encouragement, promotion
fondo *m* fund, essence
fondo acumulativo sinking fund
fondo amortizante sinking fund
fondo común general fund
fondo común de inversión mutual fund
fondo de amortización sinking fund
fondo de anualidad annuity fund
fondo de comercio the combined tangible and intangible assets of a business establishment
fondo de contingencia contingency fund
fondo de estabilización stabilization fund
fondo de fideicomiso trust fund
fondo de garantía guaranty fund
fondo de insolvencia insolvency fund
fondo de inversión mutual fund
fondo de la cuestión heart of the matter
fondo de previsión reserve fund, pension fund
fondo de reserva reserve fund
fondo de retiro retirement fund
fondo especial special fund
fondo fiduciario irrevocable irrevocable trust fund
fondo jubilatorio pension fund
fondo mutualista mutual fund
fondo mutuo mutual fund
fondo no asegurado noninsured fund
fondo para emergencias emergency fund
fondo poluto slush fund
fondo reservado reserved fund
fondo restringido restricted fund
fondo social capital stock, partnership's capital
fondos funds
fondos administrados managed funds
fondos bloqueados frozen funds
fondos congelados frozen funds
fondos de campaña campaign funds
fondos de fideicomiso trust funds
fondos disponibles available funds
fondos en plica escrow funds
fondos estatales state funds
fondos federales federal funds
fondos fiduciarios trust funds
fondos gravables taxable funds
fondos imponibles taxable funds
fondos interestatales interstate funds
fondos intraestatales intrastate funds

fondos líquidos liquid funds
fondos locales local funds
fondos municipales municipal funds
fondos públicos public funds
fondos restringidos restricted funds
fondos sin restricciones unrestricted funds
forajido *m* fugitive from justice
foral statutory, jurisdictional, legal
foralmente judicially
forense forensic
forero jurisdictional, statutory, legal
forjador *m* forger
forjar to forge, to shape
forma *f* form, manner, shape
forma de los actos jurídicos legal formalities
forma legal legal formalities
forma libre procedure lacking legal formalities
formación *f* formation
formación de fideicomiso formation of trust
formación de las leyes enactment
formal formal, procedural
formalidad *f* formality, dependability, excessive bureaucracy
formalidades formalities
formalismo *m* formalism
formalizar to formalize
formalizar protesto to protest
formalizar un contrato to formalize a contract
formalmente formally
formar to form
formar expediente a alguien to initiate an investigation of a person
formar proceso to bring suit
formas de acción forms of action
formas de los contratos contractual formalities
formas legales legal formalities
formas procesales procedure
fórmula *f* formula, settlement agreement
fórmula de propuesta proposal
formular to formulate
formular cargos to bring charges
formular denuncia to make an accusation, to make a complaint
formular oposición to object
formular un reparo to file an objection
formular una reclamación to file a claim
formulario *m* questionnaire, blank form, form, formulary
formulario abierto open form
formulario de ajuste de prima premium adjustment form
formulario de contrato contract form
formulario de crédito credit form
formulario de orden order form
formulario de pedido order form
formulario de póliza perdida lost policy

receipt
formulario de propuesta proposal form
formulario de seguros insurance form
formulario en blanco blank form
formulario timbrado stamped form
formulario valorado stamped form
formulismo *m* formalism, excessive
    bureaucracy
fornicación *f* fornication
foro *m* forum, bar, lease, leasehold
fortuitamente fortuitously
fortuito fortuitous
forum contractus the forum of the contract
forzadamente forcibly
forzado forced
forzador *m* forcer, rapist
forzar to force, to rape
forzoso compulsory, unavoidable
fotocopia *f* photocopy
fotostático photostatic
fracasar to fail
fracaso *m* failure
fracción *f* fraction
fragante flagrant
fraguar to falsify, to plot
fraguar una firma to forge a signature
franco free, duty-free, exempt, honest
franco a bordo free on board
franco al costado free alongside
franco al costado vapor free alongside
franco de avería simple free of particular
    average
franco de derechos duty-free
franco en el muelle free on dock
francotirador *m* sniper, sharpshooter
franquear to exempt, to prepay, to pay
    postage, to clear
franqueo *m* postage, prepayment, clearance
franquicia *f* franchise, exemption
franquicia aduanera exemption from customs
    duties
franquicia arancelaria exemption from
    customs duties
franquicia de voto right to vote
franquicia especial special franchise
franquicia impositiva tax exemption
franquicia tributaria tax exemption
frater a brother
fratricida *m/f* fratricide
fratricidio *m* fratricide
fraude *m* fraud, deceit
fraude colateral collateral fraud
fraude constructivo constructive fraud
fraude contributivo tax fraud
fraude de acreedores fraud committed against
    creditors
fraude de comerciante merchant fraud
fraude de hecho fraud in fact
fraude efectivo actual fraud

fraude electoral electoral fraud
fraude en materia civil civil fraud
fraude extrínseco extrinsic fraud
fraude fiscal tax fraud
fraude implícito constructive fraud
fraude impositivo tax fraud
fraude intrínseco intrinsic fraud
fraude justiciable actionable fraud
fraude legal legal fraud
fraude positivo positive fraud
fraude presunto constructive fraud
fraude procesable actionable fraud
fraude procesal procedural fraud
fraude tributario tax fraud
fraudulencia *f* fraudulence
fraudulentamente fraudulently
fraudulento fraudulent
fraus fraud
frente *m* front, face of a document
frente obrero labor association
frere a brother
frere eyne an elder brother
frere puisne a younger brother
frívolo frivolous
frontera *f* frontier, border
frontera artificial artificial border
frontera convencional border established by
    treaty
frontera natural natural border
fructuoso successful, productive
frustración *f* frustration
frustración de contrato frustration of contract
frustración de propósito frustration of
    purpose
frustrado frustrated
frutos *m* fruits, benefits, products, results
frutos caídos fallen fruit
frutos del delito fruits of crime
frutos del país national products
frutos e intereses fruits and interest
frutos industriales industrial products,
    emblements
frutos naturales natural fruits
fuego *m* fire
fuego accidental accidental fire
fuego perjudicial hostile fire
fuego útil friendly fire
fuente *f* source
fuente confiable reliable source
fuente de ganancia source of profit
fuente de información source of information
fuente de ingresos source of income
fuente fidedigna reliable source
fuente informativa source of information
fuente productora source of supply
fuente rentística source of revenue
fuentes de fondos sources of funds
fuentes de la ley sources of the law
fuentes de las obligaciones sources of

obligations
fuentes del derecho sources of the law
fuentes jurídicas sources of the law
fuentes jurídicas explícitas statutes, express
sources of the law
fuentes jurídicas implícitas custom and
usage, implied sources of the law
fuera de audiencia out of court
fuera de beneficio out of benefit
fuera de duda razonable beyond a reasonable
doubt
fuera de fecha out of time
fuera de juicio extrajudicial, insane
fuera de la ley outside of the law
fuera de litigio extrajudicial
fuera de lugar irrelevant, inappropriate, out
of place
fuera de matrimonio out of wedlock
fuera de orden out of order
fuera de razón unreasonable
fuera de término late
fuera de tiempo late
fuero *m* jurisdiction, venue, court, privilege,
code of laws, common law
fuero administrativo administrative
jurisdiction
fuero auxiliar ancillary jurisdiction
fuero civil civil jurisdiction
fuero comercial commercial code
fuero competente jurisdiction
fuero común general jurisdiction
fuero concurrente concurrent jurisdiction
fuero criminal criminal jurisdiction
fuero de apelaciones appellate jurisdiction
fuero de atracción ancillary jurisdiction
fuero de elección selected jurisdiction
fuero de las sucesiones probate jurisdiction
fuero de los concursos bankruptcy court
fuero del contrato selection of jurisdiction in
a contract
fuero del trabajo jurisdiction in labor cases
fuero especial special jurisdiction
fuero exclusivo exclusive jurisdiction
fuero extranjero foreign jurisdiction
fuero extraordinario special jurisdiction
fuero extraterritorial extraterritorial
jurisdiction
fuero forzoso forced jurisdiction
fuero general general jurisdiction
fuero internacional international jurisdiction
fuero laboral labor jurisdiction
fuero marítimo admiralty jurisdiction
fuero mercantil jurisdiction over matters
concerning commercial law
fuero militar military jurisdiction
fuero municipal municipal code
fuero normal normal jurisdiction
fuero ordinario jurisdiction
fuero penal criminal jurisdiction

fuero por conexión ancillary jurisdiction
fuero propio jurisdiction
fuero territorial territorial jurisdiction
fuerza *f* force, power
fuerza artificial artificial force
fuerza cancelatoria legal tender
fuerza coercitiva coercion
fuerza de cosa juzgada force and effect of a
decision
fuerza de ley force of law
fuerza de negociación bargaining strength
fuerza e intimidación force and fear
fuerza física physical force
fuerza ilegal illegal force
fuerza ilícita illicit force
fuerza impropia improper force
fuerza inapropiada inappropriate force
fuerza irresistible irresistible force
fuerza laboral labor force
fuerza legal legal force, force of law
fuerza liberatoria legal tender, power to
release
fuerza lícita licit force
fuerza mayor irresistible force
fuerza mortal deadly force
fuerza motivante motivating force
fuerza probatoria evidentiary weight
fuerza pública police power
fuerza razonable reasonable force
fuerzas armadas armed forces
fuga *f* escape
fuga constructiva constructive flight
fuga de capitales capital flight
fuga por negligencia negligent escape
fugarse to escape, to jump bail, to abscond
fugarse bajo fianza abscond on bail
fugitivo fugitive
Fulana de Tal Jane Doe
Fulano de Tal John Doe
fullería *f* swindling
fullero *m* swindler
función *f* function
función administrativa administrative
function
función de auditoría audit function
función gubernamental governmental
function
función judicial judicial function
función legislativa legislative power
función municipal municipal function
funcional functional
funcionario *m* officer, functionary
funcionario administrativo administrative
officer
funcionario corporativo corporate officer
funcionario de facto officer de facto
funcionario de jure officer de jure
funcionario de plica escrow officer
funcionario de préstamos loan officer

funcionario ejecutivo executive officer
funcionario federal federal officer
funcionario fiscal fiscal officer, financial officer
funcionario interino acting officer
funcionario judicial judicial officer
funcionario local local officer
funcionario municipal municipal officer
funcionario principal chief officer
funcionario público public officer
funcionario regional regional officer
funcionarios diplomáticos extranjeros foreign diplomatic officers
funcionarismo *m* bureaucracy
fundabilidad *f* admissibility
fundación *f* foundation, endowment, establishment
fundación afiliada affiliated foundation
fundación aliada allied foundation
fundación asociada affiliated foundation
fundación caritativa charitable foundation
fundación difunta defunct foundation
fundación inexistente nonexistent foundation
fundación ilegal illegal foundation
fundación ilícita illicit foundation
fundación insolvente insolvent foundation
fundación jurídica legal foundation
fundación lícita licit foundation
fundación quebrada bankrupt foundation
fundadamente with good reason
fundado well-founded
fundador *m* founder, promoter
fundamental fundamental
fundamentalmente fundamentally
fundamentar to establish, to lay the foundations of
fundamento *m* foundation, reason
fundamento jurídico legal foundation, legal ground
fundamentos irrazonables unreasonable grounds
fundar to found, to endow, to establish
fundar recurso to file an appeal
fundar un agravio to make a complaint
fundir to merge, to unite
fundirse to go bankrupt, to fail, to merge, to unite
fundo *m* rural property
fundo dominante dominant tenement
fundo maderero timberland
fundo minero mining property
fundo sirviente servient tenement
fungibilidad fungibility
fungible fungible
fungir to substitute
furandi animus intent to steal
furtivamente furtively
furtivo furtive
furtum theft, that which has been stolen

fusilamiento *m* execution by firing squad
fusilar to execute by firing squad
fusión *f* merger
fusión bancaria bank merger
fusión conglomerada conglomerate merger
fusión corporativa corporate merger
fusión de contratos merger of contracts
fusión de corporaciones corporate merger
fusión de delitos merger of crimes
fusión de derechos merger of rights
fusión de títulos confusion of titles
fusión horizontal horizontal merger
fusión parcial partial merger
fusión vertical vertical merger
fusionar to merge, to unite
fusiones y adquisiciones mergers and acquisitions
futuro future
futuros financieros financial futures

G

gabarro *m* mistake, nuisance
gabela *f* tax
gabela de consumo excise tax
gabinete *m* cabinet
gaceta *f* gazette, official publication of laws and affairs of state
gaje *m* remuneration
galería de malhechores mug book
galería de sospechosos lineup
ganado *m* livestock
ganado (adj) earned, won
ganancia *f* profit, gain, earnings
ganancia bruta gross profit
ganancia en bruto gross profit
ganancia ilícita illicit gain
ganancia impropia improper profit
ganancia inapropiada inappropriate profit
ganancia lícita licit profit
ganancia neta net profit
ganancia pecuniaria pecuniary gain
ganancia realizada realized gain
ganancial pertaining to community property, pertaining to profit
gananciales community property
ganancias antes de impuestos pretax profits
ganancias de capital capital gains
ganancias excesivas excessive profits
ganancias extraordinarias extraordinary profits
ganancias gravables taxable profits
ganancias imponibles taxable profits
ganancias tributables taxable profits
ganancias y pérdidas profit and loss
ganancioso profitable
ganar to earn, to gain, to win
ganar dinero to earn money
ganar interés to earn interest
ganar un pleito to win a suit
ganar vecindad to establish residence
ganarse la vida to earn a living
ganga *f* gang, bargain
gangsterismo *m* gangsterism
garante *m* guarantor, surety, guarantee
garantía *f* guarantee, guaranty, warranty, security, collateral, bond
garantía absoluta absolute warranty
garantía afirmativa affirmative warranty
garantía bancaria bank guaranty

garantía colateral collateral warranty
garantía completa full warranty
garantía condicional conditional guaranty
garantía continua continuing guaranty
garantía de crédito guaranty of a loan
garantía de cheque check guarantee
garantía de empréstito loan guaranty
garantía de firma guaranty of a signature
garantía de inversión investment guaranty
garantía de pago payment guaranty
garantía de persona positive identification
garantía de petición right to petition
garantía de precio price guaranty
garantía de préstamo loan guaranty
garantía de verificación de cheque check verification guarantee
garantía del constructor builder's warranty
garantía divisible divisible guaranty
garantía en avería gruesa general average guaranty
garantía en efectivo cash guaranty
garantía escrita written warranty
garantía especial special warranty
garantía eventual conditional guaranty
garantía expresa express warranty
garantía financiera financial guaranty
garantía flotante floating collateral
garantía formal collateral
garantía general general warranty
garantía hipotecaria mortgage security
garantía ilimitada unlimited warranty
garantía implícita implied warranty
garantía incondicional absolute guaranty
garantía inferida inferred guaranty
garantía limitada limited guaranty, limited warranty
garantía mancomunada joint guaranty
garantía monetaria monetary guaranty
garantía particular special guaranty
garantía personal personal guaranty
garantía pignoraticia pledge
garantía por escrito written warranty
garantía prendaria pledge, collateral
garantía procesal bond for court costs
garantía promisoria promissory warranty
garantía provisional provisional guaranty, binder
garantía real collateral
garantía restringida restricted guaranty
garantía sin restricciones unrestricted guaranty
garantía solidaria joint and several guaranty
garantía tácita tacit warranty
garantía temporal temporary guaranty
garantías concurrentes concurrent guaranties
garantías constitucionales constitutional rights
garantías del acusado constitutional rights of the accused

garantías escritas written warranties
garantías implícitas implied warranties
garantías individuales constitutional rights
garantías procesales procedural due process
garantir to guarantee
garantizado guaranteed, warranted
garantizador *m* guarantor, surety
garantizar to guarantee, to warrant
garita *f* sentry box
garito *m* gambling house
garrote *m* garrote
gas lacrimógeno tear gas
gastar to expend, to spend
gasto *m* expense, expenditure
gasto de mantenimiento maintenance expense
gasto innecesario unnecessary expense
gasto irrazonable unreasonable expense
gasto obligatorio obligatory expense
gastos expenses, expenditures, charges, costs
gastos a repartir undistributed expenses
gastos administrativos administrative
   expenses
gastos aduanales customs expenses
gastos causídicos litigation expenses
gastos constantes fixed charges
gastos contenciosos litigation expenses
gastos de administración administration
   expenses
gastos de aduana customs expenses
gastos de bolsillo out-of-pocket expenses
gastos de capital capital expenses
gastos de conservación maintenance expenses
gastos de constitución organization expenses
gastos de desarrollo development costs
gastos de dirección administration expenses
gastos de escribanía notary's fees
gastos de explotación operating expenses
gastos de fomento development costs
gastos de funcionamiento operating expenses
gastos de iniciación organization expenses
gastos de justicia legal expenses
gastos de mantenimiento maintenance
   expenses
gastos de negocios business expenses
gastos de negocios ordinarios ordinary
   business expenses
gastos de negocios ordinarios y necesarios
   ordinary and necessary business expenses
gastos de operación operating costs
gastos de organización organization expenses
gastos de protesto protest charges
gastos de puro lujo sumptuary expenses
gastos de rectificación registral expenses
   involved in rectifying data at a property
   registry
gastos de representación representation
   expenses
gastos establecidos established expenses
gastos fijos fixed charges

gastos financieros finance charges
gastos funerarios funeral expenses
gastos generales overhead
gastos gubernamentales government
   expenditures
gastos habituales habitual expenses
gastos indirectos indirect costs
gastos inusuales unusual expenses
gastos judiciales legal expenses
gastos jurídicos legal expenses
gastos legales legal expenses
gastos médicos medical expenses
gastos necesarios ordinary expenses
gastos normales normal expenses
gastos operacionales operating expenses
gastos ordinarios ordinary expenses
gastos ordinarios y necesarios ordinary and
   necessary expenses
gastos prepagados prepaid expenses
gastos públicos public spending
gastos suntuarios sumptuary expenses
gastos usuales usual expenses
gastos variables variable expenses
gemelo *m* twin
genealogía *f* genealogy
genealógico genealogical
gener a son-in-law
generación *f* generation
general general, usual
generales de la ley standard questions for
   witnesses which include asking their name
   and age and so on
generalidad *f* generality
generalmente aceptado generally accepted
generalmente conocido generally known
genérico generic
género *m* kind, manner
géneros goods, merchandise
genitales *m* genitals
genocidio *m* genocide
gente *f* people, nation, crew
genuino genuine
gerencia *f* management
gerente *m* manager
gerente de fondos funds manager
gestación *f* gestation
gestión *f* action, step, effort, administration,
   handling, negotiation
gestión de fondos money management, funds
   management
gestión de impuestos tax administration
gestión de negocios ajenos handling of
   another's business affairs without a written
   contract
gestión de registros records management
gestión de riesgos risk management
gestión de salario salary administration
gestión financiera financial management
gestión fiscal fiscal management

gestión judicial judicial proceeding
gestión monetaria monetary management
gestión procesal court proceeding
gestión tributaria tax administration
gestionar to negotiate, to take measures, to handle, to arrange
gestionar el pago to demand payment
gestionar en juicio to litigate
gestionar en nombre de to act in the name of
gestionar fondos to raise money
gestionar un empréstito to arrange a loan
gestionar una patente to apply for a patent
gestor *m* negotiator, promoter, agent, manager
gestor (adj) negotiating, promoting, managing
gestor de negocios ajenos handler of another's business affairs without a written contract, one who acts for another without authority
gestor judicial judicial representative
gestor oficioso one who acts for another without authority
ginecocracia *f* gynecocracy
girado *m* drawee
girado (adj) drawn
girador *m* drawer, maker
girante *m/f* drawer, maker
girar to draw, to write, to remit, to do business
girar a cargo de to draw against
girar dinero to withdraw cash
girar en descubierto to overdraw
girar un cheque to write a check
giro *m* draft, money order, turnover, line of business, turn
giro a la vista sight draft
giro a plazo time draft
giro bancario bank draft, bank money order
giro comercial commercial draft
giro de cortesía accommodation paper
giro de favor accommodation paper
giro documentario documentary draft
giro en descubierto overdraft
giro laboral labor turnover
giro postal money order
giro simple clean draft
giro telegráfico wire transfer
glosa *f* gloss
glosador *m* glossator, legal commentator
glosar to gloss
gnoseología jurídica jurisprudence
gobernación *f* government, governor's office, governor's jurisdiction, management
gobernador *m* governor
gobernante *m/f* governor
gobernante (adj) governing
gobernantes governing body
gobernar to govern, to manage
gobierno *m* government, management

gobierno centralizado centralized government
gobierno de facto de facto government
gobierno de hecho de facto government
gobierno de jure de jure government
gobierno estatal state government
gobierno federal federal government
gobierno local local government
gobierno mixto mixed government
gobierno municipal municipal government
gobierno nacional national government
gobierno provisional provisional government
gobierno responsable responsible government
gobierno títere puppet government
goce *m* enjoyment, possession
golpe *m* blow, attempt to overthrow a government through force, coup d'etat
golpe de estado attempt to overthrow a government through force, coup d'etat
golpear to strike
golpiza *f* beating
gozar to enjoy, to have possession
gozar de un derecho to have a right
gozar de un voto to have a right to vote
gozar de una renta to receive an income
gozar intereses to draw interest
grabación *f* recording
grabadora *f* recorder
gracia *f* pardon, grace period, favor, gift, remission
gracioso gratuitous, liberal
gradación *f* classification, marshalling assets
grado *m* degree, grade, step
grado de afinidad degree of relationship by affinity
grado de certidumbre degree of certainty
grado de consanguinidad degree of relationship by consanguinity
grado de cuidado degree of care
grado de discapacidad degree of disability
grado de la culpa degree of negligence
grado de monopolio degree of monopoly
grado de negligencia degree of negligence
grado de pena degree of punishment
grado de riesgo degree of risk
graduación *f* classification
graduación de acreedores ordering of creditors' priority
graduación de créditos marshalling assets
graduación de la pena determination of the punishment
gradual gradual
gran jurado grand jury
gratificación *f* gratification, bonus
gratis gratuitous
gratuito gratuitous
gravable taxable, liable
gravado taxed, encumbered
gravamen *m* encumbrance, lien, tax
gravamen agrícola agricultural lien

gravamen bancario banker's lien
gravamen cancelado satisfied lien
gravamen convencional conventional lien
gravamen de aduana customs duty
gravamen de valorización special assessment
gravamen del abogado attorney's lien
gravamen del agente agent's lien
gravamen del arrendador landlord's lien
gravamen del constructor mechanic's lien
gravamen del factor factor's lien
gravamen del timbre stamp tax
gravamen del transportador carrier's lien
gravamen del transportista carrier's lien
gravamen del vendedor vendor's lien
gravamen equitativo equitable lien
gravamen específico specific lien
gravamen estatutario statutory lien
gravamen fiscal tax
gravamen general general lien
gravamen hipotecario mortgage
gravamen involuntario involuntary lien
gravamen judicial judicial lien
gravamen liquidado satisfied lien
gravamen perfeccionado perfected lien
gravamen perpetuo perpetual lien
gravamen por fallo judgment lien
gravamen por fallo judicial judgment lien
gravamen previo prior lien
gravamen subyacente underlying lien
gravamen sucesorio inheritance tax, estate tax
gravamen voluntario voluntary lien
gravámenes concurrentes concurrent liens
gravar to tax, to encumber, to assess, to pledge
gravar con impuestos to burden with taxes
grave serious, grave
gravedad de las penas seriousness of the punishment
gravoso onerous, expensive
gremial pertaining to labor unions, pertaining to guilds
gremializar to unionize
gremio *m* labor union, guild
gremio independiente independent union
gremio industrial industrial union
gremio internacional international union
gremio local local union
gremio nacional national union
gremio no afiliado unaffiliated union
gremio vertical vertical union
grilletes *m* shackles
grito *m* scream
groseramente grossly, coarsely
grupo *m* group
grupo bancario banking group
grupo controlado controlled group
grupo de compañías group of companies
grupo de control control group
grupo inexistente nonexistent group

grupos de intereses special interest groups
guarda *f* guardianship, guardian, custodianship, custodian, observance
guardacostas *m* coast guard
guardador *m* guardian, observer
guardaespaldas *m* bodyguard
guardar to comply with, to serve as a guardian, to care for, to conserve
guardar decisión to reserve decision
guardia *f* guard, custody, protection, police force
guardián *m* guardian, custodian, police officer
guarecer to shelter, to hide
gubernamental governmental
gubernativo governmental
guerra *f* war
guerra arancelaria tariff war
guerra bacteriológica biological warfare
guerra civil civil war
guerra de precios price war
guerra de tarifas tariff war
guerra de tasas rate war
guerra fría cold war
guerrilla *f* guerrilla, band of guerrillas
guerrillero *m* guerrilla
guía *f* guide, customs permit, directory, waybill
guía *m/f* guide, adviser
guía aérea air waybill
guía de carga waybill
guía de carga aérea air waybill
guía de depósito warehouse receipt
guía de embarque ship's bill of lading, bill of lading
guía de exportación export permit, export waybill
guía de internación import permit
guía de transporte waybill
guiar to guide, to drive, to advise
guiar sin licencia to drive without a license
guiar un pleito to conduct a lawsuit
guindar to hang

H

hábeas corpus habeas corpus
hábeas corpus ad subjiciendum habeas corpus ad subjiciendum
haber *m* property, estate, credit, salary
haber (v) to possess
haber conyugal community property
haber hereditario decedent's estate
haber jubilatorio pension
haber lugar to lie, to be admissible
haber social corporate capital, partnership's assets
habere to have
haberes property, assets, wages
habiente possessing
hábil competent, working day
habilidad aparente apparent ability
habilidad evidente evident ability
habilidad manifiesta manifest ability
habilis capable, appropriate
habilitación *f* authorization, qualification, profit sharing
habilitación de bandera authorization for a foreign vessel to engage in coastal trade
habilitación de edad partial emancipation
habilitación para comparecer en juicio authorization to be legally competent
habilitado *m* official who handles money, employee sharing in the profits, representative
habilitado (adj) legally competent
habilitar to habilitate, to authorize, to enable, to emancipate, to validate, to equip, to share in the profits
habilitar los libros to affix the required revenue stamps to the books
habitabilidad *f* habitability
habitable habitable
habitación *f* habitation
habitante *m* inhabitant
habitar to inhabit
habituación *f* habituation
habitualidad penal habitual criminality
habitualmente habitually
hacedero feasible, practicable
hacendístico fiscal
hacer to do, to make, to provide
hacer acto de presencia to attend
hacer balance to balance

hacer bancarrota to go into bankruptcy
hacer capaz to qualify, to enable
hacer cesión to assign
hacer constar to put on record, to demonstrate
hacer contrabando to smuggle
hacer cumplir to enforce
hacer diligencia to take measures
hacer efectivo to cash, to collect
hacer empeño to pawn
hacer fe to certify
hacer ilegal to make illegal
hacer imposible to make impossible
hacer inevitable to make inevitable
hacer juramento to take an oath
hacer la guerra to make war
hacer las partes to distribute
hacer lugar to approve, to justify
hacer mejoras to make improvements
hacer notificar to notify
hacer pago to pay
hacer partes to divide
hacer posible to make possible
hacer presente to attend
hacer protestar to protest
hacer quiebra to go into bankruptcy
hacer responsable to hold responsible
hacer saber to notify, to make known
hacer trance to seize legally
hacer un empréstito to make a loan
hacer un préstamo to make a loan
hacer una comparación to make a comparison
hacer una compra to make a purchase
hacer una confesión to make a confession
hacer una declaración to make a statement
hacer una distinción to make a distinction
hacer una excepción to make an exception
hacer una promesa to make a promise
hacer una transferencia to make a transfer
hacer una venta to make a sale
hacer uso de la palabra to take the floor
hacer valer to enforce, to put into effect
hacerse garante de to become surety for
hacienda *f* treasury, finance, estate, property, rural property, livestock, hacienda
hacienda particular private property
hacienda pública treasury, public revenues, public assets
hacienda social corporate property, partnership's property
hágase saber let it be known
hallador *m* finder
hallar to find
hallarse en estado de pleito to be involved in litigation
hallazgo *m* finding
hampón *m* gangster, criminal
hectárea *f* hectare

hecho *m* fact, deed, act, event
hecho (adj) done, made
hecho ajeno act of another
hecho contrario a la ley illegal act
hecho de enemigos act of a public enemy
hecho de guerra act of war
hecho de los animales act of an animal
hecho esencial essential fact
hecho fabricado fabricated fact
hecho falso false fact
hecho fortuito fortuitous event
hecho hipotético hypothetical fact
hecho ilícitamente illicitly done
hecho imposible impossible act
hecho incontrovertible incontrovertible fact
hecho indispensable indispensable fact
hecho influyente material fact
hecho jurídico juristic act
hecho material material fact
hecho no esencial unessential fact
hecho notorio notorious act
hecho nuevo new fact
hecho operante principal fact
hecho pertinente pertinent fact
hecho principal principal fact
hecho probado proved fact
hecho saber made known
hecho simulado simulated fact
hecho tangible physical fact
hechos administrativos administrative acts
hechos colaterales collateral facts
hechos encontrados findings
hechos esenciales essential facts
hechos evidenciales evidentiary facts
hechos inmateriales immaterial facts
hechos justificativos justifying facts
hechos litigiosos facts in issue
hechos ocultos concealed facts
hechos presuntos assumed facts
hechos probados proven facts
hechos procesales procedural acts, juristic
   acts
hechos sobrevenidos events occurring once
   the litigation is commenced
hegemonía *f* hegemony
heredad *f* estate, plot, property, rural
   property
heredad ajena rural property belonging to
   another
heredad cerrada enclosed property
heredad dominante dominant tenement
heredad materna maternal estate
heredad paterna paternal estate
heredad residual residuary estate
heredad residuaria residuary estate
heredad sirviente servient tenement
heredad yacente inheritance not yet accepted
heredado *m* heir, property owner
heredado (adj) inherited, owning property

heredamiento *m* tenement, bequest
heredar to inherit
heredero *m* heir, legatee, owner of rural
   property
heredero ab intestato legal heir
heredero absoluto heir unconditional
heredero adoptivo heir by adoption
heredero anómalo irregular heir
heredero aparente apparent heir
heredero beneficiario heir beneficiary
heredero colateral heir collateral
heredero condicional conditional heir
heredero convencional heir conventional
heredero del remanente residuary legatee
heredero en expectativa heir expectant
heredero en línea recta lineal heir
heredero fideicomisario fidei-commissary
   heir
heredero fiduciario fiduciary heir
heredero forzado forced heir
heredero forzoso forced heir
heredero incierto heir uncertain
heredero instituido heir testamentary
heredero irregular irregular heir
heredero legal legal heir
heredero legitimario legal heir
heredero legítimo legal heir
heredero libre heir unconditional
heredero necesario forced heir
heredero particular legatee
heredero por consanguinidad heir of the
   blood
heredero por estirpe heir per stripes
heredero póstumo posthumous heir
heredero presunto heir presumptive
heredero preterido legal heir removed from a
   will
heredero puro y simple heir who does not
   take the benefit of inventory
heredero putativo apparent heir
heredero substituto substitute heir
heredero testamentario heir testamentary
heredero único sole heir
heredero universal universal heir
heredero voluntario heir testamentary
herederos legítimos licit heirs
herederos y cesionarios heirs and assigns
hereditable inheritable
hereditario hereditary
herencia *f* inheritance, estate, hereditaments,
   legacy
herencia adida accepted inheritance
herencia conjunta parcenary
herencia futura future estate
herencia vacante unclaimed inheritance,
   inheritance without heirs
herencia yacente inheritance which has not
   been taken over by the heirs
herida *f* wound, injury

herido *m* wounded person, injured person
herido (adj) wounded, injured
herir to wound, to injure, to strike
hermana política sister-in-law
hermanastra *f* step-sister
hermanastro *m* step-brother
hermano político brother-in-law
hermenéutica legal legal hermeneutics, legal interpretation
hielo libre free ice
higiene pública public hygiene
higiénico hygienic
hija política daughter-in-law
hijastra *f* step-daughter
hijastro *m* step-son
hijo abandonado abandoned child
hijo adoptivo adopted child, adopted son
hijo de crianza adopted child, adopted son
hijo de la cuna foundling
hijo dependiente dependent child
hijo emancipado emancipated child, emancipated son
hijo ilegítimo illegitimate child, illegitimate son
hijo legitimado legitimated child, legitimated son
hijo político son-in-law
hijo póstumo posthumous child
hijuela *f* portion of an estate, inventory of the portion due to each heir
hijuelar to divide an estate
hipoteca *f* mortgage, hypothecation
hipoteca a la gruesa bottomry bond
hipoteca abierta open-end mortgage
hipoteca ajustable adjustable mortgage
hipoteca ampliable open mortgage
hipoteca asegurada insured mortgage
hipoteca asumible assumable mortgage
hipoteca cerrada closed-end mortgage
hipoteca colectiva blanket mortgage
hipoteca comercial commercial mortgage
hipoteca conforme conforming mortgage
hipoteca convencional conventional mortgage
hipoteca convertible convertible mortgage
hipoteca de bienes muebles chattel mortgage
hipoteca de inquilinato leasehold mortgage
hipoteca de participación participation mortgage
hipoteca de tasa ajustable adjustable-rate mortgage
hipoteca de tasa flexible flexible-rate mortgage
hipoteca de tasa flotante floating-rate mortgage
hipoteca de tasa fluctuante fluctuating rate mortgage
hipoteca de tasa renegociable renegotiable-rate mortgage
hipoteca en primer grado first mortgage

hipoteca en primer lugar first mortgage
hipoteca en segundo grado second mortgage
hipoteca especial special mortgage
hipoteca fija closed-end mortgage
hipoteca garantizada guaranteed mortgage
hipoteca general general mortgage
hipoteca ilimitada unlimited mortgage
hipoteca indeterminada open-end mortgage
hipoteca inscrita recorded mortgage
hipoteca legal legal mortgage
hipoteca naval ship mortgage
hipoteca no asegurada uninsured mortgage
hipoteca permanente permanent mortgage
hipoteca por operación de ley inferred mortgage
hipoteca posterior junior mortgage, second mortgage
hipoteca preaprobada preapproved mortgage
hipoteca precedente prior mortgage, first mortgage
hipoteca prendaria chattel mortgage
hipoteca principal first mortgage
hipoteca residencial residential mortgage
hipoteca secundaria junior mortgage, second mortgage
hipoteca subordinada subordinated mortgage
hipoteca subsidiada subsidized mortgage
hipoteca superior prior mortgage, first mortgage
hipoteca tácita legal mortgage
hipoteca voluntaria conventional mortgage
hipotecable mortgageable
hipotecado mortgaged
hipotecado legalmente legally mortgaged
hipotecado lícitamente licitly mortgaged
hipotecante *m/f* mortgagor
hipotecar to mortgage
hipotecario *m* mortgagee
hipotecario (adj) pertaining to mortgages
hipótesis *f* hypothesis
hipotético *m* hypothetical
historial *m* history, record
historial de arrestos arrest record
historial de crédito credit history
historial de cuenta account history
historial de custodia chain of custody
historial de inversiones investment history
historial de posesión chain of possession
historial personal personal history
hito *m* landmark
hoc this, with, by, hoc
hoc titulo under this title
hoc voce by his own word
hogar *m* home, homestead
hoja *f* leaf, page
hoja de confirmación confirmation slip
hoja de delincuencia criminal record
hoja de ruta waybill
hoja sellada stamped sheet

hoja timbrada stamped sheet
hológrafo *m* holograph
hombre bueno arbitrator, citizen in good standing
hombre de paja person of straw
homicida *m/f* murderer, killer
homicida (adj) homicidal
homicidio *m* homicide, murder
homicidio accidental accidental homicide, involuntary manslaughter, accidental killing
homicidio calificado aggravated homicide
homicidio casual involuntary manslaughter, accidental killing
homicidio cualificado aggravated homicide
homicidio culpable felonious homicide
homicidio culposo felonious homicide
homicidio doloso murder
homicidio frustrado attempted murder
homicidio imperfecto attempted murder
homicidio impremeditado manslaughter, murder in the second degree
homicidio inculpable justifiable homicide
homicidio intencional intentional homicide
homicidio intentado attempted murder
homicidio involuntario involuntary manslaughter, accidental killing
homicidio justificado justifiable homicide
homicidio necesario homicide by necessity
homicidio piadoso euthanasia
homicidio por culpa felonious homicide
homicidio por necesidad homicide by necessity
homicidio por negligencia negligent homicide
homicidio premeditado murder in the first degree
homicidio preterintencional manslaughter
homicidio vehicular vehicular homicide
homicidium ex casu accidental homicide
homicidium ex voluntate intentional homicide
homologación *f* homologation
homologar to homologate
honestamente honestly
honestidad *f* honesty, decency
honesto honest, decent
honor *m* honor
honorabilidad *f* good repute, honesty
honorable honorable
honorario *m* honorarium, fee
honorario condicional contingent fee
honorario de agencia agency fee
honorario de agente agent's fee
honorario definido fixed fee
honorario fijo fixed fee
honorarios fees, honorariums
honorarios contingentes contingent fees
honorarios de abogado attorney's fees
honorarios de los directores directors' fees, directors' honorariums
honra *f* honor

honradez *f* honesty, integrity
honrado honest, reputable
honrar to honor, to meet, to pay
hora local local time
horario de trabajo work schedule
horario flexible flexible hours
horas de oficina business hours
horas de trabajo working hours
horas extraordinarias overtime
horas extras overtime
horas laborables working hours
horca *f* gallows
horrorizar to horrify
hospital *m* hospital
hospitalización *f* hospitalization
hospitalizar to hospitalize
hostigamiento *m* harassment
hostigamiento sexual sexual harassment
hostigar to harass
hostil hostile
hostilidad *f* hostility
hostilidades hostilities
huelga *f* strike
huelga de brazos caídos sit-down strike
huelga de brazos cruzados sit-down strike
huelga de hambre hunger strike
huelga de solidaridad sympathy strike
huelga directa direct strike
huelga general general strike
huelga ilegal illegal strike
huelga ilícita illicit strike
huelga impropia improper strike
huelga inapropiada inappropriate strike
huelga lícita licit strike
huelga no autorizada unauthorized strike
huelga organizada organized strike
huelga pasiva sit-down strike
huelga patronal lockout
huelga secundaria secondary strike
huella *f* footprint
huella dactilar fingerprint
huella digital fingerprint
huérfano *m* orphan
huésped *m* guest
huida *f* escape
huida de capitales capital flight
huidero fugitive
huir to escape
hurtado stolen, robbed
hurtador *m* thief, robber
hurtar to steal, to rob
hurtarse to abscond
hurto *m* larceny
hurto agravado aggravated larceny
hurto calificado aggravated larceny
hurto complicado compound larceny
hurto con circunstancias agravantes aggravated larceny
hurto constructivo constructive larceny

hurto cualificado aggravated larceny
hurto implícito constructive larceny
hurto mayor grand larceny
hurto menor petty larceny
hurto mixto compound larceny
hurto sencillo simple larceny

I

ibídem in the same place
id est that is to say
idea motivante motivating idea
idear to plan, to conceive
ídem the same
ídem per ídem like for like
ídem quod same as
idéntico identical
identidad *f* identity
identidad de acción identity of cause of action
identidad de causa identity of action
identidad de partes identity of parties
identidad de persona personal identity
identidad del imputado identity of the accused
identidad del litigio identity of cause of action
identidad personal personal identity
identificable identifiable
identificación *f* identification
identificación bancaria bank identification
identificación de acusados identification of the accused
identificación de bienes identification of goods
identificación de delincuentes identification of the offenders
identificación de riesgos risk identification
identificación del cadáver identification of the corpse
identificación específica specific identification
identificación especificada specified identification
identificación extrajudicial extrajudicial identification
identificación genérica generic identification
identificación positiva positive identification
identificado identified
identificador de beneficiario beneficiary identifier
identificador de remitente remitter identifier
identificar to identify
identificar incorrectamente to identify incorrectly
identificar un sospechoso to identify a suspect
ideología *f* ideology
idoneidad *f* suitability, competence
idóneo suitable, competent

ignorado ignored
ignorancia *f* ignorance
ignorancia culpable culpable ignorance
ignorancia de derecho ignorance of law
ignorancia de hecho ignorance of fact
ignorancia de la ley ignorance of the law
ignorancia de las circunstancias indispensables indispensable ignorance
ignorancia esencial essential ignorance
ignorancia inexcusable inexcusable ignorance
ignorancia involuntaria involuntary ignorance
ignorancia no esencial nonessential ignorance
ignorancia voluntaria voluntary ignorance
ignorante ignorant
ignorar to ignore
igual equal
igual ante la ley equal before the law
igual protección ante la ley equal protection of the law
iguala *f* retainer, fee, contract for services, agreement, settlement
igualación *f* equalization
igualación contributiva tax equalization
igualación fiscal tax equalization
igualación impositiva tax equalization
igualación tributaria tax equalization
igualar to equalize, to adjust, to agree, to settle
igualdad *f* equality
igualdad ante la ley equal protection of the law
igualdad de salario equal pay for equal work
igualdad frente a la ley equal protection of the law
igualitario equitable
igualmente equally
ilegal illegal
ilegal de por sí illegal per se
ilegal per se illegal per se
ilegalidad *f* illegality
ilegalmente illegally
ilegalmente adoptado unlawfully adopted
ilegalmente constituido unlawfully constituted
ilegalmente establecido unlawfully established
ilegalmente incorporado unlawfully incorporated
ilegislable that which cannot be legislated
ilegitimar to make illegitimate
ilegitimidad *f* illegitimacy, illegality
ilegítimo illegitimate, illegal
ileso unharmed
ilícito illicit
ilícito de por sí illicit per se
ilicitud *f* illicitness
ilimitado unlimited
ilíquido illiquid, unliquidated
ilógico illogical
ilusión *f* illusion

ilusorio illusory
ilustrativo illustrative
imagen *f* appearance, image
imagen mental mental image
imbele defenseless
imitación *f* imitation
imitación de marca imitation of a trademark
imitación de nombre comercial imitation of a trade name
imitado imitated
imitar to imitate
impacto contributivo tax impact
impagable unpayable
impagado unpaid
impago unpaid
imparcial impartial
imparcialidad *f* impartiality
imparcialmente impartially
impedido *m* disabled person
impedido (adj) disabled
impedimento *m* impediment, estoppel, disability
impedimento absoluto absolute impediment
impedimento colateral collateral estoppel
impedimento de escritura estoppel by deed
impedimento de registro público estoppel by record
impedimento dirimente diriment impediment
impedimento impediente prohibitive impediment
impedimento in pais estoppel in pais
impedimento judicial judicial estoppel
impedimento legal legal impediment
impedimento para el matrimonio impediment to marriage
impedimento por aquiescencia estoppel by acquiescence
impedimento por escritura estoppel by deed
impedimento por negligencia estoppel by negligence
impedimento por registro público estoppel by record
impedimento por representación estoppel by representation
impedimento por sentencia estoppel by judgment
impedimento por silencio estoppel by silence
impedimento por veredicto estoppel by verdict
impedimento promisorio promissory estoppel
impedimento relativo relative impediment
impedimento técnico legal estoppel
impedir to impede, to estop
impedir negociaciones to impede negotiations
impeditivo impeding
impensa *f* expense
imperativo imperative
imperativo legal legal requirement
imperdonable unpardonable

imperfecto imperfect
imperialismo *m* imperialism
impericia *f* lack of expertise, inexperience
imperio *m* jurisdiction, imperium, empire
impermutable unchangeable
impertinencia *f* impertinence
impertinente impertinent, irrelevant
ímpetu *m* impulse, impetus
ímpetu de ira heat of passion
impignorable that which cannot be pledged
implantar to implant
implementación *f* implementation
implicación *f* implication
implicar to implicate, to imply
implicar un cómplice to implicate an
    accomplice
implícito implicit
imponedor *m* assessor
imponente *m* depositor, investor
imponente (adj) imposing, obligating
imponer to impose, to obligate, to invest, to
    deposit
imponer contribuciones to impose taxes
imponer impuestos to impose taxes
imponer restricciones to impose restrictions
imponer una multa to impose a fine
imponer una penalidad to impose a penalty
imponibilidad *f* taxability
imponible taxable, dutiable
importable importable
importación *f* importation, importing, imports
importación clandestina clandestine
    importing
importación directa direct importing
importación libre de derechos duty-free
    importing, duty-free import
importación paralela parallel importing
importación temporal temporary importing
importaciones de capital capital imports
importaciones nacionales national imports
importaciones netas net imports
importaciones paralelas parallel imports
importaciones totales aggregate imports
importado imported
importado ilegalmente illegally imported
importador *m* importer
importador (adj) importing
importante important, material
importar to import, to be important
importe amount, price, value
importe de factura invoice amount
importunar to harass, to demand payment
imposibilidad *f* impossibility, disability
imposibilidad de pago impossibility of
    payment
imposibilidad física physical impossibility
imposibilidad legal legal impossibility
imposibilidad material physical impossibility
imposibilidad moral relative impossibility

imposibilidad práctica practical impossibility
imposibilidad relativa relative impossibility
imposibilitado disabled
imposibilitar to make impossible, to prohibit,
    to disable
imposible impossible
imposible de alterar impossible to alter
imposible legalmente legally impossible
imposible lícitamente licitly impossible
imposición *f* imposition, tax
imposición a la exportación export taxation
imposición a la herencia inheritance taxation
imposición a las ganancias income taxation
imposición a las rentas income taxation
imposición a las transacciones excise taxation
imposición a las utilidades income taxation
imposición a las ventas sales taxation
imposición a los capitales capital stock
    taxation
imposición a los predios ad valorem taxation
imposición a los réditos income taxation
imposición acumulativa cumulative taxation
imposición ad valórem ad valorem taxation
imposición adelantada advance taxation
imposición aduanal customs duty
imposición al consumo consumption taxation
imposición al valor agregado value added
    taxation
imposición anticipada advance taxation
imposición arancelaria customs duty
imposición básica basic taxation
imposición compensatoria compensatory
    taxation
imposición comunitaria community taxation
imposición corporativa corporate taxation
imposición de base amplia broad-base
    taxation
imposición de consumo excise taxation,
    consumption taxation
imposición de derechos reales taxation on
    real estate transfers
imposición de emergencia emergency
    taxation
imposición de estampillado stamp taxation
imposición de exportación export taxation
imposición de fabricación manufacturing
    taxation
imposición de herencias inheritance taxation
imposición de igualación equalization taxation
imposición de importación import taxation
imposición de inmuebles ad valorem taxation
imposición de internación import duty
imposición de legado inheritance taxation
imposición de lujo luxury taxation
imposición de manufactura manufacturing
    taxation
imposición de mercancía commodity taxation
imposición de no residentes nonresident
    taxation

imposición de patrimonio capital taxation
imposición de privilegio franchise taxation
imposición de producto commodity taxation
imposición de seguro social social security taxation
imposición de sellos stamp taxation
imposición de soltería taxation on unmarried persons
imposición de sucesión inheritance taxation
imposición de testamentaría inheritance taxation
imposición de timbres stamp taxation
imposición de transferencia transfer taxation
imposición degresiva degressive taxation
imposición directa direct taxation
imposición doble double taxation
imposición en la frontera border taxation
imposición escalonada graduated taxation, progressive taxation
imposición especial special taxation
imposición especificada specified taxation
imposición específica specific taxation
imposición estatal state taxation
imposición estimada estimated taxation
imposición excesiva excessive taxation
imposición exorbitante exorbitant taxation
imposición extranjera foreign taxation
imposición federal federal taxation
imposición fija fixed taxation, flat taxation
imposición fiscal taxation, national taxation
imposición general general taxation
imposición habitual habitual taxation
imposición hereditaria inheritance taxation
imposición hipotecaria mortgage taxation
imposición identificada identified taxation
imposición ilegal illegal taxation
imposición ilícito illicit taxation
imposición impropia improper taxation
imposición inapropiada inappropriate taxation
imposición indicada indicated taxation
imposición indirecta indirect taxation
imposición industrial professional services taxation
imposición inmobiliaria ad valorem taxation
imposición interestatal interstate taxation
imposición internacional international taxation
imposición interna internal taxation
imposición intraestatal intrastate taxation
imposición inusual unusual taxation
imposición lícita licit taxation
imposición local local taxation
imposición máxima maximum taxation
imposición mínima minimum taxation
imposición municipal municipal taxation
imposición nacional national taxation
imposición normal normal taxation
imposición oculta hidden taxation

imposición opcional optional taxation
imposición ordinaria ordinary taxation
imposición para previsión social social security taxation
imposición patrimonial capital taxation
imposición per cápita per capita taxation
imposición personal personal taxation
imposición portuaria port charges
imposición predial ad valorem taxation
imposición profesional occupational taxation
imposición progresiva progressive taxation
imposición proporcional proportional taxation
imposición pública public taxation
imposición real ad valorem taxation
imposición regresiva regressive taxation
imposición regular regular taxation
imposición represiva repressive taxation
imposición salarial salary taxation
imposición según el valor ad valorem taxation
imposición sobre beneficios profits taxation
imposición sobre beneficios extraordinarios excess profits taxation
imposición sobre bienes property taxation
imposición sobre bienes inmuebles ad valorem taxation
imposición sobre bienes muebles personal property taxation
imposición sobre bienes raíces real estate taxation
imposición sobre compras purchase taxation
imposición sobre compraventa sales taxation
imposición sobre concesiones franchise taxation
imposición sobre diversiones amusement taxation
imposición sobre dividendos dividend taxation
imposición sobre donaciones gift taxation
imposición sobre el consumo excise taxation
imposición sobre el ingreso income taxation
imposición sobre el juego gambling taxation
imposición sobre el lujo luxury taxation
imposición sobre el patrimonio property taxation
imposición sobre el valor agregado value-added taxation
imposición sobre el valor añadido value-added taxation
imposición sobre empleo employment taxation
imposición sobre entradas admissions taxation
imposición sobre exceso de ganancias excess profits taxation
imposición sobre franquicias franchise taxation
imposición sobre ganancias profit taxation
imposición sobre ganancias a corto plazo short-term gains taxation

imposición sobre ganancias a largo plazo
long-term gains taxation

imposición sobre ganancias de capital capital
gains taxation

imposición sobre herencias inheritance
taxation

imposición sobre ingresos income taxation

imposición sobre ingresos de sociedades
corporate income taxation

imposición sobre inmuebles property taxation

imposición sobre la producción production
taxation

imposición sobre la propiedad property
taxation

imposición sobre la propiedad clasificada
classified property taxation

imposición sobre la propiedad general
general property taxation

imposición sobre la propiedad inmueble real
property taxation

imposición sobre la renta income taxation

imposición sobre la renta corporativa
corporate income taxation

imposición sobre las importaciones import
taxation

imposición sobre las nóminas payroll taxation

imposición sobre las sociedades corporate
taxation

imposición sobre las ventas sales taxation

imposición sobre los beneficios profit taxation

imposición sobre los bienes property taxation

imposición sobre los ingresos income taxation

imposición sobre los ingresos brutos gross
receipts taxation

imposición sobre producción production
taxation

imposición sobre riqueza mueble personal
property taxation

imposición sobre salarios salary taxation

imposición sobre transacciones de capital
capital transactions taxation

imposición sobre transferencias transfer
taxation

imposición sobre transmisión de bienes
transfer taxation

imposición sobre transmisiones transfer
taxation

imposición sobre ventas sales taxation

imposición sobre ventas al por menor retail
sales taxation

imposición sobre ventas general general sales
taxation

imposición sucesoria inheritance taxation

imposición suntuaria luxury taxation

imposición suplementaria supplemental
taxation

imposición terrestre ad valorem taxation

imposición territorial ad valorem taxation

imposición única single taxation

imposición usual usual taxation

imposición variable variable taxation

impositivas *f* taxes

impositivo pertaining to taxation

impostergable not postponable

impostor *m* impostor, calumniator

impostura *f* imposture, calumny

impotencia *f* impotence

impracticabilidad *f* impracticability

impracticable impracticable

impremeditación *f* unpremeditation

impremeditado unpremeditated

imprescindible indispensable

imprescriptibilidad *f* imprescriptibility

imprescriptible imprescriptible

impresión *f* impression, fingerprint

impresión digital fingerprint

impresiones dactilares fingerprints

impresiones digitales fingerprints

imprevisibilidad *f* unforeseeableness

imprevisible unforeseeable

imprevisión *f* improvidence

imprevisto unforeseen

imprevistos *m* incidental expenses

improbable improbable

improbación *f* disapproval

improbar to disapprove

improbidad *f* improbity

ímprobo dishonest

improcedencia *f* lack of foundation, illegality

improcedente unfounded, illegal

improductivo unproductive

impropio improper, inappropriate

improrrogable unpostponable, not extendible

imprudencia *f* imprudence, negligence

imprudencia activa active negligence

imprudencia colateral collateral negligence

imprudencia comparada comparative
negligence

imprudencia comparativa comparative
negligence

imprudencia concurrente contributory
negligence, concurrent negligence

imprudencia conjunta joint negligence

imprudencia contribuyente contributory
negligence

imprudencia crasa gross negligence

imprudencia criminal criminal negligence

imprudencia culpable culpable negligence

imprudencia derivada imputed negligence

imprudencia en el abordaje collision of ships
caused by negligence

imprudencia evidente legal negligence,
evident negligence

imprudencia excusable excusable negligence

imprudencia grave gross negligence

imprudencia imputada imputed negligence

imprudencia incidental collateral negligence

imprudencia independiente independent

negligence
imprudencia inexcusable inexcusable
negligence
imprudencia leve slight negligence
imprudencia ordinaria ordinary negligence
imprudencia procesable actionable
negligence
imprudencia profesional malpractice
imprudencia simple simple negligence
imprudencia sobreviviente supervening
negligence
imprudencia subordinada collateral
negligence
imprudencia subsecuente subsequent
negligence
imprudencia temeraria gross negligence
imprudente *m/f* imprudent person, negligent
person
imprudente (adj) imprudent, negligent
impúber below the age of puberty
impuesto *m* tax, assessment
impuesto a la exportación export tax
impuesto a la herencia inheritance tax
impuesto a las ganancias income tax
impuesto a las rentas income tax
impuesto a las transacciones excise tax
impuesto a las utilidades income tax
impuesto a las ventas sales tax
impuesto a los capitales capital stock tax
impuesto a los predios ad valorem tax
impuesto a los réditos income tax
impuesto acumulativo cumulative tax
impuesto ad valórem ad valorem tax
impuesto adelantado advance tax
impuesto adicional surtax
impuesto aduanal customs duty
impuesto al consumo consumption tax
impuesto al valor agregado value added tax
impuesto anticipado advance tax
impuesto arancelario customs duty
impuesto básico basic tax
impuesto compensatorio compensatory tax
impuesto complementario surtax
impuesto comunitario community tax
impuesto corporativo corporate tax
impuesto de ausentismo absentee tax
impuesto de base amplia broad-base tax
impuesto de capitación poll-tax
impuesto de consumo excise tax,
consumption tax
impuesto de derechos reales tax on real
estate transfers
impuesto de emergencia emergency tax
impuesto de estampillado stamp tax
impuesto de exportación export tax
impuesto de fabricación manufacturing tax
impuesto de herencias inheritance tax
impuesto de igualación equalization tax
impuesto de importación import tax

impuesto de inmuebles ad valorem tax
impuesto de internación import duty
impuesto de legado inheritance tax
impuesto de lujo luxury tax
impuesto de manufactura manufacturing tax
impuesto de mejora special assessment
impuesto de mercancía commodity tax
impuesto de no residentes nonresident tax
impuesto de patrimonio capital tax
impuesto de privilegio franchise tax
impuesto de producto commodity tax
impuesto de seguro social social security tax
impuesto de sellos stamp tax
impuesto de soltería tax on unmarried
persons
impuesto de sucesión inheritance tax
impuesto de superposición surtax
impuesto de testamentaría inheritance tax
impuesto de timbres stamp tax
impuesto de tonelaje tonnage-duty
impuesto de transferencia transfer tax
impuesto de valorización special assessment
impuesto debido tax due
impuesto degresivo degressive tax
impuesto directo direct tax
impuesto doble double tax
impuesto electoral poll-tax
impuesto en la frontera border tax
impuesto escalonado graduated tax,
progressive tax
impuesto especial special tax
impuesto especificado specified tax
impuesto específico specific tax
impuesto estatal state tax
impuesto estimado estimated tax
impuesto excesivo excessive tax
impuesto exorbitante exorbitant tax
impuesto extranjero foreign tax
impuesto extraordinario surtax
impuesto federal federal tax
impuesto fijo fixed tax, flat tax
impuesto fiscal tax, national tax
impuesto general general tax
impuesto habitual habitual tax
impuesto hereditario inheritance tax
impuesto hipotecario mortgage tax
impuesto identificado identified tax
impuesto ilegal illegal tax
impuesto ilegalmente illegally taxed
impuesto ilícitamente illicitly taxed
impuesto ilícito illicit tax
impuesto impropio improper tax
impuesto inapropiado inappropriate tax
impuesto indicado indicated tax
impuesto indirecto indirect tax
impuesto individual sobre la renta
individual's income tax
impuesto industrial professional services tax
impuesto inmobiliario ad valorem tax

impuesto interestatal interstate tax
impuesto internacional international tax
impuesto interno internal tax
impuesto intraestatal intrastate tax
impuesto inusual unusual tax
impuesto lícito licit tax
impuesto local local tax
impuesto máximo maximum tax
impuesto mínimo minimum tax
impuesto mínimo alternativo corporativo
   corporate alternative minimum tax
impuesto municipal municipal tax
impuesto nacional national tax
impuesto negativo negative tax
impuesto no deducible nondeductible tax
impuesto normal tax
impuesto oculto hidden tax
impuesto opcional optional tax
impuesto ordinario ordinary tax
impuesto pagado tax paid
impuesto para mejoras públicas municipales
   municipal improvements assessment
impuesto para previsión social social security
   tax
impuesto patrimonial capital tax
impuesto per cápita per capita tax
impuesto personal personal tax
impuesto por cabeza poll-tax
impuesto portuario port charges
impuesto predial ad valorem tax
impuesto profesional occupational tax
impuesto progresivo progressive tax
impuesto proporcional proportional tax
impuesto público public tax
impuesto real ad valorem tax
impuesto regresivo regressive tax
impuesto regular regular tax
impuesto represivo repressive tax
impuesto retenido retained tax
impuesto salarial salary tax
impuesto según el valor ad valorem tax
impuesto sobre beneficios profits tax
impuesto sobre beneficios extraordinarios
   excess profits tax
impuesto sobre bienes property tax
impuesto sobre bienes inmuebles ad valorem
   tax
impuesto sobre bienes muebles personal
   property tax
impuesto sobre bienes raíces real estate tax
impuesto sobre compras purchase tax
impuesto sobre compraventa sales tax
impuesto sobre concesiones franchise tax
impuesto sobre diversiones amusement tax
impuesto sobre dividendos dividend tax
impuesto sobre donaciones gift tax
impuesto sobre el consumo excise tax
impuesto sobre el ingreso income tax
impuesto sobre el juego gambling tax

impuesto sobre el lujo luxury tax
impuesto sobre el patrimonio property tax,
   capital tax, net worth tax
impuesto sobre el patrimonio neto net worth
   tax
impuesto sobre el valor agregado
   value-added tax
impuesto sobre el valor añadido value-added
   tax
impuesto sobre empleo employment tax
impuesto sobre entradas admissions tax
impuesto sobre exceso de ganancias excess
   profits tax
impuesto sobre franquicias franchise tax
impuesto sobre ganancias profit tax
impuesto sobre ganancias a corto plazo
   short-term gains tax
impuesto sobre ganancias a largo plazo
   long-term gains tax
impuesto sobre ganancias de capital capital
   gains tax
impuesto sobre herencias inheritance tax
impuesto sobre ingresos income tax
impuesto sobre ingresos de sociedades
   corporate income tax
impuesto sobre ingresos individuales
   individual's income tax
impuesto sobre ingresos negativo negative
   income tax
impuesto sobre ingresos progresivo
   progressive income tax
impuesto sobre inmuebles property tax
impuesto sobre la producción production tax
impuesto sobre la propiedad property tax
impuesto sobre la propiedad clasificada
   classified property tax
impuesto sobre la propiedad general general
   property tax
impuesto sobre la propiedad inmueble real
   property tax
impuesto sobre la renta income tax
impuesto sobre la renta corporativa
   corporate income tax
impuesto sobre la renta individual
   individual's income tax
impuesto sobre la renta personal individual's
   income tax
impuesto sobre las importaciones import tax
impuesto sobre las nóminas payroll tax
impuesto sobre las sociedades corporate tax
impuesto sobre las ventas sales tax
impuesto sobre los beneficios profit tax
impuesto sobre los bienes property tax
impuesto sobre los ingresos income tax
impuesto sobre los ingresos brutos gross
   receipts tax
impuesto sobre producción production tax
impuesto sobre riqueza mueble personal
   property tax

impuesto sobre salarios salary tax
impuesto sobre transacciones de capital
  capital transactions tax
impuesto sobre transferencias transfer tax
impuesto sobre transmisión de bienes
  transfer tax
impuesto sobre transmisiones transfer tax
impuesto sobre ventas sales tax
impuesto sobre ventas al por menor retail
  sales tax
impuesto sobre ventas general general sales
  tax
impuesto sucesorio inheritance tax
impuesto suntuario luxury tax
impuesto suplementario supplemental tax
impuesto terrestre ad valorem tax
impuesto territorial ad valorem tax
impuesto único single tax
impuesto usual usual tax
impuesto variable variable tax
impuestos acumulados accrued taxes
impuestos acumulativos cumulative taxes
impuestos atrasados back taxes
impuestos comerciales business taxes
impuestos corporativos corporate taxes
impuestos de aduanas customs duties
impuestos de compañía company taxes
impuestos de rentas internas internal revenue
  taxes
impuestos diferidos deferred taxes
impuestos federales federal taxes
impuestos ilegales illegal taxes
impuestos locales local taxes
impuestos morosos delinquent taxes
impuestos municipales municipal taxes
impuestos nacionales national taxes
impuestos prepagados prepaid taxes
impuestos proporcionales proportional taxes
impuestos prorrateados apportioned taxes
impuestos retenidos withheld taxes
impuestos sobre ingresos corporativos
  corporate income tax
impuestos sobre ingresos federales federal
  income taxes
impugnable impugnable
impugnación f impugnation, impeachment
impugnación de contrato impeachment of
  contract
impugnación de testigo impeachment of
  witness
impugnación de veredicto impeachment of
  verdict
impugnador m impugner
impugnante impugning
impugnar to impugn, to challenge
impugnar por nulidad to make a peremptory
  exception
impugnar un testamento to contest a will
impugnativo impugning

impugnatorio impugning
impulsar to drive
impulsión f impulsion
impulsivo impulsive
impulso m impulse
impulso de ira heat of passion
impulso incontrolable uncontrollable impulse
impulso irresistible irresistible impulse
impulso procesal burden to advance the legal
  proceedings
impune unpunished
impunemente without punishment
impunidad f impunity
imputabilidad f imputability
imputable imputable
imputación f imputation, charge
imputación del pago debtor's choice of which
  debt a payment should be credited to
imputado imputed
imputador m accuser
imputador (adj) charging
imputar to impute
in absentia in the absence, in absentia
in aequali jure in equal right, in aequali jure
in alio loco in another place, in alio loco
in articulo mortis at the moment of death, in
  articulo mortis
in autre droit in another's right, in autre droit
in curia in court, in curia
in custodia legis in the custody of the law, in
  custodia legis
in delicto in fault, in delicto
in extremis just before the death, in extremis
in facto in fact, in facto
in hoc in this, in hoc
in initio at the beginning, in initio
in jure according to law, in jure
in loco in place, in loco
in loco parentis in the place of a parent, in
  loco parentis
in quo in which, in quo
in re concerning, in re
in rem against the thing, in rem
in solidum for the whole, in solidum
in toto completely, in toto
in vita in life, in vita
inabrogable indefeasible
inacción f inaction
inaceptable unacceptable
inaceptado unaccepted
inactuable not actionable
inacumulativo noncumulative
inadecuado inadequate
inadmisibilidad f inadmissibility
inadmisible inadmissible
inadmisión f nonadmission
inadoptable unadoptable
inadvertencia f inadvertence, negligence
inadvertidamente inadvertently

inajenable inalienable
inalienabilidad *f* inalienability
inalienable inalienable
inamovible unremovable, irremovable
inamovilidad *f* unremovability, irremovability
inapelabilidad *f* unappealableness
inapelable unappealable
inaplazable not postponable
inaplicabilidad *f* inapplicability
inaplicable inapplicable
inapreciable invaluable, imperceptible
inasistencia *f* absence
inasistente *m/f* absentee
inasistente (adj) absent
inatacable incontestable
inatención *f* inattention
inauguración *f* inauguration
incaducable unforfeitable, not voidable
incapacidad *f* incapacity, disability
incapacidad absoluta total disability
incapacidad absoluta permanente permanent total disability
incapacidad absoluta temporal temporary total disability
incapacidad civil civil disability
incapacidad física physical disability
incapacidad jurídica legal disability
incapacidad laboral work disability
incapacidad legal legal disability
incapacidad mental mental disability
incapacidad para casarse lack of capacity for marriage
incapacidad para contratar lack of capacity to contract
incapacidad para suceder lack of capacity to inherit
incapacidad para trabajar work disability
incapacidad parcial partial disability
incapacidad particular personal disability
incapacidad permanente permanent disability
incapacidad permanente total permanent total disability
incapacidad perpetua permanent disability
incapacidad relativa partial disability
incapacidad temporaria total temporary total disability
incapacidad total total disability
incapacidad transitoria transitory disability
incapacitado incapacitated, disabled
incapacitar to incapacitate
incapacitarse to become disabled
incapaz incapable, not qualified
incapaz de comprar unable to purchase
incapaz de mejorar unable to improve
incapaz de obtener ingresos unable to earn
incapaz de pagar unable to pay
incapaz de reconocer unable to recognize
incapaz de remediar unable to remedy
incapaz de ser alterado unable to be altered

incapaz de ser confirmado unable to be confirmed
incapaz de ser corregido unable to be corrected
incapaz de ser demostrado unable to be shown
incapaz de ser investigado unable to be investigated
incapaz de ser visto unable to be seen
incapaz de tolerar unable to endure
incapaz de trabajar unable to work
incautación *f* attachment, expropriation, confiscation
incautamente without caution
incautar to attach, to expropriate, to confiscate
incautarse to attach, to expropriate, to confiscate
incendiar to set fire to
incendiario *m* arsonist
incendiario (adj) incendiary
incendiarismo *m* arson
incendio *m* fire
incendio doloso arson
incendio intencional arson
incendio malicioso arson
incendio perjudicial hostile fire
incendio premeditado arson
incendio útil friendly fire
incentivo *m* incentive
incentivo contributivo tax incentive
incentivo ilegal illegal incentive
incentivo ilícito illicit incentive
incentivo impositivo tax incentive
incentivo impropio improper incentive
incentivo inapropiado inappropriate incentive
incentivo lícito licit incentive
incentivo salarial wage incentive
incentivo tributario tax incentive
incentivos para la importación import incentives
incesible inalienable
incesto *m* incest
incestuoso incestuous
incidencia *f* incidence
incidencia contributiva tax incidence
incidencia del impuesto incidence of taxation
incidencia impositiva tax incidence
incidencia tributaria tax incidence
incidental incidental
incidentalmente incidentally
incidente *m* incident, event
incidente (adj) incidental
incidente de nulidad motion for dismissal
incidente de oposición exception
incidente náutico nautical incident
incierto uncertain, untrue
incineración *f* incineration
incinerar to incinerate

incipiente incipient
inciso *m* paragraph, clause, section
incitación *f* incitation, provocation
incitación ilegal illegal incitation
incitación ilícita illicit incitation
incitación impropia improper incitation
incitación inapropiada inappropriate
incitation
incitación lícita licit incitation
incitado ilegalmente illegally incited
incitado ilícitamente illicitly incited
incitador *m* instigator, provoker
incitamiento *f* incitation, provocation
incitar to incite, to provoke
incluir to include
inclusión *f* inclusion
inclusión por referencia incorporation by
reference
inclusivo inclusive
incluso including
incoación *f* initiation
incoado inchoate
incoar to initiate
incoar pleito to bring suit
incobrable uncollectible
incoercible incoercible
incógnito incognito
incoherencia *f* incoherence
incoherente incoherent
incomerciable unmarketable
incomparecencia *f* nonappearance
incomparecencia del acusado nonappearance
of the accused
incompatibilidad *f* incompatibility
incompatible incompatible
incompensable unindemnifiable
incompetencia *f* incompetence, lack of
jurisdiction
incompetencia absoluta absolute lack of
jurisdiction
incompetente incompetent
incompleto incomplete
incomunicación *f* isolation, lack of
communication
incomunicado incommunicado
incomunicar to isolate
inconcluso inconclusive
inconcluyente inconclusive
inconcuso incontestable
incondicionado unconditional
incondicional unconditional
incondicionalmente unconditionally
inconducente useless
inconductivo irrelevant
inconexo unrelated
inconfirmado unconfirmed
inconforme dissenting
incongruencia *f* incongruence
incongruente incongruent

inconmutable incommutable
inconsciencia *f* unawareness, unconsciousness
inconsciente *m/f* unconscious person
inconsciente (adj) unaware, unconscious
inconsecuencia *f* inconsequence, inconsistency
inconsecuente inconsequent, inconsistent
inconstitucional unconstitutional
inconstitucionalidad unconstitutionality
incontestabilidad *f* incontestability
incontestable incontestable
incontestación *f* failure to answer
incontestación a la demanda failure to
answer the complaint
incontestado unanswered, uncontested
incontinuo discontinuous
incontrolable uncontrollable
incontrovertible incontrovertible
inconveniencia *f* inconvenience
incorporable that which can be incorporated
incorporación *f* incorporation, joining
incorporación por referencia incorporation
by reference
incorporado a built-in
incorporado ilegalmente illegally
incorporated
incorporado ilícitamente illicitly incorporated
incorporado legalmente legally incorporated
incorporado lícitamente licitly incorporated
incorporal incorporeal
incorporar to incorporate, to join
incorporarse to incorporate, to join
incorpóreo incorporeal
incorrecto incorrect
incorregibilidad *f* incorrigibility
incorregible incorrigible
incorrupción *f* incorruptness
incorruptibilidad *f* incorruptibility
incorruptible incorruptible
incorrupto uncorrupted
incosteable that which is too expensive
incremental incremental
incrementar to increase
incremento *m* increase, increment
incremento de tasa rate increase
incremento salarial salary increment
incriminación *f* incrimination
incriminar to incriminate
inculpabilidad *f* innocence
inculpable innocent
inculpación *f* inculpation
inculpado *m* accused person, defendant
inculpar to inculpate
inculpatorio inculpatory
incumbencia *f* duty, concern
incumbente incumbent
incumbir a to be the duty of
incumplido unfulfilled
incumplimiento *m* breach, breach of contract,
nonfulfillment, noncompliance, default

incumplimiento con anticipación anticipatory breach of contract

incumplimiento constructivo de contrato constructive breach of contract

incumplimiento de condición breach of condition

incumplimiento de contrato breach of contract

incumplimiento de contrato inmaterial immaterial breach

incumplimiento de deberes breach of duty

incumplimiento de garantía breach of warranty

incumplimiento de la palabra breach of promise

incumplimiento de pago default of payment

incumplimiento de pago de prima premium default

incumplimiento de promesa matrimonial breach of promise of marriage

incumplimiento de representación breach of representation

incumplimiento del deber breach of duty

incumplimiento entero entire breach

incumplimiento implícito constructive breach

incumplimiento inmaterial immaterial breach

incumplimiento menor minor breach

incumplimiento parcial partial breach

incumplimiento reiterado de contrato continuing breach of contract

incumplimiento total total breach

incumplir to breach, to fail to comply, to default

incurable incurable

incuria *f* negligence

incurrido incurred

incurrir to incur

incurrir en mora to be late in a payment, to become delinquent on a loan

incurrir en responsabilidad to become responsible

incurrir en una deuda to incur a debt

incurrir en una multa to be subject to a fine

incurrir una pérdida to incur a loss

incurso liable

indagación *f* investigation

indagación de crédito credit inquiry

indagación judicial judicial inquiry

indagación oficial official inquiry

indagado *m* person under investigation

indagado (adj) investigated

indagador *m* investigator

indagar to investigate, to question

indagatoria *f* investigation, questioning

indagatoriar to investigate, to question

indagatorio investigatory

indebida acumulación de causas de acción misjoinder

indebidamente improperly, illegally

indebido improper, illegal

indecencia *f* indecency

indecencia pública public indecency

indecente indecent

indecisión *f* indecision

indeciso undecided

indeclinable undeclinable

indefendible indefensible

indefensamente defenselessly

indefensible indefensible

indefensión *f* defenselessness

indefenso defenseless

indefinido undefined

indelegable unable to be delegated

indeliberación *f* lack of premeditation

indeliberadamente unpremeditatedly

indeliberado unpremeditated

indemne indemnified, unharmed

indemnidad *f* indemnity, state of being unharmed

indemnizable indemnifiable

indemnización *f* indemnification, indemnity, damages

indemnización compensatoria compensatory damages

indemnización de daños y perjuicios damages

indemnización de perjuicios damages

indemnización de preaviso indemnity for dismissal without advance notice

indemnización doble double indemnity, double damages

indemnización exorbitante por daños y perjuicios exorbitant damages

indemnización global lump-sum settlement

indemnización insignificante nominal damages

indemnización justa adequate damages

indemnización monetaria monetary indemnity

indemnización múltiple multiple indemnity

indemnización obrera workers' compensation

indemnización pecuniaria pecuniary indemnity

indemnización por accidente accident benefits

indemnización por cesantía severance pay

indemnización por desahucio severance pay

indemnización por despido severance pay

indemnización por enfermedad sick benefits

indemnización por falta de preaviso indemnity for dismissal without advance notice

indemnización por muerte death benefits

indemnización razonable adequate damages

indemnizado *m* indemnitee

indemnizado (adj) indemnified

indemnizador *m* indemnitor

indemnizar to indemnify

indemnizatorio indemnifying
independencia *f* independence
independencia económica economic
   independence
independencia judicial judicial independence
independiente independent
independientemente independently
independizarse to become independent
inderogable unrepealable
indeterminable indeterminable
indeterminadamente indeterminately
indeterminado indeterminate
indicación *f* indication
indicación de interés indication of interest
indicado indicated
indicador *m* indicator
indicar to indicate
indicativo indicative
índice *m* index
índice de criminalidad crime rate
índice del costo de vida cost of living index
índice salarial salary index
indiciado suspect
indiciar to suspect, to suggest
indicio *m* indication, presumption,
   circumstantial evidence
indicio claro conclusive presumption
indicio de prueba scintilla of evidence
indicio dudoso rebuttable presumption
indicio grave conclusive presumption
indicio indudable conclusive presumption
indicio obscuro rebuttable presumption
indicio remoto rebuttable presumption
indicio vehemente violent presumption
indicio violento violent presumption
indiferencia consciente conscious indifference
indiferente indifferent
indigencia *f* indigence
indigente indigent
indignidad *f* indignity
indigno undignified, unqualified
indiligencia *f* carelessness, negligence
indirectamente indirectly
indirecto indirect
indisciplina *f* lack of discipline
indisciplinado undisciplined
indiscreto indiscreet
indisculpable inexcusable
indiscutible indisputable
indisolubilidad indissolubility
indisolubilidad del matrimonio indissolubility
   of the marriage
indisoluble indissoluble
indispensable indispensable
indisputabilidad *f* indisputability
indisputable indisputable
individual individual
individualmente individually
individuo *m* individual

individuo (adj) individual, indivisible
indivisibilidad *f* indivisibility
indivisible indivisible
indivisiblemente indivisibly
indivisión *f* indivision
indivisión de la herencia indivision of the
   inheritance
indiviso undivided
indocumentado undocumented
indubitable indubitable
inducción *f* induction
inducido induced
inducir to induce
inductor *m* inducer
indulgencia *f* indulgence, leniency
indultado pardoned
indultar to pardon, to grant amnesty
indulto *m* pardon, amnesty
indulto general general pardon, general
   amnesty
indulto parcial partial pardon
industria *f* industry
industria impactada impacted industry
industria regulada regulated industry
industrial industrial
ineficacia *f* inefficiency
ineficacia jurídica nullity
ineficaz ineffective
ineficiencia *f* inefficiency
ineficiente inefficient
inejecución *f* nonperformance
inelegibilidad *f* ineligibility
inelegible ineligible
inembargabilidad *f* unattachability
inembargable that which can not be attached
inenajenabilidad *f* inalienability
inenajenable inalienable
ineptitud *f* ineptitude
inepto inept
inequitativo inequitable
inequívoco unequivocal
inerme unarmed, defenseless
inescrupuloso unscrupulous
inestabilidad instability
inevitable inevitable
inexcusable inexcusable, mandatory
inexigible inexigible
inexistencia *f* inexistence
inexistencia jurídica nullity
inexistente nonexistent
infalibilidad *f* infallibility
infamación *f* calumny
infamador *m* calumniator
infamante calumnious
infamar to calumniate
infamativo calumnious
infamatorio calumnious
infame infamous
infamia *f* infamy

infancia *f* infancy
infante abandonado abandoned infant
infanticida *m/f* infanticide
infanticidio *m* infanticide
infecundidad *f* sterility
inferencia *f* inference
inferencia circunstancial circumstantial
 inference
inferencia innecesaria unnecessary inference
inferencia irrazonable unreasonable inference
inferencia legal legal inference
inferencia lógica logical inference
inferencia necesaria necessary inference
inferencia obligatoria obligatory inference
inferencia razonable reasonable inference
inferencia retroactiva retroactive inference
inferido inferred
inferido por ley inferred by law
inferior inferior
inferir to infer
infidelidad *f* infidelity
infidelidad conyugal marital infidelity
infidelidad matrimonial marital infidelity
infidencia *f* disloyalty, breach of trust
infidente disloyal
infiel *m/f* unfaithful person
infiel (adj) unfaithful
infirmación *f* invalidation
infirmar to invalidate
inflación *f* inflation
inflación salarial salary inflation
inflacionario inflationary
inflar un cheque to raise a check
infligir to inflict, to impose
infligir una multa to impose a fine
influencia *f* influence
influencia indebida undue influence
influencia política political influence
influir to influence
influyente influential
información *f* information, investigation,
 report
información confidencial confidential
 information
información de abono supporting testimony
información de crédito credit report
información de dominio petitory action
información de trabajo occupational
 information
información del cliente customer information
información despectiva derogatory
 information
información errónea erroneous information
información esencial essential information
información financiera financial information
información fiscal fiscal information
información general general information
información indispensable indispensable
 information

información inscrita recorded information
información monetaria monetary information
información no esencial unessential
 information
información no pública nonpublic
 information
información oculta concealed information
información ocupacional occupational
 information
información para consumidores consumer
 information
información parlamentaria congressional
 inquiry, parliamentary inquiry
información posesoria possessory action
información privilegiada privileged
 information
información privilegiada en materia bursátil
 insider information
información sumaria summary proceeding
informado informed
informador *m* informer
informal informal
informalidad *f* informality
informalmente informally
informante *m/f* informer, adviser
informante común common informer
informar to inform, to advise
informativo informative
informe *m* report, opinion, information
informe al jurado address to the jury
informe anual annual report
informe anual a los accionistas annual report
 to stockholders
informe comercial business report,
 commercial report
informe crediticio credit report
informe de accidente accident report
informe de auditoría audit report
informe de crédito credit report
informe de inspección inspection report
informe de pérdidas loss report
informe de reclamación claim report
informe de título title report
informe de transacción transaction report
informe del contador accountant's report
informe diario daily report
informe entero entire report
informe especial special report
informe externo external report
informe falsificado falsified report
informe falso false report
informe final final report
informe financiero financial report
informe fiscal fiscal report
informe interino interim report
informe interno internal report
informe mensual monthly report
informe monetario monetary report
informe pericial expert's opinion

informe provisional provisional report
informe semanal weekly report
informe sobre accidente accident report
informe sobre actividad activity report
informe trimestral quarterly report
informes sobre el crédito razonables y equitativos reasonable credit reporting
infortunio *m* misfortune
infra below
infraasegurado underinsured
infracción *f* infraction
infracción de ley violation of law
infracción de patente patent infringement
infracción de reglamentos violation of regulations
infracción grave serious violation
infracción penal criminal violation
infracción tributaria tax law violation
infractor *m* infringer, transgressor
infractorio infringing
infraestructura *f* infrastructure
infrascripto *m* undersigned, subscriber
infrascrito *m* undersigned, subscriber
infraseguro *m* under insurance
infringir to infringe
ingerencia *f* interference
ingresado ilegalmente illegally entered
ingresado ilícitamente illicitly entered
ingresar to enter
ingreso *m* income, entry, admission
ingreso acumulado accrued income
ingreso antes de contribuciones income before taxes
ingreso anual annual income
ingreso bruto gross income
ingreso corporativo corporate income
ingreso devengado earned income
ingreso diferido deferred income
ingreso disponible available income
ingreso estatal state income
ingreso exento de impuestos tax-exempt income
ingreso fijo fixed income
ingreso garantizado guaranteed income
ingreso gravable taxable income
ingreso habitual habitual income
ingreso ilegal illegal income
ingreso ilícito illicit income, illicit entry
ingreso imponible taxable income
ingreso impropio improper entry
ingreso imputado imputed income
ingreso inapropiado inappropriate entry
ingreso individual individual income
ingreso interestatal interstate income
ingreso intraestatal intrastate income
ingreso lícito licit income, licit entry
ingreso neto net income
ingreso no gravable nontaxable income
ingreso no imponible nontaxable income

ingreso no tributable nontaxable income
ingreso normal normal income
ingreso ordinario ordinary income
ingreso pasivo passive income
ingreso percibido earned income
ingreso periódico periodic income
ingreso personal personal income
ingreso suplementario supplemental income
ingreso temporal temporary income
ingreso total total income
ingreso tras contribuciones income after taxes
ingreso tributable taxable income
ingreso usual usual income
ingreso variable variable income
ingresos receipts, income
ingresos de explotación operating income
ingresos devengados earned income
ingresos extranjeros foreign income
ingresos financieros financial income
ingresos interiores internal revenue
ingresos internacionales international income
ingresos públicos public revenue
ingresos tributarios tax receipts
inhábil unable, unqualified, nonworking
inhabilidad *f* inability, incompetence
inhabilitación *f* disablement, disqualification, disbarment
inhabilitación absoluta absolute disqualification, disbarment
inhabilitación especial suspension
inhabilitar to disqualify, to disbar
inhabitable uninhabitable
inhabitado uninhabited
inherente inherent
inherentemente peligroso inherently dangerous
inhibición *f* inhibition, prohibition
inhibir to inhibit, to prohibit
inhibirse to inhibit oneself, to disqualify oneself
inhibitoria *f* restraining order, motion to dismiss for lack of jurisdiction
inhibitoria de jurisdicción motion to dismiss for lack of jurisdiction
inhibitorio inhibitory
inhonesto dishonest
inhonorar to dishonor
inhumanamente inhumanely
inhumanidad *f* inhumanity
inhumano inhuman
iniciación *f* initiation
inicial initial
iniciar to initiate
iniciar el juicio to open the case
iniciar la sesión to open court
iniciar una acción to bring an action
iniciativa *f* initiative
iniciativa de ley proposed law

iniciativa popular initiative
inicuo inequitable
inimpungable not exceptionable
ininteligible unintelligible
ininterrumpido uninterrupted
injuria *f* injury, wrong, defamation
injuria civil actionable defamation
injuria criminal criminal defamation
injuriador *m* injurer, offender
injuriador (adj) injurious, offensive
injuriar to injure, to wrong, to defame
injurias graves serious injuries, serious
    defamation
injurias por escrito libel
injurias verbales slander
injurídico illegal
injurioso injurious, defamatory
injustamente unjustly, illegally
injusticia *f* injustice
injusticia notoria notorious injustice
injustificable unjustifiable
injustificadamente unjustifiably
injustificado unjustified
injusto unjust
inmadurez *f* immaturity
inmaterial immaterial, incorporeal
inmaterialidad *f* immateriality
inmatriculación *f* registration
inmediación *f* immediacy
inmediatamente immediately
inmediato immediate
inmemorial immemorial
inmigración *f* immigration
inmigrado immigrated
inmigrado ilegalmente illegally immigrated
inmigrado ilícitamente illicitly immigrated
inmigrante *m/f* immigrant
inmigrante ilegal illegal immigrant
inmigrante ilícito illicit immigrant
inmigrante lícito licit immigrant
inmigrar to immigrate
inmigratorio pertaining to immigration
inminencia *f* imminence
inminente imminent
inmobiliario real estate
inmoderado immoderate
inmoral immoral
inmoralidad *f* immorality
inmotivado unmotivated
inmueble real estate
inmune immune
inmunidad *f* immunity
inmunidad completa absolute immunity
inmunidad diplomática diplomatic immunity
inmunidad exclusiva exclusive immunity
inmunidad extranjera foreign immunity
inmunidad fiscal tax exemption
inmunidad judicial judicial immunity
inmunidad legislativa legislative immunity

inmunidad parlamentaria congressional
    immunity, parliamentary immunity
inmunidad soberana sovereign immunity
inmunidad total absolute immunity
inmunidades consulares consular immunity
inmunidades y privilegios diplomáticos
    diplomatic immunities and privileges
inmunización *f* immunization
innato innate
innavegabilidad *f* unseaworthiness
innavegable unseaworthy, unnavigable
innecesario unnecessary
innegable undeniable
innegociable nonnegotiable
innominado unnamed
innovación *f* innovation
innovar to innovate
inobservancia *f* nonobservance
inobservancia justificable justifiable
    nonobservance
inocencia *f* innocence
inocencia presunta presumed innocence
inocente innocent
inoficioso inofficious
inoponible not opposable
inquilinato *m* lease, leasehold
inquilino *m* tenant, lessee, sharecropper
inquiridor *m* investigator, interrogator
inquirir to question, to investigate
inquisición *f* inquisition
inquisidor *m* investigator, interrogator
inquisitivo inquisitive
insaculación *f* balloting
insacular to ballot
insalubridad *f* insalubrity, unsanitariness
insanable incurable
insania *f* insanity
insano insane
insatisfecho unsatisfied
inscribible registrable, recordable
inscribir to inscribe, to register, to record
inscribirse to register
inscripción *f* inscription
inscripción de bienes de la comunidad
    conyugal registration of community
    property
inscripción de buques registration of vessels
inscripción de hipoteca recording of
    mortgage
inscripción de la posesión registration of
    possession
inscripción de la traslación de dominio
    recording of a transfer of ownership
inscripción de nacimiento birth record
inscripto registered, recorded
inscrito registered, recorded
insecuestrable not attachable
inseguridad *f* insecurity
inseguro insecure

inseminación f insemination
inseminación artificial artificial insemination
inseparabilidad f inseparability
inseparable inseparable
inserción f insertion
insignia f insignia
insignificante insignificant
insinuación f insinuation, petition
insinuar to insinuate, to petition
ínsito inherent
insoluto unpaid
insolvencia f insolvency, bankruptcy
insolvencia bancaria bank insolvency
insolvencia comercial commercial insolvency
insolvencia culpable negligent bankruptcy
insolvencia fraudulenta fraudulent
bankruptcy
insolvencia notoria notorious insolvency
insolvente insolvent
insostenible unsustainable, indefensible
inspección f inspection
inspección aduanera customs inspection
inspección de registros inspection of records
inspección física physical inspection
inspección judicial judicial inspection
inspección ocular visual inspection by the
judge
inspección por aduana inspection by customs
inspeccionar to inspect
inspector m inspector
inspector de aduana customs inspector
inspector de hogares home inspector
inspector general inspector general
instalación f installation
instalaciones permanentes permanent fixtures
instalar to install
instancia f instance, stage of a judicial
process, the complete judicial process,
petition
instancia de arbitraje arbitration proceedings
instancia de parte agraviada petition of the
injured party
instancia dilatoria dilatory plea
instancia perentoria peremptory plea
instantáneo instantaneous
instante m instant, petitioner
instar to petition, to prosecute, to instigate
instigación f instigation, abetment
instigación a cometer delitos instigation to
commit crimes
instigador m instigator, abettor
instigar to instigate, to abet
institor m factor
institución f institution
institución administradora management
institution
institución administrativa management
institution
institución afiliada affiliated institution

institución aliada allied institution
institución asociada affiliated institution
institución bancaria banking institution
institución caritativa charitable institution
institución comercial business institution
institución componente constituent institution
institución contable accounting institution
institución controlada controlled institution
institución controladora holding institution
institución de banca hipotecaria mortgage
banking institution
institución de control controlling institution
institución de comercio business institution
institución de crédito credit institution
institución de fianzas bonding institution
institución de fideicomiso trust institution
institución de herederos designation of heirs
institución de inversiones investment
institution
institución de préstamos lending institution
institución de negocios business institution
institución de seguros insurance institution
institución de seguros mutuales mutual
insurance institution
institución de servicio service institution
institución de utilidad pública public service
institution
institución difunta defunct institution
institución diversificada diversified institution
institución dominada controlled institution
institución estatal state institution
institución exenta exempt institution
institución extranjera foreign institution
institución fiadora bonding institution
institución ficticia fictitious institution
institución fiduciaria trust institution
institución financiera finance institution
institución fusionada merged institution
institución hipotecaria mortgage institution
institución inexistente nonexistent institution
institución ilegal illegal institution
institución ilícita illicit institution
institución insolvente insolvent institution
institución interestatal interstate institution
institución internacional international
institution
institución intraestatal intrastate institution
institución inversionista investment institution
institución jurídica legal institution
institución lícita licit institution
institución manufacturera manufacturing
institution
institución matriz parent institution
institución miembro member institution
institución multinacional multinational
institution
institución nacional national institution
institución no afiliada unaffiliated institution
institución no apalancada unleveraged

institution
institución no pública nonpublic institution
institución penal penal institution
institución privada private institution
institución pública public institution
institución quebrada bankrupt institution
institución registrada registered institution
institución retenedora holding institution
institución sin fines de lucro nonprofit
 institution
institución sindical labor union
institución sobreviviente surviving institution
institución subsidiaria subsidiary institution
institución tenedora holding institution
institucional institutional
instituido instituted
instituir to institute
instituto *m* institution
instituto administrador management
 institution
instituto administrativo management
 institution
instituto afiliado affiliated institution
instituto aliado allied institution
instituto asociado affiliated institution
instituto bancario banking institution
instituto caritativo charitable institution
instituto comercial business institution
instituto componente constituent institution
instituto contable accounting institution
instituto controlado controlled institution
instituto controlador holding institution
instituto de banca hipotecaria mortgage
 banking institution
instituto de control controlling institution
instituto de comercio business institution
instituto de crédito credit institution
instituto de emisión bank of issue
instituto de fianzas bonding institution
instituto de fideicomiso trust institution
instituto de herederos designation of heirs
instituto de inversiones investment institution
instituto de préstamos lending institution
instituto de negocios business institution
instituto de seguros insurance institution
instituto de seguros mutuales mutual
 insurance institution
instituto de servicio service institution
instituto de utilidad pública public service
 institution
instituto difunto defunct institution
instituto diversificado diversified institution
instituto dominado controlled institution
instituto estatal state institution
instituto exento exempt institution
instituto extranjero foreign institution
instituto fiador bonding institution
instituto ficticio fictitious institution
instituto fiduciario trust institution

instituto financiero finance institution
instituto fusionado merged institution
instituto hipotecario mortgage institution
instituto inexistente nonexistent institution
instituto ilegal illegal institution
instituto ilícito illicit institution
instituto insolvente insolvent institution
instituto interestatal interstate institution
instituto internacional international institution
instituto intraestatal intrastate institution
instituto inversionista investment institution
instituto jurídico legal institution
instituto lícito licit institution
instituto manufacturero manufacturing
 institution
instituto matriz parent institution
instituto miembro member institution
instituto multinacional multinational
 institution
instituto nacional national institution
instituto no afiliado unaffiliated institution
instituto no apalancado unleveraged
 institution
instituto penal penal institution
instituto privado private institution
instituto público public institution
instituto quebrado bankrupt institution
instituto registrado registered institution
instituto sin fines de lucro nonprofit
 institution
instituto sindical labor union
instituto sobreviviente surviving institution
instituto subsidiario subsidiary institution
instituto tenedor holding institution
instrucción *f* instruction, proceeding, order
instrucción criminal criminal proceeding
instrucción de causa preparation of the case
instrucción perentoria peremptory instruction
instrucción pública public education
instrucciones adicionales additional
 instructions
instrucciones al jurado jury instructions
instrucciones contradictorias contradictory
 instructions
instrucciones de embarque shipping
 instructions
instrucciones de empaque packing
 instructions
instrucciones suplementarias supplemental
 instructions
instructivo *m* court order
instructor *m* instructor, prosecutor
instruir to instruct, to inform
instruir de cargos to arraign
instruir un expediente to prepare a file
instrumental instrumental
instrumento *m* instrument
instrumento acusatorio accusatory instrument
instrumento al portador bearer instrument

instrumento constitutivo articles of
    incorporation, partnership's agreement
instrumento de crédito credit instrument
instrumento de deuda debt instrument
instrumento de título document of title
instrumento de venta bill of sale
instrumento falsificado falsified instrument
instrumento financiero financial instrument
instrumento legal legal instrument
instrumento negociable negotiable instrument
instrumento no negociable nonnegotiable
    instrument
instrumento por escrito instrument in writing
instrumento privado private document
instrumento público public document
instrumento sellado sealed instrument
instrumentos de crédito credit instruments
instrumentos de trabajo tools of the trade
instrumentos del delito instruments of the
    crime
instrumentos negociables commercial paper,
    negotiable instruments
insubordinación *f* insubordination
insubordinado insubordinate
insubsanable irreparable
insubsistencia *f* groundlessness, nullity
insubsistente groundless, null
insubstituible irreplaceable
insuficiencia *f* insufficiency
insuficiencia de la prueba insufficiency of
    evidence
insuficiencia de las leyes area not covered
    adequately by laws
insuficiente insufficient
insular insular
insultar to insult
insulto *m* insult, offense
insumiso rebellious, disobedient
insurgente insurgent
insurrección *f* insurrection
insurrecto *m* insurgent
intachable unimpeachable
intangible intangible
intangibles *m* intangibles
integración *f* integration, payment
integrado integrated
integrantes *m* members, partners
integrar to integrate, to pay, to reimburse
integridad *f* integrity, wholeness
inteligibilidad *f* intelligibility
inteligible intelligible
intemperancia *f* intemperance
intempestivamente without proper notice,
    without due process, inopportunely
intención *f* intention
intención común common intent
intención constructiva constructive intent
intención criminal criminal intent
intención de los contratantes intent of the

contracting parties
intención específica specific intent
intención especificada specified intent
intención establecida established intention
intención explícita explicit intent
intención fraudulenta fraudulent intent
intención general general intent
intención hostil hostile intention
intención identificada identified intent
intención implícita implied intent
intención imputada imputed intent
intención indicada indicated intent
intención inferida inferred intent
intención legislativa legislative intent
intención real actual intent
intención real de defraudar actual intent to
    defraud
intención tácita tacit intent
intencionado intended
intencional intentional
intencional y premeditado deliberate and
    premeditated
intencionalidad *f* premeditation
intencionalmente intentionally
intendencia *f* intendance, intendancy
intendencia municipal city hall
intendente *m* intendant
intendente de policía chief of police
intentar to attempt
intentar contrademanda to file a
    counterclaim
intentar demanda to bring suit
intento *m* attempt, intention
intento de monopolizar attempt to
    monopolize
inter alia among other things, inter alia
inter se among themselves, inter se
inter vivos between the living, inter vivos
interacción *f* interaction
interbancario interbank
intercalación *f* intercalation
intercalar to intercalate
intercambiable interchangeable
intercambiar to exchange
intercambio *m* exchange
intercambio de propiedad exchange of
    property
intercepción de comunicaciones interception
    of communications
interceptación *f* interception
interceptación de la correspondencia
    interception of correspondence
interceptar to intercept
interdependencia *f* interdependence
interdicción *f* interdiction, prohibition
interdicto *m* interdict, interdiction, injunction,
    writ, restraining order
interdicto alternativo alternative writ
interdicto de avocación writ of certiorari

interdicto de casación writ of error
interdicto de certiorari writ of certiorari
interdicto de despojo writ of possession
interdicto de detención warrant of arrest
interdicto de ejecución writ of execution
interdicto de embargo writ of attachment
interdicto de expropiación writ of expropriation
interdicto de indagación writ of inquiry
interdicto de mandamus writ of mandamus
interdicto de obra nueva action against further construction
interdicto de obra ruinosa action against maintaining a dangerous structure
interdicto de posesión writ of possession
interdicto de recobrar writ of possession
interdicto de recuperar writ of possession
interdicto de reivindicación writ of replevin
interdicto de restitución writ of restitution
interdicto de retener restraining order
interdicto de revisión writ of review
interdicto definitivo final injunction
interdicto ejecutivo writ of execution
interdicto inhibitorio writ of prohibition
interdicto perentorio peremptory writ
interdicto permanente permanent injunction
interdicto por incumplimiento de pacto writ of covenant
interdicto preparatorio writ issued prior to a decision
interdicto preventivo preventive injunction
interdicto prohibitorio prohibitory injunction
interdicto provisional provisional writ, provisional injunction
interdicto provisorio temporary injunction
interés *m* interest
interés absoluto absolute interest
interés acumulado accrued interest
interés adverso adverse interest
interés apelable appealable interest
interés asegurable insurable interest
interés beneficioso beneficial interest
interés compuesto compound interest
interés común common interest, joint interest
interés condicional contingent interest
interés contingente contingent interest
interés convencional conventional interest
interés de demora interest charged for late payment
interés de gracia interest charged for late payment
interés de mora interest charged for late payment
interés de plaza going interest rate
interés definitivo definite interest
interés demorado interest charged for late payment
interés dominante controlling interest

interés en la causa interest in a litigation
interés establecido established interest
interés financiero financial interest
interés futuro future interest
interés ilegal illegal interest
interés ilícito illicit interest
interés inalienable inalienable interest
interés incompleto incomplete interest
interés indirecto indirect interest
interés indiviso undivided interest
interés legal legal interest
interés lícito licit interest
interés mayoritario majority interest
interés minoritario minority interest
interés monetario monetary interest
interés mutuo mutual interest
interés no asegurable uninsurable interest
interés predominante majority interest
interés privado private interest
interés procesal interest in a litigation
interés público public interest
interés real real interest
interés reversionario reversionary interest
interés simple simple interest
interés usurario usury
interés variable variable interest
interesado *m* party, interested party, contracting party
interesado legalmente legally interested
interesado lícitamente licitly interested
intereses atrasados interest in arrears
intereses concurrentes concurrent interests
intereses creados vested interests
intereses normales normal interest
interestadal interstate
interestadual interstate
interestatal interstate
interfecto *m* murder victim
interfecto (adj) murdered
interferencia *f* interference
interferencia patronal employer interference
interferir to interfere
ínterin *m* interim
interinamente provisionally
interinario provisional
interinidad *f* temporariness
interino provisional, acting
interior *m* interior
interior (adj) internal, domestic
interiormente internally, domestically
interlineación *f* interlineation
interlinear to interlineate
interlocutoriamente interlocutorily
interlocutorio interlocutory
ínterlope interloping
intermediación *f* intermediation
intermediación en el mercado de valores securities brokerage
intermediar to intermediate, to mediate

intermediario *m* intermediary, mediator
intermediario financiero financial intermediary
intermedio intermediate
intermitente intermittent
internación *f* interment, imprisonment, commitment, detention
internacional international
internacionalización *f* internationalization
internacionalizar to internationalize
internacionalmente internationally
internado committed, hospitalized
internamente internally, domestically
internamiento *m* interment, imprisonment, commitment, detention
internar to intern, to imprison, to commit, to detain
interno internal, domestic
internuncio *m* envoy
interpelación *f* interpellation, order to pay a debt, writ, summons, citation, request
interpelado *m* recipient of an order to pay a debt, recipient of a summons, recipient of a request
interpelador *m* interpellator, the person who orders the payment of a debt, requester
interpelante *m/f* interpellator, the person who orders the payment of a debt, requester
interpelar to interpellate, to order to pay a debt, to summon, to request
interperíodo interperiod
interpolación *f* interpolation
interpolar to interpolate
interponer to interpose, to intervene, to file, to present
interponer demanda contenciosa to bring suit
interponer excepción to file an exception
interponer recurso de apelación to file an appeal
interposición interposition, intervention, interference
interpósita persona agent, apparent agent
interpretación *f* interpretation, construction
interpretación administrativa administrative interpretation
interpretación amplia extensive interpretation
interpretación auténtica authentic interpretation
interpretación comparativa comparative interpretation
interpretación consistente consistent interpretation
interpretación de las leyes interpretation of the law
interpretación de los hechos interpretation of the facts
interpretación de los testamentos interpretation of wills

interpretación declarativa clarification
interpretación del contrato interpretation of the contract
interpretación del derecho interpretation of the law
interpretación doctrinal doctrinal interpretation
interpretación estricta strict interpretation, strict construction
interpretación extensiva extensive interpretation
interpretación gramatical grammatical interpretation
interpretación habitual habitual interpretation
interpretación inusual unusual interpretation
interpretación judicial judicial interpretation
interpretación legislativa legislative interpretation
interpretación liberal liberal interpretation
interpretación libre free interpretation
interpretación literal literal interpretation
interpretación lógica logical interpretation
interpretación popular popular interpretation
interpretación por comparación comparative interpretation
interpretación razonable reasonable interpretation
interpretación restrictiva restrictive interpretation
interpretación restringida restricted interpretation
interpretación técnica technical interpretation
interpretación usual usual interpretation
interpretador *m* interpreter
interpretar to interpret
intérprete *m/f* interpreter
interpuesta persona agent, intermediary
interregno *m* interregnum
interrogación *f* interrogation, inquiry
interrogación de testigo interrogation of witness
interrogado *m* person being interrogated
interrogador *m* interrogator
interrogante *m/f* interrogator
interrogante *m* uncertainty
interrogante (adj) interrogating
interrogar to interrogate
interrogativo questioning
interrogatorio *m* interrogatory
interrogatorio cruzado cross-examination
interrogatorio directo direct examination
interrogatorio formal formal questioning
interrumpir to interrupt
interrumpir posesión to interrupt possession
interrumpir un intervalo to interrupt an interval
interrumpir una separación to interrupt a separation
interrupción *f* interruption

interrupción de la prescripción interrupting the statute of limitations
interrupción de negocios business interruption
interrupción de posesión interruption of possession
interrupción del proceso stay of proceedings
interrupción en servicio break in service
interruptivo interrupting
intervalo *m* interval
intervalo lúcido lucid interval
intervalo sospechoso suspicious interval
intervención *f* intervention, mediation, auditing
intervención de tercero intervention
intervención del banco central central bank intervention
intervención diplomática diplomatic intervention
intervención económica economic intervention
intervención forzosa compulsory intervention
intervención gubernamental government intervention
intervención judicial judicial intervention
intervención monetaria monetary intervention
intervención necesaria compulsory intervention
intervención pacífica mediation
intervención voluntaria voluntary intervention, discretionary intervention
intervenidor *m* intervener, auditor, supervisor
intervenir to intervene, to mediate, to audit, to supervise
intervenir el pago to stop payment
intervenir en juicio to join in an action
interventor *m* intervener, auditor, supervisor
intestado *m* intestate, intestate's estate
intestado (adj) intestate
intimación *f* intimation, notification, warning
intimación a la persona personal demand
intimación de pago demand for payment
intimación judicial de pago court order to pay
intimar to intimate, to notify, to warn
intimatorio notificatory, cautioning
intimidación *f* intimidation
intimidad *f* intimacy
intimidar to intimidate
íntimo intimate
intolerable intolerable
intoxicación *f* intoxication
intoxicación habitual habitual intoxication
intoxicado intoxicated
intra vires within the powers, intra vires
intraestatal intrastate
intransferible nontransferable
intransmisible untransmissible
intraperiodo intraperiod

intrasmisible untransmissible
intraspasable nontransferable
intrínseco intrinsic
introducción *f* introduction
introductorio introductory
intromisión *f* intromission
intrusarse to encroach
intrusión *f* intrusion
intruso *m* intruder
inútil useless
inutilidad uselessness
invalidación *f* invalidation
invalidado invalidated
invalidar to invalidate, to quash
invalidar un testamento to invalidate a will
invalidar una elección to invalidate an election
invalidez *f* invalidity, disability
invalidez absoluta total disability
invalidez definitiva permanent disability
invalidez laboral work disability
invalidez parcial partial disability
invalidez permanente permanent disability
invalidez provisional temporary disability
invalidez relativa partial disability
invalidez total total disability
invalidez transitoria temporary disability
inválido invalid
invasión *f* invasion
invasión de derechos infringement of rights
invasión de privacidad invasion of privacy
invención *f* invention
invendible unsalable
inventar to invent
inventario *m* inventory
inventario de bienes de los hijos inventory of the property of the children
inventario de bienes del menor inventory of a minor's property
inventario en la sociedad de gananciales inventory of the community property
invento *m* invention
inventor *m* inventor
inventor original original inventor
inversión *f* investment, inversion
inversión a corto plazo short-term investment
inversión a largo plazo long-term investment
inversión a medio plazo medium-term investment
inversión de la prueba transfer of the burden of proof
inversión dominante controlling interest
inversión elegible eligible investment
inversión extranjera foreign investment
inversión inicial initial investment
inversión internacional international investment
inversión irrazonable unreasonable investment

inversión legal legal investment
inversión monetaria monetary investment
inversión neta net investment
inversión no autorizada unauthorized investment
inversión no negociable nonmarketable investment
inversión no tributable nontaxable investment
inversión prudente prudent investment
inversión razonable reasonable investment
inversión regulada regulated investment
inversión segura defensive investment
inversionista *m/f* investor
inversionista prudente prudent investor
inversionista razonable reasonable investor
inverso inverse
inversor *m* investor
invertido invested, inverted
invertir to invest
investidura *f* investiture
investigable investigable
investigación *f* investigation
investigación de crédito credit investigation
investigación de registros examination of records
investigación de título title search
investigación de trasfondo background investigation
investigación exhaustiva exhaustive investigation
investigación judicial judicial investigation
investigación jurídica legal research, legal investigation
investigación legal legal research, legal investigation
investigación oficial official investigation
investigado legalmente legally investigated
investigado lícitamente licitly investigated
investigador *m* investigator
investigador privado private investigator
investigar to investigate
investigar un crimen to investigate a crime
investir to vest, to confer
inviolabilidad *f* inviolability
inviolabilidad de la propiedad inviolability of property
inviolabilidad del domicilio inviolability of domicile
inviolable inviolable
inviolado inviolate
invitación *f* invitation
invitado gratuito gratuitous guest
invitar to invite
invocar to invoke
involuntariamente involuntarily
involuntario involuntary
ipso facto by the fact itself, ipso facto
ipso jure by the law itself, ipso jure
ir a la bancarrota to go into bankruptcy

ir a la quiebra to go into bankruptcy
ira *f* ire, wrath, anger
irracional irrational
irrazonable unreasonable
irreconciliable irreconcilable
irrecuperable irrecoverable
irrecurrible not appealable
irrecusable irrecusable, unchallengeable, unimpeachable
irredimible irredeemable
irreemplazable irreplaceable
irreformable unchangeable
irrefutable irrefutable
irregular irregular
irregularidad irregularity
irreivindicable irrecoverable
irrelevancia *f* irrelevancy
irrelevante irrelevant
irremediable irremediable
irremisible irremissible
irremplazable irreplaceable
irrenunciable unrenounceable
irreparable irreparable
irrescindible unrescindable
irresistible irresistible
irresoluble unsolvable
irresolución *f* irresolution
irrespetuoso disrespectful
irresponsabilidad irresponsibility
irresponsable irresponsible
irretroactividad *f* nonretroactivity
irretroactivo not retroactive
irreversible irreversible
irrevisable not revisable
irrevocabilidad *f* irrevocability
irrevocable irrevocable
irritable voidable, irritable
irritar to void, to irritate
írrito void
irrogación *f* causing, causing of damage
irrogar to cause, to cause damage
irrogar gastos to incur expenses
irrogar perjuicio to cause damage
irrumpir to break into
irrupción *f* irruption
ítem *m* item, article
ítem (adv) furthermore

J

jactancia *f* jactitation
jefatura *f* headquarters, division, directorship
jefatura de policía police headquarters
jefe *m* boss, leader
jefe de estado head of state
jefe de familia head of family
jefe ejecutivo chief executive
jefe militar military chief
jerarquía *f* hierarchy
jerárquico hierarchical
jerga *f* jargon
jornada *f* work period, work day, journey
jornada de trabajo work period, work day
jornal *m* daily pay, daily work
jornalero *m* day laborer, laborer
jubilación *f* retirement, pension
jubilación obligatoria mandatory retirement
jubilación por discapacidad disability
    retirement
jubilación por invalidez disability pension
jubilación por vejez old-age pension
jubilación temprana early retirement
jubilado *m* retiree, pensioner
jubilado (adj) retired
jubilar to retire, to pension
jubilarse to retire, to retire with a pension
jubilatorio pertaining to retirement
judicatura *f* judicature, judgeship
judicial judicial
judicialmente judicially
judiciario judicial
juego *m* game, gambling, gamble
juego de azar game of chance
juego de suerte game of chance
juez *m* judge, justice
juez a quo judge from whom an appeal is
    taken
juez ad quem judge to whom an appeal is
    taken
juez administrativo administrative judge
juez arbitrador arbitrator
juez árbitro arbitrator
juez asociado associate judge
juez avenidor arbitrator
juez cantonal district court judge
juez civil civil court judge
juez civil y criminal judge who tries both civil
    and criminal matters

juez competente competent judge
juez compromisario arbitrator
juez conciliador mediator
juez criminal criminal court judge
juez de aduanas customs court judge
juez de alzadas appeals court judge
juez de apelaciones appeals court judge
juez de avenencia arbitrator
juez de circuito circuit judge
juez de comercio judge with jurisdiction over
    matters pertaining to commercial law
juez de comisión judge appointed for a
    specific case
juez de competencia judge who decides
    jurisdictional conflicts
juez de derecho judge who only considers
    questions of law
juez de distrito district judge
juez de fondo trial judge
juez de hecho judge who only considers
    questions of fact
juez de instrucción trial judge
juez de la causa trial judge
juez de letras judge who is an attorney
juez de lo civil civil court judge
juez de lo criminal criminal court judge
juez de menores juvenile court judge
juez de paz justice of the peace
juez de policía police magistrate
juez de primera instancia judge of the first
    instance
juez de quiebras bankruptcy court judge
juez de segunda instancia judge to whom an
    appeal is taken
juez de turno judge whose turn it is
juez del conocimiento presiding judge
juez del crimen criminal court judge
juez del trabajo labor court judge
juez disidente dissenting judge
juez especial special judge
juez exhortado judge receiving letters
    rogatory
juez exhortante judge issuing letters rogatory
juez extraordinario special judge
juez federal federal judge
juez incompetente judge without jurisdiction
juez inferior lower court judge
juez instructor trial judge
juez interino judge pro tempore, acting judge
juez lego lay judge
juez letrado judge who is an attorney
juez menor justice of the peace
juez mixto judge who tries both civil and
    criminal matters
juez municipal municipal court judge
juez nocturno night court judge
juez penal criminal court judge
juez popular lay judge
juez presidente presiding judge, chief judge,

chief justice

juez primero chief justice

juez provincial provincial court judge

juez sobornado bribed judge

juez subordinado lower court judge

juez substituto substitute judge

juez superior superior court judge, appellate court judge, supreme court justice

juez suplente judge pro tempore

juez tercero arbitrator

juez único single judge

juez unipersonal single judge

juez y parte judge and party

juicio *m* trial, judgment, litigation, proceeding

juicio administrativo administrative trial

juicio adversario litigation

juicio ante el jurado jury trial

juicio arbitral arbitration proceedings

juicio atractivo proceeding in which an entire estate is at stake

juicio cautelar proceeding for provisional remedy

juicio civil civil trial

juicio civil ordinario ordinary civil trial

juicio coactivo compulsory proceeding

juicio colectivo joint suit

juicio comercial trial pertaining to commercial law

juicio conjunto joint trial

juicio contencioso litigation

juicio contradictorio contested case

juicio convenido amicable action

juicio criminal criminal trial

juicio de ab intestato intestacy proceedings

juicio de alimentos suit for alimony

juicio de amigables componedores arbitration

juicio de amparo proceeding pertaining to constitutional protections

juicio de apelación appellate proceeding

juicio de apremio suit for debt collection, suit for collection of a judgment

juicio de árbitros arbitration proceedings

juicio de avenencia arbitration proceedings

juicio de conciliación settlement hearing

juicio de concurso bankruptcy proceedings

juicio de consignación action to place money in escrow

juicio de convocatoria action to have a creditors' meeting

juicio de convocatoria de acreedores action to have a creditors' meeting

juicio de derecho trial in which matters of law are addressed

juicio de desahucio eviction proceedings, dispossess proceedings

juicio de desalojo eviction proceedings, dispossess proceedings

juicio de divorcio divorce proceedings

juicio de ejecución executory process

juicio de embargo attachment proceedings

juicio de enajenación forzosa condemnation proceedings

juicio de exequátur proceeding to challenge a foreign judgment

juicio de faltas proceeding in a police court for a minor offense

juicio de garantías proceeding pertaining to constitutional protections

juicio de herencia vacante intestacy proceedings

juicio de inquisición inquest

juicio de insania insanity hearing

juicio de insolvencia bankruptcy proceedings

juicio de jactancia action of jactitation

juicio de lanzamiento dispossess proceedings, eviction proceedings

juicio de mayor cuantía proceeding concerning a large claim

juicio de menor cuantía proceeding concerning a small claim

juicio de mensura, deslinde, y amojonamiento action to determine boundaries

juicio de novo new trial

juicio de nulidad proceeding for annulment

juicio de primera instancia trial court proceeding

juicio de puro derecho trial in which only matters of law are addressed

juicio de quiebra bankruptcy proceedings

juicio de rehabilitación discharge proceedings

juicio de responsabilidad suit for damages

juicio de segunda instancia appellate trial

juicio de sucesión probate proceeding

juicio de testamentaría probate proceeding

juicio de trabajo labor law proceeding

juicio declarativo declaratory judgment

juicio declaratorio declaratory judgment

juicio divisorio suit for partition

juicio ejecutivo executory process

juicio en los méritos trial on merits

juicio en rebeldía proceeding in absentia

juicio escrito proceeding based only on documentary evidence

juicio extraordinario summary proceeding

juicio fenecido dismissed case

juicio general proceeding in which an entire estate is at stake

juicio hipotecario foreclosure on a mortgage

juicio imparcial impartial trial

juicio intestado intestacy proceeding

juicio militar court-martial

juicio nulo mistrial

juicio oral oral proceedings

juicio ordinario plenary action

juicio penal criminal trial

juicio petitorio petitory action

juicio plenario plenary action

juicio político impeachment proceedings
juicio por jurado jury trial
juicio posesorio possessory action
juicio reivindicatorio replevin
juicio secundario ancillary suit
juicio sin jurado bench trial
juicio sobre los méritos trial on merits
juicio sucesorio probate proceeding
juicio sumario summary proceeding
juicio testamentario testamentary proceeding
juicio universal proceeding in which an entire estate is at stake
juicio verbal proceeding concerning a small claim which is handled mostly orally
juicios acumulados consolidated actions
junta *f* board, meeting
junta administrativa administrative board
junta arbitral arbitration board
junta asesora advisory board
junta constitutiva organizational meeting
junta consultiva consulting board
junta de accionistas stockholders' meeting
junta de accionistas anual annual shareholders' meeting
junta de accionistas general general shareholders' meeting
junta de acreedores creditors' meeting
junta de amnistías board of pardons
junta de apelación de impuestos board of tax appeals
junta de apelaciones board of appeals
junta de arbitraje arbitration board
junta de árbitros board of arbitrators
junta de aseguradores board of underwriters
junta de comercio board of trade
junta de conciliación conciliation board
junta de dirección board of governors
junta de directores board of directors
junta de educación board of education
junta de elecciones board of elections
junta de fiduciarios board of trustees
junta de gobierno board of governors
junta de igualamiento equalization board
junta de planificación planning board
junta de retiro pension board
junta de revisión board of review, board of audit
junta de síndicos board of trustees
junta directiva board of directors
junta electoral board of elections
junta especial special meeting
junta examinadora examining board
junta extraordinaria special meeting
junta general de accionistas general shareholders' meeting
junta general ordinaria stockholders' meeting
junta investigadora de hechos fact finding board

junta ordinaria regular meeting
junta planificadora planning board
junto together
jura *f* oath, act of taking oath
jurado *m* jury, juror
jurado (adj) sworn
jurado de acusación grand jury
jurado de juicio trial jury
jurado designado juror designate
jurado especial special jury
jurado imparcial impartial jury
jurado internacional international jury
jurado justo e imparcial fair and impartial jury
jurado mixto mixed jury
jurado obligado special jury
jurado ordinario common jury
jurado suplente alternate juror
juraduría *f* jury service
juramentar to swear in, to be sworn in
juramentarse to take an oath
juramento *m* oath
juramento afirmativo assertory oath
juramento asertórico assertory oath
juramento asertorio assertory oath
juramento condicional qualified oath
juramento de cargo oath of office
juramento de decir la verdad oath of a witness
juramento de fidelidad oath of allegiance
juramento de los intérpretes interpreters' oath
juramento de los testigos witnesses' oath
juramento decisivo decisive oath
juramento decisorio decisory oath
juramento deferido decisory oath
juramento del abogado attorney's oath
juramento estimatorio sworn appraisal
juramento extrajudicial extrajudicial oath
juramento falso false oath
juramento indecisorio sworn statements which are decisive only if they harm the swearer
juramento judicial judicial oath
juramento legal judicial oath
juramento oficial official oath
juramento político oath of office
juramento profesional oath of a professional
juramento promisorio promissory oath
juramento solemne solemn oath
juramento supletorio suppletory oath
juramento voluntario voluntary oath
jurar to swear, to take an oath
jurar el cargo to take an oath of office
jurar en falso to commit perjury
juratorio juratory
juricidad *f* legality
jurídicamente juridically
juridicidad *f* legality

jurídico juridical
jurídico-laboral pertaining to labor law
jurisconsulto *m* jurisconsult
jurisdicción *f* jurisdiction, venue
jurisdicción acumulativa concurrent jurisdiction
jurisdicción administrativa administrative jurisdiction
jurisdicción apelativa appellate jurisdiction
jurisdicción auxiliar ancillary jurisdiction
jurisdicción civil civil jurisdiction
jurisdicción comercial jurisdiction over matters concerning commercial law
jurisdicción competente jurisdiction
jurisdicción completa complete jurisdiction
jurisdicción común common jurisdiction
jurisdicción común ordinaria general jurisdiction
jurisdicción concurrente concurrent jurisdiction
jurisdicción contenciosa contentious jurisdiction
jurisdicción contencioso-administrativa administrative jurisdiction
jurisdicción convencional jurisdiction that has been agreed upon
jurisdicción coordinada concurrent jurisdiction
jurisdicción correccional jurisdiction over minor offenses
jurisdicción criminal criminal jurisdiction
jurisdicción de apelaciones appellate jurisdiction
jurisdicción de atracción ancillary jurisdiction
jurisdicción de elección selected jurisdiction
jurisdicción de la equidad equity jurisdiction
jurisdicción de las sucesiones probate jurisdiction
jurisdicción de los concursos bankruptcy court
jurisdicción de primera instancia original jurisdiction
jurisdicción del contrato selection of jurisdiction in a contract
jurisdicción del trabajo jurisdiction in labor cases
jurisdicción delegada delegated jurisdiction
jurisdicción en apelación appellate jurisdiction
jurisdicción en equidad equity jurisdiction
jurisdicción en primer grado original jurisdiction
jurisdicción especial special jurisdiction
jurisdicción exclusiva exclusive jurisdiction
jurisdicción exorbitante exorbitant jurisdiction
jurisdicción extranjera foreign jurisdiction
jurisdicción extraordinaria special jurisdiction

jurisdicción extraterritorial extraterritorial jurisdiction
jurisdicción federal federal jurisdiction
jurisdicción forzosa forced jurisdiction
jurisdicción general general jurisdiction
jurisdicción incidental incidental jurisdiction
jurisdicción internacional international jurisdiction
jurisdicción judicial court jurisdiction
jurisdicción laboral labor jurisdiction
jurisdicción limitada limited jurisdiction
jurisdicción marítima admiralty jurisdiction
jurisdicción mercantil jurisdiction over matters concerning commercial law
jurisdicción militar military jurisdiction
jurisdicción normal normal jurisdiction
jurisdicción ordinaria ordinary jurisdiction
jurisdicción original original jurisdiction
jurisdicción penal criminal jurisdiction
jurisdicción plena plenary jurisdiction
jurisdicción plenaria plenary jurisdiction
jurisdicción por conexión ancillary jurisdiction
jurisdicción primaria primary jurisdiction
jurisdicción privativa exclusive jurisdiction
jurisdicción privilegiada special jurisdiction
jurisdicción propia jurisdiction
jurisdicción prorrogada jurisdiction that has been agreed upon
jurisdicción restringida restricted jurisdiction
jurisdicción sobre la sucesión probate jurisdiction
jurisdicción sumaria summary jurisdiction
jurisdicción superior appellate jurisdiction
jurisdicción territorial territorial jurisdiction
jurisdicción voluntaria jurisdiction that has been agreed upon
jurisdiccional jurisdictional
jurispericia *f* jurisprudence
jurisperito *m* legal expert
jurisprudencia *f* jurisprudence, case law
jurisprudencia analítica analytical jurisprudence
jurisprudencia comparativa comparative jurisprudence
jurisprudencia consuetudinaria common law
jurisprudencia de la equidad equity jurisprudence
jurisprudencia del derecho-equidad equity jurisprudence
jurisprudencia interpretativa analytical jurisprudence
jurisprudencia judicial judge-made law
jurisprudencia médica medical jurisprudence
jurisprudencia procesal procedural law
jurisprudencia sentada established legal precedent
jurisprudencial jurisprudential

jurista *m* jurist
jus right, law, justice, jus
jus civile civil law
jus commune common law
jus gentium law of nations
jus naturale natural law
justa causa just cause
justa causa de provocación just cause of provocation
justa compensación just compensation
justicia *f* justice, judiciary, court, equity, death penalty, jurisdiction
justicia *m* judge
justicia civil civil court, civil jurisdiction
justicia conmutativa commutative justice
justicia criminal criminal court, criminal jurisdiction
justicia de paz small claims court
justicia distributiva distributive justice
justicia federal federal court, federal jurisdiction
justicia natural natural justice
justicia preventiva preventive justice
justicia social social justice
justicia substancial substantial justice
justiciable justiciable
justicial pertaining to justice
justiciar to convict
justiciazgo *m* judgeship
justiciero just, equitable
justificable justifiable
justificación *f* justification
justificación de las averías verification of average
justificadamente justifiably
justificado justified
justificador *m* justifier
justificante *m* justifier, voucher
justificante (adj) justifying
justificar to justify
justificarse to justify one's actions
justificativo *m* voucher
justificativo (adj) justifying
justipreciación *f* appraisal
justipreciador *m* appraiser
justipreciar to appraise
justiprecio *m* appraisal
justo just
justo precio fair price
justo título just title
justo valor just value
juvenil juvenile
juzgado *m* court, courtroom, judiciary, court of one judge
juzgado (adj) adjudged
juzgado administrativo administrative court
juzgado aduanal customs court
juzgado civil civil court
juzgado constitucional constitutional court

juzgado consular consular court
juzgado correccional correctional court
juzgado criminal criminal court
juzgado de aduanas custom's court
juzgado de almirantazgo admiralty court
juzgado de alzadas court of appeals
juzgado de apelación court of appeals
juzgado de apelaciones penales court of criminal appeals
juzgado de autos court of record
juzgado de circuito circuit court
juzgado de circulación traffic court
juzgado de comercio commercial court
juzgado de conciencia court of equity
juzgado de derecho court of law
juzgado de derecho marítimo admiralty court
juzgado de distrito district court
juzgado de garantías constitucionales constitutional court
juzgado de instrucción trial court
juzgado de jurisdicción original court of original jurisdiction
juzgado de justicia court of justice
juzgado de letras court of first instance
juzgado de lo civil civil court
juzgado de lo criminal criminal court
juzgado de lo penal criminal court
juzgado de menores juvenile court
juzgado de noche night court
juzgado de policía police court
juzgado de primera instancia court of first instance, lower court
juzgado de quiebras bankruptcy court
juzgado de registro court of record
juzgado de relaciones familiares family court
juzgado de segunda instancia court of appeals
juzgado de sucesiones probate court
juzgado de sustanciación trial court
juzgado de trabajo labor court
juzgado de última instancia court of last resort
juzgado doméstico domestic court
juzgado electoral electoral court
juzgado en lo civil civil court
juzgado en lo criminal criminal court
juzgado estatal state court
juzgado federal federal court
juzgado inferior lower court
juzgado instructor trial court
juzgado intermedio intermediate court
juzgado local local court
juzgado marcial military court
juzgado mayor higher court
juzgado menor lower court
juzgado municipal municipal court
juzgado nacional national court
juzgado penal criminal court
juzgado promiscuo court of general

jurisdiction
juzgado provisional provisional court
juzgado superior superior court
juzgado territorial territorial court
juzgador *m* judge
juzgamiento *m* judgment
juzgar to adjudge, to try a case

kartell cartel
kiosco kiosk

L

labor *f* labor
laborable workable, work
laboral pertaining to labor
laborante laboring
laborar to labor
laboratorio *m* laboratory
laboratorio forense forensic laboratory
laborío *m* labor
laborioso laborious
labrar to farm, to work, to cause
labrar un acta to draw up a document
laceración *f* laceration
lacerado lacerated
lacerar to lacerate
lacrar to seal with wax
lacre *m* sealing wax
lactancia *f* lactation
ladrón *m* robber, thief
ladrón de banco bank robber
ladronamente stealthily
ladronería *f* robbery, larceny
ladronicio *m* robbery, larceny
laesa majestas high treason
laguna *f* matter not covered by a statute,
    loophole, important omission, blank space
laguna contributiva tax loophole
laguna fiscal tax loophole
laguna impositiva tax loophole
laguna tributaria tax loophole
lagunas de la ley matters not covered by
    statutes
lagunas del derecho matters not covered by
    statutes
lagunas legales matters not covered by
    statutes
laissez-faire political philosophy of not
    interfering, laissez-faire
lance *m* throw, impasse, incident, quarrel
lanchada *f* full load of a vessel
lanchaje *m* lighterage
lanzamiento *m* eviction, ouster, throwing
lanzar to evict, to oust, to throw
lapso *m* lapse
lapso de espera waiting period
larga distancia long-distance
largamente liberally, at length
largo plazo long-term
lascivia *f* lasciviousness

lascivo lascivious
lastar to pay for another
lastimado hurt
lastimadura injury
lastimar to injure
lasto *m* receipt given to the person who pays
    for another
lastrar to ballast
lastre *m* ballast
lata culpa gross negligence
latamente liberally
latente latent
lateral lateral
latifundio *m* very large property, latifundium
latifundismo *m* ownership of a very large
    property
latifundista *m/f* owner of a very large
    property
lato liberal, lengthy
latrocinante *m* robber
latrocinio *m* robbery
laudar to award, to render a decision
laudo *m* award, decision
laudo arbitral arbitration award, arbitration
    decision
laudo homologado court approved arbitration
    award
lavado de dinero money laundering
lazareto *m* quarantine station
lealtad *f* loyalty, allegiance
lealtad natural natural allegiance
lealtad por nacimiento natural allegiance
lealtad por naturalización acquired allegiance
lealtad por residencia actual allegiance
lector *m* reader
lectura *f* reading
lectura de acusación arraignment
lectura de las leyes penales reading of the
    criminal laws
lectura del testamento reading of the will
lecho conyugal marital bed
lecho de muerte deathbed
legación *f* legation
legado *m* legacy, devise, bequest, chief
    foreign minister
legado a los pobres legacy to the poor, devise
    to the poor
legado a título singular specific legacy,
    specific devise
legado a título universal general legacy,
    general devise
legado absoluto absolute legacy
legado acumulado accumulated legacy
legado acumulativo accumulative legacy
legado adicional additional legacy
legado alternativo alternate legacy, alternate
    devise
legado caritativo charitable bequest
legado condicional conditional legacy,

conditional devise

legado de beneficencia charitable legacy, charitable devise

legado de bienes personales bequest

legado de bienes raíces devise

legado de cantidad pecuniary legacy

legado de cosa ajena legacy of another's property, devise of another's property

legado de cosa cierta specific legacy, specific devise

legado de cosa determinada specific legacy, specific devise

legado de cosa especificada specific legacy, specific devise

legado de cosa indeterminada indefinite legacy, indefinite devise

legado de cosa poseída en común legacy of joint property, devise of joint property

legado de cosas alternas alternate legacy, alternate devise

legado de toda la herencia universal legacy, universal devise

legado de un predio devise

legado demostrativo demonstrative legacy, demonstrative devise

legado especificado specified bequest

legado específico specific legacy, specific devise

legado general general legacy

legado incondicional unconditional legacy, unconditional bequest, unconditional devise

legado indicado indicated bequest

legado legal legacy required by law, devise required by law

legado modal modal legacy, modal devise

legado puro absolute legacy, absolute devise

legado remanente residuary legacy, residuary devise

legado singular specific legacy, specific devise

legado universal universal legacy, universal devise

legajo *m* file, bundle of papers

legajo de sentencia judgment docket, civil docket, criminal docket

legal legal

legalidad *f* legality

legalismo *m* legality, legal technicality

legalista legalistic

legalístico legalistic

legalización *f* legalization, authentication, certification

legalizar to legalize, to authenticate, to certify

legalmente legally

legalmente adecuado legally adequate

legalmente cualificado legally qualified

legalmente establecido legally established

legalmente incorporado legally incorporated

legalmente obligado legally obligated

legalmente responsable legally liable

legar to bequeath, to devise, to delegate

legatario *m* legatee, devisee, beneficiary

legatario de alimentos beneficiary of a maintenance allowance

legatario de bienes personales legatee

legatario de bienes raíces devisee

legibilidad *f* legibility

legislable subject to legislation

legislación *f* legislation

legislación antimonopolio antitrust legislation

legislación comparada comparative law

legislación concurrente concurrent legislation

legislación de emergencia emergency legislation

legislación de fondo substantive law

legislación declaratoria declaratory legislation

legislación del trabajo labor legislation

legislación judicial judge-made law

legislación obrera labor law

legislación tributaria tax legislation

legislador *m* legislator

legislador (adj) legislative

legislar to legislate

legislativo legislative

legislatura *f* legislature, legislative term

legislatura extraordinaria special session

legisperito *m* legal expert, legisperitus

legista *m* attorney

legítima *f* legitime

legítima de los ascendientes legítimos legitime of the legitimate ascendants

legítima de los descendientes legítimos legitime of the legitimate descendants

legítima defensa self-defense, defense of others

legítima defensa propia self-defense

legítima del cónyuge viudo legitime of the surviving spouse

legitimación *f* legitimation

legitimación en el proceso legal capacity

legitimación en la causa legal capacity

legitimación para obrar legal capacity

legitimación procesal legal capacity

legitimado legitimated

legítimamente legitimately

legitimar to legitimize

legitimario *m* forced heir

legitimidad *f* legitimacy, genuineness

legitimismo *m* legitimism

legítimo legitimate

lego *m* layperson

leguleyo *m* shyster

lenguaje abusivo abusive language

lenguaje ambiguo ambiguous language

lenguaje ofensivo offensive language

lenidad *f* leniency

lenitivo lenient

leonino leonine

lesa majestad high treason
lesión *f* injury, damage
lesión accidental accidental injury
lesión anterior former injury
lesión corporal bodily injury
lesión corporal accidental accidental bodily injury
lesión de trabajo occupational injury
lesión directa direct injury
lesión fatal fatal injury
lesión fingida feigned injury
lesión indirecta indirect injury
lesión inmediata immediate injury
lesión intencional intentional injury
lesión jurídica tort
lesión laboral occupational injury
lesión latente latent injury
lesión maliciosa malicious injury
lesión mortal fatal injury
lesión no mortal nonfatal injury
lesión ocupacional occupational injury
lesión personal personal injury
lesión previa previous injury
lesión previsible foreseeable injury
lesión relacionada al empleo job-related injury
lesión relacionada al trabajo job-related injury
lesión simulada simulated injury
lesionado *m* injured person
lesionado (adj) injured
lesionador *m* injurer, damager
lesionador (adj) injuring, damaging
lesionar to injure, to damage
lesiones *f* injuries, damage
lesiones en riña injuries resulting from an affray
lesiones graves serious injuries
lesiones leves slight injuries
lesiones prenatales prenatal injuries
lesiones súbitas unexpected injuries
lesivo injurious, damaging
leso injured, damaged
letal lethal
letra *f* draft, bill, letter, handwriting
letra a cobrar bill receivable
letra a día fijo time bill
letra a la vista sight draft
letra a pagar bill payable
letra a plazo time bill
letra a presentación sight draft
letra a término time bill
letra abierta open letter of credit
letra aceptada accepted bill, accepted draft
letra al cobro bill for collection
letra bancaria bank draft
letra cambiaria bill of exchange
letra comercial trade bill
letra de acomodación accommodation letter

letra de banco bank draft
letra de cambio bill of exchange
letra de cambio a la vista sight draft
letra de cambio aceptada accepted bill of exchange
letra de cambio al portador bearer bill of exchange
letra de cambio documentada documentary bill of exchange
letra de cambio domiciliada domiciled bill of exchange
letra de cambio endosada endorsed bill of exchange
letra de cambio extranjera foreign bill of exchange
letra de cambio no domiciliada nondomiciled bill of exchange
letra de cambio protestada protested bill of exchange
letra de cambio vencida due draft
letra de crédito letter of credit
letra de la ley letter of the law
letra de mano handwriting
letra de recambio redraft
letra de resaca redraft
letra descontable discountable bill
letra documentaria documentary bill
letra doméstica domestic bill
letra domiciliada domiciled draft
letra en blanco blank bill
letra financiera finance bill
letra limpia clean bill of exchange
letra menuda fine print
letra muerta dead letter
letra no atendida dishonored bill
letra protestada protested bill
letra rechazada dishonored bill
letra rehusada refused bill
letrado *m* attorney
letrado asesor legal adviser
letrado consultor legal adviser
letrado criminalista criminal lawyer
letras patentes letters patent
levantado lifted, rebellious
levantador rebellious
levantamiento *m* lifting, rebellion, survey
levantar to lift, to adjourn, to build, to rebel
levantar capital to raise capital
levantar el embargo to release the attachment, to lift the embargo
levantar la garantía to release the guaranty
levantar la sesión to adjourn
levantar un pagaré to pay a note
levantar un protesto to prepare a notice of protest
leve slight
levemente slightly
lex law
lex loci the law of the place

lex loci contractus the law of the place the contract was made
lex naturale natural law
lex non scripta unwritten law
lex scripta written law
ley *f* law, statute
ley adjetiva adjective law
ley administrativa administrative law, administrative statute
ley agraria agricultural law, agricultural statute
ley anterior previous law
ley básica constitutional law
ley cambiaria law pertaining to negotiable instruments
ley civil civil law, civil statute, civil code
ley comercial commercial law, commercial statute, commercial code
ley común common law
ley constitucional constitutional law
ley contributiva tax law
ley de edificación building code
ley de emergencia emergency law
ley de enjuiciamiento civil law of civil procedure, rules of civil procedure
ley de enjuiciamiento criminal law of criminal procedure, rules of criminal procedure
ley de fraudes statute of frauds
ley de la legislatura legislative act
ley de la oferta y demanda law of supply and demand
ley de patentes patent law, patent statute
ley de prescripción statute of limitations
ley de procedimiento procedural law
ley de quiebras bankruptcy law, bankruptcy code
ley de sociedades corporate law, partnership law
ley declaratoria declaratory statute
ley-decreto executive order having the force of law
ley del caso law of the case
ley del congreso congressional act
ley del embudo unequal treatment under the law
ley del encaje arbitrary court ruling
ley del foro the law of the forum
ley del hogar seguro homestead exemption law
ley del lugar the law of the place
ley del lugar del contrato the law of the place the contract was made
ley del precedente common law
ley del talión law of retaliation, talio
ley del timbre stamp-tax law
ley del trabajo labor law, labor statute
ley del tribunal the law of the forum
ley derogada repealed statute

ley electoral electoral statute
ley escrita written law
ley especial special statute
ley estadual state law, state statute
ley estatal state law, state statute
ley ex post facto ex post facto law
ley explicativa expository statute
ley extranjera foreign law
ley extraterritorial extraterritorial law
ley federal federal law, federal statute
ley fiscal tax law, tax statute
ley formal statute
ley fundamental constitutional law
ley general general law
ley hipotecaria law of mortgages
ley imperativa mandatory statute
ley inconstitucional unconstitutional statute
ley injusta unjust law
ley interestatal interstate act
ley interpretativa expository statute
ley intraestatal intrastate act
ley judicial judge-made law, judiciary law
ley local local law
ley marcial martial law
ley mercantil commercial law, commercial statute, commercial code
ley modelo model law, model code
ley modificativa amendatory statute
ley municipal municipal statute, municipal law, municipal code
ley nacional national law
ley natural natural law
ley negativa negative statute
ley no escrita unwritten law
ley notarial notarial law
ley ómnibus omnibus statute
ley orgánica organic law
ley particular special law, special statute
ley penal criminal law, criminal statute, criminal code
ley permanente perpetual statute
ley perpetua perpetual statute
ley personal personal law, special law
ley positiva positive law
ley privada special law, special statute
ley procesal procedural law
ley prohibitiva prohibitive law, prohibitive statute
ley provincial provincial law, provincial statute
ley punitiva punitive statute
ley remunerativa remunerative statute
ley reparadora remedial statute
ley retroactiva retroactive law
ley singular special law, special statute
ley substantiva substantive law
ley suntuaria sumptuary law
ley supletoria expository statute
ley suprema supreme law

ley tácita tacit law
ley territorial territorial law
ley uniforme uniform law
ley vigente law in effect
leyes antimonopolio antitrust acts
leyes bancarias banking laws
leyes de compañías de inversiones investment
    company laws
leyes de crédito justo fair credit acts
leyes de etiquetado labeling laws
leyes de guerra laws of war
leyes de impuestos internal revenue laws
leyes de previsión social security laws
leyes de quiebra bankruptcy laws
leyes de referencia laws which make
    reference to others
leyes de rentas internas internal revenue laws
leyes de valores securities laws
leyes de ventas a granel bulk sales laws
leyes de zonificación zoning laws
leyes del país laws of the land
leyes draconianas Draconian laws
leyes electorales election laws
leyes establecidas established laws
leyes impositivas tax laws
leyes interestatales interstate laws
leyes intraestatales intrastate laws
leyes laborales labor laws
leyes mixtas mixed laws
leyes obreras labor laws
leyes recíprocas reciprocal laws
leyes refundidas revised statutes
leyes revisadas revised statutes
leyes sobre competencia justa y razonable
    fair trade acts
leyes sobre contribuciones sobre ingresos
    income tax laws
leyes sobre la propiedad horizontal
    horizontal property laws
leyes sobre la protección del crédito de
    consumidor consumer credit protection
    laws
leyes tributarias tax laws
leyes uniformes uniform laws
libelar to libel, to bring suit, to file a
    complaint
libelista m libelist
libelo m libel, petition, complaint
libelo sedicioso seditious libel
liberación f liberation, exemption,
    exoneration, release
liberación aduanera customs release
liberación condicional parole
liberación de gravamen release of lien
liberación de obligaciones discharge of
    obligations
liberación de prisioneros liberation of
    prisoners
liberación implícita implied release

liberación inferida inferred release
liberación tácita tacit release
liberado liberated, exempt, exonerated,
    released
liberador m liberator
liberador (adj) liberating
liberal liberal
liberalidad f liberality
liberalismo m liberalism
liberalmente liberally
liberar to free, to exempt, to issue
liberar acciones to issue stock
liberar condicionalmente to release
    conditionally
liberar de derechos to exempt from duties
liberar de responsabilidad to free from
    liability
liberatorio releasing, exempting
libertad f liberty, right, license
libertad a prueba probation
libertad bajo caución release on bail
libertad bajo fianza release on bail
libertad bajo palabra parole
libertad caucional release on bail
libertad civil civil liberty
libertad condicional parole
libertad contractual freedom of contract
libertad de asociación freedom of association
libertad de circulación freedom of movement
libertad de coalición freedom of association
libertad de conciencia liberty of conscience
libertad de contratación freedom of contract
libertad de contratar freedom of contract
libertad de cultos freedom of religion
libertad de expresión freedom of expression
libertad de imprenta freedom of press
libertad de industria right to work
libertad de información freedom of
    information
libertad de la propiedad right to own
    property
libertad de los mares freedom of the seas
libertad de navegación freedom of navigation
libertad de opinión freedom of speech
libertad de pactar freedom of contract
libertad de palabra freedom of speech
libertad de prensa freedom of press
libertad de reunión freedom of association
libertad de testar freedom to convey by will
libertad de trabajar right to work
libertad de trabajo right to work
libertad de tránsito freedom of movement
libertad individual civil liberty
libertad industrial right to work
libertad natural natural liberty
libertad personal civil liberty
libertad política political liberty
libertad provisional parole, release on bail
libertad religiosa freedom of religion

libertad sin fianza release without bail
libertad vigilada parole
libertar to liberate, to exonerate, to exempt
librado *m* drawee
librado alternativo alternative drawee
librador *m* drawer
libramiento *m* order of payment, draft, warrant
librancista *m* issuer of an order of payment
librante *m/f* drawer
libranza *f* order of payment, draft
librar to liberate, to draw, to issue
librar sentencia to pronounce judgment
libre free, absolved, exempt
libre a bordo free on board
libre al costado free alongside ship
libre albedrío free will
libre arbitrio free will
libre cambio free trade
libre comercio free trade
libre competencia free competition
libre de contribución tax-free
libre de culpa innocent
libre de derechos duty-free
libre de gastos free of charges
libre de gastos a bordo free on board
libre de gravamen free and clear
libre de impuesto tax-free
libre de impuestos aduaneros free of customs
libre empresa free enterprise
libre plática pratique
librecambio *m* free trade
librecambista free-trading
libreta *f* notebook, bank book, agenda
libreta de cheques check book
libro *m* book
libro de acciones stock ledger
libro de accionistas stock ledger
libro de actas minutes book
libro de asiento memorandum book, account book
libro de asiento original book containing the original entry
libro de asistencias a asambleas meeting attendance book
libro de caja cash receipt book
libro de contabilidad account book
libro de cuenta y razón account book
libro de derecho law book
libro de facturas invoice book
libro de filiación register of births
libro de inventarios y balances inventory and balance book
libro de minutas minutes book
libro de navegación ship's logbook
libro de primera entrada book containing the original entry
libro de quejas complaint book
libro de sentencias judgment docket,

judgment book
libro diario day book, journal
libro maestro ledger
libro mayor ledger
libro talonario stub book
libros de a bordo ship's papers
libros de comercio corporate books
libros de contabilidad books of account
libros del registro de la propiedad register of real estate, register of deeds
libros facultativos books not required by law
libros obligatorios books required by law
licencia *f* license, permit, leave of absence
licencia autorizada authorized leave of absence
licencia comercial business license
licencia de alijo unloading permit
licencia de armas gun license
licencia de cambio exchange permit
licencia de conductor driver's license
licencia de construcción building permit
licencia de fabricación manufacturing rights
licencia de guiar driver's license
licencia de importación import permit
licencia de manufactura manufacturing license
licencia de patente patent license
licencia de venta selling license
licencia en exclusiva exclusive license
licencia especial special license
licencia exclusiva exclusive license
licencia expirada expired license
licencia expresa express license
licencia gratuita gratuitous license
licencia irrevocable irrevocable license
licencia matrimonial marriage license
licencia para casarse marriage license
licencia para edificar building permit
licencia para operar license to operate
licencia profesional professional license
licencia simple simple license
licenciado *m* attorney, licentiate, licensee, released person, esquire
licenciado en comercio certified public accountant
licenciado en derecho attorney
licenciante *m/f* licensor
licenciatario *m* licensee
licenciatario en exclusiva exclusive licensee
licenciatario exclusivo exclusive licensee
licitación *f* licitation, bidding
licitación ficticia fictitious bidding
licitador *m* bidder
lícitamente legally
licitante *m/f* bidder
licitar to bid, to auction
lícito legal
licitud *f* lawfulness, legality
licitud de contraprestación legality of

consideration
licitud de contrato legality of contract
licitud de obligación legality of obligation
licitud de propósito legality of purpose
licurgo *m* legislator
lid *f* fight, dispute
líder *m* leader
líder en pérdida loss leader
liderazgo *m* leadership
liderazgo de precios price leadership
lidia *f* battle, litigation
lidiador *m* combatant, litigant
lidiar to battle, to litigate
liga *f* league, relationship
ligamen *m* diriment impediment
ligar to link, to commit
limitable limitable
limitación *f* limitation, district
limitación colateral collateral limitation
limitación contingente contingent limitation
limitación de los daños y perjuicios limitation
of damages
limitación de responsabilidad limitation of
liability
limitación parcial partial limitation
limitaciones constitucionales constitutional
limitations
limitadamente limitedly
limitado limited
limitado legalmente legally limited
limitado lícitamente licitly limited
limitar to limit
limitativo limiting
límite *m* limit, end
límite básico basic limit
límite básico de responsabilidad basic limit
of liability
límite combinado combined limit
límite contributivo tax limit
límite convenido agreed limit
límite de coaseguro coinsurance limit
límite de crédito credit limit
límite de deuda debt limit
límite de deuda federal federal debt limit
límite de fluctuación fluctuation limit
límite de ingresos income limit
límite de póliza policy limit
límite de precio price limit
límite de préstamos loan limit
límite de préstamos legal legal lending limit
límite de préstamos lícito licit lending limit
límite de responsabilidad limit of liability
límite de responsabilidad total aggregate
limit of liability
límite de seguros insurance limit
límite de tiempo time limit
límite de velocidad speed limit
límite especificado specified limit
límite identificado identified limit

límite impositivo tax limit
límite indicado indicated limit
límite legal legal limit
límite lícito licit limit
límite por accidente per accident limit
límite por persona per person limit
límite superior convenido agreed higher limit
límite tributario tax limit
limítrofe bordering
limpiar to clean, to exonerate
limpieza de título clearing title
linaje *m* lineage
linajista *m* genealogist
linchamiento *m* lynching
linchar to lynch
lindar to adjoin
linde *m* boundary, landmark
lindero *m* boundary, landmark
lindero (adj) adjoining
línea *f* line, boundary
línea aérea air route, airline
línea ascendente ascending line
línea colateral collateral line
línea de carga load line
línea de crédito credit line
línea de crédito establecida established credit
line
línea de crédito variable variable credit line
línea de edificación building line
línea de navegación navigation route,
shipping company
línea descendiente descending line
línea directa direct line
línea dura hard line
línea femenina female line
línea férrea railroad line, railroad company
línea fluvial navigation route
línea masculina male line
línea materna maternal line
línea paterna paternal line
línea recta direct line
línea telefónica telephone line
lineal lineal
líneas de comunicaciones lines of
communication
lipidia *f* indigence, impertinence
liquidable liquefiable
liquidación *f* liquidation, killing
liquidación completa complete liquidation
liquidación de averías liquidation of ship's
average
liquidación de corporación dissolution of
corporation
liquidación de cuentas settlement of accounts
liquidación de la herencia distribution of the
estate
liquidación de sociedad liquidation of
partnership, liquidation of corporation
liquidación de una reclamación adjustment

of a claim
liquidación en efectivo cash settlement
liquidación entera entire liquidation
liquidación forzosa forced liquidation
liquidación neta net settlement
liquidación parcial partial liquidation
liquidación total total liquidation
liquidado liquidated, killed
liquidador *m* liquidator
liquidador de averías average adjuster, claim
 adjuster
liquidador judicial judicial liquidator
liquidar to liquidate, to kill
liquidar un giro to honor a draft
liquidar un negocio to liquidate a business
liquidar una cuenta to settle an account
liquidez *f* liquidity
liquidez bancaria bank liquidity
liquidez extranjera foreign liquidity
líquido liquid
líquido gravable taxable income
líquido imponible taxable income
líquido tributable taxable income
lis alibi pendens a suit pending elsewhere, lis
 alibi pendens
lis pendens a pending suit, lis pendens
lisiado disabled, injured
lisiar to disable, to injure
lista *f* list
lista de acreedores list of creditors
lista de cotejo checklist
lista de jurados jury-list
lista de litigios docket
lista de morosos delinquent list
lista de peritos y testigos witness list
lista de pleitos docket
lista de valores sin restricciones unrestricted
 list
lista legal legal list
lista negra black list
listín *m* small list, newspaper
lite litigation
lite pendente pending the suit
literal literal
literalidad *f* literality
literalmente literally
literatura jurídica legal literature
litigación *f* litigation
litigador *m* litigant, litigator
litigante *m/f* litigant, litigator
litigante vencedor prevailing party
litigante vencido losing party
litigar to litigate
litigio *m* litigation
litigio innecesario unnecessary litigation
litigio necesario necessary litigation
litigiosidad *f* litigiosity
litigioso litigious
litis lawsuit

litisconsorcio *m* joinder
litisconsorte *m/f* joint litigant
litiscontestación *f* contestation of suit
litisexpensas *f* costs of litigation
litispendencia *f* a pending suit, same cause of
 action pending in another court
litoral littoral
locación-venta lease with option to buy
locación *f* lease, employment
locación concurrente concurrent lease
locación de cosas lease of goods
locación de fincas rústicas lease of rural
 property
locación de fincas urbanas lease of urban
 property
locación de servicios employment
locación informal parol lease
locador *m* lessor, employer
locador de servicios employer
local *m* locale
local (adj) local
locales de trabajo work sites
localidad *f* locality
localización *f* location
localizador *m* locator
localizar to locate
locatario *m* lessee
locativo pertaining to leasing, pertaining to
 employment
loco *m* insane person
loco (adj) insane
locuaz loquacious
locura *f* insanity
locura criminal criminal insanity
locus delicti the place of the offense, locus
 delicti
lógica *f* logic
lógicamente logically
lógico logical
lograr to achieve, to possess, to enjoy
lograr to profiteer, to lend money
logrería *f* profiteering, usury, moneylending
logrero *m* profiteer, usurer, moneylender
longevidad *f* longevity
longuería *f* dilatoriness
lonja *f* market
lote *m* lot
lotear to parcel
loteo *m* parcelling
lotería *f* lottery
luces de situación anchor lights
lúcidamente lucidly
lucidez *f* lucidity
lucidez mental lucidity
lúcido lucid
lucrar to profit
lucrarse to profit
lucrativo lucrative
lucro *m* profit

lucro cesante lost profits
lucro esperado anticipated profits
lucro naciente profit on borrowed funds
lucros y daños profit and loss
luego del hecho after the fact
luego que as soon as
lugar *m* place, reason, post
lugar de constitución place of incorporation
lugar de cumplimiento place of performance
lugar de ejecución place of performance
lugar de empleo place of employment
lugar de entrega place of delivery
lugar de incorporación place of incorporation
lugar de los hechos the place of the events,
  the place of the offense
lugar de pago place of payment
lugar de partida place of departure
lugar de registro place of registration
lugar de residencia place of residence
lugar de salida place of departure
lugar de trabajo work place
lugar del delito place of the offense
lugar del sello place of the seal
lugar en los contratos place of the contract
lugar habitado inhabited place
lugar no habitado uninhabited place
lugar peligroso dangerous place
lugar público public place
lugar y fecha place and date
luir to pay off
luz de tránsito traffic light

LL

llama *f* flame
llamada *f* call, signal
llamada a licitación call for bids
llamada a propuestas call for bids
llamada de socorro distress call
llamada en conferencia conference call
llamado en garantía notification to a third
  party of possible liability
llamamiento *m* call, summons
llamamiento a juicio summons, indictment
llamamiento a licitación call for bids
llamar to call, to summon
llamar a asamblea to call a meeting
llamar a concurso to call for bids
llamar a juicio to summon, to bring to trial
llamar a junta to call a meeting
llamar a sesión to call a meeting
llamar al orden to call to order
llamar autos to subpoena records
llamar el caso to call the case
llave *f* goodwill, key
llave maestra master key
llegada *f* arrival
llegar to arrive
llegar a un acuerdo to reach an agreement
llenar to comply with, to fill
llenero complete
llevanza *f* leasing
llevar to carry, to transfer, to care for, to
  manage, to tolerate, to lease
llevar a cabo to carry out
llevar a efecto to put into effect
llevar a protesto to protest
llevar a remate to put up for auction
llevar a término to complete
llevar intereses to bear interest
llevar un pleito to conduct a lawsuit
llevar un registro to keep a record

macular to defame
machucho judicious
madrastra *f* step-mother
madre adoptiva adoptive mother
madre de familia householder
madre política mother-in-law
madrugada *f* dawn
madurar to mature
maestranza *f* arsenal
maestro master, main
maestro de obras foreperson
maestro en leyes master of laws
magancería *f* trickery
magistrado *m* magistrate, justice
magistrado ponente judge who writes the
   opinion of the court where there is more
   than one justice
magistrado revisor judge who writes the
   opinion of the court where there is more
   than one justice
magistrado suplente judge pro tempore
magistratura *f* magistracy
magistratura sentada the judiciary
magna culpa gross negligence
magnicidio *m* assassination of a head of state,
   assassination of a public figure
magnificar to magnify
magnitud *f* magnitude
magullar to batter and bruise
mal *m* evil, illegality, damage, wrong, illness
mal (adj) bad, wrong
mal (adv) badly, wrongly
mal carácter bad character
mal codificado misencoded
mal innecesario unnecessary harm
mal mayor greater harm
mal menor lesser harm
mal nombre bad reputation
mal riesgo bad risk
mala conducta bad behavior
mala declaración false statement
mala fama bad reputation
mala fe bad faith
mala fide in bad faith, mala fide
mala fides bad faith, mala fides
mala firma illegible signature
mala paga credit risk
mala voluntad bad intention

maladanza *f* calamity
malamente badly, wrongly
malaventura *f* misfortune
malaventurado unfortunate
malaventuranza *f* misfortune
malbaratador *m* spendthrift, underseller
malbaratar to squander, to dump, to undersell
malbarato *m* squandering, dumping,
   underselling
malcaso *m* treachery
maldad *f* malice
maldadosamente maliciously
maldadoso malicious
maldecir to defame, to curse
maldiciente *m* defamer, curser
maldispuesto indisposed, reluctant
maleador *m* hoodlum
maleante *m* hoodlum
malear to harm, to corrupt
maledicencia *f* defamation, verbal abuse
maleficiar to damage, to injure
maléfico malicious
malentendido *m* misunderstanding
malévolamente malevolently
malevolencia *f* malevolence
malévolo malevolent
malfuncionamiento *m* malfunction
malgastador *m* spendthrift
malgastar to squander
malhecho *m* misdeed
malhechor *m* malefactor
malherido badly injured
malherir to injure seriously
malicia *f* malice
malicia constructiva constructive malice
malicia de hecho actual malice
malicia expresa express malice
malicia implícita implied malice
malicia inferida inferred malice
malicia particular particular malice
malicia premeditada premeditated malice,
   malice aforethought
malicia tácita tacit malice
maliciar to suspect, to ruin
maliciosamente maliciously
malicioso malicious
malignidad *f* malice
maligno malignant
malintencionado with bad intentions
malo bad, damaging
malo animo with bad intention
malogramiento *m* failure, frustration
malograr to waste, to spoil
malograrse to fail, to be frustrated
malogro *m* failure, frustration
malos antecedentes criminal records
malos tratos mistreatment
malparar to harm
malparir to abort

malparto abortion
malrotador *m* squanderer
malrotar to squander
malsano noxious
maltratamiento *m* maltreatment
maltratar to maltreat
maltrato *m* maltreatment
maltrato de menores child abuse
malum in se wrong in itself
malvadamente maliciously
malvado wicked
malversación *f* misappropriation,
   embezzlement, peculation
malversación de caudales públicos peculation
malversador *m* embezzler, peculator
malversar to misappropriate, to embezzle, to
   peculate
mallete *m* mallet
mamandurria *f* sinecure
mancamiento *m* maiming, lack
manceba *f* concubine
mancebía *f* brothel
mancipación *f* conveyance, transfer
mancomunada y solidariamente joint and
   severally
mancomunadamente jointly
mancomunado joint
mancomunar to compel joint obligation, to
   join
mancomunarse to become jointly obligated,
   to join
mancomunidad *f* joint liability, association
mancomunidad a prorrata joint liability on a
   proportional basis
mancomunidad simple joint liability on a
   proportional basis
mancomunidad solidaria joint and several
   liability
mancomunidad total joint and several liability
manda *f* legacy
mandado *m* mandate
mandamiento *m* mandate, mandamus, writ,
   injunction, command
mandamiento afirmativo mandatory
   injunction
mandamiento alternativo alternative writ
mandamiento de arresto arrest warrant
mandamiento de desalojo writ of ejectment
mandamiento de ejecución writ of execution
mandamiento de embargo writ of attachment
mandamiento de prisión arrest warrant
mandamiento de registro search warrant
mandamiento final permanent injunction
mandamiento judicial writ
mandamiento perpetuo permanent injunction
mandamiento preceptivo mandatory
   injunction
mandamiento provisional preliminary
   injunction

mandamus mandamus
mandante *m/f* mandator
mandar to order, to bequeath, to offer, to
   govern, to send
mandar pagar to order payment
mandar protestar to order protest
mandatario *m* mandatary, agent, attorney,
   proxy, president
mandatario en la compraventa agent for a
   party in a sale
mandatario general general agent
mandatario judicial judicial representative,
   attorney
mandatario real y verdadero true and lawful
   attorney
mandatario singular special agent
mandato *m* mandate, writ, agency, power of
   attorney, charge
mandato aparente apparent agency
mandato condicional conditional agency
mandato de hecho actual agency
mandato de pago order of payment
mandato delegable delegable agency
mandato escrito written agency
mandato especial special agency
mandato expreso express agency
mandato extrajudicial out-of-court agency
mandato general general agency
mandato gratuito gratuitous agency
mandato ilícito illegal agency
mandato interlocutorio interlocutory order,
   temporary injunction
mandato irrevocable irrevocable agency
mandato judicial judicial agency
mandato jurídico court order
mandato mancomunado joint agency
mandato oneroso paid agency
mandato ostensible ostensible agency
mandato particular special agency
mandato personal personal agency
mandato presunto implied agency
mandato retribuido paid agency
mandato revocable revocable agency
mandato tácito implied agency
mandato verbal oral agency
mandatorio mandatory
mando *m* command, authority
mando y jurisdicción authority and
   jurisdiction
mandrache *m* gambling house
mandracho *m* gambling house
manejar to direct, to drive
manejo *m* direction, driving
manera *f* manner, type
manferir to assay weights and measures
manganilla *f* ruse, stratagem
mangonear to graft
mangoneo *m* graft
manía *f* mania

maníaco *m* maniac
maniatar to handcuff
maniático *m* maniac
manifacero *m* troublemaker, meddler
manifestación *f* manifestation
manifestación de impuestos tax return
manifestación de intención manifestation of intention
manifestación de la voluntad manifestation of intention
manifestación de quiebra declaration of bankruptcy
manifestación incriminatoria incriminating statement
manifestación inicial del abogado opening statement of counsel
manifestación original original manifestation
manifestación política political manifestation
manifestador manifesting
manifestante *m/f* demonstrator
manifestar to manifest
manifiestamente manifestly
manifiesto *m* manifest, manifesto
manifiesto (adj) manifest
manifiesto de embarque ship's manifest
manilla *f* handcuff
maniobra *f* maneuver
maniobrar to maneuver
manipulación *f* manipulation
manipulador *m* manipulator
manipulante *m/f* manipulator
manipular to manipulate
manipular la bolsa manipulation
manipuleo *m* manipulation
manirroto spendthrift, wasteful
mano armada armed
mano de obra labor
mano derecha right hand
manopla *f* brass knuckles
manos limpias integrity
manos muertas mortmain
manoteo *m* larceny, gesticulation with the hands
mansalva without risk
mantenedor *m* provider, defender
mantenencia *f* maintenance
mantener to maintain, to sustain
mantener continuidad to maintain continuity
mantenido *m* dependent
mantenimiento *m* maintenance
mantenimiento de familia family support
mantenimiento del orden público preservation of public order
mantenimiento diferido deferred maintenance
mantenimiento mínimo minimum maintenance
mantenimiento preventivo preventive maintenance
manual *m* manual

manufactura *f* manufacture, manufactured article
manufacturación *f* manufacturing
manufacturar to manufacture
manufacturero *m* manufacturer
manufacturero (adj) manufacturing
manuscribir to write by hand
manuscrito *m* manuscript
manuscrito (adj) written by hand
manutención *f* maintenance
manutener to maintain
manzana *f* block
maña *f* cunning, custom
mañana *f* morning
mañana *m* the future
mañana (adv) tomorrow
mañería *f* infertility
mañero cunning
mañosamente cunningly
mañoso cunning
mapa *m* map
mapa de cobertura coverage map
mapa de zonificación zoning map
mapa oficial official map
máquina *f* machine, apparatus
maquinación *f* machination
maquinador *m* machinator
maquinalmente mechanically
maquinar to scheme
maquinaria *f* machinery
maquinaria peligrosa dangerous machinery
mar *m* sea, ocean
mar jurisdiccional jurisdictional waters
mar larga high seas
mar libre high seas
mar territorial territorial waters
maraña *f* trick, scheme
marañero *m* trickster, schemer
marbete *m* tag, label, sticker
marca *f* mark
marca colectiva collective mark
marca comercial trademark
marca de comercio trademark
marca de fábrica trademark
marca de identificación identification mark
marca de timbre official stamp
marca descriptiva descriptive mark
marca figurativa logo
marca industrial trademark
marca registrada registered trademark
marcado marked
marcador *m* marker
marcar to mark
marcario pertaining to trademarks
marcial martial
marco de referencia frame of reference
marcha *f* velocity, progress, operation
marcha atrás reverse
marchamar to stamp

marchamero *m* customs official who stamps
marchamo *m* customs stamp
marchante *m* merchant, customer
marchante (adj) mercantile
marchar to march, to leave, to proceed
marcharse to leave
marea *f* tide, sea shore
marea alta high tide
marea baja low tide
marea muerta neap tide
mareaje *m* ship's route, art of navigation
mareante skilled in navigation
marear to navigate, to sell, to confuse, to vex
marfuz deceiving
margen *m* margin, marginal note, border, reason
margen de beneficio margin of profit
margen de seguridad safety margin
marginal marginal
marginar to write marginal notes, to relegate
maridaje *m* union, marital bond
maridar to unite, to marry
marido *m* husband
marina *f* navy, art of navigation
marina de guerra navy
marinaje *m* ship's crew
marinería *f* art of navigation, ship's crew
marinero *m* mariner
marinero (adj) seaworthy
marino marine
marital marital
marítimo maritime
maromero *m* political opportunist
marro *m* error
martillar to hammer, to auction, to oppress
martillero *m* auctioneer
martillo *m* hammer, auction house, oppressor
martingala *f* stratagem
más adelante later, further
más allá de duda razonable beyond a reasonable doubt
más allá de la jurisdicción beyond the jurisdiction
más que except, though, more than
masa *f* mass, estate, assets
masa de averías general average
masa de bienes estate
masa de la herencia decedent's estate
masa de la quiebra bankrupt's estate
masa de las pruebas totality of the evidence
masa fallida bankrupt's estate
masa gravable total taxable value
masa hereditaria decedent's estate
masa imponible total taxable value
masa social corporate assets, partnership assets
masa tributable total taxable value
masacrar to massacre
masacre *f* massacre

masoquismo *m* masochism
masoquista *m* masochist
matador *m* killer
matanza *f* slaughtering
matar to kill, to murder, to slaughter, to cancel
matarse to commit suicide
matasanos *m* quack
matasellos *m* postal cancelling stamp
materia *f* matter
materia de autos matter of record
materia de estado matter of state
materia de registro matter of record
materia impositiva tax matter
materia monetaria monetary matter
materia nueva new matter
materia prima raw material
material material
material inflamable flammable substance
material nuclear nuclear substance
material pornográfico pornographic material
material procesal subject of a suit
materiales de construcción construction materials
materializar to materialize
materialmente materially
maternal maternal
maternidad *f* maternity
materno maternal
matertera a mother's sister
matertera magna a sister of a grandmother
matertera major a sister of a great-grandmother
matricida *m/f* matricide
matricidio *m* matricide
matrícula *f* matriculation, register, registration
matrícula de automóviles automobile registration
matrícula de buques ship registration
matrícula de mar mariners' register
matriculación *f* matriculation
matriculado matriculated, registered
matriculador *m* matriculator, registrar
matricular to matriculate, to register
matricularse to matriculate oneself, to register oneself
matrimonial matrimonial
matrimonialmente matrimonially
matrimoniar to marry
matrimonio *m* marriage
matrimonio civil civil marriage
matrimonio clandestino clandestine marriage, elopement
matrimonio con separación de bienes marriage in which the estates are held separately
matrimonio consensual consensual marriage
matrimonio consumado consummated

marriage
matrimonio de conveniencia marriage of
   convenience
matrimonio de hecho common-law marriage
matrimonio de uso concubinage
matrimonio en el extranjero foreign
   marriage
matrimonio ilegal illegal marriage
matrimonio in articulo mortis marriage at
   the point of death
matrimonio informal informal marriage
matrimonio legítimo legal marriage
matrimonio natural common-law marriage
matrimonio nulo null marriage
matrimonio polígamo plural marriage
matrimonio por poder proxy marriage
matrimonio previo previous marriage
matrimonio putativo putative marriage
matrimonio rato unconsummated marriage
matriz principal, original
matute *m* smuggling, smuggled goods
matutear to smuggle
matutero *m* smuggler
máxima *f* maxim
máximamente chiefly
máxime chiefly
maximización *f* maximization
maximizar to maximize
máximo *m* maximum
máximo lícito licit maximum
mayor *m* chief, ledger
mayor (adj) greater, older, eldest, adult,
   principal
mayor de edad major
mayor edad majority
mayor valía appreciation
mayorazga *f* eldest daughter, primogeniture
mayorazgo *m* eldest son, primogeniture
mayordomear to administer
mayordomo *m* administrator, overseer
mayores *m* ancestors
mayoría *f* majority
mayoría absoluta absolute majority
mayoría calificada qualified majority
mayoría de edad majority
mayoría relativa relative majority
mayoridad *f* majority
mayorista *m* wholesaler
mayorista (adj) wholesale
mayoritario pertaining to a majority
mayormente mainly
mazmorra *f* dungeon
mazorca *f* tyranny
mecánico mechanical
mecanismo de crédito credit mechanism
mechero *m* shoplifter
media firma signature of the surname only
media hermana half sister
mediación *f* mediation

mediación internacional international
   mediation
mediación laboral labor mediation
mediador *m* mediator, intermediary
medianería *f* party wall
medianero *m* one of the owners of a party
   wall, one of the owners of adjoining
   properties, mediator
medianoche *f* midnight
mediante (adj) intervening
mediante (adv) by means of
mediante escritura by deed
mediar to mediate, to intervene, to be halfway
mediatamente mediately
mediato mediate
medible measurable, appraisable
medicación *f* medication
medicamento *m* medicine
medicastro *m* quack
medicina *f* medicine
medicina forense medical jurisprudence
medicina legal medical jurisprudence
medicinal medicinal
medicinante *m* quack
medición *f* measurement
médico *m* doctor
médico forense coroner
médico legista expert in medical jurisprudence
medicucho *m* quack
medida *f* measure, measurement
medida cautelar precautionary measure
medida de fuerza means of force
medida de los daños measure of the damages
medida drástica drastic measure
medida provisional provisional measure
medida temporal temporary measure
medidamente moderately
medidas conservativas precautionary
   measures
medidas de estabilidad stability measures
medidas de previsión precautionary measures
medidas de seguridad security measures
medidas jurídicas legal measures
medidas legales legal measures
medidas preventivas preventive measures
medidor de tierras surveyor
mediería *f* sharecropping
medio *m* middle, half, means, medium
medio (adj) half, middle, mean
medio (adv) half, partly
medio hermano half brother
mediocre mediocre
medios compulsorios compulsory legal steps
medios de comunicación means of
   communication
medios de derecho legal steps
medios de prueba means of proof
medios de sostén means of support
medios de vida means of livelihood

medios económicos financial resources
medios fraudulentos false pretenses
medios ilegales illegal measures
medios ilícitos illicit measures
medios legales legal steps
medios lícitos licit measures
medios publicitarios advertising media
medios violentos violent means
medios y arbitrios ways and means
mediquillo *m* quack
medir to measure
medra *f* increase, improvement
medrar to thrive
medro *m* increase, improvement
medroso frightening
megalomanía *f* megalomania
mejor better, best
mejor oferta best offer
mejor postor best bidder
mejora *f* improvement, additional bequest,
    better bid
mejora hereditaria additional bequest
mejora permanente permanent improvement
mejorable improvable
mejorado improved, increased
mejorador *m* improver
mejoramiento *m* improvement
mejorante *m/f* improver
mejorar to improve, to increase
mejorar un embargo to extend an attachment
    to additional property
mejoras públicas estatales state
    improvements
mejoras públicas federales federal
    improvements
mejoras públicas locales local improvements
mejoras públicas municipales municipal
    improvements
mejoras públicas regionales regional
    improvements
mejores intereses best interests
mejoría *f* improvement
mella *f* injury
mellar to injure
mellizo *m* twin
membrete *m* letterhead, heading, memo
memorándum *m* memorandum, memo book
memorar to remember
memoria *f* memory, report
memoria anual annual report
memoria de accidente accident report
memorial *m* memorial, memo book
menaje *m* furniture
mención *f* mention
mencionar to mention
mendacidad *f* mendacity
mendaz mendacious
mendazmente mendaciously
mendigar to beg

mendigo *m* beggar
mendosamente lyingly, wrongly
mendoso lying, wrong
menear to manage, to govern
menester *m* necessity, occupation
menesteroso *m* indigent
mengua *f* decrease, decay, discredit, need
menguante *m* low tide, decrease, decay
menguante (adj) decreasing, decaying
menguar to decrease, to decay, to discredit
menor *m* minor
menor (adj) younger, youngest, lesser, least
menor abandonado abandoned minor
menor de edad minor
menor edad minority
menor emancipado emancipated minor
menor no emancipado nonemancipated minor
menoría *f* minority, subordination
menorista *m* retailer
menorista (adj) retail
menos less, least
menoscabador damaging, reducing,
    discrediting
menoscabar to damage, to reduce, to discredit
menoscabo *m* damage, reduction, discredit
menoscuenta *f* partial payment
menospreciable contemptible
menospreciar to despise, to disparage, to
    undervalue
menospreciar un producto to disparage a
    product
menosprecio *m* contempt, disparagement,
    undervaluation
menosprecio de mercancías disparagement of
    goods
mens rea a guilty mind, mens rea
mensa et thoro separation by law as opposed
    to dissolution of marriage, mensa et thoro
mensaje *m* message, communication
mensajero *m* messenger, carrier
mensual monthly
mensualidad *f* monthly installment, monthly
    salary
mensualmente monthly
mensura *f* measurement
mensurable measurable
mensurador *m* surveyor, measurer
mensurar to measure
mental mental
mentar to mention
mente sana sound mind
mente y memoria mind and memory
mentido false, deceiving
mentir to lie, to falsify
mentira *f* lie, falsification
mentirosamente lyingly, falsely
mentiroso *m* liar
mentiroso (adj) lying, deceptive
mentís *m* complete refutation

menudamente minutely
menudear to retail, to go into detail
menudencia *f* minuteness, trifle
menudeo *m* detailed account, retail
menudero *m* retailer
menudo minute, meticulous
mera posesión naked possession
meramente merely
mercachifle *m* peddler
mercadear to market, to do business
mercadeo *m* marketing, business
mercader *m* merchant, dealer
mercader de calle street vendor
mercader de grueso wholesaler
mercadería *f* merchandise, commodity,
   goods, commerce
mercado *m* market
mercado a término futures market
mercado abierto open market
mercado acaparado cornered market
mercado cautivo captive market
mercado común common market
mercado de capitales capital market
mercado de crédito credit market
mercado de dinero money market
mercado de divisas foreign exchange market
mercado de mercancías commodities
   exchange
mercado de préstamos loan market
mercado de productos commodities exchange
mercado de valores stock market, securities
   market
mercado estatal state market
mercado extranjero foreign market
mercado financiero financial market
mercado gris gray market
mercado interestatal interstate market
mercado intraestatal intrastate market
mercado limitado limited market
mercado nacional national market
mercado negro black market
mercado restringido restricted market
mercado sin restricciones unrestricted market
mercancía *f* merchandise, commodity, goods,
   commerce
mercancías controladas controlled
   commodities
mercancías de importación import goods
mercancías del mercado gris gray market
   goods
mercancías en tránsito goods in transit
mercancías peligrosas dangerous goods
mercancías rechazadas rejected goods
mercancías reguladas regulated commodities
mercancías rehusadas refused goods
mercancías y servicios goods and services
mercante *m* merchant
mercante (adj) mercantile
mercantil mercantile

mercantilismo *m* mercantilism
mercantilista *m/f* mercantilist
mercantilizar to commercialize
mercantilmente commercially
mercantivo mercantile
mercar to purchase, to trade
merced *f* mercy, grace, gift
merced de tierras land grant
mercenario *m* mercenary, hired worker
mercenario (adj) mercenary
merchante *m* merchant, jobber
mere mother
merecer to deserve, to obtain
merecidamente deservedly, justly
merecimiento *m* merit
meretricio meretricious
mérito *m* merit
mérito ejecutivo right of execution
mérito probatorio probative value
mérito procesal ground of action
meritorio meritorious
méritos de la causa merits of the case
méritos del pleito merits of the case
méritos del proceso merits of the case
merma *f* diminution
mermar to diminish
mero (adj) mere
mero (adv) soon, almost
merodeador *m* marauder, prowler
merodear to maraud, to prowl
merodeo *m* marauding, prowling
merodista *m/f* marauder, prowler
mes *m* month, month's pay
mes calendario calendar month
mes natural natural month
mesa *f* table, board
mesa de entradas office within a
   governmental department which receives
   correspondence and documents
mesa de jurados jury panel
mesa de votación polling place
mesa directiva board of directors
mesa ejecutiva board of directors, board of
   governors
mesa electoral polling place, board of
   elections
mesa escrutadora polling place, board of
   elections
mesa receptora polling place
mesa redonda round table
mesada *f* monthly payment
mesocracia *f* mesocracy
mesuradamente with restraint, prudently
mesurado restrained, prudent
mesurarse to control oneself
metacronismo *m* metachronism
metedor *m* smuggler
meteduría *f* smuggling
meter *m* to put into, to invest, to smuggle

meticuloso meticulous
método *m* method
método comparativo comparative method
método de contabilidad accounting method, bookkeeping method
método de financiación financing method
método de mantenimiento maintenance method
método de pago payment method
método de reserva reserve method
método de tasación appraisal method
método de valoración valuation method
método de valuación valuation method
método establecido established method
método habitual habitual method
método indirecto indirect method
método interpretativo interpretative method
método inusual unusual method
método irregular irregular method
método judicial judicial method
método ordinario ordinary method
método regular regular method
método usual usual method
metodología *f* methodology
metrópoli *f* metropolis
metropolitano metropolitan
mezcla *f* mixture
mezclar to mix
microbiológico microbiological
micrófono *m* microphone
micrófono oculto hidden microphone, bug
micropelícula *f* microfilm
miedo *m* fear
miedo cerval dreadful fear
miembro *m* member
miembro asociado associate member
miembro constituyente founding member
miembro de cámara de compensación clearinghouse member
miembro de casa de liquidación clearinghouse member
miembro de gremio union member
miembro de la firma member of the firm
miembro de sindicato union member
miembro de unión union member
miembro del congreso congressmember
miembro en propiedad regular member
miembro fundador founding member
miembro nato member by virtue of office
miembro originario founding member
miembro principal regular member
miembro propietario regular member
miembro subrogante alternate member
miembro suplente alternate member
miembro titular regular member
miembro viril penis
miembro vitalicio life member
migración *f* migration
milicia *f* militia

militante *m/f* militant
militar military
militarismo *m* militarism
millaje *m* mileage
mina *f* mine, underground passage, concubine
mineraje *m* mining
minería *f* mining
minero *m* miner
minifundio *m* small farmstead
minimización *f* minimization
minimizar to minimize
minimizar daños to minimize damages
mínimo minimum
mínimo de mantenimiento maintenance minimum
mínimo legal legal minimum
mínimo lícito licit minimum
mínimo salarial salary minimum
mínimum *m* minimum
ministerial ministerial
ministerio *m* ministry, post
ministerio de agricultura department of agriculture
ministerio de asuntos exteriores department of state
ministerio de comercio department of commerce
ministerio de educación department of education
ministerio de estado department of state
ministerio de gobernación department of the interior
ministerio de guerra department of defense
ministerio de hacienda department of the treasury
ministerio de justicia department of justice
ministerio de marina department of the navy
ministerio de negocios extranjeros department of state
ministerio de relaciones exteriores department of state
ministerio de salud pública department of health and human services
ministerio de sanidad department of health and human services
ministerio de trabajo department of labor
ministerio del interior department of the interior
ministerio fiscal department of justice
ministrable capable of acting as a minister
ministración *f* ministration, post
ministrador *m* professional
ministrante ministrant
ministrar to administer, to hold office, to practice a profession, to provide
ministril *m* petty court officer
ministro *m* minister, diplomat, cabinet minister, judge
ministro de educación secretary of education

ministro de estado secretary of state
ministro de labor secretary of labor
ministro del despacho cabinet minister
ministro del tribunal judge
ministro delegado deputy minister
ministro exterior foreign minister
ministro plenipotenciario minister
  plenipotentiary
ministro secretario cabinet minister
ministro sin cartera minister without portfolio
minoración *f* diminution
minorar to diminish
minorativo diminishing
minoría *f* minority
minoría de edad minority
minoridad *f* minority
minorista *m/f* retailer
minorista (adj) retail
minoritario minority
minuciosamente meticulously
minucioso *m* meticulous
minuta *f* minute, note, rough draft, summary,
  attorney's bill
minutar to take the minutes of, to make a
  rough draft of, to summarize
minutario *m* minutes book
minutas *f* minutes
minutas del juez judge's minutes
mira *f* sight, aim, watchtower
miradero *m* watchtower, lookout
mirar to look, to consider
misión *f* mission
misión diplomática diplomatic mission
misiva *f* missive
mitad *f* half
mitigación *f* mitigation
mitigación de la pena mitigation of
  punishment
mitigadamente less rigorously
mitigador *m* mitigator
mitigador (adj) mitigating
mitigante mitigating
mitigar to mitigate
mitigativo mitigating
mitigatorio mitigating
mitin *m* meeting
mixto mixed
mobiliario *m* furniture, chattel
mobiliario (adj) movable
mobiliario y equipo furniture and fixtures
mobiliario y útiles furniture and fixtures
moblaje *m* furniture and fixtures
moción *f* motion, tendency
moción de nuevo juicio motion for new trial
moción para levantar la sesión motion to
  adjourn
mocionante *m/f* person who presents a motion
mocionar to present a motion
modal modal

modalidades *f* types, formalities
modelo *m* model, blank form
modelo de la firma specimen signature
modelo de proposición bidding form
modelo económico economic model
modelo financiero financial model
modelo impreso blank form
modelo industrial industrial model
moderación *f* moderation
moderadamente moderately
moderado moderate
moderador moderating
moderar to moderate
moderativo moderating
modificable modifiable, amendable
modificación *f* modification, amendment
modificación de contrato modification of
  contract
modificación de convenio modification of
  agreement
modificación de términos modification of
  terms
modificación leve slight modification
modificado modified
modificar to modify, to amend
modificativo modifying, amending
modificatorio modifying, amending
modo *m* manner, mode
modo de comunicación mode of
  communication
modo de expresión mode of expression
modo de operación mode of operation
modo de vivir mode of living
modo establecido established mode
modo habitual habitual mode
modo inusual unusual mode
modo irregular irregular mode
modo ordinario ordinary mode
modo regular regular mode
modo usual usual mode
modos de adquirir means of acquisition
modus operandi method of operation, modus
  operandi
modus vivendi mode of living, modus vivendi
mohatra *f* fraud
mohatrar to defraud
mohatrero *m* defrauder
mojadera *f* graft
mojón *m* landmark
mojona *f* surveying
mojonación *f* delimitation, demarcation
mojonar to delimit, to mark the boundaries of
mojonera *f* landmark site
molestar to bother
molestia *f* bother, nuisance
molestia pública public nuisance
momentáneo momentary
monarquía *f* monarchy
moneda *f* coin, currency

moneda administrada managed currency
moneda ajustable adjustable currency
moneda bloqueada blocked currency
moneda controlada managed currency
moneda de curso legal legal tender
moneda de fuerza liberatoria legal tender
moneda de liquidación settlement currency
moneda de poder liberatorio legal tender
moneda de referencia reference currency
moneda de reserva reserve currency
moneda dirigida managed currency
moneda extranjera foreign currency
moneda falsa counterfeit money
moneda internacional international currency
moneda legal legal tender
moneda legítima legal tender
moneda metálica specie
moneda mixta mixed currency
moneda sonante specie
monedaje *m* coinage
monedería *f* mintage
monedero falso counterfeiter
monetario monetary
monetización *f* monetization
monetizar to mint
monición *f* admonition
monipodio *m* illegal agreement
monitorio monitory
monocracia *f* monocracy
monócrata *m/f* monocrat
monogamia *f* monogamy
monógamo monogamous
monopólico monopolistic
monopolio *m* monopoly
monopolio absoluto absolute monopoly
monopolio fiscal government monopoly
monopolio gubernamental government
  monopoly
monopolio ilegal illegal monopoly
monopolio ilícito illicit monopoly
monopolio incompleto incomplete monopoly
monopolio laboral labor monopoly
monopolio legal legal monopoly
monopolio lícito licit monopoly
monopolio natural natural monopoly
monopolio perfecto perfect monopoly
monopolio público public monopoly
monopolio puro pure monopoly
monopolio temporal temporary monopoly
monopolista *m/f* monopolist
monopolista (adj) monopolistic
monopolístico monopolistic
monopolización *f* monopolization
monopolizado ilegalmente illegally
  monopolized
monopolizado ilícitamente illicitly
  monopolized
monopolizado legalmente legally
  monopolized

monopolizado lícitamente licitly monopolized
monopolizador *m* monopolizer
monopolizador (adj) monopolizing
monopolizar to monopolize
monopsonio *m* monopsony
monta *f* importance, sum
montante *m* sum
montante cierto sum certain
montepío *m* public assistance office, widows'
  and orphans' fund, pawnshop
monto *m* sum
monto a pagar amount payable
monto acumulado accumulated amount
monto alzado agreed sum
monto asegurado amount covered
monto de la pérdida amount of loss
monto de seguro primario primary insurance
  amount
monto debido amount due
monto determinado determined amount
monto en controversia amount in controversy
monto en riesgo amount at risk
monto envuelto amount involved
monto financiado amount financed
monto garantizado guaranteed amount
monto indeterminado sum uncertain
monto retenido amount withheld
montonero *m* troublemaker, person who only
  fights when surrounded by cronies
monumento *m* monument
moquete *m* punch in the nose
mora *f* delay, default
mora procesal procedural delay
morada *f* dwelling, sojourn
morador *m* dweller, sojourner
moral *f* morals
moral (adj) moral
morar to dwell, to sojourn
moratoria *f* moratorium
morbosidad *f* morbidity
mordaza *f* gag
morder to bite, to wear away
mordida *f* bribe, bite
moreteado bruised
moretón *m* bruise
morgue *f* morgue
moribundo *m* dying person
moribundo (adj) dying
morir to die, to end
morirse to die
morosamente tardily
morosidad *f* delay, delinquency
moroso tardy, delinquent
mort civile civil death, mort civile
mortal mortal, dying
mortalidad *f* mortality
mortalmente mortally
mortandad *f* death toll
mortífero deadly

mortificación *f* mortification
mortificar to mortify
mortis causa in contemplation of death, mortis causa
mostrar to exhibit, to explain
mostrar causa to show cause
mostrenco ownerless, without a known owner
mote *m* alias, error
motete *m* parcel, nickname
motín *m* mutiny, riot
motivación *f* motivation
motivación ilegal illegal motivation
motivación ilícita illicit motivation
motivación impropia improper motivation
motivación inapropiada inappropriate motivation
motivación lícita licit motivation
motivado motivated, justified
motivado ilegalmente illegally motivated
motivado ilícitamente illicitly motivated
motivar to motivate, to explain
motivo *m* motive, cause
motivo fundado probable cause
motivo indirecto remote cause
motivo malicioso malicious motive
motivo ulterior ulterior motive
motorista *m/f* motorist
motu proprio voluntarily, motu proprio
mover to move, to induce
móvil *m* motive, inducement
móvil (adj) mobile, changeable
movilidad *f* mobility, changeableness
movilización *f* mobilization
movilizar to mobilize
movimiento *m* movement, change
movimiento laboral labor movement
movimiento subversivo subversive movement
muchedumbre *f* multitude
mudanza *f* moving, changeableness
mudar to move, to change
mudez *f* muteness, stubborn silence
mudo mute, silent
mudo voluntario a person who stubbornly refuses to speak
mueblaje *m* furniture
muebles *m* furniture, moveables
muebles corporales personal property
muebles y enseres furniture and fixtures
muebles y útiles furniture and fixtures
muellaje *m* wharfage
muelle *m* pier
muerte *f* death, end
muerte a mano airada violent death
muerte accidental accidental death
muerte cerebral brain death
muerte civil civil death
muerte inmediata immediate death
muerte instantánea instantaneous death
muerte legal legal death

muerte natural natural death
muerte piadosa euthanasia
muerte presunta presumptive death
muerte relacionada al trabajo job-related death
muerte simultánea simultaneous death
muerte violenta violent death
muerto *m* dead person, buoy
muerto (adj) dead
muerto para efectos legales licitly dead
muestra *f* sample, model, sign
muestrario *m* sample book
mujer casada married woman
mujer encinta pregnant woman
mujer soltera single woman
multa *f* mulct, fine
multa aduanera customs fine
multa conjunta joint fine
multa excesiva excessive fine
multa exorbitante exorbitant fine
multa fiscal tax penalty
multa penal criminal penalty
multable finable
multar to fine, to mulct
multilateral multilateral
multinacional multinational
múltiple multiple, complex
multiplicidad *f* multiplicity
multiplicidad de acciones multiplicity of actions
multiplicidad de pleitos multiplicity of actions
municiones *f* munitions
municipal *m* city police officer
municipal (adj) municipal
municipalidad *f* municipality, city hall
municipalizar to municipalize
munícipe *m* city councilperson, citizen
municipio *m* municipality, city hall
murcio *m* robber
murmuración *f* slander, malicious gossip
murmurador *m* slanderer, gossiper
murmurar to slander, to gossip
muro *m* wall
muro medianero party wall
mutabilidad *f* mutability
mutable mutable
mutación *f* mutation, transfer
mutatis mutandis with the necessary changes, mutatis mutandis
mutilación *f* mutilation
mutilación criminal mayhem
mutilado mutilated
mutilador *m* mutilator
mutilar to mutilate
mútilo mutilated
mutismo *m* mutism, silence
mutual *f* mutual company, mutual benefit association
mutual (adj) mutual

mutualidad *f* mutuality, mutual company, mutual benefit association

mutualista *m/f* member of a mutual company, member of a mutual benefit association

mutuamente mutually

mutuante *m/f* mutuant, lender

mutuario *m* mutuary, borrower

mutuatario *m* mutuary, borrower

mutuo *m* loan for consumption, mutuum

mutuo (adj) mutual

mutuo consentimiento mutual consent

mutuo disenso mutual rescission

N

nacer to be born, to appear, to originate from

nacido born, natural

nacimiento *m* birth, descent, origin

nación *f* nation, race, ethnic group

nación acreedora creditor nation

nación deudora debtor nation

nación en armas nation at war

nación exportadora exporting nation

nación más favorecida most favored nation

nación miembro member nation

nación neutral neutral nation

nacional national

nacionalidad *f* nationality, citizenship

nacionalidad del buque nationality of the ship

nacionalidad por nacimiento nationality by birth

nacionalismo *m* nationalism

nacionalista nationalist

nacionalización *f* nationalization, naturalization

nacionalizar to nationalize, to naturalize, to import paying duties

nacionalizarse to be nationalized, to be naturalized

nacionalmente nationally

nada jurídica nullity

nadería *f* triviality

naonato born on a ship

narcoanálisis *f* narcoanalysis

narcótico *m* narcotic

narcotráfico *m* drug trafficking

narración *f* narration, account

narrador *m* narrator

narrar to narrate, to tell

natal natal, native

natalicio *m* birthday

natalicio (adj) natal

natalidad *f* natality

natalidad dirigida planned parenthood

nativo native, natural

nato born, by virtue of office

natura *f* nature

natural natural, native

naturaleza *f* nature, nationality, citizenship

naturaleza de las obligaciones nature of the obligations

naturaleza humana human nature

naturalidad *f* naturalness, nationality,

citizenship
naturalización *f* naturalization
naturalizar to naturalize
naturalizarse to become naturalized
naturalmente naturally
naufragante shipwrecked, sinking
naufragar to be shipwrecked, to be wrecked
naufragio *m* shipwreck, wreck
náufrago *m* shipwrecked person
náufrago (adj) shipwrecked, wrecked
nauta *m* sailor
náutica *f* art of navigation
náutico nautical
navaja *f* razor, knife
navajada *f* slash
navajazo *m* slash
naval naval
nave *f* ship, vessel
nave de carga cargo ship
navegabilidad *f* navigability
navegable navigable
navegación *f* navigation, art of navigation
navegación aérea air navigation
navegación costanera cabotage
navegación de alta mar navigation on the
　open seas
navegación de cabotaje cabotage
navegación fluvial river navigation
navegación ordinaria ordinary navigation
navegación submarina submarine navigation
navegador *m* navigator
navegador (adj) navigating
navegante *m/f* navigator
navegar to navigate, to steer
naviero *m* shipowner
naviero (adj) pertaining to shipping
navío *m* ship, vessel
navío de carga freighter
navío de guerra warship
navío de transporte transport ship
navío mercante merchant ship
navío mercantil merchant ship
neblina *f* fog
nebulosidad *f* nebulousness
nebuloso nebulous
necesariamente necessarily
necesario necessary
necesidad *f* necessity, want
necesidad común common necessity
necesidad explícita explicit necessity
necesidad extrema extreme need
necesidad física physical necessity
necesidad flagrante flagrant necessity
necesidad inmediata immediate necessity
necesidad natural physical necessity
necesidad obvia obvious necessity
necesidad pública public convenience
necesitar to need, to want
necrocomio *m* morgue

necrología *f* necrology
necropsia *f* necropsy, autopsy
necroscopia *f* necropsy, autopsy
nefandario abominable
nefando abominable
nefariamente nefariously
nefario nefarious
negable deniable
negación *f* negation, denial
negación de derecho denial of a question of
　law
negación de hecho denial of a question of fact
negación específica specific denial
negación especificada specified denial
negador *m* denier, disclaimer
negante *m/f* denier
negar to negate, to deny, to disclaim, to
　prohibit
negarse to decline to do, to refuse, to deny
　oneself
negarse a aceptar refuse to accept
negarse a acreditar refuse to credit
negarse a admitir refuse to admit
negarse a autorizar refuse to authorize
negarse a ceder refuse to yield
negarse a confirmar refuse to confirm
negarse a consentir refuse to consent
negarse a considerar refuse to consider
negarse a contestar refuse to answer
negarse a corroborar refuse to corroborate
negarse a creer refuse to believe
negarse a cumplir refuse to comply
negarse a dar refuse to give
negarse a dar permiso refuse to give
　permission
negarse a divulgar refuse to disclose
negarse a entregar refuse to deliver
negarse a honrar refuse to honor
negarse a obedecer refuse to obey
negarse a pagar refuse to pay
negarse a permitir refuse to permit
negarse a proveer refuse to supply
negarse a ratificar refuse to ratify
negarse a recibir refuse to receive
negarse a reconocer refuse to acknowledge
negativa *f* negative, refusal, denial
negativa a declarar refusal to give testimony
negativa a firmar refusal to sign
negativa de derecho denial of legality
negativa de hecho denial of fact
negativa indefinida general denial
negativo negative
negatoria *f* action to quiet title
negligencia *f* negligence, neglect, carelessness
negligencia activa active negligence
negligencia colateral collateral negligence
negligencia comparada comparative
　negligence
negligencia comparativa comparative

negligence
negligencia concurrente contributory
negligence, concurrent negligence
negligencia conjunta joint negligence
negligencia contribuyente contributory
negligence
negligencia crasa gross negligence
negligencia criminal criminal negligence
negligencia culpable culpable negligence
negligencia derivada imputed negligence
negligencia en el abordaje collision of ships
caused by negligence
negligencia evidente legal negligence, evident
negligence
negligencia excusable excusable negligence
negligencia grave gross negligence
negligencia imputada imputed negligence
negligencia incidental collateral negligence
negligencia independiente independent
negligence
negligencia inexcusable inexcusable
negligence
negligencia leve slight negligence
negligencia ordinaria ordinary negligence
negligencia procesable actionable negligence
negligencia profesional malpractice
negligencia simple simple negligence
negligencia sobreviviente supervening
negligence
negligencia subordinada collateral negligence
negligencia subsecuente subsequent
negligence
negligencia temeraria gross negligence
negligente *m* neglecter
negligente (adj) negligent, careless
negligentemente negligently, carelessly
negociabilidad *f* negotiability
negociable negotiable
negociación *f* negotiation, transaction,
clearance
negociaciones colectivas collective bargaining
negociaciones preliminares preliminary
negotiations
negociado *m* bureau, department, transaction,
illegal transaction
negociado de aduanas bureau of customs
negociado de patentes patent office
negociado ilícitamente illicitly transacted
negociador *m* negotiator
negociar to negotiate
negociar colectivamente to bargain
collectively
negociar documentos to discount negotiable
instruments
negociar en buena fe to bargain in good faith
negociar en mala fe to bargain in bad faith
negociar un empréstito to negotiate a loan
negociar un préstamo to negotiate a loan
negocio *m* business, occupation, transaction

negocio ajeno another's business
negocio bancario banking business
negocio comercial commercial business
negocio con el extranjero foreign trade
negocio de construcción building business
negocio de corretaje brokerage business
negocio de financiamiento financing business
negocio de seguros insurance business
negocio de ventas por correo mail order
business
negocio difunto defunct business
negocio en marcha going concern
negocio esencial essential business
negocio fiduciario fiduciary transaction
negocio ilegal illegal business
negocio ilícito illicit business
negocio inapropiado inappropriate business
negocio jurídico juristic act
negocio peligroso dangerous business
negocio pequeño small business
negocio principal main business
negocio propio sole proprietorship, personal
business
negocio sucio dirty business
negocios lícitos licit business
negocios procesales procedural acts
nema *f* seal
nemo nobody
nepos a grandson
nepotismo *m* nepotism
neptis a granddaughter
nervioso nervous, excitable
neto net, genuine
neuma *m* body language
neurólogo *m* neurologist
neurótico neurotic
neutral neutral
neutralidad *f* neutrality
neutralidad absoluta absolute neutrality
neutralidad armada armed neutrality
neutralidad voluntaria voluntary neutrality
neutralismo *m* neutralism
neutralista *m/f* neutralist
neutralización *f* neutralization
neutralizar to neutralize
neutralizarse to be neutralized
neutralmente neutrally
neutro neutral
nexo *m* nexus
ni sin not without
niebla *f* fog
nieta *f* granddaughter
nietastra *f* step granddaughter
nietastro *m* step grandson, step grandchild
nieto *m* grandson, grandchild
nihilismo *m* nihilism
nihilista *m/f* nihilist
nimiedad *f* excessive care, excessive detail
ninguno none, neither, no

niñera *f* baby sitter
niñez *f* childhood
niño abandonado abandoned child
niño dependiente dependent child
niño póstumo posthumous child
nitidez *f* clarity
nítido clear
nivel *m* level
nivel de alcohol en la sangre blood alcohol count
nivel de cobertura coverage level
nivel de salario salary level
nivel de vida standard of living
nivel salarial salary level
nivelar to level
no adherencia nonadherence
no adherente nonadhering
no agresivo nonaggressive
no anulable nonannullable
no aparente nonapparent
no apto not apt
no asegurable noninsurable
no asegurado uninsured, noninsured
no calificado nonqualified
no cancelable noncancellable
no ciudadano noncitizen
no cobrado uncollected
no combatiente noncombatant
no comparecencia nonappearance
no confirmado unconfirmed
no conforme nonconforming
no consumible nonconsumable
no corporativo noncorporate
no culpable not guilty
no decir palabra to remain silent
no declarado undeclared
no deducible nondeductible
no escrito not written
no esencial unessential
no específico nonspecific
no estar en estado de pleito inability to litigate
no exclusivo nonexclusive
no expirado unexpired
no facturado unbilled
no financiero nonfinancial
no fungible nonfungible
no gravable nontaxable
no ha lugar case dismissed, petition denied, overruled
no imponible nontaxable
no incluido en otra parte not included elsewhere
no incorporado unincorporated
no innovar to not innovate
no inscrito unrecorded
no intervención nonintervention
no lucrativo nonprofit
no menos not less

no negociable nonnegotiable
no obstante nevertheless, notwithstanding
no obstante el veredicto notwithstanding the verdict
no ocupacional nonoccupational
no oficial nonofficial
no registrado unrecorded
no residente nonresident
no restringido unrestricted
no sea que lest
no solemne nonsolemn
no tener precio to not have a price
no tóxico nontoxic
no transferible nontransferable
no tributable nontaxable
no uso nonuse
nocente noxious
nocible noxious
noción *f* notion
nocividad *f* noxiousness
nocivo noxious
nocturnal nocturnal
nocturnidad *f* aggravation of an offense for perpetration at night
nocturno nocturnal
noche *f* night, darkness
nolens volens whether willing or unwilling, nolens volens
nolición *f* nolition, unwillingness
nolo contendere I will not contest it, nolo contendere
noluntad *f* nolition, unwillingness
nómada *m/f* nomad
nombradamente expressly
nombrado *m* appointee
nombrado (adj) named, renowned
nombrado legalmente legally named
nombrado lícitamente licitly named
nombramiento *m* naming
nombramiento expreso express appointment
nombramiento ilegal illegal appointment
nombrar to name, to elect
nombrar nuevamente to reappoint
nombrar un agente to appoint an agent
nombrar un albacea to appoint an executor
nombre *m* name, renown
nombre comercial trade name
nombre completo full name
nombre corporativo corporate name
nombre de comercio trade name
nombre de fábrica trade name
nombre de familia surname
nombre de marca trade name
nombre de pila first name
nombre distintivo distinctive name
nombre ficticio fictitious name
nombre inexistente nonexistent name
nombre legal legal name
nombre postizo fictitious name

nombre social firm name
nombre supuesto fictitious name
nomenclador *m* technical glossary, list
nomenclatura *f* nomenclature, list
nómina *f* payroll, list
nómina acumulada accrued payroll
nómina de pagos payroll
nominación *f* nomination, election
nominado named
nominador *m* nominator
nominal nominal
nominalmente nominally
nominar to name, to elect
nominatario *m* nominee
nominativo nominative, registered
nominilla *f* voucher
nómino *m* nominee
nomografía *f* nomography
nomógrafo *m* nomographer
nomología *f* nomology
nomólogo *m* nomologist
non odd, uneven, non
non compos mentis not sound of mind, non
    compos mentis
non est is not, non est
non prosequitur judgment in favor of the
    defendant due to the lack of follow-up on
    the part of the plaintiff, non prosequitur
nonato unborn, nonexistent, born though a
    Cesarean section
norma *f* norm, regulation, standard, model
norma corriente current practice
norma de valor measure of value
norma legal legal rule
norma procesal procedural rule
normal normal
normalidad *f* normality
normalizar to normalize
normalmente normally
normas aceptadas accepted standards
normas contables accounting standards
normas de auditoría auditing standards
normas de contabilidad accounting standards
normas de integración rules of construction
normas de trabajo labor standards
normas del procedimiento rules of procedure
normas procesales rules of procedure
normativo normative
nota *f* note
nota al calce footnote
nota bancaria bank note
nota bene observe, nota bene
nota de excepciones bill of exceptions
nota de pago note
nota de protesto note of protest
nota diplomática diplomatic note
nota explicativa explanatory note
nota marginal marginal note
nota oficiosa official communication

nota promisoria promissory note
nota registral registration note
notable notable
notablemente notably
notación *f* annotation
notar to note, to discredit
notaría *f* profession of a notary public, office
    of a notary public
notariado *m* profession of a notary public,
    body of notaries
notariado (adj) notarized
notarial notarial
notariato *m* certificate of a notary public,
    practice of a notary public
notario *m* notary public
notario autorizante attesting notary
notario fedante attesting notary
notario público notary public
notario que subscribe signing notary
notas *f* notes, records of a notary public
notas del juez judge's notes
noticia *f* news, notice, notion
noticia de rechazo notice of dishonor
noticia falsa false news
noticiar to notify
noticiero *m* newscast, news reporter
notificación *f* notification, notice, service of
    process
notificación a acreedores notice to creditors
notificación adecuada adequate notice
notificación constructiva constructive notice
notificación de abandono notice of
    abandonment
notificación de aceptación notice of
    acceptance
notificación de apelación notice of appeal
notificación de asamblea notice of meeting
notificación de cambio notice of change
notificación de cancelación notice of
    cancellation
notificación de comparecencia notice of
    appearance
notificación de deficiencia notice of
    deficiency
notificación de derechos de autor notice of
    copyright
notificación de embarque notice of shipment
notificación de huelga notice of strike
notificación de incumplimiento notice of
    default
notificación de junta notice of meeting
notificación de la demanda service of the
    complaint
notificación de llegada notice of arrival
notificación de mora notice of arrears
notificación de no aceptación notice of
    nonacceptance
notificación de protesto notice of protest
notificación de quiebra notice of bankruptcy

notificación de rechazo notice of dishonor
notificación de rechazo de un pagaré notice of dishonor
notificación de renovación notice of renewal
notificación de retiro notice of withdrawal
notificación de reunión notice of meeting
notificación de sentencia notice of judgment
notificación de vencimiento notice of due date, notice of date of maturity
notificación expresa express notice
notificación final final notice
notificación ilegal illegal notice
notificación ilícita illicit notice
notificación implícita implied notice
notificación inferida inferred notice
notificación inmediata immediate notice
notificación judicial judicial notice
notificación lícita licit notice
notificación oficial official notice
notificación perentoria peremptory notice
notificación personal personal notice
notificación por cédula substituted service
notificación por edictos service by publication
notificación preliminar preliminary notice
notificación presunta implied notice
notificación preventiva service of notice of intention
notificación previa prior notice
notificación razonable fair notice
notificación sobrentendida constructive notice, constructive service of process
notificación suficiente adequate notice
notificación tácita tacit notice
notificado notified
notificado legalmente legally notified
notificado lícitamente licitly notified
notificador *m* notifier, process server
notificante notifying
notificar to notify, to serve
notificar un auto to serve a writ
notificar una citación to serve a subpoena
notificativo notifying
noto widely known
notoriamente notoriously
notoriedad *f* notoriety
notorio notorious
novación *f* novation
novación tácita implied novation
novador *m* innovator
novar to novate
novato *m* novice
novator *m* innovator
novatorio novative
novedad *f* novelty, news item
novelar to lie
novia *f* fiancée
noviazgo *m* engagement
novio *m* fiancé

nube sobre un título cloud on title
núbil nubile
nubilidad *f* nubility
nuca *f* nape
nuda propiedad bare legal title
nudo pacto nude pact
nudo propietario bare owner
nuera *f* daughter-in-law
nueva acción new action
nueva adquisición new acquisition
nueva audiencia rehearing
nueva promesa new promise
nuevo new
nuevo contrato new contract
nuevo juicio new trial
nuevo y útil new and useful
nugatorio nugatory
nulamente invalidly
nulidad *f* nullity
nulidad ab initio nullity from the beginning
nulidad absoluta absolute nullity
nulidad completa complete nullity
nulidad de fondo fundamental nullity
nulidad de la compraventa nullity of the sale
nulidad de los contratos nullity of the contracts
nulidad de los procedimientos nullity of the proceedings
nulidad de los testamentos nullity of the wills
nulidad de pleno derecho absolute nullity
nulidad del matrimonio nullity of the marriage
nulidad derivada derivative nullity
nulidad implícita implied nullity
nulidad intrínseca intrinsic nullity
nulidad legal legal nullity
nulidad manifiesta manifest nullity
nulidad parcial partial nullity
nulidad procesal procedural nullity
nulidad relativa relative nullity
nulidad sustantiva nullity of substance
nulidad total absolute nullity
nulidad virtual implied nullity
nulificar to nullify
nulo null
nulo de derecho without legal force
nulo y sin valor null and void
numerable numerable
numerar to number, to express in numbers
numérico numerical
número de autorización authorization number
número de cuenta account number
número de cheque check number
número de factura invoice number
número de póliza policy number
número de referencia reference number
numo *m* money
nuncupativo pertaining to a nuncupative will
nupcial nuptial

nupcias *f* nuptials
nutrimento *m* nutriment
nutrimiento *m* nutriment

ñapa *f* bonus, tip

obcecación *f* obsession
obcecar to obfuscate, to obsess
obedecer to obey
obedecer condiciones to obey conditions
obedecer reglamentos to obey regulations
obedecer reglas to obey rules
obedecimiento *m* obedience
obediencia *f* obedience
obediencia debida due obedience
obediente obedient
obedientemente obediently
obit sine prole he died without issue
obiter incidentally
obiter dictum an opinion by a judge which is
    unnecessary in deciding the case
óbito *m* death
obitorio *m* morgue
obituario *m* obituary
objeción *f* objection
objeción a todo el jurado challenge to jury
    array
objeción denegada objection overruled
objeción general general objection
objeción ha lugar objection upheld
objeción no ha lugar objection overruled
objetable objectionable
objetante *m/f* objector
objetante (adj) objecting
objetante de conciencia conscientious
    objector
objetar to object
objetivamente objectively
objetivar objectivize
objetividad *f* objectivity
objetivo objective
objetivo de ganancia profit objective
objeto *m* object, subject matter
objeto cierto concrete object
objeto de la acción object of the action
objeto del acto jurídico subject matter of a
    legal act
objeto del contrato subject matter of the
    contract
objeto del proceso object of the action
objeto material del delito subject matter of
    the offense
objeto social corporate purpose, partnership
    purpose

objetor de conciencia conscientious objector
oblación *f* payment
oblar to pay off
obligación *f* obligation, liability, bond
obligación a día obligation which must be
    fulfilled within a certain period
obligación a plazo obligation which must be
    fulfilled within a certain period
obligación absoluta absolute obligation
obligación accesoria accessory obligation
obligación aceptada accepted obligation
obligación adicional additional obligation
obligación alimentaria obligation to provide
    support
obligación alimenticia obligation to provide
    support
obligación alternativa alternative obligation
obligación amortizable amortizable obligation
obligación anterior former obligation
obligación autónoma autonomous obligation
obligación bajo condición resolutoria
    obligation with a resolutory condition
obligación bajo condición suspensiva
    obligation with a suspensive condition
obligación bilateral bilateral obligation
obligación civil civil obligation
obligación colectiva joint obligation
obligación con cláusula penal obligation with
    a penalty clause
obligación condicional conditional obligation
obligación conjunta conjunctive obligation
obligación conjuntiva conjunctive obligation
obligación consensual consensual obligation
obligación contingente contingent obligation
obligación contractual contractual obligation
obligación contributiva tax liability
obligación convencional conventional
    obligation, contractual obligation
obligación copulativa conjunctive obligation
obligación crediticia debt obligation
obligación cuasicontractual quasi contractual
    obligation
obligación de buena fe obligation of good
    faith
obligación de comercio commercial obligation
obligación de dar obligation to turn over
obligación de dar cosa cierta determinate
    obligation
obligación de dar cosa incierta indeterminate
    obligation
obligación de entrega obligation to deliver
obligación de fideicomiso trust bond
obligación de hacer obligation to do
obligación de no dar obligation not to turn
    over
obligación de no decir obligation not to say
obligación de no hacer obligation not to do
obligación de probar burden of proof
obligación de reparación obligation of

reparation
obligación de tracto sucesivo obligation which is fulfilled in installments
obligación de tracto único obligation which is fulfilled all at once
obligación determinada determinate obligation
obligación disminuida diminished obligation
obligación divisible divisible obligation
obligación económica economic obligation
obligación esencial essential obligation
obligación específica determinate obligation
obligación estatutaria statutory obligation
obligación ética moral obligation
obligación existente existing obligation
obligación expresa express obligation
obligación extracontractual noncontractual obligation
obligación facultativa alternative obligation
obligación fija fixed obligation
obligación financiera financial obligation
obligación fiscal tax duty
obligación garantizada secured obligation
obligación general general obligation
obligación genérica indeterminate obligation
obligación gubernamental government obligation
obligación ilegal illegal obligation
obligación ilícita illicit obligation
obligación implícita implied obligation
obligación impositiva tax liability
obligación incondicional absolute obligation
obligación incumplida unfulfilled obligation
obligación indefinida indefinite obligation
obligación indirecta indirect obligation
obligación individual individual obligation
obligación indivisible indivisible obligation
obligación inferida inferred obligation
obligación legal legal obligation
obligación lícita licit obligation
obligación mancomunada joint obligation
obligación mercantil commercial obligation
obligación mixta mixed obligation
obligación monetaria monetary obligation
obligación natural natural obligation
obligación negativa negative obligation
obligación obediencial obediential obligation
obligación original original obligation
obligación pecuniaria monetary obligation
obligación penal penal obligation
obligación perfecta perfect obligation
obligación personal personal obligation
obligación positiva positive obligation
obligación previa prior obligation
obligación principal principal obligation
obligación privilegiada preferred obligation
obligación profesional professional obligation
obligación pura pure obligation
obligación putativa putative obligation

obligación real real obligation
obligación rechazada rejected obligation
obligación rehusada refused obligation
obligación simple simple obligation
obligación sin garantía unsecured obligation
obligación sinalagmática synallagmatic obligation
obligación solidaria joint and several obligation, solidary obligation
obligación subsidiaria accessory obligation
obligación tácita tacit obligation
obligación tributaria tax liability
obligación unilateral unilateral obligation
obligación variable variable obligation
obligacional obligational
obligaciones al portador bearer instruments
obligaciones cambiarias de favor accommodation bills
obligaciones conexas related obligations
obligaciones contingentes contingent liabilities
obligaciones de capital capital liabilities
obligaciones de renta fixed-income securities
obligaciones del tesoro treasury debt instruments
obligaciones nominativas registered debt instruments
obligaciones seriadas serial bonds
obligacionista *m/f* bondholder
obligado *m* obligor, debtor
obligado (adj) obligated
obligado ilegalmente illegally obligated
obligado ilícitamente illicitly obligated
obligado legalmente legally obligated
obligado lícitamente licitly obligated
obligador *m* binder
obligante obligating
obligante legalmente legally binding
obligante lícitamente licitly binding
obligar to oblige, to force
obligarse to oblige oneself, to undertake
obligatio ex contractu contractual obligation
obligativo obligatory
obligatoriamente obligatorily
obligatoriedad *f* obligatoriness
obligatorio obligatory
obliterar to obliterate
obra *f* work, construction
obra nueva new construction
obra por piezas piecework
obrador *m* worker
obraje *m* manufacturing
obrar to work, to construct
obrar en juicio to be a party to a suit
obras públicas public works
obrepción *f* obreption
obrerismo *m* labor, laborism
obrero *m* worker
obscenamente obscenely

obscenidad *f* obscenity
obsceno obscene
obscurecer to obscure, to darken
obscuridad *f* obscurity, darkness
obscuridad de las leyes statutory vagueness
obscuridad de los contratos contractual vagueness
obscuro obscure, dark
obsecuencia *f* obedience
obsecuente obedient
obsequiador *m* giver
obsequiar to give
obsequio *m* gift
observable observable
observación *f* observation
observado observed
observador *m* observer
observador (adj) observant
observancia *f* observance
observar to observe
obsesión *f* obsession
obsesivo obsessive
obseso obsessed
obsolescencia *f* obsolescence
obsolescencia planificada planned obsolescence
obsolescente obsolescent
obsoleto obsolete
obstaculizar to obstruct
obstáculo *m* obstacle
obstar to obstruct
obstrucción *f* obstruction
obstrucción de la justicia obstructing justice
obstruccionismo *m* obstructionism
obstructor *m* obstructor
obstruir to obstruct
obstruir una investigación to obstruct an investigation
obtemperar to obey
obtención *f* obtaining
obtener to obtain
obtener crédito to obtain credit
obtener ilegalmente to obtain illegally
obtener legalmente to obtain legally
obtener seguro to obtain insurance
obtenido obtained
obtenido ilegalmente illegally obtained
obtenido legalmente legally obtained
obvención *f* perquisite
obviar to obviate
obvio obvious
obyecto *m* objection
ocasión *f* occasion, risk
ocasión próxima proximate cause
ocasión remota remote cause
ocasionado occasioned, risky
ocasional occasional, accidental
ocasionalmente occasionally, accidentally
ocasionar to occasion, to endanger

occisión *f* violent death
occiso *m* person who has died by violent means, murdered person
occiso (adj) killed by violent means, murdered
ocio *m* inactivity, leisure
oclocracia *f* ochlocracy
ocular ocular
ocularmente ocularly
ocultación *f* concealment
ocultación activa active concealment
ocultación de bienes concealment of property
ocultación de daños concealment of damages
ocultación de hechos concealment of facts
ocultación de identidad concealment of identity
ocultación de información concealment of information
ocultación de testamento concealment of will
ocultación fraudulenta fraudulent concealment
ocultador *m* concealer
ocultamente stealthily
ocultar to conceal
ocultar daños to conceal damages
ocultar hechos to conceal facts
ocultar información to conceal information
ocultar un crimen to conceal a crime
oculto hidden
ocupable occupiable, employable
ocupación *f* occupation, occupancy
ocupación efectiva actual occupancy
ocupación militar military occupation
ocupación peligrosa dangerous occupation
ocupación remunerada gainful employment
ocupacional occupational
ocupado occupied
ocupador *m* occupier
ocupante *m/f* occupant
ocupante especial special occupant
ocupar to occupy, to employ, to annoy
ocurrencia *f* occurrence
ocurrencia de acreedores creditors' meeting
ocurrir to occur, to appear
ocurso *m* petition, demand
odiar to hate
odio *m* hate
odiosamente hatefully
odioso hateful
ofendedor *m* offender
ofendedor (adj) offending
ofender to offend, to infringe
ofendido *m* offended person
ofendido (adj) offended
ofensa *f* offense
ofensa grave serious offense
ofensivamente offensively
ofensivo offensive
ofensor *m* offender
oferente *m* offerer

oferta *f* offer, proposal, bid
oferta continua continuous offer
oferta de compra condicional conditional offer to purchase
oferta de compra incondicional unconditional offer to purchase
oferta de trabajo offer of employment
oferta de transacción offer of compromise
oferta de valores securities offering
oferta final final offer
oferta firme firm offer
oferta ilegal illegal offer
oferta ilícita illicit offer
oferta impropia improper offer
oferta inapropiada inappropriate offer
oferta irrevocable irrevocable offer
oferta lícita licit offer
oferta oculta hidden offer
oferta oral oral offer
oferta por escrito offer in writing
oferta provisional provisional offer
oferta pública de valores public offering of securities
oferta razonable reasonable offer
oferta rechazada rejected offer
oferta rehusada refused offer
oferta temporal temporary offer
oferta y aceptación offer and acceptance
oferta y demanda supply and demand
ofertar to offer at a reduced price, to offer
oficial *m* official, officer, clerk
oficial (adj) official
oficial administrativo administrative officer
oficial corporativo corporate officer
oficial de aduana customs officer
oficial de contabilidad accounting officer
oficial de justicia judicial officer
oficial de operaciones principal chief operating officer
oficial de plica escrow officer
oficial de préstamos loan officer
oficial del juzgado clerk of the court
oficial ejecutivo executive officer
oficial ejecutivo principal chief executive officer
oficial financiero principal chief financial officer
oficial fiscal financial officer
oficial interino acting officer
oficial responsable accountable official
oficialía *f* clerkship
oficialidad *f* body of officers
oficializar to make official
oficialmente officially
oficiar to officiate, to communicate officially
oficina *f* office
oficina central headquarters
oficina de auditoría audit office
oficina de autorizaciones authorization office

oficina de certificación certification office
oficina de cobranza collection office
oficina de cobros collection office
oficina de colocación obrera employment office
oficina de compensaciones clearinghouse
oficina de contabilidad accounting office
oficina de contribuciones tax office
oficina de crédito credit office
oficina de exportación export office
oficina de importación import office
oficina de impuestos tax office
oficina de marcas trademark office
oficina de patentes patent office
oficina extranjera foreign office
oficina postal post office
oficinista *m/f* office worker
oficio *m* occupation, office, trade, written communication
oficio público public office
oficiosamente officiously, diligently
oficiosidad *f* officiousness, diligence
oficioso officious, diligent, unofficial
ofrecedor *m* offerer
ofrecer to offer, to bid
ofrecer un trabajo to offer a job
ofrecer una explicación to offer an explanation
ofrecer una opinión to offer an opinion
ofrecerse to offer oneself
ofrecido *m* offeree
ofrecido ilegalmente illegally offered
ofrecido ilícitamente illicitly offered
ofreciente *m/f* offerer
ofreciente (adj) offering
ofrecimiento *m* offer, proposal
ofrecimiento de pago offer of payment
ofuscación *f* obfuscation
ofuscador obfuscating
ofuscamiento *m* obfuscation
ofuscar to obfuscate
oída *f* hearing
oído heard
oír to listen to, to pay attention to, to understand
ojeada *f* glimpse
oligarquía *f* oligarchy
oligopolio *m* oligopoly
oligopolio incompleto incomplete oligopoly
oligopolísitco oligopolistic
oligopsonio *m* oligopsony
oliscar to investigate
ológrafo *m* holograph
ológrafo (adj) holographic
olvidado forgotten, forgetful
olvido *m* oblivion, forgetfulness, negligence
ombudsman *m* ombudsman
ominoso ominous
omisible omissible

omisión *f* omission, neglect
omisión de deberes failure to perform duties
omisión de denuncia failure to report a crime
omisión doloso culpable neglect
omisión en lo civil civil omission
omisión en lo penal criminal omission
omiso neglectful, careless
omitido omitted
omitir to omit
omnímodo all-embracing
onerosidad *f* onerousness
oneroso onerous
onomástico onomastic
onus burden, burden of proof
onus probandi burden of proof, onus
   probandi
opción *f* option
opción bilateral bilateral option
opción de arrendar option to lease
opción de compra option to purchase
opción de comprar option to buy
opción de renovar option to renew
opción de vender option to sell
opción del comprador buyer's option
opción del heredero heir's choice
opción del vendedor seller's option
opcional optional
operación *f* operation
operación bancaria banking transaction
operación cesárea Cesarean section
operación clandestina clandestine operation
operación de bolsa stock exchange transaction
operación de crédito credit transaction
operación financiera financial operation
operación fiscal fiscal operation
operación ilegal illegal operation
operación ilícita illicit operation
operación impropia improper operation
operación inapropiada inappropriate
   operation
operación lícita licit operation
operación monetaria monetary operation
operación quirúrgica surgery
operacional operational
operado ilegalmente illegally operated
operado ilícitamente illicitly operated
operar to operate
operativo operative
opiato *m* opiate
opinable debatable
opinar to opine, to believe
opinión *f* opinion
opinión asesora advisory opinion
opinión concurrente concurrent opinion
opinión conjunta joint opinion
opinión consultiva advisory opinion
opinión de acuerdo con la mayoría
   concurring opinion
opinión de título opinion of title

opinión del contador accountant's opinion
opinión desfavorable unfavorable opinion
opinión disidente dissenting opinion
opinión en disconforme dissenting opinion
opinión favorable favorable opinion
opinión informada informed opinion
opinión judicial judicial opinion
opinión jurídica legal opinion
opinión legal legal opinion
opinión mayoritaria majority opinion
opinión oficial official opinion
opinión per curiam opinion by the court
opinión profesional professional opinion
opinión pública public opinion
opinión separada separate opinion
oponente *m* opponent
oponer to oppose, to object
oponer excepción to file an exception
oponerse to oppose, to object
oponibilidad *f* opposability
oponible opposable
oportunamente opportunely
oportunidad *f* opportunity
oportunista *m/f* opportunist
oportunista (adj) opportunistic
oportuno opportune
oposición *f* opposition, objection, juxtaposition
opositor *m* opponent, objector
opositor por conciencia conscientious
   objector
opresión *f* oppression
opresivamente oppressively
opresivo oppressive
opresor *m* oppressor
opresor (adj) oppressive
oprimir to oppress
oprobiar to defame
oprobio *m* opprobrium
oprobiosamente opprobriously
oprobioso opprobrious
optante *m/f* chooser
optar to choose
optativo optional
optimización *f* optimization
óptimo optimal
opuestamente oppositely
opuesto opposite
opugnación *f* oppugnancy
opugnador *m* oppugner
opugnante *m/f* oppugner
opugnar to oppugn
orador *m* orator, speaker
oral oral
oralidad *f* orality
oralmente orally
orden *f* order, command
orden *m* order, sequence
orden administrativa administrative order
orden anterior former order

orden apelable appealable order
orden compulsoria compulsory order
orden de acreedores order of creditors
orden de allanamiento search warrant
orden de arresto arrest warrant
orden de audiencias schedule of hearings
orden de cesar y desistir cease and desist order
orden de citación subpoena, summons
orden de comparecencia subpoena, summons
orden de comparecer subpoena, summons
orden de detención arrest warrant
orden de ejecución death warrant
orden de embargo seizure order
orden de entredicho injunction
orden de entrega delivery order
orden de estafeta money order
orden de filiación order of filiation
orden de prisión order for imprisonment
orden de registro search warrant
orden de suceder order of descent
orden del día agenda
orden en firme firm order
orden escrita written order
orden establecido established order
orden firme firm order
orden ilegal illegal order
orden ilícita illicit order
orden implícita implicit command
orden incondicional unconditional order
orden inferida inferred command
orden interlocutoria interlocutory order
orden jerárquico hierarchical order
orden judicial court order
orden jurídico sources of the law
orden legal lawful order
orden lícita licit order
orden obligatoria obligatory order
orden para mostrar causa show cause order
orden perentoria peremptory order
orden por escrito order in writing
orden previa previous order
orden provisional provisional order
orden público public order
orden público internacional international public order
orden sucesorio order of descent
orden telefónica telephone order
orden verbal verbal order
ordenación *f* order, arrangement
ordenadamente in an orderly fashion
ordenado orderly
ordenado ilegalmente illegally ordered
ordenado ilícitamente illicitly ordered
ordenado legalmente legally ordered
ordenado lícitamente licitly ordered
ordenador *m* controller, arranger
ordenamiento *m* ordering, order, body of laws, code of laws, law

ordenamiento de leyes code of laws
ordenanza *f* ordinance, order, method
ordenanza local local ordinance
ordenanza municipal municipal ordinance
ordenanzas de circulación traffic regulations
ordenanzas de construcción building code
ordenanzas de tráfico traffic regulations
ordenar to order, to regulate
ordenar bienes to marshal assets
ordenar por correo to order by mail
ordinariamente ordinarily, uncouthly
ordinario *m* ordinary judge, regular mail
ordinario (adj) ordinary, uncouth
orfandad *f* orphanhood, neglect
orgánico organic
organigrama *m* organizational chart, flowchart
organismo *m* organization, entity
organismo administrador management organization
organismo administrativo management organization
organismo afiliado affiliated organization
organismo aliado allied organization
organismo apalancado leveraged organization
organismo asegurador insurance organization
organismo asociado affiliated organization
organismo autónomo autonomous entity
organismo autorregulador self-regulatory organization
organismo bancario banking organization
organismo calificado qualified organization
organismo capitalizador organization for the capitalization of savings
organismo caritativo charitable organization
organismo comercial business organization
organismo componente constituent organization
organismo contable accounting organization
organismo controlado controlled organization
organismo controlador holding organization
organismo cuasijudicial quasi judicial entity
organismo de afianzamiento bonding organization
organismo de capitalización organization for capitalization of savings
organismo de control controlling organization
organismo de comercio business organization
organismo de crédito credit organization
organismo de fianzas bonding organization
organismo de fideicomiso trust organization
organismo de inversiones investment organization
organismo de negocios business organization
organismo de responsabilidad limitada limited liability organization
organismo de seguros insurance organization
organismo de seguros mutuales mutual insurance organization

organismo de servicio service organization
organismo de transporte transport organization, shipping organization
organismo de utilidad pública public service organization
organismo difunto defunct organization
organismo diversificado diversified organization
organismo dominado controlled organization
organismo estatal state organization
organismo exento exempt organization
organismo exento de contribuciones tax-exempt organization
organismo extranjero foreign organization
organismo fiador bonding organization
organismo ficticio fictitious organization
organismo fiduciario trust organization
organismo financiero finance organization
organismo fusionado merged organization
organismo hipotecario mortgage organization
organismo inexistente nonexistent organization
organismo ilegal illegal organization
organismo ilícito illicit organization
organismo insolvente insolvent organization
organismo interestatal interstate organization
organismo internacional international organization
organismo intraestatal intrastate organization
organismo inversionista investment organization
organismo jurídico legal organization
organismo lícito licit organization
organismo manufacturero manufacturing organization
organismo matriz parent organization
organismo miembro member organization
organismo multinacional multinational organization
organismo nacional national organization
organismo no afiliado unaffiliated organization
organismo no apalancado unleveraged organization
organismo no público nonpublic organization
organismo operador operating organization
organismo político political organization
organismo privado private organization
organismo público public organization
organismo quebrado bankrupt organization
organismo rector board of directors
organismo registrado registered organization
organismo retenedor holding organization
organismo sin fines de lucro nonprofit organization
organismo sindical labor union
organismo sobreviviente surviving organization
organismo subsidiario subsidiary organization

organismo tenedor holding organization
organización *f* organization
organización administradora management organization
organización administrativa management organization
organización afiliada affiliated organization
organización aliada allied organization
organización apalancada leveraged organization
organización armadora shipping organization
organización aseguradora insurance organization
organización asociada affiliated organization
organización autorreguladora self-regulatory organization
organización bancaria banking organization
organización calificada qualified organization
organización capitalizadora organization for the capitalization of savings
organización caritativa charitable organization
organización comercial business organization
organización componente constituent organization
organización contable accounting organization
organización controlada controlled organization
organización controladora holding organization
organización de afianzamiento bonding organization
organización de capitalización organization for capitalization of savings
organización de control controlling organization
organización de comercio business organization
organización de crédito credit organization
organización de fianzas bonding organization
organización de fideicomiso trust organization
organización de inversiones investment organization
organización de negocios business organization
organización de responsabilidad limitada limited liability organization
organización de seguros insurance organization
organización de seguros mutuales mutual insurance organization
organización de servicio service organization
organización de transporte transport organization, shipping organization
organización de utilidad pública public service organization
organización difunta defunct organization

organización diversificada diversified
organization
organización dominada controlled
organization
organización estatal state organization
organización exenta exempt organization
organización exenta de contribuciones
tax-exempt organization
organización extranjera foreign organization
organización fiadora bonding organization
organización ficticia fictitious organization
organización fiduciaria trust organization
organización financiera finance organization
organización fusionada merged organization
organización hipotecaria mortgage
organization
organización inexistente nonexistent
organization
organización ilegal illegal organization
organización ilícita illicit organization
organización insolvente insolvent
organization
organización interestatal interstate
organization
organización internacional international
organization
organización intraestatal intrastate
organization
organización inversionista investment
organization
organización jurídica legal organization
organización lícita licit organization
organización manufacturera manufacturing
organization
organización matriz parent organization
organización miembro member organization
organización multinacional multinational
organization
organización nacional national organization
organización no afiliada unaffiliated
organization
organización no apalancada unleveraged
organization
organización no pública nonpublic
organization
organización operadora operating
organization
organización política political body
organización privada private organization
organización pública public organization
organización quebrada bankrupt organization
organización registrada registered
organization
organización retenedora holding organization
organización sin fines de lucro nonprofit
organization
organización sindical labor union
organización sobreviviente surviving
organization

organización subsidiaria subsidiary
organization
organización tenedora holding organization
organizado organized
organizar to organize
organizarse to be organized
organizativo organizational
órgano *m* organ, agency
órgano de dirección executive committee
órgano directivo executive committee
órgano ejecutivo executive committee
origen *m* origin
origen estatal state origin
origen extranjero foreign origin
origen interestatal interstate origin
origen intraestatal intrastate origin
origen nacional national origin
originación *f* origination
originador *m* originator
original original, authentic
originalmente originally
originar to originate
originario originating
orillar to settle, to skirt
oriundez *f* origin
oriundo originating
osadía *f* audacity
osado audacious
oscitancia *f* negligence, carelessness
ostensible ostensible
ostensiblemente ostensibly
ostentación *f* ostentation
ostentar to display, to flaunt
otear to scan, to watch
otorgador *m* grantor
otorgador (adj) granting
otorgamiento *m* granting, authorization, will
otorgamiento de contrato contract awarding
otorgamiento de crédito extension of credit
otorgamiento notarial notarial authorization
otorgante *m/f* grantor
otorgante (adj) granting
otorgar to grant, to award, to agree to, to
execute
otorgar ante notario to execute before a
notary
otorgar asilo to grant asylum
otorgar crédito to grant credit
otorgar fianza to furnish bail
otorgar inmunidad to grant immunity
otorgar un contrato to award a contract
otorgar una patente to grant a patent
otro other, another
otrosí *m* petition after the original one
otrosí (adv) furthermore

P

pabellón *m* national flag, protection
pacificación *f* pacification, peace
pacificador *m* peacemaker
pacificador (adj) pacifying
pacíficamente peacefully
pacificar to pacify
pacífico pacific
pacifismo *m* pacifism
pacifista pacifist
pactado pacted, agreed to
pactado ilegalmente illegally pacted
pactado ilícitamente illicitly pacted
pactante *m/f* contracting party
pactar to contract, to agree to
pacto *m* pact, agreement, contract
pacto accesorio accessory agreement
pacto ambiguo ambiguous agreement
pacto anticrético antichresis
pacto comisorio agreement that may be
   rescinded under certain conditions
pacto de adición sale in which the seller may
   rescind the agreement if there is a better
   offer
pacto de caballeros gentlemen's agreement,
   an unenforceable agreement in which the
   parties are bound by honor
pacto de comercio commerce treaty
pacto de cuota litis attorney's contingent fee
   agreement
pacto de mejor comprador sale in which the
   seller may rescind the agreement if there is
   a better offer
pacto de no agresión nonaggression treaty
pacto de no enajenar agreement not to
   alienate
pacto de no hacer algo negative covenant
pacto de preferencia agreement to grant a
   right of first refusal
pacto de recompra repurchase agreement
pacto de retraer repurchase agreement
pacto de retro repurchase agreement
pacto de retroventa repurchase agreement
pacto de reventa repurchase agreement
pacto de trabajo employment contract
pacto en contrario agreement to the contrary
pacto ilegal illegal pact
pacto ilícito illicit pact
pacto impropio improper pact

pacto inapropiado inappropriate pact
pacto legítimo legal agreement
pacto leonino unconscionable agreement,
   unconscionable covenant
pacto lícito licit pact
pacto penal penalty clause
pacto prohibido illegal agreement
pacto restrictivo restrictive covenant
pacto social partnership agreement
pactos usuales usual covenants
padrastro *m* stepfather, obstacle
padre adoptivo adoptive father, adoptive
   parent
padre de crianza adoptive father
padre de familia head of household
padre político father-in-law
padre putativo putative father
padrón *m* census register, voters list, model,
   blemish on a reputation
paga *f* pay, payment, compensation
paga básica basic pay
paga efectiva net pay
paga indebida wrongful payment
paga inicial initial pay
paga mínima minimum wage
paga neta net pay
paga por cesantía severance pay
paga retenida retained wages
paga retroactiva retroactive pay
paga suplementaria supplemental pay
paga viciosa inappropriate payment
pagable payable, owing
pagadero payable, owing
pagadero a la demanda payable on demand
pagadero a la orden payable on order
pagadero a la vista payable on sight
pagadero a presentación payable on sight
pagadero al portador payable to bearer
pagado *m* stamp indicating payment
pagado (adj) paid
pagado totalmente paid in full
pagador *m* payer
pagador de impuestos taxpayer
pagaduría *f* disbursement office
pagamento *m* payment
pagamiento *m* payment
pagar to pay, to return
pagar a cuenta to pay on account
pagar a plazos to pay in installments
pagar al contado to pay cash
pagar bajo protesta to pay under protest
pagar daños to pay damages
pagar totalmente to pay in full
pagaré *m* promissory note, note
pagaré a la vista demand note
pagaré al portador bearer note
pagaré con garantía prendaria collateral
   note
pagaré conjunto joint promissory note

pagaré de favor accommodation note
pagaré fiscal short-term government debt instrument
pagaré garantizado secured note
pagaré hipotecario mortgage note
pagaré mancomunado joint note
pagaré negociable negotiable note
pagaré no negociable nonnegotiable note
pagaré nominativo nominative note
pagaré pasivo passive note
pagaré prendario collateral note
pagaré quirografario unsecured note
pagaré solidario joint and several note
pago *m* payment, region
pago a cuenta payment on account
pago a plazos payment in installments
pago adicional por despido dismissal pay
pago antes de entrega cash before delivery
pago antes del vencimiento payment before maturity
pago anticipado prepayment
pago automático automatic payment
pago bajo protesta payment under protest
pago completo complete payment
pago compulsivo compulsory payment
pago compulsorio compulsory payment
pago con subrogación subrogation payment
pago condicional conditional payment
pago conjunto copayment
pago constante constant payment
pago contra documentos payment against documents, cash against documents
pago contra entrega cash on delivery
pago cuestionable questionable payment
pago de contribuciones payment of taxes
pago de deuda debt payment
pago de deudas ajenas payment of the debts of another
pago de entrada down payment
pago de impuestos tax payment
pago de impuestos anticipado advance tax payment
pago de las obligaciones payment of obligations
pago de lo indebido wrongful payment
pago de servicios payment of services
pago de vacaciones vacation pay
pago del arrendamiento rent payment
pago demorado delayed payment
pago detenido stopped payment
pago diferido deferred payment, late payment
pago directo direct payment
pago en cuotas payment in installments
pago en el arrendamiento rent payment
pago en exceso overpayment
pago en moneda extranjera payment in foreign currency
pago en mora overdue payment
pago entero entire payment

pago especificado specified payment
pago estimado estimated payment
pago estipulado stipulated payment
pago extranjero foreign payment
pago extraviado missing payment
pago ficticio fictitious payment
pago forzado compulsory payment
pago forzoso compulsory payment
pago garantizado guaranteed payment
pago global lump-sum payment
pago hipotecario mortgage payment
pago identificado identified payment
pago imposible impossible payment
pago incondicional unconditional payment
pago indebido wrongful payment
pago indicado indicated payment
pago inexistente nonexistent payment
pago inicial down payment
pago insuficiente underpayment
pago interino interim payment
pago internacional international payment
pago involuntario involuntary payment
pago judicial forced payment
pago liberatorio liberating payment
pago máximo maximum payment
pago mensual monthly payment
pago mínimo minimum payment
pago obligatorio obligatory payment
pago ordinario ordinary payment
pago parcial partial payment
pago perdido missing payment
pago periódico periodic payment
pago por adelantado payment in advance
pago por consignación payment into court
pago por cuenta ajena payment on behalf of another
pago por cheque payment by check
pago por entrega de bienes payment in kind
pago por error wrongful payment
pago por otro payment of the debts of another
pago preautorizado preauthorized payment
pago provisional provisional payment
pago recibido payment received
pago subsidiado subsidized payment
pago suspendido suspended payment, stopped payment
pago tardío late payment
pago total full payment
pago único single payment
pago vencido overdue payment
pago voluntario voluntary payment
pagote *m* scapegoat
páguese a la orden de pay to the order of
país *m* country, region
país de destino country of destination
país de origen country of origin, country of birth
país deudor debtor country
país enemigo enemy nation

país exportador exporting nation
país importador importing nation
país miembro member country
país participante participating country
paisanaje *m* civilians
paisano *m* civilian, compatriot
paisano (adj) of the same country, of the same region
pajarear to loiter
palabra *f* word
palabra de honor word of honor
palabra de matrimonio promise of marriage
palabra por palabra word for word
palabrada *f* swearword
palabras aptas apt words
palabras comprometedoras compromising words
palabras de duelo fighting words
palabras gruesas strong words
palabras mayores offensive words
palabras negociables negotiable words
palacio *m* palace, courthouse
palacio de justicia courthouse
palacio de los tribunales courthouse
palacio municipal city hall
paladinamente publicly, clearly
paladino public, clear
paliar to palliate
palinodia *f* palinode
paliza *f* beating
palmar (adj) evident
palmar (v) to die
palmariamente evidently
palmario evident
palpable palpable
palpar de armas body search
pálpito *m* hunch
panacea *f* panacea
pandemonio *m* pandemonium
pandilla *f* gang
pandillero *m* gangster
pandillista *m/f* gangster
panel *m* panel
panfleto *m* pamphlet, lampoon, libel
pánico *m* panic
pánico colectivo collective panic
panorama *m* panorama
papel *m* paper
papel al portador bearer paper
papel bancario bank paper
papel comercial commercial paper
papel de comercio commercial paper
papel de crédito credit instrument
papel de renta securities
papel de seguridad safety paper
papel del estado government debt instrument
papel mojado worthless document
papel moneda paper money
papel sellado stamped paper

papel simple unstamped paper
papel timbrado stamped paper
papeleo *m* red tape, paperwork
papeles del buque ship's papers
papeleta *f* ticket, form, ballot
papeleta de empeño pawn ticket
papelista *m/f* archivist
papelote *m* worthless document
papelucho *m* worthless document
paquete *m* package, packet, lie
paquete postal postal package
par *f* par
par *m* pair
par delictum equal fault
paracronismo *m* parachronism
parada *f* stop, pause, end, stake, rebuff
paradero *m* whereabouts, stopping place, end
paradigma *f* paradigm
paradigmático paradigmatic
parado unemployed, arrested, idle
paradoja *f* paradox
paradójico paradoxical
paraestatal semi-state
parafernales *m* paraphernal property
parafraseador paraphrasing, annotating
paráfrasis *f* paraphrase, annotation
parafuego *m* fire wall
paraíso contributivo tax haven
paraíso fiscal tax haven
paraíso impositivo tax haven
paraíso tributario tax haven
paralización *f* paralyzation, blockage
paralización del proceso paralyzation of the legal proceeding
paralogismo *m* paralogism
paralogizar to attempt to convince with specious arguments
parámetro *m* parameter
parámetros de calificación qualification parameters
parámetros de elegibilidad eligibility parameters
paranoia *f* paranoia
paranoico paranoid
paraprofesional *m/f* paraprofessional
parar to stop, to detain, to arrest, to end, to bet, to prepare, to alter
parásito social social parasite
parcela *f* parcel
parcelación *f* parceling
parcelar to parcel
parcial partial
parcialidad *f* partiality, friendship, faction
parcialmente partially
parcionero *m* partner
parecencia *f* resemblance
parecer *m* opinion, looks
parecer (v) to appear, to opine
parecer en juicio to appear in court

parecido similar
pareciente resembling
pared *f* wall
pared ajena neighboring wall
pared común party wall
pared divisoria division wall
pared medianera party wall
parejo even, alike
parénesis *f* admonition, exhortation
parenético admonitory, exhortative
parens parent
parentela *f* relations
parentesco *m* relationship, tie
parentesco civil civil relationship
parentesco colateral collateral relationship
parentesco consanguíneo blood relationship
parentesco de afinidad in-law relationship
parentesco de doble vínculo whole blood
   relationship
parentesco de simple vínculo half-blood
   relationship
parentesco directo direct relationship
parentesco legal legal relationship
parentesco materno maternal relationship
parentesco natural blood relationship
parentesco oblicuo collateral relationship
parentesco paterno paternal relationship
parentesco político in-law relationship
parentesco por afinidad in-law relationship
parentesco por consanguinidad blood
   relationship
pari causa with equal right
pari delicto with equal guilt
paridad *f* parity
paridad cambiaria par of exchange
paridad de casos similarity of cases
pariente *m* relative
pariente consanguíneo blood relative
parientes del testador relatives of the testator
parientes más próximos next of kin
parientes por afinidad in-laws
parificación *f* exemplification
parificar to exemplify
parigual very similar
parir to give birth to, to originate
parlamentario *m* member of parliament,
   congressmember
parlamentario (adj) parliamentary
parlamentarismo *m* parliamentarianism
parlamento *m* parliament, congress,
   legislative body, speech
paro *m* stop, strike, lockout, unemployment
paro de brazos caídos sit-down strike
paro forzoso layoff, lockout
paro general general strike
paro obrero strike
paro patronal lockout
paroxismo *m* paroxysm
párrafo *m* paragraph

parricida *m/f* parricide
parricidio *m* parricide
parte *f* part, party
parte *m* note, report, notification of marriage
parte acomodada accommodated party
parte acomodante accommodating party
parte actora plaintiff
parte agraviada aggrieved party
parte beneficiada accommodated party
parte capaz legally competent party
parte compareciente appearing party
parte contendiente opposing party
parte contraria opposing party
parte contratante contracting party
parte de interés adverso opposing party
parte del accidente accident report
parte demandada defendant
parte demandante plaintiff
parte dispositiva dispositive part
parte en un contrato party to a contract
parte en un proceso party to a suit
parte esencial essential party, essential part
parte ficticia fictitious party
parte hostil hostile party
parte inculpable innocent party
parte incumplidora delinquent party
parte indispensable indispensable party,
   indispensable part
parte inexistente nonexistent party
parte inocente innocent party
parte integrante integral part
parte interesada interested party
parte interviniente intervening party
parte no esencial unessential part
parte nominal nominal party
parte obligatoria obligatory party
parte perjudicada aggrieved party
parte policiaco police report
parte por acomodación accommodation party
parte principal main part
parte querellada defendant
parte rebelde party who fails to appear in
   court
parte relacionada related party
partible divisible
particeps criminis accomplice
particeps doli a party to the fraud
partición *f* partition, division
partición anticipada advancement
partición de ascendiente advancement to a
   child, advancement to a grandchild
partición de la herencia partition of the
   succession, distribution of the decedent's
   estate
partición de la herencia por el testador
   advancement
partición judicial judicial partition
partición por el testador advancement
partición por juez judicial partition

partición por testamento distribution by will
partición provisional provisional partition
participación *f* participation, communication
participación criminal criminal participation
participación de control controlling interest
participación directa direct participation
participación en la gestión de las empresas employee participation in management
participación en las adquisiciones community property
participación en las ganancias profit sharing
participación en las utilidades profit sharing
participación en los beneficios profit sharing
participación en los gananciales community property
participación material material participation
participación monetaria monetary participation
participante *m/f* participant
participante (adj) participating
participante activo active participant
participar to participate, to inform
participar en un crimen to participate in a crime
participar en una conspiración to participate in a conspiracy
partícipe *m/f* participant, partner
partícipe (adj) participating
particular *m* individual
particular (adj) particular, private
particularidad *f* particularity
particularizar to particularize, to pay special attention to
particularmente particularly, privately
partida *f* departure, entry, certificate, shipment, band, death
partida de defunción death certificate
partida de matrimonio marriage certificate
partida de nacimiento birth certificate
partidamente separately
partidario *m* follower, guerrilla member
partidismo *m* partisanship
partidista partisan
partido *m* party, advantage, backing, pact, contract
partido (adj) divided
partido judicial judicial district
partido político political party
partidor *m* executor, partitioner
partija *f* partition, division
partimiento *m* partition, division
partir to divide, to depart
parto *m* parturition, product
parto prematuro premature birth
parturición *f* parturition
parturienta parturient
parvifundio *m* small farmstead
pasador *m* smuggler
pasador (adj) smuggling

pasaje *m* passage, fare
pasajero *m* passenger
pasajero (adj) passing
pasajero gratuito gratuitous passenger
pasamiento *m* passage
pasante *m/f* law clerk
pasante de pluma law clerk
pasantía *f* law clerkship, apprenticeship
pasaporte *m* passport
pasaporte colectivo collective passport
pasaporte común passport
pasaporte del buque ship's passport
pasaporte diplomático diplomatic passport
pasar to pass
pasar ante el notario to execute before the notary
pasar de largo to skim through
pasar la lista to call the roll
pasar por alto to overlook, to disregard
pasavante *m* safe-conduct
pase *m* pass
pasión *f* passion
pasivo *m* liabilities
pasivo (adj) passive, retirement
pasivo a plazo time deposits
pasivo consolidado funded debt
pasivo contingente contingent liability
pasivo corriente current liabilities
pasivo de capital capital liabilities
pasivo de contingencia contingent liability
pasivo diferido deferred liabilities
pasivo eventual contingent liability
pasivo exigible current liabilities
pasivo exigible a la vista demand deposits
pasivo fijo capital liabilities
pasivo futuro future liability
paso *m* step, passage, access
paso a nivel grade crossing
paso judicial legal step
paso preliminar preliminary step
paso subterráneo underground passage
pastar to graze
pasteador *m* spy
pastear to graze, to spy
pasto *m* pasture, pasturing
pastos comunes common pasture lands
patentable patentable
patentado *m* patentee
patentado (adj) patented
patentar to patent
patentario pertaining to patents
patente *f* patent, license, permit
patente (adj) patent
patente abandonada abandoned patent
patente acordada patent granted
patente básica basic patent
patente concedida patent granted
patente conjunta joint patent
patente de diseño design patent

patente de ejercicio profesional professional license

patente de invención patent, letters patent

patente de mejora patent on an improvement

patente de nacimiento birth certificate

patente de navegación ship's papers

patente de operador driver's license

patente de sanidad bill of health

patente de vehículo vehicle license

patente en tramitación patent pending

patente expirada expired patent

patente extranjera foreign patent

patente industrial professional license

patente internacional international patent

patente nacional national patent

patente original basic patent

patente pendiente patent pending

patente pionera pioneer patent

patente precaucional provisional patent

patente primitiva basic patent

patente solicitada patent pending

patentemente patently

patentes y marcas patents and trademarks

patentizar to patent

paternal paternal

paterno paternal

patíbulo *m* gallows

patota *f* gang

patria *f* native land, country

patria potestad parental authority

patria potestas parental authority

patrimonial patrimonial

patrimonio *m* patrimony, estate, inheritance, net assets

patrimonio bruto gross assets

patrimonio de la explotación working capital

patrimonio del estado government property

patrimonio familiar family estate, family assets

patrimonio fideicomisario trust estate

patrimonio líquido net assets

patrimonio nacional national wealth

patrimonio neto net assets

patrimonio privado private property

patrimonio público public property

patrimonio social corporate assets

patriotismo *m* patriotism

patrocinador *m* sponsor

patrocinar to sponsor

patrocinio *m* sponsorship

patrón *m* patron, employer, lessor, standard

patrón de buque captain

patrón laboral labor standard

patrón monetario monetary standard

patronal pertaining to employers

patronato *m* trusteeship, trust, employers' association, association

patronazgo *m* trusteeship, trust, employers' association, association

patrono *m* patron, employer, lessor

patrono anterior former employer

patrulla *f* squad, police squad, squad car, gang

patrullar to patrol

patrullero patrolling

patruus a brother of the father

patruus magnus a brother of a grandfather

patruus major a brother of a great-grandfather

patruus maximus a brother of a great-great-grandfather

pauperismo *m* pauperism

pauta *f* rule, guideline

pautar to rule, to give guiding principles for

pavoroso frightful

pavura *f* fright

paz *f* peace

paz armada armed peace

paz pública public peace

peaje *m* toll

peatón *m* pedestrian

pecorea *f* marauding

pecorear to maraud

peculado *m* peculation, embezzlement, graft

peculiar peculiar

peculiaridad *f* peculiarity

peculiarismo *m* peculiarity

peculio *m* private money, private property, peculium

peculio del condenado prisoner's pay

pecuniariamente pecuniarily

pecuniario pecuniary

pechar to pay a tax, to assume a responsibility, to put up with

pecho *m* tax, spirit

pederasta *m* pederast

pederastia *f* pederasty

pedido *m* petition, order, purchase

pedido de anulación petition for annulment

pedido por correo mail order

pedimento *m* petition, motion, bill, claim

pedimento de aduana customs declaration

pedimento de avocación bill of certiorari

pedimento de importación customs declaration

pedimento de restablecimiento bill of revivor

pedimento de tercero bill of interpleader

pedir to ask, to order, to demand

pedir licitaciones to call for bids

pedir prestado to borrow

pedir propuestas to call for bids

pegar to strike, to stick, to fasten, to pass on, to fire

pegar un tiro to fire a shot

pegujal *m* peculium

pelea *f* fight

pelear to fight

pelearse to fight

peligrar to be in danger
peligro *m* danger, hazard
peligro aparente apparent danger
peligro asegurado insured peril
peligro catastrófico catastrophic hazard
peligro común common peril
peligro de catástrofe catastrophe hazard
peligro de muerte mortal danger
peligro evidente evident danger
peligro excluido excluded peril
peligro explícito explicit danger
peligro extraordinario extraordinary danger
peligro grave serious danger
peligro inminente imminent danger
peligro intencional intentionally provoked danger
peligro latente latent danger
peligro manifiesto manifest danger
peligro no asegurado uninsured peril
peligro oculto hidden danger
peligro personal personal danger
peligro previsible foreseeable danger
peligros de la navegación dangers of navigation
peligros del mar dangers of the sea
peligros habituales habitual dangers
peligros inusuales unusual dangers
peligros normales normal dangers
peligros usuales usual dangers
peligrosamente dangerously
peligrosidad *f* dangerousness
peligroso dangerous
pelotón de fusilamiento firing squad
pena *f* penalty, punishment, pain, grief
pena accesoria cumulative punishment
pena administrativa administrative punishment
pena aflictiva afflictive punishment
pena alternativa alternative punishment
pena arbitraria arbitrary punishment
pena capital capital punishment
pena civil civil penalty
pena complementaria additional punishment
pena común ordinary punishment
pena conjunta cumulative punishment
pena contractual contractual penalty
pena convencional contractual penalty
pena corporal corporal punishment
pena correccional jail, corrective punishment
pena criminal criminal punishment
pena cruel y desusada cruel and unusual punishment
pena de la vida capital punishment
pena de muerte capital punishment
pena disciplinaria disciplinary punishment
pena exorbitante exorbitant punishment
pena indeterminada indeterminate penalty
pena infamante infamous punishment
pena leve slight punishment

pena máxima maximum penalty
pena mínima minimum penalty
pena pecuniaria fine
pena principal main punishment
pena privativa de libertad punishment which restricts freedom
pena restrictiva de libertad punishment which restricts freedom
penable punishable
penado *m* convict, prisoner
penado (adj) grieved, arduous
penal *m* prison
penal (adj) penal
penalidad *f* penalty, suffering
penalidad civil civil penalty, civil sanction
penalidad contributiva tax penalty
penalidad de coaseguro coinsurance penalty
penalidad estatutaria statutory penalty
penalidad impositiva tax penalty
penalidad pecuniaria pecuniary penalty
penalidad por pago tardío late payment penalty
penalidad por prepago prepayment penalty
penalidad por radicación tardía late filing penalty
penalidad por retiro withdrawal penalty
penalidad por retiro temprano penalty for early withdrawal
penalidad tributaria tax penalty
penalista *m/f* criminal attorney
penalizable penalizable
penalizador penalizing
penalizar to penalize, to punish
penar to penalize, to punish, to suffer
pendencia *f* quarrel, pending suit
pendenciar to quarrel
pendenciero *m* troublemaker
pendenciero (adj) quarrelsome
pendente lite during the litigation, pending the litigation, pendente lite
pendiente pending, outstanding
pendiente de pago unpaid
penetración *f* penetration
penitenciaría *f* penitentiary
penitenciario penitentiary
penología *f* penology
pensado premeditated
pensamiento criminal criminal intent
pensión *f* pension, annuity, support, board
pensión a la vejez old-age pension
pensión alimentaria alimony, support
pensión alimentaria provisional alimony pendente lite
pensión alimenticia alimony, support
pensión alimenticia provisional alimony pendente lite
pensión de arrendamiento rent
pensión de invalidez disability benefits
pensión de jubilación pension

pensión de retiro pension
pensión de vejez old-age pension
pensión para hijos menores child support
pensión perpetua permanent pension
pensión tras divorcio alimony
pensión vitalicia life pension, annuity
pensionado *m* pensioner
pensionado (adj) pensioned
pensionado contingente contingent annuitant
pensionar to pension
pensionario *m* payer of a pension, attorney
pensionista *m/f* pensioner, boarder
peño *m* foundling
peón *m* pedestrian, laborer
peonada *f* day's work of a laborer
pequeña empresa small business
pequeño jurado ordinary jury, petit jury
per annum per year, per annum
per autre vie during another person's life, per autre vie
per capita by the head, per capita
per curiam by the court, per curiam
per diem per day, per diem
per fraudem by fraud, per fraudem
per infortunium by misadventure, pre infortunium
per quod whereby, per quod
per se in itself, per se
percance *m* mishap
percatarse to notice
percepción *f* perception, collection
percepción del salario receipt of salary
perceptible perceptible, collectible
perceptor *m* perceiver, collector
percibir to perceive, to collect
percibo *m* collecting
percusor *m* striker
percutir to strike
perdedor *m* loser
perder to lose, to spoil
perder el juicio to lose one's reason
perder la vida to lose one's life
perderse to lose, to get lost, to be spoiled
pérdida *f* loss, waste, damage
pérdida a corto plazo short-term loss
pérdida a largo plazo long-term loss
pérdida abstracta abstract loss
pérdida accidental accidental loss
pérdida averiguable ascertainable loss
pérdida consecuente consequential loss
pérdida consiguiente consequential loss
pérdida constructiva constructive loss
pérdida de aeronave loss of an aircraft
pérdida de afecto loss of affection
pérdida de buque loss of a vessel
pérdida de capital capital loss
pérdida de capital a corto plazo short-term capital loss
pérdida de capital a largo plazo long-term capital loss

pérdida de empleo loss of employment
pérdida de ganancias loss of profits
pérdida de identidad loss of identity
pérdida de ingresos loss of income
pérdida de la nacionalidad loss of nationality
pérdida de la posesión loss of possession
pérdida de negocio business loss
pérdida de respeto loss of respect
pérdida definitiva definite loss
pérdida directa direct loss
pérdida económica economic loss
pérdida efectiva actual loss
pérdida entera entire loss
pérdida entera real entire actual loss
pérdida esperada expected loss
pérdida extraordinaria extraordinary loss
pérdida fortuita casualty loss
pérdida habitual habitual loss
pérdida implícita constructive loss
pérdida indirecta indirect loss
pérdida inicial initial loss
pérdida inusual unusual loss
pérdida máxima maximum loss
pérdida mínima minimum loss
pérdida monetaria monetary loss
pérdida neta net loss
pérdida normal normal loss
pérdida ordinaria ordinary loss
pérdida parcial partial loss, particular average
pérdida personal personal loss
pérdida por catástrofe catastrophe loss
pérdida por desastre disaster loss
pérdida real actual loss
pérdida realizada realized loss
pérdida total total loss
pérdida total absoluta absolute total loss
pérdida total constructiva constructive total loss
pérdida total implícita constructive total loss
pérdida usual usual loss
pérdidas cubiertas covered losses
pérdidas e intereses damages plus interest
pérdidas y ganancias profit and loss
perdido lost, wasted, stray
perdido durante el tránsito lost in transit
perdido o no perdido lost or not lost
perdón *m* pardon, amnesty, remission
perdón condicional conditional pardon
perdón de la deuda forgiveness of the debt
perdón estatutario statutory pardon
perdón judicial judicial pardon
perdonable pardonable
perdonador *m* pardoner
perdonador (adj) pardoning
perdonante pardoning
perdonar to pardon, to grant amnesty, to exempt

perdulario sloppy, debauched
perdurable perdurable, lasting
perdurar to perdure, to last
perecedero perishable, needy
perecer to perish, to end
perecimiento *m* perishing, end
perención *f* prescription
perención de la instancia lapsing of the legal action
perenne perennial
perennidad *f* perpetuity
perentoriamente peremptorily
perentoriedad *f* peremptoriness
perentorio peremptory
perfección *f* perfection
perfección del contrato perfection of contract
perfeccionado perfected
perfeccionar to perfect
perfecto perfect
perfidia *f* perfidy
pergamino *m* parchment, document
pericia *f* expertness, skill
pericial expert
pericialmente expertly
periódicamente periodically
periodicidad *f* periodicity
periódico *m* periodical, newspaper
periódico (adj) periodic
período *m* period
período anterior former period
período contable accounting period
período de acumulación accumulation period
período de auditoría audit period
período de beneficios benefit period
período de calificación qualification period
período de cobro collection period
período de compensación compensation period
período de contabilidad accounting period
período de crédito credit period
período de detención period of detention
período de elegibilidad eligibility period
período de eliminación elimination period
período de enfriamiento cooling time
período de entrega period of delivery
período de espera waiting period
período de facturación billing period
período de garantía guarantee period
período de gracia grace period
período de liquidación liquidation period
período de nómina payroll period
período de pago pay period
período de póliza policy period
período de prescripción prescription period
período de prueba trial period
período de redención redemption period
período de validación validation period
período económico accounting period
período especificado specified period

período estipulado stipulated period
período excluido excluded period
período fijo fixed period
período fiscal fiscal period
período identificado identified period
período indicado indicated period
período preliminar preliminary period
período presidencial presidential term
período probatorio probationary period
período variable variable period
peritación *f* work of an expert, expert testimony
peritaje *m* work of an expert, expert testimony
peritar to work as an expert
peritazgo *m* work of an expert, expert testimony
perito *m* expert, appraiser
perito (adj) expert
perito caligráfico handwriting expert
perito en averías expert in average
perito tasador expert appraiser
perito testigo expert witness
perito valuador expert appraiser
perjudicado *m* prejudiced party, injured party, wronged party
perjudicado (adj) prejudiced, injured, damaged, wronged
perjudicar to prejudice, to injure, to damage, to wrong
perjudicial prejudicial, injurious, damaging
perjudicialmente prejudicially, injuriously, damagingly
perjuicio *m* injury, damage, wrong, loss
perjuicio corporal bodily injury
perjuicio de propiedad property damage
perjuicio económico monetary loss
perjuicio eventual prospective damage
perjuicio indirecto indirect damage
perjuicio material physical damage
perjuicioso prejudicing, injurious, damaging
perjurador *m* perjurer
perjurador (adj) perjurious
perjurar to perjure
perjurarse to perjure oneself
perjurio *m* perjury
perjuro *m* perjurer
perjuro (adj) perjured
permanecer to remain
permanencia *f* permanence, stay
permanente permanent
permanentemente permanently
permisible permissible
permisión *f* permission, permit, license, leave
permisivamente permissively
permisivo permissive
permiso *m* permission, permit, license, leave
permiso condicional conditional permit
permiso de armas gun license

permiso de conducción driver's license
permiso de conducir driver's license
permiso de construcción building permit
permiso de edificación building permit
permiso de exportación export permit
permiso de importación import permit
permiso de paso right of way
permiso de salida departure permit
permiso de trabajo work permit
permiso de uso condicional conditional-use permit
permiso de uso especial special-use permit
permiso especial special permit
permiso expreso express permission
permiso implícito implied permission
permiso incondicional unconditional permit
permiso inferido inferred permission
permiso provisional provisional permit
permiso tácito tacit permission
permiso temporal temporary permit
permitido permitted
permitido por ley allowed by law
permitir to permit, to tolerate
permuta *f* permutation
permutable permutable
permutación *f* permutation
permutar to permute
perniciosamente perniciously
pernicioso pernicious
peroración *f* peroration
perorar to perorate
perpetración *f* perpetration
perpetrador *m* perpetrator
perpetrar to perpetrate
perpetrar un delito to perpetrate a crime
perpetuación *f* perpetuation
perpetuar to perpetuate
perpetuarse to be perpetuated
perpetuidad *f* perpetuity
perpetuo perpetual
persecución *f* persecution, pursuit
persecutorio persecuting, pursuing
perseguido pursued, persecuted
perseguidor *m* pursuer, persecutor
perseguimiento *m* pursuit, persecution
perseguir to pursue, to persecute
perseverancia *f* perseverance
perseverar to persevere
persistencia *f* persistence
persistente persistent
persistir to persist
persona a cargo dependent
persona abstracta artificial person
persona agraviada aggrieved person
persona artificial artificial person
persona ausente missing person
persona ausente con presunción de fallecimiento missing person presumed dead

persona calificada qualified person
persona capaz competent person
persona clave key person
persona corporal natural person
persona cubierta covered person
persona de existencia ideal artificial person
persona de existencia real natural person
persona dependiente dependent person
persona desaparecida missing person
persona ficticia fictitious person, artificial person
persona hostil hostile person
persona incapacitada incapacitated person
persona incapaz incompetent person
persona incompetente incompetent person
persona incorporal artificial person
persona individual natural person
persona inexistente nonexistent person
persona inhábil incompetent person
persona interesada interested person
persona interpuesta intermediary
persona irrazonable unreasonable person
persona jurídica artificial person
persona legal artificial person
persona moral artificial person
persona natural natural person
persona no física artificial person
persona non grata a person not wanted
persona ordinaria ordinary person
persona privada private person
persona prudente prudent person
persona pública public entity
persona razonable reasonable person
persona responsable accountable person
personal *m* personnel
personal (adj) personal, private
personal consular consular personnel
personalidad *f* personality, capacity
personalidad procesal legal capacity to sue
personalmente personally
personarse to appear, to appear in court
personería *f* representation, personality, capacity
personería jurídica legal capacity to sue
personero *m* representative
perspectiva *f* perspective
persuadir to persuade
persuasión *f* persuasion
persuasivo persuasive
pertenencia *f* property, ownership, mining claim, accessory, membership
pertinencia *f* pertinence, relevancy
pertinente pertinent, relevant, admissible
perturbación *f* perturbation, mental illness
perturbación del orden público breach of the peace
perturbación mental mental illness
perturbador *m* perturber
perturbador (adj) perturbing

perturbar to perturb, to breach the peace
perversidad *f* perversity
perversión *f* perversion
perverso perverse
pervertidor *m* perverter
pervertir to pervert, to breach public order
pesadumbre *f* grief, trouble, injury, harm
pesas y medidas weights and measures
pesca *f* fishing, fishing industry
pescar to fish
peso *m* weight, influence
peso bruto gross weight
peso de la prueba burden of proof
peso máximo maximum weight
peso neto net weight
pesquisa *f* inquiry
pesquisa *m* detective
pesquisar to inquire into, to inquire
pesquisidor *m* inquirer
pesquisidor (adj) inquiring
peste *f* plague, epidemic, corruption, stench
pestilencia *f* pestilence
pestilente pestilent
petición *f* petition, claim, complaint
petición de adopción adoption petition
petición de autorización authorization request
petición de herencia petition to be declared
  an heir, petition for probate
petición de patente patent application
petición de propuestas call for bids
petición de quiebra bankruptcy petition
petición por nueva audiencia petition for
  rehearing
peticionante *m/f* petitioner
peticionario *m* petitioner
petitorio petitionary
petrolero *m* oil tanker
picapleitos *m* pettifogger, ambulance chaser,
  barrator, troublemaker
picardía *f* mischievousness, knavery, ruse
pie *m* foot, basis, cause, partial payment
pie de escrito bottom of a document
piedad *f* mercy, pity
pieza *f* piece, part, room, period, plot
pieza de autos record of a court case
pieza de convicción material evidence
pieza de prueba piece of evidence
pieza separada separate part of a case,
  separate part
pignoración *f* pignoration, pawning
pignoración inmobiliaria antichresis
pignoración mobiliaria pledge
pignorar to pignorate, to hypothecate, to
  pledge
pignoraticio pignorative, secured
pigre lazy, negligent
pigricia *f* laziness, negligence
pilotaje *m* piloting, pilotage
pilotar to pilot

pilotear to pilot
piloto *m* pilot, driver, navigator
piloto de aeronave airline pilot
piloto de puerto harbor pilot
pillaje *m* theft, pillaging
pillar to pillage, to steal
pillo *m* thief, rouge
piquete *m* picket
piquete ilegal illegal picketing
piquete ilícito illicit picketing
piquete impropio improper picketing
piquete inapropiado inappropriate picketing
pirámide financiera financial pyramid
pirata *m* pirate, brute
piratear to pirate
piratería *f* piracy, robbery
piratería aérea hijacking
piratería laboral labor piracy
piromanía *f* pyromania
pirómano *m* pyromaniac
piso *m* floor, apartment
pista *f* trail, track, clue, runway
pista de aterrizaje runway
pistola *f* pistol
pistolera *f* holster
pistoletazo *m* pistol shot
placa *f* badge, license plate
placa de automóvil license plate
plagiar to plagiarize
plagiario *m* plagiarist
plagio *m* plagiarism
plan *m* plan, project, diagram
plan autoadministrado self-administered plan
plan calificado qualifying plan
plan concertado concerted plan
plan contractual contractual plan
plan de continuación salarial salary
  continuation plan
plan de desarrollo development plan
plan de pensiones calificada qualifying
  pension plan
plan de reducción salarial salary reduction
  plan
plan económico extranjero foreign economic
  plan
plan económico internacional international
  economic plan
plan maestro master plan
plana *f* side, page, roster
planes de pensión pension plans
planificación *f* planning
planificación impositiva tax planning
planificación tributaria tax planning
planificado planned
planificar to plan
planilla *f* list, tax return, payroll, ballot
planilla conjunta joint tax return
planilla consolidada consolidated tax return
planilla contributiva falsa false return

planilla contributiva frívola frivolous tax return

planilla de contribución sobre ingresos individual individual income tax return

planilla de contribuciones sobre ingresos income tax return

planilla de impuestos sobre la renta income tax return

planilla de sueldos payroll

planilla frívola frivolous tax return

planilla individual individual income tax return

planilla morosa delinquent return

planilla no consolidada unconsolidated tax return

planillas trimestrales quarterly returns

plano *m* plan, plane, diagram

plano (adj) flat, level

plantar to plant, to establish, to place

plantarse to take a stand, to arrive

planteamiento *m* outlining, setting up, argument

plantear to set forth, to set up

plantear excepción to file an exception

plantear un caso to present a case

plantear una apelación to file an appeal

plantear una demanda to bring suit

planteo *m* layout, outlining, setting up

plantificar to establish, to place

plata *f* silver, money

plataforma *f* platform

plataforma electoral political platform

playa *f* beach, shore

playa de estacionamiento parking lot

plaza *f* plaza, market, stronghold, place, post, vacancy

plazo *m* period, term, installment

plazo cierto established term

plazo citatorio term within which to appear in court

plazo conminatorio term within which to something without penalty

plazo continuo continuous time period

plazo contractual contract term

plazo convencional conventional time

plazo de favor grace period

plazo de gracia grace period

plazo de las obligaciones term within which to fulfill an obligation

plazo de patente patent term

plazo de preaviso period between a notice and the subsequent action

plazo de prescripción limitation

plazo de vencimiento expiration date

plazo del contrato contract term

plazo deliberatorio deliberation period

plazo determinado established term

plazo es de esencia, el time is of the essence

plazo fatal deadline

plazo fijo established term

plazo final deadline

plazo habitual habitual term

plazo improrrogable deadline

plazo incierto uncertain term

plazo indefinido uncertain term

plazo indeterminado uncertain term

plazo inusual unusual term

plazo irrazonable unreasonable time

plazo legal legal term

plazo límite deadline

plazo ordinario ordinary term

plazo perentorio deadline

plazo probatorio trial period

plazo prorrogable extendible deadline

plazo prudencial reasonable time

plazo suplementario extension

plazo usual usual term

plazo útil term which only includes working periods

plazo variable variable term

plebiscitario pertaining to a plebiscite

plebiscito *m* plebiscite

pleiteador *m* litigious person, litigator, attorney who will litigate under any pretense

pleiteador (adj) litigious, troublemaking

pleiteante litigating

pleitear to litigate, to sue

pleitista *m* litigious person, litigator, barrator, attorney who will litigate under any pretense

pleitista (adj) litigious, troublemaking

pleito *m* suit, action, litigation, fight

pleito abandonado abandoned action

pleito accesorio accessory action

pleito administrativo administrative action

pleito bajo derecho común common law action

pleito civil civil action

pleito colateral collateral action

pleito colusorio collusive action

pleito comenzado action commenced

pleito concertado concerted action

pleito conjunto joint action

pleito contractual action of contract

pleito criminal criminal prosecution

pleito de alimentos action for sustenance, action for alimony

pleito de clase class action

pleito de cobro de dinero action of debt

pleito de daños y perjuicios suit for damages, tort action

pleito de desahucio eviction proceeding

pleito de desalojo ejectment action

pleito de desconocimiento de la paternidad paternity suit

pleito de deslinde action to establish property lines

pleito de despojo ejectment action
pleito de difamación libel suit, slander suit
pleito de divorcio divorce action
pleito de enriquecimiento indebido action for
    restitution after unjust enrichment
pleito de indemnización remedial action
pleito de jactancia action of jactitation
pleito de libelo libel suit
pleito de locación action to collect rent
pleito de mandamiento mandamus action
pleito de nulidad action to declare void
pleito de nulidad de matrimonio action to
    annul a marriage
pleito de petición de herencia legal claim to
    part of an estate
pleito de posesión possessory action
pleito de transgresión action of trespass
pleito directo direct action
pleito divisorio action for partition
pleito ejecutivo executive action, executory
    process
pleito en cobro de dinero action of debt
pleito estatal state action
pleito falso false action
pleito ficticio fictitious action
pleito hipotecario foreclosure proceedings
pleito ilícito illicit action
pleito impropio improper action
pleito inapropiado inappropriate action
pleito incidental accessory action
pleito incompatible incompatible action
pleito indirecto indirect action
pleito inmobiliario action concerning real
    estate
pleito judicial lawsuit, legal action
pleito jurídico lawsuit, legal action
pleito laboral action based on labor law
pleito lícito licit action
pleito local local action
pleito mancomunado joint action
pleito mixto mixed action
pleito mobiliario action concerning personal
    property
pleito ordinario plenary action
pleito original original action
pleito penal criminal proceeding
pleito pendiente pending action
pleito personal personal action
pleito personal y real mixed action
pleito petitorio petitory action
pleito por daños y perjuicios suit for
    damages, tort action
pleito por fraude action for fraud
pleito por incumplimiento de contrato action
    of contract, action of assumpsit
pleito por lesión corporal action for bodily
    injury
pleito por libelo action for libel
pleito posesorio possessory action

pleito principal main action
pleito privado private action
pleito pública public action, criminal
    proceeding
pleito real real action
pleito redhibitorio redhibitory action
pleito separado separate action
pleito solidario joint and several action
pleito sostenible action which lies
pleito subrogatorio subrogation action
pleito sumario summary proceeding
pleito viciado mistrial
plenariamente plenarily
plenario plenary
plenipotencia *f* full powers
plenipotenciario *m* plenipotentiary
pleno full, complete
pleno dominio fee simple
pleno empleo full employment
plenos poderes full powers
plica *f* escrow, sealed document to be opened
    at a specified time and under certain
    conditions
pliego *m* sheet, sealed document
pliego de aduana bill of entry
pliego de cargos list of charges
pliego de condiciones specifications, bid
    specifications, list of conditions
pliego de costas bill of costs
pliego de excepciones bill of exceptions
pliego de licitación bid form
pliego de posiciones question sheet
pliego de propuestas bid form, proposal
pluralidad *f* plurality, majority
pluralidad absoluta majority
pluralidad relativa plurality
pluralismo *m* pluralism
plurilateral plurilateral
plus *m* bonus, extra pay
pluspetición excessive demand for damages
plusvalía *f* increased value, goodwill
plutocracia *f* plutocracy
plutócrata *m/f* plutocrat
población *f* population, city, village
población civil civilian population
población de derecho legal population
población de hecho actual population
población trabajadora working population
poblador *m* settler, inhabitant
poblador (adj) settling, establishing
poblar to populate, to settle
pobre *m/f* poor person, indigent
pobre (adj) poor, indigent
pobreza poverty, indigence
poder *m* power, power of attorney, authority,
    possession
poder (v) to be able
poder a bordo captain's authority
poder absoluto absolute power

poder adjudicativo adjudicative power
poder administrativo administrative power, administrative branch
poder aparente apparent authority
poder arbitrario arbitrary power
poder beneficioso beneficial power
poder colateral collateral power
poder constituyente constitutional power
poder de imposición taxing power
poder de negociación bargaining power
poder de nombramiento appointing power
poder de policía police power
poder de tomar prestado borrowing power
poder del veto veto power
poder disciplinario disciplinary power
poder discrecional discretionary power
poder ejecutivo executive branch, executive power
poder especial special power of attorney
poder general general power of attorney
poder general para pleitos general power of attorney to litigate
poder implícito implied power
poder impositivo taxing power
poder judicial judiciary branch, judicial power
poder legal legal power, legal capacity
poder legislativo legislative branch, legislative power
poder para compras buying power
poder para testar capacity to testify
poder público sovereign power, police power
poder soberano sovereign power
poder unilateral naked power
poderdante *m/f* constituent
poderes concomitantes incidental powers
poderes concurrentes concurrent powers
poderes del estado powers of the state
poderes inferidos inferred powers
poderes tácitos tacit powers
poderhabiente *m/f* attorney, proxy holder
poderío *m* power
polémica *f* polemic
polemizar to argue
poliandria *f* polyandry
poliarquía *f* polyarchy
poliárquico polyarchic
policía *f* police
policía *m* police officer
policía aduanera customs police
policía aérea air patrol
policía de circulación traffic police
policía de navegación sea patrol
policía estatal state police
policía federal federal police
policía interna internal police
policía internacional international police
policía judicial judiciary police
policía local local police

policía marítima maritime police
policía militar military police
policía municipal municipal police
policía sanitaria health inspectors
policía secreta secret police
policía vial highway police
policiaco pertaining to police
policial pertaining to police
policitación *f* policitation
poligamia *f* polygamy
polígamo *m* polygamist
polígamo (adj) polygamous
poliginia *f* polygyny
poligrafía *f* polygraphy
polígrafo *m* polygraph
política *f* politics, policy, politeness
política aduanera tariff policy
política arancelaria tariff policy
política cambiaria foreign exchange policy
política comercial trade policy
política contributiva tax policy
política de imposición taxation policy
política de la guerra war policy
política económica economic policy
política exterior foreign policy
política fiscal fiscal policy
política interna national policy
política internacional foreign policy
política laboral labor policy
política militar military policy
política monetaria monetary policy
política pública public policy
política social social policy
política tributaria tax policy
políticamente politically, politely
politicastro *m* politicaster
político *m* politician
político (adj) political, in-law, polite
póliza *f* policy, contract, draft, customs clearance certificate, tax stamp
póliza a corto plazo short-term policy
póliza a largo plazo long-term policy
póliza abierta floater policy, open policy
póliza anual annual policy
póliza avaluada valued policy
póliza caducada lapsed policy
póliza comercial commercial policy
póliza completamente pagada fully paid policy
póliza con combinación combination policy
póliza con cupones coupon policy
póliza conjunta joint policy
póliza contra accidentes accident policy
póliza contra falsificación comercial commercial forgery policy
póliza de anualidad annuity policy
póliza de automóvil comercial business automobile policy
póliza de automóvil personal personal

automobile policy

póliza de cantidad mínima minimum amount policy

póliza de carga bill of lading, cargo policy

póliza de cobertura múltiple blanket policy

póliza de doble protección double-protection policy

póliza de dueño de negocio business owner's policy

póliza de embarque export permit

póliza de fianza surety bond

póliza de fletamiento charter-party

póliza de ingresos income policy

póliza de ingresos de retiro retirement income policy

póliza de ingresos familiares family income policy

póliza de locales múltiples multiple location policy

póliza de paquete comercial commercial package policy

póliza de propiedad comercial commercial property policy

póliza de seguros insurance policy

póliza de seguros abierta open insurance policy

póliza de seguros aérea flight insurance policy

póliza de seguros catastrófica catastrophic insurance policy

póliza de seguros clasificada classified insurance policy

póliza de seguros comercial business insurance policy, commercial insurance policy

póliza de seguros compulsiva compulsory insurance policy

póliza de seguros compulsoria compulsory insurance policy

póliza de seguros con participación participating insurance policy

póliza de seguros con primas parejas level premium insurance policy

póliza de seguros con todo incluido all-inclusive insurance policy

póliza de seguros condicional conditional insurance policy

póliza de seguros conjunta joint insurance policy

póliza de seguros contra accidentes accident insurance policy

póliza de seguros contra casualidades casualty insurance policy

póliza de seguros contra crímenes crime insurance policy

póliza de seguros contra crímenes comercial business crime insurance policy

póliza de seguros contra demolición demolition insurance policy

póliza de seguros contra desempleo unemployment insurance policy

póliza de seguros contra enfermedad health insurance policy

póliza de seguros contra explosiones explosion insurance policy

póliza de seguros contra falsificación forgery insurance policy

póliza de seguros contra falsificaciones de depositantes depositors forgery insurance policy

póliza de seguros contra granizo hail insurance policy

póliza de seguros contra huracanes hurricane insurance policy

póliza de seguros contra incendios fire insurance policy

póliza de seguros contra inundaciones flood insurance policy

póliza de seguros contra peligros múltiples multiple peril insurance policy

póliza de seguros contra pérdida de ingresos loss of income insurance policy

póliza de seguros contra riesgos hazard insurance policy

póliza de seguros contra robo insurance policy against theft, insurance policy against robbery

póliza de seguros contra terremotos earthquake insurance policy

póliza de seguros contra todo riesgo all-risk insurance policy

póliza de seguros convertible convertible insurance policy

póliza de seguros cooperativa cooperative insurance policy

póliza de seguros de amortización de propiedad property depreciation insurance policy

póliza de seguros de automóvil automobile insurance policy

póliza de seguros de aviación aviation insurance policy

póliza de seguros de bienes raíces real estate insurance policy

póliza de seguros de carga cargo insurance policy

póliza de seguros de catástrofe catastrophe insurance policy

póliza de seguros de comerciante dealer's insurance policy

póliza de seguros de condominio condominium insurance policy

póliza de seguros de construcción construction insurance policy

póliza de seguros de continuación de ingresos income continuation insurance policy

póliza de seguros de contratistas

independientes independent contractors insurance policy

póliza de seguros de cosecha crop insurance policy

póliza de seguros de crédito comercial commercial credit insurance policy

póliza de seguros de crédito grupal group credit insurance policy

póliza de seguros de cuota-parte assessment insurance policy

póliza de seguros de daño de bienes raíces real estate damage insurance policy

póliza de seguros de daño de propiedad property damage insurance policy

póliza de seguros de depreciación depreciation insurance policy

póliza de seguros de depreciación de propiedad property depreciation insurance policy

póliza de seguros de desempleo unemployment insurance policy

póliza de seguros de discapacidad disability insurance policy

póliza de seguros de discapacidad a corto plazo short-term disability insurance policy

póliza de seguros de discapacidad a largo plazo long-term disability insurance policy

póliza de seguros de discapacidad grupal group disability insurance policy

póliza de seguros de enfermedad health insurance policy

póliza de seguros de equipaje baggage insurance policy

póliza de seguros de exportación export insurance policy

póliza de seguros de fabricación manufacturing insurance policy

póliza de seguros de fidelidad fidelity insurance policy

póliza de seguros de flete freight insurance policy

póliza de seguros de fondo mutuo mutual fund insurance policy

póliza de seguros de ganado livestock insurance policy

póliza de seguros de gastos de cobros collection expense insurance policy

póliza de seguros de gastos familiares family expense insurance policy

póliza de seguros de gastos generales overhead insurance policy

póliza de seguros de gastos hospitalarios hospital expense insurance policy

póliza de seguros de gastos legales legal expense insurance policy

póliza de seguros de gastos médicos medical expense insurance policy

póliza de seguros de hospitalización hospitalization insurance policy

póliza de seguros de importación import insurance policy

póliza de seguros de incendios fire insurance policy

póliza de seguros de indemnización indemnity insurance policy

póliza de seguros de ingresos income insurance policy

póliza de seguros de ingresos tras discapacidad disability income insurance policy

póliza de seguros de invalidez disability insurance policy

póliza de seguros de manufactura manufacturing insurance policy

póliza de seguros de muerte life insurance policy

póliza de seguros de nómina ordinaria ordinary payroll insurance policy

póliza de seguros de pagos médicos medical payments insurance policy

póliza de seguros de peligro especificado specified peril insurance policy

póliza de seguros de prima estipulada stipulated premium insurance policy

póliza de seguros de primas graduadas graded premium insurance policy

póliza de seguros de primas indeterminadas indeterminate premiums insurance policy

póliza de seguros de procesamiento de datos data processing insurance policy

póliza de seguros de propiedad property insurance policy

póliza de seguros de propiedad y responsabilidad property and liability insurance policy

póliza de seguros de reembolso de ingresos income reimbursement insurance policy

póliza de seguros de reemplazo de ingresos income replacement insurance policy

póliza de seguros de responsabilidad civil liability insurance policy

póliza de seguros de responsabilidad contingente contingent liability insurance policy

póliza de seguros de responsabilidad de ascensor elevator liability insurance policy

póliza de seguros de responsabilidad de director director's liability insurance policy

póliza de seguros de responsabilidad de directores y funcionarios directors and officers liability insurance policy

póliza de seguros de responsabilidad de hospital hospital liability insurance policy

póliza de seguros de responsabilidad de negocios business liability insurance policy

póliza de seguros de responsabilidad del

contratista contractor's liability insurance policy

póliza de seguros de responsabilidad del fabricante manufacturer's liability insurance policy

póliza de seguros de responsabilidad general general liability insurance policy

póliza de seguros de responsabilidad patronal employers' liability insurance policy

póliza de seguros de responsabilidad personal personal liability insurance policy

póliza de seguros de responsabilidad personal global comprehensive personal liability insurance policy

póliza de seguros de responsabilidad por daño de propiedad property damage liability insurance policy

póliza de seguros de responsabilidad por errores y omisiones error and omissions liability insurance policy

póliza de seguros de responsabilidad profesional professional liability insurance policy

póliza de seguros de responsabilidad pública public liability insurance policy

póliza de seguros de responsabilidad pública de automóvil automobile liability insurance policy

póliza de seguros de responsabilidad pública de automóvil compulsorio compulsory automobile liability insurance policy

póliza de seguros de responsabilidad retroactivo retroactive liability insurance policy

póliza de seguros de responsabilidad suplementario supplemental liability insurance policy

póliza de seguros de riesgo especial special risk insurance policy

póliza de seguros de riesgos de constructor builder's risk insurance policy

póliza de seguros de salud comercial business health insurance policy

póliza de seguros de salud condicional conditional health insurance policy

póliza de seguros de salud de empleados employee health insurance policy

póliza de seguros de salud grupal group health insurance policy

póliza de seguros de salud incondicional unconditional health insurance policy

póliza de seguros de salud mental mental health insurance policy

póliza de seguros de salud no cancelable noncancellable health insurance policy

póliza de seguros de salud renovable renewable health insurance policy

póliza de seguros de salud renovable condicional conditional renewable health insurance policy

póliza de seguros de salud renovable garantizado guaranteed renewable health insurance policy

póliza de seguros de salud renovable incondicional unconditional renewable health insurance policy

póliza de seguros de tarjeta de crédito credit card insurance policy

póliza de seguros de término term insurance policy

póliza de seguros de término convertible convertible term insurance policy

póliza de seguros de término decreciente decreasing term life insurance policy

póliza de seguros de término extendido extended term insurance policy

póliza de seguros de término renovable renewable term insurance policy

póliza de seguros de título title insurance policy

póliza de seguros de transporte transportation insurance policy

póliza de seguros de vida life insurance policy

póliza de seguros de vida ajustable adjustable life insurance policy

póliza de seguros de vida comercial business life insurance policy

póliza de seguros de vida con valor en efectivo cash-value life insurance policy

póliza de seguros de vida convertible convertible life insurance policy

póliza de seguros de vida creciente increasing life insurance policy

póliza de seguros de vida de prima única single-premium life insurance policy

póliza de seguros de vida de primas graduadas graded premium life insurance policy

póliza de seguros de vida de término grupal group term life insurance policy

póliza de seguros de vida en vigor life insurance policy in force

póliza de seguros de vida grupal group life insurance policy

póliza de seguros de vida hipotecario mortgage life insurance policy

póliza de seguros de vida individual individual life insurance policy

póliza de seguros de vida indizado indexed life insurance policy

póliza de seguros de vida industrial industrial life insurance policy, debit life insurance policy

póliza de seguros de vida modificado modified life insurance policy

póliza de seguros de vida no cancelable

noncancellable life insurance policy

póliza de seguros de vida normal normal life insurance policy

póliza de seguros de vida ordinario ordinary life insurance policy

póliza de seguros de vida permanente permanent life insurance policy

póliza de seguros de vida permanente grupal group permanent life insurance policy

póliza de seguros de vida renovable renewable life insurance policy

póliza de seguros de vida renovable garantizado guaranteed renewable life insurance policy

póliza de seguros de vida universal universal life insurance policy

póliza de seguros de vida variable variable life insurance policy

póliza de seguros de vida y salud life and health insurance policy

póliza de seguros de vivienda dwelling insurance policy

póliza de seguros dental dental insurance policy

póliza de seguros doble double insurance policy

póliza de seguros dotal endowment insurance policy

póliza de seguros en exceso excess insurance policy

póliza de seguros especial special insurance policy

póliza de seguros especificada specified insurance policy

póliza de seguros específica specific insurance policy

póliza de seguros expirada expired insurance policy

póliza de seguros extranjera foreign insurance policy

póliza de seguros facultativa optional insurance policy

póliza de seguros forzada compulsory insurance policy

póliza de seguros forzosa compulsory insurance policy

póliza de seguros general general insurance policy

póliza de seguros grupal group insurance policy

póliza de seguros grupal prepagada prepaid group insurance policy

póliza de seguros gubernamental government insurance policy

póliza de seguros habitual habitual insurance policy

póliza de seguros hipotecaria mortgage insurance policy

póliza de seguros hipotecaria privada private

mortgage insurance policy

póliza de seguros identificada identified insurance policy

póliza de seguros ilimitada unlimited insurance policy

póliza de seguros incompleta incomplete insurance policy

póliza de seguros incondicional unconditional insurance policy

póliza de seguros indicada indicated insurance policy

póliza de seguros individual individual insurance policy

póliza de seguros industrial industrial insurance policy, debit insurance policy

póliza de seguros innecesaria unnecessary insurance policy

póliza de seguros internacional international insurance policy

póliza de seguros inusual unusual insurance policy

póliza de seguros limitada limited insurance policy

póliza de seguros marítima maritime insurance policy

póliza de seguros médico health insurance policy

póliza de seguros médico de hospital hospital medical insurance policy

póliza de seguros médico suplementario supplemental medical insurance policy

póliza de seguros mercantil commercial insurance policy

póliza de seguros múltiple blanket insurance policy

póliza de seguros municipal municipal insurance policy

póliza de seguros mutuo mutual insurance policy

póliza de seguros nacional national insurance policy

póliza de seguros no cancelable noncancellable insurance policy

póliza de seguros no expirado unexpired insurance policy

póliza de seguros normal normal insurance policy

póliza de seguros obligatoria mandatory insurance policy

póliza de seguros ordinaria ordinary insurance policy

póliza de seguros original original insurance policy

póliza de seguros parcial partial insurance policy

póliza de seguros patronal employers' insurance policy

póliza de seguros permanente permanent insurance policy

póliza de seguros perpetua perpetual insurance policy

póliza de seguros personal personal insurance policy

póliza de seguros prepagada prepaid insurance policy

póliza de seguros primaria primary insurance policy

póliza de seguros privada private insurance policy

póliza de seguros provisional provisional insurance policy

póliza de seguros puente bridge insurance policy

póliza de seguros recíproca reciprocal insurance policy

póliza de seguros renovable renewable insurance policy

póliza de seguros renovable garantizado guaranteed renewable insurance policy

póliza de seguros requerida required insurance policy

póliza de seguros restringida restricted insurance policy

póliza de seguros retroactiva retroactive insurance policy

póliza de seguros sin restricciones unrestricted insurance policy

póliza de seguros sobre artículos personales personal articles insurance policy

póliza de seguros sobre la vida life insurance policy

póliza de seguros social social security, social insurance policy

póliza de seguros temporal temporary insurance policy

póliza de seguros usual usual insurance policy

póliza de valor declarado valued policy

póliza dotal endowment policy

póliza especial special policy

póliza estándar standard policy

póliza expirada expired policy

póliza extendida extended policy

póliza familiar family policy

póliza flotante floater policy

póliza global comprehensive policy

póliza graduada graded policy

póliza ilimitada unlimited policy

póliza incontestable incontestable policy

póliza individual individual policy

póliza indizada indexed policy

póliza limitada limited policy

póliza mixta mixed policy

póliza no expirada unexpired policy

póliza no transferible nonassignable policy

póliza perdida lost policy

póliza rechazada rejected policy

póliza rehusada refused policy

póliza renovable renewable policy

póliza restringida restricted policy

póliza sin participación nonparticipating policy

póliza sin restricciones unrestricted policy

póliza suplementaria supplemental policy

póliza suspendida suspended policy

póliza valorada valued policy

polizón *m* stowaway, vagabond

polución *f* pollution

poluto polluted

pólvora *f* gunpowder, bad temper

ponderación *f* consideration, balance, exaggeration

ponderar to ponder, to balance, to exaggerate

ponencia *f* report, post of a reporter, opinion, proposal, judgment, post of a chairperson

ponente *m* proposer, reporter, justice who submits an opinion, arbitrator, chairperson

poner to put, to suppose

poner en claro to clarify

poner en conocimiento to make known

poner en cuenta to deposit into account

poner en libertad to liberate

poner en libertad de una obligación to liberate from an obligation

poner en orden to put in order

poner la firma to sign

poner pleito to sue

poner por escrito to put in writing

poner término to conclude

poner una demanda to file a claim

poner una objeción to object

ponerse de acuerdo to come to an agreement

popular popular

popularmente popularly

por for, through, around, by

por adelantado in advance

por avalúo according to value

por cabeza by the head, per capita

por ciento percent

por consiguiente consequently

por contrato by contract

por cuanto whereas

por cuenta de alguien in someone's name

por cuenta y riesgo de for account and risk of

por departamento de la ley by operation of law

por encargo by authority

por estirpe by representation, per class, per stripes

por forma as a matter of form, pro forma

por gracia by favor

por la presente hereby

por lo tanto therefore

por mayor wholesale

por menor retail

por ministerio de la ley by operation of law

por oídas hearsay

por poder by proxy, by power of attorney
por procuración by proxy, by power of attorney
por separado separately
por si in case
por si mismo in itself
por último finally
por unanimidad unanimously
porcentaje *m* percentage
porcentaje de alcohol percentage of alcohol
porcentaje de coaseguro coinsurance percentage
porciento *m* percentage
porción *f* portion, share
porción disponible disposable portion
porción legítima legitime
porcionero *m* participant
porcionero (adj) participating
porcionista *m/f* shareholder
pormenor detail
pormenorizar to itemize, to go into detail
pornografía *f* pornography
pornográfico pornographic
portadocumentos *m* briefcase
portador *m* bearer, carrier
portafolio *m* portfolio, briefcase
portar to bear
portar armas to bear arms
portar un arma to carry a weapon
portar un arma oculta to carry a concealed weapon
portavoz *m/f* speaker
portazgar to charge a toll
portazgo *m* toll, tollhouse
portazguero *m* toll collector
porte *m* behavior, bearing, transporting, transport charge, capacity, postage
porte bruto tonnage
porte debido freight owing
porte pagado freight prepaid
porte total tonnage
porteador *m* carrier
porteador inicial initial carrier
porteador público common carrier
portear to carry, to transport
porteo *m* carrying
portero *m* porter, janitor
portero de estrados bailiff
portuario pertaining to a port
posdata *f* postscript
posdatar to postdate
poseedor *m* possessor
poseedor de buena fe holder in good faith
poseedor de mala fe holder in bad faith
poseedor de patente patentee
poseedor lícito licit possessor
poseer to possess
poseerse to control oneself
poseído possessed

poseído ilegalmente illegally possessed
poseído ilícitamente illicitly possessed
poseído legalmente legally possessed
poseído lícitamente licitly possessed
posesión *f* possession, property, enjoyment, taking office
posesión actual actual possession
posesión adversa adverse possession
posesión adversa continua continuous adverse possession
posesión aparente apparent possession
posesión artificial constructive possession
posesión artificiosa constructive possession
posesión civil civil possession
posesión constructiva constructive possession
posesión continua continuous possession
posesión de buena fe possession in good faith
posesión de cosas muebles possession of personal property
posesión de derecho constructive possession
posesión de hecho actual possession
posesión de jure constructive possession
posesión de mala fe possession in bad faith
posesión derivada derivative possession
posesión directa direct possession
posesión efectiva actual possession
posesión en común joint possession
posesión evidente evident possession
posesión exclusiva exclusive possession
posesión explícita explicit possession
posesión fingida constructive possession
posesión hostil hostile possession
posesión ilegal illegal possession
posesión ilegítima unlawful possession
posesión ilícita illicit possession
posesión imaginaria constructive possession
posesión implícita constructive possession
posesión impropia improper possession
posesión inapropiada inappropriate possession
posesión incompleta incomplete possession
posesión indirecta indirect possession
posesión inmemorial immemorial possession
posesión judicial possession obtained through a court order
posesión jurídica constructive possession
posesión justa rightful possession
posesión legal constructive possession
posesión legítima rightful possession
posesión lícita licit possession
posesión manifiesta manifest possession
posesión natural natural possession
posesión no interrumpida continuous possession
posesión notoria notorious possession
posesión nuda naked possession
posesión obvia obvious possession
posesión pacífica peaceable possession
posesión parcial partial possession

posesión patente open possession
posesión por años determinados estate for years
posesión por tolerancia tenancy at sufferance
posesión precaria precarious possession
posesión presunta presumptive possession
posesión pública open and notorious possession
posesión real actual possession
posesión simbólica constructive possession
posesión temporal temporary possession
posesión vacante vacant possession
posesión viciosa illegal possession
posesión violenta violent possession
posesional possessional
posesionar to give possession to, to install
posesionarse to take possession of, to take office
posesor *m* possessor
posesorio possessory
posfecha *f* postdate
posfechado postdated
posfechar to postdate
posibilidad *f* possibility, capacity
posibilidad de pérdida chance of loss
posibilidad remota remote possibility
posibilitar to make possible
posible possible
posición *f* position, interrogatory, supposition
posición de negociación bargaining position
posición desfavorable unfavorable position
posición favorable favorable position
posición financiera financial position
posiciones *m* interrogatory
positivamente positively
positivista positivist
positivo positive
posliminio *m* postliminy
posponer to postpone, to place after
posponer un caso to postpone a case
posposición *f* postponement, subordination
possessio possession
possessio bona fide possession in good faith
possessio mala fide possession in bad faith
possessio naturalis natural possession
post after, post
post diem after the day
post facto after the fact
post hoc after this
post mortem after death, post-mortem
postal postal
postdata *f* postscript
postdatar to postdate
postergación *f* postponement, passing over, holding back
postergado postponed, passed over, held back
postergar to postpone, to pass over, to hold back
posteridad *f* posterity

posterior posterior
posterioridad *f* posteriority
posteriormente subsequently
postliminio *m* postliminy
postor *m* bidder
postor favorecido successful bidder
postor mayor highest bidder
postor responsable responsible bidder
postrar to prostrate, to overthrow, to debilitate
postremo last
postrero last
póstula *f* request, application, nomination
postulación *f* request, application, nomination
postulante *m/f* requester, applicant, nominee
postular to request, to apply, to nominate
póstumo posthumous
postura *f* posture, bid, stake
potencia *f* power
potencia militar military power
potencial potential
potencialidad *f* potentiality
potente potent
potestad *f* authority, jurisdiction
potestad discrecional discretionary authority
potestad libre unlimited authority
potestad paterna paternal authority
potestad pública public authority
potestativo facultative
práctica *f* practice, custom, method, apprenticeship
práctica acostumbrada accustomed practice
práctica comercial trade practice
práctica de inversión normal normal investment practice
práctica de inversión ordinaria ordinary investment practice
práctica deshonesta dishonest practice
práctica desleal unfair competition
práctica engañosa deceptive practice
práctica forense practice of law, clerkship
práctica fraudulenta fraudulent practice
práctica habitual habitual practice
práctica ilícita illicit practice
práctica inapropiada inappropriate practice
práctica indebida improper practice
práctica inusual unusual practice
práctica irregular irregular practice
práctica laboral injusta unfair labor practice
práctica legal legal practice
práctica lícita licit practice
práctica profesional professional practice
práctica regular regular practice
práctica usual usual practice
practicable practicable
practicado ilegalmente illegally practiced
practicado ilícitamente illicitly practiced
prácticamente practically
practicante *m/f* apprentice

practicante (adj) practicing
practicar to practice, to carry out
practicar una liquidación to settle
practicar una necropsia to perform an
    autopsy
practicar una tasación to appraise
prácticas colusorias collusive practices
prácticas comerciales business practices
prácticas contables accounting practices
prácticas de competencia injustas unfair
    trade practices
prácticas injustas unfair practices
prácticas laborales labor practices
práctico *m* pilot
práctico (adj) practical, expert
práctico de puerto harbor pilot
pragmática *f* decree, law
pragmático *m* interpreter of laws
pragmático (adj) pragmatic
pragmatismo *m* pragmatism
pragmatismo jurídico legal pragmatism
pragmatista *m/f* pragmatist
preámbulo *m* preamble, digression
preaprobado pre-approved
prearrendamiento *m* pre-lease
preautorizado preauthorized
preavisar to give notice
preaviso *m* notice
precariamente precariously
precario precarious
precaución *f* precaution
precaución irrazonable unreasonable
    precaution
precaución razonable reasonable precaution
precaucionarse to take precautions
precautelar to take precautions against
precautorio precautionary
precaver to provide against, to prevent
precavidamente cautiously
precavido cautious
precedencia *f* precedence
precedente *m* precedent
precedente (adj) preceding
precedente judicial judicial precedent
precedente legal legal precedent
preceder to precede
preceptivo preceptive
precepto *m* precept
precepto de ley legal precept
precepto legal legal precept
preceptor *m* preceptor
preceptuar to issue as a precept, to command
preciado esteemed, valuable
preciador *m* appraiser
preciar to appraise, to price
precinta *f* revenue stamp
precintar to seal
precinto *m* strap, placing of straps
precio *m* price, worth, consideration

precio abusivo abusive price
precio administrado administered price
precio afectivo sentimental value
precio ajustado agreed-upon price
precio al consumidor consumer price
precio al contado cash price
precio al por mayor wholesale price
precio alzado fixed price
precio base base price
precio callejero street price, fair market value
precio cierto set price
precio competitivo competitive price
precio completo full price
precio contractual contract price
precio convenido agreed price
precio corriente fair market value
precio cotizado quoted price
precio de adquisición purchase price
precio de apertura opening price
precio de avalúo assessed price
precio de cierre closing price
precio de contrato contract price
precio de costo cost price
precio de fábrica cost price
precio de factura invoice price
precio de liquidación liquidation price
precio de lista list price
precio de mercado fair market value
precio de plaza fair market value
precio de reposición replacement price
precio de reventa resale price
precio de venta sales price
precio de venta establecido established
    selling price
precio efectivo effective price
precio en el mercado fair market value
precio entero entire price
precio especificado specified price
precio específico specific price
precio estipulado stipulated price
precio fijo set price
precio final final price
precio fraudulento fraudulent price
precio global lump sum
precio identificado identified price
precio incierto indeterminate price
precio indicado indicated price
precio inferido inferred price
precio irrazonable unreasonable price
precio justo fair price
precio justo y razonable fair and reasonable
    value
precio legal price set by law
precio líquido net price, cash price
precio máximo maximum price, ceiling price
precio mínimo minimum price, upset price
precio mínimo fijado upset price
precio negociado negotiated price
precio neto net price

precio nominal par value
precio oficial official price
precio ordinario fair market value
precio pagado purchase price
precio predeterminado predetermined price
precio preestablecido preset price
precio prevaleciente prevailing price
precio prohibitivo prohibitive price
precio razonable reasonable price
precio razonable en el mercado reasonable
  market price
precio real actual price
precio reducido reduced price
precio sostenido support price
precio subsidiado subsidized price
precio tácito tacit price
precio techo ceiling price
precio tope ceiling price
precio total full price
precio umbral threshold price
precio variable variable price
precio vil dumping price
precios intervenidos controlled prices
precipitación *f* precipitation
precipitadamente precipitately
precipuamente principally
precisamente precisely
precisar to state precisely, to compel
precisión *f* precision, necessity
preciso precise, indispensable, distinct
precitado above-mentioned
preclusión *f* preclusion, estoppel
preclusivo preclusive
precocidad *f* precocity
precomputado precomputed
precomputar to precompute
preconcebir to preconceive
precondición *f* precondition
precontractual precontractual
precontrato *m* precontract, letter of intent
precontribuciones pretax
precoz precocious
precursor *m* precursor
predecesor *m* predecessor
predestinado predestined
predeterminado predetermined
predial predial
predilecto preferred
predio *m* real estate, property, estate, lot
predio ajeno another's real estate
predio dominante dominant tenement
predio edificado improved property
predio enclavado landlocked property
predio rural rural property
predio rústico rural property
predio sirviente servient tenement
predio suburbano suburban property
predio superior dominant tenement
predio urbano urban property

predisponer to predispose, to prearrange
predisposición *f* predisposition
predispuesto predisposed
predominación *f* predominance
predominancia *f* predominance
predominante predominant
predominar to predominate, to overlook
predominio *m* predominance
preelegir to elect beforehand
preeminencia *f* preeminence, privilege
preeminente preeminent, privileged
preestablecido preestablished
preexistencia *f* preexistence
preexistente preexistent
prefabricado prefabricated
prefabricar to prefabricate
prefecto *m* prefect
prefectura *f* prefecture
prefectura de policía police headquarters
preferencia *f* preference
preferencia contributiva tax preference
preferencia en el paso right of way
preferencia fiscal tax preference
preferencia impositiva tax preference
preferencia tributaria tax preference
preferencial preferential
preferente preferred, preferential
preferentemente preferably
preferir to prefer
prefijar to prearrange
prefinanciamiento *m* prefinancing
prefinir to set a term for
pregón *m* public proclamation
pregonar to proclaim, to proclaim publicly, to
  peddle, to prohibit
pregonero *m* street vendor, town-crier
pregunta *f* question
pregunta académica academic question
pregunta capciosa captious question
pregunta categórica categorical question
pregunta hipotética hypothetical question
pregunta impertinente impertinent question,
  irrelevant question
pregunta incidental incidental question
pregunta objetable objectionable question
pregunta que insinúa respuesta leading
  question
pregunta sugestiva leading question
preguntar to ask, to interrogate
preguntas a testigos interrogation of
  witnesses
preguntas generales de la ley standard
  questions for witnesses which include
  asking their name and age and so on
preimpuestos pretax
preinserto previously inserted
prejudicial pre-judicial, requiring a
  preliminary decision, requesting a
  preliminary decision

prejuicio *m* prejudice, prejudgment
prejuicio racial racial prejudice
prejuzgamiento *m* prejudice, prejudgment
prejuzgar to prejudge
prelación *f* priority, marshaling
prelación de créditos marshaling assets
preliminar preliminary
preliminarmente preliminarily
prelusión *f* preface
premarital premarital
prematuro premature
premeditación *f* premeditation, malice
    aforethought
premeditadamente premeditatedly, with
    malice aforethought
premeditado premeditated
premeditar to premeditate
premiar to award
premio *m* prize, award, premium, bonus
premio del seguro insurance premium
premisa *f* premise, indication
premiso preceding
premoriencia *f* predecease
premoriente predeceasing
premorir to predecease
premostrar to preview
premuerto *m* predeceased
prenatal prenatal
prenda *f* pledge, pledge agreement, security,
    guaranty, chattel mortgage, household
    article, garment, jewel
prenda agraria pledge of agricultural
    equipment
prenda agrícola pledge of agricultural
    equipment
prenda fija pledge
prenda sobre valores pledge of securities
prendado pledged
prendador *m* pledger
prendamiento *m* pledging
prendar to pledge, to give as security
prendario pertaining to a pledge
prender to detain, to arrest, to secure
prendimiento *m* detention, arrest
prenombrado above-mentioned
prenotificación *f* prenotification
prensa *f* the press
prensa amarilla yellow press
prenupcial prenuptial
preñar to impregnate
preñada pregnant
preñado *m* pregnancy
preñez *f* pregnancy, impending trouble,
    confusion
preocupación *f* preoccupation
preocupar to preoccupy
prepagado prepaid
prepagar to prepay
prepago *m* prepayment

prepago de contribuciones prepayment of
    taxes
prepago de impuestos prepayment of taxes
prepago de intereses prepayment of interest
prepago de primas prepayment of premiums
prepago de principal prepayment of principal
prepago de seguros prepayment of insurance
preparación *f* preparation
preparación adecuada adequate preparation
preparación suficiente sufficient preparation
preparado prepared
preparar to prepare
preparativo preparative
preponderancia *f* preponderance
preponderante preponderant
preponderar to preponderate
prerrequisito *m* prerequisite
prerrogativa *f* prerogative
prerrogativa soberana sovereign prerogative
presa *f* capture, booty, dam, sluice
presagio *m* presage
prescindencia *f* omission
prescindible dispensable
prescindir to omit
prescribir to prescribe, to acquire by
    prescription, to acquire by adverse
    possession, to lapse
prescripción *f* prescription, extinguishment,
    adverse possession, limitation, lapsing
prescripción adquisitiva adverse possession,
    prescription
prescripción criminal criminal statute of
    limitations
prescripción de acción limitation of action
prescripción del dominio adverse possession,
    prescription
prescripción en las obligaciones lapse of
    obligations
prescripción extintiva extinction of an
    obligation through prescription
prescripción liberatoria limitation of action
prescripción negativa negative prescription
prescripción ordinaria adverse possession,
    prescription
prescripción penal criminal statute of
    limitations
prescripción positiva positive prescription
prescriptible prescriptible, lapsable
prescriptivo prescriptive
prescripto prescribed, lapsed, barred by
    statute of limitations
prescrito prescribed, lapsed, barred by statute
    of limitations
presencia *f* presence
presencialmente in person
presenciar to attend, to witness
presentable presentable
presentación *f* presentation, petition
presentación de credenciales presentation of

credentials
presentación de documentos presentation of documents
presentación de evidencia presentation of evidence
presentación de la letra de cambio presentation of the bill of exchange
presentación de testimonio presentation of testimony
presentante presenting
presentar to present
presentar evidencia to present evidence
presentar formalmente to present formally
presentar prueba to produce proof, to produce evidence
presentar un recurso to file an appeal
presentar una moción to present a motion
presentar una oferta to present an offer
presentarse to appear, to appear in court
presente present, delivered by hand
presentemente presently
preservación f preservation, custody
preservar to preserve
presidencia f presidency, presidential term, office of a chairperson
presidencial presidential
presidente m president, chairperson, presiding officer, presiding judge, speaker
presidente actuante acting president
presidente de facto president in fact, de facto president
presidente de la corte suprema chief justice
presidente de la junta presiding officer, chairperson of the board
presidente de la nación president of the nation
presidente de la república president of the nation
presidente de mesa presiding officer
presidente del consejo presiding officer, chairperson of the board
presidente del jurado president of the jury
presidente del tribunal supremo chief justice
presidente electo president-elect
presidente interino interim president
presidiable imprisonable
presidiario m convict
presidio m presidio, prison, imprisonment, convicts collectively
presidio perpetuo life imprisonment
presidir to preside
presión f pressure
presionar to pressure
preso m prisoner, convict
preso (adj) imprisoned, arrested
prestación f lending, consideration, rendering, loan, payment
prestación de servicios rendering of services
prestación específica specific performance

prestación social social service
prestado loaned
prestado ilegalmente illegally loaned
prestado ilícitamente illicitly loaned
prestador m lender
prestador (adj) lending
prestador a la gruesa lender on bottomry
prestador autorizado licensed lender
prestador elegible eligible lender
prestamente promptly
prestamista m/f lender
prestamista autorizado licensed lender
prestamista elegible eligible lender
préstamo m loan, loan contract
préstamo a corto plazo short-term loan
préstamo a la demanda demand loan
préstamo a la gruesa bottomry
préstamo a la vista demand loan
préstamo a largo plazo long-term loan
préstamo a plazo fijo time loan
préstamo a riesgo marítimo bottomry
préstamo agrícola agricultural loan
préstamo asegurado insured loan
préstamo colateralizado collateralized loan
préstamo con garantía guaranteed loan
préstamo con interés loan with interest
préstamo con participación participation loan
préstamo de consumo loan for consumption
préstamo de dinero monetary loan
préstamo de tasa ajustable adjustable-rate loan
préstamo de tasa constante constant rate loan
préstamo de uso loan for use
préstamo diario day loan
préstamo dudoso doubtful loan
préstamo extranjero foreign loan
préstamo fiduciario fiduciary loan
préstamo garantizado guaranteed loan
préstamo hipotecario mortgage loan
préstamo ilegal illegal loan
préstamo ilícito illicit loan
préstamo incobrable uncollectible loan
préstamo interino bridge loan
préstamo internacional international loan
préstamo mercantil commercial loan
préstamo no asegurado uninsured loan
préstamo para edificación building loan
préstamo quirografario unsecured loan
préstamo simple loan for consumption
préstamo sin garantía unsecured loan
préstamo sobre póliza policy loan
préstamo usurario usurious loan
prestanombre m straw party
prestar to loan, to render, to assist, to borrow, to give
prestar fianza to furnish bail
prestar garantía to offer a guaranty
prestar juramento to take oath
prestatario m borrower

prestatario (adj) borrowing
prestatario conjunto joint borrower
prestatario elegible eligible borrower
prestigio *m* prestige, deception
prestigioso prestigious, deceptive
presto (adj) quick, ready
presto (adv) immediately
presumible presumable
presumir to presume
presumir inocencia to presume innocence
presunción *f* presumption
presunción absoluta conclusive presumption
presunción concluyente conclusive
  presumption
presunción de ausencia presumption of
  absence
presunción de autoridad presumption of
  authority
presunción de culpa presumption of guilt
presunción de culpabilidad presumption of
  guilt
presunción de derecho presumption of law
presunción de entrega presumption of
  delivery
presunción de fallecimiento presumption of
  death
presunción de hecho presumption of fact
presunción de inculpabilidad presumption of
  innocence
presunción de inocencia presumption of
  innocence
presunción de intención presumption of
  intention
presunción de ley presumption of law
presunción de matrimonio presumption of
  marriage
presunción de muerte presumption of death
presunción de pago presumption of payment
presunción de paternidad presumption of
  paternity
presunción de supervivencia presumption of
  survivorship
presunción de veracidad presumption of
  veracity
presunción dudosa rebuttable presumption
presunción estatutaria statutory presumption
presunción inconsistente inconsistent
  presumption
presunción irrazonable unreasonable
  presumption
presunción judicial judicial presumption
presunción juris et de jure conclusive
  presumption
presunción juris tantum rebuttable
  presumption
presunción legal presumption of law
presunción mixta mixed presumption
presunción razonable reasonable presumption
presunción rebatible rebuttable presumption

presunción refutable rebuttable presumption
presunción relativa rebuttable presumption
presunción vehemente violent presumption
presunción violenta violent presumption
presuncional presumptive
presunciones en el arrendamiento
  presumptions pertaining the lease
presunciones en el seguro presumptions
  pertaining to the insurance
presunciones en la donación presumptions
  pertaining to the donation
presunciones en las sucesiones presumptions
  pertaining to successions
presunciones en los contratos presumptions
  pertaining to contracts
presunciones jurídicas artificial presumptions
presuntamente presumably
presuntivamente conjecturally
presuntivo presumed
presunto presumed
presunto heredero heir presumptive
presuponer to presuppose, to budget
presuposición *f* presupposition
presupuestación *f* budgeting
presupuestar to budget
presupuestario budgetary
presupuesto *m* budget, supposition, motive
presupuesto (adj) presupposed, estimated
presupuestos procesales rules of procedure
pretender to try, to claim
pretendiente *m* claimant, candidate
pretensión *f* pretension, cause of action,
  intention
preterición *f* pretermission
preterintencional unintentional,
  unpremeditated
preterintencionalidad *f* result of a crime
  which exceeds the intentions of the
  perpetrator
preterir to pretermit
pretérito pretermitted
pretermisión *f* pretermission
pretermitir to pretermit
pretexto *m* pretext
pretributaciones pretax
prevalecer to prevail
prevaleciente prevailing
prevaler to prevail
prevalerse de to take advantage of
prevaricación *f* prevarication, breach of duty,
  breach of trust
prevaricador *m* prevaricator, person who
  commits a breach of duty, person who
  commits a breach of trust
prevaricar to prevaricate, to commit a breach
  of duty, to commit a breach of trust
prevaricato *m* prevarication, breach of duty,
  breach of trust
prevención *f* prevention, warning, prejudice,

police jail, preliminary hearing
prevención de accidentes accident prevention
prevención de pérdidas loss prevention
prevención social social security
prevenidamente with preparation, with prevention, previously
prevenido warned, prepared, cautious
prevenir to warn, to prevent, to prejudice, to conduct a preliminary hearing
prevenirse to take precautions, to get ready
preventa *f* presale
preventiva *f* preventive detention, temporary detention
preventivamente preventively
preventivo preventive
prever to anticipate
previa inscripción prior registration
previamente previously
previo previous, subject to
previo acuerdo subject to agreement
previo pago against payment
previsibilidad *f* foreseeability
previsible foreseeable
previsión *f* prevision, foresight
previsión social social security
previsor foresighted, prudent
previsto foreseen
prima *f* premium, bonus, female cousin
prima a la producción productivity bonus
prima adicional extra premium
prima anual annual premium
prima aumentada increased premium
prima base base premium
prima de reaseguro reinsurance premium
prima de seguros insurance premium
prima de seguros básica basic insurance premium
prima extra extra premium
prima facie at first sight, presumably, prima facie
prima fija fixed premium
prima financiada financed premium
prima irrazonable unreasonable premium
prima máxima maximum premium
prima neta net premium
prima por riesgo risk premium
prima provisional provisional premium
prima temporal temporary premium
prima única single premium
prima variable variable premium
primacía *f* primacy
primariamente primarily
primario primary, first
primas diferidas deferred premiums
primazgo *m* cousinship
primer first
primer acto criminal first criminal act
primer cargo first charge
primer gravamen first encumbrance

primera condena first conviction
primera condena criminal first criminal conviction
primera delincuencia first offense
primera etapa first stage
primera hipoteca first mortgage
primera impresión first impression
primera instancia first instance
primera opción first option
primeramente firstly, before
primero first, foremost, original
primo *m* cousin, male cousin
primo carnal first cousin
primo hermano first cousin
primo segundo second cousin
primogénito *m* first born, eldest
primogenitura *f* primogeniture
primordial primordial
principada *f* abuse of authority
principal *m* principal, chief
principal (adj) principal, foremost
principalidad *f* preeminence
principalmente principally
principio *m* principle, beginning
principio legal legal principle
principios generales del derecho general principles of law
prioridad *f* priority, seniority
prioridad de paso right of way
prisa *f* haste, promptness, wild fight
prisión *f* prison, imprisonment, capture, arrest
prisión de estado state prison
prisión estatal state prison
prisión federal federal prison
prisión ilegal false imprisonment
prisión incomunicada solitary confinement
prisión local local prison
prisión mayor long-term imprisonment
prisión menor short-term imprisonment
prisión militar military imprisonment, military prison
prisión perpetua life imprisonment
prisión preventiva preventive detention, temporary detention
prisión vitalicia life imprisonment
prisionero *m* prisoner
prisionero de guerra prisoner of war
privacidad *f* privacy
privacidad de datos data privacy
privacidad financiera financial privacy
privación *f* privation, want, dispossession
privación de derechos deprivation of rights
privación de libertad deprivation of freedom
privadamente privately
privado private, unconscious
privar to deprive, to prohibit, to impede, to dispossess, to knock unconscious
privar de derechos to deprive of rights
privar de empleo to deprive of employment

privar de vida to deprive of life
privarse to deprive oneself, to abstain, to lose consciousness
privatista *m* expert in private law
privativamente privately, exclusively, personally
privativo privative, exclusive, personal
privatización *f* privatization
privigna a step-daughter
privignus a step-son
privilegiado privileged, patented
privilegiar to privilege, to grant a privilege to, to grant a patent, to create a lien
privilegio *m* privilege, patent, copyright
privilegio absoluto absolute privilege
privilegio bancario banker's lien
privilegio cancelado satisfied lien
privilegio civil creditor's privilege over others
privilegio condicional conditional privilege
privilegio convencional conventional privilege
privilegio de acreedores creditors' privilege
privilegio de avocación right of a superior court to take jurisdiction from a lower one
privilegio de industria professional license
privilegio de introducción rights on a foreign product
privilegio de invención patent
privilegio de retención de título title retention
privilegio de suscripción subscription privilege
privilegio del abogado attorney's privilege, attorney's lien
privilegio del agente agent's lien
privilegio del arrendador landlord's lien
privilegio del constructor mechanic's lien
privilegio del factor factor's lien
privilegio del transportador carrier's lien
privilegio del transportista carrier's lien
privilegio del vendedor vendor's lien
privilegio equitativo equitable lien
privilegio especial special privilege
privilegio específico specific lien, specific privilege
privilegio estatutario statutory lien
privilegio general general lien, general privilege
privilegio involuntario involuntary lien
privilegio judicial judicial lien
privilegio liquidado satisfied lien
privilegio negativo exemption
privilegio perfeccionado perfected lien
privilegio perpetuo perpetual lien, perpetual privilege
privilegio personal personal privilege
privilegio por fallo judgment lien
privilegio por fallo judicial judgment lien
privilegio previo prior lien
privilegio subyacente underlying lien
privilegio voluntario voluntary lien

privilegios concurrentes concurrent liens
privilegios e inmunidades privileges and immunities
privilegios sobre bienes inmuebles creditors' privileges concerning real property
privilegios sobre bienes muebles creditors' privileges concerning personal property
pro *m/f* profit, benefit
pro bono for the good, services rendered for free, pro bono
pro bono publico for the public good
pro forma as a matter of form, pro forma
pro fórmula as a matter of form, pro forma
pro indiviso undivided, in common, pro indiviso
pro rata proportionately, pro rata
pro se for one's self
pro socio for a partner
pro tempore temporarily, pro tempore
proamita a sister of a grandfather
proavia a great-grandmother
proavunculus a brother of a great-grandmother, a brother of a great-grandfather
proavus a great-grandfather
probabilidad *f* probability, provability
probabilidad razonable reasonable probability
probable probable, provable
probablemente probably
probado legalmente legally evidenced
probado lícitamente licitly evidenced
probanza *f* proof, proving, evidence
probar to prove, to test
probar culpabilidad to prove guilt
probar inocencia to prove innocence
probar una coartada to establish an alibi
probatoria *f* probative period
probatorio probative, probatory
probidad *f* probity
problema *m* problem
problemático problematic
probo upright
procacidad *f* impudence
procaz impudent
procedencia *f* origin, legal basis, justification
procedente originating, lawful, justified, according to custom
proceder *m* behavior, procedure
proceder (v) to proceed, to be lawful, to be proper
procedimental procedural
procedimiento *m* procedure, process, proceedings
procedimiento administrativo administrative proceeding
procedimiento anómalo anomalous proceeding
procedimiento arbitral arbitration proceeding

procedimiento civil civil proceeding, civil procedure
procedimiento colateral collateral proceeding
procedimiento contencioso administrativo administrative proceeding
procedimiento criminal criminal proceeding, criminal procedure
procedimiento de aceptación acceptance procedure
procedimiento de oficio court-initiated proceedings
procedimiento de rechazo refusal procedure
procedimiento ejecutivo executory process
procedimiento escrito written proceedings
procedimiento especial special proceeding
procedimiento extraordinario special proceeding
procedimiento fijo fixed procedure
procedimiento habitual habitual procedure
procedimiento informal informal proceeding
procedimiento inquisitivo inquisition
procedimiento inusual unusual procedure
procedimiento irregular irregular procedure
procedimiento judicial judicial proceeding
procedimiento legal legal procedure
procedimiento legislativo legislative proceeding
procedimiento normal normal procedure
procedimiento oficial official proceeding
procedimiento oral oral proceedings
procedimiento ordinario ordinary proceeding
procedimiento parlamentario parliamentary proceeding
procedimiento penal criminal proceeding, criminal procedure
procedimiento pendiente pending proceeding
procedimiento regular regular procedure
procedimiento sumario summary proceeding, summary procedure
procedimiento usual usual procedure
procedimientos de aduana customs procedures
procedimientos de auditoría auditing procedures
procesado *m* accused, defendant
procesado (adj) accused, indicted, prosecuted, arraigned, processed
procesado legalmente legally processed
procesado lícitamente licitly processed
procesal procedural
procesalista *m/f* attorney specializing in procedural law
procesamiento *m* processing, indictment, prosecution, arraignment
procesamiento de cheques check processing
procesamiento de datos automatizado automated data processing
procesamiento de datos electrónico electronic data processing

procesamiento de información information processing
procesamiento de préstamos loan processing
procesar to process, to indict, to prosecute, to sue, to arraign
proceso *m* process, proceeding, trial, suit, action, criminal action, litigation, lapse of time
proceso accesorio collateral action
proceso acumulativo joinder
proceso acusatorio accusatory process
proceso adjudicatorio adjudicatory process
proceso administrativo administrative process, administrative action
proceso anormal irregular process
proceso arbitral arbitration proceedings
proceso auxiliar ancillary proceedings
proceso caucionable bailable process
proceso cautelar provisional remedy
proceso civil civil action, civil proceedings
proceso cognoscitivo test action
proceso colectivo joint action
proceso comercial commercial action
proceso conjunto joint proceeding
proceso concursal bankruptcy proceedings
proceso constitutivo test action
proceso contencioso contested proceedings
proceso criminal criminal action, criminal proceedings
proceso de apelación appellate proceedings
proceso de árbitros arbitration process
proceso de auditoría auditing process
proceso de avenencia arbitration process
proceso de cognición test action
proceso de concurso bankruptcy proceedings
proceso de condena criminal action
proceso de desahucio eviction proceedings, dispossess proceedings
proceso de desalojo eviction proceedings, dispossess proceedings
proceso de divorcio divorce proceedings
proceso de ejecución executory proceedings
proceso de embargo attachment proceedings
proceso de enajenación forzosa condemnation proceedings
proceso de herencia vacante intestacy proceedings
proceso de insolvencia bankruptcy proceedings
proceso de lanzamiento dispossess proceedings, eviction proceedings
proceso de mayor cuantía proceeding concerning a large claim
proceso de menor cuantía proceeding concerning a small claim
proceso de negociación negotiation process
proceso de quiebra bankruptcy proceedings
proceso de rehabilitación discharge proceedings

proceso de sucesión probate proceedings
proceso de testamentaría probate proceedings
proceso declarativo declaratory action
proceso dispositivo test action
proceso ejecutivo executory proceedings
proceso electoral electoral process
proceso en rebeldía process in absentia
proceso especial special proceeding
proceso extraordinario summary proceedings
proceso final final process
proceso habitual habitual process
proceso hipotecario foreclosure process
proceso ilegal illegal process
proceso ilícito illicit process
proceso imparcial impartial proceedings
proceso incidental collateral action
proceso inicial original process
proceso intestado intestacy proceedings
proceso inusual unusual process
proceso irregular irregular process
proceso judicial judicial process
proceso jurisdiccional jurisdictional process
proceso laboral action based on labor law
proceso legal lawful process
proceso lícito licit process
proceso lógico logical process
proceso mixto mixed action
proceso normal normal process
proceso ordinario ordinary process
proceso patentado patented process
proceso penal criminal action, criminal process
proceso principal principal action
proceso regular regular process
proceso simple ordinary proceedings
proceso simulado simulated action
proceso sucesorio probate proceedings
proceso sumario summary proceedings
proceso testamentario probate, testamentary proceedings
proceso usual usual process
proclama *f* proclamation
proclamación *f* proclamation, public acclaim
proclamar to proclaim, to acclaim
proclamarse to proclaim oneself
proclamas de matrimonio banns of matrimony
proclamas matrimoniales banns of matrimony
proclividad *f* proclivity
procomún *m* public welfare
procreación *f* procreation
procuración *f* procuration, proxy, power of attorney, law office, attorneyship, diligent management
procuración expresa express procuration
procuración implícita implied procuration
procuración inferida inferred procuration

procuración tácita tacit procuration
procurador *m* procurator, attorney, barrister, agent, town-clerk, town treasurer
procurador de tribunales attorney, barrister, attorney at law, legal representative
procurador en juicio trial attorney
procurador fiscal prosecutor, prosecuting attorney
procurador general attorney general
procurador judicial attorney, barrister, attorney at law, legal representative
procuraduría *f* law office, attorneyship
procuraduría general office of an attorney general
procurar to procure, to endeavor, to represent, to manage for another, to produce
prodición *f* treason
prodigalidad *f* prodigality, lavishness
pródigamente prodigally, lavishly
prodigar to squander, to lavish
pródigo prodigal, lavish
producción *f* production, products
producción de documentos production of documents
producción en masa mass production
producente producing
producidor producing
producir to produce, to yield
producir interés to bear interest
producir prueba to produce evidence, to produce proof
producir un beneficio to yield a profit
productividad *f* productivity
productivo productive
producto *m* product, yield
producto agrícola agricultural product
producto bruto nacional gross national product
producto defectuoso defective product
producto equitativo fair return
producto exento exempt commodity
producto final end product
producto inferior inferior product
producto neto nacional net national product
productor *m* producer
productor (adj) producing
productos controlados controlled commodities
profecticio profectitious
proferir to express
proferir una decisión to announce a decision
profesar to profess
profesión *f* profession, declaration
profesional professional
profesional calificado qualifying professional
profesional en derecho attorney
profesionalidad *f* professionalism
profesionalidad delictiva professional

criminality, illegal exercise of a profession
profesionalismo *m* professionalism
profiláctico *m* prophylactic
prófugo *m* fugitive, escapee
profundizar to delve deeply, to deepen
profundo deep, profound, obscure
profusamente profusely
profusión *f* profusion
progenie *f* progeny
progenitor *m* progenitor
progenitura *f* progeny
programa *m* program, platform, proclamation
programación *f* programming
programado programmed
programar to program
progresar to progress
progresismo *m* progressivism
progresista progressive
progresivo progressive
progreso *m* progress
progreso social social progress
prohibición *f* prohibition
prohibición de comerciar prohibition against trading
prohibición de enajenar prohibition against transferring
prohibición judicial judicial prohibition, injunction
prohibiciones matrimoniales marriage impediments
prohibicionismo *m* prohibitionism
prohibicionista prohibitionist
prohibida la entrada no admittance
prohibido prohibited
prohibido el paso no thoroughfare, no entry
prohibido entrar no admittance
prohibido estacionar no parking
prohibido fumar no smoking
prohibido por ley forbidden by law
prohibir to prohibit, to ban, to impede
prohibitivo prohibitive
prohibitorio prohibitory
prohijación *f* adoption
prohijador *m* adopter
prohijador (adj) adopting
prohijamiento *m* adoption
prohijar to adopt
proindivisión *f* state of being undivided
prole *f* progeny
proletariado *m* proletariat
proliferación *f* proliferation
prolífico prolific
prólogo *m* prologue
prolongación *f* prolongation
prolongado prolonged
prolongamiento *m* prolongation
prolongar to prolong
promatertera a sister of a grandmother
promatertera magna a great-great-aunt

promediar to average, to mediate, to divide equally
promedio *m* average
promedio de vida average life span
promesa *f* promise, offer
promesa aleatoria aleatory promise
promesa colateral collateral promise
promesa condicional conditional promise
promesa de compra promise to purchase
promesa de compra y venta purchase agreement
promesa de compraventa purchase agreement
promesa de contrato letter of intent
promesa de matrimonio promise of marriage
promesa de pagar promise to pay
promesa de pago promise to pay
promesa de venta promise to sell, option
promesa ficticia fictitious promise
promesa formal formal promise
promesa implícita implied promise
promesa incondicional unconditional promise
promesa inferida inferred promise
promesa pura simple promise
promesa simple simple promise
promesa sin causa naked promise
promesa solemne solemn promise
promesa tácita tacit promise
promesa unilateral unilateral contract
promesas recíprocas reciprocal promises
prometer to promise, to offer
prometer formalmente to formally promise
prometerse to become engaged
prometida *f* fiancée
prometido *m* fiancé
prometido (adj) promised, offered
prometiente *m/f* promisor, offeror
prometiente (adj) promising, offering
prometimiento *m* promise, offer
prominencia *f* prominence
prominente prominent
promiscuidad *f* promiscuity
promiscuo promiscuous
promisorio promissory
promitente *m/f* promisor, offeror
promoción *f* promotion
promotor *m* promoter
promovedor *m* promoter
promover to promote
promover juicio to bring suit
promover una acción to bring suit
promulgación *f* promulgation
promulgador *m* promulgator
promulgar to promulgate
pronepos a great-grandson
proneptis a great-granddaughter
pronóstico *m* prognostic, forecast
pronto soon, promptly
pronto pago down payment

prontuario *m* manual, summary, dossier
pronunciamiento *m* pronouncement, rebellion
pronunciar to pronounce
pronunciar sentencia to pronounce judgment
pronunciar un auto to issue a writ
pronunciar veredicto to return a verdict
pronunciarse to rebel, to go on record with an opinion
propaganda *f* propaganda
propagar to propagate
propasar to go beyond the limits
propasarse to go too far, to exceed one's authority
propatruus a brother of a great-grandfather
propatruus magnus a great-great-uncle
propender a to tend towards
propensión *f* propensity
propensión al delito criminal propensity
propensión delictual criminal propensity
propenso a prone to
propiamente properly
propiciar to propitiate, to propose
propicio propitious
propiedad *f* property, proprietorship, estate, propriety
propiedad abandonada abandoned property
propiedad absoluta absolute fee simple
propiedad adyacente adjacent property
propiedad amortizable depreciable property
propiedad aparente ostensible ownership
propiedad asegurada insured property
propiedad calificada qualifying property
propiedad colectiva collective ownership
propiedad colindante abutting property
propiedad comercial commercial property
propiedad comunal common property, joint ownership
propiedad condicional qualified estate, conditional ownership
propiedad contigua contiguous property
propiedad contingente contingent estate
propiedad convencional conventional estate
propiedad corporativa corporate property
propiedad cubierta covered property
propiedad de negocio business property
propiedad de renta income property
propiedad depreciable depreciable property
propiedad dominante dominant tenement
propiedad en condominio condominium property, condominium ownership
propiedad en expectativa expectant estate
propiedad en juicio hipotecario distressed property
propiedad en peligro de juicio hipotecario distressed property
propiedad estatal state property
propiedad evidente evident ownership
propiedad exclusiva exclusive ownership
propiedad exenta de contribuciones tax-exempt property
propiedad exenta de impuestos tax-exempt property
propiedad federal federal property
propiedad ganancial community property
propiedad horizontal condominium property, condominium ownership
propiedad ilegal illegal property
propiedad ilícita illicit property
propiedad imperfecta imperfect ownership
propiedad incompleta incomplete ownership
propiedad incorporal intangible property
propiedad incorpórea incorporeal property
propiedad individual individual ownership
propiedad industrial industrial property
propiedad inmaterial intangible property
propiedad inmobiliaria real estate, real estate ownership
propiedad inmueble real estate, real estate ownership
propiedad intangible intangible property
propiedad intelectual intellectual property, copyright
propiedad lícita licit property
propiedad limítrofe abutting property
propiedad literaria literary property, copyright
propiedad mancomunada joint ownership, common property
propiedad marginal marginal property
propiedad matrimonial matrimonial property
propiedad mixta mixed property
propiedad mueble personal property
propiedad no asegurable uninsurable property
propiedad no asegurada uninsured property
propiedad obvia obvious ownership
propiedad para alquiler residencial residential rental property
propiedad parcial partial ownership
propiedad personal personal property
propiedad personal tangible tangible personal property
propiedad privada private property, private ownership
propiedad pública public property
propiedad que produce renta income property
propiedad raíz real estate, real estate ownership
propiedad raíz sin mejorar unimproved real estate
propiedad real real estate, real estate ownership
propiedad residencial residential property
propiedad rural rural property, rural ownership
propiedad rústica rural property, rural ownership

propiedad sin mejoras unimproved property
propiedad sirviente servient tenement
propiedad tangible tangible property
propiedad total total ownership
propiedad urbana urban property, urban
ownership
propiedad vitalicia life estate
propietario *m* proprietor, owner
propietario (adj) proprietary
propietario absoluto absolute owner
propietario aparente reputed owner, apparent
owner
propietario ausente absentee owner
propietario beneficioso beneficial owner
propietario conjunto joint owner
propietario de hogar home owner
propietario de negocio business owner
propietario en derecho legal owner
propietario equitativo equitable owner
propietario inscrito record owner
propietario lícito licit owner
propietario matriculado registered owner
propietario registrado record owner
propietario sin restricciones absolute owner
propincuidad *f* propinquity
propio *m* courier
propio (adj) one's own, genuine, proper,
typical
proponedor *m* proponent
proponedor (adj) proposing
proponente *m/f* proponent
proponente (adj) proposing
proponer to propose, to offer, to nominate
proponer una moción to offer a motion
proponer una transacción to offer a
settlement
proporción *f* proportion, occasion
proporción de cobertura coverage ratio
proporcionablemente proportionally
proporcionadamente proportionally
proporcionado proportioned, suitable
proporcional proportional
proporcionalidad *f* proportionality
proporcionalmente proportionally
proporcionar to provide, to apportion, to
make proportionate
proposición *f* proposition, offer, motion
proposición de delito criminal proposition
proposición de ley bill
proposición delictiva criminal proposition
proposición deshonesta sexual advances
propósito *m* purpose
propósito comercial commercial purpose,
business purpose
propósito corporativo corporate purpose
propósito criminal criminal intent
propósito doméstico domestic purpose
propósito especial special purpose
propósito extraordinario extraordinary

purpose
propósito ilegal illegal purpose
propósito ilícito illicit purpose
propósito impropio improper purpose
propósito inapropiado inappropriate purpose
propósito intencionado intended purpose
propósito legal legal purpose
propósito lícito licit purpose
propósito principal main purpose
propósito privado private purpose
propósito público public purpose
propósito ulterior ulterior purpose
propósitos municipales municipal purposes
propositus the person proposed
propuesta *f* proposal, offer, nomination
propuesta en firme firm offer
propuesta rechazada rejected proposal
propuesta rehusada refused proposal
propuesta y aceptación offer and acceptance
propuestas selladas sealed bids
propuesto proposed
propugnar to defend
propulsa *f* repulse, propelling
propulsar to repulse, to propel
propulsión *f* propulsion, repulse
propulsor propelling
prorrata *f* prorate
prorrateado prorated
prorratear to prorate
prorrateo *m* proration
prórroga *f* prorogation, extension
prórroga de jurisdicción extension of
jurisdiction
prórroga de plazo extension of time
prorrogable prorogable
prorrogación *f* prorogation
prorrogar to prorogue, to extend, to postpone
prorrogativo prorogative
prosapia *f* lineage
proscribir to proscribe, to banish, to annul
proscripción *f* proscription, banishment,
annulment
proscripción y confiscación attainder
proscripto *m* proscript, exile
proscripto (adj) proscribed, banished,
annulled
proscriptor *m* proscriber, banisher, annuller
proscriptor (adj) proscribing, banishing,
annulling
prosecución *f* prosecution, pursuit,
continuation
proseguible pursuable
proseguir to prosecute, to continue
prosélito *m* proselyte
prospección *f* prospecting, survey
prospectivo prospective
prospecto *m* prospectus, booklet
prospecto preliminar preliminary prospectus
prostíbulo *m* brothel

prostitución *f* prostitution
prostituir to prostitute
prostituta *f* prostitute
protagonista *m/f* protagonist
protección *f* protection
protección adecuada adequate protection
protección de datos data protection
protección del consumidor consumer protection
protección del crédito de consumidor consumer credit protection
protección suficiente sufficient protection
proteccionismo *m* protectionism
proteccionista protectionist
protector *m* protector, patron
protector (adj) protecting, protective
protector de cheques check protector
protectorado *m* protectorate
protectoría *f* protectorate, protectorship
protectorio protective
proteger to protect
protegido protected
protesta *f* protest, declaration
protesta de mar captain's protest
protesta del capitán captain's protest
protesta diplomática diplomatic protest
protestable protestable
protestado protested
protestante *m/f* protester
protestante (adj) protesting
protestar to protest, to declare
protestar contra to protest against, to object to
protestar de to declare
protestar un giro to protest a draft
protestar una letra to protest a draft
protestativo declaratory
protesto *m* protest
protocolar (adj) protocolar, formal
protocolar (v) to protocolize, to register formally, to notarize
protocolario protocolar, formal
protocolización *f* protocolization, formal registration, notarization
protocolizar to protocolize, to register formally, to notarize
protocolo *m* protocol, formal registry, formal registry of a notary public
protocolo notarial formal registry of a notary public
protonotario *m* chief notary public
protutela *f* guardianship
protutor *m* guardian
provecho *m* benefit, profit
provechosamente beneficially, profitably
provechoso beneficial, profitable
proveedor *m* provider
proveeduría *f* post of a provider, warehouse
proveer to provide, to grant, to decide, to settle, to appoint
proveído *m* decision, writ
proveído (adj) provided, decided
proveniencia *f* origin
proveniente proceeding
provenir to proceed from
providencia *f* providence, decision, order, writ
providencia de lanzamiento writ of ejectment
providencia de secuestro writ of attachment
providencia ejecutoria writ of execution
providencia judicial judicial decision
providenciar to decide, to take measures
providencias para mejor proveer proceedings to obtain more evidence
provincia *f* province
provincial provincial
provinciano provincial
provisión *f* provision, precautionary measure, measure, warehouse
provisión de fondos provision of funds
provisión para cuentas dudosas bad debt reserve
provisión para depreciación depreciation reserve
provisional provisional
provisor *m* provider
provisorio provisional
provisto provided
provocación *f* provocation, challenge
provocación adecuada adequate provocation
provocación considerable considerable provocation
provocación del ofendido provocation of the victim
provocación justificante adequate provocation
provocación legal legal provocation
provocación razonable reasonable provocation
provocación suficiente sufficient provocation
provocado provoked
provocador *m* provoker, challenger
provocador (adj) provoking
provocar to provoke, to challenge
provocativo provocative
proxeneta *m* procurer
proxenetismo *m* procuring
próximamente soon
proximidad *f* proximity
próximo proximate, near, next
proyectado projected
proyectar to project
proyectil *m* projectile
proyecto *m* project
proyecto de contrato draft of a contract
proyecto de ley bill
prudencia *f* prudence, care
prudencia razonable reasonable care
prudencial prudential, careful

prudencialmente prudentially, carefully
prudente prudent, careful
prudentemente prudently, carefully
prueba *f* proof, evidence, test, sample
prueba absoluta full proof
prueba acumulativa cumulative evidence
prueba admisible admissible evidence
prueba afirmativa affirmative proof
prueba anticipada pre-trial evidence
prueba circunstancial circumstantial evidence
prueba común ordinary evidence
prueba concluyente conclusive evidence
prueba concurrente corroborating evidence
prueba conjetural presumptive evidence
prueba contradictoria contradictory evidence
prueba contraria conflicting evidence
prueba convencional agreed-upon evidence
prueba convincente convincing proof
prueba corroborante corroborating evidence
prueba corroborativa corroborating evidence
prueba cumulativa cumulative evidence
prueba de asegurabilidad evidence of insurability
prueba de autoridad proof of authority
prueba de cancelación cancellation evidence
prueba de cargo evidence for the prosecution
prueba de culpabilidad proof of guilt
prueba de depósito proof of deposit
prueba de descargo evidence for the defense
prueba de deuda proof of debt
prueba de discapacidad proof of disability
prueba de identidad proof of identity
prueba de indicios circumstantial evidence
prueba de inocencia proof of innocence
prueba de muerte proof of death
prueba de oídas hearsay evidence
prueba de opinión opinion evidence, opinion testimony
prueba de pago proof of payment
prueba de peritos expert evidence
prueba de reclamación proof of claim
prueba de referencia hearsay evidence
prueba de responsabilidad evidence of responsibility
prueba de sangre blood test
prueba de transacción test of transaction
prueba decisiva conclusive evidence
prueba del estado state's evidence
prueba demostrativa demonstrative evidence
prueba derivada secondary evidence
prueba directa direct evidence
prueba documental documentary evidence
prueba en contrario conflicting evidence
prueba en substitución substitutionary evidence
prueba escrita documentary evidence
prueba esencial essential evidence
prueba experimental experimental evidence
prueba extrajudicial extrajudicial evidence

prueba fabricada fabricated evidence
prueba falsificada falsified evidence
prueba impertinente irrelevant evidence
prueba impracticable inadmissible evidence
prueba inadmisible inadmissible evidence
prueba incompetente incompetent evidence
prueba inconsistente inconsistent evidence
prueba incontrovertible incontrovertible proof
prueba incriminante incriminating evidence
prueba indicativa indicative evidence
prueba indiciaria circumstantial evidence
prueba indirecta indirect evidence
prueba indiscutible conclusive evidence
prueba indispensable indispensable evidence
prueba indisputable conclusive evidence
prueba indubitable indubitable proof
prueba ineficaz inconclusive evidence
prueba inmaterial immaterial evidence
prueba inmediata direct evidence
prueba instrumental documentary evidence
prueba insuficiente insufficient evidence
prueba intrínseca intrinsic evidence
prueba inútil inconclusive evidence
prueba judicial judicial evidence
prueba legal legal evidence
prueba literal documentary evidence
prueba matemática mathematical evidence
prueba material material evidence
prueba mediata indirect evidence
prueba moral moral evidence
prueba negativa negative evidence, negative proof
prueba no esencial unessential evidence
prueba oral oral evidence, parol evidence
prueba original original evidence
prueba parcial partial evidence
prueba pericial expert evidence
prueba personal oral evidence
prueba pertinente pertinent evidence
prueba plena full proof
prueba por escrito documentary evidence
prueba por fama pública hearsay evidence
prueba por indicios circumstantial evidence
prueba por peritos expert evidence
prueba por presunciones presumptive evidence
prueba por referencia hearsay evidence
prueba por testigos testimonial evidence
prueba positiva direct evidence, positive proof
prueba preconstituida pre-trial evidence
prueba preliminar preliminary evidence
prueba presunta presumptive evidence
prueba prima facie evidence sufficient on its face, prima facie evidence
prueba primaria primary evidence
prueba privilegiada evidence which is admissible only in certain cases, privileged

evidence

prueba procesal evidence presented during a trial

prueba razonable de pérdida due proof of loss

prueba real real evidence

prueba satisfactoria satisfactory evidence

prueba secundaria secondary evidence

prueba suficiente sufficient evidence, satisfactory evidence

prueba tangible tangible evidence

prueba tasada legal evidence

prueba testifical testimonial evidence

prueba testimonial testimonial evidence

prueba verbal oral evidence

prueba vocal oral evidence

psicólogo *m* psychologist

psicosis *m* psychosis

psiquiatra *m/f* psychiatrist

púber pubescent

púbero pubescent

pubertad *f* puberty

pública voz y fama common knowledge

publicación *f* publication, proclamation

publicación obscena obscene publication

publicación oficial official publication

publicador *m* publisher

publicador (adj) publishing

públicamente publicly

publicar to publish, to proclaim

publicidad *f* publicity, advertising

publicidad engañosa false advertising, deceptive advertising

publicidad estatal state advertising

publicidad extranjera foreign advertising

publicidad interestatal interstate advertising

publicidad internacional international advertising

publicidad intraestatal intrastate advertising

público public, open

público cautivo captive audience

publíquese be it known

pueblo *m* town, nation, people

puericia *f* childhood

puerta *f* door, access

puerta abierta open door, free trade

puerto *m* port, asylum

puerto a puerto port-to-port

puerto abierto open port

puerto aduanero port of entry

puerto aéreo airport

puerto de aduana port of entry

puerto de amarre home port

puerto de descarga port of discharge

puerto de destino port of destination

puerto de embarque port of departure

puerto de entrada port of entry

puerto de entrega port of delivery

puerto de escala port of call

puerto de matrícula home port

puerto de origen port of departure

puerto de partida port of departure

puerto de refugio port of refuge

puerto de salida port of departure

puerto de tránsito port of transit

puerto extranjero foreign port

puerto final port of delivery

puerto franco free port

puerto internacional international port

puerto libre free port

puerto terminal port of delivery

puesta *f* higher bid, putting, stake

puesto *m* post, position

puesto (adj) put

puesto que inasmuch as

pugna *f* fight, conflict

pugnante fighting, opposing

pugnar to fight, to conflict with

puja *f* struggle, bid, higher bid

pujador *m* bidder, outbidder

pujar to struggle, to hesitate, to bid, to outbid

punguista *m* pickpocket

punibilidad *f* punishability

punible punishable

punición *f* punishment

punidor *m* punisher

punir to punish

punitivo punitive

punto *m* point, matter, issue, integrity

punto de derecho legal issue

punto de hecho factual issue

punto de vista point of view

puntual punctual, exact

puntualidad *f* punctuality, exactness

puntualizar to detail, to stamp, to finish

puntualmente punctually, exactly

puñal *m* dagger

puñalada *f* stab

puñetazo *m* punch

puño *m* punch, fist, handle

pupilaje *m* pupilage, boarding house

pupilar pupillary

pupilo *m* pupil, boarder

pur autre vie during the life of another, pur autre vie

puramente purely, unqualifiedly

pureza *f* purity, genuineness

purgar to clear of guilt, to clear of a criminal charge, to exonerate

puro pure

puro y claro free and clear

putativo putative

Q

quaestio facti a question of fact, quaestio facti
quaestio juris a question of law, quaestio juris
quebrada *f* ravine, stream
quebradizo fragile
quebrado *m* bankrupt person
quebrado (adj) bankrupt, broken, weakened
quebrado culpable bankrupt due to
   negligence
quebrado fraudulento fraudulent bankrupt
quebrador *m* breaker, violator
quebrador (adj) breaking
quebrantable fragile
quebrantado broken, violated
quebrantador *m* breaker, violator
quebrantadura *f* breaking, violation, breach
quebrantamiento *m* breaking, violation,
   breach
quebrantamiento de forma breach of
   procedural rules
quebrantar to break, to break out of, to
   breach, to violate, to annul, to weaken
quebrantar el arraigo to jump bail
quebrantar la prisión to break out of prison
quebrantar un testamento to revoke a will
quebranto *m* breaking, violation, breach,
   damage, weakness
quebrar to go bankrupt, to break, to interrupt
queda *f* curfew
quedada *f* stay
quedar to remain, to get, to end
quedar obsoleto to become obsolete
quedo quiet
quehacer *m* work, occupation, chore
queja *f* complaint, accusation, protest, appeal
quejarse to complain
quejoso complaining
quema *f* fire
quemadura *f* burn
quemar to burn, to sell cheaply
quemazón *f* burning, bargain sale
querella *f* complaint, accusation, charge,
   quarrel, dispute
querella calumniosa malicious prosecution
querella criminal criminal charge
querella formal formal complaint
querella penal criminal charge
querellado *m* accused, defendant
querellador *m* complainant, accuser, plaintiff

querellante *m/f* complainant, accuser, plaintiff
querellarse to accuse, to file a complaint, to
   bewail
quid pro quo something for something, quid
   pro quo
quidam somebody
quiebra *f* bankruptcy, break, damage
quiebra bancaria bank failure
quiebra culpable bankruptcy due to
   negligence
quiebra culposa bankruptcy due to negligence
quiebra de negocio business failure
quiebra fraudulenta fraudulent bankruptcy
quiebra involuntaria involuntary bankruptcy
quiebra voluntaria voluntary bankruptcy
quienquiera whoever, whomever, anyone
quietud tranquillity
quilla *f* keel
quillaje *m* keelage
quimérico chimerical
químico chemical
quincena *f* fifteen days, pay for fifteen days of
   work, half-month, half-month's pay
quintuplicado quintuplicate
quiñón *m* share, plot of land
quirografario *m* unsecured debt, general
   creditor
quirografario (adj) unsecured, handwritten
quirógrafo *m* chirograph, promissory note,
   acknowledgment of debt
quirógrafo (adj) unsecured, handwritten
quita *f* release, acquittance, reduction of a
   debt
quita y espera arrangement with creditors
quitación *f* release, acquittance, quitclaim,
   income
quitamiento *m* release, acquittance, reduction
   of a debt
quitanza *f* release
quitar to remove, to steal, to abrogate, to
   exempt
quitarse to withdraw, to remove
quitarse la vida to commit suicide
quito free, exempt
quo animo with that intent, quo animo
quod hoc as to this, quod hoc
quod vide which see, quod vide
quórum *m* quorum

R

rabia *f* rage, rabies
rábula *m* shyster attorney, pettifogger
racial racial
raciocinar to reason
raciocinio *m* reason, reasoning
ración *f* ration
racionabilidad *f* reason, judgment
racional rational
racionalidad *f* rationality
racionalismo *m* rationalism
racionalización *f* rationalization
racionalmente rationally
racionamiento *m* rationing
racionar to ration
racismo *m* racism
racista *m/f* racist
racista (adj) racist
radiación *f* radiation, radio broadcast
radiactividad *f* radioactivity
radiactivo radioactive
radiado radiated, broadcast
radiar to broadcast
radicación filing
radicación electrónica electronic filing
radicación tardía late filing
radical radical
radicalismo *m* radicalism
radicalmente radically
radicar to live, to settle, to be located, to file
radicar apelación to appeal
radicar conjuntamente to file jointly
radicar separadamente to file separately
radicar una acusación to accuse
radicar una moción to file a motion
radicar una planilla to file a return
radicarse to settle, to settle down
radioactividad *f* radioactivity
radioactivo radioactive
rama *f* branch
rama ejecutiva executive branch
rama judicial judicial branch
ramera *f* prostitute
ramería *f* brothel, prostitution
ramificación *f* ramification
ramplón vulgar
ramplonería *f* vulgarity
rango *m* rank, class
rango hipotecario mortgage rank

rapacidad *f* rapacity
rapaz *m* rapacious person, thief, robber, youngster
rapaz (adj) rapacious, thievish
rápidamente rapidly
rápidamente completado quickly completed
rápidamente ejecutado quickly executed
rapidez *f* rapidity
rapiña *f* pillage
rapiñador *m* pillager
rapiñador (adj) pillaging
rapiñar to pillage
raptar to kidnap, to abduct, to rape
rapto *m* kidnapping, abduction, rape, rapture
rapto de niños kidnapping of a minor, child-stealing
raptor *m* kidnapper, abductor, raper, robber
raqueterismo *m* racketeering
raquetero *m* racketeer
raramente rarely, oddly
rareza *f* rarity, oddity
rasgadura *f* rip, ripping
rasgar to rip
rasgo *m* trait, deed, flourish
rasgos features
rasguñar to scratch
rasguño *m* scratch
raspadura *f* scraping, erasure
raspar to scrape, to erase, to steal
rastra *f* vestige, trail, outcome
rastrear to trace, to investigate, to drag
rastro *m* vestige, trail
ratear to distribute proportionally, to reduce proportionally, to steal
rateo *m* proration, apportionment
ratería *f* petty theft, dishonesty
ratería de tiendas shoplifting
ratero *m* petty thief, pickpocket
ratificación *f* ratification, confirmation
ratificación de contratos ratification of contracts
ratificación de tratados ratification of treaties
ratificación implícita implied ratification
ratificación inferida inferred ratification
ratificación tácita tacit ratification
ratificado ratified
ratificar to ratify, to confirm
ratificatorio ratifying, confirming
ratihabición *f* ratification, confirmation
ratio de cobertura coverage ratio
rato *m* while
rato (adj) unconsummated
raza *f* race, lineage
razón *f* reason, reasonableness, ratio, information
razón comercial firm name, trade name
razón de cobertura coverage ratio
razón de estado reason of state
razón inválida invalid reason

razón motivante motivating reason
razón social firm name, trade name
razón suficiente sufficient reason
razón válida valid reason
razonable reasonable, equitable
razonablemente reasonably, equitably
razonadamente in a reasoned manner
razonado reasoned
razonador reasoning, explaining
razonamiento *m* reasoning
razonante reasoning
razonar to reason, to explain, to justify
razones personales personal reasons
razzia *f* razzia, police raid
reabrir to reopen
reabrir un caso to reopen a case
reacción *f* reaction
reaccionar to react
reaccionario reactionary
reaceptación *f* reacceptance
reacio reluctant
reactivación *f* reactivation
reactivar to reactivate
readaptación *f* readaptation
readaptar to readapt
readmisión *f* readmission
readmitir to readmit
readquirido reacquired
readquirir to reacquire
reafirmación *f* reaffirmation
reafirmar to reaffirm
reagravar to make worse
reajustar to readjust
reajuste *m* readjustment
real real, royal, splendid
real decreto royal decree
realengo royal
realidad *f* reality, truth
realismo *m* realism, royalism
realista realistic, royalist
realizable realizable, salable
realización *f* realization, carrying out, sale
realizar to realize, to carry out, to sell
realmente really
realquilar to sublease
reanudar to renew, to resume
reanudar los pagos to resume payments
reaparecer to reappear
reapertura *m* reopening
reapertura de la causa reopening of the case
reargüir to reargue
rearmar to rearm
rearmarse to rearm oneself
rearme *m* rearmament
reasegurado reinsured
reasegurador *m* reinsurer
reasegurar to reinsure
reaseguro *m* reinsurance
reaseguro facultativo facultative reinsurance

reaseguro obligatorio obligatory reinsurance
reasumir to resume
reasunción *f* resumption
reavivar to revive, to renew
rebaja *f* reduction, rebate
rebaja del impuesto tax reduction
rebajado reduced
rebajamiento *m* reduction, humiliation
rebajar to reduce, to humiliate
rebaño *m* flock
rebasar to exceed, to overflow
rebate *m* fight, dispute, encounter
rebatible disputable
rebatimiento *m* refutation
rebatir to refute, to ward off, to reinforce, to
    deduct
rebelarse to rebel, to resist, to disobey
rebelde *m* rebel, disobedient person,
    defaulter, person in contempt of court
rebelde (adj) rebellious, disobedient,
    defaulting, stubborn, in contempt
rebeldía *f* rebelliousness, disobedience,
    default, stubbornness, contempt of court
rebeldía civil civil contempt
rebeldía penal criminal contempt
rebelión *f* rebellion
rebisabuela *f* great-great-grandmother
rebisabuelo *m* great-great-grandfather,
    great-great-grandparent
rebisnieta *f* great-great-granddaughter
rebisnieto *m* great-great-grandson,
    great-great-grandchild
rebusca *f* careful search
rebuscador *m* searcher
rebuscar to search carefully
recabar to request, to obtain
recadero *m* messenger
recado *m* message, errand, gift
recaer to fall again, to relapse
recaída *f* relapse
recalcar to emphasize, to emphasize
    repeatedly, to cram
recalcitrante recalcitrant
recambiar to change again, to redraw
recambio *m* reexchange, redraft
recapacitar to reconsider
recapitalización *f* recapitalization
recapitalizar to recapitalize
recapitulación *f* recapitulation, consolidated
    statement
recapitular to recapitulate
recaptura *f* recapture
recapturar to recapture
recargar to reload, to overload, to load, to
    surcharge, to overcharge, to increase, to
    charge again
recargo *m* surcharge, increase, additional
    load, surtax, overcharge, markup
recargo a la importación import surcharge

recargo contributivo surtax, surcharge for late tax payment
recargo fiscal surtax, surcharge for late tax payment
recargo impositivo surtax, surcharge for late tax payment
recargo tributario surtax, surcharge for late tax payment
recatar to conceal
recatarse to act prudently, to act indecisively
recato m prudence, discretion
recatón m retailer
recatón (adj) retail
recaudable collectible
recaudación f collection, amount collected, office of a collector
recaudación de contribuciones collection of taxes
recaudación de impuestos collection of taxes
recaudaciones fiscales tax collections
recaudador m collector, tax collector
recaudador de contribuciones tax collector
recaudador de impuestos tax collector
recaudador de rentas internas collector of internal revenue
recaudamiento m collection, post of a collector, office of a collector
recaudar to collect, to collect taxes, to look after
recaudar fondos to raise funds
recaudar impuestos to collect taxes
recaudatorio pertaining to collections
recaudo m collection, care, custody, bail, bond
recelamiento m mistrust, suspicion, fear
recelar to mistrust, to suspect, to fear
recelo m mistrust, suspicion, fear
receloso mistrustful, suspicious, fearful
recepción f reception, admission, examination of witnesses, greeting
recepción de mercaderías receipt of merchandise
recepción de testigos examination of witnesses
receptación f concealment, aiding and abetting, harboring a criminal
receptador m accessory after the fact, aider and abettor, harborer of a criminal
receptar to conceal, to aid and abet, to harbor a criminal
receptividad f receptivity
receptivo receptive
recepto m refuge
receptor m receiver
receptor de rentas tax collector
receptor telefónico telephone receiver
receptoría f receiver's office, collector's office, receivership
recesar to recess, to adjourn, to withdraw

recesión f recession
receso m recess, adjournment, withdrawal
rectoría f receiver's office, collector's office
recibí payment received
recibido received
recibidor m receiver, receiving teller
recibimiento m receipt, reception, acceptance
recibir to receive, to accept, to admit, to welcome
recibir compensación to receive compensation
recibir dinero to receive money
recibir información to receive information
recibir pago to receive payment
recibirse de abogado to be admitted to the bar, to graduate from law school
recibo m receipt, receiving
recibo condicional conditional receipt
recibo de almacén warehouse receipt
recibo de carga freight receipt
recibo de depósito deposit receipt
recibo de empréstito loan receipt
recibo de entrega delivery receipt
recibo de inspección inspection receipt
recibo de muelle dock receipt
recibo de pago de prima premium receipt
recibo de préstamo loan receipt
recibo ficticio fictitious receipt
recibo incondicional unconditional receipt
recibo obligante binding receipt
recibo obligante condicional conditional binding receipt
recibo obligante incondicional unconditional binding receipt
recibo obligatorio binder
recibo provisional provisional receipt
reciclado recycled
reciclaje m recycling
reciclar to recycle
recidivista m/f recidivist
recién nacido newborn
reciente recent
recientemente recently
recíprocamente reciprocally
reciprocidad f reciprocity
reciprocidad legislativa legislative reciprocity
recíproco reciprocal
reclamable claimable
reclamación f claim, complaint, remonstrance
reclamación aceptada accepted claim
reclamación admitida admitted claim
reclamación del acreedor creditor's claim
reclamación ficticia fictitious claim
reclamación fraudulenta fraudulent claim
reclamación judicial judicial claim
reclamación pagada claim paid
reclamación permitida allowed claim
reclamación rechazada rejected claim
reclamación rehusada refused claim

reclamaciones sometidas claims made
reclamado claimed
reclamado legalmente legally claimed
reclamado lícitamente licitly claimed
reclamador *m* claimant
reclamante *m/f* claimer, complainer
reclamar to reclaim, to claim, to object, to seek a fugitive
reclamar daños y perjuicios to claim damages
reclamar perjuicios to claim damages
reclamar por daños to claim damages
reclamo *m* claim, complaint, advertisement
reclamo de derecho claim of right
reclamo de título claim of title
reclamo legal legal claim
reclamo lícito licit claim
reclamo pendiente pending claim
reclamo por muerte death claim
reclasificación *f* reclassification
recluir to confine, to imprison
reclusión *f* reclusion, imprisonment
reclusión aislada solitary confinement
reclusión mayor long-term imprisonment
reclusión menor short-term imprisonment
reclusión perpetua life imprisonment
reclusión solitaria solitary confinement
recluso *m* inmate
recluso (adj) confined, imprisoned
reclusorio *m* place of confinement, prison
recluta *m* recruit
reclutador *m* recruiter
reclutamiento *m* recruitment, conscription
reclutar to recruit, to draft
recobrable recoverable
recobrar to recover
recobrarse to recover
recobro *m* recovery
recogedor *m* collector
recoger to retrieve, to collect, to withdraw, to shelter, to suspend
recogida *f* collecting, withdrawal
recolección *f* collection, summary
recolectar to collect, to summarize
recolector *m* collector
recomendación *f* recommendation, request
recomendante *m/f* recommender
recomendar to recommend, to advise, to request
recomendatorio recommendatory
recompensa *f* recompense, remuneration, award
recompensa ilegal illegal reward
recompensa ilícita illicit reward
recompensa impropia improper reward
recompensa inapropiada inappropriate reward
recompensa lícita licit reward
recompensable recompensable

recompensación *f* recompense, remuneration, award
recomponer to repair again
recompra *f* repurchase
recomprar to repurchase
recómputo *m* recomputation
reconciliable reconcilable
reconciliación *f* reconciliation
reconciliación matrimonial marital reconciliation
reconciliar to reconcile
reconciliarse to be reconciled
recondenar to reconvict, to resentence
reconducción *f* extension, renewal
reconducir to extend, to renew
reconocedor *m* recognizer, admitter, inspector
reconocer to recognize, to admit, to inspect
reconocer pago to acknowledge payment
reconocer una deuda to acknowledge a debt
reconocer una firma to acknowledge a signature
reconocer una orden to acknowledge an order
reconocerse to be apparent, to admit
reconocible recognizable
reconocido recognized, admitted
reconocimiento *m* recognition, acknowledgment, admission, inspection
reconocimiento acusatorio identification of a suspect
reconocimiento aduanal customs inspection
reconocimiento de cuentas audit of accounts
reconocimiento de culpabilidad acknowledgment of guilt
reconocimiento de deuda acknowledgment of debt
reconocimiento de firma authentication of signature
reconocimiento de las obligaciones acknowledgment of the obligations
reconocimiento de letra recognition of handwriting
reconocimiento de orden acknowledgment of order
reconocimiento de pago acknowledgment of payment
reconocimiento de pago en efectivo cash payment acknowledgment
reconocimiento diplomático diplomatic recognition
reconocimiento directo direct recognition
reconocimiento implícito implied acknowledgment
reconocimiento inferido inferred acknowledgment
reconocimiento judicial judicial examination
reconocimiento tácito tacit acknowledgment
reconsideración *f* reconsideration
reconsideración judicial judicial

reconsideration
reconsiderar to reconsider
reconstitución *f* reconstitution, reorganization
reconstituir to reconstitute, to reorganize
reconstrucción *f* reconstruction
reconstrucción de los hechos reconstruction of the facts
reconstrucción del delito reconstruction of the crime
reconstruir to reconstruct
recontar to recount
reconvención *f* reconvention, counterclaim, cross-claim, remonstrance
reconvencional reconventional, pertaining to a counterclaim, pertaining to a cross-claim
reconvenir to counterclaim, to cross-claim, to remonstrate
reconversión *f* reconversion
recopilación *f* compilation, digest, summary
recopilador compiler, writer of a digest, summarizer
recopilar to compile, to write a digest, to summarize
récord *m* record
récord delictivo criminal record
récord penal criminal record
recordación *f* recollection, commemoration
recordar to recollect, to remind, to commemorate
recordatorio *m* reminder
recorte *m* cutback
recortes de personal personnel cuts
recriminación *f* recrimination
recriminador *m* recriminator
recriminador (adj) recriminating
recriminar to recriminate
recriminarse to exchange recriminations
recrudecimiento *m* recrudescence
rectamente honestly
rectificable rectifiable
rectificación *f* rectification, amendment
rectificación de asientos de los registros correction of entries in the registries
rectificador *m* rectifier
rectificar to rectify, to amend
rectificativo rectifying
rectitud *f* rectitude
rectitud comparada comparative rectitude
recto straight, honest
recuento *m* recount, count, inventory
recuerdo *m* remembrance, memory
recuesta *f* request, demand, warning
recuestar to request, to demand, to warn
recuperable recoverable
recuperación *f* recuperation
recuperador *m* recuperator
recuperar to recuperate
recurrente *m/f* appellant, petitioner
recurrente (adj) recurring

recurrible appealable
recurrido *m* appellee, respondent
recurrido (adj) appealed
recurrir to appeal, to petition, to resort to
recurso *m* recourse, remedy, means, appeal, petition, motion
recurso administrativo administrative recourse
recurso civil civil remedy
recurso contencioso administrativo appeal against an administrative act
recurso de aclaración petition for clarification
recurso de aclaratoria petition for clarification
recurso de alzada appeal
recurso de amparo petition pertaining to constitutional protections
recurso de anulación appeal for annulment
recurso de apelación appeal
recurso de casación appeal to a supreme court for violations of procedural law
recurso de hábeas corpus appeal for habeas corpus
recurso de homologación appeal to a court against an arbitral award
recurso de nulidad appeal for annulment
recurso de queja appeal where the lower court delays an appeal unfairly
recurso de reconsideración petition for the court to reconsider its own decision
recurso de reforma petition for the court to reconsider its own decision
recurso de reposición petition for the court to reconsider its own decision
recurso de rescisión appeal for annulment
recurso de revisión petition for review
recurso de revocación petition for the court to reconsider its own decision
recurso de revocatoria petition for the court to reconsider its own decision
recurso de súplica petition for the court to reconsider its own decision
recurso de tercera instancia second appeal
recurso extraordinario extraordinary appeal
recurso interino provisional remedy
recurso judicial judicial remedy
recurso lícito licit remedy
recurso preventivo preventive remedy
recurso provisional provisional remedy
recurso temporal temporary remedy
recursos disponibles available resources
recursos económicos economic resources
recursos financieros financial resources
recursos humanos human resources
recursos legales legal remedies
recursos monetarios monetary resources
recursos naturales natural resources
recusable recusable
recusación *f* recusation, challenge, rejection,

objection
recusación a todo el jurado challenge to jury array
recusación con causa challenge for cause
recusación general con causa general challenge
recusación perentoria peremptory challenge
recusación sin causa peremptory challenge
recusado recused, rejected, objected to
recusante recusing, challenging, rejecting, objecting
recusante *m/f* challenger, rejector, objector
recusar to recuse, to challenge, to reject, to object to
rechazable rejectable, deniable
rechazamiento *m* rejection, denial
rechazar to reject, to deny
rechazar condicionalmente to reject conditionally
rechazar mercancías to reject goods
rechazar responsabilidad to reject liability
rechazar un contrato to reject a contract
rechazar un cheque to reject a check
rechazar un depósito to reject a deposit
rechazar un soborno to reject a bribe
rechazar una condición to reject a condition
rechazar una letra to reject a bill
rechazar una obligación to reject an obligation
rechazar una oferta to reject an offer
rechazar una propuesta to reject a proposal
rechazar una reclamación to reject a claim
rechazo *m* rejection, denial
rechazo de aprobación refusal of approval
rechazo de beneficios refusal of benefits
rechazo de bienes refusal of goods
rechazo de cargo refusal of office
rechazo de condición refusal of condition
rechazo de convenio refusal of agreement
rechazo de crédito refusal of credit
rechazo de fianza refusal of bail
rechazo de mercancías refusal of goods
rechazo de obligación refusal of obligation
rechazo de oferta refusal of offer
rechazo de orden refusal of order
rechazo de pago refusal of payment
rechazo de responsabilidad refusal of liability
rechazo de riesgo refusal of risk
rechazo de un cheque refusal of a check
rechazo de un contrato refusal of a contract
rechazo de un depósito refusal of a deposit
rechazo de un soborno refusal of a bribe
rechazo de una donación refusal of a gift
rechazo de una letra refusal of a bill
rechazo de una propuesta refusal of a proposal
rechazo de una solicitud de seguros refusal of an insurance application

rechazo de venta refusal of sale
rechazo implícito implied rejection
rechazo inferido inferred rejection
rechazo por conducta refusal by conduct
rechazo tácito tacit rejection
red *f* net, network
red bancaria banking network
red de computadoras computer network
red de comunicaciones communications network
redacción *f* redacting, writing, editing, editors
redaccional in writing
redactar to redact, to write, to edit
redactar un contrato to draw up a contract
redactor *m* redactor, writer, editor
redada *f* police raid, gang
redargución *f* impugnment, refutation
redargüir to impugn, to refute
redención *f* redemption, restitution
redención de la deuda retirement of debt
redención de servidumbres lifting of easements
redentor redeeming
redesarrollar to redevelop
redesarrollo *m* redevelopment
redescuento *m* rediscount
redespachar to resend
redhibición *f* redhibition
redhibir to rescind by right of redhibition
redhibitorio redhibitory
redimible redeemable
redimir to redeem, to free, to exempt, to call in, to pay off
redistribución *f* redistribution
redistribuido redistributed
redistribuir to redistribute
rédito *m* revenue, return, profit, interest
rédito gravable taxable income
rédito imponible taxable income
rédito tributable taxable income
redituable revenue-yielding, profitable, interest bearing
reditual revenue-yielding, profitable, interest bearing
redituar to yield, to draw
redonda *f* region, pasture
redondear to round off, to complete
redondearse to clear oneself of all debts
redondeo *m* rounding
reducción *f* reduction
reducción contributiva tax reduction
reducción de contribuciones tax reduction
reducción de impuestos tax reduction
reducción de la pena reduction of the sentence
reducción de precio reduction of price
reducción de riesgo reduction of risk
reducción de salario salary reduction
reducción de tarifas reduction of tariffs

reducción impositiva tax reduction
reducción salarial salary reduction
reducción tributaria tax reduction
reducciones de personal personnel reductions
reducible reducible
reducido reduced
reducir to reduce, to subdue
reducir contribuciones to reduce taxes
reducir impuestos to reduce taxes
reducir precios to reduce prices
reductible reducible
redundancia *f* redundancy
redundante redundant
redundantemente redundantly
reedición *f* republication
reedificación *f* rebuilding
reedificar to rebuild
reeditar to republish
reeducación *f* reeducation
reeducar to re-educate
reelección *f* reelection
reelecto reelected
reelegir to reelect
reembarcar to reembark
reembargar to reattach
reembargo *m* reattachment
reembarque *m* reembarkation
reembolsable reimbursable
reembolsar to reimburse
reembolso *m* reimbursement, drawback
reembolso contributivo tax refund
reembolso de prima premium refund
reembolso de prima de seguros insurance premium refund
reemplazable replaceable
reemplazante *m/f* replacement
reemplazar to replace
reemplazo *m* replacement
reemplear to reemploy
reempleo *m* reemployment
reendosar to reendorse
reendoso *m* reendorsement
reentrenamiento *m* retraining
reenviar to return, to forward, to remand
reenvío *m* return, forwarding, remand
reestructurado restructured
reestructurar to restructure
reexaminación *f* reexamination
reexaminar to reexamine
reexpedición *f* reshipment, forwarding
reexpedir to reship, to forward
reexportación *f* reexportation
reexportar to reexport
reextradición *f* reextradition
refacción *f* bonus, repair, maintenance expense
refaccionador *m* financial backer
refaccionar to renovate, to repair, to maintain, to finance

referencia *f* reference, report, narration
referéndum *m* referendum
referente referring
referido referred, said
referir to refer to, to report, to narrate
referirse a to refer oneself to
refinanciación *f* refinancing
refinanciado refinanced
refinanciamiento *m* refinancing
refinanciar to refinance
refinar to refine
refirmar to support, to ratify
reflación *f* reflation
reforma *f* reform, amendment, revision, innovation
reforma constitucional constitutional reform
reforma contributiva tax reform
reforma fiscal tax reform
reforma impositiva tax reform
reforma monetaria monetary reform
reforma social social reform
reforma tributaria tax reform
reformable reformable
reformación *f* reformation
reformado reformed, amended
reformar to reform, to amend, to revise, to innovate, to repair
reformatorio *m* reformatory
reformatorio (adj) reforming, amending
reformismo *m* reformism
reformista reformer
reforzar to reinforce
refractario refractory, unwilling
refrenar to curb
refrenarse to curb oneself
refrendación *f* countersignature, authentication, legalization, stamping
refrendar to countersign, to authenticate, to legalize, to stamp
refrendario *m* countersigner, authenticator
refrendata *f* countersignature, authentication, legalization
refrendo *m* countersignature, authentication, legalization, stamp
refrescar la memoria refreshing the memory
refriega *f* affray
refuerzo *m* reinforcement, aid
refugiado *m* refugee
refugiar to give refuge
refugiarse to take refuge
refugio *m* refuge, bomb shelter
refugio contributivo tax haven
refugio fiscal tax haven
refugio impositivo tax haven
refugio tributario tax haven
refutable refutable
refutación *f* refutation, rebuttal
refutar to refute, to rebut
regalador *m* giver

regalador (adj) giving
regalar to give
regalía *f* royalty, privilege, exemption, perquisite, goodwill, gift
regalo *m* gift, luxury
regalo antenupcial antenuptial gift
regalo entre cónyuges interspousal gift
regalo ilegal illegal gift
regalo ilícito illicit gift
regalo inapropiado inappropriate gift
regalo lícito licit gift
regalo prenupcial antenuptial gift
regatear to haggle, to be sparing, to deny
regateo *m* haggling
regencia *f* regency, management
regentar to rule, to manage
regente *m/f* regent
regente *m* manager, foreperson, magistrate
regente (adj) ruling
regentear to rule, to manage
regicida *m/f* regicide
regicida (adj) regicidal
regicidio *m* regicide
regidor ruler, city council member
régimen *m* regime, system
régimen carcelario prison system
régimen conyugal de bienes community property system
régimen de comunidad limitada limited community property system
régimen de comunidad universal universal community property system
régimen de separación de bienes common-law marital property system
régimen federal federal system
régimen penal prison system
régimen penitenciario prison system
régimen sin comunidad common-law marital property system
regimentar to regiment
regimiento *m* regiment, government, office of a city council member, city council members
región *f* region
regional regional
regionalismo *m* regionalism
regir to rule, to manage, to be in force
registrable registrable
registración *f* registration
registrado registered
registrado únicamente en cuanto al principal registered as to principal only
registrador *m* register, registrar, inspector
registrador de la propiedad register of real estate, register of deeds
registrador de testamentos register of wills
registral pertaining to registry
registrante *m/f* registrant
registrar to register, to record, to file, to inspect, to search, to enter
registrar un gravamen to file a lien
registrar una escritura to record a deed
registrar una hipoteca to record a mortgage
registrar una sentencia to enter a judgment
registro *m* registry, register, registration, docket, inspection, entry, tonnage
registro bruto gross tonnage
registro civil civil registry
registro completo complete record
registro consular consular registry
registro de actas minute book
registro de actos de última voluntad registry of wills
registro de buques registry of ships
registro de crédito credit record
registro de cheques check register
registro de defunciones registry of deaths
registro de gravamen recording of lien
registro de hipoteca recording of mortgage
registro de jurados jury list
registro de la propiedad registry of real estate
registro de la propiedad industrial registry of industrial property
registro de la propiedad intelectual registry of intellectual property
registro de matrimonios registry of marriages
registro de nacimientos registry of births
registro de pago payment record
registro de papeles registration of documents
registro de patentes register of patents
registro de sufragio voting list
registro de testamentos registry of wills
registro de tutelas registry of guardianships
registro demográfico registry of vital statistics
registro e incautación search and seizure
registro electoral electoral register
registro entero entire record
registro falsificado falsified record
registro incompleto incomplete record
registro inexistente nonexistent registration
registro judicial judicial record
registro múltiple multiple recording
registro oficial official record
registro parcial partial record
registro privado private record, private registry
registro público public registry
registro total total record
registro tributario tax roll
registro y embargo arbitrario unreasonable search and seizure
registros municipales municipal records
regla *f* rule, principle, law, moderation
regla de inferencia sobre inferencia rule of inference on inference
regla de la certeza razonable rule of

reasonable certainty
regla de la scintilla scintilla of evidence rule
regla de Massachusetts Massachusetts rule
regla del último antecedente last antecedent
    rule
regla especial special rule
regla jurídica legal rule
Regla Miranda Miranda Rule
regla perentoria peremptory rule
regla sobre el cumplimiento sustancial
    substantial compliance rule
regladamente moderately
reglado moderate, ruled
reglamentación *f* regulation, regulations
reglamentación de tránsito traffic rules
reglamentación urbanística zoning rules
reglamentaciones de trabajo work
    guidelines, labor laws
reglamentar to regulate, to rule, to establish
    rules
reglamentario regulatory, regulation
reglamento *m* regulation, regulations, by-laws
reglamento administrativo administrative
    regulation
reglamento aduanero customs regulations
reglamento de edificación building code
reglamento de trabajo work guidelines, labor
    laws
reglamento estatal state regulation
reglamento federal federal regulation
reglamento interestatal interstate regulation
reglamento intraestatal intrastate regulation
reglamento local local regulation
reglamento municipal municipal regulation
reglamento procesal rules of procedure
reglamentos interiores by-laws
reglar to regulate
reglas de aduana customs rules
reglas de evidencia rules of evidence
reglas del tráfico aéreo air traffic rules
reglas estatales state rules
reglas federales federal rules
reglas interestatales interstate rules
reglas intraestatales intrastate rules
reglas locales local rules
reglas municipales municipal rules
reglas procesales rules of procedure
reglas regionales regional rules
regresar to return
regresión *f* regression
regresivo regressive
regreso *m* return
regulación *f* regulation
regulación monetaria monetary regulation
regulaciones contributivas tax regulations
regulaciones fiscales tax regulations
regulaciones impositivas tax regulations
regulaciones tributarias tax regulations
regulado regulated

regulador *m* regulator
regulador (adj) regulating
regular (adj) regular, average
regular (v) to regulate
regularidad *f* regularity
regularizar to regulate, to regularize
regularmente regularly
regulativo regulative
rehabilitación *f* rehabilitation, discharge
rehabilitación del fallido discharge of a
    bankrupt
rehabilitación del penado rehabilitation of a
    prisoner
rehabilitación del quebrado discharge of a
    bankrupt
rehabilitar to rehabilitate, to discharge
rehabilitarse to rehabilitate oneself
rehacer to redo, to repair
rehén *m* hostage
reherir to repulse
rehipotecar to rehypothecate
rehuida *f* flight, avoidance, denial
rehuir to flee, to avoid, to deny
rehusándose a admitir refusing to admit
rehusándose a autorizar refusing to authorize
rehusándose a confirmar refusing to confirm
rehusándose a considerar refusing to
    consider
rehusándose a cumplir refusing to comply
rehusándose a divulgar refusing to disclose
rehusándose a entregar refusing to deliver
rehusándose a incluir refusing to include
rehusándose a obedecer refusing to obey
rehusándose a recibir refusing to receive
rehusar to refuse
rehusar el pago to refuse payment
rehusar el permiso to refuse permission
rehusar la aprobación to refuse approval
rehusar pago de un cheque dishonor a check
rehusarse a aceptar refuse to accept
rehusarse a acreditar refuse to credit
rehusarse a admitir refuse to admit
rehusarse a autorizar refuse to authorize
rehusarse a ceder refuse to yield
rehusarse a confirmar refuse to confirm
rehusarse a consentir refuse to consent
rehusarse a considerar refuse to consider
rehusarse a contestar refusal to answer
rehusarse a corroborar refuse to corroborate
rehusarse a creer refuse to believe
rehusarse a cumplir refusal to comply
rehusarse a dar refuse to give
rehusarse a dar permiso refuse to give
    permission
rehusarse a divulgar refuse to disclose
rehusarse a entregar refusal to deliver
rehusarse a honrar refuse to honor
rehusarse a obedecer refuse to obey
rehusarse a pagar refusal to pay

rehusarse a permitir refuse to permit
rehusarse a proveer refuse to supply
rehusarse a ratificar refuse to ratify
rehusarse a recibir refuse to receive
rehusarse a reconocer refuse to acknowledge
reimportación *f* reimportation
reimportar to reimport
reimpresión *f* reprint, reprinting
reimprimir to reprint
reinado *f* reign
reinador *m* ruler
reinante reigning
reinar to reign, to predominate
reincidencia *f* recidivism, relapse
reincidente *m/f* repeat offender
reincidir to repeat an offense, to relapse
reincorporación *f* reincorporation
reincorporar to reincorporate
reincorporarse to become reincorporated
reingresar to re-enter
reingreso *m* reentering
reiniciar to reopen
reino *m* realm
reinstalación *f* reinstallation
reinstalación de póliza reinstatement of policy
reinstalar to reinstall
reintegrable refundable, restorable
reintegración *f* restoration, refund
reintegrar to reintegrate, to refund
reintegrarse to return, to recover
reintegro *m* reintegration, refund, restitution
reintegro contributivo tax refund
reintegro de contribuciones tax refund
reintegro de impuestos tax refund
reintegro en efectivo cash refund
reintegro fiscal tax refund
reintegro impositivo tax refund
reintegro tributario tax refund
reintermediación *f* reintermediation
reinversión *f* reinvestment
reiteración *f* reiteration
reiteradamente repeatedly
reiterante *m/f* repeat offender
reiterar to reiterate, to repeat
reiterativo reiterative, repeatable
reivindicable repleviable, recoverable
reivindicación *f* replevin, recovery
reivindicador *m* replevisor
reivindicante *m/f* replevisor
reivindicar to replevy, to recover
reivindicativo pertaining to replevin, pertaining to recovery
reivindicatorio replevying, recovering
rejas *f* bars
relación *f* relation, relationship, ratio, report, narration
relación causal causal relation
relación contractual contractual relation
relación de agencia agency relationship

relación de cobertura coverage ratio
relación de confianza fiduciary relation
relación de reserva reserve ratio
relación de trabajo work relation
relación familiar family relationship
relación fiduciaria fiduciary relation
relación jurada sworn statement
relación jurídica legal relationship
relación matrimonial marital relationship
relacionado al empleo job related
relacionado al trabajo job related
relacionar to relate, to report
relacionarse to become related
relaciones comerciales business relations
relaciones consulares consular relations
relaciones de negocios business relations
relaciones diplomáticas diplomatic relations
relaciones domésticas domestic relations
relaciones humanas human relations
relaciones laborales labor relations
relaciones profesionales professional relations
relaciones públicas public relations
relaciones sexuales sexual intercourse
relajación *f* relaxation, mitigation
relajar to relax, to release, to jeer
relajarse to become relaxed, to relax
relapso *m* relapse
relatar to relate, to report
relativamente relatively
relatividad *f* relativity
relativo relative
relato *m* report, narration
relator *m* reporter, narrator, court reporter
relatoría *f* post of a court reporter
relegación *f* relegation, exile
relegar to relegate, to exile
relevación *f* release, exemption, pardon
relevancia *f* relevance
relevante relevant, outstanding
relevante legalmente legally relevant
relevante lícitamente licitly relevant
relevar to relieve, to exempt, to pardon
relicto left at death
relictos *m* decedent's estate
relucir to shed light on
remandar to send repeatedly, to remand
remanente *m* remainder, residue
remanente (adj) residuary
remanente de la herencia residuary estate
rematadamente absolutely
rematado auctioned
rematador *m* auctioneer
rematante *m* successful bidder
rematar to auction, to terminate
remate *m* auction, termination
remate judicial judicial auction
remediable remediable
remediado legalmente legally remedied
remediado lícitamente licitly remedied

remediar to remedy, to help, to prevent
remedio *m* remedy, help, appeal
remedio adecuado adequate remedy
remedio administrativo administrative remedy
remedio apropiado appropriate remedy
remedio completo complete remedy
remedio drástico drastic remedy
remedio en derecho remedy at law
remedio equitativo equitable remedy
remedio exclusivo exclusive remedy
rememorar to remember
rememorativo reminding
remesa *f* remittance
remesar to remit
remirar to view again, to view carefully
remisible remissible
remisión *f* remission, remittance, reference
remisión de deuda cancellation of debt
remisión legal legal reference
remisivo reference
remiso remiss
remisor *m* remitter
remisor (adj) remitting
remisoria *f* remand
remisorio remissory, remitting
remitente *m/f* remitter
remitido remitted
remitir to remit, to refer
remoción *f* removal, dismissal
remodelar to remodel
remonetización *f* remonetization
remorderse to show remorse, to show anguish
remordimiento *m* remorse
remoto remote
remover to remove, to disturb
remover restricciones to remove restrictions
remover tarifas to remove tariffs
removimiento *m* removal
remuneración *f* remuneration
remuneración acumulada accumulated remuneration
remuneración anual annual remuneration
remuneración contractual contractual remuneration
remuneración diaria daily remuneration
remuneración diferida deferred remuneration
remuneración especificada specified remuneration
remuneración estipulada stipulated remuneration
remuneración fija fixed remuneration
remuneración garantizada guaranteed remuneration
remuneración igual equal remuneration
remuneración inicial initial remuneration
remuneración justa just compensation
remuneración mínima minimum remuneration

remuneración neta net remuneration
remuneración nominal nominal remuneration
remuneración pecuniaria pecuniary remuneration
remuneración real real remuneration
remuneración retroactiva retroactive remuneration
remuneración suplementaria supplemental remuneration
remunerado remunerated
remunerador remunerating
remunerar to remunerate
remunerativo remunerative
remuneratorio remunerative
rencor *m* rancor
rendición *f* rendition, surrender, rendering, yield
rendición de cuentas rendering of accounts
rendición incondicional unconditional surrender
rendimiento *m* yield, earnings, performance, submission, exhaustion
rendimiento de capital return on capital
rendimiento decreciente diminishing returns
rendimiento imponible taxable yield
rendimiento razonable reasonable return
rendir to render, to yield, to surrender, to return, to exhaust
rendir confesión to confess
rendir cuentas to render accounts, to explain accounts
rendir interés to bear interest
rendir pruebas to adduce evidence
rendir un fallo to render a decision
rendir un informe to submit a report
rendir veredicto to return a verdict
rendirse to surrender, to become exhausted
renegociable renegotiable
renegociación *f* renegotiation
renegociado renegotiated
renegociar to renegotiate
renitencia *f* renitency
renitente renitent
renombre *m* surname, fame
renovable renewable
renovación *f* renovation, renewal, replacement
renovación automática automatic renewal
renovación de arrendamiento renewal of lease
renovación de contrato renewal of contract
renovación de derechos de autor renewal of copyright
renovación de licencia renewal of license
renovación de marca comercial renewal of trademark
renovación de patente renewal of patent
renovación de permiso renewal of permit
renovación de póliza de seguros renewal of

insurance policy

renovación de un pagaré renewal of a note

renovación urbana urban renewal

renovar to renovate, to renew, to replace

renovar un arrendamiento to renew a lease

renovar un contrato to renew a contract

renovar una letra to renew a bill

renovar una póliza to renew a policy

renta *f* rent, income, annuity, public debt, government debt obligation

renta acumulada accrued rent

renta anticipada advance rent

renta anual annual rent

renta bruta gross income

renta de contrato contract rent

renta de la tierra ground rent

renta de retiro retirement income

renta decreciente diminishing returns

renta estancada income from a government monopoly

renta ganada earned income

renta gravable taxable income

renta habitual habitual rent

renta imponible taxable income

renta inferida inferred rent

renta inusual unusual rent

renta líquida net income

renta nacional national revenue

renta normal normal rent

renta razonable reasonable rent

renta razonable en el mercado reasonable market rent

renta tácita tacit rent

renta tributable taxable income

renta usual usual rent

renta variable variable rent

renta vitalicia life annuity

rentabilidad *f* rentability, capability of producing an income, profitability

rentable rentable, income-producing, profitable

rentar to rent, to yield

rentas antes de contribuciones pretax earnings

rentas antes de impuestos pretax earnings, pretax income

rentas atrasadas back rent

rentas contributivas tax receipts

rentas corrientes current earnings, current revenues

rentas de aduanas customs receipts

rentas del trabajo earned income

rentas devengadas earned income

rentas exentas exempt income

rentas extranjeras foreign income

rentas fiscales government revenues

rentas imponibles taxable income

rentas impositivas tax receipts

rentas interiores internal revenue

rentas internas internal revenue

rentas laborales occupational earnings

rentas ocupacionales occupational earnings

rentas operacionales operational income

rentas públicas public revenues

rentas retenidas retained income, retained earnings

rentero *m* lessee, farm lessee

rentero (adj) taxpaying

rentista *m/f* bondholder, annuitant, a person who lives off personal investments, financier

rentista contingente contingent annuitant

rentístico pertaining to revenues, financial

rentoso income-producing

renuencia *f* reluctance

renuente reluctant

renuncia *f* renunciation, resignation, waiver, disclaimer, abandonment

renuncia a la ciudadanía renunciation of citizenship

renuncia al protesto waiver of protest

renuncia de agravio waiver of tort

renuncia de citación waiver of notice

renuncia de derecho parcial partial waiver

renuncia de derechos waiver of rights

renuncia de exención waiver of exemption

renuncia de inmunidad waiver of immunity

renuncia expresa express waiver

renuncia tácita implied waiver

renuncia voluntaria express waiver

renunciable renounceable, that can be waived, that can be disclaimed, that can be abandoned

renunciación *f* renunciation, resignation, waiver, disclaimer, abandonment

renunciamiento *m* renunciation, resignation, waiver, disclaimer, abandonment

renunciante *m/f* renouncer, resigner, waiver, disclaimer, abandoner

renunciar to renounce, to resign, to waive, to disclaim, to abandon

renunciatario *m* beneficiary of something that is renounced

reo *m* convict, prisoner, defendant, criminal

reo (adj) guilty

reo ausente fugitive

reorganización *f* reorganization

reorganización corporativa corporate reorganization

reorganizar to reorganize

repagable repayable

repagar to repay

reparable repairable, indemnifiable

reparación *f* repair, indemnity

reparación del daño indemnity

reparaciones esenciales essential repairs

reparaciones habituales habitual repairs

reparaciones indispensables indispensable

repairs
reparaciones innecesarias unnecessary
repairs
reparaciones inusuales unusual repairs
reparaciones necesarias necessary repairs
reparaciones normales normal repairs
reparaciones obligatorias obligatory repairs
reparaciones ordinarias maintenance
reparaciones usuales usual repairs
reparado repaired, indemnified
reparador *m* repairer, indemnifier
reparamiento *m* repair, indemnity, objection,
observation
reparar to repair, to indemnify
reparativo reparative
reparo *m* objection, observation, repair
repartición *f* distribution, partition
repartido distributed, partitioned
repartidor *m* distributor, partitioner
repartimiento *m* distribution, partition
repartir to distribute, to partition
reparto *m* distribution, partition, delivery
repasar to repass, to review, to peruse
repaso *m* review
repatriación *f* repatriation
repatriar to repatriate
repeler to repel, to refute
repensar to rethink
repentino sudden
repercusión *f* repercussion
repercutir en to have repercussions on
repertorio *m* repertory, digest
repertorio de legislación legislative digest
repetición *f* repetition, action for unjust
enrichment, action for recovery
repetido repeated
repetir to repeat, to start again, to bring an
action for unjust enrichment, to bring an
action for recovery
repetitivo repetitive
réplica *f* reply, replication, rejoinder
replicación *f* reply, replication
replicador *m* replier, argumentative person
replicante *m/f* replier
replicar to reply, to answer, to object
replicatio replication, objection
reponer to replace, to reinstate, to reply, to
object
reponer una causa to reinstate a case
reponerse to recover, to calm down
reportar to report, to curb, to achieve, to
produce
reporte *m* report, news
reporte anual annual report
reporte crediticio credit report
reporte de accidente accident report
reporte de auditoría audit report
reporte de crédito credit report
reporte de pérdidas loss report

reporte de reclamación claim report
reporte de título title report
reporte de transacción transaction report
reporte del contador accountant's report
reporte externo external report
reporte financiero financial report
reporte interino interim report
reporte interno internal report
reporto *m* repurchase agreement
reposesión *f* repossession
reposición *f* replacement, recovery,
reinstatement
repositorio *m* repository
repregunta *f* cross-examination
repreguntar to cross-examine
reprender to reprehend, to caution
reprendido reprehended, cautioned
reprensible reprehensible
reprensión *f* reprehension, caution
reprensión grave public reprehension
reprensión leve private reprehension
reprensión privada private reprehension
reprensión pública public reprehension
reprensor *m* reprehender
represa *f* dam, recapture
represalia *f* reprisal
represar to dam up, to recapture, to repress
representación *f* representation
representación de personas representation of
persons
representación falsa false representation
representación falsa pertinente pertinent
misrepresentation
representación falsa relevante relevant
misrepresentation
representación importante material
representation
representación legal legal representation
representación material material
representation
representación promisoria promissory
representation
representación proporcional proportional
representation
representado *m* principal
representado (adj) represented
representado legalmente legally represented
representado lícitamente licitly represented
representador representing
representante *m/f* representative
representante (adj) representing
representante administrador managing
representative
representante aduanal customhouse
representative
representante aparente apparent
representative
representante autorizado authorized
representative

representante cautivo captive representative
representante comercial commercial
    representative
representante consular consular
    representative
representante corporativo corporate
    representative
representante de aduana customhouse
    representative
representante de campo field representative
representante de cobros collection
    representative
representante de comercio commercial
    representative
representante de distribución distribution
    representative
representante de exportación export
    representative
representante de importación import
    representative
representante de negociaciones bargaining
    representative
representante de transferencia transfer
    representative
representante de tránsito transit
    representative
representante de ventas sales representative
representante debidamente autorizado duly
    authorized representative
representante del fabricante manufacturer's
    representative
representante del gobierno government
    representative
representante del naviero shipping
    representative
representante designado designated
    representative
representante diplomático diplomatic
    representative
representante económico economic
    representative
representante especial special representative
representante estatal state representative
representante exclusivo exclusive
    representative
representante extranjero foreign
    representative
representante federal federal representative
representante fiduciario fiduciary
    representative
representante financiero financial
    representative
representante fiscal tax representative
representante habitual habitual representative
representante implícito implicit
    representative
representante interestatal interstate
    representative
representante internacional international

representative
representante intraestatal intrastate
    representative
representante legal legal representative
representante local local representative
representante mercantil mercantile
    representative
representante municipal municipal
    representative
representante nacional national
    representative
representante no autorizado unauthorized
    representative
representante regional regional
    representative
representante sindical union representative
representante vendedor sales representative
representar to represent, to declare, to appear
    to be
representativo representative
represión f repression
represivo repressive
reprimenda f reprimand
reprimir to repress
reprimirse to repress oneself
reprobable reprehensible
reprobar to reprove
reprobatorio reprobative
reprochabilidad f reproachableness
reprochable reproachable
reprochar to reproach
reproducción f reproduction
reproducir to reproduce
reproductivo reproductive
reproductor m reproducer
repromisión f renewed promise
república f republic
república federal federal republic
republicanismo m republicanism
republicano m republican
repúblico m patriot, leading citizen
repudiación f repudiation
repudiar to repudiate
repudio m repudiation
repudio anticipado anticipatory repudiation
repuesto replaced, recovered
repugnancia f repugnance, inconsistency
repugnante repugnant, inconsistent
repulsa f repulse, refusal
repulsar to repulse, to refuse
repulsión f repulsion, refusal
reputar to repute
requerido required
requeridor m requirer, summoner
requeridor (adj) requiring
requerimiento m requirement, injunction,
    summons, demand, request
requerimiento de pago demand for payment
requerimiento imperativo mandatory

injunction

requerimiento interlocutorio interlocutory injunction

requerimiento judicial mandatory injunction

requerimiento lícito licit demand

requerimiento permanente permanent injunction

requerimiento precautorio preventive injunction

requerimiento preliminar preliminary injunction

requerimiento prohibitivo prohibitive injunction

requerimiento provisional preliminary injunction

requerir to require, to enjoin, to summon, to notify, to demand, to investigate, to persuade

requirente *m/f* requirer, summoner

requirente (adj) requiring

requisa *f* requisition, inspection

requisar to requisition, to inspect

requisición *f* requisition, inspection

requisito *m* requirement

requisito de coaseguro coinsurance requirement

requisito de depósito anticipado advance deposit requirement

requisito de póliza policy requirement

requisito de reservas reserve requirement

requisito de retención retention requirement

requisito jurisdiccional jurisdictional requirement

requisitoria *f* arrest warrant

requisitorio *m* requisition

requisitos de calificación qualification requirements

requisitos de residencia residency requirements

res thing, subject matter, res

res accessoria an accessory thing, res accessoria

res aliena the property of another, res aliena

res communes common property, res communes

res corporales corporeal things, res corporales

res derelicta abandoned property, res derelicta

res furtivae stolen things, res furtivae

res gestae things done, res gestae

res immobiles immovables, res immobiles

res incorporales incorporeal things, res incorporales

res integra a matter with no precedents, a whole thing, res integra

res ipsa loquitur the thing speaks for itself, res ipsa loquitur

res judicata the thing has been decided, res

judicata

res mobiles movable things, res mobiles

res nova a new matter, res nova

res nullius the property of nobody, res nullius

res privatae private things, res privatae

res publicae public things, res publicae

resaca *f* redraft, hangover

resacar to redraw

resarcible indemnifiable, compensable

resarcimiento *m* indemnification, compensation

resarcir to indemnify, to compensate

resbaladizo slippery

rescatar to rescue, to ransom, to free, to exchange

rescate *m* rescue, ransom, release, exchange

rescindible rescindable

rescindir to rescind

rescisión *f* rescission

rescisión de los contratos rescission of contracts

rescisión en equidad equitable rescission

rescisión legal legal rescission

rescisorio rescissory

rescontrar to offset

rescripto *m* rescript

rescuentro *m* offset

resellar to reseal, to restamp

resello *m* resealing, restamping

resentimiento *m* resentment

reseña *f* description, description of the scene of a crime, review, account, brief account, noting of distinguishing marks

reseñar to describe, to describe the scene of a crime, to give an account of, to review, to note distinguishing marks

reserva *f* reserve, reservation, prudence, exception

reserva central central reserve

reserva contingente contingent reserve

reserva de contingencia contingency reserve

reserva de derechos reservation of rights

reserva de dominio reservation of ownership

reserva de garantía guarantee reserve

reserva de póliza policy reserve

reserva del derecho de admisión reservation of the right to deny admission

reserva disponible available reserve

reserva estatutaria reserve required by law

reserva facultativa reserve not required by law

reserva involuntaria involuntary reserve

reserva legal reserve required by law

reserva mental mental reservation

reserva oculta hidden reserve

reserva para deudas incobrables bad-debt reserve

reserva para reclamaciones claims reserve

reserva requerida required reserve

reserva voluntaria voluntary reserve
reservación *f* reservation
reservadamente reservedly, cautiously
reservado reserved, cautious
reservados todos los derechos all rights reserved
reservar to reserve, to postpone, to exempt, to conceal
reservar derechos to reserve rights
reservas bancarias bank reserves
reservas enteras entire reserves
reservas extranjeras foreign reserves
reservas nacionales national reserves
reservativo reservative
resguardar to defend, to shelter
resguardarse de to guard against
resguardo *m* protection, security, guarantee, frontier guard, receipt
resguardo de almacén warehouse receipt
resguardo de depósito certificate of deposit
resguardo fronterizo frontier customhouse including personnel
resguardo provisional binder
residencia *f* residence, sojourn, impeachment
residencia continua continuous residence
residencia establecida established residence
residencia ficticia fictitious residence
residencia fija fixed residence
residencia habitual habitual residence
residencia inexistente nonexistent residence
residencia permanente permanent residence
residencia personal personal residence
residencia principal main residence
residencia temporal temporary residence
residencial residential
residenciar to impeach
residente *m/f* resident
residente (adj) residing
residir to reside, to lie
residir en to be vested in
residual residual
residuo *m* residue
resignación *f* resignation, relinquishment
resignar to resign, to relinquish
resignarse to resign oneself
resistencia *f* resistance
resistencia a la autoridad resisting an officer
resistente resistant, resisting
resistidor resistant
resistir to resist
resobrina *f* grandniece
resobrino *m* grandnephew
resoluble resolvable
resolución *f* resolution, decision, annulment, cancellation, termination
resolución concurrente concurrent resolution
resolución conjunta joint resolution
resolución constitutiva decision establishing a legal principle

resolución corporativa corporate resolution
resolución de los contratos rescission of contracts
resolución definitiva final decision
resolución judicial judicial decision
resolución rápida rapid resolution
resolutivamente resolutely
resolutivo resolutive
resoluto resolute, succinct, expert
resolutorio resolutory
resolver to resolve, to solve, to decide, to annul, to analyze
respaldar to endorse
respaldo *m* backing
respectivamente respectively
respectivo respective
respecto *m* respect
respetabilidad *f* respectability
respetable respectable, considerable
respetar to respect
respeto *m* respect
respeto de personas respect toward others
respetuosamente respectfully
respetuoso respectful
respiro *m* extension of time, breather, respiration
responder to respond, to answer, to correspond, to be responsible
responder a to answer, to react, to be responsible to
responder a una obligación to meet an obligation
responder por to be responsible for
responder por otro to be responsible for another
respondiente *m/f* responder
respondiente (adj) responding
responsabilidad *f* responsibility, liability
responsabilidad absoluta absolute liability
responsabilidad aceptada accepted responsibility
responsabilidad acumulativa cumulative liability
responsabilidad adicional additional responsibility
responsabilidad administrativa administrative liability
responsabilidad aparente apparent liability
responsabilidad asumida assumed liability
responsabilidad central central liability
responsabilidad civil civil liability, public liability
responsabilidad comercial business liability
responsabilidad concurrente concurrent liability
responsabilidad condicional conditional liability
responsabilidad contingente contingent liability

responsabilidad contractual contractual liability
responsabilidad criminal criminal responsibility, criminal liability
responsabilidad cruzada cross-liability
responsabilidad cuasicontractual quasi contractual liability
responsabilidad de depósitos deposit liability
responsabilidad de operaciones operations liability
responsabilidad de pensión mínima minimum pension liability
responsabilidad de rechazo refusal liability
responsabilidad definida direct liability
responsabilidad del almacenero warehouser's liability
responsabilidad del cargador carrier's liability
responsabilidad del naviero shipowner's liability
responsabilidad del prestador lender liability
responsabilidad del prestamista lender liability
responsabilidad del transportista carrier's liability
responsabilidad diferida deferred liability
responsabilidad directa direct liability
responsabilidad disminuida diminished responsibility
responsabilidad económica economic responsibility
responsabilidad estimada estimated liability
responsabilidad eventual contingent liability
responsabilidad evidente evident liability
responsabilidad exclusiva exclusive liability
responsabilidad existente existing responsibility
responsabilidad explícita explicit liability
responsabilidad extranjera foreign liability
responsabilidad financiera financial responsibility
responsabilidad ilimitada unlimited liability
responsabilidad impositiva neta net tax liability
responsabilidad imputada imputed liability
responsabilidad indefinida indefinite liability
responsabilidad indirecta indirect liability
responsabilidad individual individual liability
responsabilidad internacional international liability
responsabilidad judicial judicial liability
responsabilidad latente latent liability
responsabilidad legal legal responsibility, legal liability
responsabilidad limitada limited liability
responsabilidad manifiesta manifest liability
responsabilidad monetaria monetary responsibility, monetary liability
responsabilidad moral moral obligation

responsabilidad objetiva strict liability
responsabilidad obvia obvious liability
responsabilidad patronal employer's liability
responsabilidad pecuniaria pecuniary liability
responsabilidad penal criminal liability
responsabilidad personal personal liability
responsabilidad por hecho ajeno liability for the acts of another
responsabilidad profesional professional liability
responsabilidad pública public liability
responsabilidad rechazada rejected liability
responsabilidad rehusada refused liability
responsabilidad restringida restricted liability
responsabilidad sin culpa strict liability
responsabilidad sin límite unlimited liability
responsabilidad sin restricciones unrestricted liability
responsabilidad social social responsibility
responsabilidad solidaria joint and several liability, liability in solido
responsabilidad subsidiaria secondary liability
responsabilidad total aggregate liability
responsabilidad tributaria neta net tax liability
responsabilidad vicaria vicarious liability
responsabilizarse to take the responsibility
responsable *m/f* person responsible, person liable
responsable (adj) responsible, liable
responsable legalmente legally liable
responsable lícitamente licitly liable
responsivo pertaining to an answer
respuesta *f* response, answer
respuesta a la tríplica rebutter
respuesta evasiva evasive answer
respuesta falsa false answer
respuesta frívola frivolous answer
restablecer to reestablish, to reinstate
restante *m* remainder
restante (adj) remaining
restauración *f* restoration, reinstatement
restaurar to restore, to reinstate
restitución *f* restitution, return
restitución de depósito return of deposit, return of bailed goods
restitución in integrum restoration to the previous state
restituible restorable, returnable
restituidor *m* restorer, returner
restituidor (adj) restoring, returning
restituir to restore, to return
restitutorio restitutive
resto *m* rest, residue
restos *m* remains
restos mortales mortal remains
restricción *f* restriction
restricción comercial trade restriction

restricción de escritura deed restriction
restricción estatutaria statutory restriction
restricción obsoleta obsolete restriction
restricciones comerciales business restrictions
restricciones de cantidad quantity restrictions
restricciones de comercio restraint of trade
restricciones de crédito credit restrictions
restricciones de divisas foreign exchange restrictions
restricciones de edificación building restrictions
restricciones de exportación export restrictions
restricciones de importación import restrictions
restricciones residuales residual restrictions
restricciones y limitaciones del dominio limitations on ownership rights
restrictivo restrictive
restringido restricted
restringido por ley restricted by law
restringir to restrict
resuelto determined, prompt, solved
resuélvase be it resolved
resulta *f* result, final decision, vacancy
resultado *m* result
resultado directo direct result
resultado ilógico illogical result
resultado indirecto indirect result
resultado previsible foreseeable result
resultando *m* clause, whereas clause
resultante resulting
resultar to result, to be successful
resumen *m* summary, abstract, digest
resumen de título abstract of title
resumir to summarize, to abstract
retardante retarding
retardar to retard
retasa *f* reappraisal
retasación *f* reappraisal
retasar to reappraise, to reduce the price of unauctioned items
retazo *m* remnant, fragment
retención *f* retention, detention, withholding
retención de cheque check hold
retenedor *m* retainer, detainer, withholder
retener to retain, to detain, to withhold
retenido retained, detained, withheld
retentor *m* withholding agent
reticencia *f* insinuation, reticence
retirable callable
retirada *f* withdrawal, retreat, shelter
retiradamente secretly
retirado *m* retiree
retirado (adj) retired, pensioned, remote
retiramiento *m* withdrawal, retreat, retirement, pension
retirar to retire, to withdraw, to retreat, to call

retirar acusaciones to withdraw charges
retirar una oferta to withdraw an offer
retiro *m* retirement, withdrawal, retreat, pension
retiro de cargos withdrawal of charges
retiro diferido deferred retirement
retiro forzado compulsory retirement
retiro obligatorio mandatory retirement
retiro temprano early withdrawal, early retirement
reto *m* challenge, threat
retorcer to twist, to distort
retornar to return
retorno *m* return, reward, exchange
retorno al lugar de los hechos return to the scene of the crime, return to the scene of the events
retorsión *f* retorsion, twisting
retracción *f* retraction
retractable retractable
retractación *f* retraction
retractación de la confesión retraction of the confession
retractación pública public retraction
retractación testamentaria will revocation
retractar to retract, to redeem
retractarse to retract oneself
retracto *m* right of repurchase
retracto de autorización withdrawal of authorization
retracto legal constructive revocation
retraer to bring back, to repurchase, to exercise the right of repurchase, to dissuade
retransferir to retransfer
retransmisión *f* retransfer, rebroadcast
retrasado in arrears
retrasar to delay, to lag
retraso *m* delay, lag
retrato *m* photograph, description, right of repurchase
retrayente *m/f* exerciser of the right of repurchase
retribución *f* remuneration, reward
retribuir to remunerate, to reward
retributivo retributory, rewarding
retroacción *f* retroaction
retroactivamente retroactively
retroactividad *f* retroactivity
retroactividad de la ley retroactivity of the law
retroactivo retroactive
retroalimentación *f* feedback
retroceder to retrocede
retroceder hasta la pared retreat to the wall
retrocesión *f* retrocession
retrospección *f* retrospection
retrospectivo retrospective
retrotracción *f* antedating

retrotraer to antedate
retrovender to sell back to the original vendor
retrovendición f repurchase by the original seller
retroventa f repurchase by the original seller
reunido ilegalmente illegally assembled
reunido ilícitamente illicitly assembled
reunión f reunion, meeting
reunión anual annual meeting
reunión clandestina clandestine meeting
reunión constitutiva organizational meeting
reunión convocada called meeting
reunión de accionistas shareholders' meeting
reunión de acreedores creditors' meeting
reunión de diligencia debida due diligence meeting
reunión de gabinete cabinet meeting
reunión de la directiva directors' meeting
reunión especial special meeting
reunión extraordinaria special meeting
reunión general general meeting
reunión ilegal illegal assembly
reunión ilícita illicit assembly
reunión lícita licit assembly
reunión ordinaria regular meeting
reunión privada private meeting
reunión pública public meeting
reunión secreta secret meeting
reunir to unite, to reunite
reunir los requisitos to meet the requirements
reválida f revalidation, bar exam, exam required to obtain a professional license
revalidación f revalidation, confirmation
revalidar to revalidate, to pass a bar exam, to pass an exam required to obtain a professional license
revalorar to revalue, to reappraise
revalorización f revaluation, reappraisal
revalorizar to revalue, to reappraise
revaluación f revaluation, reappraisal
revaluar to revalue, to reappraise
revalúo m reappraisal
reveedor m revisor, inspector
revelable revealable
revelación f revelation
revelador revealing
revelar to reveal, to develop
revendedor m reseller, retailer
revender to resell, to retail
revenir to return
reventa f resale, retail
rever to review, to retry
reversibilidad f reversibility
reversible reversible, reversionary
reversión f reversion
reversión al estado escheat
reverso m reverse, reverse of a sheet
revertir to revert
revés m reverse, reversal

revisable revisable, reviewable
revisar to revise, to audit, to inspect
revisar las cuentas to audit accounts
revisión f revision, review, auditing, inspection
revisión contable audit
revisión de calidad quality review
revisión de contrato revision of contract
revisión de crédito credit review
revisión de empréstito loan review
revisión de estatutos revision of statutes
revisión de préstamo loan review
revisión de términos revision of terms
revisión de título title search
revisión judicial judicial review
revisión limitada limited review
revisión por grupo paritario peer review
revisión restringida restricted review
revisión salarial salary review
revisor m revisor, auditor, inspector
revisor (adj) revising, auditing, inspecting
revisoría f inspector's office, auditor's office
revista f review, rehearing, magazine, journal, inspection
revista jurídica law journal
revivir to revive
revocabilidad f revocability
revocable revocable, abrogable, reversible
revocablemente revocably
revocación f revocation, abrogation, reversal
revocación de agencia revocation of agency
revocación de contratos rescission of contracts
revocación de los actos fraudulentos revocation of fraudulent acts
revocación de los legados revocation of a legacy, revocation of a devise
revocación de oferta revocation of offer
revocación de testamento revocation of a will
revocación de una sentencia reversal of a decision
revocación en el matrimonio revocation of a marriage
revocador m revoker, abrogator, reverser
revocador (adj) revoking, abrogating, reversing
revocante revoking, abrogating, reversing
revocar to revoke, to abrogate, to reverse
revocar la sentencia to vacate the judgment
revocatorio revocatory, abrogating, reversing
revolución f revolution
revolucionar to revolt, to revolutionize
revolucionario revolutionary
revolver to mix, to upset, to ponder
revólver m revolver
revuelta f revolt, fight, disturbance, change
reyerta f quarrel, row
rezonificar to rezone
rezonificación f rezoning

ribereño riparian
riesgo *m* risk, hazard
riesgo aceptado accepted risk
riesgo anormal abnormal risk
riesgo aparente apparent risk
riesgo asegurable insurable risk
riesgo asegurado insured risk
riesgo asumido assumed risk
riesgo aumentado increased risk
riesgo bilateral bilateral risk
riesgo calculado calculated risk
riesgo comercial business risk
riesgo cubierto covered risk
riesgo de crédito credit risk
riesgo de entrega delivery risk
riesgo de incumplimiento default risk
riesgo de seguros insurance risk
riesgo de trabajo occupational risk
riesgo de transacción transaction risk
riesgo del comprador buyer's risk
riesgo del vendedor vendor's risk
riesgo deteriorado impaired risk
riesgo diversificable diversifiable risk
riesgo especial special risk
riesgo especulativo speculative risk
riesgo estacional seasonal risk
riesgo estático static risk
riesgo existente existing risk
riesgo explícito explicit risk
riesgo extraordinario extraordinary risk
riesgo financiero financial risk
riesgo físico physical hazard
riesgo hipotecario mortgage risk
riesgo ilimitado unlimited risk
riesgo irregular abnormal risk
riesgo limitado limited risk
riesgo marginal marginal risk
riesgo marítimo marine risk
riesgo monetario monetary risk
riesgo moral moral hazard
riesgo no asegurable uninsurable risk
riesgo no asegurado uninsured risk
riesgo no controlable noncontrollable risk
riesgo no diversificable nondiversifiable risk
riesgo objeto target risk
riesgo oculto hidden risk
riesgo ocupacional occupational hazard,
  occupational risk
riesgo operativo operating risk
riesgo político political risk
riesgo preferido preferred risk
riesgo previsible foreseeable risk
riesgo profesional occupational hazard
riesgo prohibido prohibited risk
riesgo puro pure risk
riesgo reducido reduced risk
riesgo sistemático systematic risk
riesgo sistémico systemic risk
riesgo subjetivo subjective risk

riesgo total aggregate risk
riesgos del mar perils of the sea
riesgos habituales habitual risks
riesgos inusuales unusual risks
riesgos normales normal risks
riesgos usuales usual risks
rifa *f* raffle
rigidez *f* rigidity
rigidez cadavérica cadaveric rigidity, rigor
  mortis
rígido rigid
rigor *m* rigor, exactness
rigor juris strict law, rigor juris
rigor mortis cadaveric rigidity, rigor mortis
rigorismo *m* rigorism
rigorista rigoristic
riguroso rigorous, exact
riña *f* quarrel
ritualidad *f* formality
rival *m* rival
robado robbed, stolen
robador *m* robber, thief
robador (adj) robbing, thieving
robar to rob, to steal
robo *m* robbery, theft
robo a mano armada armed robbery
robo agravado aggravated robbery, theft with
  aggravating circumstances
rodada *f* wheel track
rodeado surrounded
rodear to surround, to beat around the bush
rogación *f* request
rogatorio rogatory
rol *m* role, roll
rompehuelgas *m* strikebreaker
romper to break
romper el contrato to breach the contract
rompimiento *m* breaking, quarrel
ronda *f* round, night patrol
rondar to patrol, to prowl
rostro *m* face
rotación *f* rotation, shift
roto broken, debauched
rotular to label
rotular erróneamente to label incorrectly
rótulo *m* sign, title
rotura *f* breakage, breaking
rotura del contrato breach of contract
rúbrica *f* rubric, flourish
rubricar to sign and seal, to sign, to initial, to
  attest
rubro *m* title, heading
rudo rude, crude
rueda de prensa press conference
rueda de presos line-up
rueda de sospechosos line-up
ruego *m* request, plea
rufián *m* ruffian, pimp
ruido *m* noise, row

ruin despicable, petty
ruina *f* ruin
rumbo *m* direction
rumor *m* rumor
rumor falso false rumor
rumorear to rumor
ruptura *f* rupture, break
ruptura de negociaciones rupture of
   negotiations
ruptura en relaciones diplomáticas rupture
   of diplomatic relations
rural rural
ruralmente rurally
rústico rustic, rural
ruta *f* route
rutina *f* routine
rutinario routine

S

saber *m* knowledge
saber (v) to know, to learn
saber y entender knowledge and belief
sabiamente wisely
sabido *m* fixed salary
sabido (adj) known, well-informed, learned
sabiduría *f* wisdom
sabiente knowing
sabio wise
sabotaje *m* sabotage
saboteador *m* saboteur
sabotear to sabotage
sabueso *m* bloodhound, sleuth
saca *f* removal, exportation, certified copy,
   notarized copy
sacada *f* separated territory, removal
sacador *m* remover
sacar to remove, to deduce, to cite, to choose,
   to win
sacar adelante to execute
sacar patente to take out a patent
sacudimiento *m* jolt
sacudir to jolt
sádico *m* sadist
sádico (adj) sadistic
sadismo *m* sadism
sagaz sagacious
sala *f* court
sala civil civil court
sala de apelación appellate court
sala de audiencia courtroom
sala de justicia court
sala de lo civil civil court
sala de lo criminal criminal court
sala de sesiones board room
sala del tribunal courtroom
sala nocturna night court
sala penal criminal court
salariado salaried
salariar to pay a salary, to assign a salary
salario *m* salary, wage
salario acumulado accrued salary
salario anual annual salary
salario anual garantizado guaranteed annual
   wage
salario básico base salary
salario contractual contractual salary
salario diario daily salary

salario diferido deferred compensation
salario efectivo net salary, salary paid in cash
salario especificado specified salary
salario estipulado stipulated salary
salario fijo fixed salary
salario garantizado guaranteed wage
salario identificado identified salary
salario igual equal salary
salario indicado indicated salary
salario inicial initial salary
salario legal salary established by law
salario máximo maximum salary
salario medio average wage
salario mínimo minimum wage
salario monetario money wage
salario neto net salary
salario nominal nominal salary
salario por pieza piece rate
salario prevaleciente prevailing salary
salario real real salary
salario retroactivo retroactive wages
salario suplementario supplemental salary
salario variable variable salary
salario vital living wage
saldado paid, settled
saldar to pay off, to sell off, to settle
saldar una cuenta to balance an account, to settle an account
saldista *m/f* remnant seller
saldo *m* payment, balance, settlement, remnant
saldo acreedor credit balance
saldo deudor balance due
saldo disponible available balance
saldo entero entire balance
saldo pendiente balance due
saldo sin pagar unpaid balance
salida *f* exit, expenditure, publication, market, conclusion
salidizo *m* projection
saliente salient
salir to come out, to project, to occur, to dispose of, to appear
salón *m* salon
salón de audiencia courtroom
salón de sesiones board room
salón de ventas salesroom
salón del jurado jury room
saltar to jump, to jump over
saltar una fianza to jump bail
salteador *m* highway robber, robber
salteamiento *m* highway robbery, robbery
saltear to rob, to rob on highways, to assault, to take by surprise, to do in fits and starts
salteo *m* highway robbery, robbery
salto *m* jump, attack, omission
salubre salubrious
salubridad *f* salubrity
salubridad pública public health

salud *f* health, welfare
salud ocupacional occupational health
salud pública public health
saludable healthy
saludador *m* quack, greeter
salva *f* oath, greeting
salvable savable
salvaguarda *f* safeguard, safe-conduct, protection
salvaguarda *m* guard
salvaguardia *f* safeguard, safe-conduct, protection
salvaguardia *m* guard
salvajada *f* savagery
salvaje savage
salvajemente savagely
salvajez *f* savageness
salvajismo *m* savagery
salvamente safely
salvamento *m* rescue, harbor
salvamento marítimo maritime rescue
salvamiento *m* rescue, harbor
salvamiento marítimo maritime rescue
salvante saving
salvar to save, to overcome, to certify corrections, to prove innocence
salvarse to save oneself, to be saved
salvavidas *m* lifesaver, lifeguard
salvedad *f* proviso, reservation
salvo (adj) safe, excepted
salvo (adv) except
salvo contraorden unless countermanded
salvo error u omisión errors and omissions excepted
salvoconducto *m* safe-conduct
sana crítica methodology for the appreciation of evidence
sanción *f* sanction, statute
sanción administrativa administrative sanction
sanción arbitraria arbitrary penalty
sanción de las leyes legislation
sanción disciplinaria disciplinary sanction
sanción penal criminal sanction
sanción procesal sanction for the breach of rules of procedure
sanción punitiva penalty
sancionable sanctionable
sancionador *m* sanctioner
sancionador (adj) sanctioning
sancionar to sanction, to legislate
sanciones económicas economic sanctions
sanciones internacionales international sanctions
saneado unencumbered, cured
saneamiento *m* disencumbrance, clearing title, indemnification, reparation, guaranty, warranty
saneamiento de título clearing title

sanear to disencumber, to clear title, indemnify, to repair, to guarantee, to warrant
sangrar to bleed, to drain
sangre *f* blood
sangre caliente hot blood
sangre completa full blood
sangre fría cold blood
sangrientamente bloodily
sangriento bloody
sanguinariamente sanguinarily
sanguinario sanguinary
sanidad *f* health
sanidad pública public health
sanitario sanitary
sano healthy, sound, honest, discreet
sano y salvo safe and sound
sans without
sans ce que without this
sans jour without day
saña *f* rage, cruelty
saqueador *m* plunderer
saqueamiento *m* sacking
saquear to sack
saqueo *m* sacking
sargento de armas sergeant-at-arms
sarracina *f* wild fight, fight resulting in injuries
satélite *m* satellite
satisdación *f* bail, bond, guaranty
satisfacción *f* satisfaction, amends, excuse
satisfacer to satisfy, to make amends for, to reply, to indemnify, to explain
satisfacerse to be satisfied, to convince oneself
satisfaciente satisfactory
satisfactoriamente satisfactorily
satisfactorio satisfactory
satisfecho satisfied
saturación *f* saturation
saturación del mercado market saturation
saturación ilegal dumping
se acuerda resolved
se defendendo in self-defense
se prohibe el paso no thoroughfare, no entry
se prohibe fumar no smoking
se prohibe la entrada no admittance
se reservan todos los derechos all rights reserved
se vende for sale
sección *f* section
seccionar to section
secesión *f* secession
secesionista secessionist
secreta *f* secret investigation
secretamente secretly
secretaría *f* secretaryship
secretarial secretarial
secretario *m* secretary, clerk

secretario actuario clerk
secretario de embajada secretary of embassy
secretario de estado secretary of state
secretario de sala clerk
secretario interino acting secretary
secretario judicial clerk
secreto *m* secret, secrecy
secreto (adj) secret, covert
secreto comercial trade secret
secreto de estado state secret
secreto militar military secret
secreto profesional professional secret, trade secret
secretos comerciales business secrets
sector *m* sector
sector privado private sector
sector público public sector
secuela sequel
secuencia *f* sequence
secuencia lógica logical sequence
secuestrable sequestrable, attachable
secuestración *f* sequestration, attachment, kidnapping, abduction
secuestrador *m* sequestrator, kidnapper, abductor
secuestrar to sequester, to attach, to kidnap, to abduct
secuestro *f* sequestration, attachment, kidnapping, abduction
secuestro de bienes sequestration of goods, attachment of goods
secuestro de personas kidnapping, abduction
secuestro judicial judicial sequestration, attachment
secundar to second, to aid
secundar la moción second the motion
secundariamente secondarily
secundario secondary
sede *f* seat, headquarters
sede central headquarters
sede de gobierno seat of government
sede principal headquarters
sede provisional temporary headquarters
sede social headquarters, corporate domicile, partnership domicile
sedición *f* sedition
sedicioso seditious
seducción *f* seduction
seducir to seduce
seductor *m* seducer
segmentación *f* segmentation
segmento *m* segment
segregación *f* segregation
segregación de valores segregation of securities
segregación económica economic segregation
segregación racial racial segregation
segregado segregated
segregar to segregate

seguimiento *m* follow-up
seguir to follow, to continue
según convenido as agreed
según derecho according to law
según mi leal saber y entender to the best of my knowledge and belief
según y como exactly as
según y conforme exactly as
segunda hipoteca second mortgage
segunda instancia first appeal
segunda repregunta recross examination
segundariamente secondarily
segundario secondary
segundo second
segundo gravamen second lien
segundo interrogatorio directo redirect examination
seguramente surely, securely
seguridad *f* security, certainty, guaranty, warranty
seguridad adecuada adequate security
seguridad de computadoras computer security
seguridad de datos data security
seguridad de empleo job security
seguridad de tarjeta card security
seguridad de trabajo job security
seguridad interna internal security
seguridad jurídica legal certainty
seguridad laboral employment security
seguridad ocupacional occupational safety
seguridad personal personal security
seguridad pública public safety
seguridad social social security
seguro *m* insurance, insurance policy, security, safety catch
seguro (adj) safe, certain, reliable
seguro abierto open insurance
seguro aéreo flight insurance
seguro catastrófico catastrophic insurance
seguro clasificado classified insurance
seguro comercial business insurance, commercial insurance
seguro compulsivo compulsory insurance
seguro compulsorio compulsory insurance
seguro con participación participating insurance
seguro con primas parejas level premium insurance
seguro con todo incluido all-inclusive insurance
seguro condicional conditional insurance
seguro conjunto joint insurance
seguro contra accidentes accident insurance
seguro contra casualidades casualty insurance
seguro contra crímenes crime insurance
seguro contra crímenes comercial business crime insurance

seguro contra demolición demolition insurance
seguro contra desempleo unemployment insurance
seguro contra enfermedad health insurance
seguro contra explosiones explosion insurance
seguro contra falsificación forgery insurance
seguro contra falsificaciones de depositantes depositors forgery insurance
seguro contra granizo hail insurance
seguro contra huracanes hurricane insurance
seguro contra incendios fire insurance
seguro contra inundaciones flood insurance
seguro contra peligros múltiples multiple peril insurance
seguro contra pérdida de ingresos loss of income insurance
seguro contra pérdida de uso loss of income use
seguro contra riesgos hazard insurance
seguro contra robo insurance against theft, insurance against robbery
seguro contra terremotos earthquake insurance
seguro contra todo riesgo all-risk insurance
seguro convertible convertible insurance
seguro cooperativo cooperative insurance
seguro de amortización de propiedad property depreciation insurance
seguro de automóvil automobile insurance
seguro de aviación aviation insurance
seguro de bienes raíces real estate insurance
seguro de carga cargo insurance
seguro de catástrofe catastrophe insurance
seguro de comerciante dealer's insurance
seguro de condominio condominium insurance
seguro de construcción construction insurance
seguro de continuación de ingresos income continuation insurance
seguro de contratistas independientes independent contractors insurance
seguro de cosecha crop insurance
seguro de crédito comercial commercial credit insurance
seguro de crédito grupal group credit insurance
seguro de cuota-parte assessment insurance
seguro de daño de bienes raíces real estate damage insurance
seguro de daño de propiedad property damage insurance
seguro de depreciación depreciation insurance
seguro de depreciación de propiedad property depreciation insurance
seguro de desempleo unemployment

insurance
seguro de discapacidad disability insurance
seguro de discapacidad a corto plazo
short-term disability insurance
seguro de discapacidad a largo plazo
long-term disability insurance
seguro de discapacidad grupal group
disability insurance
seguro de enfermedad health insurance
seguro de equipaje baggage insurance
seguro de exportación export insurance
seguro de fabricación manufacturing
insurance
seguro de fidelidad fidelity insurance
seguro de flete freight insurance
seguro de fondo mutuo mutual fund
insurance
seguro de ganado livestock insurance
seguro de gastos de cobros collection expense
insurance
seguro de gastos familiares family expense
insurance
seguro de gastos generales overhead
insurance
seguro de gastos hospitalarios hospital
expense insurance
seguro de gastos legales legal expense
insurance
seguro de gastos médicos medical expense
insurance
seguro de hospitalización hospitalization
insurance
seguro de importación import insurance
seguro de incendios fire insurance
seguro de indemnización indemnity insurance
seguro de ingresos income insurance
seguro de ingresos tras discapacidad
disability income insurance
seguro de invalidez disability insurance
seguro de manufactura manufacturing
insurance
seguro de muerte life insurance
seguro de nómina ordinaria ordinary payroll
insurance
seguro de pagos médicos medical payments
insurance
seguro de peligro especificado specified peril
insurance
seguro de prima estipulada stipulated
premium insurance
seguro de primas graduadas graded premium
insurance
seguro de primas indeterminadas
indeterminate premiums insurance
seguro de procesamiento de datos data
processing insurance
seguro de propiedad property insurance
seguro de propiedad y responsabilidad
property and liability insurance

seguro de reembolso de ingresos income
reimbursement insurance
seguro de reemplazo de ingresos income
replacement insurance
seguro de responsabilidad civil liability
insurance
seguro de responsabilidad contingente
contingent liability insurance
seguro de responsabilidad de ascensor
elevator liability insurance
seguro de responsabilidad de director
director's liability insurance
**seguro de responsabilidad de directores y
funcionarios** directors and officers liability
insurance
seguro de responsabilidad de hospital
hospital liability insurance
seguro de responsabilidad de negocios
business liability insurance
seguro de responsabilidad del contratista
contractor's liability insurance
seguro de responsabilidad del fabricante
manufacturer's liability insurance
seguro de responsabilidad general general
liability insurance
seguro de responsabilidad patronal
employers' liability insurance
seguro de responsabilidad personal personal
liability insurance
seguro de responsabilidad personal global
comprehensive personal liability insurance
**seguro de responsabilidad por daño de
propiedad** property damage liability
insurance
**seguro de responsabilidad por errores y
omisiones** error and omissions liability
insurance
seguro de responsabilidad profesional
professional liability insurance
seguro de responsabilidad pública public
liability insurance
**seguro de responsabilidad pública de
automóvil** automobile liability insurance
**seguro de responsabilidad pública de
automóvil compulsorio** compulsory
automobile liability insurance
seguro de responsabilidad retroactivo
retroactive liability insurance
seguro de responsabilidad suplementario
supplemental liability insurance
seguro de riesgo especial special risk
insurance
seguro de riesgos de constructor builder's
risk insurance
seguro de salud comercial business health
insurance
seguro de salud condicional conditional
health insurance
seguro de salud de empleados employee

health insurance

seguro de salud grupal group health insurance

seguro de salud incondicional unconditional health insurance

seguro de salud mental mental health insurance

seguro de salud no cancelable noncancellable health insurance

seguro de salud renovable renewable health insurance

seguro de salud renovable condicional conditional renewable health insurance

seguro de salud renovable garantizado guaranteed renewable health insurance

seguro de salud renovable incondicional unconditional renewable health insurance

seguro de tarjeta de crédito credit card insurance

seguro de término term insurance

seguro de término convertible convertible term insurance

seguro de término decreciente decreasing term life insurance

seguro de término extendido extended term insurance

seguro de término renovable renewable term insurance

seguro de título title insurance

seguro de transporte transportation insurance

seguro de vida life insurance

seguro de vida ajustable adjustable life insurance

seguro de vida comercial business life insurance

seguro de vida con valor en efectivo cash-value life insurance

seguro de vida convertible convertible life insurance

seguro de vida creciente increasing life insurance

seguro de vida de prima única single-premium life insurance

seguro de vida de primas graduadas graded premium life insurance

seguro de vida de término grupal group term life insurance

seguro de vida en vigor life insurance in force

seguro de vida grupal group life insurance

seguro de vida hipotecario mortgage life insurance

seguro de vida individual individual life insurance

seguro de vida indizado indexed life insurance

seguro de vida industrial industrial life insurance, debit life insurance

seguro de vida modificado modified life

insurance

seguro de vida no cancelable noncancellable life insurance

seguro de vida normal normal life insurance

seguro de vida ordinario ordinary life insurance

seguro de vida permanente permanent life insurance

seguro de vida permanente grupal group permanent life insurance

seguro de vida renovable renewable life insurance

seguro de vida renovable garantizado guaranteed renewable life insurance

seguro de vida universal universal life insurance

seguro de vida variable variable life insurance

seguro de vida y salud life and health insurance

seguro de vivienda dwelling insurance

seguro dental dental insurance

seguro doble double insurance

seguro dotal endowment insurance

seguro en exceso excess insurance

seguro especial special insurance

seguro especificado specified insurance

seguro específico specific insurance

seguro expirado expired insurance

seguro extranjero foreign insurance

seguro facultativo optional insurance

seguro forzado compulsory insurance

seguro forzoso compulsory insurance

seguro general general insurance

seguro grupal group insurance

seguro grupal prepagado prepaid group insurance

seguro gubernamental government insurance

seguro habitual habitual insurance

seguro hipotecario mortgage insurance

seguro hipotecario privado private mortgage insurance

seguro identificado identified insurance

seguro ilimitado unlimited insurance

seguro incompleto incomplete insurance

seguro incondicional unconditional insurance

seguro indicado indicated insurance

seguro individual individual insurance

seguro industrial industrial insurance, debit insurance

seguro innecesario unnecessary insurance

seguro internacional international insurance

seguro inusual unusual insurance

seguro limitado limited insurance

seguro marítimo maritime insurance

seguro médico health insurance

seguro médico de hospital hospital medical insurance

seguro médico suplementario supplemental

medical insurance

seguro mercantil commercial insurance

seguro múltiple blanket insurance

seguro municipal municipal insurance

seguro mutuo mutual insurance

seguro nacional national insurance

seguro no cancelable noncancellable
insurance

seguro no expirado unexpired insurance

seguro normal normal insurance

seguro obligatorio mandatory insurance

seguro ordinario ordinary insurance

seguro original original insurance

seguro parcial partial insurance

seguro patronal employers' insurance

seguro permanente permanent insurance

seguro perpetuo perpetual insurance

seguro personal personal insurance

seguro prepagado prepaid insurance

seguro primario primary insurance

seguro privado private insurance

seguro provisional provisional insurance

seguro puente bridge insurance

seguro recíproco reciprocal insurance

seguro renovable renewable insurance

seguro renovable garantizado guaranteed
renewable insurance

seguro requerido required insurance

seguro restringido restricted insurance

seguro retroactivo retroactive insurance

seguro sin restricciones unrestricted
insurance

seguro sobre artículos personales personal
articles insurance

seguro sobre la vida life insurance

seguro social social security, social insurance

seguro temporal temporary insurance

seguro usual usual insurance

seguro voluntario voluntary insurance

seguros solapantes overlapping insurance

seguros vendidos por correspondencia mail
order insurance

selección *f* selection

seleccionar to select

selectivo selective

sellado sealed, stamped

sellado y entregado sealed and delivered

sellado y firmado por mi under my hand and
seal

sellador *m* sealer, stamper

sellar to seal, to stamp

sello *m* stamp, seal

sello bancario bank stamp

sello corporativo corporate seal

sello de cajero teller's stamp

sello de correos postage stamp

sello de la corporación corporate seal

sello de la sociedad corporate seal

sello de rentas internas internal revenue
stamp

sello de timbre internal revenue stamp

sello especial special seal

sello notarial notarial seal

sello oficial official stamp

sello postal postage stamp

sello social corporate seal

semáforo *m* semaphore, traffic light

semana *f* week, work week, a week's pay

semana calendario calendar week

semana civil civil week

semana inglesa work week from Monday to
Saturday at noon

semanal weekly

semanalmente weekly

semanario weekly

semanería *f* work by the week

semanero *m* worker on a weekly basis

semblante *m* countenance, face

semejante similar

semejanza *f* similarity

semen *m* semen

semestral semestral

semestralmente semiannually

semestre *m* semester, semester's pay

semifijo semifixed

seminario *m* seminar

semioficial semiofficial

semiplena prueba half proof

semivariable semivariable

semper always

senatorial senatorial

senil senile

senilidad *f* senility

sensatez *f* good sense

sensato sensible

sentar to seat, to set, to assert

sentencia *f* sentence, judgment, verdict,
opinion, award, maxim

sentencia absolutoria acquittal

sentencia acordada consent judgment

sentencia acumulada accumulated sentence

sentencia acumulativa cumulative sentence

sentencia alternativa alternative judgment

sentencia apelable appealable judgment

sentencia arbitral arbitrium

sentencia cerrada sealed verdict

sentencia complementaria clarifying
judgment

sentencia concurrente concurrent sentence

sentencia condenadora verdict of guilty

sentencia condicional conditional judgment

sentencia confirmatoria affirming judgment

sentencia conjunta joint sentence

sentencia consecutiva cumulative sentence

sentencia consentida consent judgment

sentencia constitutiva judgment establishing
or modifying a legal right

sentencia contra la cosa judgment in rem

sentencia contra la persona judgment in personam
sentencia contradictoria contradictory judgment
sentencia de alzada appellate court judgment
sentencia de condena verdict of guilty
sentencia de divorcio decree of divorce
sentencia de fondo judgment on the merits
sentencia de mérito judgment on the merits
sentencia de muerte death sentence
sentencia de primera instancia lower court judgment
sentencia de prisión vitalicia life sentence
sentencia de segunda instancia appellate court judgment
sentencia de tribunal extranjero foreign court judgment
sentencia decisoria final judgment
sentencia declarativa declaratory judgment
sentencia declaratoria declaratory judgment
sentencia definitiva definite sentence, final judgment
sentencia desestimatoria dismissal
sentencia desfavorable unfavorable sentence
sentencia dispositiva dispositive judgment
sentencia ejecutoriada final judgment, nonappealed judgment, nonappealable judgment
sentencia en ausencia judgment in absence
sentencia en contumacia default judgment
sentencia en rebeldía default judgment
sentencia errónea erroneous judgment
sentencia especial special verdict
sentencia excesiva excessive sentence
sentencia exorbitante exorbitant sentence
sentencia extranjera foreign judgment
sentencia favorable favorable sentence
sentencia final final judgment
sentencia firme final judgment, nonappealed judgment, nonappealable judgment
sentencia general general verdict
sentencia in personam judgment against the person
sentencia in rem judgment against the thing
sentencia incidental interlocutory judgment
sentencia indeterminada indeterminate sentence
sentencia interlocutoria interlocutory judgment
sentencia irregular irregular judgment
sentencia leve light sentence
sentencia máxima maximum sentence
sentencia nula void judgment
sentencia obligatoria obligatory sentence
sentencia parcial partial verdict
sentencia provisional interlocutory judgment
sentencia provisoria interlocutory judgment
sentencia registrada judgment filed
sentencia simulada simulated judgment

sentencia sumaria summary judgment
sentencia suspendida suspended sentence
sentenciado sentenced
sentenciador sentencing
sentenciar to sentence, to pass judgment on, to issue a verdict
sentencias simultáneas simultaneous sentences
sentido *m* sense, meaning
sentido aparente evident sense
sentido común common sense
sentido explícito explicit sense
sentido habitual habitual meaning
sentido inusual unusual meaning
sentido literal literal meaning
sentido manifiesto manifest sense
sentido normal normal meaning
sentido obvio obvious sense
sentido ordinario ordinary meaning
sentido popular popular sense
sentido usual usual meaning
senado *m* senate
senador *m* senator
senaduría *f* senatorship
seña *f* sign, mark, watchword
señal *f* signal, landmark, earnest money, down payment, scar
señal de peligro danger signal
señaladamente particularly
señalamiento *m* designation, summons
señalar to point out, to designate, to mark, to summon
señales de fraude badges of fraud
señales de tráfico traffic signals
señas *f* address
señas particulares personal description
señas personales personal description
separable separable
separación *f* separation, division, removal
separación conyugal marital separation
separación de bienes separation of marital property
separación de bienes entre cónyuges separation of marital property
separación de hecho separation in fact
separación de la tutela removal of a guardian
separación de los patrimonios del difunto division of the decedent's estate
separación de poderes separation of powers
separación de puesto resignation
separación del cargo removal
separación involuntaria involuntary separation
separación judicial judicial separation
separación legal legal separation
separación voluntaria voluntary separation
separadamente separately
separado separated
separado legalmente legally separated

separado lícitamente licitly separated
separante separating
separar to separate, to divide, to remove
separarse to separate, to withdraw, to waive
separatismo *m* separatism
separatista separatist
separativo separative
sépase be it known
sépase por la presente know all men by these presents
sepelio *m* burial
sepulcro *m* tomb
sepultar to bury, to conceal
sepultura *f* tomb, burial
ser *m* being, essence
serie *f* series
seriedad *f* seriousness, reliability, severity
serio serious, reliable, severe
serventía *f* public road passing through private property
servicarro *m* drive-in
servicio *m* service
servicio al cliente customer service
servicio civil civil service
servicio de aduana customs service
servicio de cobros collection service
servicio de empleo employment service
servicio de inteligencia intelligence service
servicio de utilidad pública public utility service
servicio doméstico domestic service
servicio exterior foreign service
servicio extraordinario extraordinary service
servicio fiduciario fiduciary service
servicio hipotecario mortgage service
servicio militar military service
servicio postal postal service
servicio público public service
servicio secreto secret service
servicio social social service
servicios bancarios banking services
servicios de seguros insurance services
servicios financieros financial services
servicios gratuitos gratuitous services
servicios habituales habitual services
servicios inusuales unusual services
servicios legales legal services
servicios normales normal services
servicios ordinarios ordinary services
servicios personales personal services
servicios prestados services rendered
servicios profesionales professional services
servicios usuales usual services
servidero serviceable
servidor *m* servant
servidumbre *f* servitude, easement, right of way
servidumbre abandonada abandoned easement

servidumbre accesoria appurtenant easement
servidumbre activa positive servitude
servidumbre adicional additional servitude
servidumbre aérea air easement
servidumbre afirmativa positive servitude, affirmative easement
servidumbre anexa appurtenant easement
servidumbre aparente apparent easement
servidumbre continua continuous easement
servidumbre convencional easement by agreement
servidumbre de acceso easement of access
servidumbre de aguas water rights
servidumbre de camino right of way
servidumbre de conveniencia easement of convenience
servidumbre de desagüe drainage rights
servidumbre de luces light and air easement
servidumbre de luces y vistas light and air easement
servidumbre de paso right of way
servidumbre de pastos common of pasture
servidumbre de sacar agua easement to draw water
servidumbre de tránsito right of way
servidumbre de utilidad pública easement prescribed by law, public easement
servidumbre de vía right of way
servidumbre de vistas light and air easement
servidumbre descontinua discontinuous easement
servidumbre discontinua discontinuous easement
servidumbre esencial essential easement
servidumbre implícita implied easement
servidumbre indispensable indispensable easement
servidumbre inferida inferred easement
servidumbre innecesaria unnecessary easement
servidumbre intermitente intermittent easement
servidumbre necesaria necessary easement
servidumbre negativa negative easement, negative servitude
servidumbre notoria notorious easement
servidumbre obligatoria obligatory easement
servidumbre perpetua perpetual easement
servidumbre personal easement in gross, personal servitude
servidumbre por necesidad easement of necessity
servidumbre por prescripción easement by prescription
servidumbre positiva affirmative easement, positive servitude
servidumbre predial appurtenant easement, real servitude
servidumbre privada private easement

servidumbre pública public easement
servidumbre real appurtenant easement, real servitude
servidumbre recíproca reciprocal easement
servidumbre rural rural servitude
servidumbre rústica rural servitude
servidumbre tácita tacit easement
servidumbre urbana urban servitude
servidumbre visible apparent easement
servidumbre voluntaria easement by agreement
servir to serve, to be suitable
sesgo *m* bias
sesgo personal personal bias
sesión *f* session, meeting
sesión a puerta cerrada closed session, closed meeting
sesión anual annual meeting
sesión conjunta joint session
sesión constitutiva organizational meeting
sesión de accionistas shareholders' meeting
sesión de acreedores creditors' meeting
sesión de diligencia debida due diligence session
sesión de la directiva board meeting
sesión ejecutiva executive session, executive meeting
sesión especial special session, special meeting
sesión extraordinaria special session, special meeting
sesión habitual habitual session
sesión inusual unusual session
sesión ordinaria regular session, regular meeting
sesión plenaria full session, full meeting
sesión privada private session
sesión pública public session, public meeting
sesión usual usual session
seto *m* fence, hedge
seudo pseudo
seudónimo *m* pseudonym
severamente severely
severidad *f* severity
severo severe
sevicia *f* extreme cruelty
sexo *m* sex
sexual sexual
sicario *m* hired assassin
siempre que provided that, whenever
sigilación *f* concealment, sealing, stamping, seal, stamp
sigilar to conceal, to seal, to stamp
sigilo *m* concealment, prudence, seal
sigilo profesional professional secrecy
sigiloso secretive, silent, prudent
sigla *f* acronym
siglo *m* century
signar to sign

signatario signatory
signatura *f* signature
significación *f* significance
significado *m* meaning
significado aparente evident meaning
significado explícita explicit meaning
significado manifiesto manifest meaning
significado obvio obvious meaning
significado secundario secondary meaning
significar to signify, to indicate
significativamente significantly
significativo significant
signo *m* sign, flourish
signo notarial notary's mark
signos de vida signs of life
siguiente next
sílabo *m* syllabus, index
silenciador *m* silencer
silenciar to silence, to be silent about
silencio *m* silence
silencio del acusado silence of the accused
silencioso silent
silla de los testigos witness stand
silla eléctrica electric chair
simbólico symbolic
simbolizar to symbolize
símbolo *m* symbol
símbolo de encaminamiento de cheques check routing symbol
símbolo de enrutamiento de cheques check routing symbol
símil similar
similar similar
similarmente similarly
similitud similitude
simple simple, absolute, single
simple tenedor sole holder
simple tenencia simple holding
simplemente simply, absolutely
simplificación *f* simplification
simulación *f* simulation
simulación de denuncia false accusation
simulación delictiva misrepresentation, feigned act
simulacro *m* simulacrum, semblance
simulado simulated
simulador *m* simulator
simulador (adj) simulative
simular to simulate
simultáneamente simultaneously
simultanear to carry out simultaneously
simultaneidad *f* simultaneity
simultáneo simultaneous
sin without, besides
sin autoridad without authority
sin causa without cause, without consideration
sin certificado certificateless
sin compensación without compensation
sin compromiso without obligation

sin consentimiento without consent
sin culpa without blame
sin cheques checkless
sin demora without delay
sin efecto ni valor null and void
sin embargo nevertheless
sin fines de lucro nonprofit
sin fundamento baseless
sin justa causa without just cause
sin justificación without justification
sin lugar case dismissed, petition denied, overruled, rejected
sin notificación without notice
sin pagar unpaid
sin perjuicio without prejudice
sin perjuicio a terceros without prejudice to third parties
sin precaución without caution
sin prole without issue
sin protesto without protest
sin recurso without recourse, without appeal, without remedy
sin recurso legal without legal recourse
sin remedio inevitably, without remedy
sin reserva without reserve, openly
sin restricción unrestricted
sin restricciones por ley unrestricted by law
sin riesgo riskless
sin salvedades without exceptions
sin sellar unsealed, unstamped
sin tacha flawless
sin testamento intestate
sinalagmático synallagmatic
sinceramente sincerely
sincero sincere
sindéresis *f* good judgment
sindicación *f* syndication, unionization, accusation
sindicación obligatoria obligatory unionization
sindicado *m* syndicate, accused person
sindicado (adj) syndicated, unionized, accused
sindicador *m* syndicator
sindical syndical
sindicalismo *m* syndicalism, unionism
sindicalista *m/f* syndicalist, unionist
sindicar to syndicate, to unionize, to accuse
sindicato *m* syndicate, union, labor union, trade union, labor organization
sindicato abierto open union
sindicato bancario banking syndicate
sindicato de industria industrial union
sindicato de oficio trade union
sindicato de patronos employers' association
sindicato de suscripción underwriting syndicate
sindicato gremial trade union
sindicato horizontal horizontal union
sindicato independiente independent union

sindicato industrial industrial union
sindicato internacional international union
sindicato local local union
sindicato nacional national union
sindicato no afiliado unaffiliated union
sindicato obrero trade union
sindicato patronal employers' association
sindicato vertical vertical union
sindicatura *f* trusteeship, receivership, post of a syndic
síndico *m* trustee, receiver, shareholders' representative, comptroller, syndic
síndico auxiliar ancillary receiver
síndico de quiebra receiver
síndico en la quiebra receiver
síndico pendente lite receiver pendente lite
síndrome de inmunodeficiencia adquirida acquired immune deficiency syndrome
sine die without day, sine die
sine prole without issue, sine prole
sine qua non without which not, indispensable condition, sine qua non
sinecura *f* sinecure
singular singular
singularidad *f* singularity
singularmente singularly
siniestrado *m* accident victim
siniestrado (adj) injured in an accident
siniestro *m* loss, disaster, accident, perversity
siniestro (adj) sinister, unlucky
siniestro mayor total loss
siniestro menor partial loss
siniestro por incendio fire loss
sinjusticia *f* injustice
sinnúmero *m* vast number
sino but, except, only
sinónimo synonymous
sinopsis *f* synopsis
sinrazón *f* injustice, wrong, illogical statement
síntesis *f* synthesis
sintético synthetical, synthetic
sirviente servient
sisa *f* petty theft
sistema *m* system
sistema acusatorio accusatory system
sistema arancelario tariff system
sistema bancario banking system
sistema contributivo tax system
sistema correccional correctional system
sistema de auditoría auditing system
sistema de contabilidad accounting system
sistema de gabinete cabinet system
sistema de imposición taxation system
sistema de información information system
sistema de retiro retirement system
sistema de tributación taxation system
sistema del seguro social social security system
sistema electoral electoral system

sistema fiscal fiscal system, tax system
sistema judicial judicial system
sistema legal legal system
sistema parlamentario parliamentary system
sistema penitenciario prison system
sistema político political system
Sistema Torrens Torrens System
sistema tributario tax system
sistemáticamente systematically
sistemático systematic
sistematizar to systematize
sitiado surrounded, besieged
sitial *m* seat of honor, seat
sitiar to surround, to besiege
sitio *m* place, siege, country estate
sito situated
situación *f* situation, condition, circumstances, assignment of funds, fixed income
situación económica economic situation
situación especial special situation
situación financiera financial position
situación peligrosa dangerous condition
situado *m* fixed income
situado (adj) situated
situar to situate, to assign funds
so pena de under penalty of
soberanía *f* sovereignty
soberano sovereign
sobordo *m* comparison of a ship's cargo with the freight list, freight list, bonus
sobornable able to be suborned, bribable
sobornación *f* suborning, bribing, subornation, bribery, overload
sobornado suborned, bribed
sobornador *m* suborner, briber
sobornador (adj) suborning, bribing
sobornar to suborn, to bribe
sobornar un jurado to bribe a juror, to bribe a jury
sobornar un testigo to bribe a witness
soborno *f* bribe, suborning, bribing, subornation, bribery, overload
soborno aceptado accepted bribe
soborno de jurados bribing of jurors
soborno rechazado rejected bribe
soborno rehusado refused bribe
sobrancero unemployed, surplus
sobrante *m* surplus, remainder
sobrante (adj) surplus, remaining
sobrar to be surplus, to remain, to exceed
sobre *m* envelope, address
sobre la par above par
sobreabsorción *f* overabsorption
sobreamortización *f* overdepreciation
sobrecapacidad *f* overcapacity
sobrecapitalización *f* overcapitalization
sobrecapitalizado overcapitalized
sobrecapitalizar to overcapitalize
sobrecarga *f* overload, extra load,

overcharge, extra charge
sobrecargar to overload, to overcharge
sobrecarta *f* envelope
sobrecertificación *f* overcertification
sobrecoger to surprise
sobrecogerse to be surprised
sobreconsumo *m* overconsumption
sobredepreciación *f* overdepreciation
sobredicho above-mentioned
sobreemisión *f* overissue
sobreempleo *m* overemployment
sobreentender to understand something implied
sobreestadía *f* demurrage
sobreestimar to overestimate
sobreextensión *f* overextension
sobrefinanciación *f* overfinancing
sobrefinanciamiento *m* overfinancing
sobregirado overdrawn
sobregirar to overdraw
sobregiro *m* overdraft
sobregiro aparente technical overdraft
sobregiro bancario bank overdraft
sobregiro diurno daylight overdraft
sobregiro real actual overdraft
sobregiro técnico technical overdraft
sobreherido slightly injured
sobreimposición *f* surtax
sobreimpuesto *m* surtax
sobrenombre *m* nickname, name added to distinguish from those with the same surname
sobrentender to understand something implied
sobrepaga increased pay, extra pay
sobreplazo *m* extension of time
sobreprecio *m* surcharge, overcharge
sobreprima *f* extra premium
sobreproducción *f* overproduction
sobrepujar to surpass, to outbid
sobresaliente outstanding, conspicuous, projecting
sobrescrito *m* address
sobreseer to supersede, to acquit, to dismiss, to abandon, to desist, to yield
sobreseguro *m* overinsurance
sobreseimiento *m* stay of proceedings, acquittal, dismissal, abandonment, discontinuance, nonsuit
sobreseimiento definitivo dismissal with prejudice
sobreseimiento involuntario involuntary nonsuit
sobreseimiento provisional dismissal without prejudice, temporary stay
sobreseimiento temporal dismissal without prejudice, temporary stay
sobreseimiento voluntario voluntary nonsuit
sobresello *m* second seal
sobrestadía *f* demurrage

sobrestante *m* supervisor
sobresueldo *m* extra pay
sobresuscrito oversubscribed
sobretasa *f* surtax, surcharge
sobrevalorado overvalued
sobrevalorar to overvalue
sobrevaluación *f* overvaluation
sobrevencido overdue
sobrevenir to supervene, to occur suddenly
sobreviniente supervening
sobrevivencia *f* survival
sobreviviente *m/f* survivor
sobreviviente (adj) surviving
sobrevivir to survive
sobrina *f* niece
sobrinazgo *m* relationship of nephew, relationship of niece, nepotism
sobrino *m* nephew
socaliña *f* trick
socaliñero *m* trickster
social social, pertaining to a partnership, pertaining to a corporation
socialismo *m* socialism
socialista socialist
sociedad *f* company, partnership, corporation, society
sociedad accidental joint adventure
sociedad afiliada affiliated company
sociedad anónima corporation, chartered company
sociedad armadora shipping company
sociedad asociada associated company
sociedad bancaria banking corporation
sociedad caritativa charitable organization
sociedad cerrada close corporation
sociedad civil civil partnership, civil corporation
sociedad colectiva general partnership
sociedad comanditaria limited partnership
sociedad comanditaria especial special partnership
sociedad comercial business association
sociedad controlada subsidiary
sociedad controladora holding company
sociedad conyugal community property
sociedad cooperativa cooperative
sociedad cooperativa de edificación y préstamos building and loan association
sociedad de ahorro y préstamo savings and loan association
sociedad de beneficencia charitable organization
sociedad de bienes gananciales community property
sociedad de capital e industria partnership where some parties provide services while others furnish funds
sociedad de capitalización company for capitalization of savings

sociedad de cartera investment trust
sociedad de comercio business association
sociedad de control holding company
sociedad de crédito credit union
sociedad de derecho corporation created fulfilling all legal requirements, corporation de jure
sociedad de fideicomiso trust company
sociedad de gananciales community property
sociedad de habilitación partnership where some parties provide services while others furnish funds
sociedad de hecho corporation in fact, corporation de facto
sociedad de inversión investment company
sociedad de responsabilidad limitada limited liability company
sociedad de seguros insurance company
sociedad de seguros mutuos mutual insurance company
sociedad de socorros mutuos mutual benefit association
sociedad en comandita limited partnership
sociedad en comandita por acciones joint-stock association
sociedad en comandita simple limited partnership, partnership where some parties provide services while others furnish funds
sociedad en participación joint adventure
sociedad evidente evident partnership
sociedad extranjera foreign company
sociedad familiar family partnership
sociedad fiduciaria trust company
sociedad filial sister company, subsidiary
sociedad financiera finance company
sociedad gremial trade union, labor organization
sociedad hipotecaria mortgage company
sociedad ilícita company organized for illegal purposes
sociedad implícita implied partnership
sociedad inactiva dormant corporation
sociedad inferida inferred partnership
sociedad insolvente insolvent company
sociedad internacional international company
sociedad inversionista investment company
sociedad irregular joint adventure
sociedad leonina leonine partnership
sociedad local domestic partnership
sociedad manifiesta manifest partnership
sociedad manufacturera manufacturing company
sociedad matriz parent company
sociedad mercantil business association
sociedad multinacional multinational corporation
sociedad nacional domestic company
sociedad no especulativa nonprofit company
sociedad obvia obvious partnership

sociedad para fines no pecuniarios nonprofit company
sociedad por acciones stock company
sociedad privada private corporation, private company
sociedad propietaria close corporation
sociedad pública public corporation
sociedad quebrada bankrupt corporation
sociedad sin cheques checkless society
sociedad sin fines de lucro nonprofit company
sociedad subsidiaria subsidiary corporation
sociedad tácita tacit partnership
sociedad tenedora holding company
sociedad vinculada affiliate
socio *m* partner, member
socio accionista shareholder
socio administrador general partner
socio aparente ostensible partner
socio capitalista capital partner
socio colectivo general partner
socio comanditado general partner
socio comanditario limited partner
socio de industria partner who provides services
socio general general partner
socio gerente general partner
socio gestor general partner
socio inactivo dormant partner
socio industrial partner who provides services
socio liquidador liquidating partner
socio menor junior partner
socio no gestor limited partner
socio nominal nominal partner
socio oculto silent partner
socio ostensible ostensible partner
socio principal senior partner
socio quebrado bankrupt partner
socio regular general partner
socio responsable general partner
socio secreto silent partner
socio vitalicio life member
sociología *f* sociology
socolor *m* pretense, under color
socolor de under the pretense of, under color of
socorredor *m* helper
socorredor (adj) helping
socorrer to help, to pay on account
socorro *m* help
socorros mutuos mutual help
sodomía *f* sodomy
sodomizar to sodomize
soez crude, indecent
sofisma *m* sophism
sofistería *f* sophistry
sofocación *f* suffocation
sofocar to suffocate, to harass, to extinguish
solamente only

solamente que provided that
solapadamente deceitfully
solapado deceitful
solapar to overlap, to conceal
solar *m* lot, tenement, lineage, ancestral home
solariego held in fee simple, ancestral, old
soldada *f* salary
soldado *m* soldier
solemne solemn
solemnemente solemnly
solemnidad *f* solemnity
solemnizar to solemnize
soler to usually do
solercia *f* shrewdness
solerte shrewd
solicitado solicited
solicitador *m* petitioner, applicant
solicitante *m/f* petitioner, applicant
solicitante de préstamo loan applicant
solicitante elegible eligible applicant
solicitar to petition, to apply
solicitar un empréstito to apply for a loan
solicitar un préstamo to apply for a loan
solicitar un trabajo to apply for a job
solicitar una patente to apply for a patent
solicitud *f* solicitude, application, petition
solicitud de crédito credit application
solicitud de empréstito loan application
solicitud de patente patent application
solicitud de préstamo loan application
solicitud de registro application for registration
solicitud de retiro application for withdrawal
solicitud fraudulenta fraudulent application
solicitud para traslado de sala application for change of venue
solidaria y mancomunadamente jointly and severally
solidariamente jointly and severally, with solidarity
solidaridad *f* solidarity
solidario solidary, jointly, jointly and severally
solidarismo *m* solidarism, solidarity
solidarizar to make jointly liable, to make jointly and severally liable
soltar to free, to pardon, to solve
soltero unmarried
soltura *f* release, release from prison, ease
solución *f* solution, satisfaction
solvencia *f* solvency, reliability, payment, settlement
solventar to satisfy, to settle, to pay, to solve
solvente solvent, reliable
somero superficial, brief
someter to subject, to quell, to submit
someter a votación to put to a vote
someter al arbitraje to submit to arbitration
someterse to submit oneself to, to surrender

someterse a to abide to, to submit oneself to
sometido submitted
sondear to sound
sondeo *m* sounding
soplo *m* instant, tipping off, informer, breath
soplón *m* informer
soplonear to inform on
soplonería *f* informing
sordera *f* deafness
sordez *f* deafness
sórdido sordid
sordo *m* deaf person
sordo (adj) deaf
sordomudez *f* deaf-muteness
sordomudo *m* deaf-mute
sororicida *m/f* sororicide
sororicidio *m* sororicide
sorprender to surprise, to discover, to catch
sorprendido surprised, discovered, caught
sorteo *m* drawing, evasion
sorteo de jurados impanelment of jury
soslayar to evade, to incline
sospecha *f* suspicion
sospecha irrazonable unreasonable suspicion
sospecha razonable reasonable suspicion
sospechable suspicious
sospechar to suspect
sospechoso *m* suspect
sospechoso (adj) suspicious
sostén *m* support
sostener to support, to sustain
sostener la objeción to sustain the objection
sostenible sustainable
sostenimiento *m* support
sótano *m* basement
status quo the existing state, status quo
sua sponte voluntarily, sua sponte
sub conditione on condition, sub conditione
sub júdice before the court, sub judice
subagente *m* subagent
subalquilar to sublease
subalquiler *m* sublease
subalterno subordinate
subarrendador *m* sublessor
subarrendamiento *m* sublease, under-lease
subarrendar to sublease
subarrendatario *m* sublessee, subtenant
subarriendo *m* sublease, subleasing,
   under-lease, underleasing
subasta *f* auction
subasta a la baja dutch auction
subasta extrajudicial extrajudicial auction
subasta ilegal illegal auction
subasta ilícita illicit auction
subasta judicial judicial auction
subasta legal legal auction
subasta lícita licit auction
subasta privada private auction
subasta pública public auction

subastación *f* auction
subastado auctioned
subastado ilegalmente illegally auctioned
subastado ilícitamente illicitly auctioned
subastado legalmente legally auctioned
subastado lícitamente licitly auctioned
subastador *m* auctioneer
subastar to auction
subcapitalización *f* undercapitalization
subcapitalizado undercapitalized
subcapitalizar to undercapitalize
subclase *f* subclass
subcomisaría *f* office of a subcommissioner,
   post of a subcommissioner
subcomisario *m* subcommissioner
subcomisión *f* subcommission
subcontratar to subcontract
subcontratista *m/f* subcontractor
subcontrato *m* subcontract
subdelegado *m* subdelegate
subdelegar to subdelegate
subdesarrollo *m* underdevelopment
subdirector *m* assistant director
súbdito *m* subject
subdividir to subdivide
subdivisión *f* subdivision
subejecutor *m* assistant executor, subagent
subempleado underemployed
subempleo *m* underemployment
subentender to understand
subestimar to underestimate
subfiador *m* sub-guarantor
subfianza *f* sub-guaranty
subfletamento *m* subcharter
subfletar to subcharter
subgobernador *m* lieutenant governor
subhipoteca *f* submortgage
subida *f* rise
subinciso *m* subparagraph
subinquilino *m* subtenant
subinspector *m* subinspector
subir to rise, to raise
súbitamente suddenly
súbito suddenly, unexpectedly
subjetivamente subjectively
subjetividad *f* subjectivity
subjetivismo *m* subjectivism
subjetivo subjective
sublevación *f* rebellion
sublevar to rebel
sublicencia *f* sublicense
sublicenciar to sublicense
sublocación *f* sublease
sublocador *m* sublessor
sublocatario *m* sublessee
submarino submarine
subordinación *f* subordination
subordinado subordinated
subproducto *m* by-product

subregistrador *m* deputy registrar
subrepción *f* subreption
subrepticiamente surreptitiously
subrepticio surreptitious
subrogación *f* subrogation
subrogación convencional conventional subrogation
subrogación legal legal subrogation
subrogación parcial partial subrogation
subrogación personal substitution of a person
subrogación real substitution of a thing
subrogación total total subrogation
subrogado subrogated
subrogante *m/f* subrogor
subrogar to subrogate
subrogatario *m* subrogee
subrogatorio pertaining to subrogation
subsanable repairable, excusable
subsanación *f* reparation, exculpation
subsanar to repair, to excuse
subscribir to subscribe
subscribirse to subscribe
subscripción *f* subscription
subscriptor *m* subscriber, underwriter
subscrito, el the undersigned
subsección *f* subsection
subsecretaría *f* post of an assistant secretary, office of an assistant secretary
subsecretario *m* assistant secretary, undersecretary
subsecuente subsequent
subsidiado subsidized
subsidiaria *f* subsidiary
subsidiariamente subsidiarily
subsidiario subsidiary
subsidio *m* subsidy
subsidio agrícola farm subsidy
subsidio especificado specified subsidy
subsidio específico specific subsidy
subsidio familiar family allowance
subsidio identificado identified subsidy
subsidio indicado indicated subsidy
subsidio oculto concealed subsidy
subsidios de exportación export subsidies
subsiguiente subsequent
subsistencia *f* subsistence
subsistir to subsist
substancia *f* substance
substancia narcótica narcotic substance
substanciación *f* substantiation, proceedings of a case
substancial substantial
substancialmente substantially
substanciar to substantiate, to abridge, to try a case
substancias tóxicas toxic substances
substantivo substantive
substitución *f* substitution
substitución de heredero substitution of an heir
substitución de las partes substitution of parties
substituible substitutable
substituidor substitute
substituir to substitute
substitutivo substitutive
substituto *m* substitute
substracción *f* substraction, removal, theft, robbery
substracción de caudales públicos misappropriation of public monies
substracción de la correspondencia theft of mail
substracción de menores child-stealing
substraer to subtract, to remove, to steal, to rob, to misappropriate
subsuelo *m* subsoil
subterfugio *m* subterfuge, excuse
subterráneo subterranean
subtítulo *m* subtitle
suburbano suburban
suburbio *m* suburb
subutilización *f* underutilization
subvalorado undervalued
subvalorar to undervalue
subvención *f* subvention
subvencionar to subsidize
subversión *f* subversion
subversivo subversive
subvertir to subvert
subyacente underlying
subyugar to subjugate
sucedáneo succedaneous
suceder to succeed, to inherit, to occur
sucediente succeeding
sucesible inheritable
sucesión *f* succession, inheritance, issue
sucesión ab intestato intestate succession
sucesión de los colaterales succession of the collateral heirs
sucesión del cónyuge supérstite succession of the surviving spouse
sucesión del estado escheat
sucesión forzosa forced succession
sucesión futura future succession
sucesión hereditaria hereditary succession
sucesión inter vivos transfer between living persons, inter vivos transfer
sucesión intestada intestate succession
sucesión irregular irregular succession
sucesión legal legal succession
sucesión legítima legal succession
sucesión mortis causa transfer in contemplation of death, causa mortis transfer
sucesión natural natural succession
sucesión necesaria forced succession
sucesión por cabeza succession per capita

sucesión por estirpe succession per stirpes
sucesión por tronco succession per stirpes
sucesión regular regular succession
sucesión testada testate succession
sucesión testamentaria testamentary
    succession
sucesión universal universal succession
sucesión vacante vacant succession
sucesivamente successively
suceso *m* event, outcome, lapse
sucesor *m* successor
sucesor (adj) succeeding
sucesor estatutario statutory successor
sucesor irregular irregular successor
sucesor particular singular successor
sucesor singular singular successor
sucesor universal universal successor
sucesores y cesionarios successors and
    assigns
sucesorio successional
sucintamente succinctly
sucinto succinct
sucumbir to succumb, to lose a suit
sucursal *f* branch
sucursal (adj) subsidiary, branch
sucursal de banco bank branch
sucursal extranjera foreign branch
sucursal internacional international branch
suegra *f* mother-in-law
suegro *m* father-in-law
sueldo *m* salary
sueldo acumulado accrued salary
sueldo anual annual salary
sueldo anual garantizado guaranteed annual
    wage
sueldo básico base salary
sueldo contractual contractual salary
sueldo de base base pay
sueldo diario daily salary
sueldo diferido deferred compensation
sueldo efectivo net salary, salary paid in cash
sueldo especificado specified salary
sueldo estipulado stipulated salary
sueldo fijo fixed salary
sueldo garantizado guaranteed wage
sueldo igual equal salary
sueldo inicial initial salary
sueldo legal salary established by law
sueldo máximo maximum salary
sueldo medio average wage
sueldo mensual monthly salary
sueldo mínimo minimum wage
sueldo monetario money wage
sueldo neto net salary
sueldo nominal nominal wage
sueldo por pieza piece rate
sueldo prevaleciente prevailing salary
sueldo real real salary
sueldo retroactivo retroactive wages

sueldo suplementario supplemental salary
sueldo vital living wage
suelo *m* ground, soil, base, earth
suelto loose, free
suerte *f* luck, chance, lot
suficiencia *f* sufficiency
suficiencia de capital capital adequacy
suficiencia de financiamiento adequacy of
    financing
suficiencia de reservas adequacy of reserves
suficiente sufficient
suficientemente sufficiently
sufragar to pay, to help, to vote
sufragio *m* suffrage, help
sufrible sufferable
sufrimiento *m* suffering, tolerance
sufrimiento físico physical suffering
sufrimiento mental mental suffering
sufrir to suffer, to tolerate, to allow
sugestión *f* suggestion
sui generis unique, sui generis
suicida *m/f* suicide
suicida (adj) suicidal
suicidarse to commit suicide
suicidio *m* suicide
sujeción *f* subjection, submission
sujetar to subject, to secure
sujetarse to subject oneself, to conform to
sujeto *m* subject, individual
sujeto a subject to
sujeto a análisis subject to analysis
sujeto a cambio subject to change
sujeto a cancelación subject to cancellation
sujeto a comprobación subject to check
sujeto a controversia subject to controversy
sujeto a escrutinio subject to scrutiny
sujeto a examinación subject to examination
sujeto a impuesto subject to tax
sujeto a investigación subject to investigation
sujeto a penalidad subject to penalty
sujeto a recompra subject to repurchase
sujeto a recurso appealable
sujeto a redención subject to redemption
sujeto a restricción subject to restriction
sujeto a revisión subject to revision
sujeto a terminación subject to termination
sujeto a verificación subject to verification
sujeto del derecho legal person
sujeto del litigio litigant
suma *f* sum, essence
sumar to add, to amount to, to summarize
sumaria *f* preliminary proceedings, written
    proceedings
sumariamente summarily
sumariar to conduct a preliminary proceeding
sumario *m* summary, summary proceeding,
    preliminary proceeding, abstract
sumario (adj) summary
sumario del fallo abstract of judgment

sumarísimo *m* accelerated summary proceeding
suministración *f* supply
suministrador *m* supplier
suministrar to supply
suministrar prueba to furnish evidence
suministro *m* supply
sumisión *f* submission, obedience
sumiso submissive, obedient
suntuario luxury
supeditación *f* subjection
supeditar to subject
superávit *m* surplus
superávit de capital capital surplus
superávit de operación earned surplus
superávit pagado paid-in surplus
superchería *f* fraud, trickery
superchero *m* deceiver, trickster
superentender to superintend
supererogación *f* supererogation
superestructura *f* superstructure
superficial superficial
superficialmente superficially
superficiario *m* superficiary
superficie *f* surface, area
superfluo superfluous
superintendencia *f* superintendence, jurisdiction
superintendente *m* superintendent
superior superior, upper
superioridad *f* superiority, higher court
superpoblación *f* overpopulation
superproducción *f* overproduction
supérstite *m/f* survivor
supérstite (adj) surviving
supervención *f* supervention
superveniencia *f* supervention
superveniente supervening
supervenir to supervene
supervisar to supervise
supervisión *f* supervision
supervisión bancaria bank supervision
supervisor *m* supervisor
supervisor (adj) supervising
supervivencia *f* survival
superviviente *m/f* survivor
superviviente (adj) surviving
suplantable supplantable, falsifiable
suplantación *f* falsification
suplantador *m* supplanter, falsifier
suplantador (adj) supplanting, falsifying
suplantar to supplant, to falsify
suplemental supplemental
suplementar to supplement
suplementario supplementary
suplemento *m* supplement
suplencia *f* substitution
suplente *m/f* substitute
suplente (adj) substituting

supletorio suppletory
súplica *f* petition, plea
suplicación *f* petition, plea
suplicar to petition, to appeal, to plead
suplicatoria *f* formal communication from a court to a higher one, letters rogatory
suplicatorio *m* petition to initiate legal proceedings against a member of the same legislative body, letters rogatory
suplicatorio (adj) petitioning, pleading
suplicio *m* torture, execution, place of execution, agony
suplir to supply, to supplement, to substitute, to overlook
suponedor *m* supposer
suponedor (adj) supposing
suponer to suppose
suposición *f* supposition, falsehood, authority
suposición irrazonable unreasonable supposition
suposición razonable reasonable supposition
supra above, supra
supradicho above-mentioned
supraprotesto *m* supraprotest
suprema corte supreme court
suprema corte de justicia supreme court of justice
supremamente supremely
supremo supreme, last
supresión *f* suppression, omission
suprimible suppressible
suprimir to suppress, to omit
supuesto *m* supposition
supuesto (adj) supposed
surtir to supply
surtir efecto to take effect, to have the desired effect
susceptible susceptible
suscitar to cause
suscribir to subscribe
suscripción *f* subscription
suscripción de acciones stock subscription
suscriptor *m/f* subscriber, underwriter
suscrito, el the undersigned
suscritor *m* subscriber, underwriter
susodicho above-mentioned
suspender to suspend, to adjourn, to astound
suspender pago to stop payment
suspendido suspended
suspensión *f* suspension, adjournment
suspensión arancelaria tariff suspension
suspensión compensatoria compensatory suspension
suspensión de abogacía temporary disbarment
suspensión de armas truce
suspensión de cargo público suspension from public office
suspensión de cobertura suspension of coverage

suspensión de condena suspension of sentence

suspensión de garantías constitucionales suspension of constitutional rights

suspensión de hostilidades truce

suspensión de la instancia stay of proceedings

suspensión de la prescripción tolling of the statute of limitations

suspensión de la sentencia suspension of the sentence

suspensión de pagos suspension of payments

suspensión de póliza suspension of policy

suspensión de tarifa tariff suspension

suspensión de un derecho suspension of a right

suspensión de una acción suspension of action

suspensión en el trabajo suspension from work

suspensión procesal stay of proceedings

suspensión y restablecimiento abatement and revival

suspensivo suspensive

suspenso *m* suspense

suspenso (adj) suspended, astounded

suspicacia *f* suspiciousness, distrust

suspicaz suspicious, distrustful

sustancia *f* substance

sustancia controlada controlled substance

sustanciación *f* substantiation, proceedings of a case

sustancial substantial

sustancialmente substantially

sustanciar to substantiate, to abridge, to try a case

sustantivo substantive

sustentable sustainable, defensible

sustentación *f* sustenance, support

sustentador *m* sustainer

sustentador (adj) sustaining, supporting

sustentar to sustain, to support

sustento *m* sustenance, support

sustitución *f* substitution

sustituible substitutable

sustituidor substitute

sustituir to substitute

sustitutivo substitutive

sustituto *m* substitute

sustracción *f* substraction, removal, theft, robbery

sustraer to subtract, to remove, to steal, to rob, to misappropriate

sutileza *f* subtlety, cunning

T

tabique *m* partition wall, partition

tabla actuarial actuarial table

tabla de casos table of cases

tablas de mortalidad mortality tables

tablas de vida life expectancy tables

tablilla *f* license plate

tablón de anuncios bulletin board, notice board

tabular to tabulate

tachón *m* crossing out

tácita reconducción tacit relocation

tácitamente tacitly

tacite tacitly

tácito tacit

táctica *f* tactics

tacha *f* flaw, disqualification, challenge

tacha de testigos disqualification of witnesses

tachable exceptionable, that may be crossed out

tachador *m* challenger

tachadura *f* erasure, crossing out

tachar to cross out, to challenge, to object to

tagarote *m* notary's clerk

taha *f* district, jurisdiction

tahúr *m* gambler

tahúr (adj) gambling

tahurería *f* gambling, gambling house

tajante definitive, cutting

tajo *m* slash, cut

tal y como está as is

tala *f* destruction, felling of trees

talador *m* destroyer, feller

talador (adj) destroying, felling

tálamo *m* conjugal bed

talante *m* countenance, manner, disposition, appearance

talar to destroy, to fell trees

talión *m* talion

talionar to retaliate against

talmente in this manner

talón *m* check, receipt, coupon, stub

talón de venta sales slip

talón en descubierto bad check

talonario *m* stub book

talla *f* height, fraud, reward

taller *m* workshop, factory

taller abierto open shop

taller cerrado closed shop

taller unionado union shop
tambaleante staggering
tambalear to stagger
tambaleo *m* staggering
tan pronto como sea posible as soon as possible
tanda *f* shift, task, lot
tangente *f* tangent
tangibilidad *f* tangibleness
tangible tangible
tantear to size up, to compare, to estimate
tanteo *m* sizing up, comparison, estimate
tanto *m* little, certain amount, copy
tanto (adj) as much, so much
tanto (adv) so much, so long, just as much as
tapado concealed
tapador concealing
tapadura *f* concealing, obstruction
tapar to cover, to conceal, to obstruct
tapiar to wall up
tara *f* tare, defect
tarar to tare
tardanza *f* tardiness, dalliance
tardar to be tardy, to be slow
tarde *f* afternoon, evening
tarde (adv) late
tardecer to grow late
tardíamente tardily, belatedly
tardío tardy, late, slow
tardo tardy, late, slow
tarea *f* task, employment
tarea imposible impossible task
tarifa *f* tariff, rate schedule, toll
tarifa ad valórem ad valorem tariff
tarifa aduanera tariff
tarifa autónoma autonomous tariff
tarifa compensatoria compensatory tariff
tarifa compuesta compound duty
tarifa común common tariff
tarifa convencional conventional tariff
tarifa de aduana tariff
tarifa de avalúo tariff
tarifa de exportación export tariff
tarifa de represalia retaliatory duty
tarifa de tributación tax rates
tarifa diferencial differential duty
tarifa discriminadora discriminating tariff
tarifa flexible flexible tariff
tarifa general general tariff
tarifa mixta mixed tariff
tarifa múltiple multiple tariff
tarifa preferencial preferential tariff
tarifa prohibitiva prohibitive tariff
tarifa según el valor ad valorem tariff
tarifar to set a tariff, to fall out
tarjeta *f* card
tarjeta bancaria bank card
tarjeta de crédito credit card
tarjeta de débito debit card

tarjeta de firmas signature card
tarjeta de identidad identity card
tarjeta de identificación identification card
tarjeta expirada expired card
tarjeta falsificada counterfeit card
tarjeta perdida lost card
tarjeta postal postcard
tasa *f* rate, measure, assessment
tasa aduanera customs rate
tasa ajustable adjustable rate
tasa anual annual rate
tasa arancelaria tariff rate
tasa bancaria bank rate
tasa de cambio exchange rate
tasa de impuesto tax rate
tasa de interés interest rate
tasa de interés lícita licit interest rate
tasa de interés máxima maximum interest rate
tasa de mortalidad death rate
tasa de prima de seguros insurance premium rate
tasa efectiva effective rate
tasa especial special rate
tasa específica specific rate
tasa especificada specified rate
tasa establecida established rate
tasa estipulada stipulated rate
tasa excesiva excessive rate
tasa exorbitante exorbitant rate
tasa fija fixed rate
tasa fiscal tax rate
tasa flexible flexible rate
tasa flotante floating rate
tasa fluctuante fluctuating rate
tasa garantizada guaranteed rate
tasa hipotecaria mortgage rate
tasa identificada identified rate
tasa impositiva tax rate
tasa indicada indicated rate
tasa irrazonable unreasonable rate
tasa legal legal rate
tasa lícita licit rate
tasa límite rate cap
tasa máxima maximum rate
tasa mínima minimum rate
tasa oficial official rate
tasa periódica periodic rate
tasa porcentual anual annual percentage rate
tasa preaprobada preapproved rate
tasa predeterminada predetermined rate
tasa prevaleciente prevailing rate
tasa razonable reasonable rate
tasa real real rate
tasa reducida reduced rate
tasa renegociable renegotiable rate
tasa salarial salary rate
tasa subsidiada subsidized rate
tasa temporal temporary rate

tasa tope ceiling rate
tasa tributaria tax rate
tasable appraisable, taxable
tasación *f* appraisal, price regulation
tasación certificada certified appraisal
tasación de bienes raíces real estate appraisal
tasación de costas assessment of litigation
  expenses
tasación de propiedad property appraisal
tasación excesiva excessive appraisal
tasación exorbitante exorbitant appraisal
tasación incorrecta incorrect appraisal
tasación independiente independent appraisal
tasación pericial expert appraisal
tasado appraised, assessed
tasador *m* appraiser
tasador (adj) appraising
tasador certificado certified appraiser
tasador de avería average adjuster
tasar to appraise, to regulate, to tax
tasar en exceso to overappraise
tasar en menos to underappraise
tatarabuela *f* great-great-grandmother
tatarabuelo *m* great-great-grandfather,
  great-great-grandparent
tataranieta *f* great-great-granddaughter
tataranieto *m* great-great-grandson,
  great-great-grandchild
tatuaje *m* tattoo
tautología *f* tautology
tautológico tautological
taxabilidad *f* taxability
taxativamente restrictively
taxativo restrictive
taz a taz on an equal basis
teatral theatrical
teatralmente theatrically
tecla *f* key, delicate matter
técnicamente technically
tecnicismo *m* technicality, technical term
técnico *m* expert
técnico (adj) technical
tecnocracia *f* technocracy
tecnócrata *m/f* technocrat
tecnología *f* technology
tecnológico technological
techo salarial salary ceiling
tedioso tedious
tela *f* lie, trick, subject matter
telecomunicación *f* telecommunication
telefónicamente telephonically
telefónico telephonic, telephone
teléfono celular cellular phone
telefotografía *f* telephotography,
  telephotograph
telemercadeo *m* telemarketing
televisar to televise
tema *f* obstinacy, obsession, grudge
tema *m* subject

temario *m* agenda
temedero fearful
temer to fear, to suspect
temerario temerarious
temeridad *f* temerity
temor *m* fear, suspicion
temor extremo extreme fear
temorizar to terrorize
temperación *f* tempering
temperamental temperamental
temperamento *m* temperament, compromise
temperancia *f* temperance
temperar to temper
tempestividad *f* timeliness
tempestivo timely
templadamente temperately
templado temperate, severe, able
templanza *f* temperance
templar to temper, to thrash, to kill
temporada *f* season, period
temporal temporary, temporal
temporalmente temporarily, temporally
temporáneo temporary, temporal
temporero temporary, seasonal
temprano early
tendencia *f* tendency
tendencia natural natural tendency
tendencia viciosa vicious propensity
tendencioso tendentious
tendiente tending to
tenedor *m* holder, possessor, owner, tenant
tenedor de acciones stockholder
tenedor de bonos bondholder
tenedor de buena fe holder in due course
tenedor de contrato contract holder
tenedor de letra bill holder
tenedor de libros bookkeeper
tenedor de pagaré noteholder
tenedor de patente patent holder
tenedor de póliza policyholder
tenedor de prenda pledgee
tenedor de tarjeta cardholder
tenedor de valor holder for value
tenedor en debido curso holder in due course
tenedor inscrito registered holder
tenedor registrado holder of record
teneduría de libros bookkeeping
tenencia *f* tenancy, holding, possession, tenure
tenencia conjunta joint tenancy, cotenancy
tenencia de armas possession of arms
tenencia en común tenancy in common
tenencia en conjunto tenancy in common
tener to have, to possess, to own, to take, to
  receive
tener autoridad to have authority
tener bajo control to have under control
tener conocimiento to have knowledge
tener control to have control
tener derecho a to have the right to

tener dudas to have doubts
tener efecto to have effect
tener en cuenta to keep in mind
tener influencia to have influence
tener lugar to be accepted, to lie, to occur
tener poder to have power
tener posesión to have possession
tener relaciones to have intercourse
tener responsabilidad to have liability
tener responsable to hold responsible
tener sospechas to have suspicions
tener vigencia to be in force
tener y poseer to have and to hold
tenido en fideicomiso held in trust
teniente *m/f* deputy
teniente (adj) possessing, holding, owning
tenor *m* literal meaning
tentación *f* temptation
tentar to touch, to attempt, to tempt, to
    examine
tentativa *f* attempt, experiment
tentativa de delito attempt to commit a crime
tentativa de fuga attempt to escape
tentativo tentative
teoría *f* theory
teoría del caso theory of case
teoría jurídica legal theory
teóricamente theoretically
teórico theoretic
teorizar to theorize
terapia *f* therapy
tercena *f* state monopoly store
tercer poseedor third possessor
tercer turno third shift
tercera instancia second appeal
tercera persona third party, arbitrator
tercerear to mediate, to arbitrate
tercería *f* mediation, arbitration, intervention
tercería de dominio intervention in a suit by a
    third party claiming ownership
tercería de mejor derecho intervention in a
    suit by a third party claiming a preferred
    right
tercerista *m/f* intervenor
tercero *m* third party, mediator, arbitrator,
    intervenor
tercero (adj) third
tercero en discordia mediator, arbitrator
tercero interviniente intervenor
terceros en el proceso intervenors
terciador *m* mediator, arbitrator
terciador (adj) mediating, arbitrating
terciar to mediate, to arbitrate, to intervene
tercio third
tergiversable that can be misrepresented, that
    can be twisted
tergiversación *f* misrepresentation, twisting
tergiversar to misrepresent, to twist
terminabilidad *f* terminability

terminable terminable
terminación *f* termination
terminación de arrendamiento termination of
    lease
terminación de contrato termination of
    contract
terminación de hipoteca termination of
    mortgage
terminación de instrumento termination of
    instrument
terminación de plan involuntaria involuntary
    plan termination
terminación de póliza termination of policy
terminación involuntaria involuntary
    termination
terminación legal legal termination
terminal terminal
terminante definite
terminantemente definitely
terminar to terminate
término *m* term, boundary, conclusion,
    object, condition
término cierto fixed term
término convencional term which has been
    agreed to
término de encarcelamiento imprisonment
    term
término de gracia grace period
término de póliza policy terms
término de prisión prison term
término de prueba term for producing
    evidence
término del arrendamiento term of lease
término del préstamo loan term
término extintivo expiration date
término extraordinario extraordinary term
    for producing evidence
término fatal deadline
término improrrogable deadline
término incierto uncertain term
término judicial judicial term
término legal legal term
término medio compromise
término ordinario ordinary term for
    producing evidence
término perentorio deadline
término probatorio term for producing
    evidence
término procesal procedural term
término prorrogable extendible term
término tácito implied term
terminología *f* terminology
terminología jurídica legal terminology
términos anteriores former terms
términos de aceptación terms of acceptance
términos de crédito terms of credit
términos de entrega terms of delivery
términos de pago terms of payment
términos de préstamo terms of loan

términos de transporte terms of shipment
términos de venta terms of sale
términos estipulados stipulated terms
términos expresos express terms
términos negociados negotiated terms
términos preestablecidos preset terms
términos previos previous terms
términos renegociados renegotiated terms
terminus a quo starting point
terminus ad quem ending point
terrateniente m/f landowner
terreno m land, plot, field
terreno abierto open space
terreno cerrado enclosed space
terreno edificado developed plot
terreno lindante abutting land
terreno yermo wasteland, uninhabited land
terrestre terrestrial
terrible terrible
territorial territorial
territorialidad f territoriality
territorio m territory, zone
territorio contiguo contiguous territory
territorio extranjero foreign territory
territorio nacional national territory
terror m terror
terrorismo m terrorism
terrorista m/f terrorist
terrorista (adj) terrorist
tesis f thesis, theory, proposition
tesón m tenacity, firmness
tesorería f treasury, post of a treasurer
tesorería estatal state treasury
tesorero m treasurer
tesoro m treasure, treasury
testación f erasion, cancellation
testado testate
testador m testator
testaferro m straw party
testamentaría f testamentary proceeding,
    testamentary execution, decedent's estate,
    testamentary documents, meeting of
    executors
testamentario m executor
testamentario (adj) testamentary
testamento m testament, will
testamento abierto nuncupative will
testamento antenupcial antenuptial will
testamento cerrado mystic will
testamento común common will
testamento condicional conditional will
testamento en el extranjero will made abroad
testamento escrito written will
testamento especial special will
testamento inoficioso inofficious will
testamento inválido invalid will
testamento legal legal will
testamento mancomunado joint will
testamento marítimo sailor's will

testamento místico mystic will
testamento mutuo mutual will
testamento notarial notarial will
testamento nuncupativo nuncupative will
testamento ológrafo holographic will
testamento oral oral will
testamento ordinario ordinary will
testamento perdido lost will
testamento prenupcial antenuptial will
testamento provisional provisional will
testamento recíproco reciprocal will
testamento solemne solemn will
testar to make a will, to erase, to cancel
testificación f testification, attestation
testificador m witness
testifical witness
testificante testifying, witnessing, attesting
testificar to testify, to witness, to attest
testificata f affidavit
testificativo witnessing, attesting
testigo m/f witness, attestor, evidence,
    testimony
testigo abonado competent witness
testigo auricular ear-witness
testigo certificador attesting witness
testigo competente competent witness
testigo cómplice accomplice witness
testigo contra si mismo witness against
    oneself
testigo corroborante corroborating witness
testigo de cargo witness for the prosecution
testigo de conocimiento attestor of identity
testigo de descargo witness for the defense
testigo de la parte actora witness for the
    plaintiff
testigo de oídas ear-witness
testigo de vista eyewitness
testigo del matrimonio witness to marriage
testigo desacreditado discredited witness
testigo desinteresado disinterested witness
testigo esencial essential witness
testigo falso false witness
testigo hábil competent witness
testigo hostil hostile witness
testigo idóneo competent witness
testigo imparcial impartial witness
testigo incompetente incompetent witness
testigo indispensable indispensable witness
testigo inhábil incompetent witness
testigo innecesario unnecessary witness
testigo instrumental attesting witness
testigo interesado interested witness
testigo judicial witness during a trial
testigo mayor de toda excepción fully
    competent witness
testigo necesario necessary witness
testigo no esencial unessential witness
testigo ocular eyewitness
testigo perito expert witness

testigo persuasivo persuasive witness
testigo presencial eyewitness
testigo privilegiado privileged witness
testigo subscriptor subscribing witness
testigo testamentario witness to a will
testimonial testimonial
testimoniales documentary evidence
testimoniar to testify, to bear witness to, to attest
testimoniero *m* false witness
testimonio *m* testimony, evidence, affidavit
testimonio absurdo absurd testimony
testimonio anterior former testimony
testimonio corroborante corroborating testimony
testimonio de oídas hearsay evidence
testimonio directo direct testimony
testimonio esencial essential testimony
testimonio falso false testimony
testimonio ilógico illogical testimony
testimonio inadmisible inadmissible testimony
testimonio inconsistente inconsistent testimony
testimonio increíble incredible testimony
testimonio incriminante incriminating testimony
testimonio indispensable indispensable testimony
testimonio inmaterial immaterial testimony
testimonio innecesario unnecessary testimony
testimonio irracional irrational testimony
testimonio lógico logical testimony
testimonio necesario necessary testimony
testimonio no esencial unessential testimony
testimonio obligatorio obligatory testimony
testimonio oral oral testimony
testimonio pericial expert testimony
testimonio persuasivo persuasive testimony
testimonio pertinente pertinent testimony
testimoñero *m* false witness
texto *m* text
texto legal collection of laws
textual textual
textualmente textually
tía *f* aunt
tía abuela great-aunt
tiempo *m* time, weather
tiempo adicional additional time
tiempo considerable considerable time
tiempo continuo continuous period
tiempo de efectividad effective period
tiempo de guerra time of war
tiempo de paz time of peace
tiempo doble double time
tiempo extra overtime
tiempo habitual habitual time
tiempo ilimitado unlimited time
tiempo inmemorial time immemorial
tiempo inusual unusual time

tiempo limitado limited time
tiempo muerto dead time
tiempo ordinario ordinary time
tiempo razonable reasonable time
tiempo real real time
tiempo regular regular time
tiempo suficiente sufficient time
tiempo usual usual time
tienda *f* store
tienda libre de impuestos duty-free shop
tierra *f* earth, land, ground
tierra abandonada abandoned land
tierra adyacente adjacent land
tierra colindante abutting land
tierra vacante vacant land
tierras agrícolas agricultural lands
tierras contiguas contiguous lands
tierras mejoradas improved lands
tierras privadas private lands
tierras públicas public lands
tierras sumergidas submerged lands
timar to swindle
timbrado stamped, sealed
timbrar to stamp, to seal
timbre *m* stamp, tax stamp, tax stamp revenue, seal, buzzer
timbre de correo postage stamp
timbre de impuesto revenue stamp
timbre fiscal revenue stamp
timo *m* swindle
timocracia *f* timocracy
tinglado *m* shed, ruse
tino *m* common sense, ability
tío *m* uncle
tío abuelo great-uncle
típico typical
tipo *m* type, standard, appearance, rate
tipo de cambio exchange rate
tipo de interés interest rate
tipo de seguro insurance rate, type of insurance
tipo impositivo tax rate
tirada *f* distance, period, throw
tiranamente tyrannically
tiranía *f* tyranny
tiránico tyrannical
tirano *m* tyrant
tirante tense
tirantez *f* tenseness
tirar to throw, to fire, to waste, to transport
tiro *m* shot, throw, injury, theft, robbery
tiro al aire shot in the air
tirotear to fire at
tiroteo *m* exchange of shots, shootout, skirmish
titubeante hesitant, staggering
titubear to hesitate, to stagger
titubeo *m* hesitation, staggering
titulación *f* title documents

titulado *m* titled person
titular *m* owner of record, holder of title, holder, headline
titular (adj) titular, regular
titular (v) to title
título *m* title, certificate of title, certificate, heading, bond, license, reason
título absoluto absolute title
título al portador bearer instrument, bearer bond
título aparente apparent title
título asegurable insurable title
título auténtico authentic title
título colorado color of title
título completo complete title
título de acciones stock certificate
título de adquisición bill of sale
título de crédito credit instrument
título de deuda debt instrument, evidence of indebtedness
título de dominio title, title deed
título de la deuda pública public bond
título de patente letters patent
título de propiedad title, title deed
título defectuoso defective title
título dudoso doubtful title
título ejecutivo document which grants a right of execution
título en equidad equitable title
título endosable endorsable instrument
título equitativo equitable title
título evidente evident title
título gratuito gratuitous title
título hábil perfect title
título hipotecario mortgage bond
título imperfecto imperfect title
título impugnable exceptionable title
título incondicional absolute fee simple, absolute deed
título inscribible registerable title
título inscrito recorded title
título inválido invalid title
título justo just title
título legal legal title
título limpio clear title
título lucrativo lucrative title
título manifiesto manifest title
título no asegurable uninsurable title
título no garantizado uninsured title
título no traslativo de dominio unmarketable title
título nominativo registered instrument, registered bond
título nulo void title
título oneroso onerous title
título originario original title
título perfecto perfect title
título por prescripción title by prescription
título posesorio possessory title

título presunto presumptive title
título primordial original title
título profesional professional license
título putativo presumptive title
título registrado title of record
título satisfactorio satisfactory title
título seguro marketable title
título singular singular title
título superior superior title
título translativo de dominio marketable title
título válido valid title
título valor credit instrument
título viciado defective title, imperfect title
título vicioso defective title, imperfect title
tocar to touch, to touch upon
tocayo *m* namesake
todas las costas all costs
todas los costos all costs
todavía still, nevertheless, even
todo all, every
todos los defectos all faults
todos y cada uno all and singular
tolerable tolerable
tolerancia *f* tolerance
tolerante tolerant
tolerar to tolerate, to overlook
toma *f* taking, receiving
toma de posesión taking possession, taking office
tomador *m* taker, drawee, payee, drinker, pickpocket
tomador de crédito borrower
tomar to take, to take on
tomar control to take control
tomar el acuerdo to decide
tomar el juramento to administer an oath, to take an oath
tomar en cuenta to take into account
tomar medidas to take measures
tomar posesión to take possession
tomar una decisión to make a decision
tomar una resolución to make a resolution
tomo *m* tome, importance
tonelada *f* ton
tonelada corta short ton
tonelada de arqueo register ton
tonelada de registro register ton
tonelada larga long ton
tonelaje *m* tonnage, tonnage dues
tonelaje bruto gross tonnage
tonelaje neto net tonnage
tonelaje registrado registered tonnage
tontina *f* tontine
tope de tasa rate ceiling
tópico *m* topic
topografía *f* topography
toque *m* touch, essence
toque de queda curfew
torcer to twist, to corrupt

tormento *m* torment
tornadura *f* return
torno *m* turn, granting of auctioned property to the second highest bidder upon the first failing to meet the stipulated conditions
torpeza moral moral turpitude
torsión *f* twisting
torticeramente unjustly, illegally
torticero unjust, illegal
tortuguismo *m* slowdown
tortuosamente tortuously
tortura *f* torture
torturador *m* torturer
torturador (adj) torturous
torturar to torture, to torment
total total
totalidad *f* totality
totalidad del contrato entirety of contract
totalitario totalitarian
totalitarismo *m* totalitarianism
totalmente totally
totalmente nulo absolutely void
toxicidad *f* toxicity
tóxico toxic
traba *f* tie, obstacle, seizure, attachment
trabacuenta *f* error in an account, dispute
trabajador *m* worker, employee
trabajador (adj) working
trabajador a tiempo completo full-time worker
trabajador agrícola farm worker
trabajador ambulante transient worker
trabajador asalariado salaried employee
trabajador asociado co-worker
trabajador del estado government employee
trabajador dependiente employee
trabajador eventual temporary worker
trabajador extranjero foreign worker
trabajador incapacitado disabled worker
trabajador independiente independent contractor
trabajador industrial industrial worker
trabajador itinerante itinerant worker
trabajador migratorio migrant worker
trabajar to work, to be employed, to disturb
trabajar a destajo to do piecework
trabajar un jurado to labor a jury
trabajo *m* work, job, employment, report, bother
trabajo a destajo piecework
trabajo a tiempo completo full-time work
trabajo a tiempo parcial part-time work
trabajo adicional additional work
trabajo clave key job
trabajo continuo continuous work
trabajo diurno day work
trabajo forzado hard labor
trabajo nocturno night work
trabajo peligroso dangerous work

trabajo profesional professional work
trabajo suplementario supplemental work
trabajoso laborious, labored
trabar to join, to seize, to initiate
trabazón *f* connection
trabucación *f* confusion, mistake
trabucar to confuse, to upset
tracto *m* space, interval
tradición *f* tradition, delivery, transfer
tradición absoluta absolute delivery
tradición condicional conditional delivery
tradición corporal actual delivery
tradición de derechos transfer of rights
tradición de inmuebles transfer of real property
tradición de la posesión transfer of possession
tradición de la propiedad transfer of property
tradición de muebles transfer of personal property
tradición efectiva actual delivery
tradición ficticia feigned delivery
tradición fingida feigned delivery
tradición jurídica legal tradition
tradición real actual delivery
tradición simbólica symbolic delivery
tradicional traditional
traducción *f* translation
traducir to translate
traductor *m* translator
traer to bring, to bring about, to compel
traficado ilegalmente illegally trafficked
traficado ilícitamente illicitly trafficked
traficante *m/f* trafficker
traficar to traffic, to travel
tráfico *m* traffic
tráfico de drogas drug traffic
tráfico ilegal illegal traffic
tráfico impropio improper traffic
tragedia *f* tragedy
trago *m* drink
traición *f* treason, treachery
traición constructiva constructive treason
traicionar to betray
traicionero *m* traitor
traicionero (adj) traitorous, treacherous
traidor *m* traitor
trajín *m* hectic activity, chore, transport
trama *f* plot
tramar to plot
tramitación *f* procedure, transaction, negotiation
tramitación de un préstamo processing of a loan
tramitación de una solicitud processing of an application
tramitación sumaria summary proceeding
tramitador *m* transactor, negotiator
tramitar to transact, to negotiate, to proceed

with
trámite *m* step, procedure, proceeding, negotiation
trámite judicial judicial proceeding, judicial procedure
trámite penal criminal proceeding
tramo *m* section, passage
trampa *f* trap, cheating
trampear to cheat
trampería *f* cheating
tramposo *m* cheat
tramposo (adj) cheating
trance *m* crucial moment, attachment
tranquilamente calmly
tranquilidad *f* tranquillity
tranquilidad pública public tranquillity
transacción *f* transaction, settlement
transacción aislada isolated transaction
transacción aleatoria aleatory transaction
transacción bancaria bank transaction
transacción clandestina clandestine transaction
transacción de préstamo loan transaction
transacción ficticia dummy transaction
transacción ilícita illicit traffic
transacción imponible taxable transaction
transacción impropia improper transaction
transacción inapropiada inappropriate traffic
transacción lícita licit transaction
transacción monetaria monetary transaction
transacción no imponible nontaxable transaction
transacción nula void transaction
transacción obligante binding transaction
transacción ocasional occasional transaction
transacción omitida omitted transaction
transacción pecuniaria pecuniary transaction
transacción preautorizada preauthorized transaction
transacción sin garantía unsecured transaction
transacción sin riesgo riskless transaction
transacción subsiguiente subsequent transaction
transacción telefónica telephone transaction
transaccional transactional
transar to settle
transbordar to transfer, to switch
transbordo *m* transfer, switch
transcendencia *f* transcendence
transcribir to transcribe
transcripción *f* transcription
transcripción estenográfica stenographic record
transcrito transcribed
transcurrir to elapse
transcurso *m* passage
transeúnte *m/f* pedestrian, transient
transeúnte (adj) transient

transferencia *f* transference, transfer
transferencia absoluta absolute transfer
transferencia automática automatic transfer
transferencia automática de fondos automatic transfer of funds
transferencia autorizada authorized transfer
transferencia bancaria banking transfer
transferencia cablegráfica cable transfer
transferencia condicional conditional transfer
transferencia de acciones stock transfer
transferencia de arrendamiento assignment of lease
transferencia de capital capital transfer
transferencia de contrato assignment of contract
transferencia de crédito credit transfer
transferencia de cuenta assignment of account
transferencia de débito debit transfer
transferencia de deudas assignment of debts
transferencia de dote assignment of dower
transferencia de fondos transfer of funds
transferencia de fondos electrónica electronic funds transfer
transferencia de hipoteca transfer of mortgage
transferencia de ingresos income shifting
transferencia de jurisdicción transfer of jurisdiction
transferencia de mercancías merchandise transfer
transferencia de propiedad transfer of property
transferencia de riesgo risk transfer
transferencia de salario assignment of wages
transferencia de tecnología transfer of technology
transferencia de título transfer of title
transferencia de una causa transfer of a cause
transferencia del dominio transfer of ownership
transferencia electrónica electronic transfer
transferencia electrónica preautorizada preauthorized electronic transfer
transferencia en los contratos assignment of contracts
transferencia fraudulenta fraudulent transfer
transferencia ilegal illegal transfer
transferencia ilícita illicit transfer
transferencia incompleta incomplete transfer
transferencia incondicional unconditional transfer
transferencia inválida invalid transfer
transferencia inversa reverse transfer
transferencia irrevocable irrevocable transfer
transferencia legal legal transfer
transferencia lícita licit transfer
transferencia monetaria money transfer

transferencia no autorizada unauthorized transfer

transferencia no recíproca nonreciprocal transfer

transferencia parcial partial transfer

transferencia por tercera parte third party transfer

transferencia preautorizada preauthorized transfer

transferencia provisional provisional transfer

transferencia revocable revocable transfer

transferencia telegráfica telegraphic transfer

transferencia temporal temporary transfer

transferencia voluntaria voluntary conveyance

transferibilidad *f* transferability

transferible transferable

transferido transferred

transferido ilegalmente illegally transferred

transferido ilícitamente illicitly transferred

transferido legalmente legally transferred

transferido lícitamente licitly transferred

transferidor *m* transferrer

transferidor (adj) transferring

transferir to transfer, to postpone

transferir control to transfer control

transferir posesión to transfer posession

transferir propiedad to transfer property

transferir título to transfer title

transformación *f* transformation

transformar to transform

tránsfuga *m/f* fugitive

transfundir to transmit

transgredir to transgress, to trespass

transgresión *f* transgression, trespass

transgresor *m* transgressor, trespasser

transición *f* transition

transigencia *f* compromise, tolerance

transigente compromising, tolerant

transigir to compromise, to settle

transitar to transit

transitivo transitive

tránsito *m* transit, traffic, way, transition

tránsito aéreo air traffic

transitoriamente transitorily

transitoriedad *f* transitoriness

transitorio transitory

translación *f* transfer, translation, transcription

translimitación *f* trespass

translimitar to trespass

translinear to pass from one line of heirs to another

transmigración *f* transmigration

transmigrar to transmigrate

transmisibilidad *f* transmissibility, transferability

transmisible transmissible, transferable

transmisión *f* transmission, transfer, communication

transmisión de propiedad transfer of ownership

transmisión hereditaria inheritance

transmisión por telefacsímil facsimile transmission

transmisor *m* transmitter

transmitir to transmit, to transfer, to communicate

transmudar to transmute, to transfer, to persuade

transmutación *f* transmutation

transmutar to transmute

transnacional transnational

transparencia *f* transparency

transponer to transfer

transportable transportable

transportación *f* transportation

transportador *m* transporter

transportar to transport

transporte *m* transport, transportation

transporte aéreo air transportation

transporte de personas transportation of people

transporte fluvial river transportation

transporte marítimo maritime transportation

transporte mercantil commercial transportation

transporte terrestre ground transportation

transportista *m/f* carrier

transposición *f* transposition

transversal *f* cross street

transversal *m/f* collateral relative

transversal (adj) transversal, cross, collateral

tranza *f* attachment

trapaza *f* trick, fraud

traquido *m* crack of a firearm

trasbordar to transfer, to switch

trasbordo *m* transfer, switch

trascendencia *f* transcendence

trascendental transcendent

trascendente transcendent

trascender to transcend, to become known

trascendido keen

trascribir to transcribe

trascripción *f* transcription

trascrito transcribed

trascurrir to elapse

trascurso *m* passage

trasferencia *f* transference, transfer

trasferible transferable

trasferir to transfer, to assign

trasfondo *f* background

trasformación *f* transformation

trásfuga *m/f* fugitive

trasfundir to transmit

trasgredir to transgress

trasgresor *m* transgressor

traslación *f* transfer, translation, transcription

traslación de dominio transfer of ownership
trasladar to transfer, to translate, to transcribe
traslado *m* transfer, change, communication, transcript
traslado de jurisdicción change of jurisdiction
traslativo translative
traslucir to deduce
traslucirse to be transparent, to be revealed, to be deduced
trasmigración *f* transmigration
trasmigrar to transmigrate
trasmisible transmissible, transferable
trasmisión *f* transmission, transfer, communication
trasmitir to transmit, to transfer, to communicate
trasmudación *f* transmutation
trasmudar to transmute, to transfer, to persuade
trasmutación *f* transmutation
trasnombrar to confuse names, to change names
trasoír to mishear
traspapelar to misplace among papers
traspapelarse to get misplaced among papers
trasparencia *f* transparency
traspasable transferable, transportable, passable
traspasador *m* transgressor
traspasador (adj) transgressing
traspasar to transfer, to move, to transgress, to go beyond limits
traspaso *m* transfer, move, transgression, trick, anguish
traspaso absoluto absolute transfer, absolute conveyance
traspaso automático automatic transfer
traspaso automático de fondos automatic transfer of funds
traspaso autorizado authorized transfer
traspaso bancario banking transfer
traspaso cablegráfico cable transfer
traspaso condicional conditional transfer
traspaso de acciones stock transfer
traspaso de arrendamiento assignment of lease
traspaso de capital capital transfer
traspaso de contrato assignment of contract
traspaso de crédito credit transfer
traspaso de cuenta assignment of account
traspaso de deudas assignment of debts
traspaso de fondos transfer of funds
traspaso de fondos electrónico electronic funds transfer
traspaso de hipoteca transfer of mortgage
traspaso de ingresos income shifting
traspaso de mercancías merchandise transfer
traspaso de propiedad conveyance of

ownership, transfer of property
traspaso de riesgo risk transfer
traspaso de salario assignment of wages
traspaso de título transfer of title
traspaso del dominio transfer of ownership
traspaso electrónico electronic transfer
traspaso electrónico preautorizado preauthorized electronic transfer
traspaso fraudulento fraudulent transfer
traspaso incompleto incomplete transfer
traspaso incondicional absolute transfer, absolute conveyance
traspaso legal legal transfer
traspaso monetario money transfer
traspaso no autorizado unauthorized transfer
traspaso no recíproco nonreciprocal transfer
traspaso preautorizado preauthorized transfer
traspaso provisional provisional conveyance
traspaso revocable revocable transfer
traspaso temporal temporary conveyance
traspaso voluntario voluntary conveyance
trasplantar to transplant
trasplantarse to migrate
trasplante *m* transplantation
trasponer to transfer
trasportable transportable
trasportación *f* transportation
trasportador *m* transporter
trasportar to transport
trasporte *m* transport, transportation
trasposición *f* transposition
trastornador *m* upsetter
trastornador (adj) upsetting
trastornar to upset, to derange
trastorno *m* upset, derangement
trastorno mental mental derangement
trastorno mental transitorio temporary insanity
trastrocar to alter
trasuntar to transcribe, to abridge
trasunto *m* transcription, imitation
tratado *m* treaty, agreement, treatise
tratado-contrato treaty
tratado contributivo tax treaty
tratado de comercio commercial treaty
tratado de extradición extradition treaty
tratado de paz peace treaty
tratado económico economic treaty
tratado fiscal tax treaty
tratado impositivo tax treaty
tratado internacional treaty
tratado-ley treaty-law
tratado multilateral multilateral treaty
tratado multilátero multilateral treaty
tratado político political treaty
tratado tributario tax treaty
tratamiento *m* treatment, style
tratamiento contributivo tax treatment

tratamiento fiscal tax treatment
tratamiento impositivo tax treatment
tratamiento tributario tax treatment
tratante *m* dealer
tratar to treat, to address as, to deal with, to try
trato *m* treatment, agreement, contract, trade, treaty, form of address, manner
trato colectivo collective bargaining
trato cruel cruel treatment
trato de nación más favorecida most favored nation treatment
trato desigual unequal treatment
trato doble double-dealing
trato inhumano inhuman treatment
trato preferencial preferential treatment
trato razonable reasonable treatment
trauma *m* trauma
travesía *f* voyage, distance between points, cross-road
travesura *f* antic
trayecto *m* journey, distance, road
trayectoria *f* trajectory
traza *f* appearance, sign, plan
trazar to plan, to describe, to sketch
trecho *m* stretch, period
tregua *f* truce, rest
treintañal of thirty years
tresdoblar to triple
tresdoble triple
treta *f* trick
tribulación *f* tribulation
tribuna *f* tribune, stand
tribuna del jurado jury box
tribunal *m* tribunal, court, courthouse, courtroom, board
tribunal a quo court a quo, lower court
tribunal ad quem court ad quem, court of appeals
tribunal administrativo administrative tribunal
tribunal aduanal customs court
tribunal ambulante ambulatory court
tribunal arbitral court of arbitration, board of arbitration
tribunal civil civil court
tribunal colegiado court having three or more judges
tribunal constitucional constitutional court
tribunal consular consular court
tribunal correccional correctional court
tribunal criminal criminal court
tribunal de almirantazgo admiralty court
tribunal de alzadas court of appeals
tribunal de apelación court of appeals
tribunal de apelaciones penales court of criminal appeals
tribunal de autos court of record
tribunal de casación court of cassation

tribunal de circuito circuit court
tribunal de comercio commercial court
tribunal de conciliación court of conciliation
tribunal de derecho court of law
tribunal de derecho marítimo admiralty court
tribunal de distrito district court
tribunal de elecciones board of elections
tribunal de equidad court of equity
tribunal de examen board of examiners
tribunal de garantías constitucionales constitutional court
tribunal de jurados jury
tribunal de justicia court of justice
tribunal de lo criminal criminal court
tribunal de menores juvenile court
tribunal de policía police court
tribunal de primera instancia court of first instance
tribunal de quiebras bankruptcy court
tribunal de registro court of record
tribunal de segunda instancia court of appeals
tribunal de trabajo labor court
tribunal de última instancia court of last resort
tribunal doméstico domestic court
tribunal electoral electoral court
tribunal estatal state court
tribunal extranjero foreign court
tribunal federal federal court
tribunal inferior lower court
tribunal intermedio intermediate court
tribunal internacional international court
tribunal local local court
tribunal marítimo admiralty court
tribunal militar military court
tribunal municipal municipal court
tribunal nacional national court
tribunal nocturno night court
tribunal penal criminal court
tribunal policial police court
tribunal provisional provisional court
tribunal regional regional court
tribunal superior superior court
tribunal supremo supreme court
tribunal territorial territorial court
tribunal testamentario probate court
tribunal unipersonal court having one judge
tributable taxable
tributación *f* tax, tax payment, tax system
tributación a la exportación export tax
tributación a la herencia inheritance tax
tributación a las ganancias income tax
tributación a las rentas income tax
tributación a las transacciones excise tax
tributación a las utilidades income tax
tributación a las ventas sales tax
tributación a los capitales capital stock tax

tributación a los predios ad valorem tax
tributación a los réditos income tax
tributación acumulativa cumulative tax
tributación ad valórem ad valorem tax
tributación adelantada advance tax
tributación adicional surtax
tributación aduanal customs duty
tributación al consumo consumption tax
tributación al valor agregado value added tax
tributación anticipada advance tax
tributación arancelaria customs duty
tributación básica basic tax
tributación compensatoria compensatory tax
tributación complementaria surtax
tributación comunitaria community tax
tributación corporativa corporate tax
tributación de ausentismo absentee tax
tributación de base amplia broad-base tax
tributación de capitación poll-tax
tributación de consumo excise tax,
    consumption tax
tributación de derechos reales tax on real
    estate transfers
tributación de emergencia emergency tax
tributación de estampillado stamp tax
tributación de exportación export tax
tributación de fabricación manufacturing tax
tributación de herencias inheritance tax
tributación de igualación equalization tax
tributación de importación import tax
tributación de inmuebles ad valorem tax
tributación de internación import duty
tributación de legado inheritance tax
tributación de lujo luxury tax
tributación de manufactura manufacturing
    tax
tributación de mejora special assessment
tributación de mercancía commodity tax
tributación de no residentes nonresident tax
tributación de patrimonio capital tax
tributación de privilegio franchise tax
tributación de producto commodity tax
tributación de seguro social social security
    tax
tributación de soltería tax on unmarried
    persons
tributación de sellos stamp tax
tributación de sucesión inheritance tax
tributación de superposición surtax
tributación de testamentaría inheritance tax
tributación de timbres stamp tax
tributación de tonelaje tonnage-duty
tributación de transferencia transfer tax
tributación de valorización special
    assessment
tributación debida tax due
tributación degresiva degressive tax
tributación directa direct tax
tributación doble double tax

tributación electoral poll-tax
tributación en la frontera border tax
tributación escalonada graduated tax,
    progressive tax
tributación especial special tax
tributación especificada specified tax
tributación específica specific tax
tributación estatal state tax
tributación estimada estimated tax
tributación excesiva excessive tax
tributación exorbitante exorbitant tax
tributación extranjera foreign tax
tributación extraordinaria surtax
tributación federal federal tax
tributación fija fixed tax, flat tax
tributación fiscal tax, national tax
tributación general general tax
tributación habitual habitual tax
tributación hereditaria inheritance tax
tributación hipotecaria mortgage tax
tributación identificada identified tax
tributación ilegal illegal tax
tributación ilícito illicit tax
tributación impropia improper tax
tributación inapropiada inappropriate tax
tributación indicada indicated tax
tributación indirecta indirect tax
tributación individual sobre la renta
    individual's income tax
tributación industrial professional services
    tax
tributación inmobiliaria ad valorem tax
tributación interestatal interstate tax
tributación internacional international tax
tributación interna internal tax
tributación intraestatal intrastate tax
tributación inusual unusual tax
tributación lícita licit tax
tributación local local tax
tributación máxima maximum tax
tributación mínima minimum tax
tributación municipal municipal tax
tributación nacional national tax
tributación negativa negative tax
tributación no deducible nondeductible tax
tributación normal tax
tributación oculta hidden tax
tributación opcional optional tax
tributación ordinaria ordinary tax
tributación pagada tax paid
tributación para mejoras públicas
    municipales municipal improvements
    assessment
tributación para previsión social social
    security tax
tributación patrimonial capital tax
tributación per cápita per capita tax
tributación personal personal tax
tributación por cabeza poll-tax

tributación portuaria port charges
tributación predial ad valorem tax
tributación profesional occupational tax
tributación progresiva progressive tax
tributación proporcional proportional tax
tributación pública public tax
tributación real ad valorem tax
tributación regresiva regressive tax
tributación regular regular tax
tributación represiva repressive tax
tributación retenida retained tax
tributación salarial salary tax
tributación según el valor ad valorem tax
tributación sobre beneficios profits tax
tributación sobre beneficios extraordinarios
  excess profits tax
tributación sobre bienes property tax
tributación sobre bienes inmuebles ad
  valorem tax
tributación sobre bienes muebles personal
  property tax
tributación sobre bienes raíces real estate tax
tributación sobre compras purchase tax
tributación sobre compraventa sales tax
tributación sobre concesiones franchise tax
tributación sobre diversiones amusement tax
tributación sobre dividendos dividend tax
tributación sobre donaciones gift tax
tributación sobre el consumo excise tax
tributación sobre el ingreso income tax
tributación sobre el juego gambling tax
tributación sobre el lujo luxury tax
tributación sobre el patrimonio property tax,
  capital tax, net worth tax
tributación sobre el patrimonio neto net
  worth tax
tributación sobre el valor agregado
  value-added tax
tributación sobre el valor añadido
  value-added tax
tributación sobre empleo employment tax
tributación sobre entradas admissions tax
tributación sobre exceso de ganancias excess
  profits tax
tributación sobre franquicias franchise tax
tributación sobre ganancias profit tax
tributación sobre ganancias a corto plazo
  short-term gains tax
tributación sobre ganancias a largo plazo
  long-term gains tax
tributación sobre ganancias de capital
  capital gains tax
tributación sobre herencias inheritance tax
tributación sobre ingresos income tax
tributación sobre ingresos de sociedades
  corporate income tax
tributación sobre ingresos individuales
  individual's income tax
tributación sobre ingresos negativo negative
  income tax

tributación sobre ingresos progresivo
  progressive income tax
tributación sobre inmuebles property tax
tributación sobre la producción production
  tax
tributación sobre la propiedad property tax
tributación sobre la propiedad clasificada
  classified property tax
tributación sobre la propiedad general
  general property tax
tributación sobre la propiedad inmueble real
  property tax
tributación sobre la renta income tax
tributación sobre la renta corporativa
  corporate income tax
tributación sobre la renta individual
  individual's income tax
tributación sobre la renta personal
  individual's income tax
tributación sobre las importaciones import
  tax
tributación sobre las nóminas payroll tax
tributación sobre las sociedades corporate
  tax
tributación sobre las ventas sales tax
tributación sobre los beneficios profit tax
tributación sobre los bienes property tax
tributación sobre los ingresos income tax
tributación sobre los ingresos brutos gross
  receipts tax
tributación sobre producción production tax
tributación sobre riqueza mueble personal
  property tax
tributación sobre salarios salary tax
tributación sobre transacciones de capital
  capital transactions tax
tributación sobre transferencias transfer tax
tributación sobre transmisión de bienes
  transfer tax
tributación sobre transmisiones transfer tax
tributación sobre ventas sales tax
tributación sobre ventas al por menor retail
  sales tax
tributación sobre ventas general general
  sales tax
tributación sucesoria inheritance tax
tributación suntuaria luxury tax
tributación suplementaria supplemental tax
tributación terrestre ad valorem tax
tributación territorial ad valorem tax
tributación única single tax
tributación usual usual tax
tributación variable variable tax
tributaciones acumuladas accrued taxes
tributaciones acumulativas cumulative taxes
tributaciones atrasadas back taxes
tributaciones comerciales business taxes
tributaciones corporativas corporate taxes

tributaciones de aduanas customs duties
tributaciones de compañía company taxes
tributaciones de rentas internas internal revenue taxes
tributaciones diferidas deferred taxes
tributaciones federales federal taxes
tributaciones ilegales illegal taxes
tributaciones locales local taxes
tributaciones morosas delinquent taxes
tributaciones municipales municipal taxes
tributaciones nacionales national taxes
tributaciones prepagadas prepaid taxes
tributaciones proporcionales proportional taxes
tributaciones prorrateadas apportioned taxes
tributaciones retenidas withheld taxes
tributaciones sobre ingresos corporativos corporate income tax
tributaciones sobre ingresos federales federal income taxes
tributante *m/f* taxpayer
tributante (adj) taxpaying
tributar to pay taxes, to pay
tributario tax, tributary
tributo *m* tribute, tax
tributo a la exportación export tax
tributo a la herencia inheritance tax
tributo a las ganancias income tax
tributo a las rentas income tax
tributo a las transacciones excise tax
tributo a las utilidades income tax
tributo a las ventas sales tax
tributo a los capitales capital stock tax
tributo a los predios ad valorem tax
tributo a los réditos income tax
tributo acumulativo cumulative tax
tributo ad valórem ad valorem tax
tributo adelantado advance tax
tributo adicional surtax
tributo aduanal customs duty
tributo al consumo consumption tax
tributo al valor agregado value added tax
tributo anticipado advance tax
tributo arancelario customs duty
tributo básico basic tax
tributo compensatorio compensatory tax
tributo complementario surtax
tributo comunitario community tax
tributo corporativo corporate tax
tributo de ausentismo absentee tax
tributo de base amplia broad-base tax
tributo de capitación poll-tax
tributo de consumo excise tax, consumption tax
tributo de derechos reales tax on real estate transfers
tributo de emergencia emergency tax
tributo de estampillado stamp tax
tributo de exportación export tax

tributo de fabricación manufacturing tax
tributo de herencias inheritance tax
tributo de igualación equalization tax
tributo de importación import tax
tributo de inmuebles ad valorem tax
tributo de internación import duty
tributo de legado inheritance tax
tributo de lujo luxury tax
tributo de manufactura manufacturing tax
tributo de mejora special assessment
tributo de mercancía commodity tax
tributo de no residentes nonresident tax
tributo de patrimonio capital tax
tributo de privilegio franchise tax
tributo de producto commodity tax
tributo de seguro social social security tax
tributo de soltería tax on unmarried persons
tributo de sellos stamp tax
tributo de sucesión inheritance tax
tributo de superposición surtax
tributo de testamentaría inheritance tax
tributo de timbres stamp tax
tributo de tonelaje tonnage-duty
tributo de transferencia transfer tax
tributo de valorización special assessment
tributo debido tax due
tributo degresivo degressive tax
tributo directo direct tax
tributo doble double tax
tributo electoral poll-tax
tributo en la frontera border tax
tributo escalonado graduated tax, progressive tax
tributo especial special tax
tributo especificado specified tax
tributo específico specific tax
tributo estatal state tax
tributo estimado estimated tax
tributo excesivo excessive tax
tributo exorbitante exorbitant tax
tributo extranjero foreign tax
tributo extraordinario surtax
tributo federal federal tax
tributo fijo fixed tax, flat tax
tributo fiscal tax, national tax
tributo general general tax
tributo habitual habitual tax
tributo hereditario inheritance tax
tributo hipotecario mortgage tax
tributo identificado identified tax
tributo ilegal illegal tax
tributo ilícito illicit tax
tributo impropio improper tax
tributo inapropiado inappropriate tax
tributo indicado indicated tax
tributo indirecto indirect tax
tributo individual sobre la renta individual's income tax
tributo industrial professional services tax

tributo inmobiliario ad valorem tax
tributo interestatal interstate tax
tributo internacional international tax
tributo interno internal tax
tributo intraestatal intrastate tax
tributo inusual unusual tax
tributo lícito licit tax
tributo local local tax
tributo máximo maximum tax
tributo mínimo minimum tax
tributo municipal municipal tax
tributo nacional national tax
tributo negativo negative tax
tributo no deducible nondeductible tax
tributo normal tax
tributo oculto hidden tax
tributo opcional optional tax
tributo ordinario ordinary tax
tributo pagado tax paid
tributo para mejoras públicas municipales
    municipal improvements assessment
tributo para previsión social social security
    tax
tributo patrimonial capital tax
tributo per cápita per capita tax
tributo personal personal tax
tributo por cabeza poll-tax
tributo portuario port charges
tributo predial ad valorem tax
tributo profesional occupational tax
tributo progresivo progressive tax
tributo proporcional proportional tax
tributo público public tax
tributo real ad valorem tax
tributo regresivo regressive tax
tributo regular regular tax
tributo represivo repressive tax
tributo retenido retained tax
tributo salarial salary tax
tributo según el valor ad valorem tax
tributo sobre beneficios profits tax
tributo sobre beneficios extraordinarios
    excess profits tax
tributo sobre bienes property tax
tributo sobre bienes inmuebles ad valorem
    tax
tributo sobre bienes muebles personal
    property tax
tributo sobre bienes raíces real estate tax
tributo sobre compras purchase tax
tributo sobre compraventa sales tax
tributo sobre concesiones franchise tax
tributo sobre diversiones amusement tax
tributo sobre dividendos dividend tax
tributo sobre donaciones gift tax
tributo sobre el consumo excise tax
tributo sobre el ingreso income tax
tributo sobre el juego gambling tax
tributo sobre el lujo luxury tax

tributo sobre el patrimonio property tax,
    capital tax, net worth tax
tributo sobre el patrimonio neto net worth
    tax
tributo sobre el valor agregado value-added
    tax
tributo sobre el valor añadido value-added
    tax
tributo sobre empleo employment tax
tributo sobre entradas admissions tax
tributo sobre exceso de ganancias excess
    profits tax
tributo sobre franquicias franchise tax
tributo sobre ganancias profit tax
tributo sobre ganancias a corto plazo
    short-term gains tax
tributo sobre ganancias a largo plazo
    long-term gains tax
tributo sobre ganancias de capital capital
    gains tax
tributo sobre herencias inheritance tax
tributo sobre ingresos income tax
tributo sobre ingresos de sociedades
    corporate income tax
tributo sobre ingresos individuales
    individual's income tax
tributo sobre ingresos negativo negative
    income tax
tributo sobre ingresos progresivo
    progressive income tax
tributo sobre inmuebles property tax
tributo sobre la producción production tax
tributo sobre la propiedad property tax
tributo sobre la propiedad clasificada
    classified property tax
tributo sobre la propiedad general general
    property tax
tributo sobre la propiedad inmueble real
    property tax
tributo sobre la renta income tax
tributo sobre la renta corporativa corporate
    income tax
tributo sobre la renta individual individual's
    income tax
tributo sobre la renta personal individual's
    income tax
tributo sobre las importaciones import tax
tributo sobre las nóminas payroll tax
tributo sobre las sociedades corporate tax
tributo sobre las ventas sales tax
tributo sobre los beneficios profit tax
tributo sobre los bienes property tax
tributo sobre los ingresos income tax
tributo sobre los ingresos brutos gross
    receipts tax
tributo sobre producción production tax
tributo sobre riqueza mueble personal
    property tax
tributo sobre salarios salary tax

tributo sobre transacciones de capital capital transactions tax
tributo sobre transferencias transfer tax
tributo sobre transmisión de bienes transfer tax
tributo sobre transmisiones transfer tax
tributo sobre ventas sales tax
tributo sobre ventas al por menor retail sales tax
tributo sobre ventas general general sales tax
tributo sucesorio inheritance tax
tributo suntuario luxury tax
tributo suplementario supplemental tax
tributo terrestre ad valorem tax
tributo territorial ad valorem tax
tributo único single tax
tributo usual usual tax
tributo variable variable tax
tributos acumulados accrued taxes
tributos acumulativos cumulative taxes
tributos atrasados back taxes
tributos comerciales business taxes
tributos corporativos corporate taxes
tributos de aduanas customs duties
tributos de compañía company taxes
tributos de rentas internas internal revenue taxes
tributos diferidos deferred taxes
tributos federales federal taxes
tributos ilegales illegal taxes
tributos locales local taxes
tributos morosos delinquent taxes
tributos municipales municipal taxes
tributos nacionales national taxes
tributos prepagados prepaid taxes
tributos proporcionales proportional taxes
tributos prorrateados apportioned taxes
tributos retenidos withheld taxes
tributos sobre ingresos corporativos corporate income tax
tributos sobre ingresos federales federal income taxes
trimestral trimestrial
trimestralmente trimestrially
trimestre *m* trimester, trimestrial payment
trimestre (adj) trimestrial
tripartición *f* tripartition
tripartir to tripart
tripartito tripartite
triple triple
tríplica *f* surrejoinder
triplicación *f* triplication
triplicar to triple, to answer a rejoinder
tripulación *f* crew
tripulante *m/f* crew member
trisemanal triweekly
triste sad, sorry, insignificant
triunfador *m* triumpher
triunfador (adj) triumphant

triunfal triumphant
triunfar to triumph
triunfo *m* triumph
trivial trivial
trivialidad *f* triviality
trocable exchangeable
trocado distorted, changed
trocador *m* exchanger, changer
trocamiento *m* exchange, change, distortion
trocante exchanging, changing
trocar to exchange, to change, to confuse
trocarse to change one's habits, to become changed
troncal trunk
troncalidad *f* passing of an estate to the ascendants
trono *m* throne
tropa *f* troop, troops
tropas de policía police force
truculencia *f* truculence
truculentamente truculently
truculento truculent
trueque *m* barter, exchange
truhán *m* cheat, knave
truhán (adj) cheating, knavish
truhanamente deceitfully, knavishly
truhanear to cheat, to clown about
truhanería *f* cheating, clowning, gang of cheats
truncado truncate
truncar to truncate
tuerto *m* wrong
tuición *f* protection, defense
tuitivo protective, defensive
tullir to disable, to maim
tumba *f* tomb
tumulto *m* tumult, mob
tumultuante agitating
tumultuar to agitate
tumultuosamente tumultuously
tumultuoso tumultuous
túnel *m* tunnel
turba *f* mob
turbación *f* disturbance, confusion
turbante disturbing, confusing
turbar to disturb, to confuse
turbulencia *f* turbulence
turbulento turbulent
turnar to alternate
turno *m* turn, shift
tutela *f* tutelage, guardianship, protection
tutela dativa court-appointed guardianship
tutela de hecho guardianship in fact, de facto guardianship
tutela de los menores guardianship of minors
tutela ejemplar guardianship of the mentally disabled, guardianship of the mentally ill
tutela especial special guardianship
tutela plena full guardianship

tutela restringida restricted guardianship
tutela testamentaria testamentary guardianship
tutelar tutelary
tutor *m* tutor, guardian, protector
tutor ad hoc guardian for a special purpose, ad hoc guardian
tutor ad litem guardian during the litigation, guardian ad litem
tutor dativo court-appointed guardian
tutor de hecho guardian in fact, de facto guardian
tutor especial special guardian
tutor general general guardian
tutor legítimo guardian appointed by law
tutor testamentario testamentary guardian
tutoría *f* guardianship, tutorage

U

ubérrima fides absolute good faith, uberrima fides
ubicación *f* location
ubicación permanente permanent location
ubicación temporal temporary location
ubicar to locate, to be located
ubicuidad *f* ubiquity
ubicuo ubiquitous
ucase *m* arbitrary proclamation
ujier *m* usher
ulterior ulterior, subsequent
ulteriormente ulteriorly
última instancia last resort
última palabra final word
última pena capital punishment
última residencia last residence
última voluntad last will
ultimación *f* conclusion
ultimador concluding
últimamente lately, lastly
ultimar to conclude, to kill
últimas palabras last words
ultimátum *m* ultimatum
ultimidad *f* ultimateness
último last, latest, best, farthest
último domicilio conocido last known domicile
último pago last payment
último precio last price
ultra beyond
ultra mare beyond seas
ultra vires beyond the powers, ultra vires
ultrajador *m* rapist, injurer, offender
ultrajar to rape, to injure, to offend
ultraje *m* rape, injury, offense
ultraje al pudor sexual abuse
ultrajoso offensive, injurious
ultramar *m* overseas
unánime unanimous
unánimemente unanimously
unanimidad *f* unanimity
únicamente only, solely
unicameral unicameral
unicidad *f* uniqueness
unidad *f* unity, unit
unidad de intereses unity of interest
unidad de medida unit of measurement
unidad de posesión unity of possession

unidad de tiempo unity of time, unit of time
unidad de título unity of title
unidad del acto unity of the act
unidad monetaria monetary unit
unido united, in accord
unificar to unify
unificarse to become unified
uniformar to standardize
uniforme uniform
uniformemente uniformly
uniformidad *f* uniformity
unigénito *m* only child
unilateral unilateral
unión *f* union
unión abierta open union
unión aduanera customs union
unión arancelaria customs union
unión cerrada closed union
unión de acciones joinder of actions
unión de crédito credit union
unión de industria industrial union
unión de las partes joinder of parties
unión de oficio trade union
unión económica economic community
unión errónea misjoinder
unión estatal state union
unión gremial labor union
unión horizontal horizontal union
unión independiente independent union
unión industrial industrial union
unión interestatal interstate union
unión internacional international union
unión intraestatal intrastate union
unión laboral labor union
unión local local union
unión nacional national union
unión no afiliada unaffiliated union
unión obrera trade union
unión profesional professional organization
unión sindical labor union
unión vertical vertical union
unipersonal unipersonal
unir to unite, to confuse
unirse to unite, to merge, to wed
unitarismo *m* unitarianism
universal universal
universalidad *f* universality, all of the
    property and obligations of an estate
universalidad de derecho nondivisible group
    of property and obligations of an estate
universalidad de hecho divisible group of
    property of an estate
universalidad jurídica nondivisible group of
    property and obligations of an estate
universalmente universally
unívoco univocal
untar to bribe
urbanamente urbanely
urbanidad *f* urbanity

urbanismo *m* city planning
urbanización *f* urbanization, city planning
urbanizar to urbanize
urbano urban, urbane
urbe *f* metropolis
urdiembre *f* scheme
urdimbre *f* scheme
urdir to scheme, to plan
urgencia *f* urgency
urgente urgent
urgentemente urgently
urna *f* ballot box
urna electoral ballot box
usado used, customary
usado ilícitamente illicitly used
usado legalmente legally used
usado lícitamente licitly used
usanza *f* custom
usar to use, to be accustomed
uso *m* use, custom
uso acostumbrado accustomed use
uso anterior former use
uso aparente apparent use
uso auxiliar accessory use
uso beneficioso beneficial use
uso caritativo charitable use
uso comercial commercial use
uso de razón use of reason
uso doméstico domestic use
uso educativo educational use
uso estatal government use
uso evidente evident use
uso explícito explicit use
uso habitual habitual use
uso ilegal illegal use
uso incompatible incompatible use
uso indebido improper use
uso inusual unusual use
uso irregular irregular use
uso judicial judicial custom
uso legal lawful use
uso lícito licit use
uso no autorizado unauthorized use
uso normal normal use
uso notorio notorious use
uso obvio obvious use
uso oficial official use
uso ordinario ordinary use
uso privado private use
uso provechoso beneficial use
uso razonable fair use
uso regular regular use
uso usual usual use
uso y desgaste wear and tear
uso y ocupación use and occupation
usos comerciales commercial customs
usos convencionales customs
usos forenses rules of court
usos locales local customs

usos técnicos technical uses
usual usual
usualmente usually
usuario *m* user, usufructuary
usucapión *f* usucapion
usucapir to acquire by usucapion
usufructo *m* usufruct, use
usufructo convencional contractual usufruct
usufructo imperfecto imperfect usufruct
usufructo legal legal usufruct
usufructo perfecto perfect usufruct
usufructo por disposición legal legal usufruct
usufructo restringido restricted usufruct
usufructo temporal temporary usufruct
usufructo vitalicio usufruct for life
usufructuante *m/f* usufructuary
usufructuar to usufruct, to be profitable
usufructuario *m* usufructuary
usura *f* usury, profiteering, interest, profit
usurar to practice usury, to profiteer, to charge interest, to profit
usurariamente usuriously
usurario usurious
usurear to practice usury, to profiteer, to charge interest, to profit
usurero *m* usurer, profiteer, moneylender, pawnbroker
usurpación *f* usurpation, encroachment
usurpación de autoridad usurpation of authority
usurpación de inmuebles usurpation of real estate
usurpador *m* usurper
usurpador (adj) usurping
usurpar to usurp, to encroach
uterino uterine
útil useful, working, interest-bearing, legal
útiles delictivos tools of a crime
utilidad *f* utility, profit, interest
utilidad bruta gross profit
utilidad de explotación operating profit
utilidad decreciente diminishing return
utilidad neta net profit
utilidad pública public benefit
utilidades *f* profits, earnings, returns
utilidades a distribuir undivided profits
utilidades anticipadas anticipated profits
utilidades de capital capital gains
utilidades esperadas anticipated profits
utilidades gravables taxable profits
utilidades imponibles taxable profits
utilidades impositivas taxable profits
utilidades tributables taxable profits
utilizable utilizable, available
utilización *f* utilization
utilizado utilized
utilizar to utilize
útilmente usefully, profitably
uxoricida *m* uxoricide

uxoricida (adj) uxoricidal
uxoricidio *m* uxoricide

vacación *f* vacation, holiday
vacaciones pagadas paid vacation
vacancia *f* vacancy
vacante *f* vacancy, vacation
vacante (adj) vacant
vacar to become vacant, to be unoccupied, to be unemployed
vaciar to empty, to excavate, to explain at length, to transcribe
vaciedad *f* emptiness
vacilación *f* vacillation
vacilante vacillating
vacilar to vacillate
vacío empty, vacant, uninhabited, useless, idle
vaco vacant
vacuidad *f* vacuity
vacuo vacuous
vagabundaje *m* vagabondage, vagrancy
vagabundear to roam, to loiter, to be a vagrant
vagabundo *m* vagabond, vagrant
vagamente vaguely
vagancia *f* vagrancy, idleness
vagante vagrant, idle
vagar to roam, to be idle
vago *m* vagrant, idler
vago (adj) vague, vagrant, idle
vagón *m* car, wagon
vaguear to roam, to be idle
vaguedad *f* vagueness, vague comment
vaivén *m* fluctuation, changeableness, risk
vale *m* promissory note, IOU, voucher, certificate of good behavior
valedero valid, binding
valedor *m* protector, companion
valentía *f* valor, heroic deed, boast
valentón *m* boaster
valer to be worth, to be of value, to be valid, to have authority, to cost, to get, to protect, to be useful
valeroso valiant, valuable, efficient
valía *f* value, influence, faction
validación *f* validation, validity
válidamente validly
validar to validate
validar un testamento to probate a will
validez validity
validez aparente apparent validity

validez de los actos jurídicos validity of legal acts
validez de los contratos validity of contracts
validez de los testamentos validity of wills
validez evidente evident validity
validez explícita explicit validity
validez legal legal validity
validez obvia obvious validity
valido valid, favored, esteemed, influential, strong
válido legalmente legally valid
válido lícitamente licitly valid
valiente *m* valiant, fine, strong, boasting
valija *f* valise, mailbag, mail
valija diplomática diplomatic pouch
valijero *m* mail carrier
valioso valuable
valor *m* value, valor, nerve, importance, effectiveness, yield
valor a la par par value
valor activo asset
valor actual present value
valor adquisitivo purchasing power
valor ajustado adjusted value
valor aparente apparent value
valor asegurable insurable value
valor catastral assessed valuation
valor cierto fixed value
valor cívico civic-mindedness
valor comercial fair market value
valor contable book value
valor de afección sentimental value
valor de empresa en marcha going concern value
valor de negocio en marcha going concern value
valor de paridad par value
valor de reemplazo replacement cost
valor de reposición replacement cost
valor de tasación appraisal value
valor declarado declared value
valor del mercado fair market value
valor económico economic value
valor efectivo cash value
valor en cuenta value in account
valor en el mercado fair market value
valor en plaza fair market value
valor entero entire value
valor estimado estimated value
valor extrínseco extrinsic value
valor gravable taxable value
valor idéntico identical value
valor imponible taxable value
valor impositivo taxable value
valor inmobiliario real estate value
valor intrínseco intrinsic value
valor irrazonable unreasonable value
valor locativo rental value
valor neto net worth

valor no asegurable uninsurable value
valor nominal nominal value
valor pasivo liability
valor pecuniario pecuniary value
valor probatorio probative value
valor razonable reasonable value
valor razonable en el mercado reasonable
  market value
valor recibido value received
valor según libros book value
valor tributable taxable value
valor venal sales price
valoración *f* valuation, appraisal, increase in
  the value
valoración de la pérdida valuation of loss
valoración de la póliza valuation of policy
valoración de propiedad property appraisal
valorado valued, assessed
valorar to value, to appraise, to increase the
  value of, to mark-up
valorear to value, to appraise, to increase the
  value of, to mark-up
valores *m* securities, values, assets
valores al portador bearer securities
valores de bolsa listed securities
valores de renta fija fixed-income securities
valores exentos exempt securities
valores extranjeros foreign securities
valores garantizados guaranteed securities
valores hipotecarios mortgage securities
valores internacionales international
  securities
valores negociables negotiable securities
valores realizables liquid assets
valores registrados registered securities
valores transmisibles negotiable securities
valoría *f* value, appraised value
valorización *f* valuation, appraisal, increase in
  the value
valorizar to value, to appraise, to increase the
  value of, to mark-up
valuación *f* valuation, appraisal, increase in
  the value
valuación aduanera customs valuation
valuación de la póliza valuation of policy
valuación exorbitante exorbitant assessment
valuación fiscal de bienes raíces real estate
  assessment
valuar to value, to appraise
valla *f* fence, obstacle
valladar *m* fence, obstacle
vallar to fence, to fence in
vanamente vainly
vandálico vandalistic
vandalismo *m* vandalism
vándalo *m* vandal
vano vain, frivolous
vapulación *f* thrashing
vapulamiento *m* thrashing

vapular to thrash
vapulear to thrash
vapuleo *m* thrashing
varada *f* running aground
varadero *m* dry dock
variabilidad *f* variability
variable variable
variablemente variably
variación *f* variation, variance
variante variant
variar to vary
variar de opinión to change one's opinion
variedad *f* variety, variation
vario varied, variable
varonía *f* male issue
vástago *m* issue
vasto vast
véase see
vecinal vicinal
vecinamente nearby, contiguously
vecindad *f* vicinity, neighborhood, legal
  residence
vecindario *m* vicinity, neighborhood
vecino *m* neighbor, resident, tenant
vecino (adj) neighboring, similar
veda *f* prohibition, interdiction
vedado prohibited, interdicted
vedamiento *m* prohibition, interdiction
vedar to prohibit, to hinder
veedor *m* supervisor, inspector, busybody
veeduría *f* inspectorship, inspector's office
vehemencia *f* vehemence
vehemente vehement
vehementemente vehemently
vehículo *m* vehicle, carrier, means
vehículo de motor motor vehicle
vejación *f* abuse, insult
vejador *m* abusive, insulting
vejamen *m* abuse, insult
vejar to abuse, to insult
vejatorio abusive, insulting
vejez *f* old age
vela *f* watch, night sentry, night work
velador *m* watcher, night-guard
velador (adj) watching, guarding
velar to watch, to guard, to work at night
velocidad *f* velocity
veloz rapid
velozmente rapidly
venal venal
venalidad *f* venality
vencedero maturing
vencedor *m* victor
vencedor (adj) victorious
vencer to beat, to mature, to expire
vencido defeated, due, expired
vencido y pagadero due and payable
vencimiento *m* victory, defeat, maturity,
  expiration

vencimiento acelerado accelerated maturity
vencimiento anticipado accelerated maturity
vendedor *m* seller
vendedor ambulante traveling seller
vendeja *f* public sale
vender to sell, to sell out
vender a crédito to sell on credit
vender al contado to sell for cash
vender en remate to auction
vendetta *f* vendetta
vendí *m* bill of sale
vendible salable, marketable
vendido sold, betrayed
vendido ilegalmente illegally sold
venduta *f* auction
vendutero *m* auctioneer
veneno *m* poison, wrath
venenoso poisonous
venéreo venereal
vengador *m* avenger
vengador (adj) avenging
venganza *f* vengeance
vengar to avenge
vengarse to take revenge
vengativo vengeful
venia *f* pardon, authority, authority given to
   minors to handle their own property
venia judicial court authority given to minors
   to handle their own property
venial venial
venialidad *f* veniality
venialmente venially
venidero coming
venideros *m* successors, heirs, future
   generations
venir to come, to come from, to arrive, to
   occur, to approach, to suit
venta *f* sale, sales contract, inn
venta a crédito credit sale
venta a ensayo sale on approval
venta a plazos installment sale
venta a prueba sale on approval
venta al contado cash sale
venta al martillo auction
venta al por mayor wholesale
venta al por menor retail
venta clandestina clandestine sale
venta comercial commercial sale
venta compulsoria compulsory sale
venta compulsiva forced sale
venta con garantía sale with warranty
venta condicional conditional sale
venta directa direct sale
venta en almoneda auction
venta en bloque bulk sale
venta en consignación consignment sale
venta en remate auction
venta ficticia simulated sale
venta firme firm sale

venta forzada forced sale
venta forzosa forced sale
venta fraudulenta fraudulent sale
venta hipotecaria foreclosure sale
venta ilegal illegal sale
venta ilícita illicit sale
venta impropia improper sale
venta inapropiada inappropriate sale
venta incondicional absolute sale
venta involuntaria involuntary sale
venta judicial judicial sale
venta lícita licit sale
venta obligatoria compulsory sale
venta ordinaria ordinary sale
venta parcial partial sale
venta pública public sale, public auction
venta pura y simple absolute sale
venta simulada simulated sale
venta subsiguiente subsequent sale
venta sujeta a aprobación sale on approval
venta voluntaria voluntary sale
ventaja *f* advantage, profit, additional pay
ventaja desleal unfair advantage
ventaja injusta unfair advantage
ventajosamente advantageously
ventajoso advantageous, profitable
ventanilla *f* window, small window
ventilación *f* ventilation
ventilar to ventilate
ver to see, to look, to try, to consider, to
   examine, to decide, to talk over, to foresee
ver una causa to try a case
veracidad *f* veracity
veras *f* truth, reality, earnestness
veraz truth, truthful
verbal verbal
verbalizar to verbalize
verbalmente verbally
verbigracia for instance
verdad *f* truth
verdaderamente truly
verdadero true, genuine
verdugo *m* executioner
veredicto *m* verdict
veredicto absolutorio verdict of not-guilty
veredicto adverso adverse verdict
veredicto arbitrario arbitrary verdict
veredicto cerrado sealed verdict
veredicto conjunto joint verdict
veredicto de culpabilidad verdict of guilty
veredicto de inculpabilidad verdict of
   not-guilty
veredicto de inocencia verdict of not-guilty
veredicto defectuoso defective verdict
veredicto desfavorable unfavorable verdict
veredicto favorable favorable verdict
veredicto general general verdict
veredicto injusto false verdict
veredicto por acomodación compromise

verdict
veredicto público public verdict
veredicto sellado sealed verdict
vergüenza *f* shame, embarrassment, shyness, integrity
verídico veridical
verificable verifiable
verificación *f* verification, inspection, fulfillment
verificación de calidad quality verification
verificación de calificaciones qualification verification
verificación de crédito credit verification
verificación de cheque check verification
verificación de elegibilidad eligibility verification
verificación de firma signature verification
verificación de identidad identity verification
verificación directa direct verification
verificación física physical verification
verificado verified, inspected, fulfilled
verificador *m* verifier, inspector
verificador (adj) verifying, inspecting
verificar to verify, to inspect, to fulfill
verificar el pago to make the payment
verificativo verificative
verosímil verisimilar
verosimilitud *f* verisimilitude
versátil versatile, changeable
versatilidad *f* versatility, changeableness
versión *f* version, translation
vertical vertical
vesania *f* insanity, fury
vesánico insane, furious
vestigio *m* vestige
veta *f* vein
vetar to veto
veterano *m* veteran
veto *m* veto
veto de bolsillo pocket veto
vez *f* turn, time
vía *f* way, procedure, means, jurisdiction, track
vía administrativa administrative recourse
vía contenciosa judicial recourse
vía de apremio legal procedure for debt collection
vía ejecutiva execution
vía judicial legal procedure
vía ordinaria ordinary legal procedure
vía pública public thoroughfare
vía sumaria summary procedure
viabilidad *f* viability
viable viable
viajante *m/f* traveler, traveling seller
viajante (adj) traveling
viajante de comercio traveling seller
viajar to travel
viaje *m* journey, travel, way, load, shove,

assault
viajero *m* traveler, passenger
vial pertaining to thoroughfares
vialidad *f* thoroughfare service
vías de derecho legal recourses
vías de hecho nonlegal recourses, violence
vicecónsul *m* vice-consul
viceconsulado *m* vice-consulate
vicegobernador vice-governor
vicepresidencia *f* vice-presidency
vicepresidente *m* vice-president
vicesecretaría *f* assistant secretaryship
vicesecretario *m* assistant secretary
vicetesorero vice-treasurer
viceversa vice versa
viciado vitiated, polluted
viciar to vitiate, to pollute, to adulterate, to falsify, to misconstrue
viciarse to become vitiated, to become polluted, to become addicted, to become warped
vicio *m* vice, defect, addiction, overindulgence
vicio aparente apparent defect
vicio de construcción construction defect
vicio de fondo substantive defect
vicio de forma procedural defect
vicio inherente inherent defect
vicio intrínseco inherent defect
vicio manifiesto apparent defect
vicio oculto latent defect
vicio patente patent defect
vicio redhibitorio redhibitory defect
vicios procesales procedural defects
vicioso defective, addicted, depraved, overindulged
vicisitud *f* vicissitude
víctima *f* victim
victoria *f* victory
victorioso victorious
vida *f* life, living
vida privada private life
vida pública public life
vida útil useful life
vidente sighted
vidrioso delicate
vidual pertaining to widowhood
viejo old
vigencia *f* force, legal effect, duration
vigencia de la garantía duration of the guaranty
vigencia de la póliza term of the policy
vigente in force, prevailing
vigía *f* lookout post
vigía *m* lookout
vigiar to keep a lookout on
vigilancia *f* vigilance, diligence
vigilante *m* guard, police officer
vigilante (adj) vigilant, guarding
vigilar to watch, to guard, to oversee

vigilia *f* vigil, night work, wakefulness
vigor *m* vigor, force
vil vile
vileza *f* vileness
vilipendiador reviling, denigrating
vilipendiar to revile, to denigrate
vilipendio *m* revilement, denigration
vilmente vilely
vinculable that can be linked, entailable
vinculación *f* link, entailment
vincular to link, to entail, to ground, to continue
vínculo *m* link, entail, entailment
vínculo de parentesco family tie
vínculo familiar family tie
vínculo jurídico legal relationship
vínculo matrimonial matrimonial relationship
vindicable vindicable
vindicación *f* vindication
vindicador vindicative
vindicar to vindicate
vindicativo vindicating
vindicatorio vindicatory
vindicta *f* vengeance
violable violable
violación *f* violation, rape, infringement, transgression
violación de armisticio violation of armistice
violación de contrato breach of contract
violación de domicilio unauthorized entry into a domicile
violación de garantía breach of warranty
violación de la ley violation of the law
violación de patente infringement of patent
violación de promesa breach of promise
violador *m* violator, rapist, infringer, transgressor
violar to violate, to rape, to infringe, to transgress
violar la ley to break the law
violencia *f* violence, force, rape
violencia en el matrimonio marital violence
violencia física physical violence
violencia moral coercion
violentamente violently
violento violent, severe
virtual virtual
virtualmente virtually
virtud *f* virtue
virulencia *f* virulence
virulento virulent
vis *f* verve, force
visa *f* visa
visa consular consular visa
visa diplomática diplomatic visa
visado *m* visa
visar to visa, to certify
visibilidad *f* visibility
visible visible, evident

visiblemente visibly
visión *f* vision
visita *f* visit, inspection, visitor
visita a los hijos visit to the children
visita de sanidad health inspection
visitador *m* visitor, inspector, judicial inspector
visitar to visit, to inspect
vislumbrar to see vaguely, to surmise
visorio *m* inspection by an expert
visorio (adj) visual
víspera *f* eve
vista *f* vision, hearing, trial, view, look
vista *m* customs official
vista adjudicatoria adjudicatory hearing
vista administrativa administrative hearing
vista completa full hearing
vista de causa probable probable cause hearing
vista disciplinaria disciplinary hearing
vista informal informal hearing
vista preliminar preliminary hearing
vistas *f* meeting
vistazo *m* glance
visto considering, whereas, awaiting sentence, closed
visto bueno approval
visto que in view of the fact that
visual visual
visura *f* visual inspection, inspection by an expert
vital vital
vitalicio *m* life annuity, life insurance policy
vitalicio (adj) for life
vitalicista *m/f* holder of a life annuity, holder of a life insurance policy
vitalidad *f* vitality
vituperación *f* vituperation
vituperador *m* vituperator
vituperador (adj) vituperating
vituperante vituperating
vituperar to vituperate
vituperio *m* vituperation
viuda *f* widow
viudal pertaining to a widow, pertaining to a widower
viudedad *f* widowhood, widow's pension
viudez *f* widowhood
viudo *m* widower
víveres *m* food, provisions
viveza *f* quickness, brightness, vehemence, thoughtless remark
vividero habitable
vividor *m* enterprising person, sponger
vividor (adj) living, long-living, enterprising
vivienda *f* housing, dwelling, way of life
vivienda pública public housing
vivienda subsidiada subsidized housing
viviente living

vivir to live, to live in, to endure
vivo living, live, lively, bright
vocación *f* vocation
vocacional vocational
vocal *m/f* board member
vocal (adj) vocal
vocear to shout out, to publish, to acclaim
vocero *m* speaker, attorney
volante *m* flier, steering wheel
volátil volatile
volatilidad *f* volatility
volición *f* volition
volitivo volitional
voltear to turn, to turn over, to overturn, to
   change
volumen *m* volume
voluntad *f* will, desire, consent, affection
voluntad común meeting of minds
voluntad expresa express will
voluntad libre free will
voluntad tácita implied will
voluntariamente voluntarily
voluntario *m* volunteer
voluntario (adj) voluntary
voluntariosamente willfully
volver to turn, to return
volver a girar to redraw
votación *f* voting, vote
votación acumulativa cumulative voting
votación cumulativa cumulative voting
votación no acumulativa noncumulative
   voting
votación ordinaria ordinary voting
votación por representación vote by proxy
votador *m* voter, swearer
votador (adj) voting
votante *m/f* voter
votar to vote, to swear
voto *m* vote, voter, promise, swearword
voto activo right to vote
voto acumulado cumulative vote
voto de calidad casting vote
voto de censura vote of censure
voto de confianza vote of confidence
voto decisivo casting vote
voto directo direct vote
voto facultativo optional vote
voto indirecto indirect vote
voto obligatorio obligatory vote
voto por correo vote by mail
voto por correspondencia vote by mail
voto por poder vote by proxy
voto público public vote
voto secreto secret ballot
voz *f* voice, say, term, vote, rumor
voz activa right to vote
vuelo *m* flight
vuelta *f* turn, return, restitution, reverse,
   change, compensation, beating

vulgar vulgar
vulgaridad *f* vulgarity
vulgarismo *m* vulgarism
vulgarmente vulgarly
vulnerabilidad *f* vulnerability
vulnerable vulnerable
vulnerar to harm, to injure, to violate

warrant certificate of deposit

xenófilo *m* xenophile
xenófilo (adj) xenophilous

Y

y/o and/or
y otros and others
ya already, now
ya dicho aforesaid
ya mencionado above-mentioned
ya que since
yacente inheritance which has not been taken over by the heirs
yacer to lie, to lie buried, to have sexual intercourse
yacimiento mineral mineral deposit
yapa *f* bonus, tip
yermo deserted, barren
yerno *m* son-in-law
yerro *m* error
yerro de cuenta accounting error
yerro de imprenta typographical error
yusión *f* precept, order
yuxtaponer to juxtapose
yuxtaposición *f* juxtaposition

Z

zacapela *f* row
zafar to free, to loosen
zafarse to escape, to hide, to come off
zalagarda *f* ambush, trap
zanjar to surmount, to settle
zócalo *m* public square
zoco *m* public square
zona *f* zone
zona aérea flight zone
zona de comercio exterior foreign trade zone
zona de empleo zone of employment
zona de ensanche development zone
zona de guerra war zone
zona de influencia zone of influence
zona de libre cambio duty-free zone
zona de operaciones zone of operations
zona de peligro danger zone
zona de vuelo prohibido prohibited air space
zona fiscal tax district
zona franca duty-free zone
zona fronteriza frontier zone
zona industrial industrial zone
zona libre de impuestos duty-free zone
zonal zonal
zonificación *f* zoning
zonificar to zone
zozobra *f* foundering, dangerous weather, worry
zozobrar to founder, to be in jeopardy, to fail, to worry
zurriagazo *m* whiplash, unexpected misfortune, unexpected rebuff